Harm Klueting

Geschichte Westfalens

Umschlag

Die Graphik auf dem Einbanddeckel zeigt die Außengrenzen der preußischen Provinz Westfalen (1816-1946) nach dem 1817 erreichten Stand. Aufgelegt ist die erste Seite aus Werner Rolevincks „De laude veteris Saxoniae nunc Westphaliae dictae" von 1474:
„Westphalia, de qua nunc intendimus, terra est non vinifera, sed virifera, eo altius a summo Deo creatore omnium privilegiata, quo pretiosiora, clenodia mundo coelisque transmittit. Haec pro suo situ in partibus Alemaniae inferioris iacet, ab oriente Saxoniam, a meridie Rhenum, ab occidente aeque Rhenum vel Yssulam, a septentrione oceanum habens. Ambitus eius quasi rotundus circumfertur, cuius diameter quinque dietarum metitur. Nam Saxonibus contigua vergit ad Hassiam, deinde ad Westerwaldam, hinc ad ducatum Montensem super Rhenum situm, deinde ad ducatus Clivensium et Gelrensium se mutuo complectentes, hinc ad Twentam, Drentam, Frisiamque ac demum ad Saxoniam iterum pertingit. Habet proinde episcopatus quatuor, videlicet Monasteriensem, Osnaburgensem, Padeburnensem et Mindensem. Ducatus ab olim duos, videlicet Westphaliae et Engariae, comitatus domusque illustres plures, scilicet Bentem, Thekenborch, de Marca, de Walteggen, de Spyghelburch, de Dinxlaken, Oldenborch, Depholt, Ravensburch, Limburch, Arnsburch, Rethburch, de Lippia, de Buyren, de Recklinchusen ..."
„Westfalen, von dem ich nun berichten will, ist kein Rebenland, sondern ein Reckenland. Gott der Herr, der Schöpfer aller Dinge, hat es mit ganz besonderen Vorzügen ausgestattet, daß es der Welt wie dem Himmel so manches kostbare Kleinod schenken kann. Es liegt in Niederdeutschland und grenzt im Osten an Sachsen, im Süden an den Rhein, im Westen an Rhein und Yssel, im Norden an das Meer. Es hat einen nahezu kreisförmigen Umfang und einen Durchmesser von fünf Tagereisen. Südlich von Sachsen grenzt es an Hessen, dann an den Westerwald, darauf an das Herzogtum Berg am Rhein, ferner an die vereinigten Herzogtümer Kleve und Geldern, weiterhin an die Twente, Drente und Friesland und zuletzt wieder an Sachsen. Es umfaßt vier Bistümer, Münster, Osnabrück, Paderborn und Minden; die beiden alten Herzogtümer Westfalen und Engern; eine Reihe von Grafschaften und erlauchten Häusern, nämlich: Bentheim, Tecklenburg, Mark, Waldeck, Spiegelburg, Dinslaken, Oldenburg, Diepholz, Ravensberg, Limburg, Arnsberg, Rietberg, Lippe, Büren, Recklinghausen ..."
Werner Rolevinck (1425-1502): Ein Buch zum Lobe Westfalens und des alten Sachsenlandes. Der Text der lateinischen Erstausgabe vom Jahre 1474 mit deutscher Übersetzung hrsg. von Hermann Bücker. 2. Aufl. Münster 1953, S. 12/13.

Harm Klueting

Geschichte Westfalens

Das Land zwischen Rhein und Weser
vom 8. bis zum 20. Jahrhundert

BONIFATIUS
Druck · Buch · Verlag
PADERBORN

Die Deutsche Bibliothek – CIP-Einheitsaufnahme

Klueting, Harm:
Geschichte Westfalens : das Land zwischen Rhein und Weser vom 8. bis zum 20. Jahrhundert / Harm Klueting. – Paderborn : Bonifatius, 1998
ISBN 3-89710-050-9

ISBN 3-89710-050-9

Gesamtherstellung:
Bonifatius GmbH Druck · Buch · Verlag Paderborn

Inhalt

Vorwort 7

1. Der Ort der westfälischen Geschichte 9
   Quellen und Literatur 22

2. Christianisierung und Frankenherrschaft 23
   Quellen und Literatur 35

3. Westfalen im hohen und späten Mittelalter 37
3.1 Regionale Gewalten und großräumige Lösungsversuche (9.-12. Jahrhundert) 37
   Literatur 47
3.2 Westfalen und die Kölner Kirche (bis zur Soester Fehde 1444-1449) 48
   Literatur 55
3.3 Territorialisierung Westfalens (14.-16. Jahrhundert) 56
   Quellen und Literatur 81
3.4 Städtewesen in Westfalen 84
   Literatur 101

4. Reformation und Konfessionalisierung in Westfalen 104
   Literatur 135

5. Westfalen im 17. und 18. Jahrhundert 140
5.1 Der Jülich-klevische Erbfolgestreit, der Dreißigjährige Krieg und die Kriege der zweiten Hälfte des 17. Jahrhunderts 140
   Literatur 154
5.2 Westfalen und das Heilige Römische Reich, das brandenburg-preußische und das hochstiftische Westfalen, der Siebenjährige Krieg 156
   Literatur 191
5.3 Hexenglauben, Pietismus und Aufklärung 193
   Literatur 210
5.4 Bevölkerung, Wirtschaft und Gesellschaft im 17. und 18. Jahrhundert 212
   Literatur 227

6. Das Ende des alten und die Grundlegung des modernen Westfalen: Die Zeit der Französischen Revolution und Napoleons 232
   Literatur 259

7. Westfalen als preußische Provinz im 19. und 20. Jahrhundert 262
7.1 Provinzialverwaltung, Provinziallandtag und Provinzialverband, kommunale Selbstverwaltung und Abschluß der Agrarreformen 262
   Literatur 279

7.2 Die Revolution 1848/49 und die Zeit bis zur Reichsgründung 1871 282
Literatur 292
7.3 Bevölkerungswachstum und Urbanisierung, Schul- und Bildungswesen, Parteien, Wahlen und Gewerkschaften 293
Literatur 314
7.4 Die Zeit des Ersten Weltkriegs und der Weimarer Republik 317
Literatur 344

8. Religion und Kirche im 19. und 20. Jahrhundert 346
Literatur 371

9. Westfalen als Industrieland – das Ruhrgebiet 377
Literatur 396

10. Westfalen in neuen politischen Ordnungen 399
10.1 Westfalen im „Dritten Reich“ 399
Literatur 414
10.2 Westfalen in der Britischen Besatzungszone und in Nordrhein-Westfalen 416
Literatur 423

Verzeichnis der genealogischen Übersichten, Personenlisten, Karten und Tabellen 424

Abkürzungen im Text 425

Autoren- und Herausgeberregister 426

Personen- und Ortsregister 432

Abbildungsnachweis 492

Zum Autor 493

Vorwort

Arnold Angenendt leitete 1997 das Vorwort seiner „Geschichte der Religiosität im Mittelalter“ mit dem Satz ein: „Ob man wohl selber je ergründet, warum einen dieses oder jenes Thema interessiert, warum man ein bestimmtes Buch schreibt?“. Diese Frage möchte auch der erste Satz des Vorwortes dieser „Geschichte Westfalens“ sein. Der Verfasser ist an einer hervorragenden Stätte westfälischer Geschichte aufgewachsen, derer in diesem Buch mehrfach zu gedenken Anlaß ist. Die Rede ist von Schloß Hohenlimburg, der im 13. Jahrhundert erbauten Burg Limburg an der Lenne, wo der Vater als Hüter der Schätze des Schloßmuseums bestellt war. Für den Sohn wurde hier seit seinem sechsten Lebensjahr westfälische Geschichte tagtäglich den Augen sichtbar, den Händen greifbar und – mit dem unvergeßlichen Geruch der alten Folianten der Schloßbibliothek, in der er viele Kindertage blätternd und staunend verbrachte – sogar der Nase erfahrbar. Dennoch hat der Verfasser vor diesem Buch zahlreiche Arbeiten über ganz andere und scheinbar weit entfernte Gegenstände veröffentlicht und wird das, wenn ihm ein entsprechend langes Leben geschenkt wird, auch künftig wieder machen.

Eine Darstellung von 1200 Jahren Geschichte Westfalens ist eine für einen Historiker faszinierende Aufgabe. Sie *alleine* und nicht, wie es heutigem Wissenschaftsstil eher entspricht, als „Beiträger“ in einem Autorenteam bewältigen zu wollen eröffnet Chancen *eigener* Gestaltung, ist aber ein Unterfangen, mit dem man immer wieder an Grenzen der eigenen Forschungskompetenz stößt. Noch mehr als von den Themenkreisen der eigenen Forschungen werden solche Grenzen von der kaum noch zu bewältigenden Masse der Literatur gesetzt. Auch unter regionalem Bezug gibt es heute eine geschichtswissenschaftliche Literaturproduktion, an die noch vor 30 Jahren niemand hat denken können. Indessen wollte die Sache nach vielen Jahren der Vorarbeiten und Vorstudien gewagt sein und erlaubte wegen anderer Arbeiten keinen weiteren Aufschub.

Von Anfang an stellte sich die Frage nach der räumlichen Erstreckung Westfalens und damit des Gegenstandes dieses Buches. Der Raum, auf den sich der Landschaftsname „Westfalen“ jeweils bezog, war durch die Jahrhunderte hindurch vielen Veränderungen unterworfen. Nach den Berichten der Karolingerzeit saßen die „Westfalen“ in dem Gebiet zwischen der Hase im Norden und der Lippe im Süden. Ob das Gebiet „der Westfalen“ die Weser erreichte, ist unklar; klar ist jedoch, daß Paderborn sicher nicht dazugehörte. Eine gelehrte Enzyklopädie des 13. Jahrhunderts enthält die erste Beschreibung der Grenzen Westfalens. Westfalen stoße im Westen an den Rhein und im Norden an Friesland. So werde Westfalen von zwei Flüssen, Rhein und Weser, begrenzt. Der Kölner Kartäuser Werner Rolevinck schrieb in der zweiten Hälfte des 15. Jahrhunderts das erste Buch über Westfalen und übernahm darin diesen Westfalen-Begriff. Seit ihrer Gründung 1816 führte die preußische Provinz Westfalen zur Entstehung einer neuen, auf das preußische Westfalen beschränkten Vorstellung von Westfalen und somit zur neuzeitlichen Form eines politischen Westfalen-Begriffs. Die preußische Provinz prägte im 19. und 20. Jahrhundert das Bild der räumlichen Erstreckung Westfalens, das nicht mehr das größere Westfalen Rolevincks war. Westfalen in diesem Sinne umfaßt heute das Gebiet der drei nordrhein-westfälischen Regierungsbezirke Arnsberg, Münster und – ohne den Kreis Lippe – Detmold.

Damit ist die räumliche Erstreckung des Gegenstandes dieses Buches benannt. Doch sollen die Verbindungen dieses Raumes und seiner Teile nach außerhalb Westfalens einbezogen und der deutsche und europäische Rahmen nicht ausgeblendet werden. Mit der Orientierung an der preußischen Provinz Westfalen hängt es zusammen, daß die Darstellung mit dem Jahr 1933 an Umfang und Dichte verliert, mit dem Jahr 1946 ausklingt und mit dem Jahr 1953 ihr Ende findet. Seit dem Beginn der nationalsozialistischen Herrschaft und endgültig bald nach deren Ende trat Westfalen in neue politische Ordnungen ein, die nicht mehr die der formal bis 1946 bestehenden preußischen Provinz gleichen Namens waren. 1946 ging die Provinz Westfalen im neugegründeten Land Nordrhein-Westfalen auf, dem 1947 auch das Land Lippe angeschlossen wurde. Dadurch verflüchtigte sich nach und nach der politische Westfalen-Begriff, während ein neuer kultureller Westfalen-Begriff, der sich auf das Gebiet der Provinz Westfalen bezieht, an seine Stelle trat.

Hinter der Darstellung steht Skepsis, die sich von der Skepsis eines Jacob Burckhardt und mehr noch eines Johan Huizinga beeinflußt weiß. In der konkreten Beziehung auf den Gegenstand dieses Buches formuliert sich diese Skepsis zu der Frage, ob es Westfalen auch nur im Sinne eines kulturellen Westfalen-Begriffes im Zeichen von Europäisierung, Globalisierung, Ökonomisierung und auch kleinräumig-konditioniertem Kommunitarismus sowie angesichts globaler Migrationsströme, die auch vor Westfalen nicht haltmachen, in absehbarer Zeit überhaupt noch geben wird. Alles Gerede von Regionalisierung im Zusammenhang und im Zuge von Europäisierung scheint nicht geeignet, diese Skepsis auszuräumen.

Ich danke allen, die zum Entstehen dieses Buches beigetragen haben. Das gilt in erster Linie für meine Frau, Dr. Edeltraud Klueting, die, selbst sachkundige Historikerin, mir stets treue Helferin war. Darüber hinaus danke ich dem Bonifatius Verlag Paderborn und seinem Verlagsleiter Dr. Michael Ernst.

Münster und Köln im September 1998 *Harm Klueting*

1.

Der Ort der westfälischen Geschichte

„Hoc audiente domno Carolo rege, iterum super Saxones cum exercitu irruens et non minorem stragem ex eis fecit et praedam multam conquisivit super *Westfalaos*; et obsides dederunt sicut et illi alii Saxones.“
(MGH Script. rer. Germ. in us. schol.: Annales regni Francorum, S. 42)
[„Als das König Karl hörte, fiel er wieder mit seinem Heer über die Sachsen her, brachte ihnen nicht weniger Verluste bei und gewann reiche Beute von den *Westfalen,* und sie stellten Geiseln wie die andern Sachsen.“
(Quellen zur karolingischen Reichsgeschichte I, bearb. R. Rau, S. 33)]

Mit diesem Bericht aus den fränkischen Reichsannalen über Geschehnisse des Jahres 775 liegt der älteste Beleg für das Wort und den Namen Westfalen vor. Die Nachrichten beziehen sich auf einen sächsischen Aufstand in der Nähe von Lübbecke („in loco qui dicitur Lidbach“), von dem einen Satz zuvor die Rede ist. Auf diesen Aufstand antwortete Karl der Große mit militärischen Strafmaßnahmen, die sich nicht nur gegen die Westfalen, sondern auch gegen die anderen Sachsen („alii Saxones“) richteten. Das waren die ebenfalls zum Jahre 775 genannten Engern („Angrarii“) und Ostsachsen („Austrasii“) oder – so erst in den fränkischen Reichsannalen zum Jahre 784 (MGH Script. Rer. Germ. in us. schol. S. 46) – Ostfalen („Ostfalai“). Der Name „Westfalen“ war also in jener Zeit noch nicht der Name eines Landes, sondern der eines Volksteils, nämlich eines Teiles der Sachsen. Diese waren ein Jahrhundert zuvor aus dem Raum nördlich der Unterelbe in das heutige Niedersachsen und in das heutige Nordrhein-Westfalen eingewandert und hatten dort andere germanische Stämme oder Völkerschaften verdrängt oder als neue Herrenschicht in ihre Botmäßigkeit gebracht, bis ihrem Vordringen 693 an der unteren Ruhr von den Franken Einhalt geboten wurde.
Es waren also die Kriege Karls des Großen gegen die Sachsen, die die Westfalen unter diesem Namen im letzten Viertel des 8. Jahrhunderts in die Geschichte eintreten ließen und zur Unterscheidung dreier sächsischer Volksteile führten: der Westfalen im Westen, der Ostfalen im Osten und der Engern in der Mitte. So findet sich der Volksname „Westfalahi“ (oder ähnlich) nach 775 auch in anderen karolingischen Quellen.
Erst im Laufe des 10. Jahrhunderts begann die Übertragung des Namens „der Westfalen“ auf das von ihnen bewohnte Land. Den frühesten Beleg bietet eine Urkunde von 955, in der eine Lokalisierung „in pago Westfala“ (im Gau Westfalen) vorgenommen wird, wobei „pagus“ hier nicht gleichbedeutend ist mit dem, was im weiteren Verlauf des Mittelalters in Westfalen unter „pagus“ bzw. „Gau“ verstanden wurde. Es folgt eine Urkunde von 980, in der der Ort Brackel (heute Dortmund-Brackel) „in pago Westfalon“ lokalisiert wird. Dabei waren „Westfala“ und „West-

falon“ aber noch immer Völkerschaftsnamen (also eigentlich: im Gau der Westfalen). Ohne „pagus“ begegnet der „Westfalen“-Name erstmals in einer Urkunde von 1054, in der von der „villa quae dicitur Holthausen“ (dem Dorf, das Holthausen genannt wird), gelegen „in Westvalen“ gesprochen wird, womit der Übergang vom Volksnamen zum Landschaftsnamen deutlich wird, der wenig später, zuerst in einer Urkunde von 1067, in der latinisierten Form „Westfalia“ belegt ist (Bauermann, herescephe, S. 64).

Der Raum, auf den sich der Landschaftsname „Westfalen“ bezog, war vom 10. bis zum 20. Jahrhundert immer wieder Veränderungen unterworfen. Nach den Berichten der Karolingerzeit saßen „die Westfalen“ in dem Gebiet zwischen dem von Vechta nach Westen fließenden und bei Meppen in die Ems mündenden Flüßchen Hase im Norden und der Lippe im Süden, wobei sich dieses Gebiet im Westen bis Bocholt erstreckte, während es im Osten wohl bis in die Nähe von Lübbecke nördlich des Wiehengebirges reichte. Ob das Gebiet „der Westfalen“ die Weser erreichte, ist unklar; allenfalls könnte die Weser in der Gegend von Minden berührt worden sein. Weiter im Süden gehörte das weit westlich der Weser gelegene Paderborn nicht zum Gebiet „der Westfalen“, sondern zu dem der Engern. Ob und inwieweit das Sauerland bereits dem Gebiet „der Westfalen“ zuzurechnen war, ist dunkel. „Hellweg und Sauerland (...) sind – vom Standpunkt des 8. Jahrhunderts etwa betrachtet – neuwestfälische Gebiete (Bauermann, Land Westfalen, S. 44).

Mit der Ausbildung des Landschaftsnamens Westfalen weitete sich auch die Landschaft Westfalen – zunächst nach Norden und Süden – aus und erreichte bei Oldenburg die dort nach Norden fließende Hunte und eine von dort westwärts zur Ems verlaufende „Grenze“, so daß Westfalen nicht weiter nach Norden über die großen Moore in das Gebiet der Friesen ausgriff. Im Süden reichte das Westfalen des 10. Jahrhunderts bis an die Ruhr und streckenweise wohl auch über die Ruhr nach Süden ins Sauerland. Im 10./11. Jahrhundert scheinen auch die im Osten der heutigen Niederlande gelegenen Landschaften Drente und Twente zu Westfalen gehört zu haben. Doch erreichte Westfalen im Westen nirgendwo den Rhein. Immerhin war das heute rheinische Essen westfälisch. Im Osten war Westfalen entlang einer von der Ruhr unterhalb Arnsbergs östlich an Werl vorbei nach Nordosten auf die Senne und von dort auf die Weser zu verlaufenden „Grenze“ von Engern getrennt. Nicht nur Paderborn, sondern auch Erwitte und Arnsberg lagen somit noch außerhalb Westfalens. Dahinter stand noch immer die Vorstellung der Dreiteilung des Volkes der Sachsen in Westfalen, Engern und Ostfalen (Ostsachsen bzw. Sachsen), wie sie auch in der Literatur jener Zeit, so beim Poeta Saxo am Ende des 9. Jahrhunderts in seiner dichterischen Darstellung der Taten Karls des Großen und im 10. Jahrhundert bei dem Geschichtsschreiber Widukind von Corvey erscheint.

Im Laufe des 12. Jahrhunderts trat der Name Engern jedoch mehr und mehr zurück, während sich der Westfalen-Begriff über das engrische Gebiet bis an die Weser ausdehnte, so daß auch Paderborn und Corvey – wie auch das Lipperland – zu Westfalen gerechnet wurden. Entscheidend dafür wurde der Sturz Heinrichs des Löwen im

Jahre 1180, dessen Herzogtum Sachen durch den Staufer Kaiser Friedrich I. (Friedrich Barbarossa) entlang der Weser in das Herzogtum Westfalen, das dem Kölner Erzbischof Philipp von Heinsberg zugesprochen wurde, im Westen und in das Herzogtum Sachsen im Osten geteilt wurde, das der Askanier Bernhard von Anhalt erhielt. Vor dem Welfen Heinrich dem Löwen hatte die noch ungeteilte sächsische Herzogswürde ihren liudolfingischen und billungischen Inhabern in Westfalen keine Herrschaftsrechte eröffnet und somit politisch die Bedeutung eines mehr oder weniger leeren Titels besessen. Jetzt aber wurde das alte Sachsen in zwei Teile geteilt, womit die alte Dreiteilung und mit ihr der Name Engern allmählich in Vergessenheit gerieten und Westfalen seine Ausdehnung bis an die Weser erfuhr.

Diese Entwicklung hatte sich aber schon vor 1180 angekündigt. Das zeigen literarische Zeugnisse des 12. Jahrhunderts, so die Lebensbeschreibung des heiligen Altmann aus der ersten Hälfte des 12. Jahrhunderts. Hier wird das Bistum Paderborn zu Westfalen gerechnet, während von Engern keine Rede mehr ist. Dasselbe gilt für die „Chronica Slavorum“ des nach 1177 gestorbenen Helmold von Bosau, der von der Kolonisierung Holsteins durch Siedler aus Flandern, Holland, Utrecht, Friesland und Westfalen spricht, aber Engern unerwähnt läßt, obwohl der Leiter des Kolonisationsunternehmens, Graf Adolf von Schauenburg, aus dem engrischen Gebiet stammte. Doch darf die Bedeutung des Ereignisses von 1180 für den Westfalen-Begriff auch nicht überbewertet werden; die Gelnhäuser Urkunde von 1180 mit der das rechtsrheinische Gebiet der Erzdiözese Köln, das Gebiet der der Kölner Kirchenprovinz angehörenden westfälischen Bistümer und das Gebiet der zum Metropolitanbezirk Mainz gehörenden Diözese Paderborn der Herzogsgewalt des Kölner Erzbischofs unterstellt wurde, gebraucht den neuen Westfalen-Begriff noch nicht, sondern geht noch von der alten Dreiteilung aus. Ganz verschwand der Name Engern nie; im Titel der Kölner Kurfürst-Erzbischöfe erhielt er sich bis 1801: VON GOTTES GNADEN (...) ERZBISCHOF ZU CÖLN, DES HEILIGEN RÖMISCHEN REICHES ERZKANZLER DURCH ITALIEN UND CHURFÜRST; LEGATUS NATUS DES HEILIGEN APOSTOLISCHEN STUHLES; HERZOG ZU ENGERN UND WESTPHALEN; ETC. Dennoch kann das Jahr 1180 als der Zeitpunkt gelten, von dem an die Weser von der Allermündung südöstlich Bremens flußaufwärts bis in die Gegend der Diemelmündung als Ostgrenze Westfalens galt.

Aus der Mitte des 13. Jahrhunderts, der Zeit um 1240, stammt die erste genauere Beschreibung der Grenzen Westfalens, die in der Enzyklopädie, dem „Liber de proprietatibus rerum“, des Magdeburger Minoriten Bartholomaeus Anglicus enthalten ist. Westfalen stoße, so der aus England stammende Mönch, im Osten an Sachsen, im Süden an Thüringen und Hessen, im Westen an Köln und an den Rhein und im Norden an Friesland und an das Meer. So werde Westfalen von zwei Flüssen, Weser und Rhein, begrenzt. Diese Umschreibung Westfalens behielt ihre Gültigkeit während des ganzen späten Mittelalters und der Frühen Neuzeit und wurde nach Bartholomaeus Anglicus von anderen Autoren nur genauer gefaßt, vor

allem im Hinblick auf den Rhein als Westgrenze Westfalens und auf das Bergische Land. Diese Frage blieb offen bei dem italienischen Humanisten Enea Silvio de' Piccolomini, dem späteren Papst Pius II., der als Teilnehmer des Konzils von Basel nach Deutschland gekommen war und in der Mitte des 15. Jahrhunderts in seinem geographischen Werk „De statu Europae“ als Grenzen Westfalens den Rhein und die Weser, Friesland und das Hochstift Utrecht sowie die hessischen Berge anführte, hinsichtlich des Rheins aber unsicher war. Genaueren Aufschluß gab der aus Laer im Münsterland stammende Kölner Kartäusermönch Werner Rolevinck, der in den siebziger Jahren des 15. Jahrhunderts das erste Buch über Westfalen schrieb, sein Werk „De laude veteris Saxoniae nunc Westphaliae dictae“. Zwar bezeichnete Rolevinck den Rhein noch immer als Westgrenze Westfalens, doch griff er damit wohl nur noch traditionelle Vorstellungen auf, weil er das Herzogtum Berg ebenso wie das Herzogtum Kleve zu den Westfalen begrenzenden Territorien zählte. Dasselbe galt weiter nördlich für die heute niederländischen Landschaften Twente und Drente und im Norden für Friesland, im Osten für Sachsen und im Süden für Hessen und den Westerwald.
Diese Vorstellung von der Ausdehnung Westfalens wurde nach Rolevinck zur Grundlage des kulturell-literarischen Westfalen-Begriffs, dem die politische Realität des in zahlreiche Territorien aufgespaltenen Westfalen nicht entsprach. Dieser unpolitische Westfalen-Begriff findet sich denn auch im 16. Jahrhundert in den Kosmographien von Hartmann Schedel, Sebastian Franck und Sebastian Münster. Das gilt auch für Hermann Hamelmann, den 1525 geborenen ersten Geschichtsschreiber der Reformation in Westfalen, der den Rhein jedoch im wörtlichen Sinne als Westgrenze Westfalens auffaßte und diese Westgrenze bis Zwolle und Deventer verlängerte, also Twente und Drente einbezog. Dementsprechend waren für ihn Düsseldorf, Duisburg und Elberfeld, aber auch Oldenburg, westfälische Städte. Im Osten nahm er die Weser von Bremen flußaufwärts bis Hessen als Grenze Westfalens. Andere literarische Gewährsleute für den seit Bartholomaeus Anglicus, Enea Silvio de' Piccolomini und Werner Rolevinck traditionellen Westfalen-Begriff waren im 16. Jahrhundert Gerhard von Kleinsorgen und der Kartograph Gerhard Mercator und im 17. Jahrhundert Hermann Stangefol mit seinen „Annales Circuli Westphalici“ von 1640, für den der Rhein von Köln flußabwärts bis Wesel und die Weser von Bremen flußaufwärts bis Hessen die Grenze Westfalens im Westen und im Osten bildeten. Indem Stangefol im Südosten die Eder als Grenze Westfalens gegen Hessen hinzunahm, bezog er den größten Teil Waldecks ein. Hingegen nahm er die Grenze Westfalens im Nordwesten ungefähr auf die heutige deutsch-niederländische Grenze zurück, rechnete also Twente und Drente nicht mehr zu Westfalen und trug damit der politischen Entwicklung Rechnung. Gemeint ist die aus dem niederländischen Aufstand der zweiten Hälfte des 16. Jahrhunderts hervorgegangene Republik der Vereinigten Niederlande, die acht Jahre nach dem Erscheinen seines Werkes, 1648, endgültig aus dem Heiligen Römischen Reich deutscher Nation ausschied. Damit nahmen Twente und Drente

an der ganz andersartigen Entwicklung der Niederlande teil, während sie von Westfalen durch eine politisch wichtige Grenze getrennt waren.

Diesen kulturellen Westfalen-Begriff kannte auch noch das 19. Jahrhundert. So bezog Justus Gruner in seinem Werk „Meine Wallfahrt zur Ruhe und Hoffnung" von 1802 das Bergische Land ebenso wie Oldenburg und Schaumburg-Lippe in seine kulturgeschichtlichen Beobachtungen über Westfalen ein und bezeichnete die bergische Hauptstadt Düsseldorf als westfälische Stadt. Ähnliches gilt für Levin Schücking, der in seinem „Malerischen und romantischen Westfalen" von 1841 das durch die Weser im Osten, den Saum des hessischen Gebirges, die Quelle der Sieg und den Westerwald im Süden und durch Ostfriesland im Norden begrenzte Gebiet als Westfalen bezeichnete. Aber nicht nur im Nordwesten fielen die Grenzen Westfalens bei Schücking mit der heutigen deutsch-niederländischen Grenze zusammen; im Südwesten schied er das Bergische Land aus, ebenso im Nordosten das Gebiet der Grafschaften Hoya und Diepholz, die im 16. Jahrhundert an die Welfen gefallen waren. Die Weser bildete somit bei Schücking nur noch von Minden flußaufwärts bis zur Diemelmündung die Ostgrenze Westfalens.

Es gab also vom 13. bis ins 19. und mit Ausläufern bis ins 20. Jahrhundert einen kulturell-literarisch-historischen Westfalen-Begriff, der sich mit politisch-rechtlichen Kategorien nicht deckte und nur insofern der Veränderung unterworfen war, als die Frage des Rheins als Westgrenze Westfalens und der Zugehörigkeit des Herzogtums Berg lange offen blieb, während die Grenze gegen die Niederlande im 17. Jahrhundert auf die heutige deutsch-niederländische Grenze zurückgenommen wurde und die nördlich von Minden auf der westlichen Seite der Weser liegenden Grafschaften Hoya und Diepholz allmählich ausschieden. Als fester Bestand des kulturellen Westfalen-Begriffs des 13. bis 19. oder 20. Jahrhunderts erscheint somit das Gebiet des Münsterlandes, Minden-Ravensbergs, Lippes, Paderborns und Corveys, des märkischen und des kölnischen Sauerlandes, des Osnabrücker Landes, des Emslandes und der Grafschaft Bentheim und des Oldenburger Landes. Westfalen in diesem Sinne reichte bis vor die Tore Bremens und umfaßte den größten Teil des heute zu Niedersachsen gehörenden Gebietes westlich der Weser.

Neben dem unpolitisch-kulturellen gab es seit dem 13. Jahrhundert aber auch einen politischen Westfalen-Begriff, der für ein sehr viel kleineres Gebiet Geltung besaß und an die Übertragung der Herzogswürde in Westfalen auf den Kölner Erzbischof von 1180 anknüpfte. Gemeint sind Teile des Sauerlandes und des Hellwegraumes zwischen Werl und Geseke, wo die Kölner Kirche schon seit der Christianisierung Besitzschwerpunkte – in Soest und Medebach, Hachen und Werl, aber auch in Attendorn – hatte und im frühen 12. Jahrhundert die Hälfte der Grafenrechte der Grafen von Werl gewinnen konnte. Die 1180 an den Kölner Erzbischof übertragene Herzogswürde bezog sich auf ganz Westfalen, auf das Land zwischen Rhein und Weser im oben behandelten Sinne, nicht nur auf das ohnehin schon in seinem Machtbereich liegende Gebiet. Die Herzogswürde war jedoch mehr ein theoretischer Anspruch als Grundlage zur Territorialbildung. Die Ausbildung des kölnischen Territoriums, das dann „Herzogtum Westfalen" hieß, vollzog sich zunächst nur im Gebiet des „Marschallamtes Westfalen" – womit der älteste politische Westfalen-Begriff begegnet. Dazu kam 1248 durch Kauf der gleichnamigen Burg das spätere Amt Waldenburg bei Attendorn. Mit Waldenburg gehörten am Ende des 13. Jahrhunderts folgende Orte mit ihrer Umgebung zum Marschallamt Westfalen: Waldenburg, Meinerzhagen, Attendorn, Schmallenberg, Winterberg, Hallenberg, Medebach, Marsberg, Rüthen, Erwitte, die Burg Krukenberg bei Helmarshausen nahe Höxter und Holzminden an der Weser, Brilon, Warstein, Kallenhardt (Ostervelde), Belecke, Geseke, Soest, Werl, Herford, Vlotho, Lügde, Pyrmont, Wiedenbrück, Lüdinghausen, Vreden, Menden mit der nahegelegenen Burg Rodenberg, Volkmarsen und Kogelnberg, die Burgen Volmarstein an der Ruhr und Raffenberg bei Hohenlimburg und Siegen, das der Kölner Erzbischof zeitweise in Mitbesitz hatte (Seibertz I, Nr. 484). Zum Marschallamt Westfalen zählten also auch Orte, die später nicht dem kölnischen Territorium angehörten. Dieses erfuhr eine wesentliche Abrundung, als Graf Gottfried IV. von Arnsberg 1368 seine Grafschaft Arnsberg mit allem Zubehör, darunter Burg und Ort Arnsberg, an die Kölner Kirche verkaufte. Im 15. Jahrhundert kamen noch Bilstein und Fredeburg hinzu, während Soest und die Soester Börde durch die Soester Fehde der Jahre 1444 bis 1449 dem Erzbischof von Köln verloren gingen und damit aus dem Herzogtum Westfalen ausschieden.

Von da an blieb das aus diesen Bestandteilen zusammengewachsene Herzogtum Westfalen als rechtsrheinisches Nebenland des rheinischen Erzstifts Köln und Bestandteil des Kölner Kurstaates ohne nennenswerte Gebietsveränderung bestehen, bis es durch den Reichsdeputationshauptschluß von 1803 dem Landgrafen von Hessen-Darmstadt zugesprochen wurde. Von 1803 bis 1816 bildete das Herzogtum Westfalen unter diesem Namen eine Provinz der Landgrafschaft Hessen-Darmstadt, bzw. ab 1806 des Großherzogtums Hessen, bevor es 1816 an Preußen fiel. Der politische Westfalen-Begriff im Sinne des kölnischen oder kurkölnischen und später hessen-darmstädtischen Herzogtums Westfalen hielt sich somit bis 1816, um nach dem Aufgehen des Herzogtums Westfalen in dem 1816 gegründeten, bis heute bestehenden Regierungsbezirk Arnsberg zu einer bloß noch historischen Reminiszenz zu werden. Das Herzogtum Westfalen umfaßte das gesamte Gebiet des heutigen Hochsauerlandkreises und des Kreises Olpe sowie Teile des heutigen Märkischen Kreises und des Kreises Soest.

Ein ganz anderer politischer Westfalen-Begriff entstand mit der Gründung der Reichskreise. Im Zuge der Reichsreformbestrebungen wurde das Heilige Römische Reich deutscher Nation 1512, endgültig 1521, in zehn Reichskreise eingeteilt. Das waren der Österreichische Kreis für die österreichischen Länder der Habsburger, der Burgundische Kreis, der die Niederlande und die Freigrafschaft Burgund (Franchecomté) umfaßte, der Kurrheinische Kreis für die Territorien der geistlichen Kurfürsten von Mainz, Trier und Köln und des weltlichen Kurfürsten von der Pfalz sowie der Fränkische, der Bayerische, der Schwäbische, der Oberrheinische, der

Obersächsische, der Niedersächsische und der Niederrheinisch-Westfälische Kreis. Zum Niederrheinisch-Westfälischen Reichskreis gehörte auch Ostfriesland. Mit der im 16. Jahrhundert noch ungeteilten Grafschaft Schaumburg (später Schaumburg-Lippe und hessisch Schaumburg) und mit dem Hochstift Verden griff der Reichskreis über die Weser hinaus nach Osten, während er mit den saynischen und den wiedischen Grafschaften sowie mit Siegen und anderen nassauischen Grafschaften in den Westerwald, an den Mittelrhein und nach Hessen reichte. Wichtiger war, daß dem Niederrheinisch-Westfälischen Kreis nicht nur das rechtsrheinische Herzogtum Berg, das beiderseits des Niederrheins gelegene Herzogtum Kleve, das ganz linksrheinische Herzogtum Jülich und verschiedene Eifelgrafschaften angehörten, sondern auch das Hochstift Lüttich und andere Gebiete im heutigen Belgien und das noch weiter westlich heute in Frankreich gelegene Cambrai. Hingegen zählten die kurkölnischen Territorien, d. h. das rheinische Erzstift, das „Vest“ (Grafschaft) Recklinghausen und auch das Herzogtum Westfalen, nicht zum Niederrheinisch-Westfälischen, sondern zum Kurrheinischen Reichskreis. Wittgenstein gehörte zum Oberrheinischen Reichskreis.
Wegen der weiten Ausdehnung des Niederrheinisch-Westfälischen Reichskreises über das traditionell zu Westfalen gerechnete Gebiet hinaus und wegen der Nichtzugehörigkeit wichtiger Teile Westfalens zu diesem Reichskreis trat der mit dem Niederrheinisch-Westfälischen Reichskreis aufgekommene neue politische Westfalen-Begriff in Konkurrenz zu dem Westfalen-Begriff der Geschichtsschreiber, Kosmographen und Literaten. So wandte sich schon Hermann Hamelmann gegen eine Ausweitung des Westfalen-Begriffs, wie ihn der Reichskreis nahelegte. Hermann Stangefol unterschied drei verschiedene Westfalen-Begriffe, einmal das kölnische Herzogtum Westfalen, dann das „Land Westfalen“ im oben dargestellten Sinne und schließlich eine „viel weiter gestreckte Meinung“ von Westfalen, nach der Berg und Kleve zu Westfalen gehören. Über den Reichskreis heißt es bei Stangefol, dieser umfasse „verschiedene Nationen, Völker, als Lütticher, kölnische, westfälische, Rhein- und Maasländer“ (Casser, S. 13).
Dennoch lag die Kreiseinteilung im 18. Jahrhundert den Kartendarstellungen sowie der geographischen bzw. länderbeschreibenden Literatur zugrunde, wobei jetzt überdies der Name des Reichskreises verkürzt als „Westfälischer Kreis“ wiedergegeben wurde. Das gilt z. B. für Anton Friedrich Büschings „Neue Erdbeschreibung“, und zwar für den „Siebenden Theil, welcher vom deutschen Reich den westphälischen, chur-rheinischen und ober-rheinischen Kreis enthält“, erschienen 1770. Unter der Überschrift „Der westphälische Kreis“ werden hier nacheinander genannt das Hochstift Münster, das Herzogtum Kleve, die Grafschaft Mark, die Grafschaft Ravensberg, das Herzogtum Jülich, das Herzogtum Berg, das Hochstift Paderborn, das Hochstift Lüttich, das Hochstift Osnabrück, das Fürstentum Minden, das Fürstentum Verden, die Abteien Corvey, Stablo und Malmédy, Werden, Kornelimünster, Essen, Thorn und Herford, die nassauischen Länder, das Fürstentum Ostfriesland, das Fürstentum Moers, die Grafschaften Wied, Sayn, Schaumburg, Oldenburg

und Delmenhorst, Lippe, Sternberg, Bentheim, Steinfurt, Tecklenburg und Lingen, Hoya, Virneburg, Diepholz, Spiegelberg, Rietberg, Pyrmont, Gronsfeld und Reckenheim, die Graf- oder Herrschaften Anholt, Winneburg und Beilstein, Holzappel, Wittem, Eiß und Schlenacken, Blankenheim und Gerolstein, Gemen, Gimborn und Neustadt, Wickradt, Millendonk, Reichenstein, Kerpen und Lommersum, Schleiden und Hallermund und die Reichsstädte Köln, Aachen und Dortmund behandelt. Hier waren die Konturen des traditionellen Westfalen-Begriffs zugunsten eines politischen Westfalen-Begriffs verwischt, der – mit Ausnahme der kurkölnischen Territorien und Wittgensteins – das ganze heutige Nordrhein-Westfalen, das westliche Niedersachsen und Teile Belgiens, der Niederlande, Hessens und von Rheinland-Pfalz umfaßte. Daher erschien es dem in Köln verlegten „Niederrheinisch-Westfälischen Kreiskalender" von 1758 als notwendig, zwischen Westfalen im „weitläufigen Sinne" (dem Reichskreis), Westfalen im „engeren Sinne" (dem Herzogtum) und „Westfalen überhaupt" (der Landschaft Westfalen im Sinne des kulturellen Westfalen-Begriffs) zu unterscheiden (Casser, S. 16).
Ein nicht eigentlich politischer, aber doch politisch bedingter Westfalen-Begriff kam auf, nachdem zwischen 1609 und 1744 das Herzogtum Kleve, die Grafschaften Mark und Ravensberg, das Hochstift Minden, die Grafschaften Moers, Lingen und Tecklenburg, das Oberquartier Geldern und das Fürstentum Ostfriesland brandenburgisch bzw. preußisch geworden waren. Damit ergab sich die Vorstellung von einem preußischen Westfalen, womit im Westen auch Kleve und im Norden Ostfriesland einbezogen wurden. Das zeigen Zeitungs- und Zeitschriftentitel. So erschien in den 1750er Jahren in Kleve eine Wochenschrift mit dem Titel „Der Westfälische Beobachter" und in den 1790er Jahren die „Westfälische Provinzialzeitung" für Kleve, Moers und die Grafschaft Mark.
Eine neue Wendung des politischen Westfalen-Begriffs trat 1801 mit dem Frieden von Lunéville ein, mit dem Kaiser und Reich das linksrheinische Reichsgebiet an die Französische Republik abtraten. Damit wurde der Rhein von Basel bis Elten bei Emmerich zur Grenze zwischen Frankreich und Deutschland, während das Herzogtum Kleve auf sein rechtsrheinisches Gebiet beschränkt wurde und der Niederrheinisch-Westfälische Reichskreis alle Mitgliedsterritorien links des Rheins verlor und daher jetzt nur noch „Westfälischer Kreis" genannt wurde. Damit kamen jetzt für kurze Zeit der auf den Reichskreis bezogene politische Westfalen-Begriff und der kulturelle Westfalen-Begriff, soweit dieser den Rhein als Grenze Westfalens nahm, zur Deckung. Auch hier lassen sich Zeitungstitel als Beleg anführen, so der Titel von Arnold Mallinckrodts in Dortmund erscheinendem „Westfälischen Anzeiger". In diesem 1798 – als der Verlust der linksrheinischen Gebiete an Frankreich absehbar war – gegründeten Blatt waren Kleve und das Bergische Land ebenso vertreten wie Ostfriesland. Schließlich kam es mit der Bildung des Ende 1807 aus ehemals preußischen, hannoverschen, braunschweigischen und hessischen Gebieten zusammengefügten „Königreichs Westphalen" (Royaume de Westphalie) noch einmal zu einem gänzlich neuen politischen Westfalen-Begriff, der aber wegen der

Kurzlebigkeit dieses 1813 untergegangenen Napoleonidenstaates Episode blieb. Das Königreich Westphalen reichte von Wiedenbrück und Salzkotten im Westen bis nach Magdeburg an der Elbe und bis nach Halle an der Saale und umfaßte von Westfalen im herkömmlichen Sinne lediglich das Hochstift Paderborn und das Corveyer Stiftsgebiet, die Grafschaft Rietberg und das Amt Reckenberg (Wiedenbrück), Minden-Ravensberg und das Hochstift Osnabrück, nicht aber Lippe und das 1808 zum Großherzogtum Berg geschlagene Rheda. Hauptstadt war Kassel.

Die Neuordnung Deutschlands auf dem Wiener Kongreß 1814/15 bestätigte nicht nur die durch die Befreiungskriege gegen Napoleon seit 1813 gewonnene starke Stellung Preußens in Westfalen und am Rhein, wo sich das preußische Staatsgebiet von nun an von Minden bis Saarbrücken erstreckte, sondern führte auch zur Teilung Westfalens im Sinne des alten kulturellen Westfalen-Begriffs. Es entstand ein preußisches, ein hannoversches und ein oldenburgisches Westfalen, während zugleich die preußische Provinz Westfalen zur Bildung eines neuen, auf das preußische Westfalen beschränkten politischen Westfalen-Begriffs führte. Die Wiener Kongreßakte sprach Ostfriesland und das ehemalige Hochstift Osnabrück, die Grafschaften Bentheim und Lingen und vom alten Niederstift Münster das Emsland und den Hümmling und somit auch Meppen, Haselünne und Aschendorf dem Königreich Hannover zu. Mit diesem „hannoverschen Westfalen" dehnte sich das Königreich Hannover – und dehnt sich das Land Niedersachsen bis heute – bis an die deutsch-niederländische Grenze aus. Das 1815 zum Großherzogtum erhobene Oldenburg behielt den Osten des alten Niederstifts Münster mit den Ämtern Cloppenburg und Vechta. Dieses „oldenburgische Westfalen" ist seit 1946 ebenfalls ein Bestandteil Niedersachsens.

1816 entstand die preußische Provinz Westfalen mit Münster als Provinzialhauptstadt, das damit zum erstenmal eine gesamtwestfälische, über das Hochstift Münster hinausreichende Funktion erhielt. Zugleich nahmen die Bezirksregierungen der drei Regierungsbezirke Arnsberg, Minden und Münster ihre Tätigkeit auf. 1817 kamen die beiden Grafschaften Wittgenstein-Berleburg und Wittgenstein-Wittgenstein (Laasphe) und im gleichen Jahr auch der Kreis Siegen in seinem damaligen Umfang zur Provinz Westfalen, die damit im Süden über das altwestfälische Gebiet und im Falle Wittgensteins auch über das des Niederrheinisch-Westfälischen Reichskreises hinausgriff. Seit 1817 haben sich die Grenzen der Provinz Westfalen, die heute als Bundesgrenze gegen das Königreich der Niederlande, als nordrhein-westfälische Landesgrenze gegen Niedersachsen, Hessen und Rheinland-Pfalz, als Verwaltungsgrenze der Regierungsbezirke Münster und Arnsberg gegen die Regierungsbezirke Düsseldorf und Köln und als Grenze der Kreise Minden-Lübbecke, Herford, Gütersloh, Paderborn und Höxter und der kreisfreien Stadt Bielefeld gegen den Kreis Lippe fortbestehen, nur geringfügig im Rahmen von Eingemeindungen oder örtlichen Grenzkorrekturen verändert.

Wenn auch der auf einen größeren Raum bezogene kulturelle Westfalen-Begriff im 19. und teilweise auch noch im 20. Jahrhundert lebendig blieb und vor allem von den

an westfälischer Geschichte, Kunst und Volkskultur Interessierten weiter gepflegt wurde, so gewann die preußische Provinz Westfalen doch im Laufe der Zeit, und zwar innerhalb und außerhalb ihrer Grenzen, wachsende Prägekraft für die Vorstellung von der räumlichen Erstreckung Westfalens und für das regionale Identitätsbewußtsein. Damit kamen der solcherart räumlich geschrumpfte kulturelle und der politische Westfalen-Begriff allmählich zur Deckung. Dazu trug die zunehmende Präsenz der Provinz in Verwaltungsangelegenheiten bis hin zum Straßenbau („Provinzialstraßen") ebenso bei wie die „Provinzial-Feuer-Societät", die das Wappen der Provinz Westfalen an allen brandversicherten Häusern in Westfalen prangen ließ. Dasselbe gilt für den Heimatkundeunterricht und seine Lehrmittel. Wichtig für das Westfalenbewußtsein war auch der westfälische Provinziallandtag, der erstmals 1826 in Münster zusammentrat und in der Zeit der Weimarer Republik aus direkten Wahlen hervorging. Zu nennen sind auch Einrichtungen wie das Provinzialschulkollegium mit seiner Bedeutung für die höheren Schulen und ihre Lehrer, die Westfälische Wilhelms-Universität Münster als (bis 1965) einziger Provinzialuniversität, der Militärdienst junger Westfalen in „westfälischen" Regimentern der preußischen Armee wie dem 1. Westfälischen Infanterieregiment Nr. 13 (Herwarth von Bittenfeld) mit Garnisonen in Münster, Hamm und Soest oder für die Protestanten die Zugehörigkeit zu der synodal-presbyterial verfaßten westfälischen Provinzialkirche als Teil der evangelischen Preußischen Landeskirche bzw. nach 1918 der Evangelischen Kirche der altpreußischen Union.
1946 endete die Existenz der Provinz Westfalen, die in dem in jenem Jahr gegründeten Land Nordrhein-Westfalen aufging, dem 1947 das bis dahin selbständige Land Lippe angeschlossen wurde. Westfalen hörte damit auf, eine politische oder zumindest administrative Größe zu sein, womit sich der politische Westfalen-Begriff nach und nach verflüchtigte. Zwar gibt es seit 1953 anstelle des alten Provinzialverbandes Westfalen für die Kreise und kreisfreien Städte der früheren Provinz Westfalen und des früheren Landes Lippe den Landschaftsverband Westfalen-Lippe, dem im rheinischen Teil des Landes Nordrhein-Westfalen der Landschaftsverband Rheinland entspricht. Doch umfaßt diese öffentlich-rechtliche Körperschaft mit Sitz in Münster, wie schon die Bezeichnung zum Ausdruck bringt, auch das frühere Land Lippe. Daher gibt es heute nur noch eine Körperschaft des öffentlichen Rechts, deren Gebiet sich mit dem der früheren preußischen Provinz Westfalen deckt und deren Name „Westfalen" bzw. „westfälisch" im Titel führt. Das ist die Evangelische Kirche von Westfalen mit Sitz in Bielefeld, neben der es in Nordrhein-Westfalen auch noch die Evangelische Kirche im Rheinland (Düsseldorf) und die (evangelische) Lippische Landeskirche (Detmold) gibt.
Auf die Frage nach dem „Ort der westfälischen Geschichte" kann es also ganz verschiedene Antworten geben. Unter streng geschichtswissenschaftlichen Aspekten wäre die Antwort mehr oder weniger offenzulassen und einer an modernen Verwaltungsgrenzen orientierten Darstellung der Geschichte Westfalens entgegenzutreten. Dennoch wird hier als Ort der westfälischen Geschichte das Gebiet der früheren

preußischen Provinz Westfalen genommen, auch wenn immer wieder Blicke über deren Grenzen hinaus notwendig sein werden.
Westfalen in diesem Sinne ist heute das Gebiet der drei Regierungsbezirke Arnsberg, Münster und – ohne den Kreis Lippe – Detmold bzw. das Gebiet der 17 Kreise Borken, Coesfeld, Ennepe-Ruhr-Kreis, Gütersloh, Herford, Höxter, Hochsauerlandkreis, Märkischer Kreis, Minden-Lübbecke, Olpe, Paderborn, Recklinghausen, Siegen-Wittgenstein, Soest, Steinfurt, Unna und Warendorf und der neun kreisfreien Städte Bielefeld, Bochum, Bottrop, Dortmund, Gelsenkirchen, Hagen, Hamm, Herne und Münster. Dieses Gebiet wird von rd. 7,6 Millionen Menschen bewohnt. Das entspricht rd. 10% der Bevölkerung der Bundesrepublik Deutschland mit ihren 16 Bundesländern bzw. der Gesamtbevölkerung der Republik Österreich.
Historisch handelt es sich, wenn man den Stand um 1790 zugrunde legt, um das Gebiet von sieben geistlichen Territorien, fünf zu Preußen gehörenden Territorien und einer Reihe kleinerer Herrschaftsgebiete. Die geistlichen Territorien waren das Hochstift Münster mit seinem wichtigeren Teil (Oberstift Münster), das Hochstift Paderborn und die Reichsabtei (1792/94 Hochstift) Corvey, das kurkölnische Herzogtum Westfalen, das kurkölnische Vest Recklinghausen, das zum Hochstift Osnabrück gehörende Amt Reckenberg und das zum Reichsstift Essen gehörende Hukkarde (heute Dortmund-Huckarde). Preußisch waren die Grafschaften Mark und Ravensberg, das Fürstentum Minden, die Grafschaft Tecklenburg und die Obergrafschaft Lingen. Als kleinere weltliche Herrschaftsgebiete sind das Fürstentum Siegen (mit Freiem Grund und Hilchenbach), die Grafschaften Wittgenstein-Berleburg, Wittgenstein-Wittgenstein, Limburg (Hohenlimburg), Rietberg und Steinfurt, die Herrschaften Rheda, Anholt und Gemen, das preußisch-lippische Kondominat Lippstadt und die Reichsstadt Dortmund mit ihrem Landgebiet zu nennen.
Geographisch gliedert sich Westfalen im Sinne dieses Gebietes in drei deutlich zu unterscheidende Landschaften oder Naturräume. Den Süden nimmt das Mittelgebirge des Süder- oder Sauerlandes ein, das im Bereich des Rothaargebirges, der Hunau und des Astenmassivs auf Höhen von 800 Metern und darüber ansteigt. Nach Norden durch die Haar (oder Haarstrang) begrenzt, geht das Sauerland nach Osten in das Waldecker Upland, nach Süden in das hessische Bergland und nach Westen in die Berg- und Hügellandschaften des Bergischen Landes über, wobei das Siegerland und das Wittgensteiner Land dem Sauerland als Teillandschaften zugeordnet werden können. Sehr markant ist das Flußsystem der beiden Flüsse Ruhr und Lenne, die nicht weit voneinander entfernt nordöstlich der Stadt Winterberg bzw. westlich davon auf dem Kahlen Asten entspringen. Unterhalb von Hohensyburg zwischen Hagen und Dortmund mündet die Lenne in die Ruhr, die im Stadtgebiet von Duisburg in den Rhein mündet. Wichtige Nebenflüsse der Ruhr sind die Möhne und die Hönne, die Volme und die bereits oberhalb der Mündung der Volme in die Ruhr im Stadtgebiet von Hagen in die Volme gehende Ennepe. Das Siegerland und das Wittgensteiner Land sind Ausgangspunkt der in die Fulda mündenden und damit zum Flußgebiet der Weser gehörenden Eder sowie der Lahn und der Sieg, die

beide in den Rhein gehen. Für den Nordosten des Sauerlandes hat die Diemel Bedeutung, die in die Weser mündet.
Wenn man von dem am Ausgang des Sauerlandes im Bereich von Volme und Ennepe liegenden und mit seinen eingemeindeten Vororten Ruhr und Lenne berührenden Hagen absieht, so hat das Sauerland keine großen Städte. Es weist in seinen Flußtälern aber zahlreiche Mittel- und Kleinstädte auf, die in einigen Fällen, wie vor allem Lüdenscheid, aber auch auf der Höhe liegen. Die meisten dieser Städte sind industriell geprägt, weil das Sauerland – im märkischen Westen mehr als im kölnischen Osten – ebenso wie das Siegerland seit Jahrhunderten Gewerbestandort ist.
Die zweite Naturlandschaft bildet die Westfälische Bucht mit dem Münsterland als Kernraum, die nach Süden durch die Haar mit ihrer westlichen Fortsetzung, dem Ardey, begrenzt wird und im Osten, Nordosten und Norden bis an die Ausläufer des Eggegebirges bei Paderborn bzw. bis an den Teutoburger Wald reicht. Nach Westen bildet die Westfälische Bucht zum Niederrhein und zu den Niederlanden hin eine offene, wenn auch nicht durchgehende flache Ebene, die zum Rhein hin teilweise terrassenartig abfällt. Die Hügelgebiete der Beckumer Berge im Osten und der zwischen Münster und Coesfeld gelegenen Baumberge bilden mit Höhen von bis zu etwa 180 Metern die höchsten Erhebungen des Münsterlandes. Die Westfälische Bucht wird von zwei wichtigen Flüssen durchzogen, nämlich nach Nordwesten bzw. Norden von der in der Senne nördlich von Paderborn entspringenden Ems, die in die Nordsee mündet, und in westlicher Richtung von der nicht weit von der Emsquelle entfernt bei Lippspringe entspringenden Lippe, die bei Wesel in den Rhein geht. Neben den vielen kleinen Flüssen und Bächen des Münsterlandes wie Berkel, Stever oder Werse hat größere Bedeutung nur noch die im Stadtgebiet von Dortmund entspringende Emscher, die parallel zu der nördlich davon fließenden Lippe in Ost-West-Richtung durch das Ruhrgebiet fließt und im Bereich Duisburg-Walsum den Rhein erreicht. Nördlich der Lippe erstreckt sich das – weiter in Teillandschaften unterteilbare – Münsterland mit der Stadt Münster als größter städtischer Siedlung und einer Reihe kleinerer Städte wie Warendorf, Ahlen und Beckum im Osten und Coesfeld, Dülmen, Haltern, Lüdinghausen, Steinfurt, Gronau, Ahaus, Bocholt und Borken im Westen sowie dem an der Ems gelegenen Rheine im Norden.
Vom Münsterland abgehoben ist der südlich der Lippe gelegene, aber auch der Westfälischen Bucht angehörende Hellwegraum, der sich von der Lippe nach Süden bis an Haar und Ardey und somit bis an den Fuß der Mittelgebirge erstreckt. Aber auch diese Teillandschaft ist zweigeteilt. Im Osten, östlich von Dortmund, erstreckt sich die östliche Hellwegebene, die neben Industriegebieten noch immer landwirtschaftlich geprägt ist. Hier liegen wie Perlen an der Schnur des Hellwegs die Städte Unna, Werl, Soest, Erwitte und Geseke, denen weiter nördlich Kamen und in der Lippeniederung Hamm und Lippstadt zugeordnet werden können. Die Hellwegebene setzt sich nach Westen fort, ebenso die Perlenkette der Städte Dortmund, Bochum und dann im Rheinischen Essen und Duisburg. Doch ist die westliche

Hellwegebene als solche kaum erkennbar, weil das Vorkommen der Steinkohle hier das Ruhrgebiet hat entstehen lassen, eine Industrieregion mit hoher Bevölkerungsdichte und Großstädten, von denen Dortmund als größte Stadt Westfalens heute etwa 650 000 Einwohner zählt. Ohne Steinkohlenvorkommen und ohne Industrieansiedlung und Urbanisierung sähe die westliche Hellwegebene zwischen Dortmund und Essen, der Kernraum des Ruhrgebietes, ähnlich aus wie die östliche Hellwegebene, und Dortmund und Bochum wären Städte vom Zuschnitt Soests und Werls.

Der dritte Naturraum Westfalens im Sinne der preußischen Provinz ist das Weserbergland oder Ostwestfalen, das im Osten vom Flußlauf der Weser bestimmt wird, aber sonst, abgesehen von der Diemel ganz im Süden, keine nennenswerten Flüsse aufweist. Diese Landschaft ist weitgehend durch niedrige, teilweise langgezogene Mittelgebirge geprägt. Im Süden, im Paderborner Land, steigt das Eggegebirge bis auf Höhen von 400 Metern an. Die hügelige Hochfläche des Sintfeldes stellt die Verbindung zu den Briloner Höhen und damit zum nordöstlichen Sauerland her. Im Norden, im Ravensberger und Mindener Land, bilden der Teutoburger Wald und das Wiehengebirge zwei von Süden her parallel zuerst nach Norden und dann nach Nordwesten verlaufende Höhenzüge mit dem Teutoburger Wald im Westen bzw. Südwesten. Während der Teutoburger Wald bei Bielefeld noch Höhen über 300 Meter erreicht, kommt er bei den Dörenther Klippen nordwestlich von Tecklenburg nur noch auf 166 Meter und mit dem Huckberg bei Bevergern (Hörstel) sogar nur noch auf 96 Meter, um sich danach in der Emsniederung zu verlieren. Im Osten hat Ostwestfalen im Bereich von Hausberge (Porta Westfalica) und weiter weseraufwärts im Bereich von Höxter Anteil am Weserbergland, dem sich noch weiter südlich im Einzugsbereich der Diemel die Warburger Börde anschließt. Ganz im Norden, nördlich von Minden und Lübbecke, hat Westfalen in geringem Umfang Anteil an einem vierten Naturraum, der Norddeutschen Tiefebene.

Die größte Stadt dieses durch das frühere Land Lippe als lediglich historisch-politisch besonderer, nicht aber naturräumlich eigenständiger Region unterbrochenen Teils Westfalens ist heute Bielefeld. Der Großraum um die Städte Bielefeld, Herford und das noch der Westfälischen Bucht zuzurechnende Gütersloh wird mehr und mehr zu einer modernen Industrieregion. Andere wichtige Städte Ostwestfalens sind Minden, Lübbecke und Bad Oeynhausen im Norden und Paderborn, Warburg und Höxter im Süden.

So ist der „Ort der westfälischen Geschichte“ naturräumlich alles andere als eine Einheit, wie Westfalen auch vor dem 19. Jahrhundert politisch nie eine Einheit war. Nur in der Zeit von 1816 bis 1946 bildete Westfalen in der „klein-westfälischen“ Gestalt der preußischen Provinz einen politisch-administrativ in sich einheitlichen und nach außen eindeutig abgegrenzten Teil Deutschlands.

Quellen und Literatur

Fränkische Reichsannalen („Annales regni Francorum"). Druck (lateinisch) MGH Script. rer. Germ. in us. schol. Annales regni Francorum (Hannover 1895); (deutsch) Quellen zur karolingischen Reichsgeschichte, Bd. 1, bearb. von Reinhold Rau (Darmstadt 1955).

Seibertz, Johann Suibert (Hrsg.): Urkundenbuch zur Landes- und Rechtsgeschichte des Herzogtums Westfalen, Bd. 1 (= Ders., Landes- und Rechtsgeschichte des Herzogtums Westfalen, Bd. 2/Tl. 1). Arnsberg 1839.

Aubin, Hermann: Ursprung und ältester Begriff von Westfalen, in: Der Raum Westfalen II/1. Münster 1955, S. 3-35.

Bauermann, Johannes: „herescephe". Zur Frage der sächsischen Stammesprovinzen, in: Westfälische Zeitschrift 97, 1947, S. 38-68, wieder in: Ders.: Von der Elbe bis zum Rhein. Aus der Landesgeschichte Ostsachsens und Westfalens. Gesammelte Studien. (Neue Münsterische Beiträge zur Geschichtsforschung, Bd. 11) Münster 1968, S. 1-23.

Bauermann, Johannes: Das Land Westfalen, seine Grenzen und sein Wesen, in: Westfälischer Heimatkalender 1949. Münster 1948, S. 44-51, wieder in: Ders.: Von der Elbe bis zum Rhein (wie oben), S. 227-235.

Casser, Paul: Der Raum Westfalen in der Literatur des 13.-20. Jahrhunderts, in: Der Raum Westfalen. Hrsg. von Hermann Aubin u. a., Bd. II/2. Berlin 1934, S. 3-32.

Janssen, Wilhelm: Die Erzbischöfe von Köln und ihr „Land" Westfalen im Spätmittelalter, in: Westfalen 58, 1980, S. 82-95.

Kohl, Wilhelm: Westfalen – Begriff und Raum. (Begleittext) Geographisch-landeskundlicher Atlas von Westfalen, Lfg. 2, Doppelblatt 1. Münster 1986.

Müller-Wille, Wilhelm: Westfalen. Landschaftliche Ordnung und Bindung eines Landes. 2. Aufl. Münster 1981.

2.

Christianisierung und Frankenherrschaft

Westfalen war zwischen dem 7. und 9. Jahrhundert zweimal Schauplatz der Eroberung durch Völker oder Mächte, die von außerhalb Westfalens in diesen Raum eindrangen und ihn gestalteten. Die erste dieser Eroberungen, mit der die Geschichte Westfalens begann, war die sächsische Expansion. Die zweite bestand in den Sachsenkriegen Karls des Großen und in der Eingliederung Sachsens und damit auch Westfalens in das fränkische Reich.

Der Stamm – oder das Volk – der Sachsen, der bereits um 150 n. Chr. von dem griechischen Geographen Ptolemaios als eine nördlich der Elbe im heutigen Holstein beheimatete Völkerschaft erwähnt wird, weitete seinen Bereich bis zum 7. Jahrhundert immer weiter über das heutige Niedersachsen aus und saß schließlich auch in Westfalen, im nördlichen Hessen und in Thüringen. In der Mitte des 5. Jahrhunderts hatten Teile der Sachsen aus dem Elbmündungsgebiet auch die britische Insel erreicht, wo sie die keltoromanische Bevölkerung verdrängten, beherrschten oder sich mit ihr vermischten. Auf dem Festland, also im nordwestlichen Deutschland, hat man sich die sächsische Expansion weniger als kriegerische Eroberung vorzustellen, sondern als allmählichen Anschluß immer weiterer, mit den ursprünglichen Sachsen verwandter germanischer Stämme – mit der Folge, daß die Sachsen des 7. Jahrhunderts längst kein ethnisch homogener Stamm mehr waren, sondern ein aus verschiedenen germanischen Völkerschaften zusammengewachsenes Volk. Doch wird das kriegerische Element nicht gefehlt haben. Gegen Ende des 7. Jahrhunderts, als die sächsische Expansion das Münsterland und die Lippe erreicht hatte, gab es in Westfalen germanische Stämme nichtsächsischer – nämlich fränkischer – Volkszugehörigkeit noch mit den Brukterern zwischen Lippe und Ruhr, mit den Chattuariern an der unteren Ruhr und im westlichen Sauerland und mit den Chamaven im Hamaland, der Gegend um Bocholt, Stadtlohn und Vreden im westlichen Münsterland bis hinein in die heutigen Niederlande.

Die sächsische Expansion wurde im 7. Jahrhundert durch die innere Schwäche des fränkischen Merowingerreiches mit ermöglicht. An ihrem Ende stand die Ausdehnung der Sachsen bis an die untere Ruhr, nachdem die Sachsen 693/95 die Brukterer unterworfen hatten. Hier kam die sächsische Expansion zum Stillstand, indem die Franken starke Wehrbauten gegen ein weiteres Vordringen der Sachsen errichteten. Bekannt sind davon vor allem die Büraburg bei Fritzlar in Nordhessen, eine bedeutende merowingische Festung über dem Edertal, und die Alteburg über dem Tal der Ruhr bei Werden (heute Essen-Werden). Die sächsische Expansion reichte also bis in etwa 20 bis 30 Kilometer vom Rhein entfernte Gegenden. 715 griffen die Sachsen das Siedlungsgebiet der Chattuarier an.

Die fränkischen Gegenaktionen begannen nicht erst mit dem Herrschaftsantritt

Karls des Großen, 768, sondern schon zur Zeit seines Großvaters, des fränkischen Hausmeiers Karl Martell, der nicht nur die Friesen und die Alemannen unterwarf und 732 die Araber bei Poitiers schlug, sondern 718, nachdem er seine Stellung als Hausmeier gerade gesichert hatte, die Gegenoffensive gegen die Sachsen einleitete und diese bis an die Weser vortrug. Bedeutsam wurde der Feldzug Karl Martells gegen die Sachsen von 738, der sich vor allem in Westfalen abspielte und mit einer Niederlage der Sachsen endete, die sich zur Tributzahlung und zur Stellung von Geiseln verpflichten mußten. Dieser fränkische Sieg fand seinen Ausdruck in ersten Massentaufen unter den besiegten Sachsen, die in Westfalen bis dahin nur ganz vereinzelt mit christlicher Missionstätigkeit in Berührung gekommen waren. Nach Karl Martells Tod 741 gingen die Ergebnisse der fränkischen Erfolge gegen die Sachsen jedoch ebenso wie die der oberflächlichen Zwangschristianisierung rasch wieder verloren. Danach wurden die Sachsen in Westfalen wiederholt Ziel fränkischer Strafaktionen, bei denen der 751 anstelle des letzten merowingischen Königs zum König der Franken aufgestiegene Hausmeier Pippin der Jüngere, der Sohn Karl Martells und Vater Karls des Großen, 753 an der Spitze des fränkischen Heeres bis nach Rehme südlich der Porta Westfalica an der Weser gelangte. Hier mußten die besiegten Sachsen erneut Tributversprechen ablegen. Einen ähnlichen Ausgang fand der Feldzug Pippins in Westfalen von 758.

Vier Jahre nach dem Herrschaftsantritt Karls des Großen als König der Franken, 772, begannen die Sachsenkriege. Die fränkischen Reichsannalen, eine einseitige und parteiische Quelle, berichten zum Jahre 772:

> „Damals hielt der milde König Karl eine Versammlung in Worms und begab sich von hier erstmals nach Sachsen, eroberte die Eresburg, gelangte bis zur Ermensul, zerstörte dieses Heiligtum und brachte das Gold und Silber, das er dort fand, mit. Und es gab eine große Trockenheit, so daß es dort, wo die Ermensul stand, an Wasser fehlte. Während der vorgenannte ruhmreiche König dort zwei oder drei Tage bleiben wollte, um dieses Heiligtum gänzlich zu zerstören, und sie kein Wasser hatten, da stürzten plötzlich durch Gottes Gnade um Mittag, als das ganze Heer an einem Bachlauf ruhte, ohne daß irgend jemand etwas wußte, Wasser in solcher Fülle daher, daß das ganze Heer genug hatte. Dann kam der genannte große König an die Weser; hier hatte er eine Verhandlung mit den Sachsen, erhielt 12 Geiseln und kehrte nach Francien zurück“ (Fränk. Reichsannalen, S. 27).

Ist manches an diesem Bericht auch Legende, so ist doch sicher, daß im Sommer 772 ein starkes fränkisches Heer unmittelbar nach der Reichsversammlung von Worms ins nördliche Hessen vordrang und im heutigen hessisch-westfälischen Grenzgebiet die sächsische Eresburg (Obermarsberg, heute Stadt Marsberg) eroberte. Dort wurde die „Ermensul“ („Irminsul“), ein für die pagane Religion der Sachsen wichtiges Säulenheiligtum, das nach ihrem Glauben die Stütze des Alls war, zerstört. Richtig scheint auch, daß es sich um einen Sieg der Franken handelte, der die lockere fränkische Oberhoheit über die Sachsen bestätigte. Von einem vollständigen Sieg über die Sachsen konnte jedoch noch nicht die Rede sein.

Das zeigen die kriegerischen Auseinandersetzungen der Jahre 775 und 776, bei denen die Franken die sächsische Burg Syburg (heute Dortmund-Hohensyburg) und die von den Sachsen zwischenzeitig zurückgewonnene Eresburg eroberten. Im Zusammenhang mit diesen Kämpfen stand der – an sich wenig bedeutsame – sächsische Aufstand bei Lübbecke, dessen Erwähnung in den fränkischen Reichsannalen den frühesten Beleg für den Westfalen-Namen bietet. Sachsen westlich der Weser konnte 775/76 von Karl unterworfen werden. An der Lippequelle (heute Bad Lippspringe) fand der Unterwerfungsakt statt, dem an einem nahegelegenen Ort eine Massentaufe folgte. An diesem Ort errichtete Karl der Große 776 eine Burg. Dazu heißt es in den fränkischen Reichsannalen zum Jahre 776:

> „Und die Sachsen kamen erschreckt alle von allen Seiten am Lippeursprung zusammen und übergaben unter Stellung von Bürgen ihr Land ihnen (den Franken) zu Händen und versprachen Christen zu werden und stellten sich unter die Herrschaft des Königs Karl und der Franken. Und da baute König Karl mit den Franken die Eresburg wieder auf und noch eine Burg an der Lippe und dorthin kamen die Sachsen mit Frau und Kind in endloser Zahl und ließen sich taufen und stellten Geiseln, soviel der genannte König von ihnen begehrte“ (Fränk. Reichsannalen, S. 35).

Im folgenden Jahr fand am Taufort von 776 eine große fränkische Reichsversammlung in Anwesenheit zahlreicher fränkischer Großer und unter Beteiligung vieler Sachsen statt – mit Ausnahme des sächsischen Adeligen Widukind, der mit seinen Anhängern nach Dänemark geflohen war. Die Forschung der letzten zwei Jahrzehnte konnte den Nachweis erbringen, daß die andere „Burg an der Lippe“ (castrum super Lippiam), von der in den fränkischen Reichsannalen zum Jahr 776 die Rede ist, die befestigte Königspfalz an der Paderquelle nördlich des Paderborner Doms war, mit deren Errichtung die Geschichte Paderborns und damit die Vorgeschichte der ältesten Stadt in dem bis dahin städtelosen Westfalen begann (Balzer). Doch war die fränkisch-sächsische Reichsversammlung von 777 in Paderborn darüber hinaus ein triumphales Ereignis für das ganze Frankenreich. „In ihrer Bedeutung als Einschnitt der Sachsenpolitik Karls sind der Reichstag von 777, der in der zukünftigen ‚Versammlungspfalz' Sachsens abgehalten wurde, und die zur gleichen Zeit anberaumte Synode in der gerade erst geweihten Salvator-Kirche kaum zu überschätzen“ (Freise, S. 298).

Dennoch erlitt die fränkische Herrschaft in Westfalen noch mehrfach Rückschläge, so durch den sächsischen Aufstand unter dem aus Dänemark zurückgekehrten Widukind von 778, bei dem die Sachsen bis Deutz am Rhein (Köln-Deutz) gelangten, und erneut 782 sowie, nach neuen Kämpfen 783, im Jahre 784. Die Franken behielten jedoch im Endergebnis die Oberhand. 780 und 782 konnten Reichstage zu Lippspringe stattfinden, auf denen die Eingliederung Sachsens in das fränkische Reich vorangebracht wurde. Der niedergeschlagene Aufstand von 782 endete im „Verdener Blutgericht“, einer angeblichen Massenhinrichtung von 4 500 Sachsen in Verden an der Aller im heutigen Niedersachen, der sich Widukind erneut durch Flucht nach Dänemark entziehen konnte. Nach den Kämpfen der Jahre 783 und 784, während denen Karl die Wintermonate, um sich räumlich nicht zu weit vom Kriegsgeschehen zu entfernen, in Herstelle an der Oberweser (heute Stadt Beverungen) verbrachte, kam mit dem Jahr 785 die Wende. 785 fand in Paderborn erneut ein Reichstag statt, an dem wieder Sachsen teilnahmen, von denen viele längst von Karl gewonnen waren. Im gleichen Jahr mußte sich Widukind unterwerfen, der in der Pfalz Attigny in den Ardennen (heute französisches Département Ardennes) die Taufe empfing. In den Jahren 792 bis 794 gab es noch einmal Aufstände, die für die fränkische Herrschaft in Westfalen einen schweren Rückschlag bedeuteten, aber 794 niedergeschlagen werden konnten. Danach konzentrierten sich die Aufstände der Sachsen auf viel weiter nördlich gelegene Landschaften, vor allem auf das Gebiet zwischen der Weser- und der Elbemündung und auf Holstein. Westfalen konnte als befriedet gelten.

Als Ergebnis der Sachsenkriege Karls des Großen wurde Westfalen dem fränkischen Reich angeschlossen und organisatorisch fest in den Reichsverband eingegliedert. Die sächsische adelige Oberschicht wurde nicht ausgerottet oder sozial deklasssiert, sondern trat in die fränkische „Reichsaristokratie" ein und übernahm die fränkische Adelskultur. Die Christianisierung des Volkes kam zum Durchbruch und konnte die paganen Kulte zumindest äußerlich verdrängen. Zugleich wurde das Land von einer Kirchenorganisation überzogen, die für die Dauer eines Jahrtausends, bis zum Beginn des 19. Jahrhunderts, Bestand hatte und trotz der Veränderungen des 19. Jahrhunderts mit den katholischen Bischofssitzen Münster und Paderborn bis heute nachwirkt. Schließlich wurde Westfalen, dessen Bewohner bis dahin keine Schriftsprache besaßen und keine Schreibkultur kannten, der christlich-lateinischen Bildung geöffnet. So entstand in Westfalen eine lateinische Literatur, für die vor allem der Corveyer Mönch Widukind von Corvey, wahrscheinlich ein Nachfahre des Sachsenführers Widukind, mit seiner lateinisch geschriebenen Sachsengeschichte aus dem 10. Jahrhundert zu nennen ist. Aber auch die Volkssprache wurde nun Schrift- und Literatursprache. Das gilt vor allem für den um 830 wahrscheinlich in Fulda und somit außerhalb Westfalens entstandenen „Heliand", Teil einer altsächsischen Bearbeitung der Bibel, von der im wesentlichen eine Evangelien-Harmonie erhalten ist.

Wichtig für die Sicherung der fränkischen Herrschaft und für die Integration Westfalens in das fränkische Reich wurde der zweite Reichstag zu Lippspringe von 782. Hier wurde die Einführung der fränkischen Grafschaftsverfassung in Sachsen und damit in Westfalen festgelegt. Diese fränkischen Grafschaften knüpften nicht oder nicht direkt an die altsächsischen Gaue an, sondern folgten eher dem Vorbild der Grafschaft (comitatus) im Frankenreich, die in Gallien bis auf die spätrömische Zeit zurückging. Die karolingische Grafschaft war „die institutionalisierte Form des königlichen Herrschaftsanspruchs; der Graf verkörperte die königliche Gewalt" (Willoweit, Sp. 1778). Die Grafschaft war somit Verwaltungs- und Gerichtsinstitution, wobei die Wahrnehmung der königlichen Rechte und Ansprüche, die Wahrung von Frieden und Recht, die Aufbietung der dem König zur Heeresfolge Verpflichteten u. ä. zu den Aufgaben der Grafen gehörte. Diese waren prinzipiell absetzbare

und vom König abhängige Amtsträger, auch wenn das Grafenamt bald in vornehmen Familien erblich wurde. Hingegen war der Gau oder Go (pagus) – der Name ist als selbständige Bezeichnung erst später belegt – in sächsischer Zeit ein „Land" im Sinne von Landgemeinde oder besiedelter Landschaft. Beides deckte sich nicht.
Die Zuständigkeit des karolingischen Grafen (comes) erstreckte sich nicht auf die Immunitätsbezirke der Kirche und des Hochadels, griff aber über das Königsgut oder die königliche Grundherrschaft hinaus. Schon auf dem zweiten Reichstag zu Lippspringe erhielt der sächsische Adel das Angebot, als Grafen (comites) in den Dienst Karls des Großen zu treten und als Vertreter des Königs in den Grafschaften zu amtieren. Der sächsische Adel nahm dieses Kooperationsangebot an, so daß in karolingischer Zeit zahlreiche sächsische Adelige „als neuernannte Grafen alte Macht in den aus fränkischer Gewalt hergeleiteten Amtspositionen bewahren und stärken konnten" (Freise, S. 301). Das trug entscheidend zur Integration Westfalens in das Frankenreich bei. Wegen des relativ geringen Umfangs der königlichen Besitzungen im eroberten Sachsen war Karl der Große aber auch zu dieser Form der Herrschaftskooperation gezwungen. Dadurch wies die Grafschaftsverfassung im sächsischen Stammesgebiet eine vom übrigen Frankenreich abweichende Struktur auf, indem die Grafschaft sich dort auf das Königsgut stützte, während sie hier ihre Grundlage im Allodialgut des einheimischen sächsischen Adels fand.
Dennoch entstand in Westfalen ein System von Königshöfen, die für die Versorgung des königlichen Hofes und als Etappenstationen bei Reisen des Königs dienten. Schon 785 war die Eresburg als königliche Pfalz und als Wohnsitz des Königs zur Überwinterung ausgebaut worden. Demselben Zweck diente 797 auch ein Winterlager Karls des Großen auf einer Bergkuppe oberhalb des Dorfes Herstelle. Als Königshöfe und als Orte mit königlichem Grundbesitz genannt werden auch Paderborn und Lügde. Königshöfe werden außerdem an der Hellweglinie und an der Diemel vermutet. Hinzu kamen als weiteres Element der Stärkung der fränkischen Herrschaft in Westfalen fränkische Siedlungen, die man mit den Mitteln der Ortsnamenkunde (Toponomastik) vor allem im Münsterland, beiderseits von Lippe und Hellweg und östlich von Paderborn erschließen kann.
Sehr wichtig für die Integration Westfalens in das fränkische Reich wurde auch die fränkische Gesetzgebung. Hatte noch die „Capitulatio de partibus Saxoniae" der Reichstage von Lippspringe (782) und Paderborn (785) strenge Strafbestimmungen gegenüber den Sachsen enthalten, so war das „Capitulare Saxonicum" des Aachener Reichstags von 797 bereits auf Kooperation mit den Sachsen hin angelegt, die in Aachen am Gesetzgebungsvorgang teilnahmen. Erst recht gilt das für die „Lex Saxonum" des Aachener Reichstags von 802, an deren Abfassung Sachsen beteiligt waren. In diesem Königsgesetz wurde die altsächsische soziale Ordnung mit ihrer Dreigliederung in Adelige, Freie und Liten, unter denen noch die Unfreien (servi) standen, ebenso wie die scharfe soziale Trennung dieser Stände betont und die adelige Oberschicht herausgehoben. Da der sächsische Adel zugleich als „comites" in den Dienst des fränkischen Königs trat und in dessen Namen regionale Herr-

schaftsfunktionen übernahm, trug das nicht nur zur Kontinuität der Sozialordnung bei, sondern auch zur politisch-gesellschaftlichen Einordnung Westfalens oder zumindest seiner Führungsschicht in das fränkische Reich. Das fand seinen Ausdruck im Eintritt führender Vertreter des sächsischen Adels in die fränkische „Reichsaristokratie" auf dem Wege des Konnubiums, also durch Eheverbindungen.

Der bekannteste Fall war der des Grafen Wala. König Pippin der Jüngere hatte einen Halbbruder, Bernhard, der ein unehelicher Sohn Karl Martells war. Dieser ging 772, nach der ersten Unterwerfung der Sachsen durch Karl den Großen, seinen Neffen, mit einer Dame aus sächsischem Adel die Ehe ein. Aus dieser fränkisch-sächsischen Verbindung ging Wala hervor, der in der Palastschule erzogen wurde und später im eroberten Sachsen eine wichtige Rolle spielte, bevor er Abt der Klöster Corbie an der Somme und Bobbio in Oberitalien wurde. Ein anderer sächsischer Adeliger, der Westfale Ekbert, heiratete vor 790 eine Frau aus einer Seitenlinie des karolingischen Herrscherhauses, die seit dem 10. Jahrhundert als Heilige verehrte Ida von Herzfeld, die Stifterin der Kirche von Herzfeld an der Lippe (heute Gemeinde Lippetal, Kreis Soest). Herzfeld war ein fränkischer Königshof, den Karl der Große Ekbert und Ida übertragen hatte. Ekberts und Idas Sohn Cobbo und dessen Bruder zählten „zu den Spitzen der karolingischen Reichsaristokratie" (Keller, S. 139) in der Zeit Ludwigs des Deutschen, Ludwigs des Frommen und Lothars I. Die Ekbertiner (Egbertiner) waren im 9. Jahrhundert in Westfalen die führende Adelsfamilie des Landes, neben denen seit Ende des 9. Jahrhunderts, sicher im 10. Jahrhundert, die Grafen von Werl großen Einfluß gewannen.

Mit den Sachsenkriegen waren die Christianisierung Westfalens und die christliche Mission im Sinne von Zwangschristianisierung und mit der Eingliederung Westfalens in das fränkische Reich der Aufbau der Kirchenorganisation in Westfalen unmittelbar verbunden. Dabei begann die Zwangsmissionierung unter Einsatz militärischer Mittel („Schwertmission") nicht erst unter Karl dem Großen, sondern bereits unter Karl Martell mit den Zwangsmassentaufen von 738.

Vor 738 gab es – seit etwa 690 – einzelne, wenig erfolgreiche Missionsversuche durch Missionare von den britischen Inseln. Die frühe angelsächsische Mission begann 678/79 bei den Friesen im Rheindelta in den heutigen Niederlanden, wo der Bischof Wilfried von York und der irische Priester Wictberet als Missionare auftraten. 689 begann der Northhumbrier Willibrord seine Missionstätigkeit in Westfriesland und Utrecht, vor 714 kam er nach Helgoland und suchte als Missionar auch Thüringen auf. In Westfalen missionierte der spätere Bischof von Utrecht aber nicht. Die ersten christlichen Glaubensboten in Westfalen waren zwei angelsächsische Priester aus Irland, die beide Ewald hießen und nach unzutreffender Tradition mit Willibrord auf den Kontinent gekommen waren. Bevor sie ihre Missionstätigkeit beginnen konnten, wurden sie um 691/92 wohl nördlich der unteren Lippe erschlagen. Ihre Leichname konnten geborgen werden und wurden in St. Kunibert in Köln beigesetzt. Zunächst erfolgreicher war Suitbert, ein Gefährte Willibrords, der vor

690 bei den Brukterern zwischen Lippe und Ruhr missionierte. Doch machte der sächsische Vorstoß in das Brukttererland der Mission des Suitbert ein Ende, der danach in Kaiserswerth (Düsseldorf) – damals eine Insel im Rhein – ein Kloster errichtete und dort 713 starb.
716 kam als Helfer Willibrords der aus vornehmer angelsächsischer Familie stammende Winfried-Bonifatius nach Friesland, um später – ab 719 – als „Apostel der Deutschen“ vor allem in Thüringen und Hessen und somit am Südostrand Westfalens tätig zu werden. 747 wurde Bonifatius Bischof von Mainz. 723 hatte er im nordhessischen Geismar bei Fritzlar die Donar-Eiche, ein germanisches Heiligtum, gefällt. Ob Bonifatius jemals in Westfalen missionierte, erscheint als fraglich. Der auf 738 bezogene Erfolgsbericht über die Taufe von 100 000 Menschen bezieht sich, abgesehen von der unglaubwürdigen Zahlenangabe, zumindest nicht auf Sachsen, sondern u. a. auf die Brukterer südlich der Lippe und an der Ruhr.
Dieser Bericht des Bonifatius von 739 gehört schon der zweiten Phase der Christianisierung und somit der Zwangsmissionierung an. Seit 738 wurden die Siege der Franken über die Sachsen immer wieder durch deren Verpflichtung zu Tributzahlungen, durch Geiselstellung und durch zwangsweise Massentaufen besiegelt, mit deren Hilfe die fränkischen Herrscher im Zusammenwirken mit den angelsächsischen Missionaren das unruhige Sachsen zu unterwerfen, zu befrieden und zu sichern suchten. Eine wirkliche Christianisierung oder Verchristlichung der heidnischen Bevölkerung Westfalens konnte so allerdings nicht erreicht werden. Dennoch gab es in der Zeit Pippins des Jüngeren, der bei seinen Kriegszügen nach Westfalen anscheinend auf Massentaufen verzichtete, und auch noch in den ersten Jahren der Herrschaft Karls des Großen, d. h. vor Beginn der Sachsenkriege, auch religiös ernstzunehmende Missionsversuche. Diese gingen seit der Mitte des 8. Jahrhunderts von Utrecht aus und wurden als „Wandermission“ von angelsächsischen Wanderpredigern in der Art friedlicher Bekehrung zum christlichen Glauben getragen. Dabei suchten die Missionare zunächst die Sitze sächsischer Adeliger auf, um über die Führungsschicht die übrige Bevölkerung erreichen zu können. Einer dieser angelsächsischen Missionare war Lebuin (Liafwin), der zunächst bei den Friesen an der Ijssel in den heutigen Niederlanden missionierte und in Deventer eine Kirche errichtete, dann aber nach Westfalen kam und um 770 auf der sächsischen Stammesversammlung bei Marklô an der Weser (vielleicht nahe Porta Westfalica) auftrat.
Mit dem Beginn der Sachsenkriege Karls des Großen trat der Zusammenhang von Krieg und Mission deutlich hervor, und zwar nicht nur mit der Zerstörung paganer Heiligtümer wie der Ermensul, dem Kampf gegen germanische Kulte durch Schändung heiliger Bäume oder Quellen oder Tötung heiliger Tiere und mit dem Erweis der Unwirksamkeit der alten Götter, sondern auch durch Zwangstaufen, durch Überzeugung und durch Geschenke an taufbereite Adelige. Zu einer großen Taufe kam es, wie schon erwähnt wurde, 776 in Paderborn. Zum Jahre 777 berichten die fränkischen Reichsannalen im Zusammenhang mit der Reichsversammlung in Paderborn erneut über Taufen:

„Dort wurden eine Menge Sachsen getauft und sie gaben, wie es ihre Art ist, ihre ganze Freiheit und ihr Eigentum ihm (Karl dem Großen) zu Händen als Pfand, wenn sie wieder nach ihrer üblen Gewohnheit sich änderten, wenn sie nicht in allem am Christentum und ihrer Ergebenheit gegenüber dem genannten König Karl und seinen Söhnen oder den Franken festhalten sollten" (Fränk. Reichsannalen, S. 37).

Die Sachsen wurden mit der Taufe nicht auf einen Schlag Christen. So wurden in der „Capitulatio de partibus Saxoniae" von 782/85 die paganen Kulte wie Donar- und Wotanopfer, Amulettglaube, Quellen- und Baumkulte, der Ahnenkult und der Hexenglaube mit schweren Strafen bis hin zur Todesstrafe bedroht. Archäologisch tritt die Christianisierung mit dem Wandel der Bestattungsform von den Süd-Nord-gerichteten Gräbern, oft mit Grabbeigaben, zu den West-Ost-gerichteten Gräbern ohne Grabbeigaben, wie sie christlichem Brauch entsprachen, hervor.
Sehr wichtig für die Befestigung des Christentums in Westfalen wurde die Kirchenorganisation mit Bistümern und Pfarreien, die aus den Missionsbezirken hervorgingen. Auf der Paderborner Reichsversammlung von 777 wurde ganz Sachsen in Missionsbezirke eingeteilt, was sich 780 auf dem ersten Reichstag zu Lippspringe wiederholte. Das waren noch keine Bistümer, sondern Tauf- und Predigtbezirke. So ging die Mission im Oberweserraum von Fulda und dem dort 744 von Sturmi im Auftrag seines Lehrers Bonifatius gegründeten Kloster aus. Der Paderborner Raum wurde von Würzburg und teilweise wohl von Mainz aus missioniert, dessen Bischof Lul 772 die Ermensul zerstört hatte. Die Christianisierung des Sauerlandes und des östlichen Hellwegraumes stand unter der Leitung des Erzbischofs von Köln. Die Mission im Münsterland ging, nach Anfängen unter dem Echternacher Abt Beornrad (Bernradh) vor 785, von dem Friesen Liudger aus, einem Schüler der Utrechter Missionsschule.
Liudger wurde auch der erste Bischof von Münster, doch vollzog sich in Münster, wie im Falle der anderen westfälischen Bistümer, der Übergang vom Missionsbezirk zur bischöflichen Diözese in einem längeren Prozeß. 787 hatte Liudger den Auftrag zur Missionierung beiderseits der unteren Ems im Westen des heutigen Niedersachsen erhalten. 792 übernahm er die Mission in Westfalen, wo er 793 (795) als Mittelpunkt seines Missionsbezirks an der Stelle der altsächsischen Siedlung Mimigernaford ein befestigtes „monasterium" (Kloster) gründete, das spätere Münster. Diese klösterliche Gemeinschaft sollte nach dem Vorbild Utrechts Ausbildungsstätte der Missionspriester sein. 799 richtete Liudger in Werden an der Ruhr überdies ein Benediktinerkloster als rückwärtige Etappenstation für die Mission ein. 805 fand die Integration Westfalens in das Frankenreich für den Bereich des Münsterlandes kirchlich ihren Abschluß mit der Gründung des Bistums Münster und mit der Einsetzung Liudgers als erstem Bischof von Münster. Die Diözese Münster, die wie Utrecht zur Kirchenprovinz des Kölner Erzbischofs gehörte, wurde im Westen von der Diözese Utrecht begrenzt. Im Süden berührte sie an der Lippe die Diözese Köln, während sie im Osten und Nordosten dem Flußlauf der Ems bis nördlich von Rheine folgte.

In Paderborn hatte Papst Leo III. schon 799 in der künftigen Bischofskirche einen Altar geweiht. 806 wurde Hathumar erster Bischof von Paderborn. Er entstammte dem sächsischen Adel und war noch im Knabenalter, wie zahlreiche Sachsen, als Geisel in die Gewalt Karls des Großen geraten. So kam er nach Würzburg, wo Hathumar, wie auch sein ab 815 amtierender Nachfolger Badurad, an der Würzburger Domschule erzogen wurde. Diese enge Bindung an Würzburg – 799 hatte der Würzburger Bischof Kiliansreliquien in die künftige Paderborner Kathedrale transferieren lassen – führte dazu, daß das Bistum Paderborn der Kirchenprovinz des 780/82 von Karl dem Großen zum Erzbistum erhobenen Mainz unterstellt wurde, der auch Würzburg angehörte. Zur Paderborner Diözese zählten außer dem Paderborner Raum das Gebiet um Warburg und Steinheim, Lippe, das Oberwesertal bei Höxter, das Diemeltal und nordhessische Nachbargebiete.
Das dritte westfälische Bistum, Minden, entstand gemäß der Einteilung Sachsens in Missionsbezirke unter dem Einfluß des Klosters Fulda. So war der erste Bischof von Minden der 830 gestorbene Fuldaer Mönch Erkanbert. Die Diözese Minden, die zur Kölner Kirchenprovinz gehörte, erstreckte sich von der im Nordosten Westfalens an der Weser gelegenen Bischofsstadt aus weit über Westfalen hinaus bis in die Lüneburger Heide.
Zur Befestigung des Christentums trugen in Westfalen auch Klostergründungen bei. Älter als die westfälischen waren jedoch die bonifatianischen Klöster im benachbarten Hessen, nämlich Amöneburg (721), Fritzlar (724) und Fulda (744). Dasselbe gilt im Rheinland für das unmittelbar an der Grenze zu Westfalen gelegene Werden (799). Das älteste Männerkloster Westfalens war die Benediktinerabtei Corvey an der Weser, die 815 von dem Kloster Corbie an der Somme (Corvey = Corbeiya nova, neues Corbie) als Mönchszelle in Hethis, einem nicht genau lokalisierbaren Ort, gegründet und 822 an das westliche Weserufer bei Höxter verlegt wurde. 826 erlangte Corvey die Selbständigkeit von seinem französischen Mutterkloster, verbunden mit freier Abtswahl und Immunität. 844 war der erste Kirchenbau in Corvey fertiggestellt. 873 wurde der Bau des – im 12. Jahrhundert veränderten – karolingischen Westwerks begonnen, das, von diesen Veränderungen abgesehen, bis heute von der Bedeutung dieses Klosters an der Ostgrenze Westfalens zeugt. In der Ottonenzeit war Corvey eines der wichtigsten Zentren des religiösen und geistigen Lebens in Westfalen und in ganz Sachsen.
Noch älter als Corvey und das älteste Kloster in Westfalen überhaupt, war das Frauenkloster, die spätere Reichsabtei, Herford, das um 789 von dem sächsischen Adeligen Waltger in der Nähe des fränkischen Hofes (curtis) Odenhausen nahe dem Zusammenfluß der beiden Bäche Aa und Werre innerhalb des heutigen Stadtgebietes von Herford gegründet und 823 als mit Corvey verbundenes Frauenkloster umgegründet wurde. Sicher ins 9. Jahrhundert, wenn auch zumeist nur bis in die zweite Jahrhunderthälfte, reichte eine Reihe von Frauenklöstern oder Kanonissenstiften zurück, nämlich im Münsterland Nottuln, Liesborn, Vreden, Freckenhorst und Metelen, in der späteren Herrschaft Rheda Herzebrock, im Paderborner

Land Böddeken und Neuenheerse und im Sauerland Meschede. In anderen Fällen hält eine Datierung der Gründung in der Karolingerzeit der heutigen Forschung nicht stand. Das gilt für das angeblich 810 gegründete Benediktinerinnenkloster und spätere Damenstift Herdecke an der Ruhr, bei dem die Indizien auf eine Entstehung „kurz vor seiner ersten urkundlichen Erwähnung als dynastische Gründung des frühen 13. oder späten 12. Jahrhunderts“ hindeuten (E. Klueting, S. 401). Somit besaß Westfalen innerhalb der Grenzen der ein Jahrtausend später gegründeten preußischen Provinz am Ende der Karolingerzeit, die in Deutschland bzw. im Ostfrankenreich nach der Reichsteilung von 843 (Vertrag von Verdun) bis zum Tod König Ludwigs des Kindes 911 andauerte, die drei Domstifte Münster, Paderborn und Minden, das bedeutende Benediktinerkloster Corvey und eine ganze Reihe von Frauenklöstern und Stiften, die mit dem geographisch dieser Teillandschaft zuzurechnenden Herzebrock mit sechs Instituten großenteils im Münsterland lagen.

Für die Befestigung des christlichen Glaubens unter der Bevölkerung waren die Pfarrkirchen von besonderer Bedeutung. Die Forschung (Albert K. Hömberg) unterscheidet für Westfalen 1. die Missionszellen und die aus ihnen hervorgegangenen „ältesten Urpfarreien“, die auf die Zeit von ca. 775 bis 785 zurückgehen, 2. die in den Jahren von ca. 780 bis 800 entstandenen „älteren Urpfarreien“, 3. die zwischen etwa 795 und 830 gegründeten „jüngeren Urpfarreien“ und 4. die in der Zeit von etwa 820 bis 900 entstandenen „älteren Stammpfarreien“. Dieses Schema und mehr noch die Zuweisung einzelner Pfarreien ist bei anderen Historikern nicht durchweg auf Zustimmung und teilweise auf Kritik gestoßen. Dennoch können die Ergebnisse Hömbergs zur Entstehung der mittelalterlichen Kirchenorganisation in Westfalen im großen und ganzen als gesichert gelten, sofern man sich des hypothetischen Charakters eines Teils dieser Ergebnisse bewußt bleibt und in Einzelfällen zu Abstrichen bereit ist. So wird, wenn man die Entstehung des Klosters Herdecke im 9. Jahrhundert verneint, auch die von Hömberg angenommene Gründung der Pfarrkirche in Herdecke als Eigenkirche des Klosters im 9. Jahrhundert verneint werden müssen.

Für Westfalen – ohne den Kreis Siegen-Wittgenstein – ergibt sich daraus folgende frühe Pfarrorganisation:

A. Missionszellen bzw. „älteste Urpfarreien“ (ca. 775-785)

Bistum Osnabrück: Ibbenbüren (Kreis Steinfurt), Bünde (Kreis Herford), Wiedenbrück (Rheda-Wiedenbrück, Kreis Gütersloh); Bistum Münster: Münster, Rheine (Kreis Steinfurt); Erzbistum Köln: Dortmund, Syburg (Dortmund-Hohensyburg), Soest, Wormbach (Schmallenberg, Hochsauerlandkreis); Bistum Paderborn: Eresburg-Obermarsberg (Marsberg, Hochsauerlandkreis), Paderborn, Steinheim (Kreis Höxter); Bistum Minden: Minden.

B. „Ältere Urpfarreien" (ca. 780-800)

Bistum Münster: Warendorf, Ahlen (Kreis Warendorf), Werne (Kreis Unna), Dülmen (Kreis Coesfeld), Billerbeck (Kreis Coesfeld), Coesfeld, Beckum (Kreis Warendorf), Wettringen (Kreis Steinfurt), Borken, Bocholt (Kreis Borken); Erzbistum Köln: Recklinghausen, Bochum, Unna, Hagen, Menden (Märkischer Kreis), Attendorn (Kreis Olpe), Erwitte (Kreis Soest), Velmede (Bestwig, Hochsauerlandkreis), Medebach (Hochsauerlandkreis); Bistum Paderborn: Höxter; Bistum Minden: Lübbecke (Kreis Minden-Lübbecke), Rehme (Porta Westfalica, Kreis Minden-Lübbecke).

C. „Jüngere Urpfarreien" (ca. 795-830)

Bistum Osnabrück: Lengerich (Kreis Steinfurt), Lienen (Kreis Steinfurt), Enger [Eigenkirche] (Kreis Herford); Bistum Münster: Greven (Kreis Steinfurt), Telgte (Kreis Warendorf), Albersloh (Sendenhorst, Kreis Warendorf), Lüdinghausen [Eigenkirche] (Kreis Coesfeld), Nottuln (Kreis Coesfeld), Haltern (Kreis Recklinghausen), Oelde (Kreis Warendorf), Herzfeld [Eigenkirche] (Lippetal, Kreis Soest), Liesborn [Eigenkirche] (Wadersloh, Kreis Warendorf), Schöppingen (Kreis Borken), Lembeck (Dorsten, Kreis Recklinghausen), Stadtlohn (Kreis Borken), Vreden [Eigenkirche] (Kreis Borken), Wessum (Ahaus, Kreis Borken); Erzbistum Köln: Herringen (Hamm), Hüsten (Arnsberg, Hochsauerlandkreis), Altenrüthen (Rüthen, Kreis Soest), Geseke (Kreis Soest); Bistum Paderborn: Herford [Eigenkirche], Heepen (Bielefeld), Iburg (Bad Driburg, Kreis Höxter), Brakel (Kreis Höxter), Corvey [Eigenkirche] (Höxter), Herstelle (Beverungen, Kreis Höxter); Bistum Minden: Windheim (Petershagen, Kreis Minden-Lübbecke), Dielingen (Stemwede, Kreis Minden-Lübbecke).

Es gab also um 830 in Westfalen bereits ein Netz von rund 60 Pfarreien, bei denen es sich ganz überwiegend um bischöfliche oder königliche Gründungen und nur in wenigen Fällen um Eigenkirchen von Klöstern oder Adelsfamilien handelte. Bis zum Ende des 9. Jahrhunderts kamen rund 50 „ältere Stammpfarreien" hinzu, darunter im Osnabrücker Diözesangebiet in Westfalen Halle (Kreis Gütersloh) und die Eigenkirche des Klosters Herzebrock (Kreis Gütersloh), im Bistum Münster Ascheberg (Kreis Coesfeld), Ennigerloh (Kreis Warendorf), Harsewinkel (Kreis Gütersloh) und Wadersloh (Kreis Warendorf), im kölnischen Diözesangebiet u. a. Gladbeck (Bottrop), Datteln (Kreis Recklinghausen), Hattingen (Ennepe-Ruhr-Kreis), Witten (Ennepe-Ruhr-Kreis), Schwelm (Ennepe-Ruhr-Kreis), Elsey (Hagen-Hohenlimburg), Lüdenscheid (Märkischer Kreis), Olpe, Brilon (Hochsauerlandkreis) und die Eigenkirche des Kanonissenstifts Meschede (Hochsauerlandkreis), im Bistum Paderborn u. a. Thülen (Brilon, Hochsauerlandkreis), Haaren (Wünnenberg, Kreis Paderborn), Böddeken (Kreis Paderborn), Amelunxen (Beverungen, Kreis Höxter) und Warburg (Kreis Höxter) und im westfälischen Teil des Bistums Minden Buchholz (Petershagen, Kreis Minden-Lübbecke) und Oldendorf (Preußisch Oldendorf, Kreis Minden-Lübbecke). Mit diesen jüngeren Pfarrkirchen gab es in Westfalen um 900 mehr als 100 Pfarreien. Dabei sind die Grenzen zwischen „jüngeren Urpfarreien“ und „älteren Stammpfarreien“ in einigen Fällen unsicher.

Die damit erreichte Kirchenorganisation trug auch entscheidend – und bis heute nachwirkend – zur Entstehung innerwestfälischer Verwaltungsgrenzen und auch zur Fixierung der Grenzen Westfalens nach außen bei. Oft folgten die Diözesangrenzen nicht natürlichen Grenzen. Noch weniger nahm die kirchliche Organisation Rücksicht auf die von den Franken vorgefundene politische Gliederung, d. h. auf die altsächsischen Gaue. Statt dessen bildeten die kirchlichen Grenzen oftmals die Grundlage der späteren politischen Grenzen: „Wo die Grenzen der weltlichen und der kirchlichen Landesorganisation einander entsprechen, wie es im Hochmittelalter weithin der Fall war, haben wir in Westfalen in der Regel die kirchliche Gliederung als das primäre Element zu betrachten“ (Hömberg, S. 66).

Das wird deutlich am Beispiel der Stadt Medebach, die im äußersten Südosten des Hochsauerlandkreises nahe der hessischen Stadt Korbach liegt, während sie vom übrigen Kreisgebiet durch hohe Berge, die Ostabdachung des Astenmassivs, getrennt ist, die in schneereichen Wintern den Verkehr auch heute noch erheblich behindern. In der Zeit der Sachsenkriege gehörte der Medebacher Raum daher auch, diesen geographischen Gegebenheiten entsprechend, wie der Korbacher Raum zum Ittergau. „Wie aber konnte es zur Gründung dieser kölnischen Kirche in einem ganz fremden Gau kommen? Sie wird verständlich, wenn wir den Verlauf der alten Fernstraßen betrachten, die den Ittergau erschlossen. Die eine Hauptlinie war die ‚Weinstraße‘, die von Süden kommend bei Frankenberg die Eder überschritt und über Korbach und Marsberg nach Paderborn führte. Diese Straße hat in den Sachsenkriegen als eine der Hauptanmarschlinien der Franken eine außerordentlich große Rolle gespielt; nicht minder wichtig war sie für die Mission, denn auf ihr sind von Süden die Missionare gekommen, die in Marsberg und Paderborn die ersten Kirchen gründeten und damit den Grund legten für die Entstehung des Bistums Paderborn und seine Eingliederung in die Mainzer Kirchenprovinz. Die zweite große Straße war die ‚Heidenstraße‘, die von Westen, von Köln kam; an ihr sind deshalb die kölnischen Urpfarrkirchen entstanden: Attendorn, Wormbach und als am weitesten vorgeschobener kölnischer Kirchort Medebach. Während der Medebacher Raum für die von Süden kommenden Missionare abseitig lag, führte die von Köln kommende Straße geradewegs in diesen Raum hinein. Medebach ist also nicht kölnisch geworden, weil der ‚Staatssekretär für kirchliche Angelegenheiten im Hauptquartier Karls des Großen‘ diesen ‚Gau‘ dem Erzbistum Köln zur Missionierung zugewiesen hat, sondern weil eines Tages ein kölnischer Priester von der älteren Missionszelle in Wormbach aus auf der Heidenstraße über das Gebirge gewandert ist und hier jenseits des Grenzkammes ein Land gefunden hat, in das noch kein anderer christlicher Priester gekommen war. Er hat hier ein Kirchlein gebaut, die Leute aus den Höfen und Weilern der Umgebung sind zu ihm gekommen, und um die Kirche hat sich so das große Kirchspiel gebildet, das nun noch heute, nach fast 1200 Jahren, wegen dieser Begründung durch einen kölnischen Priester zum rheinisch-westfälischen und nicht zum hessischen Raum gehört" (Hömberg, S. 56-58).

Quellen und Literatur

Fränkische Reichsannalen („Annales regni Francorum"). Druck [vgl. Kap. 1].

Angenendt, Arnold: Mission bis Millenium 313-1000. Münster 1998. (= Geschichte des Bistums Münster. Hrsg. von Arnold Angenendt, Bd. 1).

Balzer, Manfred: Paderborn als karolingischer Pfalzort, in: Deutsche Königspfalzen. Beiträge zu ihrer historischen und archäologischen Erforschung, Bd. 3 (Veröffentlichungen des Max-Planck-Instituts für Geschichte, Bd. 11/3) Göttingen 1979, S. 9-85.

Die Benediktinerklöster in Nordrhein-Westfalen. Bearb. von Rhaban Haacke. (Germania Benedictina, Bd. 8) St. Ottilien 1980.

Das Bistum Münster, 3 Bde. Hrsg. von Werner Thissen. Münster 1993. Bd. 1: Die Bischöfe von Münster.

Brandt, Hans-Jürgen / Hengst, Karl: Die Bischöfe und Erzbischöfe von Paderborn. Paderborn 1984.

Die Eingliederung der Sachsen in das Frankenreich. Hrsg. von Walther Lammers. (Wege der Forschung, Bd. 185) Darmstadt 1970.

Freise, Eckhard: Das Frühmittelalter bis zum Vertrag von Verdun (843), in: Westfälische Geschichte. Hrsg. von Wilhelm Kohl, Bd. 1. Düsseldorf 1983, S. 275-335.

Hauck, Karl: Paderborn, das Zentrum von Karls Sachsen-Mission 777, in: Adel und Kirche. Festschrift für Gerd Tellenbach. Hrsg. von Josef Fleckenstein u. Karl Schmid. Freiburg 1968, S. 92-140.

Hömberg, Albert K.: Studien zur Entstehung der mittelalterlichen Kirchenorganisation in Westfalen, in: Westfälische Forschungen 6 (1943-52), S. 46-108.

Keller, Hagen: Zur Struktur der Königsherrschaft im karolingischen und nachkarolingischen Italien. Der „consiliarius regis" in den italienischen Königsdiplomen des 9. und 10. Jahrhunderts, in: Quellen und Forschungen aus italienischen Archiven und Bibliotheken 47, 1967, S. 123-223.

Klueting, Edeltraud: Art. Herdecke, in: Westfälisches Klosterbuch. Hrsg. von Karl Hengst, Tl. 1. Münster 1992, S. 400-404.

Schäferdiek, Knut: Der Schwarze und der Weiße Hewald. Der erste Versuch einer Sachsenmission, in: Westfälische Zeitschrift 146, 1996, S. 9-24.

Schieffer, Rudolf: Die Anfänge der westfälischen Domstifte, in: Westfälische Zeitschrift 138, 1988, S. 175-191.

Schieffer, Rudolf: Die Karolinger. 2. Aufl. Stuttgart 1997.

Schulze, Hans K.: Die Grafschaftsverfassung der Karolingerzeit in den Gebieten östlich des Rheins. (Schriften zur Verfassungsgeschichte Bd. 19) Berlin 1973.

Weinfurter, Stefan / Engels, Odilo (Bearb.): Archiepiscopatus Coloniensis. (Series Episcoporum Ecclesiae Catholicae Occidentalis ab initio usque ad annum MCXCVIII, Ser. V, Bd. 1) Stuttgart 1982.

Westfälisches Klosterbuch. Lexikon der vor 1815 errichteten Stifte und Klöster von ihrer Gründung bis zur Aufhebung. Hrsg. von Karl Hengst. 2 Tle. (Veröffentlichungen der Historischen Kommission für Westfalen, XLIV: Quellen und Forschungen zur Kirchen- und Religionsgeschichte, Bd. 2) Münster 1992-94.

Widukind. Forschungen zu einem Mythos. Hrsg. von Stefan Brakensiek. (Stadt Enger. Beiträge zur Stadtgeschichte, Bd. 9) Bielefeld 1997.

Willoweit, Dietmar: Art. Graf, Grafschaft, in: Handwörterbuch zur deutschen Rechtsgeschichte, Bd. 1. Berlin 1971, Sp. 1775-1785.

Winkelmann, Wilhelm: Die Frühgeschichte im Paderborner Land, in: Führer zu vor- und frühgeschichtlichen Denkmälern, Bd. 20: Paderborner Hochfläche, Paderborn, Büren, Salzkotten. Mainz 1971, S. 87-121 (darin S. 99-121: „Die Pfalz Paderborn").

Winkelmann, Wilhelm: Die karolingische Burg in Paderborn, in: Archäologisches Korrespondenzblatt 1, 1971, S. 185 ff., wieder in: Ders.: Beiträge zur Frühgeschichte Westfalens. Gesammelte Aufsätze. (Veröffentlichungen der Altertumskommission im Provinzialinstitut für westfälische Landes- und Volksforschung, Bd. 8) Münster 1984, S. 114-117.

3.

Westfalen im hohen und späten Mittelalter

3.1 Regionale Gewalten und großräumige Lösungsversuche (9.-12. Jahrhundert)

Entscheidend für die Geschichte Westfalens war nicht nur die Integration dieses Landes in das fränkische Reich, sondern auch die während der folgenden Jahrhunderte eingetretene Ferne und Schwäche der Reichsgewalt, verbunden mit der Schwäche der Herzogsgewalt, die beide in Westfalen nur wenig spürbar wurden. Dadurch blieb Westfalen regionalen Kräften überlassen.

Nach dem Tod Karls des Großen († 814), der seit dem Weihnachtstag des Jahres 800 das fränkische Königtum mit der römischen Kaiserwürde verbunden hatte, gelangten das Frankenreich und die Kaiserwürde an seinen Sohn Ludwig den Frommen, in dessen Herrschaftszeit das Reich durch Machtkämpfe innerhalb des karolingischen Herrscherhauses nachhaltig geschwächt wurde. 817 hatte Ludwig der Fromme in der „Ordinatio imperii" seinen ältesten Sohn, Lothar I., als Nachfolger eingesetzt und die jüngeren Söhne, Pippin und Ludwig den Deutschen, zu Unterkönigen in Aquitanien (Südwestfrankreich) und Bayern erhoben. Aus einer zweiten Ehe Ludwigs des Frommen ging jedoch ein weiterer Sohn, Karl der Kahle, hervor, für den Ludwig der Fromme 829 ein Dukat (Herzogtum) in Südwestdeutschland, der Schweiz und im Elsaß schuf. Dagegen empörten sich 830 und erneut 833 die drei älteren Söhne, was bis zur Gefangennahme Ludwigs des Frommen führte, der aber wegen Zwistigkeiten unter den drei Brüdern 834 noch einmal an die Macht kam. Diese Wirren hatten nach dem Tod Ludwigs des Frommen († 840) und Pippins († 838) die Teilung des Reiches im Vertrag von Verdun von 843 zur Folge. Das Westfrankenreich fiel an Karl den Kahlen. Lothar I. erhielt Italien und einen schmalen Streifen von der friesischen Nordseeküste bis ans Mittelmeer. Das jetzt entstandene Ostfrankenreich gelangte an Ludwig den Deutschen. Das Ostfrankenreich, das trotz des seinem König von der Geschichtsschreibung verliehenen Beinamens „der Deutsche" noch nicht als „Deutschland" bezeichnet werden kann, grenzte entlang einer von der Wesermündung zur unteren Ruhr verlaufenden Linie an das Mittelreich Lothars I. („Lotharingien"). Westfalen gehörte also dem Ostfrankenreich an und war durch diese Grenzziehung von seinen rheinischen ebenso wie von seinen heute niederländischen Nachbargebieten getrennt.

Noch zu Lebzeiten Ludwigs des Deutschen († 876) wurde die Westgrenze des Ostfrankenreiches mit dem Vertrag von Meerssen bis an Maas und Mosel verschoben, während das Mittelreich verschwand bzw. auf Italien und die Provence beschränkt wurde, so daß das Ostfrankenreich an das Westfrankenreich Karls des Kahlen grenzte. Damit verlor Westfalen seine Grenzlage. Nach dem Tod Ludwigs des Deutschen wurde das Ostfrankenreich unter dessen Söhne Karlmann, Karl den Dicken und Ludwig III. geteilt. Ludwig III. erhielt Mainfranken, Thüringen und Sachsen und damit auch Westfalen. Erst nach dem Tod seiner Brüder wurde der 881 vom Papst zum Kaiser gekrönte Karl (III.) der Dicke 882 Herrscher des ganzen Ostfrankenreiches; kurzfristig vermochte er auch noch einmal das Ost- und das Westfrankenreich zu vereinigen. 887 folgte ihm im Ostfrankenreich ein Sohn seines Bruders Karlmann, Arnulf von Kärnten, der 896 Kaiser wurde. Sein Nachfolger wurde 900 sein Sohn, König Ludwig das Kind, mit dessen Tod 911 das karolingische Herrscherhaus in dem inzwischen von inneren Kämpfen zerrütteten Ostfrankenreich endete, auch wenn ihm von 911 bis 918 mit dem Frankenkönig Konrad I. als König noch ein Verwandter der Karolinger folgte.

Diese Jahrzehnte sahen neben inneren Machtkämpfen äußere Bedrohungen durch Einfälle der Normannen, die 886 Paris belagerten, und durch Angriffe der Ungarn, die nach 900 fast in jedem Jahr in das Ostfrankenreich eindrangen. Die Normannen, die mit ihren Booten von der Nordsee aus die Flüsse hinauf vorstießen und 881/82 Neuss, Köln, Bonn und Trier heimsuchten, scheinen ins heutige Westfalen nicht vorgedrungen zu sein. Schlimmer waren die Ungarneinfälle, die von Osten her bis in die Wesergegend, der Überlieferung nach sogar bis nach Herzfeld an der Lippe, vorgetragen wurden. 926 wurde Herford von den Ungarn zerstört.

In der Zeit Ludwigs des Deutschen geriet Westfalen ins Abseits der großen Politik. Zwar kam der König 840 und 845 in das damals noch engrische Paderborn, wo 845 ein Reichstag stattfand. Nach Westfalen im Sinne des zwischen Westfalen und Engern unterscheidenden Westfalen-Begriffs kam er aber nur einmal, 852. Zu dieser Reichsferne Westfalens trug auch das Eingehen des von Karl dem Großen begründeten Amtes der Königsboten bei, die bis dahin das Land regelmäßig bereist hatten. Durch den Wegfall dieses Amtes konnten sich die Grafen, ursprünglich Vertreter des Königs, allmählich verselbständigen. So wurde Westfalen „der Willkür seiner Grafen und der Obhut seiner Bischöfe überlassen“ (Prinz, S. 339). Es gab in Westfalen und in ganz Sachsen zunächst auch, anders als in Bayern, Schwaben oder Franken, kein Stammesherzogtum, nachdem Karl der Große die innere Ordnung Sachsens zerschlagen hatte. Somit „gab es zwischen dem König und seinen sächsischen Amtsgrafen keine Zwischeninstanz mehr, zumal diese dadurch, daß ihre Grafschaften sich bereits in dieser frühen Zeit zu erblichen Lehen entwickelten, immer selbständiger wurden“ (Prinz, S. 339).

Die Schwäche der späten Karolinger im Ostfrankenreich und die wachsende Eigenständigkeit der regionalen Machthaber ließen im östlichen Sachsen im weiteren 9. Jahrhundert unter diesen Großen Liudolf († 866) aufsteigen, der das spätere Königshaus der Liudolfinger (Ottonen) und ein sächsisches Stammesherzogtum begründete. Die Beschränkung dieses Herzogtums, das sich nicht auf Westfalen erstreckte, wird durch die zeitgenössische Bezeichnung Liudolfs als „dux orientalium Saxonum“ (Herzog der Ostsachsen) deutlich. Liudolfs Enkel Heinrich, der 912 von seinem Vater Otto dem Erlauchten das sächsische Herzogtum übernommen hatte, wurde 919 in einer Zeit neuer Wirren zum König im Ostfrankenreich erhoben und konnte sich gegen Konkurrenten, den Schwabenherzog Burchard und den Bayernherzog Arnulf, durchsetzen. Seit 919 begann man vom „regnum Teutonicorum“ (Reich der Deutschen) zu sprechen. Auch als König blieb Heinrich I. zugleich sächsischer Stammesherzog. Durch seine 909 eingegangene Ehe mit der Herforder Klosterfrau Mathilde, einer Nachfahrin des Sachsenführers Widukind, konnte er seinen Einfluß nach Westfalen ausdehnen, ohne dort die Herzogsgewalt durchsetzen zu können. Aus dieser Ehe ging Otto I. hervor, der seinem Vater 936 als deutscher König folgte und 962 die Kaiserkrönung empfing. Mit seiner Thronbesteigung als König verzichtete Otto I. 936 auf das sächsische Stammesherzogtum und machte Hermann Billung zum sächsischen Herzog.

Stammte das liudolfingisch-ottonische Herrscherhaus auch aus (dem östlichen) Sachsen, so blieb Westfalen doch, trotz der Ehe Heinrichs I. mit Mathilde, eine Zone geringer Präsenz des Reiches. Zwar wurde der Westfalen von Westen nach Osten durchziehende Hellweg jetzt eine wichtige Verbindungsstraße zwischen den Zentren am Rhein und den ostsächsischen Stammsitzen des Herrscherhauses, den die Könige mit ihrem Gefolge immer wieder benutzten. Auch besaß das Herrscherhaus, vor allem durch die Ehe Heinrichs I. („Mathildische Güter“), in Westfalen reichen Besitz, der auf Mathildes Vater Graf Dietrich zurückging und anscheinend dem jüngeren Bruder Ottos I., Heinrich I. von Bayern, zufiel. Doch blieb Westfalen politisch im Windschatten. Das verstärkte sich noch, nachdem die Ottonen 1024 mit Kaiser Heinrich II. ausgestorben und die deutsche Königswürde durch Wahl an Konrad II. aus dem fränkischen Haus der Salier übergegangen war. Damit verlor jetzt auch das östliche Sachsen seine herausgehobene Stellung als Königslandschaft des Reiches. Daran änderte auch die Tatsache nichts, daß der König auf der Durchreise wiederholt westfälische Ortschaften aufsuchte. Auch die Großen Westfalens, die Grafen und Bischöfe, hatten wenig Interesse am Reich. Keiner von ihnen suchte die Dienste des Königs.

Nur geringes Gewicht kam in Westfalen aber auch der Herzogsgewalt der Billunger zu. Diese war unter dem 973 gestorbenen Hermann Billung eigentlich nur das Amt eines Vizeherzogs des unter den Liudolfingern zum Kronbesitz gewordenen sächsischen Stammesherzogtums gewesen. Doch wurde daraus im Laufe der Zeit ein neues Stammesherzogtum. Dieses erstreckte sich schwerpunktmäßig östlich der Weser und an der Elbe, griff aber im Westen auch nach Engern aus. In Westfalen im damaligen Sinne besaß Hermann Billungs Bruder Wichmann d. Ä., der mit einer Schwester der Königin Mathilde verheiratet war, umfangreichen Besitz, auch an der Lippe und am Niederrhein. Dennoch konnte Hermann Billung diesen Hausbesitz nach dem Tode seines Bruders nicht zum Aufbau einer Herzogsstellung in Westfalen nutzen. Diese Konzentration des billungischen Herzogtums auf das östliche und mittlere Sachsen setzte sich unter Hermann Billungs Sohn Bernhard I. († 1011) und dessen Sohn Bernhard II. († 1059) und auch unter ihren Nachfolgern Ordulf († 1072)

und Magnus fort, mit dessen Tod 1106 die hermannsche Linie des billungischen Hauses und das billungische Herzogtum in Sachsen erloschen.
So war die Zeit der salischen Kaiser, die 1137 mit dem Tod Kaiser Lothars III. endete, in Westfalen durch Reichsferne und Fehlen der Herzogsgewalt gekennzeichnet. Dieses Vakuum schuf die Voraussetzung für den Aufstieg einer Reihe von Grafenhäusern.
Aus der älteren Zeit, dem 9. Jahrhundert, schon erwähnt wurden der mit Ida von Herzfeld vermählte Graf Ekbert und dessen Sohn Cobbo, deren Nachkommen Ekbertiner (Egbertiner) oder Cobbonen genannt werden. Diese Familie spielte im Westfalen jener Zeit eine führende Rolle. Ein Bruder Cobbos, Warin, war Abt von Corvey. Die Söhne und Enkel Cobbos besaßen in der zweiten Hälfte des 9. Jahrhunderts im Münsterland und im angrenzenden Osnabrücker Gebiet eine beherrschende Stellung. Ein jüngerer Cobbo erscheint dort noch 921 als Graf. Anscheinend verfügten sie auch südlich der Lippe über Grafenrechte.
Zum wichtigsten und mächtigsten Grafenhaus Westfalens stiegen jedoch die Grafen von Werl auf, die möglicherweise auf einen 833 genannten Grafen Richdag zurückgingen. Gesichert sind Hermann I. († um 986) und sein Sohn Hermann II. († bald nach 1024). Eine Halbschwester Hermanns II. war Gisela († 1043), eine Tochter der gemeinsamen Mutter Gerberga von Burgund aus deren zweiter Ehe mit Herzog Hermann II. von Schwaben; Gisela heiratete Kaiser (1024/27) Konrad II. und war die Mutter Kaiser Heinrichs III. Hermanns II. Sohn Bernhard († um 1070) war der Erbauer der Alten Burg bei Arnsberg und besaß auch Grafenrechte im Emsland, die er dem Erzbischof von Bremen entrissen hatte. Die Grafen von Werl verfügten über umfangreiche Grafenrechte von Friesland im Norden und in fast ganz Westfalen bis in das Sauerland im Süden. Sie waren auch Vogt des Hochstifts Paderborn. Teilweise hatten sie die Cobbonen beerbt. Neben den wegen ihres ungewöhnlich großen Besitzes an Grafenrechten und ihrer Verschwägerung mit dem salischen Kaiserhaus herausragenden Grafen von Werl gab es in Westfalen zahlreiche kleinere Grafen und Edelherren, die als Inhaber von Grafenrechten, als Klostervögte, als Klostergründer oder in den Zeugenreihen der Urkunden jener Zeit erscheinen.
Verschwägert mit den Grafen von Werl war auch Otto von Northeim, der Herzog von Bayern aus dem nach Northeim bei Göttingen genannten sächsischen Grafenhaus. Dessen Tochter war mit dem Grafen Konrad († 1092) von Werl, einem Sohn des Grafen Bernhard, vermählt. 1053 war der Salier Heinrich IV., Sohn Kaiser Heinrichs III., als dreijähriges Kind zum König gewählt geworden. Die Zeit der Vormundschaftsregierung, die in den Händen der unter sich zerstrittenen Erzbischöfe Anno II. von Köln und Adalbert von Bremen lag, wurde zu einer Zeit großer Auseinandersetzungen, die auch auf Westfalen übergriffen, vor allem weil Otto von Northeim im Verein mit anderen sächsischen Grafen und Bischöfen eine gegen Heinrich IV. und seine Vormünder gerichtete Politik verfolgte. 1070 wegen Hochverrats geächtet und seines Herzogtums Bayern für verlustig erklärt, war Otto von Northeim, gemeinsam mit dem Erzbischof von Magdeburg, der Führer des Sachsen-

aufstandes gegen den König von 1073. Bei dessen Niederschlagung durch die Königlichen wurden die Burg auf dem Desenberg bei Warburg erstürmt und zerstört und die benachbarten Gebiete des Paderborner Landes und des Sauerlandes verheert.
Wenig später, 1075, brach der Investiturstreit aus. Dabei ging es um die Einsetzung (Investitur) der Bischöfe und Äbte durch die Könige, worin die Träger der in jener Zeit aufkommenden innerkirchlichen Reformbestrebungen einen Widerspruch gegen das Prinzip der kanonischen Wahl von Bischöfen und Äbten und einen Verstoß gegen das Simonieverbot sahen; als Simonie galt ihnen nicht nur der Kauf geistlicher Ämter, sondern überhaupt deren Empfang aus Laienhand. Dahinter stand eine grundsätzliche Auseinandersetzung zwischen Papsttum (sacerdotium) und Königtum (regnum), nicht nur in Deutschland. Am Ende des Streites stand die Neubestimmung der „staatlich“-politischen und der geistlichen Sphäre, was für Deutschland mit dem Wormser Konkordat von 1122 besiegelt wurde. Darin verzichtete Kaiser Heinrich V. auf die Investitur der Bischöfe und Äbte, erhielt aber von Papst Kalixtus II. das Zugeständnis der Präsenz bei deren Wahl und des Mitentscheids über mögliche Wahlhindernisse.
Der Investiturstreit, der 1075 über Auseinandersetzungen um die Besetzung des Erzbistums Mailand begann, führte nicht nur zur Abdankungsaufforderung Heinrichs IV. an Papst Gregor VII. und zum päpstlichen Bann über den deutschen König sowie zu dessen Bußleistung in Canossa 1077, sondern auch in Deutschland zur Formierung einer Fürstenopposition gegen den König. Diese erklärte Heinrich IV. 1077 für abgesetzt und wählte den Schwabenherzog Rudolf von Rheinfelden an seiner Stelle zum König. Dabei kam es zu kriegerischen Auseinandersetzungen zwischen den beiden Königen und ihrem jeweiligen Anhang, die auch auf Westfalen übergriffen.
Die Mehrzahl der weltlichen Fürsten des Reiches und der größte Teil des sächsischen Adels, darunter Otto von Northeim, standen hinter König Rudolf, so daß sich der sächsische Aufstand von 1073 in den Parteibildungen des Investiturstreits fortsetzte. Hingegen blieb der westfälische Adel, unter ihm auch die Grafen von Werl, trotz der engen verwandtschaftlichen Bindungen zu seinen sächsischen Standesgenossen, größtenteils auf der Seite König Heinrichs IV. Hierbei tat sich zunächst Graf Konrad von Werl und danach sein jüngster Sohn, Graf Friedrich von Werl (-Arnsberg) († 1124), hervor, der in jener Zeit zum mächtigsten Mann in Westfalen aufstieg. Doch blieb es nicht bei der königstreuen Haltung des Werlers. 1106 starb Heinrich IV. ebenso wie der letzte billungische Herzog von Sachsen, Magnus. Heinrichs IV. Sohn und Nachfolger Heinrich V. überging die Schwiegersöhne des Billungers, den Welfen Heinrich den Stolzen und den Askanier Otto von Ballenstedt, und übertrug das sächsische Herzogtum 1106 an Lothar von Süpplingenburg, den Gemahl einer Enkelin Ottos von Northeim. Doch erwies sich der neue Sachsenherzog als wenig dankbarer Gefolgsmann des Königs. Unter seiner Führung und unter der der Erzbischöfe von Köln und Mainz bildete sich 1112 im Zusammenhang mit dem fortdauernden Investiturstreit eine neue Fürstenopposition gegen den salischen

König, auf deren Seite diesmal auch Graf Friedrich von Werl (-Arnsberg) stand. 1115 besiegten die Aufständischen Heinrich V. in der Schlacht am Welfesholz bei Mansfeld, woraufhin sich Lothar von Süpplingenburg nach Westfalen wandte und Bischof Burchard von Münster, einen Parteigänger Heinrichs V., bekriegte; 1116 eroberte er die Stadt Münster.

Graf Friedrich von Werl (-Arnsberg) wechselte wegen der Erfolge des Süpplingenburgers in Westfalen bald erneut die Partei und trat an die Seite Heinrichs V. Dadurch kam es zu kriegerischen Verwicklungen zwischen dem mächtigen Werler Grafen und dem Herzog, bei denen Lothar von Süpplingenburg die Oberhand behielt. 1120 entriß er dem Grafen vorn Werl die Alte Burg (Burg auf dem Rüdenberg) bei Arnsberg. 1121 eroberte er erneut die Stadt Münster, die samt dem Dom niedergebrannt wurde. Mit Friedrich von Werl (-Arnsberg) starb 1124 der Mannesstamm des seit seiner Zeit auf der Burg Arnsberg sitzenden Werler Grafenhauses aus; Friedrichs älterer Bruder Hermann war 1092, gemeinsam mit dem Vater Konrad, im Kampf gegen die Friesen gefallen; ein jüngerer Bruder, Liupold, hatte 1102 sein Erbteil, darunter der Stammsitz Werl und Hachen (Sundern, Hochsauerlandkreis), an den Erzbischof von Köln verkauft. Ebenfalls 1102 konnte der Erzbischof die Burg Arnsberg erobern und Friedrich von Werl (-Arnberg) zur Abtretung der Hälfte seiner Grafenrechte an die Kölner Kirche zwingen, die der Erzbischof als Lehen an seine Anhänger, darunter die Herren von Ardey und von Volmerstein (Volmarstein), ausgab. Friedrich hatte die Burg Arnsberg (an der Stelle der heutigen Schloßruine über der Altstadt von Arnsberg) errichtet und sich seitdem Graf von Arnsberg genannt, obgleich er in Rietberg und mit der Wewelsburg (Büren, Kreis Paderborn) weitere Burgen besaß. Mit dem Tod des Grafen Friedrich von Werl-Arnsberg, der keine erbberechtigten Söhne hinterließ, endete 1124 die mächtigste Adelsfamilie Westfalens im hohen Mittelalter.

Die einzige Tochter Friedrichs von Werl-Arnsberg, Ida (Jutta), war mit dem Grafen Gottfried von Cappenberg verheiratet, der in den Kämpfen des Werlers gegen Lothar von Süpplingenburg von 1120/21 zwar gegen seinen Schwiegervater stand, aber als dessen Erbe durch die Vereinigung des nach 1102 verbliebenen Werler und des Cappenberger Besitzes ein neues mächtiges Adelshaus und damit die Grundlage für die Ausbildung eines bedeutenden Territoriums in Westfalen hätte schaffen können. Gottfried von Cappenberg und sein Bruder Otto entschlossen sich jedoch nach der Niederbrennung des Domes von Münster in den Kämpfen von 1121 zur Bußleistung und zur Stiftung ihres Besitzes für fromme Zwecke. 1122 ließen sie den Ordensgründer Norbert von Xanten auf ihrer Burg Cappenberg (Selm, Kreis Unna) ein Kloster – das erste Prämonstratenserkloster im rechtsrheinischen Deutschland – errichten. Ihre Burgen in Varlar (Rosendahl, Kreis Coesfeld) und Ilbenstadt (Hessen) wurden ebenfalls in Klöster verwandelt. Gottfried und Otto wurden auch selbst Mönch. Damit schieden die Cappenberger Grafen als politischer Faktor aus. Mit ihren und mit den von den Werler Grafen ererbten umfangreichen Herrschaftsrechten und mit ihrem ausgedehnten Besitz hätten sie bzw. ihre Nachkommen West-

Die Grafen von Werl, Werl (-Arnsberg) und Arnsberg

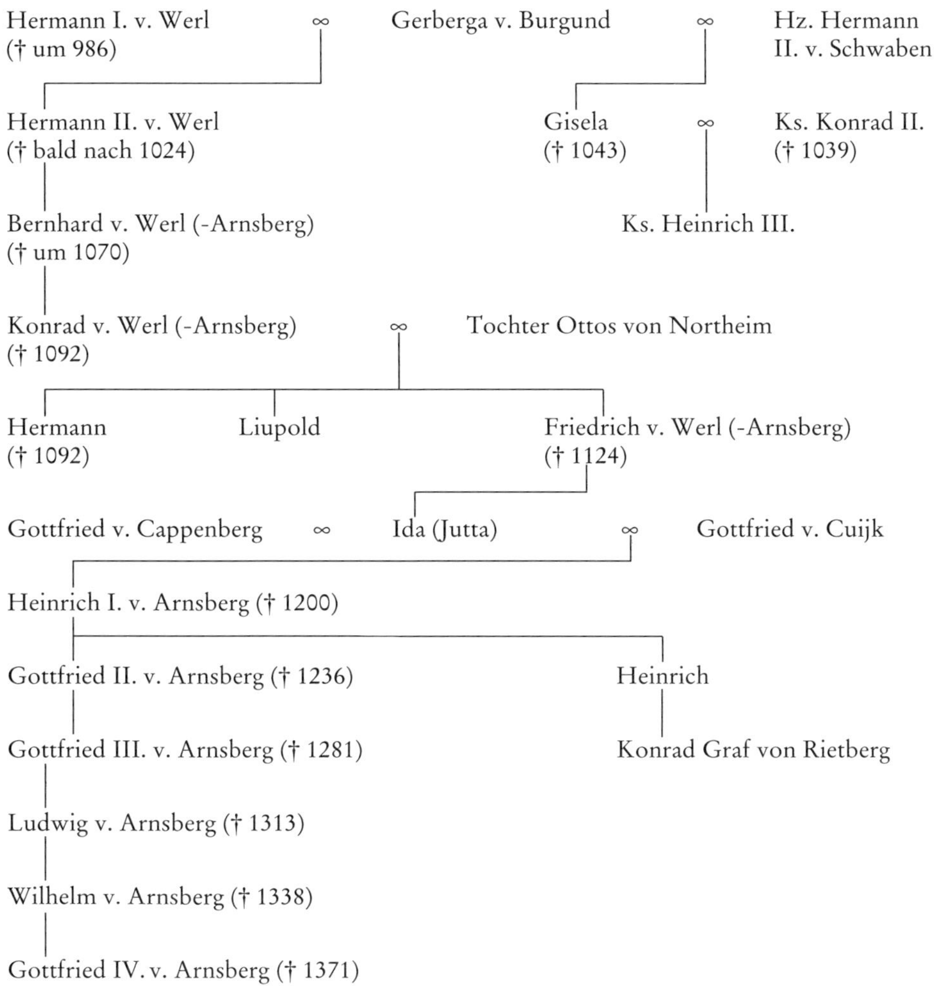

falen, oder große Teile davon, als weltliches Fürstentum organisieren können. So trugen das Ende der Grafen von Werl und die religiös motivierte Weltflucht der Grafen von Cappenberg entscheidend dazu bei, daß Westfalen später zum größeren Teil aus geistlichen Territorien mit Bischöfen als Landesherren bestand.

Ein Teil des Werler Erbes, die Grafschaft Arnsberg mit der Burg Arnsberg, blieb aber bis 1368 in der Hand von Nachkommen Friedrichs von Werl-Arnsberg. Seine Tochter Ida (Jutta), die von ihrem ersten Gemahl, dem Cappenberger, ebenfalls zum Klosterleben bestimmt worden war, heiratete nach dessen Tod (1127) den niederländischen Herrn Gottfried von Cuijk. Der Sohn aus dieser Ehe, Heinrich I., und des-

sen Nachkommen übernahmen diesen Teil des Erbes und nannten sich Grafen von Arnsberg.
Ein Jahr nach dem Tod des letzten Werler Grafen, 1125, starb mit Kaiser Heinrich V. der letzte Herrscher des salischen Hauses. Auf Betreiben des Erzbischofs von Mainz wurde der Sachsenherzog Lothar von Süpplingenburg 1125 als Lothar III. zum deutschen König gewählt. Dieser mußte daher seine im Kampf gegen Friedrich von Werl-Arnsberg gewonnene Machtposition in Westfalen aufgeben, wo von nun an die Bischöfe und im Süden Westfalens der Erzbischof von Köln zur bestimmenden Kraft wurden. Die sächsische Herzogswürde behielt der 1133 zum Kaiser gekrönte Lothar III. jedoch, bis er sie kurz vor seinem Tod 1137 – sein Nachfolger als deutscher König wurde der Staufer Konrad III. – seinem Schwiegersohn, dem Welfen Heinrich dem Stolzen, der auch Herzog von Bayern war, übertrug. Dieser starb schon 1139. Sein Erbe und Nachfolger als Herzog von Sachsen und Bayern wurde sein Sohn Heinrich der Löwe. Doch konnten weder Lothar III. als König noch Heinrich der Stolze oder Heinrich der Löwe die sächsische Herzogswürde in Westfalen zum Aufbau einer stabilen Machtstellung nutzen. Das Gewicht, das Lothar von Süpplingenburg vor seiner Königswahl durch seinen Sieg über Graf Friedrich von Werl-Arnsberg hatte erringen können, erscheint daher als Episode in der Geschichte des sächsischen Herzogtums in Westfalen, das auch unter Heinrich dem Löwen seinen Schwerpunkt im östlichen Sachsen hatte, wo Heinrich der Stolze den braunschweigischen, northeimischen und süpplingenburgischen Besitz geerbt hatte, der zur Grundlage der späteren welfischen Territorialbildung im heutigen Niedersachsen östlich der Weser wurde.
Das Ende der Grafen von Werl und der Grafen von Cappenberg, die Reichsferne Westfalens auch unter Lothar III. und die Schwäche der Herzogsgewalt in Westfalen eröffneten jüngeren Grafenfamilien Aufstiegsmöglichkeiten. Das gilt für die Grafen von Calvelage-Ravensberg, die ursprünglich um Calvelage bei Vechta südlich von Oldenburg im heutigen Niedersachsen westlich der Weser beheimatet waren und später die Burg Ravensberg (Borgholzhausen, Kreis Gütersloh) errichteten, als deren Erbauer der 1115 gestorbene Graf Hermann II. von Calvelage gilt. Sein Sohn Otto I. verlegte seinen Sitz dorthin und nannte sich seitdem Graf von Ravensberg. Die Ravensberger waren erbitterte Gegner der Tecklenburger, deren Burg Tecklenburg (Kreis Steinfurt) 1150 urkundlich erstmals erwähnt wird. Der erste bekannte Graf von Tecklenburg war Egbert, der für die Jahre 1129 bis 1150 genannt wird. Die Grafen von Tecklenburg besaßen auch die Stiftsvogtei des Bistums Münster.
Zu nennen sind aber neben den schon erwähnten Grafen von Arnsberg aus dem Hause Cuijk vor allem die Grafen von Altena-Mark und die Grafen von Isenberg. Beide gingen auf die Grafen von Berg und auf den in der zweiten Hälfte des 11. Jahrhunderts genannten Grafen Adolf III. (I.) zurück, der Vogt der Abteien Deutz am Rhein (Köln-Deutz) und Werden an der Ruhr (Essen-Werden) war. Sein Sohn Adolf IV. (II.) wird um 1093 „de monte“ (von Berg) genannt und war

Vogt der Benediktinerabtei Deutz. Von seinen Söhnen folgte ihm der wohl 1152 gestorbene Adolf V. (III.) als Graf von Berg, während Bruno 1131 Erzbischof von Köln wurde (Bruno II.). Adolf V. von Berg vereinigte in seiner Hand die Vogteien über die Benediktinerabteien Werden und Siegburg und über das Prämonstratenser-Frauenkloster Dünnwald (Köln-Dünnwald); er war auch der Gründer des Zisterzienserklosters Altenberg im Bergischen Land. 1122 ist er auch als Graf von Altena und damit in Westfalen belegt, doch ist die Echtheit der Urkunde unsicher. Deutlicher wird das Ausgreifen der Grafen von Berg nach Westfalen bei seinem Sohn Adolf VI. (IV.) von Berg, weil dieser mit den Vogteien über Deutz, Siegburg, Essen und Werden auch die Vogtei über das Prämonstratenserkloster Cappenberg verband. Sicher als Graf von Altena belegt ist für 1161 Graf Eberhard I. von Berg, ein Sohn Adolfs VI. (IV.) und Enkel Adolfs V. (III.). Wann die hoch über der Lenne gelegene Burg Altena (Märkischer Kreis) entstand, ist unbekannt. Nach wohl unzutreffenden Angaben des mittelalterlichen Chronisten Levold von Northof wurde sie schon im Jahre 1000 errichtet. Eberhards I. Bruder Engelbert I. wird 1157 Graf von Berg genannt. Mit diesen beiden Brüdern, von denen Eberhard 1180 und Engelbert 1189 starb, teilte sich das Haus Berg in die Grafen von Altena und in die Grafen von Berg. Eine zweite Erbteilung, diesmal nur des Altenaer Grafenhauses, ließ um 1175 neben den Grafen von Altena die Grafen von Isenberg (Burg Isenberg, Hattingen, Ennepe-Ruhr-Kreis) entstehen, indem von den Söhnen Eberhards I. von Altena Arnold († 1209) Stammvater der Grafen von Isenberg und damit der späteren Grafen von Limburg (Hohenlimburg an der Lenne) und Limburg-Styrum und Friedrich († 1199) Stammvater der Grafen von Altena-Mark wurde, während ihr Bruder Adolf Erzbischof von Köln war. Graf Arnold von Isenberg war der Vater des Grafen Friedrich von Isenberg († 1226), mit dessen Sohn Dietrich die Grafen vom Limburg (Hohenlimburg, Stadt Hagen) begannen. Graf Friedrich von Altena war der Vater des Grafen Adolf I. von Altena-Mark († 1249). Dieser erwarb 1198 die Burg Mark an der Lippe (Hamm) und nannte sich seit 1203 Graf von der Mark.

Hinzu kam eine Reihe kleinerer Grafen und Herren wie die Grafen von Schwalenberg (Schieder-Schwalenberg, Kreis Lippe) oder die Herren von Rheda (Rheda-Wiedenbrück, Kreis Gütersloh). Widukind von Rheda gründete 1185 das Zisterzienserkloster Marienfeld (Harsewinkel, Kreis Gütersloh) und fiel 1190 als Teilnehmer am dritten Kreuzzug vor Akkon in Palästina. Adolf (VII.) von Berg, der 1148 in Damaskus starb, kam vom zweiten Kreuzzug nicht zurück. Adolf VIII. (V.) von Berg starb als Kreuzfahrer 1218 im ägyptischen Damiette.

Während sich am zweiten Kreuzzug von 1147 einige westfälische Herren beteiligt hatten, nahm am Italienzug des 1152 als Nachfolger Konrads III. König gewordenen Staufers Friedrich I. (Friedrich Barbarossa) von 1154/55, auf dem dieser 1155 in Rom die Kaiserkrönung empfing, aus Westfalen anscheinend nur Graf Heinrich von Tecklenburg, Sohn des erwähnten Grafen Egbert, teil. Für den 1158 begonnenen zweiten Italienzug des Kaisers ist aus Westfalen nur Graf Widukind von Schwalen-

Die Grafen von Berg, Altena (von der Mark), Isenberg und Limburg

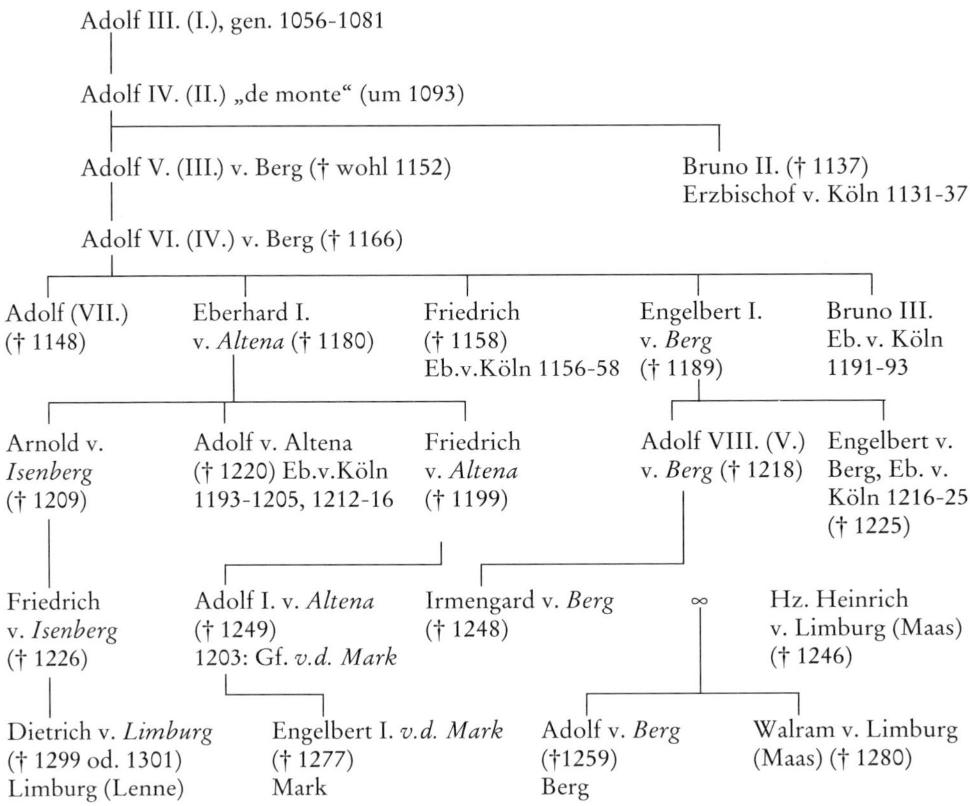

berg, der Großvater Widukinds von Rheda, zu nennen. Das zeigt die Reichsferne Westfalens und des westfälischen Adels, auch wenn am Feldzug Friedrichs I. gegen Mailand 1161/62 eine größere Zahl westfälischer Herren beteiligt war.
Heinrich der Löwe, seit 1139, damals noch ein Kind, Herzog von Sachsen, befand sich lange im Einvernehmen mit seinem königlichen Vetter Friedrich I. Dieser sprach ihm 1154 das Herzogtum Bayern zu, das Heinrich 1156 bei gleichzeitiger Abtrennung der Markgrafschaft Österreich, die zu einem eigenständigen Herzogtum unter dem Babenberger Heinrich II. Jasomirgott wurde, erhielt. Nachdem Heinrich sich die Gegnerschaft einer Reihe anderer Fürsten zugezogen hatte, entschied Kaiser Friedrich I. diese Streitigkeiten auf dem Bamberger Reichstag von 1169 zu Heinrichs Gunsten. Heinrich hatte den Kaiser auf seinen beiden ersten Italienzügen begleitet und gegen Papst Alexander III. unterstützt. Doch blieb es nicht bei diesem Zusammengehen zwischen dem Kaiser und dem Herzog von Sachsen und Bayern, der an den Italienzügen von 1166 und 1174 nicht mehr teilnahm und dem Kaiser 1176 in Chiavenna Waffenhilfe verweigerte, was in demselben Jahr zur

Niederlage des Kaisers bei Legnano gegen die Lombarden beitrug. Zugleich lebten die Widerstände zahlreicher Fürsten und Grafen gegen Heinrich den Löwen in seinem Machtbereich im Reich wieder auf. Das gilt auch für Westfalen, wo der Kölner Erzbischof Philipp von Heinsberg und fast alle westfälischen Grafen unter der Führung des Grafen Simon von Tecklenburg 1178 und 1179 militärisch Front gegen Herzog Heinrich machten. Bei diesen Kämpfen wurde 1178 Höxter niedergebrannt. Auf der Seite Heinrichs des Löwen standen in Westfalen nur Bernhard II. zur Lippe und Widukind von Rheda, die das kölnische Soest angriffen und 1179 die kölnische Stadt Medebach zerstörten.

Anders als 1169 in Bamberg unterstützte Kaiser Friedrich I. Heinrich den Löwen auf dem Reichstag in Gelnhausen 1180 nicht mehr gegen die Klagen seiner Gegner; im Januar 1180 waren Heinrich in Würzburg durch Fürstenspruch die Reichslehen aberkannt worden. Nachdem Heinrich schon 1179 wegen Nichtbeachtung einer Vorladung landrechtlich geächtet worden war, wurde er daraufhin auf dem Reichstag von Gelnhausen im April 1180 durch den Kaiser seiner Herzogtümer für verlustig erklärt. Das Herzogtum Bayern erhielt der Pfalzgraf Otto von Wittelsbach, womit in Bayern die bis 1918 andauernde Herrschaft des Hauses Wittelsbach begann. Das Herzogtum Sachsen wurde geteilt. Das östlich der Weser gelegene Gebiet erhielt der Askanier Bernhard von Anhalt. Den westlich der Weser gelegenen Teil, also Westfalen und Engern – genaugenommen nur das Gebiet der Diözesen Köln und Paderborn – sprach die „Gelnhäuser Urkunde“ vom 13. April 1180 dem Kölner Erzbischof Philipp von Heinsberg zu. Wichtige Teile des alten Herzogtums Sachsen blieben in der „Gelnhäuser Urkunde“ unerwähnt, darunter das Gebiet der Diözese Münster. Doch konnte der Askanier hier keine Herzogsgewalt durchsetzen.

Wichtig an der Entscheidung von 1180 war die endgültige Trennung zwischen Westfalen und Sachsen und der Vollzug des Zusammenwachsens von Westfalen und Engern. Hingegen änderte sich mit der Begründung der Herzogsgewalt des Kölner Erzbischofs wenig, weil dieser in Westfalen schon vor 1180 ein – im südlichen Westfalen sogar der bestimmende – Machtfaktor gewesen war, während er nach 1180 seine Herzogsgewalt in Westfalen außerhalb des Gebietes, in dem er auch noch über andere Besitz- oder Herrschaftsrechte verfügte, nicht durchsetzen konnte.

Literatur

Die Grafen van Limburg Stirum. Einleitung und abschließender Band der Geschichte der Grafen van Limburg Stirum und ihrer direkten Vorfahren. Von G. Aders, H. Horstmann, A. L. Hulshoff, W. F. Prins, J. Prinz, E. Quadflieg, U. Vahrenhold-Huland u. W. Wedekind. (Geschiedenis der Graven van Limburg Stirum, Tl. 1, Bd. 1) Assen/Amsterdam/Münster 1976 [Genealogische Tafeln].

Heinrich der Löwe und seine Zeit. Herrschaft und Repräsentation der Welfen 1125-1235. Katalog der Ausstellung Braunschweig 1995. Hrsg. von Jochen Luckhardt u. Franz Niehoff. 3 Bde. München 1995.

Hömberg, Albert K.: Geschichte der Comitate des Werler Grafenhauses, in: Westfälische Zeitschrift 100, 1950, S. 9-133.
Hömberg, Albert K.: Westfalen und das sächsische Herzogtum. (Schriften der Historischen Kommission Westfalens, Bd. 5) Münster 1963.
Jordan, Karl: Heinrich der Löwe. Eine Biographie. 2. Aufl. München 1980.
Kunst und Kultur im Weserraum 800-1600. Ausstellung des Landes Nordrhein-Westfalen Corvey 1966. 2 Bde. 4. Aufl. Münster 1967.
Leidinger, Paul: Untersuchungen zur Geschichte der Grafen von Werl. Ein Beitrag zur Geschichte des Hochmittelalters. (Studien und Quellen zur westfälischen Geschichte, Bd. 5) Paderborn 1965.
Meier, Gabriele: Die Bischöfe von Paderborn und ihr Bistum im Hochmittelalter. (Paderborner Theologische Studien, Bd. 17) Paderborn 1987.
Prinz, Joseph: Das hohe Mittelalter vom Vertrag von Verdun (843) bis zur Schlacht von Worringen (1288), in: Westfälische Geschichte. Hrsg. von Wilhelm Kohl, Bd. 1. Düsseldorf 1983, S. 337-401.
Vogt, Herbert W.: Das Herzogtum Lothars von Süpplingenburg 1106-1125. (Quellen und Darstellungen zur Geschichte Niedersachsens, Bd. 57) Hildesheim 1959.
Weinfurter, Stefan: Die Entmachtung Heinrichs des Löwen, in : Heinrich der Löwe und seine Zeit. Herrschaft und Repräsentation der Welfen 1125-1235, Bd. 2, München 1995, S. 180-189.
Wenskus, Reinhard: Sächsischer Stammesadel und fränkischer Reichsadel. (Abhandlungen der Akademie der Wissenschaften in Göttingen, Phil.-hist. Klasse 3, 93) Göttingen 1976.

3.2 Westfalen und die Kölner Kirche (bis zur Soester Fehde 1444-1449)

„Der Sturz Heinrichs des Löwen verschaffte dem Erzbischof Philipp die Anerkennung seiner Machtstellung durch die Verleihung des Herzogtums von Westfalen und Engern (1180) (...). An handfesten realen Gerechtsamen brachte diese Herzogserhebung den Erzbischöfen schlichtweg nichts ein: weder war ihr Herzogtum geographisch eindeutig festgelegt, noch wurde über ihre herzoglichen Rechte, Befugnisse und Aufgaben nur ein Wort verloren. Offensichtlich handelte es sich dabei um nichts mehr als um einen deklaratorischen Akt, der die hervorragende Stellung der Kölner Erzbischöfe in Westfalen öffentlich bezeugte, es den so Ausgezeichneten aber überließ, ihr Herzogtum räumlich und inhaltlich zu bestimmen“ (Janssen, Erzstift, S. 136).
Die „vorterritoriale“ Würde eines Herzogs von Westfalen und Engern brachte den Erzbischöfen von Köln keinen Machtgewinn. Diese Stellung war um 1180 bereits anachronistisch und wurde es erst recht im Laufe des 13. Jahrhunderts. Der ursprüngliche Inhalt der Herzogsgewalt bestand in dem Recht, das militärische Aufgebot des Landes zusammenzurufen und zu führen. Hinzu kamen das Recht des Burgenbaus, die Gerichtshoheit und die Pflicht zur Wahrung des Landfriedens. Diese Funktionen wurden mit der Stärkung der Landesherrschaft der Bischöfe und der Grafen und Edelherren und ihrer Bestätigung durch die Reichsgesetze von 1220

und 1231 zum leeren Titel. Reale Bedeutung kam eigentlich nur noch dem Burgenbau- oder Befestigungsrecht zu, doch drängte auch hier das „Recht des Stärkeren" in den Vordergrund. Die gerichtlichen Rechte der Herzogsgewalt lebten fort in der Oberaufsicht der Kölner Erzbischöfe über die Femgerichte, die es im späten Mittelalter im ganzen niederdeutschen Raum, nicht nur in Westfalen, gab; die besondere Geltung der Femgerichte Westfalens beruhte auf ihrem überregionalen Jurisdiktionsanspruch, d. h. auf der zeitweise anerkannten Praxis, Vorladungen in fast den gesamten deutschen Sprachraum ergehen zu lassen. 1422 verlieh der deutsche König und spätere Kaiser Sigmund dem Kölner Erzbischof Dietrich von Moers das Recht, einmal im Jahr alle Freigrafen (Femerichter) Westfalens zu versammeln und ihre Handlungen zu überprüfen. Das bezog sich auf ganz Westfalen, nicht nur auf das kölnische Herrschaftsgebiet südlich der Lippe, und konnte auch in ganz Westfalen durchgesetzt werden. Damit erlangte der Kölner Erzbischof einen gewissen Ersatz für die nicht durchsetzbare bzw. inhaltsleere Herzogsgewalt über ganz Westfalen. Als Grundlage für den Aufbau einer territorialen Machtstellung taugte die Herzogsgewalt der Kölner Erzbischöfe aber nicht. Dazu bedurfte es grundherrschaftlicher, gerichtlicher und sonstiger Rechte, etwa des Marktrechts, und der Sicherung dieser Rechte durch Burgen und befestigte Städte. Da die Kölner Erzbischöfe über diese Voraussetzungen in Teilen Westfalens verfügten, konnten sie dort, unabhängig von der Herzogswürde, reale politische Macht und mithin eine landesherrliche Stellung gewinnen. „Es hätte auch ohne die Gelnhäuser Urkunde von 1180 ein kölnisches Westfalen gegeben" (Janssen, Erzbischöfe, S. 90).
Ob es schon in vorkarolingischer und vorsächsischer Zeit Beziehungen der Kölner Kirche – ein Bischof Maternus ist in Köln schon 313/14 bezeugt – nach Westfalen, vor allem zu den beiden späteren kölnischen Herrschaftszentren Soest und Dorsten, gab, muß offen bleiben. Alte Überlieferungen des Kanonikerstiftes St. Kunibert in Köln sprechen davon, doch haben diese Überlieferungen womöglich nur einen legendarischen Hintergrund, auch wenn archäologische Funde solche frühen Beziehungen als möglich erscheinen lassen. Bei der Einteilung Sachsens in Missionsbezirke wurde Westfalen südlich der Lippe 777/80 der Kölner Mission und damit dem Erzbischof von Köln zugewiesen. In diesem Gebiet gab es die kölnischen Missionszellen Dortmund, Syburg, (Dortmund-Hohensyburg), Soest und Wormbach (Schmallenberg, Hochsauerlandkreis) und die kölnischen Urpfarreien. Auffällig ist deren Aneinanderreihung in west-östlicher Richtung entlang des Hellwegs mit Bochum, Dortmund, Unna, Soest, Erwitte und Geseke und im Süden entlang der Heidenstraße mit Attendorn (Kreis Olpe), Wormbach und Medebach (Hochsauerlandkreis). Signifikante Schwerpunkte der kölnischen Kirchenorganisation – und später der kölnischen Landesherrschaft – bildeten daneben, abseits dieser Verkehrslinien, Recklinghausen, Hagen und Menden (Märkischer Kreis), wovon lediglich Hagen später Köln verlorenging.
In manchen Fällen läßt sich diese frühe Pfarreigründung und die von Beginn an bestehende Bindung an Köln aber nur erschließen. So liegt die älteste sichere Erwäh-

nung Medebachs erst mit einer Urkunde von 1144 vor. Doch zeigt diese Urkunde mit ihren den Fernhandel betreffenden Bestimmungen, daß Medebach bereits zu jener Zeit städtische Züge trug. Zugleich läßt sich die kirchliche Erschließung des Medebacher Raumes „im 7. und 8. Jahrhundert mit Hilfe regional übergreifender Untersuchungen“ (Kneppe, S. 56) in hohem Maße wahrscheinlich machen. Daß diese Erschließung von Köln ausging, zeigt zum einen der später nachweisbare Besitz der Kölner Kirche in und um Medebach; zum anderen wird die seit der Christianisierungszeit bestehende Bindung an Köln dadurch bestätigt, daß die Medebacher Pfarrkirche dem Hl. Petrus geweiht war. Die Urpfarrkirchen des Kölner Missionsbezirks in Westfalen hatten vielfach, wie der Kölner Dom, ein Petruspatrozinium.
Von den Urpfarreien aus wurden im Laufe der Zeit Tochterkirchen gegründet, die zunächst auch alle vom Kölner Erzbischof abhängig waren, später aber von diesem teilweise Klöstern wie der rheinischen Benediktinerabtei Siegburg unterstellt wurden. Seit dem 9. Jahrhundert kamen die von adeligen Grundherren als „Eigenkirchen“ für sich und für ihre Bauern gestifteten Kirchen hinzu. Zur Befestigung der kölnischen Stellung in Westfalen trugen auch Klostergründungen bei. So gründete der Kölner Erzbischof Anno II. 1072 im Hochsauerland das Kloster Grafschaft (Schmallenberg, Hochsauerlandkreis), das mit Benediktinern aus Siegburg besetzt wurde. Schon 1014 hatte sich das 946 von dem Grafen Haold gegründete Kanonissenstift Geseke (Kreis Soest) dem Schutz des Erzbischofs von Köln unterstellt. Ein Jahrhundert nach der Grafschafter Klostergründung, 1170, stiftete der Kölner Erzbischof Philipp von Heinsberg in Bredelar (Marsberg, Hochsauerlandkreis) ein Kloster für Frauen des Prämonstratenserordens, das sein zweiter Nachfolger, Erzbischof Adolf von Altena, in ein Männerkloster des Zisterzienserordens umwandelte.
Mit dem Aufbau der Kirchenorganisation seit den ersten Urpfarreien verbunden waren in großem Umfang Güterschenkungen an die Kölner Kirche, die – wie in anderen Diözesen – von König oder Adel kamen und in einer Zeit, die weitgehend noch keine Geldwirtschaft kannte, der Ausstattung der Kirchen und der Unterhaltung des Kultus dienten, zunehmend aber auch dem Seelenheil der Stifter gewidmet waren. Dadurch kamen ausgedehnte Besitzkomplexe der Kölner Kirche zustande. Teile davon verwendeten die Erzbischöfe für die Ausstattung von Stiften und Klöstern mit Land, Höfen usw.; anderes blieb in der Hand der Kölner Kirche. Nach einer Aufstellung aus der Zeit um 1100 hatte die Kölner Kirche in Westfalen Güterbesitz in und um Soest, Körne (Dortmund-Körne), Belecke (Warstein, Kreis Soest), Recklinghausen, Menden, Hagen und Schwelm. Hinzu kam der kölnische Besitz um Medebach und Olpe. Diese grundherrschaftlichen Besitzungen bildeten die älteste Grundlage der politischen Stellung der Kölner Erzbischöfe in Westfalen. Hingegen kam der Zugehörigkeit der Bistümer Münster und Minden sowie des mit seinem Bischofssitz heute niedersächsischen Bistums Osnabrück zur Kölner Kirchenprovinz und damit der Stellung der Kölner Erzbischöfe als Metropoliten über den größten Teil Westfalens mit Ausnahme des Paderborner Diözesanbereichs nur geringe Bedeutung zu.

Wichtig wurden stattdessen die Erweiterung des grundherrschaftlichen Besitzes und seine Verbindung mit weltlichen Herrschafts-, vor allem Gerichtsrechten und deren Kumulierung. Hierbei kam dem Niedergang der Grafen von Werl entscheidende Bedeutung zu. 1102 hatte der Kölner Erzbischof Friedrich I. aus dem Besitz der Grafen von Werl Hachen (Sundern, Hochsauerlandkreis) und Werl gekauft und im gleichen Jahr die Burg Arnsberg erobert und den Grafen Friedrich von Werl (-Arnsberg) gezwungen, ihm die Hälfte seiner Grafenrechte abzutreten. 1164 eroberte der Kölner Erzbischof Reinald von Dassel erneut die Burg Arnsberg und veranlaßte so den Grafen Heinrich I. von Arnsberg, den Enkel Friedrichs von Werl (-Arnsberg), den verbliebenen Rest der Grafschaft Arnsberg von Köln als Lehen zu nehmen.

Dem Ausbau der kölnischen Herrschaft diente auch der Burgenbau – um 1100 Burg Volmarstein (Wetter, Ennepe-Ruhr-Kreis), 1120 Erwerb der Burg Padberg (Marsberg, Hochsauerlandkreis) – und die Förderung von Städten und ihrer Märkte – 1144 Medebach –, was unter Philipp von Heinsberg zwischen 1167 und 1191 durch den Erwerb neuer Besitzungen und Hoheitsrechte und den Ausbau vorhandener fortgesetzt wurde. Das erreichte unter Erzbischof Engelbert I. von Berg zwischen 1216 und 1225 einen ersten Höhepunkt mit der Förderung der städtischen Entwicklung Werls, mit der Stadtrechtsverleihung und Befestigung Attendorns (1222), mit der Stadtgründung Brilons (um 1217/20) und der Stadtrechtsverleihung an Geseke (um 1217), aber auch mit dem Erwerb der Hälfte von Burg und Stadt Siegen. Mit dieser Politik wurde Erzbischof Engelbert I. der „eigentliche Gründer des kölnischen ‚Landes Westfalen'“: „Er hat die Organisation und den Ausbau der erzstiftischen Machtposition in Westfalen mit jenem Mittel vorangetrieben, das sich für die Zukunft als das wirksamste Instrument des Territorialisierungsprozesses überhaupt erweisen sollte: die Distriktbildung von festen Stützpunkten (Städte, Burgen) aus, d. h. eine permanente flächenbezogene Ausdehnung herrschaftlicher Rechte durch militärischen Druck und intensive Verwaltung“ (Janssen, Erzstift, S. 137).

Erzbischof Konrad von Hochstaden setzte diese Linie in der Mitte des 13. Jahrhunderts fort, indem er den Südosten des Sauerlandes mit dem bis dahin isolierten Medebach durch Gründung oder Befestigung der Städte Hallenberg, Schmallenberg und Winterberg für Köln sicherte. 1248 erwarb er von den Grafen von Sayn Burg und Herrschaft Waldenburg (Attendorn, Kreis Olpe) und konnte damit die Stellung Kölns im heutigen Kreis Olpe entscheidend festigen. 1251 baute Konrad von Hochstaden die kölnische Position zwischen Emscher und Lippe um Recklinghausen durch Erhebung Dorstens zur Stadt aus. Zwischen 1275 und 1297 setzte Erzbischof Siegfried von Westerburg diese Politik seiner Vorgänger in Westfalen fort, u. a. mit der Gründung der Stadt Menden. Diese Stadtgründung stand im Zusammenhang mit den Kämpfen zwischen dem Erzstift Köln und der Grafschaft Mark und wurde von Graf Engelbert I. von der Mark mit der Stadterhebung Iserlohns als märkischer Grenzfeste gegen das kölnische Menden beantwortet.

Gegen die expansive Politik Siegfrieds von Westerburg formierten sich die Gegner des Erzbischofs in Westfalen und am Rhein und alle, die sich durch den Kölner bedroht oder politisch eingeengt sahen. Nur wenige blieben abseits, so die Bischöfe von Münster und Minden. Hinzu kam seit 1280 der Erbstreit um das Herzogtum Limburg an der Maas, bei dem der Graf von Geldern als Schwiegersohn des 1280 gestorbenen Walram von Limburg und der Herzog von Brabant Ansprüche erhoben, nachdem Graf Adolf von Berg, ein Neffe Walrams von Limburg, seine Rechte an den Brabanter verkauft hatte. So verband sich der Widerstand gegen Siegfried von Westerburg mit dem Gegensatz zwischen Brabant und Geldern zu einem den ganzen Nordwesten des Reiches erfassenden Konflikt. Die Entscheidung fiel in der Schlacht von Worringen (Köln-Worringen im linksrheinischen Norden des heutigen Kölner Stadtgebietes) am 5. Juni 1288. Auf der Seite des Herzogs von Brabant standen aus Westfalen Graf Eberhard II. von der Mark und Graf Otto IV. von Tecklenburg, außerdem die Stadt Köln und die Grafen von Berg, Jülich, Kleve, Holland, Waldeck und Looz. Der Graf von Geldern und der Erzbischof von Köln wurden von den Grafen von Luxemburg, Flandern, Moers und Nassau unterstützt. Die Schlacht endete mit der Niederlage der geldrisch-erzbischöflichen Seite und mit der Gefangennahme Siegfrieds von Westerburg.

Als Ergebnis des Tages von Worringen wurde der Machtaufstieg des Kölner Erzbischofs in Westfalen gebrochen. Er verlor Schwelm und Hagen an den Grafen von der Mark. Seine Burgen Volmarstein und Raffenberg (Hagen-Hohenlimburg) wurden erobert bzw. zerstört. Auch wenn Siegfried von Westerburg nach der Freilassung aus der Haft seine Städtegründungen – um 1290 Warstein (Kreis Soest), um 1296 Belecke (Warstein), 1297 Kallenhardt (Rüthen, Kreis Soest) – und den Burgenbau – 1294 Neubefestigung der Burg Schnellenberg bei Attendorn – fortsetzte, so war der Erzbischof von Köln nach Worringen in Westfalen doch nur noch ein Landesherr unter anderen; im südlichen Westfalen stieg der Graf von der Mark von nun an zur führenden Macht auf, zu dessen Gunsten der Erzbischof auf das Befestigungsrecht verzichten mußte. Endgültig ging die wichtige Burg Volmarstein 1324 an den Grafen von der Mark verloren, so daß seitdem der Grafschaft Mark als Vormacht Westfalens südlich der Lippe von Seiten Kölns nichts mehr entgegengesetzt werden konnte. Die Erhebung Olpes zur Stadt durch Erzbischof Heinrich von Virneburg im Jahre 1311 konnte daran nichts mehr ändern.

Im 14. Jahrhundert verfügten die Kölner Erzbischöfe im Sauerland und im Hellwegraum über ein in sich noch nicht zusammenhängendes Territorium, das drei räumlich voneinander getrennte Schwerpunkte aufwies: im südwestlichen Sauerland das Amt Waldenburg mit den Städten Attendorn und Olpe, im Hoch- und Ostsauerland die Gegenden um Medebach, Winterberg, Hallenberg und Brilon und im Nordsauerland sowie am Hellweg Rüthen mit Kallenhardt, Belecke und Warstein, Soest, Werl, Geseke und Erwitte. Für dieses kölnische „lant van Westfalen" kam seit der Mitte des 14. Jahrhunderts die Bezeichnung „Marschallamt Westfalen" auf. Der „Marschall von Westfalen" war seit dem frühen 13. Jahrhundert der Stellvertreter des Erzbischofs als „dux et dominus terrae" (Herzog und Landesherr). Im 14. Jahrhundert wurde der Marschallstitel auf das Land übertragen.

Eine beträchtliche Erweiterung und Abrundung erfuhr dieses kölnische Territorium, als der kinderlose Graf Gottfried IV. von Arnsberg 1368 die Grafschaft Arnsberg mit allem Zubehör, darunter Burg und Stadt Arnsberg, an die Kölner Kirche verkaufte. Durch die Verbindung des „Marschallamtes Westfalen" mit der Grafschaft Arnsberg gewann Köln die künftige Hauptstadt seines südwestfälischen Territoriums und die räumliche Verbindung zwischen den kölnischen Herrschaftsgebieten am Hellweg und im Ostsauerland. Zugleich war der Erwerb der Grafschaft Arnsberg noch einmal ein Erfolg des Erzbischofs von Köln gegenüber dem Grafen von der Mark, der 1359 das bis dahin den Grafen von Sayn gehörende Bilstein (Lennestadt, Kreis Olpe) erworben und 1367 Fredeburg (Schmallenberg, Hochsauerlandkreis) von dem letzten Grafen von Arnsberg an sich gebracht hatte.
Seine endgültige Gestalt nahm das kölnische Territorium in Südwestfalen im 15. Jahrhundert mit der Soester Fehde der Jahre 1444 bis 1449 an. Die Stadt Soest hatte aufgrund ihrer wirtschaftlichen Bedeutung innerhalb des kölnischen Territoriums ein großes Maß an Selbständigkeit erlangt. Der 1414 auf den Kölner Erzbischofsstuhl gelangte Dietrich von Moers versuchte jedoch, die kölnische Herrschaft in Soest neu zu befestigen. 1441 schloß die Stadt ein Übereinkommen mit Herzog Johann I. von Kleve. Seit der Eheschließung des Grafen Adolf II. von der Mark († 1347) mit Margarete von Kleve im Jahre 1328 waren die Grafschaft Mark und die

Die Erzbischöfe von Köln (8.-15. Jahrhundert)

Ricolf 768-77/82
Hildebald 784/87-818
Hadebald 819-41
Hilduin 842-48/49
Gunthar 850-63
Willibert 870-89
Hermann I. 889/90-924
Wichfrid 924-53
Bruno I. 953-65
Folcmar 965/66-69
Gero 969-76
Warin 976-85
Everger 985-99
Heribert 999-1021
Pilgrim 1021-36
Hermann II. 1036-56
Anno II. 1056-75
Hildolf 1076-78
Sigewin 1078/79-89
Hermann III. v. Hochstaden 1089-99
Friedrich I. 1100-31
Bruno II. v. Berg 1131-37
Hugo v. Sponheim 1137
Arnold I. v. Wied 1137-51
Arnold II. v. Wied 1151-56
Friedrich II. v. Berg 1156-58
Reinald v. Dassel 1159-67
Philipp v. Heinsberg 1167-91
Bruno III. v. Berg 1191-93
Adolf I. v. Altena 1193-1205 und 1212-16
Bruno IV. v. Sayn 1205-08
Dietrich I. v. Hengebach 1208-12
Engelbert I. v. Berg 1216-25
Heinrich I. v. Molenark 1225-38
Konrad v. Hochstaden 1238-61
Engelbert II. v. Falkenburg 1261-74
Siegfried v. Westerburg 1275-97
Wigbold v. Holte 1297-1304
Heinrich II. v. Virneburg 1306-32
Walram v. Jülich 1332-49
Wilhelm v.Gennep 1349-62
Adolf II. v. d. Mark 1363-64
Engelbert III. v. d. Mark 1364-68
Kuno v. Falkenstein 1366/68-70
Friedrich v. Saarweden 1370-1414
Dietrich v. Moers 1414-63
Ruprecht v. d. Pfalz 1463-80
Hermann IV. v. Hessen 1473-1508

1417 zum Herzogtum erhobene niederrheinische Grafschaft Kleve dynastisch verbunden. Dabei wurde die Grafschaft Mark stets an die jüngeren Söhne des Herzogshauses vergeben, bis Herzog Johann I. 1461 Kleve und Mark vereinigte.
Als sich die Stadt Soest 1444 vom Erzbischof von Köln lossagte und dem Herzog von Kleve huldigte, begann die Soester Fehde, bei der es schließlich nicht mehr nur um das von den Städten Münster, Lippstadt, Hamm, Unna und Kamen sowie von Herzog Philipp dem Guten von Burgund unterstützte Soest ging, sondern um die endgültige Entscheidung über die Vorherrschaft in Westfalen zwischen dem Erzstift Köln und Kleve-Mark. Nach den Kämpfen des Jahres 1447, bei denen der Erzbischof gemeinsam mit Herzog Wilhelm von Sachsen und rund 12.000 böhmischen Söldnern vergeblich Soest zu erobern versucht hatte, wurde die Soester Fehde mit dem Schiedsspruch von Maastricht von 1449 durch die Kardinäle Nikolaus von Kues und Johann Carvajal und durch Herzog Philipp von Burgund auf der Basis des status quo beigelegt: Soest blieb bei der Grafschaft Mark, während der Erzbischof von Köln die im Zuge der Soester Fehde eroberten Herrschaften Bilstein und Fredeburg behielt. Mit Soest verlor das Erzstift Köln seinen ältesten Besitz in Westfalen, konnte mit Bilstein und Fredeburg aber sein Hellweg- und Sauerlandterritorium abrunden und durch Integration fremder Enklaven nach außen abschließen. Damit erreichte das kölnische Territorium in Südwestfalen, für das schon seit der Mitte des 14. Jahrhunderts die Bezeichnung „Herzogtum Westfalen“ üblich wurde, die räumliche Gestalt, mit der es als geistliches Territorium und Nebenland des rheinischen Erzstifts Köln bis zur Säkularisation von 1802/03 bestand; seit 1370, uneingeschränkt seit etwa 1390, führten die Kölner Erzbischöfe in ihrem Titel die Bezeichnung „Herzog von Westfalen und Engern“.
Nicht zum Herzogtum Westfalen zählte das – seit den dreißiger Jahren des 14. Jahrhunderts so bezeichnete – kölnische „Vest“ (Grafschaft) Recklinghausen zwischen der Emscher und der Lippe im Norden des heutigen Ruhrgebietes. Hier gab es die alte kölnische Urpfarrei Recklinghausen und die beiden „älteren Stammpfarreien“ Gladbeck (Bottrop) und Datteln (Kreis Recklinghausen) und das 1251 zur Stadt erhobene Dorsten. Der kölnische Besitz in dieser Gegend und das 1228 zuerst belegte Gogericht bildeten die Grundlage der kölnischen Herrschaft. Das Vest Recklinghausen zählte schon in der ersten Hälfte des 14. Jahrhunderts nicht zum Zuständigkeitsbereich des kölnischen Marschalls von Westfalen, sondern besaß aufgrund der räumlichen Trennung von dem sich ausbildenden Hellweg- und Sauerlandterritorium bereits in jener Zeit Eigengewicht als drittes kölnisches Territorium neben dem rheinischen Erzstift Köln und dem kölnischen „lant van Westfalen“. Später hielt sich das Vest Recklinghausen, das auch eine eigene landständische Organisation ausbildete, innerhalb des Kölner Kurstaates zum rheinischen Erzstift, nicht zum Herzogtum Westfalen.
Mit dem Blick auf 1180 ist zu sagen, daß „das kölnische Herzogtum (...) nicht zum Land geworden (ist), sondern umgekehrt das kölnische Land in Westfalen zum Herzogtum“ (Janssen, Erzstift, S. 137). Das kölnische Hellweg- und Sauer-

landterritorium wurde somit auf eine Stufe mit den zu Herzogtümern erhobenen Grafschaften Geldern (1339), Jülich (1356/60), Berg (1380) und Kleve (1417) gestellt.

Literatur

Erkens, Franz-Reiner: Siegfried von Westerburg (1274-1297). Die Reichs- und Territorialpolitik eines Kölner Erzbischofs im ausgehenden 13. Jahrhundert. (Rheinisches Archiv, Bd. 114) Bonn 1982.

Gimbel, R.: Art. Femgerichte, in: Handwörterbuch zur deutschen Rechtsgeschichte, Bd. 1. Berlin 1971, Sp. 1100-1103.

Heimann, Heinz-Dieter: Die Soester Fehde, in: Soest. Geschichte der Stadt, Bd.2: Die Welt der Bürger. Politik, Gesellschaft und Kultur im spätmittelalterlichen Soest. Hrsg. von Heinz-Dieter Heimann. (Soester Beiträge, Bd. 53) Soest 1996, S. 173-260.

Heimann, Heinz-Dieter: Zwischen Böhmen und Burgund. Zum Ost-Westverhältnis innerhalb des Territorialsystems des Deutschen Reiches im 15. Jahrhundert. (Dissertationen zur mittelalterlichen Geschichte, Bd. 2) Köln 1982.

Hömberg, Albert K.: Die Veme in ihrer zeitlichen und räumlichen Entwicklung, in: Der Raum Westfalen II/1. Münster 1955, S. 139-170.

Janssen, Wilhelm: A. K. Hömbergs Deutung von Ursprung und Entwicklung der Veme in Westfalen, in: Der Raum Westfalen VI/1. Münster 1989, S. 187-214.

Janssen, Wilhelm: Die Erzbischöfe von Köln und ihr „Land“ Westfalen im Spätmittelalter, in: Westfalen 58, 1980, S. 82-95.

Janssen, Wilhelm: Das Erzstift Köln in Westfalen, in: Köln-Westfalen 1180-1980. Landesgeschichte zwischen Rhein und Weser. Ausstellung 1980/81 in Münster und 1981 in Köln, Bd. 1. Lengerich 1980, S. 136-142.

Klueting, Harm: Arnsberg als Hauptstadt und Wechselresidenz in der Zeit der Kölner Kurfürsten (1371-1802), in: 750 Jahre Arnsberg. Zur Geschichte der Stadt und ihrer Bürger. Arnsberg 1989, S. 65-108.

Kneppe, Cornelia: Historische Aspekte des Medebacher Raumes vor der Stadtwerdung, in: Geschichte von Stadt und Amt Medebach (Hochsauerland). Hrsg. von Harm Klueting. Medebach 1994, S. 47-66.

Leidinger, Paul: 1180 [Elfhundertundachtzig]-1288 [Zwölfhundertundachtundachtzig], in: Köln-Westfalen 1180-1980. Bd. 1. Lengerich 1980, S. 42-57.

Leidinger, Paul: Soest und das Erzstift Köln. Zum Verhältnis von Landesherrschaft und Stadt im 13. Jahrhundert, in: Soest. Stadt-Territorium-Reich. Festschrift zum 100jährigen Bestehen des Vereins für Geschichte und Heimatpflege Soest. (Soester Beiträge, Bd. 41) Soest 1981, S. 85-113.

Lothmann, Josef: Erzbischof Engelbert I. von Köln (1216-1225). Graf von Berg, Erzbischof und Herzog, Reichsverweser. (Veröffentlichungen des kölnischen Geschichtsvereins, Bd. 38) Köln 1993.

Monastisches Westfalen. Klöster und Stifte 800-1800. Ausstellung 1982 in Münster. Münster 1982.

Der Name der Freiheit 1288-1988. Aspekte Kölner Geschichte von Worringen bis heute. Handbuch zur Ausstellung Köln 1988. Hrsg. von Werner Schäfke. 1 Bd. u. 1 Erg.-Bd. Köln 1988.

Oediger, Friedrich Wilhelm: Das Bistum Köln von den Anfängen bis zum Ende des 12. Jahrhunderts. (Geschichte des Erzbistums Köln. Hrsg. von Eduard Hegel, Bd. 1) 2. Aufl. Köln 1991.

Prinz, Joseph: Das hohe Mittelalter (Literatur Kap. 3.1).
Prinz, Joseph: Westfalen und Köln vor 1180, in: Köln-Westfalen 1180-1980. Bd. 1. Lengerich 1980, S. 31-41.
Scholz, Klaus: Das Spätmittelalter, in: Westfälische Geschichte. Hrsg. von Wilhelm Kohl, Bd. 1. Düsseldorf 1983, S. 403-468.
Storm, Monika: Die Metropolitangewalt der Kölner Erzbischöfe im Mittelalter bis zu Dietrich von Moers. (Studien zur Kölner Kirchengeschichte, Bd. 29) Siegburg 1995.
Weinfurter, Stefan / Engels, Odilo (Bearb.): Archiepiscopatus Coloniensis (Literatur Kap. 2).
Westfälisches Klosterbuch (Literatur Kap. 2).

3.3 Territorialisierung Westfalens (14.-16. Jahrhundert)

Der Dauerkonflikt zwischen den Erzbischöfen von Köln in Westfalen und den Grafen von der Mark wurde 1288 in Worringen und endgültig in der Soester Fehde der Jahre 1444 bis 1449 zugunsten der Grafschaft Mark entschieden. Zwei Jahrhunderte westfälischer Geschichte von Erzbischof Siegfried von Westerburg in der zweiten Hälfte des 13. bis zu Erzbischof Dietrich von Moers in der Mitte des 15. Jahrhunderts standen im Zeichen dieser Auseinandersetzungen, in die auch die mächtigen Herzöge von Burgund als Bundesgenossen der Herzöge von Kleve und Grafen von der Mark eingriffen. Wegen eines Streites mit seinem Domkapitel verbündete sich aber auch der Kölner Erzbischof Ruprecht von der Pfalz, der Nachfolger Dietrichs von Moers, mit Karl dem Kühnen von Burgund, während das Kölner Domkapitel Hermann von Hessen zum Stiftsverweser berief. So kam es 1474/75 zur Belagerung von Neuss, die mit dem Rückzug des Burgunderherzogs endete. Der Tod Karls des Kühnen in der Schlacht von Nancy 1477 brachte das Ende der burgundischen Macht und das Ende des burgundischen Einwirkens auf die niederrheinisch-westfälischen Länder. Stattdessen wurde jetzt, besonders im Osten Westfalens mit dem Hochstift Paderborn und der Reichsabtei Corvey, der Einfluß Hessens immer stärker, während das Fehlen einer in ganz Westfalen unbestrittenen starken Macht auch den östlich der Weser sitzenden welfischen Herzögen Einflußmöglichkeiten nach Westfalen hinein öffnete, die vor allem im Hochstift Minden spürbar wurden.
Neben der Rivalität zwischen Köln und der Mark und dem wachsenden Einfluß außerwestfälischer Territorialfürsten auf Westfalen waren die zwei Jahrhunderte vom späteren 13. bis zur Wende vom 15. zum 16. Jahrhundert die Zeit der Territorialisierung Westfalens. Gemeint ist der Aufstieg größerer, kleinerer und kleiner geistlicher oder weltlicher Territorialherren, die neben dem Kölner Erzbischof aufkamen und ihre Herrschaftsgebiete zumindest teilweise zu Territorialstaaten unterschiedlichen Umfangs ausbauen konnten. Das war kein auf Westfalen beschränkter, sondern ein für die deutsche Geschichte überhaupt in einem bis heute entscheidenden Maße wichtiger Vorgang, der allerdings in Westfalen durch regionale Eigentümlichkeiten – Ferne des Königtums und Schwäche des Herzogtums – besondere Prägungen erhielt. In Frankreich war das Ergebnis des im hohen und späten Mittelalter

einsetzenden Prozesses der Entstehung des „Staates“ der Staat des absolutistischen Königtums und danach der zentralistische Nationalstaat der Französischen Revolution und Napoleons. In Deutschland hingegen kam dieser Staatsbildungsprozeß, trotz ähnlicher Ausgangsvoraussetzungen wie in Frankreich, auf partikularer oder territorialer Ebene zum Tragen, also nicht auf der zentralen Ebene des Reiches. Das Ergebnis war hier im 17. und 18. Jahrhundert die Staatlichkeit der – oft als Territorienverbindungen aus mehreren Bestandteilen zusammengefügten – Territorien, also der österreichischen Länder und Brandenburg-Preußens, Bayerns, Sachsens, Hannovers (Braunschweig-Lüneburg), Hessen-Kassels, Württembergs und anderer. Dieser Staatsbildungsprozeß, der im 19. Jahrhundert in Deutschland mit Staaten wie Preußen, Bayern, Württemberg oder Baden endete und heute in der Staatlichkeit von Bundesländern wie Bayern, Niedersachsen oder Nordrhein-Westfalen fortlebt, begann im 13. Jahrhundert mit Gebilden wie der Grafschaft Mark oder der Grafschaft Tecklenburg.

Am Anfang stand die Ausbildung der Landeshoheit weltlicher und geistlicher Großer über bestimmte Gebiete, und zwar im allgemeinen, wenn auch mit regionalen Abweichungen, seit dem 13. und vor allem im 14. Jahrhundert. Grundlage der Landeshoheit war die ältere Landesherrschaft. Bauelemente der Landesherrschaft waren, beginnend in karolingischer Zeit, Immunität (Befreiung von äußeren Eingriffen in steuerlicher und rechtlicher Hinsicht), Vogtei (Schutzherrschaft), Landfriedenswahrung, das Grafenamt und besonders die Blut- und Hochgerichtsbarkeit, also jener Zweig der Rechtsprechung, der über schwere Verbrechen urteilen und Todesstrafen verhängen konnte. Mittelalterliche Landesherrschaft erwuchs aus der Vereinigung solcher Rechte in einer Hand, wobei neben der Hochgerichtsbarkeit u. a. auch die niedere Gerichtsbarkeit, Allodialherrschaften (nicht lehnsrechtlich gebundene Herrschaften) edelfreier Familien, die Grundherrschaft oder Forsthoheit und Wildbann wichtig werden konnten. Die aus der Ausübung solcher Rechte fließende Landesherrschaft wurde, sofern sie gegen Konkurrenten behauptet werden konnte, zur Basis spätmittelalterlich-frühneuzeitlicher Landeshoheit.

Dazu trug auch die Entwicklung des Lehnswesens bei. Das Lehnswesen beruhte auf der Stellung des Königs als Lehnsherr, der bestimmte Güter verlieh (verlehnte), während die Inhaber der Lehnsgüter (Lehnsleute) dafür zu militärischen Diensten und zur Treue und Gefolgschaft verpflichtet waren. In Deutschland kam es, anders als in Frankreich, zur „Verdinglichung des Lehnswesens“ und zu wachsender Erblichkeit der Lehnsgüter. Diese Verschiebung von der personalen zur dinglichen Seite des Lehnswesens, vom Lehnsmann zum Lehnsgut, führte in Deutschland zur „Territorialisierung des Lehnswesens“ und wurde so zu einem Mittel der Stärkung der Landesherren, die als Lehnsleute dem König unterstanden und von diesem belehnt wurden. Diese Landesherren und Lehnsleute, Fürsten, Grafen und Bischöfe, waren aber zugleich selbst Lehnsherren eigener Lehnsleute (Untervasallen). Auf dieser partikularen Ebene entwickelte sich das Lehnswesen in die Gegenrichtung, indem die Verdinglichung der Lehnsverhältnisse hier das Lehnsgut bald nicht mehr nur als lehnsrechtlich, sondern auch als landrechtlich vom Lehnsherrn abhängig und damit als seiner Landesherrschaft zugehörig erscheinen ließ. Die Territorialisierung des Lehnswesens dehnte das Lehnsgut von dem „Haus“ (Burg, Sitz des Lehnsmanns) aus auf den damit verbundenen Bezirk, der somit in die Sphäre der Landesherrschaft des Lehnsherrn geriet. Solche Bezirke konnten später oft in das Territorium des Lehnsherrn einbezogen werden.

Diese Kumulation von Herrschaftsrechten, die zur Territorienbildung und zur Landeshoheit führte, war keine widerrechtliche Aneignung königlicher Rechte und somit keine Usurpation. Dennoch spielte bei diesen Vorgängen auch das Königtum eine wichtige Rolle. Für die Nutzung der zur Landesherrschaft ausbaufähigen Rechte war es entscheidend, daß der betreffende Herr, etwa ein Graf wie in Westfalen die Grafen von Altena-Mark, keine andere Gewalt landrechtlicher Art über sich hatte oder sich ihrer entledigen konnte. Das war durch den Rückzug des deutschen Königtums auf eine nur noch lehnsrechtliche Herrschaft gegeben, der in Westfalen aufgrund seiner Reichsferne als „königsferne“ Landschaft (Peter Moraw) besonders spürbar war. In anderen Teilen des Reiches kam dieser Rückzug des Königtums dem neuen weltlichen Reichsfürstenstand zugute, der – wie die Wittelsbacher in Bayern oder die Babenberger in Österreich – in der zweiten Hälfte des 12. und in der ersten Hälfte des 13. Jahrhunderts an die Stelle der alten Stammesherzöge trat. In Westfalen ließ die mangelnde Durchsetzungsfähigkeit des kölnischen Dukats nach 1180 den Grafen hingegen freie Hand, die zwischen sich und dem König als oberstem Lehnsherrn auf keine landrechtliche Zwischengewalt trafen.

Dazu trug auch der Umstand bei, daß der Inhaber der Herzogswürde in Westfalen, der Erzbischof von Köln, ein geistlicher und kein weltlicher Fürst war wie der Wittelsbacher in Bayern. In diesem Punkt zeigte Westfalen ähnliche Verhältnisse wie Franken, wo mit dem Bischof von Würzburg ebenfalls ein geistlicher Fürst Inhaber der herzoglichen Gewalt war. Mit den Hochstiften Würzburg, Bamberg und Eichstätt dominierten auch in Franken geistliche Territorien, wie hier mit den Fürstentümern Ansbach und Bayreuth (Kulmbach) als ursprünglich gräflichen und mit der Grafschaft Mark vergleichbaren Herrschaftsgebieten und einer Reihe kleinerer Grafschaften ähnliche territoriale Strukturen wie in Westfalen entstanden. In Westfalen konnte das Fehlen einer landrechtlichen Zwischengewalt auch nicht durch Landfriedenseinungen ersetzt werden, wie sie seit dem 13. Jahrhundert, besonders mit dem großen Landfrieden von 1385, als territorienübergreifende politische Ordnung unter Führung des Erzbischofs von Köln wiederholt geschlossen wurden.

Früher hat man auch den Reichsgesetzen oder Fürstenprivilegien der ersten Hälfte des 13. Jahrhunderts große Bedeutung beigemessen. 1220 „verzichtete“ Kaiser Friedrich II. als Preis für die Königswahl seines Sohnes Heinrich (VII.) in der „Confoederatio cum principibus ecclesiasticis“ auf die Ausübung von Hoheitsrechten zugunsten der Reichskirche und bestätigte damit die Landesherrschaft von Bischöfen und Äbten. Im „Statutum in favorem principum“ von 1231 „verzichtete“ König Heinrich (VII.) auf die Ausübung der königlichen Hoheitsrechte über Gericht,

Geleit, Münze, Zoll, Burgen- und Städtebau in den Herrschaftsgebieten der weltlichen Fürsten. Doch waren beides keine Verzichtleistungen und Rechtsübertragungen im modernen Sinne, weil damit lediglich bereits bestehende Zustände sanktioniert wurden. Die Bedeutung dieser Privilegien liegt darin, daß dadurch den Landesherren Rechte bestätigt wurden, die sie längst ausübten. Die folgenden Jahre des Interregnums, 1254 bis 1273, gaben den Landesherren Gelegenheit zum weiteren Ausbau ihrer Herrschaftsstellung. Heirat und Erbfall, Kauf und Tausch, Erbverbrüderung (Konfraternität, Erbverträge für den Fall des Aussterbens), kriegerische Entscheidungen und Einziehung erledigter Lehen durch die Landesherren führten allmählich zur Auffüllung und Abrundung der Territorien, von denen man seit der zweiten Hälfte des 13. Jahrhunderts sprechen kann.

Das wichtigste weltliche Territorium Westfalens war im späten Mittelalter und in der Frühen Neuzeit die Grafschaft Mark. 1198 hatte Graf Adolf I. von Altena († 1249) die Burg Mark an der Lippe (Hamm) erworben. Seit 1203 nannte er sich Graf von der Mark. Mit ihm begann die Reihe der Grafen von der Mark, die von seinem Sohn Engelbert I. († 1277) und seinem Enkel Eberhard II. († 1308), dem Gegner Erzbischof Siegfrieds von Westerburg in der Schlacht von Worringen, fortgesetzt wurde. Auf diese folgten die Grafen Engelbert II. († 1328) und Adolf II. († 1347). Seit 1225 wurde die auf die Burg an der Lippe bezogene Bezeichnung „Mark" als Name des gesamten Herrschaftsbereichs der Grafen üblich, deren Haus sich nach dem Tod Adolfs I. 1249 noch einmal in die Linien Altena (Otto) und Mark (Engelbert I.) teilte, was aber nach dem Tod Ottos 1262 rückgängig gemacht wurde.

Im 13. Jahrhundert waren die Besitzungen, Rechte und Einkünfte der Grafen von der Mark im Gebiet der späteren Grafschaft Mark noch in drei verschiedenen, kaum miteinander verbundenen Bereichen konzentriert. Ein Schwerpunkt lag südlich der Lippe, nördlich der Ruhr und östlich von Dortmund in und um Hamm, Mark, Herringen, Werries, Lerche bei Pelkum, Norddinker, Schmehausen, Uentrop (alle heute Stadt Hamm), Kamen (Kreis Unna), Bergkamen (Kreis Unna), Oberaden (Bergkamen), Rünthe (Bergkamen), Brackel (Dortmund), Unna, Wambel (Dortmund), Schwerte (Kreis Unna) und Westhofen (Schwerte), also im Gebiet der heutigen Stadt Hamm und des südlich der Lippe gelegenen Teiles des Kreises Unna sowie im Ostteil des heutigen Dortmunder Stadtgebietes. Dabei handelte es sich um Bauernhöfe, Kotten, Häuser, Dörfer und Städte, darunter die 1226 von Graf Adolf I. gegründete Stadt Hamm, aber auch um Äcker, Gärten, Wiesen oder Wälder und um Burgen, außerdem um Gerichtsrechte, Fischerei-, Marken-, Forst-, Wildbann- und Mastrechte und andere wirtschaftliche nutzbare Rechte, ferner um kirchliche Kollations-, Patronats- oder Präsentationsrechte und schließlich um Einkünfte wie Zehnt, Zoll, Geld- oder Naturalabgaben.

Solche Besitzungen und Rechte bildeten um den alten Stammsitz Altena (Märkischer Kreis) einen zweiten Schwerpunkt, aber auch um Iserlohn, Lüdenscheid, Halver, Kierspe, Valbert (Meinerzhagen), Menden (alle Märkischer Kreis) und Dahl (Hagen), also südlich der Ruhr im heutigen Märkischen Kreis und im Süden des

Hagener Stadtgebietes und somit im märkischen Sauerland. Ein dritter Schwerpunkt des Besitzes und der Rechte der Grafen von der Mark bestand im westlichen Hellwegraum westlich von Dortmund, in dem nördlich angrenzenden Landstrich bis zur Emscher und im Ruhrtal unterhalb der Lenne- bzw. der Volmemündung in und um Bochum, Mengede (Dortmund), Castrop (Castrop-Rauxel, Kreis Recklinghausen), Eickel (Herne), Herdecke, Wetter, Herbede (Witten), Blankenstein (Hattingen) und Hattingen (Ennepe-Ruhr-Kreis). Dieser westliche Besitzschwerpunkt setzte sich jenseits der späteren märkischen bzw. westfälischen Grenze u. a. mit Haarzopf, Heidhausen und Rellinghausen in das heutige Stadtgebiet von Essen hinein fort.
Hinzu kamen Besitzungen und Rechte der Grafen von der Mark außerhalb ihres späteren Territoriums im Münsterland südlich von Münster um Rinkerode (Drensteinfurt, Kreis Warendorf), Bockum-Hövel (Hamm), nördlich der Lippe in den heutigen Kreisen Unna und Recklinghausen, ferner um Beckum (Kreis Warendorf) und Ahaus (Kreis Borken), aber auch um Soest, in der Gegend von Minden an der Weser, mit der Pfandschaft über Gummersbach im heutigen Oberbergischen Kreis, außerdem mit Leuth (Nettetal) und Kempen im heutigen Kreis Viersen sowie um Bernkastel an der Mosel im heutigen Land Rheinland-Pfalz, überdies in Belgien und in den Niederlanden. 1222 erwarb Graf Adolf I. als Lehen des Erzbischofs von Köln auch noch zwei Burghäuser der Burg Schnellenberg (Attendorn, Kreis Olpe) und drang damit in das südwestliche Sauerland vor.
Besondere Bedeutung kam unter den Rechten der Grafen von der Mark der Vogtei über das Benediktinerkloster Werden an der Ruhr (Essen-Werden) und über große Teile der Werdener Besitzungen in Westfalen sowie über kleinere Teile seines Besitzes im Rheinland zu. Obwohl Kaiser Otto II. dem Abt von Werden 983 das Recht der freien Vogtwahl eingeräumt hatte, konnten sich die Grafen von Berg im 12. Jahrhundert als erbliche Vögte von Werden durchsetzen, bevor die Werdener Vogtei mit der Teilung des bergischen Grafenhauses in den sechziger Jahren des 12. Jahrhunderts an die Grafen von Altena und damit an die Grafen von der Mark überging. Als Klerikern war Äbten die Ausübung der ihren Klöstern zustehenden Hochgerichtsbarkeit untersagt, so daß sie eines Vogtes als weltlichen Vertreters für die Wahrnehmung ihrer Gerichtsrechte bedurften. „Der Aufgabenbereich eines Vogtes (...) unterschied sich deshalb kaum von dem eines Grafen oder Freigrafen. (...) So waren es vor allem die älteren Vogteien, auf die sich das Interesse der benachbarten Grafen beim Ausbau ihrer Landeshoheit richtete. Denn nur durch den Erwerb dieser Klostervogteien vermochten sie einen geschlossenen, von fremden Einflüssen freien Hochgerichtsbezirk im Bereich ihrer von Immunitäten durchlöcherten Freigrafschaften herzustellen. Das Ziel dieser Grafen-Vögte war es deshalb, die Erblichkeit der teilweise auch finanziell sehr ergiebigen Vogteien zu erreichen. (...) Die territorialbildende Kraft solcher Freivogteien nahm jedoch mit dem seit dem 12. Jahrhundert allgemein einsetzenden Niedergang der Hochgerichte (...) ab. Seit dieser Zeit verlagerte sich die Hauptaufgabe des Vogtes auf den Schutz der Vogteileute und auf ein Besteuerungsrecht. Die Bedeutung der Vogtei lag deshalb für den Vogt und gleich-

zeitigen Landesherrn von nun an in ihrer Funktion als Finanzquelle“ (Vahrenhold-Huland, S. 60f.).
Eine wichtige Abrundung erfuhren die Besitzungen und Rechte der Grafen von der Mark durch den Niedergang ihrer Isenberger Vettern. Aus der um 1175 vollzogenen Teilung des Altenaer Grafenhauses war Arnold († 1209), der Bruder des Grafen Friedrich von Altena († 1199), als erster Graf von Isenberg hervorgegangen. Er war der Vater des um 1190 geborenen Grafen Friedrich von Isenberg († 1226), welcher zugleich ein Neffe des Kölner Erzbischofs Engelbert I. von Berg war, über den wegen des von ihm betriebenen Ausbaus der politischen Stellung der Kölner Kirche in Westfalen berichtet wurde. Friedrich von Isenberg verfügte, neben seiner Burg Isenberg bei Hattingen, über reiche Besitzungen und Rechte im heutigen Ruhrgebiet, im märkischen Sauerland, im Hellwegraum östlich von Dortmund und im Münsterland, also in derselben Gegend wie sein märkischer Vetter, Graf Adolf I., der Sohn Friedrichs von Altena. Wie dieser Vogt von Werden war, so war Friedrich von Isenberg Vogt des Frauenstiftes Essen.
Tiefgreifende Folgen hatte der Ausgang des Machtkonflikts zwischen dem Isenberger Grafen und dem Kölner Erzbischof. Erzbischof Engelbert I. hatte, nachdem sein Bruder, Graf Adolf VIII. (V.) von Berg, 1218 in Ägypten gestorben war, neben dem linksrheinischen Erzstift Köln und den kölnischen Besitzungen in Westfalen für seine Nichte Irmengard von Berg auch die dazwischen liegende Grafschaft Berg in seine Hand gebracht. Das war eine bedeutende Machtkonzentration, die dem Erzbischof die Gegnerschaft von Machtkonkurrenten zuzog. Bald darauf verfeindete er sich mit dem Isenberger, dem er die Vogtei über das Essener Frauenstift entzog, wie Engelbert überhaupt bestrebt war, die Klöster von dem Druck ihrer adeligen Vögte zu befreien. Damit entstanden ihm weitere Gegner unter rheinischen und westfälischen Grafen, die auch die kölnische Territorialisierungspolitik in Westfalen bekämpften. Doch konnten diese Dynasten wegen der Machtstellung des Erzbischofs als Vertreter Kaiser Friedrichs II. im Reich und als Vormund seines Sohnes Heinrich (VII.) keinen offenen Widerstand wagen. So kam es zu einer Verschwörung gegen Engelbert unter Führung des Isenbergers.
Am 7. November 1225 wurde Erzbischof Engelbert, auf der Rückreise von ergebnislosen Verhandlungen mit seinen Gegnern in Soest, in einem Wald bei Gevelsberg (Ennepe-Ruhr-Kreis) überfallen und dabei von Leuten des Grafen von Isenberg erschlagen. In legendenhafter Ausschmückung berichtet der Mönch Caesarius von Heisterbach, ein Zeitgenosse, über diesen Totschlag, der weithin im Reich Aufsehen erregte und zur Verehrung Engelberts als Heiliger führte. 1226 wurde am Ort seines gewaltsamen Todes eine hölzerne Kapelle errichtet, später eine Kirche, die 1235 von den Herren von Volmerstein und von Herzog Heinrich von Limburg, dem Schwager Friedrichs von Isenberg, mit Gütern und Einkünften ausgestattet wurde. Hier ließ sich eine Gemeinschaft von Klosterfrauen nieder. 1236 wird der Zisterzienserinnenkonvent Gevelsberg erstmals urkundlich erwähnt. Gevelsberg „entwickelte sich rasch zu einem Ort der Verehrung Engelberts und zu einer Wallfahrtsstätte, zu der

Gläubige aus der näheren Umgebung, namentlich aus Schwelm und Sprockhövel, aus dem Rheinland – u. a. aus Kaiserswerth, Gruiten, Kettwig, Ratingen und Andernach – und selbst aus Eisenach pilgerten" (E. Klueting, S. 351).
Friedrich von Isenberg wurde als Mörder von Kirche und Reich gebannt und geächtet. Seine Burgen Isenberg bei Hattingen und Nienbrügge an der Lippe (unterhalb von Hamm auf der nördlichen Seite der Lippe, heute Stadt Hamm) wurden erobert und zerstört, der Graf selbst ein Jahr später in Köln durch Räderung hingerichtet. Friedrichs Vetter, Graf Adolf I. von der Mark, griff mit Billigung von Engelberts Nachfolger, Erzbischof Heinrich von Molenark, der ihm Friedrichs kölnische Lehen übertrug, nach den Besitzungen des Isenbergers. Damit war die Macht des Isenberger Grafenhauses gebrochen. Doch nicht die Kölner Kirche füllte das Machtvakuum, sondern die Grafen von der Mark, deren Besitzungen sich nun zu der späteren Grafschaft Mark auszuformen begannen.
Der Zugriff des Grafen von der Mark auf das isenbergische Erbe blieb jedoch nicht unwidersprochen. Um 1230 erhob der Sohn Friedrichs von Isenberg, Dietrich († 1299 od. 1301), Forderungen auf Restitution seines väterlichen Erbes. Daraus entstanden langjährige Kämpfe zwischen Dietrichs Onkel, dem schon genannten Herzog Heinrich von Limburg, und Graf Adolf I. von der Mark. Der Herzog von Limburg war als Gemahl der Irmengard von Berg seit 1226 Nachfolger Erzbischof Engelberts als Graf von Berg; als Bruder der Frau Friedrichs von Isenberg, Sophia, war er der Onkel des jungen Dietrich. Der Graf von der Mark konnte in diesen auch als „Isenberger Wirren" bezeichneten Kämpfen, neben seinen zahlreichen Vasallen und dem Grafen von Ravensberg, vor allem auf Erzbischof Heinrich von Molenark und auf dessen Unterstützung setzen. Auf der Seite Heinrichs von Limburg und seines Neffen Dietrich fochten verschiedene westfälische Grafen und Herren, wohl u. a. die Grafen von Tecklenburg und Schwalenberg, die Herren von Steinfurt und zur Lippe und der Osnabrücker Bischof Engelbert von Isenberg, ein Bruder Friedrichs von Isenberg. Im Rahmen dieser kriegerischen Auseinandersetzungen errichtete Heinrich von Limburg in den dreißiger Jahren des 13. Jahrhunderts im Gebiet der unteren Lenne, wo seit 1222/23 das Frauenkloster Elsey (Hagen-Hohenlimburg) als Familienstiftung des Isenberger Grafenhauses bestand, eine Burg, die zuerst 1242 urkundlich erwähnte Burg Limburg (Hohenlimburg). Nach dem Bericht des Chronisten der Grafen von der Mark, Levold von Northof, erhielt diese auf einem Berg über dem Tal der Lenne gelegene Burg ihren Namen nach Herzog Heinrichs Burg Limburg über dem Vesdretal in der heutigen belgischen Provinz Lüttich.
1243 schlossen Dietrich von Isenberg-Limburg und Graf Adolf I. von der Mark einen Vergleich, mit dem Dietrich auf bedeutende Teile der Besitzungen seines Vaters verzichtete. Die Freigrafschaft, das Gericht und der Hof Bochum mit dem Patronat der Kirche in Bochum sollten ebenso wie die Gerichte zu Halver und Kierspe zwischen beiden Grafen geteilt werden. Erst 1248 (1247) legte Erzbischof Konrad von Hochstaden den Streit endgültig bei, indem er die Essener Vogtei auf den

Grafen von der Mark übertrug. Zugleich wurden jetzt die isenbergischen Anteile in und um Bochum, Halver und Kierspe vom Grafen von der Mark für sich allein erworben, ebenso die isenbergischen Besitzungen und Rechte in und um Schwerte und Unna. Durch Tausch waren zuvor schon Lütgendortmund (Dortmund) und, außerhalb der späteren Grafschaft Mark, Mülheim an der Ruhr, die beide isenbergisch gewesen waren, an Mark übergegangen. 1282 kaufte Graf Eberhard II. von der Mark von Dietrich von Isenberg-Limburg die „Krumme Grafschaft“ im Süden des Münsterlandes.

Aus den dem Grafen Dietrich von Isenberg-Limburg in dem Winkel zwischen Lenne und Ruhr verbliebenen Resten der isenbergischen Besitzungen und Rechte entstand, mit der Burg Limburg als Kristallisationspunkt, die Grafschaft Limburg, die das Gebiet der späteren Städte Hohenlimburg mit Elsey (Hagen-Hohenlimburg) und Letmathe mit Oestrich (Iserlohn-Letmathe) und der Gemeinden Hennen (Iserlohn), Ergste (Schwerte) und Berchum (Hagen) umfaßte. Diese kleine Grafschaft blieb bis 1457/59 bzw. 1511 im Besitz der Nachkommen Dietrichs von Isenberg-Limburg, der Grafen von Limburg, die 1511 mit Johann von Limburg ausstarben und später von den Grafen von Neuenahr und danach von den Grafen von Bentheim bzw. Bentheim-Tecklenburg beerbt wurden.

Nach dem Erwerb der isenbergischen Rechte und Besitzungen richtete sich die märkische Expansions- und Arrondierungspolitik gegen den Kölner Erzbischof. Nach der Niederlage Erzbischof Siegfrieds von Westerburg 1288 in Worringen und der Eroberung oder Zerstörung der kölnischen Burgen Raffenberg bei Hohenlimburg und Volmarstein konnte Köln die Raffenburg nicht mehr zurückgewinnen; die Burg Volmarstein wurde 1324 endgültig von den Grafen von der Mark erobert. Weil diese Burg den kölnischen Zugang nach Westfalen sicherte und den Mittelpunkt einer kölnischen Freigrafschaft mit den Gogerichten Hagen und Schwelm bildete, kamen damit auch diese Orte unter märkische Botmäßigkeit. 1392 erwarb der Graf von der Mark auf dem Wege der Pfandschaft von Erzbischof Friedrich von Saarwerden die kölnischen Höfe Hagen und Schwelm.

Gegen Köln behauptete sich der Graf von der Mark auch in dem 1300 durch Pfandschaft erworbenen Reichsbesitz zu Elmenhorst (Waltrop, Kreis Recklinghausen) und in Brackel (Dortmund), auch dieses durch Pfandschaft erlangter Reichsbesitz, auch wenn Brackel 1310 Köln zugesprochen wurde; noch 1567 konnte der Herzog von Jülich-Kleve-Berg als Graf von der Mark die von der Reichsstadt Dortmund in Brackel beanspruchten Gerichtsrechte an sich bringen. Der Graf von der Mark behauptete gegen Köln auch den seit 1255 nachweisbaren Besitz des Reichshofs Westhofen (Schwerte). Außerdem gelang es ihm um die Wende vom 13. zum 14. Jahrhundert, im Umkreis von Dortmund Ardey (Witten, Ennepe-Ruhr-Kreis) und Hörde (Dortmund-Hörde) zu gewinnen. Im Laufe des 14. Jahrhunderts kamen Plettenberg und Meinerzhagen (beide Märkischer Kreis) hinzu. Schließlich konnte der Graf von der Mark 1359 bzw. 1367 Bilstein (Lennestadt, Kreis Olpe) und Fredeburg (Schmallenberg, Hochsauerlandkreis) erwerben, die aber beide in der

Die Grafen von der Mark und die Herzöge von Kleve

Adolf I. Gf. v. d. Mark († 1249)

Engelbert I. Gf. v. d. Mark († 1277) — Otto Gf. v. Altena († 1262)

Eberhard II. Gf. v. d. Mark († 1308)

Engelbert II. Gf. v. d. Mark († 1328)

Adolf II. Gf. v. d. Mark († 1347) ∞ Margarete v. Kleve *Erbin von Kleve* — Engelbert (III.) Erzbischof von Köln 1364-68

Dietrich VIII. Gf. v. Kleve

Otto — Dietrich IX. Gf. v. Kleve († 1347) — Johann († 1368)

Otto III. Gf. v. Ravensberg († 1306)

Otto IV. († 1328/29) ∞ Margarete v. Berg († 1339) — Bernhard († 1346)

Gerhard VI. (I.) v. Jülich († 1360) 1346 Gf. v. Ravensberg 1348 Gf. v. Berg 1356/60 Hz. v. Jülich ∞ Margarete († 1384) *Erbin von Berg und Ravensberg*

Engelbert III. Gf. v. d. Mark († 1391) — Adolf III. (I.) († 1394) 1357-63 Bischof v. Münster 1363-64 Erzbischof v. Köln 1368 Gf. v. Kleve 1391 Gf. v. d. Mark ∞ Margarete v. Jülich († 1425)

Adolf IV. (I.) († 1448) 1394 Gf. v. Kleve 1417 Hz. v. Kleve — Dietrich II. († 1398) Gf. v. d. Mark — Gerhard († 1461) Gf. v. d. Mark

Johann I. (* 1419 † 1481) 1448 Hz. v. Kleve, 1461 Gf. v. d. Mark

Johann II. „der Kindermacher“ (* 1458 † 1521), Hz. v. Kleve u. Gf. v. d. Mark

Wilhelm III. (IV.) (* 1455 † 1511) Hz. v. Jülich u. Berg, Gf. v. Ravensberg

Johann III. (*1490 † 1539) 1511 Gf. v. Ravensberg 1511 Hz. v. Jülich u. Berg 1521 Hz. v. Kleve u. Gf. v. d. Mark ∞ Maria von Jülich (* 1491 † 1543), *Erbin von Jülich, Berg u. Ravensberg*

Wilhelm (V.) „der Reiche“ (* 1516 † 1592) Hz. v. Jülich, Kleve u. Berg, Gf. v. d. Mark u. Gf. v. Ravensberg

Soester Fehde 1444 bis 1449 wieder an Köln verlorengingen. Dafür brachte die Soester Fehde mit der Stadt Soest und der Soester Börde den letzten großen Territorialgewinn der Grafen von der Mark.
Anders als gegenüber dem Erzbischof von Köln mußten die Grafen von der Mark gegenüber dem Bischof von Münster viele Positionen zurücknehmen. Ihre Besitzungen und Rechte nördlich der Lippe gingen verloren. Viele wurden Klöstern geschenkt oder verkauft, vor allem dem Kloster Cappenberg. Das Gogericht Ascheberg (Kreis Coesfeld), Haus und Gericht Davensberg (Ascheberg) und andere Besitzungen und Rechte im südlichen Münsterland, die die Grafen von der Mark bald nach 1300 als Pfandschaften erworben hatten, konnten nicht gehalten werden. Konflikte entstanden um Lünen (Kreis Unna) und Rhynern (Hamm). 1302 erwarb Graf Eberhard II. von der Mark Lünen an der Lippe und den Hof Rhynern pfandweise vom Bischof von Münster. Zur Vermeidung einer Wiedereinlösung des Pfandes durch den Bischof verlegte Graf Adolf II. die Stadt Lünen 1336 vom nördlichen auf das südliche Lippeufer und damit aus dem Gebiet der Diözese Münster in das der Erzdiözese Köln. Lünen und Rhynern blieben auf Dauer bei der Grafschaft Mark.
Das 14. Jahrhundert war die Zeit eines weiteren Aufstiegs der Grafen von der Mark. Graf Adolf II. († 1347) heiratete 1328 Margarete, die Tochter des Grafen Dietrich IX. von Kleve. Dadurch ergaben sich für das märkische Grafenhaus bedeutende Erbaussichten. Dietrich IX. von Kleve hatte, wie sein vor ihm gestorbener älterer Bruder Otto, nur Töchter, von denen Margarete die älteste war. Der Sohn aus dieser Ehe, Engelbert III. († 1391), trieb eine ausgreifende Politik und nahm u. a. am Brabanter Erbfolgestreit und an der Bremer Stiftsfehde teil. Es gelang ihm 1357, seinen Bruder Adolf († 1394) auf den Bischofsstuhl von Münster zu bringen, wodurch das Hochstift Münster unter märkischen Einfluß geriet. Weil Engelbert III. keine Söhne hatte, trat Adolf, der 1363 Erzbischof von Köln geworden war, 1364 jedoch von seinem geistlichen Amt zurück. An seiner Stelle übernahm sein Onkel Engelbert – als Kölner Erzbischof Engelbert III. – den Kölner Erzbischofsstuhl, während Adolf III. – als Graf von Kleve Adolf I. – 1368, nach dem Tod des Grafen Johann von Kleve, eines kinderlosen jüngeren Bruders Dietrichs IX., Graf von Kleve und 1391 nach Engelberts III. Tod auch Graf von der Mark wurde. Als Graf von der Mark zählt er als Adolf III. Sein Sohn Adolf IV. († 1448) folgte ihm als Graf von Kleve. 1417 wurde er von König Sigmund zum Herzog von Kleve erhoben. Graf von der Mark war zunächst sein jüngerer Bruder Dietrich II., nach dessen Tod 1398 ein weiterer Bruder, Gerhard († 1461), doch ging das nicht ohne Erbstreitigkeiten vonstatten. Nach Gerhards Tod, also 1461, wurden die Grafschaft Mark und das Herzogtum Kleve unter Adolfs IV. Sohn, Herzog Johann I. (1419-1481), vereinigt, wodurch die Grafschaft Mark zum Nebenland des beiderseits des Niederrheins gelegenen Herzogtums Kleve wurde, ohne ihren westfälischen Charakter zu verlieren.
Die um das Herzogtum Kleve erweiterte Machtbasis der Grafschaft Mark ermöglichte dem märkischen Grafen- und nunmehrigen klevischen Herzogshaus größere

politische Aktionen an der Seite Burgunds, zumal Herzog Adolf I. (Graf Adolf IV.) und Herzog Johann I. mit Frauen aus dem burgundischen Herzogshaus verheiratet waren. Doch konnte das Doppelterritorium Kleve-Mark damit auch in den Sog der burgundischen Politik geraten, bis es damit nach der Niederlage Karls des Kühnen von Burgund 1475 vor Neuss und nach seinem Kriegstod 1477 vor Nancy ein Ende hatte. Andere Verbindungen ergaben sich durch die Ehe des Enkels Johanns I., Johanns III. (1490-1539), mit der Erbtochter Herzog Wilhelms III. von Jülich und Berg, die 1510 geschlossen wurde. 1511, nach dem Tod seines Schwiegervaters, folgte Johann III. diesem als Herzog von Jülich und Berg sowie als Landesherr der seit dem 15. Jahrhundert mit dem Herzogtum Berg dynastisch verbundenen Grafschaft Ravensberg. 1521, nach dem Tod seines Vaters Johann II., wurde er auch dessen Nachfolger in Kleve und Mark. Dadurch wurden die drei rheinischen Herzogtümer Jülich, Kleve und Berg und die beiden westfälischen Grafschaften Mark und Ravensberg 1521 unter dem märkischen Grafenhaus, ursprünglich den Grafen von Altena, vereinigt. Wenn die erstrebte Verwaltungseinheit (Realunion) der beiden Territoriengruppen Jülich-Berg (mit Ravensberg) und Kleve-Mark auch nicht gelang, so entstand mit der Vereinigung dieser fünf Territorien in einer Hand (Personalunion), von denen Jülich und Berg einerseits und Kleve und Mark andererseits in einer über die Personalunion hinausgehenden engeren Verbindung standen, doch ein für den ganzen niederrheinisch-westfälischen Raum bestimmender Faktor, von dem die drei Territorien des Erzbischofs von Köln und geistliche Territorien wie die Hochstifte Münster und Paderborn auf den zweiten Platz verwiesen wurden. Vollends hinter die Territorien des Herzogs von Jülich-Kleve zurück fielen kleinere weltliche Herrschaftsgebiete wie die Grafschaft Tecklenburg.

Die Grafschaft Mark umfaßte nach der Soester Fehde und bis zum Beginn des 19. Jahrhunderts ungefähr das Gebiet der heutigen kreisfreien Städte Hagen, Bochum und Herne, große Teile des heutigen Dortmunder Stadtgebietes und den südlich der Lippe gelegenen Teil der kreisfreien Stadt Hamm, außerdem den südlich der Lippe gelegenen Teil des Kreises Unna, den ganzen Ennepe-Ruhr-Kreis, den südlich der Emscher gelegenen Teil der kreisfreien Stadt Gelsenkirchen und aus dem Kreis Recklinghausen Teile von Castrop-Rauxel, ferner Teile des Kreises Soest mit der Stadt Soest sowie den größten Teil des mit seinem Namen an die Grafschaft Mark erinnernden Märkischen Kreises. Nach der Kreiseinteilung von 1753 war das das Gebiet der preußischen landrätlichen Kreise Altena (mit den Städtekreisen Altena, Breckerfeld, Lüdenscheid, Meinerzhagen, Neuenrade und Plettenberg), Hamm (mit Hamm, Kamen, Lünen, Schwerte, Unna und Westhofen), Hörde (mit Blankenstein, Bochum, Castrop, Hattingen, Hörde und Wattenscheid) und Wetter (mit Hagen, Herdecke, Iserlohn, Schwelm und Wetter) (Timm, Ortschaften, S. 14).

Nicht zur Grafschaft Mark gehörten in diesem Teil Westfalens neben der Grafschaft Limburg nur das Gebiet der Reichsstadt Dortmund und ein kleiner Streifen an dessen westlicher Grenze, Huckarde (Dortmund-Dorstfeld), das mit dem Reichsstift Essen verbunden war.

Dortmund war die einzige Reichsstadt Westfalens, also die einzige unmittelbar unter dem König bzw. Kaiser und nicht unter Landesherrschaft stehende reichsunmittelbare Stadt. Mit Aachen und Köln gab es im heutigen Nordrhein-Westfalen zwei weitere Reichsstädte, während die Masse der Reichsstädte in Süddeutschland lag. Die Stadt Dortmund hatte sich aus einem karolingischen Königshof am Hellweg entwickelt. Im 10. Jahrhundert war Dortmund, dessen Name (Throtmanni) erstmals im ältesten Urbar (Liegenschafts- und Einkünfteverzeichnis) des Klosters Werden aus der Zeit von 880/884 erwähnt wird, der wichtigste Handelsplatz in Westfalen. Während die Reichsstadt Köln auf das Gebiet innerhalb ihres Mauerrings beschränkt war – gleich vor den Stadttoren begann das Territorium des Erzstifts Köln –, konnte Dortmund außerhalb seiner Stadtmauern ein eigenes reichsstädtisches Territorium erwerben. Darin glich die Reichsstadt Dortmund Reichsstädten wie Nürnberg, Ulm, Rothenburg ob der Tauber, Schwäbisch-Hall, Memmingen oder Rottweil.
1316 starben die Grafen von Dortmund, um deren Gebiet es sich bei dem späteren reichsstädtischen Territorium ursprünglich handelte, im Mannesstamm aus. Obwohl der Graf von der Mark und der Erzbischof von Köln versuchten, die Grafschaft Dortmund an sich zu bringen, konnte die Stadt 1343 die Hälfte der Grafschaft Dortmund erwerben. Große Gefahren für die Eigenständigkeit Dortmunds brachte jedoch die zweite Hälfte des 14. Jahrhunderts. Um sich die Wahlstimme des Kurfürst-Erzbischofs von Köln zu sichern, verpfändete der 1346 zum deutschen König gewählte spätere Kaiser Karl IV. dem Erzbischof die Reichsstadt Dortmund. Zugleich war Dortmund Ziel der Expansionspolitik des benachbarten Grafen von der Mark. So kam es 1388 zur Dortmunder Großen Fehde, bei der Graf Engelbert III. von der Mark und der Kölner Erzbischof Friedrich von Saarwerden in seltener Eintracht die Stadt mit ihren Truppen belagerten. Zahlreiche Fürsten und Grafen standen auf der Seite des Grafen von der Mark und des Erzbischofs, während Dortmund von den Hansestädten Lübeck, Stralsund, Deventer und Zwolle finanziell unterstützt wurde. Zwar konnte sich die Reichsstadt in der 1389 beigelegten Fehde behaupten, doch ging sie politisch und wirtschaftlich geschwächt und hoch verschuldet aus diesen Kämpfen hervor. Trotzdem konnte Dortmund 1504 auch die andere Hälfte der Grafschaft Dortmund erwerben, bevor Kaiser Maximilian I. am 25. Februar 1514 die Reichsunmittelbarkeit Dortmunds bestätigte. „Die Bemühungen Kleves, Dortmund in seinen Landesstaat einzubeziehen, konnten auch in der Folgezeit abgewehrt werden. Die Sperrung der Zufahrtswege nach Dortmund in den vierziger Jahren des 16. Jahrhunderts durch Kleve z. B., verbunden mit dem Verbot für die märkischen Untertanen, Waren in Dortmund auf den Markt zu bringen, schädigte das Umland mehr als die Stadt und mußte infolgedessen rasch wieder aufgegeben werden“ (Schilp, S. 89f.). Zum Landgebiet der Reichsstadt Dortmund gehörten Dörfer oder Höfe wie Wambel, Körne, Eving, Kemminghausen oder Lindenhorst, die heute alle Dortmunder Ortsteile sind.
Die Entwicklung, die hier wegen der Bedeutung der Grafschaft Mark für dieses Ter-

ritorium ausführlicher behandelt wurde, vollzog sich in den anderen Teilen Westfalens in ähnlicher Weise.

Das größte und wichtigste geistliche Territorium Westfalens – und das größte geistliche Territorium im Reich überhaupt – war das Hochstift Münster. Vom Hochstift bzw. Erzstift spricht man im Unterschied zur Diözese (Erzdiözese) als dem geistlichen Sprengel zur Bezeichnung der Gebiete, in denen Bischöfe bzw. Erzbischöfe neben ihren geistlichen Funktionen auch die weltliche Herrschaft ausübten. Die Bischöfe von Münster hatten mehr als alle anderen Großen Westfalens von dem Ende der Grafen von Werl und von dem Ausscheiden der Grafen von Cappenberg aus den politischen Auseinandersetzungen profitiert. Nach 1122 konnten sie 105 Dienstmannen des Grafen von Cappenberg in ihre Abhängigkeit bringen und das Cappenberger Gebiet im Süden des Münsterlandes in ihren Herrschaftsbereich einbeziehen. Dadurch wurde die münsterische Territorialbildung in diesem Raum wesentlich begünstigt und die Basis der Bischöfe von Münster für die spätere Machtkonkurrenz mit den Grafen von der Mark verstärkt. 1173 konnte sich der Bischof von Münster von der bis dahin den Grafen von Tecklenburg zustehenden Vogtei über das Hochstift Münster befreien und von da an die mit der Vogtei verbundenen Gerichtsrechte selbst ausüben. Dadurch kamen die der Vogtei innewohnenden territorialbildenden Kräfte ebenso wie die damit verbundenen Einkünfte dem Hochstift Münster selbst zugute. In Verbindung mit reichem Grundbesitz und einer statt-

Die Bischöfe von Münster (9.-15. Jahrhundert)

Liudger 805-09
Gerfrid 816.839
Altfrid 841.849
Liudbert 852.870
Hodolph (Berthold) 870
Wolfhelm 887.895
Nithard 921
Rumold vor 927.932
Hildebold 947.967
Dodo 972.993
Suitger 993/94-1011
Dietrich I. 1011-1022
Sigfrid v. Walbeck 1022-1032
Hermann I. 1032-1042
Robert 1042-1063
Friedrich I. von Wettin 1064-84
Erpho 1084-1097
Burchard 1098-1118
Dietrich II. v. Winzenburg 1118-1127
Egbert 1127-32
Werner v. Steußlingen 1132-51
Friedrich II. v. Ahr 1151-68
Ludwig v. Wippra 1169-73
Hermann II. v. Katzenelnbogen 1174-1203
Otto I. v. Oldenburg 1203-18
Dietrich III. v. Isenberg 1218-26
Ludolf v. Holte 1226-47
Otto II. von der Lippe 1247-59
Wilhelm I. v. Holte 1259-60
Gerhard v. d. Mark 1261-72
Eberhard v. Diest 1275-1301
Otto III. v. Rietberg 1301-08
Ludwig II. von Hessen 1310-57
Adolf v.d. Mark 1357-63
[1363-64 Erzbischof v. Köln]
Johann I. v. Virneburg 1363-64
Florenz v. Wevelinghoven 1364-78
Potho v. Pothenstein 1379-81
Heidenreich Wolf v.
Lüdinghausen 1381-92
Otto IV. v. Hoya 1392-1424
Heinrich II. v. Moers 1424-50
Walram v. Moers 1450-56
Erich v. Hoya 1450/56-57 (Gegenbischof)
Johann v.d. Pfalz 1457-66
Heinrich III. v. Schwarzburg 1466-96
Konrad v. Rietberg 1497-1508
[1482-1508 Bischof v. Osnabrück]

lichen Reihe von Vasallen wurde das zu einer entscheidenden Voraussetzung für den Aufbau des geistlichen Territoriums der Bischöfe von Münster, die im 13. Jahrhundert in Konkurrenz zum Erzbischof von Köln nördlich der Lippe auch herzogliche Kompetenzen für sich beanspruchten, so das Recht des Burgenbaus und der Städtegründung.

1252 erwarb Bischof Otto II. von der Lippe die alten Besitzungen der Grafen von Calvelage-Ravensberg um Vechta und Bersenbrück und ihre Grafenrechte an der mittleren Ems zwischen Meppen und Leer. Wenn Münster damit auch über das heutige Westfalen hinaus in den westlich der Weser gelegenen Teil des heutigen Niedersachsen ausgriff, so muß das hier doch erwähnt werden, weil damit die Grundlagen für das spätere sog. Niederstift Münster, den Norden des Hochstifts Münster im Gegensatz zu dem mit dem Münsterland weithin identischen Oberstift, gelegt wurden. Schon seit der Christianisierung war der Bischof von Münster kirchlich auch für die Friesen um die Emsmündung, also für Ostfriesland, zuständig. In den kirchlich dem Bischof von Osnabrück unterstehenden Raum zwischen der heutigen Nordgrenze Westfalens und Ostfriesland drang der Bischof von Münster seit 1252 politisch vor. Im Bunde mit Osnabrück bekämpfte Bischof Otto IV. von Hoya den Grafen Nikolaus II. von Tecklenburg und gewann 1400 von diesem die tecklenburgischen Burgen Cloppenburg, Friesoythe und Bevergern (Hörstel, Kreis Steinfurt) für Münster, von denen Cloppenburg und Friesoythe heute zu Niedersachsen gehören. Sein Nachfolger Heinrich II. von Moers erlangte 1428 Wildeshausen an der Hunte südlich von Oldenburg als Pfandbesitz, bevor Bischof Heinrich III. von Schwarzburg, der auch Erzbischof von Bremen war, vom Grafen von Oldenburg das östlich der Hunte in Richtung Bremen gelegene Amt Harpstedt und 1482 das Ländchen Delmenhorst erobern konnte. Wenn diese Besitzungen auch im 16. und 17. Jahrhundert wieder verloren gingen, so umfaßte das Hochstift Münster neben dem Oberstift durch diese Erwerbungen im Norden mit dem Niederstift doch auch ein geschlossenes Territorium nördlich des heutigen Westfalen. Beide Landesteile waren durch einen schmalen Landstreifen entlang der Ems zwischen den Grafschaften Tecklenburg und Bentheim verbunden.

Im Bereich des Oberstifts, also – geographisch gesprochen – im Münsterland, erwarb Bischof Gerhard von der Mark, ein Bruder des Grafen Engelbert I. von der Mark, 1269 durch Kauf von Graf Friedrich von Rietberg Burg und Herrschaft Horstmar (Kreis Steinfurt) für Münster. 1316 kaufte Bischof Ludwig II. von Hessen von den Herren von Ahaus, den Erben des letzten Herrn von Lohn, Burg und Herrschaft Lohn (Stadtlohn, Kreis Borken) für Münster. 1400 gelang Bischof Otto IV. von Hoya der pfandweise Erwerb von Ahaus (Kreis Borken), das er 1408 für Münster kaufte. Hinzu kam im gleichen Jahr die Eroberung der Burg Ottenstein (Ahaus). Damit waren die Territorialerwerbungen des Hochstifts Münster abgeschlossen, wenn man vom Kauf der Herrschaft Werth (Isselburg, Kreis Borken) im Jahre 1709 absieht. Auf Dauer eigenständig blieben als Inseln inmitten des Hochstifts Münster nur Steinfurt, Gemen und Anholt.

Im 15. Jahrhundert drohte das Hochstift Münster, auf dessen Bischofsstuhl nach Gerhard von der Mark († 1272) 1357 Graf Adolf von der Mark gelangt war, zum Spielball dynastischer Interessen mächtiger Grafenhäuser zu werden. So kam es zur Münsterischen Stiftsfehde (1450-1457), bei der sich ein Jahr nach dem Ende der Soester Fehde noch einmal der Machtkonflikt zwischen Kleve-Mark und dem Kurfürst-Erzbischof von Köln entlud. Nach dem Tod Bischof Heinrichs II. von Moers 1450 gelang es dem Kölner Erzbischof Dietrich von Moers, seinem Bruder Walram von Moers den Bischofsstuhl von Münster zu verschaffen. Auf der anderen Seite arbeitete Graf Johann von Hoya auf die Erhebung seines Bruders Erich von Hoya zum Bischof von Münster hin. Dieser fand die Unterstützung der münsterischen Landstände und Herzog Johanns I. von Kleve. Auch die Stadt Münster stellte sich auf Erichs Seite. Nachdem die militärischen Auseinandersetzungen keine Entscheidung gebracht hatten, änderte sich die Lage 1456 durch den Tod Walrams von Moers. Jetzt kam der bis dahin unbeteiligte Johann von der Pfalz ins Spiel, der 1457 Bischof von Münster wurde. In der zweiten Hälfte des 15. Jahrhunderts wirkte sich die burgundische Großmachtpolitik auch auf das Hochstift Münster aus, dessen 1466 als Nachfolger Johanns von der Pfalz auf den Bischofsstuhl gelangter Landesherr Heinrich von Schwarzburg seinen Aufstieg zur Bischofswürde seiner Verwandtschaft mit dem Herzog von Kleve und mit Herzog Philipp dem Guten von Burgund verdankte. Die Expansionspolitik des Sohnes Philipps des Guten, Karls des Kühnen, brachte den Bischof von Münster aber auf die Seite der Gegner Burgunds, so daß Heinrich III. von Schwarzburg 1475 bei den Kämpfen vor Neuss gegen Karl den Kühnen eine wichtige Rolle zukam.
Das zweite wichtige geistliche Territorium Westfalen neben Münster war, abgesehen von dem kölnischen Herzogtum Westfalen, das Hochstift Paderborn. Paderborn war lange Objekt der kölnischen Expansionspolitik; erst der Ausgang der Schlacht von Worringen 1288 befreite die Paderborner Kirche von diesem Druck. 1294 wurde im Hellwegbereich die Grenze Paderborns und Kölns zwischen dem kölnischen Geseke und dem paderbornischen Salzkotten festgelegt, die sich im wesentlichen bis heute als Grenze der Kreise Soest und Paderborn bzw. als Grenze der Regierungsbezirke Arnsberg und Detmold erhalten hat. Die Ostgrenze an der Weser sicherte Paderborn 1332 durch Burgenbau in Beverungen (Kreis Höxter). An der Nordostgrenze des Hochstifts gegenüber Lippe sicherten sich die Bischöfe von Paderborn 1358 aus den Resten der Besitzungen der Grafen von Schwalenberg – zwei Jahrhunderte zuvor ein mächtiges Adelshaus, das bis 1189 die Paderborner Stiftsvogtei besessen hatte – Anteile an Schwalenberg (Schieder-Schwalenberg, Kreis Lippe), Stoppelberg (Steinheim, Kreis Höxter) und Oldenburg (Marienmünster, Kreis Höxter). Daraus entstand eine paderbornisch-lippische Samtherrschaft (Kondominium), die erst 1808 aufgelöst wurde.
Zur territorialen Konsolidierung im Inneren des Hochstifts Paderborn trug die Teilung der Familie der Herren von Büren in mehrere Linien entscheidend bei. So konnten die Bischöfe von Paderborn nach und nach in die Herrschaft Büren (Kreis Pader-

Die Bischöfe von Paderborn (9.-15. Jahrhundert)

Hathumar 806-815
Badurad 815-862
Liuthard 862-887
Biso 887-909
Dietrich I. 909-917
Unwan 918-935
Dudo 935-959
Folkmar 959-983
Rethmar 983-1009
Meinwerk 1009-1036
Rotho 1036-51
Imad 1051-76
Poppo 1076-83
Heinrich I. v. Assel 1083-1090
Heinrich II. v. Werl 1084-1127
Bernhard I. v. Oesede 1127-1160
Evergis 1160-1178
Siegfried (v. Hallermund?) 1178-1188
Bernhard II. v. Ibbenbüren 1188-1204
Bernhard III. v. Oesede 1204-23
Oliver 1223-25
Wilbrand v. Oldenburg 1225-28
Bernhard IV. zur Lippe 1228-47
Simon I. zur Lippe 1247-77
Otto v. Rietberg 1277-1307
Günther v. Schwalenberg 1307-10
Dietrich II. v. Itter 1310-21
Bernhard V. zur Lippe 1321-41
Balduin v. Steinfurt 1341-61
Heinrich III. v. Spiegel zum
Desenberg 1361-80
Simon II. v. Sternberg 1380-89
Ruprecht v. Berg 1389-94
Johann I. v. Hoya 1394-99
Bertrando d'Arvazzano 1399-1401
Wilhelm I. v. Berg 1400-14
Dietrich III. v. Moers 1415-63
[1414-63 Erzbischof v. Köln]
Simon III. zur Lippe 1463-98
Hermann I. v. Hessen 1498-1508
[1473-1508 Erzbischof v. Köln]

born) eindringen, deren Grundlage Gerichtsrechte und Grundbesitz der Herren von Büren und die Vogtei über das Kloster Böddeken (Büren, Kreis Paderborn) bildeten. Nachdem die Bischöfe sich in der Wewelsburg und in anderen Burgen des Bürener Bereichs festgesetzt hatten, konnten sie allmählich die Besitzungen und Rechte der verschiedenen Linien der Herren von Büren erwerben, was 1382 zum Abschluß kam. Schon 1318 hatte Bischof Dietrich II. von Itter die Freigrafschaft Dringen (Dringenberg, Bad Driburg, Kreis Höxter) von dem Paderborner Dompropst Bernhard zur Lippe erlangen können, der sie zwei Jahre zuvor von den Herren von Everstein gekauft hatte. Auch Brakel (Kreis Höxter) wurde bis 1384 in den paderbornischen Machtbereich einbezogen.
Das 15. Jahrhundert brachte das Hochstift Paderborn erneut unter kölnischen Expansionsdruck. Erzbischof Dietrich von Moers betrieb erfolgreich seine Wahl zum Bischof von Paderborn und konnte von 1415 bis zu seinem Tod 1463 das Paderborner Bischofsamt mit dem Kölner Erzstuhl verbinden. Mit seinem Versuch von 1429, Diözese und Hochstift Paderborn dem Erzbistum Köln zu inkorporieren, provozierte er jedoch den Widerstand des Paderborner Domkapitels. In den Jahren 1465 bis 1470 gab es kriegerische Verwicklungen Paderborns mit Hessen, nachdem das Hochstift im 14. Jahrhundert im paderbornisch-hessischen Grenzbereich u. a. das heute hessische Liebenau und die Hälfte des heute ebenfalls zu Hessen gehörenden Helmarshausen erworben hatte. Diese Positionen gingen jetzt wieder verloren, bevor die neuzeitliche hessisch-paderbornische Grenze, also heute die Grenze zwischen Hessen und Nordrhein-Westfalen, 1597 festgelegt wurde.

Die Bischöfe von Minden (8./9.-15. Jahrhundert)

Erkanbert vor 789/94?-830
Hadward 830/36-853
Dietrich I. 853-880
Wolfher 880-886
Drogo 886/87-902
Adalbert 902-905
Bernhard 905/908-914
Liuthar 914-927
Ebergis 927/32-950
Helmward 950/52-958
Landward 958/60-969
Milo 969/73-996
Ramward 996/97-1002
Dietrich II. 1002/03-22
Sigebert 1022/24-36
Bruno 1036-1055
Eilbert 1055/56-1080
Reinhard 1080-89
Volcmar 1089-95
Odalric 1095/96-97
Widelo 1097/98-1105
Gottschalk v. Diepholz 1105-12
Widelo 1113-19
Sigeward 1120-40
Heinrich I. 1140-53
Werner 1153-70
Anno v. Landsberg 1170/71-85
Thietmar 1185-1206
Heinrich II. 1206-09
Konrad I. v. Rüdenberg 1209-36
Wilhelm I. v. Diepholz 1237-42
Johann v. Diepholz 1242-53
Widekind v. Hoya 1253-61
Kuno v. Diepholz 1261-66
Otto I. 1267-75
Volkwin v. Schwalenberg 1276-93
Konrad II. v. Wardenburg 1293-95
Ludolf v. Rosdorf 1295-1304
Gottfried v. Waldeck 1304-24
Ludwig v. Braunschweig 1324-46
Gerhard I. v. Schaumburg 1347-53
Dietrich III. v. Kagelwitt 1353-61
Gerhard II. v. Schaumburg 1362-66
Otto II. v. Wettin 1368
Wedekind II. v. d. Berge 1369-83
Otto III. v. d. Berge 1384-97
Markward v. Randegg 1398
Wilhelm II. v. Büschen 1398-1402
Otto IV. v. Rietberg 1403-06
Wulbrand v. Hallermund 1406-36
Albert II. v. Hoya 1437-73
Heinrich III. v. Schaumburg 1473-1508

Hinter Münster und Paderborn stand das dritte Hochstift Westfalens, Minden, deutlich zurück. Die Bischöfe von Minden sahen sich eingezwängt zwischen den Grafen von Hoya im Norden und den Grafen von Schaumburg sowie den Herzögen von Braunschweig im Osten. Im Kontrast zu ihrer bis in die Lüneburger Heide ausgedehnten Diözese vermochten sie nur ein ungleich kleineres Territorium auszubilden, das sich großenteils mit dem heutigen Kreis Minden-Lübbecke deckte; teilweise griff es in den heutigen Kreis Herford aus, während das heute zum Kreis Minden-Lübbecke gehörende Preußisch Oldendorf zur Grafschaft Ravensberg und nicht zum Hochstift Minden zählte. Wichtig für die territoriale Konsolidierung des Hochstifts Minden wurde der Erwerb der beiden Burgen der Edelherren von dem Berge, Wedigenstein (Minden) und Hausberge (Porta Westfalica, Kreis Minden-Lübbecke). Die Edelherren von dem Berge hatten seit 1096 die Stiftsvogtei über Minden besessen. 1369 wurde Wedekind von dem Berge Bischof von Minden, 1384 gefolgt von Otto von dem Berge. Dieser vermachte 1397 Hausberge und Wedigenstein mit dem zugehörigen Gebiet dem Mindener Domkapitel.
Von den weltlichen Territorien Westfalens sind neben der Grafschaft Mark vor allem die Grafschaft Ravensberg und die Grafschaft Tecklenburg zu nennen. Die Grafen von Calvelage-Ravensberg hatten ihren Sitz ursprünglich um Vechta im spä-

teren Niederstift Münster. 1226 teilte sich dieses Grafenhaus. Während die nördlichen Besitzungen 1252 an Münster gelangten, hatte die verbleibende Linie der Grafen von Calvelage-Ravensberg seitdem nur noch die Besitzungen und Rechte um die wahrscheinlich vor 1115 von Graf Hermann II. von Calvelage errichtete Burg Ravensberg (Borgholzhausen, Kreis Gütersloh). 1215 erwarben die Grafen von Ravensberg Vlotho (Kreis Herford), doch konnten sie den Erzbischof von Köln erst zu Anfang des 14. Jahrhunderts aus diesem Ort an der Weser verdrängen. Um diese Zeit kam auch die Burg Limberg (Preußisch Oldendorf, Kreis Minden-Lübbecke) an die Grafen von Ravensberg, deren Territorium seitdem mit den Burgen Ravensberg, Sparrenberg (Bielefeld), Vlotho und Limberg vier Herrschaftszentren aufwies; 1408 kam als niemals mehr eingelöstes Pfand Enger (Kreis Herford) hinzu. 1547 erwarb Herzog Wilhelm der Reiche von Jülich-Kleve-Berg die weltliche Hoheit des Stiftes Herford über die Stadt Herford, womit Herford in das Territorium der Grafschaft Ravensberg einbezogen wurde, die damit ihre territoriale Abrundung erfuhr. Die Reichsunmittelbarkeit des Kanonissenstiftes Herford blieb jedoch bis zum Beginn des 19. Jahrhunderts bewahrt.

Aufgrund der 1336 geschlossenen Ehe der Tochter Graf Ottos IV. von Ravensberg, Margarete, die durch ihre gleichnamige Mutter auch Erbin der Grafschaft Berg war, mit Graf Gerhard VI. (I.) von Jülich fiel Ravensberg nach dem Tod des letzten Ravensberger Grafen, Bernhard († 1346), an die 1356/60 zu Herzögen von Jülich erhobenen Grafen von Jülich und Berg. Seit 1521 war die Grafschaft Ravensberg dadurch mit den Herzogtümern Jülich, Kleve und Berg und mit der Grafschaft Mark unter einem Landesherrn verbunden.

Auch die Grafen von Tecklenburg waren ursprünglich in beträchtlichem Umfang im Norden, im späteren Niederstift Münster, begütert. 1173 hatten sie die Vogtei über das Hochstift Münster verloren und 1400 auch ihre alten Besitzungen Cloppenburg, Friesoythe und Bevergern an den Bischof von Münster abgeben müssen. Doch erstreckte sich ihr Herrschaftsgebiet danach immerhin noch von Lienen und Ladbergen (beide Kreis Steinfurt) bis nach Lingen an der Ems im heutigen Niedersachsen. Der letzte, der dieses gesamte Territorium in seiner Hand vereinte, war Graf Nikolaus III. von Tecklenburg († 1508). Nach seinem Tod teilte sich das Grafenhaus, wobei von seinen Söhnen der ältere, Otto IX. († 1534), die Grafschaft Tecklenburg mit der Burg Tecklenburg (Kreis Steinfurt) erhielt, während für den jüngeren, Nikolaus IV. († 1541), die Grafschaft Lingen abgeteilt wurde. Lingen gelangte 1548 als Folge der Niederlage der protestantischen Fürsten im Schmalkaldischen Krieg an Kaiser Karl V. als Herzog von Geldern und ging damit den Grafen von Tecklenburg und ihren Erben, den Grafen von Bentheim, für immer verloren. Die Grafschaft Lingen bestand aus der Obergrafschaft Lingen und der Niedergrafschaft Lingen. Zu Westfalen im heutigen Sinne gehörten die Grafschaft Tecklenburg mit Tecklenburg, Lengerich, Lienen, Ladbergen, Lotte und Westerkappeln und die Obergrafschaft Lingen mit Ibbenbüren, Mettingen und Recke. Der älteste Sohn Ottos IX., Graf Konrad von Tecklenburg († 1557), vererbte Tecklenburg über seine Tochter Anna

(† 1582), die mit dem Grafen Everwin III. von Bentheim († 1562) verheiratet war, an die Grafen von Bentheim. Diese besaßen die Grafschaft Bentheim im Westen des heutigen Niedersachsen und im Münsterland die Grafschaft Steinfurt.
Die anderen weltlichen Territorien Westfalens neben der schon behandelten Grafschaft Limburg waren die Grafschaften Rietberg und Steinfurt und die Herrschaften Rheda, Gemen und Anholt. Diese Kleinterritorien standen nach Größe und Bedeutung hinter der Grafschaft Mark und auch hinter Ravensberg und Tecklenburg deutlich zurück. Hinzu kommen die heute zu Westfalen zählenden Grafschaften Wittgenstein und das Siegerland.
Die Grafschaft Rietberg ging auf den Besitz der Grafen von Werl bzw. Arnsberg zurück. Sie entstand durch eine Teilung des Hauses der Grafen von Cuijk-Arnsberg, bei der Graf Konrad von Arnsberg, ein jüngerer Enkel des ersten Grafen von Arnsberg aus dem Hause Cuijk, Heinrich I., 1237 Rietberg erhielt und sich seitdem Graf von Rietberg nannte. Die Grafschaft Rietberg lag im Süden des heutigen Kreises Gütersloh im Bereich der Gemeinden Rietberg und Verl. Nach dem Aussterben des Mannesstammes der Grafen von Rietberg folgte 1562 in Rietberg das ostfriesische Grafenhaus Cirksena.
Die Grafschaft Steinfurt nordwestlich von Münster im heutigen Kreis Steinfurt ging aus den um die Burg Steinfurt konzentrierten Grund-, Vogtei- und Gerichtsrechten der Edelherren von Steinfurt hervor. Durch seine Ehe mit Mechthild von Steinfurt († 1420), der Erbtochter Ludolfs von Steinfurt, fiel Steinfurt an Everwin V. von Götterswick, der 1421 auch das Erbe der Grafen von Bentheim aus dem Hause Holland antrat und deshalb als Everwin I. von Bentheim gezählt wird. Seitdem blieb die 1495 zur Reichsgrafschaft erhobene Grafschaft Steinfurt bei den Grafen von Bentheim aus dem Hause Götterswick. Während die Grafschaft im 18. Jahrhundert auf Stadt und Kirchspiel Burgsteinfurt beschränkt war, umfaßte sie 1495 noch ein mehr als doppelt so großes Gebiet. Dieser Teil gelangte aufgrund eines seit 1547 geführten Prozesses 1716 an das Hochstift Münster.
Die Herrschaft Rheda im Bereich der heutigen Städte und Gemeinden Rheda-Wiedenbrück (ohne den Ortsteil Wiedenbrück), Gütersloh und Herzebrock (alle Kreis Gütersloh) ging zurück auf die Burg Rheda der Herren von Rheda, die Vogt des Klosters Freckenhorst (Warendorf) und Gründer des Klosters Marienfeld (Harsewinkel, Kreis Gütersloh) waren. Nach dem Tod Widukinds von Rheda 1190 gelangte Rheda an die Edelherren zur Lippe. Mit Bernhard V. zur Lippe († 1365) endete die lippische Herrschaft in Rheda. Seine Tochter Adelheid war mit Graf Otto VI. von Tecklenburg verheiratet, der nach dem Tod seines Schwiegervaters auch Rheda erhielt. So gelangte Rheda im 16. Jahrhundert mit der Grafschaft Tecklenburg an die Grafen von Bentheim.
Die Herrschaft Gemen (Borken) umfaßte, wie Steinfurt, ursprünglich ein größeres Gebiet, das aber an Münster verlorenging, während für das Areal von Burg und Stadt Gemen 1700 die Reichsunmittelbarkeit Anerkennung fand. Die seit 1092 belegten Edelherren von Gemen starben 1492 aus. Ihnen folgten als Herren von

Gemen die Grafen von Holstein-Schaumburg, die im 17. Jahrhundert von den Grafen von Limburg-Styrum beerbt wurden. Die Herrschaft Anholt (Isselburg, Kreis Borken) war noch sehr viel kleiner als das winzige Gemen. Sie fiel 1380 von den Herren von Sulen an Hermann von Gemen, 1402 an die Herren von Bronckhorst und Batenburg und 1641/47 an die Fürsten von Salm, Wild- und Rheingrafen.
Die südlich des Kammes des Rothaargebirges im Bereich des Oberlaufs von Eder und Lahn und des örtlich wichtigen Baches Odeborn, der am Kahlen Asten entspringt und bei Raumland (Bad Berleburg) in die Eder geht, gelegene Grafschaft Wittgenstein umfaßte das Gebiet der heutigen Städte und Gemeinden Bad Berleburg, Bad Laasphe und Erntebrück (alle Kreis Siegen-Wittgenstein). Am Anfang stand hier die Burg Wittgenstein der Grafen von Wittgenstein bei Laasphe im oberen Lahntal. An die Stelle der Grafen von Wittgenstein, die sich im 13. Jahrhundert gegen Hessen und gegen den Erzbischof von Mainz behaupten konnten, traten 1357 die Grafen von Sponheim, die auch den Namen von Sayn führten und sich später Grafen von Sayn-Wittgenstein nannten. 1603 wurde die Grafschaft Wittgenstein in die nördliche Grafschaft Wittgenstein-Berleburg und die südliche Grafschaft Wittgenstein-Wittgenstein (auch Wittgenstein-Hohnstein genannt) geteilt.
Das Siegerland mit den heutigen Städten und Gemeinden Siegen, Freudenberg, Kreuztal, Hilchenbach, Netphen, Wilnsdorf, Neunkirchen und Burbach bildete im Mittelalter und im 16. Jahrhundert noch kein eigenes Territorium, sondern war Teil des Herrschaftsgebietes der Grafen von Nassau zwischen der Sieg und der unteren Lahn. Im Siegerland sind die Grafen von Nassau schon seit 1079/1089 nachweisbar. 1224 überließ der Graf von Nassau die Hälfte der Stadt Siegen dem Erzbischof Engelbert I. von Köln und begründete damit eine bis zum Beginn des 15. Jahrhunderts andauernde Doppelherrschaft. 1255 teilten die Söhne Graf Heinrichs II. von Nassau († 1247), Walram II. und Otto I., den Besitz des Hauses Nassau, wobei Otto I. († 1289) den nördlich der Lahn gelegenen Teil mit Siegen und dem heute hessischen Dillenburg erhielt. Die Sitze der damit begründeten ottonischen Linie des Hauses Nassau waren Siegen, Dillenburg, Beilstein, Hadamar und Diez, wovon nur Siegen heute zu Westfalen gehört. Durch weitere Teilungen nach dem Tod des Grafen Johann VI. von Nassau († 1606) wurde die ottonische Linie des Hauses Nassau noch einmal gespalten, wobei Johann VII. († 1623) Siegen erhielt, das erst jetzt eine eigenständige Grafschaft und Sitz des Hauses Nassau-Siegen wurde. Auf Johanns VII. Veranlassung wurde die Grafschaft 1623 in drei Teile geteilt, woraus 1642 eine Zweiteilung wurde. Beide Linien residierten in der Stadt Siegen (Oberes und Unteres Schloß); beide wurden 1652 bzw. 1679 in den Reichsfürstenstand erhoben.
Neben dem kölnischen Herzogtum Westfalen, dem kölnischen Vest Recklinghausen und den Hochstiften Münster, Paderborn und Minden gab es in Westfalen auch noch kleine geistliche Territorien. Neben dem schon genannten, zum Reichsstift Essen gehörenden Huckarde bei Dortmund waren das die Reichsabtei Corvey mit ihrem Gebiet und das Amt Reckenberg. Die Reichsabtei Corvey an der Weser

konnte im Bereich des heutigen Stadtgebiets von Höxter und in Teilen des Stadtgebiets von Beverungen (beide Kreis Höxter) und somit am linken Weserufer ein in seiner Ausdehnung den kleineren Grafschaften Westfalens entsprechendes Territorium ausbilden. Gemessen an dem ursprünglich von der Diemel bis in die Niederlande und von Siegen bis kurz vor Bremen verstreuten Güter- und Kirchenbesitz dieses ältesten Männerklosters Westfalens stellte das Weserterritorium Corvey nur eine Art Rückzugsgebiet dar. Das Amt Reckenberg war Teil des Hochstifts Osnabrück und lag zwischen der Grafschaft Rietberg und der Herrschaft Rheda im heutigen Kreis Gütersloh mit Wiedenbrück (Rheda-Wiedenbrück) als Mittelpunkt.

Eine besondere Rolle spielte die Stadt Lippstadt (Kreis Soest), in der der Stammsitz der Edelherren zur Lippe zu suchen ist. 1376 gelangte Lippstadt als Pfandbesitz an die Grafen von Mark. Infolge der Soester Fehde wurde daraus im 15. Jahrhundert ein märkisch-lippisches – später brandenburgisch-lippisches bzw. preußisch-lippisches – Kondominium, das bis 1850/51 bestand.

Wichtig für den inneren Ausbau der größeren Territorien wurden die Ämter als Einrichtungen der landesherrlichen Lokalverwaltung. Ihre ursprüngliche Aufgabe bestand in der Wahrung des Besitzstandes des Landesherrn und der Einziehung der für ihn bestimmten Abgaben und zugleich in der Aufrechterhaltung der Rechtsordnung. Die Ämter besaßen somit Funktionen der Fiskal- und der Grundherrschaftsverwaltung und verbanden diese mit Aufgaben der Rechtsprechung sowie mit militärischen Aufgaben. Den organisatorischen Mittelpunkt der Amtsbezirke, an deren Spitze Amtsdrosten oder Amtmänner standen, bildeten Burgen oder „feste Häuser“ oder – wie im Herzogtum Westfalen – befestigte Städte. Die Bezeichnung der Amtsbezirke war verschieden. So kommen neben „Amt“ auch die Namen Gericht, Pflege, Vogtamt oder Vogteiamt, Viztumamt u.ä. vor. In Westfalen unterschied man Ämter und Gerichte, wobei die Gerichte bzw. Gerichtsbezirke in der Regel Patrimonialgerichte waren. Darunter versteht man die einem adeligen Grundherrn erblich zustehende öffentliche Gerichtsbarkeit über alle Einwohner seines Grundherrschafts- und Gerichtsbezirks.

Eine sehr früh zustande gekommene Einteilung in Amtsbezirke wies die Grafschaft Flandern auf, die schon in der Mitte des 12. Jahrhunderts in Kastellaneien mit einer Burg als Mittelpunkt eingeteilt war. Im 13. Jahrhundert wurde dieses Vorbild in Brabant und Holland nachgeahmt und danach auch am Niederrhein und in Westfalen übernommen. Dabei ging es hier anfangs oft darum, entlegene Außenposten durch einen Amtmann oder Drost als Vertreter des Landesherrn verwaltungsmäßig zu sichern. So entstanden die ersten Amtsbezirke des Hochstifts Münster in der zweiten Hälfte des 13. Jahrhunderts im abgelegenen Vechta und im Emsland, während in den Kerngebieten des Hochstifts, im Münsterland, die Amtsverfassung erst im zweiten Viertel des 14. Jahrhunderts eingeführt wurde. Im Hochstift Paderborn, in der Grafschaft Mark und in der Grafschaft Ravensberg kam die Amtsverfassung bis zur Mitte des 14. Jahrhunderts zur Ausgestaltung. Im Herzogtum Westfalen war die Amtsverfassung seit dem ersten Viertel des 14. Jahrhunderts ausgebildet.

1781 umfaßte das Herzogtum Westfalen 43 Ämter und Gerichte ganz unterschiedlicher Ausdehnung. Das waren im Quartal Brilon des Herzogtums Westfalen die Ämter Brilon und Medebach und die Gerichte Alme (Brilon), Bödefeld (Schmallenberg), Canstein (Marsberg), Meschede mit Calle und Remblinghausen (Meschede) und Padberg (Marsberg), im Quartal Rüthen die Ämter Erwitte und Geseke und die Gerichte Allagen (Warstein), Belecke (Warstein), Körbecke (Möhnesee), Friedhartskirchen (Lippstadt), Hovestadt (Lippetal), Mellrich (Anröchte), Oestinghausen (Lippetal), Rüthen und Scharfenberg (Brilon), im Quartal Bilstein die Ämter Bilstein (Lennestadt) und Fredeburg (Schmallenberg) und die Gerichte Attendorn, Eslohe und Reiste (Eslohe), Hellefeld (Sundern), Lenhausen (Finnentrop), Oberkirchen (Schmallenberg), Oedingen (Lennestadt), Olpe, Wenden, Drolshagen und Schliprüthen (Finnentrop) und im Quartal Werl die Ämter Balve, Menden und Werl und die Gerichte Arnsberg, Bergstraße (Werl), Neheim (Arnsberg), Stockum (Möhnesee), Sümmern (Iserlohn) und Voßwinkel (Arnsberg) (Klueting, Stat. Nachrichten). Die Städte und Freiheiten unterstanden im Herzogtum Westfalen nicht den landesherrlichen Ämtern, sondern waren amtsfreie Gemeinden.

Die Grafschaft Mark kannte bis zur Kreiseinteilung von 1753 die Ämter Altena, Blankenstein (Hattingen), Bochum, Castrop, Hamm, Hörde (Dortmund), Iserlohn, Kamen, Lünen, Neuenrade, Plettenberg, Schwerte, Unna und Wetter mit den zum Amt Wetter zählenden Gerichten Schwelm, Hagen und Volmarstein sowie die Gerichte Bodelschwingh (Dortmund), Buddenberg (Lünen), Hemer, Horst (Gelsenkirchen), Herbede (Witten), Mengede (Dortmund), Stiepel (Bochum) und Witten und die Herrlichkeit Bodelschwingh (Dortmund). Hinzu kamen Soest und die Soester Börde (Timm, Kataster, nach S. 441).

Im Oberstift des Hochstifts Münster gab es um 1590 das große Amt Wolbeck (Münster-Wolbeck), das sich von Greven (Kreis Steinfurt) bis an die Lippe gegenüber von Hamm erstreckte und gemeinsam mit dem Amt Werne (Werne a. d. Lippe) das gesamte mittlere Münsterland einnahm. Hinzu kamen die Ämter Sassenberg (Kreis Warendorf), Stromberg (Oelde), Dülmen, Horstmar, Sandwelle (Gronau, Heek, Legden und Schöppingen), Ahaus, Auf dem Braem (Borken, Heiden, Reken, Velen, Südlohn, Stadtlohn und Gescher) und Bocholt, ferner die Herrlichkeiten Lembeck (Dorsten), Ostendorf (Haltern) und Raesfeld und das Amt Rheine, in dem 1578 das Amt Bevergern aufgegangen war (Geschichtl. Handatlas I: Karte 1590).

Das Hochstift Paderborn war im 16./17. Jahrhundert in die beiden großen Oberämter Neuhaus (Schloß Neuhaus, Paderborn) westlich und Dringenberg (Bad Driburg) östlich des Eggegebirges sowie in die Ämter Salzkotten, Boke (Delbrück), Wewelsburg (Büren) und Wünnenberg, die Herrschaft Büren, das Amt Lichtenau und das domkapitularische Amt Lippspringe (Bad Lippspringe), die Ämter Steinheim und Bredenborn (Marienmünster), Herstelle (Beverungen) und Beverungen und die Herrschaft Desenberg (Warburg, Borgentreich) eingeteilt. Hinzu kamen die paderbornisch-lippischen Samtherrschaftsgebiete (Geschichtl. Handatlas I: Karte 1590).

Im Hochstift Minden gab es die Ämter Hausberge (Porta Westfalica), Petershagen,

Rahden, Reineberg (Hüllhorst) und Schlüsselburg (Petershagen), in der Grafschaft Ravensberg die Ämter Ravensberg (Borgholzhausen), Sparrenberg (Bielefeld), Limberg (Bünde, Rödinghausen) und Vlotho.
Obwohl die Ämter der Herrschaftssicherung dienten, trugen sie doch lange Züge eines Pfandobjektes, weil die Landesherren sie gegen hohe Geldbeträge verpfändeten, wie das auch mit Städten geschah. Bei Nichteinlösung des Pfandes konnten so Städte oder ganze Amtsbezirke ihren Landesherrn und damit ihre territoriale Zugehörigkeit auf Dauer wechseln. Ein Beispiel bietet das Amt Medebach, das von 1333 bis 1600 verpfändet war, und zwar zuerst an die Herren von Büren, zuletzt an die Herren von Viermünden bzw. an ihren Erben, den Freiherren von Winneburg-Beilstein.
Viel jünger als die landesherrliche Lokalverwaltung war die territoriale Zentralverwaltung. Die wichtigste Zentralbehörde größerer Territorien war der Hofrat, der vor der zumeist erst im 18. Jahrhundert erfolgten Trennung von Rechtsprechung und Verwaltung sowohl ein Justiz- als auch ein Verwaltungsorgan war. Dazu kam die Hofkammer für die Verwaltung der landesherrlichen Einkünfte. Die Anfänge des Hofrates lagen in manchen Territorien außerhalb Westfalens schon im 13. Jahrhundert, doch wurden daraus erst gegen Ende des 15. und vor allem im 16. Jahrhundert dauernd tätige und fest organisierte Zentralbehörden. Hier gingen Bayern (1489) und Kursachsen (1499) voran. Die Herzogtümer Jülich und Berg folgten 1534. In Westfalen entstand eine solche Zentralbehörde zuerst im Hochstift Münster, wo 1574 ein Hofrat eingerichtet wurde.
Der zweite wichtige Faktor für den Auf- und Ausbau der Territorien ging nicht von der herrschaftlichen Seite aus, sondern von der genossenschaftlichen. Gemeint ist das Zusammenwirken des Landesherrn mit den ihm in Gestalt von Landständen oder Landschaften genossenschaftlich organisiert gegenübertretenden (privilegierten) Untertanen. Man kann dieses Zusammenwirken und sein Ergebnis auf die Formel „Herrschaft + Landschaft = (frühmoderner) Staat“ (Peter Blickle) bringen. Allerdings waren daran nur solche Untertanen beteiligt, die ein gewisses Maß an Eigenständigkeit besaßen, d. h. die dem Landesherrn direkt unterstanden, ohne einen anderen Grundherrn oder – bei Leibeigenen – Leibherrn über sich zu haben. Das galt in manchen Teilen Deutschlands auch für Bauern. Vor allem aber gehörten zu dieser privilegierten Kategorie von Untertanen die landsässigen Adeligen, die Städte und die Klöster. Landsässige Adelige waren solche, die es entweder nicht zu eigener landesherrlicher Stellung gebracht hatten, oder die aus der Dienstmannschaft eines Grafen oder Bischofs aufgestiegen waren. So waren die Landstände zumeist nach den Sozialständen Adel, Bürger (Städte) und Geistlichkeit (Klöster) gegliederte Vertretungen des „Landes“ gegenüber dem Landesherrn. Das „Miteinanderverhandeln“ von Landesherr und Landständen schuf – modern gesprochen – öffentlich-rechtliche oder politische Verhältnisse zwischen Landesherr und Land, nicht nur privatrechtliche Beziehungen wie zwischen Grundherr und Bauern. Die institutionalisierte Form dieses Miteinanderverhandelns wurden die Landtage.

Die Bildung von Landständen und die Anfänge der Ständeversammlungen oder Landtage lagen in Deutschland überwiegend im 14. und 15. Jahrhundert. Ein gutes Beispiel bietet das seit 1255 in Ober- und Niederbayern geteilte Herzogtum Bayern, wo es in der zweiten Hälfte des 13. Jahrhunderts noch keine Spuren von Ständeversammlungen gab. Das änderte sich mit der Verschlechterung der finanziellen Lage der Herzöge seit etwa 1290. Der Widerstand des landsässigen Adels gegen Steuerforderungen der Herzöge führte 1302 in Oberbayern und 1311 in Niederbayern zu genossenschaftlichen Zusammenschlüssen des Adels, denen die Herzöge zugestehen mußten, daß gegen ihren Willen keine Steuern erhoben werden sollten. Daraus gingen die Landstände der bayerischen Teilherzogtümer hervor, die im Laufe des 14. Jahrhunderts eine politisch bedeutsame Stellung erlangen konnten. Nach der 1504 erfolgten Wiedervereinigung der Teilherzogtümer wuchsen sie zu einem Landtag für das ganze damalige Bayern zusammen.
Ähnlich wie in Bayern, teilweise – etwa im Hochstift Münster – sogar früher, vollzog sich die Entstehung der Landstände auch in den westfälischen Territorien. Dabei spielten in den Hochstiften – auch außerhalb Westfalens – die Domkapitel die Rolle des ersten Landstandes, während die Klöster hier nicht unter den Landständen erschienen.
Im Herzogtum Westfalen bildeten sich Frühformen des Landständewesens in den kleinräumigen Einzel-„Ländern" aus, aus denen das Herzogtum Westfalen zusammenwuchs: im „Land des Marschallamtes", in der Grafschaft Arnsberg und im Amt Waldenburg. Erste Spuren lassen sich in der ersten Hälfte des 14. Jahrhunderts ausmachen, also in einer Zeit, in der diese „Länder" politisch oder räumlich noch getrennt waren. In der ersten Hälfte des 15. Jahrhunderts führten die finanziellen Anspannungen durch die ausgreifende Politik Erzbischof Dietrichs von Moers und entsprechende Forderungen des Erzbischofs zum Zusammengehen der Landstände dieser „Länder". So kam es 1437 zur ersten „Erblandesvereinigung", in der sich 167 Ritter und 16 Städte zusammenschlossen. Das war der erste Fall selbständigen politischen Handelns der Landstände des gesamten Herzogtums Westfalen in seinem damaligen Gebietsumfang. Nach dem Tod Dietrichs von Moers schlossen das Kölner Domkapitel und die Grafen, die Ritter und die wichtigeren Städte des rheinischen Erzstifts Köln 1463 die „rheinische Erblandesvereinigung", in der sie sich dazu verbanden, künftig keinen neu gewählten Erzbischof als Landesherrn anzuerkennen, der nicht zuvor die Einhaltung bestimmter Bedingungen zugesagt hätte. Diesem Vorbild folgten Ritterschaft und Städte im Herzogtum Westfalen, als sie, ebenfalls 1463, mit dem inzwischen gewählten Erzbischof Ruprecht von der Pfalz die – zweite – „westfälische Erblandesvereinigung" schlossen. Die Landstände des dritten kölnischen Territoriums, des Vestes Recklinghausen, traten der rheinischen Erblandesvereinigung bei. Nach der zweiten westfälischen Erblandesvereinigung kam im Herzogtum Westfalen der Landtag zustande, der zuerst 1482 nachweisbar ist. Später fanden die Landtage des Herzogtums Westfalen regelmäßig jährlich in Arnsberg statt. Die Protokolle der Landtagsverhandlungen beginnen 1583. Land-

tagsberechtigt waren „die Mitglieder der Ritterschaft, soweit sie einen landtagsfähigen Rittersitz im Lande besaßen und 16 adelige Ahnen (ausschließlich adelige Vorfahren über vier Generationen) nachweisen konnten, und die Städte und Freiheiten (stadtähnliche Siedlungen mit eingeschränkten städtischen Rechten) unter der Führung der vier ‚Hauptstädte' Brilon, Rüthen, Geseke und Werl. Brilon hatte den Vorsitz in der Städtekurie. Hinzu kamen zwei Landtagsdeputierte des Kölner Domkapitels" (Klueting, Arnsberg, S. 76).
Im Hochstift Münster bildeten sich bereits in der zweiten Hälfte des 13. Jahrhunderts Landstände aus Domkapitel, Ritterschaft und Städten aus, die 1278 nachweisbar sind und 1309 ein der Ritterschaft und den Städten erteiltes Privileg erhielten. In Verbindung mit der Wahlkapitulation Bischof Heinrichs II. von Moers von 1424 bildete dieses Privileg die Grundlage der Verfassungsordnung des Hochstifts Münster. Die münsterischen Landtage traten bis in 16. Jahrhundert unter freiem Himmel auf dem Laerbrok westlich der Stadt Münster zusammen. Das war ein Waldstück zwischen den Gemeinden Bösensell (Senden, Kreis Coesfeld), Schapdetten (Nottuln, Kreis Coesfeld) und Havixbeck (Kreis Coesfeld). Das Domkapitel und die Stadt Münster hatten das Recht, gemeinsam mit dem Bischof den Landtag einzuberufen. Im Hochstift Paderborn erlangten Domkapitel und Ritterschaft 1326, noch ohne Beteiligung der Städte, das „Privileg Bischof Bernhards", das ihnen Steuerfreiheit garantierte. 1413 traten die Städte Paderborn, Altstadt und Neustadt Warburg und Brakel hinzu, bevor 1430 in Warburg der erste Landtag des Hochstifts Paderborn stattfand. Im Hochstift Minden ging das Domkapitel als entscheidende politische Kraft voran, bevor die Städte Minden, Lübbecke, Petershagen und Schlüsselburg hinzutraten. Zuletzt, 1483, beteiligte sich auch die Ritterschaft.
Die Landstände der Grafschaft Mark aus Ritterschaft und Städten werden 1347 greifbar. In der ersten Hälfte des 15. Jahrhunderts gaben ihnen die Erbstreitigkeiten der kleve-märkischen Brüder, Herzog Adolf IV. (I.) von Kleve und Gerhard von der Mark, politischen Auftrieb. 1427 vereinigten sich Ritterschaft und Städte der Mark mit Graf Gerhard zur Verteidigung seiner Rechte an der Grafschaft Mark. 1429 forderten sie Herzog Adolf auf, sich mit seinem Bruder zu vergleichen, und drohten damit, den Kölner Erzbischof Dietrich von Moers als Landesherrn anzunehmen. Seit 1470 versammelte sich der märkische Landtag regelmäßig in Wickede (Dortmund-Wickede). Doch gab es auch, so schon 1413 in Wesel, gemeinsame Landtage der Landstände von Kleve und Mark. Auf einem gemeinsamen kleve-märkischen Landtag im linksrheinischen Büderich (Wesel) erreichten die Landstände 1501 einen Vertrag mit Herzog Johann II., der ihnen weitreichenden Anteil am „fürstlichen Staat und Regiment" und somit Teilhabe an der Landesregierung gewährte. 1508 verbanden sich die klevischen und die märkischen Städte in Wesel zu einer Union zur Verteidigung ihrer Rechte und Privilegien, die 1521 und 1522 erneuert wurde. Unter den landtagsfähigen Städten der Grafschaft Mark spielten Hamm, Unna, Kamen, Iserlohn, Lünen, Schwerte und Soest als „Hauptstädte" die entscheidende Rolle. 1510 erlangte die Ritterschaft von Kleve und Mark ihr „großes Privileg".

Auch danach gab es Einzellandtage für das Herzogtum Kleve in Kleve und für die Grafschaft Mark in Wickede, zunehmend aber gemeinsame Landtage, die fast jährlich in Dinslaken oder in Essen stattfanden.
Nach der Vereinigung von Jülich, Kleve, Berg, Mark und Ravensberg unter Herzog Johann III. machte sich jedoch bald die Schwerfälligkeit der landständischen Organisation und damit ein Moment ihrer Schwäche bemerkbar. „Da gab es getrennte Convente in den einzelnen Ländern, wie gemeinsame der Städte und Ritterschaft unter sich, Landtage der fünf Territorien, wo zwar beide Corporationen tagten, aber getrennt verhandelten und beschlossen, endlich gemeinsame Landtage für Cleve und Mark einer-, für Jülich, Berg und Ravensberg andererseits, wohin die Ritterschaft des Landes, in dem sie gerade nicht abgehalten wurden, meist nur Deputirte sandte, welche, wie die der Städte, zu jeder Versammlung über jeden einzelnen Punkt der Beratung zuvor instruirt werden mussten“ (Haeften, S. 15). Die seit dem 15. Jahrhundert nachweisbaren Landstände der Grafschaft Ravensberg bestanden aus der Altstadt und der Neustadt Bielefeld, der Ritterschaft des Landes und dem Stift St. Marien zu Bielefeld.
Auch einige kleinere Territorien kannten eine landständische Verfassung, so die Grafschaft Limburg mit ihren allerdings erst 1617 hervortretenden Landständen aus fünf Adeligen, die Reichsabtei Corvey oder die Herrschaft Rheda. Hier gab es als Kuriosität der landständischen Verfassung Landstände aus drei Klöstern (Clarholz, Herzebrock und Marienfeld), deren landständisches Zusammenwirken auf das 16. Jahrhundert zurückging.

Quellen und Literatur

Caesarius von Heisterbach: Vita, passio et miracula beati Engelberti Coloniensis archiepiscopi. Druck [lateinisch] Hrsg. von Fritz Zschaeck, in: Die Wundergeschichten des Caesarius von Heisterbach. Hrsg. von Alfons Hilka, Bd. 3. (Publikationen der Gesellschaft für Rheinische Geschichtskunde, XLIII) Bonn 1937; [deutsch] Caesarius von Heisterbach: Leben, Leiden und Wunder des heiligen Erzbischofs Engelbert von Köln. Übersetzt von Karl Langosch. (Die Geschichtsschreiber der deutschen Vorzeit, Bd. 100) Münster/Köln 1955.

Levold von Northof: Chronica comitum de Marka. [Lateinisch] Hrsg. von Fritz Zschaeck, MGH Script. rer. Germ. N. S. 6 (1929); [deutsch] Levold von Nordhof: Die Chronik der Grafen von der Mark. Übersetzt von Hermann Flebbe. (Die Geschichtsschreiber der deutschen Vorzeit, Bd. 99) Münster/Köln 1955.

Altemeyer, Hubert: Die Entstehung der Amtsverfassung im Stifte Münster, insbesondere im Niederstift. Jur. Diss. Münster 1926.

Behr, Hans-Joachim: Die Landstände, in: Köln-Westfalen 1180-1980. Landesgeschichte zwischen Rhein und Weser. Ausstellung 1980/81 in Münster und 1981 in Köln, Bd. 1. Lengerich 1980, S. 250-257.

Behr, Hans-Joachim: Landstände und Landtage in Corvey, in: Westfälische Forschungen 29, 1978/79, S. 1-23.

Das Bistum Münster. Hrsg. von Werner Thissen (Literatur Kap. 2)

Blickle, Peter: Landschaften im Alten Reich. Die staatliche Funktion des gemeinen Mannes in Oberdeutschland. München 1973.
Brandt, Hans-Jürgen / Hengst, Karl: Bischöfe und Erzbischöfe (Literatur Kap. 2)
Diestelkamp, Bernhard: Lehnrecht und spätmittelalterliche Territorien, in: Der deutsche Territorialstaat im 14. Jahrhundert. Hrsg. von Hans Patze, Bd. 1. (Vorträge und Forschungen, Bd. 13) 2. Aufl. Sigmaringen 1985, S. 65-96.
Droege, Georg: Die westfälischen Gebiete und Friesland westlich der Weser, in: Deutsche Verwaltungsgeschichte. Hrsg. von Kurt G. A. Jeserich, Hans Pohl und Georg-Christoph von Unruh, Bd. 1. Stuttgart 1983, S. 720-741.
Geschichtlicher Handatlas von Westfalen. Hrsg. vom Provinzialinstitut für Westfälische Landes- und Volksforschung des Landschaftsverbandes Westfalen-Lippe, Lieferung 1. Münster 1975.
Die Grafen van Limburg Stirum. Einleitung (Literatur Kap. 3.1).
Haeften, August von (Hrsg.): Urkunden und Actenstücke zur Geschichte des Kurfürsten Friedrich Wilhelm von Brandenburg, Abt. 3: Ständische Verhandlungen, Bd. 1: Cleve-Mark. (Urkunden und Actenstücke zur Geschichte des Kurfürsten Friedrich Wilhelm von Brandenburg, Bd. 5) Berlin 1869, darin: Allgemeine Einleitung. Die landständischen Verhältnisse in Cleve und Mark bis zum Jahre 1641.
Hoederath, Hans Theodor: Der Fall des Hauses Isenberg 1225/26, in: Zeitschrift der Savigny-Stiftung für Rechtsgeschichte, Kanonistische Abteilung 40, 1954, S. 102-130.
Hücker, Wilhelm: Entstehung der Amtsverfassung im Herzogtum Westfalen, in: Zeitschrift für vaterländische Geschichte und Altertumskunde [=Westfälische Zeitschrift] 68, 1910, Abt. II, S. 1-128.
Janssen, Wilhelm: Die Erzbischöfe (Literatur Kap. 3.2)
Janssen, Wilhelm: Das Erzstift Köln (Literatur Kap. 3.2)
Janssen, Wilhelm: Kleve-Mark-Jülich-Berg-Ravensberg 1400-1600, in: Land im Mittelpunkt der Mächte. Die Herzogtümer Jülich-Kleve-Berg. Ausstellung 1984 in Kleve und in Düsseldorf. Kleve 1984, S. 17-40.
Klueting, Edeltraud: Art. Gevelsberg, in: Westfälisches Klosterbuch. Hrsg. von Karl Hengst, Tl. 1. Münster 1992, S. 350-354.
Klueting, Harm: Arnsberg (Literatur Kap. 3.2).
Klueting, Harm: Las Asambleas territoriales de Alemania [spanisch = Die Landtage der deutschen Territorien], in: Las Cortes de Castilla y Léon 1188-1988. Valladolid 1990, Bd. 2, S. 149-170.
Klueting, Harm: „Daß sie ein Absplиß von der Grafschaft Mark ist, daran ist kein Zweifel“: Die Grafschaft Limburg vom 13. bis zum 19. Jahrhundert, in: Jahrbuch des Vereins für Orts- und Heimatkunde in der Grafschaft Mark 93/94, 1995, S. 62-126.
Klueting, Harm: Das fürstliche Haus Bentheim-Tecklenburg. Eine Familiengeschichte in Bildern. Münster 1993.
Klueting, Harm: Ständebildung ohne Ritterschaft. Die Klöster Marienfeld, Clarholz und Herzebrock als Landstände der Herrschaft Rheda, in: Clarholtensis Ecclesia. Forschungen zur Geschichte der Prämonstratenser in Clarholz und Lette (1133-1803), Hrsg. von Johannes Meier. (Studien und Quellen zur westfälischen Geschichte, Bd. 21) Paderborn 1983, S. 235-256.
Klueting, Harm: Ständewesen und Ständevertretung in der westfälischen Grafschaft Limburg im 17. und 18. Jahrhundert. Ein Beitrag zur territorialen Verfassungsgeschichte Deutschlands in der Frühneuzeit, in: Beiträge zur Geschichte Dortmunds und der Grafschaft Mark 70, 1976, S. 109-201.
Klueting, Harm: Statistische Nachrichten über das Herzogtum Westfalen aus dem Jahre 1781, in: Westfälische Forschungen 30, 1980, S. 124-141.

Lüdicke, Reinhard: Die landesherrlichen Zentralbehörden im Bistum Münster. Ihre Entstehung und Entwicklung bis 1650, in: Zeitschrift für vaterländische Geschichte und Altertumskunde [= Westfälische Zeitschrift] 59, 1901, Abt. I, S. 1-168.
Merzbacher, Friedrich: Art. Landesherr, Landesherrschaft, in: Handwörterbuch zur deutschen Rechtsgeschichte, Bd. 2. Berlin 1978, Sp. 1383-1388.
Patze, Hans (Hrsg.): Die Grundherrschaft im späten Mittelalter, 2 Bde. (Vorträge und Forschungen, Bd. 27) Sigmaringen 1983.
Petri, Franz: Nordwestdeutschland in der Politik der Burgunderherzöge, in: Ders., Zur Geschichte und Landeskunde der Rheinlande, Westfalens und ihrer westeuropäischen Nachbarländer. Bonn 1973, S. 477-502.
Pöppel, Diether: Das Hochstift Paderborn. Entstehung und Entwicklung der Landeshoheit. Paderborn 1996.
Prinz, Joseph: Das hohe Mittelalter (Literatur Kap. 3.1)
Schilp, Thomas: Die Reichsstadt 1250 bis 1802, in: Gustav Luntowski / Günther Högl / Thomas Schilp / Norbert Reimann: Geschichte der Stadt Dortmund. Dortmund 1994, S. 67-211.
Schmitz-Kallenberg, Ludwig: Die Landstände des Fürstbistums Münster bis zum 16. Jahrhundert, in: Westfälische Zeitschrift 92, 1936, Abt. I, S. 1-88.
Scholz, Klaus: Das Spätmittelalter, in: Westfälische Geschichte. Hrsg. von Wilhelm Kohl, Bd. 1. Düsseldorf 1983, S. 403-468.
Schoppmeyer, Heinrich: Die Entstehung der Landstände im Hochstift Paderborn, in: Westfälische Zeitschrift 136, 1986, S. 249-310.
Schubert, Ernst: Fürstliche Herrschaft und Territorium im späten Mittelalter. (Enzyklopädie deutscher Geschichte, Bd. 35) München 1996.
Schulze, Hans K.: Das Lehnswesen, in: Ders.: Grundstrukturen der Verfassung im Mittelalter, Bd. 1. Stuttgart 1985, S. 54-94.
Schulze, Rudolf: Die Landstände der Grafschaft Mark bis zum Jahre 1510. Göttingen 1907.
Sellert, Wolfgang: Art. Landeshoheit, in: Handwörterbuch zur deutschen Rechtsgeschichte, Bd. 2. Berlin 1978, Sp. 1388-1394.
Simon, Thomas: Grundherrschaft und Vogtei. Eine Strukturanalyse spätmittelalterlicher und frühneuzeitlicher Herrschaftsbildung. (Jus Commune, Sonderheft) Frankfurt am Main 1995.
Studien zum mittelalterlichen Lehnswesen. Hrsg. vom Konstanzer Arbeitskreis für mittelalterliche Geschichte. (Vorträge und Forschungen, Bd. 5) 2. Aufl. Sigmaringen 1972.
Tewes, Ludger: Der letzte westfälische Landfrieden vom 20. September 1392 im Spiegel territorialer Entwicklung (mit Urkundenedition), in: Westfälische Zeitschrift 138, 1988, S. 25-38.
Tewes, Ludger: Mittelalter im Ruhrgebiet. Siedlung am westfälischen Hellweg zwischen Essen und Dortmund (13.-16. Jahrhundert). Paderborn 1997.
Theuerkauf, Gerhard: Land und Lehnswesen vom 14. bis zum 16. Jahrhundert. Ein Beitrag zur Verfassung des Hochstifts Münster und zum nordwestdeutschen Lehnrecht. (Neue Münstersche Beiträge zur Geschichtsforschung, Bd. 7) Köln/Graz 1961.
Theuerkauf, Gerhard: Das Lehnswesen in Westfalen, in: Westfälische Forschungen 17, 1964, S. 14-27.
Timm, Willy (Hrsg.): Kataster der kontribuablen Güter in der Grafschaft Mark 1705. (Veröffentlichungen der Historischen Kommission für Westfalen, XXX: Westfälische Schatzungs- und Steuerregister, Bd. 6) Münster 1980.
Timm, Willy: Die Ortschaften der Grafschaft Mark in ihren urkundlichen Früherwähnungen und politischen Zuordnungen bis zur Gegenwart. (Stadtarchiv Unna, Schriftenreihe, Heft 11) Unna 1991.

Vahrenhold-Huland, Uta: Grundlagen und Entstehung des Territoriums der Grafschaft Mark. (Monographien des Historischen Vereins für Dortmund und die Grafschaft Mark) Dortmund 1968.
Willoweit, Dietmar: Art. Freigrafschaft, in: Handwörterbuch zur deutschen Rechtsgeschichte, Bd. 1. Berlin 1971, Sp. 1225-1227.
Willoweit, Dietmar: Rechtsgrundlagen der Territorialgewalt. Landesobrigkeit, Herrschaftsrecht und Territorium in der Rechtswissenschaft der Neuzeit. (Forschungen zur deutschen Rechtsgeschichte, Bd. 11) Köln/Wien 1975.
Willoweit, Dietmar: Art. Vogt, Vogtei, in: Handwörterbuch zur deutschen Rechtsgeschichte, Bd. 5. Berlin 1998, Sp. 932-946.

3.4 Städtewesen in Westfalen

Die Sachsen kannten keine städtischen Siedlungsformen. Es gab daher zu Beginn der fränkischen Herrschaft in Westfalen keine Städte. Hingegen wies Westfalen am Ende des Mittelalters, um 1500, ein dichtes Netz größerer und kleinerer Städte und außerdem zahlreiche stadtähnliche Siedlungen auf. Besonders zahlreich waren Städte und stadtähnliche Siedlungen im Hochstift Paderborn, im Herzogtum Westfalen, hier vor allem in seinem sauerländischen Teil, und in der Grafschaft Mark. Geringer war die Städtedichte im Hellwegraum zwischen Dortmund und Geseke und in großen Teilen des Münsterlandes. Dabei war die Zahl der Städte in Westfalen am Ende des 15. Jahrhunderts größer als heute, da es seit der letzten, mit der Jahreswende 1974/75 zum Abschluß gekommenen Eingemeindungswelle in Westfalen nur noch neun kreisfreie Städte und 133 kreisangehörige Städte gibt, also kreisangehörige Gemeinden mit der amtlichen Bezeichnung „Stadt". Doch blieben die allermeisten Städte mit ihrer Einwohnerzahl hinter heutigen Dörfern zurück.
Man kann eine Stadt juristisch, topographisch und soziologisch definieren, wobei im späteren Mittelalter und bis ins 19. Jahrhundert der juristische, der topographische und der soziologische Stadtbegriff fast immer zusammenfielen. Im Gegensatz dazu weisen heute Städte und großstadtnahe Dörfer identische Sozialstrukturen auf, während die topographischen Besonderheiten, die früher Stadt und Land unterscheiden ließen, angesichts ineinander übergehender Großstadtagglomerationen unerkennbar werden. Dasselbe gilt bei aus mehreren Dörfern zusammengewachsenen „Städten" ohne sichtbaren Stadtkern. Der juristische Stadtbegriff kann heute in vollem Umfang eigentlich nur noch auf die kreisfreien Städte Anwendung finden, weil es in verwaltungsrechtlicher Hinsicht keinen Unterschied mehr zwischen kreisangehörigen Gemeinden mit der Bezeichnung „Stadt" und solchen ohne diesen Titel gibt.
Vom 12./13. bis ins 19., ja bis ins 20. Jahrhundert war die Stadt jedoch eine politisch-rechtlich mehr oder – seit dem 18./19. Jahrhundert immer – weniger autonome und nach Stadtrecht lebende Gemeinde. Dadurch war sie vom „platten" Land abgehoben, von dem sie sich auch topographisch durch Verdichtung der Bebauung, archi-

tektonisch durch städtische Hausformen, durch Bauwerke öffentlicher Nutzung wie Rathäuser, Markthallen oder Kirchen, die anders aussahen und größer waren als die Dorfkirchen, und später durch Kaufhäuser, Bürobauten, Gewerbebetriebe und Verkehrsbauten wie größere Bahnhöfe sowie, topographische und achitektonische Momente verbindend, durch Stadtmauern, -tore und -türme unterschied. Hinzu kam der soziale – und mentale – Unterschied zwischen dem städtischen Bürgertum und der Landbevölkerung, aber auch die – wenn man vom Adel auf dem Lande absieht – größere soziale Differenzierung in den Städten, also die Ausbildung von Kaufmanns- und Akademikerschichten. Lediglich die sog. Ackerbürgerstadt macht hinsichtlich der soziologischen Seite des Stadtbegriffs eine gewisse Ausnahme. Bei dieser für die vorindustrielle Zeit charakteristischen Erscheinungsform städtischen Lebens machten Ackerbau und Viehzucht den maßgeblichen Sektor der Wirtschaftstätigkeit aus, ergänzt um Handwerke zur Befriedigung der lokalen Nachfrage. Im Unterschied zu anderen Städtetypen waren in der Ackerbürgerstadt die Sozialstrukturen wenig differenziert; die sozialen Unterschiede zwischen „oben“ und „unten“ waren also – ohne zu fehlen – relativ ausgeglichen, der Abstand zwischen „reich“ und „arm“ relativ gering und die Lebensverhältnisse aller Einwohner im großen und ganzen ziemlich ähnlich. Die Einwohnerzahl war begrenzt. Ackerbürgerstädte waren keine Großstädte – auch nicht nach den Maßstäben einer Zeit, nach denen in Deutschland eine Stadt von 20 000 oder gar von 30 000 oder 40 000 Einwohnern eine Großstadt war. Dennoch waren die Ackerbürgerstädte in rechtlicher Hinsicht Städte und auch topographisch vom umliegenden Land abgehoben, zumal sie oft Stadtmauern oder zumindest Stadtwälle besaßen. Aber auch sozial waren sie keine Dörfer. Trotz landwirtschaftlicher Betätigung waren ihre Bewohner keine Bauern, sondern ackernde Bürger, Ackerbürger. Auch in Ackerbürgerstädten gab es Advokaten und Magistratspersonen, die allerdings oft zugleich ihren Acker vor der Stadtmauer bebauten oder durch Knechte und Mägde bebauen ließen.

Die Masse der Bevölkerung lebte aber nicht nur in Westfalen, sondern – von wenigen stark verstädterten Regionen wie in Flandern oder Oberitalien abgesehen – in ganz Europa auf dem Lande, also in Dörfern oder auf Einzelhöfen. Städtisches – auch kleinstädtisches – Leben war im Mittelalter und auch noch in der frühen Neuzeit die Ausnahme, Landleben der Normalfall. Die Zahl der Städte war am Ende des Mittelalters so hoch, weil die überwiegende Mehrzahl auch der heutigen Städte im Mittelalter entstanden, also um 1500 schon vorhanden war. Viele Städte hatten im 16. Jahrhundert aber nur etwa 1 000 Einwohner. Oftmals lag die Einwohnerzahl noch darunter. Die größten Städte Europas waren Neapel, Paris und Istanbul/Konstantinopel, die im Laufe des 16. Jahrhunderts Einwohnerzahlen von 200 000 bis 400 000 erreichten, gefolgt von London, Venedig, Mailand und dem seit dem 15. Jahrhundert stark wachsenden Rom, aber auch von dem spanischen Atlantikhafen Sevilla, von Lissabon, Palermo und Antwerpen.

In Deutschland war Köln im 15. Jahrhundert mit 30 000 bis 40 000 Einwohnern die größte Stadt, wurde aber im Laufe des 16. Jahrhunderts von Hamburg, Augsburg und Nürnberg, aber auch von Wien, eingeholt und teilweise überholt. Für deutsche Verhältnisse stark bevölkert waren u. a. auch Lübeck, Straßburg, Ulm, Braunschweig, Magdeburg oder Frankfurt am Main. Die größte Stadt Westfalens war im 15. Jahrhundert Soest mit 10 000 bis 12 000 Einwohnern, während Münster und Dortmund am Ende des Mittelalters zwischen 7 000 und 9 000 Einwohnern lagen und damit für Westfalen große Städte waren. Paderborn und Minden folgten mit etwa bzw. mit weniger als 4 000 Einwohnern.

Die Entstehung der Städte vollzog sich in Westfalen von der Karolingerzeit bis ins Spätmittelalter in einem langen, in sich sehr verschiedenartigen Prozeß. So lassen sich auch in Westfalen verschiedene Phasen der Stadtentstehung während des Mittelalters voneinander abgrenzen. Der Historiker Heinz Stoob unterschied für Deutschland Mutterstädte (entstanden vor 1150), Gründungsstädte (ab etwa 1150), Kleinstädte (ab etwa 1250) und Minderstädte (zwischen 1300 und 1450). Andere, so Carl Haase, halten für das Städtewesen Westfalens den Einschnitt von 1180 für wichtig als Scheidelinie zwischen den zuvor entstandenen und den von da an bis etwa 1350 gegründeten Städten, worauf sie einen als „Übergangszeit" bezeichneten dritten Abschnitt bis um 1800 und einen vierten bis zur Gegenwart folgen lassen. Hingegen begann nach Stoob mit seiner auf ganz Deutschland bezogenen Sicht etwa um 1450 das „Städtetal", in dem ein weitgehender Sättigungsgrad an städtischen Siedlungen erreicht wurde, so daß es nur noch zu wenigen Stadtgründungen kam, bevor mit der Industrialisierung seit dem 19. Jahrhundert neue Städte entstanden.

Welcher Auffassung man den Vorzug gibt, ist Ansichtssache. Wichtig ist die Feststellung, daß die früh entstandenen Städte, von Ausnahmen abgesehen, bis heute die wichtigsten Städte des Landes und regionale Metropolen sind. Mit diesen Städten entstand also schon sehr früh ein Netz städtischer Siedlungen, das lediglich durch die Bevölkerungszusammenballungen infolge der Industrialisierung und durch die Entstehung der Industriegroßstädte, vor allem im Ruhrgebiet, eine Umwandlung erfuhr, aber bis heute erkennbar ist. Schon die von Stoob gewählten Bezeichnungen Kleinstadt und „Minderstadt" für die erst seit dem 13. Jahrhundert entstandenen Städte und stadtähnlichen Siedlungen zeigt, daß diese die Bedeutung der älteren Städte nicht mehr zu erreichen vermochten, bevor die Städtegründungen für mehrere Jahrhunderte fast ganz zurücktraten. „Minderstädte" waren stadtähnliche Siedlungen, die sich nach ihrer Bevölkerungszahl von den Kleinstädten kaum oder gar nicht unterschieden, rechtlich aber keine Städte im Vollsinne waren, auch wenn sie ähnliche Formen bürgerlicher Selbstverwaltung wie die Kleinstädte ausbildeten; siedlungstopographisch unterschieden sie sich von den Städte im Vollsinne oft durch das Fehlen von Stadtmauern oder durch die Anlehnung an eine Burg. Das ist vor allem in der Grafschaft Mark mit „Freiheiten" wie Wetter, Volmarstein (Wetter) oder Blankenstein (Hattingen) deutlich, weniger mit der „Freiheit" Altena und in der Grafschaft Limburg der „Freiheit" Limburg (Hagen-Hohenlimburg), die beide im Tal der Lenne unterhalb der Burgen Altena und Limburg lagen und im Gegensatz zu Volmarstein unbefestigt waren. Wirtschaftlich waren Klein- und Minderstädte zumeist Ackerbürgerstädte, aber in der frühen Neuzeit, vor allem im Falle Altenas und der ohnehin „erst nach der Wende zum 17. Jahrhundert mit dem Aufschwung des Drahtgewerbes“ (Klueting, Absplíß, S. 89) entstandenen Freiheit Limburg, auch wichtige Gewerbestandorte. In der Grafschaft Mark und im Herzogtum Westfalen, hier vor allem, aber nicht nur, im Bereich der ehemaligen Grafschaft Arnsberg, wurden die Minderstädte als „Freiheiten“, im Münsterland hingegen als „Wigbolde“ bezeichnet. Das Zurückbleiben der jüngeren hinter den älteren Städten hing weniger mit dem zeitlichen Vorsprung der älteren zusammen, sondern vor allem mit unterschiedlichen Standortbedingungen. Die guten Standtorte für Städte, besonders auch wegen ihrer Lage zu wichtigen Verkehrswegen, waren im 13. Jahrhundert bereits von den älteren Städte besetzt.

Die ältesten Städte Westfalens waren die Bischofsstädte Münster, Paderborn und Minden, außerdem – beide ohne Bischofssitz – Dortmund und Soest sowie wahrscheinlich Höxter. Kirchenrechtlich setzte ein Bischofssitz eine Stadt voraus, so daß die neben den Domburgen entstandenen Ansiedlungen von Handwerkern und Kaufleuten von daher schon mit den Bistumsgründungen im frühen 9. Jahrhundert als Städte anzusprechen wären: „Man wird also Städte durch vorhandene Bischofssitze ‚definieren‘ können“ (Haase, S. 21). Allerdings waren das noch nicht Städte im Rechtssinne, weil der juristische Inhalt des Stadtbegriffs erst im Laufe des 12. Jahrhunderts aufkam.

Am deutlichsten ist die Entwicklung in Münster. Auf dem zuvor schon von den Sachsen besiedelten hochwasserfreien Hügel am östlichen Ufer der Aa, auf dem heute der Dom von Münster steht, errichteten die Franken 793 (795) eine befestigte Anlage, in der die Bischofskirche des 805 gegründeten Bistums Münster entstand. Der Platz lag verkehrsmäßig außerordentlich günstig, weil hier ein aus dem niederländischen Raum kommender Weg mit einer Furt das Flüßchen Aa durchquerte, der von dieser Furt an weiter in Richtung Osten führte und unmittelbar hinter dem Flußübergang, wo die Siedlung entstand, von einem von Köln nach Norden führenden Weg gekreuzt wurde. Die Siedlung wurde zuerst Mimigernaford oder Mimigardeford genannt, bevor seit dem 11. Jahrhundert aus der lateinischen Bezeichnung „monasterium“ (Kloster) der Name Münster hervorging. Aus den Besuchen von Wanderkaufleuten entstand eine kleine Marktsiedlung, in der in der ersten Hälfte des 11. Jahrhunderts bereits Münzen geschlagen wurden. Mit der Lambertikirche war hier in der ersten Hälfte des 11. Jahrhunderts eine Marktkirche vorhanden. Seit dieser Zeit wuchs der Ort, trotz mancher Rückschläge, immer weiter, besonders nach der Vernichtung der Siedlung durch Brand bei den Kämpfen zwischen Lothar von Süpplingenburg, Kaiser Heinrich V. und Graf Friedrich von Werl (-Arnsberg) 1121. Um 1174-1189 wurde die Pfarrei der Lambertikirche in mehrere Pfarreien – Lamberti, Ludgeri, Aegidii, Martini und Servatii – geteilt. Nachdem die äußere Stadtbefestigung spätestens um die Mitte des 12. Jahrhunderts begonnen worden war, erreichte die Ausdehnung der Stadt mit der 1278 vollendeten Ummauerung im Bereich des heutigen Promenadengürtels das Areal, das bis in die zweite Hälfte des

18. Jahrhunderts ausreichte. „Die Stadtbefestigung mit ihren insgesamt zehn Toren umschloß ein Gebiet von 103 Hektar. Damit stand Münster neben Soest, der damals bedeutendsten Stadt Westfalens (101 Hektar), und vor Dortmund (81 Hektar), Paderborn (66 Hektar), Minden (50 Hektar)“ (Balzer, S. 80).
Von einer Stadtgründung im rechtlichen Sinne durch den bischöflichen Landesherrn kann in Münster nicht gesprochen werden. Am Anfang stand ein Zusammenschluß der Kaufleute zu einer Gilde, aus der sich nach der Zerstörung von 1121 die bürgerliche Kommune entwickelte. 1173 wurden die Rechte des Grafen von Tecklenburg als bischöflicher Vogt über Markt und Gericht abgelöst. Um 1180 übte die Kommune bereits das Steuererhebungsrecht aus. 1278 verließ der Bischof endgültig die Stadt und residierte seitdem in Wolbeck (Münster). In dem Vertrag, der im Zusammenhang damit 1278 mit Bischof Eberhard von Diest geschlossen wurde, ließ sich der aus den Schöffenkollegien der rechts der Aa gelegenen Altstadt und der links der Aa gelegenen Überwasservorstadt hervorgegangene Rat von Münster seine Wehr- und Markthoheit verbriefen. Die nach 1278 in der Stadt noch bestehenden Gerichtsrechte des Bischofs konnte der Rat im Laufe der Zeit weitgehend aushöhlen.
Ähnlich, wenn auch weniger gut durch Quellen zu belegen, verlief die Entwicklung in Paderborn. Hier wurde um 1028 das Münzrecht bestätigt. Etwa um dieselbe Zeit setzten die überlieferten Münzprägungen ein. 1275 verließ der Bischof nach Auseinandersetzungen mit der Bürgerschaft die Stadt und verlegte seinen Sitz ins nahegelegene Neuhaus (Schloß Neuhaus, Paderborn). Dasselbe geschah in Minden, wo die Bischöfe der Stadt den Rücken kehrten und nach Petershagen (Kreis Minden-Lübbecke) gingen.
Dortmund, der Ort eines quellenmäßig nicht belegbaren, aber zu erschließenden karolingischen Königshofes, wird zuerst 880-884 in dem schon erwähnten Werdener Urbar genannt. Die älteste Namensform war Throtmanni (daneben Trutmannia, Trutmunde u. ä.). Seit 1152 wurde der lateinische Name „Tremonia“ üblich, während die alte deutsche Bezeichnung in dem seit dem 14. Jahrhundert belegten „Dorpmunde“ oder „Dortmunde“ fortlebte. 952 wird Dortmund als „vicus“ (Dorf) bezeichnet. Aus dem 10. Jahrhundert sind aber auch schon Dortmunder Münzprägungen bezeugt. Im 10. Jahrhundert gab es in Dortmund eine Reihe von Königsaufenthalten und Reichsversammlungen (978, 993). Am Ende des 10. Jahrhunderts muß in Dortmund ein Markt bestanden haben. 990 verlieh Otto III. den Einwohnern von Gandersheim die Rechte der Kaufleute von Dortmund, 1000 den Kaufleuten von Helmarshausen die Rechte der Kaufleute von Mainz, Köln und Dortmund. Stadtbefestigungen lassen sich aus der Zeit vor dem 13. Jahrhundert zwar weder zeitlich noch topographisch genau bestimmen. Eine Ummauerung wird jedoch für die Zeit um 1150 angenommen. Die 1200 errichtete Stadtmauer veränderte ihren Verlauf bis zum Beginn des 19. Jahrhunderts nicht mehr, der in dem heutigen Wallring (Burgwall, Schwanenwall, Ostwall, Südwall, Hiltropwall, Hoher Wall und Königswall) noch erkennbar ist.

In die Mitte des 12. Jahrhunderts fällt auch die Entwicklung Dortmunds zur Stadt im Rechtssinne. Ein beim Stadtbrand von 1232 vernichtetes Privileg Konrads III. von 1145 ist zum Teil aus dem jüngeren Privileg Kaiser Friedrichs II. von 1236 rekonstruierbar. Die Bestimmungen lassen erkennen, „daß die Anfänge des Werdegangs vom Pfalzort zur Pfalzstadt, ähnlich wie z. B. in Aachen, Goslar, Ulm, Nürnberg und Frankfurt, auch in Dortmund in vorstaufische Zeit zurückreichen" (Reimann, S. 43). Verloren ist auch das Privileg Friedrichs II. von 1220, dessen Wortlaut aber in die Urkunde von 1236 aufgenommen wurde. In dieser heute noch vorhandenen Urkunde faßte Kaiser Friedrich II. die Dortmund erteilten Rechte zusammen. Der zuerst in einer Urkunde von 1241 erwähnte Dortmunder Stadtrat dürfte daher älter sein und in die Zeit vor dem Stadtbrand von 1232 zurückreichen. Seit dem Einsetzen der urkundlichen Überlieferung tritt Dortmund als Stadt ohne einen Bischof oder einen weltlichen Großen als Stadtherrn und somit als Stadt des Königs oder als Reichsstadt auf. „Eine freie Stadt war Dortmund vor allem in dem Sinne, daß es nur den Kaiser als Herrn der Bürgergemeinde anerkannte; demgemäß wird Dortmund in der ältesten erhaltenen Urkunde des Stadtarchivs, einem Privileg des staufischen Königs Heinrich (VII.) aus dem Jahr 1232, als ‚civitas nostra Tremoniensis imperialis', als unsere Reichsstadt Dortmund, bezeichnet" (Schilp, S. 71).

Anders als Dortmund stand Soest bis zur Soester Fehde 1444 bis 1449 unter der Stadtherrschaft der Erzbischöfe von Köln. Der Ort wird 836 in der „Translatio Sancti Viti" erstmals erwähnt. Die ältesten Namensformen sind deutsch „Sosat", „Sosaz" o. ä. und lateinisch „Sosatia" oder „Susatum". Im 10. Jahrhundert gründete Erzbischof Bruno I. das Patroklusstift. Ende des 10. Jahrhunderts setzten in Soest auch bereits Münzprägungen ein. Im 11. Jahrhundert entstand in der Nachbarschaft des Patroklusstiftes eine Kaufmannssiedlung mit Markt. Um 1100 gab es in Soest einen ständigen Markt und Marktgerichtsbarkeit. In der ersten Hälfte des 12. Jahrhunderts wurde das Soester Recht ausgebildet, das rund 60 andere westfälische Städte erhielten, aber auch das 1159 gegründete Lübeck. In dieser Zeit dürfte sich Soest zur Stadt im Rechtssinne entwickelt haben. Für etwa 1169 ist die Ummauerung der Stadt anzunehmen, deren Stadtsiegel von 1168 bereits die Befestigung zeigt. Der Rat ist 1213 bezeugt.

Münster, Paderborn und Minden, Dortmund und Soest, die ältesten Städte Westfalens, gehen also nicht auf planmäßige Stadtgründungen zurück, sondern sind „gewachsene Städte" (Carl Haase), die um einen Bischofssitz oder – wie wohl in Dortmund und wahrscheinlich auch in Soest – um einen Königshof entstanden und aus der Verschmelzung dieses Kerns mit einer Händler- und Handwerkersiedlung hervorgingen. Dieses allmähliche Wachsen gilt auch für das Stadtrecht, d. h. für die das städtische Leben regelnden Rechtsnormen, das – von Ausnahmen abgesehen – oft erst im 13. Jahrhundert bei der Übertragung solcher Stadtrechte auf jüngere Städte schriftlich fixiert wurde; solche Ausnahmen waren 1144 die Übertragung des Soester Marktrechts auf Medebach und 1159 die erwähnte Bewidmung Lübecks mit dem Soester Recht. Durch diese Stadtrechtsübertragungen, bei denen das Soester, Dort-

munder, Münsterische oder – seltener – Mindener Recht übertragen wurde, entstanden Stadtrechtsverflechtungen oder Stadtrechtsfamilien.
Diese ältesten Städte bilden, mit gewissen Einschränkungen, bis heute das Rückgrat des westfälischen Städtenetzes. Dortmund ist heute mit mehr als 600 000 Einwohnern die größte Stadt Westfalens. Sieht man von den erst durch die Industrialisierung sowie durch Eingemeindungen zu ihrer heutigen Bedeutung aufgestiegenen Städten Bochum, Gelsenkirchen, Hagen, Bielefeld oder Hamm ab, so nimmt neben Dortmund noch immer Münster als Metropole des Münsterlandes, Zentralort des Regierungsbezirks Münster und Standort gesamtwestfälischer Verwaltungs- und Kultureinrichtungen eine hervorragende Stellung ein. Paderborn und Minden standen schon im Mittelalter hinter Münster, Soest und Dortmund zurück.. Doch hat Paderborn für das südöstliche Westfalen auch heute noch unbestrittene und aufgrund mancher Entwicklungen der jüngsten Zeit sogar wachsende Zentralfunktionen. Minden, seit 1719 Sitz wichtiger preußischer Behörden für das Fürstentum Minden und die Grafschaft Ravensberg, seit 1723 der Kriegs- und Domänenkammer für Minden, Ravensberg, Tecklenburg und Lingen, verlor 1947 den Sitz der 1816 gegründeten Bezirksregierung an die ehemalige lippische Landeshauptstadt Detmold und büßte dadurch vieles von seiner alten Bedeutung ein. Die größten Einbussen erlitt jedoch die im Mittelalter größte Stadt Westfalens, Soest. Das begann schon im 15. Jahrhundert mit dem Verlust des Hinterlandes durch den Ausgang der Soester Fehde. Im 19. Jahrhundert beschleunigte sich der Bedeutungsverlust der Stadt Soest durch ihre nahezu völlige Nichtberührung durch die Industrialisierung und durch die mit dem Bau der Köln-Mindener Eisenbahn erfolgte Verlagerung der Hauptverkehrswege weg von Soest.
Zu den ältesten Städten Westfalens gehört auch Höxter, wenn die Entwicklung hier auch nicht in allen Zügen deutlich nachweisbar ist. Dasselbe gilt u. a. auch für Herford, das bereits 973 ein Marktprivileg besaß und dessen Stadtwerdung in der zweiten Hälfte des 12. Jahrhunderts anzusetzen ist, vor allem aber für Medebach (Hochsauerlandkreis).
In einer Urkunde von 1144 klagte der Kölner Erzbischof Arnold I. von Wied darüber, daß sich wegen Übergriffen des Vogtes Gerlagus der Marktverkehr fast vollständig aus Medebach verlagert habe. Deshalb gab der Erzbischof der Einwohnerschaft von Medebach die Rechtsgewohnheiten zurück, die sie vor der Amtseinsetzung des Vogtes Gerlagus beansprucht hatte, und verfügte außerdem, daß auf dem Markt Frieden herrschen und das Recht des Marktes von Medebach dem des Soester Marktes gleichen sollte. In derselben Urkunde wird auch ein Münzmeister Gerardus genannt, was auf Münzprägungen hindeutet. Dennoch wird Medebach 1144 noch als „villa“ (Dorf) bezeichnet. Stadtähnliche Qualitäten scheinen jedoch in derselben Urkunde mit dem Zusatz „honestum oppidum“ zum Ausdruck zu kommen, was aber ebenso „angesehene Stadt“ wie „angesehenes“ oder „ehrenwertes Dorf“ heißen kann. Aus dem zwei Jahrzehnte später, 1165, von Erzbischof Reinald von Dassel ausgestellten Privileg ist zu ersehen, in welchem Maße die

Stadtwerdung Medebachs zu diesem Zeitpunkt fortgeschritten war. In 25 Rechtssätzen wurden hier die geltenden Rechtsverhältnisse fixiert, wobei den „cives" (Bürgern) Medebachs Mitsprache eingeräumt wurde. Auch eine Stadtbefestigung in Gestalt eines Grabens wird genannt. „Ein Ort, der sich als Geltungsbereich eigenen Rechts, durch Ansätze bürgerlicher Selbstverwaltung, Marktverkehr sowie eine Befestigung auszeichnet, darf mit Recht im 12. Jahrhundert als Stadt bezeichnet werden. Zwischen 1144 und 1165 muß diese Entwicklung entscheidende Impulse empfangen haben" (Kneppe, S. 142).
Schon im ersten Drittel des 13. Jahrhunderts bestand in Medebach der Rat als Vertretung der Bürgerschaft. So richtete Erzbischof Engelbert I. das Privileg, mit dem er Medebach 1220 die Rechte Brilons und Rüthens verlieh, an „scabini, consules ac universitas oppidi" (Schöffen, Ratsherren und die Gesamtheit der Stadt). Seit der zweiten Hälfte des 13. Jahrhunderts wurde der Sprecher des Rates als „proconsul" oder als „magister burgensium" (Bürgermeister) bezeichnet. Spätestens um 1300 war die Zahl der Ratsmitglieder, die jährlich am 11. November (Martinstag) gewählt wurden, auf zwölf festgelegt, wobei auch schon die Regel bestand, daß wichtige Angelegenheiten vom amtierenden Rat gemeinsam mit dem Rat des vorangegangenen Jahres zu entscheiden waren.
Medebach ist eine Stadt, die trotz ihrer frühen Entstehung im Laufe der Zeit absank und im 18. Jahrhundert – nach Bevölkerungsrückgang und Rückbildung gewerblich-handwerklicher Strukturen – nur noch eine Ackerbürgerstadt mit 1779 1380 Einwohnern war. Medebach war ein Opfer seiner geographischen Lage und der für diese Stadt bis heute bestehenden Nachteile der Verkehrsferne. Die verkehrsgeographischen Gegebenheiten verschlechterten sich gegenüber der Christianisierungszeit im Laufe des Spätmittelalters sowie in der frühen Neuzeit und im 19. Jahrhundert immer mehr und brachten die Stadt ins Abseits. Dennoch war Medebach keine Minderstadt.
Seit dem späten 12. und vor allem im 13. Jahrhundert entstanden in Westfalen zahlreiche neue Städte, während ältere – sichtbar vor allem an Medebach – durch landesherrliche Förderung ausgebaut und durch Verleihung fremder Stadtrechte konsolidiert wurden. Die neuen Städte waren, anders als die „gewachsenen" älteren, planmäßige Gründungen, wobei jetzt die Landesherren der entstehenden Territorien als Städtegründer auftraten. Man kann daher vom 13. Jahrhundert an das Städtewesen Westfalens getrennt nach den größeren Territorien betrachten. Zwar wurden die neuen Städte rechtlich nach dem Vorbild der älteren organisiert – von den Stadtrechtsfamilien war bereits die Rede –, doch war die Funktion dieser Städte für die Gründer keine städtische, sondern eine territoriale: „Die Stadt als Festung des werdenden Territoriums, die Stadtbevölkerung als Besatzung, das ist eine der Leitlinien der Entwicklung in diesem Zeitabschnitt" (Haase, S. 39).
Zunächst entstanden bis in die Mitte des 13. Jahrhunderts Gründungstädte, die als Mittelstädte neben den großen alten Städten eine beachtliche Rolle spielten. So gründeten die Bischöfe von Münster in dieser Zeit – um nur Beispiele zu nennen – Ahlen,

Beckum, Bocholt, Borken, Coesfeld, Telgte und Warendorf, womit das Netz der bis heutigen wichtigsten Städte des Münsterlandes, von dem im 14. Jahrhundert hinzugekommenen Rheine abgesehen, „fertig" war. Im Bereich des Hochstifts Paderborn wurde in diesen Jahrzehnten Brakel (Kreis Höxter) Stadt, ebenso Büren (Kreis Paderborn) als Gründung der Edelherren von Büren. Vor allem aber gilt das für Warburg, das bald zur wichtigsten Stadt des Hochstifts neben Paderborn wurde. Hinweise auf einen stadtähnlichen Charakter der späteren Altstadt Warburg vor 1180 haben wenig Wahrscheinlichkeit für sich. 1195 gab es hier jedoch eine „civitas" (Bürgerschaft, Stadt), neben der sich im 13. Jahrhundert eine zweite bürgerliche Siedlung, die Neustadt, entwickelte. Erst zu Beginn des 14. Jahrhunderts wurden beide Städte mit einer durchgehenden Mauer umschlossen. Die Mehrzahl der paderbornischen Städte wurde erst nach der Mitte des 13. Jahrhunderts gegründet.
Dasselbe gilt für die Grafschaft Mark und das Herzogtum Westfalen. Doch entstand vor der Jahrhundertmitte in der späteren Grafschaft Mark immerhin die Stadt Hamm, eine Gründung des Grafen Adolf I. von der Mark von 1226, während Erzbischof Engelbert I. die Stadt Brilon gründete, nachdem Erzbischof Adolf I. schon im Jahre 1200 die Stadt Rüthen (Kreis Soest) angelegt hatte. Auch Geseke mit seinem Frauenstift und mit einer alten vorstädtischen Siedlung wurde in dieser Zeit Stadt und wohl um 1217 von Erzbischof Engelbert I. mit dem Rüthener Stadtrecht begabt, wie auch Werl zwischen 1217 und 1246 Stadt wurde. Auch das mit Soester Recht ausgestattete Attendorn (Kreis Olpe) war eine Gründung Erzbischof Engelberts. Wenig später, wohl um oder bald nach 1230, wurde auch Recklinghausen Stadt, während in Arnsberg die Altstadt in der zweiten Hälfte des 12. und die Neustadt in den ersten Jahrzehnten des 13. Jahrhunderts entstanden, bevor beide 1238 unter den Grafen von Arnsberg vereinigt und mit einer beiden Städten gemeinsamen Stadtbefestigung umschlossen wurden. In Ravensberg gründete Graf Hermann III. um 1214 die Stadt Bielefeld und verlieh ihr das Stadtrecht von Münster. In Herford bestand eine vom Kanonissenstift Herford abhängige vorstädtische – oder stadtähnliche – Siedlung, die um 1191 und vollends in der ersten Hälfte des 13. Jahrhunderts zur Stadt wurde. Die älteste sichere Nachricht über die Stadt Siegen liegt mit der Urkunde von 1224 vor, mit der der Graf von Nassau die Hälfte seiner Rechte an der neuerbauten Stadt Siegen ("... quod opidi Sige de novo constructi") an den Erzbischof von Köln abtrat.
Eine Gründung des Edelherrn Bernhard II. zur Lippe war die Stadt Lippstadt, die „um 1185" (Ehbrecht, Stadtentwicklung, S. 45) anzusetzen ist, nachdem um 1177 schon eine Marktsiedlung um die Nicolaikirche vorhanden war. Den ältesten Beleg für Lippstadt bietet ein Güterverzeichnis aus der Zeit vor 1188, wahrscheinlich von 1184/86, mit der Eintragung: „Item Lippia Bernhardi cum oppido suo" (ebenso [die Burg] Lippe Bernhards mit seiner Stadt). Um 1185 war Lippstadt auch schon befestigt, wahrscheinlich mit einem Holz-Erde-Wall. Nach einem Stadtbrand von 1209 wurde das Lippstädter Stadtrecht um 1220 aufgezeichnet, das dem Soester Recht folgte.

In der zweiten Hälfte des 13. Jahrhunderts kamen zahlreiche neue Städte hinzu, wobei auch jetzt wieder nur die wichtigsten Beispiele genannt werden können. Auffällig ist, daß die in der ersten Jahrhunderthälfte gegründeten Städte im Laufe der folgenden Jahrhunderte Bedeutung erlangten und zu den wichtigsten Städten Westfalens gehörten und teilweise noch heute gehören. So wurde von diesen Städten bis heute keine einzige von einer anderen Stadt eingemeindet. Hingegen waren und blieben die in der zweiten Jahrhunderthälfte gegründeten Städte – von einigen Ausnahmen abgesehen – Kleinstädte, die wirtschaftlich kaum noch am Fernhandel beteiligt waren, sondern lediglich Nahmarkt- und Zubringerfunktionen besaßen.
Eine dieser Ausnahmen war die – auf älterer Grundlage – von Graf Engelbert I. von der Mark vor 1265 gegründete Stadt Iserlohn (Märkischer Kreis), die später, vor allem als Standort des Kleineisen- und Drahtgewerbes zu großer Bedeutung gelangte und im 18. sowie zu Beginn des 19. Jahrhunderts die bevölkerungsreichste Stadt der Grafschaft Mark war. Bei der Gründung Iserlohns waren der politisch-militärische Aspekt und die Funktion der Stadt als märkische Gegengründung und Grenzfeste gegen das 1262 zunächst als befestigtes Dorf und wohl 1276 als Stadt gegründete kölnische Menden (Märkischer Kreis) ausschlaggebend. Andere Städtegründungen der Grafen von der Mark aus dieser Zeit waren das wohl doch erst in der zweiten Jahrhunderthälfte zur Stadt erhobene Kamen (Kreis Unna), dem Graf Engelbert I. das Dortmunder Stadtrecht gab, ferner Lüdenscheid (Märkischer Kreis) und Unna. Diese Städtegründungen standen im Zusammenhang mit den Kämpfen zwischen den Grafen von der Mark und den Erzbischöfen von Köln. Hingegen war Lünen, ursprünglich auf dem nördlichen Lippeufer gelegen, eine münsterische Gründung, die erst im 14. Jahrhundert auf dem Pfandweg an die Grafen von der Mark fiel.
Gründungen der Erzbischöfe von Köln waren aus der Mitte und der zweiten Hälfte des 13. Jahrhunderts neben dem schon genannten Menden Dorsten (Kreis Recklinghausen), Hallenberg, Schmallenberg und Winterberg (alle Hochsauerlandkreis) sowie Warstein (Kreis Soest), Gründungen der Grafen von Arnsberg das schon 1242 entstandene Eversberg (Meschede, Hochsauerlandkreis), das das Stadtrecht von Lippstadt erhielt, und Neheim (Arnsberg, Hochsauerlandkreis), das wohl nach 1263 als Stadt entstand, aber erst 1358 das Stadtrecht von Eversberg und damit Lippstädter Recht erhielt. Die arnsbergischen Städte gelangten 1368 mit der Grafschaft Arnsberg an Köln. Kallenhardt (Rüthen, Kreis Soest) wurde vor 1297 von dem kölnischen Marschall für Westfalen, Johann von Plettenberg, gegründet und erhielt das Stadtrecht von Rüthen, womit es der Soester Stadtrechtsfamilie angehörte.
Der Bischof von Münster gründete in diesem Zeitabschnitt neben dem schon erwähnten Lünen die Städte Haltern (Kreis Recklinghausen) und Horstmar (Kreis Steinfurt). Lüdinghausen (Kreis Coesfeld) war eine Gründung der 1443 ausgestorbenen Herren von Lüdinghausen. Das Dorf erhielt 1308 das Stadtrecht von Münster, war aber schon im 14. Jahrhundert nur noch als Minderstadt anzusprechen. Die Bischöfe von Paderborn gründeten in der Mitte und in der zweiten Hälfte des 13. Jahrhunderts viele Städte, die alle Kleinstädte blieben und vor allem Funktionen

der Sicherung und des Ausbaus des Territoriums des Hochstifts Paderborn besaßen: Borgentreich (Kreis Höxter), Driburg (Bad Driburg, Kreis Höxter), Kleinenberg (Lichtenau, Kreis Paderborn), Nieheim (Kreis Höxter), Salzkotten (Kreis Paderborn) und Steinheim (Kreis Höxter). Lübbecke (Kreis Minden-Lübbecke) entstand zwischen 1279 und 1293 als Gründung des Bischofs von Minden.

Somit gab es am Ende des 13. Jahrhunderts in Westfalen ein dichtes Netz großer, mittlerer und kleiner Städte, bei denen es sich ganz überwiegend um landesherrliche Gründungen handelte. Von den neunziger Jahren des 13. Jahrhunderts an kamen bis zum Ende des Mittelalters noch zahlreiche Städte bzw. Minderstädte oder Freiheiten hinzu, die allesamt klein und ohne größere Bedeutung blieben, sofern sie nicht im 19. und 20. Jahrhundert durch Industrialisierung und Eingemeindungen eine bis dahin in keiner Weise absehbare Großstadtentwicklung nahmen – das beste Beispiel ist Bochum – oder, wie Meschede oder Olpe, als Sitz von Landratsämtern bzw. Kreisverwaltungen Bedeutung erlangten. Aus dem Bereich des Herzogtums Westfalen sind Balve (Märkischer Kreis), Belecke (Warstein, Kreis Soest), Bödefeld (Schmallenberg, Hochsauerlandkreis), Drolshagen (Kreis Olpe), Fredeburg (Schmallenberg, Hochsauerlandkreis), Freienohl (Meschede, Hochsauerlandkreis), Grevenstein (Meschede, Hochsauerlandkreis), Hachen (Sundern, Hochsauerlandkreis), Hirschberg (Warstein, Kreis Soest), Hüsten (Arnsberg, Hochsauerlandkreis), Meschede und Olpe als Gründungen jener Zeit zu nennen. In der Grafschaft Mark gehören dieser Schicht des Städte- bzw. Minderstädtewesens u. a. Altena (Märkischer Kreis), Blankenstein (Hattingen, Ennepe-Ruhr-Kreis), Bochum, Breckerfeld (Ennepe-Ruhr-Kreis), Castrop (Castrop-Rauxel, Kreis Recklinghausen), Hagen, Hattingen (Ennepe-Ruhr-Kreis), Hörde (Dortmund), Neuenrade (Märkischer Kreis), Plettenberg (Märkischer Kreis), Schwelm (Ennepe-Ruhr-Kreis), Schwerte (Kreis Unna), Volmarstein (Wetter, Ennepe-Ruhr-Kreis), Wattenscheid (Bochum) und Wetter (Ennepe-Ruhr-Kreis) an. Im Hochstift Münster gilt das für Ahaus (Kreis Borken), Bevergern (Hörstel, Kreis Steinfurt), Billerbeck (Kreis Coesfeld), Borghorst (Kreis Steinfurt), Dülmen (Kreis Coesfeld), Freckenhorst (Warendorf), Gronau (Kreis Borken), Metelen (Kreis Steinfurt), Oelde (Kreis Warendorf), Ramsdorf (Velen, Kreis Borken), Rheine (Kreis Steinfurt), Schöppingen (Kreis Borken), Sendenhorst (Kreis Warendorf), Werne (Kreis Unna) und Wolbeck (Münster). Aus dem Hochstift Paderborn gehören hierher Beverungen (Kreis Höxter), Dringenberg (Bad Driburg, Kreis Höxter), Neuenheerse (Bad Driburg, Kreis Höxter), Peckelsheim (Willebadessen, Kreis Höxter), Willebadessen (Kreis Höxter) und Wünnenberg (Kreis Paderborn), aus dem Hochstift Minden Petershagen (Kreis Minden-Lübbecke) und Schlüsselburg (Petershagen) und aus den Kleinterritorien u. a. Burgsteinfurt (Steinfurt, Kreis Steinfurt), Rheda (Rheda-Wiedenbrück, Kreis Gütersloh) und Tecklenburg (Kreis Steinfurt). Auffällig ist, daß viele dieser Städte oder Minderstädte heute von anderen eingemeindet oder mit anderen zusammengeschlossen sind.

Obwohl die zahlreichen im 13. Jahrhundert entstandenen Städte landesherrliche

Gründungen waren und es als sehr unwahrscheinlich erscheint, daß „eine Stadt des 13. Jahrhunderts ohne Mithilfe oder doch zumindest Billigung überstädtischer Hoheitsträger entstanden sein könnte“ (Haase, S. 59), war das 13. Jahrhundert doch politisch eine große Zeit der Städte. Das zeigt sich an den 1389 von König Wenzel für das gesamte Reich verbotenen Städtebünden, wobei hier wieder die Bedeutung der gewachsenen alten Städte hervortritt. 1246 schlossen Münster und die heute außerhalb Westfalens liegende Bischofsstadt Osnabrück den ersten westfälischen Städtebund, eine Aktion der Selbsthilfe und des Schutzes der Kaufleute in Zeiten der Fehden mit der dadurch bedingten Unsicherheit der Straßen, dem sich Minden, Herford und Coesfeld anschlossen. 1253 kam ein ähnlicher Bund der Städte Soest, Dortmund, Münster und Lippstadt und wahrscheinlich auch Osnabrücks zustande. 1255 traten neben den Grafen von Tecklenburg auch zahlreiche westfälische Städte dem 1254 von Mainz und Worms gegründeten und noch in demselben Jahr um Oppenheim und Bingen und weitere mittel- und oberrheinische sowie wetterauische Städte erweiterten Rheinischen Bund bei, dem schließlich mehr als 70 Städte von Aachen bis Nürnberg und von Basel bis Lübeck, aber auch Bischöfe und weltliche Landesherren, angehörten. Ziel dieses Bundes war es, angesichts des Versagens des Reiches in Selbsthilfe für Ordnung, Frieden und Sicherheit von Eigentum, Handel und Verkehr zu sorgen.

Aber nicht nur politisch besaßen die großen alten Städte im 13. und auch noch im 14. Jahrhundert bedeutendes Gewicht, bevor sie von den bischöflichen und fürstlichen bzw. in Westfalen von den großen gräflichen Territorien überrundet wurden; auch ökonomisch waren sie als Zentren des Fernhandels und als Verteiler der Gewerbeprodukte kleinerer Städte innerhalb der Agrargesellschaft jener Zeit hervorragende Mittelpunkte. Das zeigt sich an ihrer Rolle in der Hanseorganisation.

Westfalen gilt als das Gebiet mit den meisten Hansestädten. Rund 80 Städte werden für Westfalen als Hansestädte genannt, wobei diese Zahl jedoch erheblichen Zweifeln unterliegt, weil nicht alles, was heute für sich in Anspruch nimmt, Hansestadt gewesen zu sein, auch tatsächlich Hansestadt war. Aktive Mitglieder der Hanse waren in Westfalen nur die drei bedeutendsten, nämlich Dortmund, Soest und Münster. Hinzu kamen das damals noch zu Westfalen zählende Osnabrück und etwa 15 weitere Städte.

Was eine Hansestadt war, ist eine Definitionsfrage. Man kann darunter eine Stadt verstehen, deren Kaufleute im Ausland in den Genuß von Handelsprivilegien kamen. Man kann eine Hansestadt aber auch als eine Stadt begreifen, die an der hansischen Organisation beteiligt war und finanzielle Beiträge dazu leistete, aber auch als Stadt, die direkt oder indirekt zu den seit 1356 als Hauptversammlung der Hansestädte einberufenen Hansetagen geladen wurde. Eine offizielle Liste der Hansestädte wurde niemals zusammengestellt, doch gibt es Verzeichnisse von Hansestädten in Gestalt von Aufzeichnungen für die Einladung zu den Hansetagen und in Form von Listen über die nicht Erschienenen. Tatsächlich kann man nur solche Städte als Hansestädte bezeichnen, „die zu den Hansetagen geladen wurden und

dort unmittelbar oder indirekt durch den Delegierten einer anderen Stadt vertreten waren“ (Dollinger, S. 119). So kommt man für die Zeit um 1500 auf 72 Hansestädte in dem gesamten Verbreitungsgebiet der Hanse, das sich von der Maas und der Zuidersee bis nach Thüringen, Brandenburg, Polen und an den Finnischen Meerbusen der Ostsee erstreckte. „Im Gegensatz dazu galten die ‚Beistädte‘, auch wenn sie an Handelsprivilegien teilhatten, nicht als vollberechtigte Mitglieder. Man muß also innerhalb der Hanseorganisation zwei Arten von rechtlich nicht gleichgestellten Städten unterscheiden“ (Dollinger, S. 119). Nur wenn man der ersten Definition folgt, könnte z. B. eine Stadt wie Medebach, für deren Kaufleute im 12. Jahrhundert Fernhandel in den Ostseeraum und nach Rußland wahrscheinlich gemacht werden kann, als Hansestadt eingestuft werden; für die spätere Zeit fehlen für Medebach Nachrichten über eine Hansezugehörigkeit.
Die Hanse war ursprünglich eine Schutzorganisation der im Ausland Handel treibenden deutschen Kaufleute, die sich für gemeinschaftliche Handelsreisen genossenschaftlich vereinigt hatten. In dieser Zeit der Kaufmannshanse war Hansekaufmann, wer auf seinen Handelsreisen die der Genossenschaft der Hansekaufleute erteilten Handelsprivilegien in Anspruch nehmen konnte. Mit den Herkunftsstädten dieser Kaufleute hatte das gar nichts zu tun. Es gab also noch gar keine Hansestädte, so daß die erste Definition zur Ermittlung dessen, welche Städte Hansestädte waren, ausscheidet. Der Übergang von der Kaufmanns- zur Städtehanse ergab sich in der Mitte des 14. Jahrhundert. Vom Hansetag von 1356 war schon die Rede. Seit 1366 war aufgrund eines Beschlusses des Lübecker Hansetages von jenem Jahr der Genuß von Hanseprivilegien auf solche Kaufleute beschränkt, die das Bürgerrecht einer Mitgliedsstadt besaßen. So verbreitete sich die Praxis des Erwerbs des Bürgerrechts einer Hansestadt zur Wahrnehmung von Hanseprivilegien durch Bürger anderer Städte, bis der Hansetag von 1434 die Teilhabe an den Hanseprivilegien auf die in einer Hansestadt geborenen Kaufleute beschränkte.
Die Städtehanse war mit Lübeck als Oberhaupt der Hanse – wohl seit 1347 – in drei Drittel geteilt, die besondere Drittelstage abhielten. Dem lübisch-sächsischen Drittel mit Lübeck als Hauptort gehörten die wendischen, sächsischen, pommerschen und brandenburgischen Städte an. Hauptort des gotländisch-livländischen Drittels war Visby auf der Insel Gotland bzw. Riga. Zum westfälisch-preußischen Drittel mit Dortmund und später Köln an der Spitze zählten die westfälischen, die rheinischen und die (west- und ost-) preußischen Städte. Das 15. Jahrhundert brachte verschiedene Veränderungen der Hanseorganisation. So entstanden 1447 Hanseviertel, die aber, weil Hamburg auf ein eigenes Viertel verzichtete, wieder einer Drittelung Platz machten, in der die westfälischen Hansestädte dem kölnischen Drittel angehörten. Dieses bestand bis 1469, als die Führung wieder auf Dortmund überging. Auf dem Hansetag in Lübeck 1494 erfolgte eine grundlegende Neuordnung der Hanseorganisation. Von nun an gab es das lübische Drittel unter Lübeck, das westfälische Drittel unter Köln und das sächsische Drittel unter Braunschweig als Hauptort, dem auch die preußischen und die livländischen Städte zugeordnet wurden. Die Verbindung

der westfälischen mit den preußischen Städten in einem gemeinsamen Hansedrittel gehörte damit der Vergangenheit an, doch war das neue sächsische Drittel geographisch nicht weniger heterogen. Das führte 1554 abermals zu einer Neuordnung, mit der unter der Führung Lübecks Quartiere oder Viertel an die Stelle der Drittel traten: das lübische Hansequartier unter Lübeck, das westfälische unter Köln, das sächsische unter Braunschweig und das preußisch-livländische unter Danzig.
Bemerkenswert ist der Vorrang Dortmunds als Hauptort der westfälischen Hansestädte vor dem reicheren Soest und später die Durchsetzung des Führungsanspruchs Kölns. Der Vorrang Dortmunds vor Soest scheint mit der größeren politischen Unabhängigkeit der Reichsstadt und mit der Zollfreiheit der Dortmunder Kaufleute an allen Zollstätten des Reiches, die auch für die Kaufleute der mit Dortmund verbundenen Städte in Anspruch genommen wurde, zusammengehangen zu haben. Hingegen nutzte Köln die politische und wirtschaftliche Schwächung Dortmunds nach der Dortmunder Großen Fehde der Jahre 1388/89, die sich im 15. Jahrhundert zuungunsten der Stadt auswirkte, zum Ausbau seiner eigenen Stellung und zur Übernahme der Führung der westfälischen Städte, obwohl Köln auch selbst, so 1469, Rückschläge hinzunehmen hatte.
Nach dem Stand von 1554 lassen sich im damaligen Westfalen sieben Städtegruppen unterscheiden. Im Nordosten waren das Bielefeld, Herford, Minden und das lippische Lemgo, die im Rahmen der Hanseorganisation sämtlich ohne Beistädte waren. Von der Gruppe der unter der Führung Osnabrücks stehenden Städte gehört zu Westfalen im heutigen Sinne nur die Beistadt Wiedenbrück. Unter Münster standen elf Beistädte: Coesfeld, Warendorf, Borken, Bocholt, Dülmen, Haltern, Ahlen, Beckum, Rheine, Werne und Telgte. Zu Soest gehörten Lippstadt, Brilon, Rüthen, Geseke, Arnsberg, Attendorn und Werl. Teilweise standen hinter den Beistädten noch zugewandte Orte, also „Hansestädte" dritten Ranges, so hinter Rüthen Belecke, Kallenhardt und Warstein, hinter Arnsberg Neheim, Eversberg, Hirschberg, Grevenstein, Balve und Allendorf (Sundern, Hochsauerlandkreis) und die Freiheiten Hüsten, Freienohl, Sundern, Bödefeld, Hagen (Sundern, Hochsauerlandkreis), Hachen und Langscheid und hinter Attendorn Menden, Olpe und Drolshagen. Bei diesen hansezugehörigen Städten und Freiheiten wird man erst recht nicht mehr von Hansestädten sprechen können.
Unter Soest standen – als fünfte Städtegruppe – auch die beiden Prinzipalstädte Paderborn und Warburg, die sich als Vororte der kleinen Städte des Hochstifts Paderborn betrachteten. Hamm und Unna, bis dahin Beistädte hinter Dortmund, stiegen 1554 zu Prinzipalstädten auf, die Kamen, Lünen, Schwerte, Iserlohn, Lüdenscheid, Breckerfeld, Altena, Neuenrade, Plettenberg, Bochum und Hattingen, ferner Wattenscheid, Wetter, Blankenstein, Westhofen (Schwerte) und Hörde als Beistädte beanspruchten. Hinter Dortmund standen nur noch Essen, Dorsten und Recklinghausen. „Man hatte also Dortmund, das noch vor kurzem als Vorort der westfälischen Städte galt, von seinem märkischen Hinterland getrennt und mit einigen hart an der Westgrenze Westfalens liegenden Städten abgefunden. Dortmund hat sich

gefügt und von 1556 an diese Städte offiziell als seine Beistädte angenommen" (v. Winterfeld, Hansequartier, S. 313).
Zu diesem Zeitpunkt konnte von wirtschaftlichem Niedergang der Hanse insgesamt zwar noch nicht die Rede sein, doch hatte es längst bedeutende Rückschläge gegeben. Dazu gehörte die Schließung des wichtigen Hansekontors in Novgorod 1494, nachdem diese Stadt, bis dahin Mittelpunkt des Handels zwischen Rußland und den Ostseestädten und – durch die Hansekaufleute vermittelt – nach Westeuropa, 1478 vom Moskauer Staat einverleibt worden war. 1553 war das Hansekontor von Brügge nach Antwerpen verlegt worden, wo der hansische Handel von den Auswirkungen des niederländischen Aufstandes gegen Spanien beeinträchtigt wurde. Nur Bremen, Hamburg und Danzig erfuhren im 16. Jahrhundert noch einen Aufschwung, bevor der hansische Ostsee- und Rußlandhandel entscheidend geschwächt wurde. Die Gründe dafür waren vor allem das Vordringen der holländischen Kaufleute, die seit 1544 im Sundverkehr dieselben Rechte besaßen wie die hansischen Kaufleute, und auch der englischen in die Ostsee, der Aufstieg Schwedens und die Erschließung des nördlichen Seeweges nach Rußland (Archangel'sk) über das Weiße Meer im Jahre 1553. Vollends trat der wirtschaftliche Niedergang der Hanse im 17. Jahrhundert mit der Schließung der Londoner Hanseniederlassung, des Stalhofs, 1603, mit der schwedischen Eroberung der russischen Ostseezugänge 1617 und mit der endgültigen Verdrängung der Hansekaufleute aus dem Englandhandel ein, wo sie 1650 ihre letzten Privilegien verloren. Hinzu kam im binnenländischen Bereich und so auch in Westfalen schon im 16. Jahrhundert der Machtzuwachs der Territorialstaaten, die die Städte immer mehr in das Territorium einbezogen und städtische „Außenpolitik" zunehmend unmöglich machten. So verloren binnenländische Hansestädte allmählich ihre hansischen Verbindungen, während sich Lübeck, Hamburg und Bremen 1630 noch einmal zu einem engeren Bund vereinigten. 1669 fand der letzte Hansetag statt, der nur noch von Lübeck, Hamburg, Bremen, Braunschweig, Danzig und Köln beschickt wurde. Die westfälischen Städte erschienen nicht mehr.
Mit dem Machtzuwachs der Territorien gingen die politischen Möglichkeiten auch der großen Städte mehr und mehr zurück. Hatten die Bischofsstädte Münster, Paderborn und Minden nach den Auseinandersetzungen der Bürgerschaft mit den bischöflichen Stadtherren und dem Auszug der Bischöfe von Münster nach Wolbeck, von Paderborn nach Schloß Neuhaus und von Minden nach Petershagen im späteren 13. Jahrhundert erheblich an Autonomie gewonnen, so nahm ihre politische Bewegungsfreiheit seit dem 16. Jahrhundert immer mehr ab. In Paderborn konnte Fürstbischof Dietrich von Fürstenberg in den Jahren 1601 bis 1604 Auseinandersetzungen innerhalb der Bürgerschaft für seine Zwecke nutzen und die Stadt seiner Herrschaft unterwerfen. In Münster dauerte es bis in die Zeit nach dem Dreißigjährigen Krieg. 1661 unterwarf Fürstbischof Christoph Bernhard von Galen die Stadt mit militärischer Gewalt und baute zur Sicherung seiner Herrschaft an der Stelle des im 18. Jahrhundert dort errichteten Schlosses eine Festungsanlage.
Aber auch Soest, das 1447 in der Soester Fehde seinem erzbischöflichen Stadtherrn

widerstanden und sich von ihm losgesagt hatte, mußte als späte Folge seines „pactum ducale" von 1444, mit dem es den Herzog von Kleve als Landesherrn anerkannt hatte, 1666 dem Kurfürsten von Brandenburg als Rechtsnachfolger der Herzöge von Kleve und als Landesherrn der Grafschaft Mark huldigen, um danach in den brandenburg-preußischen Staat integriert zu werden. 1752 wurde die seit dem 13. Jahrhundert bestehende Ratsverfassung abgeschafft. Hingegen konnte Dortmund seine Stellung als Reichsstadt bis 1802/03 bewahren, geriet aber im 17. und 18. Jahrhundert immer mehr in Abhängigkeit zu Brandenburg bzw. Preußen.

Statt ihre politische Autonomie aufrechterhalten und weiter ausbauen zu können, die ohnehin nur für die großen Städte eine reale Chance gewesen wäre, nahmen die Städte neben dem Adel an der landständischen Organisation der Territorien und den damit gegebenen politischen Mitwirkungsmöglichkeiten teil. Im Herzogtum Westfalen gehörten im 17. und 18. Jahrhundert alle 25 Städte – Brilon, Rüthen, Geseke, Werl, Attendorn, Arnsberg, Menden, Olpe, Marsberg, Volkmarsen (heute außerhalb Westfalens), Medebach, Warstein, Kallenhardt, Belecke, Drolshagen, Neheim, Hallenberg, Schmallenberg, Winterberg, Eversberg, Allendorf, Grevenstein, Hirschberg, Balve und Fredeburg und die elf Freiheiten – Meschede, Sundern, Hagen, Hüsten, Freienohl, Affeln, Bödefeld, Hachen, Langscheid, Bilstein und Silbach – den Landständen an. Die vier „Hauptstädte" Brilon, Rüthen, Geseke und Werl schickten jeweils vier, die anderen Städte und die Freiheiten nur jeweils zwei Deputierte zum Landtag. Im 18. Jahrhundert ging die Teilnahme vieler Städte am Landtag zurück, so daß oft nur Vertreter der vier Hauptstädte zu den Landtagssitzungen erschienen.

Ähnlich lagen die Dinge in den anderen größeren Territorien, wo die Masse der kleinen Städte oft die Kosten für die Teilnahme ihrer Deputierten am Landtag scheute und daher dem Landtag fernblieb. Im Hochstift Münster war die Stadt Münster mit Abstand die erste unter den landtagsfähigen Städten; Münster führte auch das Direktorium der Städte auf dem Landtag. „Der Magistrat nahm häufig in seiner Gesamtheit an den Landtagen teil, dagegen spielten die Deputierten der übrigen Landstädte eine nur untergeordnete Rolle, zumal sie oft zur Vermeidung von Kosten vorzeitig abreisten und münstersche Stadträte mit der Wahrnehmung ihrer Interessen beauftragten" (v. Oer, S. 106). Im Hochstift Paderborn zählten, neben der Stadt Paderborn, auch Warburg, Brakel und Borgentreich zu den „Hauptstädten", neben denen die übrigen Städte als Landstände praktisch keine Rolle spielten. Im Hochstift Minden besaßen Minden, Lübbecke, Petershagen und Schlüsselburg die Landstandschaft.

In der Grafschaft Mark tat die Teilnahme aller und selbst der kleinsten Städte an den landständischen Versammlungen – für die Mark in Wickede (Dortmund-Wickede) oder für Kleve und Mark in Dinslaken oder Essen – immer mehr zurück. Im 16. Jahrhundert schickten nur noch die „Hauptstädte" Hamm, Unna, Kamen, Iserlohn, Lünen, Schwerte und Soest ihre Deputierten zum Landtag – „eine Veränderung, welche die Organisation der Corporation der Städte vereinfachte und sie dadurch

wesentlich kräftigte" (v. Haeften, S. 15). Wenig bekannt ist, daß die kleinen Städte der Grafschaft Mark ihre Deputierten zu besonderen Versammlungen der kleinen Städte und Freiheiten schickten, die seit dem 17. Jahrhundert unter der Führung Bochums stattfanden. Seit 1697 wurden Bochum und Altena, in Vertretung auch Hattingen, von diesen Kleinstadtdeputierten bevollmächtigt. Bochum und Altena bzw. Hattingen vertraten so im 18. Jahrhundert die nicht zu den „Hauptstädten" zählenden Städte und Freiheiten der Mark auf dem Landtag. „In ihrem Selbstverständnis sehen sich die kleinen märkischen Städte gleichberechtigt mit den Hauptstädten. Sie gestalten die städtische Politik nach den gleichen Prinzipien und nach gleichem Ratssystem. Die vom Rat bestimmten Deputierten zu den Verhandlungen der kleinen Städte stehen in formeller Bildung den Hauptstädten nicht nach. Auch die behandelten Themen zeigen, daß die kleinen Städte der Grafschaft Mark keine minderstädtischen Formen sind. Das Selbstverständnis der kleinen Städte und Freiheiten war, so zeigen es die vorliegenden Verhandlungsprotokolle, durchaus ein städtisches" (Thier, S. 188).
Im Inneren der Städte gab es seit dem Entstehen der Stadt im Rechtssinne verschiedene Formen der Stadtverfassung. Zumindest in der älteren Zeit bestanden, vor allem in den großen Städten, oligarchische Verhältnisse, bei denen die städtischen Ämter in der Hand weniger Familien der Ministerialität, des Patriziats oder der Oberschicht vermögender Kaufleute lagen. Diese Ämter wurden nicht durch Wahl, sondern durch Kooptation und somit durch Selbstergänzung besetzt. So konnten in Dortmund nur Mitglieder der exklusiven Reinoldigilde Ratsmitglied werden. Erst die Verschuldung der Stadt nach der Dortmunder Großen Fehde führte zu einer Empörung, in der die unteren Schichten der Einwohnerschaft den Rat 1400 zwangen, künftig sechs von 18 Ratssitzen Vertretern anderer Gilden zu überlassen. Wie in fast allen Städte, so war auch in Dortmund die Bürgerschaft in Gilden oder Zünften organisiert, denen auch als Nichthandwerker beitreten mußte, wer überhaupt bürgerschaftlich tätig sein wollte. Bereits 1260 hatten die sechs neben der Reinoldigilde bestehenden Dortmunder Gilden durch Eintritt in das Ratswahlkollegium wenigstens das aktive Wahlrecht zum Rat der Stadt erreicht, wenn auch noch nicht die Wählbarkeit ihrer Mitglieder.
Eine ähnliche Rolle wie die Dortmunder Reinoldigilde spielte in Soest die Schleswicker Bruderschaft, die aber schon 1260 kommunalpolitisch entmachtet wurde. Unter der 1260 in Soest eingeführten und bis 1752 bestehenden Ratsverfassung gehörten nur noch zwei „Schleswicker" dem 27 Personen umfassenden Rat von Soest an. Zu Zunftkämpfen und zu Auseinandersetzungen um die Stadtverfassung wie am Ende des 14. Jahrhunderts in Dortmund oder wie in Minden, wo die „Mindener Schicht" 1405 auf gewaltsamem Wege zur Beteiligung von Handwerkerschaft und Gemeinde am Stadtregiment führte, kam es in Soest nicht mehr. In Münster lag das Stadtregiment in den Händen der hier „Erbmänner" genannten Angehörigen jener Kaufmannsgilde, auf deren Zusammenschluß im 12. Jahrhundert das kommunale Leben Münsters zurückging. Das änderte sich erst mit der Münsterischen Stifts-

fehde der Jahre 1450 bis 1457, in deren Zusammenhang es in der Stadt Münster zur Zunft- oder Gildeherrschaft kam, bevor das Erbmännerregiment wieder hergestellt wurde. Doch waren seit 1454 immer – und später zunehmend – auch Nichterbmänner im Rat vertreten, die neu aufgestiegenen vermögenden Familien der Kaufmannschaft oder führender Handwerkerberufe, etwa der Wandschneider, angehörten. Diese wurden im Unterschied zum Patriziat der Erbmänner Honoratioren genannt. Sie zeichneten sich durch Besitz und Bildung aus und suchten „in ihrem Gesamthabitus das patrizische Vorbild nachzuahmen" (Scholz, S. 457).
In den kleineren Städten wiederholten sich diese Verfassungsstrukturen, doch konnten hier oligarchische Verhältnisse wie in Arnsberg, wo die Ratswahlen ein Kooptationsvorgang ohne Beteiligung der Bürgermeinde waren, neben mehr demokratischen Zuständen wie in Medebach stehen. Hier gab es mit der Einrichtung des Plebiszits eine politische Beteiligung der gesamten Bürgerschaft. Das war ein gemeinsamer Beschluß des amtierenden und des vorjährigen Rates sowie der Bürgerschaft, der für grundlegende Entscheidungen als notwendig erachtet wurde. In allen Städten aber galt, daß zur „Gemeinde" nur die Bürger zählten, d. h. Bürgersöhne oder Neubürger nach Aufnahme in das Bürgerrecht. Von der „Gemeinde" ausgeschlossen und auch nach der Verdrängung der Patrizierherrschaft politisch nicht berechtigt waren überall die bloßen Einwohner.

Literatur

Balzer, Manfred: Die Stadtwerdung – Entwicklungen und Wandlungen vom 9. bis 12. Jahrhundert, in: Geschichte der Stadt Münster. Hrsg. von Franz-Josef Jakobi, Bd. 1. Münster 1993, S. 53-89.
Brinkmann, Karl: Bochum. Aus der Geschichte einer Großstadt des Reviers. 2. Aufl. Bochum 1968.
Dilcher, Gerhard: Bürgerrecht und Stadtverfassung im europäischen Mittelalter. Köln 1996.
Dollinger, Philippe: Die Hanse. (Kröners Taschenausgabe, Bd. 371) 3. Aufl. Stuttgart 1981.
Dorider, Adolf: Geschichte der Stadt Recklinghausen in den neueren Jahrhunderten (1577-1933). Recklinghausen 1955.
Ehbrecht, Wilfried: Form und Bedeutung innerstädtischer Kämpfe am Übergang vom Mittelalter zur Neuzeit: Minden 1405-1535, in: Städtische Führungsgruppen und Gemeinde in der werdenden Neuzeit. Hrsg. von Wilfried Ehbrecht. (Städteforschung, Reihe A, Bd. 9) Köln / Wien 1980, S. 115-152.
Ehbrecht, Wilfried: Luise von Winterfelds Untersuchung „Das westfälische Hansequartier" im Lichte der Forschung mit besonderer Berücksichtigung der kleinen Städte, in: Der Raum Westfalen VI/1. Münster 1989, S. 251-276.
Ehbrecht, Wilfried: Stadtentwicklung bis 1324, in: Lippstadt. Beiträge zur Stadtgeschichte. Hrsg. von Wilfried Ehbrecht. Lippstadt 1985, Tl. 1, S. 19-88.
Ehbrecht, Wilfried: Stadtrechte und Geschichtslandschaft in Westfalen, in: Der Raum Westfalen VI/1. Münster 1989, S. 215-250.
Engel, August / Bruns, Alfred: Geschichte der Stadt Eversberg. Eversberg 1972.
Ennen, Edith: Die europäische Stadt des Mittelalters. 4. Aufl. Göttingen 1987.
Gerteis, Klaus: Die deutschen Städte in der Frühen Neuzeit. Zur Vorgeschichte der „bürgerlichen Welt". 2. Aufl. Darmstadt 1994.

Geschichte der Stadt Münster. Hrsg. von Franz-Josef Jakobi. 3 Bde. Münster 1993.
Geschichte von Stadt und Amt Medebach (Hochsauerland). Hrsg. von Harm Klueting. Medebach 1994.
Haase, Carl: Die Entstehung der westfälischen Städte. (Veröffentlichungen des Provinzialinstituts für westfälische Landes- und Volkskunde, Reihe I, Bd. 11) 2. Aufl. Münster 1965.
Haeften, August von (Hrsg.): Urkunden und Actenstücke (Literatur Kap. 3.3).
Isenmann, Eberhard: Die deutsche Stadt im Spätmittelalter 1250-1500. Stadtgestalt, Recht, Stadtregiment, Kirche, Gesellschaft, Wirtschaft. Stuttgart 1988.
Klocke, Friedrich von: Das Patriziatsproblem und die Werler Erbsälzer. (Veröffentlichungen der Historischen Kommission Westfalens, XXII: Geschichtliche Arbeiten zur westfälischen Landesforschung, Bd. 7) Münster 1965.
Klueting, Harm: Daß sie ein Absplíß (Literatur Kap. 3.3), darin S. 72-89: Exkurs: Über die Anfänge der Freiheit Limburg.
Klueting, Harm: Die Ackerbürgerstadt Medebach vom 17. bis zum 19. Jahrhundert, in: Geschichte von Stadt und Amt Medebach (Hochsauerland). Hrsg. von Harm Klueting. Medebach 1994, S. 293-370.
Klueting, Harm: Arnsberg (Literatur Kap. 3.2).
Klueting, Harm: „Sie fördern das Wohl der Einwohner in freier Selbstverwaltung durch ihre von der Bürgerschaft gewählten Organe“: Stationen kommunaler Selbstverwaltung seit dem Mittelalter am Beispiel der Stadt Medebach, in: Westfälische Zeitschrift 146, 1996, S. 367-391.
Klueting, Harm: Stadt und Bürgertum. Aspekte einer sozialen Typologisierung der deutschen Städte im 18. Jahrhundert, in: Stadt und Bürger im 18. Jahrhundert. Hrsg. von Gotthardt Frühsorge, Harm Klueting u. Franklin Kopitzsch. (Das achtzehnte Jahrhundert, Supplementa, Bd. 2) Marburg 1993, S. 17-39.
Kneppe, Cornelia: Geschichte der Stadt Medebach bis 1500, in: Geschichte von Stadt und Amt Medebach (Hochsauerland). Hrsg. von Harm Klueting. Medebach 1994, S. 139-172.
Lippstadt. Beiträge zur Stadtgeschichte. Hrsg. von Wilfried Ehbrecht, 2 Tle. Lippstadt 1985.
Luntowski, Gustav / Högl, Günther / Schilp, Thomas / Reimann, Norbert: Geschichte der Stadt Dortmund. Dortmund 1994.
Niedergang oder Übergang? Zur Spätzeit der Hanse im 16. und 17. Jahrhundert. Hrsg. von Antjekathrin Grassmann. (Quellen und Darstellungen zur Hansischen Geschichte, Bd. 44) Köln/Weimar/Wien 1998.
Oer, Rudolfine Freiin von: Landständische Verfassungen in den geistlichen Fürstentümern Nordwestdeutschlands, in: Ständische Vertretungen in Europa im 17. und 18. Jahrhundert. Hrsg. von Dietrich Gerhard. (Veröffentlichungen des Max-Planck-Instituts für Geschichte, Bd. 27) 2. Aufl. Göttingen 1974, S. 94-119.
Planitz, Hans: Die deutsche Stadt im Mittelalter. Von der Römerzeit bis zu den Zunftkämpfen. 3. Aufl. Köln/Wien 1973.
Reimann, Norbert: Das Werden der Stadt, in: Gustav Luntowski, Günter Högl, Thomas Schilp u. Norbert Reimann: Geschichte der Stadt Dortmund. Dortmund 1994, S. 13-66.
Schilling, Heinz: Die Stadt in der Frühen Neuzeit. (Enzyklopädie deutscher Geschichte, Bd. 24) München 1993.
Schilp, Thomas: Consules rempublicam Tremoniensem gubernantes. Die Entwicklung der reichsstädtischen Autonomie Dortmunds im Jahrhundert der staufischen Königsherrschaft, in: Blätter für deutsche Landesgeschichte 131 (1995), S. 51-111.
Schilp, Thomas: Die Reichsstadt (Literatur Kap. 3.3).
Schöne, Thomas: Das Soester Stadtrecht vom 12. bis zur Mitte des 14. Jahrhunderts. Zugleich ein Beitrag zur Entwicklung deutscher Stadtrechte im hohen und späten Mittelalter. (Studien und Quellen zur westfälischen Geschichte, Bd. 34) Paderborn 1997.

Scholz, Klaus: Das Spätmittelalter (Literatur Kap. 3.3).
Schoppmeyer, Heinrich: Der Bischof von Paderborn und seine Städte. Zugleich ein Beitrag zum Problem „Landesherr und Stadt". (Studien und Quellen zur westfälischen Geschichte, Bd. 9) Paderborn 1968.
Schoppmeyer, Heinrich: Hansische Organisationsformen in Westfalen. Entwicklung und Struktur, in: Hansische Geschichtsblätter 100, 1982, S. 69-86.
Schulte, Wilhelm: Iserlohn. Die Geschichte einer Stadt. 2 Bde. Iserlohn 1937/38.
Schwartz, Hubertus: Kurze Geschichte der ehemaligen freien Hansestadt Soest. Münster 1949.
(Siebenhundert) 700 Jahre Stadt Rietberg 1289-1989. Beiträge zu ihrer Geschichte. Hrsg. von Alwin Hanschmidt. Rietberg 1989.
(Siebenhundertundfünfzig) 750 Jahre Arnsberg. Zur Geschichte der Stadt und ihrer Bürger. Arnsberg 1989.
(Siebenhundertundfünfzig) 750 Jahre Stadt Recklinghausen 1236-1986. Hrsg. von Werner Burghardt. Recklinghausen 1986.
Soest. Geschichte der Stadt. Hrsg. von Wilfried Ehbrecht u. Gerhard Köhn. [bisher] Bd. 2: Die Welt der Bürger. Politik, Gesellschaft und Kultur im spätmittelalterlichen Soest. Hrsg. von Heinz-Dieter Heimann. Soest 1996; Bd. 3: Zwischen Bürgerstolz und Fürstenstaat. Soest in der frühen Neuzeit. Hrsg. von Ellen Widder. Soest 1995.
Stievermann, Dieter: Städtewesen in Südwestfalen. Die Städte des märkischen Sauerlandes im späten Mittelalter und in der frühen Neuzeit. (Spätmittelalter und Frühe Neuzeit, Bd. 6) Stuttgart 1978.
Stoob, Heinz: Die Hanse. Graz/Köln 1995.
Stoob, Heinz: Kartographische Möglichkeiten zur Darstellung der Stadtentstehung in Mitteleuropa, besonders zwischen 1450 und 1800, in: Ders.: Forschungen zum Städtewesen in Europa, Bd. 1. Köln/Wien 1970, S. 15-42.
Stoob, Heinz: Minderstädte. Formen der Stadtentstehung im Spätmittelalter, in: Ders.: Forschungen zum Städtewesen in Europa, Bd. 1. Köln/Wien 1970, S. 225-245.
Stoob, Heinz (Hrsg.): Die Stadt. Gestalt und Wandel bis zum industriellen Zeitalter. 2. Aufl. Köln/Wien 1985.
Thier, Dietrich: Die Tage der kleinen Städte und Freiheiten in der Grafschaft Mark, in: Jahrbuch des Vereins für Orts- und Heimatkunde in der Grafschaft Mark 93/94, 1995, S. 161-188.
Vogelsang, Reinhard: Geschichte der Stadt Bielefeld. Bd. 1: Von den Anfängen bis zur Mitte des 19. Jahrhunderts. 2. Aufl. Bielefeld 1989.
Werl. Geschichte einer westfälischen Stadt. Hrsg. von Amalie Rohrer u. Hans-Jürgen Zacher. 2 Bde. Paderborn 1994.
Winterfeld, Luise von: Geschichte der freien Reichs- und Hansestadt Dortmund. Dortmund 1934, 7. Aufl. Dortmund 1982.
Winterfeld, Luise von: Die stadtrechtlichen Verflechtungen in Westfalen, in: Der Raum Westfalen II/1. Münster 1955, S. 171-254.
Winterfeld, Luise von: Das westfälische Hansequartier, in: Der Raum Westfalen II/1. Münster 1955, S. 255-352.

4.

Reformation und Konfessionalisierung in Westfalen

Die Städte besaßen entscheidende Schrittmacherfunktionen für die Reformation. Ein britischer Historiker, Arthur Geoffrey Dickens, hat die Reformation in Deutschland sogar ein „städtisches Ereignis“ – „an urban event“ (Dickens, S. 182) – genannt. In den Städten war der Antiklerikalismus verbreitet, der für die Vorgeschichte und für den Erfolg der Reformation Bedeutung erlangte. In den Städten wirkten, als Juristen oder als Lehrer an städtischen Schulen, die Humanisten, bei denen Martin Luther zuerst Resonanz fand. In den Städten befanden sich – in Süddeutschland mehr als in Norddeutschland – die Druckerpressen, von denen die Schriften Luthers und anderer Reformatoren verbreitet wurden, aber auch die durch die reformatorische Bewegung seit 1521, besonders 1523/24, stark anschwellende Flugschriftenpublizistik. In den Städten – wenn auch nicht nur dort, sondern auch bei den Bauern auf dem Lande und beim Adel – gewann die reformatorische Predigt Einfluß auf vorhandene politische und soziale Spannungen. Das gilt besonders für die Spannungen zwischen Rat und Gemeinde, also den durch das Patriziat oder neue Oligarchien von der Stadtregierung ausgeschlossenen Zünften, und für die Auseinandersetzungen zwischen Handwerksgesellen und Lohnarbeitern auf der einen und den „Reichen“ oder für reich gehaltenen auf der anderen Seite.

Diese häufig gewaltsam ausgetragenen Konflikte verbanden sich mit antiklerikalistischen Ausbrüchen gegen die reiche Kirche, gegen die wirtschaftlich bevorrechtigte und von Steuern und Abgaben befreite Geistlichkeit und gegen die Klosterhandwerker, die den Zunfthandwerkern der Städte Konkurrenz bereiteten. Oft wurden gleichzeitig Forderungen nach Anstellung reformatorischer Prediger, nach Abschaffung der Zehntzahlung an die Kirche und nach Beteiligung am Stadtrat erhoben. Dabei ging die reformatorische Bewegung in den norddeutschen Städten stärker als im Süden mit politischen und sozialen Unruhen einher, während in den süddeutschen Städten der religiöse Umschwung selbst stürmischer vonstatten ging als im Norden. Die ersten Städte, die offiziell zur Reformation übergingen, waren im Süden die Reichsstädte Zürich, Nürnberg, Straßburg und Memmingen und im Norden die Stadt Magdeburg. Von Magdeburg abgesehen erfolgte die Einführung der Reformation durch die Stadträte in den norddeutschen Städten deutlich später als in den Städten Oberdeutschlands. Das alles gilt auch für die westfälischen Städte und für die Reformation in Westfalen.

Zur Vorgeschichte der Reformation gehörten die Reformforderungen, die im 15. Jahrhundert erhoben wurden, und die gescheiterten Reformversuche jener Zeit. Die Reformforderungen bezogen sich auf die Kirche insgesamt, auf die Geistlichkeit und auf das durch das Große abendländische Schisma seit 1378 und später durch Lebensweise und Politik der Renaissancepäpste diskreditierte Papsttum. Für die

Reformversuche zu nennen sind die Reformkonzilien von Konstanz (1414-1418) und Basel (1432-1449), die beide nicht zu der von vielen erhofften grundlegenden Reform der Kirche „an Haupt und Gliedern" führten. Im Zusammenhang mit den Auseinandersetzungen zwischen dem Konziliarismus und dem Papsttum war im 15. Jahrhundert das sog. vorreformatorische landesherrliche Kirchenregiment aufgekommen, mit dem manche Fürsten schon vor der Reformation die Verwaltung des kirchlichen Vermögens kontrollieren und Anordnungen über Gottesdienste, Prozessionen und andere kirchliche Veranstaltungen treffen und die – für die soziale Ordnung damals außerordentlich wichtige – Kirchenzucht in ihre Zuständigkeit bringen konnten. Das traf im niederrheinisch-westfälischen Raum für die Territorien der Herzöge von Kleve zu. Das fand seinen Ausdruck in dem zeitgenössischen Satz: „Dux Cliviae est papa in terris suis" („Der Herzog von Kleve ist Papst in seinen Ländern").

Das 15. Jahrhundert war auch eine Zeit religiöser Bewegungen, in denen man spätmittelalterliche Vorläufer der Reformation sehen kann. Zu denken ist dabei u. a. an die auf das 12. Jahrhundert zurückgehenden Waldenser oder an die Gefolgsleute des Engländers John Wiclif aus dem 14. Jahrhundert. Wiclifs Lehren gewannen Bedeutung für das Wirken des Professors und Predigers Jan Hus, der 1415 in Konstanz als Ketzer verbrannt wurde. Auf ihn ging die Bewegung der Hussiten zurück, die vor allem in Böhmen verbreitet war. Die religiösen Forderungen der Hussiten nach Freiheit der Predigt, Laienkelch (Wein bei der Messe nicht nur für den Priester, sondern auch für die Laien) und Armut des Klerus nahmen manche Anliegen der Reformation vorweg. Zu denken ist aber auch an die im 13. Jahrhundert entstandenen vier großen Bettelorden der Dominikaner, der Karmeliter, der in mehrere Richtungen aufgespaltenen Franziskaner und der Augustiner-Eremiten, die auch in Westfalen Klöster besaßen, ferner an die Mystik des Spätmittelalters und vor allem an die „Devotio Moderna" der „Brüder vom gemeinsamen Leben". Die Devotio Moderna war eine mit der Mystik verbundene Frömmigkeitsbewegung, die ein praktisches Weltchristentum an die Stelle mönchischer Ideale setzte. Im 14. Jahrhundert in den östlichen Niederlanden entstanden, spielte die Devotio Moderna auch im benachbarten Westfalen eine Rolle. Hier gab es sog. Frater(herren)häuser der Brüder vom gemeinsamen Leben in Herford (seit 1428) und – als erste Niederlassung der Fraterherren in Deutschland – in Münster (seit 1400). Die Augustiner-Eremiten, also der Bettelmönchsorden, dem Martin Luther angehörte, besaßen in Westfalen Klöster in Herford und Lippstadt.

Schließlich entfalteten sich in den Jahrzehnten vor der Reformation Renaissance und Humanismus, wie in dieser Zeit auch der Buchdruck mit beweglichen Lettern Verbreitung fand. Das erste große Druckwerk des Mainzer Druckers Johannes Gutenberg, die 42zeilige lateinische Bibel, stammte von 1455. Damit traten billigere gedruckte Bücher und bald auch Flugschriften an die Stelle der nur langsam und nur in kleiner Zahl und mit großen Kosten zu verbreitenden Handschriften. So entstand mit dem Buchdruck ein Kommunikationsmedium von bis dahin völlig unbekannter

Wirkung, zumal die Flugschriften oft auch Holzschnitte und damit auch Analphabeten zugängliche Bilder enthielten. Die Technik des Buchdrucks erklärt einen Teil des Erfolgs der Reformation. Dem Humanismus ging es nicht nur um die Pflege der antiken Schriftsteller und um die literarische Wiederbelebung des griechischen und römischen Altertums, sondern auch um die Bibel, um Bibelstudien und um Reinigung des christlichen Glaubens von unbiblischen Vorstellungen und Erscheinungen. Das gilt besonders für den Humanismus in Deutschland, Frankreich und in den Niederlanden, nachdem der Humanismus von seinem Ursprungsland Italien aus auf das nordalpine Europa ausgegriffen hatte und in Frankreich, England, den Niederlanden und in Deutschland – auch in Westfalen – Heimstätten fand. Nach einem Wort des niederländischen Kirchenhistorikers Johannes Lindeboom spricht man hier vom biblischen Humanismus. „Der biblische Humanismus wirkte vielfältig auf die Reformation ein und trug wesentlich zu ihrer Vorbereitung bei. Er war jedoch noch nicht reformatorisch, weil er die Verwirklichung seiner Ideale innerhalb der bestehenden Kirche für möglich hielt und grundsätzlich vor dem Bruch mit der alten Kirche zurückschreckte. Der wichtigste Vertreter dieses biblischen Humanismus war der Niederländer Erasmus von Rotterdam“ (Klueting, Konfessionelles Zeitalter, S. 258). Es ist nicht übertrieben, wenn man sagt: „Ohne Humanismus keine Reformation“ (Moeller, Humanisten, S. 109).

Unmittelbarer Anlaß der Reformation war die Praxis des Ablaßhandels, an der sich Luthers Kirchenkritik entzündete. In den Augen der Gläubigen diente der Ablaß der Ablösung zeitlicher Sündenstrafen. Nach herrschender Auffassung der Zeit waren Ablaßzahlungen, d. h. der Kauf von Ablässen gegen Geld, ein Mittel, die Bußstrafen im Fegefeuer abzukürzen, das nach der von den Reformatoren verworfenen Lehre der Ort war, an dem die Verstorbenen ihre zeitlichen Sündenstrafen abbüßen mußten. Das Heilsverlangen der Gläubigen traf hier mit den Finanzinteressen der römischen Kurie zusammen, die den Ablaßhandel zur Befriedigung ihrer Geldbedürfnisse betreiben ließ. War der Ablaßhandel Ausdruck einer Kommerzialisierung der Frömmigkeit und der Vorstellung von der Käuflichkeit des Heils, so stand dahinter eine heute nur noch schwer vorstellbare Intensität der Frömmigkeit. Dabei war es gerade die Diskrepanz zwischen der gesteigerten Religiosität und der Heilssehnsucht der Gläubigen und der verweltlichten und ökonomisierten Kirche, die den Boden für den Erfolg der Reformation bereitete. Man kann die Reformation als Höhepunkt und Abschluß der spätmittelalterlichen Reformbewegungen und der Kirchenkritik des 15. Jahrhunderts verstehen und die Ansicht vertreten, daß es die Reformation auch ohne Luther gegeben hätte. Doch wäre das eine „andere“ Reformation gewesen. Mit seiner Frage: „Wie bekomme ich einen gnädigen Gott“ und mit seiner Antwort – „sola gratia“ (allein durch Gnade) und „sola fide“ (allein durch Glaube) – trat eine Konzentration ein, die für veräußerlichte und verdinglichte Frömmigkeit keinen Raum mehr ließ. So gewann seine Lehre erhebliche Sprengkraft für Kirche und Gesellschaft, weil sie die von der gesteigerten Frömmigkeit jener Zeit erfaßten Menschen von dem Druck der Höllenangst und

der Furcht vor den Sündenstrafen befreite, die zu den Auswüchsen des Ablaßhandels geführt hatten.
Gegen den Ablaßhandel wandte sich der Augustiner-Eremitenmönch und Wittenberger Theologieprofessor Martin Luther mit seinen 95 lateinischen Thesen von 1517, mit denen er rasch einen ganz außerordentlichen Widerhall überall in Deutschland fand. Dieser wurde nur noch durch den Erfolg seiner ersten deutschsprachigen Schrift über den Ablaß von 1518 übertroffen. Luthers Kritik am Ablaßhandel führte schon 1518 zu einer Anklage wegen Ketzerei. Am Rande des Augsburger Reichstages wurde Luther 1518 von dem päpstlichen Legaten, dem Dominikaner Jakob Cajetan, verhört, wobei er den Widerruf seiner Lehre verweigerte. Stattdessen rief er die Entscheidung eines Konzils an. Während sich Luther damit noch in der Tradition des Konziliarismus des 15. Jahrhunderts bewegte, trat 1519 eine Wendung ein, als er in Leipzig in einer Disputation mit seinem altkirchlichen Hauptgegner Johann Eck nicht nur den Papst, sondern auch Konzilien für irrtumsfähig erklärte. Im Laufe des Jahres 1520 veröffentlichte Luther seine drei großen reformatorischen Programmschriften „An den christlichen Adel deutscher Nation von des christlichen Standes Besserung", „Von der Freiheit eines Christenmenschen" und, diese in lateinischer Sprache, „De captivitate Babylonica ecclesiae". Im gleichen Jahr wurde in Rom gegen ihn der Ketzerprozeß wieder aufgenommen. Papst Leo X. hatte wegen der deutschen Königswahl von 1519 und wegen der politischen Stellung von Luthers Landesfürst, Kurfürst Friedrichs des Weisen von Sachsen, zeitweise Zurückhaltung geübt. Am 10. Dezember 1520 verbrannte Luther in Wittenberg in einem demonstrativen Akt die päpstliche Bannandrohungsbulle. Das kam dem Bruch mit der bestehenden Kirche gleich, nachdem Luther 1520 den Papst bereits öffentlich mit dem „Antichrist" gleichgesetzt hatte. Obwohl er inzwischen unter päpstlichem Bann stand und somit exkommuniziert war, wurde Luther 1521 auf den Reichstag nach Worms geladen. Hier verweigerte er am 18. April 1521 den Widerruf seiner Lehre. Die Folge war das Wormser Edikt, mit dem über Luther als Ketzer die Reichsacht verhängt wurde. Wer seine Schriften las, kaufte, behielt oder verteilte, sollte gleichfalls der Reichsacht unterliegen, also aus der Rechtsgemeinschaft ausgestoßen werden. Doch waren seine Schriften zu dieser Zeit schon in mehr als einer halben Million Exemplare verbreitet.
Kaiser Karl V. konnte das Ketzerrecht gegen Luther, den Friedrich der Weise nach dem Wormser Reichstag auf der Wartburg bei Eisenach in Sicherheit gebracht hatte, und gegen seine Anhänger nicht anwenden, weil eine Reihe von Reichsfürsten auf Luthers Seite stand und dem Kaiser den Gehorsam verweigerte. Hinzu kamen die außenpolitischen Verstrickungen des Kaisers, vor allem sein von 1521 bis 1526 geführter erster Krieg gegen Frankreich um die Vorherrschaft in Italien, die ihm die Unterdrückung der reformatorischen Bewegung unmöglich machten. Stattdessen breitete sich Luthers Lehre in den Wochen und Monaten und in den ersten Jahren nach dem Wormser Edikt bis nach Tirol und Kärnten, bis in die Niederlande, Preußen (Ostpreußen) und Livland und bis nach Dänemark und Schweden aus.

Getragen wurde das von Luthers Wittenberger Schülern und Freunden, von seinen alten Mitbrüdern aus dem Augustiner-Eremiten-Orden, von städtischen Prädikanten und theologisch interessierten Laien, von gelehrten Humanisten und Gymnasiallehrern, wobei das neue publizistische Medium der Flugschrift die rasche Verbreitung der reformatorischen Gedanken ermöglichte, die im Antiklerikalismus der städtischen und ländlichen Bevölkerung einen aufnahmebereiten Boden fanden. Dabei wurde die reformatorische Bewegung in dieser Zeit schon von einigen Landesherren unterstützt. Parallel dazu vollzog sich in Zürich die Reformation Zwinglis. Zugleich begann sich die Reformation, die jetzt auch einen radikalen Flügel um Andreas Bodenstein gen. Karlstadt, Thomas Müntzer und andere ausbildete, von einer religiösen zu einer sozialen Bewegung auszuweiten, die den niederen Adel und in den Städten die Handwerker ebenso erfaßte wie die Bauern. Die Bauern nahmen vor allem Luthers Wort von der „Freiheit eines Christenmenschen" und vom „Priestertum aller Gläubigen" auf und traten – in Oberdeutschland, Hessen, dem Elsaß und Thüringen – im Bauernkrieg von 1525 für die Wiederherstellung des „göttlichen Rechts" ein. Westfalen gehörte nicht zu den Schauplätzen des Bauernkrieges.
Auch in Westfalen gab es Humanistenzirkel, besonders im Erziehungs- und Bildungsbereich. Zu nennen sind u. a. Jakob Montanus in Münster, der sich 1521/22 den reformatorischen Lehren öffnete und 1523 im Briefwechsel mit Luther und Philipp Melanchthon stand, oder Adolf Clarenbach, der zu Beginn der zwanziger Jahre Gymnasiallehrer in Münster war und dort im Geist des Humanismus wirkte und zugleich für die Verbreitung der reformatorischen Lehren sorgte, bevor er Münster verlassen mußte. Danach wirkte er zunächst im niederrheinischen Wesel und seit 1526 in Osnabrück. 1529 wurde er in Köln als Ketzer verbrannt. Andere waren der in Münster geborene Johann Glandorf, der 1522 Lehrer an der Domschule zu Münster wurde und dort im Sinne des Humanismus tätig war, bevor er nach Wittenberg ging. Nachdem Münster evangelisch geworden war, kehrte er zurück und übernahm die Leitung der evangelischen Lateinschule. Wie auch sonst in Deutschland, so war in Westfalen die Unterstützung, die die Sache Luthers in den Anfangsjahren der Reformation von den Humanisten erfuhr, von größter Bedeutung. Viele Humanisten – Ulrich Zwingli in Zürich, Philipp Melanchthon in Wittenberg, Martin Bucer in Straßburg, Johannes Brenz in Württemberg – wurden wie Adolf Clarenbach zu Reformatoren neben Luther. Nach der Thesenpublikation von 1517 fand Luther seine ersten und wichtigsten Anhänger unter den Humanisten, die durch ihren Einfluß – modern gesprochen – in den Medien und in den humanistischen Gelehrten- und Freundschaftskreisen entscheidend zum Entstehen einer „humanistisch-reformatorischen Öffentlichkeit" (Wohlfeil, S. 115) beitrugen und dadurch den Widerhall und die Verbreitung der reformatorischen Lehren ermöglichten.
Jakob Montanus war nicht nur Humanist, sondern gehörte seit seiner Zeit in Münster auch zu den Brüdern vom gemeinsamen Leben. Er wurde zur „Seele des Herforder Fraterhauses" (Stupperich, Westf. Reformationsgeschichte, S. 25), dessen Mitglieder er für Luther gewinnen konnte. Durch ihn wurde das Herforder Fraterhaus zu einer Art

früher reformatorischer Zelle in Westfalen. Noch wichtiger wurden in Westfalen die Augustiner-Eremiten, die Ordensbrüder Luthers, mit ihren Klöstern in Herford und in Lippstadt sowie im nahen Osnabrück. Vor allem über die Augustiner-Eremiten drangen die reformatorischen Lehren in Westfalen ein. So wurden Herford und Lippstadt neben der Bischofsstadt Minden die frühesten Orte der reformatorischen Bewegung in Westfalen. Ein frühes Zentrum der reformatorischen Bewegung mit Ausstrahlungen auf das heutige Westfalen war auch Osnabrück. Hier gab es zwischen 1520 und 1525 Aufstände mit Gewalttaten gegen Geistliche. Dem Osnabrücker Augustiner-Eremiten-Kloster gehörte Gerhard Hecker an, der schon früh mit Luther in Kontakt stand. 1525 kam es wieder zu einem Bürgeraufstand mit antiklerikalistischen und antimonastischen Forderungen, bevor Adolf Clarenbach 1526 nach Osnabrück kam und der reformatorischen Bewegung neuen Auftrieb gab. Doch war es damit nach seiner Ausweisung aus Osnabrück vorerst bis auf geringe Reste vorbei.
In Minden setzte die reformatorische Bewegung bereits 1521 mit den Predigten des Pfarrers der Marienkirche, Albert Nies (Nisius), ein, der damit zum Wegbereiter der Reformation in Minden wurde. Hier spielte die politische und soziale Protesthaltung der Bevölkerung gegen das – trotz der Veränderungen durch die „Mindener Schicht“ von 1405 – noch immer elitäre Stadtregiment und gegen soziale Mißstände in Kirche und Stadt eine wichtige Rolle. Dadurch wurden die ratsfähigen Familien 1525 zur Aufnahme von Handwerkern in den Rat gezwungen. Nach 1525 erhielt die sozialrevolutionäre Bewegung in Minden starken Auftrieb durch die reformatorische Bewegung, griff aber auch ihrerseits in den kirchlich-religiösen Bereich aus. Als zweiter Mindener Geistlicher bekannte sich 1529 der Benediktinermönch und Prediger der Simeonskirche Heinrich Traphagen öffentlich zur Lehre Luthers. Im gleichen Jahr bildete sich ein Ausschuß von 36 Männern, die vom Stadtrat die Einführung der lutherischen Lehre verlangten. Gelegenheit dazu bot der Tod des Mindener Bischofs Franz I. von Braunschweig. Um die Jahreswende 1529/30 nahm Albert Nies Änderungen der Gottesdienstform vor und führte das Abendmahl unter beiderlei Gestalt, d. h. mit Spendung von Brot und Wein an die Gläubigen, und somit in der Form ein, wie sie – ungeachtet theologisch unterschiedlicher Abendmahlsauffassungen im Luthertum, im Zwinglianismus und im Calvinismus – für alle reformatorischen Richtungen und für den gesamten Protestantismus charakteristisch wurde. 1530 folgte er Luthers Beispiel und der reformatorischen Forderung nach der Priesterehe und heiratete.
Als Reformator Mindens trat seit 1529 aber vor allem der ehemalige Hofprediger des Grafen Erich von Hoya, Nikolaus Krage, auf, der in jenem Jahr Pfarrer an der Mindener Martinikirche wurde. Krage arbeitete für Minden eine Kirchenordnung aus, die am 13. Februar 1530 eingeführt wurde. Die Mindener Kirchenordnung lehnte sich an die Kirchenordnung an, die der auch sonst mit Westfalen verbundene Johannes Burgenhagen 1528 für die Stadt Braunschweig verfaßt hatte. Mit der Annahme der Kirchenordnung wurde Minden die ersten Stadt in Westfalen, in der die Reformation offiziell Eingang gefunden hatte.

Kirchenordnungen, die von Stadträten oder Landesherren erlassen wurden, dienten der Regelung der kirchlichen Angelegenheiten durch die weltliche Obrigkeit. Sie traten an die Stelle des Kanonischen Rechts der katholischen Kirche und ersetzten dieses im reformatorischen Bereich durch landesherrliche oder städtische Rechtsgebote bzw. Gesetze, bewahrten aber auch bestimmte Elemente des kanonischen Rechts. Die Verfasser, Bearbeiter oder Kompilatoren der Kirchenordnungen waren oft führende reformatorische Theologen. Wichtig wurden vor allem die erwähnte Braunschweiger Kirchenordnung Bugenhagens von 1528 und die Brandenburg-Nürnberger Kirchenordnung von 1533. Diese beiden Kirchenordnungen gewannen auch in Westfalen Vorbildcharakter für territoriale oder städtische Kirchenordnungen. Hinzu trat später für den calvinistischen bzw. reformierten Bereich die Kurpfälzische Kirchenordnung von 1563. Eine Kirchenordnung stand nicht am Anfang, sondern am Ende einer lokalen oder territorialen bzw. regionalen reformatorischen Bewegung; ihr Erlaß war gleichbedeutend mit der offiziellen Einführung der Reformation durch die weltliche Obrigkeit.
In Herford bekannten sich zuerst die Fraterherren zur reformatorischen Lehre. Danach gingen die entscheidenden Anstöße zur Reformation von den Herforder Augustiner-Eremiten aus. Am Anfang stand dabei der Prior des Herforder Augustiner-Eremiten-Klosters, Gottschalk Kropp, der von 1521 bis 1523 in Wittenberg studiert hatte und danach bis 1525 in Herford wirkte. Nach seinem Weggang wurde Johann Dreyer, auch er Augustiner-Eremit, als evangelischer Prediger „der eigentliche Initiator der Reformation in der Stadt“ (Stupperich, Westf. Reformationsgeschichte, S. 36). 1530 löste sich das Augustiner-Eremiten-Kloster auf, und Dreyer legte die Kutte ab. Die Handwerkergilden standen auf der Seite der Reformation und verlangten die Öffnung der noch in katholischer Hand befindlichen Pfarrkirchen. Auf Drängen der Gilden ließ der Rat gewaltsam die Herforder Münsterkirche, also die Kirche des Reichsstifts Herford, für den evangelischen Gottesdienst und für die reformatorische Predigt Johann Dreyers öffnen. Seit 1531 war Herford eine evangelische Stadt.
In Lippstadt ging die reformatorische Bewegung von den beiden Lippstädter Augustiner-Eremiten Johann Westermann und Hermann Koiten aus, die nach der Rückkehr vom Studium in Wittenberg in Lippstadt reformatorisch predigten. Westermanns „Lippstädter Katechismus“ von 1524 gilt als „das erste eigenständige reformatorische Zeugnis aus dem westfälischen Raum“ (Stupperich, Westf. Reformationsgeschichte, S. 37). 1526 hatte sich bereits ein großer Teil der Bürgerschaft der Reformation angeschlossen. 1530/31 wirkte der von den lutherischen Ratsmitgliedern berufene, aus Kamen stammende Gerd Oemeken als Reformator in Lippstadt, bis er nach Soest ging.
In Soest lassen sich die ersten Spuren der reformatorischen Bewegung 1525 ausmachen. 1530 kam der Dominikaner Thomas Boschwede als Führer der dortigen reformatorischen Bewegung nach Soest, hinter dem vor allem die Handwerker standen. Entscheidend wurde der Aufstand am Thomastag 1531. Die Verhaftung des Nieder-

länders Johann van Kampen, der am 21. Dezember 1531, dem Thomastag, in der Soester Paulikirche reformatorisch gepredigt hatte, löst einen Aufruhr aus, bei dem die beiden an der alten Kirche festhaltenden Bürgermeister Albert Greve und Johann Gropper von den Aufständischen eingesperrt wurden. „Mit Sicherheit hätte die reformatorische Entwicklung in Soest einen weniger dramatischen Verlauf genommen, wenn dort nicht gegen Ende des Jahres 1531 der ehemalige Franziskaner-Observant Johann Wulf aus dem niederländischen Kampen, gewöhnlich Johann von Kampen genannt, aufgetaucht wäre“ (Schröer, Reformation I, S. 359). Bürgermeister und Rat mußten als Ergebnis des Aufstands dem Bundbrief der Gilden und der Gemeinheit zustimmen, mit dem die reformatorische Lehre in den sechs Pfarrkirchen Soests – Petri-, Pauli-, Thomae-, Hohne-, Georgen- und Wiesenkirche – eingeführt wurde. Nur das Patroklusstift blieb katholisch. „Ohne Zögern schritten die kirchlichen Neuerer zur Tat. Sie vertrieben die sechs Stadtpfarrer – es handelte sich um Stiftsherren von St. Patroklus – bzw. deren Vizekuraten samt Hilfsgeistlichen aus Kirche und Wedemhof“ (Schröer, Reformation I, S. 361) und setzten reformatorische Prediger ein. Johann van Kampen übernahm die Petrikirche; Thomas Borchwede wurde der erste evangelische Pfarrer der Wiesenkirche. Weihnachten 1531 war Soest eine evangelische Stadt mit einem katholischen Stiftskapitel.
1532 arbeitete Gerd Oemeken in Soest die Soester Kirchenordnung aus, die dem Vorbild der Braunschweiger Kirchenordnung Bugenhagens folgte. Im gleichen Jahr kam der von Luther empfohlene ehemalige Franziskaner-Observant Johann de Brune als evangelischer Superintendent nach Soest, wo 1533/34 auch Johann Pollius (Polhene), ein vom Humanisten zum Reformator gewordener ehemaliger Schüler der Domschule zu Münster, für die weitere Durchsetzung der Reformation wirkte. Aber nicht nur Soest wurde eine evangelische Stadt, auch die zehn Kirchspiele der Soester Börde – Weslarn, Borgeln, Schwefe, Ostönnen, Meiningsen, Neuengeseke, Lohne, Sassendorf, Dinker und Welver – wurden sämtlich evangelisch. 1533 entstand mit dem Soester Archigymnasium auch eine bald für das gesamte protestantische Westfalen bedeutsame Bildungstätte. Nur das Soester Patroklistift und das Dominikaner- sowie das Minoritenkloster hielten an der alten Kirche fest. Immerhin wurde den beiden Klöstern die Lesung lateinischer Messen, auch außerhalb der Stadt, verboten, wie sie sich auch innerhalb der Stadt nicht im Ordensgewand zeigen sollten. Später übernahmen die Mönche des Dominikaner- und des Minoritenklosters die Betreuung des verbliebenen katholischen Bevölkerungsteils. Das Soester Augustinerinnenkloster blieb von den Vorgängen von 1531 unberührt. Erst 1568 fand das Luthertum hier Eingang. Seit 1582 war das ehemalige Kloster ein gemischtkonfessionelles freiweltliches adeliges Damenstift.
Das hervorragendste Mitglied des Soester Patroklistifts war Johannes Gropper, ein Sohn des 1531 festgesetzten Bürgermeisters, der bis 1531 als Stiftsherr Pfarrer der Petrikirche gewesen war und danach Soest verließ. Johannes Gropper wurde der wichtigste theologische Gegner der Reformation am Niederrhein und in Westfalen, „der als Theologe von erheblichem Einfluß auf die Durchsetzung der Katholischen

Reform des 16. Jhs. gewesen ist und als Kirchenpolitiker den Übergang des Erzbistums Köln zum Protestantismus mit verhindert hat" (Janssen, S. 349). Gropper starb als designierter Kardinal in Rom.
Weder Augustiner-Eremit noch Fraterherr oder Humanist war der Reformator Iserlohns, der 1505 in Iserlohn geborene Johannes Varnhagen, der an der streng katholischen Kölner Universität studiert hatte und 1524 eine Vikarie in Iserlohn erhielt. Obwohl 1525 im altkirchlichen Köln zum Bakkalaureus promoviert, bekannte er sich schon 1525 zur Lehre Luthers. 1526 predigte er zum erstenmal öffentlich nach reformatorischer Lehre in der Pankratius- oder Bauernkirche in Iserlohn. Somit war Iserlohn die erste Stadt der Grafschaft Mark, in der reformatorisch gepredigt wurde. Doch dauerte es bis nach dem Tod des Iserlohner Pfarrers Conrad Möllenbeck, der an der alten Kirche festhielt, im Jahre 1558, bis auch in Iserlohn „die Reformation durchgreifen konnte, als Johann Varnhagen ihm im Amte folgte" (Schulte I, S. 201).
In Münster stand die Rolle dieser Stadt als Zentrum humanistischer Bildung in Westfalen am Anfang, auch wenn der Rektor der Domschule, Timan Kemener, der Reformation ablehnend gegenüberstand. Mit Adolf Clarenbach wirkte zu Beginn der zwanziger Jahre aber ein Humanist als Gymnasiallehrer in Münster, der „in eine geistige Auseinandersetzung mit der Lehre Luthers" (Schröer, Reformation II, S. 321) eintrat und zur Verbreitung der reformatorischen Lehren in Münster beitrug. Hinzu kamen sozial und wirtschaftlich motivierte politische Spannungen antiklerikalistischen Charakters, die 1525 in einen Bürgeraufstand einmündeten, der sich auch auf die kleineren Städte des Münsterlandes ausdehnte. Dabei ging es um die Konkurrenz der Handwerker mit den von den städtischen Abgaben und Lasten befreiten Klöstern und den Klosterhandwerkern, die von den steuerlichen Privilegien der Klöster wirtschaftliche Vorteile genossen und nicht den Regelungen des Zunftsystems unterworfen waren. In den frühen dreißiger Jahren schlossen sich alle Pfarrgemeinden Münsters der Reformation an, während der Dom, die Kollegiatstifte und die Klöster katholisch blieben. Das neue reformatorische Kirchenwesen Münsters geriet jedoch in eine schwere Krise, als es nach der Zuwanderung täuferischer Gruppen in Münster zur Spaltung des reformatorischen Lagers in die lutherische Ratspartei und in die sich zunehmend radikalisierende Gruppe um den Reformator Münsters, Bernd Rothmann, kam, der sich bald öffentlich zum Täufertum bekannte.
Auch in Paderborn konnte die reformatorische Bewegung zeitweise Einfluß gewinnen, wobei hier die Minoriten, die in Paderborn ein Kloster besaßen, eine wichtige Rolle spielten. 1528 brach auch in Paderborn eine zugleich sozial und religiös motivierte Volkserhebung aus, bei der der Dom gestürmt wurde. Ihren Höhepunkt erreichte die reformatorische Bewegung in Paderborn nach dem Tod des Bischofs Erich von Braunschweig-Grubenhagen im Jahre 1532. Es gab etwa 300 bis 400 Anhänger der Reformation in der Stadt, die unter Führung der beiden Minoriten Johannes Polhenn – nicht identisch mit dem schon erwähnten Johann Pollius (Pol-

hene) – und Jakob Müsing standen. Diese beiden konnten sich der Gaukirche und der Marktkirche bemächtigen und diese Kirchen zu Zentren reformatorischer Predigt in Paderborn machen. Im Sommer 1532 kam es wieder zu einer Erhebung, bei der das Rathaus gestürmt wurde und der Rat der Stadt gezwungen werden sollte, aktiv für die Reformation einzutreten. Die Bewegung wurde jedoch von dem Kölner Erzbischof Hermann von Wied als Nachfolger Bischof Erichs von Braunschweig-Grubenhagen unterdrückt; die Anführer wurden zum Tode verurteilt, aber vor der Hinrichtung begnadigt, während die reformatorische Bewegung in Paderborn verboten wurde.

Neben den Humanistenzirkeln und den Fraterherren und neben den Augustiner-Eremiten und den aus ihren Reihen kommenden Predigern und örtlichen Reformatoren, die oft als Studenten nach Wittenberg gegangen und von dort nach Westfalen zurückgekehrt waren, machten sich auch in Westfalen Einflüsse der für die Reformation gewonnenen Fürsten bemerkbar. Der sächsische Kurfürst Friedrich der Weise deckte Luther als Professor seiner Landesuniversität in Wittenberg zwar politisch gegen den päpstlichen Bann und gegen die 1521 über Luther ausgesprochene Reichsacht, blieb religiös aber auf der Seite der alten Kirche. Hingegen traten andere Fürsten schon früh für das religiöse Anliegen Luthers ein, auch wenn sich Religion und Politik dabei untrennbar vermischten. Das gilt vor allem für Kurfürst Johann den Beständigen von Sachsen, den Bruder und Nachfolger des 1525 gestorbenen Friedrich des Weisen, und für Landgraf Philipp von Hessen. Dieser wurde 1524 von Melanchthon für Luther gewonnen. Beide Fürsten schlossen 1526 in Gotha ein Bündnis zur Verteidigung gegen Angriffe aus Glaubensgründen, bevor in demselben Jahr der erste Reichstag von Speyer eröffnet wurde. Als Ergebnis dieses Reichstags wurde festgesetzt, daß jeder Fürst bzw. jeder Reichsstand sich, bis zu einem bald zu erwartenden Konzil, in Religionssachen gegenüber seinen Untertanen so verhalten solle, wie er glaube, es vor Gott und dem Kaiser verantworten zu können. Dieser Reichstagsbeschluß wurde zum Ausgangspunkt und faktisch zum Freibrief dafür, daß viele Fürsten, soweit sie auf der Seite der Reformation standen oder aus politischen Opportunitätsgründen für die Reformation optierten, die Einführung der Reformation in ihren Territorien von sich aus besorgten und dazu reformatorische Prediger ins Land riefen. Das gilt auch für Hessen, wo Landgraf Philipp mit der Homberger Synode von 1526 die Reformation einführte.

Auch im benachbarten Westfalen wurde Landgraf Philipp von Hessen zu einer wichtigen Gestalt der reformatorischen Bewegung. Dazu boten ihm in einigen Fällen lehnsrechtliche Bindungen Gelegenheit, so in der Grafschaft Rietberg und in den beiden – vor der Teilung von 1603 zwischen 1511 und 1551 schon einmal getrennten – Grafschaften Wittgenstein-Berleburg und Wittgenstein-Wittgenstein. Unter hessischem Einfluß wurde 1534 im Berleburger Schloß evangelischer Gottesdienst gehalten und danach im Wittgensteiner Land die Reformation eingeführt. Nach der Wiedervereinigung der beiden Teilgrafschaften wurde das 1555 durch den Erlaß einer evangelischen Kirchenordnung besiegelt. In Minden fanden die reformatorischen Veränderungen die Rückendeckung des Landgrafen, der in Höxter 1533 durch persönliche Anwesenheit die reformatorische Bewegung in Gang brachte. In Münster war es Philipp von Hessen, durch dessen Vermittlung im Februar 1533 der Vertrag von Dülmen zwischen Stadt und Bischof zustande kam, mit dem der evangelischen Bürgerschaft alle sechs Pfarrkirchen Münsters eingeräumt wurden, während Bischof und Domkapitel den Dom behielten.

Landgraf Philipp von Hessen stand auch hinter den Vorgängen in Rheda, mit denen Graf Konrad von Tecklenburg der erste evangelische Landesherr eines westfälischen Territoriums wurde. Konrad von Tecklenburg war der Sohn des Grafen Otto IX. von Tecklenburg, der bis zu seinem Tod 1534 am alten Glauben festhielt. Doch war Konrad am hessischen Hof – wie damals in Fürstenhäusern üblich – als Page gemeinsam mit dem elf Jahre jüngeren Landgrafen Philipp erzogen worden. 1521 hatte Konrad mit der hessischen Reichstagsgesandtschaft am Reichstag von Worms teilgenommen und dort vielleicht auch den Auftritt Martin Luthers erlebt. Nachdem Konrad 1524 die Regierung in der Herrschaft Rheda übernommen hatte – sein Vater Otto IX. saß in Tecklenburg –, heiratete er 1527 mit Mechthild von Hessen eine Kusine des Landgrafen Philipp, die noch bis 1526 Nonne gewesen war. „Nach alledem, was wir wissen, läßt sich knapp feststellen: wohl der erste evangelische Christ in Rheda dürfte Gräfin Mechthild gewesen sein, die mit ihrer Heirat am 13. Mai 1527 hier auf dem Schloß Wohnung nahm. Und in dieser Zeit ist auch ihr Mann evangelisch geworden, sicher nicht viel früher. Das von [dem ersten Geschichtsschreiber der Reformation in Westfalen, dem 1526 geborenen] Hamelmann genannte Jahr 1525 will keine exakte Angabe sein“ (Goeters, Reformation in Rheda).

1527 berief Konrad von Tecklenburg den ersten evangelischen Prediger, den später nach Soest gegangenen Johann Pollius (Polhene), nach Rheda, und zwar allem Anschein nach an die Schloßkapelle; Pollius stammte aus Bielefeld und war zuvor in Osnabrück tätig gewesen. „So haben wir uns die erste evangelische Gemeinde Rhedas 1527 als Schloßgemeinde auf Schloß Rheda vorzustellen. Wir wissen aber nicht, wann und in welcher Weise die evangelische Predigt und Gottesdienstform auch die Pfarr- und Stadtkirche von Rheda erreicht und erobert hat“ (Goeters, Reformation in Rheda).

Nach der wohl vorerst nur vorübergehenden Bildung dieser evangelischen Schloßgemeinde in Rheda konnte die lutherische Reformation seit 1534, d. h. nach dem Tod Ottos IX. von Tecklenburg, in der Grafschaft Tecklenburg und seit 1540 auch in Rheda durchdringen. 1543 entstand mit der Tecklenburger Kirchenordnung ein lutherisches Kirchenwesen. In Bentheim und Steinfurt und in der mit Steinfurt verbundenen Herrschaft Gronau erfolgte 1544 unter Graf Arnold II. von Bentheim-Steinfurt († 1553), der mit Maria von Bentheim verheiratet war und die beiden Grafschaften Steinfurt und Bentheim in seiner Hand vereinigte, die Umgestaltung des Kirchenwesens im Sinne der lutherischen Reformation.

Die Reformation in Siegen und im Siegerland war Teil der Reformation in der Grafschaft Nassau-Dillenburg, der das Siegerland angehörte. Graf Wilhelm I. von Nas-

sau-Dillenburg wurde nach 1526 unter dem Einfluß des späteren Kurfürsten Johann Friedrich von Sachsen, des Sohnes Johanns des Beständigen, für die Lehre Luthers gewonnen. 1529 nahm er mit Heilmann Bruchhausen aus Krombach (Kreuztal, Kreis Siegen-Wittgenstein) im Siegerland (auch Heilmann Bruchhausen von Crombach oder Heilmann Crombach genannt) einen neuen Hofkaplan an. Dieser vertrat reformatorische Vorstellungen. Im Oktober 1530 wurde er Prediger in Siegen anstelle des letzten katholischen Pfarrers. Seit 1529 gab es auch in Oberholzklau (Freudenberg, Kreis Siegen-Wittgenstein) mit Johann Wüstenhober gen. Ibach einen evangelischen Pfarrer. 1534 führte Wilhelm I. für die ganze Grafschaft Nassau-Dillenburg die Brandenburg-Nürnberger Kirchenordnung ein, so daß das Jahr 1534 als Jahr der Einführung der Reformation im Siegerland zu gelten hat. 1534 wurde auch das Franziskaner-Observanten-Kloster in Siegen aufgelöst, das der Vater des Grafen Wilhelm I., Johann V., 1486 gestiftet hatte. 1537 erhielt die Grafschaft Nassau-Dillenburg mit der „Nassauischen Kirchenordnung" eine eigene Kirchenordnung. Ihre Verfasser waren der aus Annaberg in Sachsen stammende Erasmus Sarcerius, Heilmann Crombach und Leonhard Wagner, ein wahrscheinlich aus dem siegerländischen Kreuztal stammender Mann, der seit 1531 evangelischer Pfarrer an der Siegener Martinikirche war.
Auch nach dem ersten Reichstag von Speyer von 1526 kam es im Reich von Seiten des Kaisers nicht zur Wiederaufnahme des Wormser Edikts und des Ketzerrechts gegen Luther und seine Anhänger. Karl V. war noch immer in die Kämpfe mit Frankreich verstrickt, die auch nach dem 1526 geschlossenen Frieden von Madrid weitergingen. Sein jüngerer Bruder Ferdinand, der 1526 in Böhmen und in Ungarn zum König gewählt worden war, war mit der Sicherung seiner Stellung in diesen Ländern beschäftigt, von denen Ungarn 1529 großenteils von den Türken erobert wurde. 1529 belagerten die Türken zum erstenmal Wien. Ferdinand, der im Reich seinen kaiserlichen Bruder vertrat, versuchte 1529 auf dem zweiten Reichstag von Speyer, das Wormser Edikt erneut in Kraft zu setzen und die Zugeständnisse des Reichsabschieds von 1526 aufzuheben. Ein Ausschuß des Reichstags, in dem die reformatorischen Fürsten in der Minderheit waren, stimmte zu, woraufhin die reformatorisch Gesinnten erklärten, daß es in Glaubensfragen keine Mehrheitsentscheidungen geben könne. Der Reichsabschied kam trotzdem zustande. Dagegen protestierten, wenn auch erfolglos, Markgraf Georg von Brandenburg-Ansbach, der Kanzler des Herzogs Ernst von Braunschweig-Lüneburg und die Vertreter einiger Reichsstädte, was den Evangelischen bis heute den Namen „Protestanten" eingetragen hat.
1530, auf dem Augsburger Reichstag, vertiefte sich die Kluft zwischen den Anhängern der alten Kirche und den „Protestanten" noch weiter. Die reformatorischen Fürsten und Reichsstädte legten in Augsburg die von Philipp Melanchthon ausgearbeitete „Confessio Augustana" vor, das „Augsburgische Bekenntnis", das später zur wichtigsten Bekenntnisschrift der lutherischen Konfessionskirchen wurde. Der Grundtenor dieser Schrift bestand zwar in der Betonung der Gemeinsamkeiten mit

der alten Kirche, doch kamen auch die theologisch entscheidenden reformatorischen Standpunkte zum Ausdruck. Von katholischer Seite wurde der Confessio Augustana mit der „Confutatio“ eine theologische Lehrschrift entgegengestellt, die die katholischen Standpunkte enthielt. Auf dem Augsburger Reichstag von 1530 machte sich auch die Uneinigkeit des reformatorischen Lagers bemerkbar, indem die Reichsstädte Straßburg, Konstanz, Lindau und Memmingen mit der „Confessio Tetrapolitana“ und Zwingli mit der „Ratio fidei“ eigene Bekenntnisschriften präsentierten. Hier war die spätere Bikonfessionalität der Kirchen der Reformation, das Neben- und Gegeneinander von Luthertum und Calvinismus, bereits angelegt, nachdem sich Luther und Zwingli im Marburger Religionsgespräch von 1529 in der wichtigen Abendmahlsfrage nicht hatten einigen können.
1531 schlossen wichtige evangelische Reichsstände den Schmalkaldischen Bund, ein Verteidigungsbündnis gegen die Religionspolitik des Kaisers unter der Führung von Hessen und Kursachsen. Die Existenz dieses Protestantenbundes zwang den Kaiser wegen des erneuten Vordringens der Türken zum Nachgeben. So kam es zum Nürnberger Anstand von 1532, mit dem den evangelischen Reichsständen vorläufig, d. h. bis zu einem Konzil oder einem Reichstag, der Sache nach freie Religionsausübung zugestanden wurde. Dafür leisteten die evangelischen Fürsten Hilfe gegen die Türken. Damit wurde die Lehre Luthers, statt als Ketzerei verfolgt zu werden, erstmals im Reich auf rechtlicher Grundlage geduldet, was 1539 mit dem Frankfurter und 1541 – im Jahr der endgültigen Besetzung der Stadt Buda (Budapest) durch die Türken – mit dem Nürnberger Anstand verlängert wurde.
Diese – wegen des Dauerkonflikts mit Frankreich und wegen der von der türkischen Expansion ausgehenden politisch-militärischen Gefahren – auf Duldung der Evangelischen ausgehende Politik des Kaisers schlug erst um, als die Kriege Karls V. mit Frankreich 1544 durch den Frieden von Crépy beendet waren, der Kaiser also „freie Hand“ hatte. Nachdem ein katholisch-protestantischer Verständigungsversuch durch ein Religionsgespräch auf dem Regensburger Reichstag von 1546 erneut, wie schon einmal 1541, gescheitert war, begann mit dem Schmalkaldischen Krieg der erste Religionskrieg in Deutschland. Karl V. führte diesen Krieg als Strafexpedition gegen die evangelischen Fürsten im Sinne von Reichsacht und Ketzerrecht. Hauptgegner waren Landgraf Philipp von Hessen und Kurfürst Johann Friedrich von Sachsen. Der Krieg endete 1547 nach der Schlacht von Mühlberg an der Elbe mit einer vernichtenden Niederlage des Schmalkaldischen Bundes und mit der Gefangennahme der beiden politischen Führer der Evangelischen, des Landgrafen von Hessen und des Kurfürsten von Sachsen. Dieser Ausgang des Schmalkaldischen Krieges machte für den Kaiser den Weg frei für das „Augsburger Interim“ von 1548. Den Evangelischen wurde darin lediglich die Beibehaltung des Laienkelchs und der Ehen der bereits verheirateten Pfarrer konzediert, jedoch nur vorläufig (deshalb „Interim“) und bis zur endgültigen Entscheidung durch das 1545 eröffnete Konzil von Trient. Nach den Bestimmungen des Augsburger Interims sollte das Kirchenwesen in den Territorien der evangelischen Reichsstände geordnet und somit in die

alte Kirche zurückgeführt werden. „Tatsächlich beeinträchtigte das Interim das evangelische Kirchenwesen in manchen Gegenden vor allem Oberdeutschlands, während seine Durchführung in Norddeutschland weitgehend ohne Wirkung blieb" (Klueting, Konfessionelles Zeitalter, S. 132). Das gilt auch für Westfalen. Oft bewirkte hier das Interim eine vorübergehende Unterbrechung der Wirksamkeit evangelischer Pfarrer, die aber bald wieder ihren Platz einnehmen konnten. Ein Beispiel bietet der evangelische Pfarrer der Martinikirche in Siegen, Leonhard Wagner, der nach der Publikation des Interims im Dezember 1548 auf sein Amt verzichtete, aber 1550 zurückkehrte.

Schien mit dem Augsburger Interim das Ende des Protestantismus im Reich gekommen zu sein, so führte das erneute Vordringen der Türken wieder zu einem Umschwung. Dazu trug auch der 1552 geschlossene Vertrag von Chambord einiger evangelischer Reichsfürsten mit König Heinrich II. von Frankreich bei, mit dem der Fürstenkrieg von 1552 politisch vorbereitet wurde. Der Fürstenkrieg war eine Erhebung evangelischer Fürsten gegen den Kaiser. Durch die expansive Politik des Osmanischen Reiches, durch den Vertrag von Chambord und durch den Fürstenkrieg entstand schließlich die Lage, in der sich der als Landesherr der österreichischen Länder sowie als König von Ungarn vom Vordringen der Türken unmittelbar betroffene Bruder des Kaisers, Ferdinand I., seit 1531 als römischer König für dessen Nachfolge in der Kaiserwürde bestimmt, 1552 mit evangelischen Fürsten auf den Passauer Vertrag einigte. In diesem Vertrag wurde die Beilegung der Religionsstreitigkeiten vereinbart, die mit dem Augsburger Religionsfrieden von 1555 zustande kam.

In den Jahrzehnten zwischen dem ersten Reichstag von Speyer und dem Augsburger Religionsfrieden spielten sich im niederrheinisch-westfälischen Raum Vorgänge ab, die konfessionspolitisch für das gesamte Reich bedeutsam waren. Dabei ist an die Täuferherrschaft in Münster und an ihre Niederschlagung ebenso zu denken wie an die Reformationsversuche des Kölner Erzbischofs Hermann von Wied und des Bischofs von Münster, Minden und Osnabrück, Franz von Waldeck, und an ihr Scheitern sowie an die Konfessionspolitik der Herzöge von Jülich-Kleve-Berg.

Die Anfänge des Täufertums lagen nicht in Westfalen, sondern in der Schweiz, wo die erste Täufergemeinde 1525 in dem Dorf Zollikon bei Zürich entstand. Dabei handelte es sich um einen Kreis ehemaliger Anhänger Zwinglis, die über dessen Haltung gegenüber der politischen Obrigkeit, dem Rat von Zürich, unzufrieden waren. Die Taufe war für diese Zürcher Täufergemeinde anfangs nur ein Problem unter anderen. Aber die Frage der rechten Taufe, die ja die Kirchenmitgliedschaft begründet, rückte in den Vordergrund, weil an der Form der Taufe der Zentralpunkt hing, über den es zur Trennung der Täufer von Zwingli kam. Dabei ging es um die Frage, ob die Kirche auf dem Prinzip der Freiwilligkeit beruhen und ein freiwilliger Zusammenschluß der Glaubenden sein sollte, oder eine durch obrigkeitliche Gewalt begründete Zwangskirche. Damit wurden die Täufer zu einer radikalen Infragestellung der bestehenden Gesellschaft und ihrer politischen Ordnung, was die allge-

meine Verfolgung erklärt, der die Täufer längst vor der Niederschlagung des Täuferreichs von Münster ausgesetzt waren. Die obrigkeitliche Verfolgung begann mit dem ersten Täufermandat des Zürcher Rates, der 1526 die Todesstrafe auf die Erwachsenentaufe festsetzte. Im Reich beruhte die Verfolgung der Täufer vor ihrer Verschärfung nach dem Ende der Täuferherrschaft in Münster auf dem Wiedertäufermandat von 1529, das auf dem zweiten Speyerer Reichstag von katholischen und reformatorischen Reichsständen gemeinsam geschlossen worden war. Die Erwachsenentaufe und die mit ihr zum Ausdruck gebrachte Haltung galten als todeswürdiges Verbrechen.
Noch im Jahre 1525 breitete sich das Täufertum in der gesamten deutschsprachigen Schweiz aus und trat bis 1526 auch in Straßburg, Augsburg und Nikolsburg in Mähren in Erscheinung. Die Täufer begannen, sich als kleiner Kreis Auserwählter zu verstehen. Dazu gehörte die rigorose Abgrenzung von der „Welt". Man unterschied ein „Reich des Lichts" unter der Herrschaft Christi, dem die Täufer sich selbst zurechneten, und ein „Reich der Finsternis" unter der Herrschaft des Teufels, das man mit der „Welt", mit Staat und Politik und mit den entstehenden großen Konfessionskirchen gleichsetzte, also nicht nur mit der katholischen Kirche. Diese radikale „Absonderung von der Welt" stellte die Kirchen des Papsttums und der Reformation gleichermaßen in Frage. Dieses Selbstverständnis stand hinter der „Brüderlichen Vereinigung", die die Schweizer Täufer 1527 schlossen, und hinter den aus diesem Kreis hervorgegangenen „Schleitheimer Artikeln". Darin finden sich die wichtigsten Grundsätze des Täufertums, also die Erwachsenentaufe der Glaubenden, die Eidesverweigerung, die Ablehnung des Wehrdienstes und der Annahme von Beamtenstellen, das Verständnis der christlichen Gemeinde als Gemeinschaft der wahrhaft Glaubenden, die freie Wahl der Prediger, das Abendmahl als Ausdruck der christlichen Gemeinschaft und die Absonderung von der „Welt".
Trotz des zeitlichen Vorrangs der Zollikon/Zürcher Täufergemeinde gab es nie eine einheitliche Täuferbewegung, sondern immer mehrere Ausprägungen des Täufertums. Dazu gehörte die Richtung des Hans Hut, der in Mittel- und Oberdeutschland und besonders in Österreich zahlreiche Anhänger fand, aber im Gegensatz zu den Schweizer Täufern keine festen Täufergemeinden gründete. Anders als Hans Hut trat Balthasar Hubmaier nicht für Wehrlosigkeit, sondern für Wehrhaftigkeit ein. Auf ihn ging das mährische Täufertum zurück, das seit 1533 in dem Tiroler Jakob Huter einen neuen Führer fand. Die nach ihm als Hutterer bezeichneten mährischen Täufer organisierten ihre Lebensweise nach dem Prinzip der Gütergemeinschaft in „Bruderhöfen". Eine Variante des Hutschen Täufertums stellte der Kreis um den Tiroler Pilgram Marpeck dar, der in Straßburg, in der Schweiz, in Mähren und in Augsburg auftrat.
Entscheidend für das niederdeutsche und das niederländische Täufertum wurde der aus Schwäbisch Hall stammende Kürschner Melchior Hoffmann, der als Prediger durch Livland, Schweden, Schleswig und Holstein zog und zunächst die Lehre Luthers verbreitete, bis er sich mit radikal-reformatorischen Vorstellungen und apo-

kalyptischen Visionen immer mehr von Luther entfernte. Über Ostfriesland gelangte Hoffmann nach Straßburg, wo er mit Täufern in Berührung kam. Charakteristisch für Hoffmann wurde sein apokalyptisch-endzeitliches Sendungsbewußtsein. So propagierte er in Straßburg die baldige Wiederkunft Christi, die aber zuvor durch Säuberung der Welt von den Gottlosen ermöglicht und durch Aufrichtung eines Friedensreiches vorbereitet werden müsse. Das war der chiliastische Gedanke des „Tausendjährigen Reiches". Nach seiner Verhaftung konnte Melchior Hoffmann aus dem Kerker in Straßburg fliehen. 1530 trat er in Emden in Ostfriesland auf. Von dort fand er schnell Widerhall in den Niederlanden, wo das melchioritische Täufertum zu einer umfangreichen Bewegung wurde.
Das melchioritisch-niederländische, stärker als andere täuferische Richtungen apokalyptisch-endzeitlich gestimmte Täufertum bildete den Ausgangspunkt für die Täuferherrschaft, zu der es 1534/35 in Münster kam. Das evangelisch gewordene Münster geriet durch die schon erwähnte Zuwanderung täuferischer Gruppen unter den Einfluß des Täufertums. Das waren zunächst die Wassenberger Prädikanten aus Wassenberg im Herzogtum Jülich, die zwar keine eigentlichen Täufer waren, sich aber in ihren religiösen Vorstellungen auf das Täufertum zubewegten. Vor allem der Reformator Münsters, Bernd Rothmann, kam zunehmend mit den Wassenbergern in Berührung und entfremdete sich dadurch der lutherischen Ratspartei. Nachdem Rothmann sich öffentlich zum Täufertum bekannt hatte, wurde Münster Ziel von Flüchtlingsströmen friesischer und niederländischer Täufer. Darunter waren auch der Bäcker Jan Matthys aus Haarlem in Holland und der Schneider Jan Beuckelsson, bekannt als Jan van Leiden.
Die fremden Täufer fanden unter den Einheimischen bald zahlreiche Anhänger, während andere die Stadt verließen. Das trug dazu bei, daß es den Täufern im Februar 1534 gelang, bei einer Ratswahl auf legale Weise die Herrschaft in Münster an sich zu bringen. Danach konnten Jan Matthys und Jan van Leiden im Bunde mit Rothmann und dem Tuchhändler Bernd Knipperdolling in Münster ihre Herrschaft aufrichten und die Stadt im Sinne Melchior Hoffmanns als das „neue Jerusalem" der Endzeiterwartung ausrufen. Von außen von den Truppen des Bischofs von Münster, Franz von Waldeck, und anderer katholischer und evangelischer Reichsfürsten belagert und nicht ohne Widerstand in der Stadt selbst, wurde die Ratsverfassung durch die „Ordnung der zwölf Ältesten" unter dem Propheten Jan Matthys ersetzt. Nachdem dieser im Kampf mit den Belagerern umgekommen war, gelang es der charismatischen Persönlichkeit des Jan van Leiden, sich als „König" an dessen Stelle zu setzen und seine Herrschaft über Münster als endzeitliches Reich vor der Wiederkunft Christi auszugeben.
In der Stadt kam es zur gewaltsamen Einführung der Gütergemeinschaft, zur Polygamie, zu blutigen Exzessen und Exekutionen und unter Einsatz der Manipulation religiöser Massenpsychosen zur Errichtung einer Terrorherrschaft. Deren Zweck bestand in der Vertreibung der Nichtbekehrungswilligen, im Zwang zur Bekehrung zum Täufertum für die übrigen und in der Stabilisierung der Täuferherrschaft in der

Situation wachsenden Drucks durch die Belagerungsarmee und zunehmenden Hungers und Mangels durch die Abschnürung Münsters von der Lebensmittelzufuhr. Das Täuferreich von Münster endete im Sommer 1535 mit seiner Niederschlagung durch die reichsständischen Truppen und der Hinrichtung der Täuferführer.
„Das münsterische Täufertum ist in der Geschichtsschreibung als religiös-soziale, als sozialrevolutionäre oder klassenkämpferische Volksbewegung charakterisiert worden. (...) Die einheimischen Besitzbürger waren so maßgeblich an der Entstehung und Entwicklung der Täufergemeinde beteiligt, daß die besitzlosen Einheimischen und die Auswärtigen, obgleich zahlenmäßig sehr stark, den Gesamtcharakter der Bewegung kaum beeinflußt haben können (...); hier dominiert weder demütige noch aufbegehrende Armut, sondern stolzes und selbstbewußtes Bürgertum. (...) Dabei wurde auch übersehen, daß das Endergebnis der angeblich sozialrevolutionären Täuferbewegung in Münster nicht Kommunismus oder eine vom gemeinen Mann getragene Demokratie war, sondern eine am geltenden Herrschaftssystem orientierte autoritäre Monarchie mit König und Königin, Herzögen und Hofstaat" (Kirchhoff, Täufer S. 78, 87f.). So muß die Täuferherrschaft in Münster als vorwiegend religiös motiviertes Phänomen der „schwärmerischen Religiosität" gedeutet werden, wobei sich allerdings das religiöse Moment mit sozialen und politischen Triebkräften vermengte.
Die über das lokalgeschichtliche Interesse hinausgehende Bedeutung der Täuferherrschaft in Münster für das ganze Reich und für benachbarte europäische Länder lag in der nach der Niederschlagung allgemein einsetzenden Steigerung und Brutalisierung der Täuferverfolgung . Damit wurde jene am Rand der Reformation entstandene religiöse Bewegung, die mit dem Anspruch der Autonomie des religiösen Individuums gleichermaßen der hierarchischen Ordnung der katholischen Kirche und den landeskirchlich-obrigkeitlich organisierten Kirchen der Reformation widersprach, für Jahrhunderte ins Dissidententum abgedrängt.
Bedeutung für das gesamte Reich kam auch den Reformationsversuchen Hermanns von Wied und Franz' von Waldeck zu, mit deren Scheitern zugleich deutlich wird, daß für den Erfolg oder Mißerfolg der Reformation in Westfalen nicht die Städte entscheidend waren und auch nicht jene kleinen Grafschaften, von deren Übergang zur Reformation schon die Rede war, sondern die großen geistlichen Territorien.
Hermann von Wied war schon seit 1515 Erzbischof von Köln und damit auch Landesherr der kölnischen Nebenländer in Westfalen, also des Herzogtums Westfalen und des Vestes Recklinghausen. Kirchlich unterstand ihm auch das übrige südlich der Lippe gelegene Westfalen, vor allem die Grafschaft Mark und die Reichsstadt Dortmund. 1532 übernahm er als Bistumsadministrator auch das Bistum Paderborn. Hier war er der Nachfolger des 1532 gestorbenen Bischofs Erich von Braunschweig-Grubenhagen, der auch Bischof von Münster und Osnabrück gewesen war. Dessen Nachfolger in Münster und in Osnabrück wurde 1532 Franz von Waldeck, der seit 1529 bereits Bischof von Minden war. Diese beiden Grafensöhne aus den Häusern Waldeck und Wied waren somit in den für die Reformation in Westfalen entschei-

Die Bischöfe und geistlichen Landesherren Westfalens im 16. Jahrhundert

Erzbischöfe von Köln

Philipp II. v. Daun 1508-15
Hermann V. v. Wied 1515-46
[1532-46 Bischof von Paderborn]
Adolf III. v. Schaumburg 1545-56
Anton v. Schaumburg 1556-58
Johann Gebhard v. Mansfeld 1558-62
Friedrich IV. v. Wied 1562-67
Salentin v. Isenburg 1567-77
[1574-77 Bischof von Paderborn]
Gebhard Truchseß v. Waldburg 1577-83
Ernst v. Bayern 1583-1612
[1585-1612 Bischof von Münster]

Bischöfe von Münster

Erich I. von Sachsen-Lauenburg 1508-22
Friedrich III. v. Wied 1522-32
Erich II. v. Braunschweig-Grubenhagen 1532
[1508-32 Bischof von Paderborn und Osnabrück]
Franz v. Waldeck 1532-53
[1529-53 Bischof v. Minden, 1532-53 v. Osnabrück]
Wilhelm v. Ketteler 1553-57
Bernhard v. Raesfeld 1557-66
Johann III. v. Hoya 1566-74
[1553-74 Bischof v. Osnabrück, 1568-74 v. Paderborn]
Johann Wilhelm v. Jülich-Kleve-Berg 1574-85 Administrator
Ernst v. Bayern 1585-1612
[1583-1612 Erzbischof von Köln]

Bischöfe von Paderborn

Erich v. Braunschweig-Grubenhagen 1508-32
[1532 Bischof v. Münster, 1508-32 v. Osnabrück]
Hermann II. v. Wied 1532-46
[1515-46 Erzbischof v. Köln]
Rembert v. Kerssenbrock 1547-68
Johann II. v. Hoya 1568-74
[1553-74 Bischof v. Osnabrück, 1566-74 v. Münster]
Salentin v. Isenburg 1574-77
[1567-77 Erzbischof von Köln]
Heinrich IV. v. Sachsen-Lauenburg 1577-85
[1567-85 Erzbischof v. Bremen, 1574-85 Bischof von Osnabrück]
Dietrich IV. v. Fürstenberg 1585-1618

Bischöfe von Minden

Franz I. v. Braunschweig 1508-29
Franz v. Waldeck 1529-53

[1532-53 Bischof v. Münster und Osnabrück]
Julius v. Braunschweig 1553-54
Georg v. Braunschweig 1554-66
Hermann v. Schaumburg 1567/73-82
Heinrich Julius v. Braunschweig 1582-85
Anton v. Schaumburg 1587-99

denden Jahren in ganz Westfalen die zuständigen katholischen Diözesanbischöfe. Ausgenommen davon waren nur das Siegerland und die beiden Grafschaften Wittgenstein, die zur Erzdiözese Mainz gehörten, an deren Spitze von 1514 bis 1545 Albrecht von Brandenburg stand. Auch als Landesherren der geistlichen Territorien und damit des größten Teiles Westfalens spielten Hermann von Wied und Franz von Waldeck eine bedeutsame Rolle.

Der 1517 bereits 40 Jahre alte Hermann von Wied war lange ein entschiedener Gegner der Reformation. 1540 lernte der inzwischen dreiundsechzigjährige Kirchenfürst jedoch den Straßburger Reformator Martin Bucer kennen, unter dessen Einfluß er 1542 persönlich zum evangelischen Glauben fand. Ende 1542 kam Bucer in die erzbischöfliche Residenz nach Bonn, wo im Frühjahr 1543 aus Wittenberg auch Philipp Melanchthon eintraf. Bucer und Melanchthon verfaßten das auch als „Kölner Reformation" bezeichnete Werk „Von Gottes genaden unser Hermans Ertzbischoffs zu Cöln/unnd Churfürsten etc. einfaltigs bedencken/warauff ein Christliche/in dem wort Gottes gegrünte Reformation (...) anzurichten seye", an dem aber auch der Erzbischof selbst beteiligt war. Seit 1542 richtete Hermann von Wied im rheinischen Erzstift Köln und im Herzogtum Westfalen ein evangelisches Kirchenwesen ein und strebte dasselbe auch in dem an die Grafen von Schaumburg verpfändeten Vest Recklinghausen an. In Städten wie Brilon oder Geseke und vor allem in Werl hatte die „Kölner Reformation" Erfolg, während sie in Arnsberg an der Haltung des Abtes des unmittelbar vor den Toren der Stadt gelegenen Prämonstratenserklosters Wedinghausen scheiterte. Im Hochstift Paderborn führte der hier 1545 aufgenommene Reformationsversuch Hermanns von Wied wegen des Widerstandes von Domkapitel und Landständen nicht zum Erfolg.

Dem Vorbild Hermanns von Wied folgte 1543 Franz von Waldeck, der im Hochstift Osnabrück und im Niederstift Münster, also in dem heute zu Niedersachsen gehörenden Norden des Hochstifts Münster, ein evangelisches Kirchenwesen begründet und dazu Hermann Bonnus aus Lübeck als Reformator nach Osnabrück rief. Hermann Bonnus arbeitete 1543 eine evangelische Kirchenordnung für Osnabrück aus. Im Oberstift Münster, also im Münsterland, gelang dem Bischof das wegen der Ablehnung seitens des Domkapitels von Münster nicht; Minden hielt, abgesehen von der Stadt Minden, länger am alten Glauben fest. Aber teilte Franz von Waldeck auch das bei diesem stark ausgeprägte religiöse Anliegen Hermanns von Wied? „Wir haben keinen Grund, daran zu zweifeln, daß es ihm ernst war mit dem christlichen Glauben und daß er ehrlich hoffte, durch die Reformation in seinen Ländern den Weg zu ebnen zu einer Erneuerung der Kirche auf ihren alten Grund-

lagen, mochte auch, wie der Landgraf [Philipp von Hessen] meinte, ‚was menschliches mit unterlaufen'. Bei seiner Absicht, sich der neuen Lehre anzuschließen, hat nämlich auch der Wunsch eine Rolle gespielt, mit Anna Polmann, trotz Unebenbürtigkeit, öffentlich eine Ehe einzugehen und durch Säkularisierung der Bistümer seinen Nachkommen ein erbliches Fürstentum zu schaffen" (Behr, Franz von Waldeck, Westf. Lebensbilder 14, S. 48f.). Auch dafür gab es ein Vorbild, seit der Hochmeister des Deutschen Ordens, Albrecht von Brandenburg-Ansbach, im Ordensland Preußen (Ostpreußen) die Reformation eingeführt und dieses geistliche Fürstentum 1525 säkularisiert und in das weltliche Herzogtum Preußen umgewandelt hatte.
Nachdem der Kaiser Hermann von Wied schon 1545 die Resignation von seinem erzbischöflichen Amt angeraten und der Papst ihn 1546 exkommuniziert hatte, verzichtete dieser am 25. Februar 1547 auf seine erzbischöfliche Würde. Das geschah zwei Monate vor der Schlacht von Mühlberg, mit der am 24. April 1547 der Schmalkaldische Krieg zugunsten des Kaisers entschieden wurde. Hermann von Wied starb 1552 als Privatmann und evangelischer Christ. Der Ausgang des Schmalkaldischen Krieges entschied über seinen Reformationsversuch ebenso wie über die Pläne des Franz von Waldeck, der im Mai 1548 die Kirchenordnung des Hermann Bonnus widerrief. Franz von Waldeck kehrte zur katholischen Kirche zurück und starb 1553 als Bischof von Münster, Osnabrück und Minden. Bei einem anderen Ausgang des Schmalkaldischen Krieges wäre Westfalen wahrscheinlich in ähnlichem Ausmaß wie Brandenburg oder Mecklenburg ein fast völlig evangelisches Land geworden, während so – und durch die spätere gegenreformatorische Rekatholisierung – der katholische Charakter des größeren und nach außen hin das Westfälische repräsentierenden Teiles Westfalens bis ins 20. Jahrhundert gewahrt blieb. Die Bedeutung dieses Vorgangs für die Zukunft des Katholizismus im ganzen Nordwesten des Reiches und damit im Reich überhaupt wird allein schon durch das Gewicht des Kölner Erzstuhls für die Reichskirche deutlich.
Das Westfalen aber auch nicht, wie Mainfranken um Würzburg oder Ober- und Niederbayern, ein nahezu rein katholisches Land wurde, sondern – auch das bis heute – bedeutende protestantisch geprägte Landesteile aufweist, liegt weniger an der Aufnahme der Reformation in den kleinen Grafschaften, sondern an der Entwicklung in den Grafschaften Mark und Ravensberg. Bis heute sind – neben dem Siegerland, dem Wittgensteiner Land und der alten Grafschaft Tecklenburg – die ehemalige Grafschaft Mark, besonders die Gegenden um Lüdenscheid, Hattingen und Witten, Schwelm, Unna und Soest, sowie die alte Grafschaft Ravensberg um Bielefeld in Verbindung mit dem ehemaligen Hochstift Minden überwiegend evangelisch.
In den niederrheinischen Herzogtümern Jülich, Kleve und Berg und in der mit Kleve verbundenen Grafschaft Mark in Westfalen, aber auch in der Grafschaft Ravensberg, erlangten reformatorische Strömungen ohne Mitwirkung des Landesherrn Einfluß. In Ravensberg faßte die Reformation 1530 in Wallenbrück (Spenge,

Die Herzöge von Jülich-Kleve-Berg, Grafen von der Mark und Ravensberg, im 16. Jahrhundert

Johann II., „der Kindermacher" (* 1458 † 1521)
  Herzog von Kleve und Graf von der Mark
Johann III. (* 1490 † 1539)
  1511 Herzog von Jülich und Berg, Graf von Ravensberg
  1521 auch Herzog von Kleve und Graf von der Mark
Wilhelm „der Reiche" (*1516 † 1592)
  Herzog von Jülich-Kleve-Berg, Graf von der Mark und Ravensberg
Johann Wilhelm (* 1562 † 1609)
  Herzog von Jülich-Kleve-Berg, Graf von der Mark und Ravensberg

Kreis Herford) und Bünde und 1531 in Valdorf (Vlotho) Fuß. In der Mark waren 1532 die Dörfer der Soester Börde, wo der Einfluß aus der Stadt Soest entscheidend war, evangelisch; in Hamm und an anderen Orten gab es um 1533 starke reformatorische Neigungen. Im Laufe der dreißiger Jahre begann sich die reformatorische Bewegung in der gesamten Grafschaft Mark zu verbreiten. Der Landesherr, der 1539 gestorbene Herzog Johann III. von Jülich-Kleve-Berg, hielt an der alten Kirche fest, war aber von Reform-, Harmonisierungs- und Ausgleichsvorstellungen im Sinne des Humanisten Erasmus von Rotterdam eingenommen und wurde in dieser Haltung von seinen erasmianisch-humanistischen Räten bestärkt. Auf diese Räte, vor allem auf Konrad Heresbach, ging auch die in diesem Geist abgefaßte Kirchenordnung Johanns III. von 1532 zurück. Im Gegensatz zu den anderen Kirchenordnungen jener Zeit war diese Kirchenordnung nicht reformatorisch, sondern gegen die reformatorische Bewegung gerichtet; wegen der hinter ihr stehenden Ausgleichsbemühungen konnte sie aber keinen Stillstand der Reformation in Westfalen bewirken. Der Herzog gehörte – darin liegt die über den niederrheinisch-westfälischen Raum hinausreichende Bedeutung seiner Konfessionspolitik – der reichsständischen Mittelpartei zwischen den protestantischen und den katholischen Fürsten an, die zwischen dem Kaiser und dem Schmalkaldischen Bund zu vermitteln versuchten.

Johanns III. Sohn Wilhelm übernahm diese Politik seines Vaters und teilte die erasmianisch-humanistisch-irenische Ausgleichsposition, doch machten sich bei diesem 1516 geborenen Fürsten auch lutherische Neigungen bemerkbar. Einen wichtigen Einschnitt brachte der Geldrische Erbfolgekrieg. 1538 war der letzte Herzog von Geldern gestorben, der sein Land Herzog Wilhelm von Jülich-Kleve-Berg übertragen hatte, obwohl Geldern aufgrund eines Vertrages von 1528 als burgundisches Lehen an Karl V. heimfallen sollte. Der darüber entstandene Krieg, in dem Herzog Wilhelm unterlag, wurde 1543 mit dem Vertrag von Venlo beendet, mit dem Herzog Wilhelm sich nicht nur dem Kaiser unterwerfen und auf Geldern verzichten, sondern auch zusagen mußte, mit seinen Territorien bei der alten Kirche zu bleiben, keine religiösen Neuerungen einzuführen und bereits eingeführte rückgängig zu machen.

Herzog Wilhelm trennte sich weder vor noch nach 1543 jemals von der katholischen Kirche, behielt seine Grundhaltung aber auch nach dem Vertrag von Venlo bei. So entwickelte sich der politisch wichtige niederrheinisch-westfälische Territorienkomplex der Länder Jülich, Kleve, Berg, Mark und Ravensberg konfessionell anders als andere Teile des Reiches, d. h. ohne strenges landesherrliches Kirchenregiment, ohne durchgreifende Handhabung des landesfürstlichen „ius reformandi“ und des Prinzips „cuius regio, eius religio“, ohne tiefgreifende gegenreformatorische Eingriffe und somit ohne konfessionelle Uniformierung. Dabei unterlag die Haltung des erst 1592 gestorbenen Herzogs Schwankungen, die mit politischen Interessen zusammenhingen. So verfolgte er zeitweise eine streng katholische Konfessionspolitik und erließ 1565 ein Ketzeredikt gegen die Täufer und andere Gruppen. Dennoch konnten in seinen Ländern Katholiken und Lutheraner und später auch Reformierte neben oder auch durcheinander wohnen, wenn auch mit sehr unterschiedlicher regionaler Verteilung; eine Rolle als „Protektoren des Protestantismus“ (Klueting) spielten dabei auch der landständische Adel, soweit er selbst evangelisch war, und die in Jülich und Kleve zahlreichen, im Herzogtum Berg seltenen, aber dafür um so einflußreicheren adeligen „Unterherren“. Während vor allem das Herzogtum Jülich ganz überwiegend katholisch blieb, wurden die westfälischen Grafschaften Mark und Ravensberg überwiegend evangelisch. Wie es in Jülich und Kleve auch Protestanten gab, so gab es in der Mark und in Ravensberg aber auch Katholiken und katholische Klöster und geistliche Institutionen wie das Franziskanerkloster in Hamm, das Franziskanerkloster in Bielefeld, das Prämonstratenserkloster Scheda bei Wickede (Ruhr), das Dominikaner- und Minoritenkloster in Soest und vor allem das Patroklistift in Soest. Hinzu kamen die aus mittelalterlichen Frauenklöstern hervorgegangenen gemischtkonfessionellen freiweltlichen adeligen Damenstifte wie in Herdecke oder in Gevelsberg. Die weitgehend obrigkeitsfreie Ausbildung des evangelischen Kirchenwesens und der Verzicht des Herzogs auf den Ausbau eines evangelischen landesherrlichen Kirchenregiments führten in diesen Ländern zur Entstehung presbyterial-synodaler Strukturen, die für die evangelische Kirche im 19. und 20. Jahrhundert auch außerhalb des Rheinlandes und Westfalens wichtig wurden.
Nach der Niederlage der Protestanten im Schmalkaldischen Krieg und nach dem Augsburger Interim von 1548 konnte Herzog Wilhelm den Evangelischen in seinen Ländern keine Konzessionen mehr machen, wie sich jetzt auch der katholische Gegenspieler Hermanns von Wied, Johannes Gropper, darum bemühte, seine Heimatstadt Soest zur alten Kirche zurückzuführen. Verschiedene evangelische Prediger der Grafschaft Mark wie Dietrich Rafflenbeul gen. Nicolai in Herdecke mußten wegen des Interims ihre Tätigkeit einstellen. Dennoch setzte sich die Reformation in den Jahren nach dem Interim in Orten der Grafschaft Mark wie Westhofen (Schwerte), Hamm, Hagen, Schwerte und Iserlohn durch. Zwischen 1543 und 1548/49 waren in der Mark (nach Stupperich, Westf. Reformationsgeschichte, S. 135) bereits Herdecke, Wengern (Wetter), Weitmar (Bochum), Frömern (Fröndenberg), Lünern (Unna), Lünen, Derne (Kamen) und Aplerbeck (Dortmund) und in Ravens-

berg nach Brackwede (Bielefeld), Heepen (Bielefeld), Enger und Borgholzhausen auch Halle, Bielefeld und Hiddenhausen evangelisch geworden.
Nach dem Augsburger Religionsfrieden von 1555 setzte sich die Reformation in der Grafschaft Mark, in der Grafschaft Ravensberg und im Hochstift Minden vollends durch. Seit etwa 1560 wurde unter dem Grafen Gumprecht IV. von Neuenahr auch die Grafschaft Limburg von reformatorischen Strömungen erfaßt. Von den damals sechs Kirchspielen der Grafschaft wurden in der Folgezeit fünf – Elsey (Hagen-Hohenlimburg), Berchum (Hagen), Ergste (Schwerte), Hennen (Iserlohn) und Oestrich (Iserlohn-Letmathe) – evangelisch; Letmathe (Iserlohn) blieb wegen des dortigen Adelssitzes der katholischen Familie von Brabeck katholisch.
Auch in der Reichsstadt Dortmund ließ der Durchbruch der Reformation bis in diese Zeit auf sich warten. Immerhin hatte es schon 1523 soziale Unruhen mit antiklerikalen Motiven gegeben, wie auch die ersten Nachrichten über das Bekanntwerden der Lehre Luthers in Dortmund schon von 1524 stammen. 1532 und 1542/43 machten sich reformatorische Einflüsse bemerkbar. 1543 wurde das spätere Archigymnasium gegründet, das der Humanist Johann Lambach, ein Dortmunder Bürgersohn, nach dem Vorbild evangelischer Gelehrtenschulen jener Zeit aufbaute. 1547 trat Lambach aus dem Klerikerstand aus und heiratete. Es gab in Dortmund also schon früh Ansätze einer reformatorischen Volksbewegung und auch Anhaltspunkte für eine Humanistenreformation. Dennoch währte es in Dortmund ungewöhnlich lange, bis sich die Reformation durchsetzen konnte. Das wird damit erklärt, daß in der ersten Hälfte des 16. Jahrhunderts kein Lutheraner ins Pfarramt an einer der vier Pfarrkirchen der Stadt gelangte. Die Dortmunder „Langzeitreformation“ (Schilling, Dortmund, S. 164) kam erst 1570 mit dem Religionsedikt des Rates an ihr Ziel. Alle vier Pfarrkirchen – Reinoldi, Mariae, Nicolai und Petri – wurden lutherisch, während die drei Klöster der Stadt – das Dominikaner-, das Franziskaner- und das Prämonstratenserkloster – katholisch blieben.
Bald nachdem der Protestantismus in seiner lutherischen Gestalt in Dortmund zum Sieg gelangt war, machte sich in Westfalen auch die zweite reformatorische oder evangelische Konfession, das Reformiertentum bzw. der Calvinismus, bemerkbar. Entstanden war diese zweite Ausprägung des reformatorischen Christentums in der Schweiz mit Ulrich Zwingli in Zürich und Jean Calvin in Genf. Während Luther und Zwingli sich im Marburger Religionsgespräch von 1529 in der theologisch wichtigen Abendmahlsfrage nicht hatten einigen können und nachdem sich die reformatorische Schweiz nicht an der Wittenberger Konkordie von 1536 beteiligt hatte, waren Heinrich Bullinger, der Schüler und Nachfolger des 1531 gestorbenen Zwingli, und der seit 1541 in Genf wirkende Calvin 1549 im „Consensus Tigurinus“ zu einer innerschweizerischen Einigung in der Abendmahlsfrage gekommen. Trotz fortbestehender theologischer Unterschiede zwischen Zwinglianismus und Calvinismus war dadurch eine Verbindung der Zürcher und der Genfer Konfessionsbildung möglich.
Während sich der Calvinismus seit den fünfziger Jahren des 16. Jahrhunderts von

Genf aus rasch über Frankreich ausbreitete, in England innerhalb des Puritanismus Einfluß gewann und auch Ungarn und Polen erfaßte, blieb der Protestantismus in Deutschland vom Luthertum geprägt. Zwar gab es seit der Jahrhundertmitte mit reformierten wallonischen und flämischen, später auch englischen und holländischen Flüchtlingsgemeinden in Städten wie Emden, Wesel oder Frankfurt am Main Vorbilder für die Entstehung einiger selbständiger, obrigkeitsfreier deutscher reformierter Gemeinden in Ostfriesland und in den niederrheinischen Herzogtümern. In größerem Umfang entstand ein reformiert-calvinistisches Kirchenwesen in Deutschland aber nur, darin dem lutherischen Kirchenwesen entsprechend, in landeskirchlich-obrigkeitlicher Gestalt. Theologie- und kirchengeschichtlich lassen sich dabei zwei Richtungen unterscheiden. Einer stärker calvinistisch geprägten Richtung stand eine „Synthese von Philippismus und Calvinismus" (Moltmann) gegenüber, die aus einer Verbindung von Calvinismus und der von Philipp Melanchthon herkommenden vermittelnden Richtung des Luthertums hervorging. Die Vertreter dieser Synthese wurden von ihren lutherischen Gegnern „Kryptocalvinisten" genannt. Nach Westfalen gelangte das Reformiertentum in beiden Gestalten. Daneben gab es in Westfalen auch früh selbständige deutsche reformierte Gemeindebildungen, so in Hamm, wo 1561 niederländische Flüchtlinge eine reformierte Gemeinde gegründet hatten.
Die stärker calvinistische Gestalt des Reformiertentums hatte ihren ersten entscheidenden Stützpunkt in Deutschland in der Kurpfalz und vor allem in Heidelberg, wo Kurfürst Friedrich III., ein Lutheraner, 1559 die Herrschaft antrat und ein Jahr später zum Reformiertentum überwechselte. Dadurch entstand in der Kurpfalz eine reformiert-calvinistische Territorialkirche, die 1563 mit dem Heidelberger Katechismus eine Bekenntnisschrift und im gleichen Jahr mit der Kurpfälzischen Kirchenordnung eine Kirchenordnung einhielt. Kurfürst Friedrich III. war seit 1569 in zweiter Ehe mit der Gräfin Amalie von Neuenahr verheiratet, einer Tochter des Grafen Gumprecht IV. von Neuenahr, der in Westfalen die Grafschaft Limburg und am Niederrhein die kölnische Unterherrschaft Alpen bei Xanten (Kreis Wesel) besaß. So kam das kurpfälzische Reformiertentum an den Niederrhein, wo ein anderer Graf von Neuenahr, Hermann von Neuenahr, seine Territorien, die Grafschaft Moers und die kölnische Unterherrschaft Bedburg (Erftkreis), schon 1566 den Reformierten geöffnet hatte. Graf Arnold II. von Bentheim († 1606), ein Enkel des Grafen Konrad von Tecklenburg, der in Westfalen Erbe der Grafschaften Steinfurt und Tecklenburg und der Herrschaft Rheda und im heutigen Niedersachsen Erbe der Grafschaft Bentheim war, war seit 1573 ebenfalls mit einer Neuenahrer Grafentochter verheiratet, einer Schwester der Gemahlin des Kurfürsten von der Pfalz, Magdalena von Neuenahr. Durch diese Eheverbindung kam später auch die Grafschaft Limburg an das Bentheimer Grafenhaus. Zugleich gelangte damit ein Ableger des stärker calvinistisch geprägten kurpfälzisch-niederrheinischen Reformiertentums in die Territorien der Grafen von Bentheim und damit nach Westfalen.
Graf Arnold II. von Bentheim trat bei seiner Eheschließung 1573 persönlich vom Luthertum zum reformierten Bekenntnis über. Mehr als anderthalb Jahrzehnte spä-

ter, in den Jahren 1587 bis 1597, führte er nach und nach das Kirchenwesen seiner Territorien vom Luthertum zum Reformiertentum. Entscheidend wurde das Jahr 1587, in dem in Tecklenburg jene reformierte Kirchenordnung übernommen wurde, die der Schwager Arnolds II., Graf Adolf von Neuenahr, 1581/82 im niederrheinischen Moers eingeführt hatte. Danach wurde das Reformiertentum 1588 in dem mit Steinfurt verbundenen Gronau und in Rheda, 1589/91 in Steinfurt und 1592 in Bentheim sowie bis 1597 in den übrigen Pfarrorten der bentheimischen Territorien eingeführt. Unter Graf Adolf von Neuenahr kam es seit 1570 auch in der Grafschaft Limburg zu Versuchen einer reformierten Umgestaltung des Kirchenwesens. Doch konnte sich in Limburg erst unter dem Sohn Arnolds II. von Bentheim, Graf Konrad Gumprecht, 1611 auf Dauer eine reformierte Gemeinde bilden. Die für diese Vorgänge mitunter gebrauchte Bezeichnung „Zweite Reformation" ist abwegig (Klueting, Gab es eine „Zweite Reformation"?).
Das aus der Verbindung des mitteldeutschen Philippismus um den Theologen Christoph Pezel mit dem originären Calvinismus hervorgegangene Reformiertentum, das das deutsche Reformiertentum insgesamt stärker prägte als der Calvinismus der Genfer und der kurpfälzisch-niederrheinischen Richtung, entstand nach dem Sieg der lutherischen Orthodoxie in Kursachen von 1574. Die Grafschaft Nassau-Dillenburg wurde die wichtigste Zufluchtsstätte der aus Wittenberg vertriebenen Philippisten um Pezel, während nach der Restauration des Luthertums in Heidelberg nach dem Tod Kurfürst Friedrichs III. 1576 und der Vertreibung calvinistischer Theologen aus der Kurpfalz auch diese in die nassauische Grafschaft kamen. Das führte 1578 zum Übergang des lutherischen Kirchenwesens Nassau-Dillenburgs unter Graf Johann VI. zu reformierten Gottesdienst- und Bekenntnisformen. Da das Siegerland einen Teil der Grafschaft Nassau-Dillenburg bildete, erreichte diese Gestalt des Reformiertentums damit 1578 auch ein heute westfälisches Gebiet. Unter Dillenburger Einfluß wurde das Reformiertentum 1578 unter Graf Ludwig d. Ä. auch in der Grafschaft Wittgenstein als weiterem westfälischen Territorium eingeführt. Von Nassau-Dillenburg aus gelangte diese Variante des Reformiertentums in die Reichsstadt Bremen und in eine Reihe fürstlicher und gräflicher Territorien außerhalb Westfalens, darunter 1605 die Grafschaft Lippe.
Während Tecklenburg, Steinfurt, Wittgenstein und Siegen bis heute Zentren eines reformiert geprägten oder zumindest Nachwirkungen reformierter Prägung aufweisenden Protestantismus sind, ging das Reformiertentum andernorts in Westfalen wieder unter. Das gilt vor allem für die inmitten des Hochstifts Paderborn gelegene Herrschaft Büren bzw. für den nach 1382 einer Linie der Edelherren von Büren, den Davensbergern, noch verbliebenen Bereich. Johann d. Ä. von Büren aus dem Bürener Zweig der 1425 geteilten Davensberger Linie der alten Edelherren von Büren konnte hier nach 1568 für einige Jahrzehnte das Reformiertentum einführen. Trotz der gegenreformatorischen Politik des Paderborner Bischofs Dietrich von Fürstenberg folgte ihm darin auch sein Sohn Joachim. Das änderte sich erst unter seinem Enkel Moritz, der 1613 als Neunjähriger katholisch wurde, 1644 dem Jesuitenorden

beitrat und diesem die Herrschaft Büren übertrug, die 1714 endgültig der Landeshoheit des Bischofs von Paderborn unterstellt wurde.
Ein Jahrhundert nach der Einführung des Reformiertentums in den bentheimischen Ländern in Westfalen, in Siegen und in Wittgenstein sowie zeitweise in Büren kam es in den seit 1614 brandenburgischen Teilen Westfalens, vor allem in der Grafschaft Mark, zur Gründung weiterer reformierter Gemeinden. 1613 traten Kurfürst Johann Sigismund von Brandenburg und mit ihm die brandenburgischen Hohenzollern vom Luthertum zum Reformiertentum über. Das Reformiertentum blieb in den ganz überwiegend lutherischen Territorien des Kurfürsten von Brandenburg eine Minderheitenkonfession des Herrscherhauses und des kurfürstlichen Hofes und eine Art „Beamtenreligion" (nach Opgenoorth, Reformierte, S. 448) adeliger und bürgerlicher Führungsgruppen. Eine Übertragung des reformierten Bekenntnisses auf die Masse der Bewohner der brandenburgischen Territorien gelang nicht und wurde auch nicht ernsthaft versucht. Der Enkel Johann Sigismunds, Kurfürst Friedrich Wilhelm, förderte jedoch in der zweiten Hälfte des 17. Jahrhunderts reformierte Gemeindebildungen und unterstützte die reformierte Minderheit auf Kosten der lutherischen Mehrheit, indem z. B. den Reformierten lutherische Kirchengebäude zugewiesen oder Simultaneen (gemeinsame Nutzung von Kirchengebäuden, Friedhöfen u. ä. durch beide Konfessionen) eingerichtet wurden. Auch wurden neue reformierte Gemeinden gegründet, deren Kern brandenburgische Garnisonsgemeinden wie Soest (1664, Thomaekirche bzw. Alt-St. Thomae) oder Beamtengemeinden wie in Wetter an der Ruhr bildeten. Oft waren es, etwa in Hamm, die im 16. Jahrhundert entstandenen selbständigen reformierten Gemeindebildungen, die durch die Konfessionspolitik des „Großen Kurfürsten" ihren Privatkultus in einen öffentlichen Kultus umwandeln konnten.
Auch in dem ohnehin überwiegend beim Katholizismus gebliebenen oder zu ihm zurückgekehrten Westfalen war das Reformiertentum, gemessen am Luthertum, wie auch sonst in Deutschland nur eine Minderheitenerscheinung. Dennoch entfaltete das Reformiertentum auch in Westfalen politisch und vor allem kulturell und theologisch bedeutsame Kräfte. Das zeigt sich etwa an der Hochschulgründung des Grafen Arnold II. von Bentheim. Der Graf hatte 1588 in Schüttorf in der Grafschaft Bentheim eine Lateinschule gegründet, die er 1591 nach Burgsteinfurt verlegte. Nach dem Muster der Hohen Schule zu Straßburg, an der der Graf selbst studiert hatte, und der 1584 gegründeten Hohen Schule im nassau-dillenburgischen Herborn wurde die Burgsteinfurter Einrichtung zu einer reformierten Hohen Schule mit theologischer, juristischer und philosophischer Fakultät ausgebaut. Ein Jahr nach dem Tod des Gründers, 1607, kam eine medizinische Fakultät hinzu.
Der Augsburger Religionsfrieden beendete 1555 auf der politischen Ebene die Konflikte zwischen den Glaubensgruppen und ermöglichte so das Nebeneinander von Katholiken und Protestanten im Reich bei Fortbestehen der religiös-theologischen Gegensätze. In der politisch-säkularen Friedensordnung des Augsburger Religionsfriedens hatte das Ketzerrecht des Wormser Edikts von 1521 keinen Platz mehr.

Allerdings galt der Religionsfrieden nur für die Katholiken und die Angehörigen der auf dem Boden der „Confessio Augustana" stehenden territorialen Kirchenbildungen, also für die Lutheraner. Die 1555 im Reich außerhalb der Eidgenossenschaft noch kaum bedeutsamen Reformierten und kleinere Gruppen wie die Täufer blieben ausgeschlossen, auch wenn die Reformierten ihre Zugehörigkeit zu den „Augsburgischen Konfessionsverwandten" betonten und theologisch begründeten. Lutherische und katholische Fürsten garantierten sich gegenseitig ihr Kirchenwesen ebenso wie ihre persönliche Rechtsstellung gegen alle religiös motivierten Beeinträchtigungen. Das gab den Fürsten auch für die Zukunft das Recht, vom Katholizismus zum Luthertum oder vom Luthertum zum Katholizismus überzutreten und dabei auch den Bekenntnisstand des Kirchenwesens in ihrem Territorium und damit die Glaubens- und Gottesdienstform ihrer Untertanen zu bestimmen. Die Untertanen hatten eine solche Wahlmöglichkeit nicht, sondern mußten sich einem Konfessionswechsel ihrer Landesherren anschließen. Dafür wurde in den folgenden Jahrzehnten der Ausdruck „ius reformandi" und die Formel „cuius regio, eius religio" („wes das Land, des der Glaube") geprägt. Den Untertanen, die einem Konfessionswechsel ihrer Landesherren nicht folgen wollten, wurde im Augsburger Religionsfrieden das als „ius emigrandi" bezeichnete Auswanderungsrecht zugestanden, also das Recht der ungehinderten Übersiedlung in ein Territorium der eigenen Konfession.

Das „ius reformandi" galt nicht für geistliche Fürsten, also für die Bischöfe als Landesherren ihrer hochstiftischen Territorien. Man nannte die Ausnahme der geistlichen Fürsten von den allen anderen Fürsten zuerkannten Rechten „Geistlichen Vorbehalt" oder „Reservatum Ecclesiasticum". Ein geistlicher Reichsfürst, der – wie Hermann von Wied in Köln und Paderborn oder Franz von Waldeck in Münster, Minden und Osnabrück – zum Luthertum übertrat, sollte nach dieser Bestimmung seine reichsfürstliche Würde, seine geistliche Pfründe, seine Reichslehen und seine landesherrlichen Rechte verlieren und Privatmann werden. Außerdem wurde im Augsburger Religionsfrieden die geistliche Jurisdiktionsgewalt der katholischen Bischöfe über die Lutheraner und über das evangelische Kirchenwesen in den innerhalb ihres Diözesangebietes liegenden Territorien protestantischer Fürsten und in evangelischen Reichsstädten suspendiert. Dadurch verlor in Westfalen z. B. der Bischof von Münster seine geistlichen Gerichtsrechte in der Grafschaft Tecklenburg oder in der Grafschaft Steinfurt.

Der Augsburger Religionsfrieden stand am Anfang neuer Streitigkeiten, wobei die fehlende Einbeziehung der 1560 mit dem Übertritt des Kurfürsten Friedrich III. von der Pfalz zum Reformiertentum auch im Reich wichtig gewordenen Calvinisten in den Religionsfrieden nur einen der Konfliktpunkte bildete. Andere Streitpunkte waren das von den Protestanten bestrittene Reservatum Ecclesiasticum und die „Declaratio Ferdinandea". Dabei handelte es sich um einen Erlaß König Ferdinands I., mit dem dieser den Protestanten zum Ausgleich für das Reservatum Ecclesiasticum die Freiheit der evangelischen Religionsausübung für den landsässigen Adel und die Städte in den geistlichen Territorien eingeräumt hatte, soweit sie 1555 bereits lutherisch waren. Dieses Zugeständnis war in Westfalen mit seinen vielen geistlichen Territorien von Bedeutung. So war im Hochstift Münster der Landadel in erheblichen Teilen evangelisch, wobei auch die abhängigen Bauern oft die Konfession ihrer adeligen Herren teilten. Der wichtigste Streitgegenstand war jedoch das Reservatum Ecclesiasticum. Gegen diese den Interessen der evangelischen Reichsstände entgegenstehende Bestimmung des Augsburger Religionsfriedens formierte sich die Freistellungsbewegung, die sich die Beseitigung des Geistlichen Vorbehalts zum Ziel setzte.

Nachdem die Freistellungsbewegung auf dem Reichstag von Regensburg 1576 eine Niederlage erfahren hatte, kam es am Niederrhein und in Westfalen südlich der Lippe, also in der Erzdiözese Köln, zur vollen Entladung der in dem Problem des Reservatum Ecclesiasticum liegenden politischen Sprengkraft. 1577 hatte das Kölner Domkapitel den schwäbischen Reichsgrafen Gebhard Truchseß von Waldburg zum Erzbischof und damit auch zum Kurfürsten von Köln gewählt. Gebhard Truchseß konnte als streng katholisch gelten. Eine Änderung in der Haltung des Erzbischofs trat erst mit dem Liebesverhältnis ein, das Gebhard bald nach seinem Amtsantritt mit Agnes von Mansfeld, einer Stiftsdame des Stiftes Gerresheim bei Düsseldorf, knüpfte. Im Zusammenhang mit seiner Eheschließung vollzog Gebhard 1582 seinen Übertritt ins evangelische Lager und stellte den Landständen, den Städten und Gemeinden des kölnischen Territoriums die Wahl der Konfession frei. Das war „ein wesentlicher Schritt zur Religionsfreiheit, der über bloße Duldung im Sinne des Toleranzbegriffes weit hinausging" (Klueting, Freistellung, S. 102). In offenem Widerspruch zum Reservatum Ecclesiasticum hielt Gebhard jedoch auch nach Konfessionswechsel und Eheschließung an seinem erzbischöflichen Amt fest und wurde darin von der reformiert-calvinistischen Grafengruppe mit Johann VI. von Nassau-Dillenburg, dem Pfalzgrafen Johann Casimir und dem Grafen Adolf von Neuenahr an der Spitze unterstützt. Diese Grafen wollten mit der Freistellung der Religion in den kölnischen Territorien und mit dem Verbleiben Gebhards als verheirateter und zum Protestantismus übergetretener Erzbischof im Amt diese den Protestanten nachteilige Bestimmung des Augsburger Religionsfriedens zu Fall bringen. Dabei waren Gebhards Absichten nach eigenem Bekunden – anders als einst bei Franz von Waldeck – nicht auf die Säkularisation seiner geistlichen Territorien und auf deren Umwandlung in ein weltliches Fürstentum gerichtet, sondern darauf, als verheirateter evangelischer Fürst Kurwürde und landesherrliche Rechte zu behalten, aber für die Zeit nach seinem Tod oder vorzeitigen Rücktritt dem Domkapitel die freie Wahl eines Nachfolgers zu lassen. Doch änderte das nichts am Widerspruch zum Reservatum Ecclesiasticum.

Von den reformierten Fürsten und Grafen kaum wirksam unterstützt, wurde Gebhard Truchseß von Waldburg 1583 – nach der Isolierung seiner Anhänger im Kölner Domkapitel – vom Domkapitel des Bruchs der kurkölnischen Landesverfassung und der Verletzung der religiösen Ordnung des Erzstifts beschuldigt und von Papst Gregor XIII. des erzbischöflichen Amtes für verlustig erklärt. Nachdem sich Gebhard diesem Absetzungsspruch nicht fügte, kam es zum Kölnischen Krieg, in dem der exkommunizierte Erzbischof das Herzogtum Westfalen als Operationsbasis nutzte. Hier standen ein beträchtlicher Teil des Adels und eine Reihe von Städten – Brilon, Geseke, Marsberg, Volkmarsen, Medebach, Winterberg und Hallenberg – hinter ihm, bis er von bayerischen Truppen aus Westfalen vertrieben wurde. Gebhard Truchseß starb 1601 als evangelischer Domdechant in Straßburg.

Zum Nachfolger Gebhards auf dem Kölner Erzbischofsstuhl wurde 1583 Ernst von Bayern, ein Sohn Herzog Albrechts V. von Bayern, gewählt. Ernst von Bayern war zu diesem Zeitpunkt bereits Bischof von Freising, Hildesheim und Lüttich; 1585 wurde er auch noch Bischof von Münster. Auch Ernst von Bayern lebte, wenn auch ohne förmliche Eheschließung, in geschlechtlicher Lebensgemeinschaft mit einer Frau, Gertrud von Plettenberg, und hatte aus dieser Verbindung einen Sohn, Wilhelm von Bayern. 1595 zog er sich mit dem Fräulein von Plettenberg nach Schloß Arnsberg im Herzogtum Westfalen zurück, wo er 1612 starb. Seine kirchlichen Aufgaben und die Regierung seiner Länder überließ Ernst seitdem seinem Neffen und Koadjutor Ferdinand von Bayern, der 1612 als Erzbischof und Kurfürst von Köln und als Bischof von Münster, Lüttich und Hildesheim sein Nachfolger wurde. Mit Ernst von Bayern begann die Herrschaft bayerischer Prinzen auf dem Kölner Erzbischofsstuhl, die ununterbrochen bis 1761 andauerte und mehrfach auch auf die westfälischen Bistümer Münster und Paderborn und darüber hinaus auf Osnabrück, Hildesheim und Lüttich ausgriff.

Ferdinand von Bayern wurde zum wichtigsten Träger der Gegenreformation am Niederrhein und in Westfalen. Unter Gegenreformation versteht man heute die „Selbstbehauptung der [katholischen] Kirche im Kampf gegen den Protestantismus" (Jedin, S. 80) oder die antiprotestantische Rekatholisierung als Teil der katholischen Konfessionalisierung des 16. und 17. Jahrhunderts neben der lutherischen und der reformiert-calvinistischen Konfessionalisierung. Dabei wird „Gegenreformation" von „katholischer Reform" abgegrenzt: „In der katholischen Reform werden die Kräfte aufgespeichert, die sich in der Gegenreformation entladen" (Jedin, S. 81). Auch die Kirchenkritik des katholischen Ordensmannes und Theologieprofessors Martin Luther war anfangs, nämlich bis zu seinem sog. „reformatorischen Durchbruch", der das Katholische sprengte, Teil der katholischen Reform. Die vortridentinischen katholischen Reformbestrebungen im spanischen und italienischen Katholizismus wurzelten in ähnlichen spätmittelalterlichen Grundlagen wie im Norden die niederländische Devotio Moderna, der biblische Humanismus und der humanistische Reformkatholizismus. Die Eigenschaft dieser „katholischen Reform" im engeren Sinne als katholisch lag im Element der Kontinuität. Während die Reformbewegung innerhalb der alten Kirche in Spanien und Italien ohne Kontinuitätsbruch durch die Glaubensspaltung in die Reformbeschlüsse des Konzils von Trient und in den tridentinischen Katholizismus einging, wurden verwandte und ebenfalls innerhalb der alten Kirche entstandene Reformbewegungen im Norden zu Wegbereitern der Reformation.

Wichtige Instrumente der Gegenreformation und der antiprotestantischen Rekatholisierung entstanden zunächst in Rom mit der Gründung neuer Orden, vor allem des Jesuitenordens (1539), aber auch des Kapuzinerordens (1528). Beide übernahmen später wesentliche Aufgaben bei der Rekatholisierung in vielen deutschen Territorien und in anderen vom Protestantismus erfaßten Ländern. Hinzu kamen Einrichtungen wie das 1542 in Rom als Inquisitionsbehörde geschaffene Heilige Offizium (Sanctum Officium) oder das für die gegenreformatorische Rekatholisierung in Deutschland besonders wichtige, 1552 gegründete Collegium Germanicum in Rom, eine Ausbildungsstätte für Kleriker aus dem Reich („Germaniker"). Aus dem Collegium Germanicum gingen einige der bedeutendsten tridentinischen Reformbischöfe hervor, die in Deutschland Träger der Gegenreformation wurden. Entscheidend wurde aber das Konzil von Trient, das 1545 eröffnet und 1563 beendet wurde. Hier erfolgte die dogmatische Abgrenzung gegenüber den Kirchen der Reformation und zugleich die Erneuerung und Reform der katholischen Kirche, mit der diese nun auch zu einer Bekenntnis- oder Konfessionskirche wurde.
Der Anfang und erste Höhepunkt der gegenreformatorischen Rekatholisierung lag in Bayern, wo Herzog Albrecht V., der Vater des späteren Kölner Kurfürst-Erzbischofs Ernst von Bayern, von 1563 an die Gegenreformation mit Hilfe der Jesuiten durchsetzte, bevor die Gegenreformation 1578 in Österreich begann. Das galt zunächst für die Steiermark unter Erzherzog Karl, einem Schwiegersohn Albrechts V. von Bayern. 1586 wurde das 1573 gegründete Jesuitenkolleg in Graz zur Universität umgestaltet; hier entstand ein intellektuelles Zentrum der Gegenreformation in Deutschland. In Ober- und Niederösterreich kam es seit 1576 zu einer ersten Rekatholisierungswelle, bevor hier 1593 der entscheidende zweite Rekatholisierungsschub einsetzte.
Ihre erste Niederlassung in Deutschland fanden die Jesuiten 1544 in der Reichsstadt Köln. Erste Ansätze der Gegenreformation zeigten sich danach in der Erzdiözese Köln unter dem seit 1567 amtierenden Erzbischof Salentin von Isenburg, der 1569/70 im rheinischen Erzstift Köln eine Visitation durchführte. Bedeutung erlangte unter Ernst von Bayern die Entsendung eines päpstlichen Nuntius, 1583, bevor ein Jahr später in Köln eine ständige Nuntiatur errichtet wurde. Doch brachte auch der Einfluß des Nuntius in der Erzdiözese Köln keine volle Durchsetzung der tridentinischen Reformen und keine umfassende Rekatholisierung. Das änderte sich erst unter Ferdinand von Bayern, der 1601, noch als Koadjutor, mit dem Kölner Kirchenrat eine Behörde errichtete, die die Durchsetzung der Tridentinischen Reform betrieb. Später folgten Visitationen, fünf Diözesansynoden, 1615 die Gründung eines Priesterseminars in Köln, Maßnahmen zur Hebung der Ordensdisziplin, die Sendgerichtsbarkeit und anderes. Unterstützung erfuhr Erzbischof Ferdinand dabei von den Kölner Generalvikaren Gelenius, Binius und Stravius. Stravius war auch nach dem Tod Ferdinands 1650 für den Erfolg der Tridentinischen Reformen und für die Rekatholisierung in der Erzdiözese Köln tätig, die 1662, also 99 Jahre nach dem Abschluß des Konzils von Trient, unter Ferdinands Nachfolger Maximi-

lian Heinrich von Bayern mit der feierlichen Publikation des Tridentinums im Kölner Dom ihren formalen Abschluß fand.

In den Hochstiften Münster und Paderborn war der Protestantismus in weiten Teilen des Adels verbreitet und wurde hier durch die Declaratio Ferdinandea von 1555 rechtlich und politisch geschützt. Auch die formal katholischen Bischöfe hatten in der Mitte des 16. Jahrhunderts und danach häufig evangelische Neigungen, so Wilhelm von Ketteler, der 1553 in Münster die Nachfolge des Franz von Waldeck antrat, aber 1557 abdankte. Auch sein Nachfolger Bernhard von Raesfeld gab sein bischöfliches Amt vorzeitig auf. Dessen Nachfolger Johann von Hoya, der Bischof von Münster, Paderborn und Osnabrück war, war zwar katholisch und verkündete schon 1570 die Tridentinischen Reformdekrete, doch lehnte er Zwangsmaßnahmen gegen die Evangelischen ab und ernannte in Paderborn sogar den Reformierten Johann von Büren zum Statthalter des Hochstifts. Während in Münster der Domdechant Gottfried von Raesfeld einen entschieden gegenreformatorischen Kurs zu steuern versuchte, übertrug Bischof Johann von Hoya die Regierung des Hochstifts Münster dem Domscholaster Konrad von Westerholt, der lutherischen Anschauungen nahestand.

So begann die gegenreformatorische Rekatholisierung im Hochstift Münster erst unter Ernst von Bayern. In seine Zeit fiel an der Jahreswende 1587/88 die Niederlassung der Jesuiten in der Stadt Münster, in der sie ein Kollegium errichteten und das alte „Gymnasium Paulinum“ übernahmen; im Gegenzug gründete Graf Arnold II. von Bentheim seine schon erwähnte reformierte Hohe Schule in Burgsteinfurt. In Münster entstand so ein katholisches Bildungszentrum mit Ausstrahlung auf große Teile Nordwestdeutschlands. Der 1602 im Münster nach dem Vorbild des Kölner Kirchenrates eingerichtete Geistliche Rat erreichte aber nur begrenzte Rekatholisierungserfolge. Bischof Ferdinand von Bayern suchte in den Jahren 1613 bis 1616 mit einer Visitation auch im Hochstift Münster die Voraussetzungen für die Durchführung der Tridentinischen Reformen zu schaffen und die Rekatholisierung voranzutreiben. Dazu ersetzte er den wenig effektiven Geistlichen Rat durch den bürgerlichen Generalvikar Dr. Johannes Hartmann, der die Rekatholisierung gegen den Widerstand von Teilen des Domkapitels weiterführte. Dennoch war die Rückgewinnung des evangelischen Adels für die alte Kirche im Hochstift Münster eine Aufgabe, die erst in der zweiten Hälfte des 17. Jahrhunderts unter Bischof Christoph Bernhard von Galen verwirklicht wurde.

Das Hochstift Paderborn hatte nach der Amtsenthebung Hermanns von Wied in den Jahren von 1547 bis 1568 in Bischof Rembert von Kerssenbrock einen streng katholischen Landesherrn, doch führte die Haltung seines Nachfolgers Johann von Hoya erneut zum Erstarken des Protestantismus im Paderborner Land. Sein Nachfolger in Paderborn wurde 1574 der Kölner Erzbischof Salentin von Isenburg, der, obgleich katholisch, Johann von Büren als Statthalter im Amt beließ. Nach seinem Rücktritt 1577 folgte ihm in Paderborn der evangelische Osnabrücker Bischof Heinrich von Sachsen-Lauenburg. Die wichtigste Gestalt und der Hauptträger der

Gegenreformation im Hochstift Paderborn wurde der 1585 zum Bischof gewählte Dietrich von Fürstenberg. „Völlig durchdrungen von der Notwendigkeit einer Stärkung der katholischen Kirche“ (Kohl, S. 514) und gestützt auf die katholische Partei im Paderborner Domkapitel und auf die seit 1580 in der Stadt Paderborn bestehende Residenz des Jesuitenordens brachte Dietrich von Fürstenberg die Tridentinischen Reformen in Paderborn zur Geltung und erzielte bedeutende Rekatholisierungserfolge. Das nahm teilweise gewaltsame Formen an, etwa mit Kerkerhaft für konkubinarische Priester, und gipfelte 1604 in der schon erwähnten Unterwerfung der Stadt Paderborn unter die Herrschaft des Bischofs und der Hinrichtung des Bürgermeisters Liborius Wichart. Nach 1604 blieb den Paderborner Protestanten nur noch das freie Abzugsrecht, gemäß dem ius emigrandi des Augsburger Religionsfriedens. Dennoch dauerte es noch einige Jahrzehnte, bis sich die katholische Kirche im Hochstift Paderborn vollständig durchgesetzt hatte. Wichtig dafür wurde die Herrschaft Ferdinands von Bayern, der 1618 die Nachfolge Dietrichs von Fürstenberg antrat und seitdem Köln, Münster und Paderborn in seiner Hand vereinigte.
In Paderborn zeigte sich auch, ähnlich wie im innerösterreichischen Graz oder wie in Münster, die Bedeutung von Bildungseinrichtungen für den Erfolg der Gegenreformation, die der Bedeutung des Bildungswesens für den Erfolg der Reformation in der ersten Hälfte des 16. Jahrhunderts entsprach. In Paderborn lassen sich dabei mehrere Stufen ausmachen: 1580 unter Bischof Salentin von Isenburg die Reorganisation der alten Domschule als „Gymnasium Salentinianum“ der Jesuiten, 1592 unter Bischof Dietrich von Fürstenberg die Errichtung des Jesuitenkollegs, 1612 unter Dietrich von Fürstenberg die Einrichtung des nach ihm benannten „Gymnasiums Theodorianum“ und 1614 als Krönung der Bildungspolitik des Fürstenbergers im Dienst der Gegenreformation die Gründung der 1616 eröffneten Universität Paderborn, die bis 1818 bestand.

Literatur

Bauer, Gustav: Die Reformation in der Grafschaft Wittgenstein und ihre Durchführung bis zum Tode Graf Ludwigs des Älteren. Laasphe 1954.
Bauks, Friedrich Wilhelm: Die evangelischen Pfarrer in Westfalen von der Reformationszeit bis 1945. (Beiträge zur westfälischen Kirchengeschichte, Bd. 4) Bielefeld 1980.
Behr, Hans-Joachim: Franz von Waldeck, in: Westfälische Lebensbilder, Bd. 14. Münster 1987, S. 38-62.
Behr, Hans-Joachim: Franz von Waldeck. Fürstbischof zu Münster und Osnabrück, Administrator zu Minden (1491-1553). Sein Leben in seiner Zeit, Tl.1: Darstellung; Tl. 2: Urkunden und Akten. (Veröffentlichungen der Historischen Kommission für Westfalen, XVIII: Westfälische Biographien, Bd. 9) Münster 1996/98.
Behr, Hans-Joachim: Der Verlust der Herrschaft Lingen und die Bemühungen der Tecklenburger Grafen um ihre Rückgewinnung, in: Emsland/Bentheim. Beiträge zur neueren Geschichte, Bd. 4. Sögel 1988, S. 7-44.
Blickle, Peter: Die Reformation im Reich. (UTB, 1181) 2. Aufl. Stuttgart 1992.
Dickens, Arthur Geoffrey: The German Nation and Martin Luther. 2. Aufl. London 1976.

Franzen, August: Bischof und Reformation. Erzbischof Hermann von Wied in Köln vor der Entscheidung zwischen Reform und Reformation. (Katholisches Leben und Kirchenreform im Zeitalter der Glaubensspaltung, Bd. 31) 2. Aufl. Münster 1972.
Franzen, August: Die Durchführung des Konzils von Trient in der Diözese Köln, in: Das Weltkonzil von Trient. Sein Werden und Wirken. Hrsg. von Georg Schreiber, Bd. 2. Freiburg 1951, S. 267-294.
Franzen, August: Das Schicksal des Erasmianismus am Niederrhein im 16. Jahrhundert, in: Historisches Jahrbuch 83, 1964, S. 48-112.
Gail, Anton J.: Johann von Vlatten und der Einfluß des Erasmus von Rotterdam auf die Kirchenpolitik der vereinigten Herzogtümer, in: Düsseldorfer Jahrbuch 45, 1951, S. 1-109.
Glawischnig, Rolf: Niederlande, Kalvinismus und Reichsgrafenstand 1559-1584. Nassau-Dillenburg unter Graf Johann VI. (Schriften des Hessischen Landesamtes für Geschichtliche Landeskunde, Bd. 36) Marburg 1973.
Goertz, Hans-Jürgen: Pfaffenhaß und groß Geschrei. Die reformatorischen Bewegungen in Deutschland 1517-1529. München 1987.
Goertz, Hans-Jürgen: Religiöse Bewegungen in der Frühen Neuzeit. (Enzyklopädie deutscher Geschichte, Bd. 20) München 1993.
Goertz, Hans-Jürgen: Die Täufer. Geschichte und Deutung. München 1980.
Goeters, Johann Friedrich Gerhard: Die evangelischen Kirchenordnungen Westfalens im Reformationsjahrhundet, in: Westfälische Zeitschrift 113, 1963, S. 111-168.
Goeters, Johann Friedrich Gerhard: Die Reformation in der Grafschaft Bentheim und die Entstehung der reformierten Landeskirche, in: Reformiertes Bekenntnis in der Grafschaft Bentheim 1588-1988. Bad Bentheim 1988, S. 61-111.
Goeters, Johann Friedrich Gerhard: Die Reformation in Rheda (unveröffentlichtes Vortragsmanuskript, vorgetragen in Rheda-Wiedenbrück am 28. 10. 1977).
Hamm, Berndt: Bürgertum und Glaube. Konturen der städtischen Reformation. Göttingen 1996.
Heckel, Martin: Deutschland im konfessionellen Zeitalter. (Kleine Vandenhoeck-Reihe, 1490) Göttingen 1983.
Hengst, Karl: Kirchliche Reformen im Fürstbistum Paderborn unter Dietrich von Fürstenberg (1585-1618). Ein Beitrag zur Geschichte der Gegenreformation und Katholischen Reform in Westfalen. (Paderborner theologische Studien, Bd. 2) Paderborn 1974.
Holzem, Andreas: Der Konfessionsstaat 1555-1802. Münster 1998. (= Geschichte des Bistums Münster. Hrsg. von Arnold Angenendt, Bd. 4).
Hsia, Ronnie Po-chia: Gesellschaft und Religion in Münster 1535-1618. Münster 1989.
Humanismus als Reform am Niederrhein. Konrad Heresbach 1496-1576. (Schriften der Heresbach-Stiftung Kalkar, Bd. 4) Bielefeld 1996.
Janssen, Wilhelm: Art. Soest – Kollegiatstift St. Patroklus, in: Westfälisches Klosterbuch. Hrsg. von Karl Hengst, Tl. 2. Münster 1994, S. 346-353.
Jedin, Hubert: Katholische Reform oder Gegenreformation? Ein Versuch zur Klärung der Begriffe nebst einer Jubiläumsbetrachtung über das Trienter Konzil, in: Gegenreformation. Hrsg. von Ernst Walter Zeeden. (Wege der Forschung, Bd. 311) Darmstadt 1973, S. 46-81.
Kirchenzucht und Sozialdisziplinierung im frühneuzeitlichen Europa. Hrsg. von Heinz Schilling. (Zeitschrift für Historische Forschung, Beiheft 16) Berlin 1994.
Kirchhoff, Karl-Heinz: Das Phänomen des Täuferreichs zu Münster 1534/35, in: Der Raum Westfalen VI/1. Münster 1989. S. 277-422.
Kirchhoff, Karl-Heinz: Die Täufer in Münster 1534/35. Untersuchungen zum Umfang und zur Sozialstruktur der Bewegung. (Veröffentlichungen der Historischen Kommission für Westfalen, XXII: Geschichtliche Arbeiten zur westfälischen Landesforschung, Bd. 12) Münster 1973.

Klötzer, Ralf: Die Täuferherrschaft in Münster. Stadtreformation und Welterneuerung. (Reformationsgeschichtliche Studien und Texte, Bd. 131) Münster 1992.
Klueting, Harm: Freistellung der Religion. Zwischen Reservatum Ecclesiasticum und Religionsfreiheit – Gebhard Truchseß von Waldburg (1547-1601) in anderer Sicht, in: Standfester Glaube. Festschrift für Johann Friedrich Gerhard Goeters. Hrsg. von Heiner Faulenbach. (Schriftenreihe des Vereins für Rheinische Kirchengeschichte, Bd. 100) Köln 1991, S. 37-46.
Klueting, Harm: Gab es eine „Zweite Reformation"? Ein Beitrag zur Terminologie des Konfessionellen Zeitalters, in: Geschichte in Wissenschaft und Unterricht 38, 1987, S. 261-279.
Klueting, Harm: Das Konfessionelle Zeitalter 1525-1648. (UTB, 1556) Stuttgart 1989.
Klueting, Harm: Protektoren des Protestantismus. Zum religionspolitischen Einfluß protestantischer Grafen im Bergischen Land im 16. Jahrhundert, in: Konfessionalisierung im Bergischen Land. Hrsg. von Burkhard Dietz u. Stefan Ehrenpreis. (Schriften des Vereins für Rheinische Kirchengeschichte, Bd. 132) Köln 1998.
Klueting, Harm: Die reformierte Konfessionalisierung als „negative Gegenreformation": Zum kirchlichen Profil des Reformiertentums im Deutschland des 16. Jahrhunderts, in: Zeitschrift für Kirchengeschichte 109, 1998, S. 167-199 u. 336-358.
Klueting, Harm: Die reformierte Konfessions- und Kirchenbildung in den westfälischen Grafschaften des 16. und 17. Jahrhunderts, in: Die reformierte Konfessionalisierung. Das Problem der „Zweiten Reformation". Hrsg. von Heinz Schilling. (Schriften des Vereins für Reformationsgeschichte, Bd. 195) Gütersloh 1986, S. 214-232.
Kohl, Wilhelm: Das Zeitalter der Glaubenskämpfe (1517-1618), in: Westfälische Geschichte. Hrsg. von Wilhelm Kohl, Bd. 1. Düsseldorf 1983, S. 469-535.
Die katholische Konfessionalisierung. Hrsg. von Wolfgang Reinhard u. Heinz Schilling. (Schriften des Vereins für Reformationsgeschichte, Bd. 198 = Reformationsgeschichtliche Studien und Texte, Bd. 135) Gütersloh/Münster 1995.
Die lutherische Konfessionalisierung in Deutschland. Hrsg. von Hans-Christoph Rublack. (Schriften des Vereins für Reformationsgeschichte, Bd. 197) Gütersloh 1992.
Die reformierte Konfessionalisierung in Deutschland. Das Problem der „Zweiten Reformation". Hrsg. von Heinz Schilling. (Schriften des Vereins für Reformationsgeschichte, Bd. 195) Gütersloh 1986.
Laubach, Ernst: Die Habsburger und der deutsche Nordwesten im Zeitalter Karls V., in: Westfälische Zeitschrift 147 (1997), S. 19-36.
Laubach, Ernst: Reformation und Täuferherrschaft, in: Geschichte der Stadt Münster. Hrsg. von Franz-Josef Jakobi, Bd. 1. Münster 1993, S. 145-216.
Luttenberger, Albrecht Pius: Glaubenseinheit und Reichsfriede. Konzeptionen und Wege konfessionsneutraler Reichspolitik 1530-1552 (Kurpfalz, Jülich, Kurbrandenburg). (Schriftenreihe der Historischen Kommission bei der Bayerischen Akademie der Wissenschaften, Bd. 20) Göttingen 1982.
Moeller, Bernd: Die deutschen Humanisten und die Anfänge der Reformation, in: Ders., Die Reformation und das Mittelalter. Kirchenhistorische Aufsätze. Göttingen 1991, S. 98-110.
Moeller, Bernd: Deutschland im Zeitalter der Reformation. (Kleine Vandenhoeck-Reihe, 1432) 3. Aufl. Göttingen 1988.
Moltmann, Jürgen: Christoph Pezel (1539-1604) und der Calvinismus in Bremen. (Hospitium Ecclesiae, Bd. 2) Bremen 1958.
Münch, Paul: Zucht und Ordnung. Reformierte Kirchenverfassungen im 16. und 17. Jahrhundert (Nassau-Dillenburg, Kurpfalz, Hessen-Kassel). (Spätmittelalter und Frühe Neuzeit, Bd. 3) Stuttgart 1978.
Neuhaus, Helmut: Das Reich und die Wiedertäufer von Münster, in: Westfälische Zeitschrift 133 (1983), S. 9-36.

Opgenoorth, Ernst: Die Reformierten in Brandenburg-Preußen. Minderheit und Elite?, in: Zeitschrift für historische Forschung 8, 1981, S. 439-459.
Peters, Christian: Vom Wormser Edikt (1521) bis zum Augsburger Religionsfrieden (1555). Der Beitrag der Prädikanten zur Soester Stadtreformation, in: Soest. Geschichte der Stadt. Hrsg. von Wilfried Ehbrecht u. Gerhard Köhn, Bd. 3, hrsg. von Ellen Widder. Soest 1995, S. 179-248.
Petri, Franz: Landschaftliche und überlandschaftliche Kräfte im habsburgisch-klevischen Ringen um Geldern und im Frieden von Venlo (1537-1543), in: Aus Geschichte und Landeskunde. Festschrift Franz Steinbach. Bonn 1960, S. 92-113.
Petri, Franz: Nordwestdeutschland im Wechselspiel der Politik Karls V. und Philipps von Hessen, in: Ders., Zur Geschichte und Landeskunde der Rheinlande, Westfalens und ihrer westeuropäischen Nachbarländer. Bonn 1973, S. 503-523.
Schilling, Heinz: Aufstandsbewegungen in der stadtbürgerlichen Gesellschaft des Alten Reiches. Die Vorgeschichte des Münsteraner Täuferreiches 1525-1534, in: Der deutsche Bauernkrieg 1524-1526. Hrsg. von Hans-Ulrich Wehler. (Geschichte und Gesellschaft, Sonderheft 1) Göttingen 1975, S. 193-236.
Schilling, Heinz: Dortmund im 16. und 17. Jahrhundert. Reichsstädtische Gesellschaft, Reformation und Konfessionalisierung, in: Dortmund. 1100 Jahre Stadtgeschichte. Festschrift. Hrsg. von Gustav Luntowski u. Norbert Reimann. Dortmund 1982, S. 151-201.
Schilling, Heinz: Die Konfessionalisierung im Reich. Religiöser und gesellschaftlicher Wandel in Deutschland zwischen 1555 und 1620, in: Historische Zeitschrift 246, 1988, S. 1-45.
Schmidt, Heinrich Richard: Konfessionalisierung im 16. Jahrhundert. (Enzyklopädie deutscher Geschichte, Bd. 12) München 1992.
Schröer, Alois: Christoph Bernhard von Galen und die katholische Reform im Bistum Münster. Münster 1974.
Schröer, Alois: Die Kirche in Westfalen im Zeichen der Erneuerung (1555-1648), 2 Bde. Münster 1986-87.
Schröer, Alois: Die Kirche in Westfalen vor der Reformation. Verfassung und geistliche Kultur, Mißstände und Reformen, 2 Bde. 2. Aufl. Münster 1987.
Schröer, Alois: Die Reformation in Westfalen. Der Glaubenskampf einer Landschaft, 2 Bde. Münster 1979-83.
Schröer, Alois: Das Tridentinum und Münster, in: Das Weltkonzil von Trient. Sein Werden und Wirken. Hrsg. von Georg Schreiber, Bd. 2. Freiburg 1951, S. 295-370.
Schulte, Christian: Versuchte konfessionelle Neutralität im Reformationszeitalter: Die Herzogtümer Jülich-Kleve-Berg unter Johann III. und Wilhelm V. und das Fürstbistum Münster unter Wilhelm von Ketteler. Münster 1995.
Schulte, Wilhelm: Iserlohn (Literatur Kap. 3.4).
Stöve, Eckehart: Via media. Humanistischer Traum oder kirchenpolitische Chance? Zur Religionspolitik der vereinigten Herzogtümer Jülich-Kleve-Berg im 16. Jahrhundert, in: Monatshefte für Evangelische Kirchengeschichte des Rheinlandes 39, 1990, S. 115-133.
Stupperich, Robert: Das Herforder Fraterhaus und die Devotio Moderna. Studien zur Frömmigkeitsgeschichte Westfalens an der Wende zur Neuzeit. (Schriften der Historischen Kommission für Westfalen, Bd. 10) Münster 1975.
Stupperich, Robert: Das Münsterische Täufertum, sein Wesen und seine Verwirklichung, in: Die Wiedertäufer in Münster (Ausstellungskatalog). Münster 1982, S. 37-54.
Stupperich, Robert: Die Reformation in Lippstadt, in: Jahrbuch für westfälische Kirchengeschichte 79, 1986, S. 15-37.
Stupperich, Robert: Westfälische Reformationsgeschichte. Historischer Überblick und theologische Einordnung. (Beiträge zur westfälischen Kirchengeschichte, Bd. 9) Bielefeld 1993.
Die Territorien des Reichs im Zeitalter der Reformation und Konfessionalisierung. Land und

Konfession 1500-1650. Hrsg. von Anton Schindling u. Walter Ziegler, Bd. 3: Der Nordwesten. (Katholisches Leben und Kirchenreform im Zeitalter der Glaubensspaltung, Bd. 51) 2. Aufl. Münster 1995.
Wohlfeil, Rainer: Einführung in die Geschichte der deutschen Reformation. München 1982.
Wolf, Regula: Der Einfluß des Landgrafen Philipp des Großmütigen von Hessen auf die Einführung der Reformation in den westfälischen Grafschaften, in: Jahrbuch für westfälische Kirchengeschichte 51/52, 1958/59, S. 27-149.

5.

Westfalen im 17. und 18. Jahrhundert

5.1 Der Jülich-klevische Erbfolgestreit, der Dreißigjährige Krieg und die Kriege der zweiten Hälfte des 17. Jahrhunderts

Die gegenreformatorische Rekatholisierung kam in Westfalen erst im Laufe des 17. Jahrhunderts und teilweise erst nach dem Dreißigjährigen Krieg zum Abschluß. Doch standen im weiteren 17. und erst recht im 18. Jahrhundert auch in Westfalen andere Momente geschichtlichen Wandels im Vordergrund, für die Religion und Konfession nicht mehr derart bestimmend waren wie im 16. und noch zu Beginn des 17. Jahrhunderts. Am Anfang des 17. Jahrhunderts brach im niederrheinisch-westfälischen Raum der Jülich-klevische Erbfolgestreit aus, dessen Lösung zu neuen Territorialverbindungen führte und Westfalen politisch in Territorialbeziehungen einband, die bis ins 20. Jahrhundert bestanden oder nachwirkten.

Durch die Ehe Herzog Johanns III. mit der Erbtochter Herzog Wilhelms III. von Jülich und Berg waren die drei Herzogtümer Kleve, Jülich und Berg und die Grafschaften Mark und Ravensberg seit 1521 vereinigt. Auf den 1539 gestorbenen Johann III. war dessen bis 1592 regierender Sohn Wilhelm „der Reiche" gefolgt. Dessen Nachfolger wurde sein 1562 geborener Sohn Herzog Johann Wilhelm. Als dieser 1609 ohne leibliche Erben starb, wurde die Jülich-klevische Erbschaft eröffnet. Die geopolitische Lage der drei Herzogtümer am Niederrhein und der beiden westfälischen Grafschaften, vor allem der dem Bergischen Land unmittelbar benachbarten Grafschaft Mark, war mächtepolitisch von erstrangiger Bedeutung. Der Besitz dieser Ländergruppe konnte über die Zukunft der Republik der Vereinigten Niederlande entscheiden, die – aus dem Aufstand gegen Spanien seit 1566 hervorgegangen – mit dem niederländisch-spanischen Waffenstillstand vom gleichen Jahr 1609 ihre Unabhängigkeit von Spanien gewann.

Die Erbschaftsfrage war überaus verwickelt. Johann Wilhelm war der einzige überlebende Sohn Herzog Wilhelms des Reichen, der außerdem vier Töchter hatte. Die älteste Tochter, Maria Eleonore, war mit Herzog Albrecht Friedrich von Preußen (Ostpreußen) verehelicht und hatte keine Söhne, wohl aber eine Tochter, Anna von Preußen. Die zweite Tochter Wilhelms des Reichen, Anna von Jülich, war die Gemahlin des Pfalzgrafen Philipp Ludwig von Neuburg (Donau) aus einer wittelsbachischen Nebenlinie. Sie war Mutter zweier Söhne, Wolfgang Wilhelm und August. Wolfgang Wilhelm, ihr älterer Sohn, konnte seine Ansprüche auf das jülich-klevische Erbe auf ein Privileg Kaiser Karls V. stützen, der 1546 für den Fall des Aussterbens des Mannesstammes des Jülicher Herzogshauses das Nachfolgerecht der Töchter Wilhelms des Reichen für deren männliche Nachkommenschaft garan-

Genealogische Übersicht zum Jülich-Klevischen Erbfolgestreit

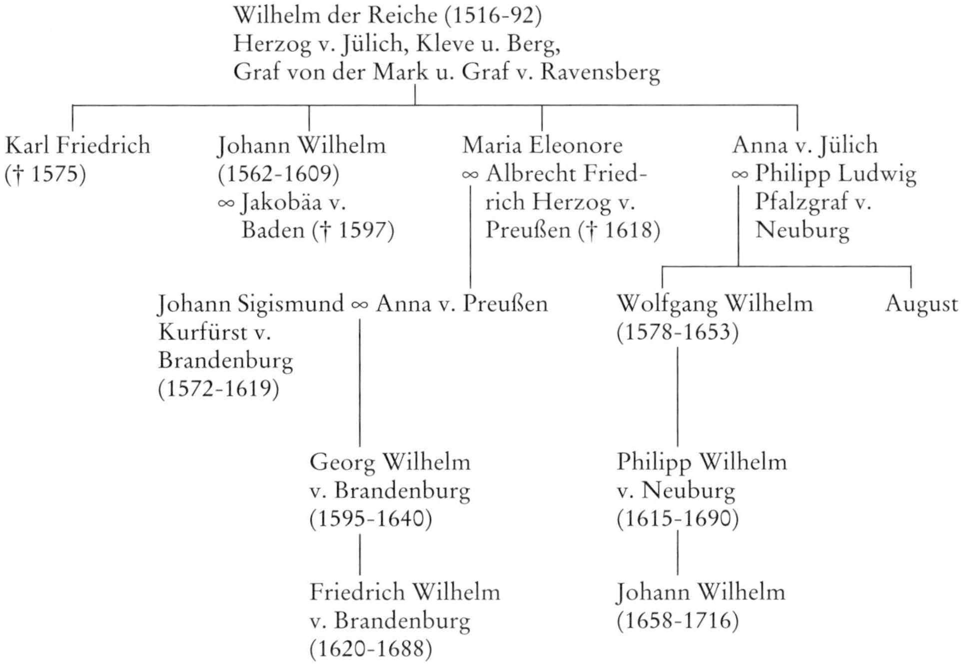

tiert hatte. Männliche Nachkommen hatte von den Töchtern Wilhelms des Reichen nur die zweitälteste, die mit dem Pfalz-Neuburger verheiratete Anna von Jülich. Schien so die erbrechtliche Lage eindeutig zugunsten Wolfgang Wilhelms von Neuburg zu sprechen, so konnte Anna von Preußen als Tochter der ältesten Tochter Wilhelms des Reichen gemeinsam mit ihrem Gemahl, dem Kurfürsten Johann Sigismund von Brandenburg, ihren Erbanspruch mit dem kaiserlich bestätigten Heiratsvertrag ihrer Mutter Maria Eleonore mit dem Herzog von Preußen von 1572 begründen, der die Erbfolge der Kinder aus dieser Ehe, und zwar unabhängig von ihrem Geschlecht, festgesetzt hatte. Die Frage der Erbfolge in den niederrheinischen Herzogtümern war also wegen widersprüchlicher kaiserlicher Privilegien rechtlich nicht zu entscheiden. Außerdem stand einer in solchen Fällen üblichen Teilung der Erbschaft unter den Haupterbfolgeberechtigten – Wolfgang Wilhelm von Neuburg als Sohn der Anna von Jülich auf der einen und Anna von Preußen als Tochter der Maria Eleonore von Jülich gemeinsam mit ihrem Ehemann Johann Sigismund von Brandenburg auf der anderen Seite – die kaiserliche garantierte Unteilbarkeit des jülich-klevischen Territorialbesitzes entgegen. Hinzu kam, daß Karl V. 1544 bei der Heirat einer Schwester Wilhelms des Reichen mit dem Kurfürsten Johann Friedrich von Sachsen dem ernestinischen Zweig des Hauses Wettin (Sachsen) die jülich-klevische Erbfolge garantiert hatte, während der albertinische Zweig des Hauses Sachsen bereits seit dem späten 15. Jahrhundert eine kaiserlich garantierte Erbanwartschaft

auf die Herzogtümer Jülich und Berg vorweisen konnte. Erbansprüche erhoben auch die Gatten der dritten und der vierten Tochter Wilhelms des Reichen.
Als der Erbfall 1609 eintrat, nahmen Johann Sigismund von Brandenburg und Wolfgang Wilhelm von Neuburg die Länder der jülich-klevischen Erbschaft provisorisch in Besitz und einigten sich im Dortmunder Vertrag von 1609 auf eine gemeinsame Verwaltung dieser Territorien. Doch fand diese Übereinkunft nicht die Zustimmung Kaiser Rudolfs II., der die niederrheinisch-westfälischen Gebiete für das Haus Habsburg gewinnen wollte, und zwar durch Tausch der zu Böhmen gehörenden Lausitz an Sachsen. Um das zu erreichen, belehnte er 1610 das kurfürstliche Haus Sachsen (die Albertiner) mit den jülich-klevischen Ländern. Die Absendung des Bischofs von Passau, des Habsburgers Leopold, als kaiserlicher Kommissar nach Jülich löste Interventionsdrohungen Frankreichs, Englands und der niederländischen Republik aus, womit die Internationalisierung des Erbfolgestreits drohte. Eine Stärkung der Stellung der deutschen und damit auch der spanischen Habsburger in dem militärstrategisch und politisch, aber auch konfessionell höchst bedeutsamen, im Schnittpunkt vielfältiger Beziehungen liegenden Raum an Maas und Niederrhein mit seinem – weniger wichtigen – westfälischen Hinterland stand den Interessen Frankreichs, Englands und der Vereinigten Niederlande entgegen. Nach der Ermordung König Heinrichs IV. von Frankreich im Jahre 1610 kam es zwar nicht zu dem drohenden Krieg um das jülich-klevische Erbe. Außerdem erklärten sich Brandenburg und Pfalz-Neuburg 1611 im Vertrag von Jüterbog mit der Beteiligung Sachsens an der gemeinsamen Verwaltung der Territorien einverstanden. Doch komplizierten sich die Verhältnisse um die konfessionell gemischten Gebiete am Niederrhein und in Westfalen weiter, als 1613 die beiden bis dahin lutherischen Fürsten Johann Sigismund und Wolfgang Wilhelm konvertierten, wobei der Brandenburger zum Reformiertentum und der Neuburger zum Katholizismus übertrat. Die erneute Verschärfung des mächtepolitischen Konflikts mit dem militärischen Zugriff der Spanier auf Jülich und der niederländischen Republik auf Kleve wurde nach englischer und französischer Vermittlung durch die faktische Teilung der Länder im Vertrag von Xanten von 1614 beigelegt. Das linksrheinische Herzogtum Jülich und das Herzogtum Berg fielen an Pfalz-Neuburg, das beiderseits des Niederrheins gelegene Herzogtum Kleve und in Westfalen die Grafschaften Mark und Ravensberg sowie die Herrschaft Ravenstein in der heutigen niederländischen Provinz Nordbrabant an Brandenburg.
Damit blieb die seit 1461 bestehende Verbindung von Kleve und Mark beibehalten, während die auf das 14. Jahrhundert zurückgehende Verbindung Ravensbergs mit Jülich und Berg abriß. Zugleich traten Kleve, Mark und Ravensberg in den Zusammenhang des brandenburgischen Territorienkomplexes und damit des späteren preußischen Staates. Da das Vest Recklinghausen und das Herzogtum Westfalen dem Kölner Kurstaat angehörten, während die beiden Hochstifte Münster und Paderborn häufig den Kölner Kurfürst-Erzbischof als Bischof und Landesherrn hatten, ergab sich für die Zukunft eine Zweiteilung Westfalens in einen von geistlichen Territorien bestimmten katholischen und in einen brandenburg-preußischen, prote-

stantisch geprägten Teil. Damit zeichnete sich auch die Verlagerung der politischen Schwerpunkte nach außerhalb Westfalens ab, nämlich nach Bonn für das hochstiftisch-katholische und nach Berlin für das preußisch-protestantische Westfalen. Dieses Bild entspricht jedoch eher den Gegebenheiten des 18. als denen des 17. Jahrhunderts. Die Anfänge lagen aber einerseits beim Ausgang des Jülich-klevischen Erbfolgestreites und beim Vertrag von Xanten von 1614, andererseits bei der 1583 mit Ernst von Bayern beginnenden und 1612 von Ferdinand von Bayern fortgesetzten Reihe bayerischer Prinzen als Kurfürst-Erzbischöfe von Köln; Ernst und Ferdinand waren ebenso wie später Maximilian Heinrich und Clemens August von Bayern zugleich Fürstbischöfe von Münster. Dasselbe gilt für die Zeit nach dem Tod des 1761 als letzter bayerischer Prinz auf dem Kölner Erzbischofsstuhl gestorbenen Clemens August für die beiden letzten Kölner Kurfürst-Erzbischöfe, Maximilian Friedrich von Königsegg-Rothenfels und Maximilian Franz von Österreich, so daß Münster zwischen 1583 und 1801 nur in den Jahren 1650 bis 1683 und 1688 bis 1719 nicht mit Kurköln unter einem Landesherrn verbunden war. War im Falle Paderborns die Verbindung mit Kurköln auch schwächer und auf die Zeit Ferdinands von Bayern und Clemens Augusts von Bayern und somit auf die Jahre 1618 bis 1650 und 1719 bis 1761 beschränkt, so ist die im frühen 17. Jahrhundert beginnende Zweiteilung Westfalens insgesamt doch unübersehbar.
Der Vertrag von Xanten von 1614 wurde 1624, 1629, 1630 und 1647 durch neue Abkommen teilweise modifiziert, im wesentlichen aber bestätigt. Dabei blieb die Fixion der kaiserlich garantierten Unteilbarkeit der Länder des jülich-klevischen Erbes aufrechterhalten, so daß der Vertrag von Xanten und die ihm folgenden Verträge lediglich als Provisionalvergleiche galten. Zur definitiven und endgültigen Teilung der jülich-klevischen Länder gemäß der Regelung von 1614 kam es erst mit dem Vertrag von Kleve von 1666. Nach 1614 nahm die Regierung des katholisch gewordenen Pfalzgrafen in Düsseldorf die Interessen der Katholiken in den an Brandenburg gefallenen Ländern Kleve, Mark und Ravensberg wahr, während der Kurfürst von Brandenburg die Protestanten in Jülich und Berg und somit in dem an seinen pfalz-neuburgischen Rivalen gelangten Teil des jülich-klevischen Erbes unterstützte. Beide Seiten versuchten, diese Protektorenrolle über ihre Konfessionsverwandten für ihre machtpolitischen Ziele zu nutzen, die bis 1666 noch immer auf den Erwerb des gesamten jülich-klevischen Territorienkomplexes gerichtet waren. Die daraus im Laufe des 17. Jahrhunderts immer wieder entspringenden Konfessionsstreitigkeiten wurden 1672 durch den Religionsrezeß von Cölln an der Spree (Berlin-Cölln) beigelegt.
Trotz der definitiven Teilung von 1666 lebten die Auseinandersetzungen im 18. Jahrhundert noch einmal auf. Nachdem Kurfürst Johann Wilhelm („Jan Wellem“) von der Pfalz 1716 gestorben war, folgte ihm in Jülich und Berg und in der seit 1685 in Personalunion damit verbundenen Kurpfalz (Heidelberg, Mannheim) als letzter Pfalz-Neuburger sein Bruder Karl Philipp, ein bereits 55 Jahre alter Witwer, der nur eine Tochter hatte, die mit dem Erbprinzen von Pfalz-Sulzbach verheiratet war. Der

preußische König Friedrich Wilhelm I. suchte diese Lage zu nutzen, um die Herzogtümer Jülich und Berg und damit den Rest der jülich-klevischen Erbschaft für Preußen zu gewinnen. Was Berg betraf, so fand der König 1726 und 1728 gegen den Verzicht auf Jülich die vertragliche Unterstützung Kaiser Karls VI., die jedoch 1732 auf einen Teil des Herzogtums Berg ohne die Hauptstadt Düsseldorf eingeschränkt wurde. Doch selbst diesen Teil von Berg konnte Preußen vor dem Tod des Königs und des Kaisers nicht erlangen, die beide 1740 starben, während der alte Kurfürst Karl Philipp von der Pfalz bis 1742 lebte. Der neue preußische König, Friedrich II., wartete dessen Tod und die unsicheren Aussichten auf Teile des Herzogtums Berg nicht ab, sondern ging im Winter 1740/41 an die Eroberung Schlesiens. Im Breslauer Vertrag mit Frankreich von 1741 und danach in Verträgen mit Bayern und Pfalz verzichtete er auf die brandenburg-preußischen Ansprüche auf Jülich und Berg, was im Hubertusburger Friedensvertrag von 1763 noch einmal erneuert wurde.

Zu den Territorialgewinnen des Kurfürsten Johann Sigismund von Brandenburg aus der jülich-klevischen Erbschaft kam 1618 das später Ostpreußen genannte Herzogtum Preußen hinzu. Durch diese Erbfälle Brandenburgs im Westen und im Osten wurde im frühen 17. Jahrhundert eine damals noch kaum erkennbare Weichenstellung eingeleitet, die den preußischen Staat im 18. und 19. Jahrhundert zunächst neben, dann vor und schließlich anstelle Österreichs und des Hauses Habsburg zur bestimmenden Größe der deutschen Geschichte werden ließ. Das blieb auch für Westfalen nicht ohne tiefgreifende Folgen.

Mit dem Jülich-klevischen Erbfolgestreit hatte bereits ein großer Krieg gedroht, der seinen Ausgangspunkt, wäre er denn ausgebrochen, im niederrheinisch-westfälischen Raum gehabt hätte. Als einige Jahre später die böhmischen Ständekämpfe in den Dreißigjährigen Krieg führten, begann damit der große Krieg, der in seinen Ursprüngen mit Westfalen überhaupt nichts zu tun hatte, Westfalen aber immer wieder zum Kriegsschauplatz werden ließ und am Ende in Westfalen beigelegt wurde.

Nach dem Tod Kaiser Rudolfs II. 1612 waren unter seinem Bruder und Nachfolger Matthias in den Ländern der deutschen Habsburger die gegenreformatorischen Maßnahmen verschärft worden, worüber es in Böhmen zu Ständekämpfen kam. Ein Ereignis dieser Ständekämpfe, die zum Auslöser des Dreißigjährigen Krieges wurden, war der „Prager Fenstersturz“ von 1618. Nach dem Tod des Kaisers Matthias 1619 folgte ihm als Kaiser und als König von Böhmen Ferdinand II., der durch seine seit 1593 in Innerösterreich (Steiermark, Kärnten, Krain) betriebene Rekatholisierungspolitik ein ausgewiesener Verfechter der Gegenreformation war. Gegen ihn erhoben sich die protestantischen Adeligen in Böhmen, die ihn 1619 als König von Böhmen für abgesetzt erklärten und den reformierten Kurfürsten Friedrich V. von der Pfalz zu ihrem König wählten. Die Folge dieser Erhebung war die Schlacht am Weißen Berg bei Prag 1620 und die Niederlage der pfälzischen und böhmischen Truppen gegen die Armee des Kaisers.

Nach der Schlacht am Weißen Berg verlagerte sich das Kriegsgeschehen zunächst in die kurpfälzischen Stammlande des nach Holland geflohenen „Winterkönigs“, die

bb. 1: Münster, Dom (Kathedralkirche St. Paulus) von Südosten

Abb. 2: Paderborn, Dom (St. Maria, St. Liborius und Kilian) von Südsüdosten

bb. 3: Minden, Westwerk des Domes (Kath. Dompfarrkirche St. Petrus und Gorgonius)

Abb. 4: Herford, Ev. Münsterkirche (ehem. St. Marien und Pusinna) von Südosten

Abb. 5: Höxter-Corvey, Westwerk der Abteikirche Corvey (Kath. Pfarrkirche St. Stephanus und Vitus)

Abb. 6: Dortmund, Ev. Kirche St. Reinoldi, von Südosten

Abb. 8: Soest, Westbau der Kath. Propsteikirche St. Patrokli ▷

Abb. 7: Soest, Wiesenkirche (Ev. Pfarrkirche St. Maria zur Wiese) von Südwesten

Abb. 9: Rheda, Inneres der Schloßkapelle mit Blick auf Altar und Fensterrose

bb. 10: Siegen, Ev.-ref. Nikolaikirche, von Nordwesten

Abb. 11: Münster, Rathaus, Marktgiebel von Westen

Abb. 12: Paderborn, Rathaus, Giebelhaus mit Hauptfassade von Westen

Abb. 13: Freudenberg, Stadtbild mit Ev. Pfarrkirche und „Altem Flecken"

Abb. 14: Hattingen, Altstadt, Haus Haldenplatz 1 (sog. „Bügeleisen") von 1611

Abb. 15: Desenberg, Burgruine bei Warburg, Aufnahme von 1936

Abb. 16: Schloß Hohenlimburg, Oberer Schloßhof, Blick auf Rest des Hauptturms (Bergfried) des 13. Jh.s

Abb. 17: Siegen, Oberes Schloß, Blick auf Torhaus und Wohnturm

Abb. 18: Wasserburg Gemen, Blick auf sog. Ballturm

Abb. 19: Gottfried von Cappenberg († 1127), Grabplatte, Ende 13. Jh., in der Kath. Pfarrkirche (ehem. Stiftskirche), Schloß Cappenberg

Abb. 20: Engelbert von Berg († 1225), Erzbischof von Köln, Statue aus Lindenholz, mittelalterlich

Abb. 21: Die sechs Herzöge aus dem Hause Kleve-Mark (Adolf IV. [I.] † 1448, Johann I. † 1481, Johann II. † 1521, Johann III. † 1539, Wilhelm der Reiche † 1592, Johann Wilhelm † 1609), unbekannter Maler des 17. Jh.s nach älteren Porträts

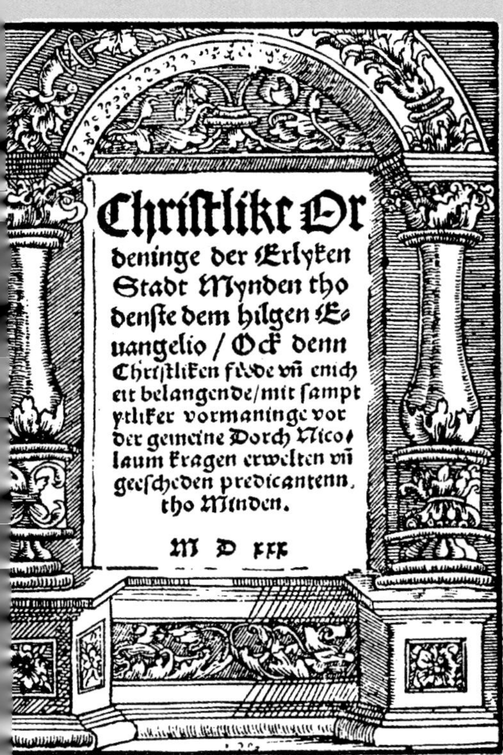

Christlike Ordeninge der Erlyken Stadt Mynden tho denste dem hilgen Euangelio / Ock denn Christliken frede vñ enicheit belangende/mit sampt ytliker vormaninge vor der gemeine Dorch Nicolaum kragen erwelten vñ geescheden predicantenn, tho Minden.

M D xxx

Abb. 22: Mindener Kirchenordnung (1530) des Nikolaus Krage (um 1490-1559), Titelblatt

Der Erbaren/Erenriker Stadt Soest Christlike Ordenunge/tho denste dem hilgen Euangelio/Gemenem vrede vnd eyndracht/ ouergesen dorch D. Vrbanum Regium/vnd mit ener des sülfftigen latinschen Commendation.

Dorch Gerdt Omeken van Kamen/ beschreuen.

M.D.XXXII.

Abb. 23: „Soester Ordinanz" (1532) des Gerd Oemeken (um 1500-1562), Titelblatt

Abb. 24: Münster, Gesamtvogelschau von Süden (1641/47), Kupferstich von Matthäus Merian d. Ä. (1593-1650)

Abb. 25: Dortmund, Stadtansicht von Nordosten (1588), Kupferstich von Georg Braun (1542-1622) und Franz Hogenberg (um 1538-1590)

Abb. 27: Jan van Leiden (Jan Beuckelsson) (1509-1536), Kupferstich von Heinrich Aldegrever (1502-nach 1555) ▷

Abb. 26: Soest, Stadtansicht von Süden (1588), aber fälschlich mit Hügelkette im Norden, Kupferstich von Georg Braun (1542-1622) und Franz Hogenberg (um 1538-1590)

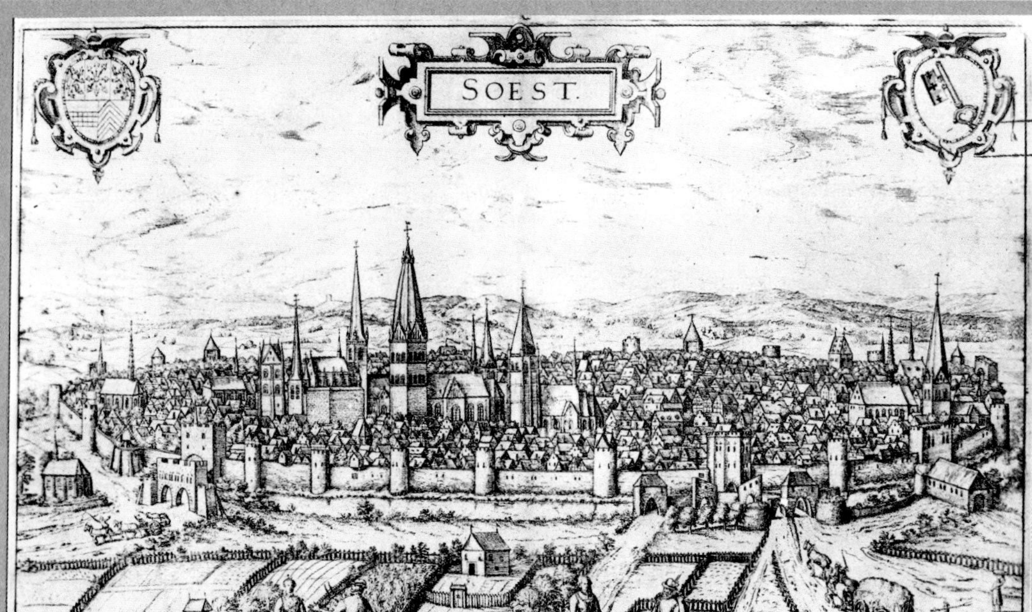

IOHAN·VÃ·LEIDEN·ẼY·KONINCK·DER·WEDERDOPER·
THO·MONSTER·WAERHAFTICH·CÕTER·
HÆC·FACIES·HIC·CVLTVS·ERAT·CṼ·SEPTRA·TENE·
REX·αναβαπτισων·SED·BREVE·TẼPVS·EGO·
HENRICVS·ALDEGREVER·SVZATIẼ·FACIEBAT·
·ANNO·M·D·XXXVI·
GOTTES·MACHT·IST·MYN·CRACHT·

Abb. 28: Hermann II. (V.) von Wied (1477-1552), Kurfürst-Erzbischof von Köln und Administrator von Paderborn, zeitgenössischer Kupferstich

Abb. 30: Konrad Graf von Tecklenburg (1493-1557), Gemälde (Öl auf Holz) eines unbekannten Malers aus dem Umkreis Lucas Cranachs, datiert 1543, Schloß Rheda

Abb. 29: Bischof Franz von Waldeck (1491-1553), Gemälde (Öl auf Leinwand) nach 1656, von Vitoric Andreas Aloisius Romanus

Abb. 31: Arnold II. (IV.) Graf von Bentheim (1554-1606), Gemälde (Öl auf Leinwand) eines unbekannten zeitgenössischen Malers, Schloß Rheda

von den Heeren der Liga, des 1609 von katholischen Fürsten unter der Führung des Herzogs von Bayern gegründeten Bündnisses, und von spanischen Truppen aus den Spanischen Niederlanden heimgesucht wurden. Friedrich V. fand dabei kaum Unterstützung von seinen protestantischen Verbündeten in der 1608 gegründeten Union. Nur zwei auf eigene Faust handelnde protestantische Söldnerführer ergriffen seine Partei, der Graf Ernst von Mansfeld und der als Administrator von Halberstadt, also als protestantischer Inhaber der fürstbischöflichen Würde dieses Hochstifts, eingesetzte Christian von Braunschweig, der bald als „toller Christian" von sich reden machte.
Die Berührung Westfalens mit dem Krieg begann, als Christian von Braunschweig im Herbst 1621 Truppen in die Grafschaft Ravensberg und Ende 1621 auch ins Hochstift Paderborn verlegte und Kontributionen erhob. Kontributionen waren nicht die von den jeweiligen Landesherren erhobenen Steuern, sondern von fremden Truppen mehr oder weniger gewaltsam eingetriebene Zwangszahlungen in oft ruinöser Höhe. Am 2. Januar 1622 vertrieb der in den Diensten Christians von Braunschweig stehende Hermann Otto von Limburg-Styrum mit seinen Söldnern die pfalz-neuburgische Besatzung aus Lippstadt, die die dort seit 1616 liegenden spanischen Soldaten abgelöst hatte. Das stark befestigte Lippstadt wurde zum Mittelpunkt der weiteren Unternehmungen Christians von Braunschweig, der danach auch gegen Soest vorging und Soest ebenso wie Paderborn einnahm. Dabei fiel dem Braunschweiger der Paderborner Domschatz in die Hände, der teilweise nach Soest in das Patroklistift gebracht worden war, wo ihn das Paderborner Domkapitel sicher glaubte. Zwar verließ Christian von Braunschweig Lippstadt im Februar 1622, doch unternahm er im Februar und im März Beute- und Erpressungszüge ins Münsterland, wobei die Stadt Münster Einquartierung und Plünderung nur durch Zahlung einer hohen Summe abwenden konnte.
Die Gegenbewegung der Liga ließ nicht auf sich warten. Deren Heerführer Graf Johann Jakob von Bronckhorst zu Anholt, ein Westfale, lag mit seinen Truppen, aus Hessen kommend, im Herzogtum Westfalen, wo die Bevölkerung ebenfalls, diesmal von Ligasoldaten, Plünderungen und Erpressungen ausgesetzt war. Bronckhorsts Oberst Dietrich Othmar von Erwitte eroberte das von Christian von Braunschweig besetzte Geseke, während Soest gehalten werden konnte. Im Mai 1622 erpreßte der Braunschweiger im Münsterland hohe Kontributionen, bevor er Westfalen in Richtung Süddeutschland verließ und Bronckhorst noch im Mai in Paderborn einrücken konnte. Nach dem Abzug Christians von Braunschweig hatten die katholischen Truppen in Westfalen freie Hand. So konnte nun pfalz-neuburgisches Militär mit spanischer Unterstützung zahlreiche Orte in der Grafschaft Mark besetzen, darunter Altena, Lüdenscheid, Schwerte, Unna, Iserlohn, Hagen, Schwelm, Voerde (Ennepetal), Dahl (Hagen), Stiepel (Bochum) und Blankenstein (Hattingen); Spanier bzw. Pfalz-Neuburger brachten Lünen und Soest und im Juni 1622 auch Hamm in ihre Gewalt. Seit Mai 1622 war Paderborn wieder in der Hand seines Bischofs, des Kölner Kurfürst-Erzbischofs Ferdinand von Bayern, der in Paderborn ein Straf-

gericht an den Protestanten veranstaltete. Im November 1622 drangen Truppen des Grafen von Mansfeld ins Münsterland ein, wo sie vor allem die Ämter Ahaus und Horstmar, besonders Stadtlohn, plünderten. Im Gegenzug hausten Ligatruppen des Grafen von Bronckhorst im Hochstift Münster und Spanier nicht weniger schlimm in der Grafschaft Mark.

Im Januar 1623 trat Christian von Braunschweig wieder brandschatzend in der Grafschaft Ravensberg in Erscheinung. Im Februar besetzte Bronckhorst im Hochstift Münster Dülmen und Rheine, später auch Beckum, Ahlen, Coesfeld, Borken und Bocholt sowie – nach Brechung von anhaltender Gegenwehr – im Juni 1623 Warendorf. Als Bischof von Münster nutzte Ferdinand von Bayern diese Unterwerfung der Städte seines Hochstifts mit Ausnahme der Stadt Münster, legte ihnen hohe Zwangssteuern auf und ordnete sie durch seine Landesordnung von 1627 seiner Gerichtshoheit unter, nahm ihnen also wesentliche Teile ihrer städtischen Selbstverwaltung, was 1632 nur zum Teil rückgängig gemacht wurde. 1623 durchzog Christian von Braunschweig mit seiner Heerschar erneut das Ravensbergische, während der Bundesfeldherr der Liga, der aus Brabant stammende Johann Tserclaes Graf Tilly, bei Höxter die Weser überschritt. Am 6. August 1623 kam es in Westfalen zu einer der ersten großen Schlachten des Dreißigjährigen Krieges, der Schlacht von Stadtlohn, in der Tilly und Bronckhorst mit der Ligaarmee Christian von Braunschweig eine vernichtende Niederlage beibrachten. Der Braunschweiger verlor etwa 6000 Mann an Toten und rund 4000 Gefangene und damit mehr als die Hälfte seines Heeres und den gesamten Geschützpark; er selbst konnte sich nur mit Mühe retten. Der Katholizismus des Ligaheeres hinderte dessen schlecht versorgte und seit längerer Zeit auf Sold wartende Soldaten nicht daran, im September 1623 im westlichen Münsterland Klöster und Stifte zu plündern. Gleichzeitig begann die Belagerung Lippstadts durch spanisch-ligistische und pfalz-neuburgische Truppen unter dem Grafen Johann von Rietberg, der diese Festung Christians von Braunschweig am 23. Oktober 1623 einnahm. Danach besetzten die katholischen Truppen die Grafschaft Ravensberg und rückten ins Hochstift Minden vor. So endete die erste Phase des Dreißigjährigen Krieges, der Böhmisch-pfälzische Krieg, in Westfalen mit einem nahezu vollständigen Sieg der Ligatruppen, der Spanier und der Pfalz-Neuburger und damit der katholischen Seite.

Der Böhmisch-pfälzische Krieg weitete sich nach 1623 durch den Kriegseintritt König Christians IV. von Dänemark und durch das verstärkte Eingreifen von Truppen aus den Spanischen Niederlanden unter Tilly aus zum Dänisch-niederländischen (oder Dänisch-niedersächsischen) Krieg als der zweiten Phase des Dreißigjährigen Krieges. Ab 1625 trat Albrecht von Wallenstein als Heerführer des Kaisers hinzu, der schon seit 1618 auf eigene Kosten Truppen aufgestellt und die Partei des Kaisers eingenommen hatte. Wallenstein spielte, anders als Tilly, auf dem westfälischen Kriegsschauplatz jedoch keine Rolle. Die Beteiligung des protestantischen Dänenkönigs am Krieg änderte wenig an der seit der Schlacht von Stadtlohn errungenen Vorherrschaft der ligistischen Truppen in Westfalen. Im Winter 1624/25

konnten die Brandenburger Teile der Grafschaften Mark und Ravensberg zurückerobern, u. a. Unna, Kamen, Lünen, Soest und Bielefeld, das aber bald wieder an Tilly verlorenging. Im August 1625 wurde Minden von Ligatruppen besetzt. 1626 unternahm Christian von Braunschweig noch einmal den Versuch, sich des Hochstifts Paderborn zu bemächtigen. Sein Tod am 16. Juni 1626 setzte seinen Bestrebungen ein Ende. 1628 eroberte der Oberst von Erwitte mit Tillyschen Truppen Soest zurück. Außerhalb Westfalens brachte dieser Abschnitt des Dreißigjährigen Krieges bedeutende Entscheidungen und große Siege Tillys und Wallensteins. Im April 1626 schlug Wallenstein bei Dessau den Grafen Ernst von Mansfeld. Im August 1626 folgte der Sieg der Armee der Liga unter Tilly in der Schlacht von Lutter am Barenberge bei Gandersheim in Niedersachsen über Christian IV. von Dänemark, der 1627 von Wallenstein auch vom dänischen Festland vertrieben wurde und sich von Jütland auf die dänischen Inseln zurückziehen mußte.
Diese Erfolge führten zur Unterwerfung Norddeutschlands durch die Heere Tillys und Wallensteins und zum Tiefpunkt der politischen Stellung der deutschen protestantischen Fürsten seit ihrer Niederlage im Schmalkaldischen Krieg 1547. Dagegen brachte der Ausgang des Dänisch-niederländischen Krieges Kaiser Ferdinand II. auf den Gipfelpunkt der Machtstellung des Hauses Habsburg im Reich. So wurde 1629 das Restitutionsedikt möglich, während der König von Dänemark im gleichen Jahr mit dem Frieden von Lübeck aus dem Krieg ausschied. Mit dem Restitutionsedikt gelangte die gegenreformatorische Rekatholisierung in Deutschland auf ihren Höhepunkt. Ferdinand II. dekretierte in diesem Edikt die Rückgabe des gesamten Kirchengutes an die katholische Kirche, soweit es seit 1552 von protestantischen Fürsten eingezogen worden war. Außerdem wurde die Declaratio Ferdinandea von 1555 für ungültig erklärt. In Westfalen wurde der Kölner Kurfürst-Erzbischof Ferdinand von Bayern mit der Durchführung des Restitutionsedikts beauftragt, der dieses Geschäft im östlichen Westfalen Franz Wilhelm von Wartenberg, einem außerehelichen Vetter des Kurfürsten, überließ, der seit 1625 Bischof von Osnabrück war und im Zeichen der gegenreformatorischen Politik 1630 auch Bischof von Minden wurde.
Das Restitutionsedikt brachte aber zugleich den Wendepunkt der kaiserlichen Machtstellung und der Gegenreformation im Reich, weil der Machtzuwachs des Kaisers innerhalb des katholischen Lagers Gegenkräfte weckte. So kam es 1630 zum Zerwürfnis zwischen Maximilian von Bayern, dem politischen Haupt der Liga, und dem Kaiser, weil der Bayer im Machtanstieg des Kaisers eine Gefahr für die Stellung der Reichsfürsten sah. Außerdem trat jetzt Schweden in den Krieg ein, wodurch der Dänisch-niederländische Krieg vom Schwedischen Krieg als drittem Abschnitt des Dreißigjährigen Krieges abgelöst wurde. Schweden wurde der Retter des Protestantismus im Reich und auch in Westfalen. In den Kämpfen des Jahres 1632 verloren der Ligafeldherr Tilly und der schwedische König Gustav II. Adolf ihr Leben, während Wallenstein 1634 einem Mordanschlag zum Opfer fiel.
Landgraf Wilhelm V. von Hessen-Kassel trat als deutscher Hauptverbündeter

Schwedens an die Seite des Schwedenkönigs, der ihm in Westfalen die Hochstifte Münster und Paderborn, das Herzogtum Westfalen und das Territorium der Reichsabtei Corvey, dazu noch das Hochstift Osnabrück, zur Truppenrekrutierung überließ. Im Oktober 1631 besetzten die Hessen die Stadt Paderborn und danach Warburg und Höxter. Nachdem der Landgraf im November Paderborn wieder verlassen hatte, besetzte Graf Gottfried Heinrich zu Papenheim, als Führer des nordwestdeutschen Heeres der Liga Nachfolger des 1630 gestorbenen Grafen Bronckhorst, das Hochstift Paderborn. Im Januar 1632 fiel Warburg wieder in die Hand der Hessen, ging aber nach wenigen Wochen verloren. Im Februar 1632 schenkte Gustav II. Adolf von Schweden dem hessischen Landgrafen die Hochstifte Münster und Paderborn und das Corveyer Abteigebiet. Von nun an war es Ziel der hessischen Politik, diese westfälischen Länder Hessen anzugliedern, wobei das für Hessen entlegene Niederstift Münster nördlich von Osnabrück gegen das Hessen unmittelbar benachbarte Herzogtum Westfalen eingetauscht werden sollte. Auf diesen hessisch-westfälischen Staat sollte die Kurfürstenwürde der Kölner Erzbischöfe übertragen werden. An die Stelle der Auseinandersetzungen zwischen Christian von Braunschweig und der von Spanien unterstützten Liga trat nunmehr in Westfalen das Ringen zwischen dem von Schweden unterstützten Hessen und den Kaiserlichen; die Liga löste sich 1635 auf.

Im Juli 1632 besetzte Papenheim mit kaiserlichen Truppen Lippstadt, Soest, Unna und Dortmund. Nach dem Sieg der Schweden in der Schlacht von Lützen südlich von Halle an der Saale am 16. November 1632, in der der Schwedenkönig fiel, überschritten Herzog Georg von Braunschweig-Lüneburg und der General Dodo von Knyphausen mit schwedischen Truppen bei Bremen die Weser und drangen bis ins Ravensbergische vor. Im Jahresverlauf besetzten die Hessen Werl, Unna und das von den Kaiserlichen geräumte Dortmund, um danach weiter bis nach Dorsten vorzudringen. Dorsten wurde Hauptstützpunkt des Landgrafen, der auch Dülmen, Coesfeld, Borken und Bocholt sowie Paderborn einnahm und im August Rheine und Ahaus eroberte und das von stiftmünsterischen Truppen unter Alexander II. von Velen zu Raesfeld erfolgreich verteidigte Münster belagerte. Außer der Stadt Münster war nur das Sauerland dem Zugriff des Landgrafen einigermaßen entzogen, wo ligistische Truppen unter Lothar Dietrich von Bönninghausen lagen. In der zweiten Jahreshälfte 1633 änderte sich das Bild jedoch wieder. Jetzt konnte Alexander von Velen Bocholt, Borken und Dülmen zurückerobern, während der Landgraf von Hessen Werl besetzte. Im Dezember nahm Bönninghausen Iserlohn ein; der Landgraf eroberte Salzkotten und Lippstadt. „Lippstadt war fortan am oberen Ende der Lippelinie, wie Dorsten am unteren, der stärkste Rückhalt der hessischen Macht in Westfalen“ (Rothert II, S. 166).

Das Frühjahr 1634 brachte Kämpfe um Höxter mit einem Sieg der Kaiserlichen und die hessische Besetzung dieser vom Dreißigjährigen Krieg in besonderem Maße in Mitleidenschaft gezogenen Weserstadt. Die Kaiserlichen eroberten Beckum, Lüdinghausen, Lünen, Hamm und Soest; im Mai konnten die Hessen Lünen, Hamm

und Soest zurückgewinnen. Von Juli bis November 1634 belagerte Herzog Georg von Braunschweig Minden, das er am Ende in seine Gewalt bringen konnte. Mehr noch als in anderen Kriegsjahren machte sich in dieser Zeit, besonders im Hochstift Paderborn, das Bandenwesen einzelner Soldatentrupps oder von ihren Höfen vertriebener Bauern bemerkbar, die unter Führung des Freischärlers Eremite und Paul Daubes Kleinkriege führten. Gegen Ende des Jahres 1634 behaupteten die Kaiserlichen in Westfalen unter Velen mit Münster und Warendorf das östliche Oberstift Münster und unter Bönninghausen das märkische und das kölnische Sauerland. Dazwischen lag wie ein breiter Riegel das von den Hessen beherrschte Gebiet mit den – teilweise zurückeroberten – Plätzen Rheine, Burgsteinfurt, Ahaus, Vreden, Borken, Coesfeld, Lüdinghausen, Lünen, Hamm, Lippstadt, Recklinghausen, Dortmund, Werl, Soest, Geseke und dem Hochstift Paderborn sowie mit Höxter, Brilon und Rüthen. Nach der entscheidenden Niederlage der Schweden in der Schlacht von Nördlingen am 6. September 1634 war jedoch in Westfalen der Höhepunkt der hessischen Machtentfaltung überschritten. So gingen Brilon schon Ende 1634 und Rheine, Vreden und Bocholt Anfang 1635 den Hessen verloren.
Der im ganzen Reich, ähnlich wie in Westfalen, sehr wechselvolle Kriegsverlauf führte 1635 zum Frieden von Prag, der den Kaiser in einer gestärkten Position beließ und zugleich den Protestanten Zugeständnisse brachte, vor allem den Verzicht des Kaisers auf die Durchführung des Restitutionsedikts von 1629. Wenn der Krieg trotz dieses Friedensschlusses weiterging, so wegen des 1635 erfolgten Kriegseintritts Frankreichs. Damit begann der als Schwedisch-französischer Krieg bezeichnete Abschnitt des Dreißigjährigen Krieges, der bis zum Westfälischen Frieden von 1648 andauerte.
Im Februar 1636 erschienen die Kaiserlichen in der Grafschaft Ravensberg, im August besetzten sie nach einer Beschießung die Stadt Paderborn. Danach gingen den Hessen auch Soest, Werl, Hamm, Dortmund und Lünen verloren, während sie sich in Lippstadt, Dorsten, Coesfeld und in Teilen des Hochstifts Paderborn behaupten und im Dezember Warburg erobern konnten. 1637 ermöglichten französische Hilfsgelder dem Landgrafen von Hessen-Kassel weitere militärische Aktionen, so im Mai die Einnahme Bielefelds, bevor Landgraf Wilhelm V. am 1. Oktober 1637 starb. Seine Witwe, die Landgräfin Amalia Elisabeth, setzte seine Politik und den Krieg fort. Im Oktober 1638 erschien der Sohn des „Winterkönigs", Karl Ludwig von der Pfalz, in Westfalen und zog mit Truppen von den Niederlanden aus durch das Münsterland. Der kaiserliche General Graf Hatzfeld trat ihm von Dortmund aus entgegen und schlug Pfälzer und Schweden bei Vlotho an der Weser. Nach dem ereignisarmen Jahr 1639 verloren die Hessen im Mai 1640 Ahlen und Werne an der Lippe. Im Herbst drangen kaiserliche Truppen unter dem Feldherrn Octavio Piccolomini von Hessen aus in Westfalen ein und wandten sich gegen Höxter. 1641 erfolgte ein Angriff der Kaiserlichen auf Dorsten, das am 19. September 1641 eingenommen wurde. Mit diesem Verlust des westlichen der beiden Angelpunkte der hessischen Position in Westfalen, Lippstadt und Dorsten, war die Macht-

stellung Hessens in Westfalen gebrochen, auch wenn die Landgräfin Lippstadt, Coesfeld und Bocholt bis zum Ende des Krieges behauptete. Der Krieg zog sich in Westfalen danach ohne größere Aktionen mit kleinen Scharmützeln zunehmend damit hin, daß dem Gegner Kontributionsgebiete strittig gemacht und das Land zum Schaden der Bewohner und zum Nachteil der jeweils anderen Seite in seiner Leistungsfähigkeit geschwächt wurde. Zu nennen ist die Eroberung und Zerstörung Obermarsbergs durch Hessen und Schweden im Mai 1646.

Was das langjährige Kriegsgeschehen für die Bevölkerung bedeutete, kann nur in lokaler Perspektive deutlich gemacht werden. Vielerorts sind Stadtchroniken, private Tagebücher oder Rechnungsbücher mit Aufzeichnungen über Kontributionszahlungen und andere Quellen überliefert, aus denen sich die Leiden der Bevölkerung ablesen lassen. Ein gutes Beispiel bietet die an der Grenze des Herzogtums Westfalen zu Waldeck und Hessen gelegene Stadt Medebach, für die die Geschehnisse durch solche Aufzeichnungen gut dokumentiert sind. Die erste, noch harmlose Berührung mit dem Krieg erlebten die Medebacher 1619, als ein Kürassierregiment an Medebach vorbeizog. 1622 folgte die erste Einquartierung kaiserlicher bzw. ligistischer Truppen und die erste Brandschatzung durch Soldaten Christians von Braunschweig. Nach Einquartierungen und Kontributionen in den Jahren 1623 bis 1631 verschärfte sich die Lage 1632, als die hessische Reiterei vor der Stadt erschien und wiederholt hessische Truppen im Umfang von zwei Regimentern in der kleinen Stadt logierten. Kontributionen und Plünderungen, die Wegnahme des Viehs und der Urkunden und Akten des Stadtarchivs, die Erschießung eines Bürgers und die Gefangennahme eines anderen waren die Folgen. Zwar plünderten im Oktober 1632 auch Schweden in Medebach, doch blieben die Hessen die Hauptsorge der Medebacher. 1633 kamen abwechselnd Hessen und Kaiserliche in die Stadt, ebenso 1634, als die Medebacher zum erstenmal in die Medebach umgebenden Wälder flüchteten. Die Bilanz dieses Jahres waren, ohne Brände infolge von Brandstiftungen marodierender Soldaten, fünf getötete Einwohner und 146 geraubte Pferde, 360 Kühe, 87 Rinder und mehr als 7000 Schafe. 1635 flohen die Bürger von Medebach wieder in die Wälder. Zwei Bürger wurden von den Hessen gefangengenommen. Außerdem waren Kontributionen zu entrichten. Weitere Einquartierungen sowie Kontributionen und Plünderungen durch hessische Soldaten, aber auch durch kaiserliche Truppen, folgten 1636, 1637, 1638, 1639, 1640 und 1641. 1637 hausten die Bürger von Medebach fünfeinhalb Wochen in den Wäldern, 1640 sogar 14 Wochen und 1646 noch einmal sieben Wochen. Währenddessen stand die verlassene Stadt den Plünderungen der fremden Soldaten offen. Zugleich verbreitete sich unter den in den Wäldern kampierenden Menschen die Pest, die allein 1636 in Medebach 322 Opfer – bei rund 1000 Einwohnern – gefordert haben soll.

Der Westfälische Frieden, mit dem der Dreißigjährige Krieg 1648 endete, war kein Ereignis der westfälischen Geschichte, sondern ein Ereignis der europäischen Diplomatiegeschichte, das in Westfalen stattfand und nicht ohne Auswirkungen auf Westfalen blieb. Die Friedensverhandlungen wurden schon 1644 in Münster und zugleich

in Osnabrück aufgenommen und machten diese beiden Städte für mehrere Jahre zu Schauplätzen eines an beiden Orten gleichzeitig und dennoch getrennt stattfindenden Friedenskongresses mit diplomatischen Verhandlungen und dem mit ihnen verbundenen gesellschaftlichen Leben.
Der Westfälische Frieden bestand aus den beiden Friedensverträgen, die in Osnabrück zwischen dem seit 1637 als Nachfolger seines Vaters Ferdinand II. an der Spitze des Reiches stehenden Kaiser Ferdinand III. und der Königin Christine von Schweden, der Tochter Gustavs II. Adolf, und in Münster zwischen dem Kaiser und König Ludwig XIV. von Frankreich zustande kamen. Dazu kam als dritter Friedensvertrag der spanisch-niederländische Frieden, der schon am 30. Januar 1648 in Münster geschlossen wurde und die endgültige Anerkennung der Unabhängigkeit der Republik der Vereinigten Niederlande durch Spanien und damit auch das endgültige Ausscheiden der nördlichen Niederlande aus dem Heiligen Römischen Reich deutscher Nation brachte. Die beiden anderen Friedensverträge, das „Instrumentum Pacis Caesareo-Suecicum Osnabrugense" und das kürzere „Instrumentum Pacis Caesareo-Gallicum Monasteriense", wurden am 24. Oktober 1648 in Münster unterzeichnet. Doch gab es noch am Tag der Unterzeichnung Auseinandersetzungen um einzelne Regelungen. „Man stritt den ganzen Vormittag und verglich sich nur mit Mühe. Erst um ein Uhr sah man Franzosen und Schweden bei den Quartieren der kaiserlichen Gesandten vorfahren. Verlesung, Sieglung, Unterzeichnung dauerten Stunden. Es wurde Abend, bis die Legationssekretäre mit den kostbaren Dokumenten im Bischofshof erschienen. In diesem Augenblick wurden die Stücke [= Kanonen] auf den Wällen, siebzig an der Zahl, zu dreimaligem Salut gelöst, stimmten die Glocken der vieltürmigen Stadt ihr Geläute an. Sie verkündeten der Welt, daß Frieden sei" (Dickmann, S. 493).
Auf der europäischen Ebene bildete der Westfälische Frieden von 1648, zusammen mit dem Pyrenäenfrieden von 1659, einen doppelten Sieg Frankreichs über den Kaiser und über Spanien. Damit begann die Vorherrschaft Frankreichs als bestimmender Großmacht auf dem europäischen Kontinent, die – im 18. Jahrhundert durch den Aufstieg Österreichs, Englands (seit 1707 Großbritanniens) und Rußlands eingeschränkt und in der Revolution nach 1789 vorübergehend ganz zurückgetreten, dann aber mit den Siegen Napoleons auf ihren Höhepunkt gelangt – bis an das Ende der napoleonischen Zeit anhielt. Ebenso trat mit dem Frieden von Roskilde von 1658, Schweden für einige Jahrzehnte als regionale Großmacht Nordeuropas hervor. Dazu trugen die Territorialgewinne Schwedens in Norddeutschland bei, die mit den säkularisierten Erz- bzw. Hochstiften Bremen und Verden bis in die Nachbarschaft Westfalens reichten. Für das Heilige Römische Reich lag die Bedeutung des Westfälischen Friedens in der Schwächung des Reiches und des Kaisers als Reichsoberhaupt und in der – weiteren – Stärkung der Reichsstände, also der Territorialfürsten, deren Landeshoheit mit dem Osnabrücker Friedensvertrag bestätigt wurde. Für die Zukunft besonders wichtig waren die Territorialgewinne des Kurfürsten von Brandenburg, der als Entschädigung für das Schweden zugesprochene Vorpommern, auf

das er wie auf ganz Pommern aufgrund eines Vertrags von 1529 seit dem Aussterben des pommerschen Herzogshauses im Jahre 1637 Erbansprüche besaß, drei zwar längst evangelische, aber formal noch immer geistliche Territorien erhielt, nämlich die Hochstifte Halberstadt, Kammin und Minden. Hinzu kam die Anwartschaft auf ein viertes, das Erzstift Magdeburg, das aufgrund dieser Regelung von 1648 1680 an Brandenburg fiel, und die Bestätigung des Besitzes von Hinterpommern.

Der Westfälische Frieden war aber auch ein Religionsfrieden, mit dem die konfessionellen Gegensätze politisch entschärft wurden. Dazu gehörte die Regelung, daß für die Reformierten alle Rechte und Vergünstigungen galten, die der Augsburger Religionsfrieden, der Westfälische Frieden und andere Reichsgesetze den lutherischen Reichsständen und ihren Untertanen einräumten. Als Stichtag für die Festlegung der konfessionellen Verhältnisse wurde der 1. Januar 1624 bestimmt. Die Einwohner sollten in Zukunft jeweils der Konfession angehören, der sie oder ihre Vorfahren an dem betreffenden Ort 1624 angehört hatten. Diese Normaljahrsregelung betraf außer dem Bekenntnisstand in den Territorien auch das gesamte nicht reichsunmittelbare Kirchengut, so daß die evangelischen Fürsten alle eingezogenen nicht reichsunmittelbaren Klöster und sonstigen geistlichen Institutionen sowie deren Grundbesitz, Vermögen, Einkünfte und Rechte behalten konnten, sofern diese am 1. Januar 1624 in ihrem Besitz gewesen waren. Von besonderer Bedeutung war, daß mit der Normaljahrsregelung das ius reformandi der Landesherren entscheidend eingeschränkt wurde, indem der Bekenntnisstand der Einwohner in den einzelnen Territorien nicht mehr vom Gutdünken der Landesherren abhängig war, sondern vom Stand des 1. Januar 1624.

Wichtig für Westfalen war die Säkularisation des Hochstifts Minden und sein Übergang an Brandenburg, das damit neben den Grafschaften Mark und Ravensberg ein drittes westfälisches Territorium gewann. Im übrigen führten der Ausgang des Dreißigjährigen Krieges und der Westfälische Frieden in Westfalen zur Beibehaltung der territorialen Vorkriegsstrukturen. Von einer Verwirklichung der hessischen Pläne von 1632 konnte schon seit 1641 keine Rede mehr sein. So brachte der Ausgang des Dreißigjährigen Krieges den Fortbestand der drei geistlichen Territorien Hochstift Münster, Hochstift Paderborn und Herzogtum Westfalen, die durch die Normaljahrsregelung des Westfälischen Friedens, wie die anderen verbliebenen geistlichen Territorien im Reich, eine Art Rechtsschutz gegen Säkularisationsbestrebungen erhielten.

Nach dem Westfälischen Frieden ging der Krieg zwischen Frankreich und Spanien bis zum Pyrenäenfrieden von 1659 weiter, ohne daß Westfalen davon betroffen war. Mit dem „Devolutionskrieg“ von 1667/68 begann die Reihe der Eroberungskriege Ludwigs XIV. von Frankreich, wobei dieser erste Krieg den Spanischen Niederlanden galt. 1672 folgte der Niederländische Krieg Ludwigs XIV., der 1678 mit dem Frieden von Nijmegen (Nimwegen) endete. Der 1688 begonnene Pfälzische Krieg, in dem Ludwig XIV. Heidelberg und die links- und rechtsrheinische Pfalz (Kurpfalz) gewinnen wollte, endete 1697 mit dem Frieden von Rijswijk. Vier Jahre später begann der Spanische Erbfolgekrieg, der bis zu den Friedensschlüssen von Utrecht (1713), Rastatt (1714) und Baden bei Zürich (1714) andauerte.

Schon im Devolutionskrieg hatte der französische König, um einem Eingreifen des Kaisers gegen die Eroberung der formal immer noch zum Reich gehörenden Spanischen Niederlande vorzubeugen, Subsidienverträge außer mit dem Kurfürsten von Mainz und dem pfalz-neuburgischen Herzog von Jülich und Berg auch mit dem Kölner Kurfürst-Erzbischof Maximilian Heinrich von Bayern und mit dem Fürstbischof von Münster, Christoph Bernhard von Galen, und somit mit zwei westfälischen Landesherren geschlossen. Als dritter trat Kurfürst Friedrich Wilhelm von Brandenburg hinzu, der auch einen solchen Vertrag mit Frankreich einging. Gegen Geldzahlungen (Subsidien) sollten diese Fürsten mit ihren militärischen Kräften einen Durchmarsch von Truppen des Kaisers durch ihre Länder verhindern und außerdem beim Reichstag in Regensburg für die Neutralität des Reiches in diesem Konflikt eintreten. Im Niederländischen Krieg waren Maximilian Heinrich von Köln und Christoph Bernhard von Münster wichtige Verbündete Ludwigs XIV.

Christoph Bernhard von Galen, ein westfälischer Adeliger, bestieg 1650 als Nachfolger Ferdinands von Bayern den Bischofsstuhl von Münster. Er war der Bischof, der im flächenmäßig größten geistlichen Territorium des Reiches – mit der großen Diözesansynode von 1655, mit der dort erlassenen „Constitutio Bernardina“ und mit bischöflichen Visitationen – die Reformdekrete des nahezu ein Jahrhundert zuvor beendeten Konzils von Trient durchführte, auch wenn im Hochstift Münster ein Kernstück der Tridentinischen Reformen, das Priesterseminar, nicht verwirklicht wurde. Christoph Bernhard war aber zugleich der geistliche Landesherr, den seine Untertanen als „Kanonenbischof“ und die Niederländer als „Bombenbernd“ titulierten. Für beide Bezeichnungen gab es Gründe. Nachdem die nach dem Ende des Dreißigjährigen Krieges noch im Hochstift Münster stehenden fremden Truppen – die Hessen räumten Coesfeld erst 1651, die Schweden das niederstiftische Vechta gar erst 1653 – das Land verlassen hatten, strebte der Bischof den Ausbau seiner landesfürstlichen Macht an. Das bekam vor allem die Stadt Münster zu spüren. Nach zwei gescheiterten Versuchen zur Unterwerfung der Stadt von 1655, bei denen am 6. September 1655 auch Artillerie eingesetzt wurde, konnte der Bischof die Stadt am 26. März 1661 bezwingen. Die Stadt Münster mußte ihrem Landesherrn das uneingeschränkte Besatzungsrecht zugestehen, zu dessen Durchsetzung der Bischof die schon erwähnte Festungsanlage errichtete. Schon 1655 hatte Christoph Bernhard mit den bischöflichen Behörden die Domstadt verlassen und sich in Coesfeld mit dem Bau der Ludgerusburg eine neue Residenz zugelegt.

Noch wichtiger wurden seine militärischen Aktionen gegen die Niederlande, bei denen es – auch wenn man von der „ausschließlich konfessionell bedingten Außenpolitik Christoph Bernhards“ (Kohl, Akten I, S. VIII, Anm. 4) sprechen mag – doch auch um handfeste politische Ziele ging, nämlich um die Herrschaft Borculo, ein dem Hochstift entfremdetes münsterisches Lehen, das in die niederländische Provinz Gelderland eingegliedert war. Christoph Bernhard führte zweimal Krieg gegen die

Republik der Vereinigten Niederlande und drang zweimal mit für damalige Verhältnisse starken militärischen Kräften im Osten der Niederlande ein – das erste Mal, noch vor dem Devolutionskrieg, als Bündnispartner König Karls II. von England während des englisch-niederländischen Krieges 1665/66. Mit dem Stuartkönig verband ihn ein im Juni 1665 geschlossener Subsidienvertrag. Christoph Bernhard beendete den Feldzug mit dem Frieden von Kleve vom 18. April 1666, in dem er demütigende Bestimmungen hinnehmen mußte. Die Jahre nach diesem Friedensschluß waren daher von seinem Bemühen erfüllt, die erlittene Niederlage wettzumachen. Gelegenheit dazu schien die Politik Ludwigs XIV. zu bieten, der im Mai 1667 den Vertrag von St. Germain mit dem Bischof von Münster schloß, womit sich Christoph Bernhard als Subsidienempfänger am Devolutionskrieg beteiligte. Dieser Krieg entsprach aber nicht den Interessen des Bischofs, weil ein Angriff der Franzosen auf die Vereinigten Niederlande unterblieb. In den 1672 beginnenden Niederländischen Krieg griff Christoph Bernhard jedoch sogleich durch einen Einfall in die niederländische Provinz Overijssel ein, den er mit 42 000 Fußsoldaten und 17 000 Reitern unternahm. Doch mußte er seine Kräfte bald durch Rückverlegung mehrerer Regimenter nach Westfalen schwächen. Außerdem sah er sich seit dem Fall von Coevorden verstärktem militärischem Widerstand der Niederländer gegenüber. Mit dem Kölner Frieden des Bischofs mit den Generalstaaten vom 22. April 1674 zog sich Christoph Bernhard unter Verzicht auf zunächst noch erhobene territoriale Forderungen aus dem Krieg zurück. Bis zum Frieden von Nijmegen nahmen die münsterischen Truppen von da an an der Seite von Kaiser und Reich gegen Frankreich am Niederländischen Krieg teil. 1675 konnte sich Christoph Bernhard durch seine Beteiligung am Krieg des Kurfürsten Friedrich Wilhelm von Brandenburg gegen Schweden noch einmal Hoffnungen auf Territorialerwerbungen machen, diesmal im Bereich der Herzogtümer Bremen und Verden. Doch blieb auch hier der Erfolg aus. Der Bischof starb am 19. September 1678.

Literatur

Barudio, Günter: Der Teutsche Krieg 1618-1648. Frankfurt am Main 1985.

Bettenhäuser, Erwin: Die Landgrafschaft Hessen-Kassel auf dem Westfälischen Friedenskongreß 1644-1648. Wiesbaden 1983.

Börger, Paul: Hamm und seine Garnison im 17. und 18. Jahrhundert, in: Jahrbuch des Vereins für Orts- und Heimatkunde in der Grafschaft Mark 42, 1929, S. 1-126 [u. a. zur Grafschaft Mark im Dreißigjährigen Krieg].

Burkhardt, Johannes: Der Dreißigjährige Krieg. Frankfurt am Main 1992.

Dickmann, Fritz: Der Westfälische Frieden. 7. Aufl. Münster 1998.

30jähriger Krieg, Münster und der Westfälische Frieden. Stadtmuseum Münster. Münster 1998.

Duchhardt, Heinz: Westfälischer Friede und internationales System im Ancien Régime, in: Historische Zeitschrift 249, 1989, S. 529-543.

Englund, Peter: Die Verwüstung Deutschlands. Eine Geschichte des Dreißigjährigen Krieges. Stuttgart 1998.

Franz, Günther: Der Dreißigjährige Krieg und das deutsche Volk. 4. Aufl. Stuttgart 1979.
Jaitner, Klaus: Die Konfessionspolitik des Pfalzgrafen Philipp Wilhelm von Neuburg in Jülich-Berg von 1647-1679. (Reformationsgeschichtliche Studien und Texte, Bd. 107) Münster 1973.
Klueting, Harm: Ackerbürgerstadt Medebach (Literatur Kap. 3.4).
Klueting, Harm: Das Konfessionelle Zeitalter (Literatur Kap. 4).
Kohl, Wilhelm (Hrsg.): Akten und Urkunden zur Außenpolitik Christoph Bernhards von Galen (1650-1678), 3 Tle. (Veröffentlichungen der Historischen Kommission für Westfalen, XLII: Quellen und Forschungen zum Absolutismus in Westfalen, Bd. 1) Münster 1980-1986.
Kohl, Wilhelm: Christoph Bernhard von Galen. Politische Geschichte des Fürstbistums Münster 1650-1678. Münster 1964.
Kohl, Wilhelm: Zeitalter der Glaubenskämpfe (Literatur Kap. 4).
Lahrkamp, Helmut: Dreißigjähriger Krieg und Westfälischer Frieden. Eine Darstellung der Jahre 1618-1648 mit 300 Bildern und Dokumenten. Münster 1997.
Lahrkamp, Helmut: Münster als Schauplatz des europäischen Friedenskongresses (1643-1649), in: Geschichte der Stadt Münster. Hrsg. von Franz-Josef Jakobi, Bd. 1. Münster 1993, S. 301-324.
Lahrkamp, Helmut: Münsters Rolle im Dreißigjährigen Krieg. Kaisertreue Festungsstadt im Alten Reich. (Kleine Schriften aus dem Stadtarchiv Münster, Bd. 2) Münster 1998.
Münster und Westfalen zur Zeit des Westfälischen Friedens, geschildert durch den päpstlichen Gesandten Fabio Chigi. Münster 1997.
Parker, Geoffrey: Der 30jährige Krieg. Frankfurt am Main/New York 1987.
Press, Volker: Soziale Folgen des Dreißigjährigen Krieges, in: Ständische Gesellschaft und soziale Mobilität. Hrsg. von Winfried Schulze. (Schriften des Historischen Kollegs, Kolloquien, Bd. 12) München 1988, S. 239-268.
Repgen, Konrad (Hrsg.): Krieg und Politik 1618-1648. Europäische Probleme und Perspektiven. (Schriften des Historischen Kollegs, Kolloquien, Bd. 8) München 1988.
Roggendorf, Hermann Josef: Die Politik des Pfalzgrafen von Neuburg im Jülich-klevischen Erbfolgestreit, in: Düsseldorfer Jahrbuch 53, 1968, S. 1-211.
Rothert, Hermann: Westfälische Geschichte, Bd. 2: Das Zeitalter der Glaubenskämpfe. 3. Aufl. Gütersloh 1964.
Schmidt, Georg: Der Dreißigjährige Krieg. 3. Aufl. München 1998.
Schmidt, Hans: Pfalz-Neuburgs Sprung zum Niederrhein. Wolfgang Wilhelm von Pfalz-Neuburg und der Jülich-klevische Erbfolgestreit, in: Um Glauben und Reich. Kurfürst Maximilian I. Hrsg. von Hubert Glaser. (= Ausstellungskatalog „Wittelsbach und Bayern", II/1) München 1980, S. 77-89.
Schormann, Gerhard: Der Dreißigjährige Krieg. (Kleine Vandenhoeck-Reihe, 1506) Göttingen 1985.
Schröer, Alois: Christoph Bernhard (Literatur Kap. 4).
Teske, Gunnar: Bürger, Bauern, Söldner und Gesandte. Der Dreißigjährige Krieg und der Westfälische Frieden in Westfalen. Münster 1997.
Wolf, Manfred: Das 17. Jahrhundert, in: Westfälische Geschichte. Hrsg. von Wilhelm Kohl, Bd. 1. Düsseldorf 1983, S. 537-604.

5.2 Westfalen und das Heilige Römische Reich, das brandenburg-preußische und das hochstiftische Westfalen, der Siebenjährige Krieg

Die politische Organisationsform Deutschlands war auch nach dem Dreißigjährigen Krieg noch immer die des aus dem Mittelalter überkommenen Reiches, das seit dem 15. Jahrhundert als Heiliges Römisches Reich deutscher Nation bezeichnet wurde. Das Reich hatte in der Reichsreform des 15. und 16. Jahrhunderts die Gestalt erhalten, mit der es über den Westfälischen Frieden hinaus bis zum Anfang des 19. Jahrhunderts bestand. An der Spitze des Reiches stand der Kaiser, dessen Herrscherstellung seit dem Mittelalter ein Wahlamt war. Durch die Bestimmungen des Westfälischen Friedens war der Kaiser „in der Gesetzgebung, in der Ausübung des ‚ius pacis et belli', in der mit dem Militärwesen eng verbundenen Steuererhebung, im Befestigungsrecht und in dem Recht, im Namen des Reiches Frieden zu schließen oder Bündnisse einzugehen (...) an die Zustimmung der Reichsstände bzw. des Reichstags gebunden" (Klueting, Reich und Österreich, S. 174). Als Reichsoberhaupt besaß der Kaiser daher keine Regierungsgewalt. 1648, beim Abschluß des Westfälischen Friedens, sah es sogar so aus, als markiere dieser Friedensschluß den Beginn der Umwandlung des Reiches in einen Staatenbund der größeren Territorialfürsten, die im Westfälischen Frieden die volle Landeshoheit bestätigt und das Recht erhielten, Bündnisse mit auswärtigen Mächten zu schließen; davon machte Christoph Bernhard von Galen als Bischof von Münster mit seinen Subsidienverträgen mit England und Frankreich Gebrauch. Das Reich trat damit als politische Größe immer mehr in den Hintergrund, wenn es auch bis 1806 niemals politisch gänzlich bedeutungslos wurde. So hing von seiner Existenz nicht nur der Bestand der kleinen Grafschaften und die Unabhängigkeit von Reichsstädten wie Dortmund ab, sondern auch der Fortbestand der geistlichen Territorien. Damit trug das Alte Reich bis zum Ende des 18. Jahrhunderts entscheidend zur Kontinuität der im Mittelalter entstandenen territorialen Strukturen Westfalens bei.

Der Kaiser, bei dessen Amt es sich um das mittelalterliche deutsche Königtum mit der seit dem 16. Jahrhundert damit verbundenen und von der Kaiserkrönung durch den Papst – die letzte hatte 1530 für Karl V. stattgefunden – gelösten römischen Kaiserwürde handelte, wurde von den Kurfürsten gewählt. Das waren seit der „Goldenen Bulle" von 1356 ursprünglich sieben, seit 1648 acht, seit 1692 neun und seit 1778 wieder nur acht Fürsten, darunter mit dem Kurfürst-Erzbischof von Köln und dem Kurfürsten von Brandenburg bzw. dem König von Preußen die beiden im 17. und vor allem im 18. Jahrhundert wichtigsten Landesherren Westfalens.

Alle Reichsstände, also die geistlichen und weltlichen Fürsten des Reiches, hatten Sitz und Stimme im Reichstag. Dieser erfuhr in der zweiten Hälfte des 17. Jahrhunderts entscheidende Veränderungen und wurde von einer von Fall zu Fall an wechselnden Orten stattfindenden Zusammenkunft des Kaisers und der Fürsten, die nach dem „Abschied“ des Reichstags wieder auseinandergingen, zu der seit 1663 ständig als „Immerwährender Reichstag“ in Regensburg tagenden Versammlung der Reichstagsgesandten der Reichsstände. Der Reichstag umfaßte die drei Kurien der Kurfürsten (Kurfürstenkollegium), der Fürsten (Fürstenrat) und der Reichsstädte. Die Kurie der Reichsstädte vereinigte zur Zeit der Französischen Revolution noch 51 Reichsstädte, darunter aus Westfalen die Stadt Dortmund. Dem Kurfürstenkollegium gehörten die Kurfürsten mit ihren Kurlanden an, also mit dem Territorium, an dem die Kurwürde haftete. Das war im Falle der Kurfürst-Erzbischöfe von Köln das rheinische Erzstift Köln, das sich auf der linken Rheinseite von Nürburg in der Eifel und von Andernach am Mittelrhein bis nach Rheinberg am Niederrhein erstreckte. Die Kurwürde des Brandenburgers haftete an der Kurmark um Berlin. Besaßen Kurfürsten außer ihren Kurlanden weitere Territorien, so hatten sie für jedes dieser Territorien eine Stimme im Fürstenrat des Reichstags. Das galt aber nicht generell. So gab es im Fürstenrat keine Stimmen für die kurkölnischen Nebenländer in Westfalen, das Herzogtum Westfalen und das Vest Recklinghausen. Da die Stimmen von Kleve und Mark ebenso wie die von Jülich und Berg seit dem Jülich-klevischen Erbfolgestreit ruhten, konnte Brandenburg im Fürstenrat keine Stimme für das Herzogtum Kleve oder für die Grafschaft Mark führen. Auch für die Grafschaft Ravensberg gab es keine Reichstagsstimme. Der Kurfürst von Brandenburg hatte im Fürstenrat des Reichstags aber eine Stimme für das Fürstentum Minden.

Dem in eine Geistliche Bank und in eine Weltliche Bank geteilten Fürstenrat gehörten zur Zeit der Französischen Revolution 35 geistliche Fürsten, also Bischöfe und, ihnen in dieser Hinsicht gleichgestellt, die Reichsäbte von Prüm, Stablo und Corvey, und 59 weltliche Fürsten an, darunter der König von Preußen für das Fürstentum Minden. Hinzu kamen 99 Reichsgrafen und 42 Reichsprälaten, d. h. Äbte oder Äbtissinnen bedeutender Reichsklöster. Dazu gehörte aus Westfalen die Äbtissin der Reichsabtei Herford; aus der unmittelbaren Nachbarschaft Westfalens sind der Reichsabt von Werden und die Fürstäbtissin von Essen zu nennen. Die Grafen und die Prälaten hatten auf dem Reichstag innerhalb des Fürstenrates sechs Kuriatstimmen (gemeinschaftliche Stimmen), standen also deutlich hinter den Fürsten mit ihren Virilstimmen (Einzelstimmen) zurück. Die sechs Kuriatstimmen entfielen auf vier reichsgräfliche und zwei prälatorische Korporationen. Das waren die Korporationen der wetterauischen, der schwäbischen, der fränkischen und der westfälischen Grafen und der schwäbischen sowie der rheinischen Prälaten. An der Kuriatstimme der westfälischen Grafen hatte der König von Preußen im 18. Jahrhundert Anteil für die Grafschaft Tecklenburg. Zu den westfälischen Grafen zählten auch außerhalb Westfalens liegende reichsgräfliche Territorien wie Sayn-Altenkirchen, Sayn-Hachenburg, Wied-Runkel, Wied-Neuwied, Lippe, Schaumburg-Lippe, Hoya, Diepholz, Spiegelberg, Virneburg und Eifelgrafschaften wie Blankenheim und Gerolstein. Die beiden Grafschaften Wittgenstein-Berleburg und Wittgenstein-Wittgenstein gehörten zu den wetterauischen Grafen, während das Siegerland seit der Erhe-

bung des Hauses Nassau-Siegen in den Fürstenstand im Jahre 1652 an der Virilstimme Nassau-Dillenburgs Anteil hatte.
Während die Schwäbische und die Wetterauische Grafenbank des Fürstenrates auf die Zeit der Reichsreformen Kaiser Maximilians I. zurückgingen, hatte sich das Fränkische Reichsgrafenkollegium 1641 gebildet. Das Niederrheinisch-Westfälische Reichsgrafenkollegium entstand erst mit der Schaffung einer vierten reichsgräflichen Kuriatstimme, der westfälischen, auf dem Reichstag von 1653, indem sich die Reichsgrafen des Niederrheinisch-Westfälischen Reichskreises sowie einige aus anderen Reichskreisen vom Wetterauischen Reichsgrafenkollegium trennten. An der Spitze des Niederrheinisch-Westfälischen Reichsgrafenkollegiums stand ein Direktor. Seit 1698 kannte die konfessionell gespaltene Korporation das Nebeneinander eines katholischen und eines evangelischen Direktors. Der letzte gemeinsame, beide Konfessionsgruppen vereinigende westfälische Grafentag fand 1747 am traditionellen Tagungsort, in der Reichsstadt Köln, statt, doch blieb das Kollegium der westfälischen Grafen ebenso wie ihre Kuriatstimme im Fürstenrat des Reichstags bis 1806 bestehen.
Wichtige Reichsinstitutionen waren auch die 1512/21 entstandenen Reichskreise, darunter der Niederrheinisch-Westfälische Kreis, von dem bereits die Rede war (S. 13 f.). Nach der Reichsexekutionsordnung von 1555 waren die Reichskreise und ihre Organe für die Landfriedenswahrung und für die Vollstreckung von Reichskammergerichtsurteilen zuständig. Hinzu kam, vor allem nach der dritten Reichsmünzordnung von 1566, die Aufsicht über das Münzwesen. Die Reichskriegsverfassung (Reichsdefensionalordnung) von 1681 übertrug den Reichskreisen die Aufstellung und den Unterhalt der Reichsarmee und die Umlage der vom Reichstag beschlossenen Militärlasten. Die Reichskreise entsandten Beisitzer zum Reichskammergericht. An der Spitze der Reichskreise standen zunächst gewählte Kreishauptleute, später Kreisoberste, die im Kriegsfall die Kreistruppen als Teil der Reichsarmee befehligten. Seit 1555 waren in den meisten Reichskreisen ein geistlicher und ein weltlicher Fürst Kreisausschreibende Reichsstände, für die im 17. Jahrhundert auch die Bezeichnung Kreisdirektor aufkam.
Der Niederrheinisch-Westfälische Reichskreis reichte, wie schon erwähnt wurde, einerseits weit über Westfalen hinaus bis in den Westerwald, in die Eifel und ins heutige Belgien sowie bis an die ostfriesische Nordseeküste, andererseits gehörten das Vest Recklinghausen, das Herzogtum Westfalen und die beiden Grafschaften Wittgenstein nicht zum Niederrheinisch-Westfälischen sondern zum Kurrheinischen bzw. zum Oberrheinischen Reichskreis. Der erste Kreishauptmann oder Kreisoberst und somit Befehlshaber der Kreisexekution war im Niederrheinisch-Westfälischen Reichskreis Herzog Wilhelm der Reiche von Jülich-Kleve-Berg, der aber 1567 wegen der nicht zu erreichenden Verbesserung der Kriegsverfassung von diesem Amt zurücktrat. Danach wurde das Amt des Kreisobersten nur noch von Fall zu Fall besetzt. Wichtiger wurde stattdessen das Ausschreibeamt. Kreisausschreibende Reichsstände bzw. Kreisdirektoren waren der Herzog von Jülich-

Kleve-Berg und, seit 1542/64, der Bischof von Münster. Nach dem Jülich-klevischen Erbfolgestreit wurde das jülichsche Kreisdirektorium aufgrund einer Regelung des Vertrags von Kleve von 1666 von Brandenburg und Pfalz-Neuburg gemeinsam bzw. abwechselnd ausgeübt. Daneben bestand das Kreisdirektorium des Bischofs von Münster fort.
Der zumeist einmal im Jahr stattfindende Kreistag kam in der Regel in der für den Kreis zentral gelegenen Reichsstadt Köln zusammen. Es gab aber auch Kreisversammlungen in Dortmund, Essen, Duisburg und Aachen, außerdem Kreisdeputiertentage und Direktorialkonferenzen in Bielefeld, Düsseldorf und Herford, in der Grafschaft Lippe und in Wesel. Die Münzprobationstage fanden für den Niederrheinisch-Westfälischen Reichskreis regelmäßig in halbjährigem Turnus in Köln oder in Essen statt. Hier saßen auch die für das Münzwesen zuständigen Kreisbeamten, der Kreispfennigmeister und der Münzwardein. Münzstätten (Prägestätten) des Niederrheinisch-Westfälischen Reichskreises waren Köln, Aachen, Münster und Emden, nach 1686 auch Kleve, Düsseldorf, Paderborn, Lüttich, Osnabrück und Dortmund, ferner im 16. Jahrhundert auch das seit 1678 französische Cambrai. „In der Münzpflege lag bis zur zweiten Hälfte des 17. Jahrhunderts die größte Bedeutung des Kreises, während die Landfriedenswahrung mit nicht geringen Mängeln behaftet blieb“ (Behr).
Nach dem Westfälischen Frieden ging die Bedeutung des Niederrheinisch-Westfälischen Reichskreises, trotz entgegenstehender Regelungen des Osnabrücker Friedensvertrags, mehr und mehr zurück. Kreistage fanden immer seltener statt – zwischen 1738 und 1787 nur einmal im Jahre 1757. Münzprobationstage gab es nach 1715 gar nicht mehr. Die Aufsicht über das Münzwesen wurde Sache der Territorialstaaten. Entgegen der Reichsdefensionalordnung von 1681 spielte im Niederrheinisch-Westfälischen Reichskreis bald auch die Kreiswehrverfassung keinerlei Rolle mehr. Stattdessen übernahmen größere Kreisstände, vor allem Brandenburg-Preußen, als „armierte Stände“ (bewaffnete Stände) die militärischen Pflichten kleiner „nichtarmierter“ Territorien gegenüber dem Reich gegen feste jährliche Geldzahlungen. Die „armierten Stände“ banden durch diese Stellvertretung kleine reichsunmittelbare Territorien politisch an sich, entfremdeten sie dem Reich und machten sie von sich abhängig und gewannen zugleich durch die regelmäßig eingehenden Geldzahlungen finanzielle Beihilfen für die Unterhaltung ihrer eigenen Truppen. Solche „Vertretungsländer“ Brandenburg-Preußens waren im niederrheinisch-westfälischen Raum die Reichsstifte Essen und Elten (Emmerich), die Reichsabtei Werden, die Reichsstadt Dortmund, die Grafschaft Limburg und die Herrschaft Gimborn (Gummersbach). Vertretungsländer wurden auch als „Nebenquartiere“ bezeichnet. „Ursache für diesen Niedergang waren die inneren Gegensätze, die sich im Niederrheinisch-Westfälischen Kreis wie in kaum einem anderen aus der konfessionellen Zugehörigkeit und den Machtverhältnissen ergaben. Sowohl der aus der Struktur des Kreises entspringende konfessionelle Gegensatz wie die Zwistigkeiten zwischen Armierten und Nichtarmierten trugen zu seiner Schwächung bei. Das

Hauptproblem aber bildete die seit dem Ende des 16. Jahrhunderts zunehmende politische Überfremdung durch Territorialerwerbungen auswärtiger Mächte" (Behr).

Die wirksamsten Reichsinstitutionen waren in Westfalen die beiden nebeneinander bestehenden hohen Reichsgerichte, der Reichshofrat und das Reichskammergericht. Das 1495 (endgültig 1527) gegründete Reichskammergericht befand sich ursprünglich in Speyer, bevor es 1689 nach Wetzlar verlegt wurde; der Reichshofrat, der 1527 seine Arbeit aufnahm, saß in Wien. Beide Gerichte bestanden bis 1806. Auch wenn viele Territorien wegen der ihren Landesherren erteilten kaiserlichen „privilegia de non appellando" keinen Instanzenzug von territorialen Gerichten zu den Reichsgerichten als letzter Instanz kannten, so konnten die Untertanen die Reichsgerichte doch in Fällen von Mißbrauch der Landeshoheit oder Rechtsverweigerung gegen ihre Landesherren anrufen.

Ein gutes Beispiel bieten dafür die Auseinandersetzungen der Jahre 1696 bis 1803 zwischen den Bauern und dem Landesherrn in der südlichen der beiden Grafschaften Wittgenstein, Wittgenstein-Wittgenstein. Hier zogen die Bauern wiederholt gegen den Grafen vor das Reichskammergericht. Als Folge der Einziehung von Bauernland zugunsten gräflicher Höfe war es hier im 17. Jahrhundert zu verstärkter Heranziehung der Bauern zu Dienstleistungen (Frondiensten) auf diesen Höfen gekommen. Als 1695 auch noch Steuerforderungen hinzukamen, die durch den Pfälzischen Krieg bedingt waren, und die Steuern gewaltsam eingetrieben wurden und schließlich 1698 Pfändungen auf Dienst- und Deputatgelder stattfanden, nahm die Unzufriedenheit der Bauern organisierte Formen an. Zunächst klagten nur die Bauern der Vogtei Elsoff (heute entgegen der alten Grenzziehung Bad Berleburg) vor dem Reichskammergericht gegen den seit 1698 regierenden Grafen Heinrich Albrecht, bevor die Bauern der drei anderen Landesviertel der Grafschaft Wittgenstein-Wittgenstein, der Ämter Erndtebrück, Wittgenstein (Bad Laasphe) und Richstein (Bad Berleburg), 1700 ebenfalls vor das Reichskammergericht zogen. 1702 folgte eine weitere Klage, der sich jetzt auch die Stadt Laasphe anschloß, an der die Vogtei Elsoff aber nicht beteiligt war. Gleichzeitig beschritt auch der Graf den Klageweg gegen seine Untertanen, bevor es 1704/05 durch Einlenken des Grafen zur Entschärfung des Konflikts und zur Umwandlung der geforderten Dienstleistungen in eine Geldabgabe kam.

1720 nahmen die Auseinandersetzungen in Wittgenstein-Wittgenstein wieder an Schärfe zu. Dahinter standen die Folgen von Mißernten und die Haltung des seit 1719 an der Regierung beteiligten Grafen August, des jüngeren Bruders Heinrich Albrechts, der 1721 damit begann, seine Forderungen mit Gewalt durchzusetzen. Die Bauern wandten sich wieder an das Reichskammergericht. Während das Gericht in den Jahren 1696 bis 1702 „einen unparteiischen, vielleicht sogar als untertanenfreundlich zu charakterisierenden Standpunkt" (Troßbach, S. 85) eingenommen hatte, verhielt sich das Reichskammergericht in der Prozeßphase von 1721 bis 1726 als „Instrument der Herrschaft zur Unterwerfung der Untertanen" (Troßbach,

S. 85). Das zeigte vor allem das Urteil vom Oktober 1724, das die Bauern als Leibeigene qualifizierte und daraus deren Verpflichtungen zu ungemessenen (im Umfang nicht festgelegten) Frondiensten ableitete. Immerhin gelang es einfachen Bauern, „die als Prozeßbevollmächtigte an den Sitz eines Reichsgerichts delegiert wurden, bisweilen in überraschender Weise, den höfisch-behördlichen Informationsvorsprung der herrschaftlichen Seite aufzuholen, selbst Assessoren zu bestechen oder sie auf andere Weise von ihrem Anliegen zu überzeugen" (Troßbach, S. 86). Die relativ geringe Entfernung zwischen der Grafschaft Wittgenstein-Wittgenstein und der Reichsstadt Wetzlar gab den wittgensteinischen Bauern außerdem die Möglichkeit, in größerer Zahl beim Reichskammergericht zu erscheinen, wo sich manchmal mehr als 60 Bauern aus Wittgenstein einfanden.

1728 wandten sich die wittgensteinischen Bauern auch nach Wien und legten beim Reichshofrat eine Klageschrift vor, wo sie jedoch aus formalen Gründen an das Reichskammergericht zurückverwiesen wurden. Hier reichten sie 1730 eine neue Klage gegen den Grafen ein. 1776 und 1778 und in den folgenden Jahren wurde das Reichskammergericht wieder mit Beschwerden wittgensteinischer Bauern befaßt. 1790 erreichten sie aufgrund ihrer Klage von 1778 ein ihren Rechtsauffassungen entgegenkommendes Urteil, auch wenn sie darin zur Steuerzahlung an ihren Landesherrn und zur Entrichtung des üblichen Dienstgeldes aufgefordert wurden. 1801 entschied das Reichskammergericht gegen den im gleichen Jahr vom Kaiser in den Fürstenstand erhobenen Grafen Friedrich Karl wegen rechtswidriger Selbsthilfe, nachdem dieser während des in Wetzlar anhängigen Prozesses unter Umgehung des Reichskammergerichts mit Hilfe hessen-kasselscher Soldaten seinem Rechtsstandpunkt gegenüber den Bauern Geltung zu verschaffen versucht hatte.

Das Reichskammergericht war erstinstanzlich für Rechtsstreitigkeiten zwischen Fürsten und Grafen, also zwischen Reichsständen bzw. Reichsunmittelbaren, zuständig. Auch hier bietet Westfalen ein gutes Beispiel mit dem Erbstreit um die Grafschaft Tecklenburg. Der letzte Graf von Tecklenburg, jener Konrad, der 1527 in der Schloßkapelle zu Rheda den reformatorischen Gottesdienst eingeführt hatte, starb 1557. Er hatte nur eine Tochter, Anna von Tecklenburg, die seit 1553 mit dem Grafen Everwin III. von Bentheim verheiratet war, wodurch die Grafschaft Tecklenburg und die mit ihr verbundene Herrschaft Rheda an die Grafen von Bentheim gelangte. Eine Schwester des Grafen Konrad von Tecklenburg, die ebenfalls Anna hieß, hatte 1534 den Grafen Philipp von Solms-Braunfels geheiratet. Diese Eheschließung wurde zum Ursprung eines langwierigen Erbstreites vor dem Reichskammergericht, der erst im 18. Jahrhundert zum Abschluß kam, für die Grafen von Bentheim den Verlust der Grafschaft Tecklenburg nach sich zog und entscheidend zu deren Übergang an Preußen beitrug und dadurch für die Geschichte Westfalens insgesamt Bedeutung besaß.

Anna von Tecklenburg, die Schwester Konrads von Tecklenburg, hatte bei ihrer Eheschließung mit dem Grafen von Solms-Braunfels gegen eine Abfindung von 6.000 Gulden auf ihre Erbrechte an Tecklenburg verzichtet, was ihr Gemahl 1535

bestätigte. Dennoch focht ihr Sohn, Graf Konrad von Solms-Braunfels, 1577 den Erbverzicht seiner Mutter an, erhob Klage vor dem Reichskammergericht gegen Graf Arnold II. von Bentheim, den Sohn Everwins III. von Bentheim und Annas von Tecklenburg, der Tochter Konrads von Tecklenburg, und verlangte einen Anteil an der Hinterlassenschaft seines Großvaters, des Grafen Otto IX. von Tecklenburg. Die Sache blieb lange in der Schwebe. Erst 1686 entschied das Reichskammergericht, daß Graf Wilhelm Moritz von Solms-Braunfels als Erbe und Rechtsnachfolger des Klägers von 1577 drei Achtel der Grafschaft Tecklenburg und drei Achtel der Herrschaft Rheda erhalten sollte. 1699 einigten sich Graf Johann Adolf von Bentheim-Tecklenburg und Graf Wilhelm Moritz von Solms-Braunfels im Vertrag von Lengerich darauf, daß Solms abweichend von diesem Urteil drei Viertel von Tecklenburg und ein Viertel von Rheda erhalten sollte.
1701 nahm Bentheim-Tecklenburg den Rechtsstreit wieder auf, und zwar jetzt vor dem Reichshofrat in Wien, der das Urteil des Reichskammergerichts von 1686 aufhob. Daraufhin verkaufte Graf Wilhelm Moritz von Solms-Braunfels 1707 seinen ihm im Vertrag von Lengerich von 1699 zugestandenen Anteil an Tecklenburg für 250 000 Reichstaler an König Friedrich I. in Preußen. Von nun an gerieten der Prozeß und die Ansprüche des Grafen von Bentheim-Tecklenburg auf die Grafschaft Tecklenburg ebenso wie der Bestand der Herrschaft Rheda in die politischen Interessengegensätze der großen Mächte, besonders des Kaisers und Preußens, während die gesamte Grafschaft Tecklenburg seit 1707 faktisch preußisch war. 1715 fällte der Reichshofrat die Entscheidung, mit der König Friedrich Wilhelm I., der 1713 seinem Vater Friedrich I. gefolgt war, verpflichtet wurde, Tecklenburg gegen Erstattung der 1707 von Preußen an Solms-Braunfels gezahlten 250 000 Reichstaler an Bentheim-Tecklenburg zurückzugeben. Doch war das 1715 ebensowenig durchsetzbar wie später, als es um die Anerkennung der Pragmatischen Sanktion, der Erbfolgeregelung der österreichischen Monarchie von 1713, durch Preußen ging. „In einer Phase politischer Spannungen und diplomatischer Konflikte mit Preußen verlangte Karl VI. schließlich durch Reichshofratsdekret vom 10. Juli 1722 von Preußen die Rückgabe Tecklenburgs an Bentheim und die Erstattung sämtlicher Prozeßkosten. Der Kaiser beauftragte den König von Großbritannien als Kurfürst von Hannover und den Herzog von Braunschweig-Wolfenbüttel mit der Reichsexekution gegen Preußen, zu der es aber nicht mehr kam. Am 12. Oktober 1726 schloß Preußen mit dem Kaiser den Vertrag von Wusterhausen, bevor Preußen 1728 die Pragmatische Sanktion anerkannte. Damit waren die Würfel auch über Tecklenburg und über den Grafen von Bentheim gefallen, der die Unterstützung des Kaisers und des Reichhofrats verlor" (Klueting, Reich und Österreich, S. 247). 1729 ging Graf Moritz Casimir I. den – auch als Tecklenburger Vergleich bekannten – Berliner Vergleich ein, in dem der Graf gegen eine Abfindung in Höhe von 175 000 Reichstalern zugunsten Preußens auf die Grafschaft Tecklenburg verzichtete. Als Gegenleistung erreichte der Graf, daß die Herrschaft Rheda seinem Haus im alten Umfang erhalten blieb und seine uneingeschränkte Landeshoheit in

der Grafschaft Limburg sowie deren Reichsunmittelbarkeit von Preußen anerkannt wurden.
Mit den Grafschaften Mark und Ravensberg, mit dem durch den Westfälischen Frieden an Brandenburg gefallenen säkularisierten Hochstift Minden und mit der Grafschaft Tecklenburg besaß Preußen im 18. Jahrhundert vier wichtige Territorien in Westfalen. Hinzu kam in der unmittelbaren Nachbarschaft Westfalens das westlich an das Hochstift Münster angrenzende Herzogtum Kleve. Kleve, Mark, Ravensberg und Tecklenburg umgaben kranzartig das Oberstift Münster. Während die Grafschaft Mark mit dem westlichen Hellweg von Wattenscheid (Bochum) bis Soest und mit dem westlichen (märkischen) Sauerland große Teile des westlichen, des mittleren und des südlichen Westfalen einnahm, bildeten Ravensberg und Minden einen zusammenhängenden Block im Nordosten Westfalens im Bereich des Teutoburger Waldes, des Wiehengebirges und an der Weser. Dazu kam noch der preußische Anteil an dem preußisch-lippischen Kondominium Lippstadt, das im Ursprung auf den märkischen Pfandbesitz des 14. Jahrhunderts zurückging (S. 76). Im Umkreis Westfalens gewann Preußen außerdem durch die oranische Erbschaft – der 1688 gestorbene Kurfürst Friedrich Wilhelm von Brandenburg war mit Luise Henriette von Oranien-Nassau verheiratet – 1702 die einst als Folge des Schmalkaldischen Krieges von 1547 den Grafen von Tecklenburg verlorengegangene Grafschaft Lingen an der Ems im heutigen Niedersachsen und am Niederrhein das Fürstentum Moers mit Krefeld. Durch den Frieden von Utrecht 1713 kam am Niederrhein noch das Oberquartier Geldern und durch einen Erbvertrag nach dem Aussterben des Fürstenhauses der Cirksena 1744 das Fürstentum Ostfriesland hinzu. Alle diese Territorien und damit wichtige Teile Westfalens wurden im 18. Jahrhundert Bestandteil eines absolutistisch regierten Staates, der in der zweiten Hälfte des 18. Jahrhunderts in den Kreis der europäischen Großmächte aufstieg und von da an als fünfte und jüngste Großmacht neben Großbritannien, Frankreich, Österreich und Rußland stand.
Als 1640 der auch als der „Große Kurfürst“ bezeichnete Kurfürst Friedrich Wilhelm, der Enkel Johann Sigismunds, seinem Vater Georg Wilhelm in der Regierung folgte, besaß er neben Brandenburg eine Reihe größerer und kleinerer Territorien, die mehrere hundert Kilometer weit voneinander entfernt und nicht miteinander verbunden waren und sich von Kleve im Westen bis nach Memel im Osten erstreckten. Dieses Konglomerat militärisch nicht zu verteidigender Länder konnte keine ausreichende Basis für den Aufbau einer größeren Machtstellung bieten. Außerdem hatte der Dreißigjährige Krieg in einem Teil dieser Länder erhebliche Zerstörungen und Bevölkerungsverluste hinterlassen. Ein Teil war auch nach 1648 noch auf Jahre von fremden Truppen besetzt. Im Westen zogen sich die Auseinandersetzungen um das jülich-klevische Erbe bis 1666 hin, so daß Kleve, Mark und Ravensberg, als Minden hinzukam, noch nicht einmal ein rechtlich gesicherter Besitz waren, geschweige denn militärisch. In dieser Lage eines instabilen und von außen bedrohten, von fremden Truppen besetzten und territorial zerrissenen Territorienbündels ohne

größere eigene Hilfsmittel begann der Kurfürst seit 1644 mit dem Aufbau eines kleinen stehenden Heeres, also einer ständig einsatzfähigen und nicht nur im Kriegsfall angeworbenen Armee, um so größere außenpolitische Handlungsfähigkeit zu gewinnen. Zur Aufstellung, Ausrüstung und dauernden Unterhaltung dieser Truppen, die im Laufe der Regierungszeit des Kurfürsten immerhin einen Umfang von 30 000 Mann erreichten, waren große Summen Geldes erforderlich.

Hier lagen die Anfänge des brandenburg-preußischen Absolutismus. Die Steuerforderungen für den Aufbau und die Unterhaltung des Heeres führten zu Auseinandersetzungen mit den adeligen Landständen, die zwar zumeist persönlich und für ihren eigenen Grundbesitz steuerfrei waren, die Heranziehung der von ihnen abhängigen Bauern zu erhöhter Steuerzahlung aber als Belastung empfanden, weil damit deren Leistungsfähigkeit ihren adeligen Grund- oder Gutsherren gegenüber gemindert werden konnte. Am raschesten gelang dem Kurfürsten die Zurückdrängung der Landstände in der Kurmark, und zwar mit dem kurmärkischen Landtagsrezeß von 1653. Der Adel erhielt darin die Garantie seiner – in einigen Punkten sogar erweiterten – sozialen und wirtschaftlichen Privilegien, mußte dafür aber langfristig im voraus die Heeressteuern bewilligen. Damit verzichteten die Landstände der Kurmark für die Zukunft weitgehend auf ihre politische Mitwirkung. Daher gab es nach 1653 in der Kurmark auch keine allgemeinen Landtage mehr. Im Herzogtum Preußen brachte der Kurfürst die Landstände auf dem „Langen Landtag" der Jahre 1661 bis 1663, nicht ohne Gewaltanwendung gegen einzelne Personen, zur Bewilligung der Heeressteuern.

In Kleve und Mark erreichte Kurfürst Friedrich Wilhelm sein Ziel mit den Landtagsabschieden vom 24. August 1660 und vom 19. März 1661. Das bedeutete jedoch im Falle des Herzogtums Kleve und der Grafschaft Mark nicht Beseitigung von Ständen und Landtag und Sieg des fürstlichen Absolutismus. „Die Recesse von 1660 und 1661 liessen den cleve-märkischen Ständen noch einen Umfang von Privilegien, wie ihn wenige deutsche Landstände besassen. Nicht nur das volle Steuerbewilligungsrecht und das ungeschmälerte Indigenatsprivileg, sondern sogar die Erhebung von 12 000 Thlr. jährlicher Dispositionsgelder, ja die Befugniss, sich jeder Zeit nach eigenem Gutdünken versammeln zu dürfen" (Haeften, S. 939). Damit blieb der Landtag in Kleve und Mark mit einem eingeschränkten Steuerbewilligungsrecht bestehen, wenn das Fortbestehen des Landtags auch nicht mit dessen politischem Gewicht gleichzusetzen war. Immerhin hielt sich der Kurfürst, von Ausnahmen abgesehen, an das Indigenatsrecht, nach dem Verwaltungsämter nur mit Landeskindern besetzt werden durften.

Die wichtigste Ausnahme war der 1652 vom Kaiser in den Fürstenstand erhobene Johann Moritz von Nassau-Siegen, der nach einer Karriere als Generalgouverneur der niederländischen Westindienkompagnie in Brasilien (daher Johann Moritz Americanus) 1647 brandenburgischer Statthalter in Kleve, Mark und Ravensberg und 1649 auch in Minden wurde und dieses Amt bis zu seinem Tod 1679 behielt. Erst in der Zeit König Friedrich Wilhelms I. nach 1713 wurden wichtige Verwaltungsposten vorwiegend mit Landfremden besetzt. „An der Entstehung der politisch-administrativen Struktur des absolutistischen Preußen hatten die westlichen Gebiete keinen führenden Anteil. Sie bewahrten sich vielmehr von Anfang an eine ausgeprägte Eigenart, die an Bedeutung in dem Maße zunahm, in dem sich der preußische Verwaltungsstaat vor allem im 18. Jahrhundert institutionell verfestigte. Aus der Sicht der Staatsspitze ist diese Sonderentwicklung zum kleineren Teil das Ergebnis mißlungener Integrationsversuche, zum größeren Teil auf bewußt gewollte Berücksichtigung vorgegebener wirtschaftlicher, gesellschaftlicher und kultureller Eigenart der westlichen Gebiete zurückzuführen" (Opgenoorth, S. 34).

Dazu trug auch die Einrichtung der „Erbentage" bei, die jährlich in den einzelnen Ämtern oder Kirchspielen des Herzogtums Kleve und der Grafschaft Mark zusammenkamen und an denen ein Teil der Bauern, nämlich die freien bäuerlichen Eigentümer und später auch sog. „Erbzinsleute", teilnahmen. Weil im nördlichen Teil der Grafschaft Mark die Eigenbehörigkeit (Leibeigenschaft) vorherrschte und freies bäuerliches Eigentum selten war, dominierte hier der Adel auf den Erbentagen. Davon unterschied sich der Landesteil der Grafschaft Mark südlich der Ruhr, das sog. Süderland. Hier gab es nur wenige Adelssitze. Dafür spielte hier das freie bäuerliche Eigentum eine so große Rolle, daß z. B. im Amt Plettenberg 72 von 175 steuerpflichtigen Höfen in diese Kategorie fielen. Im Süden der Grafschaft Mark erschienen daher auf den Erbentagen zahlreiche Bauern und teilweise gar keine Adeligen. Die Anfänge der kleve-märkischen Erbentage lagen in den vierziger Jahren des 17. Jahrhunderts. Sie verdankten ihre Entstehung der Förderung durch den Kurfürsten, besonders durch eine Verfügung von 1647, mit der die Umlage der vom Landtag bewilligten Steuern an die Mitwirkung der „Meistbeerbten" gebunden wurde. Diese Beteiligung der „Beerbten" an der Steuerumlage erscheint somit als Mittel zur Einschränkung des landständischen Besteuerungswesens und zur Durchsetzung des landesherrlichen Steuermonopols, aber auch als Instrument des fürstlichen Verwaltungsstaates gegen die alte gemeindliche Selbstverwaltung, die mit der Institution der Erbentage eine fortschreitende Verstaatlichung erfuhr. Im 18. Jahrhundert wurden aber auch die Erbentage in die staatliche Lokalverwaltung integriert. In der Grafschaft Mark gab es nebeneinander 42 Erbentage, gegenüber rund 70 im Herzogtum Kleve.

In vergleichbaren Territorien wie Jülich und Berg oder dem Herzogtum Westfalen fehlten entsprechende Einrichtungen, weil hier die Aufgaben der kleve-märkischen Erbentage in anderer Weise erfüllt wurden. Diese bestanden in der Umlage der Steuern innerhalb der einzelnen Steuerbezirke, in der Festlegung von Steuernachlässen oder Steuererlaß für einzelne Steuerpflichtige bei Unglücksfällen wie Abbrennen des Hauses oder Viehsterben, in der Aufstellung des eigenen Haushalts des Steuerbezirks und in der Festsetzung einer entsprechenden zusätzlichen Steuer, von deren Ertrag die Besoldungen der Beamten des Amtes, der gewählten Vorsteher der Bauerschaften und der Schulmeister in den Kirchspielen gezahlt wurden. Hinzu kamen die eigenverantwortliche Regelung von Wege- und Brückenbaugeldern, die Zahlung von Diäten für die Teilnehmer der Erbentage, der Schuldendienst, etwa infolge von Prozeßkosten, und Aufwendungen für Sozialleistungen. Dazu gehörten Beihilfen für nichtsteuerpflichtige Eingesessene bei Sturm- oder Feuerschäden. „Dabei kann es nicht zweifelhaft sein, daß die Ausbildung der Erbentage in Anlehnung an die alten Formen der Steuerumlage in den Kirchspiels- oder Bauerschaftsgemeinden erfolgte. Als dauernde Institution eines Erbentages aber waren sie eine vom brandenburgischen Absolutismus geschaffene Einrichtung mit einer gegen die Landstände aus Ritterschaft und Städten gerichteten Spitze. Dabei war es eine Folge der bäuerlichen Rechts- und Sozialverhältnisse, daß in einem Teil der Erbentage der ritterschaftliche Adel dominierte“ (Klueting, Bauern auf den Erbentagen, S. 47).

Auf den 1688 gestorbenen Kurfürsten Friedrich Wilhelm von Brandenburg folgte sein Sohn Kurfürst Friedrich III., der sich seit seiner Königskrönung 1701 Friedrich I. nannte. Der Erwerb der Königswürde wurde von früheren Historikern vorwiegend negativ beurteilt und als Ausfluß persönlicher Eitelkeit hingestellt. Man übersah dabei den außenpolitischen Zugzwang, unter dem der Kurfürst bei seinem Streben nach der Königswürde stand, wenn er nicht hinter seinen Herrscherkollegen in Dresden und Hannover zurückstehen wollte. 1697 hatte der Kurfürst von Sachsen, August der Starke, durch seine Wahl zum König von Polen eine Rangerhöhung erfahren, während der Herzog von Braunschweig-Lüneburg schon 1692 zum Kurfürsten von Hannover aufgestiegen war; zugleich bestand bereits die Aussicht des Kurfürsten von Hannover auf den englischen Königsthron, den Kurfürst Georg Ludwig von Hannover (Georg I. von Großbritannien) 1714 bestieg. Die territoriale und staatsrechtliche Grundlage der preußischen Königswürde von 1701 bildete zwar nur das nicht zum Heiligen Römischen Reich gehörende Herzogtum Preußen, so daß die Königswürde im Grunde genommen nur in dem später Ostpreußen genannten Land galt (daher „König in Preußen“). Doch schuf Friedrich I. mit der preußischen Königswürde ein für alle brandenburgischen Territorien einheitsstiftendes Symbol, das bald politisches und kulturelles Eigengewicht bekam. Dadurch dehnte sich der Name „Preußen“ im Laufe des 18. Jahrhunderts von dem isolierten Herzogtum östlich der Weichsel auf den Gesamtstaat und somit auch auf die niederrheinisch-westfälischen Provinzen des Königs von Preußen aus. Hinzu kam der preußische Patriotismus, wie er in bestimmten bürgerlichen Schichten durch die preußischen Siege im Siebenjährigen Krieg entstand.

Das trug dazu bei, daß im preußischen Westfalen allmählich ein preußisches Staatsbewußtsein entstand. So konnte Johann Friedrich Möller, lutherischer Prediger im Stift Elsey in der der preußischen Grafschaft Mark benachbarten Grafschaft Limburg, ein Jahrhundert später, in einer seiner Bittschriften von 1806, schreiben: „Wir sind Norddeutsche, sind Preußen, und das wollen, das müssen wir bleiben“ (Esser, S. 127). Es ging in diesen Bittschriften an König Friedrich Wilhelm III. von Preußen, mit denen sich der „Pfarrer von Elsey“ zum Sprecher der Grafschaft Mark machte, um das Verbleiben der Grafschaft Mark bei Preußen. Dahinter standen Gerüchte über Absichten des Königs und der preußischen Regierung, die westfälischen

Die Kurfürsten von Brandenburg im 17. und die Könige von Preußen im 18. Jahrhundert

Johann Sigismund (* 1572 † 1619)
1608-1619 Kurfürst
Georg Wilhelm (* 1595 † 1640)
1619-1640 Kurfürst
Friedrich Wilhelm, der „Große Kurfürst" (* 1620 † 1688)
1640-1688 Kurfürst
Friedrich III. (I.) (* 1657 † 1713)
1688-1701 Kurfürst
1701-1713 König
Friedrich Wilhelm I. (* 1688 † 1740)
1713-1740 König
Friedrich II., „der Große" (* 1712 † 1786)
1740-1786 König
Friedrich Wilhelm II. (* 1744 † 1797)
1786-1797 König

Gebiete Preußens gegen das für Preußen günstiger gelegene Kurfürstentum Hannover einzutauschen. Wenn es etwa gleichzeitig, 1802/03, in Münster als schweres Schicksal angesehen wurde, ausgerechnet dem preußischen Staat angegliedert zu werden – „denn mit Preußen verknüpfte der Münsteraner ausschließlich negative Vorstellungen von starrem, alles reglementierendem Bürokratismus, von hoher Steuerbelastung und hartem Militärdrill für viele, während nach verbreiteter Meinung ‚unter dem Krummstab gut wohnen' gewesen war" (Lahrkamp, S. 7) –, so zeigt dieser Gegensatz, in welchem Ausmaß es im Laufe des 18. Jahrhunderts zu einer Spaltung in ein protestantisch-preußisches und in ein katholisch-hochstiftisches Westfalen kam, der sich auch die kleinen reichsgräflichen Territorien wie Limburg nicht entziehen konnten.
Nach dem Tod König Friedrichs I. 1713 folgte ihm sein Sohn Friedrich Wilhelm I. Dieser König schränkte die aufwendige Hofhaltung seines Vaters drastisch ein und konzentrierte seine Tätigkeit auf grundlegende Reformen der Verwaltung. Man hat daher für seine bis zu seinem Tod 1740 andauernde Regierungszeit auch von der „administrativen Phase des preußischen Absolutismus" (Opgenoorth, S. 37) gesprochen. Das blieb auch in den westfälischen Gebieten Preußens nicht ohne Folgen.
Im Mittelpunkt der Verwaltungsreformen Friedrich Wilhelms I. stand die Gründung des „General-Oberfinanz-Kriegs- und Domänendirektoriums" – kurz: des Generaldirektoriums – in Berlin, das 1723 seine Arbeit aufnahm. Das war eine Zentralbehörde für die gesamte innere Staatsverwaltung, für das Finanzwesen und für die Wirtschaft. Das Generaldirektorium war für alle Landesteile und Territorien Preußens zuständig und bestand als oberste preußische Zentralbehörde bis 1808. Das Generaldirektorium und die ihm nachgeordneten regionalen Verwaltungsbehörden trugen entscheidend zum Entstehen eines preußischen Gesamtstaates und zur Integration der Einzelterritorien in den Gesamtstaat bei. Damit begannen aus

Territorien des Hauses Brandenburg Provinzen des preußischen Staates zu werden, was auch für die preußischen Gebiete in Westfalen galt. Für die erste Hälfte des 18. Jahrhunderts war eine solche administrative Zusammenfassung des gesamten Staatsgebietes eines aus zahlreichen Bestandteilen zusammengefügten Staates völlig neu. Das Generaldirektorium umfaßte zunächst vier Departements oder Abteilungen, nämlich (I.) für Grenz- und Rodungs-(Siedlungs-)Sachen, (II.) für Marschwesen und Militärökonomie, (III.) für Post- und Münzwesen und (IV.) für Kassen- und Rechnungswesen. Das Sachprinzip verband sich jedoch mit dem Territorialprinzip. So war das III. Departement gleichzeitig für das Herzogtum Kleve und die Grafschaft Mark, ferner für Geldern, für Moers und für das aus der oranischen Erbschaft gewonnene Fürstentum Neuenburg westlich von Basel (Kanton Neuchâtel, Schweiz), zuständig, während das IV. Departement die Berliner Verwaltungszentrale für Minden, Ravensberg, Tecklenburg und Lingen bildete. Die westfälischen Gebiete Preußens wurden in Berlin also getrennt und von zwei verschiedenen Abteilungen des Generaldirektoriums verwaltet.
Unter dem von 1740 bis 1786 regierenden Sohn Friedrich Wilhelms I., Friedrich II., „dem Großen“, wurde das Generaldirektorium auf acht Departements erweitert. Darunter war das 1768 gegründete VII. Departement für Bergwerks- und Hüttenwesen, das auch für Westfalen und besonders für die Grafschaft Mark Bedeutung erlangte. An seine Spitze trat 1777 der Bergbaufachmann Friedrich Anton von Heinitz. Heinitz war die bedeutendste Gestalt der preußischen Wirtschaftsgeschichte der vorindustriellen Zeit, der das Gewerbe zu entwickeln suchte und im Vorfeld der Industrialisierung eine wichtige Rolle spielte. Besondere Bedeutung erlangte er für den Bergbau in Schlesien und in der Grafschaft Mark, also im späteren Ruhrgebiet.
Dem Generaldirektorium entsprachen in den einzelnen Provinzen die ihm nachgeordneten Kriegs- und Domänenkammern, die ebenfalls 1723 eingerichtet wurden. Ihnen oblag die Provinzialverwaltung. Im einzelnen hieß das: Einziehung, Verwaltung und Weitergabe der Steuern, Verwaltung des Provinzialetats, Förderung des Gewerbes und der Landwirtschaft, Landvermessungswesen, Förderung des Verkehrs, vor allem des Straßenbaus, und Aufrechterhaltung der öffentlichen Ordnung und Sicherheit. Zuständig für die Grafschaft Mark war die Kriegs- und Domänenkammer in Kleve, so daß die alte Verbindung von Kleve und Mark weiterhin bestehen blieb. Die Kammerverwaltung lag von jetzt an vorwiegend in der Hand landfremder Beamter. Für das Fürstentum Minden und die Grafschaft Ravensberg sowie für Tecklenburg und Lingen wurde in Minden eine Kriegs- und Domänenkammer eingerichtet.
Bis in die Zeit Friedrich Wilhelms I. waren Minden und Ravensberg, anders als Kleve und Mark, vollkommen voneinander getrennt. Erst Friedrich Wilhelm I. beschloß 1714, Minden, Ravensberg, Tecklenburg und Lingen verwaltungsmäßig zusammenzufassen, was 1719 im Vorgriff auf die Gründung der Kriegs- und Domänenkammer in Minden geschah. „Auf diese Maßnahme von 1719 geht der noch

heute übliche Begriff ‚Minden-Ravensberg' zurück" (Nordsiek, S. 63). Unter Friedrich dem Großen entstanden weitere Kriegs- und Domänenkammern, was vor allem wegen der Vergrößerung des preußischen Staates durch die Eroberung Schlesiens und durch die Annexion bis dahin polnischer Gebiete im Zuge der Ersten Teilung Polens 1772 notwendig wurde. In Westfalen wurde 1767 in Hamm für die Grafschaft Mark eine der Kriegs- und Domänenkammer in Kleve unterstellte Kammerdeputation eingerichtet, die 1787 zu einer von der klevischen getrennten Kriegs- und Domänenkammer erhoben wurde. Auch Tecklenburg und Lingen erhielten 1769 eine Kammerdeputation mit dem Sitz in Lingen, aus der aber keine von Minden getrennte eigenständige Kriegs- und Domänenkammer hervorging. Stattdessen wurde die Kammerdeputation in Lingen 1793 wieder aufgehoben. In demselben Jahr wurde der Freiherr vom Stein Präsident der märkischen Kriegs- und Domänenkammer in Hamm, dem 1796 auch die Kriegs- und Domänenkammern in Kleve und Minden unterstellt wurden. Seit 1780 bestand in Wetter an der Ruhr das „Cleve-, Mörs- und Märkische Bergamt", dessen Leitung der Freiherr vom Stein 1784 übernommen hatte.

Auf der Lokalebene entstanden in Preußen, zunächst im 1741 annektierten Schlesien, Landkreise mit Landräten an der Spitze. Dieses in Schlesien bewährte System wurde mit Verordnungen von 1748, 1753 und 1766 auf den gesamten preußischen Staat übertragen und existiert mit Abwandlungen bis heute in ganz Deutschland bzw. in allen Flächenstaaten unter den deutschen Bundesländern. Ravensberg und Minden hatten jedoch schon 1734 eine Einteilung in je zwei Kreise erfahren. 1753 wurde die Grafschaft Mark in die vier schon genannten Kreise (S. 66) Altena, Hamm, Hörde und Wetter eingeteilt, wobei Soest und die Soester Börde unberücksichtigt blieben. Die Landräte kamen aus dem örtlichen Adel und wurden vom König ernannt. Sie waren gleichzeitig staatliche Funktionsträger und Vertrauensleute ihrer Standesgenossen im Kreis. „Da auch Tecklenburg und Lingen einen Landrat und einen Steuerrat bekamen, verfiel die ursprünglich für ganz Westfalen kennzeichnende Ämterverfassung auf der unteren Verwaltungsebene in den preußischen Gebieten zur Bedeutungslosigkeit" (Hanschmidt, S. 631). Doch legte Anton Friedrich Büsching seiner 1770 erschienenen Landesbeschreibung (A. F. Büsching: Neue Erdbeschreibung, VII. Teil: Der westphälische Kreis, Schaffhausen 1770) für Minden, Ravensberg und die Grafschaft Mark noch immer die alten Ämter zugrunde, während er die „zur Besorgung der Policeysachen" (Büsching, S. 643) eingerichteten vier Kreise der Grafschaft Mark lediglich erwähnte.

Große Bedeutung gewann in ganz Preußen die Einführung der Akzise. Das war eine mit der heutigen Mehrwertsteuer vergleichbare Warenverbrauchssteuer, die an den Stadttoren erhoben wurde. Nach ersten Ansätzen unter Kurfürst Friedrich Wilhelm wurde die Akzise 1720 im ganzen preußischen Staatsgebiet üblich, nachdem sie 1716 bereits in den westfälischen Landesteilen Preußens eingeführt worden war. Als indirekte Steuer bildete sie für den Staat eine sichere und von der Mitwirkung der Landstände vollkommen unabhängige Einnahmequelle. Durch die Akziseerhebung wur-

den die Städte in die staatliche Verwaltung einbezogen und unterstanden der Kontrolle der Steuerräte, die nach 1723 als Kommissare der Kriegs- und Domänenkammern eingesetzt wurden. Wurde somit die städtische Selbstverwaltung eingeschränkt, so wurde mit der Akzise zugleich der Gegensatz von Stadt und Land verschärft, weil die Akziseerhebung auf die Städte beschränkt war. Zur Steigerung des Steueraufkommens wurden jedoch, um auch dort die Akzise erheben zu können, Dörfer zu Städten erhoben. Der bekannteste Fall in der Grafschaft Mark war der des Dorfes Hagen an der Volme, das, allerdings erst 1746, Stadtrechte erhielt. Somit gehörte die heutige Großstadt Hagen zu den sog. „Akzisestädten".
Über die steuerrätliche Aufsicht hinaus wurde die städtische Autonomie in Preußen in der Zeit Friedrich Wilhelms I. durch Verstaatlichung der Stadtverwaltungen beseitigt. Das geschah nicht durch einen einzigen Gesetzgebungsakt, sondern nach und nach und in jeder Stadt zu einem anderen Zeitpunkt mit sog. „rathäuslichen Reglements", die sich aber in allen Städten weitgehend glichen. An die Stelle des gewählten Rates trat ein auf Lebenszeit staatlich ernannter und besoldeter Magistrat, der aus zwei Bürgermeistern und vier bis sieben Ratsherren bestand. „Die in der Landesverwaltung bereits angewandten Prinzipien wurden auf die Städte übertragen, die ihre Autonomie verloren und nunmehr von königlichen Beamten verwaltet wurden" (Hanschmidt, S. 635). Nachdem die Stadt Minden noch unter König Friedrich I. 1711 vorangegangen war, aber 1723 noch einmal ein „rathäusliches Reglement" erhielt, wurde im preußischen Westfalen die königliche Rathausverwaltung 1718 in Bielefeld, Herford, Hamm, Iserlohn und Unna, 1719 in Kamen und Lünen und danach in den übrigen Städten im Laufe der zwanziger und dreißiger Jahre des 18. Jahrhunderts eingeführt. Nur in Soest wurde die überkommene Stadtverfassung bis 1746 beibehalten, um dann durch den königlichen Magistrat ersetzt zu werden.
Seit den Anfängen des stehenden Heeres unter dem Kurfürsten Friedrich Wilhelm war Brandenburg-Preußen ein Staat mit einer starken Armee. Die Mannschaften rekrutierten sich aus Soldatenwerbungen, während die Offiziere aus dem Landadel kamen. 1720 entstanden in der Grafschaft Mark wegen der Soldatenwerbungen Unruhen. 1733 wurden die Werbungen weitgehend durch die Rekrutierung nach dem Kantonsystem ersetzt. Das war eine Form der Truppenaufbringung durch Enrollierung, d. h. durch listenartige Erfassung der jungen Männer lange vor Erreichen des militärfähigen Alters und durch Abgrenzung bestimmter Rekrutierungskantone (daher „Kantonverfassung"), die einzelnen Regimentern zugewiesen wurden. Die enrollierten jungen Männer wurden nach dem Mannschaftsbedarf der jeweiligen Regimenter in den entsprechenden Kantonen für den Militärdienst ausgelost. Das war noch keine allgemeine Wehrpflicht, zumal aus Gründen der Wirtschaftsförderung Angehörige verschiedener kaufmännischer und gewerblicher Berufsgruppen von der Erfassung ausgenommen waren, aber doch eine Vorstufe dazu. 1748 wurde, zur Vermeidung von Arbeitskräftemangel in den dortigen Gewerbebetrieben, der südliche Teil der Grafschaft Mark von der Enrollierung und

Rekrutierung ausgenommen. Die Rekrutierung erfaßte hauptsächlich Bauernsöhne. Im 18. Jahrhundert logierten die Soldaten noch kaum in Kasernen, sondern waren vorwiegend in Bürgerhäusern der Garnisonsstädte einquartiert. Neben den damit verbundenen Mißhelligkeiten mit der Zivilbevölkerung brachte die Stationierung von Truppenteilen solchen Friedensgarnisonen aber auch wirtschaftliche Vorteile. Die wichtigsten Garnisonsstädte im preußischen Westfalen des 18. Jahrhunderts waren Hamm, Minden und Bielefeld. Bedeutung für Westfalen hatte als stärkste preußische Festung der niederrheinisch-westfälischen Gebiete Preußens und als große Garnison auch das niederrheinische Wesel. In Minden und in Hamm ließ Friedrich der Große nach dem Siebenjährigen Krieg, 1763, die Festungswerke schleifen.

Die geistlichen Territorien unterschieden sich grundlegend von den preußischen Gebieten Westfalens. Hier gab es nicht jenes Ausmaß an Verwaltungsorganisation und auch nicht, sieht man von der Verbindung des Vestes Recklinghausen und des Herzogtums Westfalen mit den kurkölnischen Behörden in Bonn ab, jene Verbindung über die Territorialgrenzen und über Westfalen hinaus mit einer Zentrale, wie sie Berlin und Potsdam für das preußische Westfalen bildeten. Der 1733 von Clemens August von Bayern, der das Erzstift Köln und dessen westfälische Nebenländer mit den Hochstiften Münster und Paderborn sowie außerhalb Westfalens den Hochstiften Osnabrück und Hildesheim in seiner Hand vereinigte, unternommene Versuch, mit der Gründung eines „Geheimen Extra-Conferential-Regierungs-Rates" eine oberste Regierungskonferenz als verbindender Klammer aller seiner Territorien zu schaffen, führte nicht weiter. Die geistlichen Territorien Westfalens unterschieden sich aber auch von den geistlichen Territorien anderer Teile des Reiches, etwa Frankens, weil in den „nordwestdeutschen Fürstbistümern bis zu ihrer Auflösung hin landständische Verfassungen erhalten und funktionsfähig" (v. Oer, S. 94) blieben, während Landstände in den meisten süddeutschen Hochstiften im 18. Jahrhundert praktisch nicht mehr bestanden.

Geistliche Territorien waren Gebiete, in denen ein Erzbischof oder Bischof, ein Abt oder eine Äbtistin oder andere Träger geistlicher Würden neben ihrer geistlichen Funktion auch die weltliche Regierung ausübten und Landesherr waren. Im Gegensatz zu den weltlichen Territorien handelte es sich bei den geistlichen um Wahlfürstentümer, in denen der Gewählte zwar auf Lebenszeit amtierte, das Territorium und seine Stellung als Landesherr aber nicht vererben konnte und mehr oder weniger an seine Wähler gebunden und von ihnen politisch abhängig blieb. Daher konnten geistliche Territorien dem Absolutismus kaum Raum geben, auch wenn es bei manchem geistlichen Fürsten absolutistische Neigungen und Bestrebungen gab. Daran ändert die Tatsache nichts, daß ein geistlicher Fürst wie Kurfürst Clemens August von Köln in seiner Selbstdarstellung und mit seiner aufwendigen Hofhaltung einem absolutistischen Herrscher glich. Hier täuscht ein absolutistischer Schein über eine ständisch bestimmte Wirklichkeit hinweg. „Unter Clemens August wurde die Macht der Aristokratie nicht entscheidend beschnitten. Sein Regiment war sorg-

los und seine Günstlinge waren wie ihr Herr mehr dem Genusse als den Pflichten der Macht zugetan" (Dehio, S. 16).
Wahlberechtigt waren bei der Wahl der Erzbischöfe und Bischöfe die Domkapitel, welche exklusive Adelskorporationen mit strenger gesellschaftlicher Abschließung darstellten, die durch Ahnenproben und durch das Kriterium der Stiftsfähigkeit aufrechterhalten wurde. Die Domkapitel handelten vor der Wahl mit den künftigen Landesherren eine Wahlkapitulation – eine Garantie der bestehenden Rechte und Privilegien und eine Art Regierungsprogramm – aus. In der Zeit der Sedisvakanz zwischen dem Tod eines Bischofs und dem Amtsantritt seines Nachfolgers nahmen die Domkapitel die landesherrlichen Aufgaben und Rechte selbst wahr. Auf den Landtagen bildeten sie den ersten Stand. Durch Mehrfachbepfründung, d. h. durch Mitgliedschaft desselben Domherrn in mehreren Domkapiteln, verstärkte sich die regionale Dominanz bestimmter Adelsgruppen oder -familien, in Westfalen die des landsässigen Stiftsadels. Die Möglichkeit des Aufstiegs von Landadeligen durch Wahl zum Bischof zu einer reichsfürstlichen Stellung, die Mitherrschaft von Domkapitel und Ritterschaft und die wirtschaftlichen Vorteile infolge der standesgemäßen Versorgung der jüngeren Adelssöhne als Domherren ließen die geistlichen Territorien Westfalens zu blühenden Adelslandschaften werden.
Nach dem Tod Ferdinands von Bayern 1650, der Erzbischof von Köln und Bischof von Münster und Paderborn gewesen war, wurde die Verbindung von Münster und Paderborn zunächst nicht fortgesetzt. Während in Köln auf Ferdinand dessen Neffe Maximilian Heinrich von Bayern folgte, wählte das Domkapitel in Münster 1650 Christoph Bernhard von Galen und nach dessen Tod 1678 Ferdinand von Fürstenberg, wie sein Vorgänger ein westfälischer Adeliger, zum Bischof. Ferdinand von Fürstenberg war schon seit 1661 Bischof von Paderborn. Hier hatten die Domherren 1650 als Nachfolger Ferdinands von Bayern Dietrich Adolf von der Recke zum Bischof gewählt. Nach dem Tod Ferdinands von Fürstenberg 1683 wurde der Kölner Kurfürst-Erzbischof Maximilian Heinrich von Bayern auch Bischof von Münster, während in Paderborn 1683 Hermann Werner von Wolff-Metternich gewählt wurde, nach dessen Tod 1704 ein Verwandter, Franz Arnold von Wolff-Metternich, den Paderborner Bischofsstuhl bestieg. Auf Maximilian Heinrich folgte 1688 in Köln Joseph Clemens von Bayern und in Münster Friedrich Christian von Plettenberg. Dieser starb 1706 und fand 1707 in dem Paderborner Bischof Franz Arnold von Wolff-Metternich einen Nachfolger. Auf Joseph Clemens von Bayern folgte 1723 in Köln Clemens August von Bayern, der bereits seit 1719 als Nachfolger Franz Arnolds Bischof von Münster und Bischof von Paderborn war. Bis zu seinem Tod 1761 blieben der Kölner Erzstuhl und die Bischofsstühle von Münster und Paderborn (außerdem Osnabrück und Hildesheim) in seiner Hand vereinigt. Von 1761 bis 1784 war der schwäbische Reichsgraf Maximilian Friedrich von Königsegg-Rothenfels Kurfürst-Erzbischof von Köln und Bischof von Münster, von 1784 bis 1801 der Erzherzog Maximilian Franz von Österreich, der ebenfalls beide Ämter vereinigte. Er war der jüngste Sohn Maria Theresias und Bruder der beiden Kaiser

Die Bischöfe und geistlichen Landesherren Westfalens im 17. und 18. Jahrhundert

Erzbischöfe von Köln

Ferdinand v. Bayern 1612-50
[1612-50 Bischof von Münster, 1618-50 v. Paderborn]
Maximilian Heinrich v. Bayern 1650-88
[1683-88 Bischof v. Münster]
Joseph Clemens v. Bayern 1688-1723
Clemens August v. Bayern 1723-61
[1719-61 Bischof v. Münster, 1719-61 v. Paderborn,
1724-61 v. Hildesheim, 1728-61 v. Osnabrück]
Maximilian Friedrich v. Königsegg-Rothenfels 1761-84
[1762-84 Bischof von Münster]
Maximilian Franz v. Österreich 1784-1801
[1784-1801 Bischof v. Münster]

Bischöfe von Münster

Ferdinand v. Bayern 1612-50
[1612-50 Erzbischof v. Köln, 1618-50 Bischof v. Paderborn]
Christoph Bernhard v. Galen 1650-78
Ferdinand v. Fürstenberg 1678-83
[1661-83 Bischof v. Paderborn]
Maximilian Heinrich v. Bayern 1683-88
[1650-88 Erzbischof v. Köln]
Friedrich Christian v. Plettenberg 1688-1706
Franz Arnold v. Wolff-Metternich 1707-18
Clemens August v. Bayern 1719-61
[1719-61 Bischof v. Paderborn, 1723-61 Erzbischof v. Köln,
1724-61 Bischof v. Hildesheim, 1728-61 Bischof v. Osnabrück]
Maximilian Friedrich v. Königsegg-Rothenfels 1762-84
[1761-84 Erzbischof v. Köln]
Maximilian Franz v. Österreich 1784-1801
[1784-1801 Erzbischof v. Köln]

Bischöfe von Paderborn

Ferdinand v. Bayern 1618-50
[1612-50 Erzbischof v. Köln, 1612-50 Bischof v. Münster]
Dietrich Adolf von der Recke 1650-61
Ferdinand v. Fürstenberg 1661-83
[1678-83 Bischof v. Münster]
Hermann Werner v. Wolff-Metternich 1683-1704
Franz Arnold v. Wolff-Metternich 1704-18
[1708-18 Bischof v. Münster]
Clemens August v. Bayern 1719-61
[1719-61 Bischof v. Münster, 1723-61 Erzbischof v. Köln,
1724-61 Bischof v. Hildesheim, 1728-61 v. Osnabrück]
Wilhelm Anton von der Asseburg 1762-82
Friedrich Wilhelm v. Westphalen 1782-89
[1763-89 Bischof v. Hildesheim]
Franz Egon v. Fürstenberg 1789-1825
[1788-1825 Bischof v. Hildesheim]

Joseph II. und Leopold II. In Paderborn folgte 1762 auf Clemens August von Bayern Wilhelm Anton von der Asseburg. Dessen Nachfolger wurden 1782 Friedrich Wilhelm von Westphalen und 1789 Franz Egon von Fürstenberg.

Die wichtigste Regierungs- und Verwaltungsbehörde des Hochstifts Münster war im 18. Jahrhundert der Geheime Rat. Schon 1574 war in Münster der Hofrat als Zentralbehörde der allgemeinen Landesverwaltung entstanden, neben dem die Hofkammer für die Finanzangelegenheiten bestand. Hinzu kam der Hofkriegsrat, ferner das Justizkollegium. Beim Regierungsantritt des Bischofs Franz Arnold von Wolff-Metternich 1707 wurde, weil dieser zumeist in Schloß Neuhaus bei Paderborn residierte, in Münster der Geheime Rat eingerichtet, der bis zum Ende des Hochstifts bestehen blieb, ohne eindeutig den anderen Behörden übergeordnet zu sein. „Zwar hatte der Geheime Rat insofern eine bevorzugte Stellung, als in ihm durch regelmäßige Personalunionen die anderen Behörden, und zwar durch ihre Präsidenten, vertreten waren. Und da in dieser gemächlichen Verwaltung von einem ehrgeizigen Ressortpatriotismus nicht die Rede sein konnte, hatte dies lockere Band eine nicht zu unterschätzende Bedeutung. Aber die formelle Zusammenfassung der Geschäfte erfolgte doch erst im Kabinett des Bischofs“ (Dehio, S. 16). Auch die Rolle von Geheimem Rat und Kabinett hing mit der Abwesenheit der Bischöfe von Münster zusammen, die seit der Inthronisation Clemens Augusts in Köln dauernd war und nur durch gelegentliche Aufenthalte unterbrochen wurde. Daraus ging die kurfürstlich Münsterische Geheimkanzlei am Bonner Hof hervor, die vor allem unter Kurfürst Maximilian Friedrich von Königsegg-Rothenfels Bedeutung erlangte, als ihr – bis 1780 – der Minister Franz von Fürstenberg vorstand. In dieser Zeit wirkte diese Behörde als eine Art Bonner kurkölnisches Provinzialministerium für das Hochstift Münster.

Im Hochstift Münster gab es, wie im Hochstift Paderborn und im Herzogtum Westfalen, auch im späteren 18. Jahrhundert noch immer die im späten Mittelalter entstandenen Ämter und somit keine mit den preußischen Landkreisen vergleichbare Einrichtung. Im Hochstift Paderborn wurde 1723 als oberste Landesbehörde das Geheime Ratskollegium gegründet, das sich aufgrund der seltenen Anwesenheit des Kurfürsten Clemens August beträchtlicher Unabhängigkeit erfreute, aber unter Wilhelm Anton von der Asseburg ab 1763 mehr in den Hintergrund trat. In seiner Zeit entstand mit der Geheimen Kanzlei ein neues zentrales Regierungsorgan. Unter Clemens August gab es in Bonn auch ein Paderborner Kanzlei-Departement.

Was die kurkölnischen Nebenländer in Westfalen betrifft, so waren diese der zentralen Regierungsbehörde des Kölner Kurstaates, dem 1597 gegründeten Hofrat in Bonn, unterstellt. Es blieb aber lange strittig, wie weit der Grad dieser Unterstellung reichte. Neben dem Hofrat bestand in Bonn das Hofkriegsratskollegium, gewissermaßen das Verteidigungsministerium, und das 1786 errichtete, für alle kurkölnischen Landesteile und somit auch für das Herzogtum Westfalen zuständige Oberapellationsgericht in Bonn. Höchste Regierungs- und Verwaltungsinstitution des Herzogtums Westfalen und zugleich, weil Justiz und Verwaltung noch nicht

getrennt waren, höchstes Gericht für alle weltlichen Angelegenheiten im Lande war die als „Landdrost und Räte“ bezeichnete Arnsberger Regierungsbehörde oder „Kanzlei“. An ihrer Spitze stand der Landdrost – das Amt war seit 1482 nachweisbar – als höchster Beamter des Herzogtums und persönlicher Vertreter des Kurfürsten bei dessen Abwesenheit. Für den Landdrosten galt das Indigenatsprinzip, wonach der Amtsinhaber ein Landeskind sein mußte. Der Landdrost war zugleich Mitglied der Ritterschaft und Direktor der Landstände sowie der Ritterkurie des Landtags. Er war also in einer Person landesherrlicher Beamter und Führer der Landstände. Das ganze 17. und 18. Jahrhundert hindurch zogen sich die Bestrebungen der Bonner Zentralbehörden hin, die Arnsberger Kanzlei zu einer nachgeordneten Mittelbehörde zu machen. 1739 wurden „Landdrost und Räte“ faktisch dem Hofrat in Bonn und 1787 auch der Hofkammer untergeordnet.
Auch die Städtepolitik der geistlichen Territorien war weniger durch Verstaatlichung der Städte gekennzeichnet als in den preußischen Gebieten. Dennoch erfuhr die städtische Selbstverwaltung im 18. Jahrhundert auch in den geistlichen Territorien Einschränkungen von seiten des Staates. Im Herzogtum Westfalen geschah das durch die große Polizeiordnung des Kurfürsten Joseph Clemens von Köln für das Herzogtum von 1723. Darin traf der kurkölnische Staat Anordnungen zu Einzelheiten, die bis dahin von den Städten selbst geregelt worden waren. Das gilt vor allem für den Abschnitt 31 der Polizeiordnung, „Von guter Ordnung und Policey in denen Städten und Freyheiten“. Hier wurde festgelegt, daß die Städte Kredite künftig erst nach Genehmigung durch die Arnsberger Regierungsbehörde aufnehmen durften. Dadurch sollte das Schuldenmachen begrenzt werden. War das eine wesentliche Einschränkung des Haushaltsrechts der Städte, so geschah ähnliches hinsichtlich des Bürgerrechts der Städte. Die Polizeiordnung regelte den Erwerb des städtischen Bürgerrechts durch Auswärtige. Es sollten von auswärts keine mittellosen Personen das Bürgerrecht erwerben können, sondern nur solche, die sich durch Vermögen oder Einkommen aus Berufstätigkeit selbst erhalten und der Allgemeinheit nützlich sein konnten. Während noch im 17. Jahrhundert die Bedingungen der Aufnahme ins Bürgerrecht in den Städten selbst festgesetzt worden waren, wurden solche Regelungen im 18. Jahrhundert auch in einem geistlichen Territorium wie dem Herzogtum Westfalen der Satzungsbefugnis der Städte entzogen und Gegenstand staatlicher Gesetzgebung.
Das Kölner Domkapitel war das exklusivste Domkapitel im Reich, in das nur reichsunmittelbare Adelige Aufnahme fanden. Daher gehörten dem Kölner Domkapitel im 18. Jahrhundert keine westfälischen Adeligen an, sondern nur Reichsgrafen, die aus katholischen Familien Süddeutschlands kamen. Das Kölner Domkapitel umfaßte 24 Präbenden oder Stellen für Domkapitulare, von denen 16 auf diese Domgrafen entfielen. Hinzu traten acht zumeist bürgerliche Theologen oder Kirchenrechtler als sog. Priesterherren, die durch akademische Grade qualifiziert waren und im 18. Jahrhundert oft aus vornehmen stadtkölnischen Familien kamen. Auch in Paderborn hatte das Domkapitel 24 Präbenden, während das Domkapitel von Mün-

Schema einer sechzehnstelligen Ahnenprobe

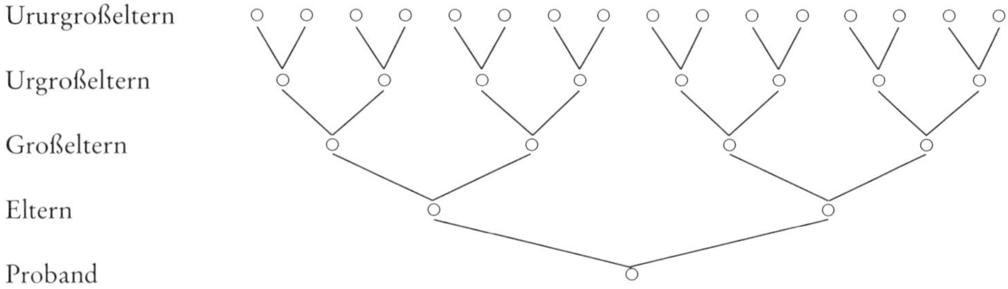

ster 41 Präbenden aufwies. Diese beiden westfälischen Domkapitel kannten im 18. Jahrhundert schon seit mehreren Jahrhunderten keine nichtadeligen Domherren mehr, aber auch keine den Kölner Bräuchen entsprechende Beschränkung auf den Reichsadel. Sie waren eine Domäne des westfälischen sog. Stiftsadels, ähnlich wie die Domkapitel von Osnabrück und Hildesheim. Hingegen wurden die süddeutschen Domkapitel ganz überwiegend von Angehörigen reichsritterlicher Familien oder des bayerischen und österreichischen Adels besetzt. Aufrechterhalten wurde die Exklusivität der Domkapitel durch die beim Eintritt in ein Domkapitel, bei der sog. Aufschwörung, abzulegende Ahnenprobe. Wie in Köln für die 16 Domgrafenpräbenden, so wurden im 17. und 18. Jahrhundert auch von den Domkapiteln in Münster und Paderborn, wo die sechzehnstellige Ahnenprobe schon 1580 eingeführt worden war, Proben mit 16 Ahnen gefordert, d. h. sämtliche 16 Ururgroßeltern eines Bewerbers, des Probanden, mußten adelig geboren sein. So blieben die Domkapitel von Münster und Paderborn in der Hand des landsässigen Adels dieser Hochstifte und des Herzogtums Westfalen – genauer gesagt: in der Hand einer privilegierten Gruppe des katholischen Landadels, für die sich die Bezeichnung Stiftsadel eingebürgert hat.

Für den Adel spielten die Domkapitel eine entscheidende Rolle. Bei auch für den Adel nur begrenzt verfügbaren Existenzgrundlagen standen für den Adel und seine Familienplanung generell – nicht nur in Westfalen – zwei Grundsätze im Widerstreit: der Grundsatz, das Aussterben der Familie zu verhindern, dem im adeligen Wertesystem sehr große Bedeutung zukam, und der Grundsatz, den Verlust der wirtschaftlichen Grundlagen der Familie zu vermeiden, von denen eine standesgemäße Lebensführung abhängig war. Der erste Grundsatz verlangte in Zeiten hoher Kindersterblichkeit eine möglichst große Kinderzahl, während der zweite Grundsatz nur bei einer engen Begrenzung der Kinderzahl zu verwirklichen war, weil Kinder viel Geld kosteten, vor allem dann, wenn sie heirateten und für eine standesgemäße Lebensweise mit Teilen des Familienbesitzes ausgestattet werden mußten.

Eine Möglichkeit zur Überwindung des Dilemmas, in das der Adel durch den Gegensatz zwischen diesen beiden sich ausschließenden Prinzipien geriet, bot nur die katholische Kirche mit ihren Bischofsstühlen, Domkapitelspfründen und Stiftskanonikaten, die ganz überwiegend dem Adel vorbehalten und mit der Verpflichtung zur Ehelosigkeit verbunden waren. So konnte der Familienbesitz weitgehend in der Hand eines erbenden Sohnes gehalten werden, der heiratete, die Familie fortpflanzte und somit vor dem Aussterben bewahrte, während die anderen Söhne und manche Töchter durch kirchliche Pfründen standesgemäß leben konnten, ohne – wie die jüngeren Söhne des protestantischen ostelbischen Adels im Fideikommißsystem – in ihrer Lebensführung allzusehr hinter dem erbenden Bruder zurückzustehen. Durch ihre Verpflichtung zur Ehelosigkeit waren sie an legitimer und somit erbrechtlich zu berücksichtigender Fortpflanzung gehindert. Doch blieben die solcherart versorgten Söhne gleichsam „in Reserve", indem einer von ihnen im Falle eines vorzeitigen Todes des erbenden Bruders oder der Kinderlosigkeit seiner Ehe auf seine Pfründe resignieren, das Erbe übernehmen, eine Ehe eingehen und die Familie fortpflanzen konnte.

Dasselbe Pfründensystem der katholischen Reichskirche nutzte auch der reichsritterliche Adel des südlichen Deutschland. Doch waren die Möglichkeiten, um von diesem System zu profitieren, für den westfälischen Stiftsadel besonders günstig, weil diese Möglichkeit sich hier in ein oder zwei – zudem vergleichsweise großen – Hochstiften konzentrierte, in denen dieselben Familien als Inhaber von Adelssitzen Mitglied der Landstände und der Ritterkurie der Landtage waren und darüber hinaus am politischen Ämtersystem teilhatten. Zu den sozialen und wirtschaftlichen Vorteilen kamen also auch politische.

In den Hochstiften Münster und Paderborn setzten sich die Landstände, über deren Anfänge schon berichtet wurde (S. 80), aus Domkapitel, Ritterschaft und Städten zusammen; eine Prälatenkurie, d. h. eine Standschaft der Klöster und Stifte, gab es in den geistlichen Fürstentümern Nordwestdeutschlands nicht. Wie in Münster, so verfügte auch im Hochstift Paderborn das Domkapitel als Gesamtheit über die Standschaft, während die Mitglieder der Ritterkurie die persönliche Standschaft besaßen. Dabei galten für die Aufschwörung zur Ritterschaft dieselben genealogischen Qualifikationsvoraussetzungen wie bei den Domkapiteln, also die sechzehnstellige Ahnenprobe, die im Hochstift Münster seit der Mitte des 17. Jahrhunderts verlangt und im Hochstift Paderborn 1714 eingeführt wurde. „Die Exklusivität der Domkapitel zog die Exklusivität der Ritterschaften notwendig nach sich" (v. Oer, S. 102). Die Landtage beider Hochstifte bestanden bis zu deren Ende als geistliche Fürstentümer und bewahrten deren ständestaatlichen Charakter und die Vorherrschaft des Adels. Diese wurde noch gesteigert durch die mehrfache Standschaft Adeliger auf den Landtagen mehrerer geistlicher Territorien, die in der Mehrfachbepfründung ein und desselben Domherrn in mehreren Domkapiteln eine Parallele hatte, aber auch durch die schwache Stellung der Städte auf den Landtagen. Zwar beanspruchte die Stadt Münster bis zum Ende des Hochstifts das Recht der Miteinberufung zum Landtag, der schon seit 1602 nicht mehr auf dem Laerbrock, sondern in der Stadt Münster zusammenkam und an dem häufig der gesamte Magistrat teilnahm; doch spielten die übrigen Landstädte „nur eine untergeordnete Rolle, zumal sie oft zur Vermeidung von Kosten vorzeitig abreisten und münstersche Stadträte mit der Wahrnehmung ihrer Interessen beauftragten" (v. Oer, S. 106). Im Hochstift Paderborn war die Stadt Paderborn neben Warburg, Brakel und Borgentreich eine der vier „Hauptstädte" der insgesamt 23 landtagsberechtigten Städte. Paderborn und Warburg entsandten zwei Bürgermeister, Brakel und Borgentreich einen Bürgermeister und den Kämmerer und die übrigen Städte nur einen Bürgermeister zum Landtag, der seit 1655 in der Stadt Paderborn stattfand.

Ähnlich waren die Verhältnisse im Herzogtum Westfalen. Hier versammelten sich die Landstände im 17. und 18. Jahrhundert zumeist jährlich im August in der Regel in Arnsberg – im Rathaus oder in dem im Siebenjährigen Krieg zerstörten Schloß – zum Landtag, der 20 Tage dauern konnte. Landtagsberechtigt waren die Mitglieder der Ritterschaft, also Adelige, soweit sie einen im Lande gelegenen landtagsfähigen Rittersitz besaßen und die sechzehnstellige Adelsprobe erbringen konnten, außerdem die 25 Städte und die elf Freiheiten des Landes unter der Führung der schon erwähnten vier „Hauptstädte" Brilon, Rüthen, Geseke und Werl (S. 80). Die Hauptstädte entsandten je vier und die anderen Städte und die Freiheiten je zwei Deputierte zum Landtag. Im 18. Jahrhundert ging die Teilnahme vieler Städte aber auch hier zurück. Oft erschienen nur die Vertreter der vier Hauptstädte. Hauptaufgabe des Landtags war im Herzogtum Westfalen, wie in den Hochstiften Münster und Paderborn, die Steuerbewilligung. Doch lag auch die Steuererhebung und Steuerverwaltung – durch den Landpfennigmeister – in den Händen der Landstände.

Somit blieb der Stiftsadel im Hochstift Münster, aber auch im Hochstift Paderborn und im Herzogtum Westfalen, bis zum Ende des Alten Reiches der unangefochtene und von niemandem in Frage gestellte Herrschaftsstand. Gemeinsam mit dem Fürstbischof, der – wie die letzten drei Paderborner Fürstbischöfe Wilhelm Anton von der Asseburg, Friedrich Wilhelm von Westphalen und Franz Egon von Fürstenberg – seinen Reihen entstammen konnte, beherrschte der Stiftsadel die geistlichen Territorien Westfalens in staatlicher und kirchlicher Hinsicht. Das galt auch dann, wenn der Fürstbischof – wie Clemens August von Bayern – einem großen reichsfürstlichen Haus entstammte. Damit hängt es zusammen, daß es in Westfalen bis zum Ende des 18. Jahrhunderts in diesem Teil des Adels keine sozialen Abstiegsprozesse und keine verarmten stiftsfähigen Adelsfamilien gab. Die wirtschaftliche Basis des Stiftsadels war der steuerfreie Rittergutsbesitz und die Grund- und Leibherrschaft mit den Abgaben und Dienstleistungen der Bauern, in Verbindung mit dem Einkommen aus politischen und militärischen Ämtern innerhalb des geistlichen Territoriums und der Teilhabe am kirchlichen Pfründensystem. Die politische Basis lag in der funktionierenden landständischen Verfassung, in der Verfassungsordnung von katholischer Reichskirche und Hochstift mit der Rolle der Domkapitel und in der zwischen Bischof und Landständen geteilten Herrschaft, wobei der älteste Bruder über die Ritterschaft und die jüngeren Brüder über das Domkapitel an diesem Kondominium beteiligt waren oder beteiligt sein konnten.

Um 1770 hatten die Stiftsadelsfamilien im Hochstift Münster einen Anteil von höchstens 0,2 % an der Bevölkerung. Sie besaßen jedoch mehr als 96 % der Rittergüter, während auf den übrigen Adel und auf bürgerliche Besitzer nur rund 3 % entfielen. Ungefähr 50 % der Söhne und Töchter des Stiftsadels bleiben unverheiratet. Von 203 Söhnen stiftsadeliger Familien wurden im Hochstift Münster zwischen 1700 und 1803 67 Domherr. Dem Domkapitel von Münster gehörten im Laufe des 18. Jahrhunderts 71 Söhne stiftsadeliger Familien an. Einzelne Familien entsandten im 18. Jahrhundert mehr als fünf Söhne in dieses Domkapitel, so die Droste-Vischering, die Ketteler, die Galen oder die Merveldt. Hinzu kam die Kumulierung mehrerer Präbenden in verschiedenen westfälischen und außerwestfälischen Domkapiteln. So hatten im 18. Jahrhundert je drei Angehörige der Familien Droste-Vischering, Ketteler und Twickel gleichzeitig je drei Domherrenstellen. Aus der Familie Galen kumulierten zwei Söhne je fünf und einer sogar sechs Domherrenstellen. Das Jahreseinkommen eines einfachen Domherrn lag in Münster um 1800 bei 1 214 Reichstalern, das eines Domdechanten bei 6 560 Reichstalern. Domherreneinkommen von mehr als 3 000 Reichstalern waren keine Seltenheit. Das war mehr als das Jahresgehalt der höchsten weltlichen Beamten des Hochstifts, der Geheimen Räte, mit 2 350 Reichstalern. „Inhaber hoher Dignitäten, z. B. Domdechanten, konnten um 1800 bei Pfründenhäufung durchaus ein Einkommen von 7 000 bis 8 000 RT erreichen, zumal dann, wenn sie zusätzlich eine der mit Gehältern ausgestatteten Positionen in den Ratskollegien oder ein Hofamt besetzten. Zu diesen regelmäßigen Einkommen addierten sich noch die nicht mehr umfassend rekonstruierbaren Nebeneinnahmen. Die wichtigsten davon kamen in der Zeit einer Sedisvakanz ein, da dann die Einnahmen des verstorbenen Landesherrn dem Domkapitel zufielen und weil vor der Wahl eines Fürstbischofs erhebliche Bestechungssummen in das Domkapitel flossen. Vor der Wahl des Bayern Clemens August zum Bischof von Münster und Paderborn 1719 erhielten 17 Domherrn ‚Douceurgelder', auch Handsalben genannt, zwischen 2 000 und 10 000 RT; insgesamt fielen an das Domkapitel zu Münster 370 000 fl. (ca. 250 000 RT)" (Reif, S. 69). Auch die höheren weltlichen Beamtenstellen waren, mit Ausnahme des bürgerlich geprägten Justizbereichs, durchweg mit Angehörigen des Stiftsadels besetzt (Zahlen und Angaben nach Reif, ergänzt um Hersche).

Das alles beschränkte sich jedoch auf den Stiftsadel, der seine Stiftsfähigkeit durch die erwähnten Ahnenproben unter Beweis stellen mußte. „Adelige Exklusivität und eine Schranke gegen adelige homines novi waren also gesichert" (Klueting, Reichsgrafen, S. 45). Die Wasserschlösser des Münsterlandes, etwa Nordkirchen (v. Plettenberg), Hülshoff (v. Droste-Hülshoff), Vischering (v. Droste-Vischering), Lembeck (v. Westerholt, v. Merveldt), Westerwinkel (v. Merveldt) oder Raesfeld (v. Velen), vermitteln noch heute ein eindrucksvolles Bild von der sozialen Stellung dieser Familien. Dasselbe gilt für den Erbdrostenhof der Familie von Droste-Vischering in Münster, ein Bauwerk Johann Conrad Schlauns aus den Jahren 1753 bis 1757, das einem hochadeligen Stadtpalais in Prag, Wien oder Paris nicht nachsteht. Andere westfälische Stiftsadelsfamilien neben den genannten waren u. a. die v. Ascheberg, von der Asseburg, v. Beverförde, v. Bocholtz, v. Boeselager, v. Brabeck, v. Brenken,

v. Droste-Erwitte, v. Droste-Füchten, v. Droste-Senden, v. Elverfeldt, v. Haxthausen, v. Kerckerinck, v. Korff-Tatenhausen, v. Landsberg, v. Mallinckrodt, v. Nagel, v. Oer, von der Recke, v. Rede, v. Schade, v. Schenking, v. Schorlemer, v. Spiegel, v. Vittighoff gen. Schell, v. Weichs-Körtlinghausen, v. Weichs-Wenne, v. Wenge, v. Westphalen, v. Wrede und v. Wolff-Metternich.

Die erfolgreichste Familie des westfälischen Stiftsadels war die Familie von Fürstenberg, von der Friedrich von Fürstenberg 1660 den erblichen Reichsfreiherrenstand erworben hatte. Die mit der schwäbischen reichsgräflichen Familie gleichen Namens nicht verwandte, in mehrere Linien aufgespaltene westfälische Familie von Fürstenberg war im Herzogtum Westfalen beheimatet und stand besitzmäßig an der Spitze des landsässigen Adels im südlichen Westfalen. Im 17. Jahrhundert stellte sie mit Dietrich von Fürstenberg und Ferdinand von Fürstenberg zwei Fürstbischöfe von Paderborn, von denen Ferdinand seit 1678 zugleich Fürstbischof von Münster war. Mit Franz Egon von Fürstenberg kam aus dieser Familie 1789 noch einmal ein Fürstbischof von Paderborn, der außerdem auch Bischof von Hildesheim wurde. In der zweiten Hälfte des 18. Jahrhunderts erlangte Franz von Fürstenberg besondere Bedeutung als Minister im bzw. für das Hochstift Münster, als Generalvikar, Bildungsreformer, Universitätsgründer, Träger der katholischen Aufklärung im Hochstift Münster und Mitglied des „Kreises von Münster" um die Fürstin Gallitzin. Andere Familienmitglieder waren Landdrost im Herzogtum Westfalen, kurkölnischer Geheimer Rat, Domdechant in Salzburg, Landkomtur des Deutschen Ordens in Westfalen oder Domherr in verschiedenen Domkapiteln des Reiches, so in Hildesheim, Lüttich, Mainz, Münster, Paderborn, Salzburg, Speyer, Trier oder Würzburg.

Jene katholischen Adelsfamilien, die die sechzehnstellige Ahnenprobe nicht erbringen konnten, hatten keine Aussicht auf Teilhabe am Pfründensystem der katholischen Reichskirche und der westfälischen Hochstifte. Erst recht galt das für den lutherischen und den reformierten Landadel der protestantischen Gebiete Westfalens. Dieser war für seine Söhne auf Beamtenstellen oder auf den schlecht besoldeten Offiziersdienst der preußischen Armee oder der Truppenverbände kleinerer Territorialstaaten angewiesen. Im Beamten- wie im Offiziersdienst machten die unteren und mittleren Ränge kaum die Ernährung einer Familie bei Aufrechterhaltung einer dem Adel standesgemäßen Lebensführung möglich. Diese Adelsfamilien wurden daher im Laufe des 18. Jahrhunderts häufig Opfer von Besitzzersplitterung und Verschuldung – oder Opfer des Erlöschens der Familie.

Politisch waren die geistlichen Territorien im 18. Jahrhundert in ihrem Bestand zeitweise bedroht. Schon im 16. Jahrhundert hatte es Säkularisationen geistlicher Territorien durch weltliche Fürsten gegeben, die nicht alle – wie im Falle des 1525 säkularisierten Ordensstaates Preußen (Ostpreußen) – mit der Reformation im Zusammenhang standen. So hatte Kaiser Karl V. 1528 in der Nachbarschaft Westfalens das Hochstift Utrecht säkularisiert und seinem niederländischen Territorialbesitz zugeschlagen. Bis 1598 wurden die evangelisch gewordenen Hochstifte Brandenburg,

ie westfälischen Territorien 1789
ntwurf: H. Klueting nach Günther Wrede (Bearb.), Die westfälischen Länder 1801.
eröffentlichungen der Historischen Kommission Westfalens, XXVI, 1) Braunschweig o. J.

Havelberg, Lebus, Meißen, Merseburg und Naumburg-Zeitz säkularisiert. Danach brachte der Westfälische Frieden umfangreiche Säkularisationen, von denen in Westfalen das Hochstift Minden und außerhalb Westfalens die Erzstifte Magdeburg und Bremen und die Hochstifte Halberstadt, Kammin, Schwerin, Ratzeburg und Verden betroffen waren. Aus der zweiten Hälfte des 17. und aus dem 18. Jahrhundert sind zahlreiche unausgeführt gebliebene Säkularisationsprojekte bekannt, die zum Teil auch den westfälischen Hochstiften galten. Einige dieser Projekte verbanden sich mit interkonfessionellen Wiedervereinigungsversuchen, so bei Ernst von Hessen-Rheinfels, der 1666 zur Wiedervereinigung der Konfessionen die Säkularisation der Erzstifte Köln, Mainz und Trier zugunsten von Hessen-Kassel, Sachsen und Württemberg vorschlug. Hingegen konnte Landgraf Wilhelm VIII. von Hessen-Kassel auf Reunionspläne und Konversionsangebote verzichten, als er 1744 Säkularisationsabsichten auf das Hochstift Paderborn und außerdem auf Fulda, Corvey und die kurmainzischen Ämter in Hessen anmeldete und in Verhandlungen mit anderen weltlichen Fürsten zu erreichen suchte.
Zu Beginn des Siebenjährigen Krieges machte Friedrich der Große seinem Bündnispartner Großbritannien den Vorschlag, im Falle eines Kriegseintritts des Kölner Kurfürsten Clemens August an der Seite seiner Kriegsgegner Österreich und Frankreich die Hochstifte Paderborn und Osnabrück und vielleicht auch das Hochstift Münster zu säkularisieren. Er bot an, diese geistlichen Territorien als Gegenleistung für die Aufstellung einer britisch-hannoverschen Armee in Westdeutschland dem mit Großbritannien in Personalunion verbundenen Kurfürstentum Hannover anzugliedern. Eine Hochstifts-Säkularisation drohte in der unmittelbaren Nachbarschaft Westfalens erneut, als 1761 mit dem Tod Clemens Augusts nicht nur das Erzstift Köln mit seinen westfälischen Nebenländern und die Hochstifte Münster, Paderborn und Hildesheim erledigt wurden, sondern auch das Hochstift Osnabrück. Aufgrund einer Bestimmung des Westfälischen Friedens mußte in Osnabrück auf einen katholischen Fürstbischof jeweils ein lutherischer Welfenprinz in der weltlichen Regierung folgen. König Georg III. von Großbritannien wollte nun dieses ohnehin einer Teilsäkularisation gleichkommende Alternat zur völligen Säkularisation des Hochstifts Osnabrück nutzen. Die britisch-preußischen Rivalitäten ließen jedoch seit Ende 1761 in der Frage der Säkularisation nordwestdeutscher Hochstifte noch einmal Stillstand eintreten, der bis um 1790 anhielt, auch wenn im Süden des Reiches in diesen Jahrzehnten neue Säkularisationspläne auftauchten.
Die beiden kleineren geistlichen Territorien Westfalens, das kurkölnische Vest Recklinghausen und die Reichsabtei Corvey, zeigten mit örtlichen Abweichungen und in kleinerem Maßstab ähnlichen Verhältnisse wie die Hochstifte Münster und Paderborn und das Herzogtum Westfalen. In Corvey kam 1786 der Wunsch des seit 1776 amtierenden Abtes Theodor von Brabeck und des Corveyer Konventes nach Entpflichtung von ihren Mönchsgelübden und Umwandlung ihrer Abtei in ein Bistum auf. Dahinter stand die als hoffnungslos betrachtete Nachwuchssituation des Klosters und das Bestreben, den drohenden Untergang der traditionsreichen Institu-

tion abzuwenden. Ergebnis der langwierigen und kostspieligen Bemühungen war die am 19. Februar 1794 in Corvey feierlich publizierte päpstliche Bulle vom 23. April 1792, mit der aus der exemten reichsunmittelbaren Benediktinerabtei ein der Kirchenprovinz Mainz unterstelltes Bistum wurde.
Neben den preußischen Gebieten und den geistlichen Territorien gab es in Westfalen auch im 18. Jahrhundert mit den kleinen Grafschaften und Herrschaften noch eine Reihe nach außen hin gänzlich machtloser Kleinterritorien, die aber im Inneren teilweise durchaus mit mittleren Territorialstaaten vergleichbare Verhältnisse mit Behördenwesen, Landtag und Landständen aufwiesen. Im Inneren konnte die landesherrliche Machtentfaltung den Bewohnern gegenüber sogar recht direkt ausfallen. Bei der Überschaubarkeit dieser Kleinterritorien standen hier der obrigkeitlichen Durchdringung von oben nach unten weniger Hindernisse entgegen als in größeren Territorialstaaten, zumal es in Mikroterritorien wie den Herrschaften Anholt oder Gemen oder der Grafschaft Steinfurt keine Landstände gab, während in den Kleinst- oder Zwergterritorien die geringe Anzahl der Landtagsberechtigten das Verschwinden der Landstände durch Auskauf ihrer Güter seitens des Landesherrn, durch Aussterben oder durch Verlust der landständischen Qualität fördern konnte. In den Mikroterritorien mit kaum mehr als 3 000, meist sogar nur um 1 000 Einwohnern gab es Formen persönlicher Herrschaftsausübung, die eher dem Handeln eines großen Grundherrn als dem eines Landesherrn glichen. Hingegen wiesen die Kleinst- oder Zwergterritorien mit zumeist zwischen 5 000 und 15 000 Einwohnern, wozu in Westfalen die Grafschaften Wittgenstein-Berleburg, Wittgenstein-Wittgenstein, Rietberg und Limburg und die Herrschaft Rheda gerechnet werden können, teilweise bereits entwickeltere Strukturen mit persönlich-patriarchalischem Regierungsstil des Landesherrn in den Formen des 16. oder 17. Jahrhunderts und mit Regierungskanzlei und Kammer auf.
Während es in den beiden wittgensteinischen Grafschaften und in der Grafschaft Rietberg ebenso wie im Fürstentum Siegen keinen Landtag und keine Landstände gab, kannte die Grafschaft Limburg, wie schon erwähnt wurde (S. 81), im 17. und 18. Jahrhundert Landstände und einen Landtag als Beratungs- und Bewilligungsgremium der in der Grafschaft Limburg mit einem landtagsfähigen Rittersitz begüterten Adeligen. Der limburgische Landtag war somit eine reine Adelsvertretung ohne Beteiligung von Städten wie der 1709 zur Titularstadt erhobenen Freiheit (Hohen-) Limburg (Hagen) oder Klöstern, da auch das in der Grafschaft Limburg gelegene adelige Damenstift Elsey (Hagen) keine Landstandschaft besaß. Es gab in der Grafschaft Limburg fünf landtagsfähige Rittergüter und dementsprechend fünf Landtagsstimmen. Nachdem zwei dieser Adelsfamilien die übrigen Adelssitze erworben hatten, wurden die fünf Landtagsstimmen im späteren 18. Jahrhundert von nur noch zwei Adeligen geführt, die gemeinsam den limburgischen Landtag bildeten, der in der zweiten Hälfte des 18. Jahrhunderts, mit Unterbrechungen, fast in jedem Jahr tagte. In der Herrschaft Rheda besaßen die drei Klöster Herzebrock, Clarholz und Marienfeld die Landstandschaft, von denen die Zisterzienserabtei Marienfeld gar

nicht in der Herrschaft Rheda lag, sondern im Hochstift Münster, aber im Rhedaer Territorium begütert war. Die Deputierten dieser drei Klöster bildeten den Landtag der Herrschaft Rheda.
Zu den Eigenarten der Kleinst- und Zwergterritorien gehörte der Zwang zum „Eliteimport“, weil Beamte oder Pfarrer nur in geringem Umfang aus der eigenen Bevölkerung bezogen werden konnten, sondern oft aus benachbarten größeren Territorien kamen. Damit hing die Erscheinung des „Beamtentausches“ oder der „Beamtenausleihe“ zwischen verschiedenen kleinen Grafschaften oder verwandten Grafenhäusern zusammen.
Die Geschichte der kleinen Grafschaften hing in weit höherem Maße mit der Familiengeschichte der jeweiligen Grafenhäuser zusammen als die Geschichte der größeren weltlichen Territorien mit der ihrer Herrscherdynastien. Der dynastische Charakter war jedoch für alle weltlichen Territorien mit Ausnahme der Landgebiete der republikanisch verfaßten Reichsstädte prägend, hingen damit doch auch bei den großen Fürstentümern Gefahren der Zersplitterung durch Erbteilung, des Verlustes der Selbständigkeit durch Vererbung, Vertauschung oder Verkauf und der Instabilität durch dynastische Krisen wie Aussterben, Erbfolgestreit und Minderjährigkeit oder Regierungsunfähigkeit des Fürsten zusammen. Der Jülich-Klevische Erbfolgestreit bietet ein anschauliches Beispiel für diese Problematik, die vor allem in einer Zeit einer noch nicht voll ausgebildeten Geldwirtschaft bestand, in der jüngere Fürsten- und Grafensöhne statt durch Apanagen durch Landgebiete versorgt wurden, die mitsamt ihren Bewohnern aus dem Hausbesitz abgeteilt wurden und sich zu eigenständigen Territorien dynastischer Seitenlinien entwickeln konnten.
Solchen Vorgängen verdankte auch das Fürstentum Siegen seine Existenz, das nach dem Tod des Grafen Johann VI. von Nassau-Dillenburg 1606 von der Grafschaft Nassau-Dillenburg abgetrennt und als Grafschaft verselbständigt worden war (S. 75). Die Bevölkerungszahl des Siegerlandes ist erst für das Jahr 1812 bekannt, als mehr als 32 000 Menschen im Bereich des zu diesem Zeitpunkt nicht mehr bestehenden Fürstentums Siegen lebten. Nach einer ersten, durch den im Jahre 1612 erfolgten Übertritt Johanns VIII. zum Katholizismus veranlaßten Teilung, mit der beim Tod Johanns VII., 1623, drei Landesteile entstanden, bestand die Grafschaft Siegen seit 1642 aus zwei Teilen, nämlich einem größeren reformierten und einem kleineren katholischen Teil. In der Stadt Siegen residierte die katholische Linie des Hauses Nassau-Siegen im Oberen Schloß, die reformierte hingegen im Unteren Schloß. Der 1699 gestorbene Graf Franz, Sohn Johanns VIII. und Haupt der katholischen Linie, wurde 1652 in den Reichsfürstenstand erhoben, der 1691 gestorbene Wilhelm Moritz aus der reformierten Linie 1679. Damit wurde aus der Grafschaft das Fürstentum Siegen. Mit dem Enkel des Fürsten Wilhelm Moritz, Friedrich Wilhelm, starb 1734 die reformierte Linie aus und hinterließ ihren Anteil dem katholischen Fürsten Wilhelm Hyacinth von Nassau-Siegen, der das Fürstentum Siegen 1742 an Wilhelm IV. von Oranien-Nassau, seit 1747 Statthalter aller sieben Provinzen der

Vereinigten Niederlande, übertrug. Von da an war das Fürstentum Siegen nur noch ein oranisches Amt.
An das Fürstentum Siegen grenzten im Osten die beiden Grafschaften Wittgenstein, die nach der Bevölkerungszahl von 1816 mit zusammen rund 16 000 Einwohnern, davon 7 000 in Wittgenstein-Berleburg und 9 000 Wittgenstein-Wittgenstein, weit hinter Siegen rangierten. Nach einer ersten Teilung während der Jahre 1511 bis 1551 war die Grafschaft Wittgenstein 1603 in das nördliche Wittgenstein-Berleburg und das südliche Wittgenstein-Wittgenstein geteilt worden (S. 75). So entstanden innerhalb des reichsgräflichen Hauses Sayn-Wittgenstein die Linien Sayn-Wittgenstein-Berleburg, die die nördliche Teilgrafschaft und die räumlich davon getrennte Herrschaft Homburg im Oberbergischen besaß, und Sayn-Wittgenstein-Hohnstein, die die Teilgrafschaft Wittgenstein-Wittgenstein mit brandenburgischem Lehnsbesitz im östlichen Harzgebiet verband und danach den Namen Hohnstein führte. Beide Linien waren seit dem Konfessionswechsel Graf Ludwigs d. Ä. von 1578 reformiert. Graf Christian Heinrich von Sayn-Wittgenstein-Berleburg erhielt 1792 den Reichsfürstenstand, Graf Friedrich Karl von Sayn-Wittgenstein-Hohnstein 1801.
Erst 1817 als Mediatisierte in den preußischen Fürstenstand erhoben wurden die beiden Linien des reformierten reichsgräflichen Hauses Bentheim. Der 1606 gestorbene Graf Arnold II. von Bentheim hatte die Grafschaft Bentheim im heutigen Niedersachsen und in Westfalen die Grafschaften Steinfurt und Tecklenburg, die Herrschaft Rheda und die unter der Landeshoheit der Fürstbischöfe von Münster stehende Unterherrschaft Gronau sowie den erst 1610 realisierten Anspruch auf die von seiner Gemahlin Magdalena von Neuenahr geerbten neuenahrischen Gebiete in Westfalen und am Niederrhein in seiner Hand vereinigt. Dabei handelte es sich um die Grafschaft Limburg und um die kurkölnischen Unterherrschaften Alpen (Kreis Wesel) und Helpenstein (Neuss). Hinzu kam eine dritte kurkölnische Unterherrschaft, Wevelinghoven (Grevenbroich, Kreis Neuss). Nach Arnolds II. Tod wurde dieser Territorialbesitz unter die Söhne Adolf (Tecklenburg und Rheda), Arnold Jobst (Bentheim), Wilhelm Heinrich (Steinfurt), Konrad Gumprecht (Limburg) und Friedrich Ludolf (Alpen) aufgeteilt. So entstanden, da Friedrich Ludolf unvermählt und ohne Nachkommen blieb, zunächst vier, nach dem Erlöschen der Linie Bentheim-Limburg 1618/25 drei Linien, wovon seit dem 18. Jahrhundert zwei verblieben.
Die Linie Bentheim-Tecklenburg führte ihren Namen nach der Grafschaft Tecklenburg, die seit 1577 Gegenstand des erwähnten Reichskammergerichtsprozesses war und 1707 an Preußen verlorenging. Die den Grafen von Bentheim-Tecklenburg im 18. Jahrhundert verbliebenen Gebiete, die Grafschaft Limburg und die Herrschaft Rheda, boten mit 1786 5 500 Einwohnern in Limburg und 9 800 in Rheda nur eine schmale Basis, die aber, weil beide Territorien in einer Hand vereinigt blieben, deutlich über die beiden getrennten Grafschaften Wittgenstein hinausging. Rheda war und blieb ein Lehen der Fürstbischöfe von Münster, während Limburg nach der 1669 erfolgten Ablösung der Lehnsbindung an das Herzogtum Berg und nach dem

Verzicht Preußens auf lehnsherrliche Ansprüche von 1729 reichsunmittelbar war. Doch konnte der Graf von Bentheim-Tecklenburg für Limburg auch nach 1729 keinen Anteil an der Kuriatstimme der westfälischen Grafen auf dem Reichstag und nicht die Mitgliedschaft im Niederrheinisch-Westfälischen Reichsgrafenkollegium erlangen.

Über einen nur sehr begrenzten reichsunmittelbaren Territorialbesitz verfügten die Grafen von Bentheim-Steinfurt mit der nur ein Kirchspiel mit 1816 erst 3700 Einwohnern umfassenden Grafschaft Steinfurt, wo sich aber immerhin die reformierte Hohe Schule Burgsteinfurt befand, von der schon die Rede war. Der 1606 entstandenen Linie Bentheim-Bentheim in der Grafschaft Bentheim gehörte der 1693 gestorbene Graf Ernst Wilhelm an, der mit der reformierten Tradition seines Hauses brach, unter aufsehenerregenden Umständen katholisch wurde und außerdem in einer unstandesgemäßen Ehe lebte. Das führte dazu, daß sein Sohn aus dieser Ehe, Graf Ernst, und mit ihm die ganze Linie Bentheim-Bentheim aufgrund eines 1691 geschlossenen Vergleichs in das kleine Steinfurt versetzt wurde, während mit Graf Philipp Konrad die Linie Bentheim-Steinfurt im Tausch die größere Grafschaft Bentheim erhielt. Philipp Konrads seit 1747 regierender Enkel Graf Friedrich Karl Philipp verpfändete die Grafschaft Bentheim 1752 wegen drückender Schulden an das Kurfürstentum Hannover. Dadurch ging die für das Gesamthaus namengebende Grafschaft Bentheim der Familie verloren, während damit zugleich eine Weichenstellung für die heutige Zugehörigkeit der Grafschaft Bentheim zum Land Niedersachsen vorgenommen wurde. Danach verblieben die Linie Bentheim-Tecklenburg mit der Grafschaft Limburg und der Herrschaft Rheda und die zur reformierten Konfession zurückgekehrte Linie Bentheim-Bentheim bzw. Bentheim und Steinfurt mit der Grafschaft Steinfurt.

Im Westen Westfalens, an den Grenzen der niederländischen Provinz Gelderland, des preußischen Herzogtums Kleve und des Hochstifts Münster lag die kleine, noch 1816 von wenig mehr als 1700 Einwohnern bewohnte Herrschaft Anholt. 1641 hatte Fürst Leopold Philipp Carl aus dem 1623 in den Reichsfürstenstand erhobenen katholischen Haus der Grafen von Salm, Wild- und Rheingrafen, die Erbin von Anholt, die Gräfin Maria Anna von Bronckhorst, geheiratet. Der Fürst war mit seinem Haus in den Vogesen begütert und erhielt aufgrund dieser Ehe 1647 die Landesherrschaft in Anholt (S. 75). Doch hatte Anholt für seine neuen Landesherren bis zum Verlust ihrer Besitzungen in den Vogesen und in Belgien im Zusammenhang mit der Französischen Revolution immer nur untergeordnete Bedeutung und diente nicht als dauernde Residenz. Leopold Philipp Carls Sohn, Fürst Carl Theodor Otto, lebte als kaiserlicher Konferenzrat und „Ajo“ des späteren Kaisers Joseph I. in Wien. Mit dem Tod seines Sohnes Ludwig Otto erlosch 1738 der Mannesstamm der Fürsten und Grafen von Salm, Wild- und Rheingrafen. Über weibliche Erbfolge fiel Anholt an den 1739 zum Reichsfürsten erhobenen Nikolaus Leopold von Salm-Salm und damit an das Haus Salm-Salm, das vorwiegend in Senones im Fürstentum Salm in den Vogesen residierte.

Wie die Fürsten von Salm und ihre Nachfolger in Anholt seit 1738/39, die Fürsten von Salm-Salm, so kam auch das katholische mährisch-österreichische Grafenhaus der Kaunitz durch Erbschaft von außen nach Westfalen. Der Vater des 1764 zum Fürsten erhobenen österreichischen Staatskanzlers Wenzel Anton von Kaunitz-Rietberg, der mährische Landeshauptmann Maximilian Ulrich von Kaunitz, heiratete 1699 die Erbtochter Maria Ernestine von Ostfriesland und Rietberg aus dem ostfriesischen Fürstenhaus der Cirksena. Dadurch erwarb er die 1812 von rund 11 000 Menschen bewohnte Grafschaft Rietberg, die die seitdem Kaunitz-Rietberg (zeitgenössisch Kaunitz-Rittberg) genannte Familie durch Beamte verwalten ließ.
Hingegen saßen die katholischen Grafen von Limburg-Styrum seit dem 13. Jahrhundert im niederrheinisch-westfälischen Raum, wo sie – im 13. Jahrhundert aus dem Dynastenhaus der Grafen von Isenberg bzw. der Grafen von Limburg hervorgegangen – 1289 die Burg Styrum an der unteren Ruhr ausgebaut hatten und später Inhaber der winzigen, kaum mehr als die nächste Nachbarschaft des Schlosses umfassenden reichsunmittelbaren Herrschaft Styrum im heutigen Stadtgebiet von Mülheim an der Ruhr wurden. Die Burg Styrum war der namengebende Stammsitz der Grafen von Limburg-Styrum, doch lag der Schwerpunkt der Familieninteressen schon seit dem 16. Jahrhundert im niederländischen Gelderland. Das führte im Laufe des 17. Jahrhunderts dazu, daß der in den Niederlanden ansässige ältere Zweig der Grafen von Limburg-Styrum zum Reformiertentum übertrat, während die 1644 nach dem Tod des Grafen Hermann Otto I. von Limburg-Styrum durch Erbschaft in den Besitz von Styrum und Gemen gelangten jüngeren Linien katholisch blieben. Der Vater Hermann Ottos I., Graf Jobst, hatte 1591 die Gräfin Maria von Schaumburg und Holstein-Pinneberg und damit die Erbin der inmitten des Territoriums des Hochstifts Münster gelegenen, seit 1700 reichsunmittelbaren Herrschaft Gemen geheiratet. Seit 1644 gab es daher neben der Hauptlinie der Grafen von Limburg-Styrum (niederländisch: Stirum) in Gelderland die beiden jüngeren Linien in Styrum und in Gemen, von denen die in Gemen bis 1800 bestand.
Der Siebenjährige Krieg der Jahre 1756 bis 1763 brachte auch in Westfalen einen tiefen Einschnitt. In den mehr als 100 Jahren seit dem Ende des Dreißigjährigen Krieges hatte es mit dem Devolutionskrieg (1667-68), dem Niederländischen Krieg (1672-78), dem Pfälzischen Krieg (1688-97), dem Spanischen Erbfolgekrieg (1701-13/14), dem Polnischen Thronfolgekrieg (1733-35) und dem Österreichischen Erbfolgekrieg (1741-48) eine ganze Reihe von Kriegen gegeben, an denen die Kölner Kurfürsten zumeist in der einen oder der anderen Weise beteiligt waren. Die militärischen Unternehmungen des Bischofs Christoph Bernhard von Galen gegen die Niederlande hatten das Hochstift Münster in den sechziger und siebziger Jahren des 17. Jahrhunderts sogar direkt in Kriege verwickelt. Betroffen von den damit verbundenen Truppendurchmärschen, Einquartierungen und erhöhten finanziellen Belastungen waren aber immer nur Teile Westfalens. Kriegsschauplatz war Westfalen nicht. So bildete das Jahrhundert nach dem Dreißigjährigen Krieg für Westfalen insgesamt eine lange Friedenszeit. Das änderte sich mit dem Siebenjährigen Krieg.

Voraufgegangen waren die beiden ersten Schlesischen Kriege, die der 1740 auf den Thron gelangte Friedrich II. von Preußen 1740 bis 1742 und 1744 parallel zum Österreichischen Erbfolgekrieg gegen Österreich führte. In diesen Kriegen hatte Preußen das bis dahin mit der Krone Böhmen verbundene und damit der österreichischen Monarchie angehörende Schlesien erobert und behauptet. Seit 1753 war Wenzel Anton Graf Kaunitz-Rietberg österreichischer Staatskanzler und zuständig für die Wiener Außenpolitik. Sein politisches Generalziel bestand in der Wiedererlangung Schlesiens für Österreich und in der Rückführung Preußens auf den Status eines Territorialstaates wie Sachsen oder Bayern. Um das zu erreichen, arbeitete Kaunitz jahrelang an der Herstellung einer neuen Bündniskonstellation, mit der er Frankreich auf die Seite Österreichs ziehen wollte, um Preußen zu isolieren und ihm die Unterstützung seines französischen Verbündeten zu nehmen. Das kam einer Umkehrung der traditionellen Bündnisse gleich und widersprach der bis ins späte 15. Jahrhundert zurückreichenden Rivalität zwischen Frankreich und den Habsburgern. König Friedrich trug durch politische Ungeschicklichkeiten dazu bei, daß Kaunitz 1756 diesen diplomatischen Kurswechsel erreichte, der auch als „diplomatische Revolution" des 18. Jahrhunderts oder als „Renversement des alliances" bezeichnet wird. Anfang 1756 schloß der preußische König ein Bündnis mit Großbritannien, dem traditionellen Bündnispartner des Kaisers gegen Frankreich, weil er damit die Ostgrenze Preußens gegen das seit 1755 ebenfalls mit London verbündete Rußland glaubte sichern zu können. Großbritannien führte jedoch seit 1754 in Nordamerika und in Indien einen Krieg um koloniale Interessen gegen Frankreich. Daher sah sich das Ministerium in Versailles nach Bekanntwerden des preußisch-britischen Bündnisses, der 1. Konvention von Westminster, von Preußen getäuscht und hintergangen und schwenkte daraufhin auf die Linie des österreichischen Bündnisangebotes ein. Das Ergebnis war zunächst ein Defensiv- und später ein Offensivbündnis mit Österreich gegen Preußen, dem sich Rußland und Schweden anschlossen. So kam es zum Krieg, der in Deutschland von Preußen als Präventivkrieg begonnen wurde.
Es gab von Anfang an mehrere Kriegsschauplätze: Nordamerika und Indien mit Franzosen und Briten als Gegnern, den zentralen Kriegsschauplatz in Mitteleuropa, vor allem in Sachsen und Böhmen, aber auch in Ostpreußen, Pommern, der Neumark Brandenburg östlich der Oder und in Schlesien, wo Preußen vor allem mit Österreich und Rußland konfrontiert war, und den nordwestdeutschen Nebenkriegsschauplatz. Hier spielten die Franzosen die Hauptrolle, deren Hauptgegner nicht Preußen, sondern England und das mit Großbritannien unter einem Herrscher verbundene Hannover war. Eine strikte Trennung des französisch-britisch/hannoverschen und des österreichisch/russisch-preußischen Krieges konnte es jedoch nicht geben, wie ja auch in der Schlacht von Roßbach (bei Merseburg) am 5. November 1757 beide Kriege ineinander übergingen. Das galt besonders für die preußischen Gebiete am Niederrhein und in Westfalen. „Durch ihre geographische Lage auf dem ‚falschen' Kriegsschauplatz wurden sie gleichsam zum Scharnier der beiden weitgehend getrennt verlaufenden Kriege" (Carl, S. 61).

Nachdem die französische Armee ihren Aufmarsch am Niederrhein vollzogen hatte, richtete sich ihr Vormarsch über Westfalen gegen Hannover. Am 26. Juli 1757 kam es zur Schlacht bei Hastenbeck östlich der Weser nahe Hameln, in der die Franzosen die unter dem Befehl des Herzogs von Cumberland stehende alliierte Armee zur Bedeckung Hannovers schlugen. Die Folge war die kapitulationsähnliche Konvention von Kloster Zeven (bei Bremervörde, Niedersachsen) vom 8. September 1757, mit der nahezu ganz Nordwestdeutschland und damit auch Westfalen den Franzosen überlassen wurde. Doch konnte die französische Armee diesen Stand nicht behaupten, vor allem nicht nach ihrer Niederlage von Roßbach. 1758 gelang es dem preußischen General Ferdinand von Braunschweig, mit preußischen und britisch-hannoverschen Truppen bis über den Rhein vorzudringen und die Franzosen am 23. Juni 1758 bei Krefeld zu schlagen. Hingegen stießen die Franzosen 1759 wieder weit nach Westfalen hinein vor, bis sie am 1. August 1759 bei Minden von den Truppen Ferdinands von Braunschweig geschlagen wurden; die Erinnerung daran begeht die britische Armee noch heute feierlich als „Minden Day". 1760 überschritten preußische und britisch-hannoversche Verbände unter dem Erbprinzen Karl Wilhelm Ferdinand von Braunschweig erneut den Rhein, wurden aber in der Schlacht von Kloster Kamp (Kamp-Lintfort, Kreis Wesel) am 16. Oktober 1760 von den Franzosen zurückgeschlagen. Die letzte entscheidende Schlacht des Siebenjährigen Krieges auf dem niederrheinisch-westfälischen Kriegsschauplatz fand am 15. und 16. Juli 1761 mitten in Westfalen, bei Vellinghausen (Welver, Kreis Soest) an der Lippe nordwestlich von Soest, statt. In der zweitägigen Schlacht siegte Ferdinand von Braunschweig mit rund 70 000 Mann der alliierten Armee über zwei französische Armeen mit zusammen etwa 110 000 Mann. Danach konnten die Franzosen bis zum Ende des Krieges im niederrheinisch-westfälischen Raum nur noch das linksrheinische preußische Gebiet und auf der rechten Rheinseite die Festung Wesel behaupten.

Die Franzosen hatten somit seit 1757 fast unangefochten die linksrheinischen Gebiete Preußens und darüber hinaus bis weit in das Jahr 1758 hinein auch die preußischen Gebiete in Westfalen in ihrer Hand, während die Alliierten seit 1758 die westfälischen Länder des Kölner Kurfürsten Clemens August von Bayern, also die geistlichen Territorien Westfalens, weitgehend kontrollierten. Dasselbe galt für die Grafschaft Rietberg, den Hausbesitz des österreichischen Staatskanzlers Kaunitz. In Wien hatte man weitreichende Pläne für eine Neuordnung des niederrheinisch-westfälischen Raumes. Zeitweise wurde daran gedacht, preußisch Geldern, das Herzogtum Kleve und die Grafschaft Mark dem Schwager Maria Theresias, Karl Alexander von Lothringen, zu überlassen. Ein anderer Plan sah vor, daß der Kurfürst von der Pfalz als Herzog von Jülich und Berg von Österreich das Herzogtum Kleve und die Grafschaft Mark erhalten sollte. Dafür sollte der Kurfürst kurpfälzische Landesteile an Bayern abtreten, von dem im Gegenzug die Überlassung bayerischer Landesteile an Böhmen und damit an Österreich erwartet wurde. Aber nicht nur im Kalkül der Wiener Politik wurden Territorien wie die Grafschaft Mark zum Objekt des Länderschachers, auch Friedrich der Große dachte während des Siebenjährigen Krieges an einen Tausch der preußischen Gebiete am Niederrhein und in Westfalen gegen das für Preußen günstiger gelegene und von Preußen im Zuge des Krieges zeitweise besetzte Mecklenburg.

Noch vor der Schlacht von Hastenbeck wurden im Frühjahr 1757 österreichisch-französische Besatzungsbehörden für die niederrheinisch-westfälischen Provinzen Preußens eingerichtet, wobei die Österreicher die Zivil- und die Franzosen die Militärverwaltung übernahmen. Die österreichische Ziviladministration für das Herzogtum Kleve, die Grafschaft Mark und das Fürstentum Moers befand sich in Kleve, die für Minden, Ravensberg, Tecklenburg und Lingen in Tecklenburg. Beide unterstanden dem Administrationspräsidenten Johann Anton Graf Pergen, der als kaiserlicher Vertreter in Frankfurt am Main residierte und dort auch weiterhin blieb, um die Besatzungsgebiete am Niederrhein und in Westfalen 1757 und 1762 von dort aus einige Male zu besuchen. Die meisten preußischen Beamten in Kleve versagten sich zunächst der Zusammenarbeit mit Pergen und entzogen sich einer Dienstverpflichtung für die österreichische Besatzungsadministration durch Flucht in die benachbarten Niederlande, bis sie aus Berlin die Erlaubnis zur Rückkehr erhielten. Erst damit war die „Kontinuität der Verwaltung“ (Carl, S. 95) sichergestellt. In Minden hatte der Präsident der preußischen Kriegs- und Domänenkammer, Valentin von Massow, Gelegenheit, rechtzeitig Vorkehrungen für die erwartete Besetzung zu treffen und u. a. alle Etatunterlagen beiseitezuschaffen. „Er delegierte die Mehrzahl der Kriegs- und Domänenräte zu einer Kammerdeputation, die unter der Besatzungsmacht die Verwaltung fortführen sollte, und gab ihnen detaillierte Instruktionen über Aufgaben und Verhaltensmaßregeln mit ausdrücklicher Verpflichtung, die Interessen des Königs wahrzunehmen“ (Carl, S. 97). Die französische Militärverwaltung lag in den besetzten Gebieten bei den französischen Festungsgouverneuren. Am Niederrhein waren das der Gouverneur der bis an das Ende des Krieges besetzten Festung Wesel und in Westfalen die Gouverneure der Festungen Lippstadt und Minden. Doch endete hier die Okkupation entsprechend dem Kriegsverlauf schon 1758. Obwohl die Franzosen die Grafschaft Mark auch in den folgenden Jahren als Aufmarschgebiet für ihre Feldzüge nutzten, konnte die Besatzungsadministration hier nach 1758 nicht mehr tätig werden, während sie am Niederrhein fast sechs Jahre dauerte.

Daher waren die Folgen der Besatzungszeit für das Verhältnis Preußens zu seinen westlichen Provinzen am Niederrhein tiefgehender als in der Grafschaft Mark oder gar in Minden-Ravensberg, wo „die Okkupation während des ersten Kriegsjahres eine Episode“ (Carl, S. 420) blieb. So kam es im preußischen Westfalen auch nicht zu jenen Erscheinungen von Kollaboration mit dem Feind, die besonders in preußisch Geldern um die Grafen Hoensbroech auftraten und dort „die begrenzte Identifikation mit einem preußischen Gesamtstaat spürbar werden“ (Carl, S. 420) ließen.

In Westfalen waren vor allem die materiellen Schäden infolge des Krieges zu bemerken, wenn diese auch nicht an die Auswirkungen des Dreißigjährigen Krieges heranreichten. So waren in Minden-Ravensberg und Tecklenburg Bevölkerungsverluste von rund 10 % und in der Grafschaft Mark von etwa 14 % zu beklagen. Besonders hoch waren die Verluste und die Zerstörungen in der nördlichen Grafschaft Mark und vor allem in der Gegend um Soest, dem Schauplatz der Schlacht von Vellinghausen von 1761. Hier lagen die Verluste an Pferden und Vieh bei 60 bis 70 % gegenüber 40 bis 50 % in der gesamten Grafschaft Mark und nur 4 % im Fürstentum Minden. Relativ gering scheint die Neuverschuldung der westfälischen Provinzen Preußens und der Städte und Gemeinden durch die im Siebenjährigen Krieg aufgenommenen Schulden, jedenfalls im Vergleich mit anderen Gegenden, gewesen zu sein. Nur die Stadt Bielefeld war zur Aufnahme einer hohen Darlehenssumme gezwungen, um die 1761 und 1762 von den Franzosen erhobenen Kontributionen aufzubringen.

Literatur

Aders, Günter / Richtering, Helmut (Bearb.): Gerichte des alten Reiches, 2 Tle. (Das Staatsarchiv Münster und seine Bestände, Bd. 2) Münster 1968.

Aretin, Karl Otmar von: Das Alte Reich 1648-1806, 3 Bde. Stuttgart 1993/97.

Arndt, Johannes: Das Niederrheinisch-Westfälische Reichsgrafenkollegium und seine Mitglieder (1653-1806). (Veröffentlichungen des Instituts für Europäische Geschichte Mainz, Bd. 133 = Beiträge zur Sozial- und Verfassungsgeschichte des Alten Reiches, Bd. 9) Mainz 1991.

Behr, Hans-Joachim: Der Niederrheinisch-Westfälische Reichskreis um 1560 und 1794 [Karten und Kartenerläuterung], in: Geschichtlicher Handatlas von Westfalen. Hrsg. vom Provinzialinstitut für Westfälische Landes- und Volksforschung des Landschaftsverbandes Westfalen-Lippe, Lfg. 2. Münster 1982.

Carl, Horst: Okkupation und Regionalismus. Die Preußischen Westprovinzen im Siebenjährigen Krieg. (Veröffentlichungen des Instituts für Europäische Geschichte Mainz. Abt. Universalgeschichte, Bd. 150) Mainz 1993.

Casser, Paul: Der Niederrheinisch-Westfälische Reichskreis, in: Der Raum Westfalen II/II. Berlin 1934, S. 35-70.

Dehio, Ludwig: Zur Verfassungs- und Verwaltungsgeschichte des Fürstbistums Münster im 17. und 18. Jahrhundert, in: Zeitschrift für vaterländische Geschichte und Altertumskunde (= Westfälische Zeitschrift) 79, 1921, Abt. I, S. 1-24.

Dotzauer, Winfried: Die deutschen Reichskreise in der Verfassung des Alten Reiches und ihr Eigenleben (1500-1806). Darmstadt 1989.

Duchhardt, Heinz: Das Zeitalter des Absolutismus. (Oldenbourg Grundriß der Geschichte, Bd. 11) 3. Aufl. München 1998.

Esser, Hermann: Johann Friedrich Möllers Bittschriften an Friedrich Wilhelm III., in: Heimatblätter für Hohenlimburg und Umgegend 9, 1935, S. 121-136.

Föllinger, Georg: Corvey. Von der Reichsabtei zum Fürstbistum. Die Säkularisation der exemten reichsunmittelbaren Benediktiner-Abtei Corvey und die Gründung des Bistums 1786-1794. (Paderborner theologische Studien, Bd. 7) München/Paderborn/Wien 1978.

Fürstenbergische Geschichte, Bd. 3: Die Geschichte des Geschlechtes von Fürstenberg im 17. Jahrhundert. Bearb. von Helmut Lahrkamp, Helmut Richtering, Manfred Schöne u. Gerhard Theuerkauf. Münster 1971.

Fürstenbergische Geschichte, Bd. 4: Die Geschichte des Geschlechtes von Fürstenberg im

18. Jahrhundert. Bearb. von Norbert Andernach, Friedrich Keinemann, Helmut Lahrkamp, Helmut Richtering u. Manfred Wolf. Münster 1979.
Haeften, August von (Hrsg.): Urkunden und Actenstücke (Literatur Kap. 3.3).
Hanschmidt, Alwin: Das 18. Jahrhundert, in: Westfälische Geschichte. Hrsg. von Wilhelm Kohl, Bd. 1. Düsseldorf 1983, S. 605-685.
Hanschmidt, Alwin: Die Familie von Fürstenberg und das Fürstbistum Paderborn, in: Westfälische Zeitschrift 128, 1978, S. 357-375.
Hanschmidt, Alwin: Franz von Fürstenberg als Staatsmann. Die Politik des Münsterschen Ministers 1762-1780. (Veröffentlichungen der Historischen Kommission Westfalens, XVIII: Westfälische Biographien, Bd. 5) Münster 1969.
Hanschmidt, Alwin: Die freiherrliche Familie von Fürstenberg und die Reichskirche im 18. Jahrhundert, in: Bischofs- und Kathedralstädte des Mittelalters und der frühen Neuzeit. Hrsg. von Franz Petri. (Städteforschung, Reihe A, Bd. 1) Köln/Wien 1976, S. 178-199.
Hanschmidt, Alwin: Zwischen bürgerlicher Stadtautonomie und fürstlicher Stadtherrschaft (1580-1661), in: Geschichte der Stadt Münster. Hrsg. von Franz-Josef Jakobi, Bd. 1. Münster 1993, S. 249-299.
Hersche, Peter: Die deutschen Domkapitel im 17. und 18. Jahrhundert, 3 Bde. Bern 1984.
Holzem, Andreas: Konfessionsstaat (Literatur Kap. 4).
Hubatsch, Walther: Verwaltungentwicklung von 1713-1803, in: Deutsche Verwaltungsgeschichte. Hrsg. von Kurt G. A. Jeserich, Hans Pohl u. Georg-Christoph von Unruh, Bd. 1. Stuttgart 1983, S. 892-941: § 14: Brandenburg-Preußen, Tle. C.
Keinemann, Friedrich: Das Domkapitel zu Münster im 18. Jahrhundert. Verfassung, persönliche Zusammensetzung, Parteiverhältnisse. (Veröffentlichungen der Historischen Kommission Westfalens, XXII: Geschichtliche Arbeiten zur westfälischen Landesforschung, Bd. 11) Münster 1967.
Keinemann, Friedrich: Das Hochstift Paderborn am Ausgang des 18. Jahrhunderts. Verfassung, Verwaltung, Gerichtsbarkeit und soziale Welt, 3 Tle. (Dortmunder historische Studien, Bd. 1) Bochum 1996.
Klueting, Harm: „Daß sie ein Absplіß ...“ (Literatur Kap. 3.3).
Klueting, Harm: Ackerbürgerstadt Medebach (Literatur Kap. 3.4).
Klueting, Harm: Arnsberg (Literatur Kap. 3.2).
Klueting, Harm: Las Asambleas territoriales (Literatur Kap. 3.3).
Klueting, Harm: Bauern auf den „Erbentagen“ nordwestdeutscher Territorien, in: Parliaments, Estates & Representation 7, 1987, S. 41-49.
Klueting, Harm: Art. Deutsche Territorien, in: Panorama der fridericianischen Zeit. Friedrich der Große und seine Epoche. Ein Handbuch. Hrsg. von Jürgen Ziechmann. Bremen 1985, S. 760-769.
Klueting, Harm: „Sie fördern das Wohl der Einwohner ...“ (Literatur Kap. 3.4).
Klueting, Harm: Haus Bentheim-Tecklenburg (Literatur Kap. 3.3).
Klueting, Harm: Das Reich und Österreich 1648-1740, in: Sacrum Imperium. Das Reich und Österreich 996-1806. Hrsg. von Wilhelm Brauneder u. Lothar Höbelt. Wien 1996, S. 162-287.
Klueting, Harm: Reichsgrafen-Stiftsadel-Landadel. Adel und Adelsgruppen im niederrheinisch-westfälischen Raum im 17. und 18. Jahrhundert, in: Adel in der Frühneuzeit. Ein regionaler Vergleich. Hrsg. von Rudolf Endres. (Bayreuther historische Kolloquien, Bd. 5) Köln/Wien 1991, S. 17-53.
Klueting, Harm: Art. Säkularisation, in: Panorama der fridericianischen Zeit. Friedrich der Große und seine Epoche. Ein Handbuch. Hrsg. von Jürgen Ziechmann. Bremen 1985, S. 441-445.
Klueting, Harm: Ständebildung ohne Ritterschaft (Literatur Kap. 3.3).
Klueting, Harm: Ständewesen (Literatur Kap. 3.3).

Lahrkamp, Monika: Jahre des Umbruchs – Säkularisation und französische Herrschaft (1802-1815), in: Geschichte der Stadt Münster. Hrsg. von Franz-Josef Jakobi, Bd. 2. Münster 1993, S. 1-45.
Neuhaus, Helmut: Das Reich in der Frühen Neuzeit. (Enzyklopädie deutscher Geschichte, Bd. 42) München 1997.
Nordsiek, Hans: Zur Eingliederung des Fürstbistums Minden in den brandenburgisch-preußischen Staat, in: Expansion und Integration. Zur Eingliederung neugewonnener Gebiete in den preußischen Staat. Hrsg. von Peter Baumgart. (Neue Forschungen zur Brandenburg-Preußischen Geschichte, Bd. 5) Köln/Wien 1984, S. 45-79.
Oer, Rudolfine Freiin von: Landständische Verfassungen (Literatur Kap. 3.4).
Opgenoorth, Ernst: Die rheinischen Gebiete Brandenburg-Preußens im 17. und 18. Jahrhundert, in: Expansion und Integration. Zur Eingliederung neugewonnener Gebiete in den preußischen Staat. Hrsg. von Peter Baumgart. (Neue Forschungen zur Brandenburg-Preußischen Geschichte, Bd. 5) Köln/Wien 1984, S. 33-44.
Reekers, Stephanie: Beiträge zur statistischen Darstellung der gewerblichen Wirtschaft Westfalens um 1800, 12 Tle., in: Westfälische Forschungen [Tl. 1] 17, 1964, S. 83-176; [Tl. 2] 18, 1965, S. 75-130; [Tl. 3] 19, 1966, S. 28-78; [Tl. 4] 20, 1967, S. 59-108; [Tl. 5] 21, 1968, S. 98-161; [Tl. 6] 23, 1971, S. 75-106; [Tl. 7] 25, 1973, S. 59-167; [Tl. 8] 26, 1974, S. 60-83; [Tl. 9] 29, 1978/79, S. 24-118; [Tl. 10] 34, 1984, S. 87-158; [Tl. 11] 36, 1986, S. 25-111; [Tl. 12] 43, 1993, S. 357-513.
Reif, Heinz: Westfälischer Adel 1770-1860. Vom Herrschaftsstand zur regionalen Elite. (Kritische Studien zur Geschichtswissenschaft, Bd. 35) Göttingen 1979.
Rothert, Hermann: Westfälische Geschichte, Bd. 3: Absolutismus und Aufklärung. 4. Aufl. Gütersloh 1976.
Stievermann, Dieter: Preußen und die Städte der westfälischen Grafschaft Mark im 18. Jahrhundert, in: Westfälische Forschungen 31, 1981, S. 5-33.
Stievermann, Dieter: Städtewesen in Südwestfalen (Literatur Kap. 3.4).
Troßbach, Werner: Widerstand als Normalfall. Bauernunruhen in der Grafschaft Sayn-Wittgenstein-Wittgenstein 1696-1808, in: Westfälische Zeitschrift 135, 1985, S. 25-111.
Wolf, Manfred: 17. Jahrhundert (Literatur Kap. 5.1).

5.3 Hexenglauben, Pietismus und Aufklärung

Das 18. Jahrhundert war das Jahrhundert der Aufklärung. Westfalen gehörte jedoch nicht zu den Hauptverbreitungsgebieten der Aufklärung und wies auch keinen Ort auf, der sich als Zentrum der Aufklärung mit Leipzig und Halle, Hamburg, Altona, Göttingen, Berlin oder Königsberg auch nur entfernt hätte messen können. Eher wäre die benachbarte Grafschaft Lippe mit der Stadt Lemgo in die Reihe wichtiger Aufklärungszentren zu stellen, weil die seit 1560 in Lemgo beheimatete, mit einem Verlag verbundene Meyersche Druckerei im 18. Jahrhundert eine weit über Lippe hinausreichende Bedeutung gewann und einen Beitrag zur Verbreitung von Aufklärungsideen leistete. Im protestantischen Teil Westfalens fehlten alle Voraussetzungen, um hier ein Aufklärungszentrum entstehen zu lassen; vor allem fehlte ein intellektueller Mittelpunkt, an dem Zeitschriftenartikel oder Bücher publiziert und diskutiert wurden. Man hat oft das Fehlen einer Universität im damaligen Westfalen

beklagt, dabei aber übersehen, daß es mit der seit 1614/16 in Paderborn bestehenden katholischen Universität und mit der reformierten Hohen Schule in Burgsteinfurt in Westfalen eine Universität und eine universitätsähnliche Hochschule gab, die darüber hinaus durch zwei Westfalen unmittelbar benachbarte Universitäten ergänzt wurden. Gemeint sind die 1654/55 in Duisburg gegründete reformierte Universität, die auch von vielen Studenten aus der Grafschaft Mark besucht wurde, und die Universität Rinteln an der Weser in der Grafschaft hessisch Schaumburg. Diese Gründung des 1619 zum Fürsten erhobenen Grafen Ernst von Schaumburg besaß vor der Eröffnung der Universität Göttingen als einzige lutherische Universität Nordwestdeutschlands großes Ansehen.
Mit dem Vorhandensein einer Universität war es also nicht getan, um eine Stadt oder eine Region zu einem Zentrum der Aufklärung werden zu lassen. Dazu bedurfte es moderner Hochschulen, die aufklärerische Impulse aufnehmen und von denen solche Impulse ausgehen konnten. Solche Hochschulen entstanden 1694 mit der neuen Universität in dem durch den Westfälischen Frieden an Brandenburg-Preußen gefallenen Halle an der Saale und 1734/37 mit der Universität Göttingen im Kurfürstentum Hannover. Mit diesen Hochschulen traten Halle und Göttingen auch über Deutschland hinaus in die erste Reihe der Aufklärungszentren ein. Auch für die Aufklärung in Westfalen gewannen Halle und Göttingen Bedeutung, indem von dorther die Aufklärungsbewegung nach Westfalen, besonders in seine protestantischen Teile, eindrang. Während Halle und Göttingen älteren protestantischen Universitäten wie Duisburg und Rinteln und auch Helmstedt bald den Rang abliefen, wurden die Universitäten in Halle und Göttingen zum bevorzugten Studienort der Studenten aus dem evangelischen Westfalen. So wurden Halle und Göttingen im 18. Jahrhundert die wichtigsten Bildungszentren des protestantischen Teils Westfalens.
Aber auch das katholische Westfalen stand hinter Zentren der katholischen Aufklärung wie Würzburg und Ingolstadt, Salzburg und Trier, Mainz und Bonn und vor allem Wien weit zurück. Nur Münster mit der hier 1780 eröffneten Universität gehört in diesen Zusammenhang. Auch wichtiger Aufklärer kann sich die Grafschaft Lippe eher rühmen als Westfalen. So wurde der spätere preußische Diplomat Christian Wilhelm (von) Dohm 1751 in Lemgo geboren, der mit seinem neben zahlreichen anderen Schriften verfaßten Buch „Über die bürgerliche Verbesserung der Juden“ von 1781 einen Beitrag zur Emanzipation der Juden leistete. Zu nennen ist auch Johann Ludwig Ewald, der 1747 in Dreieichenhain im Isenburgischen im heutigen Hessen geboren wurde und 1783 als reformierter Hofprediger in die lippische Residenz Detmold kam, wo er auch lippischer Generalsuperintendent wurde; 1796 verließ er Lippe und ging 1805 als Professor nach Heidelberg. In den wenigen Jahren seines Wirkens in der Grafschaft Lippe wurde er dort u. a. als aufklärerischer Schulreformer tätig. 1790 veröffentlichte er seine Schrift „Über Volksaufklärung, ihre Grenzen und Vortheile“.
So dauerte es in Westfalen lange, bis die Aufklärungsbewegung auch hier wirksam

wurde. Stattdessen waren Weltbild und Denkformen der voraufklärerischen Zeit in Westfalen auch bei Gebildeten noch weit ins 18. Jahrhundert hinein und teilweise noch bis ins 19. Jahrhundert lebendig. Dazu gehörte die Dominanz des Konfessionellen und die Schärfe des konfessionellen Gegensatzes zwischen Katholiken und Protestanten, aber auch innerhalb des Protestantismus zwischen Lutheranern und Reformierten, der über den Binnenraum von Kirche und Theologie hinaus das gesamte Bildungswesen und die gesamte Gesellschaft prägte. Verstärkt wurde das im Protestantismus durch die theologische Orthodoxie, der auf katholischer Seite die Neoscholastik, die jesuitische Theologie und die von den Bettelorden und anderen verbreiteten barocken Formen der Volksfrömmigkeit gegenüberstanden. Dazu gehörten Heiligenkult und Reliquienverehrung, die Rolle des Weihwassers und die Weihe alltäglicher Gegenstände, die Gnadenorte und die dort von Wundern kündenden Mirakelbücher und die Praxis des Exorzismus.

Es gab aber auch Ausbruchsversuche, die in eine andere Richtung wiesen. Im protestantischen Bereich galt das vor allem für den Pietismus. Dabei handelte es sich um eine religiöse Bewegung innerhalb des lutherischen, aber auch des reformierten Protestantismus, die durch Erneuerung des religiösen Lebens eine Reform der evangelischen Kirche erreichen wollte und einen neuen Frömmigkeitstyp schuf. Vorbereitet wurde der Pietismus in der zweiten Hälfte des 16. und in der ersten Hälfte des 17. Jahrhunderts im mystischen Spiritualismus Johann Arndts, eines seit 1611 als Generalsuperintendent in Celle tätigen Anhaltiners. Vergleichbares gab es auf katholischer Seite mit dem etwa gleichzeitig mit dem Pietismus vor allem in Frankreich und in den Niederlanden, aber auch in Italien sowie in Böhmen und in Österreich verbreiteten Jansenismus, der aber im katholischen Westfalen kaum eine Rolle spielte.

Man sieht den Pietismus heute nicht mehr als Gegensatz zur Aufklärung, sondern betrachtet Pietismus und Aufklärung, vor allem die frühe Aufklärung, als in wichtigen Punkten verwandt, auch wenn beide Bewegungen im Laufe des 18. Jahrhunderts auseinandergingen. Die Gemeinsamkeit lag besonders in dem vom Pietismus mit seiner Betonung der persönlichen religiösen Erfahrung des Einzelnen anstelle anstaltsmäßiger Kirchlichkeit geförderten religiösen Individualismus und in der damit gegebenen Tendenz zu einer den Menschen in den Mittelpunkt rückenden Anthropozentrik. Das war auch für die Aufklärung charakteristisch, die jedoch kein Verständnis mehr für die pietistische Bekehrungs- und Wiedergeburtstheologie hatte. So kann man die deutsche Aufklärung, jedenfalls im protestantischen Deutschland, auf weite Strecken als „säkularisierten Pietismus“ bezeichnen. Der Pietismus erscheint heute aber auch nicht mehr als eine Bewegung, die erst mit der Schrift „Pia Desideria“ des damals als lutherischer Pfarrer in Frankfurt am Main wirkenden Elsässers Philipp Jakob Spener von 1675 einsetzte und sich von da an in den lutherischen Teilen Deutschlands und besonders in Brandenburg-Preußen und später in Württemberg verbreitete. Zwar geht die – ursprünglich von den Gegnern gebrauchte und polemisch gemeinte – Bezeichnung „Pietist“ auf den Titel dieser Schrift zurück, doch spricht vieles dafür, „den Pietismus als historische Erscheinung wesentlich früher und weiter anzusetzen“ (Brecht, S. 5), nämlich schon bei dem erwähnten Johann Arndt und seinem zuerst 1606/10 erschienenen Erbauungsbuch „Vier (sechs) Bücher vom wahren Christentum“. Das Grundanliegen des Pietismus bestand in der Überwindung einer formalisierten, intellektualisierten und dogmatisierten Theologie und Frömmigkeit, der der Pietismus die persönliche religiöse Erfahrung des Einzelnen entgegensetzte, vor allem das Erschrecken über die Tiefe des Sünderdaseins und die Bekehrung als Akt des Gesamtwandels des Lebens des einzelnen Menschen.

In Westfalen gab es nichts, was mit dem Wirken August Hermann Franckes in Halle an der Saale verglichen werden könnte. Francke machte die junge Universitätsstadt mit seiner praktischen pädagogisch-sozialfürsorgerischen Arbeit zu einem Zentralort des deutschen Pietismus. Westfalen kannte aber auch keine Stätten pietistischer Frömmigkeit wie das nahe Mülheim an der Ruhr mit dem dort von 1660 bis 1668 als Pfarrer tätigen Begründer des reformierten pietistischen Konventikelwesens, Theodor Undereyck, und im 18. Jahrhundert mit dem als Liederdichter bis heute bekannten Gerhard Tersteegen. Auch das sächsische Herrnhut mit der pietistischen Brüdergemeinde um den Grafen Nikolaus Ludwig von Zinzendorf war in Westfalen ohne Parallele. Immerhin gab es aber auch in Westfalen einige pietistische Kreise und pietistisch gestimmte Pfarrer wie den Vor- oder Frühpietisten Johann Jakob Fabricius in Schwelm in der Grafschaft Mark, der 1653 wegen seiner theologischen Haltung sein Pfarramt verlor, oder den Franzosen Jean de Labadie. Dieser mystische Spiritualist und Pietist war ein ehemaliger Jesuit, der über die Mystik und den Jansenismus zum Protestantismus gekommen und noch in seiner französischen Heimat in die reformierte Kirche übergetreten war. Als Vertreter des reformierten Pietismus gelangte Labadie 1670 über die Niederlande ins westfälische Herford. Hier war Elisabeth von der Pfalz, eine Tochter des „Winterkönigs“, seit 1667 Äbtissin der Reichsabtei Herford. Sie nutzte ihre Stellung und machte Herford zum Asylort für verfolgte Spiritualisten. So nahm die Äbtissin Labadie und seine separatistische Gemeinde aus dem niederländischen Middelburg auf, bis sie durch das Reichskammergericht 1672 zu deren Ausweisung gezwungen wurde. Elisabeth von der Pfalz stand auch zeitlebens in Verbindung mit dem französischen Philosophen René Descartes und im Briefwechsel mit Männern wie dem deutschen Philosophen Leibniz. Durch ihr Wirken in Herford fanden somit auch in Westfalen schon früh Spielarten des Pietismus und der frühen Aufklärung Eingang, wenn das auch noch auf den sehr kleinen Kreis um die 1680 gestorbene Äbtissin beschränkt blieb.

Später gab es unter den evangelischen Pfarrern Westfalens eine Reihe von Anhängern des Spenerschen und des Hallischen bzw. Franckeschen Pietismus, so etwa Israel Clauder in Bielefeld, der als ehemaliger Hauslehrer bei Spener auch mit diesem selbst in Beziehung stand und, seit 1718 Pfarrer der Bielefelder Altstadt, den lutherischen Pietismus in Minden-Ravensberg heimisch machte. Doch war der Pietismus schon vor ihm nach Bielefeld gekommen; 1704 war in Ravensberg die erste pietistisch geprägte Kirchenordnung Preußens eingeführt worden. Das hing auch mit dem Ravensberger Landdrosten Clamor von dem Bussche zusammen, der schon 1698 mit Francke in Verbindung stand. Neben diesem hohen Beamten, einem im Fürstentum Minden begüterten lutherischen Adeligen, gab es auch in Westfalen andere pietistisch gesinnte Laien, so in Hamm den Arzt Rüdiger von Westhoven. In Dortmund und in Soest fand der Pietismus über die Archigymnasien und ihre Rektoren Eingang, wobei der in beiden Städten als Gymnasialdirektor und Superintendent tätige Johann Christoph Nungesser Bedeutung erlangte. Die wichtigste Gestalt des Pietismus in Dortmund wurde nach ihm der aus Rothenburg ob der Tauber stammende Johann Georg Joch, der von 1709 bis 1722 als Rektor des Archigymnasiums und Superintendent in der Reichsstadt wirkte und dort gegen Widerstände pietistische Konventikel, sog. „Collegia pietatis“, organisierte. In Soest setzte sich der Hallische Pietismus mit dem 1731 als Rektor des Archigymnasiums nach Soest gekommenen Pommer Georg Friedrich Movius durch. „Dies gilt mit Abstrichen auch für die Börde, deren Pfarreien nun nach und nach mit pietistischen Pfarrern besetzt wurden“ (Peters, S. 361).

Von den Pfarrern sind außer Clauder u. a. Dietrich Michael Bierwehrt in Schildesche (Bielefeld), Renatus Andreas Kortum in Hattingen, Johann Karthaus in Schwelm und dessen Sohn Christian Heinrich Karthaus in Wetter an der Ruhr und in Hagen oder Johann Friedrich Glaser zu nennen. Dieser wurde 1717 Pfarrer im märkischen Halver und 1733 Generalsuperintendent der Grafschaft Mark und gilt als wichtigster Wegbereiter des Pietismus in der Mark. Bei dem seit 1711 in Hattingen amtierenden Kortum nahm der Pietismus, ebenso wie bei seinem Amtsbruder Peter Mahler, seit 1706 Pfarrer in Derne (Kamen), eine Wendung über das für den Hallischen Pietismus charakteristische soziale Engagement hinaus ins politische Engagement. 1720 unterschrieben beide eine Eingabe an König Friedrich Wilhelm I. wegen der in der Grafschaft Mark anläßlich der Soldatenwerbungen entstandenen Unruhen (S. 170). Die beiden Pfarrer wurden verhaftet, zehn Wochen in der Festung Wesel festgehalten und dann nach Berlin gebracht. Erst nach öffentlicher Buße wurden beide 1721 wieder zum Pfarramt zugelassen und auf Pfarrstellen in Brandenburg, in Lebus bzw. Dabergotz, eingesetzt.

Einen „aufgeklärten Pietismus eigener Art“ (Peters, S. 360) vertrat Friedrich August Weihe, seit 1751 Pfarrer in Gohfeld (Löhne) im Fürstentum Minden. „Im Spätsommer des Jahres 1767 kam es unter Weihes Einfluß dann zu beachtlichen Erweckungen in Gohfeld, Löhne und Exter. In den wenigen Jahren, die ihm noch blieben, konnte der Gohfelder Pfarrer nachhaltigen Einfluß auf zahlreiche Amtsbrüder nehmen (umfängliche Korrespondenzen). Seine Ausstrahlung läßt sich nicht nur im näheren Umfeld Gohfelds, sondern auch entlang einer schmalen Linie von Stadthagen über Lahde, Minden, Mennighüffen, Löhne, Hagedorn, Exter, Herford, Bünde, Wallenbrück, Borgholzhausen, Versmold und Gütersloh bis Lippstadt nachweisen (Verlauf der damaligen Fernstraße). – Weihe war zweifellos eine der wichtigsten

Gestalten im Vorfeld der westfälischen Erweckungsbewegungen des 19. Jahrhunderts" (Peters, S. 360).
Seit den dreißiger Jahren des 18. Jahrhunderts gewann auch der Herrnhutsche Pietismus um den Grafen Zinzendorf Einfluß in Westfalen, und zwar besonders in Hemer in der Grafschaft Mark mit den beiden Pfarrern Johann Gangolf Wilhelm Forstmann und Johann Diedrich Angelkorte und in Minden mit dem Kaufmann und Vorsteher des lutherischen Waisenhauses, Gottfried Clausen, aber auch an anderen Orten.
Im reformierten Siegerland nahm der Pietismus separatistische Züge an. Am Anfang stand hier Johann Henrich Reitz, der 1697 wegen Schwärmertums sein Amt als Hofprediger des Grafen von Solms-Braunfels verloren hatte und 1703 als Rektor der Lateinschule nach Siegen kam. Hier veranstaltete er private Erbauungsstunden, mit denen er für die Teilnehmer mehr und mehr den kirchlichen Gemeindegottesdienst ersetzte. Hier lag die separatistische Tendenz, derentwegen er 1704 auch sein Amt in Siegen verlor. Wichtig für das Siegerland wurde auch der Einfluß Tersteegens und des reformierten Pietismus vom Niederrhein.
Eine hervorragende Rolle in der Geschichte des deutschen Pietismus spielten in Westfalen aber nur die beiden Grafschaften Wittgenstein-Berleburg und Wittgenstein-Wittgenstein, und zwar als Schauplatz radikal-sektiererischer, spiritualistisch-mystischer und „philadelphischer" Richtungen. Das begann mit Ernst Christoph Hochmann von Hochenau aus Lauenburg an der Elbe, der über den Pietismus Speners und Franckes hinausging und spiritualistische und philadelphische Ideen vertrat. Dazu gehörte die Vorstellung, daß die „wahre Kirche" der Glaubenden keiner Ordnung und Konfessionsbindung bedürfe, aber auch der Gedanke, daß die in den Konfessionskirchen verborgenen „wahren Christen" gesammelt werden müßten. In England gründete die Mystikerin Jane Leade schon 1694 die „Philadelphische Sozietät"; in Deutschland wurde Berleburg das Zentrum der aus dem radikalen Pietismus hervorgegangenen Philadelphier. Am Ende des 17. und zu Beginn des 18. Jahrhunderts kam Hochmann von Hochenau auf seinem unsteten Prediger- und Wanderleben, das ihn u. a. an den Niederrhein, in die Pfalz, nach Leipzig und nach Nürnberg führte, nach Berleburg und somit – wie ein Autor in der Mitte des 19. Jahrhunderts schrieb – auf den „verhängnißvollen Boden von Wittgenstein, wo alle Irrwege unstäter Prediger sich durchkreuzten", wo der Graf anderswo „ausgewiesene Separatisten und Schwärmer" duldete und „öde Jagdschlösser, Meierhöfe im wüsten Walde bemittelten geistlichen Abenteurern, verjagten Predigern gegen Schutzgeld und baare Vorschüsse einräumte" (Barthold, S. 111ff.). Danach trat Hochmann von Hochenau auch in der Grafschaft Lippe auf, wo Graf Friedrich Adolph seinem Wirken aber durch Verhaftung ein vorläufiges Ende setzte. In der Haft in Detmold verfaßte Hochmann 1702 sein bis nach Amerika verbreitetes radikal-pietistisches „Detmolder Glaubensbekenntnis".
1704 kam die „Buttlarsche Rotte", benannt nach Eva von Buttlar, nach Wittgenstein. Man hat diese Gruppe „die erste, bedeutendste und durch ihre theologische Begrün-

dung selbständigste Verzerrung des Pietismus zu sexuellem Libertinismus“ (Schmidt, Sp. 1555) genannt. Eva von Buttlar bezeichnete sich selbst als „himmlische Sophia“ und heiligen Geist sowie als „Teich Bethesda“ (nach Johannes 5,2ff.). Ihre Anhänger sollten durch leiblichen Eingang in sie als „Teich Bethesda“, also durch Geschlechtsverkehr, die „unio personalis“ mit Jesus Christus vollziehen und die Entsündigung an dem Organ des allgemeinen Sündenfalls erfahren. Wenn der Ausgangspunkt auch hier der Pietismus war, so hatte das mit lutherischem oder reformiertem Pietismus doch ebensowenig zu tun wie die Polygamie der Täufer im Münster von 1535 mit dem religiösen Anliegen der Täuferbewegung. 1702 hatte Eva von Buttlar im hessischen Allendorf eine philadelphische Gemeinschaft auf der Grundlage ihrer Ideen gegründet, die Kirche, Gottesdienst und Sakramente verwarf. 1704 übersiedelte die Gemeinschaft, die rund 70 Personen umfaßte, nach Saßmannshausen (Bad Laasphe) in der Grafschaft Wittgenstein-Wittgenstein. Im Falle der „Buttlarschen Rotte“ war ein Gerichtsverfahren wegen Gotteslästerung unausweichlich, das 1704/05 aufgenommen wurde. Doch entzog sich die „Buttlarsche Rotte“ dem Gerichtsverfahren durch Flucht zunächst ins nahe Hallenberg (Hochsauerlandkreis) im katholischen Herzogtum Westfalen und später nach Lügde (Kreis Lippe). In Lügde ließ sich Eva von Buttlar 1706 von ihren Anhängern als Herrscherin der Erde und Mutter aller Kreaturen ausrufen.
Wenige Jahre später trat in Wittgenstein mit Alexander Mack ein Schüler August Hermann Franckes auf, der den Pietismus mit dem Täufertum des 16. Jahrhunderts verband und 1708 in Schwarzenau (Bad Berleburg) in der Grafschaft Wittgenstein-Wittgenstein acht Erwachsene taufte. Mit diesen suchte er urchristlichen Grundsätzen nachzuleben. Mack gewann weitere Anhänger, die, um sich der Verfolgung zu entziehen, 1719 nach Pennsylvania in Nordamerika auswanderten. Auf Mack und die Täufer von Schwarzenau in Wittgenstein geht die noch heute in den Vereinigten Staaten von Amerika bestehende täuferische „Church of the Brethren“ zurück.
Bis weit ins 18. Jahrhundert hinein bestand in Berleburg eine philadelphische Gemeinde. Als deren Vorsteher gab Johann Heinrich Haug die achtbändige „Berleburger Bibel“ heraus, die in den Jahren 1726 bis 1742 in Berleburg erschien. Diese Bibelübersetzung, an der auch der regierende Graf Casimir von Sayn-Wittgenstein-Berleburg und der Berleburger Pfarrer und gräfliche Konsistorialrat Ludwig Christoph Scheffer mitarbeiteten, war vor allem in spiritualistisch-pietistischen Kreisen verbreitet. Ein radikaler Pietist und scharfer Gegner der kirchlichen Orthodoxie, zugleich Alchimist und Goldmacher, war auch Johann Konrad Dippel, der – auch er ein unstetes Wanderleben führend – 1704 mit einem der Grafen von Wittgenstein in Kontakt kam. Nach Aufenthalten u. a. in Holland und in Schweden lebte er seit 1729 als Einsiedler im Wittgensteinschen. Dippel beschloß sein Leben 1734 auf Schloß Wittgenstein in der Grafschaft Wittgenstein-Wittgenstein.
Zwar gab es den erwähnten Zusammenhang zwischen Pietismus und Aufklärung, vor allem in der Anthropozentrik, die für den Pietismus in seinem religiösen Individualismus lag. Indem der einzelne Mensch und dessen religiöse Einzelpersönlichkeit

an die Stelle organisierter Kirchlichkeit trat und man Freiwilligkeit über Zwang, Spontaneität über Tradition und den bekehrten Laien über den unbekehrten Pfarrer stellte, ergaben sich enge Beziehungen zur Aufklärung. Doch hatte nicht nur die Aufklärung kein Verständnis mehr für das religiöse Menschenbild des Pietismus, das diesen den Menschen als Sünder und der Gnade Gottes bedürftig sehen ließ; vielmehr zeigen die radikalen Ausuferungen des Pietismus, wie sie besonders in Wittgenstein hervortraten, daß Pietismus noch nicht Aufklärung war. Daran ändert die Tatsache nichts, daß die Aufklärung nicht nur rational war und selbst, nicht zuletzt in der Phase der Hochaufklärung, einen Kult des Irrationalen und Geheimnisvollen pflegte, wie das etwa bei den mit der Aufklärungsbewegung eng verbundenen Freimaurern zu beobachten ist.

Die andere Gestalt, in der das Voraufklärerische bis weit ins Jahrhundert der Aufklärung hinein (und bis heute) lebendig war, war die Fortdauer des magischen Weltbildes. Noch immer wurden ungewöhnliche Himmelserscheinungen, außergewöhnliche Naturereignisse, aber auch das Auftreten von Mißgeburten bei Mensch und Tier ebenso wie Ernteausfälle, Epidemien oder Epilepsie als Symptome für das Wirken böser Geister und übernatürlicher Kräfte oder als „Zeichen der Zeit" für das nahende Weltende gedeutet. Noch immer galt das Leben der Menschen als von Dämonen bedroht, gegen die Engel oder – war man katholisch – die Anrufung Heiliger, aber auch Amulette oder Zaubersprüche, helfen konnten. Noch immer wurde die Welt als Schauplatz des universalen Ringens zwischen Gott und dem Teufel gesehen, was stets mit der Imagination des Dämonischen einherging. Dieses magische Weltbild begegnet im magischen Verständnis bestimmter Formen der katholischen Volksfrömmigkeit, aber auch in Resten heidnischer Kulte wie der Zauberei, mit der böse Geister, Wiedergänger, d. h. Tote, von denen man glaubte, daß sie zu mitternächtlicher Stunde an bestimmten Orten erschienen, der „böse Blick" oder Krankheiten von Mensch und Tier abgewehrt werden sollten.

Das magische Weltbild stand auch hinter dem Glauben an Hexen und hinter den Hexenprozessen. Dazu gehörte der Glaube an den Geschlechtsverkehr bestimmter Menschen, der Hexen, mit dem Teufel oder mit Dämonen und satanischen Gestalten. Auch glaubte man an die Fähigkeit der Hexen, sich in Tiere zu verwandeln oder wie Vögel durch die Luft zu fliegen, ebenso auch an Versammlungen der Hexen zum Hexensabbat, wo der Teufel angebetet wurde. Hexen und Hexer, bzw. die dafür gehaltenen Menschen, galten als Anbeter des Teufels, die sich teuflischer Praktiken zu bedienen wußten. Sie erschienen daher als Gotteslästerer höchsten Grades. In ganz Europa soll den damit zusammenhängenden Hexenverfolgungen im 16. und 17. Jahrhundert etwa eine Million Menschen zum Opfer gefallen sein, während die Zahl der Opfer für Deutschland nach heutigen Schätzungen aber nur bei etwa 100 000 lag. Der Glaube an die Hexerei und die Hexenprozesse waren zwar schon aus dem Mittelalter bekannt, doch gelangten sie erst im 16. und 17. Jahrhundert auf ihren Höhepunkt – in Deutschland vor allem in der zweiten Hälfte des 17. Jahrhunderts.

Auch in Westfalen gab es Hexenprozesse. Doch ist Westfalen als Verbreitungsgebiet der Hexenverfolgungen weniger bekannt als das benachbarte Lippe. Vor allem Lemgo war ein Zentrum der Hexenverfolgungen in Deutschland. Die ersten Prozesse hatten hier in der zweiten Hälfte des 16. Jahrhunderts stattgefunden. Zwischen 1628 und 1637 fielen ihnen in Lemgo 90 Menschen zum Opfer, zwischen 1653 und 1656, in nur drei Jahren, erneut 38 und zwischen 1665 und 1681 noch einmal 90 Personen. Aber auch in Westfalen, etwa im Hochstift Paderborn, gab es eine ganze Reihe von Hexenprozessen. Als ein „‚zentrales Gebiet' der Hexenverfolgungen im nordwestdeutschen Raum" (Decker, Hexenverfolgungen, S. 339) erscheint neuerdings das Herzogtum Westfalen. Aus dem Jahre 1607 liegt eine umfangreiche Hexenordnung des Kurfürsten Ferdinand gegen „das grewliche und abschewliche Unwesen der Zauberei" vor. Den Höhepunkt erreichten die Hexenverfolgungen hier während des Dreißigjährigen Krieges, um 1630. Allein aus den Jahren 1628 bis 1631 sind rund 600 Prozesse aktenkundig; wegen unvollständiger Aktenüberlieferung sind aber weit mehr, nämlich rund 1000 Prozesse aus dem Herzogtum Westfalen dieser Zeit wahrscheinlich. Allein im Amt Balve wurden zwischen 1628 und 1630 rund 280 wegen Hexerei verurteilte Personen hingerichtet. Das war rechnerisch jeder 20. Einwohner. In anderen Amts- oder Gerichtsbezirken des Herzogtums Westfalen lagen die Zahlen niedriger, erreichten aber, etwa in den Ämtern bzw. Gerichten Menden, Oberkirchen, Bilstein und Werl, immer noch zwischen 45 und 80 Opfer. Hinter den Hexenverfolgungen stand, wie schon die erwähnte Hexenordnung von 1607 zeigt, die staatliche Autorität, also der Kölner Kurfürst-Erzbischof Ferdinand von Bayern und der Landdrost des Herzogtums Westfalen, Friedrich von Fürstenberg. In staatlichem Auftrag waren Hexenkommissionen mit studierten Juristen als Kommissaren und Hexenrichtern tätig, so in der Attendorner und Olper Gegend lic. iur. Kaspar Reinhard, in Medebach lic. iur. Ramme oder in Erwitte Dr. iur. Heinrich von Schultheiß. Die letzten nachweisbaren Todesurteile in Hexenprozessen wurden im Herzogtum Westfalen 1708 in Geseke und 1728 in Winterberg gefällt. Der letzte Prozeß, der mit Freispruch endete, ist, was das Herzogtum Westfalen betrifft, aus Brilon von 1732 belegt.
Früh traten aber auch schon Gegner des Hexenglaubens auf, so bereits in der ersten Hälfte des 16. Jahrhunderts Johann Friedrich de Ponzinibus oder Andreas Alciati und in der zweiten Hälfte des 16. Jahrhunderts der klevische Arzt Johannes Weyer. Weyer war später in Tecklenburg tätig und starb dort 1588. Doch konnten diese Männer nichts erreichen. Größere Bedeutung gewann der Jesuit Friedrich Spee von Langenfeld mit seiner 1631 erschienenen „Cautio criminalis". Spee lebte seit 1623 als Domprediger und Professor in Paderborn und wurde dort Augenzeuge von Hexenprozessen. Er hielt am Hexenglauben grundsätzlich fest und kritisierte im wesentlichen nur die Prozeßführung. Endgültig überwunden wurden Magie und Hexerei, zumindest theoretisch und als Straftatbestände, erst durch den Niederländer Balthasar Bekker, der in seinem Werk „De betooverde weereld" von 1691/93 den Glauben an Kobolde, Teufel und Gespenster, Hexen und Zauberer verwarf, und von dem

deutschen Frühaufklärer Christian Thomasius mit seiner Schrift „De crimine magiae“ von 1701.

Neben Johannes Weyer und dem im niederrheinischen Kaiserswerth (Düsseldorf) geborenen, aber in der für das Entstehen seines Werkes wichtigen Zeit in Westfalen tätigen Friedrich Spee von Langenfeld gab es in Westfalen eine Reihe heute kaum noch bekannter Gegner der Hexenverfolgungen. Zu nennen ist vor allem Michael Stapirius (Stappert), katholischer Pfarrer in Hirschberg (Warstein) im Herzogtum Westfalen, der anfangs selbst an den Hexenprozessen beteiligt war und den Opfern nach Folter und Geständnis geistlichen Trost zu spenden hatte. Dabei waren ihm Zweifel am Wahrheitsgehalt der Geständnisse gekommen. So wurde er zum Kritiker der Hexenprozesse. Seine dazu verfaßte Schrift wurde allerdings erst lange nach seinem Tod 1676 veröffentlicht. Ähnlich war es – um hier noch einmal einen Blick auf die Grafschaft Lippe zu werfen – in Lemgo mit dem Vater des Japanreisenden Engelbert Kaempfer, Johann Kaempfer (Kemper), der ebenfalls an den Hexenprozessen mitwirkte und als lutherischer Pfarrer den Opfern den Eid auf ihre durch Folterung erzwungenen Geständnisse abzunehmen hatte. Als sein eigener Schwager, auch er ein Lemgoer Pfarrer, als Hexer angeklagt und hingerichtet wurde, führte das bei Johann Kemper zu einem Sinneswandel, der ihn selbst in die Gefahr brachte, als Hexer angeklagt zu werden, woraufhin er Lemgo verließ.

Die Aufklärung war eine im 17. Jahrhundert entstandene Geistesbewegung, die im 18. Jahrhundert fast ganz Europa erfaßte und nun auch über kleine Zirkel von Gelehrten und Intellektuellen hinaus breitere Kreise erreichte und die Gestalt einer sozialen Bewegung annahm. Im Kern war diese Geistesbewegung ein Vorgang der Säkularisierung oder Verweltlichung, der Rationalisierung und der „Entzauberung der Welt“ (Max Weber), der sich als Lösung des Menschen von den Mächten und Bindungen der Religion und der Tradition, d. h. seiner Lösung vom geschichtlichen Herkommen in Gestalt von Kirche und weltlichen Herrschaftskräften wie Adel und Fürsten, beschreiben läßt. Zum Wesen der Aufklärung gehörte zentral, daß sie die Eigentümlichkeit des Menschen in der Eigenschaft der Vernunft sah. Dieser Glaube an die Kraft der Vernunft, der auch naive Züge annahm und nicht frei war von Überschätzung der Vernunft, führte zu der Überzeugung, daß alle Menschen „vernünftig“ und daher auch gleich seien, und zu dem Bewußtsein der Autonomie des „vernünftigen“ Individuums gegenüber den überlieferten Formen der Religion und jeder Tradition. 1783, also schon fast am Ende des „Jahrhunderts der Aufklärung“, beantwortete der Philosoph Immanuel Kant die von einer Berliner Zeitschrift gestellte Frage „Was ist Aufklärung?“, indem er schrieb: „Aufklärung ist der Ausgang des Menschen aus seiner selbst verschuldeten Unmündigkeit. Unmündigkeit ist das Unvermögen, sich seines Verstandes ohne Leitung eines anderen zu bedienen. Selbstverschuldet ist diese Unmündigkeit, wenn die Ursache derselben nicht am Mangel des Verstandes, sondern der Entschließung und des Mutes liegt, sich seiner ohne Leitung eines andern zu bedienen. (...) Habe Mut dich deines eigenen Verstandes zu bedienen!, ist also der Wahlspruch der Aufklärung“ (I. Kant, Was ist Aufklärung? Aufsätze zur Geschichte und Philosophie. [Kleine Vandenhoeck-Reihe, Bd. 1258] 2. Aufl. Göttingen 1975, S. 55) Das Wesen der Aufklärung bestand also in der Postulierung der Vernunft zum höchsten Prinzip, dem sich alles unterwerfen mußte, auch die Religion und der Staat. Einer der hervorragendsten Aufklärer Westfalens, der 1752 geborene Franz Wilhelm von Spiegel, schrieb noch 1802: „Das, was bey fortschreitendem Verstande weder die Critik der reinen noch practischen Vernunft aushält, zerfällt in sich" (Klueting, Spiegel, S. 53).

Mit diesem Herrschaftsanspruch der Vernunft hingen die Leitideen und Grundtendenzen der Aufklärung zusammen, die Kritik, die Annahme einer „natürlichen Religion" jenseits der kirchlichen Glaubenslehren, die Toleranz, die Anthropozentrik, mit der der Mensch und seine irdische, jetzt ganz weltlich und ohne Jenseitsbezug aufgefaßte Glückseligkeit in den Mittelpunkt gerückt wurde, aber auch die Ausbildung eines „vernünftigen" Selbstbewußtseins, das sich auf die Autonomie des Denkens gründete und vor allem durch die Fortschritte der naturwissenschaftlichen Erkenntnisse getragen wurde, und der Zug zur systematischen und enzyklopädischen Erfassung und Ordnung der Wissenschaften und aller Erscheinungen in Politik, Gesellschaft und privatem Leben des Einzelnen. Hinzu kam die „vernünftige" Begründung der Moral und der Gesellschaft und die „vernünftige" Lehre der Lebensführung. Das erste mündete in die Staats- und Gesellschaftskritik, das andere in die aufgeklärte Pädagogik.

Die Aufklärung begann in Deutschland um 1690 mit Christian Thomasius, der 1691 seine „Vernunft-Lehre" veröffentlichte, und mit der 1694 gegründeten Universität Halle und den von dort ausgehenden Einflüssen, Anregungen und Impulsen. 1707 wurde der Philosoph Christian Wolff Professor in Halle, der 1712 seine „Vernünftigen Gedanken von den Kräften des menschlichen Verstandes" publizierte und mit seinen zahlreichen Schriften zur zentralen Gestalt der Frühaufklärung in Deutschland wurde. Diese endete um 1723, als Wolff, nicht zuletzt auf Betreiben August Hermann Franckes, aus Halle vertrieben wurde. Die für die Frühaufklärung charakteristische Verbindung von Pietismus und Aufklärung hatte sich inzwischen aufgelöst.

Die Aufklärung kam in Deutschland aber nur allmählich und vollends erst nach etwa 1760 zum Durchbruch. Was in der Frühaufklärung allein Sache weniger Gelehrter und ganz kleiner intellektueller Eliten gewesen war, das gewann nun nach und nach wachsende Breitenwirkung. Erst damit konnte die Aufklärung von einer geistigen zu einer sozialen Bewegung werden. Dazu trug die Entstehung eines Zeitschriftenmarktes seit den zwanziger Jahren des 18. Jahrhunderts bei, aber auch die Gründung von Aufklärungsgesellschaften und Freimaurerlogen seit den dreißiger Jahren – erste deutsche Freimaurerloge 1737 in Hamburg – und die seit der Jahrhundertmitte rasch zunehmende und bald weiter anschwellende Publizistik. Jetzt kam es auch zu wichtigen Schulreformen und zur Gründung zukunftsweisender Erziehungsanstalten, voran die „Ökonomisch-mathematische Realschule" in Berlin des aus Werden an der Ruhr stammenden Johann Julius Hecker von 1747 und das 1753

gegründete „kurmärkische Landschullehrerseminar“, mit dem die seminarmäßige Ausbildung von Lehrern in Preußen ihren Anfang nahm. Hecker arbeitete im Auftrag des Königs auch das preußische General-Landschulreglement von 1763 aus. Er war der wichtigste Schulreformer in Preußen in der ersten Phase der Aufklärungspädagogik, wobei seine Bedeutung hauptsächlich im organisatorischen Bereich lag. Die zweite Phase der Aufklärungspädagogik seit den sechziger Jahren stand hingegen im Zeichen Jean-Jacques Rousseaus („Emile“, 1761) und des Philanthropismus oder Philanthropinismus als Erziehungsprinzip. Hierher gehört das 1774 von Johann Bernhard Basedow als Erziehungsanstalt gegründete „Philanthropinum“ in Dessau, das an anderen Orten Nachahmung fand, so mit der philanthropischen Erziehungsanstalt, die Christian Gotthilf Salzmann 1784 auf dem Gut Schnepfenthal bei Gotha in Thüringen gründete. Philanthropische Pädagogen waren auch der Direktor des Werderschen Gymnasiums in Berlin, Friedrich Gedike, oder Joachim Heinrich Campe, der als ehemaliger Lehrer am Philanthropinum in Dessau eigene Erziehungsanstalten ähnlicher Prägung in Hamburg und in Holstein gründete und seit 1786 als Schulrat in Braunschweig das dortige Schulwesen reformierte.
Das alles spielte sich außerhalb Westfalens ab, blieb aber nicht ohne Auswirkungen auf die protestantischen Teile Westfalens, besonders auf die preußischen Gebiete, in deren lutherischen Schulen das preußische General-Landschulreglement von 1763 galt, während die reformierten Schulen in Kleve und Mark 1782 eine eigene Schulordnung erhielten. 1786 wurde in Wesel nach dem Vorbild des kurmärkischen Landschullehrerseminars ein Lehrerseminar eingerichtet, das auch für die Grafschaft Mark zuständig war und auch von Seminaristen aus der Grafschaft Tecklenburg besucht wurde. 1792 entstand in Petershagen ein Lehrerseminar für Minden-Ravensberg. Neben diesen staatlichen Lehrerbildungstätten wurden 1773, 1789 bzw. 1798 in Minden, in Overdyck (Bochum) und in Soest private Lehrerseminare ins Leben gerufen. Auch die Gymnasien waren im preußischen Westfalen Gegenstand von Reformen, so das Mindener Gymnasium 1756/65 und das Gymnasium in Hamm 1781. Die Reform des Hammer Gymnasiums stand anscheinend unter dem Einfluß der Schulreformen in Münster unter dem Minister Franz von Fürstenberg. „Aber der Einfluß der Reformen von Münster reicht vermutlich noch ein Stück weiter. Die Hammer Schulordnung steht nämlich im engsten Zusammenhang mit der Cleve-Märkischen Verordnung für die höheren Schulen vom Jahre 1782. Mit deren Ausarbeitung war der reformierte Prediger Johann Christian Friedrich Baumann beauftragt, dessen Entwürfe auch die Grundlage bei der Einrichtung des Hammer Gymnasiums im Jahre 1781 gebildet hatten. Es besteht daher Grund zur Annahme, daß für die höheren Schulen in den beiden preußischen Territorien Cleve und Mark eine Verordnung maßgebend wurde, die von einer Einrichtung des benachbarten geistlichen Staates inspiriert war“ (Hartlieb von Wallthor, S. 66). Die Gymnasien in Herford und Bielefeld blieben offenbar von den aufklärerischen Grundsätzen der Pädagogik unbeeinflußt.
Auch in Westfalen entfaltete sich im 18. Jahrhundert das Zeitungs- und Zeitschrif-

tenwesen. Mit der schon 1710 gegründeten „Lippstädter Zeitung“, die 1720 eine Auflage von 2 000 Exemplaren erreichte, ging Westfalen sogar anderen Regionen in Deutschland voraus. Seit 1727 gab es in Preußen „Intelligenzblätter“, d. h. amtliche Publikationsorgane mit Pflichtabonnement für bestimmte Personenkreise, die aber auch private Anzeigen und nichtamtliche Nachrichten aufnahmen und somit Elemente eines modernen Amtsblattes mit solchen einer Zeitung verbanden. Im Laufe des 18. Jahrhunderts erschienen solche „Intelligenzblätter“ in Duisburg für Kleve und Mark und in Minden für Minden-Ravensberg und Tecklenburg-Lingen, aber auch in Münster und in Paderborn für die beiden Hochstifte. 1766 erhielt der Buchdrucker Herken in Arnsberg das Privileg, in Arnsberg eine Buchdruckerei zu betreiben, einen Verlag zu eröffnen und zweimal wöchentlich ein „Intelligenzblatt“ für das Herzogtum Westfalen herauszubringen. In den sechziger und siebziger Jahren des 18. Jahrhunderts erschienen die „Wöchentlichen Mindenschen Nachrichten“ des lutherischen Pfarrers Johann Moritz Schwager aus Jöllenbeck (Bielefeld); seit 1784 gab Peter Florens Weddigen in Bielefeld die wissenschaftlich-intellektuelle Zeitschrift „Westphälisches Magazin zur Geographie, Historie und Statistik“ heraus. Seit 1793 erschien in Dortmund Arnold Mallinckrodts „Magazin von und für Dortmund“, das 1797 als „Magazin für Westfalen“ fortgesetzt wurde, gefolgt von Mallinckrodts von 1798 bis 1809 und erneut von 1815 – ab 1817 unter dem Titel „Rheinisch-Westfälischer Anzeiger“ – bis 1818 erschienenem, bedeutenden „Westfälischen Anzeiger“. Mallinckrodts Zeitschriften gehörten schon der Zeit der Französischen Revolution und Napoleons an.

Freimaurerlogen, die überall an der Verbreitung von aufklärerischem Gedankengut beteiligt waren, traten in Westfalen erst Jahrzehnte später als andernorts auf – zuerst 1778 in Münster, danach 1780 in Minden und in Bielefeld, 1785 in Bochum und in Burgsteinfurt, 1791 in Hamm, 1792 in Hagen und in Schwelm und 1796 in Iserlohn. Die Loge „Zu den drei Balken“ in Münster blieb die einzige Freimaurerloge in den geistlichen Territorien des katholischen Westfalen.

Das katholische Westfalen, vor allem das Hochstift Münster war ein Schauplatz der katholischen Aufklärung. „Katholische Aufklärung“ war eine weithin von Theologen und Kirchenmännern getragene innerkirchliche und innerkatholische Bewegung, in der das Zusammentreffen von Aufklärung und Katholizismus, zweier an sich unvereinbarer Prinzipien, seinen Ausdruck fand. Das religionskritische Element der Aufklärung war in Deutschland schwächer als in Frankreich und nur am radikalen Rand der deutschen Aufklärung von Bedeutung. Insgesamt war die Aufklärung in Deutschland Aufklärung „mit und durch“ Theologie und Kirche und nicht Aufklärung „gegen Theologie und Kirche“ (Scholder, S. 295); in Deutschland wurde die Kanzel „oft genug zum wirkungsmächtigsten Katheder der Aufklärung“ (Möller, S. 86). Auf der evangelischen Seite wurde der religionskritische Impuls der Aufklärung in Deutschland von der Heterogenität des Protestantismus aufgefangen und so der Radikalität, die ihm in Frankreich eigen war, entkleidet – trotz isoliert bleibender und für die deutsche Aufklärung nicht repräsentativer Religionskritiker wie des Hamburgers Hermann Samuel Reimarus. In Deutschland behielt die Aufklärung aber auch und gerade im katholischen Bereich ihren milden Zug gegenüber Kirche und Religion.

Kirchenkritik trat hier oft nur in Gestalt praktischer Reformvorschläge hervor. „Katholische Aufklärung erweist sich dabei als die Übergangserscheinung eines ‚Bündnisses auf Zeit' zwischen gegensätzlichen Elementen – tridentinischem Katholizismus und Aufklärung als einem im Kern auf Säkularisierung angelegten geistig-sozialen Prozeß" (Klueting, Genius, S. 8f.). Grundlage dieses Bündnisses war die gemeinsame Gegnerschaft der Aufklärung und der katholischen Reformer gegen Rom und gegen den von dort vertretenen prunkvollen Barockkatholizismus, dem Begünstigung des Aberglaubens vorgeworfen wurde. „Die Rückständigkeit Roms und der römischen Theologie, die am Barockkatholizismus mit allen seinen Formen festhielt, bildete die Basis der Illusion (...), daß es eine Form gäbe, in der katholische Aufklärung als Versöhnung des Katholizismus mit der Aufklärung möglich wäre" (Aretin, S. 431). Solange diese Illusion einer Versöhnung oder Verbindung von Katholizismus und Aufklärung bestand, solange gab es katholische Aufklärung. Dabei wird der Übergangscharakter der deutschen katholischen Aufklärung durch die Strömungen an ihrem Rande sichtbar, die Indizien für das Vorhandensein der Möglichkeit der Ausbildung radikaler Tendenzen bieten. Dafür steht etwa der Bonner Professor Eulogius Schneider, der sich später unter den sog. deutschen Jakobinern wiederfand, oder aus Westfalen der ehemalige Prämonstratensermönch aus dem Kloster Wedinghausen bei Arnsberg, Friedrich Georg Pape.

Entsprechend ihrer Grundrichtung war die katholische Aufklärung zunächst eine innere Angelegenheit der katholischen Theologie und der Kirchenrechtswissenschaft der Mitte und der zweiten Hälfte des 18. Jahrhunderts. Die antirömischen Reformanliegen traten in dem seit 1763, d. h. seit der Veröffentlichung des „Justinus Febronius" des Trierer Weihbischofs Nikolaus von Hontheim, zu neuer Bedeutung gelangten reichskirchlichen Episkopalismus hervor, der die Stellung der deutschen Erzbischöfe auf Kosten des Papstes zu stärken suchte. Sie spielten aber auch eine Rolle in der Staatskirchenpolitik katholischer weltlicher Fürsten. Das gilt vor allem für Bayern und Österreich in der Zeit Maria Theresias und Josephs II. Hinzu trat die aus dem Raum der katholischen Kirche kommende aufklärerische Kritik an Mönchtum und Klosterwesen und an den geistlichen Staaten. Im Zentrum der praktischen Reformen der katholischen Aufklärung stand überall das Unterrichts- und Bildungswesen, besonders die Reform der Elementarschulen durch Einrichtung sog. Normalschulen für die Lehrerbildung, zumeist in Anlehnung an die Schulreformen Johann Ignatz Felbigers im theresianischen Österreich. Weitere Momente waren Verbesserungen der Priesterausbildung durch Gründung von Priesterseminaren und gesundheitspolitische Maßnahmen, besonders die Einrichtung von Krankenhäusern und die Reform des gesamten Medizinalwesens von den Hebammen über die Apotheken bis zu den Landärzten und der ärztlichen Ausbildung. Hinzu kam schließlich die Zurückdrängung der Formen des Barockkatholizismus. Dazu gehörte die

Einschränkung der zahlreichen Feiertage („Feiertagsreduktion"), die Beschränkung oder auch das Verbot von Prozessionen, Wallfahrten, des Exorzismus usw. Eines der Reformmotive war dabei das Legitimationsbedürfnis der geistlichen Landesherrschaften. „Es galt zu beweisen, daß auch geistliche Staaten reformfähig seien und damit auch weiterhin zu Recht bestünden, während ihnen diese Existenzberechtigung von manchen Kritikern mit dem Vorwurf ihrer anachronistischen Rückständigkeit bestritten wurde" (Klueting, Genius, S. 30).
Schwerpunkte der Reformbewegung der geistlichen Fürstentümer lagen im Erzstift Salzburg, in den Hochstiften Würzburg und Bamberg und im Erzstift Mainz. Andere wichtige Reformzentren waren Kurtrier und das Erzstift Köln mit dem damit verbundenen Herzogtum Westfalen, auch wenn dieses eher an der Peripherie der Reformbewegung blieb, und nicht zuletzt das Hochstift Münster. In Kurköln und in Münster war das die Zeit der Kurfürsten Maximilian Friedrich von Königsegg-Rothenfels und Maximilian Franz von Österreich, aber auch die der Minister Kaspar Anton Graf von Belderbusch und Franz Wilhelm von Spiegel in Bonn und des für Münster zuständigen Ministers Franz von Fürstenberg, mit dessen Persönlichkeit die Reformbewegung im Hochstift Münster eng verbunden war. In anderen geistlichen Territorien wie dem Hochstift Paderborn blieb die Reformbewegung hingegen weitgehend ohne Bedeutung.
Franz von Fürstenberg war Domherr in Münster und in Paderborn und seit 1762 Minister des Kurfürsten Maximilian Friedrich für das Hochstift Münster. 1770 wurde er auch Generalvikar der Diözese Münster. Als solchem oblag ihm die Aufsicht über das Schulwesen. Bei der Wahl eines Koadjutors für den 1784 gestorbenen Maximilian Friedrich von Königsegg-Rothenfels trat Fürstenberg 1780 in Münster als Gegenkandidat des erfolgreich aus dieser Wahl hervorgegangenen Maximilian Franz von Österreich auf. Daraufhin verlor er das Ministeramt, während er das Generalvikariat und das seit 1780 bekleidete Amt des Kurators der neugegründeten Universität Münster behielt. Unter Fürstenberg wurde Münster ein Ort der katholischen Aufklärung. Dazu gehörte die Feiertagsreduktion von 1770, bei der 22 von 42 Feiertagen abgeschafft wurden. Mit der Eigentumsordnung von 1770 und der Erbpachtordnung von 1783 wurden die rechtlichen Verhältnisse zwischen den adeligen und kirchlichen Grundherren und den Bauern geregelt. Seit der Revisionsordnung von 1766 kam es in mehreren Schritten zu Justizreformen, besonders im Hinblick auf das Verfahrensrecht und die Gerichtsorganisation. Auch im Gesundheits- und Fürsorgewesen gab es Reformen, vor allem mit der von dem kurfürstlichen Leibarzt Christoph Ludwig Hoffmann ausgearbeiteten Medizinalordnung von 1777, in der die Ausbildung der Ärzte, Apotheker und Hebammen geregelt wurde, und mit der im gleichen Jahr erfolgten Gründung eines Medizinalkollegiums als Landesgesundheitsbehörde. Ein Krankenhaus war in Münster schon 1753 von Kurfürst Clemens August von Bayern mit dem Hospital der Barmherzigen Brüder, dem Clemenshospital, gegründet worden. „Münster erhielt so das erste eigentliche Krankenhaus, das vor allem Auswärtige, freilich nur Männer, aufnahm, zumal solche, die keinerlei

Ansprüche auf Versorgung durch Verwandte oder städtische Stiftungen hatten" (v. Oer, Residenzstadt, S. 371).

Im Mittelpunkt der Reformtätigkeit Fürstenbergs stand jedoch das Bildungswesen. Schon 1763 war der Lehrplan des noch von den Jesuiten geleiteten Gymnasiums Paulinum in Münster durch die Aufnahme der Fächer Geographie und Mathematik modernisiert worden. 1768 wurde in allen Gymnasien des Hochstifts der Griechischunterricht zugunsten des Deutschunterrichts und der Realienfächer eingeschränkt. 1770 begann die mehrjährige Erprobung einer Schulordnung für die Gymnasien, die 1776 unter dem Titel „Verordnung, die Lehrart in den unteren Schulen des Hochstifts Münster betreffend" als Landesgesetz in Kraft gesetzt wurde. „Empirischem Rationalismus, dem erstarkenden Selbstbewußtsein der deutschen Sprache und moralisch-patriotischer Geschichtsbetrachtung wurde durch die Intensivierung des mathematisch-naturkundlichen, des Deutsch- und Geschichtsunterrichts Raum gegeben. Bei dieser Durchbrechung und Ausweitung des jesuitischen Bildungskanons, der bis dahin für die Gymnasien des Fürstbistums gegolten hatte, blieb jedoch der Vorrang unangetastet, den die religiös-sittliche Erziehung in diesem Kanon besaß" (Hanschmidt, Aufgeklärte Reformen, S. 325).

Die Pläne für die Errichtung einer Universität in Münster gingen auf das Jahr 1765 zurück, als Domkapitel und Ritterschaft den Antrag stellten, das Benediktinerinnenkloster St. Marien Überwasser in Münster aufzuheben und seine Einkünfte für die Dotierung einer Universität zu verwenden. Tatsächlich wurde das Überwasserkloster 1774 zugunsten der Universität aufgehoben. Hinzu kam 1773 die gesamtkirchliche Aufhebung des Jesuitenordens, dessen Gebäude und Vermögenswerte in Münster ebenfalls der Universität zugute kamen. Einige Exjesuiten wurden Professoren an der neuen Universität, die 1773/74 den Lehrbetrieb in der philosophischen und der theologischen Fakultät aufnahm und 1780 offiziell eröffnet wurde. Die Universität diente hauptsächlich der Ausbildung künftiger Beamter und entsprach damit den Universitäten im josephinischen Österreich. Wegen ihrer „pädagogisch-praktischen und territorial-konfessionellen Funktion, aber auch wegen ihrer beschränkten Finanzmittel sollte und konnte die Universität nach Umfang und Spezialisierung des Lehrangebots nicht mit großen auswärtigen Universitäten konkurrieren" (Hanschmidt, Aufgeklärte Reformen, S. 329). Anders als im theresianisch-josephinischen Österreich und in manchen anderen katholischen Territorien des Alten Reiches stand die Reform des Elementarschulwesens, die 1772/73 erstmals in Angriff genommen wurde, lange hinter den Reformen im Gymnasialbereich und hinter der Universitätsgründung zurück. 1782 wurde die „Provisional-Verordnung die Landschulen betreffend" publiziert, an deren Stelle 1788 die „Erweiterte Schul-Ordnung für die Land- und deutschen Schulen" trat, gefolgt von der „Verordnung für die Deutschen und Trival-Schulen des Hochstifts Münster" von 1801. In der Schulordnung von 1782 wurden die Lehrinhalte festgelegt und bestimmt, daß neue Lehrer sich einer Prüfung vor der Schulkommission zu unterziehen hatten. Für die Lehrerbildung entstand 1783 in Münster nach

österreichischem Vorbild eine Normalschule unter der Leitung von Bernhard Overberg.
In den späteren Jahren seines Lebens ließ der 1810 gestorbene Fürstenberg, ohne sein reformerisches Wirken in Münster rückgängig zu machen, die Aufklärung hinter sich und wandte sich geistigen Strömungen nach- oder antiaufklärerischer Richtung zu, die – aus der Bewegung des „Sturm und Drang" und aus dem Rousseauismus kommend und mit älteren voraufklärerischen Tendenzen zusammenhängend – in die Romantik und ins 19. Jahrhundert verwiesen. Gemeinsam mit der Fürstin Amalie von Gallitzin (Golicyn), einer geborenen Gräfin von Schmettau, die mit dem russischen Gesandten in Den Haag verheiratet war und seit 1779 in Münster lebte, war Fürstenberg der Mittelpunkt jenes auch als „Familia sacra" bezeichneten „Kreises von Münster". Dieser stand unter dem Einfluß der antiaufklärerischen neuplatonischen Gefühlsphilosophie des Niederländers Frans Hemsterhuis und der antiaufklärerischen Irrationalitätslehre des 1787 nach Münster übergesiedelten und dort 1788 gestorbenen Königsberger Philosophen Johann Georg Hamann.
Neben dem Hochstift Münster war es unter den geistlichen Territorien Westfalens das Herzogtum Westfalen, in dem die Reformbewegung der katholischen Aufklärung zum Tragen kam. Dabei lassen sich hier zwei Phasen unterscheiden. Die erste Phase fiel in die Jahre 1779 bis 1786, in denen Franz Wilhelm von Spiegel Landdrost des Herzogtums Westfalen war, der in seiner sauerländischen Heimat Reformen zu verwirklichen suchte. Dazu gehörte die Absicht, das Gymnasium der Prämonstratenserabtei Wedinghausen bei Arnsberg zu einer pädagogischen Musteranstalt zu machen, wozu der Einfluß des Klosters auf die Schule weitgehend ausgeschaltet werden sollte. Die nötigen finanziellen Mittel für seine Schulreform wollte Spiegel aus den Einkünften der Klöster und Stifte gewinnen. Er strebte daher schon zu dieser Zeit die Säkularisation der Klöster und Stifte des Landes an. 1781 errichtete Spiegel eine Schulkommission für das Herzogtum Westfalen, der das gesamte Schulwesen unterstellt wurde. Die anschließende zweite Phase, während der Spiegel als kurkölnischer Hofkammerpräsident in Bonn tätig war, war stärker durch den seit 1784 regierenden Kurfürsten Maximilian Franz als durch Spiegel bestimmt. Auch jetzt spielte das höhere Schulwesen eine wichtige Rolle, obwohl die Reformansätze, trotz der Schulordnung von 1799, bis zum Ende des geistlichen Staates nicht mehr in dem angestrebten Umfang wirksam wurden. Größere Erfolge hatten die Reformmaßnahmen im Bereich des zuvor sehr unterentwickelten Elementarschulwesens und besonders bei der Lehrerbildung. 1799 wurden obligatorische sechswöchige Normalschulkurse zur Lehrerbildung eingeführt, die unter der Leitung des Rüthener Pfarrers und Pädagogen Friedrich Adolf Sauer standen, der bereits seit 1796 solche Kurse veranstaltet hatte. Auch hier lieferte Österreich das Vorbild. Dasselbe galt für die Normalschule, die 1788 in Paderborn gegründet wurde. Ein für das Herzogtum Westfalen neuer und für diese Gewerbelandschaft wichtiger Zweig des Schulwesens gelangte um die Jahrhundertwende mit den Industrieschulen zu einiger

Bedeutung, von denen es 1802 neben 255 Elementarschulen bereits 38 für Jungen und 18 für Mädchen gab.

Literatur

Aretin, Karl Otmar Freiherr von: Katholische Aufklärung im Heiligen Römischen Reich, in: Ders., Das Reich. Friedensgarantie und europäisches Gleichgewicht 1648-1806. Stuttgart 1986, S. 403-433.

Barthold, Friedrich Wilhelm: Die Erweckten im protestantischen Deutschland während des Ausgangs des 17. und der ersten Hälfte des 18. Jahrhunderts, besonders die frommen Grafenhöfe. Darmstadt 1968 (zuerst in: Historisches Taschenbuch. Hrsg. von Friedrich von Raumer, 3. Folge, 3. Jg., 1852, S. 129-320, 4. Jg., 1853, S. 169-390).

Bauks, Friedrich Wilhelm: Die evangelischen Pfarrer in Westfalen (Literatur Kap. 4).

Behringer, Wolfgang: Erträge und Ergebnisse der Hexenforschung, in: Historische Zeitschrift 249, 1989, S. 619-640.

Braubach, Max: Die Lebenschronik des Freiherrn Franz Wilhelm von Spiegel zum Diesenberg. Zugleich ein Beitrag zur Geschichte der Aufklärung in Rheinland-Westfalen. (Veröffentlichungen der Historischen Kommission des Provinzialinstituts für westfälische Landes- und Volkskunde, XIX, Bd. 4) Münster 1952.

Brecht, Martin: Einleitung, in: Geschichte des Pietismus, Bd. 1: Der Pietismus vom siebzehnten bis zum frühen achtzehnten Jahrhundert. Hrsg. von Martin Brecht. Göttingen 1993, S. 1-10.

Brückner, Wolfgang: Zum Wandel der religiösen Kultur im 18. Jahrhundert. Einkreisungsversuche des „Barockfrommen“ zwischen Mittelalter und Massenmissionierung, in: Sozialer und kultureller Wandel in der ländlichen Welt des 18. Jahrhunderts. Hrsg. von Ernst Hinrichs u. Günter Wiegelmann. (Wolfenbütteler Forschungen, Bd. 19) Wolfenbüttel 1982, S. 65-83.

Bruns, Alfred: Hexen-Gerichtsbarkeit im kurkölnischen Sauerland. Fredeburg 1984.

Decker, Rainer: Die Hexenverfolgungen im Herzogtum Westfalen, in: Westfälische Zeitschrift 131/132, 1981/82, S. 339-386.

Geschichte des Pietismus. Hrsg. von Martin Brecht, Klaus Deppermann, Ulrich Gäbler und Hartmut Lehmann, Bd. 1: Der Pietismus vom siebzehnten bis zum frühen achtzehnten Jahrhundert. Hrsg. von Martin Brecht. Göttingen 1993; Bd.. 2: Der Pietismus im achtzehnten Jahrhundert. Hrsg. von Martin Brecht und Klaus Deppermann. Göttingen 1995.

Hanschmidt, Alwin: 18. Jahrhundert (Literatur Kap. 5.2)

Hanschmidt, Alwin: Aufgeklärte Reformen im Fürstbistum Münster unter besonderer Berücksichtigung des Bildungswesens, in: Katholische Aufklärung – Aufklärung im katholischen Deutschland. Hrsg. von Harm Klueting. (Studien zum achtzehnten Jahrhundert, Bd. 15) Hamburg 1993, S. 319-334.

Hanschmidt, Alwin: Bernard Overberg und die Reform des Elementarschulwesens im Fürstbistum Münster, in: Schulreformen im Fürstbistum Münster im ausgehenden 18. Jahrhundert. Hrsg. von Meinolf Peters. Ibbenbüren 1992, S. 1-44.

Hanschmidt, Alwin: Die erste münsterische Universität 1773/80-1818. Vorgeschichte, Gründung und Grundzüge ihrer Struktur und Entwicklung, in: Die Universität Münster 1780-1980. Hrsg. von Heinz Dollinger. Münster 1980, S. 3-28.

Hanschmidt, Alwin: Franz von Fürstenberg (Literatur Kap. 5.2)

Hartlieb von Wallthor, Alfred: Höhere Schulen in Westfalen vom Ende des 15. bis zur Mitte des 19. Jahrhunderts, in: Westfälische Zeitschrift 107, 1957, S. 1-105.

Die Hexen der Neuzeit. Studien zur Sozialgeschichte eines kulturellen Deutungsmusters. Hrsg. von Claudia Honegger. (edition suhrkamp, Bd. 743) Frankfurt am Main 1978.
Hexenverfolgung und Religionsgeschichte. Die Grafschaft Lippe im Vergleich. Hrsg. von Gisela Wilbertz, Gerhard Schwerhoff u. Jürgen Scheffler. (Studien zur Regionalgeschichte, Bd. 4) Bielefeld 1994.
Hoeren, Thomas: Pietismus vor Gericht. Der Prozeß gegen die Buttlarsche Rotte (1705), in: Jahrbuch für westfälische Kirchengeschichte 89, 1995, S. 27-44.
Intorp, Leonhard: Westfälische Barockpredigten in volkskundlicher Sicht. (Schriften der volkskundlichen Kommission des Landschaftsverbandes Westfalen-Lippe, Bd. 14) Münster 1964.
Katholische Aufklärung – Aufklärung im katholischen Deutschland. Hrsg. von Harm Klueting. (Studien zum achtzehnten Jahrhundert, Bd. 15) Hamburg 1993.
Klueting, Harm: Franz Wilhelm von Spiegel und sein Säkularisationsplan für die Klöster des Herzogtums Westfalen, in: Westfälische Zeitschrift 131/132, 1981/82, S. 47-68.
Klueting, Harm: „Der Genius der Zeit hat sie unbrauchbar gemacht". Zum Thema „Katholische Aufklärung" – Oder: Aufklärung und Katholizismus im Deutschland des 18. Jahrhunderts. Eine Einleitung, in: Katholische Aufklärung – Aufklärung im katholischen Deutschland. Hrsg. von Harm Klueting. (Studien zum achtzehnten Jahrhundert, Bd. 15) Hamburg 1993, S. 1-35.
Klueting, Harm: Zwischen Konfessionalisierung, Hexenverfolgung und Frühaufklärung. Die Welt, aus der Engelbert Kaempfer 1690 nach Nagasaki kam, um Japan für die europäische Aufklärung zu entdecken, in: Engelbert Kaempfer. Werk und Wirkung. Hrsg. von Detlef Haberland. (Boethius. Texte und Abhandlungen zur Geschichte der Mathematik und der Naturwissenschaften, Bd. 32) Stuttgart 1993, S. 13-29.
Köhler, Mathilde: Amalie von Gallitzin. Ein Leben zwischen Skandal und Legende. Paderborn 1993.
Der Kreis von Münster. Briefe und Aufzeichnungen Fürstenbergs, der Fürstin Gallitzin und ihrer Freunde, Tl. 1 (1769-1788) in 2 Bde.n. Hrsg. von Siegfried Sudhof. (Veröffentlichungen der Historischen Kommission für Westfalen, XIX: Westfälische Briefwechsel und Denkwürdigkeiten, Bd. 5) Münster 1962/64.
Labouvie, Eva: Zauberei und Hexenwerk. Ländlicher Hexenglaube in der frühen Neuzeit. Frankfurt am Main 1991.
Lehmann, Hartmut: Hexenglaube und Hexenprozesse in Europa um 1600, in: Ders., Religion und Religiosität in der Neuzeit. Historische Beiträge. Göttingen 1996, S. 38-51.
Möller, Horst: Vernunft und Kritik. Deutsche Aufklärung im 17. und 18. Jahrhundert. (edition suhrkamp, N. F. Bd. 269) Frankfurt am Main 1986.
Oer, Rudolfine Freiin von: Franz Wilhelm von Spiegel zum Desenberg und die Aufklärung in den Territorien des Kurfürsten von Köln, in: Katholische Aufklärung – Aufklärung im katholischen Deutschland. Hrsg. von Harm Klueting. (Studien zum achtzehnten Jahrhundert, Bd. 15) Hamburg 1993, S. 335-345.
Oer, Rudolfine Freiin von: Residenzstadt ohne Hof (1719-1802), in: Geschichte der Stadt Münster. Hrsg. von Franz-Josef Jakobi, Bd. 1. Münster 1993, S. 365-409.
Peters, Christian: Pietismus in Westfalen, in: Geschichte des Pietismus, Bd. 2: Der Pietismus im achtzehnten Jahrhundert. Hrsg. von Martin Brecht u. Klaus Deppermann. Göttingen 1995, S. 358-371.
Schalk, Fritz: Art. Aufklärung, in: Historisches Wörterbuch der Philosophie. Hrsg. von Joachim Ritter, Bd. 1, 1971, Sp. 620-633.
Schmidt, Martin: Art. Buttlarsche Rotte, in: Religion in Geschichte und Gegenwart, 3. Aufl., Bd. 1, 1957, Sp. 1555f.
Schneider, Hans: Der radikale Pietismus im 18. Jahrhundert, in: Geschichte des Pietismus,

Bd. 2: Der Pietismus im achtzehnten Jahrhundert. Hrsg. von Martin Brecht u. Klaus Deppermann. Göttingen 1995, S. 107-197.
Scholder, Klaus: Grundzüge der theologischen Aufklärung in Deutschland, in: Aufklärung, Absolutismus und Bürgertum. Hrsg. von Franklin Kopitzsch. (Nymphenburger Texte zur Wissenschaft, Bd. 24) München 1976, S. 294-318.
Schormann, Gerhard: Hexenprozesse in Deutschland. (Kleine Vandenhoeck-Reihe, Bd. 1470) 2. Aufl. Göttingen 1986.
Schormann, Gerhard: Der Krieg gegen die Hexen. Das Ausrottungsprogramm des Kurfürsten von Köln. (Sammlung Vandenhoeck) Göttingen 1991.
Schumacher, Elisabeth: Das kölnische Westfalen im Zeitalter der Aufklärung unter besonderer Berücksichtigung der Reformen des letzten Kurfürsten von Köln, Max Franz von Österreich. (Landeskundliche Schriftenreihe für das kölnische Sauerland, Bd. 2) Olpe 1967.
Temme, Willi: Die Buttlarsche Rotte. Ein Forschungsbericht, in: Pietismus und Neuzeit 16, 1990, S. 53-75.
Teufelsglaube und Hexenprozesse. Hrsg. von Georg Schwaiger. (Beck'sche Reihe, Bd. 337) München 1987.
Valjavec, Fritz: Geschichte der abendländischen Aufklärung. Wien/München 1961.
van Dülmen, Richard: Die Dienerin des Bösen. Zum Hexenbild in der frühen Neuzeit, in: Zeitschrift für historische Forschung 18, 1991, S. 385-398.
Veit, Ludwig Andreas / Lenhart, Ludwig: Kirche und Volksfrömmigkeit im Zeitalter des Barock. Freiburg 1956.
Volksfrömmigkeit in der Frühen Neuzeit. Hrsg. von Hansgeorg Molitor u. Heribert Smolinsky. (Katholisches Leben und Kirchenreform im Zeitalter der Glaubensspaltung, Bd. 54) Münster 1994.
Vom Unfug des Hexen-Processes. Gegner der Hexenverfolgung von Johann Weyer bis Friedrich Spee. Hrsg. von Hartmut Lehmann u. Otto Ulbricht. (Wolfenbütteler Forschungen, Bd. 55) Wiesbaden 1992.
Wallmann, Johannes: Labadismus und Pietismus. Die Einflüsse des niederländischen Pietismus auf die Entstehung des Pietismus in Deutschland, in: Ders., Theologie und Frömmigkeit im Zeitalter des Barock. Gesammelte Aufsätze. Tübingen 1995, S. 171-196.
Wallmann, Johannes: Der Pietismus. (Die Kirche in ihrer Geschichte, Bd. 4, Lfg. O 1) Göttingen 1990.
Walz, Rainer: Hexenglaube und magische Kommunikation im Dorf der Frühen Neuzeit. Die Verfolgungen in der Grafschaft Lippe. (Forschungen zur Regionalgeschichte, Bd. 9) Paderborn 1993.

5.4 Bevölkerung, Wirtschaft und Gesellschaft im 17. und 18. Jahrhundert

Wieviele Menschen im 17. und 18. Jahrhundert in Westfalen lebten, kann mit einiger Sicherheit erst für das Ende dieses Zeitabschnitts gesagt werden. Um 1800 hatte Westfalen in den Grenzen der späteren preußischen Provinz, also ohne Lippe und ohne die heute niedersächsischen Gebiete Niederstift Münster, Hochstift Osnabrück, Grafschaft Lingen und Grafschaft Bentheim, rund 920 000 Einwohner. Darin enthalten ist die Bevölkerung des erst 1817 zu Westfalen gekommenen heutigen Kreises Siegen-Wittgenstein, also des Fürstentums Siegen und der beiden Grafschaf-

ten Wittgenstein. Hat Westfalen, d. h. der nordrhein-westfälische Landesteil Westfalen ohne den Kreis Lippe, heute mit rd. 7,6 Millionen Einwohnern etwa dieselbe Bevölkerungszahl wie die heutige Republik Österreich, so lag die durchschnittliche Einwohnerzahl pro Quadratkilometer in Westfalen schon am Ende des 18. Jahrhunderts mit rd. 45 Personen zwei- bis dreimal so hoch wie im heutigen Schweden (20) oder Finnland (15). Die größte Bevölkerungsdichte wies um 1800 die Grafschaft Ravensberg auf, wo rechnerisch 98 Personen auf einem Quadratkilometer lebten. Das war schon damals eine höhere Bevölkerungsdichte als in Frankreich in der zweiten Hälfte des 20. Jahrhunderts (1967: 90). Relativ stark besiedelt war auch das Fürstentum Minden (59). Eine mittelmäßige Bevölkerungsdichte wies die Grafschaft Mark auf (53). Relativ schwach bevölkert waren das obere Sauerland, das Hochstift Paderborn (40) und das Münsterland (Oberstift Münster: 40) (Hanschmidt, S. 607).
Für die Grafschaften Mark und Ravensberg sind dank der preußischen Bevölkerungsstatistik auch Aussagen über die Zunahme der Bevölkerung während des 18. Jahrhunderts möglich. So stieg in Ravensberg die Einwohnerzahl von 1722 bis 1801 von 54 000 auf 90 000, was einer Steigerungsrate von fast 68 % entspricht. In der Grafschaft Mark lebten 1722 etwa 100 000 Menschen, deren Zahl bis 1797 auf 132 000 und somit um 32 % anstieg. In der Grafschaft Tecklenburg stieg die Bevölkerung von 1762 bis 1801 von 14 300 auf 20 047 Menschen an, was eine Steigerungsrate von rd. 40 % ausmachte, wobei diese Zunahme auf einen um 40 Jahre kürzeren Zeitraum als die Steigerungsrate von 32 % in der Grafschaft Mark entfiel. Wenn diese großen Wachstumsraten auch nicht ohne weiteres auf andere Teile Westfalens übertragen werden können, so weiß man doch, daß bereits im 16. Jahrhundert ein deutlicher Aufwärtstrend der Bevölkerung einsetzte. Lediglich der Dreißigjährige Krieg brachte in der ersten Hälfte des 17. Jahrhunderts noch einmal einen Einbruch. Doch waren die Bevölkerungsverluste in Westfalen zwar hoch, aber allem Anschein nach nicht so gravierend wie in einigen stärker betroffenen Gebieten außerhalb Westfalens.
Die Masse der Bevölkerung lebte im ganzen vorindustriellen Europa auch am Ende des 18. Jahrhunderts noch immer auf dem Lande, nicht in Städten. Ausnahmen davon waren nur die wenigen stärker verstädterten Regionen wie in Flandern, Holland oder Oberitalien und die auch nach heutigen Maßstäben als Großstädte anzusprechenden Metropolen jener Zeit. London hatte am Ende des 18. Jahrhunderts bereits etwa eine Million Einwohner, während Paris auf über 500 000 kam. Im Reich konnte sich mit 247 000 Einwohnern nur Wien damit messen. Berlin hatte gegen Ende des 18. Jahrhunderts ungefähr 180 000 und Hamburg bis zu 130 000 Einwohner. Köln, im 15. Jahrhundert Deutschlands größte Stadt, kam 1801 auf knapp 42 000 Einwohner. Hingegen lebten in Westfalen zu Beginn des 19. Jahrhunderts selbst in einem städtereichen Gebiet wie der Grafschaft Mark noch immer rd. 70 % der Menschen auf dem Lande in Dörfern oder auf Einzelhöfen. In der Grafschaft Tecklenburg, im Fürstentum Minden und im Vest Recklinghausen waren sogar 80-90 % der Bewohner Landbevölkerung (Hanschmidt, S. 652). Hinzu

kommt, daß bei diesen Unterscheidungen mit dem juristischen Stadtbegriff gearbeitet wird, der jede Siedlung als Stadt in Anspruch nimmt, die städtische Rechte besaß, nicht aber mit dem soziologischen oder topographischen Stadtbegriff (S. 84). Auch die ackerbürgerlichen Klein- oder Zwergstädte, wie sie vor allem im Hochstift Paderborn und im Herzogtum Westfalen verbreitet waren, zählen dabei zu den Städten, obgleich deren Bewohner ebensogut der Landbevölkerung zugerechnet werden könnten. Damit verschöbe sich die Relation zwischen ländlicher und städtischer Bevölkerung noch weiter zugunsten der ländlichen.

Um 1775 war die Stadt Münster mit 14 000 Einwohnern die weitaus größte Stadt Westfalens und hatte Soest, das im 15. Jahrhundert die Spitzenposition der westfälischen Städte einnahm (S. 86), hinter sich gelassen. Mit beträchtlichem Abstand folgten Münster sieben weitere Städte, die zwischen 3 000 und 7 500 Einwohner hatten. Das waren die beiden alten Bischofsstädte Paderborn und Minden, die Reichsstadt Dortmund, Soest und Bielefeld und die beiden märkischen Drahtgewerbestädte Iserlohn und Altena. Bochum, heute mit rd. 400 000 Einwohnern zweitgrößte Stadt Westfalens, hatte 1765 erst 1 406 Bewohner (Brinkmann, S. 133). „Zusammengenommen zeigen diese spärlichen Zahlen, deren statistische Unschärfe berücksichtigt werden muß, daß es in Westfalen im 18. Jahrhundert einen merklichen Verstädterungsprozeß offenbar nicht gegeben hat, auch nicht in den letzten Jahrzehnten" (Hanschmidt, S. 653). Während die großen Städte in Westfalen im 20. Jahrhundert ihren Bevölkerungszuwachs vorwiegend durch Eingemeindung von Vororten gewannen, beruhte im 17. und 18. Jahrhundert ein Großteil der städtischen Bevölkerung auf Zuwanderung von Angehörigen der Landbevölkerung, die in der Stadt wirtschaftliches Fortkommen suchten.

Westfalen war somit am Ende des 18. Jahrhunderts nur wenig verstädtert, aber im großen und ganzen keineswegs gering bevölkert. Aber wovon lebten die Menschen im damaligen Westfalen? Worin fanden sie ihre Existenzgrundlagen? Die Menschen im vorindustriellen Europa und im vorindustriellen Westfalen waren nicht so statisch, ortsfest und unbeweglich, wie das ein überholtes Geschichtsbild wahrhaben will. Es gab nicht nur wandernde Studenten und Gelehrte und die Teilnehmer von Fernwallfahrten, sondern auch sozio-ökonomisch bedingte Migrationsströme durch Abwanderung aus ländlichen Lebenssphären in die nächste Stadt, durch Weiterwanderung von einer Stadt in eine andere und durch Wanderarbeit. Wanderarbeiter suchten heute hier und morgen da, oft jahreszeitlich unterschiedliche Betätigung und Unterhalt. Es gab auch Erscheinungen wie die heute unter dem Namen Gastarbeiter vertraute Sache, wozu für Arbeitssuchende aus Westfalen die Niederlande und vor allem Amsterdam Gelegenheit boten. Dazu kamen verschiedenste Formen des Wanderhändlertums, wie sie vor allem von den Leinenhausierern aus dem Osnabrücker Raum und aus den drei Kirchspielen Hopsten, Recke und Mettingen in der Obergrafschaft Lingen (heute alle Kreis Steinfurt), dem heute zu Westfalen gehörenden Teil der alten Grafschaft Lingen, die später „Tüötten" genannt wurden, und von den Bewohnern des oberen Sauerlandes ausgeübt wurden.

Die Antriebskraft, die Migrationsströme, Wanderarbeit und Wanderhändlertum in Gang setzte und in Bewegung hielt, bestand in der unzureichenden Nahrungsgrundlage und in dem prekären Nahrungsspielraum, d. h. im Fehlen einer ausreichenden Existenzgrundlage für alle. Was dem einen ein Verbleiben am Ort seiner Geburt ermöglichte, das zwang den anderen zur Abwanderung und zur Suche nach einer Existenzbasis. Diesen Zwängen des prekären Nahrungsspielraumes unterlagen aber nicht nur die „kleinen Leute", sondern grundsätzlich alle Menschen von den Unterschichten in Stadt und Land bis zum Adel (S. 176 f.), wenn auch bei den oberen Schichten zumeist auf höherem Lebensniveau.

Die Ausrichtung des Lebens am unzureichenden Nahrungsspielraum wirkte als entscheidendes Regulierungsprinzip der vorindustriellen Gesellschaft. Man spricht vom Nahrungsprinzip. Das Nahrungsprinzip stand auch hinter den Heiratsverboten für einen bestimmten Teil der Bevölkerung und hinter der auch damals schon vorkommenden Geburtenregelung. Die vorindustrielle Gesellschaft beruhte u. a. auf einem Fortpflanzungsverhalten der Menschen jener Zeit, das sich an der nicht beliebig vermehrbaren Zahl der Nahrungsstellen – modern gesprochen: am fehlenden wirtschaftlichen „Wachstum" – orientierte, d. h. am Vorhandensein oder Fehlen einer die Existenz einer Familie materiell ermöglichenden „Stelle". Das konnte ein Bauernhof oder eine Handwerkerwerkstatt oder anderes sein. Wer keine Vollerwerbsstelle besaß, der war – wenn das Nahrungsprinzip beachtet wurde und d. h., solange die alte Gesellschaft „intakt" war – von ehelicher, also legitimer, Fortpflanzung ausgeschlossen und zu gleichsam zölibatärer Existenz gezwungen, während außereheliche (illegitime) Fortpflanzung tabuisiert war, unter bestimmten Umständen der Bestrafung unterlag und, vor allem für die Frauen und die Kinder, gesellschaftlich diskriminierend wirkte.

Heiratshäufigkeit und Heiratsalter (besonders der Frauen) waren in der vorindustriellen Gesellschaft die wichtigsten Mittel der Geburtenregelung, mit deren Hilfe die Anpassung an den begrenzten Nahrungsspielraum erfolgte. Während ein späteres Heiraten der Frau eine Begrenzung der Zahl ihrer Geburten nach sich zog, war die Fruchtbarkeit in den einmal geschlossenen Ehen hoch, also die kurze Folge der Geburten aufeinander. Damit unterschied sich die „Bevölkerungsweise des vorindustriellen Europa" grundlegend von der „industriellen Bevölkerungsweise", mit der Heiratshäufigkeit und Heiratsalter nahezu konstante Faktoren wurden, während die Fruchtbarkeit in den Ehen als Variable die Geburtenhäufigkeit und damit die Kinderzahl regulierte (Gerhard Mackenrodt). In der zweiten Hälfte des 18. Jahrhunderts wurde die „vorindustrielle Bevölkerungsweise", etwa durch Nichtbeachtung der Heiratsverbote, bereits durchlöchert. Das gilt auch für Westfalen.

Am Ende des 18. Jahrhunderts bildete die Landwirtschaft, also die sog. Urproduktion oder der primäre Sektor der Wirtschaft, in fast allen Teilen Europas und so auch in Westfalen noch immer das breite Fundament der Wirtschaft, d. h. für die Schaffung von Nahrungs- und Existenzgrundlagen der Menschen. Zu unterscheiden sind Feldbau und Viehhaltung. Weit mehr als die moderne technisierte und seit dem

19. Jahrhundert das Mittel der künstlichen Düngung einsetzende Landwirtschaft war der Feldbau im 17. und 18. Jahrhundert und davor von klimatischen Bedingungen und naturräumlichen Gegebenheiten abhängig. Anders als in der heutigen, in internationale Handelsströme eingebundenen Wirtschaft führten klimatische Unregelmäßigkeiten wie späte Fröste, Hagelschläge, zu feuchte oder zu trockene Sommer zu schweren Ernteeinbrüchen oder gar Mißernten, die starke Preissteigerungen und Hungersnöte nach sich zogen, auch wenn einige hundert Kilometer entfernt wegen guter Ernten die Preise der Agrarprodukte fielen.
Die besten Voraussetzungen für den Feldbau boten in Westfalen das Hellweggebiet von Essen bis Paderborn und vor allem die Gegenden um Dortmund, Unna, Werl, Soest, Erwitte und Geseke, aber auch der Teil des Münsterlandes zwischen den Baumbergen im Nordwesten und Beckum im Südosten. In Sand- und Moorgegenden wurde der Getreidebau durch Plaggendüngung ermöglicht. Dabei handelte es sich um die durch Heidhacken oder Plaggenhieb in den Wäldern als Düngersurrogat entnommene humushaltige oberste Bodenschicht, die zur Bodenverbesserung auf den Anbauflächen genutzt wurde. In den Gebirgsgegenden des Sauerlandes schränkten die Gelände- und die Bodenbeschaffenheit und vor allem klimatische Nachteile wie hohe und schneereiche Niederschläge die Ackerbauerträge dergestalt ein, daß sich diese Region nicht selbst ernähren konnte, sondern Getreide gegen den Erlös aus dem Verkauf gewerblicher Erzeugnisse oder Holzkohle einführen mußte. Überall wurde in erster Linie Getreide und darunter vor allem Roggen angebaut. Die Mahlzeiten des größten Teils der Bevölkerung bestanden also vorwiegend aus Mehlprodukten, zumal der Fleischkonsum, bei dem in Westfalen das Schweinefleisch stets weit vor dem Rindfleisch stand, im 18. Jahrhundert gegenüber dem 16. Jahrhundert deutlich zurückgegangen war. Die Kartoffel wurde in der zweiten Hälfte des 18. Jahrhunderts noch vorwiegend als Gartenpflanze gezogen. In Minden und Ravensberg und in Teilen des Münsterlandes wurde für die Textilherstellung auch Flachs angebaut.
Das Vieh, das nicht nur Fleisch und Milch, sondern mit seinem Kot auch Dünger für den Feldbau lieferte, weidete auf der Allmende. Diese Erscheinung führt tief hinein in die Agrar- und Sozialverfassung des vorindustriellen Westfalen. Unter Allmende (ein althochdeutsches Wort) verstand man „allgemeines Land", das sich nicht im Besitz eines Einzelnen befand, sondern „allgemeines Eigentum", gemeinschaftlicher Besitz der Gemeinde war und von deren Mitgliedern nach bestimmten Regeln genutzt wurde. Allmenden gab es nicht nur in Deutschland, sondern etwa auch in Norwegen. In Deutschland ging die Allmendenutzung ebenso wie ihre rechtliche Regelung bis ins 10. Jahrhundert zurück. Im bayerisch-österreichischen Raum sprach man statt von Allmende von „Gemeinde", in Westfalen und Niedersachsen von „Mark".
In Westfalen machten die Allmenden im 18. Jahrhundert noch etwa ein Drittel der landwirtschaftlich nutzbaren Fläche aus. Sie umfaßten Wälder in den verschiedensten Übergangsformen zu halboffenen und offenen Weiden und Heideflächen, auch

Moore und Bruchwälder. Sie dienten der Gewinnung von Bau- und Brennholz, als Weideflächen für Rinder und für die Eichelmast. Dazu wurden die Schweine in die Allmenden getrieben, um dort von herabgefallenen Eicheln ernährt zu werden. Überweidung, mangelnde Pflege und übermäßige Ausbeutung als Holz-, Nahrungs- und Düngemittelreservoir ließen Wald und Grasland jedoch oft zu kahlem Ödland werden. So werden die Allmenden in Westfalen für das spätere 18. Jahrhundert als sehr schlecht bezeichnet. Es gibt – wahrscheinlich übertreibende – Berichte, nach denen in Brilon im Herzogtum Westfalen Halter von sechs oder sieben Kühen von diesen nicht einmal genug Milch für den Milchkaffee erhielten, weil die Kühe auf den Allmenden keine Nahrung fanden. Doch führte schon früh auch der steigende Holzbedarf der Städte zur Qualitätsminderung des Waldes auf den Gemeinheitsflächen. Das gleiche galt im Sauerland für die Holzkohlengewinnung und allgemein für die Verminderung von Wald und Weide durch verstärkte Rodung zugunsten neuer Ansiedlungen. Daher setzten schon im Mittelalter Versuche ein, die schließlich Rechtskraft gewannen, nämlich die Nutzung der Allmende Neuankömmlingen zu verwehren und bestimmten Hofstätten und alteingesessenen Familien vorzubehalten.

Für die westfälische Markenverfassung gilt, daß hier, neben den adeligen oder kirchlichen Grundherren, die nutzungsberechtigte Gemeindegenossenschaft aus den Besitzern der großen Höfe bestand, den Voll- oder Halbbeerbten, die mancherorts Schulzen oder Meier bzw. Kötter genannt wurden. Hinzu kamen noch die Besitzer kleinerer und zumeist jüngerer Höfe, die wegen des geringen Umfangs ihrer Landwirtschaft auf Nebenerwerb durch handwerkliche Tätigkeit oder saisonale Wanderarbeit wie die Hollandgängerei angewiesen waren und in manchen Gegenden Brinksitzer hießen. Während die Angehörigen dieser drei Bauernkategorien ihr Vieh zur Weide und Mast in die gemeine Mark eintreiben konnten, waren die außerhalb der Gemeindegenossenschaft stehenden und zur Miete wohnenden Landlosen, die als Heuerlinge, Beilieger oder Häuslinge bezeichnet wurden, davon ausgeschlossen. Sie konnten ihre Kuh oft nur an Straßenrändern oder ähnlichen Orten weiden lassen. Dabei waren die Heuerlinge im 18. Jahrhundert diejenige Bevölkerungsgruppe, die sich am stärksten vermehrte und Träger der großen Bevölkerungszunahme jener Zeit war. Hier zeigt sich, wie die alte Gesellschaft durch allmähliche Preisgabe des Nahrungsprinzips „aus den Fugen“ geriet. Die Ausschließung dieser großen und weiter wachsenden Bevölkerungsgruppe von der genossenschaftlichen Nahrungsgrundlage in Gestalt der Viehmast auf den Allmenden war ein entscheidender Faktor der Bevölkerungs- und Sozialentwicklung des Jahrhunderts vor der Industrialisierung.

Wegen des schlechten Zustands der Allmenden und ihres dadurch gesunkenen Nutzwertes, aber auch zur Ansiedlung landloser Heuerlinge, gingen die Regierungen seit der Mitte des 18. Jahrhunderts an die Teilung und Privatisierung der Marken, so im Hochstift Münster 1763 und im preußischen Westfalen 1765. Doch widersetzten sich die Gemeindegenossen diesen Bestrebungen, die ihren wirtschaft-

lichen Interessen entgegenstanden und ihnen einen Teil ihrer Wirtschaftsgrundlage zu entziehen drohten. Daher kamen die Markenteilungen nur schleppend in Gang. Nur in Mark und Ravensberg führte die preußische Verwaltung bis 1800 die Teilung von vier Fünftel bzw. zwei Drittel der Allmendeflächen herbei, während in der Grafschaft Tecklenburg die Teilungsvorhaben weitgehend erfolglos blieben und erst im 19. Jahrhundert ihr Ziel erreichten. Ähnliches gilt für das Hochstift Münster. Zum vollen Durchbruch kam die Aufteilung der Allmenden und die Aufhebung der Markenverfassung, vor allem im ehemaligen Herzogtum Westfalen, erst nach 1820 auf der Grundlage der preußischen Gemeinheitsteilungsordnung von 1821. Die Markenteilung führte im 19. Jahrhundert zu einer beträchtlichen Produktionssteigerung der Landwirtschaft und zu einer Befestigung der klein- und mittelbäuerlichen Strukturen.
Lange vor den Markenteilungen des späteren 18. und des frühen 19. Jahrhunderts versuchte man bereits durch sog. Zuschläge, d. h. durch Abtrennung von Land aus Allmendeflächen, Existenzgrundlagen für landlose Familien zu schaffen. Schon das hohe Mittelalter hatte Bevölkerungsüberschüsse gekannt, die vor allem aus den Söhnen und Töchtern der Bauern bestanden, die den Hof ihrer Eltern nicht übernehmen konnten, weil diesen Platz schon der erbende Bruder einnahm. Im größten Teil Westfalens herrschte das Anerbenrecht, bei dem der älteste – in einigen Gegenden auch der jüngste – Sohn den Hof und damit die Nahrungsgrundlage übernahm. Die anderen Geschwister mußten weichen und sich eine eigene Nahrungsgrundlage suchen, wenn sie nicht, dem Nahrungsprinzip entsprechend, als unverheiratete Onkel und Tanten, Öhme und Möhnen genannt, im Status mehr oder weniger untergeordneter Hilfskräfte auf dem Hof blieben; im günstigsten Fall konnten sie in einen anderen Hof einheiraten. In den südlichen Randgebieten Westfalens bestand teilweise das Realerbteilungsrecht. Hier wurde die landwirtschaftliche Nutzfläche beim Tod der Eltern oder bei deren Übergang auf das sog. Altenteil unter alle erbberechtigten Kinder aufgeteilt. Die Folge dieser fortwährenden Teilungen war die Entstehung von Kleinbauernstellen, die keine ausreichende Existenzmöglichkeit mehr boten. Dagegen ließ das Anerbenrecht leistungsfähige Bauernstellen bestehen, schuf aber dauernd einen Überschuß von Menschen, die ohne Nahrungsgrundlage waren.
Im Mittelalter war diese Überschußbevölkerung teilweise im Rahmen der sog. Ostsiedlung in die dadurch entstandenen deutschen Siedlungsgebiete im heutigen Polen abgewandert, aber auch in die benachbarten Städte sowie in die Hansestädte des Ostseeraumes. Diese Ausweichmöglichkeiten waren im 17. und 18. Jahrhundert weitgehend verschlossen. An der Ansiedlung Deutscher aus dem Rheingau, aus Hessen, der Pfalz, Bayern und Schwaben in den russischen Gouvernements Saratov und Samara unter Katharina II. während der Jahre 1764 bis 1774 („Wolgadeutsche") waren Siedlungswillige aus Westfalen nicht beteiligt. Die Städte konnten nach dem Abflauen der Pestepidemien und bei sinkender Sterblichkeit und der damit zusammenhängenden Bevölkerungszunahme sowie angesichts wirtschaftlicher Stagnation

nur noch einen Teil der unversorgten bäuerlichen Nachkommenschaft aufnehmen. Auch in den Städten war der Nahrungsspielraum begrenzt und durch die Zünfte kontingentiert. Im 18. Jahrhundert wurden sogar Zuzugsbeschränkungen erlassen. So traf im Herzogtum Westfalen schon die Polizeiordnung von 1723 Regelungen gegen die Aufnahme mittelloser Auswärtiger ins Bürgerrecht der Städte (S. 175). Später ging es nicht mehr nur um die Aufnahme ins Bürgerrecht, sondern um den Zuzug überhaupt. „1795 wurde der Zuzug von Beiliegern für alle Städte und Freiheiten des Herzogtums Westfalen durch staatliche Verordnung an die Zustimmung des gesamten Rates und der Repräsentanten der Bürgergemeinde gebunden und davon abhängig gemacht, daß die betreffenden Personen für das Gemeinwesen nützlich sein konnten" (Klueting, Ackerbürgerstadt, S. 321). Das alles änderte sich erst entscheidend mit der Industrialisierung des 19. Jahrhunderts und dem Arbeitskräftebedarf der entstehenden Großindustrie und der Großschachtanlagen des Ruhrgebietes sowie mit der Amerikaauswanderung. Die Überseeauswanderung spielte jedoch, anders als im 19. Jahrhundert, im 17. und 18. Jahrhundert für Deutsche, von kleinen religiösen Minderheiten wie den radikalpietistischen Täufern von Schwarzenau in Wittgenstein abgesehen (S. 199), noch keine bedeutende Rolle; in Westfalen stand sie auch im 19. Jahrhundert hinter der Zuwanderung zu den Industrieorten des Ruhrgebietes zurück.
In der vorindustriellen Zeit und vor den Markenteilungen kam es schon seit dem späten 15. Jahrhundert immer wieder zur Errichtung kleinbäuerlicher Existenzmöglichkeiten innerhalb der Marken. Man nennt diese Neusiedler in manchen Gegenden Westfalens Markkötter. In Ravensberg machten sie um 1537 schon ein Fünftel aller Bauernstellen aus und wuchsen bis 1600 auf ein Drittel an. Damit verminderte sich der Umfang der Allmendeflächen, während den Markköttern doch nur eine bescheidene Landwirtschaft mit dem Schwerpunkt auf Viehhaltung möglich war, wodurch sie zu gewerblicher Nebentätigkeit gezwungen wurden.
Doch vermehrte sich dadurch die überschüssige Bevölkerung weiter, weil nicht nur die Besitzer der alten Höfe nichterbende Kinder hatten, sondern ebenso die kleinen Brinksitzer und Markkötter. Dieser Bevölkerungsüberschuß ließ im 17. Jahrhundert die Schicht de Heuerlinge entstehen. Diese besaßen gar kein Land, sondern zogen als Mieter in leerstehende Gebäude und ungenutzte Backhäuser, in Scheunen oder Schafställe ein und pachteten allenfalls ein Stück Land für einen größeren Garten oder als Weide für eine Kuh oder Ziege. Die Bauern ließen sich die Miete für die Heuerhäuser und den Pachtzins für das gepachtete Landstück teils mit Bargeld und teils mit Arbeitsleistungen bezahlen. So geriet der Heuerling in große Abhängigkeit von seinem bäuerlichen Hauswirt. Diese Lage konnte nur durch gewerbliche Beschäftigung in Heimarbeit oder durch Saisonarbeit in der Fremde einigermaßen ausgeglichen werden, wobei dann die Frau des Heuerlings die Arbeitsleistungen für den Vermieter und für die eigene Wirtschaft allein tragen mußte. Für die Heimarbeit kamen verschiedene Formen der Textilherstellung wie Flachsspinnerei und Leinenweberei in Betracht, aber auch ländliche Handwerke wie die Holzschuhmacherei

und die Korbflechterei. Hinzu kamen im südlichen Westfalen Arbeitsmöglichkeiten als Tagelöhner in den dortigen kleinen Metallgewerbebetrieben sowie im Fuhrgewerbe, ferner an den Ruhrhöhen im Süden des späteren Ruhrgebietes die Steinkohlenschürferei, im Sauerland die Köhlerei und in Moorgegenden das Torfstechen.

Ein Beispiel bieten die Grafschaften Tecklenburg und Lingen. Die Haupterwerbsquelle der landarmen oder landlosen Bevölkerung des Tecklenburger Landes bestand, wie in Minden, Ravensberg und Lingen, in der Leinenproduktion, vor allem in der Fabrikation von Löwendlinnen. Darauf folgte mit großem Abstand die Hollandgängerei. Eine gewisse Rolle spielte daneben auch das Gewerbe der Packträger, ferner der Steinkohlenabbau in Ibbenbüren. Interessant sind die Unterschiede zwischen Tecklenburg und Lingen. So entfielen 1785 von der gesamten Leinenproduktion beider Grafschaften 88 % auf die Grafschaft Tecklenburg, trotz geringerer Einwohnerzahl und geringerer Flächenausdehnung. Dazu heißt es in einem Bericht über den Zustand der preußischen Provinzen Tecklenburg und Lingen von 1792: „Die Verschiedenheit beruht vorzüglich darauf, daß die tecklenburgischen Eingesessenen weit arbeitsamer sind als die lingenschen Einwohner, welche den ganzen Winter hindurch fast die Hände im Schoß legen, da die Tecklenburger sich beständig mit Spinnen und anderen Wirtschaftsangelegenheiten abgeben“ (Reekers, Tl. 3, 1966, S. 33).

Die Schicht der Heuerlinge, der Bevölkerungsdruck auf dem Lande, die mangelnde Aufnahmefähigkeit der Städte und die begrenzte Ausweichmöglichkeit in außerwestfälische, außerdeutsche und außereuropäische Regionen wurden somit entscheidend für die gewerbliche Entwicklung Westfalens im 17. und 18. Jahrhundert.

Vom ländlichen Gewerbe zu unterscheiden ist das städtische, zunftgebundene Handwerk. Dabei bewirkten die Zünfte als Zwangsvereinigungen von Handwerkern ähnlich wie die Markenverfassung der Gemeindegenossen auf dem Lande die Verteilung knapper Nahrungschancen und die Ausschließung anderer Mitbewerber. Das geschah vor allem durch Begrenzung der Zahl der Meister und der Lehrlinge. Im Einvernehmen mit der städtischen Obrigkeit, also dem Rat oder Magistrat, sorgten so die Zünfte für ein standesgemäßes Einkommen der Meisterfamilien, aber auch für angemessene Preise zugunsten der Verbraucher. Doch diente das nicht dem „Verbraucherschutz“, sondern der Verhinderung allzu großer wirtschaftlicher Ungleichheit unter den Meistern. Wie die Markenverfassung auf dem Lande unter dem Druck der wachsenden Bevölkerung, so geriet die Zunftverfassung im 17. und 18. Jahrhundert in eine Krise, und zwar durch die wachsende Zahl der Gesellen, die keine Aussicht hatten, je Meister und damit wirtschaftlich selbständig werden zu können. Wie die Markenverfassung, so verschwand auch die Zunftverfassung in der ersten Hälfte des 19. Jahrhunderts. Die Heuerlinge auf dem Land entsprachen also den Gesellen in den Städten. Beide standen außerhalb der gefügten und durch unterschiedliche Privilegien gekennzeichneten Gesellschaft mit ihren drei Ständen des Adels, der Bürger und der Bauern. Beide hatten in der Regel kein Eigentum an einem Haus, was ein entscheidendes Merkmal für den Platz des Einzelnen in der

Gesellschaft war, weil das Eigentum oder der Besitz an einem Haus über die politischen Rechte entschied. Das galt für das adelige Haus des ritterschaftlichen Landtagsmitglieds, das städtische Haus des an der Bürgerschaft beteiligten Bürgers und für den Hof des Bauern und Gemeindegenossen. Heuerlinge und Gesellen wurden deshalb wichtig für die neuen Gewerbeformen, die am Ende des 18. Jahrhunderts auch in Westfalen eine Rolle zu spielen begannen und im 19. Jahrhundert der Industrialisierung zum Durchbruch verhalfen.

Die Schwerpunkte der Gewerbetätigkeit lagen im 18. Jahrhundert auf den beiden Bereichen der Textil- und der Metallherstellung und -verarbeitung. Das Textilgewerbe wurde, neben hauptberuflich tätigen städtischen Zunfthandwerkern, vornehmlich von Heuerlingsfamilien und teilweise auch von Brinksitzern als Nebenerwerbstätigkeit oder auch als Hauptbeschäftigung im Verlagssystem ausgeübt. Dabei stellte ein Verleger genannter Unternehmer den in Heimarbeit arbeitenden Produzenten die Rohstoffe zur Verfügung, holte die fertigen Produkte ab und besorgte ihren Absatz. Dieses System bedeutete für den Heimarbeiter große Abhängigkeit vom Verleger, weil der Heimarbeiter seine Produkte nicht selbst vermarkten konnte, während der Verleger einen großen Teil des Gewinns erhielt. Die Garn- und Leinenherstellung wurde fast überall in Westfalen ausgeübt, jedoch mit Schwerpunkten im Norden und Osten in Minden und Ravensberg, Tecklenburg, Teilen des Hochstifts Paderborn und im westlichen Münsterland.

Die vorwiegend in dem südlich der Ruhr gelegenen Teil der Grafschaft Mark und in der Grafschaft Limburg sowie in geringerem Umfang im gebirgigen Teil des Herzogtums Westfalen, dem kölnischen Sauerland, konzentrierte Metallherstellung und -verarbeitung wies im 18. Jahrhundert bereits eine höhere Spezialisierung auf. Das Metallgewerbe wuchs am Ende des 18. Jahrhunderts, obwohl es seine Standorte großenteils auf dem Lande hatte, aus der engen Verbindung mit der Landwirtschaft heraus. Die Eisenhütten und Hammerwerke, in denen Rohstahl und Roheisen, das überwiegend aus den Erzgruben des Siegerlandes kam und teilweise auch dort verhüttet wurde, für die Weiterverarbeitung bearbeitet wurden, lagen überwiegend in den Fluß- und Bachtälern des Sauerlandes. Diese Gewässer lieferten nach der Technik der Wassermühle die Antriebsenergie für den Betrieb der Hammerwerke. Dagegen befanden sich die Betriebsstätten der Drahtproduktion vorwiegend in den Städten des märkischen Sauerlandes. Hier ergab sich eine weitere Spezialisierung und Arbeitsteilung, indem das aus den Hammerwerken kommende Schmiedeeisen in Lüdenscheid zu grobem Draht gezogen wurde, während in Altena der mittlere und in Iserlohn der feine Draht und im Zusammenhang damit auch Nähnadeln hergestellt wurden. Das alles vollzog sich noch ausnahmslos in Kleinbetrieben mit geringer Arbeiterzahl. Doch waren das Einkommen und der Lebensstandard der dort beschäftigten Lohnarbeiter, abgesehen von Zeiten der Unterbeschäftigung oder Arbeitslosigkeit, höher als bei den Heimarbeitern in den Textilgewerbegebieten. Die Eisenhüttengründungen des späten 18. Jahrhunderts führten zu Energie- und Umweltproblemen, vor allem zum Raubbau an den Wäldern, die man für die

Gewinnung der für die Befeuerung der Hochöfen erforderlichen Holzkohle ausbeutete. Das änderte sich erst mit dem wachsenden Einsatz der Steinkohlen des Ruhrgebietes.
Die Absatzgebiete des südwestfälischen Metallgewerbes lagen zumeist außerhalb Westfalens. Erzeugnisse wie Sensen oder Nähnadeln konnten von Wanderhändlern auf Fußreisen in Tragekiepen vertrieben werden. Für den in Drahtrollen anfallenden Draht des märkischen Sauerlandes, für das Siegerländer Eisenerz und für die märkische Steinkohle bedurfte es eines regelrechten Ausfuhrhandels und Fuhrgewerbes. Dabei machten sich die schlechten Straßenverhältnisse mit tief eingefahrenen Wagenspuren bei teilweise unterschiedlichen Spurbreiten der Pferdefuhrwerke nachteilig bemerkbar. Erst zu Anfang der neunziger Jahre des 18. Jahrhunderts wurde eine „Kunststraße", d. h. eine künstlich befestigte Straße, von Meinerzhagen bis nach Steele (Essen-Steele) gebaut, die an eine schon bestehende, fest ausgebaute Straße von Siegen über Olpe nach Meinerzhagen anschloß. Damit wurde die wichtige Eisenerzgewinnungs- und Metallverarbeitungsregion halbwegs erschlossen und mit dem Steinkohlenrevier im Ruhrtal unterhalb der Lenne- und der Volmemündung verbunden. Daneben kam es im 18. Jahrhundert zum Ausbau und zur Anlage von Binnenschiffahrtswegen. So entstand zwischen 1724 und 1730 von Münster bis in die Gegend von Rheine, aber ohne die geplante Verbindung mit der Ems, auf rd. 30 Kilometern der Max-Clemens-Kanal. 1770 folgte die Schiffbarmachung der Berkel zwischen Stadtlohn und dem niederländischen Zutphen als Teil einer geplanten Wasserstraßenverbindung zwischen Münster und den Niederlanden. Das wichtigste Unternehmen dieser Art war die seit den dreißiger Jahren des 18. Jahrhunderts geplante und zwischen 1776 und 1780 erfolgte Schiffbarmachung der Ruhr von Langschede südlich von Unna über 120 Kilometer bis zur Mündung in den Rhein bei Duisburg. Auf der Ruhr wurden das Salz aus der Saline Königsborn bei Unna, Steine aus Steinbrüchen der Grafschaft Mark und Steinkohlen aus Zechen des Ruhrtals um Witten, Herbede (Witten) oder Hattingen und der Ruhrhöhen beiderseits des Flusses verschifft. Die Ruhrschiffahrt blühte bis um 1860 und wurde dann durch die Eisenbahn überrundet. Pläne der preußischen Regierung zur Schiffbarmachung von Emscher und Lippe wurden nicht verwirklicht oder führten nicht zum Erfolg.
Hinsichtlich der sozialen Schichtung der Landbevölkerung Westfalens im 17. und 18. Jahrhundert reicht es nicht aus, die vier Gruppen der Schulzen oder Meier, der Kötter und der Brinksitzer sowie der Heuerlinge zu unterscheiden, von denen die ersten drei als Bauern und die Heuerlinge als unterbäuerliche Schicht zu bezeichnen sind. Diese Unterscheidung geht aus von dem Vorhandensein und dem Umfang des Landbesitzes, von der Größe des Hofes und dem Recht zur Allmendenutzung, d. h. der Zugehörigkeit oder Nichtzugehörigkeit zur Gemeindegenossenschaft. Eine zweite Unterscheidung der Landbevölkerung muß hinzutreten, nämlich nach dem persönlichen Rechtsstatus und dem Besitzrecht an der Hofesstelle. Beide Differenzierungen sind auseinanderzuhalten.

Nach persönlichem Rechtsstatus und Besitzrecht unterschieden sich drei Bauerngruppen, nämlich 1. freie Bauern, 2. leibfreie Bauern und 3. Eigenbehörige. Freie Bauern kamen in Westfalen im 17. und 18. Jahrhundert nur in geringer Zahl in der Grafschaft Mark und in den Hochstiften Münster und Paderborn vor. Sie hatten keinen Grundherrn und keinen Leibherrn über sich und waren persönlich frei und freie Eigentümer ihrer Höfe. Lediglich dem Landesherrn bzw. dem Staat und der Kirche gegenüber waren sie abgabe- oder steuerpflichtig. Zur Gruppe der leibfreien Bauern gehörten die Besitzer der sog. Meiergüter in Paderborn, Minden-Ravensberg und Tecklenburg und die Erbpächter im Münsterland, in der Recklinghauser Gegend, in der Grafschaft Mark und im kölnischen Sauerland. Diese Bauern waren persönlich frei, aber einem zumeist adeligen oder kirchlichen Grundherrn gegenüber zu bestimmten Leistungen verpflichtet. Diese Grundherren waren Eigentümer (‚dominus') der Hofstellen, die Bauern deren Besitzer (‚possessor'). Die Bauern der dritten Gruppe, die Eigenbehörigen, waren persönlich unfrei und als Person von einem Leibherrn, als Hofesbesitzer von einem Grundherrn abhängig, wobei Leibherr und Grundherr oft identisch waren, aber nicht sein mußten. Die persönlich unfreien Eigenbehörigen machten die Masse der Bauern im Münsterland und in Minden-Ravensberg und überhaupt in Westfalen nördlich der Lippe aus. Südlich der Lippe und vor allem noch weiter südlich im märkischen und kölnischen Sauerland, aber auch in der Paderborner Gegend, stellten die persönlich freien Pachtbauern den weitaus größten Teil der bäuerlichen Bevölkerung.
Diese Bauern hatten ihren Grundherren bestimmte Dienste zu erbringen und Abgaben zu leisten. Hauptsächlich aus diesen Abgaben setzte sich das Einkommen des grundherrschaftlichen Adels und der landbesitzenden Klöster zusammen. Sie wurden als Pacht für Hofstätte und Ackerland betrachtet und häufig auch so bezeichnet. Bei den Abgaben ist zwischen gewissen, d. h. regelmäßig, zumeist jährlich zu liefernden und unregelmäßigen Pachtleistungen zu unterscheiden. Die jährlichen Abgaben bestanden zum Teil aus Naturalien, zum Teil aus Bargeld. Beides war meistens am Martinstag, dem 11. November, fällig. Bei den Naturalabgaben standen die Getreidelieferungen in Gestalt von Hafer, Roggen oder Gerste im Vordergrund. Größere, neben dem Getreideanbau auch Schweinehaltung betreibende Bauern waren auch zur Abgabe einer festgesetzten Anzahl sog. „Schuldschweine" verpflichtet, während die nur Kleinvieh haltenden Kleinbauern Hühner ablieferten. Hinzu kamen manchmal auch Abgaben an Erbsen, Rübsamen, aus dem Lampenöl und Seife gewonnen wurden, oder Bohnen, bei kirchlichen Grundherren auch Bienenwachs für die Herstellung von Kerzen. Das Festhalten an dieser Art von Naturalpacht brachte den Grundherren erhebliche wirtschaftliche Vorteile, besonders seit dem Dreißigjährigen Krieg, weil in dieser Zeit die Agrarprodukte wegen der wachsenden Bevölkerung eine zunehmende Wertsteigerung erfuhren. Dagegen führte bei anderen Grundherren, die in Zeiten eines hohen Geldwertes die Naturalabgaben in Geldabgaben umgewandelt hatten, die Geldentwertung dazu, daß der Gewinn aus den bäuerlichen Abgaben zum Vorteil der Bauern immer geringer wurde.

Allerdings erfolgten die Lieferungen der Bauern auch oft unregelmäßig. In Zeiten der Not, etwa nach Mißernten, erließen die Grundherren den Bauern einen Teil der Abgaben, um die Höfe in ihrem eigenen Interesse leistungsfähig zu halten. Zahlte ein Bauer aus eigenem Verschulden oder aus Unwillen nicht, so wurde gepfändet. Im 18. Jahrhundert kamen auch gemeinschaftliche Leistungsverweigerungen von Bauern vor. Besonders seit Bekanntwerden der Französischen Revolution nahm die Abgabenverweigerung der Bauern mancherorts große Ausmaße an.

Zu den jährlichen Abgaben kamen Leistungen, die nur bei besonderem Anlaß gefordert wurden. Dazu gehörte vor allem das Gewinn- oder Aufzugsgeld, auch „Weinkauf" genannt, das bei Hofesantritt und bei Verlängerung des Pachtvertrages zu erbringen war. Dieses Gewinngeld besaß erhebliche Bedeutung, weil die Grundherren es, anders als die jährlichen Abgaben, von Mal zu Mal erhöhen konnten. Es erreichte meist die Höhe von ein bis zwei jährlichen Pachtabgaben. Wichtig war daher die Pachtdauer, d. h. die Laufzeit des Pachtvertrages, nach deren Ablauf der Vertrag zu verlängern und das Gewinngeld zu entrichten war. In der Grundherrschaft des Stiftes Elsey in der Grafschaft Limburg, also im märkischen Sauerland und in dem angrenzenden Landstrich nördlich der Ruhr, betrug die Pachtzeit in der Regel 15 Jahre, dagegen bei den Bauern des Klosters Drolshagen im Olper Raum nur sieben Jahre und bei den Bauern des Klosters Himmelpforten an der Möhne zwölf Jahre. Das Zeitpachtverhältnis dieser Bauern war gewohnheitsrechtlich ein Erbpachtverhältnis – daher der Name Erbpächter –, indem nach dem Tode der Hofesleute die Pacht auf deren Erben überging. Doch konnte dieser nicht zur Übernahme des Hofes gezwungen werden, weil er persönlich frei war.

Zu diesen Abgaben kamen auch für die persönlich freien Bauern Dienstleistungen, die außerhalb Westfalens auch Frondienste oder Robot genannt wurden. So hatten die zu Handdiensten verpflichteten kleineren Bauern Gesindeverrichtungen im weitesten Sinne vorzunehmen. Auf die spanndienstpflichtigen größeren Bauern entfielen u. a. Botendienste, Gepäck- und Baustoffuhren u. ä. Die Belastung der einzelnen Bauern einer Grundherrschaft, aber auch aller Bauern in Westfalen, mit Dienstleistungen war sehr unterschiedlich. Generell gilt, daß die in der Nähe des Grundherrensitzes lebenden Bauern stärker herangezogen wurden als die, deren Höfe in größerer Entfernung lagen. Ferner gilt, daß Grundherren mit einem großen eigenen landwirtschaftlichen Betrieb ihre Bauern stärker zu Dienstleistungen heranzogen als solche Grundherren, die keine Eigenwirtschaft betrieben und daher nur wenig Bedarf an bäuerlichen Diensten hatten. Das gilt etwa für das Stift Elsey, das nur die in der Nähe des Stiftes wohnenden Bauern heranzog und auch diese nur für einen Tag im Jahr in Anspruch nahm. Da auch diese Dienste nicht alle benötigt wurden, ließ das Stift sie gelegentlich in Geld ablösen. In anderen Gegenden Westfalens war die zeitliche Belastung der Bauern ungleich höher, weil hier oft ein Diensttag pro Woche für den einzelnen Bauern anfiel. Bauern, die selbst über Gesinde, Knechte und Mägde, verfügten, ließen ihre Knechte die auf ihren Hof entfallenden Dienste verrichten. Auch in Westfalen setzte sich im späteren 18. Jahrhundert nach und nach

die Ablösung der Dienste durch Geldzahlungen durch. Am bekanntesten sind diese Vorgänge in Österreich und Böhmen, wo die dort staatlich verordnete Umwandlung der Frondienste in Geldzahlungen in großem Umfang stattfand, was dort als „Robot-Abolition" bezeichnet wurde. Dahinter stand das Bevölkerungswachstum, mit dem es für die Grundherren immer leichter wurde, Gesinde oder freie Tagelöhner anzustellen, die leistungswilliger waren als die dienstpflichtigen Bauern.
Neben den grundherrschaftlichen Abgaben hatten alle Bauern Steuerzahlungen an den Staat zu leisten, und zwar vor allem in Gestalt von Vermögenssteuern, bei denen der Grundbesitz, die Anzahl der Feuerstätten im Haus („Rauchschatz") oder das Vieh („Viehschatz") Bemessungsgrundlage waren. Es gab aber auch Personensteuern („Kopfschatz"). Dazu kam der an die Kirche zu entrichtende Zehnt. Die Bauern waren die Hauptsteuerzahler überhaupt, weil der Adel weitgehend steuerfrei war, während die unterbäuerlichen Schichten nur in geringem Maße zu öffentlichen Abgaben herangezogen wurden. Steuerfreiheit genossen auch viele Städte, an deren Toren jedoch eine Verbrauchssteuer, vor allem in den preußischen Gebieten die Akzise (S. 169 f.), erhoben wurde. Doch hatten die Bürger in den Städten öffentliche Abgaben, also Steuern, an die Stadt zu leisten.
Die persönlich unfreien Eigenbehörigen hatten neben den staatlichen und kirchlichen Lasten die grundherrschaftlichen Abgaben und Dienste genauso wie die leibfreien Bauern zu tragen. Für sie kamen jedoch weitere Zahlungen hinzu, vor allem der sog. „Sterbfall" oder das „Besthaupt", eine Abgabe in beträchtlicher Höhe, die beim Tod des Hofesbesitzers an den Leibherrn zu entrichten war. Je größer der Wohlstand des Hofes, desto höher war diese Sterbfallsabgabe, die eine drückende Belastung darstellen konnte und eine junge Bauernfamilie schon bei der Übernahme des Hofes, zu der sie als Eigenbehörige im Gegensatz zu den leibfreien Bauernsöhnen verpflichtet war, in wirtschaftliche Schwierigkeiten brachte. Das führte nicht selten dazu, daß eigenbehörige Bauern keinen großen Arbeitseifer entfalteten, weil der Wohlstand, den sie sich hätten erarbeiten können, bei ihrem Tod zu einem großen Teil an ihren Leibherrn fallen mußte.
Zur Eigenbehörigkeit gehörte die Schollengebundenheit, d. h. die mangelnde Freizügigkeit, die dem eigenbehörigen Bauern die Möglichkeit des Wegzugs und der räumlichen Mobilität nahm. Allerdings dürfte das in jener Zeit als weit weniger drückend empfunden worden sein als in der Gegenwart. Nicht Freizügigkeit war ein Ziel des diesseitigen Lebens, sondern Nahrung und Erhaltung einer Existenzgrundlage. Das aber besaß der Eigenbehörige in normalen Zeiten. Seine nicht erbenden Geschwister gewannen hingegen oft ihre Freizügigkeit, weil für sie auf dem Hof ihres erbenden Bruders und in der Grundherrschaft ihres Herrn kein Platz, keine Nahrung, vorhanden war. Diese Bauernkinder wurden, in einigen Gegenden nach einem Gesindejahr, mit einem Freibrief, für den eine Abgabe zu entrichten war, aus der Eigenbehörigkeit entlassen. Manche freigelassenen Söhne zumal wohlhabender Bauern konnten studieren und traten als Pfarrer, Beamte oder Gelehrte in einen anderen Lebenskreis ein. Von solchen Ausnahmen abgesehen bildeten die freigelas-

senen Kinder der leibfreien Bauern das Menschenreservoir, aus dem sich die Auswanderer in fremde Länder, die Abwanderer in die Städte und im Westfalen des 18. Jahrhunderts vor allem die Heuerlinge und die Tagelöhner rekrutierten.
Die Heuerlinge waren frei, aber zumeist arm; sie bildeten, von Ausnahmen abgesehen, auf der sozialen Stufenleiter die dörfliche Unterschicht. Die Eigenbehörigen waren unfrei, konnten aber wohlhabend sein und bildeten, wenn sie Besitzer der große Schulzen- oder Meierhöfe waren, die Oberschicht des Dorfes oder des Kirchspiels. Unter besonderen Umständen konnte sich das Verhältnis zwischen Bauern und Heuerlingen jedoch zugunsten der Heuerlinge umkehren. Das gilt etwa für die Auswirkungen des Dreißigjährigen Krieges, die für die beiden zwischen Hunte und Mittelweser im heutigen Niedersachsen gelegenen Grafschaften Hoya und Diepholz untersucht worden sind. Diese beiden Grafschaften zählten bis ins 16. Jahrhundert zu Westfalen und waren auch noch im 18. Jahrhundert eng mit ihren nord- und ostwestfälischen Nachbarlandschaften verbunden. Die hohen Kontributionen, die die Bauern während des Dreißigjährigen Krieges hatten zahlen müssen, führten hier zu hoher Verschuldung der Gemeindegenossen, vor allem der Besitzer der großen Meierhöfe und der Kötter. Die Folge waren Notverkäufe von Gebäuden und Ackerflächen sowie Hofeswüstungen, d. h. die Höfe wurden verlassen. So gab es im Amt Hoya 1653 55 verlassene Höfe, von denen 1755 immer noch 21 wüst lagen. Das war die Stunde der landlosen Heuerlinge, die bis auf ein Schutz- und ein Dienstgeld als „kleine Leute“ keine öffentlichen Abgaben zu leisten hatten und daher während des Krieges auch nicht zu Kontributionen herangezogen worden waren. Nach dem Krieg verfügten somit nur die Heuerlinge über Bargeld, so daß sie Kredite an Bauern vergeben und deren Äcker als Pfandobjekte oder durch Kauf bei Notverkäufen erwerben konnten. Als Ergebnis dieser Vorgänge, durch die das Gesellschaftsgefüge Verwerfungen ausgesetzt war, bewirtschafteten Heuerlinge die Äcker verlassener Meierhöfe, ohne die auf diesen Höfen lastenden Abgaben zu übernehmen, zu deren Leistung sie wegen ihres Heuerlingsstatus nicht verpflichtet waren (Cordes).
Zur Landbevölkerung zählte auch der Adel, weil er die Grundlage seines Einkommens auf dem Lande durch die grundherrschaftlichen Abgaben der Bauern und gegebenenfalls durch eine adelige Eigenwirtschaft gewann. Das änderte sich auch dann nicht, wenn eine Adelsfamilie überwiegend in der Stadt lebte, wo sie jedoch keine bürgerlichen Rechte besaß. Auch in Westfalen war es üblich, daß Adelsfamilien die Sommermonate auf einem Landsitz, etwa den Schlössern des Münsterlandes, verbrachten, den Winter aber in der Stadt. In Münster gab es bis in den Zweiten Weltkrieg hinein eine ganze Reihe adeliger Stadthäuser, die Höfe genannt wurden, wie der Heeremansche Hof, der Sendensche Hof oder der Oersche Hof. Der schönste dieser Adelshöfe, der Erbdrostenhof der Familie von Droste-Vischering (S. 179) in der Salzstraße, ist in alter Pracht wieder aufgebaut worden.

Literatur

Abel, Wilhelm: Agrarkrisen und Agrarkonjunktur. Eine Geschichte der Land- und Ernährungswirtschaft Mitteleuropas seit dem hohen Mittelalter, 3. Aufl. Hamburg/Berlin 1978.

Abel, Wilhelm: Geschichte der deutschen Landwirtschaft vom frühen Mittelalter bis zum 19. Jahrhundert. (Deutsche Agrargeschichte. Hrsg. von Günther Franz, Bd. 2) 3. Aufl. Stuttgart 1978.

Abel, Wilhelm: Massenarmut und Hungerkrisen im vorindustriellen Deutschland. (Kleine Vandenhoeck-Reihe, Bd. 352/354) Göttingen 1972.

Abel, Wilhelm: Stufen der Ernährung. Eine historische Skizze. (Kleine Vandenhoeck-Reihe, Bd. 1467) Göttingen 1981.

Bartolosch, Thomas A.: Das Siegerländer Textilgewerbe. Aufstieg, Krisen und Niedergang eines exportorientierten Gewerbes im 18. und 19. Jahrhundert. (Siegener Abhandlungen zur Entwicklung der materiellen Kultur, Bd. 12) St. Katharinen 1992.

Beutin, Ludwig: Geschichte der südwestfälischen Industrie- und Handelskammer zu Hagen und ihrer Wirtschaftslandschaft, Hagen 1956.

Bleicher, Wilhelm: Die alte Industrie des Nahmertals bei Hohenlimburg – ein Forschungsbericht, in: Heimatblätter für Hohenlimburg 36, 1975, S. 100-129.

Bölsker-Schlicht, Franz: Die Hollandgängerei im Osnabrücker Land und im Emsland. Ein Beitrag zur Geschichte der Arbeiterwanderung vom 17. bis zum 19. Jahrhundert. (Emsland/Bentheim. Beiträge zur neueren Geschichte, Bd. 3) Sögel 1986.

Brakensiek, Stefan: Agrarreform und ländliche Gesellschaft. Die Privatisierung der Marken in Nordwestdeutschland 1750-1850. (Forschungen zur Regionalgeschichte, Bd. 1) Paderborn 1991.

Brakensiek, Stefan: Markenteilungen in Ravensberg 1770 bis 1850, in: Westfälische Forschungen 40, 1990, S. 45-86.

Brinkmann, Karl: Bochum (Literatur Kap. 3.4).

Claas, Wilhelm: Technische Kulturdenkmale im Bereich der ehemaligen Grafschaft Mark. 3. Aufl. Hagen 1966.

Cordes, Rainer: Die Binnenkolonisation auf den Heidegemeinheiten zwischen Hunte und Mittelweser (Grafschaften Hoya und Diepholz) im 18. und frühen 19. Jahrhundert. (Quellen und Darstellungen zur Geschichte Niedersachsens, Bd. 93) Hildesheim 1981.

Deter, Gerhard: Handwerksförderung in den westfälischen Territorien des 18. Jahrhunderts, in: Westfälische Zeitschrift 138, 1988, S. 67-78.

Deter, Gerhard: Rechtsgeschichte des westfälischen Handwerks im 18. Jahrhundert. Das Recht der Meister. (Veröffentlichungen der Historischen Kommission für Westfalen, XXII A: Geschichtliche Arbeiten zur westfälischen Landesforschung, Wirtschafts- und sozialgeschichtliche Gruppe, Bd. 8) Münster 1990.

Deter, Gerhard: Veränderung der Bodennutzungssysteme und Differenzierung der Pflanzenproduktion im Hochstift Paderborn im Spiegel der zeitgenössischen Beschreibung des Johann Nepomuk von Schwerz, in: Westfälische Forschungen 40, 1990, S. 337-368.

Ditt, Hildegard: Ältere Bevölkerungs- und sozialstatistische Quellen in Westfalen. Methoden der Auswertung, in: Voraussetzungen und Methoden geschichtlicher Städteforschung. Hrsg. von Wilfried Ehbrecht. (Städteforschung, A Bd. 7) Köln/Wien 1979, S. 111-128.

Dösseler, Emil: Beiträge zur Wirtschaftsgeschichte der südlichen Mark vor 1806. (Süderländische Geschichtsquellen und Forschungen, Bd. 3) Werdohl 1958.

Dösseler, Emil: Die Wirtschaft der Grafschaft Mark unter Brandenburg-Preußen 1609-1806. (Altenaer Beiträge, Bd. 1) Altena 1961.

Esser, Hermann: Die Limburger Drahtzieherei, in: Heimatblätter für Hohenlimburg und Umgegend 3, 1929, S. 33-48 u. 49-64.
Eversmann, Friedrich August Alexander: Die Eisen- und Stahlerzeugung auf Wasserwerken zwischen Lahn und Lippe und in den vorliegenden französischen Departements. Dortmund 1804.
Familie zwischen Tradition und Moderne. Hrsg. von Neithard Bulst, Joseph Goy u. Jochen Hoock. (Kritische Studien zur Geschichtswissenschaft, Bd. 48) Göttingen 1981.
Gerteis, Klaus: Die deutschen Städte (Literatur Kap. 3.4).
Golkowsky, Rudolf: Die Gemeinheitsteilungen im nordwestdeutschen Raum vor dem Erlaß der ersten Gemeinheitsteilungsordnungen. (Veröffentlichungen des Niedersächsischen Instituts für Landeskunde und Landesentwicklung an der Universität Göttingen, A Bd. 81) Hildesheim 1966.
Hanschmidt, Alwin: 18. Jahrhundert (Literatur Kap. 5.2).
Hanstein, Thomas: Das Handwerk in Münster im 18. Jahrhundert. Soziale Lage und zünftige Organisation unter den Bedingungen von Stadtentwicklung und Gewerbepolitik, in: Beiträge zur neueren Stadtgeschichte. Hrsg. von Helmut Lahrkamp. (Quellen und Forschungen zur Geschichte der Stadt Münster, N. F. Bd. 12) Münster 1987, S. 34-138.
Henning, Friedrich-Wilhelm: Bauernwirtschaft und Bauerneinkommen im Fürstentum Paderborn im 18. Jahrhundert. (Schriften zur Sozial- und Wirtschaftsgeschichte, Bd. 18) Berlin 1970.
Henning, Friedrich-Wilhelm: Dienste und Abgaben der Bauern im 18. Jahrhundert. (Quellen und Forschungen zur Agrargeschichte, Bd. 21) Stuttgart 1969.
Henning, Friedrich-Wilhelm: Herrschaft und Bauernuntertänigkeit. Beiträge zur Geschichte der Herrschaftsverhältnisse in den ländlichen Bereichen Ostpreußens und des Fürstbistums Paderborn vor 1800. (Beihefte zum Jahrbuch der Albertus-Universität Königsberg/Pr., Bd. 25) Würzburg 1964.
Henning, Friedrich-Wilhelm: Landwirtschaft und ländliche Gesellschaft in Deutschland, Bd. 1: 800 bis 1750. (UTB, Bd. 894) 3. Aufl. Paderborn 1996; Bd. 2: 1750 bis 1976. (UTB, Bd. 774) 2. Aufl. Paderborn 1988.
Henning, Friedrich-Wilhelm: Das vorindustrielle Deutschland 800-1800. (UTB, Bd. 398) Paderborn 1974.
Hirschfelder, Heinrich: Herrschaftsordnung und Bauerntum im Hochstift Osnabrück im 16. und 17. Jahrhundert. (Osnabrücker Geschichtsquellen und Forschungen, Bd. 16) Osnabrück 1971.
Höher, Peter: Heimat und Fremde. Wanderhändler des oberen Sauerlandes. (Beiträge zur Volkskultur in Nordwestdeutschland, Bd. 41) Münster 1985.
Jakobi, Franz-Josef: Bevölkerungsentwicklung und Bevölkerungsstruktur im Mittelalter und in der frühen Neuzeit, in: Geschichte der Stadt Münster. Hrsg. von Franz-Josef Jakobi, Bd. 1. Münster 1993, S. 485-534.
Johanek, Peter: Handel und Gewerbe, in: Geschichte der Stadt Münster. Hrsg. von Franz-Josef Jakobi, Bd. 1. Münster 1993, S. 635-681.
Jürgens, Arnulf: Bäuerliche Rechtsverhältnisse des ausgehenden 18. Jahrhunderts in Westfalen und im östlichen Preußen. Münstersche Eigentumsordnung 1770 und Preußisches Allgemeines Landrecht 1794 im Vergleich, in: Westfälische Zeitschrift 126/127, 1976/77, S. 91-139.
Klueting, Edeltraud: Das (freiweltliche) adelige Damenstift Elsey. Geschichte, Verfassung und Grundherrschaft in Spätmittelalter und Frühneuzeit. (Altenaer Beiträge, Bd. 14) Altena 1980.
Klueting, Harm: Ackerbürgerstadt Medebach (Literatur Kap. 3.4).
Klueting, Harm: Die Säkularisation im Herzogtum Westfalen 1802-1834. Vorbereitung, Voll-

zug und wirtschaftlich-soziale Auswirkungen der Klosteraufhebung. (Kölner historische Abhandlungen, Bd. 27) Köln/Wien 1980.
Klueting, Harm: Stadt und Bürgertum (Literatur Kap. 3.4).
Krüger, Hans-Jürgen: Die Bevölkerung im Vest Recklinghausen vom Ende des 16. Jahrhunderts bis zum Beginn der Industrialisierung. Phil. Diss. Münster 1971, 4 Bde. Koblenz 1977.
Kuske, Bruno: Wirtschaftsgeschichte Westfalens in Leistung und Verflechtung mit den Nachbarländern bis zum 18. Jahrhundert. (Veröffentlichungen des Provinzialinstituts für westfälische Landes- und Volkskunde, I, Bd. 4) 2. Aufl. Münster 1949.
Lange, Gisela: Das ländliche Gewerbe in der Grafschaft Mark am Vorabend der Industrialisierung. (Schriften zur rheinisch-westfälischen Wirtschaftsgeschichte, N. F. Bd. 29) Köln 1976.
Lange, Gisela: Schatzpflichtige Güter in der Grafschaft Mark 1705. Ein Beitrag zur Agrargeschichte Westfalens zu Beginn des 18. Jahrhunderts. (Veröffentlichungen der Historischen Kommission für Westfalen, XXII A: Geschichtliche Arbeiten zur westfälischen Landesforschung, Wirtschafts- und sozialgeschichtliche Gruppe, Bd. 6) Münster 1988.
Liebelt, Katrin: Die Sozialstruktur der Residenzstadt Arnsberg im 17. Jahrhundert. (Untersuchungen zur Wirtschafts-, Sozial- und Technikgeschichte, Bd. 14) Dortmund 1996.
Linnemeier, Bernd-Wilhelm: Ein Gut und sein Alltag. Neuhof an der Weser. (Beiträge zur Volkskultur in Nordwestdeutschland, Bd. 78) Münster 1992.
Looz-Corswarem, Clemens von: Handel und Gewerbe im Mittelalter und in der frühen Neuzeit, in: Lippstadt. Beiträge zur Stadtgeschichte. Hrsg. von Wilfried Ehbrecht. Lippstadt 1985, Tl. 1, S. 209-260.
Lütge, Friedrich: Geschichte der deutschen Agrarverfassung vom frühen Mittelalter bis zum 19. Jahrhundert. (Deutsche Agrargeschichte. Hrsg. von Günther Franz, Bd. 3) 2. Aufl. Stuttgart 1967.
Die Grafschaft Mark. Festschrift zum Gedächtnis der 300jährigen Vereinigung mit Brandenburg-Preußen. Hrsg. von Aloys Meister. 2 Bde. Dortmund 1909, Bd. 2: Ausgewählte Quellen und Tabellen zur Wirtschaftsgeschichte der Grafschaft Mark.
Mooser, Josef: Ländliche Klassengesellschaft 1770-1848. Bauern und Unterschichten, Landwirtschaft und Gewerbe im östlichen Westfalen. (Kritische Studien zur Geschichtswissenschaft, Bd. 64) Göttingen 1984.
Müller-Wille, Wilhelm: Westfalen (Literatur Kap. 1).
Nahrung und Tischkultur im Hanseraum. Hrsg. von Günter Wiegelmann u. Ruth-E. Mohrmann. (Beiträge zur Volkskultur in Nordwestdeutschland, Bd. 91) Münster/New York 1996.
Oberpenning, Hannelore: Migration und Fernhandel im „Tödden-System". Wanderhändler aus dem nördlichen Münsterland im mittleren und nördlichen Europa. (Studien zur Historischen Migrationsforschung, Bd. 4) Osnabrück 1996.
Pfister, Christian: Bevölkerungsgeschichte und historische Demographie 1500-1800. (Enzyklopädie deutscher Geschichte, Bd. 28) München 1994.
Reekers, Stephanie: Das Baumwollgewerbe in Westfalen von den Anfängen im 16. Jahrhundert bis zum Beginn des 19. Jahrhunderts, in: Westfälische Forschungen 37, 1987, S. 105-134.
Reekers, Stephanie: Beiträge zur statistischen Darstellung der gewerblichen Wirtschaft (Literatur Kap. 5.2).
Reekers, Stephanie: Quellen zum Wollgewerbe in Städten des Münsterlandes im 18. und beginnenden 19. Jahrhundert, in: Westfälische Forschungen 33, 1983, S. 104-115.
Reininghaus, Wilfried: Die Enneperstraße und Gevelsberg 1650-1850. Gewerbliche Verdich-

tung vor der Industriellen Revolution, in: Gevelsberg 1225-1886-1986. Gevelsberg 1988, S. 19-44.
Reininghaus, Wilfried: Gewerbe in der frühen Neuzeit. (Enzyklopädie deutscher Geschichte, Bd. 3) München 1990.
Reininghaus, Wilfried: Die Stadt Iserlohn und ihre Kaufleute (1700-1815). (Untersuchungen zur Wirtschafts-, Sozial- und Technikgeschichte, Bd. 13) Dortmund 1995.
Reininghaus, Wilfried: Wirtschaft, Staat und Gesellschaft in der alten Grafschaft Mark, in: Preußen im südlichen Westfalen. Hrsg. von Eckhard Trox. (Forschungen zur Geschichte Preußens im südlichen Westfalen, Bd. 1) Lüdenscheid 1993, S. 11-41.
Reininghaus, Wilfried: Zünfte, Städte und Staat in der Grafschaft Mark. Einleitung und Regesten von Texten des 14. bis 19. Jahrhunderts. (Veröffentlichungen der Historischen Kommission für Westfalen, XXII A: Geschichtliche Arbeiten zur westfälischen Landesforschung, Wirtschafts- und sozialgeschichtliche Gruppe, Bd. 7) Münster 1989.
Rickelmann, Hubert: Die Tüötten in ihrem Handel und Wandel und die Wolle- und Leinenerzeugung im Tecklenburger Land. Ein Beitrag zur Wirtschafts- und Sozialgeschichte in der ehemaligen Obergrafschaft Lingen und den benachbarten Gebieten. 3. Aufl. Paderborn 1983.
Rösener, Werner: Grundherrschaft und Bauerntum im hochmittelalterlichen Westfalen, in: Westfälische Zeitschrift 139, 1989, S. 9-41.
Sachers, Erich: Art. Allmende, in: Handwörterbuch zur deutschen Rechtsgeschichte, Bd. 1. Berlin 1971, Sp. 108-120.
Scharpwinkel, Klaus: Die westfälischen Eigentumsordnungen des 17. und 18. Jahrhunderts. Iur. Diss. Göttingen 1965.
Schilling, Heinz: Stadt in der Frühen Neuzeit (Literatur Kap. 3.4).
Schilp, Thomas: Die Reichsstadt (Literatur Kap. 3.3).
Schleier, Bettina: Territorium. Wirtschaft und Gesellschaft im östlichen Münsterland 1750-1850. (Quellen und Forschungen zur Geschichte des Kreises Warendorf, Bd. 23) Warendorf 1990.
Schmidt, Ferdinand: Das Drahtgewerbe in Altena bis zur Errichtung des Eisendrahtstapels 1744. (Beiträge zur Geschichte und Heimatkunde des märkischen Süderlandes, Bd. 2) Altena 1949.
Schmidt, Ferdinand: Lüdenscheid-Altena-Iserlohn. Das Verhältnis der drei Drahtstädte untereinander bis zur Einführung der Gewerbefreiheit. (Beiträge zur Geschichte und Heimatkunde des märkischen Süderlandes, Bd. 1) Altena 1949.
Schmidt, Ferdinand: Das Osemund-Gewerbe im Süderland bis zur Gründung des Altenaer Eisendrahtstapels (1744). (Beiträge zur Geschichte und Heimatkunde des märkischen Süderlandes, Bd. 3) Altena 1949.
Schotte, Heinrich: Die rechtliche und wirtschaftliche Entwicklung des westfälischen Bauernstandes bis zum Jahre 1815. In: Beiträge zur Geschichte des westfälischen Bauernstandes. Hrsg. von Engelbert Freiherr von Kerckerinck zur Borg. Berlin 1912, S. 1-106.
Schotte, Heinrich: Studien zur Geschichte der westfälischen Mark und Markgenossenschaft mit besonderer Berücksichtigung des Münsterlandes. (Münsterische Beiträge zur Geschichtsforschung, N. F. Bd. 17) Münster 1908.
Schulte, Wilhelm: Iserlohn (Literatur Kap. 3.4).
Selter, Bernward: Waldnutzung und ländliche Gesellschaft. Landwirtschaftlicher „Nährwald“ und neue Holzökonomie im Sauerland des 18. und 19. Jahrhunderts. (Forschungen zur Regionalgeschichte, Bd. 13) Paderborn 1995.
Terhalle, Hermann: Die Berkelschiffahrt in der Wirtschaftsgeschichte des niederländisch-westfälischen Grenzraumes. (Beiträge zur Landes- und Volkskunde, Bd. 4) Vreden 1975.

Troßbach, Werner: Bauern 1648-1806. (Enzyklopädie deutscher Geschichte, Bd. 19) München 1993.
Voye, Ernst: Geschichte der Industrie im Märkischen Sauerland. 4 Bde. Hagen 1908-1912. Bd. 1: Kreis Hagen (1909); Bd. 2: Kreis Altena (1910); Bd. 3: Kreis Iserlohn (1908); Bd. 4: Kreis Schwelm (1912).
Voye, Ernst: Die Industrie im südlichen Teile der Grafschaft Mark, Tl. 1: Bis 1800, in: Die Grafschaft Mark. Festschrift zum Gedächtnis der 300jährigen Vereinigung mit Brandenburg-Preußen. Dortmund 1909, Bd. 1, S. 463-498.
Walberg, Hartwig: Bürger und Einwohner im 17. und 18. Jahrhundert, in: Lippstadt. Beiträge zur Stadtgeschichte. Hrsg. von Wilfried Ehbrecht. Lippstadt 1985, Tl. 2, S. 485-518.
Wanderarbeit jenseits der Grenze. 350 Jahre auf der Suche nach Arbeit in der Fremde. Von A. Eiynck, H. Mertens-Westphalen u. a. Assen/Cloppenburg/Hoorn/Lingen 1993.
Wanderhandel in Europa. Beiträge zur wissenschaftlichen Tagung in Ibbenbüren, Mettingen, Recke und Hopsten 1992. Hrsg. von Wilfried Reininghaus. (Untersuchungen zur Wirtschafts-, Sozial- und Technikgeschichte, Bd. 11) Dortmund 1993.
Weber, Wolfhard: Die Schiffbarmachung der Ruhr und die Industrialisierung im Ruhrgebiet, in: Wirtschaftliches Wachstum, Energie und Verkehr vom Mittelalter bis ins 19. Jahrhundert. Hrsg. von Hermann Kellenbenz. (Forschungen zur Sozial- und Wirtschaftsgeschichte, Bd. 22) Stuttgart/New York 1978, S. 95-116.
Wehler, Hans-Ulrich: Deutsche Gesellschaftsgeschichte, Bd. 1: Vom Feudalismus des Alten Reiches bis zur Defensiven Modernisierung der Reformära 1700-1815. München 1987.
Widder, Ellen: Soester Wirtschaft in der frühen Neuzeit (16.-18. Jahrhundert), in: Soest. Geschichte der Stadt, Bd. 3: Zwischen Bürgerstolz und Fürstenstaat. Soest in der frühen Neuzeit. Hrsg. von Ellen Widder. Soest 1995, S. 125-177.

6.

Das Ende des alten und die Grundlegung des modernen Westfalen: Die Zeit der Französischen Revolution und Napoleons

Das Ende des alten Westfalen mit seinen Hochstiften und Reichsgrafschaften, mit den altpreußischen Territorien, mit großen Klöstern, Landständen, Stiftsadel und Ahnenproben, aber auch mit Grundherrschaft, Eigenbehörigkeit und Markenverfassung, stand im Zusammenhang mit der Französischen Revolution.

In Frankreich war die absolutistische Monarchie in der Zeit des seit 1774 regierenden Königs Ludwig XVI. von innerer Schwäche gekennzeichnet. Dazu trug vor allem die schon auf die Kriege Ludwigs XIV. († 1715) zurückgehende Staatsverschuldung bei, die durch den Siebenjährigen Krieg der Jahre 1756 bis 1763 ein verheerendes Ausmaß erreicht hatte. Besonderes Gewicht kam der Steuerungerechtigkeit zu, indem der Adel und die hohe Geistlichkeit Frankreichs von der direkten Steuer befreit blieben, während die Masse der Bevölkerung hohe Steuerlasten zu tragen hatte. Die französische Gesellschaft wurde zunehmend polarisiert durch die Stellung des wirtschaftlich erfolgreichen, politisch und sozial aber weit hinter dem Adel zurückstehenden Großbürgertums, das, wie die bürgerlichen Mittelschichten, die Abschaffung der Adelsprivilegien, vor allem die Aufhebung der Steuerfreiheit des Adels, forderte, und durch die Verelendung der ländlichen und städtischen Unterschichten und der unteren Mittelschichten, die unter steigenden Preisen, sinkenden Realeinkommen und Arbeitslosigkeit litten. Alle Reformversuche, an denen es nicht fehlte, scheiterten an der Reformunfähigkeit des Regimes. Die verbreitete Oppositionsstimmung fand ihren Ausdruck in der Kritik der Aufklärer an den bestehenden Verhältnissen.

Im Laufe des Jahres 1788 erwies sich wegen der Finanz- und Staatskrise die Einberufung der französischen Generalstände als unausweichlich, die zuletzt 1614 zusammengetreten waren. Am 5. Mai 1789 versammelten sich die Generalstände in Versailles bei Paris, der Residenz des Königs. Es handelte sich um jeweils rund 300 Vertreter des (katholischen) Klerus als des ersten und des Adels als des zweiten Standes sowie um rund 600 Vertreter des Dritten Standes, also der übrigen 98 % der Bevölkerung. Am 17. Juni 1789 erklärten sich die Abgeordneten des Dritten Standes der Generalstände zur Nationalversammlung. Das war ein revolutionärer Akt, mit dem die bestehende politische und gesellschaftliche Ordnung gesprengt wurde, weil sich der Dritte Stand damit mit der französischen Nation gleichsetzte, während für die bisher privilegierten Stände Klerus und Adel kein Platz mehr war. Nach dem Sturm auf die Bastille, ein Pariser Gefängnis, vom 14. Juli 1789 – einem eher nebensächlichen, aber mit hoher Symbolkraft verbundenen Ereignis – beschloß die National-

versammlung in der Nacht vom 3. auf den 4. August 1789 die Abschaffung des Feudalsystems, was am 11. August in einem großen Dekret zusammengefaßt wurde. Damit endete in Frankreich die Gesellschaftsordnung, die im größten Teil des übrigen Europa und gerade auch in Westfalen noch weithin unangefochten bestand.
Ein ähnliches Vorzeichen künftiger Geschehnisse mochte für das Westfalen der geistlichen Territorien, der Klöster und Stifte der Beschluß der inzwischen von Versailles nach Paris verlegten Nationalversammlung vom 2. November 1789 bedeuten, mit dem das gesamte Kirchengut in Frankreich unter Einschluß der Pfarrgüter zur Disposition der Nation, also des Staates, gestellt wurde. Nach einem Beschluß vom 19. Dezember 1789 sollte aus dem Erlös der Veräußerung dieser nun „Nationalgüter" genannten ehemals kirchlichen Besitzungen ein Fonds zur Tilgung der Staatsschulden geschaffen werden. Das war eine Säkularisation von Kirchengut in bis dahin unbekanntem Ausmaß. Das Vorgehen gegenüber der katholischen Kirche in Frankreich beschränkte sich aber nicht auf die Einziehung des Kirchengutes. Im Oktober 1789 waren neue Ordensgelübde für unwirksam erklärt worden. Im Februar 1790 wurden alle Ordensgelübde verboten und die Geistlichen Gemeinschaften aufgelöst. Nur solche Ordensgemeinschaften, die sich dem Erziehungswesen oder der Armen- und Krankenpflege widmeten, blieben bis August 1792 bestehen, um dann ebenfalls aufgehoben zu werden. Noch wichtiger wurde die zivilrechtliche Konstitution des französischen Klerus vom 12. Juli 1790. Neben der von der Verfassunggebenden Nationalversammlung verfügten Reduzierung der mehr als 130 französischen Diözesen auf 83 und ihrer räumlichen Gleichsetzung mit den im Dezember 1789 errichteten 83 Departements wurden Bischöfe und Pfarrer von nun an von weltlichen Wahlmännern gewählt und ohne Mitwirkung des Papstes vom Staat eingesetzt und besoldet. Hinzu kam die Verpflichtung der Bischöfe und Pfarrer zu einem Treueid auf die – am 3. September 1791 zustandegekommene – Verfassung des revolutionären Staates, bei dessen Verweigerung die Betroffenen Amt und Einkommen verlieren sollten. Am 10. März 1791 verurteilte Papst Pius VI. die Zivilkonstitution. Beinahe die Hälfte des katholischen Klerus und die meisten Bischöfe verweigerten den Eid. So standen sich in Frankreich ein „konstitutioneller" Klerus und eidverweigernde Priester gegenüber.
Viele Zeitgenossen in Deutschland nahmen die Nachrichten über die revolutionären Veränderungen im Paris des Jahres 1789 mit Begeisterung auf. Doch war die Ansicht verbreitet, daß in vielen deutschen Staaten durch die Reformen des aufgeklärten Absolutismus und der katholischen Aufklärung das im Grunde schon erreicht sei, was die Revolution in Frankreich zu erstreben schien. Besonders lebhaft war die positive Resonanz der Revolution in Deutschland unter Schriftstellern und Professoren, Dichtern und Journalisten und überhaupt unter Intellektuellen. So begrüßten Johann Gottfried Herder, Christoph Martin Wieland und Friedrich Schiller den Ausbruch der Revolution als Beginn einer neuen Zeit. Es gab auch deutsche „Revolutionstouristen", die hochgestimmt nach Paris eilten und von dort aus in Briefen oder Zeitschriftenartikeln über die revolutionären Vorgänge berichteten, etwa Kon-

rad Friedrich Oelsner oder der Pädagoge Joachim Heinrich Campe. Andere revolutionsbegeisterte Intellektuelle wie der Dichter Friedrich Gottlieb Klopstock oder der Philosoph Johann Gottlieb Fichte blieben zuhause und feierten die Revolution in Büchern oder Aufsätzen. Das alles galt jedoch nur in der ersten Phase der Revolution. Viele deutsche Revolutionsfreunde wurden von der Hinrichtung Ludwigs XVI. im Januar 1793 und vor allem von der Terrorphase der Revolution abgeschreckt und so ihren Idealen entfremdet. Bei anderen kam die Enttäuschung später, so bei Joseph Görres, der als entschiedener Anhänger der Revolution begann und noch 1799 für die Einverleibung seiner rheinischen Heimat in die Französische Republik eintrat, um nach dem Ende der napoleonischen Zeit für eine ausgesprochen katholisch-klerikale Ausprägung des von der Französischen Revolution als Gegenbewegung geweckten Konservativismus hervorzutreten.

In Westfalen fehlten alle Voraussetzungen, um hier in größerem Umfang intellektuelle Revolutionsfreunde in Erscheinung treten zu lassen. „Äußerten sich in manchen Diskussionen durchaus Anklänge an revolutionäre Gedanken, so brachte auch in Münster die ‚Schreckensherrschaft' bald Ernüchterung" (v. Oer, Residenzstadt, S. 403). Das gilt auch für Dortmund und für den dort 1768 geborenen und nach der Rückkehr vom Studium in Jena seit 1788 tätigen Juristen, Publizisten und Verleger Arnold Mallinckrodt, dessen Haltung als aufgeklärt, reformfreundlich, bürgerlich-patriotisch und antirevolutionär und somit als frühliberal charakterisiert werden kann. 1792 publizierte Mallinckrodt keine Revolutionspostille, sondern seinen „Versuch über die Verfassung der kaiserlichen und des heiligen römischen Reichs freien Stadt Dortmund". Das hinderte ihn nach der Mediatisierung der Reichsstadt Dortmund nicht daran, der neuen oranischen Herrschaft als Regierungsrat und nach dem Übergang Dortmunds an das Großherzogtum Berg diesem bis 1812 als Präfekturrat zu dienen. Wie viele seiner Zeitgenossen hat er sich „der neuen, von Frankreich geleiteten Regierung bereitwillig und aus Überzeugung zur Verfügung gestellt" (Luntowski, S. 94).

Es gab in Deutschland auch eine Reihe sog. deutscher Jakobiner, radikaler Intellektueller, die in Deutschland die Revolution nach französischem Vorbild anstrebten. Sie machten sich besonders in Wien sowie in Hamburg und Altona und in den Rheinlanden und hier vor allem in Mainz bemerkbar. Der Mainzer Jakobinerklub umfaßte 472 Mitglieder. Kurzfristig bestand mit der Mainzer Republik auch ein revolutionäres Staatswesen, das nach der Einnahme der Stadt Mainz durch französische Truppen im Oktober 1792 am 18. März 1793 gegründet wurde, um sich einen Tag nach der am 30. März 1793 erfolgten Einschließung der Stadt durch preußisches Militär wieder aufzulösen. Unter den deutschen Jakobinern fand sich auch der schon erwähnte (S. 206) ehemalige Prämonstratensermönch Friedrich Georg Pape aus dem Sauerland. Das alles spielte in Westfalen jedoch kaum eine Rolle. Die von Pape behauptete Existenz eines Jakobinerklubs in Münster wurde schon von dem Zeitgenossen Christian Wilhelm Dohm bestritten (v. Oer, Residenzstadt, S. 402).

Aus der Zeit der Französischen Revolution sind aus Deutschland auch städtische

Gesellen- und Handwerkerunruhen sowie, vor allem aus dem Sachsen des Sommers 1790, Bauernerhebungen und bäuerliche Abgabenverweigerungen bekannt. Aus der unmittelbaren Nachbarschaft Westfalens ist etwa der „Gesmolder Bauerntumult" in Gesmold bei Melle im Hochstift Osnabrück zu nennen. Hier ging es um Abgaben an die Grundherrschaft, „wobei das diffuse Wissen um die Ereignisse in Frankreich die Legitimation bereitstellte" (van den Heuvel, S. 121). Die Bauern von Rösenbeck (Brilon) im Herzogtum Westfalen, die dem 1804 säkularisierten Kloster Bredelar (Marsberg) abgabepflichtig gewesen waren, schuldeten 1809 67 Jahrespachten Geldpacht, 17 Jahrespachten Korn und 18 Jahrespachten Hafer. In diesem Rückstand, den die Bauern teilweise von ihren Vorgängern übernommen hatten, sah ein Beamter 1811 einen Fall von Abgabenverweigerung unter dem Einfluß der revolutionären Ereignisse in Frankreich. In seinem Bericht heißt es: „Im J. 1794, wo mehrere Bauern mit dem Freiheitsgeiste zu schwindeln anfingen, widersetzten sich auch die (...) Rösebecker ihrer Grundherrschaft. Sie widersprachen das bisdahinnige Quantum ihrer jährlichen Schuldigkeit und hörten nicht allein durchgängig auf abzuliefern, sondern sie formirten auch Ansprüche auf das vorhin unbestrittene Eigenthum der abteilichen Waldungen, Wiesen, Bergkuxen [Bergwerksanteile] usw. Die Abtei wurde hierdurch gezwungen, wider die Gemeinheit Rösebeck klagend aufzutreten" (Klueting, Säkularisation im Herzogtum Westfalen, S. 178, Anm. 100). In diesem wie in anderen Fällen stellt sich jedoch die Frage, inwiefern von einer Verursachung bäuerlicher Widerstandshandlungen in Deutschland durch die Französische Revolution gesprochen werden kann, oder ob es sich um ältere Konflikte handelte, die entweder durch Fernwirkungen der Ereignisse in Frankreich verschärft oder von Vertretern der alten Autoritäten mit einem von Frankreich ausgehenden revolutionären Hintergrund in Verbindung gebracht wurden. Zu denken ist dabei auch an die Unruhen im Hochstift und in der Stadt Paderborn, wo 1792 eine Pappel als Freiheitsbaum hergerichtet und mit der Aufschrift „Liebe Bürger! Schüttelt endlich euer Joch von euch und schwört bei diesem Baum, frei zu sein" dekoriert wurde (Keinemann, Unruhen, S. 346).

Insgesamt machte sich die Französische Revolution in Westfalen aber weniger durch deutsche Revolutionsanhänger als durch französische Revolutionsflüchtlinge bemerkbar. Bis 1791 waren bereits Tausende Adeliger mit den Brüdern König Ludwigs XVI. an der Spitze und in großer Zahl eidverweigernde Priester sowie männliche und weibliche Ordensmitglieder aus Frankreich geflohen. Zentren der französischen Emigration waren London, Turin, die Schweiz, die Niederlande und die deutschen Länder am Rhein und in Westfalen. Danach führten die revolutionären Erhebungen des Sommers 1792, vor allem der Sturm auf den Pariser Tuilerienpalast und die Verhaftung des Königs, zu einer zweiten Emigrationswelle, mit der jetzt auch viele der Träger der Revolution von 1789 aus Frankreich flohen.

Hatten sich die Emigranten anfangs vor allem in die Niederlande, nach Spanien, Savoyen und in die rheinischen Territorien, hier besonders ins kurtrierische Koblenz, begeben, so wurde Westfalen erst zum Ziel Tausender adeliger und geist-

licher Flüchtlinge, nachdem die französischen Revolutionstruppen im November 1792 die österreichischen Niederlande, also Belgien, erobert hatten. Trotz der restriktiven Politik des Kölner Kurfürsten und Fürstbischofs von Münster, Maximilian Franz von Österreich, und anderer westfälischer Landesherren lebten 1794/95 allein im Hochstift Münster mehr als 2 000 geflohene Geistliche aus Frankreich oder Belgien, davon über 400 in der Stadt Münster, knapp 80 in Borken, über 70 in Warendorf, fast 50 in Telgte, über 40 in Coesfeld und in Dörfern wie Nottuln (Kreis Coesfeld) oder Roxel (Münster) jeweils um 30. Auch das Hochstift Paderborn nahm zahlreiche Emigranten auf, ebenso das Herzogtum Westfalen, hier vor allem die Stadt Arnsberg. Im protestantischen preußischen Westfalen war die Ablehnung gegenüber den geflohenen katholischen Geistlichen stärker. In Hamm fanden Ende Dezember 1792 die jüngeren Brüder Ludwigs XVI., der Graf von Provence (Ludwig XVIII., König von 1814-24) und der Graf von Artois (Karl X., König von 1824-30), mit ihrem Anhang Aufnahme. Zuvor hatte sich zumindest der Graf von Artois, aus Koblenz kommend, wahrscheinlich vorübergehend auf dem Adelssitz Haus Weile bei Hattingen aufgehalten; in der Familie, die bis 1925 Eigentümer des Hauses Weile war, haben sich Gegenstände aus dem persönlichen Besitz des Bourbonenprinzen erhalten. Schon im Februar 1793 verließ Artois Hamm und begab sich nach Rußland und danach nach England. Im Juni 1793 kehrte er von dort nach Hamm zurück, wo er im Nassauer Hof, einem Hammer Adelssitz, ein Unterkommen fand. In den folgenden elf Monaten, die er in Hamm verbrachte, blieb er mit Planungen und Vorbereitungen für die Aufstellung einer gegenrevolutionären Emigrantenarmee beschäftigt. Während der Graf von Provence Ende 1793 und der Graf von Artois im Sommer 1794 Westfalen verließen, kehrten die meisten Emigranten erst nach der 1802 von Napoleon ausgesprochenen Generalamnestie nach Frankreich zurück; einige blieben für immer in Westfalen.
Die Haltung der Herrscher und der Regierungen der beiden deutschen Großmächte, Österreich und Preußen, gegenüber der Französischen Revolution war zunächst von Zurückhaltung und Desinteresse gekennzeichnet. Im August 1791 trafen sich Kaiser Leopold II. und König Friedrich Wilhelm II. von Preußen im sächsischen Pillnitz. Ergebnis dieser Zusammenkunft war die Pillnitzer Erklärung, in der die beiden Monarchen ihre Solidarität mit Ludwig XVI. zum Ausdruck brachten, was in Frankreich als Interventionsdrohung aufgefaßt wurde, auch wenn militärische Aktionen Österreichs und Preußens ausblieben. Ausgelöst wurde der Krieg in Frankreich, wo diese Befürchtungen vor einem ausländischen Eingreifen noch durch das Treiben der Emigranten verstärkt wurden. Am 20. April 1792 erklärte Frankreich Österreich den Krieg. Preußen stellte sich sofort an die Seite Österreichs, gefolgt von Rußland und einigen kleineren Staaten. So entstand die erste Koalition, nach der der 1792 begonnene und 1797 beendete Krieg auch als Erster Koalitionskrieg bezeichnet wird.
Im August und September 1792 konnten die verbündeten Armeen weit in die Champagne vordringen und sich Paris nähern. Da kam es am 20. September 1792 bei

Valmy in der Champagne zu einer Beschießung französischer Stellungen, die von französischen Soldaten gehalten wurden. Das war militärisch an sich bedeutungslos, stellte aber einen psychologischen Sieg der Franzosen dar. Goethe, der als Begleiter des Herzogs Karl August von Weimar an dem Feldzug teilnahm und Augenzeuge der Kanonade von Valmy war, hat in seinem allerdings erst 1822 abgeschlossenen Erinnerungswerk „Die Kampagne in Frankreich“ darüber berichtet und geschrieben, daß er am Abend von Valmy den deutschen Soldaten gesagt habe: „Von hier und heute geht eine neue Epoche der Weltgeschichte aus, und ihr könnt sagen, ihr seid dabei gewesen“ (Goethes Werke, Berliner Ausgabe Bd. 15, Berlin 1978, S. 117). Nach Valmy gelangen den französischen Truppen im Herbst 1792 bedeutende Vorstöße nach Savoyen und unter General Custine in die deutschen Fürstentümer am Ober- und Mittelrhein. Noch wichtiger wurde die Eroberung der österreichischen Niederlande im November 1792. Im Laufe des Jahrs 1793 gingen den Franzosen diese Eroberungen zwar wieder verloren, während die Koalition durch den Beitritt Großbritanniens und weiterer Bündnispartner verstärkt wurde. Doch brachte die Aufstellung von Massenheeren in Frankreich die entscheidende Wende des Krieges, wodurch das Jahr 1794 im Zeichen französischer Eroberungsfeldzüge stand. Das begann im Juni 1794 mit der Eroberung Belgiens, das Frankreich von da an bis 1814 behielt. Danach drangen die französischen Truppen weiter in die nördlichen Niederlande vor. Im Spätsommer und Herbst folgte die Okkupation der linksrheinischen Gebiete Deutschlands. Am 9. August 1794 rückte französisches Militär in Trier ein, am 23. September in Aachen. Am 23. Oktober erreichten die Soldaten der Republik Koblenz. Am 6. Oktober kamen französische Truppen in die Reichsstadt Köln und am 8. Oktober in die kurkölnische Residenz Bonn. Im November 1794 etablierten die Franzosen im Rheinland, das sie als besetztes feindliches Gebiet behandelten, ihre Besatzungsbehörden.
Die großen militärischen Erfolge des revolutionären Frankreich hingen nicht zuletzt mit der Fixierung Österreichs und Preußens auf Territorialgewinne in Polen zusammen. Im Laufe des Jahres 1794 wurde die dritte Teilung Polens vorbereitet, mit der das Königreich Polen gänzlich von der Landkarte verschwand und vollständig unter Rußland, Österreich und Preußen aufgeteilt wurde. Um bei der dritten Teilung Polens nicht leer auszugehen, zog sich Preußen aus dem Krieg gegen Frankreich zurück und schloß am 5. April 1795 den Separatfrieden von Basel. Darin erkannte Preußen die Französische Republik an und überließ seine auf der linken Rheinseite gelegenen Provinzen – die linksrheinische Hälfte des Herzogtums Kleve, das Fürstentum Moers und preußisch Geldern – der militärischen Besetzung durch Frankreich. Für den Fall der endgültigen Abtretung des linksrheinischen Reichsgebietes an Frankreich gestand die Republik Preußen in einer Geheimklausel des Vertrages rechtsrheinische Entschädigungen für seine linksrheinischen Gebietsverluste zu. Nach Lage der Dinge konnten solche Entschädigungen nur in bisher geistlichen Territorien oder in Teilen davon bestehen. Somit eröffnete diese Klausel des Friedensvertrages von Basel den Weg zur Säkularisation der geistlichen Fürstentümer.

Mit dem Frieden von Basel wurde Preußen neutral. Eine Demarkationslinie trennte von nun an das Gebiet der auch nichtpreußische Staaten wie das Kurfürstentum Hannover oder die westfälischen Hochstifte einbeziehenden norddeutschen Neutralitätszone von den süddeutschen Kriegsschauplätzen, auf denen der Krieg weiterging. Im Oktober 1795 mußte Preußen die anfangs weit nach Süddeutschland ausholende Demarkationslinie zurücknehmen. Die neue Demarkationslinie von 1796, hinter der keine französischen Truppenbewegungen oder Kampfhandlungen stattfanden, folgte von Duisburg aus dem Flußlauf der Ruhr bis zur Ruhrquelle, sprang von dort auf die Eder und folgte dieser bis zu ihrer Mündung in die Fulda. Sie teilte somit Westfalen und durchschnitt die preußische Grafschaft Mark und das kurkölnische Herzogtum Westfalen; Arnsberg lag noch innerhalb der Neutralitätszone, mit seiner Lage auf einem im Osten, Süden und Westen von der Ruhr umflossenen Bergrücken aber unmittelbar an der Demarkationslinie. Außerhalb der Neutralitätszone von 1796 blieben die Grafschaft Limburg, das Fürstentum Siegen und die beiden Grafschaften Wittgenstein.
Zwei Jahre nach dem Frieden von Basel zog sich auch Österreich aus dem Krieg zurück und schloß am 17. Oktober 1797 mit der Französischen Republik den Frieden von Campo Formio (Oberitalien). Auch diesmal gab es ein geheimes Zusatzabkommen, in dem der Kaiser die Abtretung des linksrheinischen Reichsgebietes an Frankreich zusagte. Formal wurden davon die linksrheinischen Teile des Kölner Kurstaates, an dessen Spitze de jure noch immer der Habsburger Maximilian Franz von Österreich stand, und die preußischen Gebiete am linken Niederrhein ausgenommen. Der Kaiser wollte eine Machtsteigerung Preußens durch territoriale Entschädigungen rechts des Rheins verhindern. Wichtiger war, daß auch in Campo Formio geheime Absprachen über die Säkularisation geistlicher Territorien getroffen wurden.
Nach dem Friedensschluß von Campo Formio annektierte die Französische Republik das gesamte linksrheinische Gebiet vom Elsaß bis Kleve. Damit endete die staatsrechtliche Existenz des rheinischen Erzstifts Köln, womit der Kölner Kurstaat auf seine westfälischen Nebenländer Herzogtum Westfalen und Vest Recklinghausen sowie auf die wenigen Gebietssplitter des rheinischen Erzstifts auf der rechten Rheinseite beschränkt wurde. Schon 1794 hatten sich die meisten Mitglieder des Kölner Domkapitels von Köln nach Arnsberg in Sicherheit gebracht, wo von da an die Domkapitelssitzungen stattfanden. Der St. Laurentius-Kirche der Prämonstratenserabtei Wedinghausen vor den Toren der Stadt Arnsberg wuchs die Rolle einer provisorischen Kathedralkirche der Erzdiözese Köln zu. Auch der Reliquienschrein der Heiligen Drei Könige aus dem Kölner Dom, Teile des Kölner Domschatzes und die Bibliothek des Kölner Domkapitels kamen nach Arnsberg, wohin im Oktober 1794 auch das Bonner kurkölnische Oberappellationsgericht und das Kölner Offizialatsgericht verlegt wurden. Dasselbe geschah mit dem Kölner Generalvikariat, das seit Oktober 1794 seine Aufgaben in Arnsberg versah, bevor 1804 sowohl das Offizialat als auch das Generalvikariat nach Deutz am Rhein (Köln-Deutz) übersiedelten und sich von da an am rechten Rheinufer in Sichtweite der auf der anderen Flußseite

liegenden französischen Provinzstadt Köln befanden. Nach dem Tod des Kurfürst-Erzbischofs Maximilian Franz wählte das Domkapitel 1801 in Arnsberg den Erzherzog Anton Viktor von Österreich zum Erzbischof von Köln. Doch fand diese Wahl keine Anerkennung mehr. Durch das 1801 aufgrund des Konkordats Napoleons mit Papst Pius VII. gegründete Bistum Aachen wurde das Erzbistum Köln auch kirchlich auf seine rechtsrheinischen Teile reduziert.
1797 begann der Zweite Koalitionskrieg, an dem das neutrale Preußen nicht beteiligt war. Der Krieg endete für Kaiser und Reich mit dem Frieden von Lunéville (Lothringen) vom 9. Februar 1801 und mit dem endgültigen, erst durch die Niederlage Napoleons nach dem Rußlandfeldzug von 1812 rückgängig gemachten Verlust der deutschen Gebiete links des Rheins an Frankreich. Dieser Friedensschluß besiegelte auch völkerrechtlich das Ende der linksrheinischen deutschen Territorialstaaten. Soweit es sich dabei um weltliche Fürstentümer oder um Teile davon handelte, wurde im Friedensvertrag von Lunéville festgelegt, daß die betreffenden Fürsten auf der rechten Rheinseite entschädigt werden sollten. Damit wurden die rechts des Rheins gelegenen geistlichen Fürstentümer zur Disposition gestellt und zum Objekt des nun einsetzenden Länderschachers. Die Entschädigungsklausel des Friedensvertrags von Lunéville wurde so zur Grundlage der Säkularisation von 1803.
Im August 1802 tat in Regensburg eine außerordentliche Reichsdeputation, ein Ausschuß des Reichstages, zusammen, dem ein zuvor von Frankreich und Rußland vereinbarter Entschädigungsplan vorgelegt wurde. Schon am 8. September 1802 nahm die Reichsdeputation diesen Plan fast unverändert an. Gleichzeitig erfolgte auch schon die Inbesitznahme der bisherigen geistlichen Territorien durch die neuen Landesherren, bevor der Reichsdeputationshauptschluß am 25. Februar 1803 verabschiedet wurde. In einem so stark durch geistliche Fürstentümer bestimmten Teil des Reiches wie Westfalen mußte der Reichsdeputationshauptschluß zu tiefgreifenden Veränderungen der politischen Ordnung führen, die man als Untergang des alten Westfalen verstehen kann.
In Westfalen wies der Reichsdeputationshauptschluß dem König von Preußen als Entschädigung für seine linksrheinischen Verluste das Hochstift Paderborn und den östlichen Teil des Oberstifts Münster mit der Stadt Münster, dem Stift Cappenberg und den Städten Warendorf, Beckum und Lüdinghausen zu. Der Rest des Hochstifts Münster wurde, soweit es in Westfalen und nicht im heutigen Niedersachsen lag, auf folgende Weise an weltliche Fürsten verteilt: der Herzog von Croy aus einer altburgundisch-wallonisch-flämischen Familie, die bis dahin mit Westfalen in keiner Verbindung gestanden hatte, erhielt als Entschädigung für seine niederländischen Besitzungen das Amt Dülmen; die Ämter Bocholt und Ahaus gelangten als Fürstentum Salm an die Fürsten von Salm-Salm, die als Herren der Herrschaft Anholt bereits in Westfalen saßen (S. 186) und jetzt für ihre linksrheinischen Verluste, vor allem in den Vogesen, entschädigt wurden, wobei sie sich ihre westmünsterländischen Entschädigungsgebiete aber mit den Fürsten von Salm-Kyrburg teilen mußten; das Amt Horstmar wurde den Wild- und Rheingrafen bzw. der Linie Salm-

Grumbach als Grafschaft Horstmar überlassen; der Herzog von Looz-Corswarem erhielt die Ämter Bevergern (Rheine) und Wolbeck (Münster) und machte daraus das sich nördlich von Münster längs der Ems in den heute niedersächsischen Teil des alten Hochstifts Münsters erstreckende Fürstentum Rheina-Wolbeck. Die Looz-Corswarem, benannt nach der Grafschaft Looz nordwestlich von Lüttich, kamen aus dem Burgundischen Reichskreis und hatten vor ihrer Entschädigung mit westfälischen Gebieten keine Beziehung zu Westfalen gehabt. Das Herzogtum Westfalen erhielt der Landgraf von Hessen-Darmstadt, das Vest Recklinghausen der Herzog von Arenberg. Dieser hatte das an der Ahr (Eifel) gelegene Herzogtum Arenberg an Frankreich verloren und auch Verluste im Burgundischen Reichskreis anzumelden und erhielt als Entschädigung außer dem „Vest" auch das münsterische Amt Meppen im heutigen Niedersachsen. Corvey diente als Entschädigungsland für das Haus Oranien-Nassau, das auch die mediatisierte Reichsstadt Dortmund bekam. Das Amt Reckenberg fiel mit dem übrigen Hochstift Osnabrück an den König von Großbritannien als Kurfürst von Hannover.

Mit dieser „Herrschaftssäkularisation" (Ernst Rudolf Huber) waren „Vermögenssäkularisationen" sowohl unmittelbar als auch mittelbar verbunden. Eine unmittelbare Verknüpfung lag bei der Konfiskation des sog. „Entschädigungsgutes" vor, d. h. bei den Besitzungen der Fürstbischöfe und der Domkapitel wie Gebäude und andere Immobilien und den daran haftenden Rechtstiteln, die mit dem geistlichen Territorium an den jeweiligen weltlichen Rechtsnachfolger gelangten. Eine nur mittelbare Beziehung bestand dagegen zwischen der Aufhebung der geistlichen Territorien und der Vermögenssäkularisation im engeren Sinne, d. h. der Aufhebung der Klöster und Stifte, deren Eigentum als „Dispositionsgut" an die weltlichen Landesherren fiel. Maßgeblich war hier Artikel 35 des Reichsdeputationshauptschlusses (RDHS), mit dem die Säkularisationbefugnis der Landesherren neben katholischen auch auf geistliche Institute evangelischer Konfessionszugehörigkeit oder gemischtkonfessionellen Charakters ausgedehnt wurde. Wichtiger war, daß die Säkularisationsbefugnis bezüglich der landsässigen (nicht reichsunmittelbaren) Klöster und Stifte aus Art. 35 RDHS für alle Landesherren galt, nicht nur für die durch die Abtretung des linksrheinischen Reichsgebietes an Frankreich geschädigten Fürsten. Darüber hinaus war diese Säkularisationsbefugnis nicht auf Klöster und Stifte in den neuen Besitzungen, also in den Entschädigungsländern und damit in den säkularisierten geistlichen Territorien und in mediatisierten Reichsstädten wie Dortmund, beschränkt; sie galt auch in den alten Besitzungen.

König Friedrich Wilhelm III. von Preußen machte von dieser Säkularisationsbefugnis in den altpreußischen Gebieten Westfalens, der Grafschaft Mark, Minden-Ravensberg und Tecklenburg, keinen Gebrauch. Auch in den durch den Reichsdeputationshauptschluß neu erworbenen westfälischen Territorien ging der preußische Staat, verglichen etwa mit Bayern, behutsam vor und beschränkte sich auf die Aufhebung eines Teils der dort vorhandenen geistlichen Institute. In der Stadt Münster gab es 1802 21 Kollegiatstifte, Klöster und Kommenden, von denen lediglich zwei unbedeutende Institute der Franziskaner-Tertiarierinnen (Kloster Ringe) und der Dominikaner-Tertiarierinnen (Kloster Verspoel) im August 1803 säkularisiert wurden. Ihre Einkünfte dienten der Einrichtung eines Hospitals für bedürftige weibliche Personen aller drei Konfessionen. Außerdem wurde 1804 das Minoritenkloster in das Gebäude des säkularisierten Dominikanerinnenkloster verlegt. Eine königliche Kabinettsordre vom 25. Januar 1804 bestimmte die „Umwandlung der früheren Minoritenkirche in die ‚Garnison- und erste protestantische Kirche'" (Bauks, Geschichte, S. 138), während die Klostergebäude Kaserne wurden; die ehemalige Minoritenkirche ist die heutige evangelische Apostelkirche. Säkularisiert wurde das Minoritenkloster erst 1811. Am 20. September 1806 wurde das Domstift St. Paulus, also das Domkapitel, aufgehoben. „Das Domstift wurde jedoch am 4. November 1806 durch den König von Holland wiederhergestellt und erst am 14. November 1811 durch kaiserlich-französisches Dekret endgültig aufgehoben" (Kohl, Domstift, S. 28). Erst 1809, also schon während der Zugehörigkeit Münsters zum Großherzogtum Berg, wurden die drei Frauenklöster Rosental, Hofringe und Rheine säkularisiert. Die Aufhebung des Deutschen Ordens durch Napoleon führte 1809 zur Säkularisation der Georgskommende des Deutschen Ordens durch das Großherzogtum Berg. 1810, nach der Vereinigung des Münsterlandes mit dem französischen Kaiserreich, folgte die Säkularisation des Hauses des Johanniterordens. Alle anderen Institute, darunter die großen Kollegiatstifte Alter Dom, St. Ludgeri, St. Martini. St. Mauritz und St. Aegidii, wurden, wie das Minoritenkloster und das auch als Kollegiatstift Neuer Dom bezeichnete Domkapitel, 1811 durch kaiserlich-französisches Dekret säkularisiert. Bestehen blieb nur die volkstümlich als Clemensschwestern bezeichnete „Genossenschaft der Barmherzigen Schwestern von der allerseeligsten Jungfrau und schmerzhaften Mutter Maria", deren Personalbestand jedoch gegen Ende der napoleonischen Zeit auf zwei Schwestern sank.

Anders war die Entwicklung auf dem Lande. In dem an Preußen gelangten Teil des Münsterlandes gab es bedeutende geistliche Institute, darunter die Zisterzienserabtei Marienfeld (Harsewinkel, Kreis Gütersloh), die Benediktinerabtei Liesborn (Wadersloh, Kreis Warendorf), das Prämonstratenserstift Cappenberg (Selm, Kreis Unna) und das adelige Damenstift Freckenhorst (Warendorf). Marienfeld, Liesborn und Cappenberg wurden 1803 säkularisiert, während Freckenhorst bis 1811 bestehen blieb und dann durch das Großherzogtum Berg aufgehoben wurde. Auch in dem neuen preußischen Erbfürstentum Paderborn wurde auf dem Lande die Mehrzahl der Klöster und Stifte 1803 aufgehoben, so das Augustinerchorherrenstift Böddeken (Büren, Kreis Paderborn), das Zisterzienserinnenkloster Hardehausen (Warburg, Kreis Höxter) und das Augustinerkloster Dalheim (Lichtenau, Kreis Paderborn). Andere blieben bestehen, etwa das Benediktinerinnenkloster Willebadessen (Kreis Höxter) und das adelige Damenstift Neuenheerse (Bad Driburg, Kreis Höxter), und wurden erst 1810 durch das Königreich Westphalen säkularisiert. In der Stadt Paderborn gab es 1802 neben dem Domstift (Domkapitel) sieben Klöster und Stifte, von denen aber nur das Benediktinerkloster Abdinghof, das Stift Busdorf und

das Benediktinerinnenkloster Gaukirch (Gokirch) Bedeutung besaßen. Nur das Kloster Abdinghof wurde 1803 durch Preußen säkularisiert. Das Domstift, das Busdorfstift und das Gaukirchkloster blieben bis 1810 bestehen. Die Klöster der Franziskaner und der Kapuzinessen bleiben von der Säkularisation unberührt, während das Kapuzinerkloster 1834 aufgehoben wurde. Das Michaelskloster der Augustiner-Chorfrauen entging der Säkularisation, weil es „zu den ‚dem öffentlichen Unterrichte ausschließlich gewidmeten Stiftungen' gehörte. Es wurde durch das Dekret vom 28. Juni 1812 ausdrücklich bestätigt" (Meyenberg, S. 257).
Ähnlich gestaltete sich der Ablauf der Klosteraufhebungen im Herzogtum Westfalen. Der Landgraf von Hessen-Darmstadt fand hier 25 geistliche Institute vor. Die Säkularisationen begannen im Oktober 1803 mit der Aufhebung des Zisterzienserinnenklosters Drolshagen (Kreis Olpe). Im November folgten die Prämonstratenserabtei Wedinghausen (Arnsberg) und die Augustiner-Chorherren-Kanonie Ewig (Attendorn, Kreis Olpe). Von Dezember 1803 bis November 1804 wurden elf Institute säkularisiert, darunter die große Benediktinerabtei Grafschaft (Schmallenberg, Hochsauerlandkreis) und die Zisterzienserabtei Bredelar (Marsberg, Hochsauerlandkreis), aber auch das Prämonstratenserinnenkloster Oelinghausen (Arnsberg) und das Prämonstratenserinnenkloster Rumbeck (Arnsberg). Auch die Aufhebung der Kanonie der Kreuzherren in Glindfeld (Medebach, Hochsauerlandkreis) fällt in diesen Zeitabschnitt. 1805 und 1806 hob der hessen-darmstädtische Staat drei weitere Klöster auf. 1809 folgte die Säkularisation der Deutschordenskommende Mülheim an der Möhne (Warstein, Kreis Soest). Beim Übergang des ehemaligen Herzogtums Westfalen an Preußen 1816 gab es hier noch vier von Hessen-Darmstadt nicht säkularisierte Bettelordensklöster. Davon wurden das Franziskanerkloster in Attendorn 1822 und das Franziskanerkloster in Geseke sowie die Kapuzinerklöster in Werl und Brenschede (Klosterbrunnen, Sundern, Hochsauerlandkreis) 1834 aufgehoben.
Der Reichsdeputationshauptschluß, der mit der katholischen Reichskirche einem tragenden Element der Reichsverfassung des Heiligen Römischen Reiches ein Ende bereitete, führte zu einer grundlegenden Umgestaltung der Reichsverfassung. So kreierte Art. 31 RDHS anstelle der erloschenen Kurwürden von Köln und Trier – die Mainzer Kurwürde wurde auf Regensburg übertragen – neue Kurwürden für das säkularisierte Erzstift Salzburg sowie für Baden, Württemberg und Hessen-Kassel. Mit den verbliebenen alten Kurwürden – Böhmen, Brandenburg, Sachsen, Bayern-Pfalz, Hannover – gab es somit jetzt zehn Kurfürsten. Doch hatte das keine praktische Bedeutung mehr, weil es zu keiner Kaiserwahl mehr kam und der 1792 vom Kurfürstenkollegium in seiner alten Zusammensetzung gewählte Kaiser Franz II. der letzte römisch-deutsche Kaiser blieb. Am 11. August 1804 nahm Franz II. neben dieser Würde eines Wahlkaisers den Titel und die Würde eines erblichen Kaisers von Österreich an. Dahinter stand die Rangerhöhung Napoleons, der sich, bis dahin Erster Konsul, am 18. Mai 1804 zum erblichen Kaiser der Franzosen gemacht hatte. Franz II., der sich als Kaiser von Österreich Franz I. nannte, wahrte mit der Errichtung des Kaisertums Österreich die Ranggleichheit mit dem neuen französischen

Kaisertum und sicherte die Kaiserwürde für das Haus Österreich auch für den bei der neuen Zusammensetzung des Kurfürstenkollegiums möglichen Fall der Wahl eines evangelischen Fürsten zum Kaiser und für den Fall einer Auflösung des Heiligen Römischen Reiches.

Im Frühjahr 1805 begann der Dritte Koalitionskrieg, der anfangs nur von Großbritannien und Rußland gegen Frankreich geführt wurde. Am 9. August 1805 trat Österreich der Koalition bei und in den Krieg ein, während Bayern, Baden und Württemberg an der Seite Napoleons standen. Preußen blieb neutral. Man hoffte in Berlin, als „lachender Dritter" am Rande stehen und so das in Personalunion mit Großbritannien verbundene Kurfürstentum Hannover gewinnen zu können, das Frankreich 1803 im Widerspruch zur Neutralisierung Norddeutschlands durch den Frieden von Basel besetzt hatte. Um dieses Ziel zu erreichen, näherte sich Preußen, als der Krieg mit einer Niederlage Frankreichs zu enden schien, der Koalition an und ging am 3. November 1805 mit Rußland den Potsdamer Vertrag ein. Der Krieg nahm jedoch einen anderen Verlauf, nachdem Napoleon am 18. Oktober 1805 bei Ulm einen Teil der österreichischen Armee zur Kapitulation gezwungen hatte. Am 11. November 1805 konnte er in Wien einziehen. Am 2. Dezember 1805, dem ersten Jahrestag der Kaiserkrönung Napoleons, folgte die kriegsentscheidende Schlacht von Austerlitz (bei Brünn) in Mähren mit dem Sieg der Franzosen über die vereinigten österreichischen und russischen Armeen. Sogleich schwenkte die auf den Erwerb Hannovers fixierte preußische Politik auf die französische Seite und schloß am 15. Dezember 1805 den Schönbrunner Vertrag mit Frankreich. Das war ein Bündnisvertrag, mit dem Preußen seine seit 1795 verfolgte Neutralitätspolitik aufgab. Dafür erhielt Preußen von Napoleon die Zusage des Erwerbs des Kurfürstentums Hannover.

Der Schönbrunner Vertrag hatte unmittelbare Auswirkungen auf den niederrheinisch-westfälischen Raum. Preußen mußte als Gegenleistung für die Annexion Hannovers den ihm nach dem Frieden von Lunéville von 1801 verbliebenen rechtsrheinischen Teil des Herzogtums Kleve mit den auch für das angrenzende Westfalen wichtigen Städten Duisburg, Wesel und Emmerich an Frankreich abtreten. Dasselbe galt für das 1792 von Preußen auf dem Weg dynastischer Erbfolge erworbene Fürstentum Ansbach im heutigen Bayern. Napoleon vertauschte Ansbach gegen das seit 1778 mit Bayern verbundene Herzogtum Berg. Dadurch kamen Berg und das rechtsrheinische Kleve in französische Hand. Beide bildeten von nun an die Grundlage für das 1806 entstandene Großherzogtum Berg.

Während Preußen mit Hannover äußerlich, gegen den Verzicht auf entfernte Außenposten – nichts anderes war das rechtsrheinische Kleve aus Berliner Sicht –, eine bedeutende Arrondierung seines Staatsgebietes erreichte, zog die Annexion des Stammlandes des britischen Königshauses Preußen die Feindschaft seines alten Bundesgenossen Großbritannien zu. Am 11. Juni 1806 erklärte London Preußen den Krieg. Damit war Preußen an Frankreich gebunden. Für Österreich führte die Niederlage von Austerlitz zum Frieden von Preßburg vom 26. Dezember 1805, mit dem Österreich große Territorialverluste hinnehmen und u. a. Tirol und Vorarlberg an

Bayern und die vorderösterreichischen Gebiete im heutigen Baden-Württemberg an Württemberg und Baden abtreten mußte. Außerdem mußte der Kaiser von Österreich die Königswürden anerkennen, die Napoleon seinen beiden deutschen Hauptverbündeten, den Kurfürsten von Bayern und Württemberg, verliehen hatte. Wie der Schönbrunner Vertrag zwischen Preußen und Frankreich auf der rechten Seite des Niederrheins die Grundlagen für das Großherzogtum Berg geschaffen hatte, so schuf der Frieden von Preßburg in Süddeutschland mit den Königreichen Bayern und Württemberg die wichtigsten deutschen Rheinbundstaaten. Damit nahm der napoleonische Rheinbund bereits vor seiner Gründung Gestalt an, die am 12. Juli 1806 durch einen Bündnisvertrag des französischen Kaiserreichs mit 16 deutschen Fürsten erfolgte. In Artikel I der Rheinbundakte sprachen die Rheinbundfürsten ihre Trennung vom Heiligen Römischen Reich deutscher Nation aus, die sie dem Reichstag in Regensburg am 1. August 1806 offiziell anzeigten. Aufgrund eines Ultimatums Napoleons legte daraufhin Kaiser Franz II. am 6. August 1806 die römisch-deutsche Kaiserkrone nieder. Damit erlosch das Alte Reich, wie auch die anderen Reichsorgane neben dem Kaiser, vor allem der Reichstag, der Reichshofrat in Wien und das Reichskammergericht in Wetzlar, ihre Funktion einstellten.
Bald nach der Gründung des Rheinbundes kam es zum Krieg zwischen Preußen und Frankreich, der, nach den Umwälzungen von 1803, erneut zu einer völligen Umgestaltung der territorialen Strukturen Westfalens führte. Am Anfang standen Aktionen Frankreichs und des neuen Großherzogtums Berg, in denen Preußen Verstöße gegen die bestehenden Verträge sah, nämlich die Übergabe der von Preußen an Berg abgetretenen Festung Wesel an Frankreich und die Besetzung der Preußen im Reichsdeputationshauptschluß zugesprochenen säkularisierten Abteigebiete Essen, Werden und Elten (Emmerich) durch großherzoglich bergische Truppen. Entscheidend wurden aber die in Berlin bekanntgewordenen Geheimverhandlungen Napoleons mit Großbritannien, das sich noch immer mit Preußen im Kriegszustand befand, über die Rückgabe Hannovers. Diese Nachrichten führten zu einem neuen Schwenk der preußischen Politik und im Juli 1806 zu einem Abkommen Preußens mit Rußland sowie Anfang August 1806 zur Mobilmachung der preußischen Armee. Am 1. Oktober 1806 richtete Preußen ein Ultimatum an Frankreich, auf das Napoleon nicht einging, woraufhin am 9. Oktober der Krieg begann. Dieser Krieg verlief für Preußen außerordentlich verlustreich und endete mit dem Zusammenbruch des Staates, ja mit dem Ende des alten Preußen.
Der Krieg war schon nach fünf Tagen militärisch entschieden, mit der Schlacht von Jena und Auerstedt in Thüringen vom 14. Oktober 1806, in der die preußische Armee eine totale Niederlage erlitt. Am 27. Oktober konnte Napoleon Berlin besetzen. Die preußische Königsfamilie und die Regierung flohen in den äußersten Osten des Staates, nach Memel (heute Klaipeda, Litauen), und versuchten von dort aus den Krieg fortzusetzen. Dazu schloß Preußen am 28. Januar 1807 einen Vertrag mit Großbritannien, um gegen Rückgabe Hannovers dessen Unterstützung zu finden, während die französischen Truppen bis nach Ostpreußen vordrangen und dort

Anfang Februar 1807 die unentschieden gebliebene Schlacht von Preußisch Eylau gegen Preußen und Russen schlugen. Die russische Niederlage in der Schlacht von Friedland in Ostpreußen am 14. Juni 1807 führte das Ende des Krieges herbei. Am 7. Juli 1807 schlossen Frankreich und das seit dem 26. April 1807 mit Preußen verbündete Rußland den Frieden von Tilsit; am 9. Juli folgte, ebenfalls in Tilsit, der Friedensschluß zwischen Frankreich und Preußen.

Der Frieden von Tilsit war ein Unterwerfungsfrieden, wie es ihn zuvor in der neueren Geschichte nicht gegeben hatte. Preußen mußte sein gesamtes Staatsgebiet westlich der Elbe und das ihm im Schönbrunner Vertrag von 1805 verbliebene Fürstentum Bayreuth an Frankreich abtreten und verlor außerdem den größten Teil der in den Teilungen Polens annektierten Gebiete, aus denen Napoleon das Herzogtum Warschau bildete. Außerdem unterlag das besiegte Preußen einer Tributpflicht in nicht festgelegter Höhe und mußte bis zur Erfüllung der Reparationszahlungen französische Besatzungstruppen in seinem gesamten restlichen Staatsgebiet hinnehmen.

Die wichtigsten der 16 deutschen Gündungsmitglieder des Rheinbundes waren die Königreiche Bayern und Württemberg und die Großherzogtümer Berg, Baden und Hessen (-Darmstadt). Das Herzogtum Berg, das ebenso wie das Kurfürstentum Baden und die Landgrafschaft Hessen-Darmstadt mit der Gründung des Rheinbundes zum Großherzogtum erhoben wurde – in der Rheinbundakte nannte sich sein Landesherr noch „le Duc de Berg et Clèves“ – umfaßte zu diesem Zeitpunkt nur das alte Herzogtum Berg und das rechtsrheinische Kleve und somit noch keine westfälischen Gebiete. Das änderte sich mit der Rheinbundakte, die dem Großherzog von Berg in Art. XVI und XX die Gebietssplitter des alten Erzstifts Köln am Ostufer des Rheins, nämlich Deutz, Vilich und Königswinter, die durch den Reichsdeputationshauptschluß an Nassau-Usingen gefallen waren, und in Art. XXIV die Herrschaften Styrum, Gimborn, Homburg und Wildenburg, die bergischen Unterherrschaften Broich und Hardenberg, die oranisch-nassauischen Fürstentümer und Grafschaften Siegen, Dillenburg, Hadamar und Beilstein, einen Teil von Wied-Runkel und die leiningen-westerburgischen Herrschaften Westerburg und Schadeck zusprach, außerdem die Grafschaften Bentheim und Steinfurt sowie die Grafschaft Horstmar und das Fürstentum Rheina-Wolbeck. Nach den heutigen Grenzen gehörten davon Siegen, Steinfurt, Horstmar und Rheina-Wolbeck zu Westfalen; Steinfurt, Horstmar und Rheina-Wolbeck bildeten Kerngebiete des Münsterlandes. Horstmar und Rheina-Wolbeck waren erst durch den Reichsdeputationshauptschluß entstanden und als Entschädigungsländer für linksrheinische Verluste an die Wild- und Rheingrafen (Salm-Grumbach) bzw. an den Herzog von Looz-Corswarem gelangt, die sich somit ihrer Landesherrschaft in Westfalen nicht lange erfreuen konnten. Hinzu kam die erwähnte, im November 1806 endgültig vollzogene Besetzung von Essen, Werden und Elten. Herrscher des Großherzogtums Berg mit der Hauptstadt Düsseldorf war der am 15. März 1806 von Napoleon als Herzog von Berg und Kleve eingesetzte und mit dessen Schwester Caroline verheiratete französische Marschall Joachim Murat.

Mit dem Großherzogtum Hessen, dem zweiten der drei Großherzogtümer unter den Gründungsmitgliedern des Rheinbundes, umfaßte ein weiterer Rheinbundstaat bedeutende Teile Westfalens. Zu dem neuen Großherzogtum mit der Hauptstadt Darmstadt und unter dem Großherzog Ludewig I. (bis 1806 Landgraf Ludewig X.) gehörte neben den alten hessen-darmstädtischen Gebieten südlich des Main um Darmstadt (Fürstentum Starkenburg) und nördlich davon um Gießen (Oberfürstentum Hessen) aufgrund des Reichsdeputationshauptschlusses von 1803 auch das ehemalige kurkölnische Herzogtum Westfalen. Damit reichte das Großherzogtum Hessen bis an die Lippe. Art. XXIV der Rheinbundakte sprach dem Großherzogtum Hessen neben einer Reihe mediatisierter Gebiete nördlich und südlich des Main die Grafschaften Wittgenstein-Berleburg und Wittgenstein-Wittgenstein zu.
Von den Kleinstaaten unter den Gründungsmitgliedern des Rheinbundes lag das 1803 aus Ämtern des säkularisierten Hochstifts Münster hervorgegangene Fürstentum Salm in Westfalen, ebenso das durch den Reichsdeputationshauptschluß zum Herzogtum Arenberg gewordene ehemalige kurkölnische Vest Recklinghausen. Art. XXIV der Rheinbundakte überließ dem Fürstentum Salm die Herrschaft Gemen und dem Herzogtum Arenberg die Grafschaft Dülmen des Herzogs von Croy. So war Westfalen im Sommer 1806 – neben den alten und den neuen preußischen Gebieten – auf die vier Rheinbundstaaten Berg, Hessen, Salm und Arenberg verteilt. Daneben bestanden noch Corvey und Dortmund unter Oranien-Nassau, ferner die Grafschaft Rietberg, die Grafschaft Limburg und die Herrschaft Rheda. Von den später (1807) dem Rheinbund beigetretenen Kleinstaaten lagen die Fürstentümer Waldeck, Lippe und Schaumburg-Lippe in der unmittelbaren Nachbarschaft Westfalens.
Der Frieden von Tilsit vom 9. Juli 1807 und der Verlust der westelbischen Gebiete Preußens bewirkten erneut auch in Westfalen eine radikale Veränderung der Landkarte. Am 18. August 1807 gründete Napoleon das Königreich Westphalen mit der Hauptstadt Kassel und setzte seinen Bruder Jérôme Bonaparte als König von Westphalen ein. Das neue Königreich, das sogleich Mitglied des Rheinbundes wurde, umfaßte die in Tilsit abgetretenen westelbischen Gebiete Preußens sowie den größten Teil der alten Landgrafschaft bzw. des Kurfürstentums Hessen-Kassel, das Hochstift Osnabrück und die hannoverschen Fürstentümer Göttingen und Grubenhagen, ferner verschiedene sächsische Gebiete und in Westfalen das ehemalige osnabrückische Amt Reckenberg um Wiedenbrück, die Grafschaft Rietberg und Corvey-Höxter. Damit erstreckte sich das Königreich Westphalen von Paderborn bis an die Elbe bei Magdeburg und bis nach Halle an der Saale; in Westfalen gehörten ihm neben Reckenberg, Rietberg und dem alten Corveyer Abteigebiet die bis dahin preußischen Territorien Minden und Ravensberg und das alte Hochstift Paderborn an.
Auch das Großherzogtum Berg profitierte vom Frieden von Tilsit, indem Napoleon seinem Schwager und seiner Schwester von den preußischen Gebieten in Westfalen im Januar 1808 die Grafschaft Mark, den preußischen Anteil an Lippstadt, die Grafschaft Tecklenburg und den preußischen Teil des ehemaligen Hochstifts Münster

1 Herrschaft Gemen
2 Grafschaft Steinfurt
3 Fürstentum Rheina-Wolbeck
4 Dortmund (Oranien-Nassau)
5 Grafschaft Limburg
6 Herrschaft Rheda
7 Amt Reckenberg
8 Grafschaft Rietberg
9 Kondominat Lippstadt
10 Lügde (preußisch)
11 Corvey (Oranien-Nassau)
12 Nassau-Siegen
13 Grafschaft (Fürstentum) Wittgenstein-Berleburg
14 Grafschaft (Fürstentum) Wittgenstein-Wittgenstein
15 Volkmarsen (Herzogtum Westfalen)

ie territorialen Verhältnisse Westfalens aufgrund des Reichsdeputationshauptschlusses (1804)
ntwurf: H. Klueting nach „Geschichtlicher Handatlas von Westfalen“, Lfg. 1 (1975), Karte 3

Rheinbundstaaten in Westfalen (1808)
Entwurf: H. Klueting nach „Geschichtlicher Handatlas von Westfalen", Lfg. 1 (1975), Karte 4

und dazu das seit 1803 oranisch-nassauische Dortmund überließ. Als letzte Territorien des Alten Reiches in Westfalen bestanden die Grafschaft Limburg und die Herrschaft Rheda des Grafen von Bentheim-Tecklenburg. Diese kamen im Frühjahr 1808 an die Reihe und wurden dann ebenfalls Teil des Großherzogtums Berg. Zwei Jahre nach dem Erlöschen des Alten Reiches war Westfalen somit vollständig auf drei große – Berg, Westphalen, Hessen – und zwei kleine Rheinbundstaaten – Salm, Arenberg – aufgeteilt. Seit Juli 1808 stand aber nicht mehr Joachim Murat an der Spitze des Großherzogtums Berg, nachdem Napoleon ihn am 15. Juli 1808 als König nach Neapel versetzt hatte. Napoleon trat selbst an Murats Stelle als Großherzog von Berg, bevor im März 1809 nominell ein fünfjähriges Kind, der Sohn von Napoleons Bruder Louis Bonaparte, des Königs von Holland, Großherzog wurde, jedoch unter Vormundschaft und Regentschaft des Kaisers der Franzosen.

Bei diesen Territorialveränderungen blieb es während der französischen Zeit nicht. Im Sommer 1810 wurde Louis Bonapartes Königreich Holland in das französische Kaiserreich eingegliedert. Ende 1810 annektierte Napoleon die gesamte deutsche Nordseeküste nördlich der Linie Wesel-Münster-Minden-Lauenburg (Elbe), um die 1806 verkündete Kontinentalsperre gegen Großbritannien effektiver handhaben und den verbreiteten Schmuggel besser überwachen zu können. Damit verschwanden in Westfalen nun auch das Fürstentum Salm und das Herzogtum Arenberg. Das Großherzogtum Berg und das Königreich Westphalen mußten in Norddeutschland ganze Provinzen an Frankreich abtreten, während Berg den Teil des Herzogtums Arenberg südlich der Lippe (Vest Recklinghausen) und einen kleinen Teil der 1806 an Arenberg gefallenen Grafschaft Dülmen erhielt. Zeitweise geriet das Großherzogtum Hessen in Gefahr, das Herzogtum Westfalen und die beiden Grafschaften Wittgenstein an das Großherzogtum Berg als Entschädigung für dessen Gebietsverluste an Frankreich zu verlieren. Die neue Grenze zwischen dem Großherzogtum Berg im Süden und dem Kaiserreich Frankreich im Norden führte von Wesel bis über Haltern hinaus die Lippe entlang und dann durch das Münsterland hindurch. Die Stadt Münster fiel an Frankreich, während der heute zu Münster gehörende Ortsteil Amelsbüren beim Großherzogtum Berg verblieb. Bielefeld blieb beim Königreich Westphalen, während Minden von nun an zu Frankreich gehörte.

Die Rheinbundstaaten waren Schauplatz tiefgreifender Reformen, die teilweise über das etwas später begonnene Reformwerk Steins und Hardenbergs in Preußen hinausgingen. Die rheinbündischen Reformen knüpften teilweise an Reformvorstellungen der deutschen Staatenwelt der Zeit des aufgeklärten Absolutismus an, nahmen vor allem aber Vorbilder aus dem revolutionären und dem nachrevolutionär-napoleonischen Frankreich auf. Besonders groß war die Reformintensität und die Nähe der Reformmaßnahmen zu dem französischen Vorbild im Königreich Westphalen und im Großherzogtum Berg, und zwar wegen ihrer besonders engen Bindung an Frankreich und wegen der Künstlichkeit und Traditionslosigkeit ihrer staatlichen Organisation mit einem aus den verschiedensten Bestandteilen zusammengewürfelten Staatsgebiet und einer fremden, von Napoleon dorthin verpflanzten Dynastie als

Herrscherhaus. Man nennt diese beiden Rheinbundstaaten und das Großherzogtum Frankfurt, die von Mitgliedern der Familie Napoleons regiert wurden oder künftig regiert werden sollten, auch „Napoleonidenstaaten". Aber auch im Großherzogtum Hessen kamen die rheinbündischen Reformen zum Tragen.

Die rheinbündischen Reformen begannen überall mit Reformen des Verwaltungsapparates. Dahinter stand die Notwendigkeit der Verwaltungsvereinheitlichung, nachdem diese Staaten durch Säkularisation, Mediatisierung und Annexion ihr Staatsgebiet entweder wesentlich ausgeweitet hatten oder, wie das Königreich Westphalen, völlig neu aus einer Vielzahl ganz unterschiedlich strukturierter Vorgängerterritorien zusammengefügt waren. Heterogene Gebietsteile mit ganz verschiedenartiger Verwaltungsorganisation, mit abweichenden Wirtschaftsverhältnissen, mit unterschiedlichen gesetzlichen Regelungen, anderer Verfassungsordnung und fremden Konfessionsverhältnissen waren zu integrieren. Die Verwaltungsreformen begannen daher oft schon vor der Gründung des Rheinbundes, 1803, also im Zusammenhang mit der Säkularisation der geistlichen Fürstentümer. Das galt auch für Hessen-Darmstadt, wo die Neuordnung des Verwaltungsaufbaus mit zwei Organisationsedikten vom Oktober 1803 eingeleitet wurde, wovon das Herzogtum Westfalen unmittelbar betroffen war. Die Verwaltungsreformen brachten auf der zentralen Regierungsebene eine straffe Zentralisierung mit der bürokratischen Ministerialverfassung und mit Ressorteinteilungen, womit in diesen Staaten die modernen Ressortministerien ihren Anfang nahmen. Das muß hier nicht weiter verfolgt werden, weil die Hauptstädte Düsseldorf, Kassel und Darmstadt außerhalb Westfalens lagen; das Fürstentum Salm und das Herzogtum Arenberg können hinsichtlich der rheinbündischen Reformen als wenig reformorientierte Kleinstaaten außer Betracht bleiben.

Auf der Provinzebene wurden im Großherzogtum Berg und im Königreich Westphalen die historisch gewachsenen Verwaltungsgliederungen durch geographisch bestimmte Gebietseinheiten nach dem Vorbild der französischen Departements – und wie diese, wenn möglich, nach Flüssen benannt – abgelöst, wobei auf die Grenzen der Vorgängerterritorien keine Rücksicht genommen wurde. Nach dem Stand von 1809 umfaßte das Großherzogtum Berg die Departements der Ems, der Ruhr, des Rheins und der Sieg, wobei das Ruhr-Departement sowohl die Grafschaft Mark mit Dortmund und Limburg als auch Rheda und mit Oelde, Beckum und Ahlen den Südosten des Münsterlandes in sich vereinigte; die Stadt Münster gehörte zum Ems-Departement. Das Königreich Westphalen war 1809 in die Departements der Weser, der Leine, der Fulda, der Werra, der Oker, des Harzes, der Saale und der Elbe gegliedert. Die westfälischen Landesteile gehörten teils dem Weser- und teils dem Fulda-Departement an. Andere Wege beschritt das Großherzogtum Hessen, das 1803, noch als Landgrafschaft Hessen-Darmstadt, eine Einteilung seines Staatsgebietes in drei Provinzen vorgenommen hatte, wobei das Herzogtum Westfalen mit der Hauptstadt Arnsberg als hessen-darmstädtische Provinz erhalten blieb. 1806 wurden die beiden Grafschaften Wittgenstein nicht der Provinz Herzogtum Westfalen angeschlossen, sondern der Provinz Oberfürstentum Hessen mit der Hauptstadt

Gießen. Eine Ebene darunter, auf der unteren Verwaltungsstufe, teilte das Großherzogtum Hessen im September 1807 das Herzogtum Westfalen in 18 annähernd gleich große Amtsbezirke, deren Abgrenzung sich im wesentlichen nach geographischen Kriterien richtete und keine Rücksicht auf die alte Amtsgliederung der kurkölnischen Zeit (S. 77) nahm. Den hessischen Ämtern im Herzogtum Westfalen entsprachen die Arrondissements, in die die Departements des Großherzogtums Berg und des Königreichs Westphalen eingeteilt wurden.
Diese Verwaltungsreformen bildeten in manchen Rheinbundstaaten den Auftakt zur Beseitigung der Landstände und damit zu einer Reform der seit Jahrhunderten bestehenden Verfassungsordnung (S. 78-81, 164, 177f., 183f.). So hob der Großherzog von Hessen durch ein Edikt vom 1. Oktober 1806 die Landstände sowohl in den althessischen Landesteilen des Großherzogtums Hessen als auch im Herzogtum Westfalen auf. In der Grafschaft Mark fand die letzte Landtagssitzung 1806 statt. Im September 1806 wurde eine außerordentliche Landtagsdeputation eingesetzt. „Erst Ende August 1807 wurde die Deputation durch einen Beschluß der Stände aufgelöst. Ob aber ihre Arbeit noch irgendwelche Erfolge für das Land gezeigt hat, geht aus den Akten nicht hervor. Wahrscheinlich hatte die Deputation nach der französichen Besetzung im Oktober 1806 genauso wie die Kriegs- und Domänenkammer nicht mehr allzuviel zu bedeuten“ (Kuhna, S. 90). Die endgültige Auflösung der märkischen Landstände erfolgte 1808 durch das Großherzogtum Berg. Im preußischen Erbfürstentum Münster und im ehemaligen Hochstift Paderborn waren die Landstände schon 1803 als durch Art. 3 RDHS aufgehoben betrachtet worden. Auch wenn die Ritterschaft hier bis 1806 versuchte, die Wiederherstellung der landständischen Verfassung zu erreichen, fanden das Großherzogtum Berg und das Königreich Westphalen hier keine Landstände mehr vor.
Hinzu kamen Steuerreformen, mit denen vor allem der Adel seine Steuerbefreiung verlor, und die Abschaffung oder, so im Herzogtum Westfalen, Einschränkung der Patrimonialgerichtsbarkeit des Adels. Nur unvollkommen setzten sich in den drei Rheinbundstaaten die Agrarreformen und die sog. Bauernbefreiung durch. Dieser Reformkomplex betraf die Aufhebung der noch bestehenden Formen von Eigenbehörigkeit (S. 223, 225) und die Umwandlung der bäuerlichen Abgabeverpflichtungen gegenüber den bisherigen Grundherren in eine Grundrente, ferner die Einführung der unbeschränkten Teilbarkeit der Höfe, die bis dahin in den meisten Gegenden Westfalens gemäß dem Anerbenrecht nur geschlossen hatten vererbt werden können. Von der Zahlung der Grundrente konnte sich der einzelne Bauer loskaufen, die Grundrente also ablösen. Die Regelungen waren in den einzelnen Staaten unterschiedlich. Im Großherzogtum Berg und im Königreich Westphalen hing die Bauernbefreiung mit der Einführung des französischen Zivilgesetzbuches, des „Code civil“ von 1804, zusammen. Im Königreich Westphalen wurde am 23. Januar 1808 die Eigenbehörigkeit oder Leibeigenschaft aufgehoben, bevor am 18. August 1809 die Ablösbarkeit aller grundherrschaftlichen Verpflichtungen verkündet wurde.
Dieser Entfeudalisierung der Agrarverfassung stand jedoch gerade im Königreich

Westphalen und damit auch in dessen westfälischen Landesteilen die napoleonische Dotationspraxis entgegen. Napoleon hatte in Frankreich, im Widerspruch zum Gleichheitspostulat des „Code civil", 1808 einen neuen Adel, die „noblesse impériale", geschaffen, der vor allem an Generale, hohe Offiziere und Beamte und andere Würdenträger des französischen Kaiserreichs – als persönlicher Adel – verliehen wurde. Um diesen persönlichen Adel in Erbadel umzuwandeln, mußten die Betroffenen in beträchtlichem Umfang Besitz erwerben. Dazu wurde auf Dotationen mit Grundbesitz in den von Frankreich abhängigen Ländern außerhalb des Kaiserreiches und vor allem im Königreich Westphalen zurückgegriffen. Die hier dotierten französischen Neuadeligen sollten die Dotationsgüter allmählich verkaufen und von dem Erlös bei passender Gelegenheit Güter in Frankreich erwerben. Die Inhaber der kaiserlich-französischen Dotationsgüter verhinderten im Königreich Westphalen den Erfolg der Reformgesetze und veranlaßten damit auch den einheimischen deutschen Adel zur Opposition. Im Großherzogtum Berg wurde am 12. Dezember 1808 – lange vor der erst am 1. Januar 1810 erfolgten Übernahme des „Code civil" – die Leibeigenschaft aufgehoben. Danach kam es zu ganzen Serien gerichtlicher Auseinandersetzungen um die Rechtsnatur vieler Abgaben und um bäuerliche Abgabenverweigerungen, woraufhin die bergische Regierung am 28. März 1812 alle Prozesse niederschlug. „Damit war die Bauernbefreiung in Berg gescheitert" (Dipper, Bauernbefreiung, S. 54).

Im hessen-darmstädtischen Herzogtum Westfalen wurde weder der „Code civil" rezipiert noch wurden hier Dotationen vorgenommen. Dafür war die Änderung der bäuerlichen Rechtsverhältnisse im Herzogtum Westfalen die wichtigste Reformmaßnahme der Rheinbundzeit. Es gab hier Bauern zweier Rechtskategorien. Die eine Gruppe bildeten die im gebirgigen Teil des Landes vorherrschenden leibfreien Bauern (S. 223 f.); bei der zweiten Gruppe handelte es sich um die persönlich unfreien Eigenbehörigen (S. 225). Die hessischen Reformen brachten einschneidende Veränderungen, indem mit einem Edikt vom 5. November 1809 im Herzogtum Westfalen die Eigenbehörigkeit aufgehoben und die bäuerlichen Dienste und Abgaben in eine Grundrente umgewandelt wurden. Von dieser Grundrente konnte sich jeder Bauer innerhalb von zehn Jahren durch Zahlung des Fünfundzwanzigfachen der jährlichen Pachtsumme loskaufen. Damit wurden die ehemaligen Eigenbehörigen rechtlich Eigentümer ihrer Höfe, die allerdings durch die Grundrente belastet und im Falle einer Grundrentenablösung hoch verschuldet waren. Noch wichtiger war die Einführung der unbeschränkten Teilbarkeit der Höfe anstelle des Anerbenrechts im Jahre 1809.

Eine wichtige Reformmaßnahme war auch die Aufhebung des Zunftzwangs und der Zünfte, verbunden mit der Einführung der Gewerbefreiheit im Königreich Westphalen, im Großherzogtum Berg und, 1811, im Herzogtum Westfalen. Hinzu kam die Kommunalreform mit der Verstaatlichung der Stadtverwaltungen, vor allem im Königreich Westphalen und im Herzogtum Westfalen, womit die Städte in den zentralistischen staatlichen Behördenaufbau eingefügt wurden. Das Königreich Westphalen war auch der Staat, in dem 1807 die erste moderne Verfassungsurkunde auf deutschem Boden zustande kam. Die in Paris ausgearbeitete und danach in Westphalen eingeführte Verfassung folgte dem Vorbild der französischen Konsulatsverfassung von 1799. Als einziger der süddeutschen Rheinbundstaaten erhielt Bayern 1808 eine Verfassung nach dem Muster der westphälischen. Im Großherzogtum Berg wurde die Ausarbeitung einer diesem Vorbild folgenden Verfassung erst 1812 abgeschlossen, ohne vor dem Untergang dieses Staates noch Bedeutung zu erlangen. Diese Verfassungen sahen die Beteiligung von Volksvertretern an der Gesetzgebung vor. Doch gingen diese Volksvertreter, wie im napoleonischen Frankreich, aus komplizierten mehrstufigen und indirekten Wahlverfahren mit ernannten Wahlmännern hervor. Sie setzten sich ganz überwiegend aus den vermögenden Bevölkerungsschichten zusammen. Auch besaßen sie nur beratende Funktionen bei der Gesetzgebung. Plebiszite wie im Frankreich Napoleon gab es in keinem Rheinbundstaat. Die Volksvertretung des Königreichs Westphalen hat nur zweimal, 1808 und 1810, getagt. Im Großherzogtum Berg und im Großherzogtum Hessen kam gar keine gesamtstaatliche Volksvertretung zustande.

Als Ergebnis der rheinbündischen Reformen entstand im Königreich Westphalen, dem „Napoleonidenstaat" mit Verfassungsurkunde und Refeudalisierung in Gestalt der Dotationen, ein Regime vom Typ des napoleonischen „Scheinkonstitutionalismus" (Ernst Rudolf Huber) mit einer Volksvertretung als dekorativer Verhüllung einer autoritären Staatsführung. Ansätze zu diesem Scheinkonstitutionalismus bestanden auch im Großherzogtum Berg, während die Reformen im Herzogtum Westfalen die „Nachholung des Absolutismus" (Klueting) in seiner bürokratischen Spielart brachten. Dabei waren die rheinbündischen Reformen für Westfalen wichtiger als frühere Darstellungen der Geschichte Westfalens erwarten lassen; in mancher Hinsicht waren sie für Westfalen wichtiger als die preußischen Reformen. Diese fanden weit entfernt in dem seit Tilsit auf seine ostelbischen Landesteile beschränkten Preußen statt. Sie wurden nach 1815 erst im Nachhinein mit manchen Verzögerungen und Modifikationen auf Westfalen übertragen. In Westfalen standen somit nicht die preußischen, sondern die rheinbündischen Reformen zwischen der Gesellschaft des vorrevolutionären Ancien Régime und der Gesellschaft der Moderne. Gemeinsam mit der Säkularisation von 1803 bewirkten die rheinbündischen Reformen in den davon betroffenen Rheinbundstaaten und so auch in Westfalen den Sieg des modernen Staates über die Mächte der Tradition durch Lösung des Staates von der politischen Rolle der Kirche und des Adels.

Mit dem Sieg über Preußen 1806, mit der Gründung des Rheinbundes in demselben Jahr und mit der 1806 vom eroberten Berlin aus verkündeten Kontinentalsperre hatten Napoleon und das napoleonische Frankreich den Höhepunkt ihrer Macht- und Hegemonialstellung in Europa erreicht. In Westfalen fand das seinen Ausdruck in der Verteilung der alt- und neupreußischen Gebiete auf das Königreich Westphalen und auf das Großherzogtum Berg, womit zwei von Angehörigen der Familie Bonaparte regierte Staaten den größten Teil Westfalens einnahmen. Der Sieg Napoleons über Österreich 1809 und die Angliederung Norddeutschlands und des nördlichen Teils Westfalens an Frankreich 1810 änderten daran nur noch wenig. Zu diesem Zeitpunkt war der Anfang vom Ende des napoleonischen Herrschaftssystems längst gekommen.

Der Schlüssel für die Peripetie der französischen Hegemonialstellung lag in Spanien, das Napoleon seinem „Grand Empire" eingliederte, indem er das Königshaus der spanischen Bourbonen absetzte und den spanischen Königsthron im Mai 1808 seinem Bruder Joseph Bonaparte übertrug. In demselben Mai 1808, in dem in Westfalen mit der Grafschaft Limburg und der Herrschaft Rheda die letzten altwestfälischen Territorien dem Großherzogtum Berg anheimfielen und somit auch im „Grand Empire" Napoleons aufgingen, entstand in Spanien eine antinapoleonische Volkserhebung. Diese nahm ihren Anfang am 2. Mai 1808 in Madrid, als die spanische Königsfamilie abtransportiert wurde. Daraus entstand ein bewaffneter Volksaufstand und der Kleinkrieg der Guerilla und schließlich der spanische Befreiungskrieg, der von 1808 bis 1814 andauerte und von Napoleon niemals völlig niedergeschlagen werden konnte. Statt dessen band der von Großbritannien unterstützte Aufstand in Spanien große Teile der militärischen Machtmittel Napoleons und forderte erhebliche Opfer unter den französischen Truppen und unter den in Spanien eingesetzten Soldaten der Rheinbundstaaten. Allein die größtenteils aus dem Herzogtum Westfalen rekrutierten hessischen Truppen verloren bis 1814 in Spanien rund 1300 Offiziere, Unteroffiziere und Mannschaften. Die spanische Guerillabewegung machte in Deutschland großen Eindruck und blieb nicht ohne Einfluß auf die deutsche Erhebung gegen Napoleon. Zu einer Aufstandsbewegung nach dem Muster der Guerilla in Spanien kam es 1809 in Tirol unter Andreas Hofer, wobei sich der Tiroler Aufstand vordergründig gegen den Rheinbundstaat Bayern richtete, dem Tirol durch den Frieden von Preßburg von 1805 zugefallen war. Hinter Bayern stand jedoch Frankreich. In Norddeutschland blieb es bei Einzelaktionen, so bei dem Aufstandsversuch des Obersten Wilhelm von Dörnberg von 1809 im Königreich Westphalen – im Gebiet der alten Landgrafschaft Hessen-Kassel –, der aber erfolglos blieb und Dörnberg zur Flucht nach Österreich zwang. Eine Einzelaktion blieb auch der Versuch des preußischen Majors Ferdinand von Schill, mit einer Reihe von Anhängern auf eigene Faust gegen die französischen Truppen in Norddeutschland loszuschlagen, um so einen Volksaufstand auszulösen. Schill kam Ende Mai 1809 im Straßenkampf in Stralsund um. Elf seiner Offiziere wurden im September 1809 von den Franzosen in Wesel hingerichtet.

Entscheidend für den Zusammenbruch der französischen Hegemonie und der Herrschaft Napoleons über Europa und für das Ende dessen, was man das „napoleonische Westfalen" nennen könnte, wurde aber nicht der Aufstand in Spanien, auch wenn damit der Niedergang einsetzte; entscheidend wurde der katastrophale Ausgang von Napoleons Feldzug nach Rußland. Daran nahmen mit den Kontingenten der Rheinbundstaaten auch viele Soldaten aus Westfalen teil. So stellte das Großherzogtum Hessen insgesamt 5046 Mann für Napoleon Rußlandarmee, darunter viele

junge Männer aus dem Herzogtum Westfalen. Die Verluste waren, auch gemessen an den Weltkriegen des 20. Jahrhunderts, ungemein hoch. Am 6. Januar 1813, also nach der Aufgabe Moskaus und nach dem verlustreichen Rückzug über den Fluß Beresina in Weißrußland Ende September 1812, umfaßten die Reste der hessischen Truppen, die teilweise bis nach Moskau gelangt waren und sich inzwischen nach Elbing nahe der Weichselmündung zurückgezogen hatten, gerade noch 30 Offiziere und 340 Soldaten. Ein Beispiel bieten Stadt und Amt Medebach, von wo aus 27 Soldaten als Angehörige des hessischen Korps der napoleonischen Rußlandarmee ausgerückt waren. Keiner kehrte zurück.
Der Ausgang des Rußlandfeldzuges, der in Deutschland die antifranzösische Stimmung beflügelte und die patriotische Begeisterung anfeuerte, schuf die Voraussetzung für die Erhebung gegen Napoleon in Preußen, die in den Befreiungs- oder Freiheitskrieg von 1813 einmündete. Die Konvention von Tauroggen (Litauen) vom 30. Dezember 1812, ein eigenmächtiges Vorgehen des preußischen Generalfeldmarschalls Hans David von Yorck zu Wartenburg, des Befehlshabers der preußischen Truppen innerhalb der napoleonischen Rußlandarmee, leitete den Abfall Preußens von Napoleon ein; im Frühjahr 1812 hatten sich Preußen und Österreich zu Bündnisverträgen mit Frankreich und zur Beteiligung am Rußlandfeldzug bereit finden müssen. Ende Februar 1813 trat Preußen auf die Seite Rußlands und schloß ein Bündnis mit dem damals wichtigsten Kriegsgegner Napoleons, Kaiser Alexander I. von Rußland. Am 15. März 1813 erklärte Preußen Frankreich den Krieg. Einige Monate später, am 9. September 1813, schloß sich Österreich dem gegen Frankreich gerichteten Bündnis Rußlands und Preußens an. Gleichzeitig setzten Auflösungserscheinungen des Rheinbundes ein. Wichtig wurde der österreichisch-bayerische Vertrag von Ried vom 8. Oktober 1813, mit dem der neben dem Königreich Westphalen wichtigste Rheinbundstaat, das von Napoleon geschaffene Königreich Bayern, aus dem Rheinbund austrat und seine Beteiligung am Kampf gegen Napoleon zusagte. Mit dem Vertrag von Ried fiel die Vorentscheidung für die Erhaltung der Rheinbundstaaten mit Ausnahme der „Napoleonidenstaaten“ Königreich Westphalen, Großherzogtum Berg und Großherzogtum Frankfurt.
Militärisch entscheidend wurde die mehrtägige Schlacht von Leipzig zwischen dem 16. und 19. Oktober 1813. Napoleon wurde zum Rückzug über den Rhein gezwungen. Das Königreich Westphalen und das Großherzogtum Berg lösten sich auf. Am 10. November 1813 hatten preußische Truppen bereits große Teile des Großherzogtums Berg besetzt. Am 19. November 1813 wurde für die im Frieden von Tilsit 1807 an Frankreich abgetretenen und dann an das Großherzogtum Berg oder an das Königreich Westphalen gelangten preußischen Gebiete in Westfalen das „Militärgouvernement zwischen Weser und Rhein“ eingerichtet. Dieses trat westlich der Weser an die Stelle des schon am 9. April 1813 gegründeten „Militärgouvernements für das Gebiet links der Elbe“. Die vorher nichtpreußischen Gebiete wurden dem Zivilverwaltungsdepartement unter dem Freiherrn vom Stein unterstellt. Sehr schnell erfolgte der Übergang von der militärischen zur zivilen Verwaltung durch

das „Zivilgouvernement für die Länder zwischen Weser und Rhein", das seinen Sitz in Münster hatte und auch für die nichtpreußischen Vorgängerterritorien zuständig war. An der Spitze des Zivilgouvernements stand seit dem 21. November 1813 Ludwig Freiherr Vincke, der 1774 in Minden geborene Präsident der preußischen Kriegs- und Domänenkammern von Münster und Hamm während der Jahre 1803 bis 1807. Das Zivilgouvernement bestand bis 1816.
Zwei Rheinbundfürsten, König Friedrich August I. von Sachsen, der nach der Schlacht von Leipzig in die Kriegsgefangenschaft der Verbündeten geriet, und Großherzog Ludewig I. von Hessen, hatten versäumt, dem bayerischen Beispiel zu folgen und rechtzeitig auf die Seite der Gegner Napoleons überzuwechseln. Der Großherzog von Hessen holte das erst mit dem Frankfurter Akzessionsvertrag vom 23. November 1813 nach – zu spät, um ohne Gebietsabtretungen davonzukommen. Während der König von Sachsen auf dem Wiener Kongreß einen Teil seines Königreichs an Preußen verlor (die spätere preußische Provinz Sachsen, heute Teil von Sachsen-Anhalt), büßte der Großherzog von Hessen das Herzogtum Westfalen und die beiden Grafschaften Wittgenstein ein, die in Wien Preußen zugesprochen wurden. Endgültig gingen das Herzogtum Westfalen und Wittgenstein aufgrund eines am 30. Juni 1816 zwischen Preußen, Österreich und dem Großherzogtum Hessen geschlossenen Staatsvertrags durch die am 7. Juli 1816 in Frankfurt am Main vorgenommene formelle Übergabe an Preußen über. Die Übergabe erfolgte am 15. Juli 1816.
Nur ein Zwischenspiel blieb der Versuch der Häuser Bentheim-Tecklenburg, Bentheim-Steinfurt, Salm-Salm, Salm-Kyrburg, Salm-Horstmar (Salm-Grumbach), Looz-Corswarem und Croy, ihre 1806, 1808 oder 1810 verlorene Landeshoheit wiederzuerlangen. Graf Emil Friedrich von Bentheim-Tecklenburg gab seine Hoheitsansprüche an der Grafschaft Limburg und der Herrschaft Rheda am 5. Mai 1815 auf und erklärte seine Unterwerfung unter Preußen.
Nach dem Sieg der Verbündeten über Frankreich, nach der Einnahme der Stadt Paris und der am 6. April 1814 erfolgten Abdankung Napoleons schlossen die Siegermächte Rußland, Preußen, Österreich, Großbritannien, Spanien, Schweden und Portugal mit dem geschlagenen Frankreich am 30. Mai 1814 den 1. Frieden von Paris. Eine Epoche ging zuende, die Epoche der Französischen Revolution und Napoleons, die als Übergangs- oder „Sattelzeit" (Reinhart Koselleck) zwischen dem Ancien Régime in Frankreich bzw. dem Alten Reich in Deutschland und der Moderne des 19. und 20. Jahrhunderts auch in Westfalen tiefgreifende Veränderungen bewirkt hatte. Mit diesen Veränderungen bildeten die wenigen Jahre zwischen dem Eintreffen der ersten Nachrichten von den revolutionären Vorgängen 1789 in Paris und der Abdankung Napoleons eine so tiefe Zäsur, wie es sie in Westfalen seit der Zeit der Christianisierung und der Frankenherrschaft, trotz aller seitdem eingetretenen Veränderungen, nicht gegeben hatte. Bezeichnenderweise endet eine klassische Darstellung der Geschichte Westfalens, die dreibändige „Westfälische Geschichte" Hermann Rotherts aus dem Jahre 1951, mit dem Wiener Kongreß, mit dem Krieg von 1815, zu dem es nach der Rückkehr Napoleons von der Insel Elba,

mit der Schlacht von Waterloo vom 18. Juni 1815 als militärischem Höhepunkt, noch einmal kam, und mit dem Einmarsch des aus der Grafschaft Mark rekrutierten preußischen 1. westfälischen Landwehrregiments nach dem endgültigen Sieg über Napoleon am 7. Juli 1815 in Paris.

Im 1. Pariser Friedensvertrag wurde der Zusammentritt eines Kongresses vereinbart, der vom 18. September 1814 bis zum 9. Juni 1815 in Wien stattfand. Der Wiener Kongreß hatte neben der Neuordnung Europas auch die „deutsche Frage“ zu lösen, also das Problem der Ordnung unter den Staaten, die bis 1806 das Heilige Römische Reich deutscher Nation gebildet hatten. Dem lag das Prinzip der Restauration des Staatensystems zugrunde, wie es vor der Französischen Revolution bestanden hatte, jedoch ohne Wiederherstellung des Heiligen Römischen Reiches und ohne Rückgängigmachung der Säkularisation der geistlichen Fürstentümer und der Mediatisierung der meisten Reichsstände, der Reichsgrafen und vieler kleiner Fürsten – eine Kompromißlösung, die für Westfalen weit mehr Veränderung als Wiederherstellung alter Formen brachte.

Die Festlegungen des Wiener Kongresses für die Neuordnung Europas gingen in die Wiener Kongreßakte ein, die am 9. Juni 1815 von den Bevollmächtigten der acht Signatarmächte des 1. Pariser Friedens unterzeichnet wurde. Einen Tag zuvor, am 8. Juni 1815, hatten in Wien die Bevollmächtigten der deutschen Staaten die Deutsche Bundesakte unterzeichnet. Damit entstand der Deutsche Bund als staatenbündische Organisation der damals 37 monarchisch regierten deutschen Staaten unter Einschluß des Großherzogtums Luxemburg und des Fürstentums Liechtenstein und mit den beiden Großmächten Preußen und Österreich an der Spitze sowie den vier Freien Städten Hamburg, Bremen, Lübeck und Frankfurt am Main.

Zur Neuordnung Europas, nicht zur Regelung der „deutschen Frage“, rechnete man die Territorialveränderungen innerhalb Deutschlands, die daher auch nicht in der Deutschen Bundesakte geregelt wurden, sondern in der Wiener Kongreßakte. Wichtig wurde vor allem der Übergang des größten Teils Westdeutschlands an Preußen. Preußen erhielt damit einen zweiten, westelbischen Schwerpunkt seines Staatsgebietes, der von der Weser im Osten bis an die Maas im Westen und bis an Mosel und Saar reichte. Aachen und Köln, Trier, Koblenz und Saarbrücken wurden preußisch, während Bielefeld und Minden, Hamm und Hagen, Kleve, Wesel und Tecklenburg ebenso wie die preußischen Säkularisationsgewinne von 1803, Münster und Paderborn, zu Preußen zurückkehrten. Preußen erhielt damit auch die beiden gemeinsam mit dem ebenfalls preußischen Oberschlesien für die künftige industrielle Entwicklung Deutschlands entscheidend wichtigen Regionen, das Ruhrgebiet und das Kohlenrevier an der Saar. Die beiden künftigen preußischen Westprovinzen Rheinland und Westfalen und das Ruhrgebiet mit seiner 1815 noch in ferner Zukunft liegenden Bedeutung nahmen Gestalt an. Für Westfalen bedeutete das einerseits politische Einheit als Provinz eines Großstaates, der sich von Saarbrücken bis Memel erstreckte und zugleich europäische Großmacht und Mitgliedsstaat des Deutschen Bundes – später des Deutschen Reiches – war, andererseits Verlust altwestfälischer Gebiete.

Das galt vor allem für Stadt und Hochstift Osnabrück, für die Grafschaften Bentheim und Lingen und für das Niederstift Münster, die von nun an dem Königreich Hannover bzw. dem Großherzogtum Oldenburg angehörten und heute Teil des Landes Niedersachsen sind. Aber auch das Fürstentum (ab 1918 das Land) Lippe blieb selbständig und wurde nie in die Provinz Westfalen einbezogen. Mit dieser Konzentration auf ein engeres Westfalen und mit dieser Homogenisierung als einheitliches politisches Gebilde entstand das moderne Westfalen. Auch dieser Vorgang gehört zu den tiefgreifenden Veränderungen in Westfalen zwischen 1789 und 1815.
Maßgeblich wurde die königliche „Verordnung wegen verbesserter Einrichtung der Provinzialbehörden" vom 30. April 1815, die Preußen in die zehn Provinzen Ostpreußen, Westpreußen, Posen, Schlesien, Pommern, Brandenburg, Sachsen, Westfalen, Jülich-Kleve-Berg und Niederrhein einteilte, von denen Jülich-Kleve-Berg und Niederrhein 1822 zur Rheinprovinz zusammengefaßt wurden. Für die Provinz Westfalen wurden die drei Regierungsbezirke Münster, Minden und Hamm vorgesehen. Zum Regierungsbezirk Hamm sollte auch das 1815 noch hessen-darmstädtische Herzogtum Westfalen geschlagen werden. Aufgrund der Bemühungen des Freiherrn Vincke wurde anstelle von Hamm die alte Hauptstadt des Herzogtums Westfalen, Arnsberg, Sitz des Regierungspräsidenten. Im übrigen blieb die Abgrenzung des neuen Regierungsbezirks so, wie es in der Verordnung vom 30. April 1815 vorgesehen war, nur daß der Regierung Arnsberg auch die Stadt Lippstadt sowie provisorisch die beiden Grafschaften Wittgenstein zugewiesen wurden. Nach dem bereits erwähnten, am 15. Juli 1816 abgeschlossenen Übergang des Herzogtums Westfalen an Preußen, mit dem auch Wittgenstein an Preußen fiel, fand die provisorische Verwaltung am 31. Juli 1816 ein Ende. Am nächsten Tag, dem 1. August 1816, nahmen die Behörden der Provinz Westfalen mit dem Sitz in Münster und die drei Regierungspräsidenten ihre Tätigkeit auf, während die des Zivilgouvernements endete. Erster Oberpräsident der Provinz Westfalen wurde der bisherige Zivilgouverneur Ludwig Freiherr Vincke, der dieses Amt bis zu seinem Tod 1844 behielt.
Am 1. August 1816 begann im Regierungsbezirk Münster die Einteilung in die Kreise Ahaus, Beckum, Borken, Coesfeld, Lüdinghausen, Münster, Recklinghausen, Steinfurt, Tecklenburg und Warendorf mit der Stadt Münster als kreisfreier Immediatstadt. Ab dem 1. November 1816 folgte der Regierungsbezirk Minden mit Stadt und Festung Minden und den Kreisen Bielefeld, Brakel, Bünde, Büren, Halle, Herford, Höxter, Minden, Paderborn, Rahden, Warburg und Wiedenbrück, bevor ab dem 1. Januar 1817 auch im Regierungsbezirk Arnsberg die Kreiseinteilung vorgenommen wurde. Hier gab es keine kreisfreie Stadt wie Münster und Minden in den beiden anderen Regierungsbezirken, sondern nur die Kreise Altena, Arnsberg, Bilstein, Bochum, Brilon, Dortmund, Hagen, Hamm, Iserlohn, Lippstadt, Medebach und Soest. Am 1. Juni 1817 kam der Kreis Wittgenstein, der zwischenzeitig der Regierung Koblenz in der Provinz Niederrhein unterstellt worden war, hinzu. Dasselbe galt für den Kreis Siegen, der am 1. Juni 1817 aus dem Regierungsbezirk Koblenz der späteren Rheinprovinz ausschied und zum Regierungsbezirk Arnsberg

und damit zur Provinz Westfalen kam. Mit den Kreisen Siegen und Wittgenstein hatte die Provinz Westfalen im Sommer 1817 ihren bis zu ihrem Ende, von kleineren Grenzveränderungen im Zusammenhang mit Eingemeindungen abgesehen, beibehaltenen Gebietsumfang erreicht. Geschichte Westfalens, westfälische Geschichte, war von nun an Geschichte der preußischen Provinz Westfalen oder Geschichte Westfalens innerhalb der Grenzen der Provinz Westfalen.

Literatur

Aretin, Karl Otmar Freiherr von: Heiliges Römischen Reich 1776-1806. Reichsverfassung und Staatssouveränität. 2 Bde. (Veröffentlichungen des Instituts für Europäische Geschichte Mainz, Abt. Universalgeschichte, Bd. 38) Wiesbaden 1967.

Behr, Hans Joachim: Die Provinz Westfalen und das Land Lippe 1813-1933, in: Westfälische Geschichte. Hrsg. von Wilhelm Kohl, Bd. 2. Münster 1983, S. 45-164.

Berding, Helmut: Les dotations impériales dans le royaume de Westphalie, in: Revue de l'Institut Napoléon Nr. 192, 1976, S. 91-101.

Berding, Helmut: Die Emanzipation der Juden im Königreich Westfalen (1807-1813), in: Archiv für Sozialgeschichte 23, 1983, S. 23-50.

Berding, Helmut: Das Königreich Westfalen als Modellstaat, in: Lippische Mitteilungen aus Geschichte und Landeskunde 54, 1985, S. 181-193.

Berding, Helmut: Napoleonische Herrschafts- und Gesellschaftspolitik im Königreich Westfalen 1807-1813. (Kritische Studien zur Geschichtswissenschaft, Bd. 7) Göttingen 1973.

Dicke, Heinrich: Die Gesetzgebung und Verwaltung im Fürstentum Salm 1802-1810. (Beiträge zur Geschichte Niedersachsens und Westfalens, Bd. 33) Hildesheim 1912.

Dipper, Christof: Die Bauernbefreiung in Deutschland 1790-1850. (Urban-Taschenbücher, 298) Stuttgart 1980.

Dipper, Christof: Übergangsgesellschaft. Die ländliche Sozialordnung in Mitteleuropa um 1800, in: Zeitschrift für historische Forschung 23, 1996, S. 57-87.

Fehrenbach, Elisabeth: Traditionale Gesellschaft und revolutionäres Recht. Die Einführung des Code Napoléon in den Rheinbundstaaten. (Kritische Studien zur Geschichtswissenschaft, Bd. 13) Göttingen 1974.

Fehrenbach, Elisabeth: Vom Ancien Régime zum Wiener Kongreß. (Oldenbourg Grundriß der Geschichte, Bd. 12) 3. Aufl. München 1993.

Francksen, Meent W.: Staatsrat und Gesetzgebung im Großherzogtum Berg (1806-1813). (Rechtshistorische Reihe, Bd. 23) Frankfurt am Main 1982.

Furet, François / Richet, Denis: Die Französische Revolution. Aus dem Französischen. München 1981.

Hanschmidt, Alwin: 18. Jahrhundert (Literatur Kap. 5.2).

Huber, Ernst Rudolf: Deutsche Verfassungsgeschichte seit 1789, Bd. 1: Reform und Restauration 1789 bis 1830. 2. Aufl. Stuttgart 1967 (Nachdruck 1975).

Junk, Heinz K.: Das Großherzogtum Berg. Zur Territorialgeschichte des Rheinlandes und Westfalens in napoleonischer Zeit, in: Westfälische Forschungen 33, 1983, S. 39-83.

Junk, Heinz K.: Zum Städtewesen im Großherzogtum Berg (1806-1813), in: Städteordnungen des 19. Jahrhunderts. Beiträge zur Kommunalgeschichte Mittel- und Westeuropas. Hrsg. von Helmut Naunin. (Städteforschung, A/19) Köln/Wien 1984, S. 272-306.

Keinemann, Friedrich: Hochstift Paderborn (Literatur Kap. 5.2).

Keinemann, Friedrich: Unruhen und Krisen im Fürstbistum Paderborn am Ende des 18. Jahrhunderts, in: Westfälische Zeitschrift 118, 1968, S. 339-362.

Kleinschmidt, Arthur: Geschichte des Königreichs Westfalen. Gotha 1893, Nachdruck Kassel 1970.

Klueting, Harm: Ackerbürgerstadt Medebach (Literatur Kap. 3.4).

Klueting, Harm: „Daß sie ein Absplíß …“ (Literatur Kap. 3.3).

Klueting, Harm: Die Folgen der Säkularisationen. Zur Diskussion der wirtschaftlichen und sozialen Auswirkungen der Vermögenssäkularisation in Deutschland, in: Deutschland zwischen Revolution und Restauration. Hrsg. von Helmut Berding und Hans-Peter Ullmann. Königstein/Düsseldorf 1981, S. 184-207.

Klueting, Harm: Franz Wilhelm von Spiegel (Literatur Kap. 5.3).

Klueting, Harm: Frühliberalismus und Konstitutionalismus am Rhein und in Westfalen. Arnold Mallinckrodts und Johann Paul Brewers Beiträge zur Verfassungsdiskussion in den preußischen Westprovinzen (1814-1820), in: Nation, Nationalismus, Postnation. Beiträge zur Identitätsfindung der Deutschen im 19. und 20. Jahrhundert. Festschrift für Leo Haupts zum 65. Geburtstag. Hrsg. von Harm Klueting. Köln/Weimar/Wien 1992, S. 11-25.

Klueting, Harm: Nachholung des Absolutismus: Die rheinbündischen Reformen im Herzogtum Westfalen in hessen-darmstädtischer Zeit (1802-1816), in: Westfälische Zeitschrift 137, 1987, S. 227-244.

Klueting, Harm: Säkularisation im Herzogtum Westfalen (Literatur Kap 5.4).

Klueting, Harm: Die Säkularisation von 1802/03 im Rheinland und in Westfalen. Versuch eines Überblicks, in: Monatshefte für Evangelische Kirchengeschichte des Rheinlandes 30, 1981, S. 265-297.

Klueting, Harm: Die sozio-ökonomischen Folgen der Säkularisation des 19. Jahrhunderts im rechtsrheinischen Deutschland, in: Zur Säkularisation geistlicher Institutionen im 16. und im 18./19. Jahrhundert. Hrsg. von Irene Crusius. (Veröffentlichungen des Max-Planck-Instituts für Geschichte, Bd. 124 = Studien zur Germania Sacra, Bd. 19) Göttingen 1996, S. 102-120.

Knemeyer, Franz-Ludwig: Regierungs- und Verwaltungsreform in Deutschland zu Beginn des 19. Jahrhunderts. Köln/Berlin 1970.

Knemeyer, Franz-Ludwig: Die Rheinbundstaaten bis 1814, in: Deutsche Verwaltungsgeschichte. Hrsg. von Kurt G. A. Jeserich, Hans Pohl u. Georg-Christoph von Unruh, Bd. 2. Stuttgart 1983, S. 333-344.

Kochendörffer, Heinrich: Der Übergang des Herzogtums Westfalen und der Grafschaften Wittgenstein an Preußen, in: Westfälisches Adelsblatt. Monatsblatt der Vereinigten westfälischen Adelsarchive 5, 1928, Nr. 8/12, S. 161-209.

Kohl, Wilhelm: Art. Münster, Domstift St. Paulus, in: Westfälisches Klosterbuch. Hrsg. von Karl Hengst, Tl. 2. Münster 1994, S. 28-39.

Kohl, Wilhelm: Politische Gliederung 1804. Politische Gliederung 1809 und 1811. [Karten und Kartenerläuterung], in: Geschichtlicher Handatlas von Westfalen. Hrsg. vom Provinzialinstitut für Westfälische Landes- und Volksforschung des Landschaftsverbandes Westfalen-Lippe, Lfg. 1. Münster 1975.

Kuhna, Rainer: Die ständische Verfassung in den westfälischen Landesteilen Preußens und im Fürstbistum Münster 1780-1806. Jur. Diss. Münster 1963. Köln 1964.

Lahrkamp, Monika: Die französische Zeit, in: Westfälische Geschichte. Hrsg. von Wilhelm Kohl, Bd. 2. Düsseldorf 1983, S. 1-43.

Lahrkamp, Monika: Jahre des Umbruchs – Säkularisation und französische Herrschaft (1802-1815), in: Geschichte der Stadt Münster. Hrsg. von Franz-Josef Jakobi, Bd. 2. Münster 1993, S. 1-45.

Lahrkamp, Monika: Münster in napoleonischer Zeit 1800-1815. Administration, Wirtschaft und Gesellschaft im Zeichen von Säkularisation und französischer Herrschaft. (Quellen und Forschungen zur Geschichte der Stadt Münster, N. F. Bd. 7/8) Münster 1976.

Leesch, Wolfgang: Verwaltung in Westfalen 1815-1945. Organisation und Zuständigkeit. (Veröffentlichungen der Historischen Kommission für Westfalen, XXXVIII: Beiträge zur Geschichte der preußischen Provinz Westfalen, Bd. 4) Münster 1992.

Luntowski, Gustav: Arnold Mallinckrodt, in: Westfälische Lebensbilder, Bd. 15. Münster 1990, S. 91-107.

Meyenberg, M. Leonie: Art. Paderborn, Augustiner-Chorfrauen gen. Michaelskloster, in: Westfälisches Klosterbuch. Hrsg. von Karl Hengst, Tl. 2. Münster 1994, S. 256-260.

Müller, Ernst: Die Begründung der Provinz Westfalen 1813-1816 und ihr Zustand im Jahre 1817, in: Korrespondenzblatt des Gesamtvereins der Deutschen Geschichts- und Altertumsvereine 72, 1924, Sp. 65-92.

Obenaus, Herbert: Die Reichsstände des Königreichs Westfalen, in: Francia 9, 1981, S. 299-329.

Oer, Rudolfine Freiin von: Residenzstadt ohne Hof (Literatur Kap. 5.3).

Reformen im rheinbündischen Deutschland. Hrsg. von Eberhard Weis. (Schriften des Historischen Kollegs, Bd. 4) München 1984.

Regierungsakten des Großherzogtums Berg 1806-1813. Hrsg. von Klaus Rob. (Quellen zu den Reformen in den Rheinbundstaaten, Bd. 1) München 1992.

Regierungsakten des Königreichs Westphalen (1807-1813). Hrsg. von Klaus Rob. (Quellen zu den Reformen in den Rheinbundstaaten, Bd. 2) München 1992.

Scheele, Norbert: Die Beteiligung heimischer Soldaten an den Feldzügen in den Jahren 1806-1815, in: Heimatstimmen des Kreises Olpe 6, 1928/29 u. 7, 1930, in zahlreichen Fortsetzungen.

Schmidt, Charles: Le Grand-Duché de Berg 1806-1813. Etude sur la Domination Française en Allemagne sous Napoléon Ier. Paris 1905.

Schöne, Manfred: Das Herzogtum Westfalen unter hessen-darmstädtischer Herrschaft 1802-1816. (Landeskundliche Schriftenreihe für das kölnische Sauerland, Bd. 1) Olpe 1966.

Schulin, Ernst: Die Französische Revolution. 2. Aufl. München 1989.

Trummel, Walter: Der Norddeutsche Neutralitätsverband 1795-1801. (Beiträge für die Geschichte Niedersachsens und Westfalens, Bd. 41) Hildesheim 1913.

Tulard, Jean: Napoléon et la noblesse d'Empire. Avec la liste complète des membres de la noblesse impériale (1808-1815). Paris 1979.

van den Heuvel, Christine u. Gerd: Begrenzte Politisierung während der Französischen Revolution. Der „Gesmolder Bauernaufstand" von 1794 im Hochstift Osnabrück, in: Soziale Unruhen in Deutschland während der Französischen Revolution. Hrsg. von Helmut Berding. (Geschichte und Gesellschaft, Sonderheft 12) Göttingen 1988, S. 111-129.

Veddeler, Peter (Bearb.): Französische Emigranten in Westfalen 1792-1802. Ausgewählte Quellen. (Veröffentlichungen der Staatlichen Archive des Landes Nordrhein-Westfalen, Reihe C, Bd. 28) Münster 1989.

Ludwig Freiherr Vincke. ein westfälisches Profil zwischen Reform und Restauration in Preußen. Hrsg. von Hans-Joachim Behr u. Jürgen Kloosterhuis. (Veröffentlichungen der Staatlichen Archive des Landes Nordrhein-Westfalen, Reihe C, Bd. 34) Münster 1994.

Westfälisches Klosterbuch (Literatur Kap. 2).

Westphalen, Ludger Graf von: Der junge Vincke (1774-1809). Die erste Lebenshälfte des westfälischen Oberpräsidenten Ludwig Freiherrn Vincke. Hrsg. von Ruth Gräfin von Westphalen. (Vereinigte Westfälische Adelsarchive, Bd. 6) Münster 1987.

7.

Westfalen als preußische Provinz im 19. und 20. Jahrhundert

7.1 Provinzialverwaltung, Provinziallandtag und Provinzialverband, kommunale Selbstverwaltung und Abschluß der Agrarreformen

Der bisherige Zivilgouverneur Ludwig Freiherr Vincke vermerkte in seinem Tagebuch zum 30. Juli bis 1. August 1816: „In großer Unruhe und Arbeit, Abwicklung der alten Geschäfte, Vorbereitung der neuen Geschäftsführung – westfälische Angelegenheiten, Mangel an höheren Bestimmungen über alle Gegenstände fast – Abschied von meinen bisherigen Untergebenen – mit dem heutigen Tage endete meine Zivilgouvernementsverwaltung – gottlob, ich kann mit ruhiger Überzeugung, geleistet zu haben was meine Kräfte vermochten, darauf zurückblicken (...)“ (Tagebücher Vincke, S. 279). Zum 3. August 1816 heißt es dann im Tagebuch des neuen Oberpräsidenten: „Der königliche Geburtstag [Friedrich Wilhelm III., * 3. August 1770] und an diesem die Einführung der Regierung [zu Münster], des Konsistoriums, des Medizinalkollegiums – morgens feierlicher Militärgottesdienst im Freien, dann protestantische Kirche, dann zur Regierung; ich versuchte meine Redekünste, erinnerte an unsere Bestimmung, auch in Ermangelung von Ständen das Land überall zu vertreten etc. – dann waren bei Thielmanns [Johann Adolf Freiherr von Thielmann, preußischer kommandierender General in Münster] und bei mir alle Behörden zum Mittagsmahl vereint, jeder 50, und abends Ball im Schauspielhause“ (Tagebücher Vincke, S. 279).

Über die Stimmung der Bevölkerung sagen diese Aufzeichnungen des Oberpräsidenten nichts. Für die altpreußischen Gebiete Westfalens, besonders für die Grafschaft Mark, sind zahlreiche Fälle von Freudenkundgebungen über die Rückkehr unter preußische Herrschaft überliefert. In der ehemaligen Reichsstadt Dortmund und im alten Fürstentum Siegen kam dem preußischen Staat die überwiegend protestantische Konfessionszugehörigkeit der Einwohner entgegen, die vor allem im Siegerland eine „ausgesprochen preußenfreundliche Stimmung“ (Behr, Provinz Westfalen, S. 65) möglich machte. Wesentlich zurückhaltender war die Stimmung der Bevölkerung in den katholischen ehemals geistlichen Territorien, also vor allem im Münsterland, im alten Hochstift Paderborn und im Herzogtum Westfalen. Doch wird für das Herzogtum Westfalen, das von 1802/03 bis 1816 mit dem Landgrafen von Hessen-Darmstadt bzw. dem Großherzog von Hessen bereits unter einem protestantischen Landesfürsten gestanden hatte, auch von Anzeichen einer positiven Haltung gegenüber Preußen berichtet. Hier war man darüber enttäuscht, daß die preußische Besitzergreifung am 15. Juli 1816 ohne einen offiziellen Huldigungsakt vonstatten ging. In Münster hatte schon am 18. Oktober 1815, dem zweiten Jahrestag der Schlacht von Leipzig, eine große Huldigungsfeier stattgefunden, während Vincke nach dem Übergang des Herzogtums Westfalen an Preußen in Arnsberg in einem feierlichen Besitzergreifungsakt lediglich die Beamten und Offiziere verpflichtete, aber von einem Huldigungsakt absah.

Stärker fiel der konfessionelle Gegensatz der einheimischen Katholiken gegenüber dem vorherrschend protestantischen Preußen in Münster und in Paderborn ins Gewicht, wie Vinckes Tagebuchnotiz für den 3. August 1816 ja auch einen Festgottesdienst in der evangelischen ehemaligen Minoritenkirche in Münster vermerkt, aber keinen Festgottesdienst im Dom zu Münster oder in einer der katholischen Pfarrkirchen der Stadt. Während die erste preußische Besitzergreifung Münsters im Sommer 1802 aber von offenen Mißfallenskundgebungen aus Kreisen der Einwohnerschaft begleitet gewesen war, wurden die preußischen Truppen 1813 doch auch in Münster wesentlich freudiger begrüßt. „In der Tat waren die Preußen diesmal nicht als Usurpatoren, sondern als Befreier erschienen, die dem französischen Joch ein Ende bereiteten, und verglichen mit den drückenden und wirtschaftlich überaus schwierigen Verhältnissen unter dem napoleonischen Régime dürfte wohl die geordnete preußische Verwaltung als eine durchaus positive Alternative erschienen sein" (Keinemann, Westfalen, S. 31). Es blieb der für die Erzeugung einer preußenfreundlichen Stimmung unter der katholischen Bevölkerung nicht eben förderliche Einsatz zahlreicher, zumeist aus den ostelbischen Landesteilen Preußens nach Westfalen gekommener protestantischer preußischer Beamter und Offiziere, während einheimische Katholiken kaum am Aufbau der Verwaltung in der neuen Provinz beteiligt waren. Auch Vincke war als Mindener evangelisch, fand nie ein spannungsfreies Verhältnis zum katholischen Adel des Münsterlandes und konnte sich auch keiner Zuneigung seiner katholischen adeligen Standesgenossen erfreuen, für die er der Repräsentant des gerade im katholischen Adel Westfalens in jener Zeit wenig geliebten Preußen war.

Große Bedeutung für die Integration der katholischen Teile Westfalens in den preußischen Staat kam der herausgehobenen Rolle der Stadt Münster als Provinzialhauptstadt mit den damit verbundenen gesellschaftlichen Möglichkeiten zu, denen sich auch der katholische Adel nicht entzog. Auf niedrigerer Ebene entsprach dem die Rolle Arnsbergs als Regierungsbezirkshauptstadt, zu der Arnsberg durch nachhaltiges Insistieren Vinckes und auf Kosten Hamms, der alten Hauptstadt der preußischen Grafschaft Mark, gekommen war (S. 258). „Festzuhalten bleibt jedenfalls, daß mit Münster und Arnsberg zwei Verwaltungsschwerpunkte in ausgesprochen katholischen Gegenden lagen" (Keinemann, Westfalen, S. 35). Alles in allem hatte die Vereinigung aller alten und neuen Landesteile Preußens in Westfalen in einer Provinz – es gab auch ganz andere Pläne – und deren Benennung als „Provinz Westfalen" ausgesprochen bewußtseins- und identitätsbildende Folgen.

Das in Preußen schon 1808 geschaffene Amt des Oberpräsidenten war keine Mittelinstanz zwischen den Berliner Ministerien und den Regierungspräsidenten, sondern nach dem Wortlaut von § 4 der Verordnung vom 30. April 1815 (S. 258) ein ständi-

Die Könige von Preußen im 19. und 20. Jahrhundert

Friedrich Wilhelm III. (* 1770 † 1840)
1797-1840 König
Friedrich Wilhelm IV. (* 1795 † 1861)
1840-1858/61 König
Wilhelm I. (* 1797 † 1888)
1858-1861 Prinzregent
1861-1888 König, 1871-1888 Deutscher Kaiser
Friedrich III. (*1831 † 1888)
1888 Deutscher Kaiser und König von Preußen
Wilhelm II. (* 1859 † 1941)
1888-1918 Deutscher Kaiser und König von Preußen

ges Kommissariat des Ministeriums. Der Oberpräsident war also Teil der Zentralinstanzen des preußischen Staates. So hatte der Oberpräsident auch nur wenige eigene Verwaltungsaufgaben. Ihm oblagen die ständischen Angelegenheiten der Provinz, die Aufsicht über die regierungsbezirksübergreifend für die gesamte Provinz bestehenden öffentlichen Einrichtungen und die in dringenden Fällen für mehrere Regierungsbezirke bzw. für die gesamte Provinz zu treffenden Sicherheitsmaßregeln. Hinzu kam die obere Leitung des Kultus-, Unterrichts- und Medizinalwesens der Provinz. Auch in Westfalen unterstanden dem Oberpräsidenten das Provinzialkonsistorium und das Medizinalkollegium, wie Vincke sie in seiner Tagebuchnotiz vom 3. August 1816 erwähnt hatte. Das Konsistorium war zuständig für die Aufsicht über das Kirchen- und Schulwesen Westfalens, und zwar aller Konfessionen. Das Konsistorium war mit geistlichen und weltlichen, katholischen und evangelischen Räten besetzt. Dem Medizinalkollegium war das Gesundheitswesen der Provinz unterstellt. Der Geschäftsbereich beider Behörden, die beide in Münster saßen, umfaßte die gesamte Provinz.
Eine wesentliche Änderung brachte die Kabinettsordre vom 31. Dezember 1825. Damit wurde das Konsistorium in zwei Abteilungen aufgeteilt, von denen die eine unter dem Namen „Konsistorium“ die evangelischen Kirchensachen zu besorgen hatte. Die zweite Abteilung wurde unter der Bezeichnung „Provinzialschulkollegium“ Aufsichtsbehörde der Gymnasien der Provinz. Die staatliche Aufsicht über die katholische Kirche wurde dem Oberpräsidenten direkt übertragen, womit die katholischen Konsistorialräte aus dem Konsistorium ausschieden. Mit der Kabinettsordre vom 31.Dezember 1825 änderte sich auch die Stellung des Oberpräsidenten, der nun von einem ständigen Kommissar zum „Stellvertreter der obersten Staatsbehörden“ in der Provinz herabgestuft wurde. Die Verwaltungsreform von 1872 bis 1883 und die Einführung der Reformgesetzgebung über die allgemeine Landesverwaltung in Westfalen zum 1. Juli 1887 haben dann den Oberpräsidenten zu einer teils über, teils neben den Regierungspräsidenten stehenden zweiten Mittelbehörde gemacht und als Spitze der Provinzialverwaltung in die allgemeine Landesverwaltung eingegliedert.

Die Oberpräsidenten von Westfalen 1816-1946

Ludwig Freiherr Vincke 1816-1844
Justus Wilhelm Eduard von Schaper 1845-1846
Eduard von Flottwell 1846-1850
Franz von Duesberg 1850-1871
Friedrich von Kühlwetter 1871-1882
Robert von Hagemeister 1883-1889
Konrad von Studt 1889-1899
Eberhard Freiherr von der Recke 1899-1911
Karl Prinz von Ratibor und Corvey 1911-1919
Dr. Bernhard Würmeling (Zentrum) 1919-1922
Johannes Gronowski (Zentrum) 1922-1933
Ferdinand von Lüninck (DNVP) 1933-1938
Dr. Alfred Meyer (NSDAP) 1938-1945
Rudolf Klein (NSDAP) – kommissarisch – 1945
Dr. Rudolf Amelunxen (parteilos/Zentrum) 1945-1946

Die besondere Stellung des Oberpräsidenten fand darin ihren Ausdruck, daß Vincke und seine Nachfolger Justus Wilhelm Eduard von Schaper, Eduard von Flottwell, Franz von Duesberg, Friedrich von Kühlwetter und Robert von Hagemeister zugleich Regierungspräsidenten von Münster waren. Diese Personalunion des Oberpräsidenten- mit dem Regierungspräsidentenamt des Amtssitzes des Oberpräsidenten endete erst 1887. Zugleich erhielten die Regierungspräsidenten in Arnsberg und Minden Regierungsvizepräsidenten, die von 1818 bis 1887 nur der Oberpräsident als Regierungspräsident von Münster gehabt hatte. Die auf Hagemeister folgenden Oberpräsidenten Konrad von Studt, Eberhard Freiherr von der Recke und Karl Prinz von Ratibor und Corvey waren daher nur noch Oberpräsidenten.
Die Bezirksregierungen gliederten sich in zwei Abteilungen für Landeshoheitssachen, Landespolizei- und Militärsachen einerseits und für die Staatseinnahmen (Domänen, Steuern, Forsten) sowie für Gewerbepolizei und Bauwesen andererseits. Wegen der Zuständigkeit des Oberpräsidenten bzw. des Provinzialkonsistoriums, ab 1825 des Provinzialschulkollegiums, für das Kirchen- und Gymnasialschulwesen hatte die erste Abteilung der Bezirksregierungen in Arnsberg und Minden nur Zuständigkeiten für Elementar- und Bürgerschulen sowie für äußere Kirchen- und Schulangelegenheiten – eine Teilung der Kompetenzen für das Schulwesen zwischen Oberpräsident bzw. Provinzialschulkollegium und Regierungspräsidenten, bei der es in Nordrhein-Westfalen nach dem Fortfall der Oberpräsidenten in modifizierter Form bis zur Auflösung der Provinzialschulkollegien in Münster (Westfalen) und Düsseldorf (Nordrhein) am 1. Januar 1985 blieb. An dieser Kompetenzverteilung zwischen Provinz und Regierungsbezirk änderte sich 1825 kaum etwas, während 1887 größere Strukturveränderungen eintraten, die aber nur von verwaltungsgeschichtlichem Interesse sind.
An der Spitze der Landkreise („Kreise"), in die die Regierungsbezirke seit 1816 eingeteilt waren (S. 258 f.), standen Landräte. Die nur als Entwurf existierende Instruk-

Die preußische Provinz Westfalen und die Landkreise von 1817
Entwurf: H. Klueting nach „Geschichtlicher Handatlas von Westfalen", Lfg. 1 (1975), Karte 6/1

tion für die Landräte vom 31. Dezember 1816 erlangte zwar nie Rechtskraft, diente den Landräten aber bis zum Erlaß der Kreisordnungen von 1827 und 1886 als Richtschnur. Den Landräten oblagen Aufsicht und Sorge für den ordnungsgemäßen Gang der Verwaltung und die Förderung der Wirtschaft und der Landeskultur ihres Kreises. Doch fungierten sie dabei als Kommissare der Regierungspräsidenten und besaßen kaum eigene Entscheidungsbefugnisse. Das änderte sich erst mit der Reformgesetzgebung von 1872, die in Westfalen 1887 wirksam wurde. Erst damit wurden die Landräte zu selbständigen Instanzen der allgemeinen Landesverwaltung und die Landratsämter zu selbständigen Behörden auf der unteren Stufe der staatlichen Behördenorganisation. Zugleich änderten sich die Voraussetzungen für die Übertragung des Amtes eines Landrats bzw. für dessen Wahl durch die Kreisstände. Vor der Reform von 1887 war die Wählbarkeit zum Landrat in der Provinz Westfalen im Regelfall an den Besitz eines Rittergutes gebunden. Hinzu kam für solche Kandidaten, die keine juristische Staatsprüfung abgelegt hatten, eine Prüfung zur Feststellung ihrer fachlichen Qualifikation. Seit der Reform wurde eine abgeschlossene juristische Ausbildung und vierjährige Verwaltungserfahrung und daneben nur noch einjähriger Wohnsitz im Kreis verlangt. „Damit wandelte sich der Charakter des Landratsamtes: An die Stelle des im Kreise verwurzelten Rittergutsbesitzers trat der staatliche Berufsbeamte, für den sein Amt im Regelfalle nur ein Durchgangsposten zu höheren Staatsämtern bedeutete“ (Leesch, Verwaltung, S. 44). Das hatte erhebliche Verschiebungen in der sozialen Zusammensetzung der westfälischen Landräte zur Folge. Während zuvor eine ausgeprägte Vorherrschaft des alten Adels bestand – zwischen 1820 und 1869 gab es in Westfalen neben 48 altadeligen Landräten nur 29 bürgerliche oder neuadelige –, standen die Jahrzehnte nach 1886 völlig im Zeichen des bürgerlichen Landrates.
Die Außengrenzen der Provinz Westfalen und die Grenzen der drei Regierungsbezirke blieben bis zur Eingemeindung der Gemeinde Langerfeld (damals Kreis Schwelm) nach Barmen bzw. Wuppertal und zur Eingemeindung der Stadt Osterfeld nach Oberhausen – diese Eingemeindungen erfolgten 1922 bzw. 1929 und führten zum Übergang der betreffenden Gemeindegebiete an die Rheinprovinz – unverändert. Im Regierungsbezirk Münster änderten sich die Kreisgrenzen bis 1900 nicht. Im Regierungsbezirk Minden verloren Stadt und Festung Minden schon 1817 ihre Kreisfreiheit und wurden in den Kreis Minden einbezogen. 1832 wurde der Kreis Brakel mit dem Kreis Höxter vereinigt, während der Kreis Bünde 1832 an den Kreis Herford fiel und der Kreis Rahden wegen Sitzverlegung nach Lübbecke den Namen Kreis Lübbecke erhielt. Im Regierungsbezirk Arnsberg wurde 1819 der Kreis Bilstein, auch hier wegen Sitzverlegung, in Kreis Olpe umbenannt, während der Kreis Medebach 1819 auf den Kreis Brilon und den neu errichteten Kreis Eslohe aufgeteilt wurde, der auch Teile des Kreises Arnsberg erhielt und ab 1832 wegen Sitzverlegung nach Meschede Kreis Meschede hieß. Größere Veränderungen ergaben sich im weiteren Verlauf des 19. Jahrhunderts nur im Regierungsbezirk Arnsberg. Hier entstanden 1885 aus Teilen des Kreises Bochum die Kreise Gelsenkirchen und Hattingen

und 1887 aus Teilen des Kreises Dortmund der Kreis Hörde sowie im gleichen Jahr aus Teilen des Kreises Hagen der Kreis Schwelm.
1875 entstand mit dem aus dem Kreis Dortmund ausgekreisten Stadtkreis Dortmund die zweite „kreisfreie Stadt" – die zeitgenössische Bezeichnung lautete „Stadtkreis" – Westfalens neben Münster, gefolgt von Bochum (1876), Bielefeld (1878), Hagen (1887), Gelsenkirchen (1896), Witten (1899), Hamm (1901), Recklinghausen (1901), Herne (1906), Iserlohn (1907), Lüdenscheid (1907), Herford (1911), Hörde (1911) und Buer (1912). Die anderen kreisfreien Städte Westfalens – Bottrop (1921), Gladbeck (1921), (Oberhausen-)Osterfeld (1922), Siegen (1923), Wanne-Eickel (1926), Wattenscheid (1926), Castrop-Rauxel (1928) und Lünen (1928) –, von denen viele ihre Kreisfreiheit 1975 wieder verloren, erhielten diesen Status erst nach dem Ersten Weltkrieg.
Das preußische „Allgemeine Landrecht" (ALR) von 1794 galt in der Provinz Westfalen bei deren Gründung 1816 noch nicht überall. Durch Patent vom 9. September 1814 war das ALR mit Wirkung vom 1. Januar 1815 in den mit Preußen wiedervereinigten westfälischen Gebieten eingeführt bzw. wiedereingeführt worden. Formal galt diese Wiedereinführung des ALR zwar nur für die vormals preußischen Landesteile in Westfalen, nicht für die erst mit dem Wiener Kongreß zu Preußen gekommenen westfälischen Territorien. In der Praxis wurde das ALR aber seit dem 1. Januar 1815 in allen Gebieten des Zivilgouvernements (S. 255 f.) angewandt, bis das Patent vom 9. September 1814 durch Verordnung vom 25. März 1818 ausdrücklich auch auf die kleineren, vormals selbständigen Landesteile ausgedehnt wurde. Die Wiedereinführung des ALR war mit der Maßgabe erfolgt, daß es an die Stelle des bis dahin geltenden, im Großherzogtum Berg und im Königreich Westphalen eingeführten „Code Civil" (S. 251) trat. Das bedeutete, daß die vom „Code Civil" beseitigten Provinzialrechte abgeschafft blieben, mit der Folge, daß das ALR nicht nur subsidiäres, also nur beim Fehlen provinzialrechtlicher Regelungen anwendbares Recht war, sondern primäre Rechtsquelle.
Ganz anders war die Rechtslage jedoch im ehemaligen Herzogtum Westfalen, in den beiden Grafschaften Wittgenstein und im ehemaligen Fürstentum Siegen. Entscheidend war nicht, daß das Herzogtum Westfalen und die wittgensteinischen Grafschaften erst 1816 an Preußen fielen; entscheidend war, daß das Großherzogtum Hessen der Rheinbundzeit den „Code Civil" nicht rezipiert hatte, der somit in diesem Teil der Provinz Westfalen zu keinem Zeitpunkt geltendes Recht gewesen war und daher hier auch nicht zur Beseitigung alten Rechts geführt hatte. So war im Herzogtum Westfalen und in den beiden Grafschaften Wittgenstein auch nach 1816 nicht das an die Stelle des „Code Civil" tretende preußische ALR in Kraft, sondern das Gemeine Recht der römisch-rechtlichen Rechtstradition, verbunden mit kurkölnischen oder gräflich wittgensteinischen und hessen-darmstädtischen Gesetzen und den örtlichen Statutarrechten. Im ehemaligen Fürstentum Siegen hatte, wegen der Zugehörigkeit dieses Landes zum Großherzogtum Berg, zwar seit 1810 der „Code Civil" gegolten, doch war dieser nach der vorübergehenden Rückkehr des Siegerlan-

des unter oranisch-nassauische Herrschaft durch oranisch-nassauisches Patent vom 20. Dezember 1813 aufgehoben worden und somit beim Übergang Siegens an Preußen dort nicht mehr in Kraft. Erst durch preußisches Patent vom 21. Juni 1825 wurde das ALR mit Wirkung vom 1. Dezember 1825 auch im Herzogtum Westfalen, in Wittgenstein und im Siegerland eingeführt. Doch hatte das ALR aufgrund dieser Vorgeschichte in diesem Teil Westfalens, anders als in der übrigen Provinz, nur den Rang einer subsidiären Rechtsquelle. Das bedeutete, daß hier das Gemeine Recht, die Provinzialrechte und die örtlichen Statutarrechte auch nach 1825 fortgalten, während das ALR nur dann zur Anwendung kam, wenn das Gemeine Recht, die Provinzialrechte und die örtlichen Statutarrechte, die wiederum dem Gemeinen Recht vorgingen, keine entsprechenden Regelungen enthielten. Wichtig war das vor allem für Rechtsgebiete wie das eheliche Güterrecht und das Erbrecht. Völlige Rechtseinheit aller Teile der Provinz Westfalen entstand erst mit dem am 24. August 1896 vom Reichstag verabschiedeten und ab dem 1. Januar 1900 im gesamten Deutschen Reich – wie heute in der gesamten Bundesrepublik Deutschland – geltenden „Bürgerlichen Gesetzbuch“ (BGB).
Die Gerichtsorganisation orientierte sich an den drei Regierungsbezirken als Gerichtssprengeln der Obergerichte. So gab es vor 1879 Oberlandesgerichte (OLG) in Münster, Paderborn, Hamm und Arnsberg. Das OLG für den Regierungsbezirk Minden befand sich bis November 1816 in Minden und wurde dann nach Paderborn verlegt. Das OLG Hamm befand sich erst seit Juni 1820 an diesem Ort. Davor gab es für den späteren Hammer Gerichtssprengel das OLG Kleve-Hamm mit dem Sitz in Kleve. Hinzu kam als zweites Obergericht für den Regierungsbezirk Arnsberg das Hofgericht (seit 1835 unter der Bezeichnung OLG) Arnsberg, dessen Gerichtssprengel aus dem ehemaligen Herzogtum Westfalen und den Kreisen Siegen und Wittgenstein bestand. Nach der Revolution von 1848 wurden die Oberlandesgerichte in „Appellationsgerichte“ umbenannt. Nachdem 1849 die Fürsten der beiden Linien Hohenzollern-Hechingen und Hohenzollern-Sigmaringen zugunsten des Königs von Preußen abgedankt hatten und aus den Hohenzollernschen Landen im heutigen Baden-Württemberg der preußische Regierungsbezirk Sigmaringen geworden war, wurde in diesem verwaltungsmäßig dem Oberpräsidenten der Rheinprovinz unterstellten Gebiet 1852 die preußische Gerichtsverfassung eingeführt. Seitdem war das Appellationsgericht Arnsberg auch als Obergericht für Sigmaringen zuständig, bis der Regierungsbezirk Sigmaringen 1879 dem OLG Frankfurt am Main zugewiesen wurde. Eine grundlegende Änderung trat nach der Reichsgründung ein. Aufgrund des Reichsgerichtsverfassungsgesetzes von 1877 nahm Preußen 1879 in Westfalen eine Neuordnung der Gerichtsorganisation vor. Von nun an gab es für die ordentliche Gerichtsbarkeit in der ganzen Provinz Westfalen nur noch ein Obergericht, nämlich das OLG Hamm. Dabei blieb es bis heute mit den drei nordrhein-westfälischen Oberlandesgerichten in Hamm, Köln und Düsseldorf. Nach 1879 bestanden im Gerichtssprengel des OLG Hamm nur noch Landgerichte und Amtsgerichte. Zwischen 1815 und 1848 hatte es – teilweise als „Justizämter“

bezeichnete – königliche bzw. staatliche Untergerichte, die „Land- und Stadtgerichte“, gegeben. Hinzu kamen in jener Zeit die im Großherzogtum Berg und im Königreich Westphalen aufgehobenen (S. 251), nach 1815 aber wiederbelebten Patrimonialgerichte bestimmter Adelsfamilien und die standesherrlichen Gerichte der ehemaligen Landesherren der vor 1806/08 selbständigen kleineren Territorien. Die letzten standesherrlichen Gerichte Westfalens waren die beiden in der Revolutionszeit durch Verordnung vom 2. Januar 1849 aufgehobenen und mit dem preußischen „Gesetz, betreffend die Regulierung des standesherrlichen Rechtszustandes des Fürstlichen Hauses Bentheim-Tecklenburg bezüglich der Herrschaft Rheda und der Grafschaft Hohen-Limburg“ vom 25. Oktober 1878 nicht wiederbelebten „Fürstlichen Land- und Stadtgerichte“ in Rheda und in (Hohen-)Limburg.
Preußen war durch die preußischen Reformen der Jahre seit 1807/08, die sich vor allem mit den Namen des Freiherrn Heinrich Friedrich Karl vom und zum Stein und des 1814 in den Fürstenstand erhobenen Karl August von Hardenberg verbanden, in vieler Hinsicht der modernste Staat im damaligen Deutschland. 1816, zur Zeit der Gründung der preußischen Provinz Westfalen, dauerte die Reformzeit noch an, um 1819 in die Reaktionszeit überzugehen. Vor allem die Verwaltung war modern und effizient. Das preußische Regierungssystem war nicht mehr absolutistisch im vorrevolutionären Sinne, allein schon wegen der Städteordnung des Freiherrn vom Stein von 1808, die mit absolutistischen Prinzipien gebrochen hatte; das preußische Regierungssystem war aber auch noch nicht, wie das mancher süddeutscher Staaten jener Zeit, frühkonstitutionell. Dafür fehlte die Volksvertretung, die es 1816 weder für die Provinzen noch gar für den Gesamtstaat gab. Am ehesten wird man das preußische Regierungssystem der Jahrzehnte vor 1848 als das eines bürokratischen Obrigkeitsstaates mit Selbstverwaltungselementen bezeichnen können.
Die Deutsche Bundesakte (DBA) vom 8. Juni 1815 (S. 257) enthielt in Art. XIII die Bestimmung; „In allen Bundesstaaten wird eine Landständische Verfassung statt finden“. Das konnte man im Sinne einer modernen, nachrevolutionären Repräsentativverfassung mit einem Parlament als Volksvertretung nach dem Vorbild der „Chambre des députés“ der französischen „Charte constitutionelle“ von 1814 verstehen. Diesem Verständnis entsprachen die Verfassungsurkunden, die 1814 im Herzogtum Nassau und danach in Bayern, Württemberg, Baden und Hessen (-Darmstadt), aber auch in einer Reihe von Staaten des mittleren und nördlichen Deutschland, z. B. 1816 im Fürstentum Schaumburg-Lippe und im Fürstentum Waldeck, in Kraft gesetzt wurden. Man konnte Art. XIII DBA aber auch im Sinne einer Wiederherstellung der vorrevolutionären Landstände und entsprechender städtischer Organe verstehen. Dieses restaurativ-antikonstitutionelle Verständnis des Art. XIII DBA stand hinter der Restitution der Verfassungsinstitutionen der Zeit des Alten Reiches in Mecklenburg-Schwerin und Mecklenburg-Strelitz und in den Freien Städten Hamburg, Bremen, Lübeck und Frankfurt am Main. Drei deutsche Staaten blieben ganz ohne Verfassung: das Großherzogtum Oldenburg, das Kaisertum Österreich

und Preußen, das bis 1848 ein bürokratischer Obrigkeitsstaat ohne geschriebene Verfassung und bis 1847 ohne gesamtstaatliche Volksvertretung war.
Statt einer Volksvertretung gab es in Preußen ein königliches Verfassungsversprechen, das Friedrich Wilhelm III. zuerst 1810 und erneut 1815 sowie noch einmal 1820 aussprach. Doch blieb dieses Verfassungsversprechen ebenso wie das damit verbundene Versprechen einer „Repräsentation des Volkes" auf gesamtstaatlicher Ebene auch unter seinem seit 1840 regierenden Sohn Friedrich Wilhelm IV. uneingelöst. Der Bruch des königlichen Verfassungsversprechens in Preußen spielte für die ganze deutsche Geschichte bis 1848 eine bedeutsame Rolle. Schon früh gab es in Preußen, besonders in den beiden Westprovinzen Rheinland und Westfalen, eine Verfassungsbewegung, die Verfassungskonzepte entwickelte und in Petitionen, Aufrufen und Adressen die Einlösung des Verfassungsversprechens forderte. Neben altständischen Entwürfen standen liberale Vorstellungen, mit denen die rheinisch-westfälische Verfassungsbewegung einen wichtigen Platz in der Geschichte des vormärzlichen Liberalismus einnimmt.
Im Rheinland setzte die Verfassungsbewegung mit der Aachener Huldigungsfeier vom 15. Mai 1815 ein, mit der die Integration des nördlichen Teils der späteren Rheinprovinz in den preußischen Staat noch vor dem Abschluß des Wiener Kongresses vollzogen wurde. Johann Friedrich Benzenberg aus Düsseldorf bemängelte das Fehlen gewählter Vertreter der rheinischen Bevölkerung beim Huldigungsakt. Abgesandte aus verschiedenen Gegenden des Rheinlandes überreichten Adressen mit der Bitte um baldige Verwirklichung des Verfassungsversprechens. Es gab im Rheinland 1815 aber auch altständische Forderungen, wie sie besonders der Graf Edmund von Kesselstadt erhob. 1816 veröffentlichte Johann Paul Brewer aus Düsseldorf eine Schrift, die im Gegensatz zu solchen Vorstellungen die Gleichheit aller vor dem Gesetz betonte und gegen eine ständische Organisationsform der erhofften „Nationalrepräsentation" eintrat. Der Höhepunkt der rheinischen Verfassungsbewegung kam 1817 mit der Reise des Ministers Karl von Altenstein nach Westfalen und in die Rheinlade und mit der Reise des Königs in die Westprovinzen. Fünf Städte – Trier, Köln, Koblenz, Aachen und Kleve – nutzten die Gelegenheit, dem Monarchen Petitionen zu überreichen oder nachträglich über den Staatskanzler zuzustellen, in denen um Verwirklichung des Verfassungsversprechens nachgesucht wurde. Besondere Bedeutung gewann die – nicht mit der Adresse der Stadt Koblenz identische – „Koblenzer Adresse" von Joseph Görres, die dieser dem Staatskanzler Hardenberg im Januar 1818 auf Schloß Engers bei Neuwied überreichte.
In Westfalen kamen Stellungnahmen aus den Reihen des Adels, die auf Wiederherstellung der alten Landstände abzielten, früher als im Rheinland vor – in der Grafschaft Mark schon im November 1813. Aber auch liberale Verfassungsforderungen wurden in Westfalen sehr früh erhoben. Das gilt vor allem für den Dortmunder Arnold Mallinckrodt und seinen „Entwurf einer Landes-Grundverfassung", dessen Vorwort vom 6. August 1814 datiert. Daran schloß sich eine Verfassungsdebatte in der seit Februar 1814 in Hagen erscheinenden Zeitschrift „Hermann" an, die sich bis

1816 hinzog und hauptsächlich von dem Hagener Handelsschuldirektor Adam Philipp Storck und dem Freiherrn Friedrich Alexander von Hövel bestritten wurde. Beide Autoren argumentierten für die Bevorrechtigung des Adels als des herausragenden politischen Standes. Zeitweise nahm die Debatte Züge einer Pressefehde zwischen dem „Hermann" und dem von Mallinckrodt in Dortmund herausgegebenen „Westfälischen Anzeiger" an.

Mallinckrodt sprach in seinem „Entwurf einer Landes-Grundverfassung" nicht von Volksvertretung, sondern von Landstandschaft. Er wollte die Kreistage und den Landtag in die drei Bänke des Adels, der Bürger und der Bauern gegliedert sehen und gab dem Adel mit der persönlichen Mitgliedschaft der Adeligen in der Kreistagsbank sowie mit den nach Ständen getrennten Wahlen zum Landtag außerordentliches Gewicht. Doch wurde die Stellung des Adels in seinem Verfassungsentwurf durch die Überstimmbarkeit der Adelsbank des Landtags und durch das Grundrecht der Gleichheit aller vor dem Gesetz eingeschränkt. Darüber hinaus erweist sich Mallinckrodts Verfassungsentwurf mit dem Selbstversammlungsrecht des Landtags, mit der Immunität der Abgeordneten, der Gesetzesinitiative des Landtags und einzelner Abgeordneter, der lediglich aufschiebenden Wirkung fürstlicher Sanktionsverweigerung, den Ansätzen einer Verfassungsgerichtsbarkeit, der Ministerverantwortlichkeit und der Ministeranklage, der Möglichkeit der Beamtenanklage bei gleichzeitiger Lebenszeitstellung der Beamten, der Unterstellung von Fürst und Verwaltung unter die Rechtsprechung und nicht zuletzt mit seinem Grundrechtskatalog, vor allem mit dem Gleichheitsgrundsatz, trotz der Ständegliederung von Kreistagen und Landtag als liberales Verfassungskonzept. Mallinckrodts Verfassungsentwurf zielte auf die Verfassung einer Erbmonarchie. Sein Landtag war kein Provinziallandtag, sondern ein gesamtstaatliches Parlament mit nur einer Kammer, wenn auch in drei Bänke gegliedert. Das Zweikammersystem mit einem Oberhaus nach dem Muster des britischen „House of Lords" oder der „Chambre des pairs" der französischen Verfassung von 1814 lehnte Mallinckrodt für Deutschland ab, weil es hier zu wenig hohen Adel gebe.

Statt einer gesamtstaatlichen Volksvertretung entstanden in Preußen durch das „Gesetz wegen Anordnung der Provinzialstände" vom 5. Juni 1823 in allen Provinzen Provinziallandtage. Das war keine Neuauflage der alten Landstände, auch wenn die Provinzialstände nach dem Vorbild des altständischen Systems organisiert waren. In mancher Hinsicht hatten sie sogar weniger Gewicht als die Landstände im 17. und 18. Jahrhundert. An die Stelle des Gegenüber von Landesherr und Landständen trat die alleinige Autorität des Königs von Preußen, der die Provinzialstände einberief und den Landtagsmarschall als Vorsitzenden der Provinzialstände ernannte. Vor allem fehlte den Provinzialständen das Steuerbewilligungsrecht. An der Gesetzgebung waren sie nicht beteiligt. Sie hatten nur beratende Funktionen bei Provinzialgesetzen und solchen Gesetzen, die die Provinz betrafen. Doch besaßen sie das Petitionsrecht und durften, vorbehaltlich königlicher Genehmigung, über Kommunalfragen der Provinz Beschlüsse fassen.

Der erste westfälische Provinziallandtag trat aufgrund des „Gesetzes wegen Anordnung der Provinzial-Stände für die Provinz Westfalen" vom 27. März 1824 am 29. Oktober 1826 in Münster zusammen und tagte hier bis zum 29. Dezember 1826. Nach der Eröffnung im Schloß von Münster fanden die Plenarberatungen des Provinziallandtags im Rathaus von Münster statt, das bis 1862 dem Provinziallandtag als Sitzungsgebäude diente, bis der Landtag ein eigenes Gebäude erhielt. Neben dem Plenum vollzog sich die Arbeit des Provinziallandtags in mehreren Ausschüssen und, außerhalb der Sitzungszeiten des Landtags, in Landtagsdeputationen. Dem ersten Provinziallandtag und den beiden folgenden von 1828 und 1830/31 stand als Landtagsmarschall der Freiherr vom Stein vor, der als alter Herr auf dem von ihm erworbenen Schloß Cappenberg nördlich der Lippe bei Lünen lebte. 1833 trat der vierte Provinziallandtag zusammen. Über die personelle Zusammensetzung läßt sich mit dem Blick auf den ersten westfälischen Provinziallandtag urteilen: „Welch beachtliches Maß an Kenntnissen, Wissen und Erfahrung, an moralischen Kräften und politischem Wirkungswillen (war) hier vereint (...). Angefangen von dem früheren Minister und Erneuerer des preußischen Staates über ehemalige Kammer- und Regierungspräsidenten und Präfekten der französischen Zeit fanden sich über alle Stände verteilt Landräte, hervorragende Juristen, Träger städtischer Ämter und erfolgreiche Kaufleute" (Hartlieb von Wallthor, Landschaftliche Selbstverwaltung, S. 114).
Der Provinziallandtag gliederte sich in die vier Stände der Standesherren, der Rittergutsbesitzer, des städtischen Grundbesitzes und des ländlichen Grundbesitzes. Die Standesherren, also die ehemaligen Landesherren der früher selbständigen kleineren weltlichen Territorien bzw. die Häupter der betreffenden Familien, gehörten dem Landtag in Person an. Es handelte sich um den Herzog von Arenberg, die Fürsten zu Bentheim-Tecklenburg und Bentheim-Steinfurt, die Herzöge von Croy und Looz-Corswarem, die Fürsten von Salm-Salm, Salm-Kyrburg, Salm-Horstmar, Sayn-Wittgenstein-Berleburg und Sayn-Wittgenstein-Wittgenstein sowie nominell auch um den Fürsten von Kaunitz-Rietberg. Später kamen noch der anfangs dem zweiten Stand zugewiesene Freiherr vom Stein und die Grafen von Westphalen und von Landsberg-Velen hinzu. Der zweite Stand, die Ritterschaft, war durch gewählte Abgeordnete vertreten. Voraussetzung für die Zugehörigkeit zum zweiten Stand war der Besitz eines landtagsfähigen Rittergutes (Matrikel der Rittgergüter: Häming, Matrikel), nicht mehr adelige Geburt; so konnten auch bürgerliche Rittergutsbesitzer dem zweiten Stand angehören. Insgesamt umfaßte der erste westfälische Provinziallandtag 79 Abgeordnete, darunter je 20, zusammen also 40, indirekt, d. h. mittels Wahlmännern gewählte Abgeordnete des dritten und des vierten Standes, die somit über eine Mehrheit von einer Stimme verfügten (Häming, Abgeordnete).
Bis 1871 blieb der Provinziallandtag in seinem dritten und vierten Stand eine provinzielle Volksvertretung in den Grenzen des indirekten und an bestimmte Grundbesitzvoraussetzungen gebundenen aktiven Wahlrechts und mit sehr beschränkten Kompetenzen. Größere Verwaltungsfunktionen besaßen die Provinzialstände nicht.

1871/72 erfolgte die Ausgestaltung des provinzialständischen Verbandes als Selbstverwaltungskörperschaft, wobei der Schwerpunkt jetzt auf der Verwaltung der provinzialständischen Anstalten lag, die vor allem in Bereichen wie der Armenpflege bestanden. So ging 1872 der Landarmenverband für die Provinz Westfalen in die Verwaltung des provinzialständischen Verbandes über.
Entscheidend wurde die Reform von 1886/87, mit der der Provinzialverband als Kommunalverband der Stadt- und Landkreise entstand, der über einen eigenen Verwaltungsapparat verfügte. Ihm wurden ganze Verwaltungsbereiche wie Armenwesen oder Straßenbau übertragen, die der Provinzialverband bei alleiniger Zuständigkeit in der Form provinzieller Selbstverwaltung besorgte. An der Spitze des Provinzialverbandes stand von nun an ein vom Provinziallandtag gewählter Provinzialausschuß, der Vermögen und Einrichtungen des Provinzialverbandes verwaltete. Für die Wahrnehmung der laufenden Geschäfte wurde ein „Landesdirektor" gewählt, der seit 1889 die Bezeichnung „Landeshauptmann" führte. 1886/87 endete auch die ständische Gliederung des Provinziallandtages, indem der Landtag von nun an nicht mehr nach Ständen, sondern von den Kreisvertretungen gewählt wurde. Auch war das Grundeigentum bzw. der Grundbesitz nicht mehr Voraussetzung des Wahlrechts. Allerdings wirkte sich das Dreiklassenwahlrecht, das die revidierte preußische Verfassung vom 31. Januar 1850 eingeführt hatte, insofern auch auf den Provinziallandtag aus, als nach diesem Wahlrecht die Kreis- und Stadtvertretungen gewählt wurden, die ihrerseits die Abgeordneten des Provinziallandtags wählten. „Erst mit dem Besteuerungsrecht, der völligen Ausschaltung des Oberpräsidenten aus der provinzialen Selbstverwaltung unter Beschränkung auf die staatliche Aufsicht, der Übertragung ganzer Verwaltungszweige (Armenwesen, Straßenbau usw.), in denen ihm die alleinige Zuständigkeit zukommt, und mit der Verbandsmitgliedschaft der Kreise an Stelle der Stände ist der Provinzialverband zum Kommunalverband im vollen Rechtssinne geworden" (Leesch, Verwaltung, S. 243).
Seit 1827 gab es in den Kreisen Kreisstände, mit denen die Kreise nicht mehr nur, wie bis dahin, unterste Ebene der staatlichen Verwaltung waren, sondern zugleich kommunalständischer Bezirk, wenn auch noch nicht Selbstverwaltungsbezirk. Wie der Provinziallandtag, so setzten sich auch die Kreistage aus vier Ständen bzw., wo die Standesherren fehlten, aus drei Ständen zusammen: Standesherren, Rittergutsbesitzer, Städte und Landgemeinden. Standesherren und Rittergutsbesitzer – letztere konnten auch hier bürgerlich sein – gehörten persönlich dem Kreistag an und konnten sich auf den Kreistagssitzungen von einem Bevollmächtigten vertreten lassen, wovon die Standesherren oft Gebrauch machten. Städte und Landgemeinden waren durch gewählte Deputierte vertreten. Der Landrat war als Landrat ausschließlich staatlicher Beamter und leitete als staatlicher Kommissar die Sitzungen des Kreistages; als Privatmann gehörte er, weil er bis zu den erwähnten Reformen der achtziger Jahre des 19. Jahrhunderts ein im Kreis angesessener Rittergutsbesitzer war, dem zweiten Stand des Kreistages an. Grundlegende Änderungen traten auch für die Kreistage 1887 ein, indem die persönlichen Stimmen der Standesherren und der Rit-

tergutsbesitzer und überhaupt die ständische Gliederung entfielen, während der Kreistag zu einer reinen Repräsentativversammlung wurde, zu der alle Gutsbesitzer des Kreises, soweit sie Grundsteuern in einer bestimmten Mindesthöhe entrichteten, ferner Bergwerksdirektoren und Gewerbetreibende der obersten Gewerbesteuerklasse wahlberechtigt waren.

Die Standesherren, von denen das österreichisch-mährische Haus Kaunitz-Rietberg nach dem 1820/21 erfolgten Verkauf der Grafschaft Rietberg durch Graf Aloysius von Kaunitz an den Gutsbesitzer Friedrich Ludwig Tenge in Westfalen keine Rolle mehr spielte, verdankten ihre privilegierte Stellung dem Art. XIV DBA von 1815, der ihnen u. a. das Recht der Ebenbürtigkeit ihrer Familien mit den regierenden deutschen Königshäusern und gewisse öffentlich-rechtliche Hoheitsfunktionen einräumte. Dadurch wurde es ihnen möglich, in ihren früheren Grafschaften oder Fürstentümern Reste ihrer verlorenen Landeshoheit weiterhin wahrzunehmen. Dazu gehörten neben der schon erwähnten standesherrlichen Gerichtsbarkeit die Ortspolizei, die Kirchen- und Schulaufsicht und die Steuererhebung. Eine Reihe von Städten in Westfalen – Anholt, Berleburg, Coesfeld, Gronau, Gütersloh, Horstmar, Laasphe, (Hohen-)Limburg, Rheda, Rheine, Steinfurt – hatte einen besonderen Status als standesherrliche Mediatstädte, in denen die Standesherren die gewählten Bürgermeister und Magistratsmitglieder zu bestätigen hatten. Für die preußischen und damit auch für die westfälischen Standesherren hatte König Friedrich Wilhelm III. diese aus der Deutschen Bundesakte fließenden Rechte am 21. Juni 1815 bestätigt. Die Standesherren verzichteten jedoch teilweise bald gegen Abfindungen zumindest auf Teile dieser Rechte. So leistete Fürst Emil Friedrich zu Bentheim-Tecklenburg 1834 Verzicht auf einige seiner öffentlich-rechtlichen Hoheitsfunktionen und behielt danach nur die Zivilgerichtsbarkeit erster Instanz, die Ortspolizei und die Ernennung bzw. Bestätigung der Bürgermeister in Gütersloh, Rheda und (Hohen-) Limburg. 1824 war ihm der Herzog von Arenberg mit einem weitgehenden Verzicht auf seine Rechte gegen eine hohe Entschädigung voraufgegangen. Das Revolutionsjahr 1848 brachte die völlige Beseitigung der standesherrlichen Gerichtsbarkeit und aller übrigen standesherrlichen Privilegien. Nach der Revolution war die Wiederherstellung der standesherrlichen Rechte grundsätzlich möglich, doch wurde davon zumeist kein Gebrauch gemacht. Bis zum Ende der Monarchie blieb es jedoch bei den persönlichen standesherrlichen Privilegien der Standesherren und ihrer Familien, darunter dem Recht der Ebenbürtigkeit und dem des privilegierten Gerichtsstandes.

In Preußen gab es als eines der Kernstücke der preußischen Reformen die Städteordnung des Freiherrn vom Stein und des Ministers Friedrich Leopold von Schroetter vom 19. November 1808, die mit der absolutistischen Städtepolitik, wie sie in Preußen seit König Friedrich Wilhelm I. praktiziert worden war (S. 169), und auch mit der Verstaatlichung der Stadtverwaltungen wie in den Rheinbundstaaten (S. 252) brach. Statt dessen behandelte die Steinsche Städteordnung die Städte als selbständige Gemeinwesen innerhalb des Staates und begründete damit nicht nur in

Preußen, sondern darüber hinaus in Deutschland die moderne Form der kommunalen Selbstverwaltung. Die Städteordnung von 1808 fand in der Provinz Westfalen jedoch nirgendwo Anwendung. Auch die preußische Revidierte Städteordnung vom 17. März 1831 wurde in der Provinz Westfalen anfangs nur in einzelnen Städten wie Herford, Minden, Bielefeld und Münster in Kraft gesetzt. Die Revidierte Städteordnung kannte ein Zweikammersystem mit der durch die Bürgerschaft gewählten Stadtverordnetenversammlung und dem von den Stadtverordneten aus der Bürgerschaft gewählten Magistrat. Im übrigen blieben die kommunalrechtlichen Bestimmungen der Vorgängerstaaten aus der napoleonischen Zeit auch jetzt noch in Geltung. Erst nach der Einführung der Landgemeindeordnung für die Provinz Westfalen vom 31. Oktober 1841 galt die Revidierte Städteordnung von 1831 in Westfalen für alle Städte mit mehr als 2500 Einwohnern; Städte mit geringerer Einwohnerzahl fielen – als Titularstädte – unter die Landgemeindeordnung.

Mit der Landgemeindeordnung (LGO) von 1841 wurde auch für die Landgemeinden die kommunale Selbständigkeit hergestellt. Jedes Dorf, jede Bauerschaft, jedes Kirchspiel, in dem für Gemeindeangelegenheiten eine Kasse geführt wurde, bildete von nun an „eine Gemeinde mit den Rechten einer öffentlichen Korporation unter einem Gemeindevorsteher" (§ 1 LGO 1841). Mit der Landgemeindeordnung von 1841 wurden auch die preußischen Ämter gebildet, die in Nordrhein-Westfalen bis zur Kommunalen Neuordnung der 1970er Jahre bestanden und als staatliche Verwaltungsbezirke innerhalb der Kreise und unterhalb der Kreisebene mehrere kreis- und amtsangehörige Gemeinden umfaßten.

Am 19. März 1856 erhielt die Provinz Westfalen eine neue Landgemeindeordnung und eine neue Städteordnung. Diese Städteordnung trat an die Stelle der Gemeindeordnung vom 11. März 1850. Diese hatte für ganz Preußen und für Stadt- und Landgemeinden gleichermaßen gegolten und somit die Trennung von Stadt und Land aufgehoben. Trotz der Einführung des 1856 in Stadt- und Landgemeinden beibehaltenen Dreiklassenwahlrechts trug die Gemeindeordnung von 1850 liberalen Forderungen des Revolutionsjahres 1848 Rechnung, vor allem mit dem Übergang von der Bürger- zur Einwohnergemeinde, was für die Landgemeinden Westfalens allerdings schon mit der Landgemeindeordnung von 1841 geschehen war. Auch hatte die Gemeindeordnung von 1850 erstmals die kommunale Selbstverwaltung garantiert. Die Städteordnung von 1856 galt nur für die Städte, in denen bei Verkündung der Gemeindeordnung von 1850 die Revidierte Städteordnung von 1831 gegolten hatte, oder die zuvor der Landgemeindeordnung von 1841 unterstanden hatten, aber 1850 aus dem jeweiligen Amtsverband ausgeschieden waren. Darüber hinaus gab die Landgemeindeordnung von 1856 kleineren Städten, in denen sie Anwendung fand, die Möglichkeit, die Verleihung der Städteordnung zu beantragen. Mit der Landgemeindeordnung von 1856 wurde das gesamte, auch das unbewohnte Gebiet auf die politischen Gemeinden verteilt, womit die modernen Gemeindegrenzen entstanden. Das betraf auch die bis dahin gemeindefreien Gebiete wie die großen unbewohnten Waldgebiete des Sauerlandes.

Ausgenommen davon waren nur die Gutsbezirke, also kommunale Verwaltungsbezirke außerhalb der Gemeindestruktur, ohne öffentliche Rechte und Pflichten von Gemeindebürgern und mit dem Gutsbesitzer als Vorsteher und Träger der öffentlichen Rechte und Pflichten. Während die Rittergüter in der rheinbündischen Zeit in die Gemeinden eingegliedert worden waren, war es mit der Landgemeindeordnung von 1841 unter bestimmten Bedingungen zur Wiederausgliederung der Gutsbezirke aus den Gemeinden gekommen. In der Folge der Revolution von 1848 verschwanden die Gutsbezirke dann wieder, wie auch die Gemeindeordnung von 1850 keine Gemeindefreiheit der Rittergüter mehr kannte. Mit der Landgemeindeordnung von 1856 wurden die Gutsbezirke wieder eingeführt, bevor sie 1919 endgültig beseitigt wurden. Die Wiedereinführung der Gutsbezirke gehörte zu den antiliberalen Elementen der Landgemeindeordnung von 1856, die den Adel politisch aufzuwerten suchte. Die Städteordnung und die Landgemeindeordnung von 1856, mit denen auch die Trennung von Stadt und Land wiederkehrte, galten mit einigen Modifikationen, vor allem durch die Kreisordnung für die Provinz Westfalen von 1886 und das Kommunalbeamtengesetz von 1899, bis zum Ende des Ersten Weltkriegs; bei der Trennung von Stadt und Land blieb es bis 1933.
Die ersten Jahrzehnte nach der Gründung der preußischen Provinz Westfalen waren auch die Zeit der endgültigen Beseitigung der aus dem Mittelalter überkommenen Agrarverfassung mit der Grundherrschaft des Adels, dem die grundherrschaftlich gebundenen Bauern Dienste und Abgaben zu leisten hatten, und mit dem Rechtsinstitut der „Eigenbehörigkeit" (S. 222f., 225f.). Damit wurden die im 18. Jahrhundert begonnenen Allmendeteilungen (S. 217f.) zum Abschluß gebracht und die Agrarreformen der Rheinbundstaaten Großherzogtum Berg, Königreich Westphalen und Großherzogtum Hessen (S. 251f.), anknüpfend an die „Bauernbefreiung" im ostelbischen Preußen vor 1815, teilweise modifiziert vollendet. Die preußische Gemeinheitsteilungsordnung vom 7. Juni 1821 führte endgültig zur Umwandlung der Allmenden in privates Eigentum. Dennoch waren im Sauerland um 1865 erst etwa 25 % der Allmenden aufgeteilt; im Kreis Meschede wurde sogar erst nach 1850 damit begonnen.
Wichtig wurde Vinckes Gutachten über „Die Zerstückelung der Bauernhöfe und die Zersplitterung der Grundstücke in der Provinz Westfalen" von 1824. Wegen der von ihm befürchteten Überbevölkerung sprach sich der Oberpräsident gegen die unbeschränkte Teilbarkeit der Höfe aus, wie sie in der Rheinbundzeit eingeführt worden war. 1825 wurde eine Generalkommission zur Regulierung der gutsherrlichen und bäuerlichen Verhältnisse unter Vincke als Vorsitzendem eingesetzt. Für die einzelnen Teile der Provinz mit ihren unterschiedlichen Rechtstraditionen und ihren teilweise abweichenden Regelungen aus der Rheinbundzeit wurden am 21. April 1825 jeweils besondere Bestimmungen erlassen, mit denen die „Eigenbehörigkeit" und alle persönlichen Verpflichtungen der Bauern entschädigungslos aufgehoben wurden. Für die dinglichen, also die am Boden haftenden Verpflichtungen traten am 13. Juli 1829 Ablöseregelungen in Kraft. Auf der Linie von Vinckes Gutachten von 1824 lag das Gesetz über die bäuerliche Erbfolge in der Provinz

Westfalen vom 13. Juli 1836, mit dem das Anerbenrecht in modifizierter Gestalt zurückkehrte, was aber nur bis 1848 Bestand hatte.
Nach der Revolution von 1848 kam es am 2. März 1850 zu einer Novellierung der Agrargesetze, womit nun endgültig jegliches grundherrliches Obereigentum beseitigt wurde. Seit 1850 waren die Bauern in Westfalen freie Eigentümer ihrer Höfe. Die bis dahin noch bestehenden Dienste und Abgaben wurden in Grundrenten verwandelt, die für das 18fache einer Jahresleistung abgelöst werden konnten. Die Lastenablösung wurde den Bauern durch die Gründung von Rentenbanken ermöglicht. Die Ablösung zog sich zumeist bis in die sechziger Jahre des 19. Jahrhunderts hin. Anders als in den östlichen Provinzen Preußens spielte Landverlust der Bauern im Zusammenhang mit den Ablösungen in Westfalen keine große Rolle. Wichtiger war hier der Landgewinn der Bauern durch die Allmendeteilungen, auch wenn davon vor allem Adel und bürgerlicher Großgrundbesitz profitierten. Auf zuvor unkultivierten Wald- oder Heideflächen entstanden vielfach Kleinbauernstellen der bei den Gemeinheitsteilungen wegen fehlender Markenberechtigung leer ausgegangenen klein- und unterbäuerlichen Schichten. Insgesamt haben die Agrarreformen, trotz der Vorteile für den Großgrundbesitz, „die klein- und mittelbäuerliche Struktur Westfalens gefestigt" (Wischermann, An der Schwelle, S. 65).
Mit den Agrarreformen wuchsen die bäuerlichen Betriebsgrößen, bedeutende Steigerungen der Ernteerträge und der Anbau neuer Pflanzen mit entsprechenden Folgen für die Massenernährung wurden möglich. Im Münsterland herrschten in der Mitte des 19. Jahrhunderts mittel- und großbäuerliche Höfe mit überdurchschnittlicher Betriebsgröße vor. Im Hellwegraum waren die Betriebsgrößen kleiner, was hier aber durch die außerordentliche Fruchtbarkeit der Böden ausgeglichen wurde. Das zentrale Münsterland und der Hellwegraum zwischen Lippe und Haarstrang bildeten die wichtigsten landwirtschaftlichen Gebiete Westfalens an der Schwelle der Industrialisierung. Ganz anders sah es großenteils im gebirgigen Süden der Grafschaft Mark aus, wo schon in dieser Zeit bäuerlicher Kleinbesitz, oft im Nebenerwerb von Beschäftigten der Kleineisenindustrie und zunehmend auch des Bergbaus bewirtschaftet, in erheblichem Umfang das Bild der Landwirtschaft dieses Teiles Westfalens bestimmte. Um 1850 betrug der Anteil der landwirtschaftlich tätigen Bevölkerung einschließlich des Gesindes in Westfalen noch mehr als 60 % der Gesamtbevölkerung und im Regierungsbezirk Münster sogar gut 77 %. Westfalen und zumal das Münsterland waren, auch wenn die Industrialisierung längst begonnen hatte, noch immer ein Agrarland.
Die Steigerung der Ernteerträge hing mit dem freien Eigentum der Bauern an ihrem Boden und mit dem Ende der alten Agrarverfassung, mit der Aufteilung und Privatisierung der Allmenden und der dadurch möglichen Ausweitung der Ackerfläche, mit der Aufgabe traditioneller Ackerbausysteme wie der Dreifelderwirtschaft zugunsten neuartiger Fruchtwechselfolgen und mit modernen Methoden der Ertragssteigerung zusammen. Die größte Ertragssteigerung wurde beim Weizen verzeichnet. Roggen, noch immer und auch weiterhin wichtigstes Brotgetreide und

Hauptnahrungsbasis der Bevölkerung, verdoppelte seinen Ertrag. Die im 18. Jahrhundert eingeführte Kartoffel wurde im zweiten Viertel des 19. Jahrhunderts zu einem der wichtigsten Agrarprodukte Westfalens. Von 76 000 Tonnen Kartoffeln im Jahre 1816 stieg der Kartoffelernteertrag in Westfalen bis 1819 auf 119 000 Tonnen, bis 1825 auf 205 000 Tonnen, bis 1831 auf 291 000 Tonnen, bis 1840 auf 420 000 Tonnen und bis 1852 auf 463 000 Tonnen, um 1858 684 000 Tonnen zu erreichen (Wischermann, An der Schwelle, S. 68). „Ohne durchgreifende Veränderung der vorindustriellen, vielfach noch mittelalterlichen Agrarverfassung wäre keine merkliche Steigerung der landwirtschaftlichen Produktivität und Versorgung der schnell wachsenden städtisch-industriellen Märkte und kein auf Dauer selbsterhaltendes Wirtschaftswachstum möglich gewesen" (Wischermann, An der Schwelle, S. 70). Dabei war es vor allem die Kartoffel, die die Möglichkeiten der Massenernährung entscheidend vergrößerte. „Die Kartoffel befreite insbesondere klein- und unterbäuerliche Schichten aus der alleinigen Abhängigkeit vom Getreide und verbreiterte allgemein die Ernährungsgrundlage. Eine ausreichende Versorgung der schnell wachsenden Bevölkerung wäre im alten Feldbausystem mit der Monogetreidekultur wegen der steigenden Bodenauszehrung nicht möglich gewesen" (Teuteberg, Einfluß der Agrarreformen, S. 236).

Literatur

Barmeyer, Heide: Der Oberpräsident Vincke und die Provinz Westfalen, in: Westfälische Zeitschrift 146, 1996, S. 153-171.

Behr, Hans-Joachim: Die preußische Verwaltung in der Provinz Westfalen im Spannungsfeld von Zentralismus und Regionalismus, in: Westfalen und Preußen. Integration und Regionalismus. Hrsg. von Karl Teppe u. Michael Epkenhans. (Forschungen zur Regionalgeschichte, Bd. 3) Paderborn 1991, S. 24-46.

Behr, Hans-Joachim: Die preußischen Provinzialverbände. Verfassung, Aufgaben, Leistung, in: Selbstverwaltungsprinzip und Herrschaftsordnung. Bilanz und Perspektiven landschaftlicher Selbstverwaltung in Westfalen. Hrsg. von Karl Teppe. (Veröffentlichungen des Provinzialinstituts für westfälische Landes- und Volksforschung, Bd. 25) Münster 1987, S. 11-44.

Behr, Hans-Joachim: Provinz Westfalen (Literatur Kap. 6).

Behr, Hans-Joachim: Rheinland, Westfalen und Preußen in ihrem gegenseitigen Verhältnis 1815-1945, in: Westfälische Zeitschrift 133, 1983, S. 37-56.

Behr, Hans-Joachim: Zwischen Vormärz und Reichsgründung, in: Geschichte der Stadt Münster. Hrsg. von Franz-Josef Jakobi, Bd. 2. Münster 1993, S. 79-129.

Beusch, Carl Heiner: Westfälische Standesherren. Die Fürsten von Bentheim-Tecklenburg im 19. Jahrhundert, in: Westfälische Zeitschrift 145, 1995, S. 257-329.

Brakensiek, Stefan: Agrarreform (Literatur Kap. 5.4).

Conrad, Horst: Kommunaler Konstitutionalismus und preußischer Parlamentarismus. Die Revidierte Städteordnung in der Provinz Westfalen 1831-1850, in: Westfalen und Preußen. Integration und Regionalismus. Hrsg. von Karl Teppe u. Michael Epkenhans. (Forschungen zur Regionalgeschichte, Bd. 3) Paderborn 1991, S. 47-81.

Deter, Gerhard: Das preußische Allgemeine Landrecht in der Provinz Westfalen – Rezeption und Wirkung, in: Westfalen und Preußen. Integration und Regionalismus. Hrsg. von Karl

Teppe u. Michael Epkenhans. (Forschungen zur Regionalgeschichte, Bd. 3) Paderborn 1991, S. 82-97.

Ditt, Hildegard: Struktur und Wandel westfälischer Agrarlandschaften. (Veröffentlichungen des Provinzialinstituts für westfälische Landes- und Volkskunde, Reihe I, Bd. 13) Münster 1965.

Gollwitzer, Heinz: Die Standesherren. Die politische und gesellschaftliche Stellung der Mediatisierten 1815-1918. Ein Beitrag zur deutschen Sozialgeschichte. 2. Aufl. Göttingen 1964.

Häming, Josef (Bearb.): Die Abgeordneten des Westfalenparlaments 1826-1978. Zusammengestellt von Josef Häming, eingeleitet u. hrsg. von Alfred Bruns. (Landschaftsverband Westfalen-Lippe. Westfälische Quellen und Archivverzeichnisse, Bd. 2) Münster 1978.

Häming, Josef: Die Matrikel der ritterschaftlichen Güter in der Provinz Westfalen 1830-1886 und Nachweis ihrer Archive, in: Tradita Westphaliae. Hrsg. von Wolfgang Bockhorst. (Landschaftsverband Westfalen-Lippe. Westfälische Quellen und Archivverzeichnisse, Bd. 13) Münster 1987, S. 595-707.

Hartlieb von Wallthor, Alfred: Konservativer Adel in den Rheinlanden und in Westfalen nach den Befreiungskriegen, in: Rheinland-Westfalen im Industriezeitalter, Bd. 1. Wuppertal 1983, S. 19-26.

Hartlieb von Wallthor, Alfred: Die landschaftliche Selbstverwaltung, in: Westfälische Geschichte. Hrsg. von Wilhelm Kohl, Bd. 2. Düsseldorf 1983, S. 165-209.

Hartlieb von Wallthor, Alfred: Die landschaftliche Selbstverwaltung Westfalens in ihrer Entwicklung seit dem 18. Jahrhundert, Tl. 1: Bis zur Berufung des Vereinigten Landtags (1847). (Veröffentlichungen des Provinzialinstituts für westfälische Landes- und Volkskunde, Reihe I, Bd. 14) Münster 1965.

Huber, Ernst Rudolf: Deutsche Verfassungsgeschichte seit 1789, Bd. 1 (Literatur Kap. 6).

Keinemann, Friedrich (Hrsg.): Westfalen im Zeitalter der Restauration und der Julirevolution 1815-1833. Quellen zur Entwicklung der Wirtschaft, zur materiellen Lage der Bevölkerung und zum Erscheinungsbild der Volksstimmung. (Veröffentlichungen der Historischen Kommission für Westfalen, XXII A: Geschichtliche Arbeiten zur westfälischen Landesforschung, Wirtschafts- und sozialgeschichtliche Gruppe, Bd. 5) Münster 1987.

Klueting, Harm: „Sie fördern das Wohl der Einwohner …" (Literatur Kap. 3.4).

Klueting, Harm: Frühliberalismus und Konstitutionalismus (Literatur Kap. 6).

Koselleck, Reinhart: Preußen zwischen Reform und Revolution. Allgemeines Landrecht, Verwaltung und soziale Bewegung von 1791 bis 1848. (Industrielle Welt, Bd. 7) 3. Aufl. Stuttgart 1981.

Krabbe, Wolfgang R.: Die Entwicklung von Aufgabenstruktur und Leistungsvermögen des Provinzialverbandes Westfalen von 1886 bis 1945, in: Selbstverwaltung und Herrschaftsordnung. Bilanz und Perspektiven landschaftlicher Selbstverwaltung in Westfalen. Hrsg. von Karl Teppe. (Veröffentlichungen des Provinzialinstituts für westfälische Landes- und Volksforschung, Bd. 25) Münster 1987, S. 45-68.

Leesch, Wolfgang: Verwaltung in Westfalen (Literatur Kap. 6).

Luntowski, Gustav: Mallinckrodt (Literatur Kap. 6).

Mooser, Josef: Ländliche Klassengesellschaft (Literatur Kap. 5.4).

Nipperdey, Thomas: Deutsche Geschichte 1800-1866. Bürgerwelt und starker Staat. München 1983.

Possel-Dölken, Paul: Das westfälische eheliche Güterrecht im 19. Jahrhundert. Ein Beitrag zur Geschichte der preußischen Provinzialgesetzgebung. (Veröffentlichungen der Historischen Kommission für Westfalen, XXII: Geschichtliche Arbeiten zur westfälischen Landesforschung, Bd. 15) Münster 1978.

Reekers, Stephanie: Die Gebietsentwicklung der Kreise und Gemeinden Westfalens

1817-1967. (Veröffentlichungen des Provinzialinstituts für westfälische Landes- und Volksforschung, Reihe I, Bd. 18) Münster 1977.
Reif, Heinz: Westfälischer Adel (Literatur Kap. 5.2).
Rheinland-Westfalen im Industriezeitalter. Hrsg. von Kurt Düwell u. Wolfgang Köllmann, Bd. 1: Von der Entstehung der Provinzen bis zur Reichsgründung. Wuppertal 1983.
Rüfner, Wolfgang: Die Verwaltungstätigkeit unter Restauration und Konstitution, in: Deutsche Verwaltungsgeschichte. Hrsg. von Kurt G. A. Jeserich, Hans Pohl u. Georg-Christoph von Unruh, Bd. 2. Stuttgart 1983, S. 470-503.
Schissler, Hanna: Preußische Agrargesellschaft im Wandel. Wirtschaftliche, gesellschaftliche und politische Transformationsprozesse von 1763 bis 1847. (Kritische Studien zur Geschichtswissenschaft, Bd. 33) Göttingen 1978.
Schulte-Althoff, Franz-Josef: Politische Stadtelite und Kommunalreform. Die Einführung der Revidierten Städteordnung von 1831 in Iserlohn, in: Westfälische Zeitschrift 147 (1997), S. 371-404.
Schulte-Althoff, Franz-Josef: Preußische Bürokratie und städtische Selbstverwaltung. Die Einführung der Revidierten Städteordnung von 1831 in Dortmund, in: Die Alte Stadt 17 (1990), S. 274-290.
Die Tagebücher des Oberpräsidenten Ludwig Freiherrn Vincke 1813-1818. Hrsg. von Ludger Graf von Westphalen. (Veröffentlichungen der Historischen Kommission für Westfalen, XIX: Westfälische Briefwechsel und Denkwürdigkeiten, Bd. 7) Münster 1980.
Teuteberg, Hans-Jürgen: Der Einfluß der Agrarreformen auf die Betriebsorganisation und Produktion der bäuerlichen Wirtschaft Westfalens im 19. Jahrhundert, in: Entwicklungsprobleme einer Region. Das Beispiel Rheinland und Westfalen im 19. Jahrhundert. Hrsg. von Fritz Blaich. (Schriften des Vereins für Socialpolitik, N. F. Bd. 119) Berlin 1981, S. 167-276.
Unruh, Georg-Christoph von: Die Entwicklung der Kommunalverfassung in Deutschland im Zeitalter des Konstitutionalismus, in: Städteordnungen des 19. Jahrhunderts. Beiträge zur Kommunalgeschichte Mittel- und Westeuropas. Hrsg. von Helmut Naunin. (Städteforschung, A/19) Köln/Wien 1984, S. 1-18.
Walter, Bernd: Von der fürstbischöflichen Haupt- und Residenzstadt zur preußischen Provinzialhauptstadt (1815-1835), in: Geschichte der Stadt Münster. Hrsg. von Franz-Josef Jakobi, Bd. 2. Münster 1993, S. 47-78.
Wegmann, Dietrich: Die leitenden staatlichen Verwaltungsbeamten der Provinz Westfalen 1815-1918. (Veröffentlichungen der Historischen Kommission für Westfalen, XXII A: Geschichtliche Arbeiten zur westfälischen Landesforschung, Wirtschafts- und sozialgeschichtliche Gruppe, Bd. 1) Münster 1969.
Weitz, Reinhold K.: Der niederrheinische und westfälische Adel in der Auseinandersetzung um Verfassung und Status, in: Rheinland-Westfalen im Industriezeitalter, Bd. 1. Wuppertal 1983, S. 27-38.
Westphalen, Ludger Graf von: 150 Jahre Schulkollegium in Münster. Ein Beitrag zu seiner Geschichte. (Schriften der Historischen Kommission Westfalens, Bd. 11) Münster 1976.
Wex, Norbert: Staatliche Bürokratie und städtische Autonomie. Entstehung, Einführung und Rezeption der Revidierten Städteordnung von 1831 in Westfalen. (Forschungen zur Regionalgeschichte, Bd. 19) Paderborn 1997.
Wischermann, Clemens: An der Schwelle der Industrialisierung (1800-1850), in: Westfälische Geschichte. Hrsg. von Wilhelm Kohl, Bd. 3. Düsseldorf 1983, S. 41-162.

7.2 Die Revolution 1848/49 und die Zeit bis zur Reichsgründung 1871

Die Revolution von 1848, mit ihren Zentren im damaligen Deutschland in Frankfurt am Main, Berlin und Wien, war kein Ereignis der westfälischen Geschichte und spielte sich ganz überwiegend außerhalb Westfalens ab. In Westfalen erreichten die revolutionären Vorgänge ihren Höhepunkt erst 1849 mit dem Aufstand in Iserlohn im Mai jenes Jahres. Die revolutionären Aktionen, zu denen es im März 1848 auch in Westfalen kam, waren eher untypisch für die Revolution im gesamten Deutschland. Obwohl Karl Marx und Friedrich Engels im Februar 1848 in London das „Kommunistische Mainfest" veröffentlichten und infolge des Krisenjahres 1847 erheblicher sozialer Zündstoff vorhanden war, blieben die Revolution in Deutschland insgesamt von sozialistischen Ideen weitgehend unbeeinflußt und das „Kommunistische Manifest" zunächst fast unbekannt; vor allem war die Revolution insgesamt kaum sozial und ökonomisch motiviert, wie auch das entstehende Industrieproletariat noch keine wichtige Rolle spielte. In Westfalen war das anders. Hier standen Bestrebungen nach Verbesserung der sozialen und wirtschaftlichen Lage der Kleinbauern, Landarbeiter, Handwerksgesellen und Industriearbeiter, die hier das Geschehen von Anfang an mittrugen, hinter den Fällen von Aufruhr und Aufstand, die im Frühjahr 1848 auch in Westfalen nicht ausblieben.
Das hing neben den gewerblichen Strukturen großer Teile der Grafschaft Mark, vor allem des sich von Schwelm über Hagen bis nach Iserlohn erstreckenden Landstriches, mit den in Westfalen mehr als in manchen anderen Teilen Deutschlands spürbaren Auswirkungen der Krise von 1847 zusammen. 1847 gab es in Deutschland die letzte sog. „Krise vom ‚type ancien'", d. h. die letzte durch Ernteschwankungen ausgelöste Hungerkrise im Gegensatz zu den durch Konjunktur- bzw. Wachstumsschwankungen ausgelösten Wirtschaftskrisen des Industriezeitalters. 1846 war die seit 1826 andauernde Aufschwungphase der Landwirtschaft durch eine schwere Mißernte unterbrochen worden. Der Ernteausfall beim Brotgetreide hatte 41 % des normalen Ernteertrages betragen. Hinzu kam infolge einer „Kartoffelfäule" eine wesentliche Einschränkung der Kartoffelernte. Dadurch waren 1846 in Deutschland die Getreide- und Brotpreise um mehr als 100 % und die Kartoffelpreise um 60 % gestiegen. 1847 hatte sich dieser Preisanstieg fortgesetzt, der beim Getreide durchschnittlich 124 % und bei den Kartoffeln 130 % betrug. Im Herbst 1847 gab es jedoch eine sehr gute Ernte, in deren Folge die Preise allgemein nachließen. Doch begann sich das für die Massenversorgung erst im Frühjahr 1848 auszuwirken. Gleichzeitig zu dieser Agrarkrise gab es eine Absatzkrise des ohnehin in strukturellen Schwierigkeiten steckenden Handwerks, was zur Unterbeschäftigung von Handwerksmeistern und zur Arbeitslosigkeit von Gesellen führte. Mit der gleichzeitigen Stagnationskrise des Eisenbahnbaus, die zu Massenentlassungen führte, verbanden sich die Auswirkungen des Börsen- und Finanzkrachs in London und New

York von Ende 1847, der das internationale Finanz- und Kreditsystem erschütterte und auch Deutschland in Mitleidenschaft zog. Durch mangelhafte Ernährung wurden die Menschen in den einkommensschwachen Schichten und somit in der Masse der Bevölkerung gesundheitlich geschwächt. Dadurch kam es im Krisenjahr 1847 und im Frühjahr 1848 zur Verbreitung infektiöser Krankheiten wie Durchfall mit Kreislaufkollaps, Ruhr und Flecktyphus. Seit dem Frühjahr 1847 waren in Berlin, Wien, Stuttgart und anderen Städten Hungerrevolten zu verzeichnen, so im April 1847 die Berliner „Kartoffelrevolution". Direkte Zusammenhänge zwischen dem Hunger, dem Massenelend und den Hungerrevolten von 1847 und der Revolution vom März 1848 bestanden jedoch offenbar nicht (Wehler, Deutsche Gesellschaftsgeschichte II, S. 642-659).
In Westfalen scheint die Krise von 1846/47 aber immer noch weniger gravierend gewesen zu sein als in einigen anderen Landesteilen Preußens, etwa Oberschlesien, wo rd. 30 000 Menschen an Flecktyphus starben, aber trotz allem auch weniger schwerwiegend als die vorangegangene große Krise von 1816/17. „Sowohl 1816/17 wie 1846/47 hat es in Westfalen zwar Hungerperioden mit allen ihren Folgeerscheinungen gegeben, jedoch kaum mehr echten Hungertod. Die schwerste und allgemeinste Hungerzeit war die der Jahre 1816/17, nicht die von 1846/47" (Wischermann, Hungerkrisen, S. 138). Die Wahrnehmung der Zeitgenossen war jedoch anders, was sich nicht zuletzt im Verhalten der betreffenden Bevölkerungsschichten im Revolutionsfrühling von 1848 zeigte.
Der Anstoß zur Revolution in Deutschland kam aus Frankreich. Die Pariser Februarrevolution fand vielerorts in Europa sofort großen Widerhall, vor allem in Deutschland. Wenige Tage nach dem Sieg der Februarrevolution in Paris kam es in Württemberg, Hessen-Darmstadt, Baden und Nassau zu Volksversammlungen, zuerst am 27. Februar 1848 im badischen Mannheim. Hier wurde eine Petition an die Regierung des Großherzogtums Baden in Karlsruhe gerichtet. Gefordert wurden die Volksbewaffnung bei freier Wahl der Offiziere statt der bisherigen Fürstenarmeen, uneingeschränkte Pressefreiheit, Schwurgerichte nach britischem Vorbild und die sofortige Einberufung eines deutschen Parlaments. Das waren die berühmten „Märzforderungen". Von Mannheim aus erfaßte die Volksversammlungsbewegung Baden und die anderen Mittel- und Kleinstaaten Südwestdeutschlands, aber auch Bayern, Kurhessen, Hannover, Sachsen, Oldenburg und Braunschweig und in Preußen vor allem die Rheinprovinz und die Provinz Schlesien. Am 5. März 1848 wurde auf einer Versammlung in Heidelberg die Forderung an alle deutschen Regierungen gerichtet, Wahlen zu einem deutschen Nationalparlament auszuschreiben und zur Vorbereitung dieser Wahlen sofort ein „Vorparlament" an den Sitz des Bundestages des Deutschen Bundes nach Frankfurt am Main einzuberufen. Die Regierungen wichen in der Situation der frühen Märztage zurück und zeigten sich nachgiebig. Am 9. März hob der Bundestag die seit 1819 bestehenden Zensurvorschriften auf. In den Hauptstädten der meisten deutschen Mittel- und Kleinstaaten führte die revolutionäre Bewegung im Laufe des Monats März zur Demission der

Regierungen. An deren Stelle traten neue liberale Ministerien, die sog. „Märzministerien". Das ganze stellte ein Zurückweichen der etablierten politischen Kräfte vor der revolutionären Erhebung dar, wobei Hessen-Darmstadt am 5. März den Anfang machte, gefolgt von Baden, Württemberg, Hannover und Sachsen. In Österreich stürzte am 13. März der Staatskanzler Metternich und floh nach England. In Bayern dankte am 20. März König Ludwig I. ab. In der preußischen Hauptstadt Berlin kam es seit dem 17. März zu Volksversammlungen und am 18. März zu einer Versammlung vor dem Schloß, auf dessen Balkon König Friedrich Wilhelm IV. erschien. Als beim Räumen des Schloßplatzes durch das Militär zwei Gewehrschüsse fielen, löste das verlustreiche Barrikadenkämpfe in Berlin aus, nach deren Ende, am 29. März, auch in Preußen ein liberales Ministerium unter dem rheinischen Liberalen Ludolf Camphausen als neuem preußischen Ministerpräsidenten berufen wurde. Mit Zustimmung des Bundestages, in dem jetzt die „Märzministerien" der Einzelstaaten des Deutschen Bundes vertreten waren, kam am 31. März in Frankfurt am Main das auf der Heidelberger Versammlung vom 5. März geforderte „Vorparlament" zusammen. Das Vorparlament setzte sich aus 574 Mitgliedern der Landtage der einzelnen deutschen Staaten – im Falle Preußens der Provinziallandtage der preußischen Provinzen – zusammen. Die Provinz Westfalen stellte im Vorparlament nur sechs Abgeordnete, Preußen insgesamt 141, von denen ein Drittel aus der Rheinprovinz kam. Das Vorparlament beschloß die Einberufung einer deutschen Nationalversammlung nach Frankfurt am Main. Am 30. März hatte der Bundestag bereits die einzelstaatlichen Regierungen zur Durchführung der Wahlen für die deutsche Nationalversammlung aufgefordert, für die der vom Vorparlament eingesetzte Fünfzigerausschuß ein allgemeines und gleiches Wahlrecht beschloß.
Westfalen wies kaum Parallelen zu der Volksversammlungsbewegung Südwestdeutschlands auf, wie in Westfalen auch die „Märzforderungen" in der Diskussion keine hervorragende Rolle spielten. In Westfalen lassen sich vor allem zwei Bewegungen unterschiedlicher Ausrichtung beobachten: eine antirevolutionäre und eine sozialrevolutionäre Bewegung. Die antirevolutionäre Bewegung hatte ihren Schwerpunkt vor allem in der altpreußischen Grafschaft Mark und einen ihrer Vorkämpfer in dem liberalen Unternehmer Friedrich Harkort. Man verfaßte Adressen, in denen die revolutionären Vorgänge in Berlin in preußisch-royalistischem Sinne abgelehnt wurden, und gründete ein Komitee zur Unterstützung der Angehörigen der bei den Barrikadenkämpfen in Berlin gefallenen preußischen Soldaten und verwundeter Truppenangehöriger. Die sozialrevolutionäre Bewegung trat mit spontanen Einzelaktionen gegen adelige Gutsbesitzer, bürgerliche Fabrikbesitzer und preußische Beamte hervor. Im Süden der Grafschaft Mark wurden in einigen Fällen Fabriken gestürmt. In Dülmen wurde das Schloß des Herzogs von Croy geplündert. Besonders aufsehenerregend war der Sturm auf das damals unbewohnte Schloß Fürstenberg des Grafen von Westphalen bei Büren im ehemaligen Hochstift Paderborn in der Nacht vom 24. auf den 25. März 1848, bei dem das Schloß geplündert, die Inneneinrichtung zerstört und das Archiv verbrannt wurde. Auch wenn es sich

dabei um „pseudorevolutionären Unfug aufgehetzter, angetrunkener Dorfjungen“ (v. Westphalen, Aus dem Leben, S. 114) handelte, so sind die ernsten sozialen Probleme, die dahinter standen, doch unübersehbar. Als der März vorbei war, kehrte in Westfalen wieder Ruhe ein.

Die Wahlen zur deutschen Nationalversammlung fanden in den einzelnen deutschen Staaten zu unterschiedlichen Zeiten zwischen Mitte April und Mitte Mai statt. In Preußen und damit auch in Westfalen wurden am 1. Mai 1848 gleichzeitig die Abgeordneten der deutschen und der preußischen Nationalversammlung gewählt. Diese Wahlen waren die ersten allgemeinen und freien Wahlen in ganz Deutschland, wie die daraus hervorgegangenen Parlamente die ersten gewählten Volksvertretungen auf national-deutscher wie auf gesamtstaatlich-preußischer Ebene waren; der 1847 von König Friedrich Wilhelm IV. erstmals nach Berlin einberufene Vereinigte Landtag, der aus sämtlichen Mitgliedern der acht preußischen Provinziallandtage bestand, war zwar auch schon ein gesamtstaatlich-preußisches Parlament, doch war der Vereinigte Landtag nicht aus Wahlen für dieses Parlament hervorgegangen, sondern aus dem Zusammentritt der Provinziallandtage. Auch die konkrete Ausgestaltung des Wahlrechts – geheime oder öffentliche, direkte oder indirekte Wahl und das Wahlalter – war Sache der Einzelstaaten. Für Preußen wurde ein indirektes Wahlrecht zugrunde gelegt, bei dem die Wahlberechtigten in Urwahlen Wahlmänner wählten, die dann die Abgeordneten wählten. Wahlberechtigt war jeder männliche preußische Staatsbürger, der das 24. Lebensjahr – nach dem „Allgemeinen Landrecht“ der Zeitpunkt der Volljährigkeit – vollendet hatte, nicht durch Gerichtsurteil der bürgerlichen Rechte verlustig war und nicht aus öffentlichen Mitteln Armenunterstützung erhielt – modern gesprochen: jeder volljährige Mann mit Ausnahme von Sozialhilfeempfängern.

Für die preußische Nationalversammlung waren in Westfalen 38 Abgeordnete und für die Frankfurter Nationalversammlung 20 Abgeordnete zu wählen, außerdem jeweils die gleiche Anzahl Abgeordneten-Stellvertreter. Daher gab es in Westfalen für die preußische Wahl 38 Wahlkreise, für die deutsche Wahl 20 Wahlkreise. Die 20 Wahlkreise waren so zugeschnitten, daß jeder etwa 70 000 Einwohner umfaßte, so daß ein Frankfurter Abgeordneter aus Westfalen auf rd. 70 000 Personen kam. Von den von den Wahlmännern für Frankfurt gewählten Abgeordneten stammte die Hälfte nicht aus Westfalen, darunter der für den Wahlkreis Wittgenstein und Siegen gewählte liberale rheinische Bankier und Eisenbahnunternehmer Gustav (von) Mevissen und der für den Wahlkreis Lippstadt-Arnsberg gewählte gemäßigt-konservative preußische Generalmajor Joseph Maria von Radowitz aus Berlin. Abgeordneter für den Wahlkreis Hagen war in Frankfurt der Liberale Georg Freiherr Vincke, der Sohn des 1844 gestorbenen Oberpräsidenten. Abgeordneter des Wahlkreises Tecklenburg-Rheine-Warendorf war in Frankfurt der spätere Mainzer Bischof Wilhelm Emanuel von Ketteler, damals Pfarrer in Hopsten im Kreis Tecklenburg. Abgeordneter des Wahlkreises Münster in der Frankfurter Nationalversammlung war der Bischof von Münster, Johann Georg Müller, Abgeordneter des

Wahlkreises Paderborn Oberlandesgerichtsrat Schlüter aus Paderborn, Abgeordneter des Wahlkreises Bochum-Dortmund der aus einer Nachwahl hervorgegangene Dr. Gustav Höfken aus Heidelberg und Abgeordneter des Wahlkreises Herford-Bielefeld der Bielefelder Landgerichtsrat Johann Carl Ludwig Schreiber. Auffällig ist, daß keiner der westfälischen Abgeordneten in der Frankfurter Nationalversammlung der Linken angehörte. „Die meisten Abgeordneten aus der Provinz [Westfalen] schlossen sich dem rechten und linken Zentrum, einige auch der äußersten Rechten an" (Behr, Provinz Westfalen, S. 85). Hingegen gab es unter den westfälischen Abgeordneten der preußischen Nationalversammlung auch republikanisch orientierte Linke, so den in Lippstadt, Münster, Borken und Paderborn gewählten, seit 1846 in Berlin tätigen Obertribunalrat Benedikt Waldeck aus Münster, der in der Berliner Nationalversammlung an der Spitze der Linken stand. Abgeordnete der preußischen Nationalversammlung aus Westfalen waren auch der Arnsberger Rechtsanwalt Dr. Johann Friedrich Joseph Sommer und der Liberal-Konservative Friedrich Harkort aus Hagen.
Das Revolutionsjahr und die seit dem 9. März 1848 bestehende Pressefreiheit bewirkten auch in Westfalen einen ersten großen Aufschwung des Zeitungs- und Zeitschriftenwesens, auch wenn ein großer Teil der Zeitungen bereits lange vorher entstanden war. Das galt vor allem für die Blätter, die eine katholisch-konservative oder preußisch-konservative Richtung verfolgten. Dazu gehörten der „Westfälische Merkur" aus Münster und die auch in Westfalen viel gelesene „Kölnische Zeitung", außerdem der „Ravensberger Volksfreund" und das „Sonntagsblatt für katholische Christen", dem als Blätter des protestantischen Konservativismus die „Elberfelder Zeitung" und das „Gütersloher Volksblatt" entsprachen. Vermittelnde Positionen zur liberalen Mitte und teilweise auch zu den Demokraten auf der Linken hin nahmen das „Mindener Sonntagsblatt" und die Paderborner „Westfälische Zeitung" ein. Im „Hagener Kreisblatt" veröffentlichte Friedrich Harkort seit dem 8. April 1848 seine Arbeiterbriefe, mit denen er die „arbeitenden Klassen" der märkischen Gewerberegion im antirevolutionären Sinne zu beeinflussen suchte. Zeitungen der demokratischen Linken waren die „Westfälische Volkshalle" in Münster, der „Volksfreund" in Bielefeld, der Paderborner „Volksbote", das schon 1831 gegründete „Recklinghäuser Wochenblatt", der „Märkische Bote" aus Lüdenscheid, der „Beobachter an der Lenne" aus (Hohen-)Limburg, das „Iserlohner Bürgerblatt" und der „Volksbote für den Kreis Altena". Bemerkenswert und für die insgesamt gemäßigte Stimmung in Westfalen bezeichnend ist, daß das sozialistische Blatt „Westphälisches Dampfboot" im Mai 1848 trotz Pressefreiheit aus Mangel an Abonnenten einging. Dieses war 1844 unter den Titel „Weserdampfboot" im lippischen Lemgo entstanden und wurde später in Rheda redigiert. Seit 1845 erschien es als Monatszeitschrift unter dem Titel „Das westphälische Dampfboot".
Im Zusammenhang mit den Wahlen entstanden auch in Westfalen ebenso wie überall sonst in Deutschland politische Gruppierungen und Parteibildungen. Den Anfang machten die Katholiken, nachdem der politische Katholizismus als Reaktion

auf die Auseinandersetzungen zwischen dem preußischen Staat und der katholischen Kirche um die Frage der konfessionellen Mischehen, die in der Verhaftung des Kölner Erzbischofs, dem „Kölner Ereignis", im Jahre 1837 gipfelten, entstanden war. Am 13. April 1848 wurde in Münster der „Katholische Verein" gegründet, der sich, bald mit 120 Zweigvereinen in den verschiedenen katholischen Teilen Westfalens verbreitet, später nach dem amtierenden Papst Pius IX. „Pius-Verein" nannte. Der kirchlich und politisch konservative Protestantismus fand zwar nicht zur Parteigründung, hatte seine Schwerpunkte aber in dem von der Erweckungsbewegung erfaßten Minden-Ravensberg sowie in der Soester Börde und wirkte hier als politisch-konservatives Reservoir. Die vom Besitz- und Bildungsbürgertum getragene gemäßigt liberale Richtung der „Konstitutionellen" fand sich vom 7. bis 10. Juli 1848 auf einem Kongreß in Dortmund zusammen und gründete anschließend gemeinsam mit rheinischen Liberalen auf einem Kongreß in Duisburg den „Zentralverein der konstitutionellen Vereine Rheinlands und Westfalens". Gemeinsam mit den konservativen Protestanten waren die „Konstitutionellen", die die Erinnerung an den Befreiungskrieg von 1813 pflegten, von preußischer Staatsloyalität erfüllt. Die linken „Demokraten" besaßen Schwerpunkte ihrer Parteibildung in Hamm und in Dortmund, die als einzige westfälische Städte auf den Demokratenkongressen am 14. bis 17. Juni in Frankfurt am Main und am 13. und 14. August 1848 in Köln vertreten waren, aber auch in Bielefeld. Hier standen bürgerliche Demokraten an der Spitze des 1848 entstandenen „Vereins für die arbeitenden Klassen". Zu einer sozialistischen Parteigründung oder zu einer unter dem Einfluß von Karl Marx und Friedrich Engels stehenden Organisation kam es in Westfalen 1848 noch nicht.

Am 18. Mai 1848 trat die deutsche Nationalversammlung in Frankfurt am Main zusammen und nahm in der Paulskirche ihre Beratungen auf. Ihre Hauptaufgabe bestand in der Ausarbeitung der Reichsverfassung für den angestrebten deutschen Nationalstaat, die jedoch erst am 28. März 1849 verabschiedet wurde, nachdem der Grundrechtskatalog schon am 27. Dezember 1848 vorab in Kraft gesetzt worden war. Am 22. Mai 1848 trat in Berlin die preußische Nationalversammlung zusammen. Das größte Problem, das die Frankfurter Nationalversammlung im Rahmen der Verfassungsberatungen zu lösen hatte, betraf den Modus der Zugehörigkeit des österreichischen Kaiserstaates zum künftigen Deutschen Reich, d. h. die Frage einer großdeutschen Gestalt dieses Reiches unter Einbeziehung Österreichs bzw. der deutschen Teile des Kaisertums Österreich oder einer kleindeutschen unter preußischer Führung. War die großdeutsche Lösung zunächst als selbstverständlich erschienen und am 27. Oktober 1848 mit großer Mehrheit angenommen worden, so ging die Entwicklung doch bald darüber hinweg, bis nur noch die kleindeutsche Lösung übrigblieb, auf der die Reichsverfassung vom 28. März 1849 beruhte. Zwischen dem Zusammentritt der Frankfurter Nationalversammlung und der Verabschiedung der Reichsverfassung lag nicht nur eine weitere revolutionäre Phase mit dem bewaffneten Aufstand vom 18. September 1848 in Frankfurt am Main, dem zweiten badischen Aufstand von Ende September 1848 und der Wiener Oktober-

revolution vom 6. bis 31. Oktober 1848 als Höhepunkten, sondern auch der Sieg der Gegenrevolution. Entscheidend dafür und auch für die Arbeit der Paulskirche wurde der Verlauf des Krieges zwischen Österreich und dem Königreich Piemont-Sardinien. Dieser Krieg wurde durch den österreichischen Sieg in der Schlacht von Custoza im Süden des Gardasees vom 25. Juli 1848 zugunsten Österreichs entschieden. Dadurch erfuhr der von der Revolution erschütterte habsburgische Vielvölkerstaat seine innere Stabilisierung, bevor die Wiener Oktoberrevolution am 31. Oktober 1848 blutig niedergeschlagen wurde. Weniger blutig ging es in Preußen zu, wo der Sieg der Gegenrevolution in Wien die Gegenrevolution stützte, die in Berlin am 2. November 1848 mit der Berufung eines konservativen Ministerpräsidenten, des Grafen Friedrich Wilhelm von Brandenburg, zum Durchbruch kam. Wenige Tage später wurde die preußische Nationalversammlung von Berlin nach Brandenburg an der Havel verlegt und am 5. Dezember 1848 aufgelöst. Die Arbeit der Frankfurter Nationalversammlung endete erst, nachdem König Friedrich Wilhelm IV. von Preußen am 3. April 1849 die aus 32 Abgeordneten der Paulskirche bestehende Kaiserdeputation empfangen und die ihm offiziell überbrachte Kaiserwürde abgelehnt hatte. Am 14. Mai 1849 erklärte Preußen das Mandat der preußischen Abgeordneten der deutschen Nationalversammlung für erloschen.
Der Tag der Aufhebung der preußischen Nationalversammlung, der 5. Dezember 1848, war zugleich der Tag, an dem in Preußen eine Verfassung oktroyiert, also vom König gewährt wurde. Die preußische Verfassung vom 5. Dezember 1848 war liberaler, als es angesichts der Verfassungsoktroys scheinen mag. Sie entsprach weitgehend der „Charte Waldeck“ und sah für die Wahlen zum Abgeordnetenhaus das allgemeine Wahlrecht aller Männer vor. Die „Charte Waldeck“ war der am 26. Juli 1848 von Benedikt Waldeck als Vorsitzendem der Verfassungskommission der preußischen Nationalversammlung – am 26. Oktober wurde er deren Vizepräsident – vorgelegte Verfassungsentwurf.
Die Verlegung der preußischen Nationalversammlung in die Provinzstadt Brandenburg rief auch in Westfalen neue Bewegungen hervor, bei denen Demokraten und Konstitutionelle zusammengingen. So kam es am 18. und 19. November 1848 zu einem von zahlreichen Vertretern demokratischer, konstitutioneller und anderer Vereine beschickten „Kongreß für die Sache und Rechte der preußischen Nationalversammlung und des preußischen Volkes“ in Münster. Zwar wirkte die Verkündung der Verfassung vom 5. Dezember auch in Westfalen beruhigend, doch führte das scharfe Vorgehen gegen herausragende Teilnehmer an dem Kongreß in Münster, wobei 14 Personen verhaftet wurden, zu neuer Aufregung. Besonderes Aufsehen erregte die am 27. Dezember 1848 erfolgte Verhaftung des Vizepräsidenten des Oberlandesgerichts in Münster, Jodocus Temme, der Abgeordneter der preußischen Nationalversammlung gewesen war. So brachten die Wahlen für das preußische Abgeordnetenhaus vom 22. und 29. Januar und 5. Februar 1849 in Westfalen den Demokraten beachtliche Erfolge.
Die Ablehnung der Kaiserwürde durch Friedrich Wilhelm IV. zog im April 1849 die

bb. 32: Eroberung der Burg Limburg (Schloß Hohenlimburg) im Kölnischen Krieg (1583-1585) durch
ruppen des Kölner Kurfürst-Erzbischof Ernst von Bayern am 12. November 1584, Kupferstich von Georg
raun (1542-1622) und Franz Hogenberg (um 1538-1590)

bb. 33: Arnsberg um 1580, Ansicht von Westen, Kupferstich von Georg Braun (1542-1622) und Franz
logenberg (um 1538-1590): Älteste Stadtansicht vor dem großen Brand von 1600

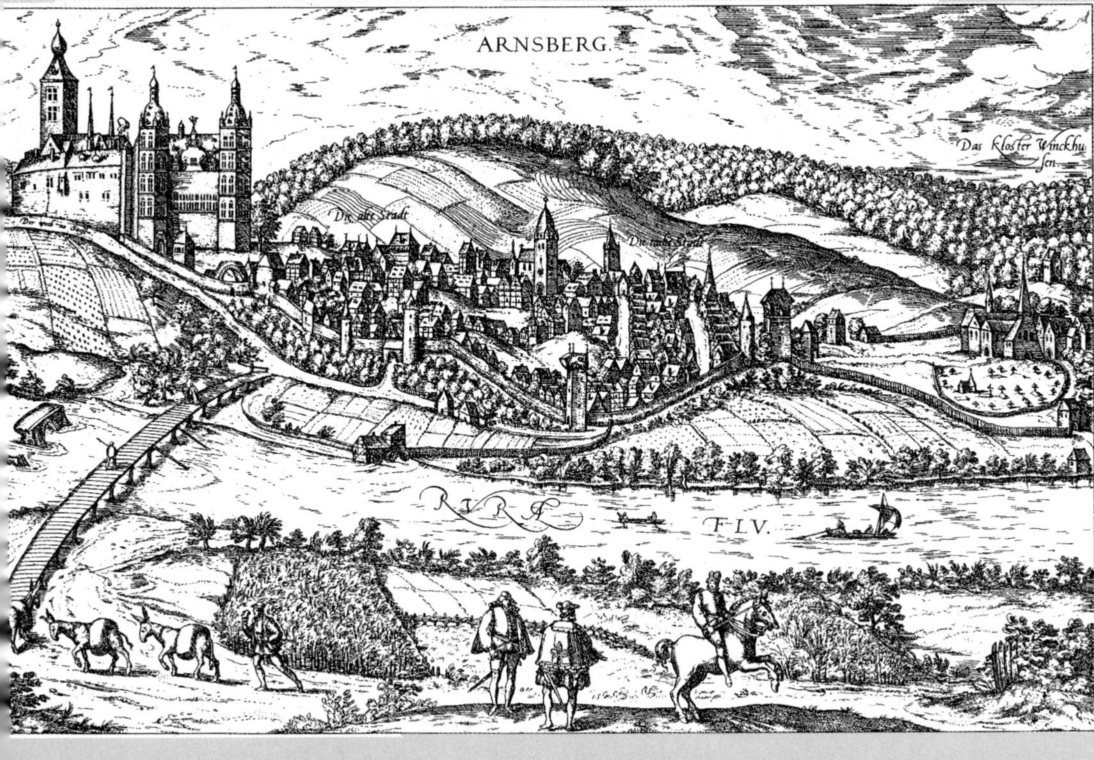

Abb. 34: Dietrich IV. von Fürstenberg (1546-1618), Fürstbischof von Paderborn, Kupferstich (1592) von Anton Eisenhoit (1553/54-1603)

Abb. 35: Ferdinand von Bayern (1577-1650), Kurfürst-Erzbischof von Köln, Fürstbischof von Münster und Paderborn, Kupferstich von Wolfgang Kilian (1581-1662)

Abb. 38: Clemens August von Bayern (1700-1761), Kurfürst-Erzbischof von Köln und Fürstbischof von Münster, Paderborn, Hildesheim und Osnabrück, Gemälde (Öl auf Leinwand) eines unbekannten Malers nach George Desmarées (1697-1776) im Festsaal des Erbdrostenhofes zu Münster

Abb. 36: Ferdinand von Fürstenberg (1626-1683), Fürstbischof von Paderborn und Münster, Kupferstich von August Christian Fleischmann

Abb. 37: Christoph Bernhard von Galen (1606-1678), Fürstbischof von Münster, Gemälde (Öl auf Holz) 1670, von Wolfgang Heimbach (um 1610-nach 1678)

Abb. 39: Schloß Rheda, Schloßhof mit Blick auf Kapellenturm und Wohnflügel (Renaissanceflügel) des frühen 17. Jh.s, links Haupttrakt (Barockflügel) von 1745-1747

Abb. 40: Schloß Berleburg, Blick auf barocken Mittelflügel von 1731-1733

Abb. 41: Attendorn, Altes Rathaus

Abb. 42: Hallenberg, Brunnen am Markt

Abb. 43: Carl Friedrich von Wolffersdorff (1716-1781), preuß. Generalleutnant und Kommandeur des märk. Inf.-Rgt. Nr. 9 in Hamm, zeitgenöss. Gemälde

Abb. 44: Franz von Fürstenberg (1729-1810), Minister und Generalvikar des Fürstbistums Münster, Gemälde (Öl auf Leinwand) um 1765, Schloß Herdringen

Abb. 45: Ludwig Freiherr Vincke (1774-1844), Oberpräsident, Stahlstich von Hermann (Carl H.) Sagert (1822-1889) nach Friedrich Boser (1809-1881), nach 1840

Abb. 46: Karl Reichsfreiherr vom und zum Stein (1757-1831), Bleistiftzeichnung nach Julius Schnorr von Carolsfeld (1794-1872)

ıbb. 47: Johann Friedrich Möller (1750-1807), 'er „Pfarrer von Elsey“, Gemälde (Öl auf Holz) ines unbekannten Malers

Abb. 48: Alexander Haindorf (1782-1862) mit zwei Enkelkindern, Gemälde (Öl auf Leinwand) (1854) von Caspar Görke (1821-1896)

ıbb. 49: Siegen, Klubb, Nikolaikirche und Markt (Stechmarkt) um 1850, ıquarell von Wilhelm Scheiner (1852-1922)

Abb. 50: Johann Heinrich Volkening (1796-1877), Erweckungsprediger in Minden-Ravensberg, Gemälde (Öl auf Leinwand) von 1857 von Philipp Anton Schilgen (1792-1857)

Abb. 51: Friedrich von Bodelschwingh (1831-1910), ev. Pfarrer und Gründer der Betheler Anstalten, Radierung von 1907

Abb. 54: Überwasserkirche (Kath. Pfarrkirche Liebfrauen-Überwasser) zu Münster, Ansicht von Südosten um 1845, Gemälde (Öl auf Leinwand) von Franz Wilhelm Harsewinkel (1796-1872) ▷

Abb. 52: Wilhelm Emanuel von Ketteler (1811-1877), kath. Pfarrer und Sozialpolitiker, später Bischof von Mainz, frühes Photo

Abb. 53: Clemens August Graf von Galen (1878-1946), Bischof von Münster, Photo

Abb. 55: Fabrik („Mechanische Werkstatt") Friedrich Harkorts (1793-1880) in der Burgruine Wetter an der Ruhr um 1831, Gemälde (Öl auf Leinwand) von Alfred Rethel (1816-1859)

Abb. 56: Industrieanlagen, „Bochumer Verein", Hochöfen in Bochum, vor dem Zweiten Weltkrieg

ıbb. 57: Industrieanlagen, Zeche Radbod bei Hamm von der Lippeniederung aus gesehen, Sommer 1935

ıbb. 58: Industrieanlagen, Teile des Betriebsgeländes des Stickstoffwerks „Scholven" in Gelsenkirchen, ach 1930

Abb. 59: Eisenbahnviadukt von Altenbeken, Photo von 1964

Abb. 60: Diesellokomotive und Güterzug der Hohenlimburger Kleinbahn, 1960er Jahre

Abb. 61: Hauptbahnhof Hamm, Empfangsgebäude von der Stadtseite, historische Aufnahme des heutigen Bahnhofsgebäudes

bb. 62: Friedrich Harkort (1793-1880), Stahlstich
›n August Weger (1823-1892)

Abb. 63: Karl Wilhelm Tölcke (1817-1893), sozialdemokratischer Politiker, Photo

bb. 64: Karl Severing (1875-1952), sozialdemokra-
scher Politiker, preußischer Innenminister, Photo

Abb. 65: Rudolf Amelunxen (1888-1969), Oberpräsident der Provinz Westfalen, Ministerpräsident des Landes Nordrhein-Westfalen, Photo

Abb. 66: „Reichskristallnacht" in Dortmund: Die brennende Synagoge in Hörde, 9./10. November 1938, Photo

Abb. 67: Deportation der jüdischen Bevölkerung, Szene in Bielefeld am 13. Dezember 1941, Photo aus der Bielefelder Kriegschronik

bb. 68: Ruinen der Reinoldikirche und der Dortmunder Innenstadt am Ende des Zweiten Weltkriegs

bb. 69: Der Dom und die Abdinghofkirche zu Paderborn in Trümmern

Abb. 70: Münster am Ende des Zweiten Weltkriegs: Ruine des Domes und Trümmerfeld mit den Ruinen von Schloß und Überwasserkirche

sog. „Reichsverfassungskampagne“ des im November 1848 gegründeten „Zentralmärzvereins“ nach sich. Danach folgte die sog. Mairevolution von 1849, bei der nun auch kommunistische Revolutionäre wie Friedrich Engels, besonders im Rheinland, eine Rolle spielten. Zentren der Mairevolution waren Baden und die Pfalz, Dresden und Iserlohn, womit jetzt, anders als 1848, eine westfälische Stadt in den Mittelpunkt des Geschehens rückte.
Der Iserlohner Aufstand ging aus einer Meuterei von Landwehrtruppen hervor. Seit 1813 gab es in Preußen neben dem aus Wehrpflichtigen und Berufssoldaten rekrutierten, in Garde- und sog. Linienregimenter eingeteilten stehenden Heer der preußischen Armee die Landwehr als milizartige Heeresergänzung. Die Landwehr umfaßte seit 1814 als Landwehr 1. Aufgebotes die gedienten Reservisten und die nicht zur Armee eingezogenen übrigen Männer bis zum 32. Lebensjahr und als Landwehr 2. Aufgebotes alle wehrfähigen Männer, die nicht als Berufssoldaten der Armee angehörten oder freigestellt waren, bis zum 39. Lebensjahr. In der Landwehr lebte einerseits preußischer Patriotismus; andererseits war die Landwehr aber auch ein „demokratisches“ und aus der Sicht des Obrigkeitsstaates in revolutionären Situationen nicht absolut zuverlässiges militärisches Instrument. 1848 hatten sich auch in Westfalen Landwehrmänner der Einberufung widersetzt, um nicht gegen revolutionäre Gruppierungen eingesetzt zu werden. Im Frühjahr 1849 kam es, besonders an Industriestandorten im Rheinland und in Westfalen, zu Einberufungsentziehungen und Befehlsverweigerungen von Landwehrtruppen, die fürchteten, gegen die Aufständischen in Baden in Marsch gesetzt zu werden.
Am 10. Mai 1849 meuterten in Hagen 1500 Landwehrmänner, von denen 400 nach Iserlohn zogen, wo sie Verstärkung aus anderen Industrieorten des märkischen Sauerlandes erhielten. In Iserlohn wurden das Zeughaus gestürmt, ein radikaler Sicherheitsausschuß eingesetzt, die preußische Regierung für abgesetzt erklärt und Barrikaden errichtet. Am 17. Mai besetzten preußische Linientruppen ohne nennenswerte Gegenwehr der Aufständischen die Stadt, wobei es unter den Armeeeinheiten zwei Tote, darunter der kommandierende Oberstleutnant, und unter den Aufständischen sowie unter unbeteiligten Zivilisten mehr als 100 Tote gab. Zahlreiche Personen wurden verhaftet, 80 von ihnen angeklagt, die meisten aber in nachfolgenden Gerichtsverfahren freigesprochen. Die Anführer des Iserlohner Aufstandes, Caspar Butz aus Hagen, Dr. Friedrich Wilhelm Grevel aus Iserlohn und Karl Post aus Eilpe (Hagen), entkamen über die Niederlande in die Vereinigten Staaten von Amerika. Nach dem Ende des Iserlohner Aufstandes konnten die Landwehrtruppen aus der Grafschaft Mark in der Pfalz und in Baden gegen die dortigen Aufständischen eingesetzt werden.
Am 31. Januar 1850 wurde in Preußen die revidierte „Verfassungsurkunde für den Preußischen Staat“ in Kraft gesetzt. Diese trat an die Stelle der oktroyierten Verfassung vom 5. Dezember 1848. Während die Verfassung von 1848 für die Zweite Kammer des preußischen Abgeordnetenhauses das schon seit dem März 1848 geltende allgemeine und gleiche Wahlrecht aller erwachsenen Männer mit Ausnahme der Empfänger öffentlicher Armenunterstützung beibehalten hatte, schrieb die Ver-

fassung von 1850 für die – indirekten – Wahlen zur Zweiten Kammer das bereits am 30. Mai 1849 eingeführte Dreiklassenwahlrecht fest. Dazu hieß es in Art. 71 der Verfassung: „Die Urwähler werden nach Maßgabe der von ihnen zu entrichtenden direkten Staatssteuern in drei Abteilungen geteilt, und zwar in der Art, daß auf jede Abteilung ein Dritteil der Gesamtsumme der Steuerbeträge aller Urwähler fällt. Die Gesamtsumme wird berechnet: a) gemeindeweise, falls die Gemeinde einen Urwahlbezirk für sich bildet; b) bezirksweise, falls der Urwahlbezirk aus mehreren Gemeinden zusammengesetzt ist. Die erste Abteilung besteht aus den jenigen Urwählern, auf welche die höchsten Steuerbeträge bis zum Belaufe eines Dritteils der Gesamtsteuer fallen. Die zweite Abteilung besteht aus denjenigen Urwählern, auf welche die nächst niedrigeren Steuerbeträge bis zur Grenze des zweiten Dritteils fallen. Die dritte Abteilung besteht aus den am niedrigsten besteuerten Urwählern, auf welche das dritte Dritteil fällt. Jede Abteilung wählt besonders, und zwar ein Dritteil der zu wählenden Wahlmänner“ (Preuß. Gesetzes-Sammlung 1850, S. 17). Mit der Einführung dieses plutokratischen, den Reichtum bevorzugenden Wahlrechts wurde mit ständischen Prinzipien gebrochen, wie sie den Wahlen zu den Provinziallandtagen zugrunde lagen (S. 273); stattdessen ging es darum, den „besitzenden Klassen“ größeres Gewicht als der Masse der Bevölkerung zu geben. Es war schon die Rede davon, daß das Dreiklassenwahlrecht mit der Gemeindeordnung von 1850 auch im kommunalen Bereich (S. 276) eingeführt und 1886 indirekt auch für den Provinziallandtag (S. 274) wirksam wurde. Die Verfassung von 1850 und das Dreiklassenwahlrecht blieben in Preußen bis 1918 in Kraft. Trotz des Dreiklassenwahlrechts war und blieb Preußen aber seit 1848 Verfassungsstaat.
Nach 1850 ging die Politisierung der Bevölkerung wieder stark zurück, was sich auch an der geringen Beteiligung an den Wahlen zeigte, die der breiten Bevölkerung wegen des Dreiklassenwahlrechts ohnehin wenig Einflußmöglichkeiten boten. In den fünfziger Jahren kam es weitgehend zur Wiederherstellung der in der Revolution 1848 beseitigten Adelsvorrechte. Ein Beispiel dafür bietet die Landgemeindeordnung für die Provinz Westfalen von 1856 mit der Wiederkehr der gemeindefreien Gutsbezirke (S. 277). 1857 wurde auch der Provinziallandtag mit seiner den Adel und bürgerliche Rittergutsbesitzer bevorzugenden Ständegliederung restituiert. Die Grundsteuerfreiheit des Adels bestand bis 1861 und wurde erst in diesem Jahr gegen hohe Entschädigungen aufgehoben. 1861 erhielt Preußen mit Wilhelm I. einen neuen König, der schon seit 1858 als Prinzregent anstelle seines zuletzt regierungsunfähigen Bruders Friedrich Wilhelm IV. die Regierungsgeschäfte geführt hatte, soweit die Verfassung sie dem Monarchen zugestand. Mit seiner Thronbesteigung endete die auf die Revolution gefolgte Reaktionszeit. Die „Neue Ära“ mit einem gemäßigt liberalen Kabinett begann, die bis in den preußische Verfassungskonflikt um die Heeresreform und bis zur Berufung Bismarcks zum preußischen Ministerpräsidenten im Oktober 1862 andauerte. In diese Zeit fiel die 1861 erfolgte Gründung der linksliberalen Fortschrittspartei in Preußen, der ersten organisierten politischen Partei Deutschlands – die Katholiken hatten 1859 im preußischen Abgeordne-

tenhaus nur eine Fraktion mit dem Namen „Zentrum“ gegründet, noch keine Partei –, woran Benedikt Waldeck aus Münster führend beteiligt war.
In den ersten Jahren der Ministerpräsidentenschaft Bismarcks fanden 1864 der Krieg Preußens und Österreichs gegen Dänemark – formal eine Bundesexekution des Deutschen Bundes – und 1866 der Krieg Preußens und der Mehrzahl der Kleinstaaten Mittel- und Norddeutschlands gegen Österreich statt, an dessen Seite Bayern, Württemberg, die beiden hessischen Staaten, die Königreiche Sachsen und Hannover und einige Kleinstaaten standen. Nach dem Sieg Preußens führte dieser Krieg zum Ausscheiden Österreichs aus Deutschland und zur Vergrößerung Preußens um Schleswig-Holstein und um die von Preußen annektierten Staaten Hannover, Kurhessen und Nassau und die Freie Stadt Frankfurt am Main. Mit dem Frieden von Prag zwischen Preußen und Österreich vom 23. August 1866 endete der Deutsche Bund. Nachdem Osnabrück, Bentheim und das Emsland und damit die altwestfälischen Gebiete des Königreichs Hannover westlich der Weser durch die Annexion Hannovers an Preußen gefallen waren, kamen in Westfalen Gedanken an eine Angliederung dieser Landesteile und womöglich des ganzen ehemaligen Königreiches Hannover an die Provinz Westfalen auf, die aber nicht realisiert wurden. Interessant ist, daß man sich in Osnabrück für den Verbleib bei Hannover in Gestalt der neuen preußischen Provinz Hannover aussprach (Behr, Provinz Westfalen, S. 101). Der als „Bruderkrieg“ empfundene Konflikt zwischen Preußen und Österreich, der im katholischen Westfalen auch unter dem konfessionellen Aspekt einer Auseinandersetzung zwischen Protestantismus und Katholizismus gesehen wurde, nährte in Westfalen antipreußische und proösterreichische Stimmungen. Der bekannteste Fall war der des Grafen Friedrich Joseph von Westphalen, der sich dem preußischen Militärdienst durch Emigration nach Österreich entzog. Entsprechend kritisch wurde nach der Niederlage Österreichs, die eine großdeutsche Lösung der „deutschen Frage“ für die Zukunft ausschloß, die durch die Trennung Österreichs von Deutschland eingetretene Schwerpunktverlagerung zugunsten der Protestanten im verbleibenden Kleindeutschland gesehen.
Anstelle des Deutschen Bundes entstand als Folge des Krieges von 1866 im Norden Deutschlands 1867 der Norddeutsche Bund mit Preußen als Führungsmacht, dem außer Preußen das Königreich Sachsen, 16 norddeutsche Fürstentümer, die nach der Annexion Frankfurts am Main verbliebenen drei Freien Städte Hamburg, Bremen und Lübeck und Teile des Großherzogtums Hessen angehörten. Die Verfassung des Norddeutschen Bundes vom 16. April 1867 führte als Bundesparlament den Reichstag ein, der nach Art. 20 der Verfassung aus allgemeinen und direkten Wahlen bei geheimer Abstimmung hervorging. Übernommen wurde das Wahlrecht der Paulskirche von 1849. Von nun an gab es auch in Westfalen nebeneinander Wahlen nach Dreiklassenwahlrecht für das preußische Abgeordnetenhaus und für die kommunalen Vertretungen und Wahlen nach allgemeinem Wahlrecht (aller Männer; ein Frauenwahlrecht wurde weltweit erstmals 1906 in dem damals zu Rußland gehörenden Finnland eingeführt) für den Reichstag. Nach dem Krieg von 1870 gegen Frankreich

und der Reichsgründung wurde dieses demokratische Wahlrecht in der Verfassung des Deutschen Reiches vom 16. April 1871 beibehalten, während es in Preußen bis 1918 beim Dreiklassenwahlrecht blieb.

Literatur

1848. Revolution in Deutschland. Hrsg. von Christof Dipper u. Ulrich Speck. Frankfurt am Main 1998.

Aufstand der Bürger. Revolution 1849 im westdeutschen Industriezentrum. Hrsg. von Klaus Goebel u. Manfred Wichelhaus. Wuppertal 1974.

Behr, Hans Joachim: Provinz Westfalen (Literatur Kap. 6).

Huber, Ernst Rudolf: Deutsche Verfassungsgeschichte seit 1789, Bd. 2: Der Kampf um Einheit und Freiheit 1830 bis 1850. 2. Aufl. Stuttgart 1967 (Nachdruck 1975).

Köllmann, Wolfgang: Pauperismus in Rheinland-Westfalen im Vormärz, in: Rheinland-Westfalen im Industriezeitalter, Bd. 1. Wuppertal 1983, S. 148-157.

Koszyk, Kurt: Das „Dampfboot" und der Rhedaer Kreis. Die erste politische Zeitschrift Westfalens als Spiegel der Presse im Vormärz, in: Dortmunder Beiträge zur Zeitungsforschung 2, 1958, S. 1-60.

Lönne, Karl-Egon: Politischer Katholizismus im 19. und 20. Jahrhundert. (edition suhrkamp, N. F. Bd. 264) Frankfurt am Main 1986.

Nipperdey, Thomas: Deutsche Geschichte 1800-1866 (Literatur Kap. 7.1).

Obenaus, Herbert: Anfänge des Parlamentarismus in Preußen bis 1848. (Handbuch der Geschichte des deutschen Parlamentarismus) Düsseldorf 1984.

Obermann, Karl: Die Wahlen zur Frankfurter Nationalversammlung in Westfalen im Frühjahr 1848, in: Beiträge zur Geschichte Dortmunds und der Grafschaft Mark 72, 1980, S. 49-108.

Revolution in Deutschland und Europa 1848/49. Hrsg. von Wolfgang Hardtwig. Göttingen 1998.

Rheinland-Westfalen im Industriezeitalter, Bd. 1 (Literatur Kap. 7.1).

Schulte, Wilhelm: Volk und Staat. Westfalen im Vormärz und in der Revolution 1848/49. Münster 1954.

Siemann, Wolfram: Die deutsche Revolution von 1848/49. (edition suhrkamp, N. F. Bd. 266) Frankfurt am Main 1985.

Speck, Ulrich: 1848. Chronik einer deutschen Revolution. Frankfurt am Main 1998.

Wehler, Hans-Ulrich: Deutsche Gesellschaftsgeschichte, Bd. 2: Von der Reformära bis zur industriellen und politischen „Deutschen Doppelrevolution" 1815-1845/49. München 1987; Bd. 3: Von der „Deutschen Doppelrevolution" bis zum Beginn des Ersten Weltkrieges 1849-1914. München 1995.

Westphalen, Ludger Graf von: Aus dem Leben des Grafen Clemens August von Westphalen zu Fürstenberg (1805 bis 1885). (Veröffentlichungen der Historischen Kommission für Westfalen, XVIII: Westfälische Biographien, Bd. 7) Münster 1979.

Winkler, Heinrich August: Preußischer Liberalismus und deutscher Nationalstaat. Studien zur Geschichte der Deutschen Fortschrittspartei 1861-1866. (Tübinger Studien zur Geschichte und Politik, Bd. 17) Tübingen 1964.

Wischermann, Clemens: An der Schwelle der Industrialisierung (Literatur Kap. 7.1).

Wischermann, Clemens: Hungerkrisen im vormärzlichen Westfalen, in: Rheinland-Westfalen im Industriezeitalter, Bd. 1. Wuppertal 1983, S. 126-147.

Wollstein, Günter: Deutsche Geschichte 1848/49. Gescheiterte Revolution in Mitteleuropa. Stuttgart 1986.

7.3 Bevölkerungswachstum und Urbanisierung, Schul- und Bildungswesen, Parteien, Wahlen und Gewerkschaften

Die Zeit nach der Reichsgründung brachte auch in der Provinz Westfalen wichtige Reformen, die Teil der politisch-konstitutionellen und gesellschaftlichen Modernisierung jener Jahrzehnte waren. Die politisch für die Provinz wichtigste Neuordnung, die 1886/87 erfolgte Ablösung der ständischen Gliederung des Provinziallandtags durch die Wahl aller Abgeordneten durch die Kreisvertretungen, wurde schon erwähnt (S. 274), ebenso die gleichzeitig wirksam gewordene Entfeudalisierung und Professionalisierung des Landratsamtes (S. 267) und die Ausgliederung der Stadtkreise aus den (Land-)Kreisen und damit die Entstehung kreisfreier Städte, was 1875 mit Dortmund seinen Anfang nahm (S. 268).

Die Auskreisung von Städten wie Dortmund stand im Zusammenhang mit Bevölkerungswachstum und Urbanisierung, die beide in den Jahrzehnten nach der Reichsgründung das Gesicht des bis dahin weitgehend ländlichen und daneben kleinstädtischen Westfalen entscheidend veränderten. Das betraf vor allem die westliche Hellwegzone mit den rheinischen Städten Duisburg und Essen und den westfälischen Städten Bochum und Dortmund, aber auch das nördlich angrenzende Gebiet des bis dahin nur dünn besiedelten Emschertales, wo das Dorf Gelsenkirchen erst 1875 Stadt wurde. Es galt aber auch für Recklinghausen im Norden, Hamm im Osten und das im Ruhrtal gelegene Witten sowie für die alten Gewerbestandorte des märkischen Sauerlandes, vor allem Hagen, aber auch Iserlohn und Lüdenscheid. Auslöser des Bevölkerungswachstums in diesem Teil Westfalens, aber auch anderswo, waren die Industrialisierung, über die gesondert berichtet werden soll (Kapitel 9), und die mit der Industrialisierung einhergehende Zuwanderung. Ohne Industrialisierung – und ohne deren Verbindung mit dem Steinkohlenbergbau – wären Duisburg, Essen, Bochum und Dortmund heute noch Städte wie Unna, Werl, Soest oder Geseke. Die Industrialisierung und in ihrer Folge Bevölkerungswachstum und Urbanisierung veränderten nicht nur das Landschaftsbild, indem Fabrikstädte an die Stelle von Ackerland und ackerbürgerlich geprägten Kleinstädten traten, sondern die Ordnung der Gesellschaft in allen ihren Einzelzügen. Sichtbar ist das u. a. an den konfessionellen Verhältnissen, die sich von 1819 bis 1925 in ganz Westfalen von 39,4 % Protestanten und 59,7 % Katholiken zu 47,9 % Protestanten und 51 % Katholiken veränderten, während sich in einem zu Beginn des 19. Jahrhunderts noch überwiegend protestantischen Gebiet wie der Grafschaft Mark das Verhältnis von Protestanten zu Katholiken von 3:1 im Jahre 1825 zu 3:2 im Jahre 1905 verschob (Behr, Provinz Westfalen, S. 122). Mit Industrialisierung, Bevölkerungswachstum und Urbanisierung wurden, vor allem im Ruhrgebiet, historische Territorien wie die Grafschaft Mark zu kaum noch erinnerten Traditionsbeständen und Begriffe wie Rheinland und Westfalen zu allmählich fremd werdenden Namen der Verwaltung und der Sozialbürokratie – ein Prozeß, der mit wachsender räumlicher Mobilität, Ausländer-

zuzug und Globalisierung des Informationsangebotes bei gleichzeitigem Bildungsverlust bis heute anhält. Zugleich veränderte sich mit Industrialisierung, Bevölkerungswachstum und Urbanisierung im Ruhrgebiet das Gewicht der beiden Westprovinzen innerhalb Preußens und Deutschlands, aber auch das Binnenverhältnis zwischen Rheinland und Westfalen, die sich, jedenfalls in ihrem industriell-großstädtischen Kernraum, immer ähnlicher und gemeinsam dem übrigen Preußen und Deutschland gegenüber immer einheitlicher wurden.
Im Jahre 1818 hatte die Provinz Westfalen rd. 1,07 Millionen Einwohner (Reekers, Bevölkerung, S. 1-8). 1843 waren es 1,41 Millionen, was einer Steigerung um 31,8 % in 25 Jahren entsprach. Bis 1858 stieg die Einwohnerzahl auf 1,56 Millionen, also um 10,6 % in 15 Jahren bzw. um 45,8 % gegenüber 1818. 1871 lag die Einwohnerzahl der Provinz Westfalen bei 1,78 Millionen, hatte also gegenüber 1858 innerhalb von 13 Jahren um 14,1 % zugenommen. 1885 lebten in Westfalen rd. 2,2 Millionen Menschen, also 23,6 % Steigerung innerhalb von nur 14 Jahren. 1895 waren 2,7 Millionen erreicht, also eine Steigerung von 22,7 % in jetzt nur zehn Jahren. 1905 lag die Einwohnerzahl bei 3,6 Millionen. Das war eine Steigerung um 33,3 % in zehn Jahren. 1925 waren schließlich 4,8 Millionen erreicht. Das war noch einmal eine Steigerung um 33,3 %, aber jetzt innerhalb von 20 Jahren. Gegenüber 1818 stieg die Bevölkerung Westfalens bis 1925 um 348,6 % innerhalb von 107 Jahren bzw. um 236,5 % in den 87 Jahren von 1818 bis 1905. Dabei lagen die größten Wachstumsraten zwischen 1871 und 1905 mit durchschnittlich 1,6 % jährlich zwischen 1871 und 1885, 2,3 % jährlich zwischen 1885 und 1895 und 3,3 % jährlich zwischen 1895 und 1905, während die Steigerungsrate in den 20 Jahren von 1905 bis 1925 wieder zurückging.
Nimmt man die drei Regierungsbezirke Münster, Minden und Arnsberg jeweils für sich, so zeigen sich deutliche Unterschiede. 1818 hatten die drei Regierungsbezirke mit 353 000 (Münster), 341 000 (Minden) und 380 000 (Arnsberg) Einwohnern eine annähernd gleiche Bevölkerungsgröße, mit leichtem Übergewicht des Regierungsbezirks Arnsberg. 1905 hatten sich die Bevölkerungsgrößen zwischen den drei Regierungsbezirken entscheidend verschoben. Der Regierungsbezirk Münster hatte jetzt 818 000, der Regierungsbezirk Minden 687 000 und der Regierungsbezirk Arnsberg 2,1 Millionen Einwohner. Das bedeutete für den Regierungsbezirk Münster eine Steigerung von 131,7 % in 87 Jahren, für den Regierungsbezirk Minden von 101,5 % und für den Regierungsbezirk Arnsberg von 452,6 %. Münster und mehr noch Minden blieben also weit hinter dem gesamtwestfälischen Trend zurück, während der Bevölkerungsanstieg im Regierungsbezirk Arnsberg weit über dem gesamtwestfälischen Durchschnitt lag. Noch deutlicher sind die Zahlen von 1895. 1895 hatten der Regierungsbezirk Münster und der Regierungsbezirk Minden mit 595 000 in Münster und 586 000 in Minden noch annähernd Gleichstand, während die Einwohnerzahl des Regierungsbezirks Arnsberg bei 1,5 Millionen lag, also beim Dreifachen der Einwohnerzahl jedes der beiden anderen Regierungsbezirke. Ablesbar ist an diesen Zahlen auch, daß die industrielle Entwicklung in dem zum Regierungsbezirk Arns-

berg gehörenden zentralen Ruhrgebiet 1895 bereits voll in Gang war, während sie in dem zum Regierungsbezirk Münster gehörenden Norden des Ruhrgebietes 1895 noch bevorstand. In dem Jahrzehnt bis 1905 ergaben sich hier dann entscheidende Veränderungen.

Voll sichtbar wird das Ausmaß des Bevölkerungswachstums erst beim Blick auf die davon betroffenen Orte. So hatte Dortmund innerhalb seines damaligen Stadtgebietes 1818 4 289 Einwohner und auf dem rd. zehnmal größeren Stadtgebiet von 1951 – ebenfalls 1818 – 19 912 Einwohner. Bis 1905 stieg die Einwohnerzahl auf dem kleineren historischen Stadtgebiet auf 175 577 und auf dem durch Eingemeindungen zustande gekommenen Stadtgebiet von 1951 auf 379 950. Das war eine Steigerung von 3 993,7 % bzw. 1 808,1 % in 87 Jahren. 1925 lag die Einwohnerzahl Dortmunds auf dem Stadtgebiet von 1951 bei 525 921. Das war gegenüber 1818 eine Steigerung von 2 541,2 % in 107 Jahren. Dabei lagen in Dortmund, das Stadtgebiet von 1951 zugrunde gelegt, besonders hohe Steigerungsraten zwischen 1843 und 1858 mit durchschnittlich jährlich 6,7 % und zwischen 1858 und 1871 mit durchschnittlich jährlich 5,7 % und wieder zwischen 1895 und 1905 mit ebenfalls durchschnittlich jährlich 5,7 %. Zwischen 1871 und 1895 lag die Bevölkerungszunahme in Dortmund hingegen nur bei durchschnittlich jährlich 4,1 % bzw. 4,0 %. In Bochum – wieder ist das Stadtgebiet von 1951 zugrunde gelegt – nahm die Einwohnerzahl von 1818 (9 576) bis 1905 (234 447) in 87 Jahren um 2 348,2 % zu, in Hagen um 1 160,4 % (1818: 8 670; 1905: 109 272) und in Herne sogar um 3 289,5 % (1818: 1 785; 1905: 60 503). Noch höher lag das Bevölkerungswachstum in Wanne-Eickel, auf dessen Stadtgebiet von 1951 die Bevölkerung von 1 377 im Jahre 1818 auf 71 519 Einwohner im Jahre 1905 und somit um 5 093,8 % in 87 Jahren zunahm.

Das Stichwort Eingemeindungen ist schon gefallen. Den Anfang machte hier unter allen Städten Westfalens die Stadt Münster, bis 1875 die einzige kreisfreie Stadt Westfalens, die in der ersten Hälfte des 19. Jahrhunderts auch die nach der Bevölkerungszahl bei weitem größte Stadt Westfalens war und – in beiden Fällen das damalige Stadtgebiet zugrunde gelegt – erst nach der Reichsgründung von Dortmund überrundet wurde. Dabei hatte Münster nur ein kleines Stadtgebiet von knapp 2 qkm und damals die größte Bevölkerungsdichte aller Städte in Westfalen. Schon 1843 hatte sich der Magistrat von Münster um eine Erweiterung des Stadtgebiets bemüht, aber ohne Erfolg. In den siebziger Jahren kam der Anstoß nicht von der Stadt Münster, sondern vom Amt Mauritz, zu dem die an die Stadt Münster angrenzenden drei Landgemeinden St. Mauritz, Überwasser und Lamberti gehörten, in deren stadtnahen Teilen die Bevölkerung zwischenzeitig stärker zugenommen hatte als in Münster selbst. Am 1. Januar 1875 wurden die in der Nähe der Stadt gelegenen Teile der Landgemeinden St. Mauritz, Überwasser und Lamberti nach Münster eingemeindet. Die nächste Eingemeindung erfuhr Münster erst 1903 mit der Eingemeindung der 1875 verbliebenen Reste der Gemeinden St. Mauritz, Lamberti und Überwasser.

Oft waren die ersten Eingemeindungen mit Auskreisung und Bildung kreisfreier

Städte verbunden. Das galt aber nicht für Münster, das von Beginn der preußischen Provinz Westfalen an kreisfreie Stadt war. Es galt auch nicht für Dortmund, das 1875 als zweite Stadt Westfalens kreisfrei wurde, aber erst 1905 mit der Eingemeindung von Körne die erste Eingemeindung vornahm. 1914 folgte die Eingemeindung von Deusen, Dorstfeld, Eving, Huckarde, Kemminghausen, Lindenhorst, Rahme und Wischlingen nach Dortmund. 1918 wurden Brackel und Wambel von Dortmund eingemeindet. Hagen, Iserlohn und die 1928 selbst von Dortmund eingemeindete Stadt Hörde nahmen bereits vor ihrer Auskreisung Eingemeindungen vor. So hatte das 1887 kreisfrei gewordene Hagen schon 1876 Eilpe und Wehringhausen eingemeindet. Iserlohn, das 1907 kreisfreie Stadt wurde, hatte schon 1883 Teile der Gemeinde Lössel eingemeindet, Hörde, 1911 kreisfreie Stadt, 1899 Teile der Gemeinde Wambel. Nach 1900 folgten neben dem erwähnten Dortmunder Fall zahlreiche weitere Eingemeindungen – 1904 Bochum: Eingemeindung von Grumme, Hamme, Hofstede und Wiemelhausen; 1901 Hagen: Eingemeindung von Eckesey, Eppenhausen und Delstern; 1908 Herne: Eingemeindung von Baukau und Horsthausen; außerhalb des Ruhrgebietes 1900 Bielefeld: Eingemeindung von Gadderbaum und 1907 Eingemeindung von Quelle, außerdem die erwähnten Eingemeindungen von 1903 in Münster.

Besonders auffällig waren die Gelsenkirchener Eingemeindungen von 1903, mit denen die Gemeinden Bismarck, Bulmke, Hessler, Hüllen, Schalke und Ueckendorf mit der Stadt Gelsenkirchen vereinigt wurden. Damit entstand auf einen Schlag eine Großstadt von 1903 bereits mehr als 130 000 Einwohnern. Durch die Eingemeindungen von 1903 wurde das frühere Dorf Gelsenkirchen neben Dortmund die zweite Großstadt Westfalens, bevor Bochum durch die Eingemeindungen von 1904 ebenfalls in die statistische Kategorie der Großstädte aufrückte. Die Eingemeindungen beschränkten sich, wie schon der Fall Bielefeld zeigt, aber nicht auf das Ruhrgebiet und nicht auf kreisfreie oder später kreisfrei werdende Städte. So nahmen Gronau im damaligen Kreis Ahaus 1898 und Gütersloh im damaligen Kreis Wiedenbrück 1910 Eingemeindungen vor. Ein weiteres Beispiel bietet die – seit 1879 amtlich Hohenlimburg genannte – Stadt Limburg im damaligen Kreis Iserlohn, die 1901 (1902) die Gemeinde Elsey eingemeindete. Schon 1881 war die zum damaligen Kreis Bochum gehörende Gemeinde Oberbonsfeld von der benachbarten Stadt Langenberg im Kreis Mettmann in der Rheinprovinz eingemeindet worden und damit aus der Provinz Westfalen ausgeschieden. Erst in der Zeit der Weimarer Republik folgte die große, 1929 abgeschlossene Eingemeindungswelle im Ruhrgebiet, bevor es ab 1967 in Nordrhein-Westfalen erneut zu einer 1975 abgeschlossenen kommunalen Gebietsreform kam.

Die wachsenden Städte erbrachten schon vor dem Ersten Weltkrieg bedeutende Leistungen bei der Erstellung von Bebauungsplänen, bei der Schaffung von Einrichtungen der Wasser-, Gas- und Elektrizitätsversorgung, der Kanalisation und überhaupt der Städtehygiene, des kommunalen Verkehrswesens und der Gesundheits- und Wohlfahrtspflege sowie des Schulwesens, die vielfach noch heute Grundlagen der städtischen Daseinsvorsorge bilden. Wenn dieser selten beachtete Bereich auch teilweise Bewunderung verdient, so kann hier doch nur ein Blick auf das Schulwesen geworfen werden.

Das breite Fundament des Schulwesens war in Westfalen wie überall sonst die Elementar- oder Volksschule, wobei Stadtschulen und Landschulen unterschieden wurden. 1821 gab es in der Provinz Westfalen 286 Stadtschulen und 1 423 Landschulen, zusammen also 1 709 Elementarschulen (Zahlen nach Saal, Schul- und Bildungswesen). 1838 lag die Zahl der Volksschulen in Westfalen bereits bei 1 849. Dabei kamen auf 221 598 Schüler 2 133 Lehrer. Durchschnittlich hatte ein Lehrer somit 105 Schüler zu unterrichten, wobei in dieser Zeit noch die einklassige Landschule das Bild bestimmte; noch 1861 besuchten in Westfalen etwa 200 000 Kinder Landschulen und nur rd. 70 000 Kinder Stadtschulen. Erst gegen Ende des 19. Jahrhunderts ging die Zahl der einklassigen Volksschulen stark zurück. Doch gab es 1927 in Westfalen noch immer 771 einklassige Volksschulen, besonders im Regierungsbezirk Arnsberg mit 416 Schulen, vor allem im Sauerland. 1906 entfielen rechnerisch vier Lehrer auf eine Volksschule. 1906 gab es in der Provinz Westfalen, von Privatschulen abgesehen, 2 797 Volksschulen mit 10 309 Lehrern und 667 114 Schülern. Die Zahl der Volksschulen hatte sich also gegenüber 1838 um 51,3 %, die Zahl der Lehrer um 383,3 % und die Zahl der Schüler 201 % vergrößert. Zugleich war die Lehrer-Schüler-Relation mit jetzt nur noch durchschnittlich 64,7 Schülern pro Lehrer 1906 deutlich günstiger als 1838. 1926 bestanden in Westfalen 3 315 Volksschulen, darunter 2 309 Landschulen und 1 006 Stadtschulen. Von diesen Schulen waren 1 718 katholische und 1 477 evangelische Bekenntnisschulen. Bei dem Rest handelte es sich um 17 jüdische und 103 weltliche bzw. Gemeinschaftsschulen.

In der Mitte des 19. Jahrhunderts zeigte das Schulwesen mit der damals noch vorherrschenden einklassigen Landschule „ein auffallendes Auseinanderklaffen zwischen fortschrittlicher Wirtschafts- und Gewerbepolitik des preußischen Staates und seiner immer unzeitgemäßeren Schulpolitik, besonders durch eine mangelhafte Wissensvermittlung im Elementarschulbereich“ (Saal, Schul- und Bildungswesen, S. 573). So schufen begüterte Kreise für ihre Kinder, sofern diese nicht, wie oft noch in Adelsfamilien, von Hauslehrern unterrichtet wurden, private Vorschulen, die den Volksschulbesuch ersetzten und direkt auf das Gymnasium zuführten, so 1844 in Hamm und 1852 sowie 1853 in Dortmund. Die Vorschulen wurden in Deutschland aus Gründen sozialer Egalisierung durch die Weimarer Reichsverfassung (WRV) von 1919 (WRV Art. 147, fortgesetzt durch GG Art. 7 Abs. 6) aufgehoben.

Das Elementarschulwesen war konfessionell getrennt, wobei die Trennung von lutherischen und reformierten Schulen aufgrund der preußischen Union von 1817 im Laufe des 19. Jahrhunderts jedoch keine Rolle mehr spielte; so vereinigten sich in Bielefeld 1834 zwei lutherische und eine reformierte Schule zu einer evangelischen Stadtschule. Um so schärfer war, besonders seit 1835, die Trennung zwischen katholischen und evangelischen Schulen, die durch Art. 24 der preußischen Verfassung von 1850 verfassungsmäßigen Schutz genoß und, nach der 1939 unter nationalsozialistischem Vorzeichen erfolgten Einführung der Gemeinschaftsschule, in Nordrhein-Westfalen aufgrund von Art. 12 Abs. 1 der Landesverfassung von 1950 in der bis 1968 geltenden Fassung ebenfalls von der Verfassung als Regel vorausgesetzt wurde; erst seit 1968 geht die Landesverfassung in Art. 12 Abs. 3-6 neuer Fassung von der Gemeinschaftsschule als Regelschule aus, läßt aber auch katholische und evangelische Bekenntnisschulen zu.

Die Schulaufsicht lag für die Elementarschulen nicht beim Konsistorium bzw. beim Provinzialschulkollegium in Münster (S. 264 f.), sondern bei den Kirchen- und Schulabteilungen der Regierungspräsidenten, die Bezirksschulkommissionen bildeten. Auf lokaler Ebene bestand die geistliche Schulaufsicht durch die Pfarrer, die durch die katholischen Dechanten und die evangelischen Superintendenten ausgeübt wurde. Mit Ausnahme der Städte Münster, Minden, Soest, Hamm, Dortmund, Iserlohn, Schwelm, Altena, Lippstadt und Siegen gliederten sich die drei Regierungsbezirke Münster, Minden und Arnsberg 1840 in 90 katholische und 44 evangelische Schulinspektionsbezirke, in denen Geistliche als katholische oder evangelische Kreisschulinspektoren tätig waren. Im Revolutionsjahr 1848 wurde von vielen Lehrern in Preußen die Beseitigung der geistlichen Schulaufsicht verlangt, die bis zum Ersten Weltkrieg im Mittelpunkt der Kritik von Lehrern und Lehrervereinen an den bestehenden Verhältnissen im Schulwesen stand. Das im Zusammenhang mit dem gegen die katholische Kirche gerichteten Kulturkampf zustande gekommene preußische Schulaufsichtsgesetz von 1872 schränkte den kirchlichen Einfluß in der Schulaufsicht zwar ein, doch blieb es auf der örtlichen Ebene auch danach bei der Ausübung der Schulaufsicht durch Geistliche, auch wenn diese dazu jetzt einer staatlichen Ernennung bedurften. Die geistliche Schulaufsicht endete in Preußen endgültig mit Art. 144 WRV von 1919 und mit dem vorangegangenen preußischen Gesetz vom 18. Juli 1919. Die örtliche Schulaufsicht ging damit auf die Schulleitung und die Kreisschulaufsicht über, wo sie von Schulräten ausgeübt wurde. Die Finanzierung der öffentlichen Volksschulen war nicht Sache des Staates oder der Provinz, sondern oblag aufgrund von Art. 25 der preußischen Verfassung von 1850 den Gemeinden, was 1906 eine spezialgesetzliche Regelung erfuhr.

Die soziale Lage der Volksschullehrer war schlecht und im Hinblick auf ihre Besoldung, soziale Absicherung und Alters- und Hinterbliebenenversorgung wesentlich schlechter als die der Pfarrer oder Gymnasiallehrer, schlechter auch als die mittlerer kommunaler Beamter, bisweilen schlechter als die von Tagelöhnern. Generell waren die Volksschullehrer zugleich Küster, Organisten und Kantoren. Erst 1893 wurden die Volksschullehrer in Preußen von den Küsterdiensten entlastet. Staatliche Beamte wurden die Volksschullehrer erst durch Art. 143 WRV von 1919.

Nicht nur der soziale Status, auch die Ausbildung der Volksschullehrer war von der der Gymnasiallehrer grundsätzlich verschieden. Hatten diese eine akademische Ausbildung durch ein fachwissenschaftliches Studium an einer Universität, so blieb es bei den Volksschullehrern in Preußen bis ins 20. Jahrhundert bei der seminarmäßigen Ausbildung, deren Tradition bis zu Johann Julius Heckers „Kurmärkischem

Landschullehrerseminar“ von 1753 (S. 204) und in Westfalen bis zu den 1786 in Wesel für Kleve und Mark und 1792 in Petershagen für Minden-Ravensberg eingerichteten Lehrerseminaren (S. 204) zurückreichte. Die Seminaristen besaßen nicht das Abitur, das in Preußen nach seiner Einführung 1788 aber erst 1812 und endgültig 1834 durchgesetzt wurde; sie hatten in der Regel kein Gymnasium besucht. Erst 1925 entstanden in Preußen Pädagogische Akademien, womit die seminaristische durch die akademische Lehrerbildung ersetzt wurde, die aber nicht mit der Universität verbunden war. In Westfalen wurde in der Zeit der Weimarer Republik aber nur eine Pädagogische Akademie errichtet, die 1929 eröffnete Pädagogische Akademie für evangelische Studierende in Dortmund.

Erst 1946 folgten in Bielefeld eine Pädagogische Akademie für evangelische und in Paderborn eine solche für katholische Studierende, außerdem eine konfessionsübergreifende Pädagogische Akademie in Lünen, die 1951 nach Dortmund verlegt wurde. Ein Jahr später, 1947, wurden in Lüdenscheid eine evangelische und in Emsdetten eine katholische Pädagogische Akademie gegründet; letztere wurde 1953 nach Münster verlegt. 1960 kam in Münster zu dieser katholischen eine evangelische Pädagogische Akademie hinzu, bevor 1964 auch in Hagen eine evangelische, in Hamm eine katholische und in Weidenau (Siegen) eine simultane Pädagogische Hochschule gegründet wurden. Seit 1962 führten die Pädagogischen Akademien in Nordrhein-Westfalen die Bezeichnung „Pädagogische Hochschule“. 1964 wurden die Pädagogischen Hochschulen Westfalens als „Pädagogische Hochschule Ruhr“ mit den Abteilungen Dortmund, Hamm, Hagen und Lüdenscheid und als „Pädagogische Hochschule Westfalen-Lippe“ mit den Abteilungen Münster I und II, Bielefeld, Paderborn und Weidenau organisatorisch zusammengefaßt, bevor 1969 die konfessionell getrennte Lehrerbildung endete. Mit dem „Gesetz über die Zusammenführung der Pädagogischen Hochschulen mit den anderen wissenschaftlichen Hochschulen des Landes“ vom 19. Dezember 1978 wurden alle Pädagogischen Hochschulen Nordrhein-Westfalens aufgelöst und zum 1. August 1980 in die Universitäten integriert. Seitdem gibt es für Lehrer aller Schulformen und Schulstufen nur noch die universitäre Ausbildung.

Nach 1819 war das 1806 – an der Stelle des dortigen privaten Lehrerseminars von 1798 (S. 204) – eröffnete Lehrerseminar in Soest das einzige staatliche Lehrerseminar für die Ausbildung der evangelischen Volksschullehrer der Provinz Westfalen. Für die katholischen Volksschullehrer wurden die aus dem 18. Jahrhundert überkommenen Normalschulen in Münster (1783), Paderborn (1788) und Arnsberg (1799) (S. 209) zunächst beibehalten. 1825 entstand das erste staatliche Lehrerseminar Westfalens für katholische Volksschullehrer im Gebäude des ehemaligen Jesuitenkollegs in Büren im Paderborner Land. Das Soester Lehrerseminar erhielt 1830 mit dem Nebenseminar in Petershagen eine Filiale für den Regierungsbezirk Minden. Entsprechend bekam das katholische Lehrerseminar in Büren 1833 ein Nebenseminar für den Regierungsbezirk Münster in Langenhorst (Ochtrup, Kreis Steinfurt), das 1839 zum Hauptseminar erhoben und 1882 nach Warendorf verlegt wurde. 1867 wurde in Hilchenbach im Siegerland ein drittes evangelischen Lehrerseminar innerhalb der Provinz Westfalen eröffnet, 1876 ein drittes katholisches Lehrerseminar in Rüthen (Kreis Soest). 1894 und 1895 kamen evangelische Lehrerseminare in Herdecke an der Ruhr (Ennepe-Ruhr-Kreis) und in Gütersloh hinzu, ferner 1901 in Recklinghausen, 1904 in Herford, 1907 in Unna, 1908 in Lüdenscheid und 1911 in Hamm und in Hattingen. Katholische Lehrerseminare entstanden neben den Seminaren in Büren, Warendorf und Rüthen 1901 in Werl, 1906 in Dorsten, 1907 in Paderborn und in Arnsberg, 1908 in Coesfeld, 1909 in Olpe, 1910 in Hamm und 1914 in Recklinghausen. Hinzu kamen private Lehrerseminare in Telgte und in Paderborn. Diese Vielzahl von Ausbildungsstätten für Volksschullehrer gibt den rasch wachsenden Lehrerbedarf wieder. Die Lehrerseminare unterstanden wie die Gymnasien der Aufsicht des Provinzialschulkollegiums in Münster.

Getrennt von der Ausbildung männlicher Volksschullehrer war die der Volksschullehrerinnen. Die Tätigkeit von Frauen als Elementarschullehrerinnen reichte weit vor das 19. Jahrhundert zurück. Seit 1834 gab es in Preußen eine Laufbahnregelung für Volksschullehrerinnen und damit erstmals einen staatlich anerkannten und gesetzlich normierten qualifizierten Frauenberuf oberhalb der Ebene von Mägden, Köchinnen, Ammen, Hebammen und Hausangestellten. Bereits am 1. Mai 1832 war in Münster das erste katholische Lehrerinnenseminar des gesamten preußischen Staates eröffnet worden, bevor noch im selben Jahr in Paderborn ein zweites katholischen Lehrerinnenseminar entstand. Für die evangelischen Volksschullehrerinnen wurde 1844 in der Diakonissenanstalt in Kaiserswerth (Düsseldorf) ein erstes nichtstaatliches evangelisches Lehrerinnenseminar eingerichtet. 1852 folgte die Gründung des ersten – und für viele Jahre einzigen – staatlichen evangelischen Lehrerinnenseminars für ganz Preußen in Droyßig in der preußischen Provinz Sachsen. Erst 1872 wurden in Stift Keppel bei Siegen die Voraussetzungen für die Ausbildung evangelischer Volksschullehrerinnen innerhalb der Provinz Westfalen geschaffen. 1880 folgte ein überkonfessionelles städtisches Lehrerinnenseminar in Hagen. Im Jahre 1900 erhielt Westfalen ein evangelisches Lehrerinnenseminar in Burgsteinfurt. Katholische Lehrerinnenseminare neben den Instituten in Münster und Paderborn entstanden 1905 in Arnsberg, 1909 in Hamm und 1914 in Recklinghausen. Hinzu kamen 1910 ein städtisches Lehrerinnenseminar in Dortmund, 1912 ein gemischtkonfessionelles städtisches Lehrerinnenseminar in Bochum und 1914 ein privates katholischen Lehrerinnenseminar, ebenfalls in Bochum.

Große Probleme bereitete die Vorbildung der künftigen Volksschullehrer vor Eintritt in das Lehrerseminar. Üblich war die private Vorbereitung von Volksschulabsolventen durch Pfarrer oder Lehrer auf die Aufnahmeprüfung der Lehrerseminare. 1852 entstand in Schildesche (Bielefeld) eine erste private Präparandenanstalt zur Vorbereitung auf das Lehrerseminar, 1872 in Holzwickede (Kreis Unna) eine zweite. Die erste staatliche Präparandenanstalt wurde 1874 im wittgensteinischen Laasphe gegründet. Aber noch 1873 wurden staatlicherseits in der Provinz Westfalen 199 private sog. Präparandenbildner benannt. 1897 kam eine städtische Präparandenanstalt in Werl hinzu. Nicht die Lehrerseminare, sondern die Vorbereitung auf die Aufnahme in die Lehrerseminare bildete die eigentliche Schwachstelle der seminaristischen Lehrerbildung im 19. Jahrhundert. Erst die nach 1900 gegründeten

katholischen und evangelischen Lehrer- und Lehrerinnenseminare waren organisatorisch und räumlich mit Präparandenanstalten verbunden, bevor 1920 mit dem Beginn der zur Gründung der Pädagogischen Akademien führenden Reformen der Abbau der Präparandenanstalten einsetzte.
Für die Ausbildung jüdischer Lehrer für jüdische Volksschulen sorgte die „Marks-Haindorfsche Stiftung" des jüdischen Rentiers Elias Marks aus Hamm und seiner Erben Jacob Löb und Sophia Löb geb. Haindorf, die der jüdische Mediziner Alexander Haindorf – der erste ungetaufte Jude in Preußen, der den Titel eines Professors führte – in Münster leitete. Haindorf gründete 1827 in Münster eine von dieser Stiftung getragene Israelitische Schulanstalt, die Elementarschule für jüdische Kinder und Übungsschule für künftige Lehrer in einem war und Elemente der seminaristischen Ausbildung mit solchen der Normalschulausbildung verband. Die ersten Absolventen dieser Lehrerbildungsstätte der jüdischen Minderheit legten 1830 ihre Lehrerprüfung am evangelischen Lehrerseminar in Soest ab.
Pädagogisch und hinsichtlich der Unterrichtsstoffe, aber auch sozial, gehörten die Gymnasien einer anderen Welt an als die Elementarschulen. Die Gymnasien unterstanden der Aufsicht des Provinzialschulkollegiums. Die geistliche Schulaufsicht spielte hier keine Rolle. Die Gymnasien waren aus den alten Lateinschulen hervorgegangen und an deren Stelle sowie an die Stelle der mit der Säkularisation der Klöster nach 1803 entfallenen oder umgewandelten Klostergymnasien getreten. Sie waren dem mit dem Namen Wilhelms von Humboldt verbundenen neuhumanistischen Bildungsideal verpflichtet, durch einen sehr hohen Anteil an Griechisch- und Lateinunterricht qualifiziert und führten auf das Universitätstudium zu. Das Gymnasium des 19. Jahrhunderts war identisch mit dem unter den heutigen höheren Schulen marginalisierten und innerhalb des Systems der Schulen der Sekundarstufen I und II als Schulform nicht mehr bestehenden humanistischen Gymnasium. Zunächst hatten nur diese Gymnasien das Recht, Abiturprüfungen abzunehmen. In Westfalen wurde dieses Privileg zuerst 1836 durchbrochen, als die höhere Bürgerschule in Siegen das Recht zur Abnahme von Abiturprüfungen erhielt. Doch konnten die Absolventen mit dem Siegener Abiturzeugnis nur das Baufach studieren, besaßen also – modern gesprochen – nicht die Allgemeine Hochschulreife, die weiterhin nur das (humanistische) Gymnasium vermittelte. Das änderte sich erst mit dem Erlaß Kaiser Wilhelms II. vom 26. November 1900, der das Realgymnasium und die Oberrealschule, also das spätere neusprachliche bzw. das spätere mathematisch-naturwissenschaftliche Gymnasium, gleichrangig neben das (humanistische) Gymnasium stellte.
Die Gymnasiallehrer waren, anders als die Volksschullehrer, selbst Absolventen von Gymnasien, hatten ein Universitätsstudium abgeschlossen und relativ häufig den Doktorgrad erworben, zählten zur Akademikerschaft und gehörten sozial, gemeinsam mit evangelischen Pfarrern und Juristen, höheren Beamten und Richtern sowie freiberuflich tätigen Rechtsanwälten, Ärzten und Apothekern, zum Bildungsbürgertum. Gegenüber dem 18. Jahrhundert, in dem der Gymnasiallehrerberuf im prote-

stantischen Bereich oft Durchgangsstation zum Pfarramt und im katholischen vielfach Sache von Mönchen gewesen war, hatte sich ihr sozialer Status im 19. Jahrhundert entschieden verbessert. Seit 1810 gab es in Preußen das nach dem Universitätsstudium von künftigen Gymnasiallehrern abzulegende Staatsexamen. 1831 wurde eine strenge Prüfungsordnung erlassen. Die Gymnasiallehrer waren nach Art. 23 der preußischen Verfassung von 1850 staatliche Beamte, während die Verfassung in Art. 25 den Volksschullehrern nur „ein festes, den Lokalverhältnissen angemessenes Einkommen" gewährleistete.

Es gab in der Provinz Westfalen 1825, also im Jahr der Verselbständigung des Provinzialschulkollegiums (S. 264), neun Schulanstalten, die von den preußischen Behörden als Vollgymnasien anerkannt waren. Dabei handelte es sich um die drei katholischen Gymnasien in Arnsberg, Münster und Paderborn, also um das Gymnasium Laurentianum, das Gymnasium Paulinum und das Gymnasium Theodorianum, sowie um sechs evangelische Gymnasien. Das waren das Gymnasium Hammonense in Hamm, das Archigymnasium in Soest und die Gymnasien in Dortmund, Minden, Herford und Bielefeld. Andere traditionsreiche Gymnasien wie das Lyceum Iserlohnense in Iserlohn von 1609 fanden keine Anerkennung als Gymnasien und wurden als Bürgerschulen eingestuft. Hinzu kamen elf Progymnasien, also höhere Schulen, die nur bis zur Untersekunda (heute als Klasse 10 bezeichnet) führten und als Zubringerschulen zu vollausgebauten Gymnasien dienten. Diese hatten alle katholischen Charakter, waren oft ehemalige Klostergymnasien und befanden sich in Attendorn, Brilon, Coesfeld, Dorsten, Recklinghausen, Rheine, Rietberg, Vreden, Warburg (1826), Warendorf und Wiedenbrück. 1836 kam das alte Pädagogium, jetzt die erwähnte höhere Bürgerschule, in Siegen als einziges evangelisches Progymnasium Westfalens hinzu. Einige Progymnasien stiegen noch bis zur Mitte des 19. Jahrhunderts zu Vollgymnasien auf, nämlich 1828 das Progymnasium in Coesfeld, 1829 das Progymnasium in Recklinghausen, 1856/58 das Progymnasium in Warendorf, 1858 das Progymnasium in Brilon und 1859 das Pädagogium in Siegen. Hingegen ging das Progymnasium in Wiedenbrück 1832 ein.

1851 kam mit dem Ratsgymnasium in Münster ein weiteres Progymnasium hinzu, das 1859 Vollgymnasium wurde, womit Münster ein zweites Gymnasium erhielt. 1838 wurde das 1591 als reformierte Hohe Schule gegründete (S. 129) Gymnasium Arnoldinum in Burgsteinfurt als privates „Fürstlich Bentheimisches Gymnasium Arnoldinum" mit angeschlossener Realschule wieder eröffnet. In privater Trägerschaft befand sich auch das 1851 gegründete Evangelisch-Stiftische Gymnasium in Gütersloh, das in der minden-ravensbergischen Erweckungsbewegung wurzelte und in den folgenden Jahrzehnten vor allem zu einem Pflanzbeet westfälischer evangelischer Pfarrer wurde. Bei diesen 21 Gymnasien und Progymnasien und den beiden privaten Gymnasien in Burgsteinfurt und Gütersloh blieb es bis in die Zeit der Reichsgründung. Danach wurden in Westfalen bis zum Ersten Weltkrieg 14 weitere Gymnasien gegründet. So erhielt Bochum 1872 ein Gymnasium, wobei es sich auch hier um ein humanistisches Gymnasium handelte.

Insgesamt wichtiger als Ausbau und Gründung von Gymnasien war die Entwicklung des mittleren Schulwesens zwischen Volksschule und (humanistischem) Gymnasium, woraus auch neue Gymnasialtypen hervorgingen. Im Laufe des 19. Jahrhunderts machte sich das Bedürfnis nach sog. realistischer Bildung sowie nach stärkerem Gewicht der modernen Sprachen immer mehr bemerkbar, vor allem im kaufmännisch oder gewerblich tätigen Bürgertum, das von den herkömmlichen Gymnasien mit ihrer Pflege der alten Sprachen nicht befriedigt werden konnte. Im Bereich des mittleren Schulwesens gab es in Westfalen in der ersten Hälfte des 19. Jahrhunderts noch die lateinischen Rektoratsschulen, die der Vorbereitung ihrer Schüler auf das Gymnasium dienten und allmählich zurücktraten. Für die weitere Entwicklung wichtiger waren die Bürgerschulen, deren Absolventen in technische oder gewerbliche Berufe strebten, und die höheren Bürgerschulen, an denen anstelle von Griechisch- Englischunterricht erteilt und neben der Pflege von Deutsch und modernen Fremdsprachen „realistische" Fächer wie Mathematik, Zeichnen und kaufmännische Fächer unterrichtet wurden. 1837 gab es in Westfalen zehn höhere Bürgerschulen und 27 Rektorats- oder Bürgerschulen. Schon 1799 hatten Friedrich Dahlenkamp und Peter Harkort nach dem Vorbild der Berliner „Ökonomisch-mathematischen Realschule" von 1747 in Hagen mit der „Handlungs-, Bürger- und Lateinschule" die erste Realschule Westfalens gegründet. Eine ähnliche Schule gab es in Minden.

Bedeutung für die weitere Entwicklung erlangte die Unterrichts- und Prüfungsordnung von 1859, mit der das mittlere Schulwesen zwischen Volksschule und Gymnasium normiert wurde. Unterschieden wurde jetzt zwischen Realschulen 1. Ordnung, Realschulen 2. Ordnung und höheren Bürgerschulen. Die Realschulen 1. Ordnung kannten keinen Griechischunterricht, wohl aber Lateinunterricht, betonten jedoch stärker die modernen Fremdsprachen; wie die Gymnasien, so wurden auch die Realschulen 1. Ordnung der Aufsicht des Provinzialschulkollegiums unterstellt. Hingegen verblieben die lateinlosen Realschulen 2. Ordnung, wie die Volksschulen und wie die ebenfalls lateinlosen höheren Bürgerschulen, unter der Aufsicht der Regierungspräsidenten, bis die Realschulen 2. Ordnung 1872 auch dem Provinzialschulkollegium unter- und insofern den Gymnasien und den Realschulen 1. Ordnung gleichgestellt wurden. Bis 1865 wurden in Westfalen sieben Realschulen 1. Ordnung – in Burgsteinfurt, Dortmund, Hagen, Lippstadt, Minden, Münster und Siegen – und eine Realschule 2. Ordnung, in Bielefeld, gegründet. Höhere Bürgerschulen entstanden, teilweise aus ehemaligen Rektoratsschulen, u. a. 1857 in Schwerte, 1858 in Lüdenscheid, 1860 in Bochum, 1871 in Altena und 1873 in Wattenscheid (Bochum). Nach 1890 wurden die Realschulen 1. Ordnung von 1859 zum Realgymnasium, dem späteren neusprachlichen Gymnasium, dessen Abitur einen eingeschränkten Universitätszugang ermöglichte; die Realschulen 2. Ordnung wurden Oberrealschulen, später mathematisch-naturwissenschaftliche Gymnasien, deren Abitur die Studienberechtigung für die Technischen Hochschulen vermittelte, bis der erwähnte kaiserliche Erlaß von 1900 Gymnasien, Realgymnasien und Oberrealschulen gleichstellte. In einigen Fällen wurden auch höhere Bürgerschulen zu Realgymnasien ausgebaut,

doch gingen aus den höheren Bürgerschulen in erster Linie die Mittel- oder Realschulen des 20. Jahrhunderts hervor, die 1910 eine Neuordnung erfuhren.
Bei Beginn des Ersten Weltkriegs gab es in Westfalen 114 höhere Schulen (Gymnasien, Realgymnasien, Oberrealschulen, Realschulen). Zwischen 1920 und 1933 kamen zwei Gymnasien und zwei Realgymnasien sowie acht Realprogymnasien und acht Oberreal- bzw. Realschulen hinzu. Nach 1925 entstanden als weiterer Gymnasialtypus die „Deutschen Oberschulen", von denen in Westfalen 1933 14 bestanden. Aus den Deutschen Oberschulen gingen nach 1945 die heute auch nicht mehr bestehenden Aufbaugymnasien hervor.
Diese höheren Schulen waren alle reine Jungenschulen. Der Typus der höheren Schule für Mädchen war im 19. Jahrhundert die „höhere Töchterschule". Die ersten dieser Schulen entstanden in Westfalen auf privater Basis. Als älteste höhere Töchterschule Westfalens gilt die 1817 gegründete private höhere Töchterschule in Minden, die 1826 in städtische Trägerschaft überging. Ab 1831 gab es in Münster eine katholische höhere Töchterschule. Zunächst privat waren auch die höheren Töchterschulen in Bielefeld (1828) und Hagen (1848), die 1858 von den Kommunen weitergeführt wurden. Diese frühen höheren Töchterschulen zählten, ungeachtet ihrer Bezeichnung, nicht zu den höheren Schulen und unterstanden nicht der Aufsicht des Provinzialschulkollegiums. Die Lehrerinnen hatten eine seminaristische Ausbildung. Nach 1850 wurden höhere Töchterschulen in Lüdenscheid (1858), Paderborn (1859), Bochum (1860), Altena (1866) und Dortmund (1867) errichtet. 1871 kam eine private evangelische Erziehungs- und Schulanstalt für Mädchen in Stift Keppel im Siegerland hinzu. Seit 1893 war für Mädchen die Ablegung der Abiturprüfung möglich. 1908 wurden die jetzt „Lyzeum" genannten höheren Töchterschulen dem höheren Schulwesen der Jungen angeglichen. Die Oberstufe des Lyzeums, das „Oberlyzeum", führte zur eingeschränkten Hochschulreife, die „Realgymnasiale Studienanstalt für Mädchen" zu einer dem Abitur der Realgymnasien entsprechenden Hochschulreife. 1914 gab es in Westfalen 40 Lyzeen, darunter 19 private, neun Oberlyzeen und drei Realgymnasiale Studienanstalten.
Das jüdische Schulwesen beruhte in Westfalen auf der erwähnten Marks-Haindorfschen Stiftung und der Israelitischen Schulanstalt in Münster, die aber auch von christlichen Schülern besucht wurde. Seit 1906 standen die christlichen Volksschulen auch jüdischen Kindern offen.
Große Bedeutung erlangten, zumal im Zusammenhang mit der industriellen Entwicklung, die technischen und die kaufmännischen Unterrichtsstätten und die Berufs- bzw. berufsbildenden Schulen. 1816 wurde in Bochum die erste westfälische Bergschule errichtet, der 1818 und 1839 Bergbauschulen in Siegen und in Ibbenbüren folgten. 1854 kam die Bochumer Bergschule unter die Aufsicht des Handelsministeriums in Berlin und des Oberbergamts in Dortmund und 1864 in die Trägerschaft der Westfälischen Berggewerkschaftskasse in Bochum. „Bald entwickelte sich die Bochumer Einrichtung zur bedeutendsten Bergschule Deutschlands mit internationaler Anerkennung (...). Fast die Hälfte aller technischen Grubenbeamten

Preußens hatte ihre Ausbildung in Bochum erhalten" (Saal, Schul- und Bildungswesen, S. 579). Die erste westfälische Gewerbeschule entstand 1826 in Hagen, gefolgt von Gewerbeschulen in Münster, Bielefeld, Bochum und Iserlohn. Später wurden die Gewerbeschulen in höhere Bürgerschulen bzw. in Realschulen umgewandelt. Die Berufsschulen, wie man sie heute kennt, gingen aus Sonntagsschulen für Handwerker, zuerst 1830 in Soest, hervor. Seit den 1870er Jahren gewährte der preußische Staat den Städten staatliche Zuschüsse für die Einrichtung von Berufsschulen. Dabei gingen Berufsschuleinrichtungen für Handwerkslehrlinge denen für kaufmännische Lehrlinge voran. So wurden 1873 in Recklinghausen berufsbildende Fortbildungseinrichtungen für Handwerkslehrlinge geschaffen, aber erst 1906 für kaufmännische Lehrlinge. Erst seit 1923 bestand endgültig eine gesetzliche Berufsschulpflicht für alle Jugendlichen, die keine höhere Schule besuchten, sondern sich in einer Berufsausbildung (Lehre) befanden oder berufstätig waren. Berufsschulträger waren Gemeinden, Gemeindeverbände, Kreise oder Industrie- und Handelskammern, Handwerks- oder Landwirtschaftskammern.

Mit der 1821 im aufgehobenen Kloster Uentrop bei Hamm eingerichteten, 1822 nach Münster verlegten staatlichen Taubstummenschule entstand eine erste schulische Einrichtung für Behinderte. In den dreißiger und vierziger Jahren des 19. Jahrhunderts folgten Taubstummenschulen in Verbindung mit den Lehrerseminaren in Büren, Soest, Langenhorst und Petershagen, die 1876 als Provinzial-Taubstummenanstalten von der Provinz Westfalen übernommen wurden. Schulische Einrichtungen für blinde Kinder wurden zuerst 1842 von Pauline von Mallinckrodt in Paderborn und danach 1847 mit den Provinzial-Blindenanstalten in Soest und Paderborn geschaffen. 1883 nahm mit der Einrichtung der ersten westfälischen Hilfsschulklasse in Dortmund das Sonderschulwesen für lernschwache Kinder seinen Anfang. 1910 hatte Westfalen bereits 110 Hilfsschulen.

Die altpreußischen Provinzen Brandenburg, Sachsen, Pommern, Preußen (Ost- und Westpreußen), Schlesien und die Rheinprovinz besaßen im 19. Jahrhundert mit den Universitäten in Berlin, Halle, Greifswald, Königsberg, Breslau und Bonn jeweils eine Universität. Dasselbe galt für die durch die Annexionen von 1866 hinzugekommenen neupreußischen Provinzen Hannover (Göttingen), Schleswig-Holstein (Kiel) und Hessen-Nassau (Marburg). Nur zwei preußische Provinzen blieben im 19. Jahrhundert ohne Provinzialuniversität: die Provinzen Posen und Westfalen. 1818 wurde die 1780 gegründete Universität Münster (S. 208) ebenso aufgehoben wie die 1614/16 gegründete Universität in Paderborn (S. 135). In Paderborn wurde die Aufhebung aber nicht durchgeführt, so daß hier eine katholische theologische Hochschule fortbestand, die ab 1843 als „Seminarium Theodorianum" und ab 1917 als „Bischöfliche Philosophisch-Theologische Akademie" firmierte und 1966 durch Papst Paul VI. mit nachfolgender staatlicher Anerkennung durch das Land Nordrhein-Westfalen zur Theologischen Fakultät mit Promotionsrecht erhoben wurde.

In Münster führte die Aufhebung der Universität zur Schließung der juristischen

und der medizinischen Fakultät, während philosophisch-theologische Kurse bestehen blieben. Diese Rumpfeinrichtung erhielt 1832 den Status einer „Akademischen Lehranstalt“ als Ausbildungsstätte für katholische Geistliche und für Gymnasiallehrer mit Promotions- und Habilitationsrecht für die Theologische Fakultät und 1843 den Charakter einer „Königlichen Theologischen und Philosophischen Akademie“. 1844 kam zum Promotionsrecht der Theologischen Fakultät (Dr. theol.) das Promotionsrecht der Philosophischen Fakultät (Dr. phil.) hinzu, das 1874/75 auf die Naturwissenschaften ausgedehnt wurde (Dr. phil. nat.). Somit war in Münster neben dem Studium der katholischen Theologie auch das Studium künftiger Gymnasiallehrer philologischer wie naturwissenschaftlicher Fächer möglich. Mit der Errichtung der Rechts- und Staatswissenschaftlichen Fakultät im Jahre 1902 wurde die Akademie zur Universität erhoben, bevor dieser 1907 nach dem damals regierenden König von Preußen, Kaiser Wilhelm II., die noch heute geführte Bezeichnung „Westfälische Wilhelms-Universität“ verliehen wurde. 1914 wurde neben der Katholisch-Theologischen Fakultät auch eine Evangelisch-Theologische Fakultät errichtet, womit die Universität Münster dem erstmals 1809/11 in Breslau eingeführten Simultanmodell mit zwei theologischen Fakultäten an einer Universität folgte, das außer an der Schlesischen Friedrich-Wilhelms-Universität zu Breslau auch an der Rheinischen Friedrich-Wilhelms-Universität Bonn und außerhalb Preußens in Tübingen (1817) und in Wien (1850) Anwendung fand, im übrigen aber noch unüblich war. Mit der Eröffnung der Medizinischen Fakultät im Jahre 1925 konnte die Universität Münster als vollausgebaute Universität gelten.
Seit 1905 bestand in Bethel (Bielefeld) die von Friedrich von Bodelschwingh gegründete Theologische Schule Bethel, die nach dem Zweiten Weltkrieg die Bezeichnung „Kirchliche Hochschule Bethel“ annahm. Die Kirchliche Hochschule Bethel dient nach ihrer Satzung von 1987 der Forschung, der Lehre und dem Studium der evangelischen Theologie und besitzt das Promotions- (Dr. theol.) und das Habilitationsrecht.
Zwar außerhalb Westfalens gelegen, aber doch eine halb „westfälische“ Hochschule war die 1870 für die Provinzen Rheinland und Westfalen gegründete „Rheinisch-Westfälische Technische Hochschule“ (RWTH) Aachen. Diese auf eine private Stiftung für ein Polytechnisches Institut von 1858 zurückgehende staatliche Hochschule, die 1899 das Promotionsrecht (Dr.-Ing.) erhielt, war universitätsmäßig strukturiert und bot Studienmöglichkeiten in den sechs Abteilungen Architektur, Bauingenieurwesen, Maschinenbau, Chemie und Hüttenkunde, Bergbau und Allgemeine Wissenschaften; hinzu kam die naturwissenschaftliche Lehrerbildung. Nach dem Zweiten Weltkrieg wurde das Angebot u. a. um Elektrotechnik (1961), um die Medizin (1969) und um die Fächer einer Philosophischen Fakultät (1965) erweitert. Die Gründung der RWTH Aachen stand im Zusammenhang mit der polytechnischen Hochschulbewegung des 19. Jahrhunderts. 1815 war in Wien nach dem Vorbild der Pariser Ecole Polytechnique die Polytechnische Schule gegründet worden, die 1872/75 zur Technischen Hochschule erhoben wurde (heute Technische Univer-

sität Wien). Die älteste Polytechnische Schule im außerösterreichischen Deutschland entstand 1825 im badischen Karlsruhe, woraus 1865/85 die Technische Hochschule Karlsruhe hervorging. Karlsruhe wurde Vorbild von München (1827/68 Polytechnische Schule, 1877 TH) und für Zürich (1855 Eidgenössische Polytechnische Schule, 1911 ETH Zürich). Hannover hatte seit 1847 eine Polytechnische Hochschule, die 1879 TH wurde, Braunschweig seit 1862, seit 1872 als TH. Die RWTH Aachen gewann Modellcharakter für die nachfolgenden Gründungen Technischer Hochschulen in Preußen, nämlich in (Berlin-)Charlottenburg (heute Technische Universität Berlin) (1879) und in Danzig (1904). Für die technologische Entwicklung der rheinisch-westfälischen Industrie und des Bergbaus besaß die RWTH Aachen größte Bedeutung.

Nach der Wiederherstellung des Universitätsrangs und dem Ausbau der Universität Münster blieb die Hochschullandschaft Westfalens über das Ende der preußischen Provinz Westfalen hinaus bis in die 1960er Jahre unverändert. 1962 gründete das Land Nordrhein-Westfalen die 1965 eröffnete Ruhr-Universität in Bochum. 1968 folgte die Universität Dortmund, die wie die Universität Bochum Disziplinen herkömmlicher Universitäten mit solchen Technischer Hochschulen verband. Als vierte Universität Westfalens wurde 1969 die Universität Bielefeld eröffnet. In den siebziger Jahren kam mit den Gesamthochschulen Paderborn (1972) und Siegen (1972) ein als neuartig konzipierter Hochschultypus hinzu. Seit 1980 tragen die Hochschulen in Paderborn und Siegen, wie ihre rheinischen Schwestern in Duisburg, Essen und Wuppertal, die Bezeichnung „Universität-Gesamthochschule". 1974 wurde in Hagen die auf das Fernstudium angelegte „Fernuniversität Hagen Gesamthochschule" gegründet. Ein neuer Hochschultypus neben den wissenschaftlichen Hochschulen (Universitäten und Gesamthochschulen) waren die Fachhochschulen, die seit den 1970er Jahren als Fachhochschulen des Landes Nordrhein-Westfalen, soweit es den Landesteil Westfalen betrifft, in Bielefeld, Bochum, Dortmund, Iserlohn, Münster und zuletzt in Gelsenkirchen, teilweise mit Fachbereichen an anderen Orten, entstanden. Von diesen Fachhochschulen zu unterscheiden sind Fachhochschulen des Landes, die ausschließlich Ausbildungsgänge für den öffentlichen Dienst anbieten. Dazu gehören in Westfalen die „Fachhochschule für Finanzen" in Nordkirchen (Kreis Coesfeld) und die „Fachhochschule für öffentliche Verwaltung" in Gelsenkirchen. Daneben gibt es seit 1971 kirchliche Fachhochschulen mit den Schwerpunkten Sozialwesen, Heilpädagogik und Theologie, nämlich die Evangelische Fachhochschule Rheinland-Westfalen-Lippe in Bochum mit Fachbereichen in Bochum und Bielefeld und die Katholische Fachhochschule Nordrhein-Westfalen mit Fachbereichen in Münster und Paderborn. Schließlich besteht in Westfalen mit der Universität Witten/Herdecke seit 1983 auch eine von einem Universitätsverein getragene private Universität.

Das Schul- und Hochschulwesen hat sich somit auch in Westfalen seit den 1960er Jahren entscheidend verändert. Dennoch bleibt die tiefgreifende Modernisierung des Schul- und Bildungswesens in der preußischen Provinz Westfalen zwischen der Mitte des 19. Jahrhunderts und den 1920er Jahren unübersehbar. Sie war Ausdruck der gesellschaftlichen Wandlungen jener Jahrzehnte, die mit dem Stichwort „Industrialisierung" zu kennzeichnen ist.

Trotz der industriellen Entwicklung besonders im Ruhrgebiet und in der märkischen Gewerberegion, trotz der Bevölkerungsvermehrung und der Urbanisierung

war Westfalen am Ende des 19. Jahrhunderts keine Hochburg der Sozialdemokratie und erst recht nicht des Marxismus. So überschritt die SPD in Westfalen erst bei der letzten Reichstagswahl vor dem Ersten Weltkrieg, 1912, die Marke von 30 % der Wählerstimmen, und auch das nur in dem am stärksten industriell geprägten Regierungsbezirk Arnsberg; in den Regierungsbezirken Münster und Minden blieben die Wahlergebnisse der SPD auch 1912 noch deutlich darunter. Die Hochburgen der Sozialdemokratie lagen auch 1912 noch nicht im Ruhrgebiet und somit weder in Westfalen noch in der Rheinprovinz, sondern im Königreich Sachsen, in der Reichshauptstadt Berlin, in Hamburg und in dem damals noch selbständigen, zur preußischen Provinz Schleswig-Holstein gehörenden Altona, in Nürnberg und in München sowie im Wahlkreis Sonneberg-Saalfeld des Herzogtums Sachsen-Meiningen. Das lag nicht am Wahlrecht, weil für den Reichstag seit 1867 das allgemeine Wahlrecht galt, nicht das Dreiklassenwahlrecht (S. 291); es lag auch nicht an der Sozialstruktur, sondern an den konfessionellen Gegebenheiten. Die als Hochburgen der Sozialdemokratie genannten Wahlkreise waren, wenn man von München II absieht, ganz protestantisch geprägt und, vor allem in Berlin, Hamburg und Altona, aber auch in Teilen Sachsens wie Leipzig, Zwickau oder Chemnitz, bereits stark von Entkirchlichung erfaßt. Hingegen war in Westfalen mit seinem sehr großen Katholikenanteil auch im protestantischen Bereich die kirchliche Bindung überwiegend noch stärker und die Entkirchlichungstendenz deutlich schwächer.
Die 1848 und 1849 erreichte Politisierung der Bevölkerung war in Westfalen nach 1850 wieder stark zurückgegangen (S. 290). Das betraf besonders die Arbeiterschaft, wozu auch das Verbot der westfälischen Arbeiterverbrüderung im Jahre 1854 beitrug. Mehr Einfluß als die Ideen von Karl Marx und Friedrich Engels und als die marxistische Richtung der späteren SPD um August Bebel und Wilhelm Liebknecht gewannen in Westfalen der Lassalleanismus und der 1863 von Ferdinand Lassalle gegründete, nichtrevolutionär-sozialreformerische „Allgemeine Deutsche Arbeiterverein“ (ADAV). Dieser hatte in Westfalen in dem 1817 in Eslohe (Hochsauerlandkreis) geborenen Karl Wilhelm Tölcke einen wichtigen und über Westfalen hinaus bedeutenden Politiker, der 1848 schon als Redakteur des „Volksboten für den Kreis Altena“ und als politischer Agitator hervorgetreten war. Von 1865 bis 1867 war Tölcke Vorsitzender („Präsident“) des ADAV. In Iserlohn gelang ihm, was bis dahin nirgendwo in Deutschland gelungen war, nämlich die Arbeiter in einem einzigen politischen Verein zu organisieren. Nicht zuletzt durch Tölckes Wirken bestanden 1875 ADAV-Gruppen in Iserlohn, Hagen, Hohenlimburg, Dortmund, Hörde, Hamm, Gelsenkirchen, Bochum, Bielefeld, Minden und Oeynhausen.
Nachdem 1869 in Eisenach die – von Tölcke damals noch als „falsche Brüder“ eingeschätzte – marxistische „Sozialdemokratische Arbeiterpartei“ (SDAP) unter August Bebel und Wilhelm Liebknecht gegründet worden war, trat Tölcke 1875 auf dem Gothaer Kongreß für den Zusammenschluß von ADAV und SDAP zur „Sozialistischen Arbeiterpartei Deutschlands“ (SAP) ein. Unter dem Sozialistengesetz von 1878, als die SAP verboten war, aber gleichwohl an den Reichstagswahlen teilneh-

men konnte, kandidierte Tölcke als Spitzenkandidat der SAP in Westfalen, wo er seit 1875 in Dortmund für die 1878 verbotene sozialdemokratische „Westfälische Freie Presse" schrieb. Das alles änderte aber nichts an den geringen Wahlerfolgen des ADAV, der SDAP und der SAP bei den Reichstagswahlen von 1867 bis 1887, auch wenn der sozialdemokratische Stimmenanteil bei den Reichstagswahlen von 1884 und 1887, also unter dem Sozialistengesetz, an den Industriestandorten Westfalens zunahm. Dennoch entwickelte sich die Sozialdemokratie in der Zeit des Sozialistengesetzes auch in Westfalen „zur großen Massenpartei der Industriearbeiter und Handwerksgesellen" (Behr, Provinz Westfalen, S. 116). Das zeigte sich an den Ergebnissen der Reichstagswahlen, nachdem das Sozialistengesetz 1890 durch Nichtverlängerung aufgehoben worden war und die Partei sich 1890 als „Sozialdemokratische Partei Deutschlands" (SPD) neu konstituiert hatte.

Die stärkste politische Gruppierung blieb in Westfalen aber auch danach und bis in den Ersten Weltkrieg die 1870 gegründete katholische Zentrumspartei, von deren führenden Politikern der Gründungszeit zwei, Wilhelm Emanuel von Ketteler und Hermann von Mallinckrodt, aus Westfalen stammten, während Ludwig Windthorst aus dem benachbarten Osnabrück kam. Das Zentrum gewann an Einfluß durch den Verbandskatholizismus, vor allem durch den 1896 gegründeten „Volksverein für das katholische Deutschland" in Mönchengladbach, und durch andere Organisationen wie – auch ohne Frauenwahlrecht – die katholischen Frauenvereine, den 1862 gegründeten „Westfälischen Bauernverein" Burghards Freiherrn von Schorlemer-Alst, den Verband „Arbeiterwohl" des aus dem Sauerland stammenden katholischen Priesters und Sozialreformers Franz Hitze und durch die stark verbreitete Zentrumspresse mit in Westfalen allein 58 Blättern. In Westfalen dominierte der rechte Flügel des Zentrums bei starkem Gewicht des katholischen Adels. So kandidierte bei den Reichstagswahlen von 1903, 1907 und 1912 im Wahlkreis Münster-Coesfeld der dieser Richtung zuzurechnende, 1914 in den Grafenstand erhobene Bonner Professor und katholische Sozialphilosoph Georg Friedrich von Hertling, der 1912 bayerischer Ministerpräsident und 1917 Reichskanzler und preußischer Ministerpräsident wurde.

Das protestantische Minden-Ravensberg blieb bis zur Reichstagswahl von 1912 aufgrund der nachwirkenden Erweckungsbewegung eine Domäne der 1876 als gemeinsame Partei verschiedener konservativer Gruppierungen gegründeten Deutschkonservativen Partei. 1912 ging der Wahlkreis Minden-Lübbecke an die linksliberale Fortschrittliche Volkspartei, die 1910 aus der Vereinigung der Freisinnigen Vereinigung und der Freisinnigen Volkspartei hervorgegangen war. Der Wahlkreis Siegen-Wittgenstein-Biedenkopf war, protestantisch geprägt, die politische Basis des Berliner Hofpredigers Adolf Stoecker und seiner 1878 gegründeten evangelischen Christlich-Sozialen Partei, die zumeist mit der Deutschkonservativen Partei zusammenging. 1881 erhielt Stoecker, der gleichzeitig auch in Minden-Lübbecke gewählt wurde, in Siegen-Wittgenstein-Biedenkopf ein Reichstagsmandat. Der Süden der alten Grafschaft Mark und hier besonders der Reichstagswahlkreis Hagen-Schwelm waren eine Hochburg des Liberalismus, vor allem der linksliberalen Deutschfrei-

sinnigen Partei Eugen Richters, ab 1893 der Freisinnigen Volkspartei dieses in Düsseldorf geborenen Politikers, der als einer der ersten Berufspolitiker Deutschlands gilt und bis in sein Todesjahr 1906 dem Reichstag für den Wahlkreis Hagen-Schwelm angehörte. An ihn erinnert noch heute auf dem Bergrücken über Hagen der von einem Kaiser-Friedrich-Turm und einem Bismarckturm eingerahmte Eugen-Richter-Turm.
Die Provinz Westfalen umfaßte nach der Festlegung der Reichstagswahlkreise von 1871, die bis 1918 beibehalten blieb, 17 Reichstagswahlkreise. Auf den Regierungsbezirk Münster entfielen die Wahlkreise Tecklenburg-Steinfurt-Ahaus, Münster-Coesfeld, Borken-Recklinghausen und Lüdinghausen-Beckum-Warendorf. Der Regierungsbezirk Minden zerfiel in die Wahlkreise Minden-Lübbecke, Herford-Halle, Bielefeld-Wiedenbrück, Paderborn-Büren und Warburg-Höxter. Der Regierungsbezirk Arnsberg bestand aus dem die Grenze zur Provinz Hessen-Nassau überschreitenden Wahlkreis Siegen-Wittgenstein-Biedenkopf und aus den Wahlkreisen Olpe-Meschede-Arnsberg, Altena-Iserlohn, Hagen-Schwelm, Bochum-Gelsenkirchen, Dortmund-Hörde, Hamm-Soest und Lippstadt-Brilon. Die Wahlen zum Reichstag waren allgemeine, direkte und geheime Wahlen. Das aktive Wahlrecht besaßen alle deutschen Männer im Alter ab 25 Jahren. Wegen des direkten Wahlrechts spielten Wahlmänner keine Rolle mehr. Gewählt wurde in Einmannwahlkreisen, wobei der Kandidat gewählt war, der die absolute Mehrheit der Stimmen im Wahlkreis erreicht hatte. War auf keinen Kandidaten die absolute Mehrheit der Stimmen des Wahlkreises entfallen, so fand eine Stichwahl zwischen den beiden Kandidaten mit der höchsten Stimmenzahl statt. Derselbe Kandidat konnte gleichzeitig in mehreren Wahlkreisen kandidieren, mußte sich im Falle seiner Wahl in mehreren Wahlkreisen aber für das Mandat eines Wahlkreises entscheiden. Zweitstimmen wie bei heutigen Bundestagswahlen gab es ebensowenig wie ein Quorum, etwa in Gestalt der heutigen Fünf-Prozent-Klausel. Weil es sich um eine reine Persönlichkeits- oder Mehrheitswahl und nicht um eine Listenwahl mit einer Kandidatenliste wie bei der Verhältniswahl oder bei einer Verbindung von Mehrheits- und Verhältniswahl wie bei heutigen Bundestagswahlen handelte, gab es im Falle des Todes oder der Mandatsniederlegung von Reichstagsabgeordneten keine Nachrücker, sondern Ersatzwahlen, wie heute noch beim britischen Unterhaus.
Im Regierungsbezirk Münster brachten alle Reichstagswahlen zwischen 1871 und 1912 in allen vier Wahlkreisen bedeutende Siege der Zentrumspartei bzw. ihrer Kandidaten. Die Bevölkerung des Regierungsbezirks Münster war daher von der Reichsgründung bis zum Ende des Ersten Weltkriegs im Berliner Reichstag durch vier Abgeordnete der Zentrumspartei vertreten. Dabei verbesserten sich die Wahlergebnisse der jeweiligen Zentrumskandidaten von – im Durchschnitt des Regierungsbezirks – 77,7 % bei der Reichstagswahl von 1871 über 87,7 % 1874, 89,1 % 1877, 89,8 % 1878 auf 94,7 % 1881, um danach einen leichten Rückgang auf 94,2 % 1884 und 87,0 % 1887 und dann einen erneuten Anstieg auf 89,4 % 1890, 93,4 % 1893 und schließlich als absoluten Höhepunkt 95,0 % 1898 zu erreichen. Von da an gin-

gen die Ergebnisse über 75,9 % 1903 und 73,2 % 1907 auf 67,7 % 1912 zurück, ohne daß sich an der Vorherrschaft des Zentrums in den Wahlkreisen des Regierungsbezirks Münster irgendetwas änderte. Die Sozialdemokratie (SAP) erreichte 1884 in den Wahlkreisen des Regierungsbezirks Münster erstmals 0,1 %, 1893 dann 3,5 %, 1903 und 1907 jeweils 10,7 % und 1912 17,2 %, wobei diese Stimmenzunahme vor allem durch die Wahlergebnisse im Wahlkreis Borken-Recklinghausen mit seinem verhältnismäßig hohen Arbeiteranteil an der Wählerschaft zustande kam.
Im Regierungsbezirk Minden mit seinen fünf konfessionell ganz unterschiedlich geprägten Wahlkreisen waren die Ergebnisse der Reichstagswahlen weniger einheitlich. Stärkste Partei waren hier von 1871 bis 1907 abwechselnd das Zentrum und die (evangelischen) Konservativen. Bei der Reichstagswahl von 1871 hatten die Konservativen mit 28,4 % einen leichten Vorsprung vor dem Zentrum mit 28,2 %. 1874 dominierte das Zentrum mit 44,6 % eindeutig vor den Konservativen mit 18,2 %, die hinter den Nationalliberalen (25,5 %) auf Platz drei standen. 1877 waren die Konservativen im Regierungsbezirk Minden mit 40,3 % wieder stärkste Partei vor dem Zentrum mit 30,1 %, ebenso 1878 mit 37,7 % (Konservative) gegenüber 30,5 % (Zentrum), 1881 mit 37,0 % (Konservative) gegenüber 31,5 % (Zentrum), 1884 mit 39,0 % (Konservative) gegenüber 34,8 % (Zentrum) und 1887 mit 45,7 % (Konservative) gegenüber 39,3 % (Zentrum). Erst mit der Reichstagswahl von 1890 änderte sich das Bild. Von 1890 bis 1907 blieb das Zentrum – 1890: 39,5 % (Zentrum), 34,0 % (Konservative); 1893: 40,5 % (Zentrum), 35,6 % (Konservative); 1898: 37,0 % (Zentrum), 24,7 % (Konservative); 1903: 34,4 % (Zentrum), 19,0 % (Konservative); 1907: 32,7 % (Zentrum), 19,2 % (Konservative) – stärkste Partei. Erst bei den Reichstagswahlen von 1912 nahm die SPD im Regierungsbezirk Minden diesen Platz mit 25,9 % ein, vor dem Zentrum mit 23,8 % und den Konservativen mit 11,3 %. Dem Rückgang der Konservativen seit 1893 entsprachen, bei wechselnden Ergebnissen, der Rückgang der Nationalliberalen von 25,5 % 1874 auf 5,0 % 1912 und der Aufstieg der SPD bzw. ihrer Vorgängerparteien von 1,5 % 1871 über 6,2 % 1887 und 13,3 % 1890 auf die erwähnten 25,9 % bei der letzten Reichstagswahl vor dem Ersten Weltkrieg. Die Linksliberalen, die von 1871 bis 1907 Ergebnisse zwischen 6,6 % (1871), 10,6 % (1884) und 3,9 % (1903) erzielt hatten, lagen 1912 bei 10,3 %. Die fünf Wahlkreise des Regierungsbezirks Minden entsandten von 1871 bis 1912 bzw. 1918 immer mindestens zwei – 1890, 1893, 1898 und 1903 sogar drei – Zentrumsabgeordnete in den Reichstag, mit Ausnahme von 1874, 1898, 1907 und 1912 zwei – 1877, 1881, 1884 und 1887 sogar drei – Konservative; 1898 und 1907 erreichte nur ein Konservativer ein Reichstagsmandat. Der erste Sozialdemokrat konnte 1907 im Regierungsbezirk Minden ein Mandat erringen, während die vier anderen Mandate an einen Konservativen, einen Nationalliberalen und zwei Zentrumsleute gingen. 1912 ging das sozialdemokratische Reichstagsmandat wieder verloren, obwohl die SPD nach der Anzahl der Stimmen im Durchschnitt des Regierungsbezirks Minden stärkste Partei war.
Noch uneinheitlicher waren die Ergebnisse der Reichstagswahlen im Regierungsbe-

zirk Arnsberg mit seinen acht teils ländlich-katholisch, teils im Laufe der Zeit großstädtisch-industriell strukturierten Wahlkreisen. Stärkste Partei war im Durchschnitt des Regierungsbezirks 1871 das Zentrum (34,1 %), ebenso 1874 (42,7 %), 1877 (35,1 %), 1878 (39,0 %), 1881 (38,8 %) und nach der Unterbrechung durch die Reichstagswahlen von 1884 und 1887 erneut 1890 (33,8 %), 1893 (34,0 %), 1898 (35,3 %), 1903 (30,6 %) und zuletzt 1907 (30,1 %). 1912 lag die SPD bei der Reichstagswahl im Regierungsbezirk Arnsberg mit 33,9 % vor dem Zentrum mit 24,5 %. Bei den Reichstagswahlen von 1884 und 1887 lagen die Nationalliberalen mit 32,1 % (Zentrum: 28,1 %) bzw. 40,5 % (Zentrum: 23,8 %) in Führung. Dieses Bild über die Stärke des Zentrums bei den Reichstagswahlen entsteht allerdings nur wegen der Zersplitterung der Linksliberalen. Nähme man die Ergebnisse der verschiedenen linksliberalen Gruppierungen zusammen, so ergäbe sich ein anderer Eindruck, insofern sich dann für die drei Reichstagswahlen von 1877, 1878 und 1881 ein Übergewicht der Linksliberalen gegenüber dem Zentrum zeigen würde. Bei der letzten Reichstagswahl vor dem Ersten Weltkrieg lagen die Nationalliberalen im Regierungsbezirk Arnsberg noch bei 21,9 % und die Linksliberalen bei 8,3 %. Die SPD bzw. ihre Vorgängerparteien stiegen von 2,0 % 1871 und 3,6 % 1887 über 14,3 % 1890, 22,3 % 1893 und 1898 sowie 29,8 % 1903 und 29,6 % 1907 auf die erwähnten 33,9 % von 1912. Die Konservativen spielten im Regierungsbezirk Arnsberg, außer bei den Reichstagswahlen von 1884 (11,3 %) und 1887 (8,1 %), keine nennenswerte Rolle (alle Zahlen nach Ritter, Wahlgeschichtliches Arbeitsbuch).
Der Regierungsbezirk Arnsberg entsandte 1871 zwei Abgeordnete des Zentrums, drei der linksliberalen Fortschrittspartei, einen Liberalen, einen Nationalliberalen und einen Abgeordneten der freikonservativen Reichspartei in den Reichstag. 1874 waren es ein Reichsparteiler, ein Nationalliberaler, vier Fortschritts- und zwei Zentrumsleute. 1884 gingen für die acht Wahlkreise des Regierungsbezirks Arnsberg zwei Konservative, ein Nationalliberaler, drei Abgeordnete der linksliberalen Deutsch-Freisinnigen Partei Eugen Richters und zwei Zentrumsleute in den Reichstag, 1890 ein Konservativer, zwei Nationalliberale, zwei Politiker der Deutschen Fortschrittspartei und drei des Zentrums. Ab 1893 gab es keine konservativen Reichstagsabgeordneten aus dem Regierungsbezirk Arnsberg mehr, der aufgrund der Wahlergebnisse von 1893 drei Nationalliberale, drei Zentrumsleute und zwei Mitglieder der linksliberalen Freisinnigen Volkspartei in den Reichstag entsandte. 1903 erlangten im Regierungsbezirk Arnsberg erstmals zwei Politiker der SPD ein Reichstagsmandat, neben einem Nationalliberalen, zwei Kandidaten vom Freisinn, zweien vom Zentrum und einem Christlich-Sozialen. 1907 waren es zwei linksliberale Freisinnige, drei Zentrumspolitiker, zwei Sozialdemokraten und ein Christlich-Sozialer. 1912 gab es aus dem Regierungsbezirk Arnsberg drei Reichstagsabgeordnete der SPD, zwei vom Zentrum, zwei von den Nationalliberalen und einen Christlich-Sozialen.
Ein Indikator für die Politisierung der Bevölkerung ist auch die Wahlbeteiligung. Diese lag bei der Reichstagswahl von 1871 im Regierungsbezirk Münster bei 39,0 %,

im Regierungsbezirk Minden bei 48,3 % und im Regierungsbezirk Arnsberg bei 48,5 %. Sie stieg bei den Reichstagswahlen von 1874 im Regierungsbezirk Münster auf 63,7 %, im Regierungsbezirk Minden auf 60,7 % und im Regierungsbezirk Arnsberg auf 61,6 %. Die Wahlbeteiligung blieb von da an bis 1898, mit Schwankungen, in allen drei Regierungsbezirken etwa gleich, nämlich im Regierungsbezirk Münster zwischen 50,0 % (1881) und 73,0 % (1887) bei durchschnittlich 60 %, im Regierungsbezirk Minden zwischen 60,0 % (1881) und 76,0 % (1887) bei durchschnittlich 66,9 % und im Regierungsbezirk Arnsberg zwischen 62,4 % (1881) und 82,0 % (1887) bei durchschnittlich 72,6 %. Nach der Jahrhundertwende stieg die Wahlbeteiligung in allen drei Regierungsbezirken deutlich an und lag 1903 bei 72,5 % (Münster), 77,4 % (Minden) und 81,0 % (Arnsberg), 1907 bei 84,6 % (Münster), 87,0 % (Minden) und 86,4 % (Arnsberg) und 1912 bei 81,5 % (Münster), 88,0 % (Minden) und 87,1 % (Arnsberg) (Zahlen nach Ritter, Wahlgeschichtliches Arbeitsbuch). Gemeinsam war allen drei Regierungsbezirken der Anstieg der Wahlbeteiligung nach der ersten Reichstagswahl nach der Reichsgründung und wieder nach der Jahrhundertwende, aber auch die relative Konstanz zwischen 1877 und 1898, wobei alle drei Regierungsbezirke 1881 die geringste und 1887 die höchste Wahlbeteiligung vor dem Ende des 19. Jahrhunderts zeigten. Deutlich ist aber auch die höhere Wahlbeteiligung in den Regierungsbezirken Minden und Arnsberg gegenüber der durchgängig geringeren Wahlbeteiligung im Regierungsbezirk Münster.
Zum Aufstieg der SPD, die ihren Stimmenanteil bei den Reichstagswahlen im Regierungsbezirk Arnsberg von 1887 bis 1890 von 3,6 % auf 14,3 % steigern konnte, trug neben der Nichtverlängerung des Sozialistengesetzes auch der große Streik der Bergarbeiter im Ruhrgebiet im Mai 1889 bei. Fast 100 000 Bergarbeiter nahmen an diesem Streik teil, bei dem in Gelsenkirchen drei Streikende erschossen wurden, nachdem der Arnsberger Regierungspräsident Alfred von Rosen den Einsatz von Militär gegen die Streikenden veranlaßt hatte. Der Streik, der vom Ruhrgebiet aus auch auf das Saarrevier, nach Nieder- und Oberschlesien, Aachen, Lothringen und Sachsen übergriff, wurde durch Vermittlung Kaiser Wilhelms II. beigelegt, der den Regierungspräsidenten von Rosen aus dem Staatsdienst entließ und eine Delegation der Streikenden empfing und ihnen wohlwollende Unterstützung ihrer Forderungen zusagte. Der Streik zog auch amtliche Untersuchungen der Arbeitsverhältnisse im Bergbau nach sich und führte zum Aufkommen einer sozialdemokratisch beeinflußten Bergarbeiterorganisation. Zunächst entstand 1889 der „Verband zur Wahrung der Interessen der Bergarbeiter des Oberbergamtsbezirks Dortmund“, der bald in dem sozialdemokratischen „Verband deutscher Berg- und Hüttenarbeiter“ (sog. „Alter Verband“) aufging, der in dem aus Hörde stammenden Otto Hue einen hervorragenden Führer hatte.
Nach einer bis in den Vormärz zurückreichenden Vorgeschichte der deutschen Gewerkschaftsbewegung waren 1868 in Berlin als älteste deutsche Gewerkschaft die Hirsch-Dunckerschen Gewerkvereine gegründet worden, benannt nach dem Volkswirt Max Hirsch und dem Verleger Franz Duncker. Den liberalen Hirsch-Duncker-

schen Gewerkvereinen ging es, von Hermann Schulze-Delitzsch beeinflußt, um den Gedanken der Selbsthilfe der Arbeiter, u. a. durch Einrichtung von Selbsthilfekassen. 1868 begann auch die Organisation sozialistischer Gewerkschaften, vor allem der „Arbeiterschaften“ des ADAV, die unter dem Sozialistengesetz von 1878 verboten waren und 1890 als „freie“ Gewerkschaften wieder erstanden. Ausgehend von den katholischen Arbeitervereinen, so dem Verein „Arbeiterwohl“ Franz Hitzes, entwickelten sich nach 1889 die christlichen Gewerkschaften, für die die Sozialenzyklika „Rerum novarum“ von 1891 Bedeutung erlangte. So bildete sich 1894 der „Gewerkverein christlicher Bergarbeiter“, dem auch evangelische Arbeiter angehörten. 1902 kam die „Polnische Gewerkschaftsvereinigung der Berg- und Hüttenleute“ der im Ruhrgebiet arbeitenden Polen, später „Polnische Berufsvereinigung“ genannt, hinzu. 1911 waren im Ruhrgebiet bereits zwei Drittel der Bergarbeiter gewerkschaftlich organisiert, davon rd. 120 000 im sozialistischen „Alten Verband“, 84 000 in den Christlichen Gewerkschaften und etwa 3 000 in den Hirsch-Dunckerschen Gewerkvereinen, außerdem 47 000 in der Polnischen Berufsvereinigung.

Literatur

Bachem, Karl: Vorgeschichte, Geschichte und Politik der deutschen Zentrumspartei. Zugleich ein Beitrag zur Geschichte der katholischen Bewegung sowie zur allgemeinen Geschichte des neueren und neuesten Deutschland. 9 Bde. Köln 1927-1932.

Behr, Hans-Joachim: Provinz Westfalen (Literatur Kap. 6).

Der Bergarbeiterstreik von 1889 und die Gründung des „Alten Verbandes“ in ausgewählten Dokumenten der Zeit. Hrsg. von Wolfgang Köllmann unter Mitarbeit von Albin Gladen. Bochum 1969.

Bergsträsser, Ludwig: Geschichte der politischen Parteien in Deutschland. (Deutsches Handbuch der Politik, Bd. 2) 11. Aufl., hrsg. von Wilhelm Mommsen. München 1965.

Bloth, Hugo Gotthard: Zur Eigenständigkeit des Evangelisch Stiftischen Gymnasiums in Gütersloh, in: Jahrbuch für westfälische Kirchengeschichte 72, 1979, S. 63-78.

Brakelmann, Günter: Die Anfänge der Evangelischen Arbeitervereinsbewegung in Gelsenkirchen 1882-1890, in: Rheinland-Westfalen im Industriezeitalter, Bd. 2. Wuppertal 1984, S. 40-55.

Brinkmann, Karl: Bochum (Literatur Kap. 3.4).

Buchheim, Karl: Geschichte der christlichen Parteien in Deutschland. 2. Aufl. München 1966.

Busch, Helmut: Die Stoeckerbewegung im Siegerland. Ein Beitrag zur Siegerländer Geschichte in der zweiten Hälfte des 19. Jahrhunderts. Siegen 1968.

Die deutschen Parteien vor 1918. Hrsg. von Gerhard Albert Ritter. Köln 1973.

Ditt, Karl: Die politische Arbeiterbewegung in Ostwestfalen zwischen der Reichsgründung und dem Beginn der Weimarer Republik, in: Rheinland-Westfalen im Industriezeitalter, Bd. 2. Wuppertal 1984, S. 234-256.

Ditt, Karl: Die sozialistische Arbeiterbewegung in Westfalen von den Anfängen bis zum Sozialistengesetz, in: Westfalen und Preußen. Integration und Regionalismus. Hrsg. von Karl Teppe u. Michael Epkenhans. (Forschungen zur Regionalgeschichte, Bd. 3) Paderborn 1991, S. 148-166.

Freund, Susanne: Jüdische Bildungsgeschichte zwischen Emanzipation und Ausgrenzung. Das Beispiel der Marks-Haindorf-Stiftung in Münster (1825-1942). (Forschungen zur Regionalgeschichte, Bd. 23) Paderborn 1997.

Hartlieb von Wallthor, Alfred: Höhere Schulen in Westfalen (Literatur Kap. 3.3).
Hartlieb von Wallthor, Alfred: Die höheren Schulen Westfalens in den geistigen Strömungen der Neuzeit, in: Westfälische Forschungen 11, 1958, S. 40-51.
Hehl, Ulrich von: Zum politischen Katholizismus in Rheinland-Westfalen 1890-1918, in: Rheinland-Westfalen im Industriezeitalter, Bd. 2. Wuppertal 1984, S. 56-71.
Herzig, Arno: Der Allgemeine Deutsche Arbeiter-Verein in der deutschen Sozialdemokratie. Dargestellt an der Biographie des Funktionärs Carl Wilhelm Tölcke (1817-1893). (Internationale wissenschaftliche Korrespondenz zur Geschichte der deutschen Arbeiterbewegung, Bd. 5) Berlin 1979.
Herzig, Arno: Die Entwicklung der Sozialdemokratie in Westfalen bis 1894, in: Westfälische Zeitschrift 121, 1971, S. 97-172.
Herzig, Arno: Ferdinand Lassalle und die Arbeiterbewegung im märkischen Industriegebiet, in: Der Märker 22, 1973, S. 69-76.
Herzig, Arno: Die jüdische Minderheit Rheinland-Westfalens im Assimilationsprozeß (1780-1860), in: Rheinland-Westfalen im Industriezeitalter, Bd. 2. Wuppertal 1984, S. 72-85.
Herzig, Arno: Judentum und Emanzipation in Westfalen. (Veröffentlichungen des Provinzialinstituts für westfälische Landes- und Volkskunde, Reihe I, Bd. 17) Münster 1973 (Kap. III/2: Das jüdische Schulwesen in Westfalen).
Hoener, Erich: Die Geschichte der christlich-konservativen Partei in Minden-Ravensberg von 1866-1896. Bielefeld 1923.
Vor hundert Jahren. Die Arbeiterbewegung in Westfalen und an der Ruhr unter dem Sozialistengesetz. Hrsg. von Arno Herzig und Erdmann Linde. Dortmund 1978.
Jäger, Wolfgang: Bergarbeitermilieus und Parteien im Ruhrgebiet. Zum Wahlverhalten des katholischen Bergarbeitermilieus bis 1933. (Bergbau und Bergarbeit) München 1966.
Jeismann, Karl-Ernst: Die Bildungsinstitutionen zwischen 1815 und 1945, in: Geschichte der Stadt Münster. Hrsg. von Franz-Josef Jakobi, Bd. 2. Münster 1993, S. 663-726.
Jeismann, Karl-Ernst: Preußische Bildungspolitik in Westfalen in der ersten Hälfte des 19. Jahrhunderts. Zum Aufbau eines staatlichen Unterrichtswesens in der Provinz, in: Westfalen und Preußen. Integration und Regionalismus. Hrsg. von Karl Treppe u. Michael Epkenhans. (Forschungen zur Regionalgeschichte, Bd. 3) Paderborn 1991, S. 225-243.
Jeismann, Karl-Ernst: Das preußische Gymnasium in Staat und Gesellschaft, Bd. 1: Die Entstehung des Gymnasiums als Schule des Staates und der Gebildeten 1787-1817. (Industrielle Welt, Bd. 15) 2. Aufl. Stuttgart 1996; Bd. 2: Höhere Bildung zwischen Reform und Reaktion 1817-1859. (Industrielle Welt, Bd. 56) Stuttgart 1996.
Jürgens, Arnulf: Politischer Konservativismus im ländlichen Bereich. Das bäuerliche Genossenschaftswesen in Westfalen und im Rheinland in der zweiten Hälfte des 19. Jahrhunderts, in: Rheinland-Westfalen im Industriezeitalter, Bd. 2. Wuppertal 1984, S. 127-147.
Klinkenberg, Hans Martin: Geschichte der ingenieurwissenschaftlichen Forschungen in Rheinland-Westfalen, aufgezeigt an der Entwicklung der Rheinisch-Westfälischen Technischen Hochschule (RWTH) von der polytechnischen Schule zur Technischen Hochschule, in: Rheinland-Westfalen im Industriezeitalter, Bd. 4. Wuppertal 1985, S. 9-23.
Koszyk, Kurt: Anfänge und frühe Entwicklung der sozialdemokratischen Presse im Ruhrgebiet (1875-1908). Dortmund 1953.
Koch, Max Jürgen: Die Bergarbeiterbewegung im Ruhrgebiet zur Zeit Wilhelms II. 1889-1914. (Beiträge zur Geschichte des Parlamentarismus und der politischen Parteien, Bd. 5) Düsseldorf 1954.
Küster, Thomas: Alte Armut und neues Bürgertum. Öffentliche und private Fürsorge in Münster von der Ära Fürstenberg bis zum Ersten Weltkrieg (1756-1914). (Quellen und

Forschungen zur Geschichte der Stadt Münster, N. F. Bd. 17 = Studien zur Geschichte der Armenfürsorge und der Sozialpolitik in Münster, Bd. 2) Münster 1995.
Kuhlemann, Frank-Michael: Zwischen Tradition und Modernität. Volksschule und Volksschullehrer im Wilhelminischen Ostwestfalen, in: Unter Pickelhaube und Zylinder. Das östliche Westfalen im Zeitalter des Wilhelminismus 1888 bis 1914. Hrsg. von Joachim Meynert u. a. Bielefeld 1991, S. 327-347.
Lönne, Karl-Egon: Politischer Katholizismus (Literatur Kap. 7.2).
Lubrich, Hans Eckhard: Geistliche Schulaufsicht und Religionsunterricht in Minden-Ravensberg 1754-1894. (Beiträge zur westfälischen Kirchengeschichte, Bd. 3) Bielefeld 1977.
Luntowski, Gustav: Das Jahrhundert der Industrialisierung 1803 bis 1914, in: Gustav Luntowski / Günther Högl / Thomas Schilp / Norbert Reimann: Geschichte der Stadt Dortmund. Dortmund 1994, S. 213-352.
Mayr, Alois: Staatliche und kommunale Verwaltungsgliederung. (Begleittext) Geographisch-landeskundlicher Atlas von Westfalen, Lfg. 5, Doppelblatt 3. Münster 1990.
Modernisierung und Region im wilhelminischen Deutschland. Wahlen, Wahlrecht und Politische Kultur. Hrsg. von Simone Lässig, Karl Heinrich Pohl u. James Retellack. Bielefeld 1995.
Morsey, Rudolf: Die Zentrumspartei in Rheinland und Westfalen, in: Politik und Landschaft. Hrsg. von Walter Först. (Beiträge zur neueren Landesgeschichte des Rheinlandes und Westfalens, Bd. 3) Köln 1969, S. 9-50.
Müller, Detlef K.: Die Entstehung des modernen Schulsystems im Staat Preußen und in den Provinzen Westfalen und Rheinprovinz, in: Rheinland-Westfalen im Industriezeitalter, Bd. 4. Wuppertal 1985, S. 39-85.
Nipkow, Frank: Traditionen der Erweckungsbewegung in der Parteipolitik? Die Christlich-Konservativen und die Christlich-Soziale Partei in Minden-Ravensberg 1878-1914, in: Frommes Volk und Patrioten. Erweckungsbewegung und soziale Frage im östlichen Westfalen 1800 bis 1900. Hrsg. von Josef Mooser, Regine Krull, Bernd Hey u. Roland Gießelmann. Bielefeld 1989, S. 368-390.
Nipperdey, Thomas: Deutsche Geschichte 1866-1918. Bd. 1: Arbeitswelt und Bürgergeist. 2. Aufl. München 1991.
Rasch, Manfred: Staat, Kommunen, Wirtschaft, Bürger und die Wissenschaften. Zur Wissenschaftspolitik in der Provinz Westfalen 1815-1918, in: Westfalen und Preußen. Integration und Regionalismus. Hrsg. von Karl Teppe u. Michael Epkenhans. (Forschungen zur Regionalgeschichte, Bd. 3) Paderborn 1991, S. 244-267.
Reekers, Stephanie und Schulz, Johanna: Die Bevölkerung in den Gemeinden Westfalens 1818-1950. Dortmund 1952.
Reekers, Stephanie: Gebietsentwicklung (Literatur Kap. 7.1).
Reekers, Stephanie: Westfalens Bevölkerung 1818-1955. Die Bevölkerungsentwicklung der Gemeinden und Kreise im Zahlenbild. (Veröffentlichungen des Provinzialinstituts für westfälische Landes- und Volkskunde, Reihe I, Bd. 9) Münster 1956.
Rheinland-Westfalen im Industriezeitalter. Hrsg. von Kurt Düwell u. Wolfgang Köllmann, Bd. 2: Von der Reichsgründung bis zur Weimarer Republik. Wuppertal 1984; Bd. 4: Zur Geschichte von Wissenschaft, Kunst und Bildung an Rhein und Ruhr. Wuppertal 1985.
Ritter, Gerhard A.: Die deutschen Parteien 1830-1914. Parteien und Gesellschaft im konstitutionellen Regierungssystem. (Kleine Vandenhoeck-Reihe, Bd. 1507) Göttingen 1985.
Ritter, Gerhard A.: Wahlgeschichtliches Arbeitsbuch. Materialien zur Statistik des Kaiserreichs 1871-1918. München 1980.
Saal, Friedrich Wilhelm: Das Schul- und Bildungswesen, in: Westfälische Geschichte. Hrsg. von Wilhelm Kohl, Bd. 3. Düsseldorf 1984, S. 533-618.

Schildt, Gerhard: Die Arbeiterschaft im 19. und 20. Jahrhundert. (Enzyklopädie deutscher Geschichte, Bd. 36) München 1996.
Schneider, Michael: Kleine Geschichte der Gewerkschaften. Ihre Entwicklung in Deutschland von den Anfängen bis heute. Bonn 1989.
Stadt und Verkehr im Industriezeitalter. Hrsg. von Horst Matzerath. (Städteforschung, A, Bd. 41) Köln/Weimar/Wien 1996.
Stadtgesellschaft im Wandel. Untersuchungen zur Sozialgeschichte Münsters im 19. und 20. Jahrhundert. Hrsg. von Franz-Josef Jakobi. München 1995.
Stolze, Barbara: Ausbildung und Berufstätigkeit von Volksschullehrerinnen in Westfalen 1832-1926. Eine institutionengeschichtliche und berufsbiografische Studie. (Forum Frauengeschichte, Bd. 13) Pfaffenweiler 1995.
Stolze, Barbara: Die Entwicklung des Bielefelder höheren Mädchenschulwesens im 19. Jahrhundert, in: Jahrbuch für westfälische Kirchengeschichte 81 (1988), S. 9-51.
Teuteberg, Hans-Jürgen: Bevölkerungsentwicklung und Eingemeindungen (1816-1945), in: Geschichte der Stadt Münster. Hrsg. von Franz-Josef Jakobi, Bd. 2. Münster 1993, S. 331-386.
Teuteberg, Hans-Jürgen: Vom Agrar- zum Industriestaat (1850-1914), in: Westfälische Geschichte. Hrsg. von Wilhelm Kohl, Bd. 3. Düsseldorf 1984, S. 163-311.
van der Kooi, Jelle: Die Entstehung der Theologischen Schule, in: Kirchliche Hochschule Bethel 1905-1980. Hrsg. von Gerhard Ruhbach. Bielefeld 1980, S. 11-57.
Vierhaus, Rudolf: Wahlen und Wählerverhalten in Ostwestfalen und Lippe untersucht an Reichstags- und Landtagswahlen von 1867 bis 1912/13, in: Westfälische Forschungen 21, 1968, S. 54-68.
Vogel, Bernhard / Nohlen, Dieter / Schultze, Rainer-Olaf: Wahlen in Deutschland. Theorie-Geschichte-Dokumente 1848-1970. Berlin/New York 1971.
Watermann, Karl Friedrich: Politischer Konservativismus und Antisemitismus in Minden-Ravensberg 1879-1914, in: Mitteilungen des Mindener Geschichtsvereins 52 (1980), S. 11-64.
Wehler, Hans-Ulrich: Deutsche Gesellschaftsgeschichte, Bd. 3 (Literatur Kap. 7.2).
Wohlfahrtspflege in der Region. Westfalen-Lippe während des 19. und 20. Jahrhunderts im historischen Vergleich. Hrsg. von Andreas Wollasch. (Forschungen zur Regionalgeschichte, Bd. 22) Paderborn 1977.
Zymek, Bernd: Expansion und Differenzierung des höheren Schulwesens im Staat Preußen und seinen Provinzen Rheinland und Westfalen während der ersten Hälfte des 20. Jahrhunderts, in: Rheinland-Westfalen im Industriezeitalter, Bd. 4. Wuppertal 1985, S. 149-180.

7.4 Die Zeit des Ersten Weltkriegs und der Weimarer Republik

Der Ausbruch des Ersten Weltkriegs am 1. August 1914 ließ alle gewerkschaftlichen Aktivitäten zurücktreten. Am 2. August erklärten die Gewerkschaften, für die Dauer des Krieges auf alle Streiks verzichten zu wollen. Am 4. August stimmten im Reichstag auch die Sozialdemokraten einstimmig für die Bewilligung der Kriegskredite. In Westfalen verbreitete sich in jenen Tagen dieselbe Kriegsbegeisterung wie überall im Deutschen Reich und auch sonst in Europa. „Jubel herrschte in Europa in den ersten Augusttagen des Jahres 1914, Jubel, Kriegswut und Kriegsfreude. Nicht überall im gleichen Maße; in Frankreich wohl etwas weniger als in Deutschland, dort etwas stärker als in England. Aber in England auch. Selbst durch die Straßen von London wälzten sich lustig die Volksmassen und schrien nach Krieg, indes das Kabinett noch letzte schwache Friedensgesten machte. Die Völker Europas waren jahrelang von Politikern und Journalisten gegeneinander aufgehetzt und betrogen worden. Daß sie aber jetzt in ihrem Herzen am Frieden hingen, kann man nicht sagen. Der Krieg würde kurz sein und schön; ein erregendes, befreiendes Abenteuer. Und Gott würde auf allen Seiten sein; und alle würden siegen. (...) Und dann, daß endlich gehandelt wurde, das seit Jahrzehnten Vorbereitete endlich erprobt wurde! Daß die Langeweile des Alltagslebens unterbrochen wurde durch die abenteuerlichen Ferien, in die der kleine Mann, der junge Volksschullehrer nun plötzlich hinaus durfte und obendrein ein Held war. Daß es wieder ein Vaterland gab, ein hochbedrohtes, für das man das Leben einsetzen durfte, anstatt im Gefängnis der kleinen selbstischen Zwecke auf ewig eingeschlossen zu bleiben! Daß es endlich wieder eine Nation gab, anstatt der Parteien und Klassen, der ausweglosen Zänkereien! Und dann bald die wogenden Fahnen, die Kanonenschüsse, welche die ersten Siege verkündeten! Wie schön, da dabeizusein, als Soldat oder wenigstens als Patriot in Bürgerkleidung! Wie traurig, da ausgeschlossen zu sein ... So war die Stimmung im August 1914" (Golo Mann, Deutsche Geschichte des 19. und 20. Jahrhunderts. Frankfurt am Main 1958, S. 590f.). So war die Stimmung auch in Westfalen und vor allem in der Provinzialhauptstadt Münster mit ihren patriotischen Bürgern, Studenten und Soldaten.

Münster war Standort des VII. Armeekorps der königlich preußischen Armee, seit 1909 unter dem kommandierenden General, General der Kavallerie Karl von Einem gen. von Rothmaler, der von 1903 bis 1909 preußischer Kriegsminister gewesen war. Nach der Friedensgliederung von 1914 umfaßte das VII. Armeekorps die 13. Division der preußischen Armee mit dem Standort Münster und die 14. Division mit dem Standort Düsseldorf. Während zur 14. Division Infanterie-, Kavallerie- und Feldartillerieeinheiten in Köln, Düsseldorf, Mülheim an der Ruhr, Wesel, Kleve und Krefeld und die Landwehrinspektion in Essen gehörten, zählten zur 13. Division die 25. Infanteriebrigade in Münster mit den Infanterieregimentern Nr. 13 in Münster und Nr. 158 in Paderborn, die 26. Infanteriebrigade in Minden mit Truppenteilen in Minden, Detmold, Höxter und Bielefeld, die 13. Kavalleriebrigade in Münster mit einem Kürassierregiment in Münster und einem Husarenregiment in Paderborn und Schloß Neuhaus (Paderborn) und die 13. Feldartilleriebrigade in Münster mit Regimentern in Münster und in Minden sowie die Landwehrinspektion Dortmund.

Münster war aber nicht nur Sitz wichtiger militärischer Kommandobehörden und die bedeutendste Garnisonsstadt Westfalens; die Provinzialhauptstadt besaß darüber hinaus als Universitätsstadt mit den großenteils in Studentenverbindungen organisierten Studenten Voraussetzungen, die in den kleinen Landstädten des Münster- und des Sauerlandes ebenso fehlten wie in den Industriestädten des Ruhrgebietes. Das allgemeine Stimmungsbild wird durch den zeitgenössischen Bericht des damaligen Leiters des Stadtarchivs von Münster, Eduard Schulte, über die Vorgänge in

Münster am 1. August 1914 bestätigt: „Stundenlang dauerten die Kundgebungen auf dem Markte, vor den Kasernen und in den Straßen, nicht so überschäumend, nicht so unbekümmert um nichts, nicht so leichten Herzens wie vor einer Woche, als es sich nur um Serbiens Bestrafung für Sarajewo handelte. Vom Gefühle für die Verantwortung ernster gestimmt, mit Mannesmut furchtlos durchsetzt, von edelster Opferwilligkeit erfüllt, von lauterster Vaterlandsliebe getragen, so zogen, als die Sommernacht mit blinkenden Sternen am blauleuchtenden Firmamente aufgegangen war, Zehntausende vom Markte über den Drubbel, den Roggenmarkt und Spiekerhof hinab, durch die Rosen- und die Frauenstraße zum Königlichen Schloß, geführt von studentischen Wichschargierten mit flatternden Fahnen und blitzenden Schlägern" (zitiert bei Kaiser, S. 200).
Die patriotische Begeisterung machte auch vor der Arbeiterschaft in den Industrieorten nicht halt. Doch waren hier von Anfang an auch kritische Stimmen vernehmbar. Die in Gevelsberg, Hagen, Haspe (Hagen) und Schwelm verbreitete sozialdemokratische „Freie Presse" schrieb am 1. August 1914: „Die gesamte Sozialdemokratie ist einmütig der Meinung, daß der Krieg ein furchtbares Uebel ist", was für den Krieg allgemein galt. Konkret hieß es: „Ist indessen das schlimmste, der Ausbruch des Kriegs für Deutschland, der den europäischen Krieg bedeutet, nicht zu vermeiden, dann ist es nicht der Wunsch der Sozialdemokratie, daß der Schrecken des Zusammenbruches sich auf Deutschland häuft. (...) Mit blutendem Herzen und mit tiefer Betrübnis darüber, daß es nicht gelang, den Frieden zu sichern, werden sich die zum Militärdienst verpflichteten klassenbewußten Arbeiter von ihren Lieben, ihren bisherigen Kameraden, ihren Gesinnungsgenossen losreißen, aber sie werden nicht zurückbleiben". Darauf ließ der Zeitungskommentator Worte der Distanzierung von der allgemeinen Kriegsbegeisterung folgen: „Sie können und werden nicht mit der gedankenlosen Begeisterung maschieren, die sich jetzt auf den Straßen breit macht" (Faksimile: Westfälische Geschichte. Hrsg. von Wilhelm Kohl, Bild- und Dokumentarband. Düsseldorf 1982, S. 338).
Die Politik des „Burgfriedens" erhielt innerhalb der SPD-Fraktion im Reichstag eine erste Einschränkung, als der SPD-Abgeordnete Karl Liebknecht als erster im Reichstag am 2. Dezember 1914 gegen die Bewilligung weiterer Kriegskredite stimmte. Aus dieser Oppositionshaltung eines Einzelnen ging eine linke Opposition innerhalb der sozialdemokratischen Reichstagsfraktion und innerhalb der SPD hervor, die sich endgültig am 1. Januar 1916 als innerparteiliche Opposition organisierte und nach ihren geheimen Rundschreiben, den „Spartakusbriefen", Spartakusbund genannt wurde; am 24. März 1916 spaltete sich diese Gruppe von der SPD-Reichstagsfraktion ab. In Westfalen fanden diese Vorgänge jedoch nur geringe Resonanz; so gab es hier auch keine organisierten Spartakusanhänger. Die lange Dauer des Krieges, die wachsenden Verluste durch den Stellungskrieg, vor allem die monatelange Schlacht vor Verdun 1916, die Arbeitsverpflichtung für alle nicht vom Militär eingezogenen Männer vom 17. bis zum 60. Lebensjahr zum Dienst in der Rüstungsindustrie durch das Vaterländische Hilfsdienstgesetz vom Dezember 1916, die

wachsenden Schwierigkeiten der Lebensmittelversorgung im Winter 1916/17 im Zusammenhang mit der britischen Blockade der deutschen Nordseeküste („Steckrübenwinter"), der Kriegseintritt der Vereinigten Staaten von Amerika gegen das Deutsche Reich am 6. April 1917 und die russische „Februarrevolution" am 12. März 1917 und danach die „Oktoberrevolution" in Rußland brachten nicht nur das Ende der Kriegsbegeisterung in Deutschland, sondern gaben auch radikalen Strömungen Nahrung. Im April 1917 kam es in Gotha zur Spaltung der SPD durch die Gründung der „Unabhängigen Sozialdemokratischen Partei Deutschlands" (USPD), die den Kampf gegen die Fortsetzung des Krieges aufnahm.

In Hagen und in Schwelm traten die örtlichen SPD-Organisationen geschlossen zur USPD über, während auch andernorts in Westfalen die Mitgliederzahlen der jetzt „Mehrheitssozialisten" genannten SPD stark zurückgingen. Im Sommer und im Herbst 1916 hatte es in Dortmund, in Recklinghausen und an anderen Orten in Westfalen wegen der schlechten Versorgungslage Demonstrationen gegeben. Am 28. Januar 1918 begann in Berlin ein mehrtägiger Massenstreik für die Beendigung des Krieges, der auch auf Westfalen übergriff. Schon am 30. Januar wurden im westfälischen Teil des Ruhrgebietes 31 Zechen bestreikt, wobei besonders der Raum Lünen-Hamm betroffen war. Danach kamen die Industrieorte nicht mehr zur Ruhe. Im Juli 1918 streikten Arbeiter in Hagen. Im August versuchten Bergleute einen neuen Generalstreik. Im Oktober kam es in Münster bereits zu Tätlichkeiten gegen Ersatzmannschaften des Infanterieregiments Nr. 13.

Diese Aktionen waren auf die Arbeiterschaft, auf die Anhänger der USPD und auf Teile der SPD beschränkt, die den Friedensstreik vom Januar 1918 unterstützt hatte. Die Haltung des Zentrums und der Zentrum wählenden Bürgerschaft der Provinzialhauptstadt entsprach dem nicht. Noch Anfang November 1918 traten die Zentrumszeitungen Münsters für Wilhelm II. und für die Monarchie als Verkörperung der deutschen Einheit ein. Noch am 5. November 1918 sandten die katholischen Arbeitervereine Westdeutschlands ein Huldigungstelegramm an den Kaiser. Vier Tage später war Revolution. Der Kaiser dankte ab. Der Sozialdemokrat Philipp Scheidemann rief in Berlin die Republik aus.

Die Revolution kam von außen nach Westfalen. Am 28. Oktober 1918 – am gleichen Tag erfolgte durch verfassungsänderndes Reichsgesetz die Parlamentarisierung der Reichsverfassung und die Umwandlung des Deutschen Reiches von einer konstitutionellen in eine parlamentarische Monarchie – meuterten die Matrosen der deutschen Kriegsflotte. „Die Meuterei auf der Hochseeflotte richtete sich (...) gegen einen Alleingang der Seekriegsleitung, die aus taktischen und patriotischen Gründen das Risiko einer ‚Entscheidungsschlacht' einzugehen bereit war. (...) Die Matrosen verletzten mit ihrer kollektiven Befehlsverweigerung nicht primär die Gehorsamspflicht, sondern widersetzten sich dem Ungehorsam der Seekriegsleitung gegenüber der Regierung" (Kluge, Revolution, S. 53). Daraus ging am 3. und 4. November der Matrosenaufstand in Kiel hervor, der am 6. November auf Hamburg, Bremen und Lübeck übergriff. Am 7. November erreichte die Revolution München, wo der

USPD-Politiker Kurt Eisner am 8. November König Ludwig III. von Bayern und das Haus Wittelsbach für abgesetzt erklärte, und am 9. November die Reichshauptstadt Berlin. Am 8. November kamen aufständische Matrosen mit der Eisenbahn nach Westfalen. Widerstand war nicht möglich, weil die im Bereich des VII. Armeekorps verfügbaren Garnisonstruppen teilweise meuterten und zu ihren Kameraden von der Marine überliefen. So trat am 9. November die Bielefelder Garnison an die Seite der Matrosen. Auch viele Arbeiter schlossen sich der Bewegung an. In der Nacht vom 8. zum 9. November brach auch in Münster die Revolution aus, der sich alle am Standort des Generalkommandos vorhandenen Truppenteile anschlossen. Überall bildeten sich lokale Arbeiter- und Soldatenräte, die die militärische Gewalt und die Kontrolle über die zivilen Kommunalverwaltungen übernahmen. Auf Befehl des stellvertretenden Korpskommandanten konstituierte sich ein Generalsoldatenrat für den Bereich des VII. Armeekorps, dem 23 Bezirkssoldatenräte unterstellt wurden.
Was wollten die Arbeiter- und Soldatenräte? „Ursprünglich lag der Umsturzbewegung kein politisches Programm zugrunde: Ihre Antriebskräfte waren Friedenssehnsucht, Ermattung und Empörung über den ‚Militarismus'. (...) Als neue politische Ordnung galt die ‚parlamentarische Demokratie', frei ‚von allen Elementen des Obrigkeitsstaates'. Die Räte übernahmen die Kritik der parlamentarischen Opposition aus der Vorkriegszeit – sozialistisch paraphrasiert. In der ersten Phase der Revolution ging es um die Errichtung einer anderen, keinesfalls sozialistischen Staats- und Gesellschaftsordnung, sondern um die Beseitigung des Obrigkeitsstaates und seiner ‚Auswüchse'. Dieses Ziel behielt für den überwiegenden Teil der Arbeiter- und Soldatenräte über den November 1918 hinaus politische Verbindlichkeit. (...) Trotz verbaler Radikalität blieben die bürokratischen und die Kommandostrukturen der alten Ordnung im Kern unangetastet" (Kluge, Revolution, S. 62). In Berlin hatte der letzte Reichskanzler der Kaiserzeit, Prinz Max von Baden, am 9. November dem SPD-Vorsitzenden Friedrich Ebert die Wahrnehmung der Geschäfte des Reichskanzlers übertragen. Ebenfalls am 9. November war der vom Groß-Berliner Arbeiter- und Soldatenrat legitimierte „Rat der Volksbeauftragten" mit je drei SPD- und USPD-Mitgliedern, darunter Ebert, entstanden, der sich am 12. November in einem Aufruf an das deutsche Volk als „die aus der Revolution hervorgegangene Regierung" vorstellte, bevor der Rat der Volksbeauftragten am 14. November Minister ernannte. Vom 16. bis zum 20. Dezember 1918 tagte der von zahlreichen Arbeiter- und Soldatenräten beschickte „Deutsche Rätekongreß" in Berlin. Dieser lehnte für Deutschland das Rätesystem (Sowjetsystem) nach russischem Vorbild ab und beschloß stattdessen mit der überwältigenden Mehrheit von 400 gegen 50 Stimmen die Abhaltung von Wahlen für eine Nationalversammlung, die bereits am 19. Januar 1919 stattfanden. Das war eine wichtige Vorentscheidung gegen eine Räteverfassung und für die parlamentarische Demokratie in Deutschland. Unterstrichen wurde das durch den Austritt der USPD aus dem Rat der Volksbeauftragten am 29. Dezember 1918. Einen Tag später, am 30. Dezember, trennten sich

die Mitglieder des Spartakusbundes von der USPD und gründeten die „Revolutionäre Kommunistische Arbeiterpartei“, die spätere „Kommunistische Partei“ (KPD). Damit gab es in Deutschland bis 1922 drei sozialistische Parteien: KPD, USPD und SPD.
Die Beschwörung der Monarchie als Verkörperung der deutschen Einheit in der Zentrumspresse Münsters noch Anfang November 1918 erwies sich insofern bald als richtig, als nach dem Ende der Monarchie auch in Westfalen separatistische Tendenzen aufkamen, die jedoch mit dem rheinischen Separatismus der Jahre 1919 bis 1923 wenig gemein hatten. Besonders Zentrumsblätter wie die Dortmunder „Tremonia“, der „Westfälische Merkur“ und die „Kölnische Volkszeitung“ sprachen Ende November/Anfang Dezember 1918 von der Errichtung einer „Rheinisch-Westfälischen Republik“, was gegen die Zugehörigkeit des Rheinlands und Westfalens zu Preußen gerichtet war, bei einigen aber auch darüber hinaus auf Unabhängigkeit dieser Republik vom Deutschen Reich abzielte. Aus der Perspektive des heutigen Landes Nordrhein-Westfalen interessant sind die damals angestellten Überlegungen über die Gemeinsamkeiten von Rheinland und Westfalen. Doch nicht darum ging es bei den Plänen für eine Rheinisch-Westfälische Republik, sondern um Abwehr der Kirchenpolitik des seit den Revolutionstagen gemeinsam mit einem SPD-Politiker als preußischer Kultusminister amtierenden USPD-Mannes Adolf Hoffmann – nach seiner Schrift „Die Zehn Gebote und die besitzende Klasse“ von 1891 auch „Zehn-Gebote-Hoffmann“ genannt – und seiner auf vollständige Trennung von Staat und Kirche und Entkonfessionalisierung der Schule abzielenden Verordnungen. In Kreisen des Zentrums in den beiden Westprovinzen, aber auch bei vielen Protestanten, glaubte man, in einer von Preußen unabhängigen Rheinisch-Westfälischen Republik die konfessionellen Interessen besser bewahren zu können. Am 4. Dezember 1918 sprach sich der Beirat des rheinischen Zentrums für die Errichtung einer von Preußen getrennten, aber dem Deutschen Reich angehörenden Republik aus. Das westfälische Zentrum rückte jedoch auf einer Parteiveranstaltung in Hamm am 12. Dezember von diesen Plänen ab. Mit dem Austritt der USPD aus dem Rat der Volksbeauftragten verlor Hoffmann sein Ministeramt und gehörte danach zu den Mitbegründern der KPD.
Trugen das Ausscheiden der USPD aus der Regierung und die Festsetzung der Wahlen zur Nationalversammlung auch zu dem Weg zur parlamentarischen Demokratie bei, so führten der Bruch von USPD und SPD und die Gründung der KPD doch auch zur Radikalisierung. Das zeigte sich an der Streikbewegung, die Anfang Dezember 1918 im Duisburg-Hamborner Bergbaurevier begonnen hatte und am 11. Januar 1919 mit 180 000 streikenden Bergleuten im Ruhrgebiet ihren Höhepunkt erreichte. Die Streikenden forderten die Sozialisierung des Bergbaus, zu deren Vorbereitung am 13. Januar 1919 eine Konferenz der Arbeiter- und Soldatenräte des Ruhrgebietes eine Kommission aus Vertretern von SPD, USPD und KPD einsetzte. In Gelsenkirchen verlangten die Arbeiter- und Soldatenräte die sofortige Sozialisierung der Schlüsselindustrien, Errichtung der Räteherrschaft und Beseitigung des

Regierungs- und Behördenapparates. „Hauptgegner waren die Zechenverwaltungen, Grubenbeamten und Zechenvorstände, zunächst im westlichen Ruhrgebiet, dann weit darüber hinaus. Kontakte der Streikenden zu den Linksparteien täuschten darüber hinweg, daß in den Protestaktionen alle politischen Strömungen zusammenflossen. Primär ging es darum, die eigene lokale, allenfalls regionale Machtstellung in Erwartung eines möglichen Massenzustroms zu behaupten, ohne auf weitere Aktionen hinzuwirken. ‚Sozialisierung' galt als Weg zur unmittelbaren Verbesserung der aktuellen sozialen Situation (...). (Man) sah in pragmatischer Orientierung die Übernahme innerbetrieblicher Herrschaftsfunktionen durch die Arbeiter sowie die Verteilung des Betriebseigentums und der Produktionsgewinne auf die Belegschaft vor" (Kluge, Revolution, S. 87f.).

Eine wichtige Rolle spielten die Freikorps. Dabei handelte es sich um Freiwilligenverbände aus Offizieren und heimgekehrten Frontsoldaten, oft ohne zivile berufliche Perspektive, die einerseits bei der Niederschlagung kommunistischer Aufstände, etwa bei den Januarkämpfen 1919 in Berlin, hervortraten, andererseits aber wegen ihrer vorwaltend antirepublikanischen Orientierung auch über ihre offizielle Auflösung Anfang 1920 hinaus ein Problem der Weimarer Republik darstellten. In Westfalen ging die Aufstellung von Freikorps im Dezember 1918 vom Generalkommando des VII. Armeekorps aus, weil diesem nicht mehr in ausreichender Zahl reguläre Truppen zur Verfügung standen. Dabei handelte es sich um das „Freikorps Lichtschlag" des Hauptmanns Otto Lichtschlag und um das Bataillon des Hauptmanns Franz Pfeffer von Salomon. Während die Arbeiter- und Soldatenräte die Auflösung der Freikorpsverbände verlangten und der Hagener Arbeiter- und Soldatenrat auch die Entwaffnung des Freikorps Lichtschlag versuchte, löste der kommandierende General des VII. Armeekorps, Generalleutnant Oskar von Watter, am 11. Februar 1919 den Generalsoldatenrat des VII. Armeekorps auf und ließ die Mitglieder verhaften. Als das Freikorps Lichtschlag daraufhin Recklinghausen und das damalige Amt Hervest-Dorsten im Kreis Recklinghausen besetzte, riefen die Arbeiter- und Soldatenräte im Ruhrgebiet am 16. Februar 1919 den Generalstreik aus.

Das war der Auftakt bürgerkriegsähnlicher Kämpfe. Zeitweilig befanden sich im Ruhrgebiet rd. 400 000 Bergleute von mehr als 200 Zechen im Ausstand. Am 5. April 1919 erreichte der Streik der Ruhrbergarbeiterschaft seinen Höhepunkt. Erst Ende April konnte die öffentliche Ruhe äußerlich wiederhergestellt werden. Entscheidenden Anteil daran hatte der aus Bielefeld stammende, in Herford geborene Sozialdemokrat Carl Severing, der am 7. April 1919 vom preußischen Innenminister zum Staatskommissar für die mit den Arbeitsniederlegungen in Verbindung stehenden Verwaltungsmaßnahmen in den Belagerungszustandsgebieten der Rheinprovinz und Westfalens bestellt wurde. Severing eilte nach Dortmund, sagte am 8. April die Verbesserung der Lebensmittelversorgung und den stufenweisen Abbau der Arbeitszeit im Bergbau zu und erreichte zwei Tage später eine Vereinbarung mit der Delegiertenkonferenz des Deutschen Bergarbeiter-Verbandes über den Abbruch des

Streiks. Dennoch blieb die Lage gespannt; der Belagerungszustand wurde erst Ende Januar 1920 aufgehoben, nachdem es am Anfang des Jahres noch zu einer wilden Streikbewegung unter den Eisenbahnern im Ruhrgebiet gekommen war.
Wenig später verschärfte sich die Situation im Ruhrgebiet erneut, als der gegen die Reichsregierung gerichtete rechtsradikale Kapp-Putsch vom 13. März 1920 die Kabinettsmitglieder zur Flucht von Berlin nach Dresden veranlaßte. Nicht nur die Gewerkschaften und die USPD, sondern auch die linksliberale DDP und die sozialdemokratischen Mitglieder der Reichsregierung und der Parteivorstand der SPD riefen zum Generalstreik auf. Sofort entbrannten im Ruhrgebiet Kämpfe, aus denen ein kommunistischer Aufstand hervorging. Einen Eindruck vermittelt ein Extrablatt der „Neuen Freien Presse“ aus Hagen vom 17. März 1920:
„Um 9 Uhr früh fuhren Oberbürgermeister Cuno, die Stadträte Hirdes und Schneider sowie Parteisekretär Stenz nach der Kampffront, um Verhandlungen mit Hauptmann Lichtschlag zu führen. In Hörde angelangt, war der Kampf mit den Lichtschlagtruppen bereits erledigt. Die Arbeitertruppen, die von allen Seiten Verstärkung erhalten hatten, trieben die Reichswehr bis nach Dortmund hinein. Dort tobten wilde Straßenkämpfe zwischen den Arbeitertruppen einerseits und der Dortmunder Sicherheitswehr und Polizei andererseits. Die Stadt Dortmund wurde von Hörde aus mit Artillerie beschossen. Der erbitterte Kampf gegen die in Dortmund vorhandenen Streitkräfte wurde entfesselt durch das Gerücht, daß jene auf seiten der Kappregierung ständen. Unter dem Schutz der weißen Flagge fuhren die Hagener Unterhändler unter äußerster Lebensgefahr durch die Kampfzone, auf der der Kampf mit ungeheurer Erbitterung geführt wurde, bis zum Dortmunder Stadthaus an der Betenstraße. Kaum waren sie dort angelangt, als der Kampf von neuem mit äußerster Heftigkeit entbrannte. Es erforderte die ganze Aufopferung des Oberbürgermeisters Cuno und des sehr umsichtigen Chauffeurs, der die Parlamentäre durch das Feuer fuhr, nach und nach die kämpfenden Truppen zum Einstellen des Feuers zu bewegen. Die Parlamentäre wagten ihr Leben, denn die Situation war derart, daß es galt, Frieden um jeden Preis zu schaffen, da bei der unübersichtlichen Gefechtslage nachgerade alle gegen alle kämpften. Nachdem es gelungen war, die Schießerei einzustellen, traten im Stadthaus die Führer der einzelnen Parteien zusammen und verfaßten folgenden Aufruf: ‚Die politische Gewalt in der Stadt Dortmund übt die Arbeiterschaft aus. Ein neuer Arbeiterrat und eine revolutionäre Arbeiterwehr sind in Bildung begriffen. Die vorläufige Gewalt ist in Händen eines Vollzugsrates, unter dessen Kontrolle die Stadtverwaltung die Geschäfte der Stadt weiterverwaltet. Der Kampf muß aufhören. Ruhe und Besonnenheit sind notwendig. Der Vollzugsausschuß‘. Darauf wurde für die Hagener Arbeitertruppen die Parole ausgegeben, sich am Hauptbahnhof zu sammeln, von wo ein Extrazug sie ab 4 Uhr nach Hagen führen sollte“ (Lambers, Revolutionszeit, Bildteil S. 8).
Kämpfe gab es auch in Duisburg, Unruhen in Hagen, Wetter, Witten, Bochum, Herne und Haltern. In Wetter an der Ruhr hatten bewaffnete Arbeiter am 15. und in Herdecke an der Ruhr am 16. März Teile des Freikorps Lichtschlag überwältigen

können. Das war nicht nur ein moralischer Sieg der Arbeitertruppen, sondern brachte auch große Bestände an Beutewaffen und Munition in ihren Besitz. An den Kämpfen in Dortmund, die in dem zitierten Zeitungsbericht geschildert werden, nahmen 10 000 bis 12 000 Arbeiter teil. Am 16. oder 17. März 1920 wurde in einer Proklamation – „Um unsere bisherigen Siege über die Reaktion zu vervollkommnen und zu sichern“ – die Stadt Hagen für die Operationen der Arbeitertruppen zur „militärischen Zentrale für das gesamte Industriegebiet“ erklärt (Lambers, Revolutionszeit, Bildteil S. 10).
Am 17. März 1920 erklärte der Putschist Wolfgang Kapp seinen Rücktritt von seinem durch den Putsch erlangten Amt als Reichskanzler. Der Kapp-Putsch brach zusammen. Der Generalstreik wurde abgeblasen. Die aufständischen Arbeiter im Ruhrgebiet hielten sich jedoch nicht daran. „Sie wollten keine Rückkehr zu den alten Verhältnissen, sondern eine Neugestaltung des politischen Systems“ (Behr, Provinz Westfalen, S. 136). Aus den Arbeitertruppen wurde eine „Rote Armee“ gebildet, deren Stärke die Reichswehrführung auf 80 000 bis 100 000 Mann schätzte. Während die „Rote Armee“ das gesamte Ruhrgebiet eroberte und im Norden bis Dülmen, Lüdinghausen und Ascheberg und somit weit ins Münsterland vordrang, wurden Reichswehreinheiten aus dem gesamten Reich um das Ruhrgebiet herum zusammengezogen, weil die eigenen militärischen Kräfte, die dem Generalkommando in Münster zur Verfügung standen, bei weitem nicht ausreichten. Severing, der noch immer das Kommissariat im Ruhrgebiet hatte, erreichte am 21. März 1920 in Bielefeld einen Waffenstillstand und ein Abkommen mit Vertretern von Gewerkschaften und Parteien und dem Chef des Stabes der „Roten Armee“ über den Abbruch des Streiks und die Ablieferung der Waffen gegen die Zusage einer Amnestie. Da nur ein Teil der „Roten Armee“ das Abkommen annahm, erging ein auf den 30. März befristetes Ultimatum. Doch nahm Severing noch einmal, diesmal in Münster, Verhandlungen mit den Aufständischen auf, die zur Verlängerung der Frist für die Niederlegung der Waffen seitens der „Roten Armee“ bis zum 2. April 1920 führten. Diesmal akzeptierte die Vollversammlung der Vollzugsräte der Ruhrgebietsstädte in Essen die Bedingungen. Doch wurde die Frist nicht eingehalten. Am 20. April ließ der Reichskanzler, der Sozialdemokrat Hermann Müller – entgegen dem am 10. Januar 1920 in Kraft getretenen Versailler Vertrag, der Deutschland innerhalb einer entmilitarisierten Zone westlich einer im Abstand von 50 Kilometern östlich des Rheins parallel zu diesem Fluß verlaufenden Linie jede auch nur zeitweilige Ansammlung von Streitkräften untersagte, und ohne Genehmigung der Siegermächte des Ersten Weltkriegs – Reichswehreinheiten ins Ruhrgebiet einmarschieren. Der größte Teil des Ruhrgebietes lag innerhalb dieser 50-Kilometer-Zone. Frankreich beantwortete dieses Vorgehen mit der vorübergehenden Besetzung der Städte Frankfurt am Main und Darmstadt mit ihrem Umland. Besonders hartnäckig war der Widerstand der „Roten Armee“ gegen die Reichswehr im rheinischen Teil des Ruhrgebietes, vor allem in Oberhausen und (Duisburg-)Hamborn, wo Artillerie zum Einsatz kam. Am 8. April war der Aufstand zusammengebrochen. Am

11. April 1920 konnte Carl Severing seine Geschäfte als Kommissar niederlegen, um in Berlin das Amt des preußischen Innenministers anzutreten.
Aber noch immer kehrten im Ruhrgebiet keine normalen Zeiten ein. Am 11. Januar 1923 besetzten französische und belgische Truppen zur Sicherstellung der Reparationsleistungen des Deutschen Reiches das Ruhrgebiet bis zur Lippe im Norden und bis Lünen, Dortmund und Hörde im Osten. Voraufgegangen waren längere Vorbereitungen und Planungen der Franzosen. Am 26. Dezember 1922 und am 9. Januar 1923 hatte die Alliierte Reparationskommission gegen die Stimme des Vertreters Großbritanniens einen geringfügigen Rückstand der deutschen Holz- und Kohlenlieferungen als Verstoß gegen den Versailler Vertrag gewertet. Im Ruhrgebiet verhängten Frankreich und Belgien nach der Besetzung den Belagerungszustand. Das Rheinisch-Westfälische Kohlensyndikat hatte seinen Sitz jedoch rechtzeitig von Essen nach Hamburg verlegt. Das Deutsche Reich beantwortete die Besetzung des Ruhrgebietes mit der Einstellung der Reparationslieferungen an Frankreich und Belgien, während die Produktion durch den passiven Widerstand der Bevölkerung lahmgelegt wurde, den die Reichsregierung mit Zustimmung des Reichstags legalisierte und zu dem auch die Gewerkschaften aufriefen. Die französische Besatzungsmacht reagierte mit der Verhaftung von Unternehmern, mit Repressalien und Ausweisungen. Zunächst wurden die deutschen staatlichen Polizeibeamten aus dem Ruhrgebiet ausgewiesen, dann auch 70 000 Verwaltungsbeamte, darunter mehr als 25 000 Bahn- und Postbeamte, woraufhin Franzosen und Belgier den Betrieb der Eisenbahnen im Ruhrgebiet in eigener Regie übernahmen. Insgesamt wurden 140 000 bis 150 000 Personen, vor allem Beamte mit ihren Familienangehörigen, aus dem Ruhrgebiet ausgewiesen, das durch eine Zollgrenze mit Personenkontrolle vom übrigen Westfalen abgetrennt wurde. Im Ruhrgebiet kam es zu zahlreichen Sabotageaktionen von deutscher Seite, so zur Sprengung von Eisenbahnbrücken. Der Einsatz marokkanischer und algerischer französischer Kolonialtruppen verschärfte die Situation, deren Höhepunkt mit der Erschießung von Arbeitern bei der Besetzung der Essener Kruppwerke durch französische Soldaten am Karsamstag 1923 erreicht wurde. Frankreich konnte jedoch durch den passiven Widerstand nicht zum Nachgeben gebracht werden, während Deutschland mit seiner katastrophalen Wirtschaftslage – 1923 war das Jahr der Hochinflation; im August kamen auf einen US-Dollar 354 000 Papiermark, im Oktober 25 Milliarden Papiermark – den „Ruhrkampf" nicht lange durchzuhalten vermochte. So wurde am 26. September 1923 das Ende des passiven Widerstands verkündet. Nach der Annahme des Dawes-Planes zur vorläufigen Regelung der deutschen Reparationsleistungen auf der Londoner Konferenz im August 1924 räumten die letzten Truppen Frankreichs und Belgiens am 31. Juli 1925 das Ruhrgebiet. Zuvor schon war die Inflation durch die Währungsreform vom 15. November 1923 mit der Einführung der Rentenmark, bei der eine Rentenmark einer Billion Papiermark entsprach, beendet worden.
Für die Wahlen zur Nationalversammlung am 19. Januar 1919 galt ein gegenüber den Reichstagswahlen von 1867 bis 1912 wesentlich verändertes Wahlrecht. Das

Wahlalter für das aktive Wahlrecht lag jetzt statt bei 25 bei 20 Jahren. Vor allem waren jetzt auch die Frauen wahlberechtigt und konnten auch gewählt werden. Außerdem trat an die Stelle des Mehrheitswahlrechts der Kaiserzeit das Verhältniswahlrecht mit Listenwahl. Im Zusammenhang damit wurden die Wahlkreise völlig neu organisiert. Statt der 17 Reichstagswahlkreise Westfalens in der Zeit von 1871 bis 1918 (S. 310) gab es jetzt nur noch zwei Reichstagswahlkreise: Westfalen-Nord mit den Regierungsbezirken Münster und Minden, zu dem auch noch die Länder Lippe und Schaumburg-Lippe sowie der Kreis Grafschaft Schaumburg der preußischen Provinz Hessen-Nassau gehörten, und Westfalen-Süd, der mit dem Regierungsbezirk Arnsberg identisch war. Bei dieser Wahlkreiseinteilung mit 35 Wahlkreisen für das gesamte Deutsche Reich in seinem durch den Versailler Vertrag reduzierten Gebietsumfang und bei diesem Wahlrecht, das im Wahlgesetz vom 27. April 1920 geregelt wurde, blieb es bei den Reichstagswahlen bis 1933. Mehr nur eine Äußerlichkeit war, daß einige Parteien der Kaiserzeit jetzt unter neuem Namen firmierten. Das galt für die Konservativen, die nun als „Deutschnationale Volkspartei" (DNVP) auftraten, für die Nationalliberalen, die sich jetzt „Deutsche Volkspartei" (DVP) nannten, und für die linksliberale Fortschrittliche Volkspartei, die in der Weimarer Zeit unter dem Namen „Deutsche Demokratische Partei" (DDP) erschien, aber auch für das Zentrum, von dem sich 1918 die „Bayerische Volkspartei" abgespalten hatte und das bei den Wahlen zur Nationalversammlung unter der Bezeichnung „Christliche Volkspartei" auftrat, aber 1920 bei der Wahl zum ersten Reichstag der Republik wieder „Zentrum" hieß. Wichtiger war das in der Monarchie noch unbekannte Nebeneinander dreier, nach 1922 nur noch zweier sozialistischer Parteien, SPD, USPD und KPD, von denen die KPD bei den Wahlen zur Nationalversammlung aber noch nicht antrat.

Die Wahlen zur Nationalversammlung am 19. Januar 1919 brachten im Wahlkreis Westfalen-Nord bei einer Wahlbeteiligung von 86,8 % 8,7 % für die DNVP, 6,6 % für die DVP, 42,1 % für die Christliche Volkspartei (Zentrum), 9,8 % für die DDP, 30,6 % für die SPD und 2,1 % für die USPD (Statistisches Jahrbuch 1919, S. 236f.), bei deutlichem Übergewicht des Zentrums gegenüber der SPD also zusammen 89,1 % für DVP, DDP, Zentrum und SPD. Im Wahlreis Westfalen-Süd entfielen 15,3 % auf die hier gemeinsam auftretenden Parteien DNVP und DVP, 28,3 % auf die Christliche Volkspartei (Zentrum), 10,0 % auf die DDP, 41,3 % auf die SPD und 5,1 % auf die USPD (Stat. Jb. 1919, S. 236f.), auf DDP, Zentrum und SPD also zusammen 79,6%.

Die in Weimar tagende Nationalversammlung verabschiedete am 11. August 1919 die Reichsverfassung, die mit ihrer Verkündung am 14. August in Kraft trat und die Reichsverfassung von 1871 ersetzte, die durch Art. 178 der Weimarer Reichsverfassung (WRV) aufgehoben wurde. Am 30. November 1920 erhielt auch der Freistaat (Republik) Preußen eine Verfassung, die an die Stelle der preußischen Verfassung von 1850 trat.

Die WRV enthielt in Art. 18 eine Bestimmung über Gebietsänderungen, die sachlich dem Art. 29 (Neugliederung des Bundesgebietes) des Grundgesetzes (GG) von 1949 entspricht. WRV Art. 18 Abs. 1 lautet: „Die Gliederung des Reichs in Länder soll unter möglichster Berücksichtigung des Willens der beteiligten Bevölkerung der wirtschaftlichen und kulturellen Höchstleistung des Volkes dienen. Die Änderung des Gebiets von Ländern und die Neubildung von Ländern innerhalb des Reichs erfolgen durch verfassungsänderndes Reichsgesetz“. Mit diesem Verfassungsartikel war der Weg zur „Reichsreform“ eröffnet, die durch den Wegfall der einzelstaatlichen Monarchien innerhalb des Deutschen Reiches möglich wurde. Dabei ging es einerseits um den, gemessen an den anderen Bundesstaaten des Kaiserreiches bzw. den anderen Ländern der Weimarer Republik, übermäßig großen Staat Preußen, andererseits um staatliche Zwerggebilde wie Lippe oder Schaumburg-Lippe, die ihre Existenz nur den Zufälligkeiten dynastischen Erbrechts verdankten und deshalb mit dem Thronverlust ihrer Herrscherhäuser als Republiken bzw. Frei- oder Volksstaaten zur Disposition standen. Tatsächlich verwirklicht wurde von den durch Art. 18 WRV gegebenen Möglichkeiten nur vergleichsweise wenig, nämlich der Anschluß von Sachsen-Coburg-Gotha an den Freistaat Bayern 1920, der Zusammenschluß von Sachsen-Weimar, Sachsen-Meiningen, Sachsen-Altenburg, Schwarzburg-Rudolstadt, Schwarzburg-Sondershausen, Reuß älterer Linie und Reuß jüngerer Linie zum Land Thüringen, ebenfalls 1920, und der Anschluß Waldecks an Preußen (Provinz Hessen-Nassau) 1929, dessen Landesteil Pyrmont schon 1922 zu Preußen (Provinz Hannover) gelangt war. In nationalsozialistischer Zeit kamen 1934 die Vereinigung von Mecklenburg-Schwerin und Mecklenburg-Strelitz zum Land Mecklenburg und 1937 die Angliederung der Freien und Hansestadt Lübeck an Preußen (Provinz Schleswig-Holstein) sowie, ebenfalls 1937, die Angliederung der bis dahin zu Oldenburg gehörenden Landesteile Birkenfeld (Nahe) und Eutin an Preußen (Rheinprovinz bzw. Provinz Schleswig-Holstein) hinzu, ferner der 1937 zwischen der Freien und Hansestadt Hamburg und dem Land Preußen vorgenommene Gebietstausch, mit dem die preußischen Kreise Altona, Wandsbeck und Harburg-Wilhelmsburg sowie etliche Landgemeinden zu Hamburg, das hamburgische Cuxhaven aber zu Preußen (Provinz Hannover) kamen. Anderes, vor allem die Möglichkeit, Preußen in seine Provinzen aufzuteilen und diese als Länder zu verselbständigen, blieb unausgeführt.

Stattdessen gab es um diese Frage während der ganzen Weimarer Zeit eine Fülle von Projekten, die alle auch die Provinz Westfalen betrafen. Der älteste Vorentwurf von Anfang 1919 sah eine Gliederung des Deutschen Reiches unter Einschluß Deutsch-Österreichs in 16 Länder („Gebiete“) vor, von denen eines die um Lippe, Schaumburg-Lippe und den Kreis Grafschaft Schaumburg erweiterte Provinz Westfalen sein sollte. Andere Pläne, wie sie vor allem von Hannover ausgingen, zielten auf die Angliederung der lippischen und der schaumburgischen Länder an ein künftiges Land Niedersachsen, dem von der Provinz Westfalen auch Minden-Ravensberg und der Kreis Tecklenburg zugeschlagen werden sollten. Wieder andere Pläne gaben Siegen und Minden als Bestandteile Westfalens auf, wollten diesem aber Lippe, Olden-

burg und Ostfriesland angliedern. Die westfälische Provinzialverwaltung suchte den hannoverschen Plänen, hinter denen die dortige Provinzialverwaltung stand, mit der Verteidigung des Gebietsstandes der Provinz Westfalen und darüber hinaus mit der Konzeption eines „Raumes Westfalen“ zu begegnen. Das geschah mit wissenschaftlichen Mitteln und vor allem mit großangelegten historischen, volkskundlichen, kunst- und sprachgeschichtlichen Forschungen, für deren Veröffentlichung seit 1931 „im Auftrage der Provinz Westfalen“ das mehrbändige Werk „Der Raum Westfalen“ herausgegeben wurde. In der Einleitung zum ersten Band schrieben die Herausgeber, die Professoren Hermann Aubin aus Breslau, Ottmar Bühler aus Münster, Bruno Kuske aus Köln und Aloys Schulte aus Bonn: „Unter den großen politischen Fragen, welche das deutsche Volk heute bewegen, steht die Reichsreform obenan, und innerhalb dieses vielgestaltigen Problems beansprucht die territoriale Neugliederung des Reiches eine besondere Beachtung“ (Raum Westfalen I, S. 1). Dazu suchte man „feste Unterlagen für die Beurteilung jener Pläne zu gewinnen, welche für die Neueinteilung des Reiches empfohlen werden“, indem gefragt wurde: „Ist innerhalb Nordwestdeutschlands ein Raum Westfalen zu erkennen, der durch innere Verbundenheit zusammenhängt und sich zugleich durch seine Besonderheit von der Umwelt abhebt? Worin bestehen seine Gemeinsamkeiten und Besonderheiten? Was hat sie begründet? Wo liegen die Grenzen dieses Raumes?“ (Raum Westfalen I, S. 2). Die Antwort, die das bis in unsere Zeit fortgesetzte Werk gab, war nicht eindeutig und konnte es nicht sein. Immerhin wurde deutlich, daß das Land Lippe und der Regierungsbezirk Osnabrück der damaligen Provinz Hannover sowie der Süden des Landes Oldenburg dazu gehören würden, in mancher Hinsicht darüber hinaus auch Schaumburg-Lippe, der Kreis Grafschaft Schaumburg und Waldeck.
Blieb somit die Provinz Westfalen in ihrem Gebietsstand und als Bestandteil Preußens während der Weimarer Republik unverändert, so galt das auch für ihre Untergliederung in die drei Regierungsbezirke Münster, Minden und Arnsberg und für das Amt des Oberpräsidenten, der, wie seit 1887, zweite Mittelbehörde neben den Regierungspräsidenten und Spitze der Provinzialverwaltung blieb (S. 264). Allerdings wurde der seit 1911 amtierende Oberpräsident Karl Prinz von Ratibor und Corvey, nachdem ihm die republikanische Regierung den Abschied nahegelegt hatte, am 3. Mai 1919 aus dem Staatsdienst entlassen. Sein Nachfolger wurde der Zentrumspolitiker Dr. Bernhard Würmeling, der bis 1922 im Amt blieb. Danach war von 1922 bis 1933 der ebenfalls dem Zentrum angehörende Johannes Gronowski Oberpräsident von Westfalen. Eine neue Konzeption des Oberpräsidentenamtes ergab sich erst nach dem preußischen Staatsstreich vom 20. Juli 1932, mit dem der aus dem westfälischen Werl stammende Reichskanzler Franz von Papen unter Berufung auf Art. 48 WRV die preußische Regierung unter dem sozialdemokratischen Ministerpräsidenten Otto Braun abgesetzt und sich selbst durch den Reichspräsidenten von Hindenburg zum Reichskommissar für Preußen hatte bestellen lassen. Durch die preußische Vereinfachungsverordnung der Reichskommissariatsregierung vom 3. September 1932 erhielt der Oberpräsident wieder, wie 1825 (S. 264), den

Charakter eines „ständigen Vertreters der Staatsregierung in der Provinz". Er hatte, so die Vereinfachungsverordnung, „die politischen, wirtschaftlichen, sozialen und kulturellen Vorgänge in der Provinz zu beobachten und darüber zu wachen, daß innerhalb der Provinz die Verwaltung einheitlich und den Gesetzen, den Verordnungen und dem Staatswohl entsprechend geführt wird". Leitende Behörden der allgemeinen Verwaltung waren nur noch die Regierungspräsidenten und die Landräte, nicht mehr der Oberpräsident.
Auch die Behörden der Regierungspräsidenten blieben von 1887 bis 1932 unverändert, um durch die Vereinfachungsverordnung von 1932 einen Wandel im Sinne des monokratischen Verwaltungsprinzips zu erfahren, indem die Entscheidung des Regierungspräsidenten an die Stelle kollegialischer Beschlüsse trat. Im Bereich der ordentlichen Gerichtsbarkeit blieb es bei der Gerichtsorganisation von 1879 (S. 269) mit dem OLG Hamm für die Provinz Westfalen.
Einen deutlichen Wandel erfuhr jedoch die Stellung der Provinz Westfalen und aller preußischen Provinzen gegenüber dem preußischen Staat und gegenüber dem Reich. Während die Bundesstaaten nach der Reichsverfassung von 1871 im Kaiserreich, ähnlich wie die Bundesländer nach dem GG in der föderalen Ordnung der Bundesrepublik, eine starke Stellung besaßen, hatten die Länder in der Weimarer Republik nach der der WRV zugrunde liegenden Konzeption des dezentralisierten Einheitsstaates eine ungleich schwächere Position als vor 1918 oder nach 1949. Dafür war die Stellung der preußischen Provinzen deutlich stärker als in der Kaiserzeit. Der dem heutigen Bundesrat bzw. dem Bundesrat der Reichsverfassung von 1871 entsprechende Reichsrat diente nach Art. 60 WRV „zur Vertretung der deutschen Länder bei der Gesetzgebung und Verwaltung des Reichs". Wichtig für die Provinzen war Art. 63 WRV: „Die Länder werden im Reichsrat durch Mitglieder ihrer Regierung vertreten. Jedoch wird die Hälfte der preußischen Stimmen nach Maßgabe eines Landesgesetzes von den preußischen Provinzialverwaltungen bestellt". Es gab also in der Weimarer Republik eine Vertretung der Provinz Westfalen und der anderen preußischen Provinzen bei der Gesetzgebung und Verwaltung des Reiches, womit die Provinz Westfalen und die anderen Provinzen dem Reich gegenüber eine Ländern angenäherte Stellung erlangten. Das hatte es im Kaiserreich nicht gegeben, wie es auch heute keine Beteiligung von öffentlich-rechtlichen Körperschaften mit dem Recht der Selbstverwaltung wie den nordrhein-westfälischen Landschaftsverbänden oder von Gemeinden am Bundesrat gibt. Darüber hinaus kannte der Freistaat Preußen neben dem nach allgemeinem Wahlrecht gewählten Landtag einen Staatsrat als Vertretung der Provinzen und somit faktisch ein Zweikammersystem. Die Mitglieder des Staatsrates wurden nach Art. 32 der preußischen Verfassung von 1920 von den Provinziallandtagen gewählt. Die Provinz Westfalen entsandte zehn Delegierte in den preußischen Staatsrat. Auch das ist heute ohne Parallele, weil das für Westfalen an die Stelle Preußens getretene Land Nordrhein-Westfalen nur ein Einkammersystem mit dem Landtag als Volksvertretung kennt, aber keine Erste Kammer als Vertretung der Landschaftsverbände oder der Gemeinden. Ein Zweikam-

mersystem hat unter den derzeit 16 Ländern der Bundesrepublik Deutschland nur der Freistaat Bayern, wo neben dem Landtag – aufgrund der Ergebnisse einer Volksabstimmung von 1998 nur noch bis zur Jahreswende 1999/2000 – der Senat als Vertretung der sozialen, wirtschaftlichen, kulturellen und gemeindlichen Körperschaften des Landes besteht. In dieselbe Richtung wies auch die von Art. 86 der preußischen Verfassung von 1920 vorgesehene Mitwirkung des Provinzialausschusses, also der seit 1887 vom Provinziallandtag gewählten, aus mehreren Personen bestehenden Spitze des Provinzialverbandes (S. 274), bei der Ernennung der leitenden Beamten der Provinz. Das betraf auch den Oberpräsidenten und die Regierungspräsidenten.
Die Stärkung der Stellung der Provinzen kam auch durch die Einführung des direkten Wahlrechts für den Provinziallandtag durch Art. 74 der preußischen Verfassung von 1920 zum Ausdruck. Damit wurden die Abgeordneten des Provinziallandtags nicht mehr, wie seit 1887 (S. 274), von den Kreisvertretungen bzw., nach der Entstehung kreisfreier Städte, von Stadt- und Kreisvertretungen und nicht, wie seit 1953 die Mitglieder der Landschaftsversammlung, von den entsprechenden Vertretungen der Kreise und kreisfreien Städte (LVerbO NW § 7b Abs. 1) gewählt, sondern von den wahlberechtigten Einwohnern der Provinz nach den Regeln des allgemeinen und direkten Wahlrechts und der Verhältniswahl (Listenwahl). Die Abgeordneten des Provinziallandtags waren daher in der Zeit der Weimarer Republik nicht Vertreter von Kommunen oder Kreisen, sondern Volksvertreter, wie schon einmal zwischen 1826 und 1886 die damaligen Abgeordneten des dritten und des vierten Standes (S. 273).
Während in Westfalen der 61. und der 62. Provinziallandtag von 1919 bzw. 1920 noch in alter Weise von den Stadt- und Kreisvertretungen beschickt worden war, kam der 63. Provinziallandtag von 1921 erstmals aufgrund des allgemeinen und direkten Wahlrechts zustande. Aus den Wahlen zum 63. Provinziallandtag der Provinz Westfalen, die am 20. Februar 1921 stattfanden, ging in den 24 Wahlkreisen des Regierungsbezirks Arnsberg das Zentrum mit 329 295 von 1 145 369 gültigen Stimmen (28,8 %) als stärkste Partei hervor, gefolgt von der SPD mit 281 527 (24,6 %), der DVP mit 175 662 (15,3 %), der KPD mit 105 672 (9,2 %), der DNVP mit 91 012 (7,9 %), der USPD mit 81 667 (7,3 %), der DDP mit 58 279 (5,1 %) und der Polenpartei der im Ruhrbergbau tätigen polnischen Bergleute deutscher Staatsangehörigkeit mit 21 631 (1,9 %). Im Regierungsbezirk Münster mit seinen 15 Wahlkreisen erreichte das Zentrum 60,2 %, gefolgt von der SPD mit 15,2 %, der KPD und der DVP mit jeweils 7,0 %, der DNVP mit 3,4 %, der USPD mit 2,8 % und der Polenpartei mit 2,5 %. Im Regierungsbezirk Minden, der für die Wahlen zum Provinziallandtag in elf Wahlkreise eingeteilt war, dominierte die SPD mit 30,6 % vor dem Zentrum mit 28,1 % und der DNVP mit 19,1 %. Auf die DVP entfielen 14,7 %, auf die DDP 5,2 %, auf die KPD 1,3 % und auf die USPD 1,0 % (Zahlen errechnet nach Häming, Abgeordnete, S. 80f.). Der 1921 gewählte Provinziallandtag wies aufgrund dieser Wahlergebnisse bei insgesamt 123 Sitzen folgende Sitzverteilung auf: Zentrum 50 Sitze, SPD 31, DVP 17, DNVP 12, KPD 10, USPD 6, DDP 6, Polenpartei 2.

Bei der nächsten Wahl zum Provinziallandtag, die am 29. November 1925 stattfand, erzielte die Zentrumspartei erneut das beste Ergebnis, auch wenn sie im Regierungsbezirk Minden knapp hinter der SPD zurückstand. In dem 1925 gewählten Provinziallandtag entfielen bei jetzt 138 Sitzen 50 auf das Zentrum, 32 auf die SPD, 17 auf die DVP, 16 auf die DNVP, 14 auf die KPD, 5 auf die DDP und 4 auf die 1920 gegründete „Wirtschaftspartei des deutschen Mittelstandes". Die nächste Wahl zum Provinziallandtag, abgehalten am 17. November 1929, fand bei erheblich stärkerer Wahlbeteiligung als 1925 statt und erbrachte in ganz Westfalen noch immer einen deutlichen Vorsprung des Zentrums mit 33,0 %, gefolgt von der SPD mit 22,1 %. Der Anteil aller anderen Parteien lag weit darunter: KPD 9,3 %, DVP 8,7 %, „Reichspartei des deutschen Mittelstandes" (die frühere „Wirtschaftspartei") 6,3 %, DNVP 6,2 %, Evangelischer Volksdienst 4,0 %, NSDAP 2,9 %, DDP 2,5 %, „Christlich-Nationale Bauern- und Landvolkspartei" 2,2 %, „Christlich-Soziale Reichspartei" 1,1 %, Polenpartei 0,7 %, „Volksrechtspartei" 0,5 %, „Linke Kommunisten (Leninbund)" 0,4 % und „Liste der wirtschaftlich Schwachen" 0,2 % (Zahlen errechnet nach Häming, Abgeordnete, S. 98). Daraus ergab sich eine Sitzverteilung im Provinziallandtag mit 46 Sitzen für das Zentrum, 31 für die SPD, 13 KPD, 12 DVP, 9 DNVP, 9 „Reichspartei des deutschen Mittelstandes", 6 Evangelischer Volksdienst, 4 DDP, 4 „Christlich-Nationale Bauern- und Landvolkspartei" und 4 NSDAP. Die letzte direkte Wahl zum Provinziallandtag fand, schon unter nationalsozialistischen Bedingungen, am 12. März 1933 statt, nachdem das preußische Staatsministerium am 4. Februar 1933 durch die Reichskommissare Franz von Papen und Hermann Göring die Vertretungskörperschaften der Gemeinden und Gemeindeverbände per Verordnung aufgehoben hatte. Die Wahlergebnisse sahen jetzt die NSDAP mit 35,9 % der abgegebenen gültigen Stimmen in Führung, vor dem Zentrum mit 28,1 %, der SPD mit 15,1 % und der KPD mit 10,2 %. Auf die „Kampffront Schwarz-Weiß-Rot" (= DNVP) entfielen 6,8 % und auf den Evangelischen Volksdienst 2,3 %, außerdem jeweils weniger als 1,0 % auf verschiedene Splittergruppen oder zu Splitterparteien gewordene Parteien wie die DVP (0,8 %) (Zahlen errechnet nach Häming, Abgeordnete, S. 110, alle übrigen Zahlen dort S. 58). Damit hatte die NSDAP im westfälischen Provinziallandtag 50 Sitze, war aber immer noch weit von der absoluten Mehrheit der 138 Stimmen entfernt. Auf das Zentrum entfielen 39 Mandate, auf die SPD 21, auf die KPD 14, auf die DNVP 10 und auf den Evangelischen Volksdienst 4.

Landeshauptmann – so die seit 1889 übliche (S. 274) und auch in der Weimarer Zeit beibehaltene Amtsbezeichnung für den an der Spitze des Provinzialausschusses stehenden Beamten – war von 1919 bis 1933 der Zentrumspolitiker Franz Dieckmann.

In der Stellung der Landräte ergaben sich seit 1887 (S. 267) keine entscheidenden Änderungen, bevor die erwähnte Vereinfachungsverordnung von 1932 zu einer Stärkung ihrer Position im Hinblick auf die Kommunalaufsicht über die kreisangehörigen Gemeinden führte. Für die Kreistage änderte sich das Wahlverfahren.

Art. 17 WRV ließ – anders als Art. 28 Abs. 1 GG – die Kreise unerwähnt und verlangte nur für die Landtage und für die Gemeindevertretungen das allgemeine, gleiche, unmittelbare und geheime Wahlrecht. Daher bestand 1919 verfassungsrechtlich noch keine Notwendigkeit für die Einführung entsprechender Wahlverfahren für die Kreistage. Stattdessen wurde das Wahlverfahren von 1887 in modifizierter Form beibehalten. Diese verfassungsrechtlichen Gegebenheiten änderten sich erst mit der preußischen Verfassung vom 30. November 1920, deren Art. 74 die „Grundsätze für die Wahlen zur Volksvertretung" nicht nur für die Wahlen zu den Provinzial- und Gemeindevertretungen vorschrieb, sondern auch für die Wahlen zu den Kreisvertretungen. Daraufhin wurde durch preußisches Gesetz vom 3. Dezember 1920 auch für die Wahlen zu den Kreistagen das allgemeine, gleiche und direkte Wahlverfahren nach dem Verhältniswahlrecht eingeführt.
Für die Gemeindevertretungen und damit für den Bereich der kommunalen Selbstverwaltung ergaben sich mit dem Fortfall des Dreiklassenwahlrechts jedoch entscheidende Änderungen, obwohl die Städteordnung und die Landgemeindeordnung von 1856 bis 1933 in Kraft blieben (S. 277). Während der Revolutionszeit gingen viele Gemeinden durch eigene Regelungen einer staatlichen Neuordnung der Kommunalverfassung voraus. So legte die Stadt Medebach bereits am 4. März 1919, also während der Übergangszeit zwischen der Novemberrevolution von 1918 und der Verabschiedung der Reichsverfassung im August 1919, durch Ortsstatut eine Verdoppelung der Zahl der Stadtverordneten fest, bevor drei Tage später die erste Kommunalwahl nach vorläufigem neuen Kommunalwahlrecht stattfand. Nachdem Art. 17 WRV und Art. 74 der preußischen Verfassung von 1920 für die Wahlen zu den Gemeindevertretungen das allgemeine, gleiche, unmittelbare und geheime Wahlverfahren nach den Grundsätzen der Verhältniswahl vorgeschrieben hatten, bildete das preußische Gemeindewahlgesetz von 1923 die Grundlage für die Wahlen zu den Gemeindevertretungen und Amtsversammlungen vom 4. Mai 1924 und vom 17. November 1929 und für die jeweils anschließenden Wahlen der Gemeindevorsteher. Diese „Ratsvorsitzer" führten in den kreisfreien Städten die Bezeichnung „Oberbürgermeister". Einschränkungen der kommunalen Selbstverwaltung standen im Zusammenhang mit der Weltwirtschaftskrise und begannen mit der preußischen Sparnotverordnung vom 12. September 1931, die Sonderbestimmungen für die hochverschuldeten Gemeinden und Gemeindeverbände enthielt. Die Zuständigkeit der gewählten Vertretungsorgane für Haushalts- und insbesondere für Besoldungsangelegenheiten wurde dem leitenden Gemeindeverwaltungsbeamten („Verwaltungsorgan") übertragen. Die wachsende Arbeitslosigkeit mit der immer weiter ansteigenden Belastung der Gemeinden mit Ausgaben für die Sozialfürsorge führte zu immer größerer Abhängigkeit von Staatsbeihilfen, weil nur so völlige Kassenzusammenbrüche vermieden werden konnten. Die Folge war in zahlreichen Fällen die Entsendung von Staatskommissaren zu den Amts- und Stadtkassen.
Während der Weimarer Zeit gingen die Eingemeindungen, die 1875 in Münster begonnen und bis 1918 innerhalb und außerhalb des Ruhrgebietes bereits in bedeu-

tendem Umfang stattgefunden hatten (S. 295 f.), weiter und erreichten mit dem preußischen „Gesetz über die kommunale Neugliederung des rheinisch-westfälischen Industriegebiets“ vom 29. Juli 1929 ihren vorläufigen Höhepunkt. Dem Gesetz von 1929 waren schon 1926 das „Gesetz über die Neuregelung der kommunalen Grenzen im rheinisch-westfälischen Industriebezirke“ und 1928 das „Gesetz über die weitere Neuregelung der kommunalen Grenzen im westfälischen Industriebezirk“ voraufgegangen. Mit diesen Gesetzen des preußischen Staates wurden die Landkreise Gelsenkirchen (1926), Dortmund (1928), Hörde, Bochum, Hattingen, Hagen und Schwelm (1929) aufgelöst, wobei die Teile der Landkreise Schwelm, Hattingen und Hagen, die nicht Stadtkreisen zugeschlagen wurden, den neuen „Ennepe-Ruhr-Kreis“ bildeten (1929).

So entstand 1926 die kreisfreie Stadt Wanne-Eickel aus den bis dahin zum Landkreis Gelsenkirchen gehörenden Gemeinden Wanne, Eickel und Röhlinghausen mit Teilen von Günnigfeld, Hordel und Herne. Kreisfreie Stadt wurde 1926 das um Mundscheid, Eppendorf, Günnigfeld, Höntrop, Westfälisch Leithe, Sevinghausen, Westenfeld und Königssteele oder Teile dieser Gemeinden erweiterte Wattenscheid. Gelsenkirchen hatte schon 1924 Teile der Gemeinde Rotthausen eingemeindet. 1926 folgten Teile von Günnigfeld, Leithe, Röhlinghausen, Wanne und Wattenscheid, wobei es sich überwiegend nur um Grenzberichtigungen handelte. 1928 folgte der Zusammenschluß der Städte Buer und Gelsenkirchen und der Landgemeinde Horst-Emscher zur Stadt Gelsenkirchen-Buer, die 1930 die Bezeichnung „Stadt Gelsenkirchen“ annahm. Bochum gemeindete 1926 die Landgemeinden Weitmar, Altenbochum, Bergen, Hordel und Riemke sowie Teile von Eppendorf, Höntrop und Westenfeld ein. 1929 folgte die Eingemeindung bzw. Teileingemeindung von Laer, Werne, Gerthe, Langendreer, Querenburg, Somborn, Linden-Dahlhausen, Stiepel und Winz, womit die Großstadt Bochum in dem Gebietsumfang gebildet wurde, mit dem sie bis 1974 bestand. Herne wurde von 1926 bis 1929 um Teile der Gemeinden Bladenhorst, Riemke, Eickel, Wanne, Castrop-Rauxel und Gerthe vergrößert und konnte 1928 die Gemeinden Sodingen, Börnig und Holthausen eingemeinden. Die Stadt Recklinghausen erhielt 1926 von der Gemeinde Recklinghausen-Land die Ortsteile Hochlarmark, Stuckenbusch, Hochlar, Bockholt und Speckhorn, Börste, Röllinghausen, Berghausen und Essel-Süd und gemeindete außerdem die Landgemeinde Suderwich ein. 1928 folgte mit der Auflösung des Landkreises Dortmund die Eingemeindung der Landgemeinden Oespel, Kley, Lütgendortmund, Bövinghausen, Kirchlinde, Westerfilde, Bodelschwingh, Brünninghausen, Mengede, Nette, Ellinghausen, Holthausen, Brechten, Kirchderne, Derne, Grevel, Lanstrop, Kurl, Husen, Asseln und Wickede in die Stadt Dortmund. Außerdem wurde 1928 auch die Stadt Hörde von Dortmund eingemeindet, das 1929 die Landgemeinden Barop, Kirchhörde, Wellinghofen, Berghofen, Schüren, Aplerbeck, Syburg und Sölde sowie Teile der Landgemeinde Somborn erhielt. Daneben gemeindeten 1928 die – 1926 aus Castrop, Rauxel, Habinghorst, Ickern und Merklinde und Teilen einiger Nachbargemeinden gebildete – Stadt Castrop-Rauxel die Landgemeinde Deininghausen und die Stadt Lünen die Gemeinde Brambauer und Teile der Gemeinde Derne ein. 1929 fand auch die Vereinigung der rheinischen Städte Oberhausen und Sterkrade mit der westfälischen Stadt Osterfeld zur „Stadt Oberhausen“ statt, womit der Provinz Westfalen die Stadt Osterfeld verlorenging (S. 267). Gleichsam im Gegenzug konnte die Stadt Dorsten 1929 einen Teil der zum Landkreis Dinslaken in der Rheinprovinz gehörenden Landgemeinde Gahlen eingemeinden, der damit an die Provinz Westfalen gelangte. Das „Gesetz über die kommunale Neugliederung des rheinisch-westfälischen Industriegebiets“ von 1929 betraf darüber hinaus auch die Städte Witten, Hagen und Iserlohn. Witten, das 1921 die Landgemeinde Heven eingemeindet hatte, erhielt 1929 die Gemeinden Annen, Düren und Stockum und Teile von Bommern, Langendreer und Querenburg. Hagen gemeindete 1929 die Stadt Haspe und die Landgemeinden Boele, Fley, Halden, Herbeck, Holthausen und Vorhalle ein. Iserlohn erweiterte sein Stadtgebiet 1929 um Teile der Landgemeinden Calle und Oestrich (alle Angaben nach Reekers, Bevölkerung u. Reekers, Gebietsentwicklung).

Mit den Eingemeindungen von 1926 bis 1929 entstand im westfälischen und im rheinischen Teil des Ruhrgebiets und, mit Hagen, auch an dessen Rand „das eindrucksvollste Beispiel für die Neuentstehung einer dichten Städtelandschaft auf industrieller Grundlage und speziell für die Massierung von Großstädten im Zuge einer bis heute andauernden regionalen Städteballung“ (Schöller, Städte, S. 7). Allein die Stadt Dortmund erweiterte ihr Stadtgebiet durch die Eingemeindungen von 1905 (S. 296) bis 1929 auf 271 Quadratkilometer, womit das Dortmunder Stadtgebiet fast ein Drittel der Fläche des 1920 ebenfalls durch Eingemeindungen zustande gekommenen Groß-Berlin (882,4 Quadratkilometer) erreichte. Eingemeindungen gab es während der Weimarer Zeit in Westfalen aber auch außerhalb des Ruhrgebietes und seiner Randzonen, vor allem 1930 in Bielefeld (Schildesche und Sieker sowie Teile weiterer Gemeinden).

Trotz – oder besser wegen – der Eingemeindungen zwischen 1875 und 1929 gab es 1967 in Westfalen noch immer eine insgesamt kleinräumige Gemeindestruktur. Verbunden damit waren große Unterschiede der Gemeinden hinsichtlich Einwohnerzahl und Flächengröße. Das galt für die kreisfreien Städte ebenso wie für die kreisangehörigen Städte und Gemeinden. Von den kreisfreien Städten hatte Dortmund 1967 651 380 Einwohner auf 271 Quadratkilometern Fläche. Dem stand Bocholt mit 47 273 Einwohnern auf 19 Quadratkilometern Fläche gegenüber. Dortmund war die größte, Bocholt die nach der Einwohnerzahl kleinste kreisfreie Stadt Westfalens; nach der Fläche die kleinste kreisfreie Stadt Westfalens war Lüdenscheid mit 13 Quadratkilometern, auf denen 1967 58 010 Einwohner gezählt wurden (Zahlen bei Reekers, Gebietsentwicklung, S. 162f.). Von den kreisangehörigen Gemeinden hatten viele weniger als 500 Einwohner. Weniger als 100 Einwohner hatten in Westfalen (Stand: 6. Juni 1961) die Gemeinden Balksen/Kreis Soest (83 Einwohner) (jetzt Welver/Kreis Soest), Bernshausen/Kreis Wittgenstein (96) (jetzt Bad Laasphe/Kreis Siegen-Wittgenstein), Bilme/Kreis Soest (70) (jetzt Ense/Kreis Soest), Blumenthal/Kreis Soest (66) (jetzt Werl/Kreis Soest), Blumroth/Kreis Soest (71) (jetzt Welver/Kreis Soest), Born/Kreis Höxter (78) (jetzt Marienmünster/Kreis Höxter), Breitenbach/Kreis Siegen (97) (jetzt Stadt Siegen), Derne/Kreis Unna (80) (jetzt Kamen/Kreis Unna), Drankhausen/Kreis Warburg (81) (jetzt Borgentreich/Kreis Höxter), Ehningsen/Kreis Soest (81) (jetzt Welver/Kreis Soest), Eilversen/Kreis Höxter (68) (jetzt Marienmünster/Kreis Höxter), Elisenhof/Kreis Büren (92) (jetzt Wünnenberg/Kreis Paderborn), Eßhoff/Kreis Brilon (64) (jetzt Stadt Brilon/Hochsauerlandkreis), Estinghausen/Kreis Arnsberg (32) (jetzt Sundern/Hochsauerlandkreis), Frielinghausen/Kreis Unna (82) (jetzt Stadt Hamm), Gerlingen/Kreis Soest (71) (jetzt Ense/Kreis Soest), Grimlinghausen/Kreis Brilon (46) (jetzt Bestwig/Hochsauerlandkreis), Großenbach/Kreis Wittgenstein (62) (jetzt Bad Laasphe/Kreis Siegen-Wittgenstein), Hampenhausen/Kreis Warburg (68) (jetzt Brakel/Kreis Höxter), Harzberg/Kreis Höxter (91) (jetzt Lügde/Kreis Lippe), Heiligenborn/Kreis Wittgenstein (22) (jetzt Bad Laasphe/Kreis Siegen-Wittgenstein), Holzhausen/Kreis Wittgenstein (62) (jetzt Bad Laasphe/Kreis Siegen-Wittgenstein), Lendringsen/Kreis Soest (92) (jetzt Stadt Soest), Mittelhees/Kreis Siegen (44) (jetzt Kreuztal/Kreis Siegen-Wittgenstein), Oberhees/Kreis Siegen (52) (jetzt Kreuztal/Kreis Siegen-Wittgenstein),Oberndorf/Kreis Siegen (67) (jetzt Hilchenbach/Kreis Siegen-Wittgenstein), Öchelhausen/Kreis Siegen (80) (jetzt Hilchenbach/Kreis Siegen-Wittgenstein), Paradiese/Kreis Soest (61) (jetzt Stadt Soest), Ruploh/Kreis Soest (72) (jetzt Stadt Soest), Schönenberg/Kreis Höxter (62) (jetzt Nieheim/Kreis Höxter), Steinbach/Kreis Wittgenstein (97) (jetzt Bad Laasphe/Kreis Siegen-Wittgenstein), Stünzel/Kreis Wittgenstein (98) (jetzt Bad Berleburg/Kreis Siegen-Wittgenstein), Volbringen/Kreis Soest (98) (jetzt Ense/Kreis Soest), Weckinghausen/Kreis Lippstadt (94) (jetzt Erwitte/Kreis Soest), Westrich/Kreis Soest (66) (jetzt Möhnesee/Kreis Soest), Wichlinghausen/Kreis Halle/Westf. (81) (jetzt Borgholzhausen/Kreis Gütersloh), Wildewiese/Kreis Arnsberg (62) (jetzt Sundern/Hochsauerlandkreis), Zinse/Kreis Wittgenstein (89) (jetzt Erndtebrück/Kreis Siegen-Wittgenstein).

1961 gab es in ganz Nordrhein-Westfalen rd. 2 300 kreisangehörige Gemeinden und 37 kreisfreie Städte, zusammen also rd. 2 337 Gemeinden. Davon entfielen auf Westfalen (ohne Lippe) rd. 1 399 Gemeinden (errechnet nach dem Verzeichnis bei Bünermann/Köstering, S. 155-270). Am 5. Oktober 1965 erteilte die Landesregierung von Nordrhein-Westfalen einer Sachverständigenkommission den Auftrag, ein Gutachten über die räumliche Gliederung der Gemeinden und Kreise sowie der staatlichen und regionalen Verwaltungsbezirke zu erstellen. Ergebnis waren drei Teilgutachten, von denen das Gutachten A vom 22. November 1966 die Neugliederung der Gemeinden der ländlichen Zonen betraf, während sich das Gutachten B vom 9. April 1968 mit der Neugliederung der Städte und Gemeinden in den Ballungszonen und der Kreise befaßte. Das Gutachten C vom 8. April 1968 über die Regierungsbezirke und die Landschaftsverbände blieb, wenn man von der 1972 erfolgten Auflösung des Regierungsbezirks Aachen und seiner Eingliederung in den Regierungsbezirk Köln absieht, ohne praktische Folgen. Gutachten A sah für den ländlichen Bereich die Bildung von Gemeinden des sog. Typs A („Nahversorgungsgemeinden" oder „Unterzentren") vor, d. h. von Gemeinden mit mindestens 8 000 – in Ausnahmefällen nicht unter 5 000 – Einwohnern. Gutachten B konzipierte für die Ballungsrandzonen die Bildung von Gemeinden des Typs B („Mittelzentren"), während für die großstädtischen Ballungszonen selbst kein einheitliches Modell entwickelt wurde. Die verbleibenden kreisfreien Städte sollten mindestens 150 000 – in Ballungsgebieten mindestens 200 000 – Einwohner haben. Für die Kreise sah Gutachten B eine Einwohnerzahl von 150 000 bis 200 000 bzw. als Obergrenze 450 000 bis 500 000 Einwohnern vor. Die Ämter (S. 276) sollten entfallen.

An diesen Konzepten orientierte sich die kommunale Gebietsreform, die in einem ersten Schritt während der Jahre 1967 bis 1970 mit 47 Neugliederungsgesetzen vor allem in die Gemeindestruktur des ländlichen Raums eingriff. Als Ergebnis dieses ersten Neugliederungsprogramms wurde die Zahl der Gemeinden in Nordrhein-Westfalen bereits auf

Die kreisfreien Städte und die Kreise Westfalens 1975
Entwurf: H. Klueting nach „Geschichtlicher Handatlas von Westfalen", Lfg. 1 (1975), Karte 6

etwa die Hälfte des Bestandes von 1961 verringert. 1970 begann das zweite Neugliederungsprogramm, das sich an acht Teilräumen des Landes Nordrhein-Westfalen orientierte. Am Anfang stand die Neugliederung in den Teilräumen Aachen und Bielefeld. Seinen Höhepunkt erreichte dieses zweite Neugliederungsprogramm mit der kommunalen Gebietsreform im Ruhrgebiet, wo kreisfreie Städte wie Wanne-Eickel oder Wattenscheid nicht nur ihre Kreisfreiheit verloren, sondern von größeren Nachbarstädten eingemeindet wurden, nämlich Wanne-Eickel von Herne und Wattenscheid von Bochum. Am 8. Mai 1974 verabschiedete der Landtag von Nordrhein-Westfalen das „Ruhrgebiet-Gesetz". Danach folgten entsprechende Gesetze über die kommunale Gebietsreform in den Teilräumen Münster/Hamm, Niederrhein, Mönchengladbach/Düsseldorf/Wuppertal, Köln und Sauerland/Paderborn. Mit dem Neugliederungs-Schlußgesetz vom 26. November 1974 wurde die kommunale Gebietsreform zum 1. Januar 1975 abgeschlossen.

Hatte die Provinz Westfalen – also Westfalen ohne das Fürstentum bzw. das Land Lippe – zwischen 1841 (S. 276) bzw. 1856 (S. 276) und den ersten Eingemeindungen 1875 (S. 295) rd. 1 694 Gemeinden und Gutsbezirke (S. 277) (errechnet nach dem Verzeichnis bei Reekers, Bevölkerung, S. 289-436) und 1961 immerhin noch die erwähnten rd. 1 399 Gemeinden, so reduzierte sich die Zahl der Gemeinden in Westfalen – ohne den Kreis Lippe (früher Kreise Detmold und Lemgo) – durch die Eingemeindungen der Jahre 1967 bis 1974 auf neun kreisfreie Städte (Bielefeld, Bochum, Bottrop, Dortmund, Gelsenkirchen, Hagen, Hamm, Herne und Münster) und 205 kreisangehörigen Gemeinden in 17 Kreisen, zusammen also auf 214 Gemeinden. Darin sind auch die Westfalen durch die Eingemeindungen der zwanziger Jahre an die Rheinprovinz – 1922 Nächstebreck/Kreis Schwelm nach (Wuppertal-)Barmen, 1922 Langerfeld/Kreis Schwelm nach (Wuppertal-) Barmen, 1929 Stadt Osterfeld nach Oberhausen – verlorengegangen und die im Zuge der kommunalen Neugliederung der Jahre 1967 bis 1974 an das Rheinland – Altendorf/Ennepe-Ruhr-Kreis an Essen – oder an Lippe – Lügde/Kreis Höxter als weiterhin selbständige Gemeinde an den Kreis Lippe – umgegliederten Gemeinden enthalten.

Schon 1920 war als freiwilliger Verband für eine über die Gemeinde-, Kreis- und Regierungsbezirksgrenzen hinausreichende Planung der „Siedlungsverband Ruhrkohlenbezirk" („Ruhrsiedlungsverband") gegründet worden, der nach seinem Zusammenschluß seine gesetzliche Grundlage als kommunaler Zweckverband durch preußisches Gesetz vom 5. Mai 1920 erhielt. Anlaß für die Gründung dieses auf Initiative des Oberbürgermeisters von Essen, des späteren Reichskanzlers Hans Luther, zustande gekommenen freiwilligen Zweckverbandes waren die Forderungen der Siegermächte nach verstärkter deutscher Kohlenförderung. Dadurch wurde in großem Umfang die Ansiedlung von Bergleuten notwendig, was Siedlungsmaßnahmen erforderte. Das Gebiet des „Siedlungsverbandes Ruhrkohlenbezirk" mit dem Sitz im rheinischen Essen nahm keine Rücksicht auf die Grenze zwischen der Provinz Westfalen und der Rheinprovinz und erstreckte sich über Teile der drei Regierungsbezirke Arnsberg, Münster und Düsseldorf. Mitglieder waren zum Zeitpunkt der Gründung aus Westfalen die Stadtkreise bzw. kreisfreien Städte Bochum, Buer, Dortmund, Gelsenkirchen, Hagen, Hamm, Herne, Hörde, Recklinghausen und Witten und die Landkreise Bochum, Dortmund, Gelsenkirchen, Hamm, Hattingen, Hörde und Recklinghausen und aus der Rheinprovinz die Stadtkreise Duisburg, Essen, Hamborn, Mülheim/Ruhr, Oberhausen und Sterkrade sowie die Landkreise

Dinslaken, Essen, Geldern und Moers; mit den Kreisen Geldern und Moers erstreckte sich der „Siedlungsverband Ruhrkohlenbezirk“ bis auf die linke Rheinseite. Der Ruhrsiedlungsverband bestand bis zum 31. Dezember 1975 und wurde dann aufgelöst und 1979 durch den „Kommunalverband Ruhrgebiet“ ersetzt. Der Ruhrsiedlungsverband, in dessen Verbandsgebiet 1969 5,6 Millionen Menschen lebten, hat seit 1920 in erheblichem Maße die Vorstellung davon geprägt, was zum Ruhrgebiet gehört und was nicht. Er wies nicht nur mit Verbandsdirektor, Verbandsversammlung und eigenen Beamten und Angestellten ähnliche Strukturen auf wie der Provinzialverband Westfalen, sondern trug im Bereich des Ruhrgebietes zur Verwischung der Grenze von Rheinland und Westfalen bei.

Nach den Wahlen zur Nationalversammlung am 19. Januar 1919, den ersten reichsweiten Wahlen seit der Reichstagswahl von 1912, fanden von 1920 bis 1933 acht Reichstagswahlen statt. Bei der Reichstagswahl vom 6. Juni 1920 lag die Wahlbeteiligung im Wahlkreis Westfalen-Nord mit 84,3 % und im Wahlkreis Westfalen-Süd mit 82,8 % über dem Reichsdurchschnitt von 79,4 % (Stat. Jb. 1920, S. 178). Dabei blieb es auch bei allen folgenden Reichstagswahlen. Stärkste Partei wurde bei der Reichstagswahl 1920 in Westfalen-Nord das Zentrum mit 39,6 % der abgegebenen gültigen Stimmen, vor der SPD mit 21,9 %, gefolgt von der DVP mit 12,5 % und der DNVP mit 10,0 %. Die USPD erreichte 8,0 %, die DDP 4,7 % und die KPD 1,5 %. In Westfalen-Süd lauteten die Ergebnisse: Zentrum 28,0 %, SPD 20,8 %, USPD 19,7 %, DVP 16,3 %, DNVP 6,0 %, DDP 5,0 % und KPD 1,5 %, womit das Zentrum 1920 auch in diesem Wahlkreis stärkste Partei war (Stat. Jb. 1920, S. 178f.).

Bei der Reichstagswahl vom 4. Mai 1924 wurde das Zentrum erneut in beiden Wahlkreisen stärkste Partei. Doch waren die Ergebnisse wegen des hohen Gewinns der KPD, die im Ruhrgebiet die SPD – die USPD bestand nicht mehr – deutlich überflügeln konnte, ganz anders als vier Jahre vorher. Die Ergebnisse lauteten im Wahlkreis Westfalen-Nord: Zentrum 35,8 %, SPD 17,8 %, DNVP 14,7 %, KPD 9,7 %, DVP 9,5 %, DDP 3,6 % und die von der DNVP abgespaltene „Deutsch-völkische Freiheits-Partei“ 3,5 %; und in Westfalen-Süd: Zentrum 26,0 %, KPD 21,9 %, SPD 16,1 %, DNVP 12,3 %, DVP 11,8 %, DDP 4,5 % und „Deutsch-völkische Freiheits-Partei“ 1,5 % (Stat. Jb. 1924/25, S. 390f.). Nur wenige Monate später, am 7. Dezember 1924, fand die nächste Reichstagswahl statt, bei der die Gewinne der KPD in Westfalen wieder deutlich hinter denen der SPD lagen, während das Zentrum auch jetzt dominierte. Im Wahlkreis Westfalen-Nord erreichte das Zentrum 38,1 %, gefolgt von der SPD mit 21,9 %, der DNVP mit 16,2 %, der DVP mit 9,7 %, der KPD mit 6,4 %, der DDP mit 3,5 % und der mit der „Deutsch-völkischen Freiheits-Partei“ zusammenarbeitenden „Nationalsozialistischen Freiheitspartei“ mit 1,3 %; im Wahlkreis Westfalen-Süd entfielen auf das Zentrum 27,3 %, auf die SPD 24,7 %, auf die DNVP 12,6 %, auf DVP und KPD jeweils 12,1 %, auf die DDP 6,0 % und auf die „Nationalsozialistische Freiheitspartei“ 1,1 %. Die „Wirtschaftspartei des deutschen Mittelstandes“ erhielt 1,4 %. Interessant ist das schlechte Abschneiden der „Nationalsozialistischen Freiheitspartei“, einer mit der NSDAP hinsichtlich Ideologie und Wählerschaft verwandten Gruppierung, die nur im Wahlkreis Köln-Aachen (0,6 %) und im Wahlkreis Düsseldorf-West (0,9 %) noch schlechtere Ergebnisse erzielte; ihre besten Ergebnisse erreichte diese Partei im Dezember 1924 im Wahlkreis Mecklenburg (11,9 %), gefolgt von den Wahlkreisen Franken (7,5 %) und Ostpreußen (6,2 %) (Stat. Jb. 1924/25, S. 392f.).

Bemerkenswert waren auch die Ergebnisse der – nach der Weimarer Reichsverfassung als direkte Volkswahl vorgenommenen – Reichspräsidentenwahl von 1925. Im ersten Wahlgang am 29. März 1925 erreichte der gemeinsame Kandidat von DNVP und DVP, der selbst dem rechten Flügel der DVP angehörende Duisburger Oberbürgermeister Karl Jarres, im gesamten Reich die höchste Stimmenzahl, gefolgt von dem Kandidaten der SPD, dem preußischen Ministerpräsidenten Otto Braun. Hingegen lag in Westfalen-Nord und Westfalen-Süd der Zentrumskandidat Wilhelm Marx mit 39,6 % bzw. 30,1 % deutlich vor Jarres mit 28,0 % bzw. 27,5 % und vor Braun mit 23,8 % bzw. 27,5 %. Weil keiner der Kandidaten die im ersten Wahlgang notwendige absolute Mehrheit erreicht hatte, wurde ein zweiter Wahlgang erforderlich, bei dem die relative Mehrheit ausreichte, um gewählt zu werden. Die „Weimarer Koalition“ aus SPD, Zentrum und DDP stellte den Zentrumspolitiker Wilhelm Marx auf, die politische Rechte den Generalfeldmarschall a. D. Paul von Hindenburg und die KPD Ernst Thälmann. Hindenburg gewann die Wahl und wurde Reichspräsident. In den Wahlkreisen Westfalen-Nord und Westfalen-Süd stand jedoch Marx mit 60,1 % bzw. 57,0 % weit vor Hindenburg mit 35,4 % bzw. 35,8 % der abgegebenen gültigen Stimmen (Stat. Jb. 1924/25, S. 394f.).

Die nächste Reichstagswahl, bei der auch die NSDAP Kandidaten aufgestellt hatte, folgte am 20. Mai 1928. Stärkste Partei wurde im Wahlkreis Westfalen-Nord das Zentrum mit 31,5 %, gefolgt von der SPD mit 24,4 %, der DNVP mit 9,2 %, der KPD mit 8,9 %, der DVP mit 8,3 %, der „Reichspartei des deutschen Mittelstandes“ mit 5,7 % und der DDP mit 2,5 %. Im Wahlkreis Westfalen-Süd war jetzt die SPD stärkste Partei mit 29,5 %, vor dem Zentrum mit 23,3 %. Auf das Zentrum folgten die KPD mit 11,9 %, die DVP mit 10,7 % die DNVP mit 8,6 %, die „Reichspartei des deutschen Mittelstandes“ mit 4,7 % und die DDP mit 4,2 %. Die NSDAP erreichte in Westfalen-Nord 1,0 % und in Westfalen-Süd 1,6 % und lag damit in Westfalen weit unter dem Reichsdurchschnitt von 2,6 % (Stat. Jb. 1930, S. 562f., anscheinend korrigierte Zahlen gegenüber Stat. Jb. 1928, S. 580f.).

Die Reichstagswahl vom 14. September 1930 war die Wahl, bei der die NSDAP von einer Splitterpartei mit reichsweit 2,6 % zur reichsweit mit 18,3 % zweitstärksten Partei nach der SPD (24,5 %) wurde und ihre Sitze im Reichstag von 12 (1928) auf 107 vermehren konnte und damit auch die zweitstärkste Reichstagsfraktion nach der der SPD (143 Sitze) stellte. Auch in Westfalen konnte die NSDAP erhebliche Gewinne verbuchen, doch sah das Ergebnis hier anders aus. Im Wahlkreis Westfalen-Nord war das Zentrum stärkste Partei mit 31,5 %, gefolgt von der SPD mit 19,8 %, der NSDAP mit 12,0 %, der KPD mit 11,3 %, der DNVP mit 5,9 %, der DVP mit 4,9 %, der „Reichspartei des deutschen Mittelstandes“ mit 4,0 % und der

an die Stelle der DDP getretenen „Deutsche Staatspartei“ mit 2,1 %. Im Wahlkreis Westfalen-Süd lag das Zentrum mit 22,1 % knapp vor der SPD mit 21,3 %, gefolgt von der KPD mit 17,0 %, der NSDAP mit 13,9 %, der DVP mit 6,0 %, der DNVP mit 3,9 %, der „Reichspartei des deutschen Mittelstandes“ mit 3,6 % und der „Deutschen Staatspartei“ mit 2,7 %. Mit 12,0 % bzw. 13,9 % lag die NSDAP in den beiden westfälischen Wahlkreisen deutlich unter dem Reichsdurchschnitt von 18,3 %. Schlechter als in Westfalen war das Wahlergebnis der NSDAP nur im Wahlkreis Württemberg (9,4 %) und im Wahlkreis Oppeln (9,5 %) in Schlesien. Vergleichbar mit den beiden westfälischen Wahlkreisen war das von der NSDAP in der Reichshauptstadt Berlin (12,8 %) erzielte Ergebnis. Im Wahlkreis Köln-Aachen, einer Hochburg des Zentrums (36,4 %), erreichte die NSDAP 14,5 % und damit ein besseres Ergebnis als in den beiden westfälischen Wahlkreisen. Die Hochburgen der NSDAP lagen bei der Reichstagswahl vom September 1930 im Wahlkreis Schleswig-Holstein (27,0 %) sowie in den Wahlkreisen Pommern (24,3 %), Südhannover-Braunschweig (24,3 %) und Breslau (24,2 %) (Stat. Jb. 1931, S. 546f.).
Die folgende Reichstagswahl, die am 31. Juli 1932 stattfand, ließ die NSDAP reichsweit mit 37,3 % mit weitem Abstand vor SPD (21,6 %) und Zentrum (12,5 %) zur stärksten Partei werden und 230 Reichstagssitze (SPD: 133, Zentrum: 75) erreichen. Die Wahlergebnisse in Westfalen sahen auch jetzt wieder anders aus. Im Wahlkreis Westfalen-Nord war das Zentrum mit 32,9 % nach wie vor stärkste Partei, gefolgt von der NSDAP mit 25,7 %, der SPD mit 18,0 %, der KPD mit 13,0 %, der DNVP mit 5,7 % und der DVP mit 1,2 %. Im Wahlkreis Westfalen-Süd führte die NSDAP mit 27,2 %, war aber von ihrem Reichsergebnis weit entfernt. Auf Platz zwei stand das Zentrum mit 23,6 %. Drittstärkste Partei war in diesem große Teile des Ruhrgebiets umfassenden Wahlkreis jetzt die KPD mit 20,6 %, gefolgt von der SPD mit 18,7 %, der DNVP mit 4,7 % und der DVP mit 1,0 %. Schlechtere Ergebnisse als in Westfalen erzielte die NSDAP im Juli 1932 nur in den Wahlkreisen Köln-Aachen (20,2 %) und Berlin (24,6 %), während Düsseldorf-West (27,0 %) und Oberbayern-Schwaben (27,1 %) etwa gleich mit Westfalen-Süd lagen. Ihre Spitzenergebnisse erreichte die NSDAP bei der Reichstagswahl vom Juli 1932 in den Wahlkreisen Schleswig-Holstein (51,0 %), Osthannover (49,5 %), Frankfurt/Oder (48,1 %), Liegnitz/Schlesien (48,0 %), Pommern (47,9 %), Ostpreußen (47,1 %) und Chemnitz-Zwickau (47,0 %) (Stat. Jb. 1932, S. 542f.).
Diese Wahlerfolge der NSDAP in Westfalen bei der Reichstagswahl im Juli 1932 hatten sehr viel Ähnlichkeit mit den Wahlergebnissen bei der Reichspräsidentenwahl im Frühjahr 1932. Im zweiten Wahlgang am 10. April 1932, in dem der u. a. von der SPD unterstützte amtierende Reichspräsident von Hindenburg, Adolf Hitler von der NSDAP und Ernst Thälmann von der KPD kandidierten und Hindenburg 53 % der Stimmen vor Hitler mit 36,8 % erreichte, hatten in Westfalen-Nord 63,9 % für Hindenburg, 27,2 % für Hitler und 8,9 % für Thälmann gestimmt, bzw. in Westfalen-Süd 57,7 % für Hindenburg, 29,0 % für Hitler und 13,3 % für Thälmann, der sein bestes Ergebnis mit 26,0 % in Berlin erzielte. Ähnlich wie in Westfa-

len war das Ergebnis Hitlers in Berlin (27,4 %) und in Oberbayern-Schwaben (24,9 %), deutlich schlechter nur in Köln-Aachen (20,5 %). Sein bestes Ergebnis erzielte Hitler bei der Reichspräsidentenwahl 1932 im zweiten Wahlgang in Pommern (52,6 %), Schleswig-Holstein (48,8 %), Osthannover (48,5 %) und Chemnitz-Zwickau (47,2 %) (Stat. Jb. 1932, S. 546f.).
Die letzte Reichstagswahl vor der Ernennung Hitlers zum Reichskanzler am 30. Januar 1933 fand am 6. November 1932 statt. Bei dieser Wahl mußte die NSDAP Einbußen hinnehmen, mit denen sie reichsweit auf 33,1 % kam und statt der 230 Sitze im vorangegangenen Reichstag nur noch 196 Reichstagssitze erhielt. In Westfalen blieb das Zentrum auch bei dieser Reichstagswahl stärkste Partei und erreichte im Durchschnitt der beiden Wahlkreise Westfalen-Nord und Westfalen-Süd 28,6 %, während die NSDAP in der Novemberwahl von 1932 in den beiden westfälischen Wahlkreisen zusammen nur auf 22,7 % kam (Behr, Provinz Westfalen, S. 152). Interessant sind Einzelergebnisse wie die der Stadt Münster, wo die NSDAP im November 1932 mit 24,3 % immerhin leicht über dem westfälischen Durchschnitt lag (Thamer, Stadtentwicklung, S. 281), oder der Stadt Dortmund. In Dortmund erreichte die NSDAP im November 1932 nur 17,7 %, während hier die KPD mit 31,2 % stärkste Partei wurde, vor der SPD mit 20,3 % und dem Zentrum mit 18,2 % (Högl, S. 425), womit die NSDAP in Dortmund nur viertstärkste Partei war.
Die letzte Reichstagswahl unter halbwegs demokratischen und verfassungsgemäßen Bedingungen, aber doch schon begleitet von Repressions- und Terrormaßnahmen, die sich seit der Notverordnung vom 28. Februar 1933 nach dem Reichstagsbrand vom Vortag besonders gegen die KPD richteten, fand am 5. März 1933 statt. Sie erbrachte für die NSDAP reichsweit 43,9 %, für die SPD 18,3 %, für die KPD 12,3 % und für das Zentrum 11,2 % (Kolb, Weimarer Republik, S. 285). Auch in Westfalen war die NSDAP jetzt stärkste Partei, blieb aber mit ihrem Wahlergebnis weit hinter dem Reichsdurchschnitt zurück. In Westfalen-Nord erreichte die NSDAP am 5. März 1933 34,9 %, gefolgt vom Zentrum mit 28,7 %, der SPD mit 15,6 %, der KPD mit 10,7 % und der „Kampffront Schwarz-Weiß-Rot" (DNVP) mit 6,8 %. In Westfalen-Süd kam die NSDAP auf 33,8 %, auch hier gefolgt vom Zentrum mit 22,5 %, von der KPD mit 16,8 %, von der SPD mit 16,6 % und von der DNVP mit 6,5 %. Schlechter als in den beiden westfälischen Wahlkreisen war das Ergebnis der NSDAP bereits unter Hitler als Reichskanzler nur in Berlin (31,3 %), wo die KPD 30,1 % erhielt, und in Köln-Aachen (30,1 %), wo 35,9 % der gültigen Stimmen auf das Zentrum entfielen (Stat. Jb. 1933, S. 540f.).
Westfalen war, das zeigen sämtliche Wahlergebnisse, weit davon entfernt, eine Hochburg des Nationalsozialismus zu sein. Zum Aufstieg der NSDAP trugen andere Teile Deutschlands bei, kaum aber das von der Industriearbeiterschaft des Ruhrgebietes und von der großenteils katholischen Landbevölkerung des Münsterlandes, des Paderborner Landes und des Sauerlandes geprägte Westfalen. Ursache dafür war die starke Stellung von SPD und KPD im Industriegebiet, wo die KPD bei der Novemberwahl von 1932, nicht nur in Dortmund, stärkste Partei wurde, aber

auch das große Gewicht des Zentrums in den Klein- und Mittelstädten und auf den Dörfern der katholischen Landesteile. Ein interessantes Beispiel bietet die Stadt Medebach im damaligen Kreis Brilon. Bei der Reichstagswahl am 6. November 1932 erreichte das Zentrum hier 68,9 % gegenüber der NSDAP mit 14,1 %. Bei der Reichstagswahl am 5. März 1933 entfielen in Medebach noch immer 53,7 % auf das Zentrum, aber nur 36,3 % auf die NSDAP (Trippe, S. 394). Immerhin lag das Ergebnis der NSDAP in Medebach damit im März 1933 leicht über dem Durchschnitt des Ergebnisses im Wahlkreis Westfalen-Süd, zu dem Medebach gehörte. In einigen protestantischen Teilen Westfalens sahen die Wahlergebnisse für die NSDAP aber viel günstiger aus. Die Spitzenposition nahm dabei der damalige Kreis Wittgenstein im Wahlkreis Westfalen-Süd ein, wo die NSDAP bei den Reichstagswahlen vom 31. Juli 1932 63,9 % erreichte (Behr, Provinz Westfalen, S. 152).
Einen Kontrast zu den, trotz Wittgenstein und einigen anderen Fällen, insgesamt schlechten Wahlergebnissen der NSDAP in Westfalen bildete der hohe Organisationsgrad der Partei in Westfalen. Schon 1922 gab es in Hattingen mit dem „Verband nationalgesinnter Soldaten" und bald mit ähnlichen Gruppierungen wie dem „Völkischen Schutz- und Trutzbund" auch in Bochum, Dortmund, Recklinghausen, Hagen und Hamm Zubringerorganisationen der NSDAP. Überhaupt war Hattingen an der Ruhr ein frühes und wichtiges Zentrum des Nationalsozialismus in Westfalen. Die im Januar 1919 in München als „Deutsche Arbeiterpartei" (DAP) gegründete und im Februar 1920 in „Nationalsozialistische Deutsche Arbeiterpartei" (NSDAP) umbenannte Partei besaß schon 1920 eine Ortsgruppe in Dortmund, die 1922 etwa 200 Mitglieder hatte, während die Ortsgruppe Hagen im Mai 1922 bereits 304 Mitglieder zählte (Behr, Provinz Westfalen, S. 150). Nach dem Verbot der Partei nach dem Hitlerputsch vom 9. November 1923 in München und ihrer Neugründung im Februar 1925 fand bereits am 22. Februar 1925 in Hamm eine große Veranstaltung der NSDAP statt, die zur Neuorganisation der Partei im „Gau Westfalen" unter Franz Pfeffer von Salomon führte. 1925 hatte die Ortsgruppe Hattingen der NSDAP 300 Mitglieder. 1926 wurden die beiden NSDAP-Gaue Rheinland-Nord ([Wuppertal-]Elberfeld) unter Joseph Goebbels und Karl Kaufmann und Westfalen (Münster) unter Franz Pfeffer von Salomon zum NSDAP-Gau Ruhr mit Sitz in Hattingen und unter gemeinsamer Leitung von Goebbels, der aber in demselben Jahr als Gauleiter des NSDAP-Gaus Berlin-Brandenburg nach Berlin ging, Kaufmann und Pfeffer von Salomon vereinigt; später fungierte Kaufmann als alleiniger Gauleiter, während Pfeffer von Salomon als Oberster SA-Führer nach München wechselte. 1928 wurde der NSDAP-Gau Ruhr wieder geteilt in einen „Gau Westfalen" mit dem Sitz in Bochum unter Josef Wagner und entsprechenden Gauen in Essen und in Düsseldorf. Anfang 1931 wurde der „Gau Westfalen" analog zu den beiden Reichstagswahlkreisen in den NSDAP-„Gau Westfalen-Süd" (Bochum) unter Josef Wagner und „Westfalen-Nord" (Buer bzw. Gelsenkirchen, ab 1932 Münster) unter Dr. Alfred Meyer aufgeteilt (Behr, Provinz Westfalen, S. 150f.; Hey, Nationalsozialistische Zeit, S. 212f.).

Literatur

Alexander, Thomas: Carl Severing. Demokrat und Sozialist in Weimar. 2 Tle. (Europäische Hochschulschriften, Reihe 3, Bd. 679) Frankfurt am Main 1996.

Behr, Hans-Joachim: Provinz Westfalen (Literatur Kap. 6).

Bünermann, Martin u. Köstering, Heinz: Die Gemeinden und Kreise nach der kommunalen Gebietsreform in Nordrhein-Westfalen. (Kommunale Schriften für Nordrhein-Westfalen, Bd. 36) Köln 1975.

Ditt, Karl: Raum und Volkstum. Die Kulturpolitik des Provinzialverbandes Westfalen 1923-1945. (Veröffentlichungen des Provinzialinstituts für westfälische Landes- und Volksforschung, Bd. 26) Münster 1988.

Gorki, Hans Friedrich: Die Bevölkerungsentwicklung der Städte Westfalens 1818-1995. (Begleittext) Geographisch-landeskundlicher Atlas von Westfalen, Lfg. 9, Doppelblatt 3. Münster 1997.

Grandke, Uwe: Kommunale Verkehrspolitik in Münster 1918-1939. (Veröffentlichungen der Historischen Kommission für Westfalen, XXII, A: Geschichtliche Arbeiten zur westfälischen Landesforschung, Wirtschafts- und sozialgeschichtliche Gruppe, Bd. 12) Münster 1998.

Grevelhörster, Ludger: Anfänge und Entwicklung der NSDAP in Münster bis zur „Machtergreifung", in: Beiträge zur Stadtgeschichte. Hrsg. von Helmut Lahrkamp. (Quellen und Forschungen zur Geschichte der Stadt Münster, N.F. Bd. 11) Münster 1984, S. 155-195.

Häming, Josef (Bearb.): Die Abgeordneten des Westfalenparlaments (Literatur Kap. 7.1).

Hey, Bernd: Die nationalsozialistische Zeit, in: Westfälische Geschichte. Hrsg. von Wilhelm Kohl, Bd. 2. Düsseldorf 1983, S. 211-268.

Högl, Günther: Das 20. Jahrhundert. Urbanität und Demokratie, in: Gustav Luntowski / Günther Högl / Thomas Schilp / Norbert Reimann, Geschichte der Stadt Dortmund. Dortmund 1994, S. 353-506.

Jäger, Wolfgang: Bergarbeitermilieu und Parteien (Literatur Kap. 7.3).

Kaiser, Jochen-Christoph: Vom Ende des Kulturkampfes bis zum Zusammenbruch 1918 – Aspekte der politischen Entwicklung, in: Geschichte der Stadt Münster. Hrsg. von Franz-Josef Jakobi, Bd. 2. Münster 1993, S. 167-217.

Kaufmann, Doris: Katholisches Milieu in Münster 1928-1933. Politische Aktionsformen und geschlechtsspezifische Verhaltensräume. (Düsseldorfer Schriften zur neueren Landesgeschichte und zur Geschichte Nordrhein-Westfalens, Bd. 14) Düsseldorf 1984.

Klueting, Harm: „Sie fördern das Wohl der Einwohner ..." (Literatur Kap. 3.4).

Klüting, Hermann: Soldaten in Westfalen und am Niederrhein. Das Königlich Preußische VII. Armeekorps. Beckum 1982.

Kluge, Ulrich: Die deutsche Revolution 1918/1919. Staat, Politik und Gesellschaft zwischen Weltkrieg und Kapp-Putsch. (edition suhrkamp N. F. Bd. 262) Frankfurt am Main 1985.

Köstering, Heinz – siehe Bünermann, Martin.

Kolb, Eberhard: Die Weimarer Republik. (Oldenbourg Grundriß der Geschichte, Bd. 16) 4. Aufl. München 1998.

Koszyk, Kurt: Carl Severing, in: Westfälische Lebensbilder, Bd. 11. Münster 1975, S. 172-202.

Kuropka, Joachim: Auf dem Weg in die Diktatur. Zu Politik und Gesellschaft in der Provinzialhauptstadt Münster 1929-1934, in: Westfälische Zeitschrift 134, 1984, S. 157-199.

Lambers, Hanno: Die Revolutionszeit in Hagen. Die politische Entwicklung von 1917 bis 1924 in Hagen und Haspe. (Hagener Beiträge zur Geschichte und Landeskunde, Bd. 5) Hagen 1963.

Leesch, Wolfgang: Verwaltung in Westfalen (Literatur Kap. 6).

Mayr, Alois: Staatliche und kommunale Verwaltungsgliederung (Literatur Kap. 7.3).

Der Raum Westfalen, Bd. 1: Grundlagen und Zusammenhänge. Hrsg. von Hermann Aubin, Ottmar Bühler, Bruno Kuske u. Aloys Schulte. Berlin 1931.
Reekers, Stephanie u. Schulz, Johanna: Bevölkerung (Literatur Kap. 7.3).
Reekers, Stephanie: Gebietsentwicklung (Literatur Kap. 7.1).
Reuling, Ulrich: Zwischen politischem Engagement und wissenschaftlicher Herausforderung. Der Beitrag der Landesgeschichte zur Reichsreformdebatte der Weimarer Republik im regionalen Vergleich, in: Westfälische Forschungen 46, 1996, S. 275-315.
Die Ruhrkrise 1923. Wendepunkt der internationalen Beziehungen nach dem Ersten Weltkrieg. Hrsg. von Klaus Schwabe. Paderborn 1985.
Schöller, Peter: Die deutschen Städte. Erdkundliches Wissen. (Beihefte zur Geographischen Zeitschrift, Bd. 17) Wiesbaden 1967.
Schulz, Gerhard: Zwischen Demokratie und Diktatur. Verfassungspolitik und Reichsreform in der Weimarer Republik. Bd. 1, 2. Aufl. Berlin 1987; Bd. 2, Berlin/New York 1986.
Sicken, Bernhard: Münster als Garnisonsstadt – Allgemeine Wehrpflicht und Kasernierung, in: Geschichte der Stadt Münster. Hrsg. von Franz-Josef Jakobi, Bd. 2. Münster 1993, S. 727-766.
Statistisches Jahrbuch für das Deutsche Reich. Hrsg. vom Statistischen Reichsamt. 1919, 1920, 1924/25, 1928, 1930, 1931, 1932, 1933.
Thamer, Hans-Ulrich: Stadtentwicklung und politische Kultur während der Weimarer Republik, in: Geschichte der Stadt Münster. Hrsg. von Franz-Josef Jakobi, Bd. 2. Münster 1993, S. 219-284.
Wegmann, Dietrich: Die leitenden staatlichen Verwaltungsbeamten (Literatur Kap. 7.1).

8.
Religion und Kirche im 19. und 20. Jahrhundert

Das politische Gewicht des Zentrums, der Partei des politischen Katholizismus, in Westfalen ist ein Indikator für die Bedeutung des Katholizismus und darüber hinaus für die Bedeutung von Kirche und Religion im Westfalen des 19. und 20. Jahrhunderts. Es war auch schon die Rede von der Erweckungsbewegung und ihren Auswirkungen auf die parteipolitische Orientierung besonders im protestantischen Minden-Ravensberg (S. 286, 309), aber auch von den Verschiebungen der konfessionellen Verhältnisse infolge von Bevölkerungsanstieg und Urbanisierung (S. 293).
1858 war die Bevölkerung der Provinz Westfalen zu 52,0 % katholisch und zu 47,0 % evangelisch (protestantisch) (Reekers, Westfalens Bevölkerung, S. 12). Gegenüber den für 1819 genannten Zahlen von 39,4 % Protestanten und 59,7 % Katholiken (S. 293) hatten sich also bis 1858 bereits deutliche Veränderungen ergeben, was sich durch die mit der Industrialisierung zusammenhängenden Faktoren bis 1925 fortsetzte, um dann ein Verhältnis von 47,9 % Protestanten gegenüber 51 % Katholiken (S. 293) zu erreichen. Vergleicht man diese Zahlen, so waren die Verschiebungen zwischen 1819 und 1858 größer als zwischen 1858 und 1925. Nach dem Zweiten Weltkrieg kam mit den Vertriebenen aus den östlichen Provinzen Preußens bzw. des Deutschen Reiches und aus den volksdeutschen Siedlungsgebieten in Ost- und Südosteuropa sowie mit den Flüchtlingen aus der Sowjetischen Besatzungszone bzw. der späteren DDR ein neuer Faktor konfessioneller Verschiebung hinzu. Die nach Westfalen gekommenen Vertriebenen waren bis 1950 zu 62,2 % evangelisch und zu 35,1 % katholisch (Reekers, Westfalens Bevölkerung, S. 12), wiesen also ein deutliches protestantisches Übergewicht auf. Als Ergebnis der Zuwanderung von Vertriebenen und Flüchtlingen wurden in der Bevölkerung Westfalens 1950 49,2 % Protestanten und 47,3 % Katholiken ermittelt (Reekers, Westfalens Bevölkerung, S. 12). Hatte es 1858 nur noch ein leichtes katholisches Übergewicht gegeben, so war die Zahl der Protestanten in der Bevölkerung Westfalens 1950 geringfügig größer als die der Katholiken. Ein auch nur überwiegend katholisches Land war Westfalen aber auch schon in der Mitte des 19. Jahrhunderts nicht mehr.
Ganz anders sahen die konfessionellen Verhältnisse in den verschiedenen Teilen Westfalens aus. Hier erweist sich vor allem der Regierungsbezirk Münster als katholisches Land. 1858 lebten im Regierungsbezirk Münster 89,8 % Katholiken und nur 9,4 % Protestanten. Diese wenigen Protestanten fanden sich vor allem in dem mehrheitlich protestantischen Kreis Tecklenburg mit 1858 59,5 % Protestanten und 40,0 % Katholiken und in der Stadt Münster mit 1858 8,4 % Protestanten gegenüber 90,5 % Katholiken sowie im Gebiet des späteren Stadtkreises Gelsenkirchen mit 1858 18,7 % Protestanten bei 81,0 % Katholiken. Geschlossen katholisch waren

1858 Gebiete wie der Kreis Coesfeld mit 98,4 % Katholiken und 0,7 % Protestanten, der Kreis Münster mit 98,8 % Katholiken und 0,7 % Protestanten und der Kreis Beckum mit 97,8 % Katholiken und 1,0 % Protestanten. Den geringsten Protestantenanteil wies der Kreis Lüdinghausen mit 0,6 % auf, bei 98,7 % Katholiken. 1950 gab es im Regierungsbezirk Münster noch immer eine katholische Mehrheit von 68,2 %, aber doch auch schon ein relatives Gewicht der Protestanten mit 29,3 %. Das lag vor allem an den kreisfreien Städten des zum Regierungsbezirk Münster gehörenden nördlichen Teils des Ruhrgebietes. So wiesen Gelsenkirchen 1950 48,6 % Protestanten und 46,8 % Katholiken auf, Gladbeck 42,0 % Protestanten und 52,1 % Katholiken und Recklinghausen 33,6 % Protestanten bei 62,9 % Katholiken. Aber auch die Stadt Münster kam 1950 auf 23,7 % Protestanten bei 74,0 % Katholiken. Anders sah es 1950 noch immer in Teilen des Münsterlandes aus, vor allem im Kreis Coesfeld mit 90,2 % Katholiken und 9,4 % Protestanten. Hingegen zählte man im Kreis Münster 1950 14,4 % Protestanten und 84,7 % Katholiken und im Kreis Beckum sogar 22,3 % Protestanten und 75,7 % Katholiken (Zahlen nach Reekers, Westfalens Bevölkerung, S. 12).
Der Regierungsbezirk Arnsberg wies 1858 56,0 % Protestanten und 43,0 % Katholiken und 1950 52,9 % Protestanten und 42,4 % Katholiken auf. Doch sind diese Zahlen wegen der konfessionellen Unterschiede zwischen den traditionell protestantischen Teilen des Regierungsbezirks Arnsberg und dem kölnischen Sauerland nicht aussagekräftig. Am stärksten protestantisch geprägt waren im Regierungsbezirk Arnsberg 1858 die Kreise Altena mit 94,1 % Protestanten und 5,4 % Katholiken, Wittgenstein mit 94,2 % Protestanten und 4,2 % Katholiken, der spätere Ennepe-Ruhr-Kreis mit 87,4 % Protestanten und 12,2 % Katholiken und der Kreis Siegen mit 83,4 % Protestanten und immerhin 16,5 % Katholiken. Die höchsten Katholikenanteile wiesen 1858 die Kreise Olpe mit 96,5 % Katholiken und 3,3 % Protestanten, Meschede mit 95,4 % Katholiken und 3,8 % Protestanten, Brilon mit 95,3 % Katholiken und 2,6 % Protestanten und Arnsberg mit 95,2 % Katholiken und 3,8 % Protestanten auf. 1950 war in den protestantischen Gebieten der Anteil der Katholiken und in den katholischen Gebieten der Anteil der Protestanten jeweils deutlich höher. Der Kreis Altena hatte jetzt noch 74,6 % Protestanten und 22,1 % Katholiken, der Kreis Wittgenstein 85,9 % Protestanten und 12,8 % Katholiken und der Ennepe-Ruhr-Kreis 71,5 % Protestanten und 21,2 % Katholiken. Im Kreis Siegen hatte sich der Anteil der Protestanten auf 78,3 % (in der kreisfreien Stadt Siegen sogar auf 68,4 %) reduziert, während der Anteil der Katholiken jetzt bei 19,6 % (Stadt Siegen 28,0 %) lag. Im Kreis Olpe lebten 1950 10,8 % Protestanten neben 88,6 % Katholiken. Im Kreis Meschede lag der Anteil der Protestanten bei 15,8 % gegenüber 83,7 % Katholiken. Im Kreis Brilon gab es 15,3 % Protestanten und 84,1 % Katholiken. Im Kreis Arnsberg erreichten die Protestanten sogar 17,0 %, gegenüber 82,1 % Katholiken. Von den damals kreisfreien Städten waren im Regierungsbezirk Arnsberg 1950 Lüdenscheid (71,6 % Protestanten), Siegen (68,4 % P.) und Witten (66,1 % P.) am stärksten protestantisch geprägt. Hamm hatte mit einem

Katholikenanteil von 55,3 % eine katholische Bevölkerungsmehrheit, die in Castrop-Rauxel mit 50,8 % ebenfalls erreicht wurde (Zahlen nach Reekers, Westfalens Bevölkerung, S. 12).

Noch uneinheitlicher waren die konfessionellen Verhältnisse im Regierungsbezirk Minden mit dem protestantischen Minden-Ravensberg und dem katholischen Hochstift Paderborn. So gab es 1858 in den Kreisen Bielefeld (98,2 % P.), Halle (97,4 % P.), Herford (98,6 % P.), Lübbecke (98,7 % P.) und Minden (95,7 % P.) jeweils gewaltige protestantische Mehrheiten, denen etwa im Kreis Lübbecke nur 0,5 % Katholiken gegenüberstanden. Ähnliche Übergewichte zeigten die Katholiken in den Kreisen Büren (96,3 % K.), Höxter (88,9 % K.), Paderborn (94,8 % K.) und Warburg (91,6 % K.). 1950 war die konfessionelle Homogenität im protestantischen Minden-Ravensberg, zumindest statistisch, noch stärker ausgeprägt als im katholischen Paderborner Land. So gab es 1950 im Kreis Herford nur 8,1 % Katholiken, aber 90,3 % Protestanten, im Kreis Lübbecke sogar nur 7,1 % Katholiken und 91,7 % Protestanten und im Kreis Minden 8,9 % Katholiken und 87,7 % Protestanten. Hingegen wies der Kreis Büren mit immerhin 14,4 % Protestanten bei 85,3 % Katholiken den niedrigsten Protestantenanteil unter den Landkreisen des Hochstifts Paderborn auf. Der Kreis Paderborn folgte mit 15,5 % Protestanten und 83,4 % Katholiken, der Kreis Warburg mit 17,6 % Protestanten und 82,0 % Katholiken (Zahlen nach Reekers, Westfalens Bevölkerung, S. 12).

Die Differenz zwischen den für die Protestanten und für die Katholiken genannten Zahlen – 1858 in der gesamten Provinz Westfalen 1 %, 1950 3,5 % – beinhaltete 1858 vor allem die Juden, 1950 hingegen die Konfessionslosen und die Mitglieder von Freikirchen und „Sekten“. Die Möglichkeit des Kirchenaustritts aus der evangelischen und der katholischen Kirche ohne bürgerliche Nachteile wurde staatlicherseits in Preußen mit dem Patent vom 30. März 1847 über die Bildung neuer Religionsgesellschaften eröffnet; zuvor hatte es nur die Konversion von der evangelischen zur katholischen Kirche und umgekehrt gegeben. Endgültig durch staatliche Gesetze ermöglicht wurde der Kirchenaustritt in Preußen im Zusammenhang mit dem Kulturkampf im Jahre 1873. Den Abschluß dieser Rechtsentwicklung bildete das „Gesetz, betreffend die Erleichterung des Austritts aus der Kirche und aus den jüdischen Synagogengemeinden“ vom 13. Dezember 1918, wonach die vor dem zuständigen Amtsgericht abgegebene Austrittserklärung sofort wirksam wurde. Dabei ging es vorwiegend um den Kirchenaustritt aus Glaubensgründen und um den Übertritt in eine Freikirche oder „Sekte“. Erst gegen Ende des 19. Jahrhunderts begannen die Austritte im Sinne einer Beendigung jeglicher Mitgliedschaft in einer Kirche oder Religionsgemeinschaft. Dem trug die preußische Kirchen- und Religionsstatistik Rechnung, indem seit 1908 die Austritte zu den „Sekten“ und die Austritte zu den „Dissidenten“, also die Austritte in die formale Religionslosigkeit, getrennt gezählt wurden. Ab 1908 kam es zur ersten großen Kirchenaustrittswelle. 1910 machten die Austritte zu den „Sekten“ schon nur noch 25 % aller Kirchenaustritte aus, die besonders im sozialdemokratischen Milieu häufig vorkamen und von

regionalen Parteizeitungen und regionalen Gliederungen der SPD – nach dem Motto: „Gläubig darf ein Sozialdemokrat sein. … Aber Mitglied der Kirche darf er nicht sein“ (Wappler, Kirchenaustrittsbewegung, S. 439) – gefördert wurden. 1911 organisierte sich in Verbindung mit dem Deutschen Monistenbund das „Komitee Konfessionslos“, das die organisierte Kirchenaustrittsbewegung betrieb und seit 1913 eine Aktionseinheit mit fünf Reichstagsabgeordneten der SPD einging. Mit Beginn des Ersten Weltkriegs nahm die Austrittsbewegung ab, bevor es 1919 zu einer neuen Welle von Kirchenaustritten kam, die die Austrittsbewegung der Jahre vor 1914 bei weitem übertraf. Der Schwerpunkt der Austrittswellen lag in Berlin und in der Provinz Brandenburg, also in protestantischen Gebieten. Für 1911 werden für die Reichshauptstadt 3 748 und für Preußen insgesamt 9 459 Austritte in die Religionslosigkeit genannt, für 1914 für Berlin 11 281 und für Preußen insgesamt 17 589, wobei sich diese Zahlen nur auf Austritte aus der evangelischen Kirche in die Religionslosigkeit beziehen; die Zahl der Austritte zu den „Sekten“ lag 1914 in Berlin bei 92 und in Preußen insgesamt bei 1 721 (Zahlen nach Wappler, Kirchenaustrittsbewegung, S. 433).
Westfalen, die evangelische Provinzialkirche von Westfalen und die katholische Kirche in den westfälischen Diözesen waren von diesen Austrittswellen ungleich weniger betroffen als die evangelische Kirche in Berlin und Brandenburg. Dennoch wirkte sich auch in Westfalen die Propagierung des Kirchenaustritts aus. Von 1921 bis 1926 nahm die Zahl der konfessionslosen Schüler in den Volksschulen Westfalens von 6 900 auf 8 300 zu, während die Gesamtzahl der Volksschüler in Westfalen (ohne die jüdischen Schüler) von 832 700 im Jahre 1921 auf 619 000 1926 zurückging (Saal, Schul- und Bildungswesen, S. 601). 1926 waren somit in Westfalen bereits 1,3 % der Volksschüler konfessionslos, gegenüber 0,8 % 1921. Auch in Westfalen und besonders im Ruhrgebiet machte sich die Tatsache bemerkbar, „daß in den industriellen Ballungsgebieten Menschen zusammenströmten, die nicht nur Heimat und Tradition, sondern auch ihr natürliches soziales Gefüge verlassen hatten. Solchermaßen entwurzelt, gelang es ihnen kaum, in den ganz anders geprägten Gemeinden der Industriestandorte heimisch zu werden. Mit dem Umzug erlosch daher gewöhnlich jedes Zugehörigkeitsgefühl zur Kirche“ (Wappler, Kirchenaustrittsbewegung, S. 434). Trotz der auch vor Westfalen nicht haltmachenden Kirchenaustrittswellen war Westfalen aber mit 1926 343 500 katholischen und 267 200 evangelischen oder 98,7 % zumindest formal kirchlich gebundenen Volksschülern (Saal, Schul- und Bildungswesen, S. 601) noch immer ein kirchlich geprägtes und noch kein entkirchlichtes Land.
Was die katholische Kirche betrifft, so hatte die Säkularisation von 1803 (S. 239-242) die weltliche Herrschaft der Bischöfe beseitigt und zur Aufhebung fast aller Klöster geführt. Damit hatte die politische und wirtschaftliche Stellung der katholischen Kirche auch in Westfalen ein Ende gefunden. Hingegen waren die Pfarreien von der Säkularisation sowohl in ihrem Bestand als auch in ihrer wirtschaftlichen Grundlage nicht betroffen, wie der Reichsdeputationshauptschluß im rechtsrheinischen Deutsch-

land auch an der aus der Christianisierungszeit überkommenen Diözesanstruktur (S. 30 f.), an den Bischofssitzen und an der geistlichen Stellung der Bischöfe nichts änderte und auch die Domkapitel bestehen ließ, deren Grundbesitz jedoch säkularisiert wurde. So bestanden bei der Gründung der Provinz, 1816, in Westfalen drei katholische Bistümer: die Bistümer Münster und Paderborn – Minden war seit 1648 säkularisiert (S. 152) – und das 1792 zum Bistum erhobene Corvey (S. 182 f.), dessen Diözesangebiet sich auf das 1803 säkularisierte Territorium der alten Reichsabtei Corvey beschränkte. Das Diözesangebiet des Erzbistums Köln in Westfalen, also Westfalen südlich der Lippe – das Gebiet der Grafschaft Mark, des Herzogtums Westfalen, des Vestes Recklinghausen, der Reichsstadt Dortmund und der Grafschaft Limburg – war seit dem Tod des Erzbischofs Maximilian Franz von Österreich 1801 ohne Bischof. In kirchlichen Angelegenheiten wurde es von dem seit 1804 in Deutz auf der rechten Rheinseite (Köln-Deutz) befindlichen Kölner Generalvikariat verwaltet, das 1811 für die katholischen Pfarreien im Bereich der Grafschaft Mark ein erzbischöfliches Kommissariat in Wattenscheid eingerichtet hatte; für das ehemalige Vest Recklinghausen gab es seit 1805 ein eigenes Offizialat. Mit dem Konkordat Napoleons mit Papst Pius VII. von 1801 und der neuen Zirkumskription der französischen Diözesen war die Erzdiözese Köln aufgehoben bzw. auf ihre rechtsrheinischen Gebietsteile beschränkt worden. An die Stelle von Köln war linksrheinisch die neugegründete, 1821 wieder aufgehobene (1930 wiederhergestellte) Diözese Aachen getreten. Siegen und Wittgenstein gehörten von alters her zur Erzdiözese Mainz, für die in Aschaffenburg ein mit dem Kölner Generalvikariat in Deutz vergleichbares Generalvikariat bestand, das in Siegen ein Kommissariat – Parallelebene war Wattenscheid – unterhielt. Rietberg, Rheda und Reckenberg zählten zur Diözese Osnabrück, Minden-Ravensberg, ein Gebiet nahezu ohne Katholiken, zum Apostolischen Vikariat der nordischen Missionen.

1816 waren in Westfalen noch zwei Bischöfe aus der Zeit vor 1803 am Leben und im Amt, Ferdinand von Lüninck in Corvey und Franz Egon von Fürstenberg in Paderborn. In Paderborn war das Domkapitel 1810 durch das Königreich Westphalen aufgehoben worden. 1811 hatte Napoleon auch das Domkapitel von Münster aufgehoben und 1813 Ferdinand August von Spiegel als Bischof von Münster eingesetzt. Das Konkordat von 1801 gestand ihm die Nominierung der Bischöfe in ganz Frankreich zu. Zwar gehörte Münster 1811 aufgrund der Annexion von 1810 zu Frankreich (S. 249), doch galt das Konkordat nur für das französische Staatsgebiet von 1801, also auch für Köln, Aachen, Mainz oder Trier, aber nicht für Westfalen. Daher versagte Papst Pius VII. Spiegel die Anerkennung als Bischof von Münster, die dieser nach dem Ende der napoleonischen Herrschaft auch von Preußen nicht erhielt. Doch wurde Spiegel 1821/25 Erzbischof von Köln. Bischof von Münster wurde 1821 der Corveyer Bischof Lüninck, dessen Bistum Corvey 1821 aufgehoben wurde.

1821 erfolgte eine grundlegende Neuordnung der Diözesanstrukturen aufgrund der päpstlichen Bulle „De salute animarum“, die Pius VII. am 16. Juli 1821 verkündete.

Voraufgegangen waren Verhandlungen Preußens mit dem Heiligen Stuhl, aber kein Konkordat. Stattdessen erteilte König Friedrich Wilhelm III. der Zirkumskriptionsbulle „De salute animarum“ durch Kabinettsordre vom 23. August 1821 die Sanktion. Es gab fortan in der Provinz Westfalen die beiden Bistümer Münster und Paderborn. Zu Münster zählte neben dem alten münsterischen Diözesangebiet jetzt auch das südlich der Lippe gelegene, zuvor der Erzdiözese Köln angehörende Vest Recklinghausen; Paderborn erhielt über sein altes Diözesangebiet in Westfalen hinaus das Diözesangebiet des Bistums Corvey und aus dem alten kölnischen Diözesangebiet das Herzogtum Westfalen und die Grafschaft Mark mit Dortmund und Limburg. Hinzu kamen aus ehemals mainzischem Diözesangebiet Siegen und Wittgenstein. Darüber hinaus erhielt Paderborn Minden-Ravensberg, Rheda, Reckenberg und Rietberg. Die Diözese Münster von 1821 deckte sich also in Westfalen mit dem Regierungsbezirk Münster, zu dem auch das Vest Recklinghausen gehörte, während das Bistum Paderborn die Regierungsbezirke Arnsberg und Minden umfaßte. Köln hatte kein Diözesangebiet mehr in Westfalen. Beide Bistümer griffen aber auch über das Gebiet der Provinz Westfalen hinaus. So erstreckte sich die neue Diözese Münster auch auf den Regierungsbezirk Kleve der 1821 noch bestehenden und 1822 mit der weiter südlich gelegenen Provinz Niederrhein zur „Rheinprovinz“ vereinigten Provinz Jülich-Kleve-Berg, der 1821 im Regierungsbezirk Düsseldorf aufging. Außerdem gehörte das Großherzogtum Oldenburg zur Diözese Münster. Die Diözese Paderborn umfaßte auch die der Provinz Westfalen unmittelbar benachbarten Fürstentümer Lippe und Waldeck mit dem seit 1625 zu Waldeck gehörenden Pyrmont. Hinzu kam 1821 das große, Paderborn unterstellte Diözesangebiet in der preußischen Provinz Sachsen mit Magdeburg und Halberstadt, Halle an der Saale und Wittenberg. Die beiden westfälischen Bistümer wurden gemeinsam mit dem Bistum Trier dem wiederhergestellten Erzbistum Köln als niederrheinische Kirchenprovinz unterstellt. Dabei blieb es bis zum Preußischen Konkordat von 1929, mit dem das Bistum Paderborn zum Erzbistum mit den Suffraganbistümern Hildesheim und Fulda erhoben wurde, während Münster auch heute noch Suffraganbistum von Köln ist.

An der Zugehörigkeit des niederrheinischen Diözesangebietes im Bereich des ehemaligen Regierungsbezirks Kleve sowie Oldenburgs zur Diözese Münster hat sich bis heute nichts geändert. Im übrigen aber brachten die Jahrzehnte seit dem Zweiten Weltkrieg in Westfalen wichtige Veränderungen der Diözesanstrukturen. Aufgrund eines Vertrags zwischen dem Land Nordrhein-Westfalen und dem Heiligen Stuhl vom 19. Dezember 1956 entstand 1958 aus Gebietsteilen der Erzdiözesen Köln und Paderborn und der Diözese Münster das volkstümlich auch als „Ruhrbistum“ bezeichnete Bistum Essen, das als Suffraganbistum zur Kölner Kirchenprovinz gehört. Das Bistum Essen umfaßt in Westfalen nach dem Vertrag von 1956 die Gebiete der – damals – kreisfreien Städte Bochum, Bottrop, Gelsenkirchen, Gladbeck, Lüdenscheid und Wattenscheid sowie des damaligen Landkreises Altena und des Ennepe-Ruhr-Kreises in seinem Bestand von 1956, jedoch ohne Herdecke und Wetter, ferner im Rheinland die kreisfreien Städte Duisburg, Essen, Mülheim an der Ruhr und Oberhausen.

Für die mitteldeutschen Diözesananteile Paderborns bedeutete die deutsche Zweistaatlichkeit seit 1949 einen tiefen Einschnitt. 1957 verweigerten die Behörden der DDR dem damaligen Erzbischof von Paderborn die Einreise in diesen Teil seiner Diözese. 1973 setzte Papst Paul VI. für diesen Teil des Erzbistums Paderborn, das auch als Magdeburger Gebiet bezeichnet wurde, den dortigen Erzbischöflichen Kommissar als Apostolischen Administrator ein. Das Magdeburger Gebiet gehörte zwar weiterhin zum Erzbistum Paderborn, wurde aber von nun an von dem Apostolischen Administrator in unmittelbarem Auftrag des Papstes geleitet. Damit setzte eine eigenständige Entwicklung ein, die nach der deutschen Wiedervereinigung von 1990 voll zum Tragen kam. Mit der Bulle „Cum gaudio et spe" vom 8. Juli 1994 erhob Papst Johannes Paul II. das bis dahin immer noch einen Teil des Erzbistums Paderborn bildende Bischöfliche Amt Magdeburg zum Bistum Magdeburg. Dadurch wurde die Erzdiözese Paderborn auf ihren durch die Gründung des Bistums Essen bereits verkleinerten Diözesanbereich in der ehemaligen Provinz Westfalen und auf das Gebiet der ehemaligen Länder Lippe (Kreis Lippe) und Waldeck (Hessen) sowie auf Bad Pyrmont (Niedersachsen) reduziert. Seit 1994 gehören neben Fulda das Bistum Magdeburg und das ebenfalls neu errichtete Bistum Erfurt als Suffraganbistümer zur Kirchenprovinz Paderborn. Hingegen wurde das Paderborner Suffraganbistum Hildesheim der Kirchenprovinz des neuen Erzbistums Hamburg zugeteilt.

1823 wurden die Domkapitel von Münster und Paderborn neu errichtet. 1825 bzw. 1832 folgte die Einteilung der beiden Diözesen in Dekanate, wobei Münster innerhalb seines westfälischen Diözesangebietes elf und Paderborn entsprechend 27 Dekanate erhielt. Offizialate, also kirchliche Gerichte, wurden 1865 in Münster und 1857 in Paderborn eingerichtet.

Nach dem Tod Lünincks 1825 wurde der bisherige Weihbischof Caspar Max von Droste-Vischering Bischof von Münster. Ihm folgte 1846 als erster bürgerlicher Bischof von Münster Bernhard Georg Kellermann, der aber noch vor der päpstlichen Bestätigung seiner Wahl starb. Sein Nachfolger wurde der Trierer Weihbischof Johann Georg Müller. Dieser starb 1870. Seine Nachfolger als Bischöfe von Münster waren Johann Bernhard Brinkmann (bis 1889), Hermann Dingelstad (bis 1911), Felix von Hartmann, der nur von 1911 bis 1913 in Münster blieb und dann Erzbischof von Köln wurde, Johannes Poggenburg (bis 1933) und Clemens August Graf von Galen (bis 1946). Nachfolger Fürstenbergs in Paderborn, der wie Lüninck in Münster 1825 starb, wurden Friedrich Klemens von Ledebur-Wicheln (bis 1841), Richard Dammers (bis 1844), Franz Drepper (bis 1855), Konrad Martin (bis 1879), nach dreijähriger Vakanz des Bistums (bis 1882) Franz Kaspar Drobe (bis 1891), Hubertus Theophil Simar (bis 1899), Wilhelm Schneider (bis 1909), der spätere Kölner Erzbischof Karl Joseph Schulte (bis 1920), Kaspar Klein (bis 1941) und Lorenz Jäger (bis 1973), der 1965 zum Kardinal erhoben wurde.

Ein bedeutsames Problem für die katholische Kirche im vorwiegend protestantischen preußischen Staat bildete die Mischehenfrage, d. h. die Frage der konfessionellen Erziehung der Kinder aus Ehen konfessionsverschiedener Ehepartner. Hier standen unterschiedliche kirchliche und staatliche Regelungen und Ordnungsvorstellungen einander gegenüber. Im Mischehenstreit wurzelte auch der größte Kon-

flikt zwischen Staat und katholischer Kirche in Preußen vor dem Kulturkampf, das sog. „Kölner Ereignis“ oder die „Kölner Wirren“. Diese erreichten ihren Höhepunkt 1837 mit der Amtsenthebung und Verhaftung des Kölner Erzbischofs Clemens August von Droste-Vischering, eines westfälischen Adeligen, der bis 1841 in der Festung Minden in Haft gehalten wurde. Das „Kölner Ereignis“, gegen das Papst Gregor XVI. öffentlichen Protest erhob, blieb im katholischen Westfalen nicht ohne Wirkung und gefährdete die Identifikation der katholischen Bevölkerung mit dem preußischen Staat. Das galt vor allem für den katholischen westfälischen Adel, der demonstrativ den Feierlichkeiten beim Besuch des Prinzen Wilhelm von Preußen, des späteren Kaisers Wilhelm I., in Münster fernblieb. Diese ohne Gerichtsurteil erfolgten Willkürakte des preußischen Staates gegen die katholische Kirche, zu denen auch die Verhaftung des Erzbischofs von Gnesen-Posen 1839 gehörte, lösten im gesamten deutschen Katholizismus eine auch publizistisch sehr aktive Reaktion aus, aus der der politische Katholizismus hervorging, aus dessen Mitte 1870 die Zentrumspartei entstand. Das galt auch für Westfalen, wo es Ende 1837 in Münster zu Ausschreitungen gegen das preußische Militär und 1838 zu antipreußischen Demonstrationen kam. Der Kölner Kirchenstreit wurde erst nach dem Thronwechsel von 1840 unter König Friedrich Wilhelm IV. beigelegt. Fand das seinen Ausdruck in dem in Westfalen stark beachteten Kölner Dombaufest von 1842, einer Art Fest der Versöhnung von preußischem Staat und katholischer Kirche, so wurzelte hier doch auch in Westfalen die Politisierung des Katholizismus.
Dazu trug das katholische Presse- und Vereinswesen entscheidend bei. Seit 1842 gab es in Münster das „Sonntagsblatt für katholische Christen“, seit 1848 in Paderborn das „Westfälische Kirchenblatt für Katholiken“ und seit 1849 das katholische „Westfälische Volksblatt“. Der in Münster erscheinende „Westfälische Merkur“ galt als wichtigstes politisches Blatt des westfälischen Katholizismus. Der 1848 in Münster als Keimzelle des bald in ganz Westfalen verbreiteten „Piusvereins“ gegründete „Katholische Verein“ wurde schon genannt (S. 287). Sein Ziel war es, „die katholischen Interessen auf dem Gebiete der Politik und bei den verschiedenen Gestaltungen des politischen Lebens zu wahren und zu fördern“ (zit. nach Hegel, Kath. Kirche, S. 19). Mehr innerkirchlich als politisch ausgerichtet war der 1849 gegründete „Bonifatiusverein“, dessen Sitz Paderborn war und dem es um die Unterstützung der katholischen Diaspora in den protestantischen Teilen Deutschlands ging. Im sozialen Bereich waren die auch in Westfalen verbreiteten, 1846 in Elberfeld gegründeten Kolpingvereine tätig. Wichtig als Organe der Meinungsbildung im katholischen Raum und als Dachverband verschiedener katholischer Vereine wurden auch die Katholikentage, hinter denen die Piusvereine standen. Nach dem ersten Katholikentag, der im Revolutionsjahr 1848 in Mainz abgehalten wurde, fanden die Katholikentage auch mehrfach in Westfalen statt, nämlich 1852, 1885 und 1930 in Münster, 1889 in Bochum und 1896 sowie 1927 in Dortmund.
Bedeutsam für den Katholizismus in Westfalen wurde auch, daß einige Jahrzehnte nach der Säkularisation von 1803 neben den wenigen erhalten gebliebenen Klöstern

– so die Franziskanerklöster in Paderborn, Rietberg, Wiedenbrück, Dorsten und Warendorf – neue Klöster entstanden. Das gilt für die Franziskanerklöster in Werl (1849) und in Münster (1853) und für das Kapuzinerkloster in Münster (1857). Hinzu kamen die Redemptoristen und die „Brüder von der christlichen Liebe". Die Jesuiten, die nach der Aufhebung ihres Ordens 1773 im Jahre 1814 restituiert worden waren, ließen sich 1851 in Münster und 1853 in Paderborn nieder. Hinzu kamen geistliche Frauengemeinschaften und weibliche Ordenszweige wie die Klemensschwestern von 1808 in Münster, die „Krankenschwestern vom hl. Franziskus" (1844 in Telgte, 1854 nach Münster verlegt), die „Schwestern Unserer Lieben Frau" (1850 in Coesfeld), die „Barmherzigen Schwestern des heiligen Vizenz von Paul" (1841) und die von Pauline von Mallinckrodt gegründeten „Schwestern der christlichen Liebe" (1849), beide im Bistum Paderborn, aber auch die Franziskanerinnen in Salzkotten (1859) und in Olpe (1863). Insgesamt entstanden bis 1875 im westfälischen Teil der Diözese Paderborn 74 Niederlassungen geistlicher Frauengemeinschaften.
Die größte Krise im Verhältnis von preußischem Staat und katholischer Kirche während des ganzen 19. Jahrhunderts bildete der auch im außerpreußischen Deutschland stattfindende, nach einem Wort Rudolf Virchows so benannte „Kulturkampf" der Jahre 1871 bis 1887. Dahinter standen der „Syllabus errorum" Papst Pius' IX. von 1864, in dem dieser in Verbindung mit seiner Enzyklika „Quanta cura" die Religions-, Meinungs- und Gewissensfreiheit, die staatliche Schule, den Liberalismus, Volkssouveränität und Demokratie, Sozialismus und Kapitalismus und Erscheinungen wie die Freimaurerei als „Errores saeculi", als Irrtümer des Jahrhunderts, verworfen hatte, und der Triumph der ultramontanen Richtung des Katholizismus mit dem ersten Vatikanischen Konzil von 1870 und der Kanonisierung des Dogmas von der Unfehlbarkeit des Papstes. Auf der anderen Seite standen das neugegründete, von Preußen her protestantisch geprägte Deutsche Reich, kleindeutscher Nationalismus mit seinem Mißtrauen gegenüber großdeutsch-proösterreichischen Reminiszenzen vieler Katholiken und der Antiklerikalismus des Liberalismus, mit dem Bismarck in der Reichsgründungszeit politisch verbunden war. Im Juli 1871 wurde die katholische Abteilung im preußischen Kultusministerium aufgehoben. Am 10. Dezember 1871 wurde der sog. Kanzelparagraph in das Strafgesetzbuch, die 1870 für den Norddeutschen Bund in Kraft getretene Kodifikation des Strafrechts des Reiches, eingefügt, der es Geistlichen verbot, staatliche Angelegenheiten „in einer den öffentlichen Frieden gefährdenden Weise" zu erörtern (§ 130a StGB), wovon man sich die Einschränkung des Einflusses von Kirche und Klerus auf das Volk erhoffte. Durch das Schulaufsichtsgesetz vom März 1872 wurde die geistliche Schulaufsicht eingeschränkt (S. 297 f.). Durch das sog. Jesuitengesetz des Reichstags vom Juli 1872 wurden die Jesuiten und Orden wie die Redemptoristen vom Staatsgebiet des Deutschen Reiches ausgeschlossen, deren Niederlassungen aufgelöst und die einzelnen Ordensmitglieder Aufenthaltsbeschränkungen unterworfen. Durch die Maigesetze von 1873 wurden für die katholische Kirche in Preußen

weitere Beschränkungen eingeführt. Besonders wichtig waren die Bestimmungen über Studium, Anstellung und Entlassung der Geistlichen und die Einführung des sog. „Kulturexamens“ sowie die erwähnte Regelung des Kirchenaustritts. Diese Gesetze wurden 1874 und 1875 durch weitere Gesetze ergänzt, so durch das Expatriierungsgesetz vom Mai 1874, das es den Regierungen erlaubte, Geistlichen einen bestimmten Aufenthaltsort zuzuweisen oder sie aus dem Reich auszuweisen, ferner das Gesetz über die Einführung der Zivilehe im Reich von 1875, das sog. „Brotkorbgesetz“ in Preußen vom April 1875 betreffend die Sperre staatlicher Zuschüsse an die katholische Kirche und das Klostergesetz vom Mai 1875, das die Niederlassungen aller geistlichen Orden mit Ausnahme der Krankenpflegeorden in Preußen aufhob.

Hatte das Jesuitengesetz von 1872 schon in demselben Jahr zur Schließung der Jesuitenniederlassung in Münster und 1873 zu der der Redemptoristen in Rorup bei Dülmen und in Bochum geführt, so brachte das Klostergesetz von 1875 in den Jahren 1875 bis 1878 u. a. die Aufhebung der Franziskanerklöster in Westfalen, der Lotharingischen Chorschwestern und der Schwestern von der christlichen Liebe in Paderborn, der Ursulinen in Dorsten und der Schwestern von der Göttlichen Vorsehung in St. Mauritz (Münster). Im Juni 1873 wurde dem bischöflichen „Seminarium Theodorianum“ in Paderborn (S. 305) die staatliche Anerkennung entzogen, weil sein Studienangebot nicht den Voraussetzungen des Gesetzes über die Vorbildung der Geistlichen vom Mai 1873 entsprach. Die Theologische Fakultät in Münster war zwar staatlich und wurde daher von diesem Gesetz privilegiert, doch verließen die meisten Theologiestudenten Münster ebenso wie Paderborn; sie gingen ins bayerische Eichstätt, ins badische Freiburg oder nach Innsbruck. Wegen des passiven Widerstandes der Bischöfe gegen die Kulturkampfgesetze konnten viele freiwerdende Pfarrstellen nicht neu besetzt werden. Bischof Martin von Paderborn und Bischof Brinkmann von Münster wurden Gerichtsverfahren unterworfen und wegen Fernbleibens von den Gerichtsverhandlungen, was Teil ihres passiven Widerstandes war, mit Geldstrafen, Pfändungen und Gehaltssperren belegt und schließlich in Haft genommen, in der sich Konrad Martin von August 1874 bis Juli 1875 befand, während Johann Bernhard Brinkmann im Frühjahr 1875 eine vierzigtägige Gefängnishaft in Warendorf absaß. Nach der Haftentlassung fand der Paderborner Bischof Asyl in Belgien, ohne in sein Bistum zurückzukehren. Beide Bischöfe wurden 1875 bzw. 1876 durch Gerichtsbeschluß ihres bischöflichen Amtes enthoben. Auch Bischof Brinkmann von Münster ging ins Ausland, nämlich in die Niederlande, kehrte aber, anders als Bischof Martin von Paderborn, in sein Bistum zurück, nachdem seine Absetzung 1884 rückgängig gemacht worden war.

Aus Opposition gegen das Unfehlbarkeitsdogma des Vatikanischen Konzils hatten sich 1870 in Deutschland die Altkatholiken von der katholischen Kirche getrennt, die zeitweise eine beachtliche Bewegung darstellten und eine Reihe katholischer Theologieprofessoren wie Johannes Friedrich in München oder den aus Brilon stammenden Franz Heinrich Reusch in Bonn an ihrer Spitze hatten und seit 1873 in dem ehemaligen Breslauer Theologieprofessor Joseph Hubert Reinkens einen eigenen Bischof mit dem Sitz in Bonn besaßen. Auch in Münster gab es mit Adolf Cappenberg und August Bisping zwei Theologieprofessoren, die zunächst gegen das Unfehlbarkeitsdogma opponierten, dann aber doch bei der katholischen Kirche blieben, während sich drei Professoren der Philosophischen Fakultät von Münster der altkatholischen Kirche anschlossen. Im Zusammenhang mit dem Kulturkampf förderte der preußische Staat die Altkatholiken, u. a. durch Zuweisung katholischer Kirchengebäude zur Mitbenutzung. Das galt etwa für die katholische Marienkirche in Bochum und für die katholische Pfarrkirche in Witten. Doch wurde die Bochumer Kirche 1882 an die Katholiken zurückgegeben. Dasselbe geschah 1897 mit der Kirche in Witten.

1880 begann der Abbau der Kulturkampfgesetze in Preußen, wobei die Maigesetze bis 1887 schrittweise aufgehoben wurden. Das Jesuitengesetz wurde jedoch erst 1904 und 1917 in zwei Schritten außer Kraft gesetzt. Die Bestimmungen über die Zivilehe blieben bestehen.

Nach dem Kulturkampf stellte sich für die katholische Kirche besonders im Ruhrgebiet, wie für die evangelische Kirche und wie für Staat und Gesellschaft, das Problem der Folgen von Bevölkerungswachstum, Urbanisierung und Entwurzelung ganzer sozialer Schichten. Die Kirche suchte darauf u. a. mit der Gründung neuer Pfarreien und Seelsorgebezirke zu reagieren. Darüber hinaus war der deutsche Katholizismus schon seit den Predigten des aus Westfalen stammenden Wilhelm Emanuel von Ketteler über „Die großen sozialen Fragen der Gegenwart“ von 1848 und seit seiner Schrift „Die Arbeiterfrage und das Christentum“ um eine Lösung der sozialen Frage bemüht. Ketteler, seit 1850 Bischof von Mainz, hatte selbst zunächst an Sozialreformen gedacht, während der von ihm wesentlich mitheraufgeführte soziale Katholizismus vor allem für mildernde Sozialpolitik eintrat. In Westfalen war es besonders Franz Hitze (S. 309, 313), der als katholischer Priester und Sozialpolitiker mit Hilfe von Schulung der Betroffenen, Einrichtung wirtschaftlicher Selbsthilfeorganisationen und Sozialgesetzen die Integration der Arbeiterschaft in die bestehende Gesellschaftsordnung erreichen wollte.

In den Mittelpunkt auch internationaler Aufmerksamkeit rückten der westfälische Katholizismus und insbesondere das Bistum Münster mit dem Widerstand des Bischofs Clemens August Graf von Galen gegen den Nationalsozialismus. Auch wenn führende Nationalsozialisten wie der im niederrheinischen Rheydt geborene Joseph Goebbels katholischer Herkunft und katholisch erzogen waren, so bildeten Katholizismus und Nationalsozialismus doch Gegensätze. Das wurde bis in das Jahr 1933 hinein am Wahlverhalten der Bevölkerung in den geschlossen oder überwiegend katholischen Gebieten deutlich. Das nationalsozialistische „Dritte Reich“ verstand den Katholizismus als gegnerische Bewegung. Das zeigte sich u. a. am Vorgehen gegen die Bekenntnisschule 1937 und an der Aufhebung und Vermögensenteignung der Klöster 1941. Galen, seit 1933 Bischof von Münster, nahm seine Widerstandshaltung gegen den Nationalsozialismus nicht erst im Zweiten Weltkrieg auf,

sondern schon bald nach Beginn der nationalsozialistischen Herrschaft. 1934 ermöglichte er die Veröffentlichung einer kritischen Auseinandersetzung mit dem 1930 erschienenen Buch des nationalsozialistischen Ideologen Alfred Rosenberg, „Der Mythus des 20. Jahrhunderts", als Beilage zum Amtsblatt der Diözese Münster. Entscheidend wurden seine Predigten, die er im Sommer 1941 im Dom zu Münster gegen die seit 1939 aufgrund eines Geheimbefehls Hitlers betriebene Euthanasie, der damals so genannten „Tötung ‚lebensunwerten' Lebens", wovon vor allem mißgebildete Kinder und erwachsene psychisch Kranke betroffen waren, hielt. „Diese Predigten, die angesichts jahrelanger Unterdrückung der Gewissens- und Redefreiheit vom größten Teil der Bevölkerung als erlösendes Wort empfunden und mit verhaltener Begeisterung begrüßt wurden, erfuhren auf geheimen Wegen eine die Grenzen der Konfessionen und Weltanschauungen sprengende Verbreitung, ja sie machten Galen international bekannt und trugen ihm den Ehrennamen ‚Der Löwe von Münster' ein" (Hegel, Kath. Kirche, S. 34).
Der Protestantismus spielte in Preußen, der Vormacht des Protestantismus in Deutschland und über Deutschland hinaus, eine ganz andere Rolle als der Katholizismus. In Westfalen hatte der Protestantismus seit der Reformationszeit Wurzeln und Traditionen, mit denen er nicht hinter dem westfälischen Katholizismus zurückstand. Dabei gab es zur Zeit der Gründung der Provinz Westfalen, 1816, weder eine evangelische preußische Landeskirche noch überhaupt eine evangelische Kirche, wie man sie heute kennt. Stattdessen gab es lutherische oder reformierte Territorialkirchen mit unterschiedlicher Kirchenverfassung. Daran änderte die Tatsache nichts, daß im 18. Jahrhundert in Berlin kirchliche Oberbehörden entstanden waren, nämlich 1713 das reformierte Kirchendirektorium für die Reformierten in ganz Preußen mit Ausnahme von Kleve-Mark und dem niederrheinischen Moers und 1750 das lutherische Oberkonsistorium, von dessen Zuständigkeit die lutherischen Gemeinden in Kleve und Mark ebenfalls ausgenommen waren, nicht aber die von Minden-Ravensberg. Hinzu kamen seit 1738 ein Departement für die lutherischen und eines für die reformierten Kirchensachen in Berlin, die die Verbindung der genannten Oberbehörden für das Kirchenwesen mit dem preußischen König herstellten. Die Territorialkirchen waren in den altpreußischen Gebieten Westfalens die Gemeinden von Minden und Ravensberg, einem nahezu geschlossen lutherischen Gebiet mit zusätzlich fünf reformierten Gemeinden, die Gemeinden in der geschlossen reformierten Grafschaft Tecklenburg und die reformierten sowie lutherischen Gemeinden der Grafschaft Mark. Über die Gemeinden in Minden-Ravensberg nahmen vier geistliche Räte der preußischen Kriegs- und Domänenkammer in Minden (S. 168) die Konsistorialaufgaben wahr, während die konsistorialen Aufgaben hinsichtlich Tecklenburgs nach 1769 bei der für Tecklenburg und Lingen zuständigen Kammerdeputation in Lingen (S. 169) lagen. Konsistorien waren landesherrliche bzw. staatliche oder staatskirchliche Behörden der obrigkeitlichen Kirchenleitung und -verwaltung ohne Selbstverwaltungselemente, womit die Kirche in den Verwaltungsapparat des Staates eingebaut war.

Ganz anders waren die konfessionellen und die kirchenorganisatorischen Verhältnisse in der Grafschaft Mark und – außerhalb Westfalens – in Kleve und in Moers. Von dem reformierten Moers abgesehen waren hier, was die konfessionellen Verhältnisse betrifft, Luheraner, Reformierte und Katholiken vertreten. Im Herzogtum Kleve hatten die Katholiken die Mehrheit, während die Reformierten zahlenmäßig stärker als die Lutheraner waren. In der mehrheitlich evangelischen Grafschaft Mark lag das Übergewicht hingegen bei den Lutheranern. Konsistorien gab es hier nicht und somit auch keinen Einbau der Kirche in den Behördenapparat des Staates. Stattdessen gab es hier für Lutheraner und Reformierte eine presbyterial-synodale Selbstverwaltung im Rahmen landesherrlich sanktionierter Kirchenordnungen, wobei von seiten des preußischen Staates lediglich eine Aufsicht durch die Kriegs- und Domänenkammer in Kleve ausgeübt wurde. Dabei überwog das synodale Element, während das presbyteriale Element so wenig in Erscheinung trat, daß die Synoden eigentlich reine Pfarrersynoden waren. Seit 1610 gab es für die Reformierten der jülich-klevischen Länder und damit auch der Grafschaft Mark eine gemeinsame Generalsynode, die seit ihrem ersten Zusammentritt in Duisburg auch nach der Teilung der jülich-klevischen Länder unter Brandenburg und Pfalz-Neuburg (S. 142 f.) bestehen blieb und regelmäßig alle drei Jahre in Duisburg tagte. In den einzelnen Ländern hatten die Reformierten Provinzialsynoden, so auch in der Grafschaft Mark, wo die reformierte Provinzialsynode anscheinend seit 1611 jährlich an wechselnden Orten wie Schwelm, Hamm, Kamen, Soest, Lippstadt, Altena, Unna oder Bochum gehalten wurde. Die Lutheraner der Grafschaft Mark entbehrten der Gemeinsamkeit mit den Lutheranern der anderen jülich-klevischen Territorien, da es für sie keine übertrerritoriale Generalsynode gab. Stattdessen bestand seit 1612 die als Generalsynode bezeichnete lutherische Provinzialsynode der Grafschaft Mark, die zumeist in Unna zusammentrat und später zutreffend als Provinzialsynode bezeichnet wurde. In Unna befand sich auch das lutherische märkische Kirchenarchiv. Es gab also in der Grafschaft Mark zwei synodal verfaßte „evangelische" Landeskirchen, eine reformierte und eine lutherische. 1794 traten beide Synoden zur Wahrnehmung gemeinsamer Interessen in engere Gemeinschaft, indem von da an Deputierte der einen die Synodensitzungen der anderen Seite besuchten.
Hinzu kamen die kleinen Landeskirchen des Siegerlandes, der wittgensteinischen Grafschaften, der bentheimischen Grafschaften und der Reichsstadt Dortmund, die teilweise mit der reformierten oder der lutherischen Synode der Grafschaft Mark verbunden waren.
Die evangelische „Preußische Landeskirche" entstand erst ab 1817 auf Initiative König Friedrich Wilhelms III., wobei erst 1821, in der Kabinettsordre zur Sanktionierung der päpstlichen Bulle „De salute animarum", von einer „Evangelischen Kirche des Staats" die Rede war. Entscheidend dafür wurde die preußische „Union" von 1817, d. h. die Einigung von Lutheranern und Reformierten, bei der es um eine kirchliche Einigung des Landes als Klammer der verschiedenen Provinzen Preußens in seinem auf dem Wiener Kongreß 1815 erreichten Gebietsumfang ging. Nachdem

das Herzogtum Nassau am 11. August 1817 mit einer Union von Lutheranern und Reformierten vorangegangen war, ließ Friedrich Wilhelm III. am 27. September 1817 seine Unionsurkunde ergehen (Druck: Geschichte der EKU I, S. 91f.). Im Gegensatz zum nassauischen Unionsedikt war das aber keine obrigkeitliche Anordnung der Union der beiden evangelischen Konfessionen, sondern eine feierliche Anregung zur Union. Lediglich dort, wo die Kirchengemeinden dieser Anregung des Königs folgten, wurde die Union als Konsensus-Union begründet. Daher kommt es, daß es in der Evangelischen Kirche von Westfalen noch heute neben „unierten" auch lutherische und reformierte Kirchengemeinden gibt. Ihren Ausdruck fand die Union, die teilweise auf erheblichen Widerspruch stieß, im Reformationsjubiläum vom 31. Oktober 1817, mit dem gleichzeitig der 300. Wiederkehr von Luthers Publikation seiner Ablaßthesen von 1517 und der vier Jahre zurückliegenden Siege über Napoleon gedacht und somit Widersprüche gegen die Union durch „Manifestation des deutsch-evangelischen Gemeinschaftsgefühls" (Wappler, Reformationsjubiläum, S. 101) überdeckt wurden.
In die Vorgeschichte der Unionsurkunde vom 27. September 1817 gehört die Tagung der Vereinigten Synode der Lutheraner und der Reformierten der Grafschaft Mark, die vom 16. bis zum 18. September 1817 in Hagen stattfand. „Als sich am 18. September 1817 in Hagen die Delegierten der lutherischen Synode der Grafschaft Mark und die der reformierten Märkischen Provinzialsynode zu einer Synode zusammenschlossen, wirkte dies wie ein Stein, der ins Wasser geworfen wird und viele Wellen erzeugt. Die Entstehung einer märkischen Gesamtsynode bewegte das neuerstandene Preußen und darüber hinaus viele deutsche Landeskirchen. Denn die Hagener Beschlüsse betrafen nicht nur die Vereinigung der Lutheraner und Reformierten zu einer Synode, sondern sie hatten auch zum Gegenstand die Schaffung einer einheitlichen Liturgie, eines einheitlichen Lehrbuchs, eines gemeinsamen Gesangbuchs und – nicht zuletzt – die Verteidigung der presbyterial-synodalen Ordnung gegen die staatlich verordnete konsistoriale Leitung der Kirche" (Neuser, Protokolle, S. XXV). Der König beantwortete die Nachricht von der gemeinsamen Synode in einem Schreiben an den Generalsuperintendenten Franz Gotthelf Heinrich Jakob Baedeker in Dahl (Hagen-Dahl) und an Pfarrer Johann Wilhelm Albert Reinhard in Hilbeck (Werl-Hilbeck) vom 18. Oktober 1817 mit den Worten: „Die Vereinigung der beyden Confessionen, die nur in äußeren Formen verschieden sind, ist ein schon länger von mir gehegter Wunsch gewesen. Ich freue mich, daß derselbe schon größen theils erreicht, und seiner Erfüllung nahe ist" (Neuser, Protokolle, S. 475).
Der Entschluß, aus Anlaß des Reformationsjubiläums in der Grafschaft Mark eine gemeinsame Synode zu halten, war schon 1816 gefaßt worden. Nachdem die letzte reformierte Synode der Grafschaft Mark am 17. und 18. Juni 1817 in Hamm stattgefunden hatte, kam vom 16. bis 19. August 1818 in Unna erneut die vereinigte Synode der Grafschaft Mark zusammen, der bereits Deputierte aus Dortmund, Soest, Lippstadt und Tecklenburg beiwohnten. Vom 1. bis zum 12. September 1819 versam-

melte sich die erste westfälische Provinzialsynode in Lippstadt. Voraufgegangen war die 1818 erfolge Einteilung der Provinz Westfalen in 16 „Diöcesen“ bzw. Kreissynoden (heute Kirchenkreise). Das waren die Kreissynoden Minden (25 Kirchengemeinden), Rahden (16), Herford (20), Bielefeld (24), Tecklenburg (17), Soest (21), Hamm (13), Unna (18), Dortmund (19), Bochum (18), Hattingen (12), Hagen (18), Lüdenscheid (19), Iserlohn (20), Wittgenstein (11) und Siegen (13) (Jacobson I, S. 896).
Wichtig für die Konstituierung der westfälischen Provinzialkirche als Teil der Preußischen Landeskirche war neben Provinzialsynode und Kreissynoden das auf die königliche „Verordnung wegen verbesserter Einrichtung der Provinzialbehörden“ vom 30. April 1815 (S. 258) zurückgehende westfälische Provinzialkonsistorium in Münster (S. 264), zumal der König staatskirchlich dachte und für die konsistoriale Leitung der Kirche eintrat, also an Synoden, wie sie der Tradition der Grafschaft Mark entsprachen, nicht interessiert war. Nach der Instruktion von 1817 oblagen dem Konsistorium hinsichtlich der Evangelischen neben den „iura circa sacra“ auch die „iura in sacra“, also auch die innere Kirchengewalt. Dazu gehörte die Vorbereitung der Synoden, die Prüfung der Pfarramtskandidaten, die Aufsicht über die Pfarrer und die Bestätigung der für die einzelnen Gemeinden bestimmten oder zur Anstellung vorgeschlagenen Pfarrer; Aufsicht über die Pfarrer hieß Aufsicht über ihre theologische Lehre und über ihren Lebenswandel sowie Aufsicht über die Gottesdienste, insbesondere in dogmatischer und liturgischer Hinsicht. In der Grafschaft Mark war aufgrund der synodalen Tradition die Unzufriedenheit groß über diese Kompetenzfülle des seit 1825 nur noch für die evangelischen Kirchensachen zuständigen (S. 264) Provinzialkonsistoriums und über die damit gegebenen staatskirchlichen Verhältnisse bei gleichzeitiger Einschränkung der synodalen Rechte. Das Provinzialkonsistorium unterstand dem Oberpräsidenten; vorgeordnet war das 1817 aus dem preußischen Innenministerium ausgegliederte „Ministerium der geistlichen, Unterrichts- und Medizinalangelegenheiten“ (Kultusministerium) in Berlin.
Die Reichsverfassung der Paulskirche vom 28. März 1849 (S. 287) enthielt in den schon vorab am 27. Dezember 1848 in Kraft gesetzten „Grundrechten des deutschen Volkes“ die Bestimmung der selbständigen Ordnung und Verwaltung ihrer Angelegenheiten seitens der „Religionsgesellschaften“ bei Nichtexistenz einer Staatskirche (Art. 147). Die oktroyierte preußische Verfassung vom 5. Dezember 1848 (S. 288) und die revidierte preußische Verfassung von 1850 (S. 289) garantierten ebenfalls die Selbständigkeit der Religionsgesellschaften (PreußVerf 1850, Art. 15). Diese Selbständigkeit gewann für die evangelische Preußische Landeskirche ihre Gestalt in der 1850 erfolgten Errichtung des Evangelischen Oberkirchenrates in Berlin, einer von den staatlichen Behörden unabhängigen kollegialen Kirchenleitungsbehörde. Das landesherrliche Kirchenregiment des Königs von Preußen blieb davon allerdings unberührt. Es bestand bis zum Ende der Monarchie 1918.
An der Spitze des westfälischen Provinzialkonsistoriums stand unter Vincke als

Oberpräsidenten und Vorsitzendem des Konsistoriums bis 1835 Ludwig Natorp, gefolgt von Anton Wilhelm Peter Möller, der dieses Amt bis 1839 innehatte. 1845 wurde die automatische Verbindung des Amtes des Oberpräsidenten mit dem Vorsitz des Konsistoriums aufgehoben. Aufgrund eines 1810 und erneut 1817 aufgekommen Gedanken erhielten die preußischen Provinzialkirchen nach und nach Generalsuperintendenten. Nur die westfälische Provinzialkirche blieb ohne eigenen Generalsuperintendenten; sie erhielt einen solchen 1836 gemeinsam mit der Provinzialkirche der Rheinprovinz in Gestalt des den Bischofstitel führenden Wilhelm Johann Gottfried Roß. Diesem wurden Vize-Generalsuperintendenten für das Rheinland und für Westfalen beigegeben. Vize-Generalsuperintendent für Westfalen wurde 1836 Ludwig Natorp. Nach seinem Tod 1846 folgte ihm in diesem Amt Franz Friedrich Graeber. Seit seinem Amtsantritt wurde das Provinzialkonsistorium in Münster von dem Vize-Generalsuperintendenten als „kommissarischem Direktor" geleitet, bis von 1877 an Juristen zu „Konsistorialpräsidenten" ernannt wurden. Auf Graeber, der bis 1857 im Amt blieb, folgten als Vize-Generalsuperintendenten bzw. als Generalsuperintendenten von Westfalen Franz Julius Wiesmann (1857-1883), J. F. F. Gustav Nebe (1883-1905), Chr. H. Wilhelm Zoellner (1905-1930) und als letzter westfälischer Generalsuperintendent Wilhelm Weirich (1931-1933). Konsistorialpräsidenten waren Carl Friedrich Wilhelm Hering (1877-1891), Karl Westhoven (1892-1898), Hermann August Wilhelm Stockmann (1898-1905) und Günther von Sydow (1905-1923). Teilweise größere Wirksamkeit als die Generalsuperintendenten entfalteten die Präsides der westfälischen Provinzialsynode. Das waren nach 1835 Johann Jakob von der Kuhlen (1835), J.H. Christian Nonne (1838), Bernhard August Jacobi (1841), Dietrich Wilhelm Albert (1844-1874), Ludwig H. Ph. Polscher (1874-1902), Friedrich Adolf König (1902-1914), Heinrich F.W. Kockelcke (1914-1928) und Karl Koch (1928-1948).

War der Widerspruch gegen die Union 1817 von dem deutsch-evangelischen Gemeinschaftsgefühl überlagert worden, so verlagerte sich die Ablehnung der Union später in die Opposition gegen die Agende, was sich in der ehemaligen Grafschaft Mark mit der Enttäuschung über die staatskirchlichen Formen der neuen Provinzialkirche und über die Zurückdrängung der synodalen Tradition verband. Friedrich Wilhelm III. war liturgisch interessiert und suchte auch, wie einige Berater in seiner Umgebung, durch gemeinsame Gottesdienstformen und eine gemeinsame Gottesdienstordnung (Agende) die Union von Lutheranern und Reformierten zu befördern. Unter dem Eindruck russisch-orthodoxer und vor allem hochkirchlich-anglikanischer Gottesdienste, denen er 1814 in London beigewohnt hatte, orientierte er sich dabei nicht an den einfachen Gottesdienstformen der Reformierten oder an den in den meisten lutherischen Gemeinden Westfalens üblichen, mit den reformierten Formen verwandten schlichten Predigtgottesdiensten, sondern strebte größere Feierlichkeit der Gottesdienste und eine reichere liturgische Ausgestaltung an. 1811 hatte der König den Pfarrern den Talar vorgeschrieben. Ab 1821 versuchte er, eine Einheitsagende und damit eine einheitliche Gottesdienstordnung für sämt-

liche evangelischen Kirchengemeinden Preußens einzuführen. Diese Agende wurde in der Fassung von 1822 den Gemeinden zur Annahme empfohlen.
Unter den Pfarrern in Westfalen und auf den Synoden der Westprovinzen war die Ablehnung der Agende allgemein, wobei bis 1830 in Westfalen von 338 Pfarrern 219 gegen die Agende eintraten. Die Ablehnung galt nicht nur der auch für die Lutheraner in Westfalen ungewohnten Gottesdienstform, sondern bezog sich auch auf das „ius liturgicum" des Königs. „Es machte sich nämlich in der Diskussion über die Einführung der Agende immer mehr bemerkbar, daß es kein Gesetz und keinen königlichen Befehl zur Annahme derselben gab. Das warf die Frage auf, wer eigentlich berechtigt war, die Übernahme der Agende zu beschließen. Die Einwilligung der Pfarrer hatte letztlich nur privaten Charakter" (Neuser, Agende, S. 153). In der Grafschaft Mark bestand noch eine Synode, so daß hier die Einführung der neuen Gottesdienstform Ergebnis von Synodalberatungen hätte sein müssen. Bei der staatskirchlichen Haltung des Königs hatte aber statt der Synode das Provinzialkonsistorium über die Annahme der Agende zu beschließen. So wurde der Agendenstreit in Westfalen zu einem Streit zwischen synodaler und konsistorialer Kirchenverfassung. Das erklärt, warum die Ablehnung der Agende in der ehemaligen Grafschaft Mark besonders stark war. Der spätere rheinisch-westfälische Generalsuperintendent und Bischof Roß, damals Präses der Provinzialsynode von Jülich-Kleve-Berg, wies auf eine Möglichkeit zur Konfliktlösung hin. Die Pfarrer würden für die Agende zu gewinnen sein, wenn die alte synodale Kirchenverfassung wiederhergestellt werde, und wenn den Reformierten der Gebrauch eines Auszugs aus der Agende, der einfachere und reformierten Vorstellungen gemäßere Gottesdienste ermögliche, genehmigt werde. Der König sanktionierte diesen Vorschlag am 30. August 1828. So kam es zu einem Anhang der Agende für die Provinzen Rheinland und Westfalen, dem der König 1834 als „Rheinisch-Westfälische Provinzialagende" zustimmte.
Die von Roß angedeutete Wiederherstellung der alten Kirchenverfassung wurde mit der „Kirchenordnung für die evangelischen Gemeinden der Provinz Westfalen und der Rheinprovinz" (RWKO) vom 5. März 1835 Wirklichkeit. Nachdem in den beiden Westprovinzen die Agende mit dem Anhang angenommen worden war, war der König bereit, eine besondere Kirchenordnung für die westfälische und die rheinische Provinzialkirche zu bewilligen und ihnen damit innerhalb der Preußischen Landeskirche einen Sonderstatus zu gewähren. Die RWKO, die, durch „Zusätze" 1853 und durch spätere Abänderungen, vor allem 1908, geändert wurde, galt bis zur Neufassung von 1923. Sie stellte einen Kompromiß dar zwischen dem staatskirchlichen Denken des Königs, das seinen institutionellen Ausdruck in den Konsistorien fand, und den synodalen Traditionen der Grafschaft Mark. „Das synodale Denken im strengen Sinne blieb ausgeschlossen. (...) Die alte presbyterial-synodale Ordnung der reformierten und in der Mark auch der lutherischen Gemeinden bestand nur der äußeren Form nach fort, aber sie war umgebogen und jeder Selbständigkeit enthoben" (Stupperich, Ev. Kirche, S. 52). Gottlieb Lüttgert, einer ihrer Kommentatoren

aus der Zeit ihrer Geltung, nannte die Kirchenordnung 1905 „ein Vereinbarungswerk zweier an sich entgegengesetzten Anschauungen, der synodalen und der konsistorialen“ (zit. nach Neuser, Entstehung, S. 255). Die Provinzialsynoden beschlossen die Kirchengesetze, während die Provinzialkonsistorien und das Ministerium die Beschlüsse bestätigten, die Aufsicht ausübten und auf die Einhaltung der Ordnung achteten. Dabei ergab sich wegen der Permanenz der Konsistorialverwaltung faktisch ein Übergewicht des Konsistoriums, während die Synode nur in größeren Zeitabständen – nach § 47 RWKO von 1835 in der Regel alle drei Jahre – zusammentrat. Zugleich war die Kirchenordnung von 1835 aber auch ein Sieg der synodalen Kräfte der Grafschaft Mark, indem von jetzt an die Wirksamkeit von Provinzialsynoden unter Beteiligung von Ältesten (Presbytern) gesichert war, während die synodale Ordnung der Grafschaft Mark auf die gesamte Provinzialkirche von Westfalen übertragen wurde.
Die erwähnte Provinzialsynode von 1819 in Lippstadt war die erste, nach dem Vorbild der Synoden der Grafschaft Mark für die ganze Provinz Westfalen gehaltene Synode; sie war aber auch vorerst die letzte, weil danach keine Übertragung der Synodalverfassung auf die gesamte Provinzialkirche erfolgte, so daß es bei den Synoden der Grafschaft Mark blieb. Erst mit der Kirchenordnung von 1835 begann die Geschichte der westfälischen Provinzialsynoden, die zumeist in Soest stattfanden, bisweilen aber auch an anderen Orten wie Dortmund oder Schwelm.
Von den verschiedenen theologischen und religiösen Strömungen des Protestantismus im 19. Jahrhundert gewann die Erweckungsbewegung für das evangelische Westfalen besondere Bedeutung. Das gilt vor allem für Minden-Ravensberg und angrenzende Gebiete wie Gütersloh und für das Siegerland, aber auch für Teile der ehemaligen Grafschaft Mark, während andere Landesteile Westfalens von der Erweckungsbewegung nicht oder nur marginal erfaßt wurden. Bei der Erweckungsbewegung handelte es sich um eine mit dem Pietismus des 17. und 18. Jahrhunderts (S. 195-199) eng verwandte, aber durch die Aufklärung und die Französische Revolution und den damit verbundenen Säkularisierungsschub vom klassischen Pietismus getrennte und von ihm unterschiedene Bewegung. „Viele Christen blieben dieser Entwicklung gegenüber zurückhaltend; sie reaktivierten überkommene Traditionen, glaubten – angesichts der zahllosen Lebensmühsale – , daß das Ende der Zeit unmittelbar bevorstehe, und wanderten entweder nach Rußland oder in die Vereinigten Staaten aus oder ließen sich auf die Auseinandersetzung mit dem gottlosen Zeitgeist aktiv und unverdrossen ein“ (Ruhbach, Erweckungsbewegung, S. 167). Es ging der Erweckungsbewegung um Buße und Bekehrung des Einzelnen, um Verlebendigung des Christentums und Verwirklichung des „Reiches Gottes“, um persönlichen Glauben und Gotteserfahrung, aber auch um Gemeinschaft der „Erweckten“ und um Verbindung von Erbauung und innerweltlicher Verantwortung im Sinne von Mission und sozialem Wirken durch Jugendarbeit, Jünglings- und Frauenvereine, Bibel- und Traktatverbreitung, Armen- und Waisenunterstützung, Kampf gegen den Alkoholismus und Milderung der sozialen Folgen von Pauperismus,

Industrialisierung und Urbanisierung. Getragen wurde die Erweckungsbewegung hauptsächlich von Angehörigen unterer sozialer Schichten, während nur ein geringerer Teil der Pfarrerschaft und der übrigen Bildungsschicht Anteil daran hatte. Hinzu kam ein zahlenmäßig sehr kleiner und statistisch innerhalb der Gesamtbevölkerung überhaupt nicht ins Gewicht fallender Teil des evangelischen preußischen Adels, der aber mit seinem Wirken für die Erweckungsbewegung und für ihre sozialfürsorgerische Seite sehr große Bedeutung erlangte. Das gilt mit Namen wie von der Recke-Volmerstein oder von Bodelschwingh auch für Teile des evangelischen Adels im preußischen Westfalen. Auch andere Züge der Erweckungsbewegung finden sich ebenfalls in Westfalen und in den von der Erweckung erfaßten Landstrichen: „Durch die fast totale Prägung der Landschaft durch die Erweckung über mehrere Generationen hin entwickelten sich wirksame Formen des Gemeindeaufbaus in Männer-, Frauen- und Jugendarbeit, aber auch ein intensives Interesse an der kirchlichen Musikpflege in Chor- und Posaunenarbeit, an der Äußeren Mission, zunächst der Rheinischen Missionsgesellschaft in Barmen, und an der Bibelverbreitung, z. B. in der Mindener Bibelgesellschaft von 1817-1868" (Ruhbach, Erweckungsbewegung, S. 174).
Vom Niederrhein und vom Wuppertal aus erfaßte die Erweckungsbewegung Teile der Grafschaft Mark, besonders Schwelm, Hagen und Altena, kam in diesen Teil Westfalens somit von außen. Hingegen wirkte die Siegerländer Erweckungsbewegung nach außen, vor allem nach Wittgenstein und in die angrenzenden hessischen Gebiete sowie ins Oberbergische. Im Siegerland verschlossen sich die meisten Pfarrer der Erweckungsbewegung, die deshalb dort von Nichttheologen – Bedeutung erlangte der Gerbermeister Tillmann Siebel aus Freudenberg – getragen wurde. Im Gegensatz dazu standen in Minden-Ravensberg in nahezu allen Gemeinden eindrucksvolle Pfarrergestalten, die selbst „erweckt" waren, an der Spitze der Erweckungsbewegung. Das gab der Erweckungsbewegung in Minden-Ravensberg ihre Stärke und hielt sie gleichzeitig in der Preußischen Landeskirche, während im Siegerland separatistisch-freikirchliche Tendenzen hervortraten. Doch war die minden-ravensbergische Erweckungsbewegung keineswegs eine Pastorenbewegung, sondern eine breite Kreise der Bevölkerung erfassende Erscheinung unter aktiver Beteiligung zahlreicher einfacher Gläubiger.
1823 hielt der damals 27 Jahre alte Johann Heinrich Volkening als junger Pfarrer in Schnathorst im damaligen Kreis Bünde (Hüllhorst-Schnathorst / Kreis Minden-Lübbecke) seine erste Erweckungspredigt. 1827 wurde er Pfarrer in Gütersloh und enfaltete von dort aus weitreichende Wirkungen im Ravensberger Land. 1838 wechselte er als Pfarrer nach Jöllenbeck (Bielefeld) und machte diesen Ort zum Zentrum der Erweckungsbewegung in Minden-Ravensberg. Volkening organisierte große Missionsfeste, die charakteristisch für die Erweckungsbewegung in Westfalen wurden und Tausende von Missionsfreunden anzogen. Er war durch Zeitschriften („Evangelisches Monatsblatt"), durch die Sammlung alter und neuer Kirchenlieder („Kleine Missionsharfe") und darüber hinaus publizistisch und außerdem organisa-

torisch („Lutherische Konferenz“ erweckter Pfarrer) tätig und gab durch seine Aktivitäten auch der Mission und der Diakonie Auftrieb. Sein Nachfolger an der Spitze der minden-ravensbergischen Erweckungsbewegung wurde Theodor Schmalenbach, seit 1863 Pfarrer in Mennighüffen (Löhne-Mennighüffen) im Kreis Herford. Eine mit Volkening und Schmalenbach vergleichbare Gestalt war Clamor Ludwig Carl Huchzermeyer, seit 1850 Pfarrer in Schildesche (Bielefeld), der 1850 das „Rettungshaus“ Schildesche gründete und Mitbegründer des im Geist der minden-ravensbergischen Erweckungsbewegung wurzelnden Evangelisch-Stiftischen Gymnasiums in Gütersloh (S. 302) war.

Von der bei den Reichstagswahlen bis ins 20. Jahrhundert andauernden konservativen Prägung Minden-Ravensbergs und von dahinter stehenden politischen Nachwirkungen der Erweckungsbewegung war schon die Rede (S. 287, 309). „Dieser Zug geht durch die ganze ravensbergische Erweckung; er findet sich ebenso bei Volkening wie bei seinen Schülern. Der konservative Zug eignete dem Landvolk dieses Gebietes in besonderem Maße und bestimmte auch die äußere Situation“ (Stupperich, Ev. Kirche, S. 58).

Von der Erweckungsbewegung gab es enge Verbindungen zu den Werken christlicher Sozialarbeit auf dem Boden der evangelischen Kirche, die in Westfalen hervorragende Bedeutung gewannen. Schon 1819 hatte Graf Adalbert von der Recke-Volmerstein auf seinem Gut Overdyck (Bochum) eines der ersten deutschen „Rettungshäuser“ neben dem Lutherhof in Weimar (1819) und dem Rettungshaus Christian Heinrich Zellers und Christian Friedrich Spittlers in Beuggen (1820) bei Säckingen am Hochrhein gegründet, das aber 1822 ins rheinische Düsselthal verlegt worden war. Als „Rettungshäuser“ bezeichnete man die aus der Erweckungsbewegung hervorgegangenen Erziehungsanstalten für gefährdete oder verwahrloste Jugendliche, wobei der heute ungebräuchliche Name die Zielsetzung zum Ausdruck bringt, die Betroffenen zunächst religiös zu „retten“. Entscheidend für den Anfang der seit 1842 so bezeichneten „Inneren Mission“, der vergleichbare Fürsorgewerke auf katholischer Seite entsprachen, welche ein halbes Jahrhundert später (1897) im „Deutschen Caritasverband“ zusammengeschlossen wurden, war das Jahr 1833. In jenem Jahr gründete Johann Hinrich Wichern das „Rauhe Haus“ in Hamburg. Wicherns programmatische Rede auf den Wittenberger Kirchentag von 1848, die zur Gründung des „Centralausschusses für die innere Mission der deutschen evangelischen Kirche“ führte, fand in den Gemeinden der westfälischen Erweckungsgebiete große Resonanz. Schon 1847 hatten Volkening und Huchzermeyer zur Errichtung von Rettungshäusern aufgerufen. 1850 entstand das schon genannte Huchzermeyersche Rettungshaus in Schildesche als erstes Rettungshaus Westfalens nach dem Vorbild des „Rauhen Hauses“. Wenig später folgte das Erziehungshaus in Schweicheln (Hiddenhausen/Kreis Herford), das von dem „Minden-Ravensbergischen Erziehungsverein“, dem späteren „Evangelisch-kirchlichen Erziehungsverein für die Provinz Westfalen“, getragen wurde. Zu den Besonderheiten in Westfalen gehörte es, daß die aus der Erweckungsbewegung hervorgegangenen Vereine zur Organisation

religiös bestimmter Sozialarbeit hier nicht neben der Kirche standen, sondern in und mit der Kirche wirkten.
Die größte und wichtigste Einrichtung der Inneren Mission in Westfalen und über Westfalen hinaus entstand am Stadtrand von Bielefeld. Bielefelder Bürger aus der Erweckungsbewegung nahestehenden Kreisen hatten hier 1867 nach dem Vorbild der Anstalt La Force (Dép. Dordogne, Südwestfrankreich) eine Anstalt für Epileptische gegründet. Als Nachfolger des ersten Anstaltsleiters, des Pfarrers Friedrich Simon, übernahm 1872 Friedrich von Bodelschwingh die Leitung der Anstalt. Bodelschwingh, bis dahin Pfarrer in Dellwig (Fröndenberg-Langschede) bei Unna, entstammte einer alten westfälischen Adelsfamilie. Er war der Sohn des früheren Landrates des Kreises Tecklenburg und preußischen Innenministers Ernst von Bodelschwingh und in seiner Jugend der Spielgefährte und lebenslang ein Freund des späteren Kaisers Friedrich III. Unter Bodelschwingh nahmen die Anstalt für Epileptische und das 1869 gegründete Diakonissenmutterhaus einen bedeutenden Aufschwung. Bodelschwingh gab ihr 1874 den Namen „Bethel" – nach dem altisraelischen Heiligtum Beth-El („Tempel Gottes"), dem Ort, an dem Abraham nach 1. Mose 12,8 einen Altar errichtet hatte und an dem seinem Enkel Jakob nach 1. Mose 28 die Himmelsleiter erschien.
1874 gab es in Bethel bereits 70 Diakonissen, deren Zahl später 1 544 betrug. 1877 entstand neben dem „Sarepta" genannten Betheler Diakonissenhaus das Brüderhaus „Nazareth". Die dort ausgebildeten Diakone wurden in Kranken- und Rettungshäusern, in der Trinkerfürsorge, bei den „Brüdern von der Landstraße", bei Fürsorgezöglingen usw. eingesetzt. 1868 hatte König Wilhelm I. der Anstalt Bethel die Rechte einer juristischen Person verliehen. Denselben Status erhielten die Diakonissenanstalt Sarepta 1872 und die Diakonenanstalt Nazareth 1885. Die Entwicklung Bethels führte dazu, daß immer mehr Gebäude errichtet wurden, um die nach Bethel kommenden Kranken aufzunehmen. Bald gab es Häuser für Epileptiker, psychisch Kranke und Schwachsinnige, Nichtseßhafte, gefährdete Jugendliche und Körperbehinderte. Über dem Gesamtunternehmen stand Bodelschwinghs Wort: „Es geht kein Mensch über die Erde, den Gott nicht liebt". 1966, knapp ein Jahrhundert nach der Gründung der Anstalt für Epileptische, wurden in Bethel 36 139 Menschen betreut, während die Diakonissenanstalt Sarepta 1966 1 653 Diakonissen und 528 Ravensberger Verbandsschwestern zählte. Auch außerhalb Bielefelds und außerhalb Westfalens gründete Bodelschwingh Einrichtungen der Inneren Mission, so 1882 die Arbeiterkolonie Wilhelmsdorf in der Senne, mit der die Wanderarmenhilfe begann, aus der die Nichtseßhaftenarbeit hervorging, 1905 die Arbeiterkolonie Hoffnungstal nordöstlich von Berlin und 1908 die Frauenkolonie Gottesschutz östlich der Reichshauptstadt. Mittelpunkt Bethels, das seit 1894 durch die Zeitschrift „Bote von Bethel" nach außen wirkte, wurde die 1884 eingeweihte Zionskirche.
Seit 1906 wurde Bethel auch ein Zentrum der äußeren Mission, nachdem die 1886 in Berlin für die christliche Mission in der seit 1885 bestehenden deutschen Kolonie Deutsch-Ostafrika (Tansania, Ruanda und Burundi) zustande gekommene „Evange-

lische Missionsgesellschaft für Deutsch-Ostafrika“ 1906 nach Bethel verlegt wurde; 1920, als es keine Kolonie Deutsch-Ostafrika mehr gab, wurde ihr Name in „Bethel-Mission“ geändert. Die 1905 gegründete Theologische Schule Bethel und die aus ihr hervorgegangene Kirchliche Hochschule wurden schon erwähnt (S. 306).
Als weitere Einrichtung der Inneren Mission in Westfalen ist der 1887 von Hermann Krekeler, einem früheren Pfarrer des Betheler Diakonissenhauses, gegründete „Wittekindshof“ in Volmerdingsen (Bad Oeynhausen/Kreis Minden-Lübbecke) zu nennen, der geistig Behinderte aufnahm und bald Zweiganstalten in verschiedenen Teilen Westfalens ins Leben rief. Weniger der Erweckungsbewegung und mehr der Gedankenwelt des christlichen Sozialismus verbunden war die Entstehung der heutigen „Orthopädischen Anstalten“ in Volmarstein (Wetter/Ennepe-Ruhr-Kreis) im Jahre 1904, einer Gründung von Franz Arndt, des „Krüppelpfarrers von Volmarstein“, der 1912 auch Geschäftsführer des Gesamtverbandes der evangelischen Arbeitervereine Deutschlands wurde.
Wenn es auf katholischer Seite auch kein „Bethel“ und keinen Bodelschwingh gab, so entstand hier nach dem Einschnitt, den die Säkularisation zu Beginn des 19. Jahrhunderts bedeutete, im Laufe des 19. und 20. Jahrhunderts doch auch in Westfalen eine Fülle von kirchlichen Krankenhäusern, Einrichtungen und „Liebeswerken“. Ein Beispiel für viele ist das von den Alexianern, einer im 14. Jahrhundert entstandenen Ordensgemeinschaft von Laienbrüdern zur Pflege von Kranken, besonders Geisteskranken, getragene Alexianerkrankenhaus „Haus Kannen“ in Münster-Amelsbüren. Der Orden erwarb diesen ehemaligen Adelssitz 1887 und errichtete in den folgenden Jahren das noch heute bestehende Krankenhaus für Geisteskranke, das in der Gegenwart etwa 500 Patienten beherbergt. Eine wichtige Rolle spielte auch die Nüchternheitsbewegung und die Bekämpfung der Trunksucht, wofür u. a. der aus Brilon stammende Paderborner Diözesanmissionar Josef Hillebrand zu nennen ist. Ein weiterer Schwerpunkt war das Waisenhauswesen. Die erste Gründungswelle katholischer Waisenhäuser setzte in Westfalen schon in der Mitte des 19. Jahrhunderts ein. Bekannt wurde vor allem das Waisenhaus der Genossenschaft der Schwestern der Göttlichen Vorsehung in St. Mauritz (Münster) von 1842. 1913 waren im „Verband der katholischen Waisenhäuser“ in der Diözese Paderborn 66 Waisenhäuser zusammengeschlossen; Verbandvorsitzender war der katholische Vikar Karl Sigges in Herbede (Witten). Oft gingen die Initiativen auch von katholischen Laien aus. So gründete der Justizrat Sigismund Diekamp in Bochum 1903 den „Katholischen Fürsorgeverein für verwahrloste Jugendliche“. Das von Ordensleuten geleitete „Haus Hall“ bei Gescher (Kreis Borken) hatte Bischof Johann Georg Müller von Münster schon 1855 gestiftet. „Haus Hall wurde schnell zur Zentraleinrichtung für verwahrloste Knaben der Provinz Westfalen (...). Die staatliche Verwaltung verfügte kaum über eigene Einrichtungen für diese Arbeit“ (Gatz, Kirchliches Leben, Bd. 5, S. 138).
Die evangelische Preußische Landeskirche besaß zu Beginn nur ein Predigerseminar für die – damals für künftige Pfarrer in Preußen noch nicht obligatorische – prakti-

sche Vorbereitung auf den Pfarrdienst im Anschluß an das Theologiestudium. Das war das 1816 gegründete Predigerseminar in Wittenberg. 1854 kam das Domkandidatenstift in Berlin hinzu, eine nur besonders qualifizierten Pfarramtskandidaten aus den verschiedenen preußischen Provinzialkirchen zugängliche Eliteeinrichtung. Die westfälische Provinzialkirche erhielt 1891 ein eigenes Predigerseminar in Soest. Damit wurde Soest noch mehr als zuvor schon als Tagungsort der Provinzialsynode, woran sich nach 1891 nichts änderte, zum Zentralort der evangelischen Kirche in Westfalen neben Münster als Sitz des Provinzialkonsistoriums.

Mit dem Ende der Monarchie 1918 entfiel das landesherrliche Kirchenregiment. Die Rechte des Königs von Preußen als „Summus Episcopus" gingen auf die Kirche selbst über. Die Konsistorien wurden reine Kirchenbehörden. Dadurch wurde eine Neuordnung der Kirchenverfassung notwendig, was für die Preußische Landeskirche auf der außerordentlichen preußischen Generalsynode von 1920 geschah. Die Preußische Landeskirche nannte sich jetzt „Evangelische Kirche der Altpreußischen Union". Auch deren Provinzialkirchen gaben sich neue Verfassungen. So erfuhr die Rheinisch-Westfälische Kirchenordnung von 1835 am 6. November 1923 eine Neufassung. Die neuen Kirchenverfassungen gaben den Synoden weitreichende Rechte, mit denen sie in die Nähe staatlicher Parlamente rückten, während die Konsistorien zu kirchlichen Verwaltungsbehörden wurden. Die Kirchenleitung war jetzt zumeist kollegialisch organisiert und setzte sich aus Vertretern der Synoden und der Konsistorien zusammen, jedoch mit einer personalen Spitze mit der Bezeichnung „Kirchenpräsident" oder, so vor allem in lutherischen Landeskirchen außerhalb Preußens, „Landesbischof". In Westfalen blieb es bei der Bezeichnung „Generalsuperintendent", bis das Amt der Generalsuperintendenten am 4. September 1933 von der preußischen Generalsynode aufgehoben wurde.

Im Kirchenkampf von 1933 an standen große Teile der westfälischen Provinzialkirche auf der Seite der Bekenntnisbewegung oder der „Bekennenden Kirche" (BK). Diese formierte sich 1933 sowohl gegen die NS-Kirchenpolitik, die eine politisch gefügige Staatskirche anstrebte, als auch gegen die „Deutschen Christen" (DC), eine mit dem Nationalsozialismus verbundene kirchliche Gruppierung, die eine NS-Reichskirche und – in ihrem radikalen Flügel – ein „artgemäßes" Christentum rassisch-völkischer Orientierung wollte. Beides war nicht identisch.

Am 25. April 1933 ernannte Hitler den Königsberger Wehrkreispfarrer Ludwig Müller zu seinem Bevollmächtigten für die Angelegenheiten der evangelischen Kirche. Am 26./27. Mai 1933 wählten Vertreter der Provinzial- und Landeskirchen Friedrich von Bodelschwingh, den Sohn des Bethelpfarrers, zum Reichsbischof, obwohl die neue, dieses Amt vorsehende Kirchenverfassung noch nicht galt. Ludwig Müller protestierte, unterstützt von den DC und von Hitler. Der preußische Kultusminister berief den Wiesbadener Landgerichtsrat August Jäger in die Kirchenabteilung seines Ministeriums, um mit diesem den Behördenapparat der Evangelischen Kirche der Altpreußischen Union den DC auszuliefern. Bodelschwingh trat am 24. Juni 1933 vom Amt des Reichsbischofs zurück. Am 14. Juli 1933 wurden die

Verfassung der damit begründeten föderalistischen „Deutschen Evangelischen Kirche" (DEK) als Reichsgesetz verkündet und auf den 23. Juli 1933 für die ganze DEK reichsweite Wahlen ausgeschrieben. Diese Wahlen endeten mit einem bedeutenden Sieg der DC über die konkurrierende Gruppierung „Evangelium und Kirche". Dieser Sieg führte zum völligen Umbau der Evangelischen Kirche der Altpreußischen Union auf der schon erwähnten Synode vom 4. September 1933. Ludwig Müller wurde preußischer Landesbischof, während an die Stelle der Provinzialkirchen und ihrer Generalsuperintendenten zehn DC-geführte „Bistümer" traten. Darunter war das „Bistum Münster", das das Gebiet der westfälischen Provinzialkirche umfaßte. Am 5. Oktober 1933 ernannte Müller als preußischer Landesbischof den Pfarrer von Weslarn (Bad Sassendorf/Kreis Soest) und Provinzleiter der DC in Westfalen, Bruno Adler, zum evangelischen Bischof von Münster. Am 27. September 1933 wählte die Wittenberger Nationalsynode Ludwig Müller zum Reichsbischof.

In Westfalen hatte eine Reihe von Pfarrern schon am 4. Juni 1933 mit dem „Wort und Bekenntnis westfälischer Pastoren" Stellung bezogen. Die Kirchenwahlen vom 23. Juni 1933 brachten in Westfalen ein vom gesamten übrigen Reich abweichendes Ergebnis, indem hier die Gruppe „Evangelium und Kirche" die Mehrheit vor den DC erhielt. Am 22. August 1933 wählte die westfälische Provinzialsynode Karl Koch, der ihr schon seit 1928 vorstand, für weitere acht Jahre zum Präses. Karl Koch, Pfarrer in Bad Oeynhausen, wurde zu einer der führenden Gestalten der BK. Als Martin Niemöller, der aus dem westfälischen Lippstadt stammende Pfarrer in Berlin-Dahlem, am 21. September 1933 den Pfarrernotbund gründete, gehörten ihm von den Kirchenführern nur Karl Koch und die beiden bisherigen Generalsuperintendenten Otto Dibelius (Kurmark Brandenburg) und Wilhelm Weirich (Westfalen) an, aber – im Januar 1934 – 7 036 Mitglieder aus der deutschen evangelischen Pfarrerschaft. Nach der Selbstdesavouierung der DC durch ihre extreme Berliner Sportpalastkundgebung vom 13. November 1933 lehnte die westfälische Provinzialsynode auf ihrer außerordentlichen Tagung in Dortmund am 13. bis 16. Dezember 1933 das Bischofsgesetz ab. Der Reichsbischof reagierte, indem er Karl Koch in den Ruhestand versetzte und Presbyterien in Westfalen auflösen und Pfarrer strafversetzen ließ. Nachdem das Landgericht Bochum die entsprechenden Verordnungen des Reichsbischofs verworfen hatte, wurde ihnen in Westfalen keine Beachtung geschenkt. So blieben die Maßnahmen August Jägers, die andernorts zur Eingliederung ganzer Landeskirchen in die DEK führten, in Westfalen praktisch ohne Wirkung. Die synodale Gemeinschaft blieb hier noch bis zu der von der Polizei aufgelösten Provinzialsynode vom 16. März 1934 aufrechterhalten und endete mit der an demselben Tag unmittelbar im Anschluß daran veranstalteten ersten westfälischen Bekenntnissynode.

Der ersten Bekenntnissynode auf der Ebene der DEK am 29. bis 31. Mai 1934 in Wuppertal-Barmen, die die inhaltlich stark von dem Bonner Theologieprofessor Karl Barth – vom Wintersemester 1925/26 bis zum Wintersemester 1929/30 war der Schweizer Barth Professor in Münster gewesen – bestimmte „Barmer Theologische

Erklärung“ verabschiedete und aus der die BK hervorging, stand Karl Koch als Präses vor. Dasselbe galt für die folgenden Bekenntnissynoden der DEK in Berlin-Dahlem (19./20. 10. 1934), Augsburg (4.-6. 7. 1935) und Bad Oeynhausen (17. bis 22. 2. 1936). Die Bekenntnissynode von Barmen hatte das Reichskirchenregiment Ludwig Müllers für illegitim erklärt, der aber dennoch am 23. September 1934 im Berliner Dom als Reichsbischof eingeführt wurde. Die Einführung Bruno Adlers als Bischof von Münster verzögerte sich bis zum 11. November 1934. Schon zehn Tage später war es mit der Herrschaft der DC-Amtsträger im Konsistorium in Münster vorbei. Bischof Adler wurde beurlaubt, während Karl Koch die geistliche Leitung der westfälischen Provinzialkirche übernahm.
1935 begannen nicht nur vom Staat und von der NSDAP begünstigte „neuheidnische“ Propagandaaktionen gegen die Kirche, sondern auch polizeiliche Unterdrückungsmaßnahmen gegen die BK und ihre Einrichtungen, zu denen auch das im November 1934 eröffnete Predigerseminar der BK in Bielefeld-Sieker gehörte. Anfang Januar 1935 hielten sich in Westfalen 218 evangelische Kirchengemeinden mit 534 Pfarrern und 20 von 24 Kreissynoden zur BK. Im Oktober 1935 bildete sich ein vermittelnder Reichskirchenausschuß (RKA) unter dem ehemaligen westfälischen Generalsuperintendenten Wilhelm Zoellner, der aber zu nichts führte. Die 4. und letzte Bekenntnissynode der DEK 1936 in Bad Oeynhausen brachte die Spaltung der BK. Danach setzte die NS-Kirchenpolitik bis zum Ende des Zweiten Weltkriegs auf allmähliche Verkümmerung der Kirche bei gleichzeitigen Repressionsmaßnahmen wie der Inhaftierung Martin Niemöllers von 1937 bis 1945. Hinzu kam die antichristliche Propaganda der NSDAP und ihrer Gliederungen, verbunden mit antikirchlicher Praxis. „Im September 1937 wurden alle Einrichtungen der BK aufgelöst. Es folgten nur noch Nachspiele. Als 1938 der Treueid auf Hitler gefordert wurde, waren die Vertrauensleute der westfälischen BK bereit, diesen zuzugestehen, wenn er mit einer ‚Erklärung zum Treueid‘ verbunden würde. Ermüdungserscheinungen machten sich hier und dort bemerkbar. (…) Mochten auch die Kämpfe um die Euthanasie gerade in Bethel einen erneuten Auftrieb zum Widerstand geben, die große Zeit der kirchlichen Selbstbesinnung und des aktiven kirchlichen Handelns schien vorüber zu sein. Der Kriegsbeginn trug das Seine dazu bei, die kirchlichen Kämpfe abflauen zu lassen“ (Stupperich, Ev. Kirche, S. 104). Die Katholiken in Westfalen hatten zwar kein Bethel und keinen Bodelschwingh, aber auf evangelischer Seite gab es keinen Bischof Clemens August Graf von Galen.
Die Landesbruderräte der BK – Karl Koch hatte den Vorsitz im westfälischen Bruderrat niedergelegt – bestanden jedoch während des gesamten Zweiten Weltkriegs fort. Nach Kriegsende fand am 29. und 30. Juni 1945 in Berlin-Spandau noch eine Synode der BK von Berlin statt, gefolgt von einer Konferenz der Landesbruderräte der BK in Frankfurt am Main vom 21. bis zum 24. August 1945. Vom 27. bis zum 30. August 1945 fand dann eine Versammlung von Kirchenführern im hessischen Treysa statt. Hier wurde die Auflösung der Notorgane der BK und die Gründung der „Evangelischen Kirche in Deutschland“ (EKD) anstelle der DEK eingeleitet.

Verabschiedet wurde in Treysa auch die „Vorläufige Grundordnung“ der EKD vom 31. August 1945. Auf der Kirchenversammlung von Eisenach 1948 folgte die „Grundordnung der EKD“ vom 31. Juli 1948, bevor die erste ordentliche Synode der EKD im Januar 1949 in Westfalen, in Bethel, stattfand.

Mit der „Vorläufigen Grundordnung“ von Treysa von 1945 entstand aus der westfälischen Provinzialkirche der Evangelischen Kirche der Altpreußischen Union die selbständige Evangelische Kirche von Westfalen (EKvW) als Gliedkirche der EKD und der Evangelischen Kirche der Altpreußischen Union, die seit 1953 „Evangelische Kirche der Union“ (EKU) heißt. Erster Präses der EKvW wurde Karl Koch. Die EKvW erhielt am 1. Dezember 1953 eine Kirchenordnung. Diese Kirchenordnung kennt kein Konsistorium in Münster mehr, sondern ein Landeskirchenamt in Bielefeld als kirchliche Verwaltungsbehörde für die Landeskirche. Die Leitung der EKvW liegt bei der alle vier Jahre neu gebildeten Landessynode, wobei diese Funktion im Auftrag der Landessynode von der von ihr gewählten Kirchenleitung ausgeübt wird. An der Spitze steht der Präses als Vorsitzender von Landessynode, Kirchenleitung und Landeskirchenamt. Die Evangelische Kirche von Westfalen deckt sich räumlich, von geringfügigen Grenzüberschreitungen abgesehen, mit dem Gebiet der Provinz Westfalen. Sie umfaßt heute 33 Kirchenkreise mit derzeit (1996) 660 Kirchengemeinden. Hinzu kommen 21 Verbandspfarrstellen der Vereinigten Kirchenkreise Dortmund, die den 34. Kirchenkreis der EKvW bilden (Adressenwerk, S. 274-277).
Die Zahlen für die katholische Kirche sind kaum vergleichbar, weil die Diözesen Münster, Paderborn und Essen sich nicht mit dem Gebiet der Provinz Westfalen decken, sondern in allen drei Fällen über Westfalen hinausreichen. Außerdem stammen die verfügbaren Zahlen von 1980 und somit aus der Zeit, in der das heutige Bistum Magdeburg noch zur Erzdiözese Paderborn gehörte. Schließlich gibt es im katholischen Bereich mit dem Nebeneinander von Pfarreien und Pfarrvikarien strukturelle Unterschiede zu den evangelischen Kirchengemeinden, die den Zahlenvergleich erschweren. Nach dem Stand von 1980 entfielen auf die Diözese Essen 228 Pfarreien und 98 andere selbständige Seelsorgesprengel (vor allem Pfarrvikarien). Die Diözese Münster umfaßte 686 Pfarreien und andere selbständige Seelsorgesprengel. Die Erzdiözese Paderborn hatte in ihrem damaligen Gebietsumfang 553 Pfarreien und 230 andere Seelsorgesprengel (Gatz, Kirchliches Leben, Bd. 1, S. 306, 497 u. 521). An anderer Stelle werden für Münster – ohne genaues Bezugsjahr – 689 Pfarren, Pfarrektorate und Kapellengemeinden genannt (Thissen III, S. 31). Von den 44 Dekanaten des Bistums Münster entfallen nach dem Stand vom 1. Juli 1976 27 mit 390 Pfarren und Pfarrektoraten (Thissen III, S. 35) auf den westfälischen Teil der Diözese.

Literatur

Adressenwerk der evangelischen Kirchen 1996. Nachschlagewerk in vier Teilen. Frankfurt am Main 1996.

Angermann, Gertrud: Gründung und Anfänge eines Armen- und Waisenhauses in Jöllenbeck bei Bielefeld unter Pastor Johann Heinrich Volkening 1856ff. und seine Bedeutung im Rahmen der Erweckungsbewegung, in: Jahrbuch für westfälische Kirchengeschichte 79, 1986, S. 157-192.

Bari, Barbara: Pauline von Mallinckrodt und die Gründung ihrer Kongregation. Katholische Ordensfrauen als caritative Pioniere des 19. Jahrhunderts, in: Westfälische Zeitschrift 146, 1996, S. 287-312.

Bauks, Friedrich Wilhelm: Die evangelischen Pfarrer in Westfalen (Literatur Kap. 4).
Behr, Hans-Joachim: Provinz Westfalen (Literatur Kap. 6).
Benrath, Gustav Adolf: Art. Erweckung/Erweckungsbewegung I, in: Theologische Realenzyklopädie, Bd. 10, Berlin/New York 1982, S. 205-220.
Beyreuther, Erich: Die Erweckungsbewegung. (Die Kirche in ihrer Geschichte, Bd. 4/Lfg. R 1) 2. Aufl. Göttingen 1977.
Das Bistum Münster. Hrsg. von Werner Thissen (Literatur Kap. 2).
Brandt, Hans-Jürgen/Hengst, Karl: Bischöfe und Erzbischöfe (Literatur Kap. 2).
Brandt, Hans-Jürgen/Hengst, Karl: Geschichte des Erzbistums Paderborn, Bd. 3: Das Bistum Paderborn im Industriezeitalter 1821-1930. (Veröffentlichungen zur Geschichte der Mitteldeutschen Kirchenprovinz, Bd. 14) Paderborn 1997.
Breuer, Klaus: Die Westfälische Provinzialkirche im Zeitalter von Liberalismus und Kulturkampf 1861-1879. (Beiträge zur westfälischen Kirchengeschichte, Bd. 5) Bielefeld 1984.
Busch, Norbert: Fromme Westfalen. Zur Sozial- und Mentalitätsgeschichte des Herz-Jesu-Kultes zwischen Kulturkampf und Erstem Weltkrieg, in: Westfälische Zeitschrift 144, 1994, S. 329-350.
Clemens August Graf von Galen. Menschenrechte – Widerstand – Euthanasie – Neubeginn. Hrsg. von Joachim Kuropka. Münster 1998.
Damberg, Wilhelm: Moderne und Milieu 1802-1998. Münster 1998. (= Geschichte des Bistums Münster. Hrsg. von Arnold Angenendt, Bd. 5).
Deutscher Katholizismus im Umbruch zur Moderne. Hrsg. von Wilfried Loth. (Konfession und Gesellschaft, Bd. 3) Stuttgart 1991.
Das Erzbistum Paderborn in der Zeit des Nationalsozialismus. Beiträge zur regionalen Kirchengeschichte 1933-1945. Hrsg. von Ulrich Wagener. (Zeitgeschichte im Erzbistum Paderborn, Bd. 2) Paderborn 1993.
Diakonie. Geschichte von unten. Christliche Nächstenliebe und kirchliche Sozialarbeit in Westfalen. Hrsg. von Hans Bachmann u. Reinhard van Spankeren. Bielefeld 1995.
Diakonie im Deutschen Kaiserreich (1871-1918). Neuere Beiträge aus der diakoniegeschichtlichen Forschung. Hrsg. von Theodor Strohm u. Jörg Thierfelder. Heidelberg 1995.
Friedrich von Bodelschwingh d. J. und die Betheler Anstalten. Frömmigkeit und Weltgestaltung. Hrsg. von Matthias Benad. Stuttgart 1997.
Frommes Volk und Patrioten. Erweckungsbewegung und soziale Frage im östlichen Westfalen 1800 bis 1900. Hrsg. von Josef Mooser, Regine Krull, Bernd Hey u. Roland Gießelmann. Bielefeld 1989.
Gäbler, Ulrich: „Auferstehungszeit“. Erweckungsprediger des 19. Jahrhunderts. Sechs Porträts. München 1991.
Gatz, Erwin (Hrsg.): Die Bischöfe der deutschsprachigen Länder 1785/1803 bis 1945. Ein biographisches Lexikon. Berlin 1983.
Gatz, Erwin (Hrsg.): Geschichte des kirchlichen Lebens in den deutschsprachigen Ländern seit dem Ende des 18. Jahrhunderts. Die katholische Kirche. 5 Bde. Freiburg 1991-1997.
Die Geschichte der Evangelischen Kirche der Union. Ein Handbuch. Hrsg. von J. F. Gerhard Goeters u. Joachim Rogge, Bd. 1: Die Anfänge der Union unter landesherrlichem Kirchenregiment (1817-1850). Hrsg. von J. F. Gerhard Goeters u. Rudolf Mau. Leipzig 1992; Bd. 2: Die Verselbständigung der Kirche unter dem königlichen Summepiskopat (1850-1918). Hrsg. von Joachim Rogge u. Gerhard Ruhbach. Leipzig 1994.
Gröne, Wilhelm: Die Gedankenwelt der Minden-Ravensberger Erweckungsbewegung im Spiegel des Evangelischen Monatsblattes für Westfalen 1845-1877, in: Jahrbuch für westfälische Kirchengeschichte 65, 1972, S. 123-173.
Gruß, Heribert: Erzbischof Lorenz Jaeger als Kirchenführer im Dritten Reich. Tatsachen-

Dokumente-Entwicklungen-Kontext-Probleme. (Zeitgeschichte im Erzbistum Paderborn, Bd. 3) Paderborn 1995.
Hegel, Eduard: Die katholische Kirche in Westfalen 1815-1945, in: Ders., Robert Stupperich u. Bernhard Brilling, Kirchen und Religionsgemeinschaften in der Provinz Westfalen. (Veröffentlichungen der Historischen Kommission für Westfalen; XXXVIII: Beiträge zur Geschichte der preußischen Provinz Westfalen, Bd. 2) Münster 1978, S. 1-39.
Hellmann, Manfred: „Es geht kein Mensch über die Erde, den Gott nicht liebt". Friedrich von Bodelschwingh d. Ä. Wuppertal/Zürich 1993.
Hey, Bernd: Die Kirchenprovinz Westfalen 1933-1945. (Beiträge zur westfälischen Kirchengeschichte, Bd. 2) Bielefeld 1974.
Hippel, Ernst von/Rehborn, Helmut (Hrsg.): Gesetze des Landes Nordrhein-Westfalen, Textsammlung. (Loseblattsammlung).
Hölscher, Lucian: Bürgerliche Religiosität im protestantischen Deutschland des 19. Jahrhunderts, in: Religion und Gesellschaft im 19. Jahrhundert. Hrsg. von Wolfgang Schieder. Stuttgart 1993, S. 191-215.
Hölscher, Lucian: Die Religion des Bürgers. Bürgerliche Frömmigkeit und protestantische Kirche im 19. Jahrhundert, in: Historische Zeitschrift 250, 1990, S. 595-630.
Hölscher, Lucian: Säkularisierungsprozesse im deutschen Protestantismus des 19. Jahrhunderts. Ein Vergleich zwischen Bürgertum und Arbeiterschaft, in: Bürger in der Gesellschaft der Neuzeit. Wirtschaft–Politik–Kultur. Hrsg. von Hans Jürgen Puhle. (Bürgertum, Bd. 1) Göttingen 1991, S. 238-258.
Hürten, Heinz: Geschichte des deutschen Katholizismus 1800-1960. Mainz 1986.
Jacobson, Heinrich Friedrich: Geschichte der Quellen des evangelischen Kirchenrechts der Provinzen Rheinland und Westfalen, mit Urkunden und Regesten. 2 Bde. Königsberg 1844.
Janz, Oliver: Bürger besonderer Art. Evangelische Pfarrer in Preußen 1850-1914. (Veröffentlichungen der Historischen Kommission zu Berlin, Bd. 87) Berlin/New York 1994.
Kampmann, Jürgen: Die Einführung der Berliner Agende in Westfalen. Die Neuordnung des evangelischen Gottesdienstes 1813-1835. (Beiträge zur westfälischen Kirchengeschichte, Bd. 8) Bielefeld 1991.
Kampmann, Jürgen: Von der altpreußischen Provinzial- zur westfälischen Landeskirche. Die Verselbständigung der Evangelischen Kirche von Westfalen. (Beiträge zur westfälischen Kirchengeschichte, Bd. 14) Bielefeld 1998.
Kantzenbach, Friedrich Wilhelm: Die Erweckungsbewegung. Studien zur Geschichte ihrer Entstehung und ersten Ausbreitung in Deutschland. Neuendettelsau 1957.
Kaufmann, Doris: Katholisches Milieu in Münster (Literatur Kap. 7.4).
Keinemann, Friedrich: Das Kölner Ereignis. Sein Widerhall in der Rheinprovinz und in Westfalen, Bd. 1: Darstellung. (Veröffentlichungen der Historischen Kommission Westfalens, XXII: Geschichtliche Arbeiten zur westfälischen Landesforschung, Bd. 14) Münster 1974; Bd. 2: Quellen. (Publikationen der Gesellschaft für Rheinische Geschichtskunde, LIX) Münster 1974.
Kirchliches Amtsblatt für die Erzdiözese Paderborn, Jg. 137, 1994.
Klöckner, Michael: Das katholische Milieu. Grundüberlegungen in besonderer Hinsicht auf das Deutsche Kaiserreich von 1871, in: Zeitschrift für Religions- und Geistesgeschichte 44, 1992, S. 241-262.
Klöckner, Michael: Religion und Milieu. Perspektiven im Anschluß an die jüngere Erforschung des „katholischen Milieus", in: Dialog der Religionen 5, 1995, S. 178-192.
Klueting, Harm: Säkularisation im Herzogtum Westfalen (Literatur Kap. 5.4).
Köhne, Hertha: Die Entstehung der westfälischen Kirchenprovinz. (Beiträge zur westfälischen Kirchengeschichte, Bd. 1) Witten 1974.
Kösters, Christoph: Katholische Verbände und moderne Gesellschaft. Organisationsge-

schichte und Vereinskultur im Bistum Münster 1918 bis 1945. (Veröffentlichungen der Kommission für Zeitgeschichte, B, Bd. 68) Paderborn 1995.
Kontinuität und Neubeginn. Die rheinische und westfälische Kirche in der Nachkriegszeit (1945-1949). Hrsg. von Bernd Hey u. Günther van Norden. (Beiträge zur westfälischen Kirchengeschichte, Bd. 11) Bielefeld 1996.
Kuhlemann, Frank-Michael: Gesellschaft, Frömmigkeit und Theologie. Milieubildung und Mentalität im Protestantismus Ostwestfalens um die Jahrhundertwende, in: Westfälische Forschungen 47, 1997, S. 293-322.
Kuhlemann, Frank-Michael: Die moderne Theologie und das evangelische Bekenntnis. Religion und Kirche in Minden-Ravensberg um 1900, in: Unter Pickelhaube und Zylinder. Das östliche Westfalen im Zeitalter des Wilhelminismus 1888 bis 1914. Hrsg. von Joachim Meynert u. a. Bielefeld 1991, S. 259-282.
Der Kulturkampf. Hrsg. von Rudolf Lill. (Beiträge zur Katholizismusforschung, A, Bd. 10) Paderborn 1997.
Kuropka, Joachim: Clemens August Graf von Galen. Neue Forschungen zum Leben und Wirken des Bischofs von Münster. 2. Aufl. Münster 1993.
Kuropka, Joachim: Clemens August Graf von Galen. Sein Leben und Wirken in Bildern und Dokumenten. Unter Mitarbeit von Maria Anna Zumholz. 3. Aufl. Cloppenburg 1997.
Leesch, Wolfgang: Verwaltung in Westfalen (Literatur Kap. 6).
Lehmann, Hartmut: Neupietismus und Säkularisierung. Beobachtungen zum sozialen Umfeld und politischen Hintergrund von Erweckungsbewegung und Gemeinschaftsbewegung, in: Pietismus und Neuzeit 15, 1989, S. 40-58.
Liedhegener, Antonius: Christentum und Urbanisierung. Katholiken und Protestanten in Münster und Bochum 1830-1933. (Veröffentlichungen der Kommission für Zeitgeschichte, B, Bd. 77) Paderborn 1997.
Löffler, Peter (Bearb.): Bischof Clemens August Graf von Galen. Akten, Briefe und Predigten 1933-1946. 2 Bde. (Veröffentlichungen der Kommission für Zeitgeschichte, A, Bd. 42) Paderborn 1996.
Loth, Wilfried: Katholiken im Kaiserreich. Der politische Katholizismus in der Krise des Wilhelminischen Deutschland. (Beiträge zur Geschichte des Parlamentarismus und der politischen Parteien, Bd. 75) Düsseldorf 1984.
Meier, Kurt: Der evangelische Kirchenkampf. 3 Bde. Göttingen 1984.
Mooser, Josef: Das katholische Vereinswesen in der Diözese Paderborn um 1900, in: Westfälische Zeitschrift 141, 1991, S. 447-461.
Mooser, Josef: Katholische Volksreligion, Klerus und Bürgertum in der zweiten Hälfte des 19. Jahrhunderts. Thesen, in: Religion und Gesellschaft im 19. Jahrhundert. Hrsg. von Wolfgang Schieder. Stuttgart 1993, S. 144-156.
Mooser, Josef: Kirche, Erweckungsbewegung und politischer Konservativismus in der Revolution. Das Beispiel Westfalen in sozialgeschichtlicher Perspektive, in: Zeitschrift für bayerische Kirchengeschichte 62, 1993, S. 93-115.
Mooser, Josef: Konventikel, Unterschichten und Pastoren. Entstehung, Träger und Leistungen der Erweckungsbewegung in Minden-Ravensberg, ca. 1820-1850, in: Frommes Volk und Patrioten. Hrsg. von Josef Mooser u. a. Bielefeld 1989, S. 16-52.
Mooser, Josef: Religion und sozialer Protest. Erweckungsbewegung und ländliche Unterschichten im Vormärz am Beispiel Minden-Ravensberg, in: Sozialer Protest. Studien zu traditioneller Resistenz und kollektiver Gewalt in Deutschland vom Vormärz bis zur Reichsgründung. Hrsg. von Heinrich Volkmann u. a. (Schriften des Zentralinstituts für sozialwissenschaftliche Forschung an der Freien Universität Berlin, Bd. 44) Opladen 1984, S. 304-324.
Neuser, Wilhelm H.: Agende, Agendenstreit und Provinzialagenden, in: Die Geschichte der

Evangelischen Kirche der Union, Bd. 1: Die Anfänge der Union unter landesherrlichem Kirchenregiment (1817-1850). Hrsg. von J. F. Gerhard Goeters u. Rudolf Mau. Leipzig 1992, S. 135-159.

Neuser, Wilhelm H.: Die Entstehung der Rheinisch-Westfälischen Kirchenordnung, in: Die Geschichte der Evangelischen Kirche der Union, Bd. 1: Die Anfänge der Union unter landesherrlichem Kirchenregiment (1817-1850). Hrsg. von J. F. Gerhard Goeters u. Rudolf Mau. Leipzig 1992, S. 241-256.

Neuser, Wilhelm H. (Hrsg.): Die Protokolle der lutherisch-reformierten Gesamtsynode der Grafschaft Mark und ihrer Nebenquartiere 1817-1834. Mit erläuternden Dokumenten. Tl. 1: Gesamtsynode und Reformationsfeier in Hagen 1817 und ihre Vorgeschichte. Unionsaufruf des Königs und Reformationsfeiern in den Gemeinden. (Veröffentlichungen der Historischen Kommission für Westfalen XLIV: Quellen und Forschungen zur Kirchen- und Religionsgeschichte, Bd. 5) Münster 1997.

Niemöller, Wilhelm: Bekennende Kirche in Westfalen. Bielefeld 1952.

Niemöller, Wilhelm: Kampf und Zeugnis der Bekennenden Kirche. Bielefeld 1948.

Nienhaus, Frank: Transformations- und Erosionsprozesse des katholischen Milieus in einer ländlich-textilindustrialisierten Region: Das Westmünsterland 1914-1968, in: Zäsuren und gesellschaftlicher Wandel im 20. Jahrhundert. Regionale und vergleichende Perspektiven. Hrsg. von Matthias Frese u. Michael Prinz. (Forschungen zur Regionalgeschichte, Bd. 18) Paderborn 1996, S. 545-595.

Nipperdey, Thomas: Deutsche Geschichte 1800-1866 (Literatur Kap. 7.1), Kap. IV/1: Religion, Kirche, Entchristianisierung (S. 403-451).

Nowak, Kurt: Geschichte des Christentums in Deutschland. Religion, Politik und Gesellschaft vom Ende der Aufklärung bis zur Mitte des 20. Jahrhunderts. München 1995.

Philipps, Werner: Wilhelm Zoellner – Mann der Kirche in Kaiserreich, Republik und Drittem Reich. (Beiträge zur westfälischen Kirchengeschichte, Bd. 6) Bielefeld 1985.

Rahe, Wilhelm: Johann Heinrich Volkening als Prediger in den Anfängen der Erweckungsbewegung von Minden-Ravensberg, in: Jahrbuch des Vereins für westfälische Kirchengeschichte 40/41, 1939/40, S. 67-171.

Reekers, Stephanie: Westfalens Bevölkerung (Literatur Kap. 7.3).

Religion im Kaiserreich. Milieus-Mentalitäten-Krisen. Hrsg. von Olaf Blaschke u. Frank-Michael Kuhlemann. (Religiöse Kulturen der Moderne, Bd. 2) Gütersloh 1996.

Religion und Gesellschaft im 19. Jahrhundert. Hrsg. von Wolfgang Schieder. (Industrielle Welt, Bd. 54) Stuttgart 1993.

Rottschäfer, Ulrich: Erweckung und Diakonie in Minden-Ravensberg. Das Rettungshaus Pollertshof 1851-1930. (Mindener Beiträge, Bd. 24) Minden 1987.

Ruhbach, Gerhard: Die Erweckungsbewegung und ihre kirchliche Formation, in: Die Geschichte der Evangelischen Kirche der Union, Bd. 1: Die Anfänge der Union unter landesherrlichem Kirchenregiment (1817-1850). Hrsg. von J. F. Gerhard Goeters u. Rudolf Mau. Leipzig 1992, S. 159-174.

Saal, Friedrich Wilhelm: Schul- und Bildungswesen (Literatur Kap. 7.3).

Schlögl, Rudolf: Glaube und Religion in der Säkularisierung. Die katholische Stadt – Köln, Aachen, Münster – 1700-1840. (Ancien Régime, Aufklärung und Revolution, Bd. 28) München 1995.

Schlögl, Rudolf: Katholische Kirche, Religiosität und gesellschaftlicher Wandel. Rheinisch-westfälische Städte 1750 bis 1830, in: Religion und Gesellschaft im 19. Jahrhundert. Hrsg. von Wolfgang Schieder. Stuttgart 1993, S. 86-112.

Scholder, Klaus: Die Kirchen und das Dritte Reich. Bd. 1: Vorgeschichte und Zeit der Illusionen 1918-1934. Frankfurt am Main 1977; Bd. 2: Das Jahr der Ernüchterung 1934. Barmen und Rom. Berlin 1985.

Schröer, Alois: Die Kirche von Münster im Wandel der Zeit. Ausgewählte Abhandlungen, Aufsätze und Vorträge zur Kirchengeschichte und religiösen Volkskunde des Bistums und Fürstbistums Münster. Münster 1994.
Stupperich, Robert: Die evangelische Kirche in Westfalen 1815-1945, in: Eduard Hegel, Robert Stupperich u. Bernhard Brilling, Kirchen und Religionsgemeinschaften in der Provinz Westfalen. (Veröffentlichungen der Historischen Kommission für Westfalen, XXXVIII: Beiträge zur Geschichte der preußischen Provinz Westfalen, Bd. 2) Münster 1978, S. 41-104.
Thau, Bärbel: Das Rettungshaus in Schildesche von 1852 bis 1877. Christliche Anfänge der Sozialfürsorge, in: Frommes Volk und Patrioten. Hrsg. von Josef Mooser u. a. Bielefeld 1989, S. 160-182.
Wappler, Klaus: Die Kirchenaustrittsbewegung bis zum Ersten Weltkrieg, in: Die Geschichte der Evangelischen Kirche unter dem königlichen Summepiskopat (1850-1918). Hrsg. von Joachim Rogge u. Gerhard Ruhbach. Leipzig 1994, S. 429-439.
Wappler, Klaus: Reformationsjubiläum und Kirchenunion (1817), in: Die Geschichte der Evangelischen Kirche der Union, Bd. 1: Die Anfänge der Union unter landesherrlichem Kirchenregiment (1817-1850). Hrsg. von J. F. Gerhard Goeters u. Rudolf Mau. Leipzig 1992, S. 93-115.
Wirtz, Heiner: Katholische Vereinskultur und Kultur im katholischen Verein – das Beispiel der Gesellenvereine im Bistum Münster 1852-1960, in: Westfälische Forschungen 47, 1997, S. 377-426.

9.

Westfalen als Industrieland – Das Ruhrgebiet

Von der Industrialisierung in Westfalen war im Zusammenhang mit ihren Begleitumständen und ihren Folgen für Bevölkerungswachstum und Urbanisierung, aber auch im Hinblick auf die Politisierung breiter Bevölkerungsschichten, schon mehrfach die Rede, aber noch nicht von der Industrialisierung als solcher und vom Aufbau des Ruhrgebietes als größter Industrielandschaft Deutschlands, an der Westfalen und das Rheinland Anteil hatten.

Zur Zeit der Gründung der Provinz Westfalen, 1816, konnte niemand voraussehen, daß Westfalen mit damals kleinen Städten und Orten wie Dortmund, Hörde (Dortmund), Bochum, Hattingen oder Recklinghausen, mit Dörfern wie Gelsenkirchen und mit ganz dünn besiedelten Landstrichen wie dem Emscherbruch – ebenso wie die rheinischen Nachbarorte Essen, Duisburg, Hamborn (Duisburg), Mülheim an der Ruhr oder die Gegend um Schloß Oberhausen, das 1929 einer Großstadt den Namen gab – wenige Jahrzehnte später das industrielle Kernland Preußens und Deutschlands bilden würde. Trotz der vorindustriellen Gewerbegebiete, besonders in der Grafschaft Mark südlich der Ruhr mit der dortigen Kleineisenproduktion, aber auch im Siegerland und in den ostwestfälischen und münsterländischen Textilproduktionsgegenden, war Westfalen um 1816 noch ein Agrarland. Das Leben der Menschen wurde auch in den Städten vom jahreszeitlichen Rhythmus der Landwirtschaft und von der Krisenanfälligkeit der Ernteerträge bestimmt. So wirkten sich auch in Westfalen die durch Ernteschwankungen oder Ernteausfälle bedingten Hungerkrisen der vorindustriellen Zeit aus, besonders die der Jahre 1817 und 1847 (S. 282 f.). Auch in Westfalen war die Zeit zwischen 1817 und 1847 eine Zeit des Bevölkerungswachstums (S. 294 f.).

Mit dem Bevölkerungswachstum vermehrte sich vor allem die wirtschaftlich unselbständige ländliche Unterschicht unterhalb der Bauern, also die Schicht der Heuerlinge (S. 219 f.). Diese hatten im Gegensatz zu den Bauern kein Land, keinen Bauernhof; sie wohnten bei den Bauern zur Miete und fristeten ihre Existenz als Heimarbeiter mit Arbeiten wie Spinnen und Weben, wobei die Frauen- und Kinderarbeit eine große Rolle spielte, als Tagelöhner auf Bauernhöfen, als Wanderarbeiter, Hausierer oder Wanderhändler. Hierher gehören die sauerländischen Sensenhändler, die „Hollandgänger", die sich in den Niederlanden als Torfstecher, Grasmäher, Korndrescher oder Bauarbeiter verdingten und auch als „Tüötten" bezeichnet werden, und andere Formen der Arbeiterwanderung (S. 214).

Das Wachstum der ländlichen Unterschicht der wirtschaftlich unselbständigen, sozial schwachen und am ehesten von Krisen aller Art bedrohten Menschen führte

in der ersten Hälfte des 19. Jahrhunderts in den Pauperismus (von lat. „pauper" = arm). Darunter versteht man die strukturelle Dauerarmut großer Bevölkerungsteile, die ständig am oder unter dem Existenzminimum lebten und nur durch öffentliche Unterstützung vor dem Verhungern bewahrt werden konnten. Diese gesellschaftlichen Realitäten der Jahrzehnte vor der Industrialisierung bildeten den Hintergrund für die Einrichtung der erwähnten kirchlichen oder kirchennahen Hilfswerke, für Innere Mission und Caritas (S. 365-367) und für die Errichtung von Suppenanstalten oder Armenküchen. Dabei wurde im Einzelfall sehr viel Hilfe geleistet, doch konnte das Problem des Pauperismus auf diese Weise nicht beseitigt werden. Noch wirkungsloser war die Politik der Regierungen. So wurde gerade in Preußen der Pauperismus zu einem zentralen Problem, weil hier die staatliche Sozialpolitik hinter dem an den Lehren des schottischen Wirtschaftstheoretikers Adam Smith orientierten Wirtschaftsliberalismus der zuständigen Berliner Ministerien ins Hintertreffen geriet. So konnten in Städten der preußischen Rheinprovinz wie Köln, Elberfeld oder Düsseldorf 31,1 %, 25,2 % bzw. 23 % der Einwohner 1842 nur aufgrund öffentlicher Armenfürsorge leben (Wehler, Dt. Gesellschaftsgeschichte II, S. 293).
Auch in Westfalen war in den Berichten der Armenverwaltungen und der Bürgermeister von ständiger Zunahme der Armut die Rede. In den Städten und Dörfern des Münsterlandes lag die Zahl der von Armenunterstützung Abhängigen außerhalb von Hungerjahren etwa zwischen vier und neun Prozent der Einwohner. Für 1830 werden für den Regierungsbezirk Münster 4,6 % der Bevölkerung als Personen genannt, die wegen Armut von der Klassensteuer befreit waren, im Regierungsbezirk Minden hingegen nur 1,9 % und im Regierungsbezirk Arnsberg 2,6 %. 1840 lagen die entsprechenden Zahlen in den Regierungsbezirken Münster und Minden bei 3,1 % und im Regierungsbezirk Arnsberg bei 2,7 %. Für 1850 werden für den Regierungsbezirk Münster 2,4 %, für den Regierungsbezirk Minden 5,4 % und für den Regierungsbezirk Arnsberg 3,3 % genannt (Wischermann, An der Schwelle, S. 55). 1829 versuchte der Oberpräsident in Münster, die am meisten vom Pauperismus bedrohten oder betroffenen Gebiete Westfalens zu ermitteln. Der Anlaß war eine „königliche Gnadengabe", durch die besonders verarmte Gemeinden kostenlos mit Salz, damals für die Konservierung von Lebensmitteln unverzichtbar, versorgt werden sollten, wozu das Finanzministerium 100 Tonnen Salz zur Verteilung an die ärmsten Einwohner zur Verfügung stellte. Der Regierungsbezirk Minden erhielt für 48 Gemeinden in den neun Kreisen Paderborn, Herford, Lübbecke, Bielefeld, Halle, Wiedenbrück, Höxter, Warburg und Büren Salz, der Regierungsbezirk Arnsberg für 24 Gemeinden in den vier Kreisen Altena, Arnsberg, Brilon und Lippstadt und der Regierungsbezirk Münster für 15 Gemeinden in den beiden Kreisen Borken und Tecklenburg. Weit mehr als die Hälfte der unterstützten Gemeinden lag somit im Regierungsbezirk Minden.
Diese regionale Verteilung der Armut in Westfalen ist ein Beleg dafür, daß die Arbeiter der ersten industriellen Fabrikbetriebe von Pauperismus kaum oder gar nicht betroffen waren, obwohl ihre Lebensbedingungen hart und von bürgerlichen

Normen weit entfernt waren. Der Pauperismus war auch in Westfalen der Höhepunkt der vorindustriellen ländlichen Armut und eine Erscheinung des noch agrarisch strukturierten Landes und dann auch vorindustriell geprägter Städte, jedoch keine Erscheinung der frühen Fabrikstandorte. Dennoch bestand eine unmittelbare Beziehung zwischen Pauperismus und Industrialisierung. Was kirchliche Hilfswerke, bürgerliche Mildtätigkeit und staatliche Sozialpolitik angesichts der gesamtgesellschaftlichen Ausweglosigkeit des Pauperismusproblems nicht erreichen konnten, das erreichten – wenn auch unbeabsichtigt – Industriekapitalismus und Industrialisierung: „Die Industrialisierung, der mit ihr verbundene Ausbau des Verkehrssystems, der massenhafte Wohnungsbau im Zuge der Urbanisierung – kurzum: Das neuartige, von der Industrialisierung getragene wirtschaftliche Wachstum seit der Jahrhundertmitte hat dann das Pauperismusproblem gelöst“ (Wehler, Dt. Gesellschaftsgeschichte II, S. 286). Entscheidend wurde dabei der Arbeitskräftebedarf der beginnenden Großindustrie, besonders der Tiefbauzechen, der Hüttenwerke, der Maschinenbaufabriken und der Eisenbahn, später dann auch der Dienstleistungsberufe. Durch diesen Arbeitskräftebedarf wurde die von der Bevölkerungsvermehrung seit dem 18. Jahrhundert hervorgebrachte Überschußbevölkerung absorbiert.
Das Wort „Industrie“ bedeutete im 18. Jahrhundert soviel wie „Gewerbefleiß“. Heute gebraucht man das Wort „Industrie“ im Sinne von „maschinenorientierter Arbeit im gewerblichen Bereich“. Industrialisierung war also der „Übergang von der handarbeitsorientierten zur maschinenorientierten“ gewerblichen Güterproduktion (Henning, Industrialisierung, S. 111). Industrialisierung war im Kern ein Wandel der Produktionsmethode im sog. sekundären Sektor der Wirtschaft.
Der sekundäre Sektor neben der Landwirtschaft als primärem und Dienstleistungen, darunter die staatliche Verwaltung, als tertiärem Sektor bestand in der vorindustriellen Zeit in erster Linie in der Textilproduktion, im Eisenhüttenwesen und in der Metallverarbeitung. Es gab das städtische, zunftgebundene Handwerk, das ländliche, zunftfreie Handwerk, die Heimarbeit im Verlagssystem und die Manufakturen. Daneben wird seit den 1970er Jahren von „Protoindustrialisierung“ und von protoindustriellen Fabriken als Vorformen der Industrie gesprochen. Bei der Heimarbeit im Verlagssystem stellte ein Unternehmer, der „Verleger“, den in Heimarbeit tätigen, selbständigen, aber vom Verleger abhängigen Produzenten die Rohstoffe zur Verfügung, holte die fertigen Produkte ab und besorgte ihren Absatz. Die Heimarbeit im Verlagssystem war oft mit Manufakturbetrieben verbunden, indem Manufakturen einen Teil der Produktion, etwa die Herstellung von Einzelteilen, von Heimarbeitern besorgen ließen und somit dezentralisierten. Manufakturen waren Produktionsstätten mit innerbetrieblicher Arbeitsteilung und Trennung von Produktion und Firmenleitung, die sich hinsichtlich Größe und Organisationsform vom Handwerksbetrieb unterschieden und im Gegensatz zur Heimarbeit im Verlagssystem den Produktionsprozeß in größeren oder großen Betriebsstätten konzentrierten. Anders als die Werkstatt des Handwerkers war die Manufaktur eine von der Wohnung getrennte, unternehmereigene Arbeitsstätte und ein zentralisierter

und zentral geleiteter Großbetrieb mit oft mehreren Hunderten von Arbeitern, die in freier Lohnarbeit tätig waren. Der Gegensatz der Manufaktur zur industriellen Fabrik bestand lediglich darin, daß in den Manufakturen Maschinen noch nicht oder nicht in nennenswertem Umfang zum Einsatz kamen. Die Manufaktur glich der industriellen Fabrik jedoch darin, daß sie ein hohes Investitionskapital und strategische Unternehmerentscheidungen bei Trennung von Handarbeit und Unternehmertätigkeit voraussetzte. Damit bildete sich im Gegensatz zum Handwerk eine schärfere Trennung von Unternehmer und Arbeiter heraus, wie sie für die Industriegesellschaft charakteristisch wurde. Dazu kam die Notwendigkeit geregelter Arbeitszeiten bei Abwesenheit von Wohnung und Familie, wie sie das Handwerk noch nicht gekannt hatte. Die Manufaktur nahm also bereits wichtige Erscheinungen der industriellen Arbeitsweise voraus. Doch erlangte das wegen der geringen Anzahl der Manufakturbetriebe noch keine größere Bedeutung. Die Manufakturen können auch nicht unmittelbar als Vorläufer der industriellen Fabriken angesehen werden, zumal es Manufakturen hauptsächlich im Bereich der Textilproduktion und der Luxusgüterproduktion (z. B. Porzellan) gab. Das aber waren – wenigstens in Deutschland und gerade auch in Westfalen – die Bereiche, in denen die Industrialisierung nicht oder erst sehr spät zum Durchbruch kam.

In England, dem Ursprungsland der Industrialisierung, war hingegen die Textilproduktion der Leitsektor und der Motor der Industrialisierung. In England, wo die Industrialisierung schon im 18. Jahrhundert einsetzte, wurden drei Faktoren entscheidend: 1. Die Bevölkerungsvermehrung sorgte nicht nur für ein ausreichendes Arbeitskräfteangebot, sondern auch für steigende Nachfrage, vor allem nach Erzeugnissen des Textilgewerbes (Bekleidung). Zugleich führten Verbesserungen der Landwirtschaft zur Ermöglichung der Ernährung einer wachsenden Bevölkerung, während das bis dahin für Getreideimporte benötigte Kapital jetzt zur Einfuhr von Rohstoffen wie Rohbaumwolle genutzt werden konnte. Die steigende Nachfrage und die verstärkte Rohstoffeinfuhr ermöglichten den Übergang des englischen Textilgewerbes zur Massengüterproduktion. 2. Die Massengüterproduktion verlangte nach der Mechanisierung der Produktionsabläufe. 3. Damit kamen technische Erfindungen zur wirtschaftlichen Anwendung. Das gilt vor allem für die 1764 von James Hargravs erfundene, als „spinning-jenny“ bezeichnete Spinnmaschine, für die 1769 erfundene und 1775 wesentlich verbesserte Spinnmaschine von Richard Arkwright, für die seit 1785 in der Textilproduktion zur Anwendung gekommene, aber schon 1765 von James Watt erfundene Dampfmaschine und für den in den achtziger Jahren des 18. Jahrhunderts von Edmund Cartwright entwickelten mechanischen Webstuhl. So kam in England die Industrialisierung durch das Zusammenwirken des Übergangs des Textilgewerbes zur Massengüterproduktion und der Mechanisierung der Arbeitsabläufe durch Nutzung technischer Erfindungen zum Durchbruch.

Dagegen spielte das Textilgewerbe für die Industrialisierung in Westfalen und auch sonst in Deutschland, wo die Industrialisierung Jahrzehnte später als in England einsetzte, keine hervorragende Rolle. Hier kam es stattdessen zur Industrialisierung

durch das Zusammenwirken von vier Leitsektoren. Das waren der Eisenbahnbau, die Eisen- und Stahlproduktion, der Steinkohlenbergbau und die Maschinenherstellung. Grundlage der Industrialisierung waren überall: 1. Arbeitskräfte, darunter auch solche mit qualifizierter handwerklicher Ausbildung, 2. Kapital für die Finanzierung der Produktionsanlagen und für Folgeinvestitionen, 3. Beherrschung technisch fortgeschrittener Produktionsmethoden, die die Mechanisierung der Arbeitsabläufe ermöglichten, 4. Nachfrage nach entsprechenden Gütern, die ihre Produktion wirtschaftlich sinnvoll machte, 5. Absatzmöglichkeiten, also Verkehrswege und die Nähe zu Absatzmärkten, und 6. Unternehmer, die Arbeitskräfte, Kapital, technische Produktionsmethoden, Nachfrage und Absatzmöglichkeiten kombinierten und mit dieser Kombination den industriellen Produktionsprozeß in Gang setzten.
Der wichtigste Anknüpfungspunkt für die Ingangsetzung des Industrialisierungsprozesses waren in Deutschland vorindustrielle gewerbliche Produktionsstätten, wo entsprechende Produktionserfahrungen, Absatzwege, Unternehmer und ein Stamm von Arbeitern vorhanden waren. Das galt im rheinisch-westfälischen Raum für das alte bergisch-märkische Gewerbegebiet um rheinische Städte wie Remscheid, Solingen, Elberfeld und Barmen und im westfälischen Teil dieser dem späteren Ruhrgebiet südlich vorgelagerten Region für Gevelsberg, das Ennepetal, Haspe, Hagen, Hohenlimburg, Altena, Iserlohn oder Lüdenscheid. Hier gab es vorindustrielle Eisen- und Metallgewerbe von den Eisenhämmern der „Enneperstraße" über die Drahtzieherei von Lüdenscheid, Altena, Iserlohn und (Hohen-)Limburg und die Iserlohner Nähnadelproduktion bis zu der im gesamten märkischen Süderland verbreiteten Kleinschmiederei (S. 221 f.). Viele dieser kleinen Gewerbebetriebe wurden im 19. Jahrhundert in industrielle Produktionsstätten umgewandelt oder bildeten die Grundlage für industrielle Fabrikbetriebe in den Tälern von Lenne, Nahmer (Hagen-Hohenlimburg), Volme, Rahmede (Altena), Nette (Altena), Hönne und Ennepe, die teilweise bis heute Bedeutung besitzen. Hinzu kamen als Anknüpfungspunkt der Industrialisierung die Rohstoffe, wobei vor allem an Steinkohle und Eisenerz zu denken ist. Hier bot Westfalen mit den Steinkohlen des Ruhrgebietes und mit dem Eisenerz des Siegerlandes einen doppelten Standortvorteil, zumal die Steinkohlenförderung des Ruhrgebietes die das Saarreviers und Oberschlesiens, der beiden anderen wichtigen Steinkohlenreviere Preußens und des Deutschen Reiches, bald überflügelte. Die Eisenerzgewinnung im Siegerland bestand bis 1962.
Der dritte Anknüpfungspunkt des Industrialisierungsprozesses war die günstige Verkehrslage, etwa an schiffbaren Flüssen wie im Falle von Duisburg und bald auch an Eisenbahnlinien. Für die frühe Industrialisierung im Ruhrgebiet wurde die seit den dreißiger Jahren des 18. Jahrhunderts geplante und zwischen 1776 und 1780 erfolgte Schiffbarmachung der Ruhr wichtig (S. 222). Ihren Höhepunkt erreichte die Schiffahrt auf der Ruhr 1860 mit dem Transport von 940 000 Tonnen Gütern, darunter 868 000 Tonnen Steinkohlen (Wiel, Ruhrgebiet, S. 349), bevor die Ruhrschiffahrt um 1880 der Konkurrenz der Eisenbahn erlag. Von Bedeutung waren auch die Chausseebauten aus der Zeit des Freiherrn vom Stein als Direktor der

preußischen Kriegs- und Domänenkammern in Hamm und Kleve, vor allem die 1787 begonnene und 1792 fertiggestellte „Kunststraße" zwischen Steele (Essen-Steele) und Meinerzhagen (S. 222), die in Gestalt der „Höhenstraße" zwischen Breckerfeld, Halver und Meinerzhagen noch heute besteht und erst durch die Autobahn Dortmund-Frankfurt am Main (A 45) in den 1970er Jahren ihre Bedeutung für den überregionalen Straßenverkehr verlor. Diese Straße verband das Steinkohlenrevier an der Ruhr mit den Erzlagerstätten im Siegerland. 1809 gab es außerdem eine ausgebaute Straßenverbindung vom Rhein über das heutige Oberhausen, Essen und Bochum nach Aplerbeck (Dortmund), ferner eine Straße von Duisburg nach Düsseldorf und weiter nach Mülheim am Rhein (Köln-Mülheim) und eine Straße von Aplerbeck nach Hagen mit Anschluß an die Chaussee Steele–Meinerzhagen. In großherzoglich-bergischer Zeit kam die Straße von Essen über Werden (Essen), Velbert, Neviges nach Elberfeld hinzu. Schließlich waren die Nähe von Absatzmärkten und die Wirtschaftspolitik des Staates wichtig, die aber in Preußen insgesamt keine große Rolle im Industrialisierungsprozeß spielte.

Die Industrialisierung begann in Deutschland deutlich später als in England. Man kann eine Aufbruchphase der Industrialisierung in der Zeit von 1800 bis 1835, eine erste Industrialisierungsphase in der Zeit von 1835 bis 1873 und eine Phase des Ausbaus der Industrie zwischen 1873 und 1914 unterscheiden (Friedrich-Wilhelm Henning). Man kann aber auch die Zäsur „um 1850" stärker betonen und für die Zeit vor 1850 von der Vorbereitungsphase der Industrialisierung in Deutschland, für die Zeit zwischen 1850 und 1871 vom Durchbruch – dem „take off" (Walt Whitman Rostow) – der Industrialisierung und für die Zeit ab 1871 vom Übergang in die Hochindustrialisierung sprechen. Ebenso kann man die Zeit vor 1850 als erste Gründerperiode, die Zeit von 1850 bis 1870 als Phase des Aufstiegs zur Großindustrie und die Jahre 1870 bis 1873 als zweite Gründerphase bezeichnen (Paul Wiel). Die Phase des Aufstiegs zur Großindustrie wurde durch die Hochkonjunktur der Jahre 1852 bis 1856 verstärkt und erfuhr danach durch die Wirtschaftskrise von 1856 bis 1859 einen Einbruch. Auf die zweite Gründerperiode folgte die zwanzig Jahre andauernde Depression der Jahre 1873 bis 1893, woran sich die bis 1914 reichende Phase des weiteren Ausbaus der Industrie und der Bildung von Großkonzernen anschloß.

Am Anfang der ersten Gründerperiode stand im Ruhrgebiet Franz Dinnendahl, der schon 1800 im rheinischen Teil des Ruhrgebiets, in Essen, eine Werkstatt für den Bau von Dampfmaschinen errichtete, die er bald nach Huttrop bei Essen verlegte. Diese „Kunstwerkerhütte" war die erste Maschinenfabrik Westdeutschlands. 1810 erfolgte der erste Einsatz einer dampfgetriebenen Fördermaschine auf einer Steinkohlenzeche bei Essen. 1814 baute Gottlieb Jacobi die erste Dampfmaschine der späteren Gutehoffnungshütte bei Oberhausen. 1818 errichtete Friedrich Harkort gemeinsam mit Heinrich Kamp aus Elberfeld seine „mechanische Werkstatt" auf der Burg Wetter an der Ruhr. 1826 wurde hier auch ein Hochofen nach Puddelverfahren gebaut. Die „mechanische Werkstatt" stellte Maschinen und Dampfkessel her. 1835 trennte sich Harkort von dem Werk in Wetter, das danach „Kamp u. Co." hieß; 1832 hatte er eine Gießerei mit Kesselschmiede in Hombruch bei Dortmund gegründet, die Dampfmaschinen für Schiffe baute. 1854 wurde das Puddelwerk von Wetter nach Dortmund verlegt. Daraus entstand das Hüttenwerk „Rothe Erde", das 1926 in den „Vereinigten Stahlwerken" aufging, die nach dem Zweiten Weltkrieg zur „Dortmund-Hörder Hüttenunion" und mit dieser zum Hoesch-Konzern gehörten. Der in Wetter verbliebene Teil, also die Maschinenfabrik, ging später in die DEMAG (Deutsche Maschinenfabrik AG Duisburg) ein. 1826, also gleichzeitig mit dem Puddelwerk in Wetter, entstand die „Westfalia"-Hütte in Lünen, der 1836 in Haspe bei Hagen ein weiteres Hüttenwerk folgte, das aber nur zwei Jahre bestand; 1853 wurde die „Hasper Hütte" erneut in Betrieb genommen. Die Hütte in Haspe verhüttete anfangs Eisenerz aus Fundstätten der unmittelbaren Umgebung, nämlich aus Zurstraße bei Hagen.

Ein wichtiges Datum für die Geschichte des Steinkohlenbergbaus an der Ruhr war die Durchstoßung der Mergelschicht, wodurch überhaupt erst die Kohlenförderung in größeren Tiefen möglich wurde. Das geschah zuerst 1837 auf der Zeche „Kronprinz" in Bergeborbeck bei Essen, gefolgt von der Zeche „Graf Beust" in Essen, die 1840/42 bei Durchstoßung der Mergeldecke abgeteuft (abteufen = einen Schacht herunterbringen) wurde. Andere Tiefbauzechen schlossen sich an, von denen für diese Zeit aus dem westfälischen Teil des Ruhrgebiets die Zechen „Präsident" in Bochum (um 1841), „Carolinenglück" in Bochum (um 1845/50) und „Hannibal" in Bochum (1848/54) zu nennen sind, u. a. aber auch die Gründung der „Gewerkschaft Dorstfeld" in Dortmund (1849) und ihres Bergwerks, die Zeche „Dahlbusch" in Gelsenkirchen (1853/60), die Bergwerke „Hibernia" in Gelsenkirchen (1855) und „Germania" in Dortmund (1855/58), „Neu-Iserlohn" in Bochum (1856/59), „Heinrich Gustav" in Altenbochum (Bochum) (1856/59), „Alter Hellweg" in Unna (1856/60), „Holland" in Wattenscheid (1856/60), „Prinz von Preußen" in Werne (Bochum) (1856/60), „Prosper" in Bottrop (1856/63), „Hansa" in Dortmund (1856/69), „Wilhelmine Victoria" in Gelsenkirchen (1857), „Shamrock" in Herne (1857/59), „Pluto" in Wanne-Eickel (1857/60), „Zollern" bei Dortmund (1857/73), „Dahlhauser Tiefbau" in (Bochum-)Dahlhausen an der Ruhr (um 1858), „Dannenbaum" in Bochum (1859/61), „Centrum" in Wattenscheid (1859/63), „Rheinelbe" in Gelsenkirchen (1860), „Tremonia" in Dortmund (um 1861), „Consolidation" in Gelsenkirchen (1863/65), „Providence" in Herne (1864/66), „Erin" in Castrop-Rauxel (1866/70), „Nordstern" in Gelsenkirchen (um 1868), „Friedlicher Nachbar" in Bochum (1868/70), „Graf Bismarck 1" bei Gelsenkirchen (1869/74), „Hannover" in Bochum (1870), „Prinz-Regent" bei Bochum (1870/73), „Unser Fritz" bei Gelsenkirchen (1871/73) oder „Minister Stein" bei Dortmund (1871/75).

Die Durchstoßung der Mergelschicht, einer kalkhaltigen und tonreichen Gesteinsschicht, wurde wegen des erforderlichen Abpumpens des Grundwassers nur durch den Einsatz von Dampfmaschinen möglich. Zugleich erschloß der Steinkohlenabbau unterhalb der Mergeldecke die Fettkohle mit hoher Backfähigkeit, die für die Verfeuerung in den Hochöfen und für die Verkokung besser geeignet war als die Steinkohle aus Flözen oberhalb der Mergelschicht und endgültig die Holzkohle als Energieträger der Hüttenindustrie ablöste. So ergab sich eine Verbindung von Dampfmaschine, Tiefbauzeche und Eisenhüttenindustrie, die für die weitere Entwicklung entscheidend wurde.

Die Zeche „Kronprinz“ in Bergeborbeck lag näher an der Emscher als an der Ruhr nordwestlich des damaligen Essen in Richtung auf Bottrop. Mit der Durchstoßung der Mergelschicht begann daher 1837 auch die bis heute andauernde Nordwanderung des Bergbaus und damit die Nordwanderung der Industrie bzw. die Nordausdehnung des Ruhrgebiets von der Ruhr über die Emscher an die Lippe und über die Lippe hinaus ins Münsterland. Im Ruhrgebiet lassen sich fünf Zonen unterscheiden, die zugleich Zonen verschiedenartiger historischer Entwicklung des Steinkohlenbergbaus sind. Die älteste Zone ist die Ruhrzone mit dem Ruhrtal und den südlich der Ruhr gelegenen Hügellandschaften bis kurz vor Gevelsberg, Schwelm und Wuppertal und den nördlich an das Ruhrtal anschließenden Tälern und Hügeln des Ardey. Diese Zone erstreckt sich von Mülheim an der Ruhr im Westen über (Essen-)Kettwig, (Essen-)Werden, (Essen-)Kupferdreh, (Essen-)Steele und (Essen-)Altendorf nach Hattingen, Sprockhövel, (Witten-)Herbede und bis nach Witten und darüber hinaus. Die Steinkohlenflöze lagen hier in geringer Tiefe, waren oft sogar im Tagebau in Form von Schürfzechen erreichbar und wurden schon im 18. Jahrhundert ausgebeutet. Weiter nördlich schließt sich die Hellwegzone mit den Städten Duisburg, Mülheim an der Ruhr, Essen, Bochum und Dortmund an, deren Straßen- und Schienenverbindungen – die heutige Autobahn A 40 und die Bahnlinie (InterCity-Strecke) Duisburg–Essen–Bochum–Dortmund – später zur Zentralachse des Ruhrgebiets wurden. „In der östlichen Hälfte dieser Zone der großen und geschichtlich reicheren Städte hat sich der Bergbau in der neuen Form des Tiefbaues angesiedelt. Er blieb aber nicht allein. Die Eisenindustrie kam dazu und brachte ein regeres Leben und größeren wirtschaftlichen Umlauf. In der Hellweg-Zone gab es die ersten eigentlich kapitalistischen Unternehmungen des Ruhrgebiets. Die Betriebe sind größer, die Zechen tiefer, die industrielle Leistung intensiver“ (Brepohl, Industrievolk, S. 4). Nördlich daran schließt sich die Emscherzone an, von (Duisburg-)Ruhrort und Oberhausen über Gelsenkirchen, Wanne-Eickel und Herne bis Castrop-Rauxel. Das war der Bereich der ersten Großzechen mit einer nach Tausenden zählenden Belegschaft. Nördlich der Emscher folgte das „Vest“ mit (Oberhausen-)Sterkrade, Bottrop, Gladbeck, (Gelsenkirchen-)Buer und Recklinghausen, noch weiter nördlich die Lippezone mit Dorsten, Marl, Datteln und Waltrop. Anstelle dieser auf Wilhelm Brepohl zurückgehenden Einteilung in Ruhrzone-Hellwegzone-Emscherzone-Vest-Lippezone bevorzugen andere eine strukturräumliche Gliederung des Ruhrgebiets in Ruhrreihe, Hellwegreihe, Emscherreihe, Lippereihe und Rheinachse Nord (Birkenhauer, Industriegebiet, S. 79), wobei der westfälische Teil des Ruhrgebiets nördlich der Emscher weniger differenziert, der Bereich entlang des Rheins mit Duisburg und Oberhausen aber in seiner Eigenständigkeit stärker betont wird.

Nach 1835 lag in Deutschland zunächst der Eisenbahnbau in Führung, von dem die Industrialisierung anfangs entscheidend getragen wurde. Nach dem Bau der ersten Eisenbahn mit Dampfbetrieb 1825 in England, zwischen Stockton und Darlington in Nordengland, und der ersten, sechs Kilometer langen Eisenbahnlinie in Deutschland, von Nürnberg nach Fürth (1835), entstanden die ersten Eisenbahnlinien Deutschlands außerhalb des Ruhrgebietes, nämlich 1838 die Strecken Berlin-Potsdam, Düsseldorf-Erkrath und Wolfenbüttel-Braunschweig, 1839 die Nordbahn von Wien nach Brünn und 1840 die Verbindungen München-Augsburg, Mannheim-Heidelberg und Frankfurt am Main-Wiesbaden. Die erste große Fernbahnlinie Preußens war die Köln-Mindener Eisenbahn von (Köln-)Deutz nach Minden, die 1847 durchgängig befahrbar war und den Anfang einer Ost-West-Verbindung darstellte, die bald über Magdeburg und Berlin bis nach Königsberg und Breslau geführt wurde. Die Köln-Mindener Bahn war zugleich die erste Eisenbahnlinie Westfalens. Die Streckenführung folgte der sog. Duisburg-Hammer-Linie und wurde von Deutz über Düsseldorf, Duisburg, Oberhausen, (Essen-)Altenessen und Gelsenkirchen nach Dortmund und von dort weiter über Hamm, Beckum, Oelde, Gütersloh und Bielefeld nach Minden gelegt. Man umging aus Kostengründen die Mittelgebirgsregion des bergisch-märkischen Gebiets mit Elberfeld, Barmen und Hagen und umfuhr die Hellwegzone des Ruhrgebiets mit Essen und Bochum in einem weit nach Norden ausgedehnten Bogen. Indem die Köln-Mindener Bahn im Norden des Ruhrgebiets keine Industriestandorte erschloß, sondern die Entstehung von Industriestandorten nach sich zog, beförderte diese Streckenführung die Ausdehnung des Bergbaus nach Norden und die Nordwanderung des Ruhrgebiets.
Vor dem Bau der Köln-Mindener Bahn hatte es im Ruhrgebiet nur einige kleine Zechenbahnen mit Pferdeantrieb gegeben, so 1827 die erste Zechenbahn des Ruhrgebiets von der Zeche „Carl Friedrich Erbstollen“ südlich von Bochum zur Ruhr, 1828 die „Schlebuscher“ oder „Harkort-Bahn“ von der Schlebuscher Zeche bei Silschede (Gevelsberg) nach Haspe (Hagen), 1829 die „Muttentalbahn“ südlich der Ruhr bei Herbede (Witten) und um 1830 die „Rauenthaler Bahn“ nördlich der Ruhr zwischen Weitmar (Bochum) und Hattingen. Nach 1847 kamen im Ruhrgebiet und im übrigen Westfalen zahlreiche Eisenbahnstrecken hinzu: u. a. 1848 Hamm-Münster („Münster-Hammer-Eisenbahn“) und Schwelm-Witten-Dortmunderfeld („Bergisch-Märkische-Eisenbahn“ = BM), 1850 Hamm-Welver-Soest („Preußisch-Hessische-Eisenbahn“), 1855 Dortmund-Hörde-Holzwickede-Unna-Soest (BM), 1859-61 Hagen-Letmathe-Altena-Siegen (BM = „Ruhr-Sieg-Bahn“), 1860 Witten-Bochum (BM) und Herdecke-Vorhalle-Hengstey (BM), 1862 Bochum-Mülheim an der Ruhr/Styrum (BM), Dortmund-Lütgendortmund-Langendreer-Bochum (BM) und (Bochum-)Laer-Langendreer (BM), 1863 (Essen-)Steele-(Bochum-)Dahlhausen an der Ruhr (BM), 1866 Unna-Hamm (BM), 1867 (Hagen-)Hengstey-Holzwickede (BM), 1869 Gelsenkirchen-Wattenscheid-Wanne-Eickel („Köln-Mindener-Eisenbahn“ = KM) und (Bochum-) Dahlhausen an der Ruhr-Hattingen-Welper (BM = „Ruhrtalbahn“), 1870 Wanne-Recklinghausen-Münster (KM), Bochum-Riemke-

Herne (BM), Schwerte-Arnsberg (BM) und (Bochum-)Dahlhausen an der Ruhr-Weitmar-(Bochum-)Laer (BM), 1871 Schalke-Wanne (KM), 1872 (Essen-)Kray-Gelsenkirchen („Rheinische Eisenbahn“ = RhE), 1873 Gelsenkirchen-Schalke-Bottrop-Osterfeld (KM = „Emschertalbahn“), 1874 (Essen-)Überruhr-(Bochum-)Dahlhausen an der Ruhr (BM = „Ruhrtalbahn“), Haltern-Hervest-Dorsten-Wesel (KM), Welper-Wengern (BM = „Ruhrtalbahn“), Gelsenkirchen-Wattenscheid-Bochum-Nord (RhE), Bochum-Wattenscheid-Essen (BM), Bochum-Nord-Dortmund-Süd (RhE), Dortmund-Lünen („Dortmund-Gronau-Enscheder-Eisenbahn“ = DGEE), Herne-Castrop (KM = „Emschertalbahn“) und Herdecke-Vorhalle-Volmarstein (BM = „Ruhrtalbahn“), 1875 Lünen-Gronau-Enschede (DGEE) und Dortmund-Süd-Hacheney-Dortmund (RhE), 1876 Gelsenkirchen-Bismarck-Wanne-Herne (BM), Welver-Unna-Königsborn-Dortmund-Süd („Preußisch-Hessische Eisenbahn“) und Hagen-Gevelsberg-Haufe (BM), 1878 Castrop-Dortmund (KM = „Emschertalbahn“), Wesel-Bocholt (KM) und (Dortmund-)Mengede-Bodelschwingh-Huckarde-Süd („Preußisch-Hessische Eisenbahn“), 1879 Hagen-Löttringhausen-(Dortmund-)Hacheney (RhE), Osterfeld-Nord-Dorsten (RhE) und Düsseldorf-Mettmann-Barmen-Hagen-Eckesey (RhE), 1880 Gelsenkirchen-Bismarck-Dorsten-Borken-Reichsgrenze („Niederländisch-Westfälische Eisenbahn“) und Langendreer-Löttringhausen (RhE), 1881 Dortmunderfeld-Huckarde-Süd (BM), 1882 Gevelsberg-Haufe-Voerde (RhE), 1883/84 Bochum-Nord-Wiemelhausen-Weitmar (RhE), 1884 Barmen-Wichlinghausen-Hattingen (RhE), 1889 (Essen-)Altendorf-(Bochum-)Dahlhausen an der Ruhr-Schee-Silschede (Preuß./Hess.), 1891 Dortmund-Hacheney-Hörde (Preuß./Hess.) und Hagen-Eckesey-Hengstey (Preuß./Hess.), 1895 Herne-Wanne-Eickel (Preuß./Hess.), 1900 Unna-Königsborn-Fröndenberg (Preuß./Hess.) und Kamen-Unna (Preuß./Hess.) (Wiel, Ruhrgebiet, S. 358-362).

Neben der Köln-Mindener Bahn und ihrer Verbindung vom Ruhrgebiet über die Weser hinaus in den Osten waren in Westfalen außerhalb des Ruhrgebiets besonders wichtig die an die 1850 eröffnete Linie Hamm-Welver-Soest anschließende und als zweite Strecke nach Osten führende Bahnlinie Soest-Lippstadt-Paderborn-Warburg-Kassel, die von der – trotz ihres Namens schon seit 1848/50 staatlichen – „Westfälischen Eisenbahn“ betrieben wurde, und die 1856 eröffnete, von der Köln-Mindener Bahn getragene Strecke Oberhausen-Dinslaken-Wesel-Emmerich-Arnheim, die neben der Rheinschiffahrt den Kohlenabsatz in die Niederlande verbesserte. Innerhalb des Ruhrgebiets und des südlich anschließenden bergisch-märkischen Industriegebiets war neben der Köln-Mindener Bahn von Duisburg über Dortmund nach Hamm im Norden die 1849 durchgängig befahrbare Strecke Elberfeld-Schwelm-Hagen-Witten-Dortmund der Bergisch-Märkischen Eisenbahn im Süden von großer Bedeutung. Dasselbe gilt für die 1860/62 fertiggestellte Bahnlinie Duisburg-Mülheim an der Ruhr-Essen-(Essen-)Steele-Bochum-(Bochum-)Langendreer-Dortmund, die gleichfalls von der Bergisch-Märkischen Eisenbahngesellschaft betrieben wurde und das gesamte Ruhrgebiet im Bereich der Hellwegzone von

Westen nach Osten erschloß. Als vierte wichtige West-Ost-Verbindung des Ruhrgebiets und des bergisch-märkischen Industriegebiets kam die ebenfalls der Bergisch-Märkischen Bahn gehörende Ruhrtalbahn (Bochum-)Dahlhausen an der Ruhr-Hattingen-Welper-(Wetter-)Wengern von 1869/74 hinzu, die heute für den Personenverkehr keine Rolle mehr spielt.

Zwei für das Ruhrgebiet äußerst bedeutsame Bahnlinien lagen weit von ihm entfernt. Das war einmal die 1859 eröffnete Bahnlinie (Köln-)Deutz-Troisdorf-Siegburg-Siegen-Gießen der Köln-Mindener Bahn, die den Transport von Siegerländer Eisenerz an den Rhein und weiter vor allem ins westliche Ruhrgebiet ermöglichte. Die andere Bahnlinie war die in den Jahren 1859 bis 1861 fertiggestellte Ruhr-Sieg-Bahn oder Lennetalbahn der Bergisch-Märkischen Eisenbahn. Diese Strecke wurde in höchstem Maße wichtig für den Transport von Siegerländer Eisenerz ins östliche Ruhrgebiet und von Steinkohlen bzw. Koks aus dem Ruhrgebiet zu den Eisenhüttenwerken des Siegerlandes. Diese von Anfang an zweigleisige Bahnlinie wurde zu einer Art Schlagader der Industrie in Westfalen, die die Steinkohlen- und die Erzlagerstätten an der Ruhr und an der Sieg und die Hüttenwerke beider Industriegebiete verband. So war die Ruhr-Sieg-Bahn die Strecke mit dem höchsten Güterverkehr in ganz Preußen. Von 549 000 Tonnen im Eröffnungsjahr 1862 stieg die Transportleistung auf 2,5 Millionen Tonnen 1874. Die Ruhr-Sieg-Bahn „bot trotz großer Geländeschwierigkeiten von Beginn an ein gutes Geschäft, da es bei den wechselseitigen Beziehungen zwischen den beiden Montangebieten kaum einen Wagenleerlauf gab, der auf anderen Strecken häufig die Rentabilität gefährdete" (Teuteberg, Vom Agrar- zum Industriestaat, S. 223). Hinzu kamen zahlreiche weitere Bahnstrecken, auch Nebenbahnen und Kleinbahnen, im Sauerland, in der Soester Börde, im Münsterland und in Ostwestfalen, die heute vielfach nicht mehr betrieben werden.

Die Eisenbahnlinien wurden von privaten Eisenbahngesellschaften auf Aktienbasis gebaut und betrieben. Doch wurde für den Eisenbahnbau in Preußen durch das Eisenbahngesetz von 1838 Rechtssicherheit geschaffen. Nach und nach gingen Verwaltung und Betrieb der Eisenbahnen von den privaten Gesellschaften auf den preußischen Staat über, in Westfalen zuerst die schon erwähnte „Westfälische Eisenbahn" (1848/50), danach die „Köln-Mindener Eisenbahn" (1879), die „Rheinische Eisenbahn" (1880) und zuletzt die „Bergisch-Märkische Eisenbahn" (1881/82). Daneben blieben private Kleinbahngesellschaften wie die nur dem Güterverkehr dienende, für den damals bedeutenden Industriestandort Hohenlimburg sehr wichtige Schmalspurbahn der „Hohenlimburger Kleinbahn-Gesellschaft", einer 1899 gegründeten Aktiengesellschaft. Diese Kleinbahn begann im Geschäftsjahr 1900 mit einer Beförderungsleistung von 36 999 Tonnen und erreichte 1910 124 091 Tonnen. Nach 208 939 Tonnen im Jahre 1960 beförderte die Hohenlimburger Kleinbahn AG 1974 noch 137 467 Tonnen Güter. Inzwischen hat diese Kleinbahn ihren Betrieb eingestellt (Zahlen nach Schmitz, Schmalspur, S. 142). Mit der Privatisierung der Deutschen Bundesbahn als Deutsche Bahn AG am 1. Januar 1994 wurde die Übernahme

der privaten Eisenbahngesellschaften durch den preußischen Staat gleichsam rückgängig gemacht.
Der Eisenbahnbau führte zur Verkehrserschließung des Landes und zur Steigerung der Reise- und Transportgeschwindigkeiten sowie der Transportkapazitäten in zuvor unbekanntem Ausmaß. Hinzu kamen die Schaffung von Arbeitsplätzen und die Mobilisierung des Kapitals, verbunden mit einer noch nie dagewesenen Aktienhausse. 1842 gab es in ganz Deutschland gut 4 000 ständige und knapp 50 000 vorübergehend Beschäftigte der Eisenbahngesellschaften; 1846 lag die Zahl der ständigen Beschäftigten bereits bei 12 500 und die der vorübergehend Beschäftigten bei fast 180 000 Menschen (Zahlen nach Wehler, Dt. Gesellschaftsgeschichte II, S. 615). Bis etwa 1853 ging auch der Aufschwung der Eisenindustrie vom Eisenbahnbau aus. Danach bestimmte die Maschinenbauindustrie den Fortgang der Industrialisierung. So gab es in den Maschinenfabriken Preußens 1846 7 600 Arbeiter, 1852 9 800, 1861 27 900 und 1875 162 000 (Zahlen nach Henning, Industrialisierung, S. 151).
Seit 1850 entstanden im Ruhrgebiet auch zahlreiche neue Hüttenwerke, die nun nicht mehr mit Holzkohle, sondern mit Kohleneisenstein und vor allem mit Koks arbeiteten, so 1854 die „Hermannshütte" in Hörde bei Dortmund, heute Hoesch AG, 1854 die „Henrichshütte" bei Hattingen und, ebenfalls 1854, die „Phönixhütte" bei Duisburg, später „Phönix-Rheinrohr" bzw. „August-Thyssen-Hütte", und gleichzeitig die „Phönix-Hütte" in Kupferdreh bei Essen. „Phönix" lag im rheinischen Teil des Ruhrgebiets, verdient hier aber doch Erwähnung, weil „Phönix" das erste Großunternehmen des Ruhrgebiets war, das schon damals mehrere räumlich weit voneinander entfernte Hütten betrieb und Konzerncharakter besaß.
Die erste Kokerei entstand im Ruhrgebiet bereits 1816 auf der Zeche „Sälzer und Neuack" bei Essen. Der erste Hochofen auf Koksbasis war die „Friedrich-Wilhelms-Hütte" in Mülheim an der Ruhr im rheinischen Teil des Ruhrgebiets von 1848/49. 1872 wurde in Dahlhausen an der Ruhr (Bochum) die Firma „Dr. Otto u. Comp." gegründet, die für die Nebenproduktgewinnung bei der Kokserzeugung wichtig wurde, bevor „Dr. Otto" 1881/82 auf der Zeche „Holland" bei Wattenscheid die erste deutsche Kokerei mit Gewinnung von Nebenprodukten errichtete.
Damit begann die Geschichte der großtechnischen Kohlenchemie im Ruhrgebiet. 1887 wurde auf der Zeche „Kaiserstuhl" bei Dortmund die erste Benzolgewinnungsanlage in Betrieb genommen. Aus Benzol ließen sich u. a. Teerfarben gewinnen. 1904 wurde Benzol auch erstmals als Treibstoff eingesetzt und nach 1918 wegen seiner Klopffestigkeit in größerem Umfang dem Benzin beigemischt. 1928 wurden bereits 90 % des Benzols als Treibstoff verwendet. 1905/08 errichtete die „Gewerkschaft Lothringen" in Gerthe (Bochum) einen Betrieb zur Oxydation von Kokerei-Ammoniak zu Salpetersäure. Dieses Unternehmen bekam im Ersten Weltkrieg große Bedeutung bei der Herstellung von Munition aus Salpetersäure, weil das Deutsche Reich von der Salpeterzufuhr aus Chile abgeschnitten war. Stillgelegt wurde dieses Werk 1932, nachdem das Produktionsverfahren technisch durch die Stickstofferzeugung überholt war. Das erste Stickstoffwerk des Ruhrgebiets ent-

stand 1926/27 bei „Gewerkschaft Victor“ in Castrop-Rauxel (vorher schon Leunawerke Merseburg, 1917). 1927 wurde in Oberhausen ein Stickstoffwerk errichtet, aus dem später die „Ruhrchemie AG“ hervorging. 1928/29 folgten das Stickstoffwerk „Hibernia“ in Wanne-Eickel, 1930 das Stickstoffwerk „Scholven“ in Gelsenkirchen, das nach Kriegszerstörungen 1951 die Stickstoffproduktion wieder aufnahm, und 1957 das Stickstoffwerk der „Ruhröl“ in Bottrop. Aus der Stickstoffproduktion werden u. a. Düngemittel gewonnen. Große Bedeutung erlangte die Steinkohlenhydrierung, mit der u. a. Benzin gewonnen wurde. Zu diesem Zweck wurden u. a. 1936 die „Gelsenberg Benzin AG“ in Gelsenkirchen und 1937 die Firma „Ruhröl“ in Bottrop gegründet. Nach großen Kriegszerstörungen folgten nach 1945 Produktionsverbote seitens der Siegermächte des Zweiten Weltkriegs. Heute gibt es im Ruhrgebiet keine Kohlenhydrierung mehr, weil die Benzingewinnung aus Erdöl preisgünstiger ist.
Hinzu kam die Ölgewinnung aus Steinkohle bzw. Koks durch das in den dreißiger Jahren entwickelte Fischer-Tropsch-Verfahren, u. a. seit 1936/38 in Bergkamen („Chemische Werke Bergkamen AG“), seit 1938/39 bei den „Hoesch-Treibstoffwerken“ in Dortmund und seit 1938/39 bei der „Krupp-Kohlechemie“ in Wanne-Eickel. Diese Werke waren während des Zweiten Weltkriegs Ziel starker Bombenangriffe und nach Kriegsende Gegenstand von Demontage und Produktionsverboten. Die „Krupp-Kohlechemie“ in Wanne-Eickel und die „Chemischen Werke Bergkamen“ wurden wiederhergestellt, doch schloß das Werk Bergkamen bereits 1959 als letzte Produktionsstätte der „Fischer-Tropsch-Industrie“ im Ruhrgebiet, weil das Syntheseverfahren wegen der Kosten des Rohstoffs Koks nicht mehr konkurrenzfähig war. Die Chemieindustrie im Ruhrgebiet, die mit Werken wie der „Hüls AG“ in Marl und den 1979 in der „Veba AG“ zusammengefaßten Unternehmen „Gelsenberg Benzin AG“ und „Scholven Chemie AG“, beide in Gelsenkirchen, ihre wichtigsten Standorte im Norden des Ruhrgebiets hat, ist daher heute überwiegend Erdölchemieindustrie.
Neben dem Steinkohlenbergbau und seinen Fortsetzungen von den Kokereibetrieben bis zu Kohlechemie und der chemischen Industrie und neben der Eisenschaffenden Industrie bzw. der Eisenverhüttung in Hochofenbetrieben und ihrer Fortsetzung in Walzwerken und Drahtziehereien, die sich teilweise außerhalb des Ruhrgebiets im märkischen Sauerland befanden (Kaltwalzereien in Hohenlimburg mit rd. 50 % der Bandstahlerzeugung der Bundesrepublik Deutschland um 1965), bildete die Maschinenbauindustrie das dritte Standbein der Industrie des Ruhrgebiets. So wurden im Ruhrgebiet schon in den 1860er Jahren Dampfmaschinen, Lokomotiven, Dampfschiffe, Pumpen, Hebezeuge, Walzwerkeinrichtungen, Ventilatoren, Kessel, Haspeln, eiserne Brücken und Nähmaschinen gebaut, später vor allem schwere Maschinen für Hüttenwerke, schwere Hebezeuge, Bergwerksmaschinen, ganze Einrichtungen für Hüttenwerke, Bergwerke, Kokereien und Chemiefabriken sowie große Stahlbauten. Von Friedrich Harkorts „mechanischer Werkstatt“ in Wetter an der Ruhr von 1818 und von seiner Gießerei und Kesselschmiede in Hombruch bei Dortmund

von 1832 war schon die Rede, auch von der DEMAG, in der Harkorts Maschinenfabrik aufging, der 1926 aus Firmenzusammenschlüssen entstandenen „Deutschen Maschinenfabrik AG“, später mit Sitz in Duisburg. Johann Caspar Harkort begann 1849 in Harkorten bei Haspe (Hagen) mit dem Bau eiserner Brücken. Bald ergab sich in der Maschinenbauindustrie des Ruhrgebiets eine Art Arbeitsteilung zwischen verschiedenen Standorten. Aus dem westfälischen Teil des Ruhrgebiets sind Dortmund, Bochum, Witten, Herne und Gelsenkirchen zu nennen.

Dortmund wurde wichtig als Standort für den Bau von Maschinen für die schwere Eisenindustrie, von Waggons und für den Stahlbau, aber auch für den Bau eiserner Brücken. Die spätere „Rheinstahl Union Brückenbau AG“ ging in den Anfängen auf die 1850er Jahre zurück. 1870 wurde die „Brückenbauanstalt ‚Carl Backhaus'“ gegründet und 1877 als „Dortmunder Brückenbau C. H. Jucho“ weitergeführt. 1865 entstand als erste Werkzeugmaschinenfabrik des Ruhrgebiets die Dortmunder „Maschinenfabrik Wagner u. Co.“. 1863 wurden die spätere „Maschinenfabrik Holstein u. Kappert Phönix GmbH“ und 1870 die „Maschinenfabrik Deutschland“ gegründet, die zunächst Weichen, Prellböcke, Drehscheiben und Signaleinrichtungen für die Eisenbahn und später u. a. Beschickungseinrichtungen für Kokereien herstellte und 1911 zum Hoesch-Konzern kam. In der Folgezeit wurde in Dortmund u. a. 1893 eine Maschinenfabrik der 1876 in Berlin gegründeten späteren Firma „Orenstein-Koppel u. Lübecker Maschinenbau AG“ gegründet.

Hingegen war in Bochum der Maschinenbau besonders auf Bergbaubedarf ausgerichtet. Das gilt besonders für die 1864 als Gießerei gegründete spätere „Gebr. Eickhoff Maschinenfabrik u. Eisengießerei mbH“, die Bergbaumaschinen und Zechenausrüstungen herstellte. Der „Bochumer Verein“, der am Standort Bochum auf die Gründung der Firma „Mayer u. Kühne“ von 1842 zurückging und auch Hochöfen, Steinkohlenzechen und Walzwerke betrieb, produzierte Maschinenteile und Radsätze, aber u. a. auch Glocken. Witten war Standort eines vielseitigen Maschinenbaus, seit die 1825 als Kesselfabrik gegründete Firma „F. W. Moll Söhne“ mit dem Bau von Bergbauausrüstungen ihre Produktpalette immer weiter ausgedehnt hatte. Auch in Herne war der Maschinenbau hauptsächlich Bau von Bergbaugerät, etwa Förderwagen oder Siebmaschinen. Im späteren Gelsenkirchen wurde 1872 der „Schalker Verein für Kesselfabrikation“ gegründet, der später neben dem Kessel- auch Stahlbau betrieb und u. a. Fördertürme errichtete. 1866 entstand in Schalke (Gelsenkirchen) ein Walzwerk, das Kesselbleche herstellte. 1875 wurde als kleine Schlosserei die spätere Firma „F. Küppersbusch u. Söhne AG“ gegründet, mit der die Gelsenkirchener Tradition des Herd- und Ofenbaus begann. Wenn 1961 in Bochum die „Adam Opel AG“ ein Automobilwerk errichtete, so war das für das Ruhrgebiet eigentlich kein neuartiger Produktionsbereich, sondern fügte sich ein in die alte Tradition des Maschinen-, Fahrzeug- und Stahlbaus seit Friedrich Harkorts „mechanischer Werkstatt“.

Die Dynamik der Industrialisierung und die Bedeutung des Ruhrgebiets lassen sich an einigen Zahlen aufzeigen:

Steinkohlenförderung im Ruhrgebiet

Jahr	Zechen	Jahresförderung	Beschäftigte
1792	154	177 000 t	1 357
1802	160	209 000 t	1 385
1812	189	344 000 t	3 207
1822	143	395 000 t	3 584
1832	194	675 000 t	5 164
1837	208	868 000 t	7 523
1842	226	1 130 000 t	9 434
1844	214	1 196 000 t	10 058
1847	226	1 440 000 t	11 888
1850	198	1 665 000 t	12 741
1853	194	2 197 000 t	17 162
1856	282	3 511 000 t	27 666
1859	286	3 793 000 t	29 236
1861	275	4 965 000 t	30 681
1864	232	7 477 000 t	37 899
1867	234	9 782 000 t	47 746
1870	220	11 571 000 t	50 499
1875	267	16 699 000 t	81 822
1880	202	22 364 000 t	78 240
1885	193	28 856 000 t	100 557
1890	177	35 517 000 t	127 534
1895	154	41 278 000 t	154 796
1900	163	60 119 000 t	220 010
1905	164	66 706 000 t	262 143
1910	164	89 089 000 t	342 249
1913	175	114 226 000 t	400 243
[1913 wurde die höchste Fördermenge vor dem Ersten Weltkrieg erreicht]			
1915	177	86 502 000 t	282 866
[Der Erste Weltkrieg, 1914-1918, brachte einen deutlichen Einbruch in der Fördermenge]			
1920	196	88 097 000 t	469 781
1922	202	96 683 000 t	544 961
[1922 wurde die höchste Beschäftigtenzahl in der Geschichte des Ruhrbergbaus erreicht]			
1923	200	41 805 000 t	507 478
[Die französisch-belgische Besetzung des Ruhrgebiets und der passive Widerstand sowie die Sabotageaktionen von deutscher Seite ließen die Fördermenge um mehr als die Hälfte zurückgehen]			
1925	185	104 339 000 t	409 404
1930	155	107 179 000 t	314 973
1935	153	97 668 000 t	218 682
1939	151	130 183 000 t	288 091
[1939 wurde die höchste Fördermenge in der Geschichte des Ruhrbergbaus erreicht]			
1944	149	110 856 000 t	355 512
1945	148	33 386 000 t	234 432
1949	145	96 289 000 t	344 832
1955	140	121 106 000 t	391 743
1957	141	123 209 000 t	397 425
[1957 wurde die höchste Fördermenge und die höchste Beschäftigtenzahl des Ruhrbergbaus nach dem Zweiten Weltkrieg erreicht]			

Jahr	Zechen	Jahresförderung	Beschäftigte
1960	125	115 441 000 t	313 462
1963	107	117 156 000 t	257 871
1966	91	102 908 000 t	207 037
(Zahlen nach Wiel, Ruhrgebiet, S. 128-132)			
[1966 setzte das sog. „Zechensterben“ und mit ihm der größte Strukturwandel des Ruhrgebiets seit der Industrialisierung ein]			
1970	56	91 073 000 t	198 943
1975	35	75 856 000 t	161 113
1980	29	69 134 000 t	141 808
1985	24	63 979 000 t	125 824
1990	19	54 556 000 t	100 949
1993	14	45 694 000 t	83 953
(Zahlen nach Mitteilung des Kommunalverbandes Ruhrgebiet vom 30. 6. 1997)			

Roheisenerzeugung

Jahr	Ruhrgebiet	Deutschland*	Großbritannien
* (Zollverein, Dt. Reich, Bundesrepublik bis 1990)			
1835	9 600 t	144 000 t	940 000 t
1845	9 800 t	185 000 t	1 351 000 t
1850	11 500 t	215 000 t	2 228 000 t
1855	85 900 t	420 000 t	3 218 000 t
1860	136 300 t	529 000 t	3 888 000 t
1862	191 400 t	696 000 t	4 007 000 t
1865	276 300 t	988 000 t	4 897 000 t
1870	360 800 t	1 390 000 t	6 059 000 t
1875	427 400 t	2 029 000 t	6 469 000 t
1880	764 200 t	2 729 000 t	7 876 000 t
1885	1 082 900 t	3 687 000 t	7 369 000 t
1890	1 335 500 t	4 658 000 t	8 033 000 t
1895	1 753 100 t	5 465 000 t	8 022 000 t
1901	3 014 800 t	7 880 000 t	7 886 000 t
[1901 erreichte die Roheisenerzeugung des Deutschen Reiches Gleichstand mit der Roheisenerzeugung Großbritanniens]			
1903	4 009 200 t	10 018 000 t	8 952 000 t
[1903 überholte das Deutsche Reich mit seiner Roheisenerzeugung Großbritannien]			
1910	6 514 900 t	14 794 000 t	10 380 000 t
1913	8 209 200 t	19 309 000 t	10 482 000 t
1919	3 892 500 t	6 284 000 t	7 517 000 t
1925	8 000 200 t	10 089 000 t	6 362 000 t
[1925 überholte das Ruhrgebiet mit seiner Roheisenerzeugung ganz Großbritannien]			
1929	10 985 000 t	13 239 000 t	7 711 000 t
1931	5 098 200 t	6 061 000 t	3 833 000 t
[Die Weltwirtschaftskrise schlug sich in der Roheisenproduktion des Ruhrgebietes und des ganzen Deutschen Reiches ebenso wie Großbritanniens nieder]			
1935	9 086 200 t	12 846 000 t	6 527 000 t
1938	12 868 000 t	18 064 000 t	6 870 000 t
1953	9 390 700 t	11 654 000 t	11 354 000 t
1957	14 805 200 t	18 358 000 t	14 512 000 t

Jahr	Ruhrgebiet	Deutschland	Großbritannien
1960	17 806 900 t	25 739 000 t	16 016 000 t
1966	16 953 300 t	25 413 000 t	15 962 000 t

(Zahlen nach Wiel, Ruhrgebiet, S. 226f.)

Roheisenerzeugung pro Hochofen

Jahr	
(1836-1895: Rheinprovinz mit Saarland und Westfalen, 1913-1935: Rheinprovinz ohne Saarland, aber mit Westfalen, 1960-1965: Bundesrepublik Deutschland im Umfang jener Zeit)	
1836	480 t
1847	610 t
1850	670 t
1855	1 580 t
1860	2 300 t
1865	4 160 t
1870	5 300 t
1880	12 700 t
1895	27 500 t
1913	69 200 t
1929	157 200 t
1935	162 300 t
1960	199 500 t
1965	259 520 t

(Zahlen nach Wiel, Ruhrgebiet, S. 231)

Finanziert wurde der Aufbau der Industrie zunächst überwiegend durch Reinvestition der Gewinne oder durch Beteiligung kapitalkräftiger Partner. Vor den dreißiger Jahren des 19. Jahrhunderts dienten die damals bestehenden Banken dem Staatskredit und dem hypothekarischen Kredit für die Befriedigung der Kreditbedürfnisse der landwirtschaftlichen Großbetriebe bzw. des Großgrundbesitzes. Dagegen spielten die Banken für die Industriefinanzierung noch kaum eine Rolle. Dieser Umstand ist um so bedeutsamer, als viele Unternehmer als kapitalschwache Handwerker begannen, so die schon erwähnten Küppersbusch, die aus Richrath bei Langenberg im Bergischen Land nach Gelsenkirchen kamen und dort 1875 die Schlosserei gründeten, aus der die heute an der Börse notierte Herd- und Ofenbaufirma „F. Küppersbusch u. Söhne AG" hervorging. Auch die in den dreißiger und vierziger Jahren des 19. Jahrhunderts entstandenen großen Banken wie die noch heute bestehende „Bayerische Hypotheken- und Wechselbank" oder die „Leipziger Bank" und die „Preußische Bank" waren keine Industriefinanzierungsbanken, sondern Notenbanken zur Ausgabe bzw. Emission von Banknoten.
Erst die in der Jahrhundertmitte gegründeten Kölner Privatbanken wie der „Schaaffhausen'sche Bankverein" von 1848 oder die 1853 eingerichtete „Bank für Handel und Gewerbe" in Darmstadt waren Kreditinstitute zur Industriefinanzierung. Solche Privatbanken entstanden mit Firmen wie „Levi Hirschland" (1845) in Essen, „Wilhelm von Born" (1853) in Dortmund, „Waldthausen u. Co. KG" (1859) in

Essen, „Ludwig von Born“ (1863) in Essen und „Wiscott u. Co.“ (1868) in Dortmund auch im Ruhrgebiet, wo schon 1780 in Bochum die Bank „Friedrich Daniel Cramer“ errichtet worden war. Doch wurde die Gründung von Privatbanken auf Aktienbasis in den 1850er Jahren von der preußischen Regierung noch immer weitgehend verhindert. Die kommunalen Sparkassen hatten keine Bedeutung für die Industriefinanzierung. Sie dienten der Annahme und Verwaltung kleiner Spareinlagen, dem Kommunalkredit und der Kreditversorgung wirtschaftlich schwächerer Bevölkerungskreise einschließlich des Handwerks. In Preußen wurde die Geschäftstätigkeit der Sparkassen 1838 gesetzlich geregelt. Noch in demselben Jahr wurden in Bochum und Hattingen die ersten Sparkassen im Ruhrgebiet gegründet, gefolgt von Essen, Dortmund und Hagen (1841).

Erst seit 1870 trat eine grundlegende Neuordnung des deutschen Bankenwesens ein. Jetzt entstanden Großbanken auf Aktienbasis, die als Universalbanken in allen Geschäftsbereichen tätig waren, wie die 1870 gegründete „Deutsche Bank“ oder die 1872 eingerichtete „Dresdner Bank“. Ins Ruhrgebiet kam die „Deutsche Bank“ aber erst 1913 durch Übernahme des 1898 gegründeten „Essener Bankvereins“. Die „Dresdner Bank“ war hier seit 1897 durch Übernahme der bzw. Beteiligung an der „Aktiengesellschaft Bochumer Bank“ präsent. 1875 wurde als zentrale Notenbank des Deutschen Reiches und Vorläuferin der heutigen Bundesbank die Reichsbank gegründet, die seit 1876 in Essen und in Dortmund mit Reichsbankhauptstellen vertreten war. Die Reichsbank übernahm die „Bankagenturen“ der 1846 aus der „Königlichen Giro- und Lehnsbank“ hervorgegangenen „Preußischen Bank“, die seit 1803 in Münster und seit 1856 auch im Ruhrgebiet (Duisburg) eingerichtet worden waren, in dessen westfälischem Teil Bankagenturen der „Preußischen Bank“ in Hagen (1862), Bochum (1866) und Witten (1870) bestanden hatten. 1921 wurde als Hausbank des Bochumer Bergbaukonzerns „Bergbau AG Lothringen“ die „Westfalenbank“ in Bochum gegründet, deren Geschäftstätigkeit 1996 weitgehend von der Münchener „Bayerischen Hypotheken- und Wechselbank“ übernommen wurde.

Bei den Arbeitskräften der Industrie im Ruhrgebiet – Ökonomen sprechen vom „Humankapital“ – lassen sich im Hinblick auf ihre soziale Herkunft, wie auch sonst im Deutschland des 19. Jahrhunderts, sechs Gruppen unterscheiden. Der Facharbeiterstamm der frühen Industrieunternehmen, etwa in den Maschinenbaubetrieben, rekrutierte sich aus qualifiziert ausgebildeten Handwerksgesellen, die wegen der Überbesetzung vieler Handwerksberufe keine Aussicht auf eine Meisterstelle hatten, und aus verarmten Handwerksmeistern. Als zweite Gruppe stießen bei Ausweitung der Fabriken bisherige Manufakturarbeiter hinzu, die weniger qualifiziert als die Handwerksgesellen, aber an zentralisierte und arbeitsteilig organisierte Produktionsabläufe gewöhnt waren. Als dritte Gruppe kamen bisherige Heimarbeiter, etwa aus dem Kleineisengewerbe (Kleinschmiede), in die Fabriken. Diese Menschen waren mit den Herstellungstechniken oft durch ihre bisherige Tätigkeit vertraut, mußten sich dem arbeitsteiligen Produktionsprozeß und der strengen Zeiteinteilung aber erst anpassen. Das galt noch mehr für die Masse der Hilfsarbeiter und Tagelöhner, die zunächst überwiegend aus den städtischen Unterschichten kamen und für das Verhalten im industriellen Produktionsablauf von den Fabrikleitungen durch ein strenges Disziplinierungssystem geradezu abgerichtet wurden. Die ländlichen Unterschichten, also die Hauptgruppe des großen Bevölkerungswachstums und des vorindustriellen Pauperismus, stellten anfangs vielfach die Erdarbeiter beim Bau der Eisenbahnstrecken; sie fanden erst in der Hochkonjunktur nach 1850 den Weg in die Industriefabriken. Im Bergbau gab es vor der Abteufung der Tiefbauzechen das Nebeneinander einer kleinen Gruppe hochqualifizierter Bergleute und vieler Nebenerwerbsbergleute, die neben landwirtschaftlicher Tätigkeit in den kleinen Schürfzechen arbeiteten. In den Tiefbauzechen mit ihren großen Belegschaften fanden dann in großer Zahl Arbeitssuchende aus den ländlichen Unterschichten als Angelernte Beschäftigung, wobei es aber auch in den Tiefbauzechen den Typus des sozial wesentlich höher stehenden, beruflich hochqualifizierten Bergmanns gab.

Von hohem Interesse ist die geographische Herkunft der Arbeitskräfte. Im ältesten Teil des Ruhrgebiets, der Ruhrzone, kam die Arbeiterschaft aus der ortsansässigen Bevölkerung. Charakteristisch für diese Region war der Bergmann, der gleichzeitig als Kötter landwirtschaftlich tätig war. Hingegen gab es im Zusammenhang mit dem Arbeitskräftebedarf der hier entstehenden Großindustrie und der Tiefbauzechen in der Hellwegzone die Zuwanderung Fremder, oft aus der ländlichen Überschußbevölkerung industrieferner Regionen. Die Herkunftsgebiete der in die Hellwegzone zuwandernden Arbeiterbevölkerung waren vor allem Ravensberg und das Sauerland, das Bergische Land, die Eifel, der Westerwald, Teile Hessens, die „Goldene Aue“ zwischen Harz und Kyffhäuser und das Eichsfeld und somit Teile Thüringens. Aus Ravensberg brachten die Zuwanderer die minden-ravensbergische Erweckungsbewegung (S. 363-365) ins Ruhrgebiet, aus dem kölnischen Sauerland den Katholizismus. Aus Stadt und Amt Medebach im Sauerland gab es, um nur dieses Beispiel zu nennen, Zuwanderung vor allem nach Bochum, die in den 1890er Jahren ihren Höhepunkt erreichte. Hingegen kam die zuwandernde Arbeiterbevölkerung in der Emscherzone, neben Zuwandernden aus der Ruhr- und der Hellwegzone, vor allem aus Ostpreußen. Zielort der Ostpreußen war besonders Gelsenkirchen; aber auch im „Vest“ und in der Lippezone gab es mit Horst (Gelsenkirchen) oder Erle (Raesfeld) Orte mit großem ostpreußischem Bevölkerungsanteil. Nur in geringem Umfang gingen die Ostpreußen, wie auch die Polen, in den rheinischen Teil des Ruhrgebiets. Zielort der polnischen Arbeiterzuwanderung, bei der es sich überwiegend um Polen aus der preußischen Provinz Posen und somit um deutsche Staatsbürger polnischer Nationalität handelte, war vor allem Bottrop, doch fanden sich polnische Arbeiter auch an anderen Orten der Emscherzone und des „Vestes“, wohin auch tschechische und slowenische Arbeitsmigranten kamen. Hingegen rekrutierte sich die Arbeiterbevölkerung der Lippezone stärker durch regionale Binnenwanderung, also durch Zuwanderung aus den weiter südlich gelegenen älteren Industriezonen des Ruhrgebiets. Hinzu kamen im gesamten Ruhrgebiet, vor allem in der Emscherzone und im „Vest“, Schlesier und Bayern. Charakteristisch für das Ruhrgebiet wurden landsmannschaftliche Vereine der Schlesier, Bayern, Ostpreußen und Polen, ferner Unterstützungsvereine und kirchliche Vereine der katholischen Polen und der evangelischen Ostpreußen. Hierher gehört auch die früher erwähnte Polenpartei (S. 331).

Aus dieser Bevölkerungsmischung entstand im Laufe der Zeit eine von der im angrenzenden Münsterland, im Sauerland oder in Ostwestfalen anzutreffenden westfälischen Bevölkerung deutlich zu unterscheidende, aber doch auch wesentliche Elemente des Westfälischen in Sprache, Brauchtum usw. übernehmende oder beibehaltende Bevölkerung. Zugleich verlor für diese Ruhrgebietsbevölkerung die alte Grenze zwischen der Rheinprovinz und der Provinz Westfalen, die mitten durch das Ruhrgebiet verlief, ihre Bedeutung zugunsten rheinisch-westfälischer Gemeinsamkeiten oder auch einer Ruhrgebiets-Identität.

Literatur

Abelshauser, Werner: Wirtschaft, Staat und Arbeitsmarkt 1914-1945, in: Das Ruhrgebiet im Industriezeitalter, Bd. 1. Düsseldorf 1990, S. 435-489.

Birkenhauer, Josef: Das Rheinisch-Westfälische Industriegebiet. Regionen-Genese-Funktionen. (UTB, 1214) Paderborn 1984.

Borscheid, Peter: Westfälische Industriepioniere in der Frühindustrialisierung, in: Rheinland-Westfalen im Industriezeitalter, Bd. 1. Wuppertal 1983, S. 158-174.

Bracht, Klaus: Der Bau der ersten Eisenbahnen in Preußen. Eine Untersuchung der rechtlichen Grundlagen und der bei der Gründung und dem Grunderwerb aufgetretenen Rechtsprobleme. (Quellen und Forschungen zur Brandenburgischen und Preußischen Geschichte, Bd. 13) Berlin 1998.

Brepohl, Wilhelm: Industrievolk im Wandel von der agraren zur industriellen Daseinsform, dargestellt am Ruhrgebiet. (Soziale Forschung und Praxis, Bd. 18) Tübingen 1957.

Bürgerlichkeit zwischen gewerblicher und industrieller Wirtschaft. Beiträge des wissenschaftlichen Kolloquiums anläßlich des 200. Geburtstags von Friedrich Harkort. Hrsg. von Wolfgang Köllmann, Winfried Reininghaus u. Karl Teppe. (Untersuchungen zur Wirtschafts-, Sozial- und Technikgeschichte, Bd. 12) Dortmund 1994.

Düsterloh, Diethelm: Produzierendes Gewerbe 1849/1861. (Begleittext) Geographisch-landeskundlicher Atlas von Westfalen, Lfg. 9, Doppelblatt 5. Münster 1997.

Die Eisen- und Stahlindustrie im Dortmunder Raum. Wirtschaftliche Entwicklung, soziale Strukturen und technologischer Wandel im 19. und 20. Jahrhundert. Hrsg. von Ottfried Dascher u. Christian Kleinschmidt. (Untersuchungen zur Wirtschafts-, Sozial- und Technikgeschichte, Bd. 9) Dortmund 1992.

Feldenkirchen, Wilfried: Zum Einfluß der Standortfaktoren auf die Eisen- und Stahlindustrie des Ruhrgebietes (bis 1914), in: Entwicklungsprobleme einer Region. Das Beispiel Rheinland und Westfalen im 19. Jahrhundert. (Schriften des Vereins für Socialpolitik, N. F. Bd. 119) Berlin 1981, S. 47-87.

Feldenkirchen, Wilfried: Zur Industriefinanzierung im 19. Jahrhundert, in: Rheinland-Westfalen im Industriezeitalter, Bd. 2. Wuppertal 1984, S. 189-210.

Fremdling, Rainer: Eisenbahnen und deutsches Wirtschaftswachstum 1840-1879. Ein Beitrag zur Entwicklungstheorie und zur Theorie der Infrastruktur. (Untersuchungen zur Wirtschafts-, Sozial- und Technikgeschichte, Bd. 2) 2. Aufl. Dortmund 1985.
Goch, Stefan: „Der Ruhrgebietler". Überlegungen zur Entstehung und Entwicklung regionalen Bewußtseins im Ruhrgebiet, in: Westfälische Forschungen 47, 1997, S. 585-620.
Henning, Friedrich-Wilhelm: Die Industrialisierung in Deutschland 1800 bis 1914. (UTB, 145) 9. Aufl. Paderborn 1995.
Holtfrerich, Carl-Ludwig: Quantitative Wirtschaftsgeschichte des Ruhrkohlenbergbaus im 19. Jahrhundert. Eine Führungssektoralanalyse. (Untersuchungen zur Wirtschafts-, Sozial- und Technikgeschichte, Bd. 1) Dortmund 1973.
150 Jahre Köln-Mindener Eisenbahn. Katalog zur gleichnamigen Ausstellungs- und Veranstaltungsreihe. Hrsg. von Karl-Peter Ellerbrock u. Marina Schuster. Essen 1997.
The Industrial Revolution in National Context. Europe and the USA. Hrsg. von Mikuláš Teich u. Roy Porter. Cambridge 1996.
Kiesewetter, Hubert: Das einzigartige Europa. Zufällige und notwendige Faktoren der Industrialisierung. Göttingen 1996.
Kleßmann, Christoph: Polnische Bergarbeiter im Ruhrgebiet 1870-1945. Soziale Integration und nationale Subkultur einer Minderheit in der deutschen Industriegesellschaft. (Kritische Studien zur Geschichtswissenschaft, Bd. 30) Göttingen 1978.
Köllmann, Wolfgang: Beginn der Industrialisierung, in: Das Ruhrgebiet im Industriezeitalter, Bd. 1. Düsseldorf 1990, S. 11-79.
Köllmann, Wolfgang: Pauperismus in Rheinland-Westfalen im Vormärz, in: Rheinland-Westfalen im Industriezeitalter, Bd. 1. Wuppertal 1983, S. 148-157.
Luntowski, Gustav: Jahrhundert der Industrialisierung (Literatur Kap. 7.3).
Mooser, Josef: Der Weg vom proto-industriellen zum fabrik-industriellen Gewerbe in Ravensberg, 1830-1914, in: Rheinland-Westfalen im Industriezeitalter, Bd. 1. Wuppertal 1983, S. 73-95.
Reulecke, Jürgen: Vom Kohlenpott zu Deutschlands „starkem Stück". Beiträge zur Sozialgeschichte des Ruhrgebiets. Bonn 1990.
Rheinland-Westfalen im Industriezeitalter, Bd. 1 (Literatur Kap. 7.1); Bd. 2 (Literatur Kap. 7.3).
Das Ruhrgebiet im Industriezeitalter. Geschichte und Entwicklung. Hrsg. von Wolfgang Köllmann, Hermann Korte, Dietmar Petzina u. Wolfhard Weber. 2 Bde. Düsseldorf 1990.
Schildt, Gerhard: Arbeiterschaft (Literatur Kap. 7.3).
Schmitz, Reinhard: Schmalspurbahn im Nahmertal. Die Hohenlimburger Kleinbahn, in: Heimatblätter für Hohenlimburg 36 (1975), S. 131-142.
Schüren, Reinhard: Soziale Mobilität im Zeitalter der Industrialisierung und Urbanisierung. Rheinische und westfälische Städte im 19. Jahrhundert, in: Westfälische Forschungen 37 (1987), S. 1-22.
Sozialgeschichte des Bergbaus im 19. und 20. Jahrhundert. Beiträge des Internationalen Kongresses zur Bergbaugeschichte Bochum 1989. Hrsg. von Klaus Tenfelde. München 1992.
Stefanski, Valentina-Maria: Zum Prozeß der Emanzipation und Integration von Außenseitern: Polnische Arbeitsmigranten im Ruhrgebiet. (Schriften des Deutsch-Polnischen Länderkreises der Rheinisch-Westfälischen Auslandsgesellschaft, Bd. 6) 2. Aufl. Dortmund 1991.
Steitz, Walter: Die Entstehung der Köln-Mindener Eisenbahngesellschaft. Ein Beitrag zur Frühgeschichte der deutschen Eisenbahnen und des preußischen Aktienwesens. (Schriften zur rheinisch-westfälischen Wirtschaftsgeschichte, Bd. 27) Köln 1974.

Tenfelde, Klaus: Soziale Schichtung, Klassenbildung und Konfliktlagen im Ruhrgebiet, in: Das Ruhrgebiet im Industriezeitalter, Bd. 2. Düsseldorf 1990, S. 121-217.
Tenfelde, Klaus: Sozialgeschichte der Bergarbeiterschaft an der Ruhr im 19. Jahrhundert. 2. Aufl. Bonn 1981.
Teuteberg, Hans-Jürgen: Vom Agrar- zum Industriestaat (1850-1914), in: Westfälische Geschichte. Hrsg. von Wilhelm Kohl, Bd. 3. Düsseldorf 1984, S. 163-311.
Then, Volker: Eisenbahnen und Eisenbahnunternehmer in der Industriellen Revolution. Ein preußisch/deutsch-englischer Vergleich. (Kritische Studien zur Geschichtswissenschaft, Bd. 120) Göttingen 1997.
Treue, Wilhelm: Eisenbahnen und Industrialisierung. Ein Beitrag zur preußischen Wirtschafts- und Technikgeschichte im 19. Jahrhundert. (Veröffentlichungen der Gesellschaft für westfälische Wirtschaftsgeschichte, Heft 27) Dortmund 1987.
van Eyll, Klara: Aspekte der Industrialisierung des Ruhrgebiets im 19. Jahrhundert unter besonderer Berücksichtigung der Eisen- und Stahlindustrie, in: Rheinland-Westfalen im Industriezeitalter, Bd. 1. Wuppertal 1983, S. 186-196.
Vom Rhein zur Weser. Mit der Köln-Mindener Eisenbahn von Deutz nach Minden. Hrsg. vom Rheinischen Verein für Denkmalpflege und Landschaftsschutz in Verbindung mit dem Rheinischen Industriemuseum und dem Westfälischen Heimatbund. Essen 1997.
Vonde, Detlev: Revier der großen Dörfer. Industrialisierung und Stadtentwicklung im Ruhrgebiet. Essen 1989.
Weber, Wolfhard: Entfaltung der Industriewirtschaft, in: Das Ruhrgebiet im Industriezeitalter, Bd. 1. Düsseldorf 1990, S. 199-319.
Wehler, Hans-Ulrich: Deutsche Gesellschaftsgeschichte, Bde. 2 u. 3 (Literatur Kap. 7.2).
Wiel, Paul: Wirtschaftsgeschichte des Ruhrgebietes. Tatsachen und Zahlen. Essen 1970.
Wischermann, Clemens: An der Schwelle der Industrialisierung (Literatur Kap. 7.1).
Wischermann, Clemens: Hungerkrisen (Literatur Kap. 7.2).
Ziegler, Dieter: Eisenbahnen und Staat im Zeitalter der Industrialisierung. Die Eisenbahnpolitik der deutschen Staaten im Vergleich. (Vierteljahrschrift für Sozial- und Wirtschaftsgeschichte, Beiheft 127) Stuttgart 1996.
Zunkel, Friedrich: Aspekte der Industrialisierung des Ruhrgebiets im 19. Jahrhundert unter besonderer Berücksichtigung des Ruhrbergbaues, in: Rheinland-Westfalen im Industriezeitalter, Bd. 1. Wuppertal 1983, S. 175-185.

10.

Westfalen in neuen politischen Ordnungen

10. 1 Westfalen im „Dritten Reich"

Nach 1933 bestand die preußische Provinz Westfalen ebenso fort wie nach 1918. Auf den Bruch mit der Monarchie folgte der Bruch mit der parlamentarisch-repräsentativen Demokratie der Weimarer Republik, von den Nationalsozialisten „Systemzeit" genannt, und der Übergang zum nationalsozialistischen Führerstaat. Dennoch trat in dieser Zeit die Prägung Westfalens durch die preußische Provinz und durch das seit 1918/20 republikanische Preußen zurück. Die polykratische Diktatur Hitlers, der NSDAP, der SS, der GESTAPO und einer Vielzahl von Parteiorganisationen und Staats- und Reichsbehörden bestimmte das Bild. Es fällt deshalb schwer, die Geschichte Westfalens zwischen 1933 und 1945 auf den Nenner „Westfalen als preußische Provinz" zu bringen, auch wenn das formal nach wie vor zutraf. Man könnte stattdessen von „Westfalen in der nationalsozialistischen Zeit" sprechen, oder von „Westfalen im NS-Staat", „Westfalen unter Hitler" oder einfach von „Westfalen 1933-1945". Auch andere Bezeichnungen wären denkbar, darunter – nach dem Vorbild einer wichtigen Dokumentation der Geschichte Bayerns in dieser Zeit – der Titel „Westfalen in der NS-Zeit". Hier wird – wenn auch unter Verwendung von Anführungszeichen – der Titel „Westfalen im ‚Dritten Reich'" gewählt. Damit wird das auf den 1925 gestorbenen Schriftsteller Arthur Moeller van den Bruck zurückgehende Schlagwort „Das Dritte Reich" zitiert, worunter dieser eine neue, auf das „Heilige Römische Reich deutscher Nation" und auf das „Deutsche Reich" Bismarcks folgende, nationale und soziale Tendenzen vereinigende dritte Reichsgründung verstanden hatte. Von Moeller van den Bruck übernahm der Nationalsozialismus nicht das Programm, wohl aber den propagandistisch einsetzbaren Namen. Dieser fand in Deutschland nach 1933 weiteste Verbreitung, bis Hitler während des Zweiten Weltkriegs die Verwendung dieses Begriffs untersagte. Doch kam dem Begriff „Drittes Reich" nie offizielle Bedeutung zu. Der amtliche Staatsname blieb auch nach 1933 „Deutsches Reich", wie 1933 ja auch nur propagandistisch von einer „nationalen Revolution" die Rede sein konnte, während staatsrechtlich Kontinuität des 1871 gegründeten Deutschen Reiches über die Umbrüche von 1918 und 1933 hinweg bestand.

Ansätze für den Übergang zum autoritären Führerstaat und zu dem später von Hitler zum Organisationsgrundsatz von Partei und Staat gemachten „Führerprinzip", nach dem Entscheidungen durch die jeweilige Führung und nicht nach Abstimmungen und durch Mehrheitsbeschluß gefällt werden sollten, lagen schon vor 1933. Das erleichterte Hitler nach seinem Amtsantritt als Reichskanzler am 30. Januar 1933 die

Stabilisierung der NS-Herrschaft. Zu denken ist dabei an die erwähnte Sparnotverordnung vom 12. September 1931 (S. 333), mit der im kommunalen Bereich die Zuständigkeit der gewählten Vertretungsorgane für Besoldungsangelegenheiten dem leitenden Gemeindeverwaltungsbeamten übertragen worden war. Am 20. Juli 1932 folgte die – propagandistisch auch als „Preußenschlag" bezeichnete – „Reichsexekution" gegen Preußen (S. 329), mit der die seit der Landtagswahl vom April 1932 nur als geschäftsführende Regierung ohne Mehrheit im Landtag amtierende Regierung des sozialdemokratischen preußischen Ministerpräsidenten Otto Braun und des ebenfalls der SPD angehörenden preußischen Innenministers Carl Severing abgesetzt wurde, wobei Reichskanzler Franz von Papen als Reichskommissar die Aufgaben des preußischen Ministerpräsidenten übernahm. Zwar konnte sich das formal auf eine Notverordnung des Reichspräsidenten und auf Art. 48 der Weimarer Reichsverfassung stützen, doch war es faktisch ein Staatsstreich, mit dem die letzte wichtige republikanische Landesregierung innerhalb Deutschlands beseitigt wurde und mit dem die SPD ihre letzte Machtposition verlor, wozu auch die Verfügung über die preußische Polizei gehörte. Wichtig war auch die schon erwähnte preußische Vereinfachungsverordnung der Reichskommissariatsregierung vom 3. September 1932 (S. 329 f.), mit der die Rolle des Oberpräsidenten als „ständiger Vertreter der Staatsregierung in der Provinz" ebenso wie die der Regierungspräsidenten und die der Landräte (S. 332) im Sinne des monokratischen Verwaltungsprinzips und der Ersetzung kollegialischer Beschlüsse durch Entscheidungen des jeweiligen Amtsträgers gestärkt wurde.

Westfalen war keine Hochburg des Nationalsozialismus (S. 342), was an den Reichstagswahlergebnissen bei der letzten Reichstagswahl vom 5. März 1933, bei der die NSDAP in Westfalen mit 34,9 % in Westfalen-Nord und 33,8 % in Westfalen-Süd weit hinter dem Reichsdurchschnitt von 43,9 % zurückblieb (S. 342), ablesbar ist. Doch gab es erhebliche regionale Unterschiede, die mit der Konfessionsverteilung innerhalb Westfalens zusammenhingen und Teile des evangelischen Minden-Ravensberg, des Siegerlandes und Wittgenstein (S. 343) als deutlich stärker nationalsozialistisch orientiert erscheinen lassen als die geschlossen katholischen Gebiete Westfalens. Auf der anderen Seite waren der Organisationsgrad und die Mitgliederschaft der NSDAP in Westfalen auch vor 1933 schon stark. Seit 1931 bestanden die beiden NSDAP-„Gaue" Westfalen-Nord (Münster) und Westfalen-Süd (Bochum) unter den Gauleitern Dr. Alfred Meyer und Josef Wagner (S. 343). Der Gau Westfalen-Nord hatte am 30. Januar 1933 276 Ortsgruppen, der Gau Westfalen-Süd 243 (Hey, Nationalsozialistische Zeit, S. 213).

Nach der „Machtergreifung" setzten in Westfalen dieselben Maßnahmen der „Gleichschaltung" wie im übrigen Reichsgebiet ein – beides sind nationalsozialistische Begriffe, von denen der zweite Eingang in die Gesetzessprache fand, nämlich mit den in diesem Zusammenhang wichtigen „Gesetzen zur Gleichschaltung der Länder" mit dem Reich vom 31. März und 7. April 1933. Mit diesen Gesetzen wurde die Übertragung der Gesetzgebungs- und Regierungskompetenzen der Länder, also auch Preußens, auf das Reich eingeleitet. Andere wichtige rechtliche Instrumente waren die „Verordnung zum Schutz von Volk und Staat“ vom 28. Februar 1933, mit der die von der Weimarer Reichsverfassung garantierten Grundrechte weitgehend außer Kraft gesetzt wurden, das auch als „Ermächtigungsgesetz“ bekannte „Gesetz zur Behebung der Not von Volk und Staat“ vom 24. März 1933, das Hitler weitgehende Gesetzgebungsvollmachten einräumte, und das „Gesetz zur Wiederherstellung des Berufsbeamtentums“ vom 7. April 1933, mit dem die Behörden von sog. „nichtarischen“ – sprich: jüdischen – oder der NSDAP aus anderen Gründen mißliebigen Beamten „gesäubert“ und die betreffenden Beamten unter Ausschluß aller herkömmlichen gesetzlichen Bestimmungen entlassen werden konnten.

Das große Personalrevirement begann jedoch schon vorher. So wurde der seit 1922 amtierende Oberpräsident von Westfalen, der Zentrumsangehörige Johannes Gronowski (S. 329), am 17. Februar 1933 von Hermann Göring als kommissarischem preußischen Innenminister entlassen. An seine Stelle trat am 22. Februar, endgültig am 16. Juli 1933, Ferdinand Freiherr von Lüninck. Dieser war katholisch und Mitglied der DNVP, nicht der NSDAP, womit Westfalen (bis 1938) einen Nicht-Nationalsozialisten als Oberpräsidenten hatte, was es sonst nur noch mit Hermann Freiherr von Lüninck, einem Bruder des westfälischen Oberpräsidenten, in der Rheinprovinz (bis 1935) und mit Philipp Prinz von Hessen in der Provinz Hessen-Nassau (bis 1943) gab. Auch die Regierungspräsidien wurden 1933 mit Kurt Matthaei in Münster, Max von Stockhausen in Arnsberg und Adolf Freiherr von Oeynhausen in Minden neu besetzt, wie auch bei den Bezirksregierungen Beamte entlassen und an ihrer Stelle Mitglieder der NSDAP oder ihr nahestehende Personen eingesetzt wurden.

Die Tendenz der preußischen Vereinfachungsverordnung von 1932 wurde durch das Gesetz über die Erweiterung der Befugnisse der Oberpräsidenten vom 15. Dezember 1933 im Sinne des „Führerprinzips“ verschärft, indem die Führungsaufgabe des Oberpräsidenten als „ständigen Vertreters der Staatsregierung in der Provinz“ noch stärker als 1932 zur Geltung kam. Das Gesetz über den Neuaufbau des Reiches vom 30. Januar 1934 übertrug, die Gleichschaltungsgesetze vom März/April 1933 verschärfend, die Hoheitsrechte der Länder, also auch Preußens, auf das Reich und unterstellte die Landesregierungen der Reichsregierung. War das faktisch das Ende Preußens und seiner Staatlichkeit, so fand die „Verreichlichung“ auch darin ihren Ausdruck, daß die zweite Verordnung über den Neuaufbau des Reiches vom 27. November 1934 den Oberpräsidenten zum „ständigen Vertreter der Reichsregierung“ machte und ihn den Reichsstatthaltern gleichstellte, deren Amt bereits das zweite Gleichschaltungsgesetz vom 7. April 1933 für alle deutschen Länder mit Ausnahme Preußens eingeführt hatte. Faktisch wurde die preußische Provinz Westfalen damit zu einer Reichsprovinz. Nach dem Erlaß des Reichsstatthaltergesetzes vom 30. Januar 1935 übernahm der Gauleiter von Westfalen-Nord, Alfred Meyer, 1936 unter Beibehaltung seines Gauleiteramtes in Münster als Reichsstatthalter auch die Regierung der Länder Lippe (Detmold) und Schaumburg-Lippe (Bückeburg), wobei

es auch nach der Übernahme des Oberpräsidentenamtes von Westfalen durch Meyer blieb.
In besonderem Maße betraf die „Gleichschaltung" die kommunale Ebene, wobei sie hier auch besonders mit Einschüchterungs- und Repressionsmaßnahmen bis hin zu offenem Terror gegen mißliebige Kommunalpolitiker seitens der SA und eines örtlichen NS-Mobs begleitet war. Am 12. März 1933 fanden in ganz Preußen Kommunalwahlen statt, nachdem Innenminister Göring am 4. Februar 1933 die 1929 gewählten Gemeindevertretungen per Verordnung aufgehoben hatte. Das Ergebnis der Kommunalwahlen war für die NSDAP enttäuschend, nicht nur in einem Ort wie Medebach mit seiner katholisch-konservativen Mehrheit, wo die NSDAP am 12. März 1933 nur drei von zwölf Stadtratsmandaten gewinnen konnte, sondern auch in Münster, obwohl hier die NSDAP mit 20 Mandaten stärkste Fraktion der Stadtverordnetenversammlung wurde. Doch standen diesen immerhin 19 Zentrumsmandate gegenüber. Insgesamt erreichte die NSDAP bei den Kommunalwahlen im März 1933 in Westfalen nur 27,6 % der Stimmen.
War es schon in den Tagen vor der Kommunalwahl zu SA-Übergriffen, zum Verbot sozialdemokratischer Zeitungen wie des „Volkswillens" in Münster, zu demonstrativen Verbrennungen der schwarz-rot-goldenen Flagge, immer noch amtliche Reichsflagge, und zum Boykott bzw. zur Schließung jüdischer Warenhäuser und Geschäfte im Besitz jüdischer Geschäftsleute sowie zur Störung oder Verhinderung der Wahlveranstaltungen von Parteien wie des Zentrums gekommen, so nahmen solche Vorgänge nach der Kommunalwahl, deren Ergebnis die NSDAP in den Gemeindevertretungen zu Koalitionen mit anderen Parteien zwang, erheblich zu. Wichtig wurde die Annullierung der KPD-Mandate durch das Gesetz zur Ausführung des Gleichschaltungsgesetzes in den Gemeinden und Gemeindeverbänden vom 6. April 1933. So hatte die Kommunalwahl in Hagen der KPD neun Mandate gebracht, neben 21 der NSDAP, sechs der SPD, elf Zentrumsmandaten und zwei Mandaten des Evangelischen Volksdienstes. Nur durch die Annullierung der KPD-Mandate erreichte die NSDAP hier die absolute Mehrheit.
Danach galten Schikanen und Terroraktionen der SA vor allem Kommunalpolitikern der SPD, die dadurch zur Niederlegung ihrer Mandate gezwungen werden sollten und auch gezwungen wurden. Bekannt ist der Fall des Bochumer SPD-Vorsitzenden Heinrich König, der sich in der Nacht vom 10. auf den 11. März 1933, also noch vor der Kommunalwahl, mit Waffengewalt gegen die sein Wohnhaus stürmende SA zur Wehr gesetzt hatte und danach verhaftet wurde, bis ein mutiger Amtsrichter seine Freilassung veranlaßte. Dieser Amtsrichter wurde daraufhin von der SA überfallen und verprügelt und danach aus dem Richterdienst entlassen. Ebenfalls noch vor der Kommunalwahl wurde der parteilose Bochumer Oberbürgermeister Dr. Otto Ruer zum Rücktritt gezwungen, der danach durch Selbstmord aus dem Leben schied. Am Tag der Kommunalwahl wurde der Fraktionsvorsitzende des Zentrums in der Dortmunder Stadtverordnetenversammlung, Otto Koch, Opfer eines SA-Überfalls.

Großes Aufsehen erregte die demonstrative Hissung der Hakenkreuzflagge auf den Rathäusern, die keine staatliche Flagge war, sondern Parteiflagge der NSDAP; Reichsflagge war Schwarz-Rot-Gold, bis an deren Stelle am 12. März 1933 die schwarz-weiß-rote Reichsflagge der Kaiserzeit wieder eingeführt wurde. Doch hatte Göring als preußischer Innenminister schon am 6. März 1933 die Oberpräsidenten und die Regierungspräsidenten angewiesen, die Hissung der Hakenkreuzflagge zu dulden. Bürgermeister, städtische Beamte und andere, die sich der Hissung der Hakenkreuzflagge oder der alten schwarz-weiß-roten Reichsflagge widersetzen, liefen Gefahr, von SA-Männern verprügelt zu werden. Eine Reihe von Bürgermeistern – so Dr. Karl Zuhorn in Münster, Curt Heinrich Täger in Herne, Dr. Cuno Raabe in Hagen, Ernst Eichhoff in Dortmund und andere – wurden durch ihren Widerspruch gegen die Hissung der Hakenkreuzfahne zu Anträgen auf Beurlaubung oder zum Rücktritt vom Amt gezwungen oder, wie Zuhorn, von Göring auf Betreiben des Kreisleiters der örtlichen NSDAP beurlaubt. Reichsflagge wurde die Hakenkreuzflagge der NSDAP anstelle der schwarz-weiß-roten Flagge erst durch das Reichsflaggengesetz vom 15. September 1935. „Dieses von der z. T. als Hilfspolizei agierenden SA erzeugte Klima von Terror, Angst und Verunsicherung – noch verstärkt dadurch, daß der Schutz durch Polizei und Gerichte immer unsicherer wurde – hat viel dazu beigetragen, daß die vielleicht noch mögliche Opposition gerade der SPD-Repräsentanten in den kommunalen Parlamenten erstickt wurde" (Hey, Nationalsozialistische Zeit, S. 225).
Am 22. Juni 1933 wurde die SPD verboten, womit die letzten Sozialdemokraten aus den Gemeindevertretungen ausschieden, nachdem die KPD längst zerschlagen war. Im Juni und Juli 1933 lösten sich die anderen Parteien mit Ausnahme der NSDAP auf, zuletzt, am 5. Juli 1933, das Zentrum. Bedeutung erlangte der Erlaß des Reichsinnenministers Wilhelm Frick vom 30. August 1933, der die kreisangehörigen Gemeinden zu „nachgeordneten Dienststellen" der Kreisverwaltungen erklärte, also die kommunale Selbstverwaltung aufhob. Oft legten die Gemeindevertretungen, denen die Abgeordneten aufgelöster Parteien wie des Zentrum noch angehörten, ihre Mandate nieder, um der Amtsenthebung zuvorzukommen, so etwa die Medebacher Stadtverordneten am 29. August 1933. Der neue, ausschließlich mit Nationalsozialisten besetzte Rat wurde auf Vorschlag des Gauleiters der NSDAP vom Landrat ernannt.
Am 1. Januar 1934 trat das preußische Gemeindeverfassungsgesetz vom 15. Dezember 1933 in Kraft, ebenso das Gemeindefinanzgesetz vom gleichen Tag. Am 1. April 1935 folgte die Deutsche Gemeindeordnung vom 30. Januar 1935. Das preußische Gesetz übertrug die Berufung der Mitglieder der Stadt- und Gemeinderäte auf den jeweiligen Landrat. Die Deutsche Gemeindeordnung ging weiter und machte daraus eine NS-Parteiangelegenheit, indem sie die Berufung der Gemeinderatsmitglieder dem örtlich zuständigen Kreisleiter der NSDAP überließ.
Hinzu kamen auch in Westfalen die „Gleichschaltung" aller Vereine und des gesamten Kulturlebens, die Entfernung sog. „Entarteter Kunst" aus den Museen und – im

Rahmen des sog. Kampfes „Wider den undeutschen Geist“ – Bücherverbrennungen. Am 10. Mai 1933 wurden auf dem Hindenburgplatz in Münster Bücher jüdischer, marxistischer und anderer Autoren aus den Bibliotheken der Universität sowie aus anderen öffentlichen und privaten Bibliotheken und Buchhandlungen verbrannt. Der 2. Mai 1933 war überall in Deutschland der Tag der Besetzung der Gewerkschaftshäuser und der Auflösung der freien Gewerkschaften, woraufhin die Überführung der übrigen Gewerkschaften in die am 10. Mai 1933 gegründete nationalsozialistische Deutsche Arbeitsfront (DAF) erfolgte. In Münster hatte es die SA besonders eilig, die hier schon im März 1933 das Gewerkschaftshaus besetzte.

Die „Gleichschaltungen“ machten auch vor dem westfälischen Provinzialverband nicht halt, womit sich das Verhältnis zwischen der Provinz als einer staatlichen, bald „verreichlichten“ Einrichtung und dem Provinzialverband als Selbstverwaltungseinrichtung entscheidend veränderte. An der Spitze der Provinz Westfalen stand seit Februar/Juli 1933 der schon genannte Ferdinand von Lüninck als Oberpräsident, der bis 1938 im Amt blieb. Ab 1938 vereinigte Alfred Meyer die Ämter des Gauleiters von Westfalen-Nord, des Oberpräsidenten von Westfalen und des Reichsstatthalters von Lippe und Schaumburg-Lippe in seiner Hand. Ferdinand von Lüninck schloß sich während des Krieges dem Widerstand an und wurde nach dem 20. Juli 1944 hingerichtet. Meyer wurde unter Beibehaltung seiner westfälischen Ämter 1941 auch noch Staatssekretär im Reichsministerium für die besetzten Ostgebiete; 1942 kam das Amt des Reichsverteidigungskommissars Westfalen-Nord hinzu. Meyer starb 1945 wahrscheinlich im Teutoburger Wald durch Selbstmord auf der Flucht vor den alliierten Truppen. Das Oberpräsidium von Westfalen war im November 1944 mit der Bezirksregierung Münster aus dem bombenzerstörten Münster nach Bad Driburg verlegt worden, wo Regierungsvizepräsident Rudolf Klein nach dem Abgang Meyers die Geschäfte des Oberpräsidenten bis zur Ankunft der Alliierten weiterführte.

Der Provinzialverband blieb auch nicht von den Personalveränderungen im Zusammenhang mit dem „Gesetz über die Wiederherstellung des Berufsbeamtentums“ verschont. So wurden fünf von 13 Landesräten entlassen und durch Nationalsozialisten ersetzt. Der seit 1919 im Amt befindliche Landeshauptmann Franz Dieckmann (S. 332) vom Zentrum kam unter dem üblichen Druck um seine Beurlaubung ein und wurde entlassen. An seine Stelle als Landeshauptmann trat der der NSDAP angehörende Karl-Friedrich Kolbow, der, obgleich überzeugter Nationalsozialist, doch immer wieder mit den Gauleitern über Personalfragen und Stellenbesetzungen in Konflikte geriet. Im August 1944 wurde Kolbow als Landeshauptmann wegen seiner Verbindung zu dem nach dem 20. Juli verhafteten Lüninck abgesetzt und aus der NSDAP ausgeschlossen, konnte seiner Verhaftung aber mit Unterstützung des Gauleiters Meyer entgehen, wurde Wehrmachtssoldat und starb 1945 in einem französischen Kriegsgefangenenlager. An Kolbows Stelle trat als kommissarischer Landeshauptmann Hans von Helms. Im Oktober 1944 wurde die Hauptverwaltung des Provinzialverbandes von Münster nach Büren im Paderborner Land verlegt, wo

nach dem Untertauchen Helms' Landesrat Bernhard Salzmann am 10. März 1945 kommissarisch die Leitung des Provinzialverbandes übernahm.
Am 12. März 1933 wurde, gleichzeitig mit der Kommunalwahl, auch der westfälische Provinziallandtag neu gewählt, wobei die NSDAP mit 35,9 % zwar stärkste Partei wurde, mit 50 von 138 Sitzen aber weit von der absoluten Mehrheit entfernt blieb (S. 332). Auch in diesem Fall wurden die KPD-Mandate annulliert. Der neue Provinziallandtag trat nur einmal, am 10. April 1933, zusammen, wählte einen neuen Provinzialausschuß, in dem die NSDAP die Mehrheit hatte, und vertagte sich auf unbestimmte Zeit, bevor der Provinzialausschuß am 1. Juni 1933 die Zuständigkeiten des Provinziallandtags usurpierte und auf sich übertrug. Mit dem erwähnten Oberpräsidentengesetz vom 15. Dezember 1933 folgte die Auflösung des Provinziallandtags und des Provinzialausschusses. Damit war das „Führerprinzip" auch im westfälischen Provinzialverband voll durchgesetzt, zumal der Oberpräsident durch das Oberpräsidentengesetz auch zum Leiter des Provinzialverbandes bestellt wurde. Damit kam es zu einer Personalunion der Spitzen von Provinz und Provinzialverband, indem Ferdinand von Lüninck die Leitung des Provinzialverbandes übernahm und in die Zuständigkeiten des Landeshauptmanns und des Provinzialausschusses eintrat, während Landeshauptmann Kolbow zum ständigen Stellvertreter des Oberpräsidenten wurde und als solcher mit der Erledigung der laufenden Geschäfte des Provinzialverbandes betraut blieb. Mit der Entlassung Lünincks 1938 nahm die Konzentration der Kompetenzen noch weiter zu, indem Alfred Meyer zu seinen Ämtern als Oberpräsident von Westfalen, Gauleiter von Westfalen-Nord und Reichsstatthalter von Lippe und Schaumburg-Lippe auch noch die Leitung des Provinzialverbandes erhielt.
Aber auch unabhängig von dieser Personalunion von Provinz und Provinzialverband geriet der westfälische Provinzialverband in mehrfacher Hinsicht immer mehr in eine Bestandskrise, die im Falle eines für das Deutsche Reich siegreichen Kriegsausgangs wahrscheinlich zu seinem Ende geführt hätte. Wichtig wurden nationalsozialistische Organisationen wie die „Hitlerjugend" (HJ) und der „Bund Deutscher Mädchen" (BDM) oder die NS-Volkswohlfahrt (NSV), die bisherige Tätigkeitsfelder des Provinzialverbandes in der Jugendpflege und in der öffentlichen Fürsorge zunehmend besetzten. Hinzu kamen die Einschränkungen der provinziellen Aufgaben durch expandierende staatliche Behördentätigkeit und insbesondere durch „Verreichlichung", aber auch Pläne zur Gründung einer den westfälischen Teil des Ruhrgebiets einbeziehenden Ruhrprovinz bzw. eines „Ruhrgaues", wie sie vor allem seit der Bestellung des Essener Gauleiters und Oberpräsidenten der Rheinprovinz Josef Terboven zum Reichsverteidigungskommissar im Wehrkreis VI, zu dem Westfalen gehörte, mit Kriegsbeginn am 1. September 1939 akut wurden. Konnte Kolbow bei der Abwehr dieser Pläne der Unterstützung von Oberpräsident-Gauleiter Meyer gewiß sein, so konnte er doch nicht verhindern, daß die Gaue Westfalen-Nord unter Meyer und Westfalen-Süd unter Josef Wagner, dem 1942 Paul Giesler und 1943 Albert Hoffmann als Gauleiter folgten, auf Kosten von Provinz und Pro-

vinzialverband immer mehr Gewicht erlangten. Als Kolbows Verdienst wird daher „neben dem Erhalt des westfälischen Provinzialverbandes, der als einziger die Auflösung des preußischen Staates überstand, immer sein Kampf um die Einheit der Provinz Westfalen hervorgehoben“ (Hey, Nationalsozialistische Zeit, S. 229).
Auch in Westfalen gab es neben überzeugten Nationalsozialisten und neben Anpassung, Opportunismus, Mitläufertum und Gleichgültigkeit Widerstand gegen die Herrschaft des Nationalsozialismus in verschiedenen Formen und verschiedenen Graden. Vom evangelischen Kirchenkampf und von der Bekennenden Kirche war schon die Rede (S. 368-370), ebenso von der Gegnerschaft zwischen Nationalsozialismus und Katholizismus und von der Widerstandshaltung des Bischofs Clemens August Graf von Galen, die dieser von Anfang an einnahm und die in seinen Predigten gegen die Euthanasieaktionen ihren Höhepunkt erfuhr (S. 356f.). Auf Seiten der katholischen Kirche wurden 20 Weltpriester des Erzbistums Paderborn und 37 aus dem Bistum Münster in Konzentrationslagern, zumeist in Dachau bei München, inhaftiert, von denen 15 in Dachau oder in Sachsenhausen in der Provinz Brandenburg oder an den Folgen der KZ-Haft starben. Über 1000 Priester der beiden westfälischen Diözesen waren unterschiedlichen Maßnahmen der GESTAPO wie kurzfristige Festnahmen, Verhöre, Redeverbote oder Aufenthaltsverbote unterworfen. Auf evangelischer Seite bezahlte der Pfarrer von Menninghüffen (Löhne) bei Herford, Ernst Wilm, sein Eintreten gegen die Euthanasiemaßnahmen mit einer mehrjährigen KZ-Haft in Dachau. Sechs weitere Fälle westfälischer evangelischer Pfarrer als KZ-Häftlinge sind bekannt, von denen einer, Ludwig Steil aus Herne-Holsterhausen, 1945 im KZ Dachau starb. Auch hier gab es Hausdurchsuchungen, Verhaftungen, Vernehmungen, Rede- und Aufenthaltsverbote usw. Insgesamt aber blieb der kirchliche Widerstand, besonders der evangelische, auf innerkirchliche Angelegenheiten und darüber hinaus, so bei Galens Auseinandersetzung mit Alfred Rosenberg (S. 357), auf ideologische Fragen beschränkt, wurde also nicht im engeren Sinne politisch und trat nur in der Euthanasiefrage aus dem innerkirchlichen Zirkel heraus.
Hingegen war der kommunistische Widerstand eindeutig politisch, aber, weil er nur von einer sehr kleinen Zahl von Menschen getragen wurde und härtester Unterdrückung ausgesetzt war, weniger wirkungsvoll als der kirchliche Widerstand in dessen begrenztem Bereich. Vor allem Dortmund war der Ort in Westfalen, an dem kommunistische Widerstandsgruppen immer wieder neu organisiert wurden, nachdem der kommunistische Gebietsleiter Albert Funk schon im April 1933 verhaftet und im Gefängnis umgekommen war. Im Januar und im März 1934 zerschlug die GESTAPO die illegale Dortmunder KP-Organisation. Die Funktionäre Stötzel und Girsiepen wurden verhaftet, von denen Girsiepen in der Haft durch Selbstmord starb. 257 Kommunisten wurden verurteilt, von denen viele in KZ-Haft kamen. Nach jeder Verhaftungswelle folgte der Neuaufbau der illegalen Parteiorganisation, der jeweils wieder neue Verhaftungen, Verurteilungen, auch Todesurteile, nach sich zog. Zuletzt fielen der GESTAPO 1945 28 Mitglieder einer kommunistischen

Widerstandsgruppe in die Hände, die im März/April 1945 gemeinsam mit etwa 280 anderen Häftlingen, darunter Zwangsarbeiter und Kriegsgefangene, in der Bittermark und im Rombergpark im Süden Dortmunds erschossen wurden.
Andere Formen zeigte der sozialdemokratische Widerstand, weil den aktiven Mitgliedern der verbotenen SPD mehr daran gelegen war, „organisatorischen Zusammenhalt zu wahren, die alten Verbindungen aufrechtzuerhalten, die erprobte Gesinnung zu pflegen und das Dritte Reich unbeschadet an Überzeugung, Leib und Leben zu überstehen. Kennzeichnend für den sozialdemokratischen Widerstand ist daher nicht der aktive Kader oder die konspirative Zelle, sondern der lockere Kreis Gleichgesinnter, die gesellige Gruppe, in der unter dem Deckmantel privater Kontakte und gemeinsamer Freizeitinteressen Informationen ausgetauscht, Gespräche geführt und die alte Gemeinsamkeit beschworen wurden. Die Gestapo konnte solche Gruppen kaum fassen“ (Hey, Nationalsozialistische Zeit, S. 237). Solche Zirkel bildeten sich in Westfalen vor allem in Dortmund, aber auch in anderen Städten, um Fritz Henßler und andere, die lange unentdeckt blieben, aber 1935, 1936 und 1937 nach und nach, verbunden mit Verhaftungen, zerschlagen wurden. Bestand hatten nur Kreise wie die sog. Beuster-Gruppe und solche Gruppierungen, die im Sinne der vorsichtigen Haltung Fritz Henßlers den Kontakt mit der sozialdemokratischen Emigration mieden. Doch war das kein organisierter sozialdemokratischer Widerstand mehr.
Große Opfer brachte wie überall, so auch in Westfalen, der jüdische Bevölkerungsteil. 1858 hatte es in der Provinz Westfalen 16 063 Angehörige der israelitischen Religion gegeben, also Juden ohne getaufte und somit katholisch oder evangelisch gewordene Juden (Reekers, Westfalens Bevölkerung, S. 367). 1925 lag die Zahl der „Israeliten“ in Westfalen bei 21 595 (ebd.). Für 1933 werden 18 819 Juden genannt (Brilling, Judentum, S. 141), von denen 10 326 auf den Regierungsbezirk Arnsberg entfielen. Damit hatten die Juden in Westfalen 1858 einen Anteil von 1,0 % an der Gesamtbevölkerung, der bis 1925 auf 0,4 % sank. Man kann also sagen, daß die Juden in Westfalen vor 1933 „zahlenmäßig eine ganz geringe Rolle“ (Brilling, Judentum, S. 140) spielten. 1950 wurden in Westfalen nur noch 686 Angehörige der israelitischen Religion gezählt (Reekers, Westfalens Bevölkerung, S. 367). Wieviele Juden aus Westfalen die Jahre 1933 bis 1945 überlebten, ist jedoch nicht bekannt. In Dortmund, der größten Stadt des Regierungsbezirks Arnsberg und ganz Westfalens, lebten am 16. Juni 1933 4 108 Juden. Davon verstarben zwischen 1933 und 1939 44 durch „NS-Verfolgungsmaßnahmen“; 1 093 Dortmunder Juden starben zwischen 1940 und 1945 in Konzentrationslagern; 208 starben nach 1945 an Gesundheitsschäden aus der NS-Zeit (Hey, Nationalsozialistische Zeit, S. 252). Von den verbleibenden 2 763 Juden dürfte der größere Teil bis 1941 aus Deutschland ausgewandert sein, während nur ein kleiner Teil natürlichen Todesfällen zuzurechnen sein wird.
Die Judenverfolgungen begannen schon in den ersten Wochen nach der „Machtergreifung“ Hitlers. Der 1. April 1933 war reichsweit ein Tag des von der NSDAP und ihren Organisationen initiierten Boykotts jüdischer Geschäfte, doch waren dem

in einigen Städten, so in Münster am 29. März, bereits öffentliche Boykottmaßnahmen voraufgegangen. Das „Gesetz zur Wiederherstellung des Berufsbeamtentums" vom 7. April 1933 diente nicht zuletzt zur Entlassung jüdischer Beamter, wovon die jüdischen Kriegsteilnehmer des Ersten Weltkriegs noch ausgenommen waren. Am 15. September 1935 folgten die „Nürnberger Gesetze", darunter das „Reichsbürgergesetz", das den Juden das Reichsbürgerrecht vorenthielt bzw. entzog, das „Gesetz zum Schutz des deutschen Blutes und der deutschen Ehre" und das „Blutschutzgesetz". Letzteres verbot Eheschließungen und außerehelichen Geschlechtsverkehr zwischen „Ariern" und Juden, was als „Rassenschande" bezeichnet wurde. Jetzt wurden auch die jüdischen Kriegsteilnehmer, soweit sie Beamte waren, entlassen. Jüdische Ärzte durften nicht mehr an öffentlichen Krankenhäusern arbeiten. Juden in freien Berufen wie Apotheker oder Rechtsanwälte wurden Einschränkungen unterworfen. Mit den „Nürnberger Gesetzen" wurde auch der Begriff „Jude" im rassischen Sinne definiert, was in der konkreten Festlegung aber nur unter Rückgriff auf die israelitische Religionszugehörigkeit möglich war. „Jude" war demnach auch der von zwei (von vier) Großelternteilen abstammende „Mischling", „Volljude" hingegen, wer drei jüdische Großelternteile hatte.
Am 9. November 1938 folgte die – so der ironische, an das viele zerbrochene Glas erinnernde Ausdruck der Zeitgenossen – „Reichskristallnacht", eine durch mündliche Anweisungen in einer Goebbels-Rede vor NSDAP-Funktionären in München am 9. November ausgelöste Pogromwelle mit Zerstörung von Synagogen und Plünderung jüdischer Geschäfte und Wohnungen überall in Deutschland, bei der auch Todesfälle zu verzeichnen waren. So wurden im westfälischen Lünen zwei Juden in ihrer Wohnung erschossen und einer in der Lippe ertränkt. In vielen Städten brannten Synagogen, wobei die Feuerwehr am Löschen gehindert wurde. In Münster wurde der Rabbiner Dr. Fritz Steinthal gezwungen, dem großenteils von auswärts angereisten SA-Mob die Wohnhäuser der Juden zu zeigen. Elf Wohnungen wurden zerstört und der Rabbiner mißhandelt.
Interessant sind die Vorgänge im kleinen Medebach im Sauerland, wo die NSDAP bei der Kommunalwahl am 12. März 1933 nur drei von zwölf Stadtratsmandaten hatte erlangen können: „Am Vormittag des 10. November 1938 befahl die Kreisleitung der NSDAP fernmündlich, auch in Medebach (...) einen Demonstrationszug gegen die Juden zu veranstalten. Es wurde ausgeschellt, daß die Angehörigen der Partei und ihrer Gliederungen um 20 Uhr auf dem Marktplatz anzutreten hätten, und zwar ohne Uniform. Der Polizei war jedes Eingreifen untersagt. (...) Bereits am Nachmittag des 10. November 1938 warf ein Lehrling auf dem Gang zum Postamt bei dem jüdischen Textilgeschäft Meyerhof mit einem Stein eine Fensterscheibe ein. Er hatte zuvor von dem Telegramm Kenntnis erhalten, das der Polizei ein Einschreiten bei Aktionen gegen Juden untersagte. Nach Dienstschluß ging er mit drei weiteren Lehrlingen zum Haus des Juden Stahl. Sie machten sich dort an dessen Auto zu schaffen, mit dem sie anschließend eine Fahrt nach Winterberg unternahmen. Zwischen 19 und 20 Uhr trafen Mitglieder der Kreisleitung in Medebach ein (...). Vom

Marktplatz zogen die Demonstranten zunächst vor das Textilgeschäft Meyerhof. Auf dem Marsch wurden antisemitische Hetzlieder gesungen, vor dem Hause Meyerhof ertönten Sprechchöre, die der Scheibeneinwerfer vom Nachmittag organisierte. Es trat nun eine Auflösung des bisher geschlossenen Zuges ein. Während ein Teil der Teilnehmer vor dem Geschäft Meyerhof stehenblieb, zogen andere in größeren und kleineren Trupps vor die jüdischen Geschäfte Stern und Stahl. In der Zeit von 20 Uhr bis 3 Uhr morgens waren fortgesetzt Gruppen von Menschen in der Stadt unterwegs. In dieser Zeit wurde das Textilgeschäft Meyerhof vollständig zerstört. Die Schaufensterscheiben wurden eingeschlagen, die Laden- und Wohnungseinrichtung demoliert. Die gleichen Vorgänge spielten sich beim Textilgeschäft Stern ab. Im Hause des Juden Stahl, der einen Bierverlag und eine Spirituosenhandlung unterhielt, wurden die Fässer und Flaschen im Keller zertrümmert, so daß der Boden zentimeterhoch mit Alkohol bedeckt war. Auch hier wurde die Wohnungseinrichtung demoliert. Gewalttätigkeiten gegen jüdische Personen wurden nicht verübt. Stahls Personenwagen wurde im Lauf der Nacht angezündet und brannte aus. Die Kultgegenstände der jüdischen Gemeinde waren Sally Stahl, dem Vorsteher, beim Verkauf der Synagoge in Verwahrung gegeben worden. Die Thorarollen, Gebetbücher, Gebetschals und der Kronleuchter wurden in der Nacht der Verwüstung zerstört und geraubt. (...) Nach dem Krieg zur Rechenschaft gezogen, berief sich keiner der ermittelten Täter darauf, angetrunken oder betrunken gewesen zu sein" (Schäfer, Juden in Medebach, S. 556-558).

Am 12. November 1938 folgte das generelle Verbot der Führung von Geschäften, Unternehmen und Handwerksbetrieben durch Juden, das Zwangsverkäufe nach sich zog. Das führte zur sog. „Arisierung" der Betriebe, die durch die schon am 26. April 1938 vorgeschriebene Anmeldung jüdischen Vermögens und durch die am 14. Juni 1938 angeordnete Registrierung jüdischer Unternehmen vorbereitet worden war. Seit November 1938 durften jüdische Kinder keine deutschen Schulen mehr besuchen, so daß die jüdischen Kultusgemeinden den Schulunterricht ihrer Kinder selbst in die Hand nehmen mußten, bis die am 4. Juli 1939 gegründete „Reichsvereinigung der Juden in Deutschland", der alle Juden angehören mußten, diese Aufgabe übernahm.

Diese Vorgänge des Jahres 1938 ließen die jüdische Auswanderung aus Deutschland, die schon 1933 eingesetzt hatte, stark anschwellen, wobei die Zielländer vor allem die Niederlande, Großbritannien, die Vereinigten Staaten und das damalige britische Mandatsgebiet Palästina waren. Von den rund 700 Juden in Münster wanderten 280 aus. In ganz Westfalen nahm die jüdische Bevölkerung, überwiegend durch Auswanderung, von 18 819 im Jahre 1933 auf 7 384 im Jahre 1939 ab (Brilling, Judentum, S. 141), reduzierte sich also auf deutlich weniger als die Hälfte, wobei der Großteil der Auswandernden das Deutsche Reich ab 1938 verließ. Den stärksten jüdischen Bevölkerungsverlust verzeichnete infolge der Auswanderung der Regierungsbezirk Arnsberg, wo 1939 nur noch 3 638 Juden gegenüber 10 326 1933 lebten (ebd.). Die jüdische Auswanderung hielt auch nach Kriegsbeginn an und endete erst mit dem

Auswanderungsverbot vom 1. Oktober 1941. Am 31. August 1941 gab es in Westfalen noch 5 807 Juden (ebd.).
Das Auswanderungsverbot stand bereits im Zusammenhang mit den seit dem 31. Juli 1941 vorbereiteten Maßnahmen zur „Endlösung der europäischen Judenfrage", die auf der Wannseekonferenz am 20. Januar 1942 – unter Beteiligung des westfälischen Oberpräsidenten und Gauleiters von Westfalen-Nord, Alfred Meyer, in seiner Eigenschaft als Staatssekretär im Reichsministerium für die besetzten Ostgebiete – beschlossen wurden. Seit dem 19. September 1941 mußten die Juden zur öffentlichen Kennzeichnung den gelben Judenstern tragen. Am 30. Juni 1942 wurden die jüdischen Schulen geschlossen. Das sind nur Beispiele für eine Fülle von Diskriminierungs- und Unterdrückungsmaßnahmen, zu denen bald auch das Verbot der Benutzung öffentlicher Verkehrsmittel und die Nichtberücksichtigung bei der Lebensmittelzuteilung gehörte.
Am 14. und am 24. Oktober 1941, also wenige Tage nach dem Auswanderungsverbot, begannen die Deportationen der Juden. Betroffen davon war von Anfang an auch das alte Reichsgebiet nach dem Stand vom 1. Oktober 1938 (13. März 1938: Anschluß Österreichs, 1. Oktober 1938: Anschluß des Sudetenlandes), also nicht nur die nach Kriegsbeginn besetzten und – wie das sog. „Generalgouvernement für die besetzten polnischen Gebiete" – vom „Großdeutschen Reich" annektierten oder von der deutschen Wehrmacht okkupierten Länder Europas. Ziel der Deportationen waren zunächst die Ghettos von Lodz, Riga, Kowno, Warschau und Minsk in den von deutschen Truppen besetzten Teilen der Sowjetunion und im eroberten Polen. Endziel waren die Vernichtungslager im Osten.
In Westfalen begannen die Deportationen zwei Monate später. Der erste Transport mit Juden aus Münster und dem Münsterland ging am 10. Dezember 1941 ab. In Bielefeld begannen die Deportationen am 13. Dezember 1941, in Dortmund und im übrigen Regierungsbezirk Arnsberg am 27. Januar 1942, wobei diese drei Transporte ins Ghetto Riga gingen. Es folgten weitere Transporte, zumeist in die Vernichtungslager Auschwitz (Oświęcim, Woiwodschaft Krakau) oder Theresienstadt (Terezín, Nordböhmen). Ende März 1943 gab es in Westfalen infolge der Deportationen nur noch 796 Juden (Brilling, Judentum, S. 141), also nur wenig mehr als 1950. Dabei handelte es sich zumeist um jüdische Ehepartner in Mischehen mit Nichtjuden. Hinzu kam die in dieser Zahl nicht enthaltene kleine Gruppe von Juden, die sich im Untergrund verbergen oder dank nichtjüdischer Helfer in Verstecken überleben konnten. In Münster waren das lediglich vier Juden, während 24 Juden aus Münster die Deportationen und Vernichtungslager überlebten (Kuropka, Münster, S. 307).
Hinsichtlich der Zahl der Opfer blieben die Folgen des Euthanasieprogramms, von dem auch die westfälischen Pflege- und Heilanstalten betroffen waren, in Westfalen nur wenig hinter den Auswirkungen der Judendeportationen und der Vernichtung der Juden zurück. Nachdem schon das „Gesetz zur Verhütung erbkranken Nachwuchses" vom 14. Juli 1933 die Sterilisierung erbkranker Personen erlaubt hatte, lief

im Herbst 1939 das Euthanasieprogramm zur „Vernichtung lebensunwerten Lebens“ an, dem vor allem Patienten zum Opfer fielen, die an Schizophrenie, Epilepsie oder Schwachsinn litten. Solche Patienten wurden überall in Deutschland aus den Pflege- und Heilanstalten geholt und in Tötungsanstalten im hessischen Hadamar, im württembergischen Grafeneck, in Sonnenstein in Sachsen, in Hartheim bei Linz in Oberösterreich, in Brandenburg an der Havel, Bernburg und Kaufbeuren vergast, bis das Euthanasieprogramm nach international beachteten Protesten von kirchlicher Seite, vor allem seitens des Bischofs Graf von Galen in Münster (S. 357), auf Befehl Hitlers vom 24. August 1941 zumindest offiziell eingestellt wurde.
Von den Patienten in den Pflege- und Heilanstalten des westfälischen Provinzialverbandes wurden zunächst etwa 100 jüdische Kranke, wahrscheinlich in der Anstalt Brandenburg, getötet. Die Tötung geistig behinderter Kinder erfolgte in Niedermarsberg (Marsberg, Hochsauerlandkreis). Ab Herbst 1940 kamen erwachsene Nichtjuden an die Reihe, wobei die Tötung der westfälischen Opfer zumeist in Hadamar geschah. In 27 Transporten wurden im Juni bis August 1941 2 890 Patienten westfälischer Kliniken unter strengster Geheimhaltung zunächst in die hessischen Anstalten Herborn, Eichberg, Scheuern, Kalmenhof/Idstein und Weilmünster verlegt, von denen 1 350 in Hadamar vergast wurden (Walter, Psychiatrie, S. 132). Nach dem 24. August 1941 wurde nur ein Teil der noch lebenden Patienten in die westfälischen Anstalten zurückverlegt. Viele starben 1943 in Hadamar an Überdosen von Beruhigungs- und Schlafmitteln. 1943 erfuhr das Euthanasieprogramm in anderer Form eine Fortsetzung, die zunächst in Gestalt von Evakuierungen im Zusammenhang mit dem Luftkrieg stattfand. Doch war zumindest mit einem Teil der Evakuierungsmaßnahmen eine unmittelbare Tötungsabsicht verbunden, besonders bei den Transporten, die nach Hadamar oder nach Meseritz/Obrawalde, damals Provinz Brandenburg, gingen. Die Tötung der Patienten erfolgte jetzt nicht mehr durch Gas, sondern durch Verhungernlassen und durch Verabreichung von Überdosen an Beruhigungs- und Schlafmitteln. Von den Evakuierungen des Jahres 1943 waren aus den westfälischen Anstalten 2 846 Patienten betroffen (Walter, Psychiatrie, S. 133). Von diesen und von den vor dem 24. August 1941 noch nicht Getöteten lebten am Ende des Zweiten Weltkriegs noch etwa 15 % (ebd.), so daß von rund 3 200 getöteten Patienten aus Westfalen auszugehen ist. Im Falle der Betheler Anstalten gelang es Friedrich von Bodelschwingh (S. 368), die ihm anvertrauten Patienten, mit Ausnahme von acht Juden, bis zur Einstellung des Euthanasieprogramms vor dem Abtransport zur Tötung zu bewahren (Hey, Nationalsozialistische Zeit, S. 242f.).
Am 1. September 1939 begann mit dem deutschen Einmarsch in Polen der Krieg, der zum Zweiten Weltkrieg wurde. Der Krieg machte sich in Westfalen zunächst mit der Umstellung von der Friedens- auf die Kriegswirtschaft, verbunden mit den schon am 28. August 1939 eingeführten Bezugsscheinen auf Lebensmittel und Gebrauchsgüter, und mit der Einziehung der Männer zur Wehrmacht bemerkbar, deren Plätze im Arbeitsleben zunehmend von Frauen eingenommen wurden. Bald

kamen in großer Zahl Zwangs- und Fremdarbeiter, darunter zahlreiche Frauen, hinzu, außerdem Kriegsgefangene, die einzeln oder in kleinen Gruppen auf Bauernhöfen oder in Handwerksbetrieben oder in großer Zahl in Fabriken oder Bergwerken arbeiteten. Im letzteren Fall wurden sie in Kriegsgefangenenlagern festgehalten, die sie nur zur Arbeit verließen. Die größten Kriegsgefangenenlager in Westfalen waren das Stammlager (Stalag) 326-VI-K in Eselsheide/Stukenbrock bei Bielefeld und das Stalag 326-VI-A in Hemer bei Iserlohn. Hinzu kamen in Westfalen sieben, später fünf weitere Kriegsgefangenenlager mit angeschlossenen Außenlagern. In Stukenbrock waren nach Beginn des Krieges mit der Sowjetunion am 22. Juni 1941 vor allem kriegsgefangene sowjetische Soldaten untergebracht, von denen rund 65 000 in der Haft starben (Hey, Nationalsozialistische Zeit, S. 258). In Hemer, wo es neben sowjetischen auch viele polnische und französische sowie nach der Kapitulation des bis dahin mit dem Deutschen Reich verbündeten Italien vom 3./8. September 1943 auch italienische Kriegsgefangene gab, wurden 23 470 Tote ermittelt, während sich Schätzungen auf rund 60 000 belaufen (ebd.).
In der zweiten Kriegshälfte seit 1942 machte sich der Krieg in Westfalen, neben wachsenden Zahlen gefallener, vermißter oder verwundeter deutscher Soldaten an den Fronten, durch Dienstverpflichtung von Frauen, alten Männern und Jugendlichen, durch verschärfte Terrormaßnahmen, oft ermöglicht durch Denunziationen, etwa beim Abhören sog. „Feindsender“, und vor allem durch verstärkte Luftangriffe und damit verbundene Evakuierungsmaßnahmen bemerkbar. Im März 1942 begann die britische „Royal Air Force“ von Luftbasen auf der britischen Insel aus mit Flächenluftangriffen auf geschlossene Wohngebiete in Deutschland, denen westdeutsche Städte wegen der Nähe zu den Startplätzen der Bomberflotten besonders ausgesetzt waren und denen die Jägerverbände der deutschen Luftwaffe und die Flakartillerie immer weniger entgegenzusetzen hatten. 1943 hielten die Luftangriffe der „Royal Air Force“ und der „US Air Force“ auf die Wohngebiete deutscher Städte an. Im Mai 1944 begannen die systematischen Bombardierungen der Produktionsstätten der synthetischen Treibstoffherstellung in Deutschland, wovon in besonderem Maße die Chemieindustrie im Norden des Ruhrgebiets betroffen war (S. 388 f.). Gegen Ende des Krieges kamen Tieffliegerangriffe mit Maschinengewehrbeschuß auf Kraftfahrzeuge, Radfahrer oder Fußgänger hinzu. Ausgebombte oder durch Evakuierung auseinandergerissene Familien und die Nächte in Bunkern und Luftschutzkellern bestimmten das Bild.
So kam der Krieg auch nach Westfalen. Münster erlebte den ersten Luftangriff bereits am 16. Mai 1940. Lange vor dem Beginn schwerer Flächenluftangriffe auf andere deutsche Städte war Münster zwischen dem 6. und dem 10. Juli 1941 mit dem Abwurf von mehr als 21 000 Brandbomben Ziel schwerer Nachtangriffe. Starke Bombardierungen folgten in Münster am 12. Juni 1943, am 10. Oktober 1943 und am 5. November 1943, ferner am 12. September 1944, am 30. September 1944, am 22. und am 28. Oktober 1944, am 18. November 1944 und zuletzt am 25. März 1945. Insgesamt wurden rund 32 000 Sprengbomben, 640 000 Brandbomben und 8 100

Phosphorbomben über der Stadt und ihren Vororten abgeworfen, wobei 1 314 Menschen getötet wurden, während rund 6 200 Soldaten aus Münster im Krieg oder in der Kriegsgefangenschaft umkamen (Kuropka, Münster, S. 325f.).
Ähnlich sah es in anderen westfälischen Städten aus, vor allem im Ruhrgebiet, in Dortmund, Bochum, Gelsenkirchen, Herne, Wanne-Eickel oder in Hagen. So war Bochum beim Einmarsch amerikanischer Truppen am 10. April 1945 ein einziges Trümmerfeld, auf das bei schweren Luftangriffen 420 Luftminen, 22 000 Sprengbomben und 531 000 Brandbomben niedergegangen waren. Man zählte in Bochum 4 095 Tote und Vermißte als Opfer des Bombenkrieges. Von 23 000 Wohnhäusern mit 92 100 Wohnungen waren in Bochum bei Kriegsende 5 000 Häuser mit 20 000 Wohnungen oder 22 % vollständig zerstört. Unbeschädigt oder nur leicht beschädigt waren nur 8 200 Häuser mit 32 800 Wohnungen oder 35 % des Bestandes von 1939 (Brinkmann, Bochum, S. 297f.). In Dortmund forderten bereits die beiden ersten Großangriffe am 5./6. und 23./24. Mai 1943 – in dieser Nacht sank die Reinoldikirche in Schutt und Asche – rund 1 400 Menschenleben. Es folgten der dritte Großangriff am 22./23. Mai 1944 und der vierte am 6. Oktober 1944, bei dem bei der Bombardierung des Dortmunder Hauptbahnhofes mehr als 1 000 Menschen starben (Högl, Das 20. Jh., S. 454). Am 12. März 1945 folgte der letzte von insgesamt acht Großangriffen auf Dortmund, bei dem 1 107 Bomber der britischen und der amerikanischen Luftwaffe nachmittags zwischen 16.24 und 17.07 Uhr 4 899 Tonnen Bomben über Dortmund abwarfen. Das war einer der größten Luftangriffe auf eine deutsche Stadt während des gesamten Zweiten Weltkriegs und durchaus vergleichbar mit der Zerstörung Dresdens am 13./14. Februar 1945, nur gab es in Dortmund im Gegensatz zu der bis dahin unzerstörten Hauptstadt Sachsens kaum noch etwas, was noch hätte zerstört werden können (ebd., S. 457).
Das Leben in Notbauten und Behelfsheimen, Schrebergartenlauben oder Kellern zerstörter Häuser bestimmte in vielen Städten noch bis in die fünfziger Jahre hinein das Leben vieler Ausgebombter. Zu erwähnen sind auch der verheerende Luftangriff auf Bielefeld vom 30. September 1944 und die großen Luftangriffe auf Paderborn, besonders am 27. März 1945, aber auch die Zerstörungen in Städten wie Siegen, Dülmen, Coesfeld oder Soest. Neben der Bombardierung von Stadtzentren, Wohngebieten und Industrieanlagen standen die Bombenangriffe auf Eisenbahnknotenpunkte und auf die Eisenbahnviadukte von Arnsberg, Altenbeken, Bielefeld-Schildesche und Herdecke an der Ruhr. In der Nacht vom 16. auf den 17. Mai 1943 griff die „Royal Air Force“ die Staumauer der Möhnesee-Talsperre an. Der dadurch ausgelösten Flutwelle fielen im Möhne- und Ruhrtal rund 1 200 Menschen zum Opfer.
Nachdem so der Luftkrieg in Westfalen schon lange zum Alltag der Menschen gehört hatte, kam Ende März 1945 auch der Landkrieg in das Land zwischen Rhein und Weser. Am 7. März 1945 hatte die US-Armee die Brücke von Remagen gewinnen und auf das rechte Rheinufer vordringen können. Am 24. März 1945 ging die britische Armee bei Wesel über den Rhein. In einer doppelten Zangenbewegung

wurde das Ruhrgebiet bei schweren Kämpfen zwischen alliierten und deutschen Truppen eingeschlossen. Im Süden erreichten amerikanische Verbände von Remagen aus am 28. März 1945 Marburg an der Lahn und drangen von dort über Frankenberg an der Eder und Korbach und weiter westlich durch das Sauerland auf Brilon und weiter auf Paderborn vor. Am Gründonnerstag 1945, dem 29. März, wurde Medebach von Amerikanern besetzt. Der Raum Medebach-Winterberg-Schmallenberg mit seiner waldreichen Mittelgebirgslandschaft wurde in den Ostertagen 1945 Schauplatz erbitterter Infanteriekämpfe. Der Kundige erkennt noch heute in den Wäldern auf der Kammhöhe des Rothaargebirges die Spuren dieser Kämpfe, die aber den Vormarsch der US-Panzertruppen nicht aufhalten konnten, die bereits am 1. April 1945 Paderborn erreichten. Im Norden drang die britische Armee durch das Münsterland nach Osten vor, erreichte am 28. März Borken und Haltern, am 31. März Ahlen, Beckum und Rheda und am 1. April Lippstadt und Gütersloh. Im Raum Lippstadt/Paderborn trafen Amerikaner und Briten aufeinander, womit sich der Ruhrkessel schloß. Münster wurde am 2. April besetzt, Bielefeld am 4. April. Unter schweren deutschen Abwehrkämpfen im Teutoburgerwald erreichten britische und kanadische Truppen am 4. April über Lübbecke die Weser bei Minden, die Amerikaner bei Vlotho und Rinteln. Nach weiteren Kämpfen im Sauerland, bei denen Iserlohn besetzt wurde, begann die Spaltung des Ruhrkessels. Während Bochum schon am 10. April erreicht wurde, konnte die Innenstadt Dortmunds erst am 13. April von amerikanischen Truppen eingenommen werden (Högl, Das 20. Jh., S. 459). Am 18. April folgte die Kapitulation der letzten noch kämpfenden deutschen Truppenteile an der Ruhr, deren Oberkommandierender Generalfeldmarschall Walter Model sich am 21. April in einem Wald zwischen Duisburg und Düsseldorf erschoß. So endete der Zweite Weltkrieg auf dem westfälischen Kriegsschauplatz, bevor das Deutsche Reich am 7./9. Mai 1945 kapitulierte.

Literatur

Brilling, Bernhard: Das Judentum in der Provinz Westfalen 1815-1945, in: Eduard Hegel, Robert Stupperich u. Bernhard Brilling, Kirchen und Religionsgemeinschaften in der Provinz Westfalen. (Veröffentlichungen der Historischen Kommission für Westfalen, XXXVIII: Beiträge zur Geschichte der preußischen Provinz Westfalen, Bd. 2) Münster 1978, S. 105-143.

Brinkmann, Karl: Bochum (Literatur Kap. 3.4).

Castell-Rüdenhausen, Adelheid Gräfin zu / Reulecke, Jürgen: Aspekte der nationalsozialistischen Gesellschaftspolitik am Beispiel der Jugend- und Rassenpolitik, in: Rheinland-Westfalen im Industriezeitalter, Bd. 3. Wuppertal 1984, S. 159-178.

Ditt, Karl: Raum und Volkstum (Literatur Kap. 7.4).

Häming, Josef (Bearb.): Die Abgeordneten des Westfalenparlaments (Literatur Kap. 7.1).

Hehl, Ulrich von: Nationalsozialistische Herrschaft. (Enzyklopädie deutscher Geschichte, Bd. 39) München 1996.

Hey, Bernd: Nationalsozialistische Zeit (Literatur Kap. 7.4).

Hildebrand, Klaus: Das Dritte Reich. (Oldenbourg Grundriß der Geschichte, Bd. 17) 5. Aufl. München 1995.
Högl, Günther: 20. Jahrhundert (Literatur Kap. 7.4).
Klueting, Harm: „Sie fördern das Wohl der Einwohner ...“ (Literatur Kap. 3.4).
Kratzsch, Gerhard: Der Gauwirtschaftsapparat der NSDAP. Menschenführung-„Arisierung“-Wehrwirtschaft im Gau Westfalen-Süd. Eine Studie zur Herrschaftspraxis im totalitären Staat. (Veröffentlichungen des Provinzialinstituts für westfälische Landes- und Volksforschung, Bd. 27) Münster 1989.
Kuropka, Joachim: Münster in der nationalsozialistischen Zeit, in: Geschichte der Stadt Münster. Hrsg. von Franz-Josef Jakobi, Bd. 2. Münster 1993, S. 285-330.
Kuropka, Joachim: Widerstand gegen den Nationalsozialismus in Münster, in: Westfälische Zeitschrift 137, 1987, S. 159-182.
Lahrkamp, Beatrix: Zur Auseinandersetzung zwischen katholischer Kirche und Nationalsozialismus im Münsterland, in: Westfälische Zeitschrift 136, 1986, S. 111-177.
Leesch, Wolfgang: Verwaltung in Westfalen (Literatur Kap. 6).
Matzerath, Horst: Der Nationalsozialismus und die Oberbehörden und Großstadtverwaltungen in Rheinland und Westfalen, 1929-1933, in: Rheinland-Westfalen im Industriezeitalter, Bd. 3. Wuppertal 1984, S. 116-136.
Meldungen aus Münster 1924-1944. Geheime und vertrauliche Berichte von Polizei, Gestapo, NSDAP und ihren Gliederungen, staatlicher Verwaltung, Gerichtsbarkeit und Wehrmacht über die politische und gesellschaftliche Situation in Münster. Eingeleitet u. bearb. von Joachim Kuropka. Münster 1992.
Möllenhoff, Gisela / Schlautmann-Overmeyer, Rita: Jüdische Familien in Münster 1918 bis 1945, Tl. 1: Biographisches Lexikon. Münster 1995.
Nach Hadamar. Zum Verhältnis von Psychiatrie und Gesellschaft im 20. Jahrhundert. Hrsg. von Franz-Werner Kersting, Karl Teppe u. Bernd Walter. (Forschungen zur Regionalgeschichte, Bd. 7) Paderborn 1993.
Rahe, Tomas: Statistische Daten zur Geschichte der Juden in Münster im 19. und 20. Jahrhundert. Eine erste Bestandsaufnahme, in: Westfälische Forschungen 38, 1988, S. 212-223.
Reekers, Stephanie: Westfalens Bevölkerung (Literatur Kap. 7.3).
Rheinland-Westfalen im Industriezeitalter. Hrsg. von Kurt Düwell u. Wolfgang Köllmann, Bd. 3: Vom Ende der Weimarer Republik zum Land Nordrhein-Westfalen. Wuppertal 1984.
Schäfer, Nikolaus: Juden in Medebach, in: Geschichte von Stadt und Amt Medebach (Hochsauerland). Hrsg. von Harm Klueting. Medebach 1994, S. 545-561.
Schwarze, Gisela: Widerstand und Verweigerung im Münsterland 1933-1945. Eine Untersuchung zu Oppositionsformen gegen das NS-Regime in Westfalen, in: Westfälische Forschungen 34, 1984, S. 207-219.
Thamer, Hans-Ulrich: Verfolgung, Verweigerung und Widerstand in Westfalen in der NS-Zeit. Eine Projektskizze, in: Westfälische Forschungen 39, 1989, S. 496-503.
Thamer, Hans-Ulrich: Verführung und Gewalt. Deutschland 1933-1945. (Die Deutschen und ihre Nation, Bd. 5) Berlin 1986.
Trippe, Christian F.: Politik und Verwaltung. Stadt und Amt Medebach im Wandel der Staatsformen (1844-1970), in: Geschichte von Stadt und Amt Medebach (Hochsauerland). Hrsg. von Harm Klueting. Medebach 1994, S. 371-418.
Verdrängung und Vernichtung der Juden in Westfalen. Hrsg. von Arno Herzig, Karl Teppe u. Andreas Determann. (Westfälisches Institut für Regionalgeschichte, Forum Regionalgeschichte, Bd. 3) Münster 1994.
Wagner, Johannes Volker: ... nur Mut, sei Kämpfer! Heinrich König. Ein Leben für die Frei-

heit. Bochumer politische Lebensbilder aus der Zeit der Weimarer Republik und des Nationalsozialismus. Bochum 1976.
Walter, Bernd: Psychiatrie in Westfalen 1918-1945. Soziale Fürsorge-Volksgesundheit-Totaler Krieg, in: Selbstverwaltungsprinzip und Herrschaftsordnung. Bilanz und Perspektiven landschaftlicher Selbstverwaltung in Westfalen. Hrsg. von Karl Teppe. (Veröffentlichungen des Provinzialinstituts für westfälische Landes- und Volksforschung, Bd. 25) Münster 1987, S. 115-134.
Walter, Bernd: Psychiatrie und Gesellschaft in der Moderne. Geisteskrankenfürsorge in der Provinz Westfalen zwischen Kaiserreich und NS-Regime. (Forschungen zur Regionalgeschichte, Bd. 16) Paderborn 1996.
Werner, Wolfgang Franz: Rüstungswirtschaftliche Mobilisierung und materielle Lebensverhältnisse im Ruhrgebiet 1933-1939. Das Beispiel der Bergarbeiter, in: Rheinland-Westfalen im Industriezeitalter, Bd. 3. Wuppertal 1984, S. 147-158.
Zwischen Loyalität und Resistenz. Soziale Konflikte und politische Repression während der NS-Herrschaft in Westfalen. Hrsg. v. Rudolf Schlögl u. Hans-Ulrich Thamer. (Veröff. der Hist. Kommission für Westfalen, XXII A: Geschichtliche Arbeiten zur westfälischen Landesforschung, Wirtschafts- und sozialgeschichtliche Gruppe, Bd. 10) Münster 1996.

10.2 Westfalen in der Britischen Besatzungszone und in Nordrhein-Westfalen

Die Hauptkriegsgegner des Deutschen Reiches, die USA, Großbritannien und die Sowjetunion, hatten sich seit 1943, endgültig auf der Konferenz von Jalta (Halbinsel Krim / damals Sowjetunion) vom 4. bis 11. Februar 1945, auf die „Westverlagerung" Polens zugunsten der Sowjetunion, auf die Entschädigung Polens durch deutsche Ostgebiete und auf die Teilung des deutschen Reichsgebietes westlich der Oder-Neiße-Linie und ohne Österreich in zunächst drei, nach den Beschlüssen von Jalta über die Bildung einer französischen Besatzungszone dann vier Besatzungszonen geeinigt. Die Britische Besatzungszone umfaßte die Provinz Westfalen, den nördlichen Teil der Rheinprovinz, d. h. die Regierungsbezirke Düsseldorf und Köln und den – 1972 aufgelösten und dem Regierungsbezirk Köln eingegliederten – Regierungsbezirk Aachen, die Provinzen Hannover und Schleswig-Holstein, die Länder Lippe, Schaumburg-Lippe, Braunschweig und Oldenburg sowie die Freie und Hansestadt Hamburg; die Freie Hansestadt Bremen (Bremen und Bremerhaven) kam zur Amerikanischen Besatzungszone, die sich im übrigen über Bayern, Hessen und Nordwürttemberg-Nordbaden erstreckte. Die Grenze zwischen Westfalen und Hessen wurde Zonengrenze zwischen der Britischen und der Amerikanischen Zone, die Grenze zwischen den westfälischen Landkreisen Olpe und Siegen und den zum Regierungsbezirk Koblenz gehörenden rheinischen Nachbargemeinden Zonengrenze zur Französischen Zone.
Die zivilen Regierungskompetenzen in der Britischen Zone übernahmen Einrichtungen der britischen Armee unter dem Feldmarschall Bernard Law Montgomery, während die amerikanischen Okkupationsstreitkräfte Westfalen und die übrige Bri-

tische Zone bis zum Sommer 1945 verließen. Am 14. Juni 1945 wurde das Hauptquartier der westalliierten Truppen unter dem amerikanischen General Dwight D. Eisenhower aufgelöst. Es entstanden Militärregierungen für die einzelnen Besatzungszonen. Die britische Militärregierung für die gesamte Britische Zone unter Montgomery als Militärgouverneur, „The Control Commission for Germany/British Element (CCG/BE)“, befand sich anfangs in Westfalen, nämlich in Bad Oeynhausen, seit dem 10. September 1945 aber in Berlin, das seit dem 11. Juli 1945 in vier Sektoren, darunter der Britische Sektor, geteilt und Sitz des im Potsdamer Abkommen vom 2. August 1945 geschaffenen Alliierten Kontrollrats für Deutschland war. Eine Stufe unterhalb der CCG/BE in Berlin wurden Westfalen und die Nord-Rheinprovinz dem Kommando des I. Corps-District der britischen Armee in Düsseldorf unterstellt. Außerdem erhielt jede Provinz ein „Military Government Detachment“ als Provinzial-Militärregierung, das sich für die Provinz Westfalen in Münster befand. Darunter standen in den Regierungsbezirken, Landkreisen und kreisfreien Städten nachgeordnete Militärregierungen. Die britische Militärregierung für Westfalen stand anfangs unter dem britischen Obersten George Alexander Ledingham, ab September 1945 unter dem Brigadegeneral Cecil A. H. Chadwick.
Die britischen Militärregierungen hatten eine Fülle existentieller Probleme zu lösen, die unmittelbar mit den Kriegsfolgen zusammenhingen. Dazu gehörte die Auflösung der Lager mit den „displaced persons“ – ausländische Zwangs- und Fremdarbeiter sowie bisherige Kriegsgefangene – und deren Rückführung in die Herkunftsländer, die Wohnraumbeschaffung für ausgebombte Deutsche sowie für rückkehrende Evakuierte, die Unterbringung und Versorgung der „Ostflüchtlinge“ oder „Vertriebenen“, d. h. der in die Britische Zone strömenden Deutschen aus dem Reichsgebiet östlich der Oder-Neiße-Linie und aus deutschen Siedlungsgebieten außerhalb der Reichsgrenzen von 1937, die Ernährung der Bevölkerung, die Gesundheitsvorsorge und die Vermeidung des Ausbruchs der unter den katastrophalen Lebensbedingungen jeder Zeit drohenden Seuchen, die Wasser- und Energieversorgung, die öffentliche Sicherheit und Ordnung, die Ankurbelung der Wirtschaft und die Wiederingangsetzung des Verkehrswesens, des Schulwesens und der Rechtsprechung. Hinzu kamen die Entfernung von Personen mit nationalsozialistischer Vergangenheit aus Verwaltung und Wirtschaft und die von den Alliierten intendierten Maßnahmen der politischen Umerziehung („reeducation“) der Bevölkerung im Sinne demokratischer Ideale. Diese Aufgaben waren nur zu bewältigen, wenn neben die Organe der britischen Militärregierung deutsche Verwaltungseinrichtungen traten.
Schon am 5. Mai 1945 beauftragte Oberst Ledingham den letzten kommissarischen Leiter des Oberpräsidiums, Regierungsvizepräsident Rudolf Klein (S. 404), mit der Weiterführung der Geschäfte des Oberpräsidiums und mit der Bildung einer Provinzialregierung für Westfalen. An Kleins Stelle wurde am 5. Juli 1945, zunächst kommissarisch, Rudolf Amelunxen von der Militärregierung zum Oberpräsidenten von Westfalen ernannt, der von 1926 bis 1932 Regierungspräsident in Münster

gewesen war. Ab November 1945 amtierte Amelunxen endgültig. Schon vorher hatten die zuständigen Bezirksmilitärregierungen für die Regierungsbezirke Minden, Arnsberg und Münster neue Regierungspräsidenten bestellt.
Nachdem das Potsdamer Abkommen vom 2. August 1945 die schon zuvor begonnene Vertreibung der deutschen Bevölkerung aus dem, mit Ausnahme der Nordhälfte Ostpreußens, polnischer Verwaltung unterstellten Ostdeutschland sowie aus Ost- und Südosteuropa sanktioniert hatte, beauftragte die Militärregierung den Oberpräsidenten mit vorbereitenden Maßnahmen zur Aufnahme der „Umsiedler". Damit entstand eine deutsche Flüchtlingsverwaltung bis hinunter auf die Gemeindeebene. Nachdem viele „Ostflüchtlinge" schon 1945, mehr oder weniger auf eigene Faust, in die Britische Zone und auch nach Westfalen gelangt waren, erreichten zwischen Februar und Herbst 1946 große Massentransporte mit „Ostflüchtlingen" bzw. „Ostvertriebenen" die Provinz Westfalen. Sie trafen hier auf bombenzerstörte Städte, in die zusätzlich auch die in Westfalen heimischen Evakuierten zurückströmten. Zur Aufnahme von Evakuierten und Ostvertriebenen wurden große Auffanglager eingerichtet, von denen aus die Weiterleitung der Betroffenen erfolgte. Das waren in Westfalen die Lager Rheine, Ahlen, Siegen und Warburg, neben denen kleinere Durchgangs- und Auffanglager bestanden. Auch nach dem Ende der Massentransporte im Herbst 1946 kam der Zustrom der Deutschen aus dem Osten noch lange nicht zum Erliegen, wobei in dieser Zeit die Flüchtlinge aus der Sowjetischen Besatzungszone bzw. ab 1949 aus der DDR noch nicht dominant waren. Am 1. August 1947 fand im zwischenzeitig gegründeten Land Nordrhein-Westfalen eine „Flüchtlingszählung" statt. Danach hatte Westfalen (unter Einschluß des ehemaligen Landes Lippe) bis zu diesem Zeitpunkt 566 772 „Ausgewiesene und Vertriebene" und 37 780 „Flüchtlinge aus der sowjetischen Zone" (6,3 % der Gesamtsumme), zusammen also 604 552 Personen, aufgenommen (Stat. Jb. NW 1949, S. 35). Von den „Ausgewiesenen und Vertriebenen" kamen 453 822 (80,1 %) aus dem Reichsgebiet (Stand 1937) östlich der Oder-Neiße-Linie, darunter als größte Gruppe mit 305 829 (54,0 %) Schlesier, gefolgt von 93 011 Ostpreußen (16,4 %). Hinzu kamen 47 372 (8,4 %) aus Polen außerhalb des deutschen Reichsgebiets nach dem Stand von 1937 und 22 358 (3,9 %) aus der Tschechoslowakei und damit wohl größtenteils aus dem Sudetenland. Kleinere Gruppen der in Westfalen registrierten „Ausgewiesenen und Vertriebenen" kamen aus der ehemaligen Freien Stadt Danzig, aus der Sowjetunion, aus Ungarn und Rumänien, aber auch aus Österreich und aus den Niederlanden (Stat. Jb. NW 1949, S. 38).
Im Frühjahr 1946 wurde ein ernannter Provinzialrat als Volksvertretung der Provinz Westfalen eingesetzt, nachdem sich im Laufe des Jahres 1945 die politischen Parteien neu- oder wiedergebildet hatten. Obwohl die Militärregierung erst am 15. Dezember 1945 die Bildung politischer Parteien zuließ, und das vorerst auch nur auf Kreisebene, hatten ehemalige Mitglieder der KPD schon bald nach dem Ende der Kampfhandlungen im Mai 1945 mit dem Aufbau einer illegalen Parteiorganisation begonnen, so daß die Kommunistische Partei im Ruhrgebiet unmittelbar nach

dem 15. Dezember 1945 an die Öffentlichkeit treten konnte. Die Wiedergründung der SPD ließ die alten Organisationsformen mit den Bezirken Westliches Westfalen, der die Regierungsbezirke Arnsberg und Münster umfaßte, und Östliches Westfalen wieder aufleben. Im Bezirk Westliches Westfalen konnte das Bezirksbüro bereits am 20. August 1945 mit einem ersten Rundschreiben auf sich aufmerksam machen; im Bezirk Östliches Westfalen fand am 16. September 1945 in Herford die erste Bezirkskonferenz statt. Am 14. Oktober 1945 erfolgte in Soest die Wiedergründung der Zentrumspartei. Voraufgegangen war ihr als Neuling im Parteienspektrum die CDU, wobei die Vorgeschichte der Gründung einer interkonfessionell-christlichen Partei in Westfalen bis in den April 1945 zurückreichte; am 2. September 1945 wurde in Bochum die „Christlich-Demokratische Partei Westfalens" gegründet. Die spätere, seit Februar 1946 unter dieser Bezeichnung firmierende FDP wurde, soweit es Westfalen betrifft, nach ersten Initiativen im September 1945, am 9. November 1945 in Dortmund als „Liberal-Demokratische Partei, Landesverband Westfalen" gegründet. Aufgrund von Personalvorschlägen seitens dieser Parteien, die über den Oberpräsidenten an die Provinzial-Militärregierung in Münster gingen, wurden die 100 Mitglieder des Provinzialrates von der Militärregierung nach dem von der Militärregierung festgelegten Schlüssel SPD: 35, CDU: 30, KPD: 20, Zentrum: 10, FDP: 5 ernannt. Der Provinzialrat trat jedoch nur einmal, am 30. April 1946 in Münster, zu einer Plenarsitzung zusammen.
Nachdem die örtlichen Militärregierungen in den Städten und Gemeinden zumeist neue Bürgermeister eingesetzt hatten, wurden im Mai bis Juli 1945 in vielen Städten und Landkreisen kommunale Beiräte berufen, die auf der Grundlage von Personalvorschlägen der Oberbürgermeister oder der Landräte ernannt wurden. Im Januar 1946 bestanden in allen Gemeinden Westfalens ernannte Gemeinderäte. Die Deutsche Gemeindeordnung (DGO) von 1935 (S. 403) galt in der Britischen Zone formal weiter, bis sie am 1. April 1946 durch die „britisch-revidierte Deutsche Gemeindeordnung" ersetzt wurde, die den sechsten Teil der DGO von 1935 über die Gemeindewirtschaft fast unverändert übernahm. Mit der „britisch-revidierten Deutschen Gemeindeordnung" von 1946 begann die Tradition der sog. kommunalen „Doppelspitze" mit dem vom Rat aus seiner Mitte gewählten Vorsitzenden mit der Bezeichnung Bürgermeister oder Oberbürgermeister und dem Hauptgemeindebeamten, also dem ebenfalls vom Rat gewählten, diesem aber nicht angehörenden und im Unterschied zu dem ein Ehrenamt bekleidenden Bürgermeister hauptamtlich tätigen Gemeindedirektor, Stadtdirektor oder Oberstadtdirektor. Diese Tradition hat die Kommunalverfassung in Nordrhein-Westfalen bis 1994 geprägt. Am 6. Mai 1994 verabschiedete der Landtag von Nordrhein-Westfalen ein Gesetz zur Änderung der Kommunalverfassung. Danach gibt es von 1999 an in allen Städten und Gemeinden des Landes nur noch für jeweils fünf Jahre von den Bürgern direkt gewählte Bürgermeister als kommunale Wahlbeamte, die als hauptamtliche Verwaltungschefs für die Leitung und Beaufsichtigung des Geschäftsgangs der gesamten Verwaltung der jeweiligen Stadt oder Gemeinde zuständig sind.

Weil es nach der Kapitulation 1945 weder eine deutsche Reichsregierung noch eine preußische Landesregierung gab, glaubte Oberpräsident Amelunxen für die von ihm geleitete westfälische Provinzialregierung den Charakter einer Staatsregierung beanspruchen zu können. Die britische Provinzial-Militärregierung bestritt der Provinz Westfalen jedoch den Staatscharakter. Tatsächlich war die westfälische Provinzialregierung ein Exekutivorgan der britischen Provinzial-Militärregierung. Es gab also nach der Kapitulation des Deutschen Reiches am 7./9. Mai 1945 und der Absetzung und Verhaftung des letzten Chefs der Reichsregierung, Großadmiral Karl Dönitz, durch das britische Oberkommando am 23. Mai 1945 – trotz der Handlungsunfähigkeit des Reiches, für das die Vier Mächte die Verantwortung übernommen hatten, und Preußens – keine Staatlichkeit Westfalens bzw. keinen Staat Westfalen. Neue Staatlichkeit entstand erst wieder mit der Gründung des Landes Nordrhein-Westfalen im Juli 1946.
Voraufgegangen waren Bestrebungen Frankreichs und der Sowjetunion nach Internationalisierung des Ruhrgebiets, wovon schon auf der Konferenz von Teheran zwischen dem amerikanischen Präsidenten Roosevelt, dem britischen Premierminister Churchill und dem sowjetischen Diktator Stalin 1943 die Rede gewesen war, oder nach Abtrennung des Rheinlands und Westfalens, also des Ruhrgebiets mit seinem weiteren Umland, vom Deutschen Reich. Ein entsprechender Plan war noch auf der Londoner Außenministerkonferenz im September 1945 von Frankreich vorgelegt worden. Solche Vorhaben widersprachen jedoch den Interessen Großbritanniens. So entstanden in London Pläne zur Gründung eines Rheinland und Westfalen und damit auch den rheinischen und westfälischen Teil des Ruhrgebiets vereinigenden Landes Nordrhein-Westfalen mit der Hauptstadt Düsseldorf. Den förmlichen Beschluß zur Gründung des Landes Nordrhein-Westfalen faßte das britische Kabinett unter Premierminister Clement R. Attlee von der Labour Party am 21. Juni 1946, bevor dieser Beschluß am 17. Juli 1946 durch den britischen Militärgouverneur in Deutschland bekannt gemacht wurde. „Die Landesgründung geht auf einen formell und substantiell eigenständigen Akt des englischen Kabinetts zurück, auf den die deutschen Stellen nur indirekt in den ihnen eingeräumten bescheidenen Möglichkeiten Einfluß genommen haben“ (Teppe, Zwischen Besatzungsregiment, S. 323).
Dennoch wurden diese Vorgänge in Westfalen eingehend und kontrovers diskutiert. Da gab es einmal die Frage einer Angliederung Lippes und Schaumburg-Lippes sowie des ganzen oder der südlichen Hälfte des Regierungsbezirks Osnabrück an Westfalen, was in Westfalen zahlreiche Fürsprecher fand. Was Osnabrück betrifft, so wurden solche Bestrebungen vor allem historisch und aus der Eigenart des Osnabrücker Landes als einer altwestfälischen Landschaft begründet. Im Falle Lippes und Schaumburg-Lippes kam zu solchen Argumenten der Umstand hinzu, daß die britische Militärregierung beide Länder anfangs dem westfälischen Oberpräsidenten unterstellt hatte, wie auch die britische Provinzial-Militärregierung in Münster zugleich für Lippe und Schaumburg-Lippe zuständig war; auch im „Dritten Reich“

war der Oberpräsident von Westfalen, wenn auch nur persönlich, zugleich Reichsstatthalter von Lippe und Schaumburg-Lippe gewesen (S. 401 f.). Wichtiger war die Haltung im Hinblick auf die Nord-Rheinprovinz. Hier fällt auf, daß Oberpräsident Amelunxen und die westfälische Provinzialregierung ein eigenständiges Land Westfalen anstrebten, während die Spitze des westfälischen Provinzialverbandes mit Landeshauptmann Bernhard Salzmann (S. 405) und Landesrat Helmut Naunin ebenso wie der Oberstadtdirektor von Münster, Karl Zuhorn, für die Vereinigung Westfalens mit der Nord-Rheinprovinz eintraten, weil das als Voraussetzung der Sicherung der Einheit Westfalens und des Fortbestandes der provinziellen Selbstverwaltung erschien. Am 14. Mai 1946 legten Zuhorn und Naunin den „Entwurf eines Rahmengesetzes" über die „Vereinigung von Nordrhein und Westfalen zu einem Rheinland-Westfalen innerhalb Deutschlands" mit Provinzialverbänden mit Selbstverwaltungsrechten in beiden Landesteilen vor.

Am 24. Juli 1946 wurde der bisherige Oberpräsident von Westfalen, der Gegner der Gründung des Landes Nordrhein-Westfalen und Befürworter eines Landes Westfalen, Rudolf Amelunxen, von der britischen Militärregierung zum Ministerpräsidenten des Landes Nordrhein-Westfalen ernannt. Am 19. August 1946 stellte die britische Provinzial-Militärregierung für Westfalen in Münster ihre Tätigkeit ein. Zuständig war von jetzt an das „Military Government Land North-Rhine-Westphalia" in Düsseldorf. Von den Briten ernannt wurde nicht nur der Ministerpräsident, sondern auch das Kabinett, wobei nach dem Verzicht der CDU auf Regierungsbeteiligung die SPD drei Ministerien erhielt, die KPD zwei, das Zentrum, dem sich Amelunxen anschloß, zwei und die FDP eines. Die erste Kabinettssitzung fand am 30. August 1946 statt. Am 30. September 1946 beschloß die Landesregierung die Auflösung der Oberpräsidien der Rheinprovinz und Westfalens, was mit Genehmigung durch die Militärregierung am 20. Oktober 1946 wirksam wurde. Damit war das Ende der Provinzialregierung Westfalens in Münster verbunden.

Am 15. September und 13. Oktober 1946 fanden in Nordrhein-Westfalen Gemeinderats- und Kreistagswahlen statt. Diese ersten Kommunalwahlen seit 1933 zeigten die CDU als stärkste Partei klar in Führung, wodurch eine Umbildung des Düsseldorfer Kabinetts veranlaßt wurde. Dieses zweite Kabinett Amelunxen war eine Allparteienregierung ernannter Minister. Am 2. Oktober 1946 trat der erste nordrhein-westfälische Landtag zusammen, dem 200 Abgeordnete angehörten. Diese verdankten ihr Mandat ihrer Ernennung durch die britische Militärregierung, die sich dabei an den Wahlergebnissen von 1932 orientierte und Personalvorschlägen der Parteien folgte. Der erste gewählte Landtag ging aus den Landtagswahlen vom 20. April 1947 hervor, bei denen die CDU stärkste Partei wurde, woraufhin der CDU-Politiker Karl Arnold als erster gewählter Ministerpräsident des Landes Nordrhein-Westfalen Rudolf Amelunxen ablöste.

Anfang 1947 kam es zu zwei anderen Entscheidungen, die für Westfalen wichtig wurden. Durch Verordnung Nr. 77 der Britischen Militärregierung vom 21. Januar 1947 verlor – wie es in Art. 1 hieß – „das Land Lippe seine Selbständigkeit als Land und (wurde) Teil des Landes Nordrhein-Westfalen". Als Folge des Anschlusses von Lippe an Nordrhein-Westfalen wurde 1947 der Sitz des Regierungspräsidenten von Minden in die bisherige lippische Landeshauptstadt Detmold verlegt, während der Regierungsbezirk Minden um das Gebiet des Landes Lippe erweitert und von da an als Regierungsbezirk Detmold bezeichnet wurde. Die andere Entscheidung wurde von den Vier Mächten gemeinsam getroffen. Gemeint ist das Gesetz Nr. 46 des Kontrollrates betreffend Auflösung des Staates Preußen vom 25. Februar 1947. Dabei war nicht die oft zitierte Präambel entscheidend, in der es heißt: „Der Staat Preußen, der seit jeher Träger des Militarismus und der Reaktion in Deutschland gewesen ist, hat in Wirklichkeit zu bestehen aufgehört"; wichtig war Art. 1: „Der Staat Preußen, seine Zentralregierung und alle nachgeordneten Behörden werden hiermit aufgelöst". Hinzu kam Art. 2 Abs. 1: „Die Gebiete, die ein Teil des Staates Preußen waren, und die gegenwärtig der Oberhoheit des Kontrollrates unterstehen, sollen die Rechtsstellung von Ländern erhalten oder Ländern einverleibt werden". Im Einklang mit diesem Kontrollratsgesetz hatte die Britische Militärregierung mit ihrer Verordnung Nr. 46 schon am 23. August 1946 die „Auflösung der Provinzen des ehemaligen Landes Preußen in der britischen Zone und ihre Neubildung als selbständige Länder" verfügt. Mit dem 23. August 1946 endete die Geschichte der preußischen Provinz Westfalen. Mit demselben Tag begann die Geschichte des Landes Nordrhein-Westfalen.

Das Jahr 1953 war das Jahr, in dem „die innere Landesgründung im Sinne der ministeriellen und behördlichen Reorganisation" (Teppe, Zwischen Besatzungsregiment, S. 327) bewältigt war. Nachdem das Land Nordrhein-Westfalen am 28. Juni 1950 eine Landesverfassung erhalten hatte, die Nordrhein-Westfalen in Art. 1 als „Gliedstaat der Bundesrepublik Deutschland" definierte und feststellte, daß sich das Land „in Gemeinden und Gemeindeverbände" gliedert, hatte der Landtag am 21. Oktober 1952 die Gemeindeordnung verabschiedet. Diese trat am 10. November 1952 in Kraft und ersetzte die „britisch-revidierte Deutsche Gemeindeordnung" von 1946. Am 6. Mai 1953 beschloß der Landtag von Nordrhein-Westfalen die Landschaftsverbandsordnung. In § 1 heißt es in der geltenden Fassung der Landschaftsverbandsordnung von 1994: „Die zum Land Nordrhein-Westfalen gehörenden Kreise und kreisfreien Städte der früheren Rheinprovinz bilden den Landschaftsverband Rheinland, die Kreise und kreisfreien Städte der früheren Provinz Westfalen und des früheren Landes Lippe den Landschaftsverband Westfalen-Lippe". Nach § 2 der Landschaftsverbandsordnung sind die Landschaftsverbände Rheinland und Westfalen-Lippe öffentlich-rechtliche Körperschaften mit dem Recht der Selbstverwaltung durch ihre gewählten Organe. Das gewählte Organ ist die Landschaftsversammlung, deren Mitglieder von den Vertretungen der Mitgliedskörperschaften gewählt werden. Die laufende Verwaltung führt der Direktor des Landschaftsverbandes, der somit an die Stelle des Landeshauptmanns des alten Provinzialverbandes getreten ist. Aus dem selben Jahr 1953, vom 1. Dezember, stammt auch die Kirchenordnung der Evangelischen Kirche von Westfalen. In Art. 2 Abs. 1 heißt es: „Die Evangelische

Kirche von Westfalen umfaßt das Gebiet der früheren Kirchenprovinz Westfalen der Evangelischen Kirche der altpreußischen Union". Damit ist die Evangelische Kirche von Westfalen die einzige Körperschaft des öffentlichen Rechts, deren Gebiet sich bis heute mit dem der alten preußischen Provinz Westfalen deckt.

Literatur

Ackermann, Volker: Der „echte" Flüchtling. Deutsche Vertriebene und Flüchtlinge aus der DDR 1945-1961. (Schriften zur Historischen Migrationsforschung, Bd. 1) Osnabrück 1995.

Ackermann, Volker: Homo Barackensis – Westdeutsche Flüchtlingslager in der 1950er Jahren, in: Anknüpfungen. Kulturgeschichte-Landesgeschichte-Zeitgeschichte. Gedenkschrift für Peter Hüttenberger. Hrsg. von Volker Ackermann, Bernd-A. Rusinek u. Falk Wiesemann. (Düsseldorfer Schriften zur Neueren Landesgeschichte und zur Geschichte Nordrhein-Westfalens, Bd. 39) Essen 1995, S. 330-346.

Behr, Hans-Joachim: Stelle Westfalen der Landesregierung in Münster 1946-1949. Abwicklungsbehörde oder Ansatz zu einer dezentralisierten Verwaltung?, in: Anknüpfungen. Hrsg. von Volker Ackermann, Bernd-A. Rusinek u. Falk Wiesemann. Essen 1995, S. 266-279.

Brunn, Gerhard / Reulecke, Jürgen: Kleine Geschichte von Nordrhein-Westfalen 1946-1996. (Schriften zur politischen Landeskunde Nordrhein-Westfalens, Bd. 10) Stuttgart 1996.

Först, Walter: Geschichte Nordrhein-Westfalen, Bd. 1: 1945-1949. Köln/Berlin 1970.

Hippel/Rehborn: (Literatur Kap. 8).

Hüttenberger, Peter: Nordrhein-Westfalen und die Entstehung der parlamentarischen Demokratie. Siegburg 1973.

Klueting, Harm: „Sie fördern das Wohl der Einwohner ..." (Literatur Kap. 3.4).

Neuanfang in Münster. Eingliederung von Flüchtlingen und Vertriebenen in Münster von 1945 bis heute. Dokumentation der Gesellschaft für Ostdeutsche Kulturarbeit Münster e. V. Münster 1996.

Neue Heimat im Westen. Vertriebene, Flüchtlinge, Aussiedler. Hrsg. von Klaus J. Bade. Münster 1990.

Petzina, Dietmar: Zwischen Zusammenbruch und Krise. Wirtschaftliche Entwicklung, Wiederaufbau und sozialer Wandel in Bochum nach dem Zweiten Weltkrieg, in: Westfälische Forschungen 41, 1991, S. 106-124.

Pietsch, Hartmut: Der Neubeginn städtischer Verwaltung im rheinisch-westfälischen Industriegebiet 1945-1948, in: Rheinland-Westfalen im Industriezeitalter, Bd. 3. Wuppertal 1984, S. 199-213.

Rheinland-Westfalen im Industriezeitalter, Bd. 3 (Literatur Kap. 10.1).

Statistisches Jahrbuch Nordrhein-Westfalen 1, 1949 (Düsseldorf 1950).

Steininger, Rolf: Großbritannien und die Gründung Nordrhein-Westfalens, in: Rheinland-Westfalen im Industriezeitalter, Bd. 3. Wuppertal 1984, S. 214-231.

Teppe, Karl: Zwischen Besatzungsregiment und politischer Neuordnung (1945-1949). Verwaltung-Politik-Verfassung, in: Westfälische Geschichte. Hrsg. von Wilhelm Kohl, Bd. 2. Düsseldorf 1983, S. 269-339.

Tyrell, Albrecht: Das Rhein-Ruhr-Gebiet in der alliierten Deutschlandplanung während des Zweiten Weltkriegs, in: Rheinland-Westfalen im Industriezeitalter, Bd. 3. Wuppertal 1984, S. 190-198.

Verzeichnis der genealogischen Übersichten, Personenlisten, Karten und Tabellen

Die Grafen von Werl, Werl(-Arnsberg) und Arnsberg 43
Die Grafen von Berg, Altena (von der Mark), Isenberg und Limburg 46
Die Erzbischöfe von Köln (8.-15. Jahrhundert) 53
Die Grafen von der Mark und die Herzöge von Kleve 64
Die Bischöfe von Münster (9.-15. Jahrhundert) 68
Die Bischöfe von Paderborn (9.-15. Jahrhundert) 71
Die Bischöfe von Minden (8./9.-15. Jahrhundert) 72
Die Bischöfe und geistlichen Landesherren Westfalens im 16. Jahrhundert .... 121f.
Die Herzöge von Jülich-Kleve-Berg, Grafen von der Mark und Ravensberg, im 16. Jahrhundert 124
Genealogische Übersicht zum Jülich-Klevischen Erbfolgestreit 141
Die Kurfürsten von Brandenburg im 17. und die Könige von Preußen im 18. Jahrhundert 167
Die Bischöfe und geistlichen Landesherren Westfalens im 17. und 18. Jahrhundert ... 173
Schema einer sechzehnstelligen Ahnenprobe 176
Die westfälischen Territorien 1789 (Karte) 181
Die territorialen Verhältnisse Westfalens aufgrund des Reichsdeputationshauptschlusses (1804) (Karte) 247
Rheinbundstaaten in Westfalen (1808) (Karte) 248
Die Könige von Preußen im 19. und 20. Jahrhundert 264
Die Oberpräsidenten von Westfalen 1816-1946 265
Die preußische Provinz Westfalen und die Landkreise von 1817 (Karte) 266
Die kreisfreien Städte und die Kreise Westfalens 1975 (Karte) 337
Steinkohlenförderung im Ruhrgebiet .... 391f.)
Roheisenerzeugung .... 392f.
Roheisenerzeugung pro Hochofen 393

Abkürzungen im Text

BK	Bekennende Kirche, bekenntniskirchlich
DC	Deutsche Christen, deutschchristlich
DEK	Deutsche Evangelische Kirche
DGO	Deutsche Gemeindeordnung
Eb.	Erzbischof
ebd.	ebenda
EKD	Evangelische Kirche in Deutschland
EKU	Evangelische Kirche der Union
EKvW	Evangelische Kirche von Westfalen
GG	Grundgesetz
Gf.	Graf
Hz.	Herzog
Ks.	Kaiser
LverbO NW	Landschaftsverbandsordnung Nordrhein-Westfalen
NS	nationalsozialistisch
OLG	Oberlandesgericht
PreußVerf 1850	Preußische Verfassung von 1850
RKA	Reichskirchenausschuß
RWKO	Rheinisch-Westfälische Kirchenordnung
StGB	Strafgesetzbuch
WRV	Weimarer Reichsverfassung

Abkürzungen für die Bezeichnungen politischer Parteien des 19. und 20. Jahrhunderts und NS-Funktionsbezeichnungen bleiben hier unberücksichtigt.

Autoren- und Herausgeberregister

Verzeichnet werden die Namen der Verfasser bzw. Herausgeber aller in den Literaturverzeichnissen zu den einzelnen Kapiteln (siehe Inhaltsverzeichnis) aufgeführten Schriften.

Abel, Wilhelm 227
Abelshauser, Werner 396
Ackermann, Volker 423
Aders, Günter 47, (82), 191
Alexander, Thomas 344
Altemeyer, Hubert 81
Andernach, Norbert 192
Angermann, Gertrud 371
Angenendt, Arnold 35, 136, 372
Aretin, Karl Otmar Freiherr von 191, 210, 259
Arndt, Johannes 191
Aubin, Hermann 22, 345

Bachem, Karl 314
Bachmann, Hans 372
Bade, Klaus J. 423
Balzer, Manfred 35, 101
Bari, Barbara 371
Barmeyer, Heide 279
Barthold, Friedrich Wilhelm 210
Bartolosch, Thomas A. 227
Barudio, Günter 154
Bauer, Gustav 135
Bauermann, Johannes 22
Bauks, Friedrich Wilhelm 135, 210, 372
Baumgart, Peter 193
Behr, Hans-Joachim 81, 135, 191, 259, 261, 279, 292, 314, 344, 372, 423
Behringer, Wolfgang 210
Benad, Matthias 372
Benrath, Gustav Adolf 372
Berding, Helmut 259-261
Bergsträsser, Ludwig 314
Bettenhäuser, Erwin 154
Beusch, Carl Heiner 279
Beutin, Ludwig 227
Beyreuther, Erich 372
Birkenhauer, Josef 396
Blaich, Fritz 281
Blaschke, Olaf 375
Bleicher, Wilhelm 227
Blickle, Peter 82, 135
Bloth, Hugo Gotthard 314
Bockhorst, Wolfgang 280
Bölsker-Schlicht, Franz 227
Börger, Paul 154
Borscheid, Peter 396

Bracht, Klaus 396
Brakelmann, Günter 314
Brakensiek, Stefan 36, 227, 279
Brandt, Hans-Jürgen 35, 82, 372
Braubach, Max 210
Brauneder, Wilhelm 192
Brecht, Martin 210-212
Brepohl, Wilhelm 396
Breuer, Klaus 372
Brilling, Bernhard 373, 376, 414
Brinkmann, Karl 101, 227, 314, 414
Brückner, Wolfgang 210
Brunn, Gerhard 423
Bruns, Alfred 101, 210, 280
Buchheim, Karl 314
Bühler, Ottmar 345
Bünermann, Martin 344
Bulst, Neithard 228
Burghardt, Werner 103
Burkhardt, Johannes 154
Busch, Helmut 314
Busch, Norbert 372

Caesarius von Heisterbach 81
Carl, Horst 191
Casser, Paul 22, 191
Castell-Rüdenhausen, Adelheid Gräfin zu 414
Claas, Wilhelm 227
Conrad, Horst 279
Cordes, Rainer 227
Crusius, Irene 260

Damberg, Wilhelm 372
Dascher, Ottfried 396
Decker, Rainer 210
Dehio, Ludwig 191
Deppermann, Klaus 210-212
Deter, Gerhard 227, 279
Determann, Andreas 415
Dicke, Heinrich 259
Dickens, Arthur Geoffrey 135
Dickmann, Fritz 154
Diestelkamp, Bernhard 82
Dietz, Burkhard 137
Dilcher, Gerhard 101
Dipper, Christof 259, 292
Ditt, Hildegard 227, 280

Ditt, Karl 314, 344, 414
Dösseler, Emil 227
Dollinger, Heinz 210
Dollinger, Philippe 101
Dorider, Adolf 101
Dotzauer, Winfried 191
Droege, Georg 82
Duchhardt, Heinz 154, 191
Dülmen, van s. van Dülmen
Düsterloh, Diethelm 396
Düwell, Kurt 281, (292), 316, (397), 415, (423)

Ehbrecht, Wilfried 101-103, 138, 227, 229, 231
Ehrenpreis, Stefan 137
Eiynck, A. 231
Ellerbrock, Karl-Peter 397
Endres, Rudolf 192
Engel, August 101
Englund, Peter 154
Ennen, Edith 101
Engels, Odilo 35, 56
Epkenhans, Michael 279, 314-316
Erkens, Franz-Reiner 55
Esser, Hermann 191, 228
Eversmann, Friedrich August Alexander 228
Eyll, van s. van Eyll

Faulenbach, Heiner 137
Fehrenbach, Elisabeth 259
Feldenkirchen, Wilfried 396
Flebbe, Hermann 81
Fleckenstein, Josef 35
Föllinger, Georg 191
Först, Walter 316, 423
Francksen, Meent W. 259
Franz, Günther 155, 227, 229
Franzen, August 136
Freise, Eckhard 35
Fremdling, Rainer 397
Frese, Matthias 375
Freund, Susanne 314
Frühsorge, Gotthardt 102
Furet, François 259

Gäbler, Ulrich 210, 372
Gail, Anton J. 136
Gatz, Erwin 372
Gerhard, Dietrich 102
Gerteis, Klaus 101, 228
Gießelmann, Roland 316, 372
Gimbel, R. 55
Gladen, Albin 314
Glaser, Hubert 155
Glawischnig, Rolf 136
Goch, Stefan 397
Goebel, Klaus 292
Goertz, Hans-Jürgen 136
Goeters, Johann Friedrich Gerhard 136, 372, 375f.
Golkowsky, Rudolf 228
Gollwitzer, Heinz 280
Gorki, Hans Friedrich 344
Goy, Joseph 228
Grandke, Uwe 344
Grassmann, Antjekathrin 102
Grevelhörster, Ludger 344
Gröne, Wilhelm 372
Gruß, Heribert 372

Haacke, Rhaban 35
Haase, Carl 102
Haberland, Detlef 211
Haeften, August von 82, 102, 192
Häming, Josef 280, 344, 414
Hamm, Berndt 136
Hanschmidt, Alwin 103, 192, 210, 228
Hanstein, Thomas 228
Hardtwig, Wolfgang 292
Hartlieb von Wallthor, Alfred 210, 280, 315
Hauck, Karl 35
Heckel, Martin 136
Hegel, Eduard 373, 376, 414
Hehl, Ulrich von 315, 414
Heimann, Heinz-Dieter 55, 103
Hellmann, Manfred 373
Hengst, Karl 35, (56), 82, 136, 260f., 372
Henning, Friedrich-Wilhelm 228, 397
Hersche, Peter 192
Herzig, Arno 315
Heuvel, van den s. van den Heuvel
Hey, Bernd 316, 344, 372f., 414
Hildebrand, Klaus 415
Hilka, Alfons 81
Hinrichs, Ernst 210
Hippel, Ernst von 373, 423
Hirschfelder, Heinrich 228
Höbelt, Lothar 192
Hoederath, Hans Theodor 82
Högl, Günther 83, 102, 316, 344, 415
Höher, Peter 228
Hölscher, Lucian 373
Hömberg, Albert K. 35, 48, 55
Hoener, Erich 315
Hoeren, Thomas 211
Holtfrerich, Carl-Ludwig 397
Holzem, Andreas 136, 192
Honegger, Claudia 211
Hoock, Jochen 228

Horstmann, H. 47, (82)
Hsia, Ronnie Po-chia 136
Hubatsch, Walther 192
Huber, Ernst Rudolf 259, 280, 292
Hücker, Wilhelm 82
Hürten, Heinz 373
Hüttenberger, Peter 423
Hulshoff, Adam Lambert 47, (82)

Intorp, Leonhard 211
Isenmann, Eberhard 102

Jacobson, Heinrich Friedrich 373
Jäger, Wolfgang 315, 344
Jaitner, Klaus 155
Jakobi, Franz-Josef 101f., 137, 155, 192f., 211, 228, 260, 279, 281, 315, 317, 344f., 415
Janssen, Wilhelm 22, 55, 82, 136
Janz, Oliver 373
Jedin, Hubert 136
Jeismann, Karl-Ernst 315
Jeserich, Kurt G. A. 82, 192, 260, 281
Johanek, Peter 228
Jordan, Karl 48
Jürgens, Arnulf 228, 315
Junk, Heinz K. 259

Kaiser, Jochen-Christoph 344
Kampmann, Jürgen 373
Kantzenbach, Friedrich Wilhelm 373
Kaufmann, Doris 344, 373
Keinemann, Friedrich 192, 259, 280, 373
Kellenbenz, Hermann 231
Keller, Hagen 35
Kerckerinck zur Borg, Engelbert Freiherr von 230
Kersting, Franz-Werner 415
Kiesewetter, Hubert 397
Kirchhoff, Karl-Heinz 136
Kleinschmidt, Arthur 260
Kleinschmidt, Christian 396
Kleßmann, Christoph 397
Klinkenberg, Hans Martin 315
Klocke, Friedrich von 102
Klöckner, Michael 373
Klötzer, Ralf 137
Kloosterhuis, Jürgen 261
Klueting, Edeltraud 35, 82, 228
Klueting, Harm 55, 82, 102, 137, 155, 192, 210f., 228f., 260, 280, 344, 373, 415, 423
Klüting (Klueting), Hermann 344
Kluge, Ulrich 344
Knemeyer, Franz-Ludwig 260
Kneppe, Cornelia 55, 102
Koch, Max Jürgen 315
Kochendörffer, Heinrich 260
Köhler, Mathilde 211
Köhn, Gerhard 103, 138
Köhne, Herta 373
Köllmann, Wolfgang 281, 292, 314, 316, 396f., 415, (423)
Köstering, Heinz 344
Kösters, Christoph 373
Kohl, Wilhelm 22, 35, 48, 56, 83, 137, 155, 192, 260, 280f., 316f. 344, 398, 423
Kolb, Eberhard 344
Kooi, van der s. van der Kooi
Kopitzsch, Franklin 102, 212
Korte, Hermann 397
Koselleck, Reinhart 280
Koszyk, Kurt 292, 315, 344
Krabbe, Wolfgang R. 280
Kratzsch, Gerhard 415
Krüger, Hans-Jürgen 229
Krull, Regine 316, 372
Küster, Thomas 315
Kuhlemann, Frank-Michael 316, 374f.
Kuhna, Rainer 260
Kuropka, Joachim 344, 372, 374, 415
Kuske, Bruno 229, 345

Labouvie, Eva 211
Lässig, Simone 316
Lahrkamp, Beatrix 415
Lahrkamp, Helmut 155, 191f., 228
Lahrkamp, Monika 193, 260
Lambers, Hanno 344
Lammers, Walther 35
Lange, Gisela 229
Laubach, Ernst 137
Langosch, Karl 81
Leesch, Wolfgang 261, 280, 344, 374, 415
Lehmann, Hartmut 210-212, 374
Leidinger, Paul 48, 55
Lenhart, Ludwig 212
Levold von Northof 81
Liebelt, Katrin 229
Liedhegener, Antonius
Lill, Rudolf 374
Linde, Erdmann 315
Linnemeier, Bernd-Wilhelm 229
Löffler, Peter 374
Lönne, Karl-Egon 292, 316
Looz-Corswarem, Clemens von 229
Loth, Wilfried 372, 374
Lothmann, Josef 55
Lubrich, Hans Eckhard 316
Luckhardt, Jochen 47
Lüdicke, Reinhard 83

Lütge, Friedrich 229
Luntowski, Gustav 83, 102, 138, 261, 280, 316, 344, 397
Luttenberger, Albrecht Pius 137

Matzerath, Horst 317, 415
Mau, Rudolf 372, 375f.
Mayr, Alois 316, 344
Meier, Gabriele 48
Meier, Johannes 82
Meier, Kurt 374
Meister, Aloys 229
Mertens-Westphalen, H. 231
Merzbacher, Friedrich 83
Meyenberg, M. Leonie 261
Meynert, Joachim 316, 374
Möllenhoff, Gisela 415
Moeller, Bernd 137
Möller, Horst 211
Mohrmann, Ruth-E. 229
Molitor, Hansgeorg 212
Moltmann, Jürgen 137
Mommsen, Wilhelm 314
Mooser, Josef 229, 280, 316, 372, 374, 376, 397
Morsey, Rudolf 316
Müller, Detlef K. 316
Müller, Ernst 261
Müller-Wille, Wilhelm 22, 229
Münch, Paul 137

Naunin, Helmut 259, 281
Neuhaus, Helmut 137, 193
Neuser, Wilhelm H. 374f.
Niehoff, Franz 47
Niemöller, Wilhelm 375
Nienhaus, Frank 375
Nipkow, Frank 316
Nipperdey, Thomas 280, 292, 316, 375
Nohlen, Dieter 317
Norden, van s. van Norden
Nordsiek, Hans 193
Nowak, Kurt 375

Obenaus, Herbert 261, 292
Obermann, Karl 292
Oberpenning, Hannelore 229
Oediger, Friedrich Wilhelm 55
Oer, Rudolfine Freiin von 102, 193, 211, 261
Opgenoorth, Ernst 138, 193

Parker, Geoffrey 155
Patze, Hans 82f.
Peters, Christian 138, 211
Peters, Meinolf 210
Petri, Franz 83, 138
Petzina, Dietmar 397, 423
Pfister, Christian 229
Philipps, Werner 375
Pietsch, Hartmut 423
Planitz, Hans 102
Pöppel, Diether 83
Pohl, Hans 82, 192, 260, 281
Pohl, Karl Heinrich 316
Porter, Roy 397
Possel-Dölken, Paul 280
Press, Volker 155
Prins, W. F. 47, (82)
Prinz, Joseph 47f., 56, (82), 83
Prinz, Michael 375
Puhle, Hans Jürgen 373

Quadflieg, Eberhard 47, (82)

Rahe, Thomas 415
Rahe, Wilhelm 375
Rasch, Manfred 316
Rau, Reinhold 22
Raumer, Friedrich von 210
Reekers, Stephanie 193, 229, 280, 316, 345, 375, 415
Rehborn, Helmut 373, 423
Reif, Heinz 193, 281
Reimann, Norbert 83, 102, 138, 316, 344
Reinhard, Wolfgang 137
Reininghaus, Wilfried 229-231, 396
Repgen, Konrad 155
Retellack, James 316
Reulecke, Jürgen 397, 414, 423
Reuling, Ulrich 345
Richet, Denis 259
Richtering, Helmut 191f.
Rickelmann, Hubert 230
Ritter, Gerhard A.(lbert) 314, 316
Ritter, Joachim 211
Rob, Klaus 261
Rösener, Werner 230
Rogge, Joachim 372, 376
Roggendorf, Hermann Josef 155
Rohrer, Amalie 103
Rothert, Hermann 155, 193
Rottschäfer, Ulrich 375
Rublack, Hans-Christoph 137
Rüfner, Wolfgang 281
Ruhbach, Gerhard 317, 372, 375f.
Rusinek, Bernd A. 423

Saal, Friedrich Wilhelm 316, 375
Sachers, Erich 230

Schäfer, Nikolaus 415
Schäferdiek, Knut 35
Schäfke, Werner 55
Schalk, Fritz 211
Scharpwinkel, Klaus 230
Scheele, Norbert 261
Scheffler, Jürgen 211
Schieder, Wolfgang 373-375
Schieffer, Rudolf 35
Schildt, Gerhard 317, 397
Schilling, Heinz 102, 136-138, 230
Schilp, Thomas 83, 102, 230, 316, 344
Schindling, Anton 138
Schissler, Hanna 281
Schlautmann-Overmeyer, Rita 415
Schleier, Bettina 230
Schlögl, Rudolf 375, 416
Schmid, Karl 35
Schmidt, Charles 261
Schmidt, Ferdinand 230
Schmidt, Georg 155
Schmidt, Hans 155
Schmidt, Heinrich Richard 138
Schmidt, Martin 211
Schmitz, Reinhard 397
Schmitz-Kallenberg, Ludwig 83
Schneider, Hans 211
Schneider, Michael 317
Schöller, Peter 345
Schöne, Manfred 191, 261
Schöne, Thomas 102
Scholder, Klaus 212, 375
Scholz, Klaus 56, 83, 103
Schoppmeyer, Heinrich 83, 103
Schormann, Gerhard 155, 212
Schotte, Heinrich 230
Schröer, Alois 138, 155, 376
Schubert, Ernst 83
Schüren, Reinhard 397
Schulin, Ernst 261
Schulte, Aloys 345
Schulte, Christian 138
Schulte, Wilhelm 103, 138, 230, 292
Schulte-Althoff, Franz-Josef 281
Schultze, Rainer-Olaf 317
Schulz, Gerhard 345
Schulz, Johanna 316, 345
Schulze, Hans K. 35, 83
Schulze, Rudolf 83
Schulze, Winfried 155
Schumacher, Elisabeth 212
Schuster, Marina 397
Schwabe, Klaus 345
Schwaiger, Georg 212
Schwartz, Hubertus 103
Schwarze, Gisela 415
Schwerhoff, Gerhard 211
Seibertz, Johann Suibert 22
Sellert, Wolfgang 83
Selter, Bernward 230
Sicken, Bernhard 345
Siemann, Wolfram 292
Simon, Thomas 83
Smolinsky, Heribert 212
Spankeren, van s. van Spankeren
Speck, Ulrich 292
Stefanski, Valentina-Maria 397
Steininger, Rolf 423
Steitz, Walter 397
Stievermann, Dieter 103, 193
Stöve, Eckehart 138
Stolze, Barbara 317
Stoob, Heinz 103
Storm, Monika 56
Strohm, Theodor 372
Stupperich, Robert 138, 373, 376, 414
Sudhof, Siegfried 211

Teich, Mikuláš 397
Temme, Willi 212
Tenfelde, Klaus 397f.
Teppe, Karl 279f., 314-316, 396, 415f., 423
Terhalle, Hermann 230
Teske, Gunnar 155
Teuteberg, Hans-Jürgen 281, 317, 398
Tewes, Ludger 83
Thamer, Hans-Ulrich 345, 415f.
Thau, Bärbel 376
Then, Volker 398
Theuerkauf, Gerhard 83, 191
Thier, Dietrich 103
Thierfelder, Jörg 372
Thissen, Werner 35, 81, 372
Timm, Willy 83
Treue, Wilhelm 398
Trippe, Christian F. 415
Troßbach, Werner 193, 231
Trox, Eckhard 230
Trummel, Walter 261
Tyrell, Albrecht 423

Ulbricht, Otto 212
Ullmann, Hans-Peter 260
Unruh, Georg-Christoph von 82, 192, 260, 281

Vahrenhold-Huland, Uta 47, (82), 84
Valjavec, Fritz 212
van den Heuvel, Christine 261

van den Heuvel, Gerd 261
van der Kooi, Jelle 317
van Dülmen, Richard 212
van Eyll, Klara 398
van Norden, Günther 374
van Spankeren, Reinhard 372
Veddeler, Peter 261
Veit, Ludwig Andreas 212
Vierhaus, Rudolf 317
Vogel, Bernhard 317
Vogelsang, Reinhard 103
Vogt, Herbert W. 48
Volkmann, Heinrich 374
Vonde, Detlev 398
Voye, Ernst 231

Wagener, Ulrich 372
Wagner, Johannes Volker 415
Walberg, Hartwig 230
Wallmann, Johannes 212
Walter, Bernd 281, 415f.
Walz, Rainer 212
Wappler, Klaus 376
Watermann, Karl Friedrich 317
Weber, Wolfhard 231, 397f.
Wedekind, W. 47, (82)
Wegmann, Dietrich 281, 345
Wehler, Hans-Ulrich 138, 231, 292, 317, 398
Weinfurter, Stefan 35, 48, 56
Weis, Eberhard 261
Weitz, Reinhold K. 281
Wenskus, Reinhard 48
Werner, Wolfgang Franz 416
Westphalen, Ludger Graf von 261, 281, 292
Westphalen, Ruth Gräfin von 261
Wex, Norbert 281
Wichelhaus, Manfred 292
Widder, Ellen 103, 138, 231
Wiegelmann, Günter 210, 229
Wiel, Paul 398
Wiesemann, Falk 423
Wilbertz, Gisela 211
Willoweit, Dietmar 36, 84
Winkelmann, Wilhelm 36
Winkler, Heinrich August 292
Winterfeld, Luise von 103
Wirtz, Heiner 376
Wischermann, Clemens 281, 292, 398
Wohlfeil, Rainer 139
Wolf, Manfred 155, 192f.
Wolf, Regula 139
Wollasch, Andreas 317
Wollstein, Günter 292

Zacher, Hans-Jürgen 103
Zeeden, Ernst Walter 136
Ziechmann, Jürgen 192
Ziegler, Dieter 398
Ziegler, Walter 138
Zschaeck, Fritz 81
Zumholz, Maria Anna 374
Zunkel, Friedrich 398
Zymek, Bernd 317

Personen- und Ortsregister

Verzeichnet werden die Namen von Personen und Orten sowie von Personen- (z. B. Fischer-Tropsch-Verfahren) oder Ortsnamen (z. B. Tecklenburger Vergleich) abgeleitete Begriffe. Namen von Orten (ehemals selbständige Gemeinden, Wohnplätze, Burgen, Klöster usw.), die heute Teil einer politischen Gemeinde mit anderer Bezeichnung sind, erscheinen mit Zusatz dieser Gemeindebezeichnung in einer Klammer (z. B. Hörde [Dortmund]). Namen von Orten, die heute politische Gemeinden mit dieser Bezeichnung bilden, erscheinen bei Orten innerhalb des Landes Nordrhein-Westfalen im Falle kreisangehöriger Gemeinden mit Zusatz des Kreises in einer Klammer und im Falle kreisfreier Städte ohne Zusatz. Orte, die heute politische Gemeinden mit dieser Bezeichnung bilden, aber außerhalb Nordrhein-Westfalens liegen, erscheinen mit Zusatz des Bundeslandes bzw. des außerdeutschen Staates in einer Klammer. Namen ehemals deutscher Orte im heutigen Polen, Litauen oder Rußland – maßgeblich sind die Reichsgrenzen von 1914 – erscheinen mit ihrer deutschen Bezeichnung und dem Namen der ehemaligen deutschen bzw. preußischen Provinz, ergänzt um den polnischen, litauischen oder russischen Namen mit Zusatz der heutigen staatlichen Zugehörigkeit in einer Klammer. Orte in den Niederlanden, Belgien, Frankreich und Italien sowie in Čechien, Rußland und Polen außerhalb der deutschen Reichsgrenzen von 1914 erscheinen mit der deutschen Form ihrer Namen bzw. mit der üblichen deutschen Bezeichnung (z. B. Lüttich statt Liège, Mailand statt Milano, Brünn statt Brno). Namen von Kreisen (Landkreisen) und Regierungsbezirken finden im Register nur dann Berücksichtigung, wenn die betreffenden Kreise oder Regierungsbezirke für die Darstellung von Bedeutung sind. Namen historischer Territorien, die zugleich Ortsnamen sind (z. B. Grafschaft Bentheim, Hochstift Münster, Herzogtum Kleve), werden ebenfalls berücksichtigt; aus Analogiegründen gilt dasselbe für Bezeichnungen wie Herzogtum Berg und Großherzogtum Berg und in Analogie dazu auch Königreich Westphalen. Firmennamen (Namen von Industrieunternehmen) werden wie Ortsnamen behandelt. Neben Personennamen, die Einzelpersonen (natürliche Personen) bezeichnen, erscheinen die Namen von Familien bzw. Dynastien (z. B. Werl, Grafen von; Wittelsbach, Haus). Bischöfe erscheinen bis 1803 unter dem Vornamen (z. B. Christoph Bernhard von Galen) und ab 1803 unter dem Familiennamen (z. B. Galen, Clemens August Graf von). Regierende Fürsten und Grafen und deren unmittelbare Angehörige werden bis 1806/08 bzw. bis 1918 unter dem Vornamen genannt. Nach Möglichkeit werden den Personennamen Lebensdaten und Funktionsbezeichnungen sowie Funktionsdaten hinzugefügt.

Abkürzungen: Abg. = Abgeordneter, Abt. = Abteilung, a. d. H. = aus dem Hause, Adm. = Administration/Administrator, akad. = akademisch, altkath. = altkatholisch, amerik. = amerikanisch, amt. = amtierte, angelsächs. = angelsächsisch, antinapoleon. = antinapoleonisch, at. = alttestamentlich, aufklärer. = aufklärerisch, ausgew. = ausgewandert, berg. = bergisch, Bf. = Bischof, bischöfl. = bischöflich, Bist. = Bistum, Bmstr. = Bürgermeister, böhm. = böhmisch, Br. = Bruder, brand. = brandenburgisch, brit. = britisch, brit.-hann. = britisch-hannoversch, christl. = christlich, Damenst. = Damenstift, Dep. = Departement, Diöz. = Diözese/Diözesan, Dir. = Direktor, d. J. = der Jüngere, Domh. = Domherr, Domkap. = Domkapitel, Domst. = Domstift, dt. = deutsch, Eb. = Erzbischof, ehem. = ehemalig/ehemals, engl. = englisch, Erbpr. = Erbprinz, erl. = erloschen, erw. = erwähnt, erzbischöfl. = erzbischöflich, Erzbist. = Erzbistum, Erzdiöz. = Erzdiözese, Erzhzg. = Erzherzog, Erzhzg.'in = Erzherzogin, Erzst. = Erzstift, ETH = Eidgenössische Technische Hochschule, ev. = evangelisch, f. = folgende, FH = Fachhochschule, Fherr = Feldherr, FM = Feldmarschall, fränk. = fränkisch, Frauenkl. = Frauenkloster, Freigft. = Freigrafschaft, freiweltl. = freiweltlich, Frhr. = Freiherr, frz. = französisch, Fst. = Fürst, Fst.'in = Fürstin, Fstm. = Fürstentum, fürstl. = fürstlich, gen. = genannt, Gen. = General, Gen.-Direkt. = Generaldirektorium (preuß.), Gen.-Insp. = Generalinspekteur, GenLt = Generalleutnant, Gen.-Sup. = Generalsuperintendent, Gen.-Vik. = Generalvikar/Generalvikariat, Gener. = Generation, GenMaj. = Generalmajor, Gen.-Synode = Generalsynode, gew. = gewählt, Gf. = Graf, Gf.'in = Gräfin, GFM = Generalfeldmarschall, Gft. = Grafschaft, GHS = Gesamthochschule, Ghzg. = Großherzog, Ghzgt. = Großherzogtum, gräfl. = gräflich, griech. = griechisch, Gymn. = Gymnasium, H. = Hälfte, Heerf. = Heerführer, Herrlichk. = Herrlichkeit, Herrsch. = Herrschaft, Hochmstr. = Hochmeister, Hochst. = Hochstift, Hptm. = Hauptmann, Hrsg. = Herausgeber, Hs. = Haus, Hzg. = Herzog, Hzgt. = Herzogtum, illeg. = illegitim (nichtehelich), israelit. =

israelitisch, Jh. = Jahrhundert, j. S. = jüngerer Sohn, jüd. = jüdisch, Kanonissenst. = Kanonissenstift, karoling. = karolingisch, Kfm. = Kaufmann, kath. = katholisch, Kf. = Kurfürst, Kf.-Eb. = Kurfürst-Erzbischof, kfl. = kurfürstlich, Kfstm. = Kurfürstentum, Kg. = König, Kg.'in = Königin, Kgr. = Königreich, Kl. = Kloster, köln. = Kölner/kölnisch, komm. = kommissarisch, Kons.-Präs. = Konsistorialpräsident, Kons.-Rat = Konsistorialrat, Krs. = Kreis/Landkreis, Ks., ks. = Kaiser, kaiserlich, Ks.'in = Kaiserin, kurköln. = kurkölnisch, KZ = Konzentrationslager, Landestl. = Landesteil, Ldgf. = Landgraf, Ldgf.'in = Landgräfin, Ldgft. = Landgrafschaft, Lehrer(innen)sem. = Lehrerinnen-/Lehrerseminar, Lhptm. = Landeshauptmann, liber. = liberal, linkslib. = linksliberal, lipp. = lippisch, Lr. = Landrat, Ltr. = Leiter, luth. = lutherisch, ma. = mittelalterlich, märk. = märkisch, mainz. = mainzisch, Markgf. = Markgraf, Markgft. = Markgrafschaft, math.-nat. = mathematisch-naturwissenschaftlich, Med., med. = Medizinal, medizinisch, Min. = Minister/Ministerium, mind. = mindensch (Minden), Min.-Präs. = Ministerpräsident, Mitverf. = Mitverfasser, morg. = morganatisch, münster. = münsterisch, napoleon. = napoleonisch, nass. = nassauisch, Nationalvslg. = Nationalversammlung, ndl. = niederländisch, neusprachl. = neusprachlich, nichtstaatl. = nichtstaatlich, Niederst. = Niederstift, Norddtschl. = Norddeutschland, Ober-Präs. = Oberpräsident, Oberrealsch. = Oberrealschule, Oberst. = Oberstift, Obmstr. = Oberbürgermeister, österr. = österreichisch, Okons.-Rat = Oberkonsistorialrat, OLG = Oberlandesgericht, OLG-Rat = Oberlandesgerichtsrat, oran.-nass. = oranien-nassauisch/oranisch-nassauisch, osnab. = osnabrückisch, paderb. = paderbornisch, Pädag. Akad. = Pädagogische Akademie, Pfalzgf. = Pfalzgraf, Pfalzgf.'in = Pfalzgräfin, Pfr. = Pfarrer, PH = Pädagogische Hochschule, phil. = philosophisch, pietist. = pietistisch, Präs. = Präses/Präsident, Pred. = Prediger, Prem.-Min. = Premierminister, preuß. = preußisch, priv. = privat, Progymn. = Progymnasium, prot. = protestantisch, Prov., prov. = Provinz, provinzial, Prov.-Konsistorium = Provinzialkonsistorium, Prov.-Landtag = Provinziallandtag, Prov.-Schulkollegium = Provinzialschulkollegium, Prov.-Synode, ravensb. = ravensbergisch, Realgymn. = Realgymnasium, Realsch. = Realschule, ref. = reformiert (calvinistisch), reformat. = reformatorisch, reg. = regierte, Reg.-Bez. = Regierungsbezirk, Reg.-Präs. = Regierungspräsident, Reichsbf. = Reichsbischof, Reichspräs. = Reichspräsident, rel. = religiös, rhein. = rheinisch, RHR = Reichshofrat, RKG = Reichskammergericht, röm. = römisch, röm.-dt. = römisch-deutsch, RWTH = Rheinisch-Westfälische Technische Hochschule, S. = Sohn, s. = siehe, sächs. = sächsisch, Sch. = Schule, schott. = schottisch, Schw. = Schwester, schwed. = schwedisch, Sekr. = Sekretär, Sem. = Seminar, simult. = simultan (überkonfessionell), sowj. = sowjetisch, sozialdemokr. = sozialdemokratisch, sozialist. = sozialistisch, St. = Stift, staatl. = staatlich, staatswiss. = staatswissenschaftlich, städt. = städtisch, Stalag = Kriegsgefangenen-Stammlager, Stiftsterr. = Stiftsterritorium, Sup. = Superintendent, T. = Tochter, TH = Technische Hochschule, theol. = theologisch, Theol.-Prof. = Theologieprofessor, trier. = trierisch, TU = Technische Universität, Univ. = Universität, Unterherrsch. = Unterherrschaft, ver. = vereinigt, verh. = verheiratet, Vik. = Vikar, Vslg. = Versammlung, Vz. = Vize, Weihbf. = Weihbischof, weltl. = weltlich, westf. = westfälisch, zw. = zwischen.

Siehe auch das allgemeine Abkürzungsverzeichnis oben S. 425

Aachen 16, 67, 89, 95, 159, 237, 257, 271, 313, 338, 350
Aachen, Bist. (1801-1821) 239, 350
Aachen, Reg.-Bez. 336, 416
Aachen, (fränk.) Reichsversammlung/Reichstag (797) 27
Aachen, (fränk.) Reichsversammlung/Reichstag (802) 27
Aachen, RWTH 306f.
Aachener Huldigungsfeier (1815) 271
Abraham (Abram), at. Erzvater 366
Adalbert (um 1000-72), Eb. von (Hamburg-)Bremen 72
Adalbert, Bf. von Minden (reg. 902-905) 72
Adelheid zur Lippe, Gemahlin Ottos VI. von Tecklenburg (verh. 1365), Erbin von Rheda 74
Adler, Bruno (B. Gottfried August) (1896-1954), Pfr. in Weslarn, ev. Bf. von Münster (1933) 369f.
Adolf I. von Altena († 1220), Eb. von Köln (reg. 1193-1205 u. 1212-16) 45f., 50, 53, 92
Adolf I. Gf. von Altena-Mark († 1249) 45f., 59-62, 64, 92
Adolf Gf. von Bentheim (-Tecklenburg) (1577-1625?) 185
Adolf III. (I.) Gf. (von Berg) (gen. 1056-81) 44, 46
Adolf IV. (II.) Gf. „de monte" (von Berg) (um 1093) 44, 46
Adolf V. (III.) Gf. von Berg († wohl 1152) 45f.
Adolf VI. (IV.) Gf. von Berg († 1166) 45f.
Adolf (VII.) Gf. von Berg († 1148) 45f.

Adolf VIII. (V.) Gf. von Berg († 1218) 45f., 61
Adolf (VI.) Gf. von Berg († 1259) 46
Adolf (VII. [nach anderer Zählung: VIII.]) Gf. von Berg († 1296) 52
Adolf I. Hzg. von Kleve s. Adolf IV. (I.) Gf. von Kleve
Adolf IV. (I.) Gf. (1417: Hzg.) von Kleve († 1448) 64-66, 80
Adolf I. Gf. von der Mark († 1249) s. Adolf I. Gf. von Altena-Mark
Adolf II. Gf. von der Mark († 1347) 53, 59, 64f.
Adolf III. (II./I.) Gf. von der Mark († 1394) , Bf. von Münster (reg. 1357-63), Eb. von Köln (reg. 1363-64 [als solcher Adolf II.]), Gf. von Kleve (1368 [als solcher Adolf I.]), Gf. von der Mark (1391) 53, 64f., 68, 70
Adolf Gf. von Neuenahr (-Alpen) († 1589) 128, 131
Adolf I. Gf. von Schauenburg (Schaumburg) († wohl 1130) 11
Adolf III. von Schaumburg (1511-1556), Kf.-Eb. von Köln (reg. 1545-1556) 121
Affeln (Neuenrade, Märkischer Krs.) 99
Agnes von Mansfeld (um 1550 – nach 1612), Stiftsdame in Gerresheim, Gemahlin Gebhards Truchseß von Waldburg 131
Ahaus (Krs. Borken) 20, 33, 60, 69, 94, 148f.
Ahaus, münster. Amt 77, 146, 239
Ahaus, Herren von 69
Ahaus, Kreis (1816) 258
Ahaus-Wessum s. Wessum
Ahlen (Krs. Warendorf) 20, 91, 97, 146, 149, 250, 414
Ahlen, Flüchtlingslager (1946) 418
Ahlen, Pfarrei 33
Akkon ('Akkō, Israel) 45
„Aktiengesellschaft Bochumer Bank" 394
Albersloh (Sendenhorst, Krs. Warendorf), Pfarrei 33
Albert II. von Hoya († 1473), Bf. (Adm.: 1420-37) von Minden (reg. 1437-73) u. Adm. von Osnabrück (reg. 1450-54) 72
Albert, Dietrich Wilhelm (1799-1878), Pfr. in Gevelsberg u. Präs. der Westf. Prov.-Synode 361
Albertiner, Linie des Hauses Wettin s. Wettin (Sachsen), Haus – Albertiner
Albrecht V. Hzg. von Bayern (1528-1579) 132f.
Albrecht von Brandenburg (1490-1545), Kf.-Eb. von Mainz, Eb. von Magdeburg u. Bf. von Halberstadt 122
Albrecht von Brandenburg-Ansbach (1490-1568), Hochmstr. des Deutschen Ordens u. Hzg. von Preußen 123
Albrecht Friedrich Hzg. von Preußen (1553-1618) 141
Alciati, Andreas (1492-1550) 201
Alexander III. (Orlando Bandinelli), Papst (reg. 1159-81) 46
Alexander I. (1777-1825), Ks. von Rußland 255
Allagen (Warstein, Krs. Soest), Gericht 77
Allendorf (Hessen) 199
Allendorf (Sundern, Hochsauerlandkrs.) 97, 99
Alme (Brilon, Hochsauerlandkrs.), Gericht 77
Alpen (Krs. Wesel), kurköln. Unterherrsch. 127, 185
Alte Burg, Burg bei Arnsberg (Hochsauerlandkrs.) 40, 42
Alteburg, Burg bei Werden (Essen) 23
Altena (Märkischer Krs.) 45, 59, 66, 86f., 94, 97, 100, 145, 214, 221, 298, 358, 364, 381, 385
Altena, märk. Amt 77
Altena, Burg 45, 86
Altena, Grafen von 45, 60f., 66
s. auch Adolf I. von Altena († 1220), Eb. von Köln
s. auch Adolf I. Gf. von Altena-Mark († 1249)
s. auch Eberhard I. Gf. von (Berg-) Altena († 1180)
s. auch Friedrich Gf. von Altena († 1199)
s. auch Otto Gf. von Altena († 1262)
s. auch Altena-Mark, Grafen von
s. auch Mark, Grafen von der
Altena, Höhere Bürgerschule 303
Altena, Höhere Töchterschule 304
Altena, Kreis (1753) 66, 169
Altena, Kreis (1817) 258, 347, 351, 378
Altena-Iserlohn, Reichstagswahlkrs. (1871) 310
Altena-Mark, Grafen von 44-46, 58
s. auch Adolf I. Gf. von Altena-Mark († 1249)
Altenbeken (Krs. Paderborn), Eisenbahnviadukt 413
Altenberg (Odenthal, Rhein.-Berg.-Krs.), Zisterzienserkl. 45
Altenbochum (Bochum) 334, 383
Altendorf (Essen; früher Ennepe-Ruhr-Krs.) s. Burgaltendorf
Altenessen (Essen) 385
Altenrüthen (Rüthen, Krs. Soest), Pfarrei 33
Altenstein, Karl Frhr. vom Stein zum (1770-1840), preuß. Min. 271
„Alter Hellweg", Zeche (Unna) 383
Altfrid, Bf. von Münster (gen. 841. 849) 68
Altona (Hamburg) 193, 234, 308
Altona, Kreis 328
Amalia Elisabeth (1602-1651) Ldgf.'in von Hessen-Kassel 149
Amalie von Neuenahr († 1612), T. Gf. Gumprechts IV. von Neuenahr (-Alpen), Gemahlin Kf. Friedrichs III. von der Pfalz 127

Amelsbüren (Münster) 249, 367
Amelunxen (Beverungen, Krs. Höxter), Pfarrei 33
Amelunxen, Rudolf (1888-1969), Ober-Präs. von Westfalen, Min.-Präs. von Nordrhein-Westfalen 265, 417f., 420f.
Amöneburg (Hessen), Kl. 31
Amsterdam (Niederlande) 214
Andernach (Rheinland-Pfalz) 62, 157
Angelkorte, Johann Diedrich (1710-1751), pietist. Pfr. in Hemer 198
Anholt (Isselburg, Krs. Borken) 275
Anholt, Herrsch. 16, 19, 69, 74f., 182, 186f., 239
Anna von Jülich (1552-1632), Gemahlin Philipp Ludwigs von Pfalz-Neuburg 140f.
Anna von Preußen (1576-1625), T. Maria Eleonores von Jülich, Gemahlin Kf. Johann Sigismunds von Brandenburg 140f.
Anna von Tecklenburg († 1554), T. Gf. Ottos IX. von Tecklenburg, Gemahlin Gf. Philipps von Solms-Braunfels 161
Anna von Tecklenburg (1528/29-1582), T. Gf. Konrads von Tecklenburg, Gemahlin Gf. Everwins III. von Bentheim 73, 161f.
Annaberg (Annaberg-Buchholz, Sachsen) 115
Annen (Witten, Ennepe-Ruhr-Krs.) 335
Anno II. (um 1010-1075), Eb. von Köln (reg. 1056-75) 40, 50, 53
Anno von Landsberg, Bf. von Minden (reg. 1170/71-85) 72
Anröchte (Krs. Soest) 77
Anröchte-Mellrich s. Mellrich
Ansbach (Bayern), Markgft. (Fstm.) 58, 243
Anton von Schaumburg († 1558), Kf.-Eb. von Köln (reg. 1556-58) 121
Anton von Schaumburg (1549-1599), Bf. von Minden (reg. 1587-99) 122
Anton Viktor Erzhzg. von Österreich (1779-1835), gew. Eb. von Köln (1801) 239
Antwerpen (Belgien) 85, 98
Aplerbeck (Dortmund) 125, 334, 382
Archangel'sk (Rußland) 98
Ardey (Witten, Ennepe-Ruhr-Krs.) 63
Ardey, Herren von 42
Arenberg, Hzg. von 240, 273, 275
Arenberg, Hzgt. (Eifel) 240
Arenberg, Hzgt. (Westfalen) (1803) 246, 249f.
Arkwright, Richard (1732-1792), engl. Erfinder 380
Arndt, Franz (1848-1917), Pfr. u. Gründer der Orthopädischen Anstalten Volmarstein 367
Arndt, Johann (1555-1621), Gen.-Sup. in Celle u. Erbauungsschriftsteller 195f.
Arnheim (Niederlande) 386
Arnold II. (IV.) Gf. von Bentheim (1554-1606) 127-129, 134, 185
Arnold II. Gf. von (Bentheim-) Steinfurt (1497-1553) 114, 162
Arnold Gf. von Isenberg († 1209) 45f., 61
Arnold I. von Wied, Eb. von Köln (reg. 1137-51) 53, 90
Arnold II. von Wied, Eb. von Köln (reg. 1151-56) 53
Arnold, Karl (1901-1958), Min.-Präs. von Nordrhein-Westfalen 421
Arnold Jobst Gf. von Bentheim (-Bentheim) (1580-1643) 185
Arnsberg (Hochsauerlandkrs.) 10, 33, 40, 42, 53, 77, 79, 92-94, 97, 99, 101, 122, 175, 178, 205f., 209, 236, 238f., 242, 250, 258, 263, 286, 386, 401
Arnsberg, Alte Burg s. Alte Burg
Arnsberg, Appellationsgericht s. Arnsberg, Oberlandesgericht
Arnsberg, Burg 42f., 51, 53, s. auch Arnsberg, Schloß
Arnsberg, Eisenbahnviadukt 413
Arnsberg, Gericht 77
Arnsberg, Grafen von (a. d. H. Cuijk) 43f., 53, 74, 92f.
s.auch Gottfried II. Gf. von Arnsberg († 1236)
s. auch Gottfried III. Gf. von Arnsberg († 1281)
s. auch Gottfried IV. Gf. von Arnsberg († 1371)
s. auch Gottfried von Cuijk (Gottfried I. Gf. von Arnsberg-Cuijk) (1124-1154)
s. auch Heinrich I. Gf. von Arnsberg († 1200)
s. auch Heinrich von Arnsberg (jüngerer S. Heinrichs I.)
s. auch Ludwig Gf. von Arnsberg († 1313)
s. auch Wilhelm Gf. von Arnsberg († 1338)
Arnsberg, Grafen von (a. d. H. Werl) 43f., 74
s. auch Bernhard Gf. von Werl (-Arnsberg) († um 1070)
s. auch Friedrich Gf. von Werl (-Arnsberg) († 1124)
s. auch Hermann Gf. von Werl († 1092)
s. auch Ida (Jutta) von Werl (-Arnsberg) (um 1120/27), Gemahlin Gottfrieds von Cappenberg
s. auch Konrad Gf. von Werl (-Arnsberg) († 1092)
s. auch Liupold Gf. von Werl (gen. 1102)
Arnsberg, Gft. 14, 43, 51, 53, 79, 87, 93
Arnsberg, Gymnasium Laurentianum 302
Arnsberg, Hofgericht s. Arnsberg, Oberlandesgericht
Arnsberg, (kurköln.) Kanzlei 175
Arnsberg, Kreis (1817) 258, 267, 347, 378
Arnsberg, Lehrerinnenseminar (kath.) (1905) 300
Arnsberg, Lehrerseminar (kath.) (1907) 300
Arnsberg, Normalschule (1799) (209), 299

Arnsberg, OLG (1835-79) 269
Arnsberg, Reg.-Bez. (Reg.-Präs.) 14, 17, 19, 70, 258, 265, 267, 269, 294f., 297f., 308, 310, 312f., 327, 329, 331, 338, 347, 351, 377, 407, 409f., 418f.
Arnsberg, Schloß 132, s. auch Arnsberg, Burg
Arnsberg-Hüsten s. Hüsten
Arnsberg-Neheim s. Neheim
Arnsberg-Rumbeck s. Rumbeck
Arnsberg-Voßwinkel s. Voßwinkel
Arnulf von Kärnten (um 850-899 [Ururenkel Karls d. Gr.]), Hzg. von Bayern (880), Kg. der Ostfranken (887), röm. Ks. (896) 38
Arnulf († 937), Hzg. von Bayern 39
Artois, Gf. von s. Karl X. Kg. von Frankreich
Aschaffenburg (Bayern), mainz. Gen.-Vik. 350
Ascheberg (Krs. Coesfeld) 325
Ascheberg, Gogericht 65
Ascheberg, Herren von 179
Ascheberg, Pfarrei 33
Ascheberg-Davensberg s. Davensberg
Aschendorf (Niedersachsen) 17
Askanier
s. Ballenstedt, Grafen von
s. Sachsen-Lauenburg, Herzöge von
Asseburg, von der, Familie 179
s. auch Wilhelm Anton von der Asseburg (1707-1782), Bf. von Paderborn (reg. 1762-82)
Asseln (Dortmund) 334
Attendorn (Krs. Olpe) 13f., 34, 49, 51f., 60, 92, 97, 99, 201, 242
Attendorn, Franziskanerkl. 242
Attendorn, Gericht 77
Attendorn, Gymnasium (Progymn.) 302
Attendorn, Pfarrei 33
Attigny (Frankreich), karoling. Pfalz 26
Attlee, Clement R. (1883-1967), brit. Prem.-Min. 420
Aubin, Hermann (1885-1969), Historiker 329
Auerstedt s. Jena und Auerstedt
Auf dem Braem (Borken, Heiden, Reken, Velen, Südlohn, Stadtlohn u. Gescher, alle Krs. Borken), münster. Amt 77
Augsburg (Bayern) 85, 115, 118, 385
Augsburg, 3. Bekenntnissynode (1935) 370
Augsburg, Reichstag (1518) 107
Augsburg, Reichstag (1530) 115f.
Augsburger Interim (1548) 116f., 125
Augsburger Religionsfrieden (1555) 117, 126, 129-131, 135
Augsburgische Konfessionsverwandte 130
Augsburgisches Bekenntnis s. Confessio Augustana
August Pfalzgf. von Neuburg (1582-1632) 140f.
August Gf. von Sayn-Wittgenstein-Hohnstein (= Wittgenstein-Wittgenstein) (1664-1735) 160
„August-Thyssen-Hütte" 388
Auschwitz (Polen), Vernichtungslager 410
Austerlitz (Čechien), Schlacht (1805) 243

Babenberger, Haus 58
s. auch Heinrich II. Jasomirgott (1114-1177), Hzg. von Österreich
Bad Berleburg s. Berleburg
Bad Driburg s. Driburg
Bad Fredeburg s. Fredeburg
Bad Laasphe s. Laasphe
Bad Lippspringe s. Lippspringe
Bad Oeynhausen s. Oeynhausen
Bad Pyrmont s. Pyrmont
Bad Sassendorf s. Sassendorf
Baden bei Zürich (Schweiz), Frieden (1714) 153
Badurad, Bf. von Paderborn (reg. 815-62) 31, 71
Baedeker, Gotthelf Heinrich Jakob (1752-1825), Gen.-Sup. (luth.) der Gft. Mark 359
Balduin von Steinfurt († wohl 1362), Bf. von Paderborn (reg. 1341-61) 71
Balksen (Welver, Krs. Soest) 335
Ballenstedt, Grafen von
s. Otto von Ballenstedt († 1123)
Balve (Märkischer Krs.), kurköln. Amt 77, 94, 97, 99, 201
Bamberg (Bayern), Hochst. 58, 207
Bamberg, Reichstag (1169) 46f.
„Bank für Handel und Gewerbe" (Darmstadt) 393
Barmen (Wuppertal) 267, 338, 369, 381, 385f.
Barmen, 1. Bekenntnissynode (1934) 369
Barmen, Rheinische Missionsgesellschaft 364
Barmer Theologische Erklärung (1934) 369f.
Barop (Dortmund) 334
Barth, Karl (1886-1968), ev. Theologe 369
Bartholomaeus Anglicus (Ende 12. Jh.-nach 1250) 11f.
Basedow, Johann Bernhard (1724-1790), Pädagoge 204
Basel (Schweiz) 16, 95, 168
Basel, Konzil (1432-49) 12, 105
Basel, Separatfrieden (1795) 237f., 243
Baukau (Herne) 296
Baumann, Johann Christian Friedrich (1736-1792), ref. Pfr. in Kleve 204
„Bayerische Hypotheken- und Wechselbank" 393f.
Bayern, Haus s. Wittelsbach, Haus
Bayern, Wilhelm von [S. Ernsts von Bayern] s. Wilhelm von Bayern
Bayreuth (Bayern), Markgft. (Fstm.) 58, 245

Bebel, August (1840-1913), sozialist. Politiker 308
Beckum (Krs. Warendorf) 20, 60, 92, 97, 146, 148, 216, 239, 250, 385, 414
Beckum, Kreis (1816) 258, 347
Beckum, Pfarrei 33
Bedburg (Erftkrs.), kurköln. Unterherrsch. 127
Beilstein (Hessen) 75
Beilstein (Hessen), nass. Herrsch. (Gft.) 245
Beilstein (Rheinland-Pfalz), Herrsch. s. Winneburg und Beilstein
Bekker, Balthasar (1634-1698), ref. Pfr. in Amsterdam 201
Belderbusch, Kaspar Anton Gf. von (1722-1784), kurköln. Min. 207
Belecke (Warstein, Krs. Soest) 14, 50, 52, 94, 97, 99
Belecke, Gericht 77
Bentheim, Grafen von (a.d. H. Götterswick) 63, 73f., 127, 161f., 185
s. auch Arnold II. (IV.) Gf. von Bentheim (1554-1606)
s. auch Everwin I. Gf. von Bentheim (1397-1454)
s. auch Everwin III., Gf. von Bentheim (1536-1562)
s. auch Maria von Bentheim (1502-1527), Gemahlin Arnolds II. von (Bentheim-) Steinfurt († 1553)
Bentheim, Grafen von (a.d. H. Holland) 74
Bentheim, Gft. 13, 16f., 69, 74, 114, 127-129, 185f., 212, 245, 258, 291
Bentheim-Alpen, Linie der Grafen von Bentheim a.d. H. Götterswick (nach einer Gener. erl.)
s. Friedrich Ludolf Gf. von Bentheim (-Alpen) (1587-1629)
Bentheim-Bentheim, Linie der Grafen von Bentheim a.d. H. Götterswick 186
s. auch Arnold Jobst Gf. von Bentheim (-Bentheim) (1580-1643)
s. auch Ernst Gf. von Bentheim (-Bentheim) bzw. Bentheim (-Steinfurt) (1661-1713)
s. auch Ernst Wilhelm Gf. von Bentheim (-Bentheim) (1623-1693)
s. auch Friedrich Karl Philipp Gf. von Bentheim (-Bentheim) (1725-1803)
s. auch Philipp Konrad (II.) Gf. von Bentheim (-Bentheim) bzw. Bentheim (-Steinfurt) (1663-1704)
Bentheim-Limburg, Linie der Grafen von Bentheim a.d. H. Götterswick (mit der 2. Gener. erl.)
s. Konrad Gumprecht Gf. von Bentheim (-Limburg) (1585-1618)
Bentheim-Steinfurt, Linie der Grafen von Bentheim a.d. H. Götterswick (ältere Linie)
s. Arnold II. Gf. von (Bentheim-) Steinfurt (1497-1553)
Bentheim-Steinfurt, Linie der Grafen von Bentheim a.d. H. Götterswick (jüngere Linie) 186
s. auch Ernst Gf. von Bentheim (-Steinfurt) bzw. Bentheim (-Bentheim) (1661-1713)
s. auch Philipp Konrad (II.) Gf. von Bentheim (-Steinfurt) bzw. Bentheim (-Bentheim) (1663-1704)
s. auch Wilhelm Heinrich Gf. von Bentheim (-Steinfurt) (1584-1632)
Bentheim und Steinfurt, Grafen von (1817: Fürsten zu) 186, 256, 273
Bentheim-Tecklenburg, Grafen von (1817: Fürsten zu) 63, 162, 185f., 249, 256, 270, 273
s. auch Adolf Gf. von Bentheim-Tecklenburg (1577-1625?)
s. auch Emil Friedrich Gf. (1817: Fst.) von Bentheim-Tecklenburg (1765-1837)
s. auch Johann (Hans) Adolf Gf. von Bentheim-Tecklenburg (1637-1704)
s. auch Moritz Casimir I. Gf. von Bentheim-Tecklenburg (1701-1768)
Benzenberg, Johann Friedrich (1777-1846), rhein. Liberaler 271
Beornrad (Bernradh) († 797), Abt von Echternach 30
Berchum (Hagen) 63, 126
Berg, Grafen (Hezöge) von 44f., 60
s. auch Adolf III. (I.) Gf. (von Berg) (gen. 1056-81)
s. auch Adolf IV. (II.) Gf. „de monte" (von Berg) (um 1093)
s. auch Adolf V. (III.) Gf. von Berg († wohl 1152)
s. auch Adolf VI. (IV.) Gf. von Berg († 1166)
s. auch Adolf (VII.) Gf. von Berg († 1148)
s. auch Adolf VIII. (V.) Gf. von Berg († 1218)
s. auch Adolf (VI.) Gf. von Berg († 1259)
s. auch Adolf (VII. [VIII.]) Gf. von Berg († 1296)
s. auch Bruno II. Gf. von Berg († 1137), Eb. von Köln (reg. 1131-37)
s. auch Bruno III. Gf. von Berg, Eb. von Köln (reg. 1191-93)
s. auch Eberhard I. von (Berg-) Altena († 1180)
s. auch Engelbert I. Gf. von Berg († 1189)
s. auch Engelbert I. Gf. von Berg († 1225), Eb. von Köln (reg. 1216-25)
s. auch Friedrich II. Gf. von Berg († 1158), Eb. von Köln (reg. 1156-58)
s. auch Gerhard (VI.) I. († 1360), Gf. (Hzg.) von Jülich, Gf. von Berg (1348)
s. auch Irmengard Gf.'in von Berg († 1248), Gemahlin Hzg. Heinrichs von Limburg
s. auch Margarete von Berg († 1339), Gemahlin Ottos IV. von Ravensberg († 1328/29)

s. auch Margarete von Berg († 1384), Gemahlin Gerhards VI. (I.) von Jülich († 1360), Erbin von Berg und Ravensberg
s. auch Ruprecht von Berg (um 1365-1394), Bf. von Paderborn (reg. 1389-94)
s. auch Wilhelm I. von Berg (1382-1428), Bf. von Paderborn (reg. 1400-14)
Berg, Gft. (1380: Hzgt.) 15, 55, 61, 66, 73, 78, 81, 123, 125, 140, 142-144, 157, 165, 185, 243-245
Berg, Ghzgt. (1806-13) 17, 234, 241, 243-246, 249-255, 268, 270, 277
„Bergbau AG Lothringen" 394
Berge, Edelherren von dem 72
s. auch Otto III. von dem Berge, Bf. von Minden (reg. 1384-97)
s. auch Wedekind II. von dem Berge, Bf. von Minden (reg. 1369-83)
Bergeborbeck (Essen) 383f.
Bergen (Bochum) 334
Berghausen (Recklinghausen) 334
Berghofen (Dortmund) 334
Bergisch-Märkische Eisenbahn 385-387
Bergkamen (Krs. Unna) 59, 389
Bergkamen-Oberaden s. Oberaden
Bergkamen-Rünthe s. Rünthe
Bergstraße (Werl, Krs. Soest), Gericht 77
Berleburg (Krs. Siegen-Wittgenstein) 75, 160, 198f., 275, 336
Berleburg, Schloß 113
Berleburg-Raumland s. Raumland
Berleburg-Stünzel s. Stünzel
Berleburger Bibel 199
Berlin 143, 157, 167f., 171, 190, 193, 197, 203f., 213, 243f., 253, 282-288, 308, 313, 320f., 323f., 326, 335, 341, 343, 349, 357, 366, 370, 385, 390
Berlin, The Controll Commission for Germany/British Element (1945) 417
Berlin, Departement für die lutherischen Kirchensachen (1738) 357
Berlin, Departement für die reformierten Kirchensachen (1738) 357
Berlin, Deutscher Rätekongreß (1918) 321
Berlin, Domkandidatenstift (1854) 368
Berlin, Evangelischer Oberkirchenrat (1850) 360
Berlin, Friedrich-Wilhelms-Univ. 305
Berlin, (preuß.) Handelsmin. 304
Berlin, Kirchendirektorium (ref.) (1713) 357
Berlin, Min. der geistlichen, Unterrichts- u. Medizialangelegenheiten 360
Berlin, Oberkonsistorium (luth.) (1750) 357
Berlin, Preuß. Nationalvslg. (1848) 286-288
Berlin, Reichstagswahlkrs. (1919) 341f.
Berlin, TU 307
Berlin, Vereinigter Landtag (1847) 285
Berlin-Charlottenburg s. Charlottenburg
Berlin-Cölln s. Cölln an der Spree
Berlin-Dahlem s. Dahlem
Berlin-Spandau s. Spandau
Berliner „Kartoffelrevolution" (1847) 283
Berliner Vergleich (1729) 162
Bernburg (Sachsen-Anhalt) 411
Bernhard († 787), illeg. S. Karl Martells 28
Bernhard von Anhalt (1140-1212), Gf. von Aschersleben, Hzg. von Sachsen (1180) 11, 47
Berhard I. († 1011), S. Hermann Billungs 39
Bernhard II. († 1059), Enkel Hermann Billungs 39
Bernhard II. von Ibbenbüren, Bf. von Paderborn (reg. 1188-1204) 71
Bernhard II. zur Lippe (um 1140-1224) 47, 92
Bernhard IV. zur Lippe, Bf. von Paderborn (reg. 1228-47) 71
Bernhard V. zur Lippe (1277-1341), Bf. von Paderborn (reg. 1321-41) 71
Bernhard V. zur Lippe († 1365), letzter lipp. Edelherr in Rheda 74
Bernhard zur Lippe, Paderborner Dompropst (1318) s. Bernhard V. zur Lippe, Bf. von Paderborn
Bernhard, Bf. von Minden (reg. 905/08-14) 72
Bernhard I. von Oesede, Bf. von Paderborn (reg. 1127-60) 71
Bernhard III. von Oesede, Bf. von Paderborn (reg. 1204-23) 71
Bernhard von Raesfeld (1508-1574), Bf. von Münster (reg. 1557-66) 121, 134
Bernhard Gf. von Ravensberg († 1346) 64, 73
Bernhard († um 1070), Gf. von Werl (-Arnsberg) 40, 43
Bernkastel a. d. Mosel (Rheinland-Pfalz) 60
Bernshausen (Bad Laasphe, Krs. Siegen-Wittgenstein) 335
Bersenbrück (Niedersachsen) 69
Berthold, Bf. von Münster s. Hodolph (Berthold)
Bertrando d'Arvazzano, Bf. von Paderborn (reg. 1399-1401) 71
Bestwig (Hochsauerlandkrs.) 33, 336
Bestwig-Grimlinghausen s. Grimlinghausen
Bestwig-Velmede s. Velmede
Bethel (Bielefeld), Anstalten (u. Ort) 306, 366f., 370f., 411
Bethel, Kirchliche Hochschule 306, 367
Bethel, Theologische Schule (1905) s. Bethel, Kirchliche Hochschule
Bethel-Mission (1920) 367
Beuckelsson (oder Bockelszon), Jan s. Jan van Leiden

Beuggen (Baden-Württemberg), Rettungshaus (1820) 365
Beverförde, von, Familie 179
Bevergern (Hörstel, Krs. Steinfurt) 21, 73, 94
Bevergern, münster. Amt 77, 240
Bevergern, Burg 69
Beverungen (Krs. Höxter) 26, 33, 70, 76f., 94
Beverungen, Burg 70
Beverungen-Amelunxen s. Amelunxen
Beverungen-Herstelle s. Herstelle
Bielefeld 17, 19, 21, 33, 73, 78, 81, 90, 92, 97, 114, 123, 126, 147, 149, 159, 170f., 191, 196f., 205, 214, 249, 257, 268, 276, 286f., 296f., 300, 306-308, 318, 321, 323, 325, 335, 338, 364-366, 385, 410, 412-414
Bielefeld, FH 307
Bielefeld, Franziskanerkl. 125
Bielefeld, Freimaurerloge (1780) 205
Bielefeld, Gewerbeschule 305
Bielefeld, Gymnasium 204, 302
Bielefeld, Höhere Töchterschule 304
Bielefeld, Kollegiatstift St. Marien 81
Bielefeld, Kreis (1816) 258, 348, 378
Bielefeld, Kreissynode (Kirchenkrs.) (1818) 360
Bielefeld, Landeskirchenamt (ev.) 371
Bielefeld, Pädag. Akad. (ev.) (1946) 299
Bielefeld, PH (= Abt. der PH Westfalen-Lippe) (1964) 299
Bielefeld, Realsch. (Oberrealsch., math.-nat. Gymn.) 303
Bielefeld, Univ. (1969) 307
Bielefeld-Bethel s. Bethel
Bielefeld-Brackwede s. Brackwede
Bielefeld-Gadderbaum s. Gadderbaum
Bielefeld-Heepen s. Heepen
Bielefeld-Jöllenbeck s. Jöllenbeck
Bielefeld-Quelle s. Quelle
Bielefeld-Schildesche s. Schildesche
Bielefeld-Schildesche, Eisenbahnviadukt s. Schildesche, Eisenbahnviadukt
Bielefeld-Sieker s. Sieker
Bielefeld-Wiedenbrück, Reichstagswahlkreis (1871) 310
Bierwehrt, Dietrich Michael (1680-1728), pietist. Pfr. in Schildesche 197
Billerbeck (Krs. Coesfeld), Pfarrei 33, 94
Billunger, Grafen u. Herzöge von Sachsen 39f.
s. auch Bernhard I. († 1011), S. Hermann Billungs
s. auch Bernhard II. († 1059), Enkel Hermann Billungs
s. auch Hermann Billung († 973), Hzg. von Sachsen
s. auch Magnus († 1106), Hzg. von Sachsen
s. auch Ordulf († 1072), Hzg. von Sachsen
s. auch Wichmann d. Ä., Br. Hermann Billungs († 973)
Bilme (Ense, Krs. Soest) 335
Bilstein (Lennestadt, Krs. Olpe) 14, 53, 63, 99
Bilstein, kurköln. Amt 77, 201
Bilstein, Herrsch. 54
Bilstein, Kreis (1817) 258, 267
Bilstein, Quartal 77
Bingen (Rheinland-Pfalz) 95
Binnius (Binius), Severin (1543-1641), köln. Gen.-Vik. 133
Birkenfeld (Rheinland-Pfalz), Fstm. (Landestl. von Oldenburg) 328
Bismarck (Gelsenkirchen) 296, 386
Bismarck, Otto Fst. (1871) von (1815-1898), preuß. Min.-Präs. u. Reichskanzler 290f., 354, 399
Biso, Bf. von Paderborn (reg. 887-909) 71
Bisping, August (1811-1884), Theol.-Prof. in Münster 356
Bittermark (Dortmund) 407
Bladenhorst (Castrop-Rauxel) 334
Blankenheim und Gerolstein (Rheinland-Pfalz), Gft. 16, 157
Blankenstein (Hattingen, Ennepe-Ruhr-Krs.) 60, 66, 86, 94, 97, 145
Blankenstein, märk. Amt 77
Blumenthal (Werl, Krs. Soest) 335
Blumroth (Welver, Krs. Soest) 335
Bobbio (Italien), Kl. 28
Bocholt (Krs. Borken) 10, 20, 23, 92, 97, 146, 148-150, 386
Bocholt, münster. Amt 77, 239
Bocholt, Pfarrei 33
Bocholtz, von, Familie 179
Bochum 19-21, 49, 60, 62f., 66, 77, 90, 94, 97, 100, 125, 145, 163, 204, 214, 268, 293, 295f., 303, 305, 307f., 324, 334, 338, 343, 351, 355f., 358, 365, 367, 369, 377, 382-388, 390, 394f., 400, 402, 413f., 419
Bochum, märk. Amt 77
Bochum, Westf. Berggewerkschaftskasse 304
Bochum, Berg(bau)schule 304
Bochum, Ev. FH Rheinland-Westfalen-Lippe 307
Bochum, FH 307
Bochum, Freigft. u. Gericht 62
Bochum, Freimaurerloge (1785) 205
Bochum, Gewerbeschule 305
Bochum, Gymnasium 302
Bochum, Höhere Bürgerschule 303
Bochum, Höhere Töchterschule 304
Bochum, Katholikentag (1889) 335
Bochum, Kreis (1817) 258, 267, 334, 338

Bochum, Kreissynode (Kirchenkrs.) (1818) 360
Bochum, (städt.) Lehrerinnensem. (simult.) (1912) 300
Bochum, (priv.) Lehrerinnensem. (kath.) (1914) 300
Bochum, Pfarrei 33, 62
Bochum, Univ. (1962/65) 307
Bochum-Altenbochum s. Altenbochum
Bochum-Bergen s. Bergen
Bochum-Dahlhausen s. Dahlhausen a. d. Ruhr (s. auch Linden-Dahlhausen)
Bochum-Dortmund, Wahlkrs. für die Frankfurter Nationalvslg. (1848) 286
Bochum-Eppendorf s. Eppendorf
Bochum-Gelsenkirchen, Reichstagswahlkrs. (1871) 310
Bochum-Gerthe s. Gerthe
Bochum-Grumme s. Grumme
Bochum-Günnigfeld s. Günnigfeld
Bochum-Hamme s. Hamme
Bochum-Höntrop s. Höntrop
Bochum-Hofstede s. Hofstede
Bochum-Hordel s. Hordel
Bochum-Königssteele s. Essen-Königssteele
Bochum-Laer s. Laer
Bochum-Langendreer s. Langendreer
Bochum-Leithe s. Gelsenkirchen-Leithe
Bochum-Linden-Dahlhausen s. Linden-Dahlhausen (s. auch Dahlhausen a. d. Ruhr)
Bochum-Mundscheid s. Mundscheid
Bochum-Overdyck s. Overdyck
Bochum-Querenburg s. Querenburg
Bochum-Riemke s. Riemke
Bochum-Sevinghausen s. Sevinghausen
Bochum-Somborn s. Dortmund-Somborn
Bochum-Stiepel s. Stiepel
Bochum-Wattenscheid s. Wattenscheid
Bochum-Weitmar s. Weitmar
Bochum-Werne s. Werne
Bochum-Westenfeld s. Westenfeld
Bochum-Wiemelhausen s. Wiemelhausen
„Bochumer Verein“ (Bochum) 390
Bockelszon (oder Beuckelsson), Jan s. Jan van Leiden
Bockholt (Recklinghausen) 334
Bockum-Hövel (Hamm) 60
Bodelschwingh (Dortmund) 334, 386
Bodelschwingh, Gericht 77
Bodelschwingh, Herrlichk. 77
Bodelschwingh, von, Familie 364
Bodelschwingh, Ernst von (1794-1854), Lr. von Tecklenburg, preuß. Min., Reg.-Präs. von Arnsberg 366
Bodelschwingh, Friedrich von (1831-1910), Pfr. u. Ltr. der Anstalt Bethel (1872) 306, 366f., 370
Bodelschwingh, Friedrich von (1877-1946), Pfr. u. Ltr. der Anstalt Bethel (1910), ev. Reichsbf. 368, 411
Bodenstein gen. Karlstadt, Andreas (um 1480-1541), Reformator 108
Böddeken (Krs. Paderborn), Pfarrei 33
Böddeken, Augustinerchorherrenst. 32, 71, 241
Bödefeld (Schmallenberg, Hochsauerlandkrs.) 94, 97, 99
Bödefeld, Gericht 77
Boele (Hagen) 335
Bönninghausen, Lothar Dietrich von (1598-1657), Gen. im 30jähr. Krieg 148f.
Börnig (Herne) 334
Börste (Recklinghausen) 334
Boeselager, von, Familie 179
Bösensell (Senden, Krs. Coesfeld) 80
Bövinghausen (Dortmund) 334
Boke (Delbrück, Krs. Paderborn), paderb. Amt 77
Bommern (Witten, Ennepe-Ruhr-Krs.) 335
Bonaparte, Familie 253
s. auch Caroline Bonaparte (1782-1839)
s. auch Jérôme Bonaparte (1784-1860), Kg. von Westphalen
s. auch Joseph Bonaparte (1768-1844), Kg. von Spanien
s. auch Louis Bonaparte (1778-1846), Kg. von Holland
s. auch Napoleon I. (1769-1821), Ks. der Franzosen
Bonifatius (672/73-754), Missionar u. Bf. von Mainz 29f.
Bonn 38, 122, 143, 171, 174f., 194, 207, 209, 237, 329, 355f.
Bonn, kurköln. Oberappellationsgericht 238
Bonn, Univ. 305f.
Bonnus, Hermann (1504-1548), Reformator in Osnabrück 122f.
Borchwede, Thomas († vor 1538), Reformator in Soest 110f.
Borculo (Niederlande), Herrsch. 153
Borgeln (Welver, Krs. Soest) 111
Borgentreich (Krs. Höxter) 77, 99, 178
Borgentreich-Drankhausen s. Drankhausen
Borgholzhausen (Krs. Gütersloh) 44, 73, 78, 126, 197, 336
Borgholzhausen-Wichlinghausen s. Wichlinghausen
Borghorst (Krs. Steinfurt) 94
Borken (Krs. Borken) 20, 74, 77, 92, 97, 146, 148f., 236, 286, 386, 414

Borken, Kreis (1816) 258, 378
Borken, Kreis (1975) 19
Borken, Pfarrei 33
Borken-Recklinghausen, Reichstagswahlkrs. (1871) 310f.
Born (Marienmünster, Krs. Höxter) 335
Born – „Ludwig von Born", Bank (Essen) 394
Born – „Wilhelm von Born", Bank (Dortmund) 393
Bottrop 19, 33, 54, 268, 338, 351, 383f., 386, 389, 395
Bottrop-Gladbeck s. Gladbeck
Brabeck, von, Familie 126, 179
s. auch Theodor von Brabeck (1735-1794), Reichsabt (1792: Bf.) von Corvey
Brackel (Dortmund) 9, 59, 63, 296
Brackwede (Bielefeld) 126
Brakel (Krs. Höxter) 71, 80, 92, 99, 178, 336
Brakel, Kreis (1816) 258, 267
Brakel, Pfarrei 33
Brakel-Hampenhausen s. Hampenhausen
Brambauer (Lünen, Krs. Unna) 335
Brandenburg a. d. Havel (Brandenburg) 288, 411
Brandenburg, Haus s. Hohenzollern, Haus
Brandenburg, Hochst. 180
Brandenburg, Kf. von 99
Brandenburg, Prov. 349
Brandenburg-Nürnberger Kirchenordnung (1533) 110, 115
Brandenburg, Friedrich Wilhelm Gf. von (1792-1850), preuß. Gen. u. Min.-Präs. (1848-50) 288
Braun, Otto (1872-1955), SPD-Politiker u. preuß. Min.-Präs. 329, 340, 400
Braunschweig (Niedersachsen) 86, 96-98, 109, 204, 385
Braunschweig, Herzöge von 72
s. auch Christian von Braunschweig (1599-1626), Adm. von Halberstadt
s. auch Ludwig von Braunschweig, Bf. von Minden (reg. 1324-46)
Braunschweig, Hzgt. (Freistaat, Land) 283, 416
Braunschweig, TH 307
Braunschweig-Lüneburg, Herzöge von 166
s. auch Cumberland, Wilhelm August Hzg. von (1721-1765) [S. Kg. Georgs II. von Großbritannien]
s. auch Ernst Hzg. von Braunschweig-Lüneburg (1497-1546)
s. auch Georg I. (Georg Ludwig) (1660-1727) Kf. von Hannover (1714: Kg. von Großbritannien)
s. auch Georg (1582-1641) Hzg. von Braunschweig-Lüneburg
Braunschweig-Grubenhagen
s. Erich von Braunschweig-Grubenhagen († 1532), Bf. von Paderborn, Osnabrück u. Münster
Braunschweig-Wolfenbüttel, Herzöge von 16
s. auch Ferdinand von Braunschweig (1721-1792), preuß. FM
s. auch Franz I. von Braunschweig (-Wolfenbüttel) (1492-1529), Bf. von Minden (reg. 1508-29)
s. auch Georg von Braunschweig (-Lüneburg-Wolfenbüttel) (1494-1566), Bf. (Adm.) von Minden (reg. 1554-66), Eb. von Bremen u. Bf. von Verden (reg. 1558-66)
s. auch Heinrich Julius von Braunschweig (-Wolfenbüttel) (1564-1613), Bf. von Halberstadt u. Minden, 1589 Hzg. von Braunschweig-Wolfenbüttel
s. auch Julius von Braunschweig (-Wolfenbüttel) (1528-1589), Bf. (Adm.) von Minden (reg. 1553-54), 1554 Hzg. von Braunschweig-Wolfenbüttel
s. auch Karl Wilhelm Ferdinand (1735-1806), preuß. GFM
Braunschweiger Kirchenordnung (1528) 110f.
Brechten (Dortmund) 334
Breckerfeld (Ennepe-Ruhr-Krs.) 66, 94, 97, 382
Breckerfeld-Waldbauer s. Zurstraße
Breckerfeld-Zurstraße s. Zurstraße
Bredelar (Marsberg, Hochsauerlandkrs.) 50
Bredelar, Prämonstratenser-Frauenkl. (Zisterzienserkl.) 50, 235, 242
Bredenborn (Marienmünster, Krs. Höxter) 77
Breitenbach (Siegen, Krs. Siegen-Wittgenstein) 335
Bremen 11-13, 69, 76, 98, 128, 148, 257, 270, 291, 320, 416
Bremen, Erzst. (Hzgt.) 151, 154, 182
Bremerhaven (Bremen) 416
Bremer Stiftsfehde (2. H. 14. Jh.) 65
Bremervörde (Niedersachsen) 189
Brenken, von, Familie 179
Brenschede, Kapuzinerkl. s. Brunnen (Sundern, Hochsauerlandkrs.)
Brenz, Johannes (1499-1570), Reformator in Württemberg 108
Brepohl, Wilhelm (1893-1975), Sozialwissenschaftler 384
Breslau/Prov. Schlesien (Wrocław, Polen) 306, 329, 385
Breslau, Reichstagswahlkrs. (1919) 341
Breslau, Univ. 305f.
Breslauer Vertrag (1741) 144
Brewer, Johann Paul (1783-1840), rhein. Liberaler 271
Brilon (Hochsauerlandkrs.) 14, 33, 51f., 77, 80,

92, 97, 99, 122, 132, 149, 178, 201, 217, 235, 336, 355, 367, 414
Brilon, kurköln. Amt 77
Brilon, Gymnasium (Progymn.) 302
Brilon, Kreis (1817) 258, 267, 347, 378
Brilon, Pfarrei 33
Brilon, Quartal 77
Brilon-Alme s. Alme
Brilon-Eßhoff s. Eßhoff
Brilon-Rösenbeck s. Rösenbeck
Brilon-Scharfenberg s. Scharfenberg
Brilon-Thülen s. Thülen
Briloner Recht 91
Brinkmann, Johann Bernhard (1813-1889), Bf. von Münster (amt. 1870-89) 352, 355
Broich (Mülheim a. d. Ruhr), berg. Unterherrsch. 245
Bronckhorst und Batenburg, Herren von 75
s. auch Johann Jakob von Bronckhorst zu Anholt (um 1580-1630)
s. auch Maria Anna von Bronckhorst
Bruchhausen, Heilmann (um 1529), reformat. Pred. in Siegen 115
Bruchhausen von Crombach, Heilmann s. Bruchhausen, Heilmann
„Brückenbauanstalt ‚Carl Backhaus'“ (Dortmund) 390
Brügge (Belgien) 98
Brünn (Čechien) 243, 385
Brünninghausen (Dortmund) 334
de Brune, Johann, erster ev. Sup. in Soest (1532-34) 111
Brunnen (Sundern, Hochsauerlandkrs.), Kapuzinerkl. 242
Bruno II. Gf. von Berg († 1137), Eb. von Köln (reg. 1131-37) 45f., 53
Bruno III. Gf. von Berg, Eb. von Köln (reg. 1191-93) 46, 53
Bruno I., Eb. von Köln (reg. 953-65) 53, 89
Bruno, Bf. von Minden (reg. 1036-55) 72
Bruno IV. von Sayn, Eb. von Köln (reg. 1205-08) 53
Bucer, Martin (1491-1551), Reformator in Straßburg 108, 122
Buchholz (Petershagen, Krs. Minden-Lübbecke), Pfarrei 34
Budapest (Ungarn) 116
Buddenberg (Lünen, Krs. Unna), Gericht 77
Bückeburg (Niedersachsen) 401
Büderich (Wesel, Krs. Wesel) 80
Bühler, Ottmar (1884-1965), Finanz- u. Steuerrechtler 329
Bünde (Krs. Herford) 78, 124, 197
Bünde, Kreis (1816) 258, 267
Bünde, Pfarrei 32
Buer (Gelsenkirchen) 268, 334, 338, 343, 384
Büraburg bei Fritzlar (Hessen) 23
Büren (Krs. Paderborn) 42, 71, 77, 92, 241, 284, 404
Büren, Edelherren von 70f., 78, 128
s. auch Joachim von Büren († 1610)
s. auch Johann d. Ä. von Büren (1538-1591), Statthalter des Hochst. Paderborn
s. auch Moritz von Büren (1604-1661), Jesuit (1644)
Büren, Herrsch. 70f., 77, 128f.
Büren, Kreis (1816) 258, 348, 378
Büren, Lehrersem. (kath.) (1825) 299f.
Büren, Taubstummenschule 305
Büren-Wewelsburg s. Wewelsburg
Büsching, Anton Friedrich (1724-1793), Geograph 15, 169
Bugenhagen, Johannes (1485-1558), Reformator in Norddtschl. 109-111
Bullinger, Heinrich (1504-1575), Reformator in Zürich 126
Bulmke (Gelsenkirchen) 296
Burbach (Krs. Siegen-Wittgenstein) 75
Burchard, Bf. von Münster (reg. 1098-1118) 42, 68
Burchard I. († 926) Hzg. von Schwaben 39
Burgaltendorf (Essen) 338, 384, 386
Burgsteinfurt s. Steinfurt
Burgund, Herzöge von 66
s. auch Karl der Kühne (1432-1477)
s. auch Philipp der Gute (1396-1467)
Bussche, Clamor von dem (1657-1723), Landdrost in Ravensberg 197
Buttlar, Eva von (1670-1721), Radikalpietistin 198f.
Buttlarsche Rotte (nach Eva von Buttlar) 198
Butz, Caspar (1825-1885), Aufständischer in Iserlohn (1849) 289

Caesarius von Heisterbach (um 1180-1240), ma. Autor 61
Calle (Iserlohn, Märkischer Krs.) 335
Calle, Gericht (Hzgt. Westfalen) s. Meschede mit Calle u. Remblinghausen, Gericht
Calvelage bei Vechta (Niedersachsen) 44
Calvelage-Ravensberg, Grafen von 44, 69, 72f.
s. auch Hermann II. Gf. von Calvelage († 1115)
s. auch Otto I. von (Ravensberg-) Calvelage
Calvin, Jean (1509-1564), Reformator in Genf 126
Cambrai (Frankreich) 15, 159
Campe, Joachim Heinrich (1746-1818), Pädagoge 204, 234

Camphausen, Ludolf (1803-1890), rhein. Liberaler u. preuß. Min.-Präs. (1848) 284
Campo Formio (Campoformido, Italien), Frieden (1797) 238
Canossa (Italien) (1077) 41
Canstein (Marsberg, Hochsauerlandkrs.), Gericht 77
Cappenberg (Selm, Krs. Unna) 68
Cappenberg, Burg 42, s. auch Cappenberg, Schloß
Cappenberg, Grafen von 42-44, 68
s. auch Gottfried Gf. von Cappenberg (1097-1127)
s. auch Otto Gf. von Cappenberg († 1172)
Cappenberg, Prämonstratenserstift 42, 65, 239, 241
Cappenberg, Schloß 273, s. auch Cappenberg, Burg
Cappenberg, Vogtei über das Prämonstratenserst. 45
Cappenberg, Adolf (1808-1880), Theol.-Prof. in Münster 356
„Carl Friedrich Erbstollen“, Zeche (Bochum) 385
Carl Theodor Otto Fst. von Salm (1645-1710) 186
Caroline Bonaparte (1782-1839), Schw. Napoleons I., Gemahlin Joachim Murats 245
„Carolinenglück“, Zeche (Bochum) 383
Cartwright, Edmund (1743-1823), engl. Erfinder 380
Carvajal, Johann (Juan de) (um 1400-1469), Kardinal 54
Casimir Gf. von Sayn-Wittgenstein-Berleburg (1687-1741) 199
Castrop (Castrop-Rauxel, Krs. Recklinghausen) 60, 66, 94, 334, 386
Castrop, märk. Amt 77
Castrop-Rauxel (Krs. Recklinghausen) 66, 268, 334, 348, 383f., 389, s. auch Castrop, s. auch Rauxel
Castrop-Rauxel-Bladenhorst s. Bladenhorst
Castrop-Rauxel-Deininghausen s. Deininghausen
Castrop-Rauxel-Habinghorst s. Habinghorst
Castrop-Rauxel-Ickern s. Ickern
Castrop-Rauxel-Merklinde s. Merklinde
Celle (Niedersachsen) 195
„Centrum“, Zeche (Wattenscheid) 383
Chadwick, Cecil A. H., brit. Gen. (1945) 417
Chambord (Frankreich), Vertrag (1552) 117
Charlottenburg (Berlin) 307
Charlottenburg, TH s. Berlin, TU
„Chemische Werke Bergkamen AG“ (Bergkamen) 389
Chemnitz (Sachsen) 308
Chemnitz-Zwickau, Reichstagswahlkrs. (1919) 341f.
Chiavenna (Italien) 46
Christian IV. (1577-1648), Kg. von Dänemark 146f.
Christian von Braunschweig (1599-1626), Adm. von Halberstadt, Heerf. im 30jähr. Krieg 145-148, 150
Christian Heinrich Gf. (1792: Fst.) von Sayn-Wittgenstein-Berleburg (1753-1800) 185
Christine (1626-1689), Kg.'in von Schweden 151
Christoph Bernhard von Galen (1606-1678), Bf. von Münster (reg. 1650-78) 98, 134, 153f., 156, 172f., 187
Churchill, Sir Winston (1874-1965), brit. Prem.-Min. 420
Cirksena, Grafen (Fürsten) 74, 163, 187
Clarenbach, Adolf (um 1500-1529), reformat. Lehrer 108f., 112
Clarholz (Herzebrock-Clarholz, Krs. Gütersloh), Prämonstratenserst. 81, 183
Clauder, Israel (1670-1721), pietist. Pfr. in Bielefeld 196f.
Clausen, Gottfried, Kfm. in Minden (um 1738) 198
Clemens August von Bayern (1700-1761), Kf.-Eb. von Köln (reg. 1723-61), Bf. von Münster (reg. 1719-61), Paderborn (reg. 1719-61), Hildesheim (reg. 1724-61) u. Osnabrück (reg. 1728-61) 143, 171-174, 178f., 182, 189, 207
Cleve s. Kleve
Cleve-Märkische Verordnung für die höheren Schulen (1782) 204
Cloppenburg (Niedersachsen) 73
Cloppenburg, münster. Amt 17
Cloppenburg, Burg 69
Cobbo († um 880), sächs. Adeliger, S. Ekberts 28, 40
Cobbo d. J., 921 Gf. im Münsterland 40
Cobbonen s. Ekbertiner
Cölln a. d. Spree (Berlin), Religionsrezeß (1672) 143
Coesfeld (Krs. Coesfeld) 20, 92, 95, 97, 146, 148-150, 153, 236, 275, 354, 413
Coesfeld, Gymnasium (Progymn.) 302
Coesfeld, Kreis (1816) 258, 347
Coesfeld, Kreis (1975) 19
Coesfeld, Lehrersem. (kath.) (1908) 300
Coesfeld, Pfarrei 33
Coeverden (Niederlande) 154
Confessio Augustana (1530) 115f.
„Consolidation“, Zeche (Gelsenkirchen) 383
Corbie (Frankreich), Kl. 28, 31
Corvey (Höxter, Krs. Höxter) 10, 13

Corvey, Bist./Diöz. (1792/94-1821) 183, 350f.
Corvey, Fstm. (oran.-nass.) (1803) 240, 246
Corvey, Hochst. (1792/94) 19, 240
Corvey, Reichsabtei (Reichsabt, Stiftsterr.) 15, 17, 19, 31f., 56, 75f., 81, 148, 157, 182, 350
Corvey, Eigenkirche 33
Cramer – „Friedrich Daniel Cramer", Bank (Bochum) 394
Crépy (Frankreich), Frieden (1544) 116
Crombach, Heilmann s. Bruchhausen, Heilmann
Croy, Hzg. von 239, 246, 256, 273, 284
Cuijk, Herren von s. Gottfried von Cuijk (Gottfried I. Gf. von Arnsberg-Cuijk) (1124-1154)
Cuijk-Arnsberg, Grafen von s. Arnsberg, Grafen von (a. d. H. Cuijk)
Cumberland, Wilhelm August Hzg. von (1721-1765), brit.-hann. Fherr im 7jähr. Krieg 189
Cuno, Willy (1860-1951), Obmstr. in Hagen 324
Custine, Adam Philippe Gf. (1740-1793), frz. Gen. 237
Custoza (Italien), Schlacht (1848) 288
Cuxhaven (Niedersachsen) 328

Dabergotz (Brandenburg) 197
Dachau (Bayern), KZ 406
Dahl (Hagen) 59, 145, 359
„Dahlbusch", Zeche (Gelsenkirchen) 383
Dahlem (Berlin) 369
Dahlem, 2. Bekenntnissynode (1934) 370
Dahlenkamp, Friedrich (1740-1817), Gen.-Insp. der Gft. Mark 303
Dahlhausen (Bochum) a. d. Ruhr 383, 385-388
„Dahlhauser Tiefbau", Zeche (Dahlhausen a. d. Ruhr) 383
Dalheim (Lichtenau, Krs. Paderborn), Augustinerkl. 241
Damaskus (Syrien) 45
Damiette (Ägypten) 45
Dammers, Richard (1762-1844), Bf. von Paderborn (amt. 1841-44) 352
„Dannenbaum" , Zeche (Bochum) 383
Danzig/Prov. Westpreußen (Gdánsk, Polen) 97f., 418
Danzig, TH 307
Darlington (Großbritannien) 385
Darmstadt (Hessen) 246, 250, 325, 393
Datteln (Krs. Recklinghausen) 384
Datteln, Pfarrei 33, 54
Daube, Paul, Freischärler im 30jähr. Krieg (1633/34) 149
Davensberg (Ascheberg, Krs. Coesfeld) 65
Davensberger, Linie der Edelherren von Büren 128
Dawes-Plan (Charles Dawes) (1924) 326
Deininghausen (Castrop-Rauxel, Krs. Recklinghausen) 334
Delbrück (Krs. Paderborn) 77
Delbrück-Boke s. Boke
Dellwig (Fröndenberg, Krs. Unna) 366
Delmenhorst (Niedersachsen), Gft. 16, 69
Delstern (Hagen) 296
DEMAG („Deutsche Maschinenfabrik AG") (Duisburg) 383, 390
Den Haag (Niederlande) 209
Derne (Dortmund bzw. Lünen) 125, 197, 334f., s. auch Kirchderne (Dortmund)
Derne (Kamen, Krs. Unna) 335
Derne (Lünen) s. Derne (Dortmund)
Descartes, René (1596-1650), frz. Philosoph 196
Desenberg, Burg bei Warburg (Krs. Höxter) 41
Desenberg, Herrsch. 77
Dessau (Sachsen-Anhalt) 147, 204
Detmold (Krs. Lippe) 18, 90, 194, 198, 318, 401, 422
Detmold, Kreis 338
Detmold, Reg.-Bez. (Reg.-Präs.) 19, 70, 422
Detmolder Glaubensbekenntnis (1702) 198
Deusen (Dortmund) 296
„Deutsche Bank" 394
„Deutsche Maschinenfabrik AG" (Duisburg) s. DEMAG
Deutz a. Rhein (Köln) 25, 238, 245, 350, 385, 387
Deutz, Vogtei über die Benediktinerabtei (Grafen von Berg) 44f.
Deventer (Niederlande) 12, 29, 67
Dibelius, Otto (1880-1967), Pfr., Gen.-Sup. der Kurmark (amt. 1925-33), (ev.) Bf. von Berlin (1945) 369
Dickens, Arthur Geoffrey (*1910), Historiker 104
Dieckmann, Franz (1875-1944), Lhptm. u. Obmstr. in Münster 332, 404
Diekamp, Sigismund (1856-1931), Justizrat in Bochum 367
Dielingen (Stemwede, Krs. Minden-Lübbecke), Pfarrei 33
Diepholz, Grafen von
s. Gottschalk von Diepholz, Bf. von Minden (reg. 1105-12)
s. Johann von Diepholz, Bf. von Minden (reg. 1242-53)
s. Kuno von Diepholz, Bf. von Minden (reg. 1261-66)
s. Wilhelm I. von Diepholz, Bf. von Minden (reg. 1237-42)
Diepholz (Niedersachsen), Gft. 13, 16, 157, 226
Dietrich (um 900), Vater der Kg.'in Mathilde 39

Dietrich IV. von Fürstenberg (1546-1618), Bf. von Paderborn (reg. 1585-1618) 98, 121, 128, 135, 180
Dietrich I. von Hengebach, Eb. von Köln (reg. 1208-12) 53
Dietrich III. von Isenberg, Bf. von Münster (reg. 1218-26) 68
Dietrich I. Gf. von Isenberg-Limburg († 1299/1301) 45f., 62f.
Dietrich II. von Itter (um 1260-1321), Bf. von Paderborn (reg. 1310-21) 71
Dietrich III. von Kagelwitt, Bf. von Minden (reg. 1353-61) 72
Dietrich VIII. Gf. von Kleve († 1305) 64
Dietrich IX. Gf. von Kleve († 1347) 64f.
Dietrich I. Gf. von Limburg († 1299/1301) s. Dietrich I. Gf. von Isenberg-Limburg
Dietrich II. Gf. von der Mark († 1398) 64f.
Dietrich I., Bf. von Minden (reg. 853-80) 72
Dietrich II., Bf. von Minden (reg. 1002/03-22) 72
Dietrich von Moers (um 1385-1463), Kf.-Eb. von Köln (reg. 1414-63), Bf. (Adm.) von Paderborn (reg. 1415-63) 49, 53, 56, 70f., 79f.
Dietrich I., Bf. von Münster (reg. 1011-22) 68
Dietrich I., Bf. von Paderborn (reg. 909-17) 71
Dietrich II. von Winzenburg, Bf. von Münster (reg. 1118-27) 68
Dietrich Adolf von der Recke (1601-1661), Bf. von Paderborn (reg. 1650-61) 172f.
Diez (Rheinland-Pfalz) 75
Dillenburg (Hessen) 75
Dillenburg, Gft. s. Nassau-Dillenburg
Dingelstad, Hermann (1835-1911), Bf. von Münster (amt. 1889-1911) 352
Dinker (Welver, Krs. Soest) 111
Dinnendahl, Franz (1775-1826), Unternehmer 382
Dinslaken (Krs. Wesel) 81, 99, 386
Dinslaken, Kreis 335, 339
Dippel, Johann Konrad (1673-1734), Radikalpietist 199
Dodo, Bf. von Münster (gen. 972. 993) 68
Dönitz, Karl (1891-1980), Großadmiral 420
Dörnberg, Wilhelm von (1768-1850), Oberst u. antinapoleon. Aufständischer 254
Dohm, Christian Wilhelm (von) (1751-1820), preuß. Diplomat 194, 234
Dorsten (Krs. Recklinghausen) 33, 49, 51, 77, 93, 97, 148f., 335, 355, 384, 386
Dorsten, Franziskanerkl. 354
Dorsten, Gymnasium (Progymn.) 302
Dorsten, Lehrersem. (kath.) (1906) 300
Dorsten-Lembeck s. Lembeck
Dorstfeld (Dortmund) 296
Dortmund 16, 19, 20f., 49, 59-61, 63, 66f., 75, 77, 84, 86-90, 94-97, 99f., 120, 125f., 148f., 156f., 159, 197, 205, 214, 216, 234, 240, 250, 262, 268, 272, 287, 293, 295-298, 305, 308f., 318, 320, 323-326, 334f., 338, 342f., 350f., 358f., 363, 369, 377, 382-386, 388-390, 393f., 402f., 406f., 410, 413f., 419
Dortmund, Archigymnasium (1543) 126, 197, 302
Dortmund, Fstm. (oran.-nass.) (1803) 246, 249
Dortmund, Grafen von 67
Dortmund, Gft. 67
Dortmund, Höhere Töchterschule 304
Dortmund, Katholikentag (1896 u. 1927) 353
Dortmund, (ev.) Kirchenkreise 371
Dortmund, Kreis (1817) 258, 268, 334, 338
Dortmund, Kreissynode (Kirchenkrs.) (1818) 360
Dortmund, (städt.) Lehrerinnensem. (1910) 300
Dortmund, Oberbergamt 304
Dortmund, Pädag. Akad. (ev.) (1929) 299
Dortmund, Pädag. Akad. (simult.) (1951) 299
Dortmund, PH (= Abt. der PH Ruhr) (1964) 299
Dortmund, Pfarrei 32
Dortmund, Realsch. (Realgymn., neusprachl. Gymn.) 303
Dortmund, Univ. (1968) 307
Dortmund-Aplerbeck s. Aplerbeck
Dortmund-Asseln s. Asseln
Dortmund-Barop s. Barop
Dortmund-Berghofen s. Berghofen
Dortmund-Bittermark s. Bittermark
Dortmund-Bodelschwingh s. Bodelschwingh
Dortmund-Bövinghausen s. Bövinghausen
Dortmund-Brackel s. Brackel
Dortmund-Brechten s. Brechten
Dortmund-Brünninghausen s. Brünninghausen
Dortmund-Derne s. Derne (Dortmund)
Dortmund-Deusen s. Deusen
Dortmund-Dorstfeld s. Dorstfeld
Dortmund-Dortmunderfeld s. Dortmunderfeld
Dortmund-Ellinghausen s. Ellinghausen
Dortmund-Eving s. Eving
Dortmund-Grevel s. Grevel
Dortmund-Gronau-Enscheder-Eisenbahn 386
Dortmund-Hacheney s. Hacheney
Dortmund-Hörde s. Hörde
Dortmund-Hörde, Reichstagswahlkrs. (1871) 310
„Dortmund-Hörder Hüttenunion" 383
Dortmund-Hohensyburg s. Syburg
Dortmund-Holthausen s. Holthausen (Dortmund)
Dortmund-Hombruch s. Hombruch
Dortmund-Huckarde s. Huckarde

Dortmund-Husen s. Husen
Dortmund-Kemminghausen s. Kemminghausen
Dortmund-Kirchderne s. Kirchderne
Dortmund-Kirchhörde s. Kirchhörde
Dortmund-Kirchlinde s. Kirchlinde
Dortmund-Kley s. Kley
Dortmund-Körne s. Körne
Dortmund-Kurl s. Kurl
Dortmund-Lanstrop s. Lanstrop
Dortmund-Lindenhorst s. Lindenhorst
Dortmund-Löttringhausen s. Löttringhausen
Dortmund-Lüttgendortmund s. Lüttgendortmund
Dortmund-Mengede s. Mengede
Dortmund-Nette s. Nette
Dortmund-Oespel s. Oespel
Dortmund-Rahme s. Rahme
Dortmund-Rombergpark s. Rombergpark
Dortmund-Schüren s. Schüren
Dortmund-Sölde s. Sölde
Dortmund-Somborn s. Somborn
Dortmund-Wambel s. Wambel
Dortmund-Wellinghofen s. Wellinghofen
Dortmund-Westerfilde s. Westerfilde
Dortmund-Wickede s. Wickede
Dortmund-Wischlingen s. Wischlingen
„Dortmunder Brückenbau C. H. Jucho" (Dortmund) 390
Dortmunderfeld (Dortmund) 385f.
Dortmunder Große Fehde (1388-89) 67, 97, 100
Dortmunder Recht 89f., 93
Dortmunder Vertrag (1609) 142
Drankhausen (Borgentreich, Krs. Höxter) 336
Dreieichenhain (Hessen) 194
Drensteinfurt (Krs. Warendorf) 60
Drensteinfurt-Rinkerode s. Rinkerode
Drepper, Franz (1787-1855), Bf. von Paderborn (amt. 1845-55) 352
Dresden (Sachsen) 166, 289, 324, 413
„Dresdner Bank" 394
Dreyer, Johann (um 1500-1544), Reformator in Herford 110
Driburg (Krs. Höxter) 33, 71, 77, 94, 241, 404
Driburg-Neuenheerse s. Neuenheerse
Dringen (Dringenberg, Bad Driburg, Krs. Höxter), Freigft. 71
Dringenberg (Bad Driburg, Krs. Höxter) 71, 94
Dringenberg, paderb. Oberamt 77
Drobe, Franz Kaspar (1808-1891), Bf. von Paderborn (amt. 1882-91) 352
Drogo, Bf. von Minden (reg. 886/87-902) 72
Drolshagen (Krs. Olpe) 94, 97, 99
Drolshagen, Gericht 77
Drolshagen, Zisterzienserinnenkl. 224, 242
Droste-Erwitte, von, Familie 180
Droste-Füchten, von, Familie 180
Droste-Hülshoff, von, Familie 179
Droste-Senden, von, Familie 180
Droste-Vischering, von, Familie 179, 226
Droste-Vischering, Caspar Max von (1770-1846), Bf. von Münster (amt. 1825-46) 352
Droste-Vischering, Clemens August von (1773-1845), Eb. von Köln (amt. 1835-37/42) 353
Droyßig (Sachsen-Anhalt), (staatl.) Lehrerinnensem. (ev.) (1852) 300
Dudo, Bf. von Paderborn (reg. 935-59) 71
Dülmen (Krs. Coesfeld) 20, 94, 97, 146, 148, 284, 325, 355, 413
Dülmen, münster. Amt 77, 239
Dülmen, Gft. (1803) 246, 249
Dülmen, Pfarrei 33
Dülmen, Vertrag (1533) 114
Dülmen-Rorup s. Rorup
Dünnwald (Köln-Dünnwald), Vogtei über das Prämonstratenser-Frauenkl. 45
Düren (Witten, Ennepe-Ruhr-Krs.) 335
Duesberg, Franz von (1793-1872), Ober-Präs. von Westfalen 265
Düsseldorf 12f., 18, 29, 131, 143f., 159, 202, 245, 250, 271, 300, 310, 318, 338, 343, 378, 382, 385f., 414, 417, 420f.
Düsseldorf, OLG 269
Düsseldorf, Prov.-Schulkollegium 265
Düsseldorf, Reg.-Bez. 338, 351, 416
Düsseldorf-Düsselthal s. Düsselthal
Düsseldorf-Gerresheim s. Gerresheim
Düsseldorf-Kaiserswerth s. Kaiserswerth
Düsseldorf-West, Reichstagswahlkrs. (1919) 340f.
Düsselthal (Düsseldorf), Rettungshaus (1822) 365
Duisburg 12, 19f., 159, 205, 222, 238, 243, 287, 293, 324, 338, 351, 358, 377, 381f., 384-386, 388, 390, 394, 414
Duisburg, ref. Gen.-Synode (1610) 358
Duisburg, Univ. (1654/55) 194
Duisburg, Univ.-GHS 307
Duisburg-Hamborn s. Hamborn
Duisburg-Hamborner Bergbaurevier 322
Duisburg-Ruhrort s. Ruhrort
Duisburg-Walsum s. Walsum
Duncker, Franz (1822-1888), Politiker u. Gewerkschaftsführer 313

Ebergis, Bf. von Minden (reg. 927/32-50) 72
Eberhard I. Gf. von (Berg-) Altena († 1180) 45f.
Eberhard von Diest, Bf. von Münster (reg. 1275-1301) 68, 88

Eberhard II. Gf. von der Mark († 1308) 52, 59, 63-65
Ebert, Friedrich (1871-1925), Reichspräs. 321
Eck, Johann (1486-1543), kath. Theologe 107
Eckesey (Hagen) 296, 386
Egbert, Bf. von Münster (reg. 1127-32) 68
Egbert Gf. von Tecklenburg (gen. 1129-50) 44f.
Egbertiner s. Ekbertiner
Ehningsen (Welver, Krs. Soest) 336
Eichberg (Hessen) 411
Eichhoff, Ernst (1873-1941), Obmstr. in Dortmund 403
Eichstätt (Bayern) 355
Eichstätt, Hochst. 58
Eickel (Herne) 60, 334, 385f., s. auch Wanne-Eickel
Eickhoff – „Gebr. Eickhoff Maschinenfabrik u. Eisengießerei mbH" (Bochum) 390
Eilbert, Bf. von Minden (reg. 1055/56-80) 72
Eilpe (Hagen) 289, 296
Eilversen (Marienmünster, Krs. Höxter) 336
Einem gen. von Rothmaler, Karl von (1853-1934), preuß. Gen. u. Kriegs-Min. 318
Eisenhower, Dwight D. (1890-1969), amerik. Gen. u. US-Präs. 417
Eisenach (Thüringen) 62, 107, 308
Eisenach, Kirchenversammlung (1948) 371
Eisner, Kurt (1867-1919), sozialist. Politiker 321
Eiß und Schlenacken (Niederlande), Herrsch. 16
Ekbert (um 790), sächs. Adeliger 28, 40
Ekbertiner (Egbertiner), Adelsfamilie des 9. Jhs. 28, 40
s. auch Cobbo († um 880)
s. auch Cobbo d. J. (921)
s. auch Ekbert (um 790)
s. auch Warin, Abt von Corvey (reg. 826-56)
Elba (Insel im Mittelmeer [Italien]) 256
Elberfeld (Wuppertal) 12, 343, 353, 378, 381f., 385f.
„Elberfelder Zeitung" 286
Elbing/Prov. Westpreußen (Elbląg, Polen) 255
Elisabeth von der Pfalz, Pfalzgf.'in bei Rhein (1618-1680), Äbtissin von Herford 196
Elisenhof (Wünnenberg, Krs. Paderborn) 336
Ellinghausen (Dortmund) 334
Elmenhorst (Waltrop, Krs. Recklinghausen) 63
Elsey (Hagen-Hohenlimburg) 63, 126, 296
Elsey, Pfarrei 33
Elsey, Prämonstratenser-Frauenkl. (freiweltl. Damenst.) 62, 166, 183, 224
Elsoff (Bad Berleburg, Krs. Siegen-Wittgenstein), Vogtei 160
Elten (Emmerich, Krs. Kleve) 16
Elten, Reichsstift 159, 244f.
Elverfeldt, von, Familie 180
Emden (Niedersachsen) 119, 127, 159
Emil Friedrich (1765-1837) Gf. (1817: Fst.) von Bentheim-Tecklenburg 256, 275
Emmerich (Krs. Kleve) 16, 159, 243f., 386
Emschertalbahn 386
Emsdetten (Krs. Steinfurt), Päd. Akad. (kath.) 299
Engelbert I. Gf. von Berg († 1189) 45f.
Engelbert I. Gf. von Berg († 1225), Eb. von Köln (reg. 1216-25) 46, 51, 53, 61f., 75, 91f.
Engelbert II. von Falkenburg († 1274), Eb. von Köln (reg. 1261-74) 53
Engelbert von Isenberg, Bf. von Osnabrück (reg. 1239-50) 62
Engelbert I. Gf. von der Mark († 1277) 46, 51, 59, 64, 69, 93
Engelbert II. Gf. von der Mark († 1328) 59, 64
Engelbert III. Gf. von der Mark († 1368), Kf.-Eb. von Köln (reg. 1364-68) 53, 64f.
Engelbert III. Gf. von der Mark († 1391) 64-67
Engels, Friedrich (1820-1895), sozialist. Theoretiker 282, 287, 289, 308
Enger (Krs. Herford) 73, 126
Enger, Eigenkirche 33
Engers, ehem. kfl.-trier. Schloß bei Neuwied (Rheinland-Pfalz) 271
Ennepe-Ruhr-Kreis (1929) 334, 347, 351
Ennepe-Ruhr-Kreis (1975) 19, 66
Ennepetal (Ennepe-Ruhr-Krs.) 145, 381
Ennepetal-Vörde s. Vörde
Ennigerloh (Krs. Warendorf), Pfarrei 33
Enschede (Niederlande) 386
Ense (Krs. Soest) 335f.
Ense-Bilme s. Bilme
Ense-Gerlingen s. Gerlingen
Ense-Volbringen s. Volbringen
Eppendorf (Bochum-Wattenscheid) 334
Eppenhausen (Hagen) 296
Erasmus von Rotterdam (1469?-1536), Humanist 106, 124
Eremite, Freischärler im 30jähr. Krieg (1634) 149
Eresburg (Obermarsberg [Marsberg, Hochsauerlandkrs.]), 24f., 27
Eresburg-Obermarsberg, Pfarrei 32
Erfurt (Thüringen), Bist. (1994) 352
Ergste (Schwerte, Krs. Unna) 63, 126
Erich von Braunschweig-Grubenhagen (um 1478 [oder um 1482]-1532), Bf. von Paderborn (reg. 1508-32), Osnabrück (reg. 1508-32) u. Münster (reg. 1532) 112f., 120f.
Erich von Hoya, Bf. von Osnabrück (reg. 1437-42), Gegen-Bf. in Münster 1450/56-57 68, 70

Erich (IV.) Graf von Hoya (zu Stolzenau) († 1547) 109
Erich I. von Sachsen-Lauenburg (vor 1472-1522), Bf. von Münster (reg. 1508-22) 121
„Erin“, Zeche (Castrop-Rauxel) 383
Erkanbert († 830), Bf. von Minden (reg. vor 789/94?-830) 31, 72
Erkrath (Krs. Mettmann) 385
Erle (Raesfeld, Krs. Borken) 395
Ernst von Bayern (1554-1612), Kf.-Eb. von Köln (reg. 1583-1612), Bf. von Münster (reg. 1585-1612) 121, 132-134, 143
Ernst Gf. von Bentheim (-Bentheim) bzw. Bentheim (-Steinfurt) (1661-1713) 186
Ernst Hzg. von Braunschweig-Lüneburg (1497-1546) 115
Ernst Ldgf. von Hessen-Rheinfels (1623-1693) 182
Ernst II. Gf. von Mansfeld (1580-1626), Heerf. im 30jähr. Krieg 145-147
Ernst Gf. (1619: Fst.) von Schaumburg (1569-1622) 194
Ernst Wilhelm Gf. von Bentheim (-Bentheim) (1623-1693) 186
Erntebrück (Krs. Siegen-Wittgenstein) 75, 336
Erntebrück, gräfl. Amt 160
Erntebrück-Zinse s. Zinse
Erpho, Bf. von Münster (reg. 1084-97) 68
Erwitte (Krs. Soest) 10, 14, 20, 49, 52, 201, 216, 336
Erwitte, kurköln. Amt 77
Erwitte, Pfarrei 33
Erwitte-Weckinghausen s. Weckinghausen
Erwitte, Dietrich Othmar von († 1631), Oberst im 30jähr. Krieg 145, 147
Eselsheide/Stukenbrock (Schloß Holte-Stukenbrock, Krs. Gütersloh), Stalag 412
Eslohe (Hochsauerlandkrs.) 77, 308
Eslohe, Gericht 77
Eslohe, Kreis (1819) 267
Eslohe-Reiste s. Reiste
Essel-Süd (Recklinghausen) 334
Essen 10, 20f., 60, 81, 97, 99, 159, 216, 293, 318, 325f., 338, 343, 351, 377, 382-386, 388, 393f.
Essen, Bist./Diöz. (1958) 351f., 371
Essen, Kreis 339
Essen, Reichsstift 15, 19, 66, 75, 157, 159, 244f.
Essen, Univ.-GHS 307
Essen, Vogtei über das Reichsstift (Grafen von Isenberg; Grafen von der Mark) 45, 61f.
Essen-Altenessen s. Altenessen
Essen-Bergeborbeck s. Bergeborbeck
Essen-Burgaltendorf s. Altendorf (Essen)
Essen-Haarzopf s. Haarzopf
Essen-Heidhausen s. Heidhausen
Essen-Huttrop s. Huttrop
Essen-Kettwig s. Kettwig
Essen-Königssteele s. Königssteele
Essen-Kray s. Kray
Essen-Kupferdreh s. Kupferdreh
Essen-Rellinghausen s. Rellinghausen
Essen-Steele s. Steele
Essen-Überruhr s. Überruhr
Essen-Werden s. Werden
„Essener Bankverein“ 394
Eßhoff (Brilon, Hochsauerlandkrs.) 336
Estinghausen (Sundern, Hochsauerlandkrs.) 336
Eutin (Schleswig-Holstein) 328
Everger, Eb. von Köln (reg. 985-99) 53
Evergis, Bf. von Paderborn (reg. 1160-78) 71
Eversberg (Meschede, Hochsauerlandkrs.) 93, 97, 99
Eversberger Recht 93
Everstein, Herren von 71
Eving (Dortmund) 67, 296
Everwin I. Gf. von Bentheim (Everwin V. von Götterswick) (1397-1454) 74
Everwin III. Gf. von Bentheim (1536-1562) 74, 161f.
Everwin V. von Götterswick s. Everwin I. Gf. von Bentheim
Ewald, Johann Ludwig (1747-1822), Gen.-Sup. in Detmold 194
Ewalde (Hewalde) († um 691/92), angelsächs. Priester aus Irland 28
Ewig (Attendorn, Krs.Olpe), Augustiner-Chorherren-Kl. 242
Exter (Vlotho, Krs. Herford) 197

Fabricius, Johann Jakob (1618/20-1673), Pfr. in Schwelm (bis 1650), später in Zwolle (Niederlande), Sulzbach (Bayern) und Amsterdam (Niederlande) 196
Felbiger, Johann Ignatz (1724-1788), Schulreformer in Österreich 206
Ferdinand I. (1503-1564), röm.-dt. Ks. (reg. 1556/58-64) 115, 117, 130
Ferdinand II. (1578-1637), röm.-dt. Ks. (reg. 1619-37) 144, 147, 151
Ferdinand III. (1608-1657), röm.-dt. Ks. (reg. 1637-57) 151
Ferdinand von Bayern (1577-1650), Kf.-Eb. von Köln (reg. 1612-50), Bf. von Münster (reg. 1612-50), Bf. von Paderborn (reg. 1618-50) 132-135, 143, 145-147, 153, 172f. 201
Ferdinand von Braunschweig (1721-1792), preuß. FM 189
Ferdinand von Fürstenberg (1626-1683), Bf. von

Paderborn (reg. 1661-83) u. Münster (reg. 1678-83) 172f., 180
Ferdinand von Lüninck (Lüning) (1755-1825), Bf. von Corvey (reg. 1794-1821), Bf. von Münster (amt. 1821-25) 350, 352
Fichte, Johann Gottlieb (1762-1814), Philosoph 234
Finnentrop (Krs. Olpe) 77
Finnentrop-Lenhausen s. Lenhausen
Finnentrop-Schliprüthen s. Schliprüthen
Fischer-Tropsch-Verfahren (1926) 389
Fley (Hagen) 335
Florenz von Wevelinghoven († 1393), Bf. von Münster (reg. 1364-78) u. Utrecht (reg. 1378-93) 68
Flottwell, Eduard von (1786-1865), Ober-Präs. von Westfalen 265
Folcmar, Eb. von Köln (reg. 965/66-69) 53
Folkmar, Bf. von Paderborn (reg. 959-83) 71
Forstmann, Johann Gangolf Wilhelm (1706-1759), pietist. Pfr. in Hemer 198
Franck, Sebastian (1499-1542/43), rel. Schriftsteller u. Kosmograph 12
Francke, August Hermann (1663-1727), pietist. Theologe u. Pädagoge 196-199, 203
Frankenberg (Hessen) 34, 414
Frankfurt am Main (Hessen) 86, 89, 127, 190, 195, 256f., 270, 282-285, 287, 291, 325, 370, 382, 385
Frankfurt am Main, Demokratenkongreß (1848) 287
Frankfurt am Main, Dt. Nationalvslg. (1848/49) 284-288
Frankfurt, Ghzgt. (1810) 250, 255
Frankfurt am Main, OLG 269
Frankfurter Akzessionsvertrag (1813) 256
Frankfurter Anstand (1539) 116
Frankfurt/Oder (Brandenburg), Reichstagswahlkrs. (1919) 341
Franz II./I. (1768-1835), röm.-dt. Ks. (1804: Ks. von Österreich) (reg. 1792-1806 [1835]) 242, 244
Franz I. von Braunschweig (-Wolfenbüttel) (1492-1529), Bf. von Minden (reg. 1508-29) 109, 121
Franz (1627-1699) Gf. (1652: Fst.) von Nassau-Siegen (kath.) 184
Franz Gf. von Waldeck (1491-1553), Bf. von Minden (reg. 1529-53), Osnabrück (reg. 1532-53) u. Münster (reg. 1532-53) 117, 119-123, 130f., 134
Franz Arnold von Wolff-Metternich (1658-1718), Bf. von Paderborn (reg. 1704-18) u. Münster (reg. 1707-18) 172-174
Franz Egon von Fürstenberg (1737-1825), Bf. von Hildesheim (reg. 1788-1825) u. Paderborn (reg. 1789-1825) 173f., 178, 180, 350, 352
Franz Wilhelm Gf. von Wartenberg (1593-1661), Bf. von Osnabrück (reg. 1625-61), Minden (reg. 1630-48) u. Regensburg (reg. 1649-61) 147
Freckenhorst (Warendorf, Krs. Warendorf) 94
Freckenhorst, Kanonissenst. 31, 241
Freckenhorst, Vogtei über das Kanonissenst. (Herren von Rheda) 74
Fredeburg (Schmallenberg, Hochsauerlandkrs.) 14, 53, 63, 94, 99
Fredeburg, kurköln. Amt 77
Fredeburg, Herrsch. 54
Freiburg (Baden-Württemberg) 355
Freienohl (Meschede, Hochsauerlandkrs.) 94, 97, 99
Freier Grund (Burbach, Gilsbach, Lippe, Wahlbach u. Würgendorf, alle seit 1975 Burbach, Krs. Siegen-Wittgenstein) 19
Freising (Bayern), Bist. 132
Freudenberg (Krs. Siegen-Wittgenstein) 75, 115, 364
Frick, Wilhelm (1877-1946), NS-Politiker u. Reichsinnen-Min. 403
Friedhartskirchen (Lippstadt, Krs. Soest), Gericht 77
Friedland/Prov. Ostpreußen (Pravdinsk, Rußland), Schlacht (1807) 245
„Friedlicher Nachbar“, Zeche (Bochum) 383
Friedrich I. (Friedrich Barbarossa) (um 1125-1190), dt. Kg. (1152), röm. Ks. (1155) 11, 45-47
Friedrich II. (1194-1250), dt. Kg. (1196/1211), röm. Ks. (1220) 58, 61, 89
Friedrich III./I. (1657-1713), Kf. von Brandenburg (1701: Kg. in Preußen) (reg. 1688-1713) 162, 166f., 170
Friedrich II., „der Große“ (1712-1786), Kg. von Preußen (reg. 1740-86) 144, 167-169, 171, 182, 188, 190
Friedrich III. (1831-1888), Dt. Ks. u. Kg. von Preußen (reg. 1888) 264, 366
Friedrich II. von Ahr, Bf. von Münster (reg. 1151-68) 68
Friedrich Gf. von Altena († 1199) 45f., 61
Friedrich II. Gf. von Berg († 1158), Eb. von Köln (reg. 1156-58) 46, 53
Friedrich Gf. von Isenberg (um 1190-1226) 45f., 61f.
Friedrich I., Eb. von Köln (reg. 1100-31) 51, 53
Friedrich III. (1515-1576), Kf. von der Pfalz 127f., 130
Friedrich V. (1596-1632), Kf. von der Pfalz, böhm. „Winterkg.“ 144f.

Friedrich Gf. von Rietberg (um 1230-1282) 69
Friedrich von Saarwerden (1348-1414), Eb. von Köln (reg. 1370-1414) 53, 63, 67
Friedrich der Weise (1463-1525), Kf. von Sachsen 107, 113
Friedrich Gf. von Werl (-Arnsberg) († 1124) 41-44, 51, 87
Friedrich I. von Wettin, Bf. von Münster (reg. 1064-84) 68
Friedrich IV. Gf. von Wied (um 1518-1568), Kf.-Eb. von Köln (reg. 1562-67) 121
Friedrich III. Gf. von Wied (1478-1551), Bf. von Münster (reg. 1522-32) 121
Friedrich, Johannes (1836-1917), altkath. Theologe 355
Friedrich Adolph Gf. zur Lippe (1667-1718) 198
Friedrich August III./I. (1750-1827), Kf. (1806: Kg.) von Sachsen (reg. 1763/68-1827) 256
Friedrich Christian von Plettenberg (1644-1706), Bf. von Münster (reg. 1688-1706) 172f.
Friedrich Karl (1766-1837) Gf. (1801: Fst.) von Sayn-Wittgenstein-Hohnstein (= Wittgenstein-Wittgenstein) 161, 185
Friedrich Karl Philipp Gf. von Bentheim (-Bentheim) (1725-1803) 186
Friedrich Ludolf Gf. von Bentheim (-Alpen) (1587-1629) 185
Friedrich Wilhelm I. (1688-1740), Kg. in Preußen (reg. 1713-40) 144, 162, 164, 167f., 170, 197, 275
Friedrich Wilhelm II. (1744-1797), Kg. von Preußen (reg. 1786-97) 167, 236
Friedrich Wilhelm III. (1770-1840), Kg. von Preußen (reg. 1797-1840) 166, 240, 262, 264, 271, 275, 351, 358f., 361
Friedrich Wilhelm IV. (1795-1861), Kg. von Preußen (reg. 1840-1858/61) 264, 271, 284f., 288, 290, 353
Friedrich Wilhelm (1620-1688), Kf. von Brandenburg (reg. 1640-88) 129, 141, 153f., 163f., 166f., 169f.
Friedrich Wilhelm (1706-1734) Fst. von Nassau-Siegen (ref.) 184
Friedrich Wilhelm von Westphalen (1727-1789), Bf. von Hildesheim (reg. 1763-89) u. Paderborn (reg. 1782-89) 173f., 178
„Friedrich-Wilhelms-Hütte" (Mülheim a. d. Ruhr) 388
Frielinghausen (Hamm) 336
Friesoythe (Niedersachsen) 73
Friesoythe, Burg 69
Fritzlar (Hessen) 23, 29
Fritzlar, Kl. 31
Frömern (Fröndenberg, Krs. Unna) 125
Fröndenberg (Krs. Unna) 125, 366, 386
Fröndenberg-Dellwig s. Dellwig
Fröndenberg-Frömern s. Frömern
Fröndenberg-Langschede s. Langschede
Fürstenberg (Wünnenberg, Krs. Paderborn), Schloß 284
Fürstenberg, von, Familie 180
s. auch Dietrich IV. von Fürstenberg (1546-1618), Bf. von Paderborn (reg. 1585-1618)
s. auch Ferdinand von Fürstenberg (1626-1683), Bf. von Paderborn (reg. 1661-83) u. Münster (reg. 1678-83)
Fürstenberg, Franz von (1729-1810), münster. Min. u. Gen.-Vik. 174, 180, 204, 207-209
s. auch Franz Egon von Fürstenberg (1737-1825), Bf. von Hildesheim (reg. 1788-1825) u. Paderborn (reg. 1789-1825)
Fürstenberg, Friedrich (IV.) von (1576-1646), Landdrost im Hzgt. Westfalen (seit 1624) 201
Fürstenberg, Friedrich (V.) (1660: Reichsfrhr.) von (1618-1662) 180
Fürth (Bayern) 385
Fulda (Hessen) 26, 30
Fulda, Bist.(1828/29) 351f.
Fulda, Reichsabtei 31, 181
Funk, Albert († 1933), KPD-Politiker in Dortmund 406

Gadderbaum (Bielefeld) 296
Gahlen (Schermbeck, Krs. Wesel) 335
Galen, von, Familie 179
s. auch Christoph Bernhard von Galen (1606-1678), Bf. von Münster (reg. 1650-78)
Galen, Clemens August Gf. von (1878-1946), Bf. von Münster (amt. 1933-46) 352, 356f., 370, 406
Gallitzin, Fst.'in s. Golicyn
Gandersheim (Niedersachsen) 88, 147
Gebhard Truchseß von Waldburg (1547-1601), Kf.-Eb. von Köln (reg. 1577-83) 121, 131f.
Gedike, Friedrich (1754-1803), Pädagoge 204
Geismar (Hessen) 29
Geldern, Gft. (Hzt.) 55, 124
Geldern, Kreis 339
Geldern, Oberquartier 16, 163, 168, 189f., 237
Geldern, preußisch s. Geldern, Oberquartier
Geldrischer Erbfolgekrieg (1538-43) 124
Gelenius, Johann (1585-1631), köln. Gen.-Vik. 133
Gelnhäuser Urkunde (1180) 47
Gelnhausen (Hessen), Reichstag (1180) 47
„Gelsenberg Benzin AG" (Gelsenkirchen) 389
Gelsenkirchen 19, 66, 77, 90, 268, 293, 296, 308,

313, 322, 334, 338, 343, 346f., 351, 377, 383-386, 389f., 393, 395, 413
Gelsenkirchen, FH 307
Gelsenkirchen, FH für öffentliche Verwaltung 307
Gelsenkirchen, Kreis (1885) 267, 334, 338
Gelsenkirchen-Bismarck s. Bismarck (Gelsenkirchen)
Gelsenkirchen-Buer s. Buer
Gelsenkirchen-Buer (1928) s. Gelsenkirchen
Gelsenkirchen-Bulmke s. Bulmke
Gelsenkirchen-Hessler s. Hessler
Gelsenkirchen-Horst s. Horst
Gelsenkirchen-Hüllen s. Hüllen
Gelsenkirchen-Leithe s. Leithe
Gelsenkirchen-Rotthausen s. Rotthausen
Gelsenkirchen-Schalke s. Schalke
Gelsenkirchen-Ueckendorf s. Ueckendorf
Gemen (Borken, Krs. Borken), Herrsch. 16, 19, 69, 74f., 182, 187, 246
Gemen, Edelherren von 74, 75
s. auch Hermann III. von Gemen († 1402), Herr von Anholt (1380-1402)
Genf (Schweiz) 126f.
Georg I. (Georg Ludwig) (1660-1727), Kf. von Hannover (Braunschweig-Lüneburg) (1714: Kg. von Großbritannien) (reg. 1698-1727) 166, 182
Georg, „der Fromme", Markgf. von Brandenburg-Ansbach (1484-1543) 115
Georg von Braunschweig (-Lüneburg-Wolfenbüttel) (1494-1566), Bf. (Adm.) von Minden (reg. 1554-66), Eb. von Bremen u. Bf. von Verden (reg. 1558-66) 122
Georg (1582-1641), Hzg. von Braunschweig-Lüneburg 148f.
Georg Ludwig, Kf. von Hannover s. Georg I.
Georg Wilhelm (1595-1640), Kf. von Brandenburg (reg. 1619-40) 141, 163, 167
Gerberga von Burgund (um 980), Gemahlin Hermanns I. von Werl 40, 43
Gerfrid, Bf. von Münster (gen. 816. 839) 68
Gerhard VI. (I.) Gf. (Hzg.) von Jülich († 1360), Gf. von Ravensberg (1346) u. Gf. von Berg (1348) 64, 73
Gerhard Gf. von der Mark († 1272), Bf. von Münster (reg. 1261-72) 68-70
Gerhard Gf. von der Mark († 1461) 64f., 80
Gerhard I. von Schaumburg, Bf. von Minden (reg. 1347-53) 72
Gerhard II. von Schaumburg, Bf. von Minden (reg. 1362-66) 72
Gerlagus (um 1144), Vogt in Medebach 90
Gerlingen (Ense, Krs. Soest) 336
„Germania", Zeche (Dortmund) 383
Gero, Eb. von Köln (reg. 969-76) 53
Gerolstein s. Blankenheim u. Gerolstein
Gerresheim (Düsseldorf), Damenst. 131
Gerthe (Bochum) 334, 388
Gescher (Krs. Borken) 77, 367
Geseke (Krs. Soest) 13f., 20, 49, 51f., 70, 80, 84, 92, 97, 99, 122, 132, 145, 149, 178, 201, 216, 293
Geseke, kurköln. Amt 77
Geseke, Franziskanerkl. 242
Geseke, Kanonissenst. 50
Geseke, Pfarrei 33
Gesmold (Niedersachsen) 235
Gesmolder Bauerntumult (1794) 235
Gevelsberg (Ennepe-Ruhr-Krs.) 61, 319, 381, 384-386
Gevelsberg, Zisterzienserinnenkl. (freiwelt. Damenst.) 61, 125
Gevelsberg-Haufe s. Haufe
Gevelsberg-Silschede s. Silschede
„Gewerkschaft Dorstfeld", Bergbauunternehmen (Dortmund) 383
„Gewerkschaft Lothringen" (Gerthe [Bochum]) 388
„Gewerkschaft Victor" (Castrop-Rauxel), Stickstoffwerk 389
Gies(s)ler, Paul, NS-Gauleiter von Westfalen-Süd (1942/43) 405
Gießen (Hessen) 246, 251, 387
Gimborn u. Neustadt (Oberbergischer Krs.), Herrsch. 16, 159, 245
Girsiepen († 1934), KPD-Funktionär in Dortmund 406
Gisela († 1043), Halbschw. Hermanns II. von Werl, Gemahlin Ks. Konrads II. 40, 43
Gladbeck (Bottrop) 268, 347, 351, 384
Gladbeck, Pfarrei 33, 54
Glandorf (Glandorp), Johann (1501-1564), Humanist 108
Glaser, Johann Friedrich (1655-1702), pietist. Pfr. 197
Glindfeld (Medebach. Hochsauerlandkrs.), Kreuzherren-Kl. 242
Gnesen-Posen (Gniezno-Poznań, Polen), Eb. von 353
Goebbels, Joseph (1897-1945), NS-Politiker u. Reichs-Min. 343, 356, 408
Göring, Hermann (1893-1946), NS-Politiker u. Reichs- u. preuß. Min. 332, 401-403
Görres, Joseph (1776-1848), kath. Publizist 234, 271
Goethe, Johann Wolfgang (von) (1749-1832), dt. Dichter 237
Götterswick, Herren von s. Everwin V. von Götterswick (Everwin I. Gf. von Bentheim)

Göttingen (Niedersachsen) 40, 193
Göttingen, Fstm. 246
Göttingen, Univ. 194, 305
Gohfeld (Löhne, Krs. Herford) 197
Golicyn (Gallitzin), Amalie Fst.'in von (1748-1806) 180, 209
Goslar (Niedersachsen) 89
Gotha (Thüringen) 113, 204, 320
Gothaer Kongreß (1875) 308
Gottesschutz (Erkner, Brandenburg), Frauenkolonie 366
Gottfried II. Gf. von Arnsberg († 1236) 43
Gottfried III. Gf. von Arnsberg († 1281) 43
Gottfried IV. Gf. von Arnsberg (1371) 14, 43, 53
Gottfried Gf. von Cappenberg (1097-1127) 42f.
Gottfried von Cuijk (Gottfried I. Gf. von Arnsberg-Cuijk) (1124-1154) 43
Gottfried von Waldeck, Bf. von Minden (reg. 1304-24) 72
Gottschalk von Diepholz, Bf. von Minden (reg. 1105-1112) 72
Graeber, Franz Friedrich (1784-1857), Vz.-Gen.-Sup. von Westfalen (1846) 361
„Graf Beust", Zeche (Essen) 383
„Graf Bismarck 1", Zeche (Gelsenkirchen) 383
Grafeneck (Dapfen, Baden-Württemberg) 411
Grafschaft (Schmallenberg, Hochsauerlandkrs.), Benediktinerkl. 50, 242
Graz (Österreich) 133, 135
Gregor VII. (Hildebrand von Soana, um 1020-1085), Papst (reg. 1073-85) 41
Gregor XIII. (Ugo Boncompagni, 1502-1585), Papst (reg. 1572-85) 131
Gregor XVI. (Bartolomeo Alberto Cappellari, 1765-1846), Papst (reg. 1831-46) 353
Greifswald (Mecklenburg-Vorpommern), Univ. 305
Greve, Albert (um 1531), Bmstr. in Soest 111
Grevel (Dortmund) 334
Grevel, Friedrich Wilhelm († 1863), Aufständischer in Iserlohn (1849) 289
Greven (Krs. Steinfurt) 77
Greven, Pfarrei 33
Grevenbroich (Krs. Neuss) 185
Grevenstein (Meschede, Hochsauerlandkrs.) 94, 97, 99
Grimlinghausen (Bestwig, Hochsauerlandkrs.) 336
Gronau (Krs. Borken) 20, 77, 94, 275, 296, 386
Gronau, (Unter-) Herrsch. 114, 128, 185
Gronowski, Johannes (1874-1958), Ober-Präs. von Westfalen 265, 329, 401
Gronsfeld (Gronsveld, Niederlande), Gft. 16
Gropper, Johann (um 1531), Bmstr. in Soest 111
Gropper, Johannes (1503-1559), kath. Theologe 111f., 125
Großenbach (Bad Laasphe, Krs. Siegen-Wittgenstein) 336
Grubenhagen (Niedersachsen), Fstm. 246
Gruiten (Haan, Krs. Mettmann) 62
Grumme (Bochum) 296
Gruner, Justus von (1777-1820), preuß. Beamter 13
Günnigfeld (Bochum-Wattenscheid) 334
Günther von Schwalenberg (um 1250-1310?), Bf. von Paderborn (reg. 1307-10) 71
Gütersloh (Krs. Gütersloh) 21, 74, 197, 275, 296, 363f., 385, 414
Gütersloh, Ev.-Stiftisches Gymnasium (1851) 302, 365
Gütersloh, Kreis 19
„Gütersloher Volksblatt" 286
Gummersbach (Oberbergischer Krs.) 60, 159
Gumprecht IV. Gf. von Neuenahr (-Alpen) († 1546) 126f.
Gunthar, Eb. von Köln (reg. 850-63) 53
Gustav II. Adolf (1594-1632), Kg. von Schweden (reg. 1611-32) 147f., 151
Gutenberg, Johannes (um 1397-1468), Mainzer Drucker 105

Haaren (Wünnenberg, Krs. Paderborn), Pfarrei 33
Haarlem (Niederlande) 119
Haarzopf (Essen) 60
Haase, Carl (1920-1990), Historiker 86
Habinghorst (Castrop-Rauxel, Krs. Recklinghausen) 334
Habsburg, Haus 142, 144, 147, 188
s. auch Ferdinand I. (1503-1564), röm.-dt. Ks. (reg. 1556/58-64)
s. auch Ferdinand II. (1578-1637), röm.-dt. Ks. (reg. 1619-37)
s. auch Ferdinand III. (1608-1657), röm.-dt. Ks. (reg. 1637-57)
s. auch Joseph I. (1678-1711), röm.-dt. Ks. (reg. 1705-11)
s. auch Karl (1540-1590) Erzhzg. von Österreich (-Innerösterreich)
s. auch Leopold Erzhzg. von Österreich (1586-1632), Bf. von Passau u. Straßburg
s. auch Maria Theresia (1717-1780), Kg.'in von Ungarn u. Böhmen, Erzhzg.'in von Österreich (reg. 1740-80), Gemahlin Ks. Franz I.
s. auch Matthias (1557-1619), röm.-dt. Ks. (reg. 1612-19)
s. auch Maximilian I. (1459-1519), dt. Kg. (1486/93), „erwählter röm. Ks." (1508)

s. auch Rudolf II. (1552-1612), röm.-dt. Ks. (reg. 1576-1612)
Habsburg-Lothringen
s. Anton Viktor Erzhzg. von Österreich (1779-1835), gew. Eb. von Köln (1801)
s. Franz II./I. (1768-1835), röm.-dt. Ks. (1804: Ks. von Österreich)
s. Joseph II. (1741-1790), röm.-dt. Ks. (reg. als Ks. 1765-90)
s. Leopold II. (1747-1790), röm.-dt. Ks. (reg. 1790-92)
s. Maximilian Franz von Österreich (1756-1801), Kf.-Eb. von Köln u. Bf. von Münster (reg. 1784-1801)
Hachen (Sundern, Hochsauerlandkrs.) 13, 42, 51, 94, 97, 99
Hacheney (Dortmund) 386
Hadamar (Hessen) 75, 411
Hadamar, Gft. (Nassau-Hadamar) 245
Hadebald, Eb. von Köln (reg. 819-41) 53
Hadward, Bf. von Minden (reg. 830/36-53) 72
Hagedorn (Kirchlengern, Krs. Herford) 197
Hagemeister, Robert von (1827-1902), Ober-Präs. von Westfalen 265
Hagen 19f., 49f., 52, 59, 62f., 66, 86, 90, 94, 125f., 145, 170, 183, 197, 257, 268, 271, 282, 286, 289, 293, 295f., 308, 310, 319f., 324f., 335, 338, 343, 359, 364, 381-383, 385f., 390, 394, 402f., 413
Hagen, Arbeiter- u. Soldatenrat (1919) 323
Hagen, Fern-Univ. (1974) 307
Hagen, Freimaurerloge (1792) 205
Hagen, Gericht 77
Hagen, Gewerbeschule 305
Hagen, Gogericht 63
Hagen, Höhere Töchterschule 304
Hagen, Kreis (1817) 258, 268, 334
Hagen, Kreissynode (Kirchenkrs.) (1818) 360
Hagen, (städt.) Lehrerinnensem. (simult.) (1880) 300
Hagen, PH (ev.) (1964) 299
Hagen, PH (= Abt. der PH Ruhr) (1964) 299
Hagen, Pfarrei 33
Hagen, Realsch. (Realgymn., neusprachl. Gymn.) 303
Hagen, Wahlkrs. für die Frankfurter Nationalvslg. (1848) 285
Hagen-Berchum s. Berchum
Hagen-Boele s. Boele
Hagen-Dahl s. Dahl
Hagen-Delstern s. Delstern
Hagen-Eckesey s. Eckesey
Hagen-Eilpe s. Eilpe
Hagen-Elsey s. Elsey
Hagen-Eppenhausen s. Eppenhausen
Hagen-Fley s. Fley
Hagen-Halden s. Halden
Hagen-Harkorten s. Harkorten
Hagen-Haspe s. Haspe
Hagen-Hengstey s. Hengstey
Hagen-Herbeck s. Herbeck
Hagen-Hohenlimburg s. Hohenlimburg
Hagen-Holthausen s. Holthausen
Hagen-Schwelm, Reichstagswahlkrs. (1871) 309f.
Hagen-Vorhalle s. Vorhalle
Hagen-Wehringhausen s. Wehringhausen
Hagen (Sundern, Hochsauerlandkrs.) 97, 99
„Hagener Kreisblatt“ 286
Haindorf (Hirsch), Alexander (1782-1862), Mediziner 301
Halberstadt (Sachsen-Anhalt) 351
Halberstadt, Bist. (Hochst.) 145, 152, 182
Halden (Hagen) 335
Hall, Hs. (Gescher, Krs. Borken) 367
Halle (Krs. Gütersloh) 126
Halle, Kreis (1816) 258, 348, 378
Halle, Pfarrei 33
Halle a. d. Saale (Sachsen-Anhalt) 17, 148, 193, 196, 203, 246, 351
Halle a. d. Saale, Univ. 194, 203, 305
Hallenberg (Hochsauerlandkrs.) 14, 51f., 93, 99, 132, 199
Hallermund (Niedersachsen), Gft. 16
Haltern (Krs. Recklinghausen) 20, 77, 93, 97, 249, 324, 386, 414
Haltern, Pfarrei 33
Haltern-Ostendorf s. Ostendorf
Halver (Märkischer Krs.) 59, 62f., 197, 382
Hamann, Johann Georg (1730-1788) 209
Hamborn (Duisburg) 325, 338, 377
Hamburg 85, 96, 98, 193, 203f., 213, 234, 257, 270, 291, 308, 320, 326, 328, 416
Hamburg, Erzbist. (1994) 352
Hamburg, „Rauhes Haus“ (1833) 365
Hamburg-Altona s. Altona
Hamburg-Harburg-Wilhelmsburg s. Harburg-Wilhelmsburg
Hamburg-Wandsbeck s. Wandsbeck
Hamelmann, Hermann (1525-1595), Gen.-Sup. in Oldenburg (1573) u. Historiker der Reformation in Westfalen 12, 15, 114
Hameln (Niedersachsen) 189
Hamm 18-20, 33, 45, 54, 59f., 62, 65f., 77, 80, 90, 92, 97, 99, 124f., 127, 129, 145, 148f., 169-171, 197, 236, 257f., 263, 268, 287, 293, 297f., 301, 305, 308, 320, 322, 336, 338, 343, 347, 358f., 385f.
Hamm, märk. Amt 77

Hamm, Franziskanerkl. 125
Hamm, Freimaurerloge (1791) 205
Hamm, Gymn. Hammonense 204, 302
Hamm, Kammerdeputation (1767) 169
Hamm, Kreis (1753) 66, 169
Hamm, Kreis (1817) 258, 338
Hamm, Kreissynode (Kirchenkrs.) (1818) 360
Hamm, Kriegs- u. Domänenkammer (1787) 169, 256, 382
Hamm, Lehrerinnensem. (kath.) (1909) 300
Hamm, Lehrersem. (ev.) (1911) 300
Hamm, Lehrersem. (kath.) (1910) 300
Hamm, OLG (1820) 269, 330
Hamm, PH (kath.) (1964) 299
Hamm, PH (= Abt. der PH Ruhr) (1964) 299
Hamm, Reg.-Bez. (1815 geplant) 258
Hamm-Bockum-Hövel s. Bockum-Hövel
Hamm-Frielinghausen s. Frielinghausen
Hamm-Herringen s. Herringen
Hamm-Lerche s. Lerche
Hamm-Norddinker s. Norddinker
Hamm-Pelkum s. Pelkum
Hamm-Rhynern s. Rhynern
Hamm-Schmehausen s. Schmehausen
Hamm-Soest, Reichstagswahlkrs. (1871) 310
Hamm-Uentrop s. Uentrop
Hamm-Werries s. Werries
Hammer Schulordnung 204
Hamme (Bochum) 296
Hampenhausen (Brakel, Krs. Höxter) 336
„Hannibal", Zeche (Bochum) 383
Hannover (Niedersachsen) 166, 189, 328
Hannover, Kf. (Kfstm.) 162, 166f., 182, 186, 188, 194, 238, 240, 242-244
Hannover, Kgr. 17, 258, 283f., 291
Hannover, preuß. Prov. 291, 305, 329, 416
Hannover, TH 307
s. auch Osthannover, Reichstagswahlkrs. (1919)
s. auch Südhannover-Braunschweig, Reichstagswahlkrs. (1919)
„Hannover", Zeche (Bochum) 383
„Hansa", Zeche (Dortmund) 383
Haold, Gf. (um 946), Gründer des Kanonissenst. Geseke 50
Harburg-Wilhelmsburg (Hamburg), Kreis 328
Hardehausen (Warburg, Krs. Höxter), Zisterzienserinnenkl. 241
Hardenberg (Velbert-Neviges, Krs. Mettmann), berg. Unterherrsch. 245
Hardenberg, Karl August (1814: Fst.) von (1750-1822), preuß. Staatskanzler 249, 271
Hargraves, James (um 1740/50-1779), engl. Erfinder 380
Harkort, Friedrich (1793-1880), Unternehmer 284, 286, 382f., 389f.
Harkort, Johann Caspar (1817-1896) (= Johann Caspar VI.) 390
Harkort, Peter (Peter Nikolaus) (nach 1753-1817) 303
Harkort-Bahn 385
Harkorten (Hagen) 390
Harpstedt (Niedersachsen), Amt 69
Harsewinkel (Krs. Gütersloh) 45, 74, 241
Harsewinkel, Pfarrei 33
Harsewinkel-Marienfeld s. Marienfeld
Hartheim (Österreich) 411
Hartmann, Felix von (1851-1919), Bf. von Münster (amt. 1911-12), Eb. von Köln (amt. 1912-19) 352
Hartmann, Johannes (um 1578-1624), Gen.-Vik. in Münster (amt. 1613-21) 134
Harzberg (Lügde, Krs. Lippe) 336
Haselünne (Niedersachsen) 17
Haspe (Hagen) 319, 335, 381, 383, 385, 390
„Hasper Hütte" 383
Hastenbeck (Niedersachsen), Schlacht (1757) 189f.
Hathumar, Bf. von Paderborn (reg. 806-15) 31, 71
Hattingen (Ennepe-Ruhr-Krs.) 45, 60-62, 66, 77, 86, 94, 97, 100, 123, 145, 197, 222, 236, 343, 377, 384-388, 394
Hattingen, Kreis (1885) 267, 334, 338
Hattingen, Kreissynode (Kirchenkrs.) 360
Hattingen, Lehrersem. (ev.) (1911) 300
Hattingen, Pfarrei 33
Hattingen-Blankenstein s. Blankenstein
Hattingen-Welper s. Welper
Hattingen-Winz s. Winz
Hatzfeld, Melchior Gf. von (1593-1658), Gen. im 30jähr. Krieg 149
Haufe (Gevelsberg, Ennepe-Ruhr-Krs.) 386
Haug, Johann Heinrich († 1753), Hrsg. der „Berleburger Bibel" 199
Hausberge (Porta Westfalica, Krs. Minden-Lübbecke) 21, 72
Hausberge, mind. Amt 77
Havelberg (Sachsen-Anhalt), Hochst. 182
Havixbeck (Krs. Coesfeld) 80
Haxthausen, von, Familie 180
Hecker, Gerhard († 1536), Prior der Augustiner-Eremiten in Osnabrück u. reformat. Pred. 109
Hecker, Johann Julius (1707-1768), Pädagoge 203f., 298
Heek (Krs. Borken) 77
Heepen (Bielefeld) 126
Heepen, Pfarrei 33

Heidelberg (Baden-Württemberg) 127f., 143, 194, 283, 286, 385
Heidelberger Katechismus (1563) 127
Heidelberger Versammlung (1848) 284
Heiden (Krs. Borken) 77
Heidenreich Wolf von Lüdinghausen († 1392), Bf. von Münster (reg. 1381-92) 68
Heidhausen (Essen) 60
Heiligenborn (Bad Laasphe, Krs. Siegen-Wittgenstein) 336
Heinitz, Friedrich Anton von (1725-1802), Chef des VII. Dep. des preuß. Gen.-Direkt. für Bergwerks- u. Hüttenwesen (1777) 168
Heinrich I. (um 875-936), dt. Kg. (919) u. Hzg. von Sachsen (912) 38f.
Heinrich II. (973-1024), dt. Kg. (1002) u. röm. Ks. (1014) 39
Heinrich III. (1017-1056), dt. Kg. (1039) u. röm. Ks. (1046) 40, 43
Heinrich IV. (1050-1106), dt. Kg. (1053/54/56) u. röm. Ks. (1084) 40f.
Heinrich V. (1081/86-1125), dt. Kg. (1106) u. röm. Ks. (1111) 41f., 87
Heinrich (VII.) (1211-1242), dt. Kg. (1220/22) 58, 61, 89
Heinrich II. (1519-1559), Kg. von Frankreich (reg. 1547-59) 117
Heinrich IV. (1553-1610), Kg. von Frankreich (reg. 1589-1610) 142
Heinrich I. Gf. von Arnsberg († 1200) 43, 51, 74
Heinrich von Arnsberg (jüngerer S. Heinrichs I. von Arnsberg) 43
Heinrich I. von Assel, Bf. von Paderborn (reg. 1083-90) 71
Heinrich I. Hz. von Bayern († 955) 39
Heinrich Hz. von Limburg (Maas) († 1246) 46, 61f.
Heinrich I., Bf. von Minden (reg. 1140-53) 72
Heinrich II., Bf. von Minden (reg. 1206-09) 72
Heinrich II. von Moers († 1450), Bf. von Münster (reg. 1424-50) 68-70, 80
Heinrich I. von Molenark, Eb. von Köln (reg. 1225-38) 53, 62
Heinrich II. Gf. von Nassau († 1247) 75, (92)
Heinrich II. Jasomirgott (1114-1177), Markgf. u. Hzg. von Österreich 46
Heinrich der Löwe (um 1129-1195), Hz. von Sachsen u. Bayern 10f., 44, 46-48
Heinrich der Stolze († 1139), Hz. von Sachsen u. Bayern 41, 44
Heinrich IV. von Sachsen-Lauenburg (1550-1585), Eb. von Bremen (reg. 1567-85), Bf. von Osnabrück (reg. 1574-85), Bf. von Paderborn (reg. 1577-85) 121, 134
Heinrich III. von Schaumburg († 1508), Bf. von Minden (reg. 1473-1508) 72
Heinrich III. von Schwarzburg (1440-1496), Eb. von Bremen (reg. 1463-96 [seit 1466 Adm.]) u. Bf. von Münster (reg. 1466-96) 68-70
Heinrich III. von Spiegel zum Desenberg († 1380), Bf. von Paderborn (reg. 1361-80) 71
Heinrich Gf. von Tecklenburg (um 1155) 45
Heinrich II. von Virneburg (1244/45-1332), Eb. von Köln (reg. 1306-32) 52f.
Heinrich II. von Werl, Bf. von Paderborn (reg. 1084-1127) 71
Heinrich Albrecht (1658-1723) Gf. von Sayn-Wittgenstein-Hohnstein (= Wittgenstein-Wittgenstein) 160
„Heinrich Gustav“, Zeche (Bochum-Altenbochum) 383
Heinrich Julius von Braunschweig (-Wolfenbüttel) (1564-1613), Bf. (Adm.) von Halberstadt (reg. 1566/78-89) u. Bf. von Minden (reg. 1582-85), 1589 Hzg. von Braunschweig-Wolfenbüttel 122
Helgoland (Insel in der Nordsee [Schleswig-Holstein]) 28
Hellefeld (Sundern, Hochsauerlandkrs.), Gericht 77
Helmarshausen (Hessen) 14, 71, 88
Helmold von Bosau († nach 1177), ma. Geschichtsschreiber 11
Helms, Hans von (1899-?[nach 1972]), komm. Lhptm. (1944/45) 404f.
Helmstedt (Niedersachsen), Univ. 194
Helmwald, Bf. von Minden (reg. 950/52-58) 72
Helpenstein (Neuss, Krs. Neuss), kurköln. Unterherrsch. 185
Hemer (Märkischer Krs.), Gericht 77, 198
Hemer, Stalag 412
Hemsterhuis, Frans (1721-1790), ndl. Philosoph 209
Hengstey (Hagen) 385f.
Hennen (Iserlohn) 63, 126
„Henrichshütte“ (Hattingen) 388
Henßler, Fritz (1886-1953), SPD-Politiker u. Obmstr. in Dortmund 407
Herbeck (Hagen) 335
Herbede (Witten, Ennepe-Ruhr-Krs.) 60, 222, 367, 384f.
Herbede, Gericht 77
Herborn (Hessen) 411
Herdecke a. d. Ruhr (Ennepe-Ruhr-Krs.) 60, 66, 125, 351, 385f.
Herdecke, Benediktinerinnenkl. (Damenst.) 32, 125
Herdecke, Lehrersem. (ev.) (1894) 299f.

Herder, Johann Gottfried (1744-1803), Theologe u. Schriftsteller 233
Heresbach, Konrad (1496-1576), Humanist 124
Herford (Krs. Herford) 14, 21, 31, 38, 73, 90, 92, 95, 97, 109f., 159, 170, 196f., 268, 276, 323, 406, 419
Herford, Augustiner-Eremiten-Kl. 105, 109f.
Herford, Eigenkirche 33
Herford, Fraterherrenhaus 105, 108, 110
Herford, Gymnasium 204, 302
Herford, Kreis (1816) 258, 267, 348, 378
Herford, Kreis (1975) 19, 72
Herford, Kreissynode (Kirchenkrs.) (1818) 360
Herford, Lehrersem. (ev.) (1904) 300
Herford, Reichsabtei 15, 31, 73, 92, 110, 157, 196
Herford-Bielefeld, Wahlkrs. für die Frankfurter Nationalvslg. (1848) 286
Herford-Halle, Reichstagswahlkrs. (1871) 310
Heribert, Eb. von Köln (reg. 999-1021) 53
Hering, Carl Friedrich Wilhelm (1818-1896), Kons.-Präs. (amt. 1877-91) 361
Herken, Buchdrucker in Arnsberg (erw. 1766-88) 205
Hermann Billung († 973), Hzg. von Sachsen 39
Hermann II. Gf. von Calvelage († 1115) 44, 73
Hermann III. von Gemen († 1402), j. S. Johanns I. von Gemen, Gemahl der Herburga von Sulen (Zuylen), dadurch 1380-1402 Herr von Anholt 75
Hermann IV. von Hessen (1442 [nach anderen Angaben: um 1449/50]-1508), Kf.-Eb. (Adm.: 1473-80) von Köln (reg. 1480-1508) u. Bf. (Adm.) von Paderborn (reg. 1498-1508) 53, 56, 71
Hermann III. von Hochstaden, Eb. von Köln (reg. 1089-99) 53
Hermann II., von Katzenelnbogen († 1203), Bf. von Münster (reg. 1174-1203) 68
Hermann I., Eb. von Köln (reg. 889/90-924) 53
Hermann II., Eb. von Köln (reg. 1036-56) 53
Hermann I., Bf. von Münster (reg. 1032-42) 68
Hermann Gf. von Neuenahr (-Bedburg) (1520-1578) 127
Hermann III. Gf. von Ravensberg (1175-1223) 92
Hermann von Schaumburg (1545-1592), Bf. von Minden (1567/73-82) 122
Hermann II. († 1003), Hzg. von Schwaben 40, 43
Hermann I. Gf. von Werl († um 986) 40, 43
Hermann II. Gf. von Werl († bald nach 1024) 40, 43
Hermann Gf. von Werl († 1092) 42, 43
Hermann V. von Wied (1477-1552), Eb. von Köln (reg. 1515-46) u. Bf. (Adm.) von Paderborn (reg. 1532-46) 113, 117, 120-123, 125, 130, 134
„Hermannshütte" (Hörde) 388
Hermann Otto I. Gf. von Limburg-Styrum (1592-1644) 145, 187
Hermann Werner von Wolff-Metternich (1625-1704), Bf. von Paderborn (reg. 1683-1704) 172f.
Herne 19, 60, 66, 268, 295f., 324, 334, 338, 383f., 386, 390, 403, 413
Herne-Baukau s. Baukau
Herne-Börnig s. Börnig
Herne-Eickel s. Eickel
Herne-Holsterhausen s. Holsterhausen
Herne-Holthausen s. Holthausen (Herne)
Herne-Horsthausen s. Horsthausen
Herne-Röhlinghausen s. Röhlinghausen
Herne-Sodingen s. Sodingen
Herne-Wanne s. Wanne
Herringen (Hamm) 59
Herringen, Pfarrei 33
Herstelle (Beverungen, Krs. Höxter) 26f., 77
Herstelle, Pfarrei 33
Hervest (Dorsten, Krs. Recklinghausen) 386
Hervest-Dorsten, preuß. Amt 323
Herzebrock (Herzebrock-Clarholz, Krs. Gütersloh) 31f., 74
Herzebrock, Benediktinerinnenkl. 31f., 81, 183
Herzebrock, Eigenkirche 33
Herzfeld (Lippetal, Krs. Soest) 28, 38
Herzfeld, Eigenkirche 33
Hessen, Ghzg. (1806) von 240, 242, 251, 256, 262
s. auch Ludewig X./I. (1753-1830), Ldgf. (1806: Ghzg. von Hessen) von Hessen-Darmstadt
Hessen, Landgrafen von
s. Hermann IV. von Hessen (1442 [nach anderen Angaben: um 1449/50]-1508), Kf.-Eb. (Adm.: 1473-80) von Köln (reg. 1480-1508) u. Bf. (Adm.) von Paderborn (reg. 1498-1508)
s. Ernst Ldgf. von Hessen-Rheinfels (1623-1693)
s. Ludwig II. von Hessen (um 1282/83-1357), Bf. von Münster (reg. 1310-57)
s. Mechthild (Mathilde) von Hessen (um 1490-1558), Gemahlin Konrads von Tecklenburg
s. auch Philipp der Großmütige (1504-1567), Ldgf. von Hessen (reg. 1509/18-67)
Hessen (-Darmstadt), Ghzgt. (1806) 245f., 249-251, 253f., 256, 268, 270, 277
Hessen-Darmstadt, Ldgf. von s. Hessen, Ghzg. von
Hessen-Darmstadt, Ldgft. 245
Hessen-Kassel, Landgrafen von
s. Wilhelm V. (1602-1637), Ldgf. von Hessen-Kassel

s. Wilhelm VIII. (1682-1760), Ldgf. von Hessen-Kassel
Hessen, Philipp Prinz von (1896-1980), Ober-Präs. der Prov. Hessen-Nassau 401
Hessler (Gelsenkirchen) 296
Hethis, Mönchszelle (Corvey) 31
Heven (Witten, Ennepe-Ruhr-Krs.) 335
Hewalde s. Ewalde
„Hibernia", Stickstoffwerk (Wanne-Eickel) 389
„Hibernia", Zeche (Gelsenkirchen) 383
Hiddenhausen (Krs. Herford) 126, 365
Hiddenhausen-Schweicheln s. Schweicheln
Hilbeck (Werl, Krs. Soest) 359
Hilchenbach (Krs. Siegen-Wittgenstein) 19, 75, 336
Hilchenbach, Lehrersem. (ev.) (1867) 299
Hilchenbach-Oberndorf s. Oberndorf
Hilchenbach-Öchelhausen s. Öchelhausen
Hildebald, Eb. von Köln (reg. 784/87-818) 53
Hildebold, Bf. von Münster (gen. 947. 967) 68
Hildesheim (Niedersachsen), Bf. von 132, 180
Hildesheim, Bist. 132, 172, 351f.
Hildesheim, Domkap. 176, 180
Hildesheim, Hochst. 171, 182
Hildolf, Eb. von Köln (reg. 1076-78) 53
Hilduin, Eb. von Köln (reg. 842-48/49) 53
Hillebrand, Josef (1813-1887), Paderborner Diözesanmissionar 367
Himmelpforten (Ense, Krs. Soest) 224
Hindenburg, Paul von Beneckendorff u. Hindenburg (1847-1934), GFM u. Reichspräs. 329, 340f.
Hirdes, Martin (1884-?), SPD-Stadtrat in Hagen (um 1920) 324
Hirsch, Max (1832-1905), Sozialpolitiker 313
Hirsch-Dunckersche Gewerkvereine 313f.
Hirschberg (Warstein, Krs. Soest) 94, 97, 99, 202
Hirschland – „Levi Hirschland", Bank (Essen) 393
Hitler, Adolf (1889-1945), NS-Politiker u. Reichskanzler 341f., 357, 368, 370, 399, 401, 407, 411
Hitze, Franz (1851-1921), kath. Sozialreformer 309, 314, 356
Hochlar (Recklinghausen, Krs. Recklinghausen) 334
Hochlarmark (Recklinghausen, Krs. Recklinghausen) 334
Hochmann von Hochenau, Ernst Christoph (1670-1721), Radikalpietist 198
Hochsauerlandkreis 19
Hodolph (Berthold), Bf. von Münster (gen. 870) 68
Höfken, Gustav (1811-1889), Abg. der Frankfurter Nationalvslg. (1848/49) 286
Hömberg, Albert K. (1905-1963), Historiker 32
Hoensbroech, Grafen von 190
Höntrop (Bochum-Wattenscheid) 334
Hörde (Dortmund) 63, 66, 94, 97, 268, 296, 308, 313, 324, 326, 334, 338, 377, 385f., 388
Hörde, märk. Amt 77
Hörde, Kreis (1753) 66, 169
Hörde, Kreis (1887) 268, 334, 338
Hörstel (Krs. Steinfurt) 21, 69, 94
Hörstel-Bevergern s. Bevergern
Hoesch AG (Dortmund) 383, 388, 390
„Hoesch-Treibstoffwerke" (Dortmund) 389
Hövel, Friedrich Alexander Frhr. von (1766-1826) 272
Höxter (Krs. Höxter) 14, 21, 31, 33, 47, 76, 87, 90, 114, 146, 148f., 318
Höxter, Kreis (1816) 258, 267, 348, 378
Höxter, Kreis (1975) 19
Höxter, Pfarrei 33
Höxter-Corvey s. Corvey
Hofer, Andreas (1767-1810), Tiroler Freiheitskämpfer 254
Hoffmann, Adolf (1858-1930), sozialist. Politiker u. preuß. Kultus-Min. 322
Hoffmann, Albert (1907-1972), NS-Gauleiter von Westfalen-Süd (amt. 1943-45) 405
Hoffmann, Christoph Ludwig (1721-1806), Arzt u. Med.-Reformer 207
Hoffmann, Melchior (um 1500-1543), Täufer 118f.
Hoffnungstal (Rüdnitz [Berlin]), Arbeiterkolonie 366
Hofstede (Bochum) 296
Hohenlimburg (Hagen) 14, 19, 33, 45, 52, 62f., 86f., 126, 128, 183, 275, 286, 296, 308, 381, 387, 389, s. auch Limburg a. d. Lenne
Hohenlimburger Kleinbahn AG 387
Hohensyburg s. Syburg
Hohenzollern, Haus 129, 168
Hohenzollern, brand. Kurlinie
s. Albrecht von Brandenburg (1490-1545), Kf.-Eb. von Mainz, Eb. von Magdeburg u. Bf. von Halberstadt
s. Friedrich III./I. (1657-1713), Kf. von Brandenburg (1701: Kg. in Preußen)
s. Friedrich II., „der Große" (1712-1786), Kg. von Preußen
s. Friedrich III. (1831-1888), Dt. Ks. u. Kg. von Preußen
s. Friedrich Wilhelm I. (1688-1740), Kg. in Preußen
s. Friedrich Wilhelm II. (1744-1797), Kg. von Preußen

s. Friedrich Wilhelm III. (1770-1840), Kg. von Preußen
s. Friedrich Wilhelm IV. (1795-1861), Kg. von Preußen
s. Friedrich Wilhelm (1620-1688), Kf. von Brandenburg
s. Georg Wilhelm (1595-1640), Kf. von Brandenburg
s. Johann Sigismund (1572-1619), Kf. von Brandenburg
s. Wilhelm I. (1797-1888), Dt. Ks. u. Kg. von Preußen
s. Wilhelm II. (1859-1941), Dt. Ks. u. Kg. von Preußen
Hohenzollern, fränk. Sekundogenitur
s. Albrecht von Brandenburg-Ansbach (1490-1568), Hochmstr. des Dt. Ordens u. Hzg. von Preußen
s. Albrecht Friedrich (1553-1618), Hzg. von Preußen
s. Anna von Preußen (1576-1625), T. Maria Eleonores von Jülich, Gemahlin Kf. Johann Sigismunds von Brandenburg
s. Georg „der Fromme", Markgf. von Brandenburg-Ansbach (1484-1543)
Hohenzollern-Hechingen, Fst. von 269
Hohenzollern-Sigmaringen, Fst. von 269
„Holland", Zeche (Wattenscheid) 383, 388
Holstein-Schaumburg, Grafen von 75, s. auch Schaumburg, Grafen von
Holsterhausen (Herne) 406
Holthausen, nichtidentifizierbarer Ort (1054) 10
Holthausen (Dortmund) 334
Holthausen (Hagen) 335
Holthausen (Herne) 334
Holzappel (Rheinland-Pfalz), Gft. 16
Holzhausen (Bad Laasphe, Krs. Siegen-Wittgenstein) 336
Holzminden (Niedersachsen) 14
Holzwickede (Krs. Unna) 385
Holzwickede, Präparandenanstalt (1872) 300
Homberg (Schwalm-Eder-Krs., Hessen), Homberger Synode (1526) 113
Hombruch (Dortmund) 383, 389
Homburg (Oberbergischer Krs.), Herrsch. 185, 245
Hontheim, Nikolaus von (1701-1790), Weihbf. in Trier 206
Hopsten (Krs. Steinfurt) 214, 285
Hordel (Bochum) 334
Horst (Gelsenkirchen) 334, 395
Horst, Gericht 77
Horst-Emscher s. Horst (Gelsenkirchen)
Horsthausen (Herne) 296
Horstmar (Krs. Steinfurt) 69, 93, 275
Horstmar, münster. Amt 77, 146, 239
Horstmar, Gft. (1803) 240, 245
Hovestadt (Lippetal, Krs. Soest), Gericht 77
Hoya (Niedersachsen), Amt 226
Hoya, Grafen von 72
s. auch Albert II. von Hoya († 1473), Bf. (Adm.: 1420-37) von Minden (reg. 1437-73) u. Adm. von Osnabrück (reg. 1450-54)
s. auch Erich von Hoya, Bf. von Osnabrück (reg. 1437-42), Gegen-Bf. in Münster 1450/56-57
s. auch Erich (IV.) Gf. von Hoya (zu Stolzenau) († 1547)
s. auch Johann I. von Hoya (1355-1424), Bf. von Paderborn u. Hildesheim
s. auch Johann Gf. von Hoya (1427-1466), weltl. Stiftsverweser im Hochst. Münster (1450)
s. auch Johann (III./II.) von Hoya (1529-1574), Bf. von Osnabrück, Münster u. Paderborn
s. auch Otto IV. von Hoya († 1424), Bf. von Münster
s. auch Widekind von Hoya, Bf. von Minden (reg. 1253-61)
Hoya, Gft. 13, 16, 157, 226
Hubertusburg (Sachsen), Hubertusburger Friedensvertrag (1763) 144
Hubmaier, Balthasar (1485-1528), Täufer 118
Huchzermeyer, Clamor Ludwig Carl (1809-1899), Pfr. in Schildesche 365
Huckarde (Dortmund) 19, 66, 75, 296, 386
Hue, Otto (1868-1922), Gewerkschaftsführer 313
Hüllen (Gelsenkirchen) 296
Hüllhorst (Krs. Minden-Lübbecke) 78, 364
Hüllhorst-Schnathorst s. Schnathorst
„Hüls AG" (Marl) 389
Hülshoff (Havixbeck, Krs. Coesfeld), Schloß 179
Hüsten (Arnsberg, Hochsauerlandkrs.) 94, 97, 99
Hüsten, Pfarrei 33
Hugo von Sponheim, Eb. von Köln (reg. 1137) 53
Humboldt, Wilhelm von (1767-1835), preuß. Bildungsreformer 301
Hus, Jan (um 1370-1415), böhm. Kirchenreformer 105
Husen (Dortmund) 334
Hut, Hans (um 1490-1527), Täufer 118
Huter, Jakob († 1536), Täufer 118
Huttrop (Essen) 382

Ibbenbüren (Krs. Steinfurt) 73, 220
Ibbenbüren, Bergbauschule 304
Ibbenbüren, Pfarrei 32
Iburg (Bad Driburg, Krs. Höxter), Pfarrei 33

Ickern (Castrop-Rauxel, Krs. Recklinghausen) 334
Ida von Herzfeld († 825) 28, 40
Ida (Jutta) von Werl (-Arnsberg) (um 1120/27), Gemahlin Gottfrieds von Cappenberg 42f.
Ilbenstadt (Hessen), Burg (Prämonstratenserkl.) 42
Imad, Bf. von Paderborn (reg. 1051-76) 71
Ingolstadt (Bayern) 194
Innsbruck (Österreich) 355
Irmengard Gf.'in von Berg († 1248), Gemahlin Hzg. Heinrichs von Limburg 46, 61f.
Isenberg, Burg bei Hattingen (Ennepe-Ruhr-Krs.) 45, 61f.
Isenberg, Grafen von 44f., 61f., 187
s. auch Arnold Gf. von Isenberg († 1209)
s. auch Dietrich III. von Isenberg, Bf. von Münster (reg. 1218-26)
s. auch Dietrich I. Gf. von Isenberg-Limburg († 1299/1301)
s. auch Engelbert von Isenberg, Bf. von Osnabrück (reg. 1239-50)
s. auch Friedrich Gf. von Isenberg (um 1190-1226)
Isenberger Wirren (um 1230-1243/48) 62
Iserlohn (Märkischer Krs.) 51, 59, 63, 66, 77, 80, 93, 97, 99, 112, 125f., 145, 148, 170, 214, 221, 268, 282, 289, 293, 296, 298, 308, 335, 381, 412, 414
Iserlohn, märk. Amt 77
Iserlohn, FH 307
Iserlohn, Freimaurerloge (1796) 205
Iserlohn, Gewerbeschule 305
Iserlohn, Gymn. „Lyceum Iserlohnense" 302
Iserlohn, Kreis (1817) 258
Iserlohn, Kreissynode (Kirchenkrs.) (1818) 360
Iserlohn-Calle s. Calle
Iserlohn-Hennen s. Hennen
Iserlohn-Letmathe s. Letmathe
Iserlohn-Lössel s. Lössel
Iserlohn-Oestrich s. Oestrich
Iserlohn-Sümmern s. Sümmern
Iserlohner Aufstand (1849) 289
„Iserlohner Bürgerblatt" 286
Isselburg (Krs. Borken) 69, 75
Isselburg-Anholt s. Anholt
Istanbul/Konstantinopel (Türkei) 85

Jacobi, Bernhard August (1801-1843), Pfr. in Petershagen u. Präs. der Westf. Prov.-Synode 361
Jacobi, Gottlieb (auch: Gottlob) (1770-1845), Eisenindustrieller 382
Jäger, August (1887-ca. 1945), Landgerichtsrat 368f.
Jäger, Lorenz (1892-1975) Kardinal (1965), Eb. von Paderborn (amt. 1941-73) 352
Jakob, at. Erzvater 366
Jakobäa (Jakobe) von Baden (1558-1597), Gemahlin Johann Wilhelms von Jülich-Kleve-Berg 141
Jalta (Halbinsel Krim, Ukraine), Konferenz (1943) 416
Jan van Leiden (1509-1536), Täufer in Münster 119
Jarres, Karl (1874-1951), Obmstr. in Duisburg u. Reichs-Min. 340
Jena (Thüringen) 234
Jena und Auerstedt, Schlacht (1806) 244
Jérôme Bonaparte (1784-1860), Kg. von Westphalen (reg. 1807-13) 246
Joachim von Büren († 1610) 128
Jobst Gf. von Limburg-Styrum (1560-1621) 187
Joch, Johann Georg (1677-1731), Rektor des Archigymn. u. Sup. in Dortmund (amt. 1709-22) 197
Jöllenbeck (Bielefeld) 205, 364
Johann d. Ä. von Büren (1538-1591), Statthalter des Hochst. Paderborn 128, 134
Johann von Diepholz, Bf. von Minden (reg. 1242-53) 72
Johann I. von Hoya (1355-1424), Bf. von Paderborn (reg. 1394-99) u. Hildesheim (reg. 1399-1424) 71
Johann Gf. von Hoya (1427-1466), weltl. Stiftsverweser im Hochst. Münster (1450) 70
Johann (III./II.) von Hoya (1529-1574), Bf. von Osnabrück (reg. 1553-74), Münster (reg. 1566-74) u. Paderborn (reg. 1568-74) 121, 134
Johann III. (1490-1539), Hzg. von Jülich-Kleve-Berg, Gf. von der Mark u. Ravensberg 64, 66, 81, 124, 140
Johann Gf. von Kleve († 1368) 64f.
Johann I. (1419-1481), Hzg. von Kleve (1448) u. Gf. von der Mark (1461) 53f., 64-66, 70
Johann II. (1458-1521), Hzg. von Kleve u. Gf. von der Mark 64, 66, 80, 124
Johann Gf. von Limburg († 1511) 63
Johann V. Gf. von Nassau-Dillenburg (1455-1516) 115
Johann VI. Gf. von Nassau-Dillenburg (1536-1606) 75, 128, 131, 184
Johann VII. Gf. von Nassau-Siegen (1561-1623) 75, 184
Johann VIII. Gf. von Nassau-Siegen (kath.) (1583-1638) 184
Johann von der Pfalz (1429-1475), Bf. von Münster (reg. 1457-66), Eb. von Magdeburg (reg. 1464/66-75) 68, 70

Johann von Plettenberg (um 1297), köln. Marschall für Westfalen 93
Johann III. Gf. von Rietberg († 1625) 146
Johann der Beständige (1468-1532), Kf. von Sachsen 113, 115
Johann I. von Virneburg († 1371), Bf. von Münster (reg. 1363-64) u. Utrecht (reg. 1364-71) 68
Johann (Hans) Adolf Gf. von Bentheim-Tecklenburg (1637-1704) 162
Johann Casimir Pfalzgf. von Lautern (1543-1592) 131
Johann Friedrich (1503-1554), Kf. von Sachsen 115f., 141
Johann Gebhard von Mansfeld († 1562), Kf.-Eb. von Köln (reg. 1558-62) 121
Johann Jakob Gf. von Bronckhorst zu Anholt (um 1580-1630), Heerführer im 30jähr. Krieg 145f., 148
Johann Moritz von Nassau-Siegen (1604-1679), brand. Statthalter in Kleve 164
Johann Sigismund (1572-1619), Kf. von Brandenburg (reg. 1608-19) 129, 142, 144, 163, 167
Johann Wilhelm von Jülich-Kleve-Berg (1562-1609), Bf. (Adm.) von Münster (reg. 1574-85) s. Johann Wilhelm Hzg. von Jülich-Kleve-Berg
Johann Wilhelm (1562-1609), Hzg. von Jülich-Kleve-Berg (reg. 1592-1609) 121, 124, 140f.
Johann Wilhelm (1658-1716), Pfalzgf. von Neuburg, Kf. von der Pfalz, Hzg. von Jülich u. Berg (reg. 1690-1716) 141, 143
Johannes Paul II. (Karol Wojtyla, *1920), Papst (seit 1978) 352
Joseph I. (1678-1711), röm.-dt. Ks. (reg. 1705-11) 186
Joseph II. (1741-1790), röm.-dt. Ks. (reg. als Ks. 1765-90) 174, 206
Joseph Bonaparte (1768-1844), Kg. von Spanien (reg. 1808-13) 254
Joseph Clemens von Bayern (1671-1723), Kf.-Eb. von Köln (reg. 1688-1723) 172f., 175
Jülich (Krs. Düren) 142
Jülich, Gft. (1356/60: Hzgt.) 15, 55, 66, 73, 78, 81, 119, 123, 125, 140, 142-144, 157, 165
Jülich, Grafen von
s. Walram von Jülich (1304-1349), Eb. von Köln (reg. 1332-49)
Jülich und Berg, Grafen (Herzöge) von 73
s. auch Gerhard VI. (I.) († 1360), Gf. (Hzg.) von Jülich, Gf. von Ravensberg u. Gf. von Berg
s. auch Margarete von Jülich († 1425), Gemahlin Adolfs III. (I.) von der Mark († 1394)
s. auch Maria von Jülich (1491-1543), Gemahlin Johanns III. von Kleve-Mark, Erbin von Jülich, Berg und Ravensberg
s. Wilhelm III. (IV.) (1455-1511), Hzg. von Jülich u. Berg, Gf. von Ravensberg
Jülich und Berg, Herzöge von (nach 1609/14) 153, 189
s. auch Johann Wilhelm (1658-1716)
s. auch Karl Philipp (1661-1742)
s. auch Philipp Wilhelm (1615-1690), Kf. von der Pfalz (1685)
s. auch Wolfgang Wilhelm (1578-1653)
Jülich-Kleve-Berg, Herzöge von 117, 124, 140, 158f.
s. Anna von Jülich (1552-1632), Gemahlin Philipp Ludwigs von Neuburg
s. auch Johann III. (1490-1539)
s. auch Johann Wilhelm (1562-1609)
s. auch Karl Friedrich (1555-1575) Erbpr.
s. auch Maria Eleonore von Jülich (1550-1608), Gemahlin Albrecht Friedrichs von Preußen
s. auch Wilhelm V., „der Reiche“ (1516-1592)
Jülich-Kleve-Berg, preuß. Prov. (1815-22) 258, 351
Jülich-Kleve-Berg, Prov.-Synode 362
Jülich-klevische Länder 143
Jülich-klevischer Erbfolgestreit (1609-14 [-1666]) 140, 143f., 157, 159
Jüterbog (Brandenburg), Vertrag (1611) 142
Julius von Braunschweig (-Wolfenbüttel) (1528-1589), Bf. (Adm.) von Minden (reg. 1553-54), 1554 Hzg. von Braunschweig-Wolfenbüttel 122

Kaempfer, Engelbert (1651-1716), Japanreisender 202
Kaempfer (Kemper), Johann (1610-1682), Pfr. in Lemgo 202
„Kaiserstuhl“, Zeche (Dortmund) 388
Kaiserswerth (Düsseldorf) 29, 62, 202, 300
Kaiserswerth, (nichtstaatl.) Lehrerinnensem. (ev.) (1844) 300
Kalixtus II. (Guido Gf. von Burgund), Papst (reg. 1119-24) 41
Kallenhardt (Rüthen, Krs. Soest) 14, 52, 93, 97, 99
Kalmenhof (Idstein, Hessen) 411
Kamen (Krs. Unna) 20, 54, 59, 66, 80, 93, 97, 99, 110, 125, 147, 170, 197, 336, 358, 386
Kamen, märk. Amt 77
Kamen-Derne s. Derne
Kammin/Prov. Pommern (Kamień Pomorski, Polen), Hochst. 152, 182
Kamp, Kl. (Kamp-Lintfort, Krs. Wesel), Schlacht (1760) 189

Kamp, (Johann) Heinrich (Daniel) (1786-1853), Kaufmann in Elberfeld u. 1. Präs. der Handelskammer Elberfeld 382
Kamp-Lintfort (Krs. Wesel) 189
Kampen (Niederlande) 111
Kannen, Hs. (Münster-Amelsbüren) 367
Kant, Immanuel (1724-1804), Philosoph 202
Kapp, Wolfgang (1858-1922), Gen.-Landschaftsdir. in Ostpreußen u. Putschist (1920) 325
Kapp-Putsch (1920) 324f.
Karl I., der Große (747-814), Kg. der Franken (reg. 768-814), röm. Ks. (800) 9f., 23-31, 34, 37f.
Karl (III.), der Dicke (839-888 [Urenkel Karls d. Gr.]), Kg. (876), röm. Ks. (881), Kg. der Ostfranken (882) 38
Karl der Kahle (823-877 [Enkel Karls d. Gr.]), Kg. der Westfranken (843), röm. Ks. (875) 37
Karl IV. (1316-1378), dt. Kg. (1346) u. röm. Ks. (1355) 67
Karl V. (1500-1558), Kg. von Spanien (reg. 1516-56), dt. Kg. (reg. 1519-56), röm. Ks. (1530) 73, 107, 115f., 124, 140, 156, 180
Karl VI. (1685-1740), röm.-dt. Ks. (reg. 1711-40) 144, 162
Karl II. (1630-1685), Kg. von England u. Schottland (reg. 1660-85) 154
Karl X. (1757-1836), Gf. von Artois, Kg. von Frankreich (reg. 1824-30) 236
Karl der Kühne (1432-1477), Hz. von Burgund (reg. 1467-77) 56, 66, 70
Karl (1540-1590), Erzhzg. von Österreich (-Innerösterreich [Steierische Linie]) 133
Karl Alexander von Lothringen (1712-1780), Schwager Maria Theresias 189
Karl August (1757-1828), Hzg. (1815: Ghzg.) von Sachsen-Weimar-Eisenach 237
Karl Friedrich (1555-1575) Erbpr. von Jülich-Kleve-Berg 141
Karl Ludwig (1617-1680), Kf. von der Pfalz (reg. 1648-80) 149
Karl Martell (um 676-741 [Großvater Karls d. Gr.]), fränk. Hausmeier 24, 28
Karl Philipp (1661-1742), Pfalzgf. von Neuburg, Kf. von der Pfalz, Hzg. von Jülich und Berg (reg. 1716-42) 143f.
Karl Theodor Otto Fst. von Salm (1645-1710) s. Carl Theodor Otto
Karl Wilhelm Ferdinand (1735-1806), Hzg. von Braunschweig-Wolfenbüttel, preuß. Truppenführer im 7jähr. Krieg, später preuß. GFM 189
Karlmann (um 830-880 [Urenkel Karls d. Gr.]), Kg. von Bayern (876) 38
Karolinger 37f.
s. auch Arnulf von Kärnten (um 850-899 [Ururenkel Karls d. Gr.])
s. auch Bernhard († 787 [illeg. S. Karl Martells]
s. auch Karl I., der Große (747-814)
s. auch Karl (III.), der Dicke (839-888 [Urenkel Karls d. Gr.])
s. auch Karl der Kahle (823-877 [Enkel Karls d. Gr.])
s. auch Karl Martell (um 676-741 [Großvater Karls d. Gr.])
s. auch Karlmann (um 830-880 [Urenkel Karls d. Gr.])
s. auch Lothar I. (795-855 [Enkel Karls d. Gr.])
s. auch Ludwig III. (um 835-882 [Urenkel Karls d. Gr.])
s. auch Ludwig der Deutsche (um 806-876 [Enkel Karls d. Gr.])
s. auch Ludwig der Fromme (778-840 [S. Karls d. Gr.])
s. auch Ludwig das Kind (893-911 [Urururenkel Karls d. Gr.])
s. auch Pippin der Jüngere (um 715-768 [Vater Karls d. Gr.])
s. auch Pippin (um 797-838 [Enkel Karls d. Gr.])
s. auch Wala (um 773-836 [S. Bernhards († 787)]), Abt von Corbie u. Bobbio
Karlsruhe (Baden-Württemberg) 283
Karlsruhe, TH 307
Karlstadt s. Bodenstein gen. Karlstadt, Andreas
Karthaus, Christian Heinrich (1717-1774), pietist. Pfr. in Wetter u. Hagen 197
Karthaus, Johann (1679-1748), pietist. Pfr. in Schwelm 197
Kassel (Hessen) 17, 246, 250, 386
Katharina II. (1729-1796), Ks.'in von Rußland (reg. 1762-96) 218
Kaufbeuren (Bayern) 411
Kaufmann, Karl (1900-1969), NS-Gauleiter von Rheinland-Nord (1924-26) bzw. Ruhr (1926-28), NS-Gauleiter von Hamburg (1928-45) 343
Kaunitz (-Rietberg), Grafen (Fürsten) 187, 273, 275
Kaunitz, Aloysius (Aloys Wenzel) Gf. (Fst.) von (1774-1848) 275
Kaunitz, Maximilian Ulrich von (1679-1746), Lhptm. in Mähren, Gemahl der Maria Ernestine von Ostfriesland u. Rietberg 187
Kaunitz-Rietberg, Wenzel Anton Gf. (1764: Fst.) von (1711-1794), österr. Staatskanzler 187-189
Kellermann, Bernhard Georg (1776-1847), Bf. von Münster (amt. 1846-47) 352
Kemener (Kemner), Timan (um 1470-1535), Rektor der Domschule zu Münster 112

Kemminghausen (Dortmund) 67, 296
Kempen (Krs. Viersen) 60
Kemper, Johann s. Kaempfer, Johann
Keppel, St. (Hilchenbach, Krs. Siegen-Wittgenstein), ev. Erziehungs- u. Schulanstalt für Mädchen 304
Keppel, St., Lehrerinnensem. (ev.) (1872) 300
Kerckerinck, von, Familie 180
Kerpen (Erftkrs.) und Lommersum (Weilerswist, Krs. Euskirchen), Gft. 16
Kesselstadt, Edmund Gf. von (1765-1840) 271
Ketteler, von, Familie 179
s. auch Wilhelm von Ketteler (um 1520-1582), Bf. von Münster (reg. 1553-57)
Ketteler, Wilhelm Emanuel Frhr. von (1811-1877), Bf. von Mainz (amt. 1850-77) 285, 309, 356
Kettwig (Essen) 62, 384
Kiel (Schleswig-Holstein) 320
Kiel, Univ. 305
Kierspe (Märkischer Krs.) 59, 62f.
Kirchderne (Dortmund) 334, s. auch Derne (Dortmund)
Kirchhörde (Dortmund) 334
Kirchlinde (Dortmund) 334
Klein, Kaspar (1865-1941), Bf. (1930: Eb.) von Paderborn (amt. 1920-41) 352
Klein, Rudolf (1885-1971), Reg.-Vz.-Präs. von Münster, komm. Ober-Präs. von Westfalen (1945) 265, 404, 417
Kleinenberg (Lichtenau, Krs. Paderborn) 94
Kleinsorgen, Gerhard von (1530-1591), köln. Offizial 12
Kleve (Krs. Kleve) 16, 81, 142, 159, 163, 190, 238, 257, 269, 271, 318
Kleve, Frieden (1666) 154
Kleve, Grafen (Herzöge) von 56, 64f., 99, 105
s. auch Adolf III. (II./I.) Gf. von der Mark († 1394), Bf. von Münster (reg. 1357-63), Eb. von Köln (reg. 1363-64 [als solcher Adolf II.]), Gf. von Kleve (1368 [als solcher Adolf I.]), Gf. von der Mark (1391 [als solcher Adolf III.])
s. auch Adolf IV. (I.) Gf. (1417: Hzg.) von Kleve († 1448)
s. auch Dietrich VIII. Gf. von Kleve († 1305)
s. auch Dietrich IX. Gf. von Kleve († 1347)
s. auch Johann Gf. von Kleve († 1368)
s. auch Johann I. (1419-1481), Hzg. von Kleve (1448) u. Gf. von der Mark (1461)
s. auch Johann II. (1458-1521), Hzg. von Kleve u. Gf. von der Mark
s. auch Margarete von Kleve, Gemahlin (1328) Adolfs II. von der Mark († 1347)
s. auch Otto Gf. von Kleve († 1311)
Kleve, Gft. (Hzgt.) 15f., 54f., 65-67, 73, 80f., 99, 123, 125, 140, 142f., 157, 163-165, 168, 186, 189f., 204f., 237, 243, 245, 299, 357f.
Kleve, Kriegs- u. Domänenkammer (1723) 168f., 358, 382
Kleve, Reg.-Bez. (bis 1821) 351
Kleve, Vertrag (1666) 143, 159
Kleve-Hamm, OLG (in Kleve) (bis 1820) 269
Kleve-Mark 66, 70, 357
Kleve-Märkische Verordnung für die höheren Schulen (1782) s. Cleve-Märkische Verordnung
Kley (Dortmund) 334
Klopstock, Friedrich Gottlieb (1724-1803), dt. Dichter 234
Kloster Brunnen s. Brunnen (Sundern, Hochsauerlandkrs.)
Kloster Zeven s. Zeven (Niedersachsen)
Knipperdolling, Bernd (um 1490-1536), Tuchhändler u. Täufer in Münster 119
Knyphausen, Dodo von (1582-1636), schwed. Gen. im 30jähr. Krieg 148
Kobbo s. Cobbo
Koblenz (Rheinland-Pfalz) 235-237, 257, 271
Koblenz, Reg.-Bez. 258, 416
Koblenzer Adresse (1818) 271
Koch, (Jakob Emil) Karl (1876-1951), Pfr. in Oeynhausen u. Präs. der Westf. Prov.-Synode 361, 369-371
Koch, Otto (1879-1952), Zentrumspolitiker in Dortmund 402
Kockelcke, Heinrich Friedrich Wilhelm (1856-1934), Pfr. in Schwelm u. Präs. der Westf. Prov.-Synode (1914-28) 361
Köln 12, 16, 34, 38, 52, 62, 67, 85, 87f., 96-98, 108, 112, 133, 158f., 213, 237-239, 257, 271, 318, 329, 338, 350, 378, 382, 387
Köln, Demokratenkongreß (1848) 287
Köln, Diöz. (Erzdiöz.), Kölner Kirche (vor 1801) 30, 47, 49, 50f., 53, 56, 62f., 65, 70f., 93, 112, 130f., 133, 172, 238, 350f.
Köln, Dom 50, 134, 238
Köln, Domkap. 56, 79f., 131, 175f., 238
Köln, Domschatz 238
Köln, Eb. (Kf.-Eb.) von 14, 50, 52, 60, 66f., 70, 73, 89, 92f., 132, 148, 156f., 172, 187, 350, 352f.
Köln, Erzbist. (vor 1801/21) bzw. Eb.-Sitz 65, 123, 132, 135, 143, 172, 174, 239
Köln, Erzbist. (1821) 351
Köln, Erzst. 54, 61, 67, 79, 122, 133, 157, 171, 182, 207, 238, 245
Köln, Kirchenprov. (Metropolitanbez.) 30f., 50
Köln, Kurstaat 142f., 174, 238
Köln, Kurwürde 242
Köln, Nuntiatur 133

Köln, OLG 269
Köln, Priestersem. (1615) 133
Köln, Offizialatsgericht 238
Köln, Reg.-Bez. 336, 416
Köln, Kanonikerst. u. Kirche St. Kunibert 28, 49
Köln, Univ. 112
Köln-Aachen, Reichstagswahlkrs. (1919) 340-342
Köln-Deutz s. Deutz
Köln-Dünnwald s. Dünnwald
Köln-Mindener Eisenbahn 385-387
Köln-Mülheim s. Mülheim am Rhein
Köln-Worringen s. Worringen
Kölner Dombaufest (1842) 353
Kölner Ereignis (1837) 287, 353
Kölner Frieden (1674) 154
Kölner Gen.-Vik. 350
Kölner Kirchenrat (1601) 133f.
Kölner Kirchenstreit s. Kölner Ereignis
„Kölner Reformation" (1543) 122
Kölner Wirren s. Kölner Ereignis
„Kölnische Zeitung" 286
Kölnischer Krieg (1583-85) 132
König, Friedrich Adolf (1835-1914), Pfr. in Witten u. Präs. der Westf. Prov.-Synode 361
König, Heinrich (1886-1943), SPD-Politiker in Bochum 402
„Königliche Giro- u. Lehnsbank" 394
Königsberg/Prov. Ostpreußen (Kaliningrad, Rußland) 193, 385
Königsberg, Univ. 305
Königsborn (Unna, Krs. Unna) 386
Königsborn, Saline 222
Königssteele (Essen) 334
Königswinter (Rhein-Sieg-Krs.) 245
Körbecke (Möhnesee, Krs. Soest), Gericht 77
Körne (Dortmund) 50, 67, 296
Kogelnberg (Kogelnburg), Burg bei Volkmarsen (Hessen) 14
Koiten, Hermann († 1549), reformat. Pred. in Lippstadt, später in Dortmund u. Detmold 110
Kolbow, Karl-Friedrich (1899-1945), Lhptm. 404-406
Kolpingvereine (1846) 353
Konrad I. († 918), Kg. der Ostfranken (911) 38
Konrad II. (um 990-1039), dt. Kg. (1024) u. röm. Ks. (1027) 39f., 43
Konrad III. (1093/94-1152), dt. Gegen-Kg. 1127-35, dt. Kg. (1138) 44f., 89
Konrad Gf. von Arnsberg s. Konrad Gf. von Rietberg (1237 gen., † 1284/94)
Konrad von Hochstaden (um 1205-1261), Eb. von Köln (reg. 1238-61) 51, 53, 62
Konrad Gf. von Rietberg (1237 gen., † 1284/94) 43, 74
Konrad von Rietberg (um 1456-1508), Bf. von Osnabrück (reg. 1482-1508) u. Münster (reg. 1497-1508) 68
Konrad I. von Rüdenberg, Bf. von Minden (reg. 1209-36) 72
Konrad Gf. von Solms-Braunfels (1540-1592) 162
Konrad Gf. von Tecklenburg (1493-1557) 73, 114, 127, 161f.
Konrad II. von Wardenburg, Bf. von Minden (reg. 1293-95) 72
Konrad Gf. von Werl (-Arnsberg) († 1092) 40-43
Konrad Gumprecht Gf. von Bentheim (-Limburg) (1585-1618) 128, 185
Konstanz (Baden-Württemberg) 105, 116
Konstanz, Konzil (1414-18) 105
Korbach (Hessen) 34, 414
Korff-Tatenhausen, von, Familie 180
Kornelimünster (Aachen), Reichsabtei 15
Kortum, Renatus Andreas (1674-1747), pietist. Pfr. in Hattingen 197
Kowno (Kaunas, Litauen), Ghetto 410
Krage, Nikolaus (um 1490-1559), Reformator in Minden 109
Kray (Essen) 386
Krefeld 163, 318
Krefeld, Schlacht (1758) 189
„Kreis von Münster" s. Münster, „Kreis von Münster"
Krekeler, Hermann Adolf Karl (1841-1898), ev. Pfr. 367
Kreuztal (Krs. Siegen-Wittgenstein) 75, 115, 336
Kreuztal-Mittelhees s. Mittelhees
Kreuztal-Oberhees s. Oberhees
Krombach (Kreuztal, Krs. Siegen-Wittgenstein) 115
„Kronprinz", Zeche (Bergeborbeck) 383f.
Kropp, Gottschalk († 1540), Wegbereiter der Reformation in Herford 110
Krukenberg, Burg bei Helmarshausen (Hessen) 14
„Krumme Grafschaft" 63
„Krupp-Kohlechemie" (Wanne-Eickel) 389
Kühlwetter, Friedrich von (1809-1882), Ober-Präs. von Westfalen 265
Küppersbusch, Unternehmerfamilie 393
Küppersbusch – „F. Küppersbusch u. Söhne AG" (Gelsenkirchen) 390, 393
Kuhlen, Johann Jakob von der (1777-1862), Pfr. in Hamm u. Präs. der Westf. Prov.-Synode 361
Kulmbach, Fstm. s. Bayreuth
Kuno von Diepholz, Bf. von Minden (reg. 1261-66) 72
Kuno von Falkenstein, Kf.-Eb. von Köln (reg. 1366/68-70) 53

Kupferdreh (Essen) 384, 388
Kurl (Dortmund) 334
Kuske, Bruno (1876-1964), Wirtschaftshistoriker 329

Laasphe (Krs. Siegen-Wittgenstein) 17, 75, 160, 199, 275, 335f.
Laasphe, Präparandenanstalt (1874) 300
Laasphe-Bernshausen s. Bernshausen
Laasphe-Großenbach s. Großenbach
Laasphe-Heiligenborn s. Heiligenborn
Laasphe-Holzhausen s. Holzhausen
Laasphe-Steinbach s. Steinbach
Labadie, Jean de (1610-1674), Spiritualist 196
Ladbergen (Krs. Steinfurt) 73
Laer (Bochum) 334, 385f.
Laer (Krs. Steinfurt) 12
Laerbrock (zw. Bösensell [Senden], Schapdetten [Nottuln] u. Havixbeck, alle Krs. Coesfeld), Vslg.-Ort des münster. Landtags 80, 177
La Force (Frankreich), Anstalt für Epileptische 366
Lahde (Petershagen, Krs. Minden-Lübbecke) 197
Lambach, Johann (um 1512-1582), Humanist u. Schulgründer in Dortmund 126
Lamberti (Münster) 295
Landsberg, von, Familie 180
Landsberg-Velen, Grafen von 273
Landward, Bf. von Minden (reg. 958/60-69) 72
Langenberg (Velbert, Krs. Mettmann) 296, 393
Langendreer (Bochum) 334f., 385f.
Langenhorst (Ochtrup, Krs. Steinfurt), Lehrersem. (kath.) (1833/39) 299
Langenhorst, Taubstummensch. 305
Langerfeld (Wuppertal) 267, 338
Langschede (Fröndenberg, Krs. Unna) 222
Langscheid (Sundern, Hochsauerlandkrs.) 97, 99
Lanstrop (Dortmund) 334
Lassalle, Ferdinand (1825-1864), sozialdemokr. Politiker 308
Lauenburg (Schleswig-Holstein) 198, 249
Leade, Jane (1624-1704), engl. Mystikerin 198
Lebuin (Liafwin) (um 770, † 773/75), angelsächs. Missionar 29
Lebus (Brandenburg) 197
Lebus, Hochst. 182
Ledebur-Wicheln, Klemens von (1770-1841), Bf. von Paderborn (amt. 1825-41) 352
Ledingham, George Alexander, brit. Oberst (1945) 417
Leer (Niedersachsen) 69
Legden (Krs. Borken) 77
Legnano (Italien), Niederlage Ks. Friedrichs I. (1176) 47
Leibniz, Gottfried Wilhelm (1646-1716), Philosoph 196
Leipzig (Sachsen) 193, 198, 308
Leipzig, Disputation (1519) 107
Leipzig, Schlacht (1813) 255f., 263
„Leipziger Bank" 393
Leithe (Gelsenkirchen) 334
Lembeck (Dorsten, Krs. Recklinghausen), Herrlichk. 77
Lembeck, Pfarrei 33
Lembeck, Schloß 179
Lemgo (Krs. Lippe) 97, 193f., 201f., 286
Lemgo, Kreis 338
Lendringsen (Soest, Krs. Soest) 336
Lengerich (Krs. Steinfurt) 73
Lengerich, Pfarrei 33
Lengerich, Vertrag (1699) 162
Lenhausen (Finnentrop, Krs. Olpe), Gericht 77
Lennestadt (Krs. Olpe) 53, 63, 77
Lennestadt-Bilstein s. Bilstein
Lennestadt-Oedingen s. Oedingen
Lennetalbahn s. Ruhr-Sieg-Bahn
Leo III., Papst (reg. 795-816) 31
Leo X. (Giovanni de' Medici, 1475-1521), Papst (reg. 1513-21) 107
Leopold II. (1747-1792), röm.-dt. Ks. (reg. 1790-92) 174, 236
Leopold Erzhzg. von Österreich (1586-1632), Bf. von Passau u. Straßburg (bis 1625), danach Erzhzg. von Österreich (-Tirol) 142
Leopold Philipp Carl Fst. von Salm (1619-1663) 186
Lerche (Hamm-Pelkum) 59
Letmathe (Iserlohn) 63, 126, 385
Leunawerke (Leuna bei Merseburg, Sachsen-Anhalt) 389
Leuth (Nettetal, Krs. Viersen) 60
Levold von Northof (1279-nach 1359), Domh. in Lüttich u. ma. Chronist 45, 62
Lichtenau (Krs. Paderborn) 94, 241
Lichtenau, paderb. Amt 77
Lichtenau-Kleinenberg s. Kleinenberg
Lichtschlag – „Freikorps Lichtschlag" 323f.
Lichtschlag, Otto (1885-1961), Hptm., Freikorpsführer 323f.
Liebenau (bei Hofgeismar, Hessen) 71
Liebknecht, Wilhelm (1871-1919), sozialist. Politiker 308, 320
Liechtenstein, Fstm. 257
Liegnitz, Prov. Schlesien (Legnica, Polen), Reichstagswahlkrs. (1919) 341
Lienen (Krs. Steinfurt) 73
Lienen, Pfarrei 33

Liesborn (Wadersloh, Krs. Warendorf), Kanonissenst. (Benediktinerabtei) 31, 241
Liesborn, Eigenkirche 33
Limberg (Preußisch Oldendorf, Krs. Minden-Lübbecke), ravensb. Amt 78
Limberg, Burg bei Preußisch Oldendorf 72
Limburg a. d. Lenne s. Hohenlimburg
Limburg, Burg über der Lenne (Schloß Hohenlimburg) 62f., 86
Limburg, Burg über dem Vesdretal (Belgien) 62
Limburg (Hohenlimburg), Fürstl. Land- und Stadtgericht (vor 1849) 270
Limburg, Grafen von (a.d. H. Isenberg) 45, 63, 187
s. auch Dietrich I. Gf. von Isenberg-Limburg († 1299/1301)
s. Johann Gf. von Limburg († 1511)
Limburg, Gft. 19, 63, 66, 74, 81, 86, 126-128, 159, 163, 166f., 183, 185f., 221, 224, 246, 249f., 254, 256, 350f.
Limburg (Maas), Herzöge
s. Heinrich Hzg. von Limburg († 1246)
s. Walram Hzg. von Limburg († 1280)
Limburg-Styrum, Grafen von 45, 75, 187
s. auch Hermann Otto I. Gf. von Limburg-Styrum (1592-1644)
s. auch Jobst Gf. von Limburg-Styrum (1560-1621)
Lindau (Bayern) 116
Lindeboom, Johannes (1882-1958), Kirchenhistoriker 106
Linden-Dahlhausen (Bochum) 334
Lindenhorst (Dortmund) 67, 296
Lingen (Niedersachsen) 73
Lingen, Gft. 16f., 73, 163, 168f., 190, 205, 214, 220, 258, 357
Lingen, Kammerdeputation (1769) 169, 357
Lingen, Niedergft. 73
Linz (Österreich) 411
Lippe, Edelherren (Grafen, Fürsten) zur 62, 74, 76
s. auch Adelheid zur Lippe, Gemahlin Ottos VI. von Tecklenburg (verh. 1365), Erbin von Rheda
s. auch Bernhard II. zur Lippe (um 1140-1224)
s. auch Bernhard IV. zur Lippe, Bf. von Paderborn (reg. 1228-47)
s. auch Bernhard V. zur Lippe (1277-1341), Bf. von Paderborn (reg. 1321-41)
s. auch Bernhard V. zur Lippe († 1365), letzter lipp. Edelherr in Rheda
s. auch Friedrich Adolph Gf. zur Lippe (1667-1718)
s. auch Otto II. von der Lippe († 1247), Bf. von Münster (reg. 1247-59)
s. auch Simon I. zur Lippe (um 1200-1277), Bf. von Paderborn (reg. 1247-77)
s. auch Simon III. zur Lippe (um 1430-1498), Bf. von Paderborn (reg. 1463-98)
Lippe, Gft. (Fstm., Land) 13, 16f., 128, 157, 159, 193f., 198, 201f., 212, 246, 258, 327-329, 338, 351f., 401, 404f., 416, 418, 420-422
Lippe, Kreis 19, 338
Lippetal (Krs. Soest) 28, 33, 77
Lippetal-Herzfeld s. Herzfeld
Lippetal-Hovestadt s. Hovestadt
Lippetal-Oestinghausen s. Oestinghausen
Lippspringe (Krs. Paderborn) 20, 25, 77
Lippspringe, domkap.-paderb. Amt 77
Lippspringe, fränk. Reichsversammlung (Reichstag) (780) 25, 30
Lippspringe, fränk. Reichsversammlung (Reichstag) (782) 25-27
Lippstadt (Krs. Soest) 20, 54, 76f., 92, 95, 97, 109f., 145f., 148-150, 190, 197, 246, 258, 286, 298, 358f., 369, 386, 414
Lippstadt, Augustiner-Eremiten-Kl. 105, 109f.
Lippstadt, märk.- (preuß.-) lipp. Kondominat 19, 76, 163
Lippstadt, Kreis (1817) 258, 378
Lippstadt, 1. Westf. Prov.-Synode (1819) 360, 363
Lippstadt, Realsch. (Realgymn., neusprachl. Gymn.) 303
Lippstadt-Arnsberg, Wahlkrs. für die Frankfurter Nationalvslg. (1848) 285
Lippstadt-Brilon, Reichstagswahlkrs. (1871) 310
Lippstadt-Friedhartskirchen s. Friedhartskirchen
„Lippstädter Katechismus“ (1524) 110
Lippstädter Recht 92f.
„Lippstädter Zeitung“ (1710) 205
Lissabon (Portugal) 85
Liudbert, Bf. von Münster (gen. 852. 870) 68
Liudger, Bf. von Münster (reg. 805-09) 30, 68
Liudolf († 866), Hzg. der Ostsachsen 38
Liudolfinger s. Ottonen
Liupold Gf. von Werl (gen. 1102) 42f.
Liuthar, Bf. von Minden (reg. 914-27) 72
Liuthard, Bf. von Paderborn (reg. 862-87) 71
Lodz (Polen), Ghetto 410
Löb, Jacob († 1891), Rittergutsbesitzer 301
Löb, Sophia geb. Haindorf (*1816) 301
Löhne (Krs. Herford) 197, 365, 406
Löhne-Mennighüffen s. Mennighüffen
Lössel (Iserlohn) 296
Löttringhausen (Dortmund) 386
Lohn (Stadtlohn, Krs. Borken), Burg u. Herrsch. 69
Lohn, Herr von 69

Lohne (Bad Sassendorf, Krs. Soest) 111
Lommersum s. Kerpen u. Lommersum
London (Großbritannien) 85, 98, 188, 235, 243, 282, 318, 361, 420
Londoner Außenministerkonferenz (1945) 420
Londoner Konferenz (1924) 326
Looz (bei Lüttich, Belgien), Gft. 240
Looz-Corswarem, Hzg. von 240, 245, 256, 273
Lothar I. (795-855), röm. Ks. (840), Kg. von Italien u. „Lotharingien" (843) 28, 37
Lothar III. (Lothar von Süpplingenburg) (1075?-1137), Hzg. von Sachsen (1106), dt. Kg. (1125), röm. Ks. (1133) 40-42, 44, 87
Lothar von Süpplingenburg s. Lothar III.
Lothringen, Herzöge von
s. Karl Alexander von Lothringen (1712-1780)
Lotte (Krs. Steinfurt) 73
Louis Bonaparte (1778-1846), Kg. von Holland (reg. 1806-10) 249
Ludewig X./I. (1753-1830), Ldgf. (1806: Ghzg. von Hessen) von Hessen-Darmstadt 246, 256
Ludolf von Holte († 1247), Bf. von Münster (reg. 1226-47) 68
Ludolf von Rosdorf, Bf. von Minden (reg. 1295-1304) 72
Ludolf von Steinfurt (seit 1394 Herr von Steinfurt, † 1421) 74
Ludwig III. (um 835-882), Kg. in Mainfranken, Thüringen u. Sachsen (876) [Urenkel Karls d. Gr.] 38
Ludwig der Deutsche (um 806-876), Kg. von Bayern, Kg. der Ostfranken (843), röm. Ks. (850) [Enkel Karls d. Gr.] 28, 37f.
Ludwig der Fromme (778-840), röm. Ks. (813) [S. Karls d. Gr.] 28, 37
Ludwig das Kind (893-911) [S. Arnulfs von Kärnten, Urururenkel Karls d. Gr.] 32, 38
Ludwig I. (1786-1868), Kg. von Bayern (reg. 1825-48) 284
Ludwig III. (1845-1921), Kg. von Bayern (reg. 1912/13-18) 321
Ludwig XIV. (1638-1715), Kg. von Frankreich (reg. 1643/61-1715) 151-154, 232
Ludwig XVI. (1754-1793), Kg. von Frankreich (reg. 1774-92) 232, 234-236
Ludwig XVIII. (1755-1824), Gf. von Provence, Kg. von Frankreich (reg. 1814-24) 236
Ludwig Gf. von Arnsberg († 1313) 43
Ludwig von Braunschweig, Bf. von Minden (reg. 1324-46) 72
Ludwig X./I. (1753-1830), Ldgf. (Ghzg.) von Hessen (-Darmstadt) s. Ludewig X./I.
Ludwig II. von Hessen (um 1282/83-1357), Bf. von Münster (reg. 1310-57) 68f.
Ludwig d. Ä. Gf. von Sayn-Wittgenstein (1532-1605) 128, 185
Ludwig von Wippra († 1173), Bf. von Münster (reg. 1169-73) 68
Ludwig Otto Fst. von Salm (1674-1738) 186
Lübbecke (Krs. Minden-Lübbecke) 9f., 21, 25, 80, 94, 99, 267, 414
Lübbecke, Kreis (1832) 267, 348, 378
Lübbecke, Pfarrei 33
Lübeck (Schleswig-Holstein) 67, 86, 89, 95-98, 122, 257, 270, 291, 320, 328
Lübeck, Frieden (1629) 147
Lübecker Hansetag (1366) 96
Lüdenscheid (Märkischer Krs.) 20, 59, 66, 93, 97, 123, 145, 221, 268, 286, 293, 335, 347, 351, 381
Lüdenscheid, Höhere Bürgerschule 303
Lüdenscheid, Höhere Töchterschule 304
Lüdenscheid, Kreissynode (Kirchenkrs.) (1818) 360
Lüdenscheid, Lehrersem. (ev.) (1908) 300
Lüdenscheid, Pädag. Akad. (ev.) (1947) 299
Lüdenscheid, PH (= Abt. der PH Ruhr) (1964) 299
Lüdenscheid, Pfarrei 33
Lüdinghausen (Krs. Coesfeld) 14, 20, 93, 148f., 239, 325
Lüdinghausen, Eigenkirche 33
Lüdinghausen, Herren von 93
s. auch Heidenreich Wolf von Lüdinghausen († 1392), Bf. von Münster (reg. 1381-92)
Lüdinghausen, Kreis (1816) 258, 347
Lüdinghausen-Beckum-Warendorf, Reichstagswahlkrs. (1871) 310
Lügde (Krs. Lippe) 14, 27, 199, 336, 338
Lügde-Harzberg s. Harzberg
Lünen (Krs. Unna) 65f., 77, 80, 93, 97, 99, 125, 145, 147-149, 170, 268, 273, 320, 326, 335, 383, 386, 408
Lünen, märk. Amt 77
Lünen, Pädag. Akad. (simult.) (1946) 299
Lünen-Brambauer s. Brambauer
Lünen-Derne s. Dortmund-Derne
Lünern (Unna) 125
Lüninck (Lüning), Ferdinand von (1755-1825), Bf. von Corvey u. Münster s. Ferdinand von Lüninck
Lüninck, Ferdinand Frhr. von (1888-1944), Ober-Präs. von Westfalen (amt. 1933-38) 265, 401, 404f.
Lüninck, Hermann Frhr. von (1893-1975), Ober-Präs. der Rheinprov. (amt. 1933-35) 401
Lütgendortmund (Dortmund) 63, 334, 385
Lüttgert, Gottlieb (1866-1925), Okons.-Rat in Berlin 362

Lüttich (Belgien) 159, 240
Lüttich, Bf. von 132
Lüttich, Bist. 132
Lüttich, Domkap. 180
Lüttich, Hochst. 15
Lützen (Sachsen-Anhalt), Schlacht (1632)
Luise Henriette von Oranien-Nassau (1627-1667), Gemahlin Kf. Friedrich Wilhelms von Brandenburg 163
Lul (Lullus) (um 710-786), Bf. (Eb.) von Mainz 30
Lunéville (Frankreich), Frieden (1801) 16, 239, 243
Luther, Hans (1879-1962), Obmstr. von Essen (amt. 1918-22) u. Reichskanzler (amt. 1925-26) 338
Luther, Martin (1483-1546), Reformator 104-109, 111-116, 118f., 126, 132, 359
Lutter am Barenberge (Niedersachsen), Schlacht (1626) 147
Luxemburg, Ghzgt. 257
Luxemburger
s. Sigmund (1368-1437), dt. Kg. (1410/11) u. röm. Ks. (1433)

Maastricht (Niederlande), Schiedsspruch (1449) 54
Mack, Alexander (1679-1735), Radikalpietist 199
Madrid (Spanien) 254
Madrid, Frieden (1526) 115
Märkischer Kreis 19, 59
Magdalena von Neuenahr (1551-1626), T. Gumprechts IV. von Neuenahr (-Alpen), Gemahlin Gf. Arnolds II. (IV.) von Bentheim, Erbin von Limburg 127, 185
Magdeburg (Sachsen-Anhalt) 17, 86, 104, 246, 351, 385
Magdeburg, Bischöfl. Amt 352
Magdeburg, Bist. (1994) 352, 371
Magdeburg, Erzst. 152, 182
Magdeburger Gebiet s. Magdeburg, Bischöfl. Amt
Magnus († 1106) [Billunger], Hzg. von Sachsen 40f.
Mahler, Peter (um 1680-1728), pietist. Pfr. in Derne (Dortmund) 197
Mailand (Italien) 46, 85
Mailand, Erzbist. 41
Mainz (Rheinland-Pfalz) 30, 88, 95, 194, 234, 350
Mainz, Bf. von 356
Mainz, Bist. (Bf.-Sitz) 29
Mainz, Domkap. 180
Mainz, Eb. (Kf.-Eb.) von 75, 153
Mainz, Erzdiöz. 31, 122, 350
Mainz, Erzst. 182, 207
Mainz, Katholikentag (1848) 353
Mainz, Kirchenprov. (Metropolitanbez.) 31, 183
Mainz, Kurwürde 242
Mainz, Jakobinerklub (1792) 234
Mainzer Republik (1792-93) (234)
Mallinckrodt, von, Familie 180
Mallinckrodt, Arnold (1768-1825), Zeitungshrsg. in Dortmund 16, 205, 234, 271f.
Mallinckrodt, Hermann von (1821-1874), Zentrumspolitiker 309
Mallinckrodt, Pauline von (1817-1881), Gründerin der „Schwestern der christl. Liebe“ 305, 354
Malmédy (Belgien), Reichsabtei 15
Mannheim (Baden-Württemberg) 143, 283, 385
Mansfeld (Sachsen-Anhalt) 42
Mansfeld, Grafen von
s. Agnes von Mansfeld (um 1550 – nach 1612), Truchsessin von Waldburg
s. Ernst II. Gf. von Mansfeld (um 1580-1626), Heerf. im 30jähr. Krieg
s. Johann Gebhard von Mansfeld, Kf.-Eb. von Köln (reg. 1558-62)
Marburg (Hessen) 414
Marburg, Univ. 305
Marburger Religionsgespräch (1529) 116, 126
Margarete von Berg († 1339), Gemahlin Ottos IV. von Ravensberg († 1328/29) 64
Margarete von Berg († 1384), Gemahlin Gerhards VI. (I.) von Jülich († 1360), Erbin von Berg u. Ravensberg 64, 73
Margarete von Jülich († 1425), Gemahlin Adolfs III. (I.) von der Mark († 1394) 64
Margarete von Kleve, Gemahlin (1328) Adolfs II. von der Mark († 1347), Erbin von Kleve 53, 64f,
Maria von Bentheim (1502-1527), Gemahlin Arnolds II. von (Bentheim-) Steinfurt († 1553) 114
Maria von Jülich (1491-1543), Gemahlin Johanns III. von Kleve-Mark, Erbin von Jülich, Berg und Ravensberg 64
Maria Gf.'in von Schaumburg u. Holstein-Pinneberg († 1616), Gemahlin Jobsts von Limburg-Styrum, Erbin von Gemen 187
Maria Anna von Bronckhorst, Gemahlin (1641) Leopold Philipp Carls von Salm, Erbin von Anholt 186
Maria Eleonore von Jülich (1550-1608), Gemahlin Albrecht Friedrichs von Preußen 140f.
Maria Ernestine Gf.'in von Ostfriesland u. Rietberg (1686-1758), Gemahlin Maximilian Ulrichs von Kaunitz, Erbin von Rietberg 187
Maria Theresia (1717-1780), Kg.'in von Ungarn u.

Böhmen, Erzhzg.'in von Österreich (reg. 1740-80), Gemahlin Ks. Franz' I. 172, 189, 206
Marienfeld (Harsewinkel, Krs. Gütersloh), Zisterzienserkl. 45, 74, 81, 183, 241
Marienmünster (Krs. Höxter) 70, 77, 335f.
Marienmünster-Born s. Born
Marienmünster-Bredenborn s. Bredenborn
Marienmünster-Eilversen s. Eilversen
Mark (Hamm), Burg 45, 59
Mark, Grafen von der 46, 52f., 56, 59-68, 76, 93
s. auch Adolf I. Gf. von der Mark [Gf. von Altena-Mark] († 1249)
s. auch Adolf II. Gf. von der Mark († 1347)
s. auch Adolf III. (II./I.) Gf. von der Mark († 1394), Bf. von Münster (reg. 1357-63), Eb. von Köln (reg. 1363-64 [als solcher Adolf II.]), Gf. von Kleve (1368 [als solcher Adolf I.]), Gf. von der Mark (1391)
s. auch Dietrich II. Gf. von der Mark († 1398)
s. auch Eberhard II. Gf. von der Mark († 1308)
s. auch Engelbert I. Gf. von der Mark († 1277)
s. auch Engelbert II. Gf. von der Mark († 1328)
s. auch Engelbert III. Gf. von der Mark († 1368), Kf.-Eb. von Köln (reg. 1364-68)
s. auch Engelbert III. Gf. von der Mark († 1391)
s. auch Gerhard Gf. von der Mark († 1272), Bf. von Münster (reg. 1261-72)
s. auch Gerhard Gf. von der Mark († 1461)
s. auch Johann I. (1419-1481), Hzg. von Kleve (1448) u. Gf. von der Mark (1461)
s. auch Johann II. (1458-1521), Hzg. von Kleve u. Gf. von der Mark
Mark, Gft. 15f., 19, 53f., 56f., 63, 65-67, 72-74, 76f., 80f., 84, 86f., 92-94, 99-100, 112, 120, 123-126, 129, 141-143, 145-147, 152, 157, 163-166, 168-170, 189-191, 194, 196-198, 204f., 213, 218, 221-223, 238, 240, 246, 250f., 257, 262f., 271, 278, 282, 284, 289, 293, 299, 309, 350f., 357-364, 377
Marklô a. d. Weser (bei Porta Westfalica?), sächs. Stammesvslg. (um 770) 29
Marks, Elias (1765-1854), Gutsbesitzer auf Caldenhof bei Hamm (seit 1821) 301
Marks-Haindorfsche Stiftung 301, 304
Markward von Randegg, Bf. von Minden (reg. 1398) 72
Marl (Krs. Recklinghausen) 384, 389
Marpeck, Pilgram (um 1495-1556) 118
Marsberg (Hochsauerlandkrs.) 14, 24, 34, 50f., 77, 99, 132, 235, 242, 411
Marsberg-Bredelar s. Bredelar
Marsberg-Canstein s. Canstein
Marsberg-Niedermarsberg s. Niedermarsberg
Marsberg-Obermarsberg s. Obermarsberg
Marsberg-Padberg s. Padberg
Martin, Konrad (1812-1879), Bf. von Paderborn (amt. 1856-79) 352, 355
Marx, Karl (1818-1883), sozialist. Theoretiker 282, 287, 308
Marx, Wilhelm (1863-1946), Reichskanzler (amt. 1923-25) 340
„Maschinenfabrik Deutschland" (Dortmund) 390
„Maschinenfabrik Holstein u. Kappert Phönix GmbH" (Dortmund) 390
„Maschinenfabrik Wagner u. Co." (Dortmund) 390
Massow, Valentin von (1712-1775), Präs. der Kriegs- u. Domänenkammer Minden 190
Maternus, Bf. von Köln (um 313/14) 49
Mathilde (um 895-968), Kg.'in, Gemahlin Kg. Heinrichs I. (um 875-936) 39
Mathildische Güter 39
Matthaei, Kurt (1886-1974), Reg.-Präs. in Münster 401
Matthias (1557-1619), röm.-dt. Ks. (reg. 1612-19) 144
Matthys, Jan (um 1490-1534), Täufer in Münster 119
Mauritz (Münster) 295, 355, 367
Mauritz, preuß. Amt 295
Maximilian I. (1459-1519), dt. Kg. (1486/93), „erwählter röm. Ks." (1508) 67, 158
Max (Maximilian) Prinz von Baden (1867-1929), Reichskanzler 321
Maximilian I. (1573-1651), Hzg. (1623: Kf.) von Bayern 147
Maximilian Franz von Österreich (1756-1801), Kf.-Eb. von Köln u. Bf. von Münster (reg. 1784-1801) 143, 172f., 207, 209, 236, 238f., 350
Maximilian Friedrich von Königsegg-Rothenfels (1708-1784), Kf.-Eb. von Köln (reg. 1761-84) u. Bf. von Münster (reg. 1762-84) 143, 172-174, 207
Maximilian Heinrich von Bayern (1621-1688), Kf.-Eb. von Köln (reg. 1650-88), Bf. von Münster (reg. 1683-88) 133f., 143, 153, 172f.
„Mayer u. Kühne", Maschinenbaufabrik (Bochum) 390
Mechthild (Mathilde) von Hessen (um 1490-1558), Gemahlin Konrads von Tecklenburg 114
Mechthild von Steinfurt († 1420), T. Ludolfs von Steinfurt († 1421), Erbin von Steinfurt 74
Medebach (Hochsauerlandkrs.) 13f., 34, 47, 49-52, 89-91, 96, 99, 101, 132, 150, 201, 242, 255, 333, 343, 395, 402f., 408, 414
Medebach, kurköln. Amt 77f.
Medebach, preuß. Amt 395
Medebach, Kreis (1817) 258, 267

Medebach, Pfarrei 33f., 50
Meerssen (Niederlande), Vertrag (870) 37
Meinerzhagen (Märkischer Krs.) 14, 59, 63, 66, 222, 382
Meinerzhagen-Valbert s. Valbert
Meiningsen (Soest, Krs. Soest) 111
Meinwerk (um 976-1036), Bf. von Paderborn (reg. 1009-36) 71
Meißen (Sachsen), Hochst. 182
Melanchthon, Philipp (1497-1560), Reformator 108, 113, 115, 122, 127
Melle (Niedersachsen) 235
Mellrich (Anröchte, Krs. Soest), Gericht 77
Memel/Prov. Ostpreußen (Klaipeda, Litauen) 163, 244, 257
Memmingen (Bayern) 67, 104, 116
Menden (Märkischer Krs.) 14, 49-51, 59, 93, 97, 99
Menden, kurköln. Amt 77, 201
Menden, Pfarrei 33
Mengede (Dortmund) 60, 334, 386
Mengede, Gericht 77
Mennighüffen (Löhne, Krs. Herford) 197, 365, 406
Meppen (Niedersachsen) 10, 17, 69
Meppen, münster. Amt 240
Mercator, Gerhard (1512-1594), Kartograph 12
Merklinde (Castrop-Rauxel, Krs. Recklinghausen) 334
Merseburg (Sachsen-Anhalt) 188, 389
Merseburg, Hochst. 182
Merveldt, von, Familie 179
Meschede (Hochsauerlandkrs.) 77, 93f., 99, 267, 277
Meschede, Kanonissenst. (Kollegiatst.) 32
Meschede, Eigenkirche 33
Meschede mit Calle u. Remblinghausen, Gericht 77
Meschede, Kreis (1832) 267, 347
Meschede-Eversberg s. Eversberg
Meschede-Freienohl s. Freienohl
Meschede-Grevenstein s. Grevenstein
Meseritz-Obrawalde/Prov. Posen [1922-38: Grenzmark Posen-Westpreußen, 1938: Brandenburg] (Międzyrzecz, Polen) 411
Metelen (Krs. Steinfurt), Damenstift 31, 94
Metternich, Klemens Wenzel (1813: Fst.) von (1773-1859), österr. Staatskanzler 284
Mettingen (Krs. Steinfurt) 73, 214
Mettmann (Krs. Mettmann) 386
Mevissen, Gustav (von) (1815-1899), rhein. Liberaler u. Unternehmer 285
Meyer, Alfred (1891-1945), NS-Gauleiter von Westfalen-Nord u. Ober-Präs. von Westfalen 265, 343, 400-402, 404f., 410
Meyerhof, jüd. Familie in Medebach 408f.
Middelburg (Niederlande) 196
Milo, Bf. von Minden (reg. 969/73-96) 72
Mimigernaford s. Münster
Minden (Krs. Minden-Lübbecke) 10, 13, 17, 21, 60, 72, 80, 86-90, 95, 97-100, 109, 113, 122f., 147, 149, 170f., 190, 197f., 205, 214, 249, 256-258, 267, 276, 298, 308, 318, 328, 353, 385, 401, 414, 422
Minden, Bf. (Bischöfe) 52, 72, 94
Minden, Bist. bzw. Bf.-Sitz 31, 120, 147, 350
Minden, Diöz. 31, 50, 130
Minden, Domkap. 72
Minden, Domst. 32
Minden, Freimaurerloge (1780) 205
Minden, Gymnasium 204, 302
Minden, Hochst. (Fstm.) 15f., 19, 56, 72, 75, 77, 80, 90, 94, 99, 122, 126, 146, 152, 157, 163, 168f., 182, 190f., 197, 213, 216, 220f., 246, 357
Minden, Höhere Töchterschule 304
Minden, Kreis (1816) 258, 267, 348
Minden, Kreissynode (Kirchenkrs.) (1818) 360
Minden, Kriegs- und Domänenkammer (1723) 90, 168f., 357
Minden, Lehrerseminar (1773) 204
Minden, OLG (bis 1816) 269
Minden, Pfarrei 32
Minden, Realsch. (Realgymn., neusprachl. Gymn.) 303
Minden, Reg.-Bez. (Reg.-Präs.) 17, 258, 265, 267, 294, 298, 308, 310f., 313, 327, 329, 331f., 348, 351, 378, 418f., 422
Minden, Schlacht (1759) 189
Minden, Vogtei über das Hochst. (Edelherren von dem Berge) 72
„Minden Day“ 189
Minden-Lübbecke, Kreis 19, 72
Minden-Lübbecke, Reichstagswahlkrs. (1871) 309f.
Minden-Ravensberg 13, 169, 190f., 196, 204f. 223, 240, 287, 299, 309, 328, 346, 348, 350f., 357, 363f., 400
Mindener Bibelgesellschaft (1817) 364
Mindener Kirchenordnung (1530) 109
Mindener Recht 90
„Mindener Schicht“ (1405) 109
„Mindener Sonntagsblatt“ 286
Mindensche Nachrichten – „Wöchentliche Mindensche Nachrichten“ 205
„Minister Stein“, Zeche (Dortmund) 383
Minsk (Weißrußland), Ghetto 410

Mittelhees (Kreuztal, Krs. Siegen-Wittgenstein) 336
Model, Walter (1891-1945), GFM 414
Möhnesee (Krs. Soest) 77, 336
Möhnesee-Körbecke s. Körbecke
Möhnesee-Stockum s. Stockum
Möhnesee-Westrich s. Westrich
Möllenbeck, Conrad († 1558), kath. Pfr. in Iserlohn 112
Möller, Anton Wilhelm Peter (1762-1846), OKons.-Rat in Münster (amt. 1835-39) 361
Möller, Johann Friedrich (1750-1807), Stiftspred. in Elsey 166
Moeller van den Bruck, Arthur (1876-1925), Schriftsteller 399
Mönchengladbach 309, 338
Mönchengladbach-Rheydt s. Rheydt
Moers, Grafen von
s. Dietrich von Moers (um 1385-1463), Kf.-Eb. von Köln (reg. 1414-63), Bf. (Adm.) von Paderborn (reg. 1415-63)
s. Heinrich II. von Moers († 1450), Bf. von Münster (reg. 1424-50)
s. Walram von Moers (spätestens 1385-1456), Bf. von Münster (reg. 1450-56)
Moers, Gft. (Fstm.) 15f., 127f., 163, 168, 189, 237, 357f.
Moers, Kreis 339
Moll – „F. W. Moll Söhne", Kessel- u. Maschinenbaufabrik (Witten) 390
Montanus, Jakob († nach 1534), Humanist 108
Montgomery, Bernhard Law (1887-1976), brit. FM 416f.
Moritz von Büren (1604-1661), Jesuit (1644) 128
Moritz Casimir I. Gf. von Bentheim-Tecklenburg (1701-1768) 162
Moskau (Rußland) 255
Movius, Georg Friedrich, Rektor des Soester Archigymn. (amt. 1731-54) 197
Mühlberg a. d. Elbe (Brandenburg), Schlacht (1547) 116, 123
Mülheim a. d. Möhne (Warstein, Krs. Soest), Deutschordenskommende 242
Mülheim am Rhein (Köln) 382
Mülheim a. d. Ruhr 63, 187, 196, 318, 338, 351, 377, 384-386, 388
Mülheim a. d. Ruhr-Styrum s. Styrum
Müller, Hermann (1876-1931), Reichskanzler (amt. 1920 u. 1928-30) 325
Müller, Johann Georg (1798-1870), Bf. von Münster (amt. 1847-70) 285, 352, 357
Müller, Ludwig (1883-1945), (ev.) DC-„Reichsbf." (1933) 368-370
München (Bayern) 308, 320, 343, 355, 385, 406, 408
München II, Reichstagswahlkrs. (1871) 308
München, TH 307
Münster 17-20, 42, 54, 60, 70, 74, 80, 86-90, 94f., 97-101, 108, 111f., 114, 117-120, 134f., 145f., 148-151, 153, 159, 167, 174, 177, 179, 194, 199, 204f., 207-209, 214, 222, 226, 234, 236, 239-241, 249f., 256-258, 262-264, 268, 273, 276, 286-288, 291, 295f., 298, 301, 305f., 318-322, 325, 329, 333, 338, 342f., 346f., 350, 352-357, 367-369, 385, 394, 400-404, 407-410, 412-414, 417, 419-421
Münster, Akad. Lehranstalt (1832) s. Münster, Univ.
Münster, Bf. von 52, 65, 68f., 73, 91, 93, 130, 132, 153f., 156, 159, 172, 179, 180, 185, 350, 352, 356
Münster, (ev.) Bf. (1933/34) 370
Münster, Bist. bzw. Bf.-Sitz (vor 1803/21) 26, 30, 65, 70, 87, 120, 132, 134f., 143, 153, 172
Münster, Bist./Diöz. (nach 1803/21) 350-352, 356, 371, 406
Münster, Diöz. (vor 1803/21) 30, 47, 50, 65, 130, 172, 207
Münster, Dom 42, 87
Münster, Domkap. 122, 172, 175-177, 179f., 350, 352
Münster, Domst. 32
Münster, Erbdrostenhof 179, 226
Münster, preuß. Erbfstm. 251
Münster, Ev.-Theol. Fakultät (1914) 306
Münster, FH 307
Münster, Franziskanerkl. (1853) 354
Münster, Fraterherrenhaus 105
Münster, Freimaurerloge (1778) 205
Münster, Gewerbeschule 305
Münster, Gymn. Paulinum 208, 301
Münster, Hochst. 15, 17, 19, 65f, 68-70, 72-80, 94, 99, 122, 131, 134, 142, 146, 148, 152f., 163, 171, 174, 177, 178-180, 182, 184, 186f., 205, 207, 209, 217, 218, 223, 236, 239f., 246
Münster, Höhere Töchterschule 304
Münster, Israelit. Schulanstalt (1827) 301, 304
Münster, Kanonissenst. St. Marien Überwasser 208
Münster, Kapuzinerkl. (1857) 354
Münster, Katholikentage (1852, 1885 u. 1930) 353
Münster, Kath.-Theol. Fakultät 306, 355
Münster, Kath. FH Nordrhein-Westfalen (Abt.) 307
Münster, Konstitutioneller Kongreß (1848) 288
Münster, Kreis (1816) 258, 347
Münster, „Kreis von Münster" 180, 209
Münster, Kriegs- u. Domänenkammer (1803) 256

Münster, (nichtstaatl.) Lehrerinnensem. (kath.) (1832) 300
Münster, Med.-Kollegium (1816) 262, 264
Münster, Med. Fakultät (1925) 306
Münster, Niederst. 17, 69, 73, 122, 148, 212, 258
Münster, Normalschule (1783) 209, 299
Münster, OLG (vor 1879) 269
Münster, Ober-Präs. von Westfalen 264, 378
Münster, Oberst. 69, 77, 122, 149, 163, 213, 239
Münster, Pädag. Akad. (ev.) (1960) 299
Münster, Pädag. Akad. (kath.) (1953) 299
Münster, PH I u. II (= Abt. der PH Westfalen-Lippe) (1964) 299
Münster, Pfarrei 32
Münster, Phil. Fakultät 356
Münster, Prov.-Konsistorium (1816) 262, 264, 360f., 368, 370f.
Münster, Prov.-Landtag 273
Münster, Prov.-Schulkollegium (1825) 264f., 298, 300, 303
Münster, Ratsgymn. 302
Münster, Realsch. (Realgymn., neusprachl. Gymn.) 303
Münster, Rechts- u. Staatswiss. Fakultät (1902) 306
Münster, Reg.-Bez. (Reg.-Präs.) 17, 19, 258, 265, 267, 278, 294f., 298, 308, 310-313, 327, 329, 331, 338, 346f., 351, 378, 404, 418
Münster, VII. Armeekorps 318
Münster, Taubstummenschule 305
Münster, Theol. u. Phil. Akad. (1843) s. Münster, Univ.
Münster, Univ. 194, 207f., 305-307
Münster, Vogtei über das Hochst. (Grafen von Tecklenburg) 44, 68, 73, 88
Münster, Wahlkrs. für die Frankfurter Nationalvslg. (1848) 285
Münster, Westf. Wilhelms-Univ. s. Münster, Univ.
Münster-Amelsbüren s. Amelsbüren
Münster-Coesfeld, Reichstagswahlkrs. (1871) 309f.
Münster-Hammer-Eisenbahn 385
Münster-Lamberti s. Lamberti
Münster-Mauritz s. Mauritz
Münster-Roxel s. Roxel
Münster-Überwasser s. Überwasser
Münster-Wolbeck s. Wolbeck
Münster, Sebastian (1488-1552), Kosmograph 12
Münsterische Stiftsfehde (1450-57) 70, 100f.
Münsterisches Recht 90, 92f.
Müntzer, Thomas (um 1470/95-1525), radikaler Reformator 108
Müsing, Jakob, reformat. Pred. in Paderborn (1532) 113
Munscheid (Bochum-Wattenscheid) 334
Murat, Joachim (1767-1815), frz. Marschall, Ghzg. von Berg (reg. 1806-08), Kg. von Neapel (reg. 1808-15) 245, 249
Muttentalbahn 385
Myllendonk (Korschenbroich, Krs. Neuss), Herrsch. 16

Nächstebreck (Wuppertal-Barmen) 338
Nagel, von, Familie 180
Nancy (Frankreich), Schlacht (1477) 56, 66
Napoleon I. (1769-1821), frz. Gen., Erster Konsul (1799), Ks. der Franzosen (reg. 1804-14) 17, 57, 151, 205, 236, 239, 241-246, 249f., 252-257, 350, 359
Nassau, Grafen von 75, 92
s. auch Heinrich II. Gf. von Nassau († 1247)
Nassau, Grafen von, ottonische Linien (nach 1255) 75
s. auch Otto I. Gf. von Nassau († 1289)
– Nassau-Dillenburg
s. Johann V. Gf. von Nassau-Dillenburg (1455-1516)
s. Johann VI. Gf. von Nassau-Dillenburg (1536-1606)
s. Wilhelm I. Gf. von Nassau-Dillenburg († 1559)
– Nassau-Dillenburg, Gft. 114f., 128, 158, 184, 245
– Nassau-Siegen
s. Nassau-Siegen, Grafen (Fürsten) von 75, 158, 184
s. Franz Gf. (1652: Fst.) von Nassau-Siegen (1627-1699)
s. Friedrich Wilhelm Fst. von Nassau-Siegen (1706-1734)
s. Johann VII. Gf. von Nassau-Siegen (1561-1623)
s. Johann VIII. Gf. von Nassau-Siegen (1583-1638)
s. Johann Moritz von Nassau-Siegen (1604-1679), brand. Statthalter in Kleve
s. Wilhelm Hyacinth Fst. von Nassau-Siegen (kath.) (1666-1743)
s. Wilhelm Moritz Gf. (1679: Fst.) von Nassau-Siegen (ref.) (1649-1691)
– Nassau-Oranien s. Oranien-Nassau
Nassau, Grafen von, walramische Linien (nach 1255)
s. Walram II. Gf. von Nassau († nach 1265)
s. Nassau-Usingen 245
Nassauische Kirchenordnung (1537) 115
Natorp, (Bernhard Christoph) Ludwig (1774-1846), OKons.-Rat, Vize-Gen.-Sup. (1836) 361

Naumburg-Zeitz (Sachsen-Anhalt), Hochst. 182
Naunin, Helmut (*1904), Erster Landesrat 421
Neapel (Italien) 85, 249
Nebe, Johannes Friedrich Ferdinand Gustav (1835-1919), Gen.-Sup. 361
Neheim (Arnsberg, Hochsauerlandkrs.), Gericht 77, 93, 97, 99
Netphen (Krs. Siegen-Wittgenstein) 75
Nette (Dortmund) 334
Nettetal (Krs. Viersen) 60
Nettetal-Leuth s.Leuth
Neuenahr, Grafen von 63
s. auch Adolf Gf. von Neuenahr (-Alpen) († 1589)
s. auch Amalie von Neuenahr († 1612), T. Gumprechts IV. von Neuenahr (-Alpen), Gemahlin Kf. Friedrichs III. von der Pfalz
s. auch Gumprecht IV. Gf. von Neuenahr (-Alpen) († 1546)
s. auch Hermann Gf. von Neuenahr (-Bedburg) (1520-1578)
s. auch Magdalena von Neuenahr (1551-1626), T. Gumprechts IV. von Neuenahr (-Alpen), Gemahlin Gf. Arnolds II. (IV.) von Bentheim, Erbin von Limburg
Neuenburg (Schweiz), Fstm. 168
Neuengeseke (Bad Sassendorf, Krs. Soest) 111
Neuenheerse (Bad Driburg, Krs. Höxter) 94
Neuenheerse, Damenst. 32, 241
Neuenrade (Märkischer Krs.) 66, 94, 97
Neuenrade, märk. Amt 77
Neuhaus (Schloß Neuhaus, Paderborn) 88, 98, 174, 318
Neuhaus, paderb. Oberamt 77
„Neu-Iserlohn", Zeche (Bochum) 383
Neunkirchen (Krs. Siegen-Wittgenstein) 75
Neuss 38, 56, 66, 70, 185
Neustadt s. Gimborn u. Neustadt
Neuwied (Rheinland-Pfalz) 271
Neviges (Velbert, Krs. Mettmann) 382
New York (USA) 282f.
Nicolai, Dietrich s. Rafflenbeul gen. Nicolai, Dietrich
Niederländisch-Westfälische Eisenbahn 386
Niedermarsberg (Marsberg, Hochsauerlandkrs.) 411
Nieheim (Krs. Höxter) 94, 336
Nieheim-Schönenberg s. Schönenberg
Niemöller, Martin (1892-1984), Pfr., Gründer des „Pfarrernotbundes" (1933), Kirchen-Präs. von Hessen u. Nassau (amt. 1947-64) 369f.
Nienbrügge, Burg bei Hamm 62
Nies (Nisius), Albert († 1557), Wegbereiter der Reformation in Minden 109
Nijmegen s. Nimwegen
Nikolaus von Kues (1401-1464), Kardinal 54
Nikolaus II. Gf. von Tecklenburg († 1426) 69
Nikolaus III. Gf. von Tecklenburg († 1508) 73
Nikolaus IV. Gf. von Tecklenburg in Lingen († 1541) 73
Nikolaus Leopold (1739: Fst.) von Salm-Salm († 1770) 186
Nikolsburg (Čechien) 118
Nimwegen (Niederlande), Frieden (1678) 152, 154
Nithard, Bf. von Münster (gen. 921) 68
Nördlingen (Bayern), Schlacht (1634) 149
Nonne, Johann Heinrich Christian (1785-1853), Pfr. in Schwelm u. Präs. der Westf. Prov.-Synode (1838) 361
Norbert von Xanten (um 1080-1134), Gründer des Prämonstratenserordens 42
Norddinker (Hamm) 59
Nordkirchen (Krs. Coesfeld) 179
„Nordstern", Zeche (Gelsenkirchen) 383
Northeim (Niedersachsen) 40
Northeim, Grafen von
s. Otto von Northeim († 1083), Hzg. von Bayern
Nottuln (Krs. Coesfeld) 80, 236
Nottuln, Damenst. 31
Nottuln, Eigenkirche 33
Nottuln-Schapdetten s. Schapdetten
Novgorod (Rußland) 98
Nürburg (Rheinland-Pfalz) 157
Nürnberg (Bayern) 67, 86, 89, 95, 104, 198, 308, 385
Nürnberger Anstand (1532) 116
Nürnberger Anstand (1541) 116
„Nürnberger Gesetze" (1935) 408
Nungesser, Johann Christoph († 1700), Rektor der Archigymnasien in Soest u. Dortmund u. Sup. 197

Oberaden (Bergkamen, Krs. Unna) 59
Oberbonsfeld (Velbert, Krs. Mettmann) 296
Oberhausen 267, 325, 335, 338, 351, 382, 384-386, 389
Oberhausen, Schloß 377
Oberhausen-Osterfeld s. Osterfeld
Oberhausen-Sterkrade s. Sterkrade
Oberhees (Kreuztal, Krs. Siegen-Wittgenstein) 336
Oberholzklau (Freudenberg, Krs. Siegen-Wittgenstein) 115
Oberkirchen (Schmallenberg, Hochsauerlandkrs.), Gericht 77, 201
Obermarsberg (Marsberg, Hochsauerlandkrs.) 24
Obermarsberg s. auch Eresburg

Oberndorf (Hilchenbach, Krs. Siegen-Wittgenstein) 336
Obrawalde s. Meseritz
Ochtrup (Krs. Steinfurt) 299
Odalric, Bf. von Minden (reg. 1095/96-97) 72
Odenhausen (Herford), curtis 31
Öchelhausen (Hilchenbach, Krs. Siegen-Wittgenstein) 336
Oedingen (Lennestadt, Krs. Olpe), Gericht 77
Oelde (Krs. Warendorf) 94, 250, 385
Oelde, Pfarrei 33
Oelinghausen (Arnsberg, Hochsauerlandkrs.), Prämonstratenser-Frauenkl. 242
Oelsner, Konrad Friedrich (1764-1828), Schriftsteller 234
Oemeken, Gerd (um 1500-1562), Reformator in Lippstadt u. Soest 110f.
Oer, von, Familie 180
Oesede, Edelherren von
s. Bernhard I. von Oesede, Bf. von Paderborn (reg. 1127-60)
s. Bernhard III. von Oesede, Bf. von Paderborn (reg. 1204-23)
Oespel (Dortmund) 334
Österreich, Haus s. Habsburg bzw. Habsburg-Lothringen
Oestinghausen (Lippetal, Krs. Soest), Gericht 77
Oestrich (Iserlohn) 63, 126, 335
Oeynhausen (Krs. Minden-Lübbecke) 21, 308, 367, 369
Oeynhausen, The Controll Commission for Germany/British Element (1945) 417
Oeynhausen, 4. Bekenntnissynode (1936) 370
Oeynhausen-Volmerdingsen s. Volmerdingsen
Oeynhausen, Adolf Frhr. von (1877-1953), Reg.-Präs. in Minden 401
Oldenburg (Marienmünster, Krs. Höxter) 70
Oldenburg (Niedersachsen) 10, 12, 44, 69
Oldenburg, Grafen von 69
s. auch Otto I. von Oldenburg, Bf. von Münster (reg. 1203-18)
Oldenburg, Gft. (Ghzgt., Freistaat) 13, 15, 258, 270, 283, 328f., 351, 416
Oldenburg-Wildeshausen, Grafen von
s. Wilbrand von Oldenburg († 1235), Bf. von Paderborn (reg. 1225-28) u. Utrecht (reg. 1227-35)
Oldendorf (Preußisch Oldendorf, Krs. Minden-Lübbecke) 34, 72f.
Oldendorf, Pfarrei 34
Oliver, Bf. von Paderborn (reg. 1223-25) 71
Olpe (Krs. Olpe) 50, 52, 94, 97, 99, 201, 222, 224, 354
Olpe, Gericht 77
Olpe, Kreis (1819) 19, 267, 347, 416
Olpe, Lehrersem. (kath.) (1919) 300
Olpe, Pfarrei 33
Olpe-Meschede-Arnsberg, Reichstagswahlkrs. (1871) 310
Opel – „Adam Opel AG“ 390
Oppeln/Prov. Schlesien (Opole, Polen), Reichstagswahlkrs. (1919) 341
Oppenheim (Rheinland-Pfalz) 95
Oranien-Nassau, Haus 240, 246
s. auch Luise Henriette von Oranien-Nassau (1627-1667), Gemahlin Kf. Friedrich Wilhelms von Brandenburg
s. auch Wilhelm IV. Friso Prinz von Oranien-Nassau (1711-1751), Statthalter der Niederlande (1747)
Ordulf († 1072) [Billunger], Hzg. von Sachsen 39
„Orenstein-Koppel u. Lübecker Maschinenbau AG“ 390
Osnabrück (Niedersachsen) 95, 97, 108f., 114, 122, 148, 151, 159, 258, 291, 309, 420
Osnabrück, Augustiner-Eremiten-Kl. 109
Osnabrück, Bf. von 69
Osnabrück, Bist. bzw. Bf.-Sitz 120, 132, 134, 147, 172
Osnabrück, Diöz. 50, 130, 350
Osnabrück, Domkap. 176
Osnabrück, Hochst. 15, 17, 19, 69, 76, 122, 148, 171, 182, 212, 235, 240, 246, 258
Osnabrück, Reg.-Bez. 329, 420
Osnabrücker Friedensvertrag (Instrumentum Pacis Osnabrugense) (1648) 151, 159
Ostendorf (Haltern, Krs. Recklinghausen), Herrlichk. 77
Osterfeld (Oberhausen) 267f., 335, 338, 386
Ostervelde (Rüthen-Kallenhardt, Krs. Soest) 14
Osthannover, Reichstagswahlkrs. (1919) 341f.
Ostönnen (Soest, Krs. Soest) 111
Ottenstein (Ahaus, Krs. Borken), Burg 69
Otto I. (912-973), dt. Kg. (936) u. röm. Ks. (962) 39
Otto II. (955-983), dt. Kg. (961/73) u. röm. Ks. (967/73) 60
Otto III. (980-1002), dt. Kg. (983/94) u. röm. Ks. (996) 88
Otto Gf. von Altena († 1262) 59, 64
Otto, „der Reiche“, von Ballenstedt († 1123), SchwiegerS. des Billungers Magnus († 1106) 41
Otto III. von dem Berge, Bf. von Minden (reg. 1384-97) 72
Otto I. Gf. von Calvelage s. Otto I. Gf. von Ravensberg
Otto Gf. von Cappenberg († 1172) 42

Otto IV. von Hoya († 1424), Bf. von Münster (reg. 1392-1424) 68f.
Otto Gf. von Kleve († 1311) 64f.
Otto II. von der Lippe († 1259), Bf. von Münster (reg. 1247-59) 68f.
Otto I., Bf. von Minden (reg. 1267-75) 72
Otto I. Gf. von Nassau († 1289), Begründer der ottonischen Linien des Hauses Nassau 75
Otto von Northeim († 1083), Hzg. von Bayern 40f., 43
Otto I. von Oldenburg, Bf. von Münster (reg. 1203-18) 68
Otto I. Gf. von Ravensberg (um 1140) 44
Otto III. Gf. von Ravensberg (1249-1306) 64
Otto IV. Gf. von Ravensberg († 1328/29) 64, 73
Otto IV. von Rietberg, Bf. von Minden (reg. 1403-06) 72
Otto III. von Rietberg († 1308), Bf. von Münster (reg. 1301-08) 68
Otto von Rietberg (um 1235/40-1307), Bf. von Paderborn (reg. 1277-1307) 71
Otto der Erlauchte († 912), Hzg. von Sachsen 39
Otto IV. Gf. von Tecklenburg († 1303/07) 52
Otto VI. Gf. von Tecklenburg († 1388) 74
Otto IX. Gf. von Tecklenburg († 1534) 73, 114, 162
Otto II. von Wettin, Bf. von Minden (reg. 1368) 72
Otto von Wittelsbach (um 1120-1183), Pfalzgf., Hzg. von Bayern (1180) 47
Otto – „Dr. Otto u. Comp." (Dahlhausen a.d. Ruhr) 388
Ottonen 38f.
s. auch Heinrich I. (um 875-936 [Enkel Liudolfs († 866)]), dt. Kg. (919) u. Hzg. von Sachsen (912)
s. auch Heinrich II. (973-1024 [S. Hzg. Heinrichs des Zänkers († 995) von Bayern, dadurch Großneffe Ottos I. († 973)]), dt. Kg. (1002) u. röm. Ks. (1014)
s. auch Liudolf († 866 [Urgroßvater Ottos I.]), Hzg. der Ostsachsen
s. auch Otto I. (912-973 [S. Heinrichs I.]), dt. Kg. (936) u. röm. Ks. (962)
s. auch Otto II. (955-983 [Enkel Heinrichs I.]), dt. Kg. (961/73) u. röm. Ks. (967/73)
s. auch Otto III. (980-1002 [Urenkel Heinrichs I.]), dt. Kg. (983/94) u. röm. Ks. (996)
s. auch Otto der Erlauchte († 912 [Vater Heinrichs I.]), Hzg. von Sachsen
Overberg, Bernhard (1754-1826), Pädagoge 209
Overdyck (Bochum), Lehrersem. (1789) 204
Overdyck, Rettungshaus (1819) 365
Padberg, Burg bei Marsberg (Hochsauerlandkrs.) 51
Padberg (Marsberg, Hochsauerlandkrs.), Gericht 77
Paderborn (Krs. Paderborn) 10, 20f., 25, 27, 29, 34, 38, 80, 86-90, 92, 97-99, 112f., 135, 145, 148f., 159, 174, 178, 201, 205, 207, 214, 216, 223, 235, 241, 246, 257, 263, 286, 305, 318, 338, 350, 352-355, 386, 413f.
Paderborn, Benediktinerkl. gen. Abdinghofkl. 241
Paderborn, Bf. von 70, 93, 129, 172, 178-180
Paderborn, Bischöfl. Phil.-Theol. Akad. (1843/1917) s. Paderborn, Theol. Fakultät
Paderborn, Bist. bzw. Bf.-Sitz (vor 1803/21) 26, 31, 120, 132, 134f., 143, 172, 174, 350
Paderborn, Bist./Diöz. (1929: Erzbist./Erzdiöz.) (nach 1803/21) 350-352, 354, 367, 371, 406
Paderborn, Busdorfst. (Kollegiatst. St. Peter u. Andreas) 241
Paderborn, Diöz. (vor 1803/21) 31, 47, 50, 71, 130, 172
Paderborn, Domkap. 71, 135, 145, 175-177, 180, 350, 352
Paderborn, Domschatz 145
Paderborn, Domst. 32
Paderborn, Eb. von 352
Paderborn, preuß. Erbfstm. (1803) 241
Paderborn, Franziskanerkl. 354
Paderborn, Gaukirchkl. (Gokirchkl.) (Zisterzienserinnen-/Benediktinerinnenkl.) 242
Paderborn, Gymn. Theodorianum 302
Paderborn, Hochst. 13, 15, 17, 19, 56, 66, 70-72, 75-77, 80, 84, 92, 94, 97, 99, 122, 128, 134f., 142, 145, 147-149, 152, 171, 174, 177f., 182, 201, 207, 213f., 221, 235f., 239, 246, 251, 262, 284, 348
Paderborn, Höhere Töchterschule 304
Paderborn, Kath. FH Nordrhein-Westfalen (Abt.) 307
Paderborn, Kirchenprov. (Metropolitanbez.) (1929) 351f.
Paderborn, Kreis (1816) 258, 348, 378
Paderborn, Kreis (1975) 19, 70
Paderborn, (nichtstaatl.) Lehrerinnensem. (kath.) (1832) 300
Paderborn, Lehrersem. (kath.) (1907) 300
Paderborn, (priv.) Lehrersem. 300
Paderborn, Minoritenkl. 112
Paderborn, Normalschule (1788) 209, 299
Paderborn, OLG (1816-79) 269
Paderborn, Pädag. Akad. (kath.) (1946) 299
Paderborn, PH (= Abt. der PH Westfalen-Lippe) (1964) 299
Paderborn, Pfarrei 32

Paderborn, Prov.-Blindenanstalt 305
Paderborn, fränk. Reichsversammlung (Reichstag) (777) 25, 29f.
Paderborn, fränk. Reichsversammlung (Reichstag) (785) 26f.
Paderborn, Seminarium Theodorianum s. Paderborn, Theol. Fakultät
Paderborn, Theol. Fakultät (1966) 305, 355
Paderborn, Univ. (1614/16-1818) 135, 194, 305
Paderborn, Univ.-GHS (1972) 307
Paderborn, Vogtei über das Hochst. (Grafen von Werl, später Grafen von Schwalenberg) 40, 70
Paderborn, Wahlkrs. für die Frankfurter Nationalvslg. (1848) 286
Paderborn-Büren, Reichstagswahlkrs. (1871) 310
Paderborn-Schloß Neuhaus s. Neuhaus
Palermo (Italien) 85
Pape, Friedrich Georg († 1816), Exprämonstratenser aus Kl. Wedinghausen u. Mitglied im Mainzer Jakobinerklub 206, 234
Papen, Franz von (1879-1969), Reichskanzler (amt. 1932) 329, 332, 400
Papenheim, Gottfried Heinrich Gf. von (1594-1632), Heerf. im 30jähr. Krieg 148
Paradiese (Soest, Krs. Soest) 336
Paris (Frankreich) 38, 85, 179, 213, 232f., 236, 253, 256f., 283
Paris, 1. Frieden von Paris (1814) 256f.
Paris, École Polytechnique 306
Pariser Februarrevolution (1848) 283
Passauer Vertrag (1552) 117
Paul VI. (Giovanni Battista Montini, 1897-1978), Papst (reg. 1963-78) 305, 352
Pauli-Stravius s. Stravius, Georg von, köln. Gen.-Vik.
Peckelsheim (Willebadessen, Krs. Höxter) 94
Pelkum (Hamm) 59
Pergen, Johann Anton Gf. (1725-1814), im 7jähr. Krieg Adm.-Präs. der österr. Zivil-Adm. der besetzten preuß. Gebiete in Rheinland-Westfalen, 1766 österr. Vizekanzler 190
Petershagen (Krs. Minden-Lübbecke) 33f., 78, 80, 88, 94, 97, 99, 204
Petershagen, mind. Amt 77
Petershagen, Lehrersem. (1792) 204, 299
Petershagen, Lehrersem. (ev.) (1830) 299
Petershagen, Taubstummenschule 305
Petershagen-Buchholz s. Buchholz
Petershagen-Schlüsselburg s. Schlüsselburg
Petershagen-Windheim s. Windheim
Pezel, Christoph (1539-1604), ref. Theologe 128
Pfeffer, Franz von (Pfeffer von Salomon, Franz) (1888-? [Schicksal ab 1945 unbekannt]), Hptm. u. Freikorpsführer, 1924 Gründer des NS-Gaues Westfalen, NS-Gauleiter von Westfalen (1924-26) bzw. Ruhr (1926-28), Oberster SA-Führer (1926/30) 323, 343
Philipp der Gute (1396-1467) Hzg. von Burgund (reg. 1419-67) 54, 70
Philipp II. von Daun (Daun-Oberstein) († 1515), Kf.-Eb. von Köln (reg. 1508-15) 121
Philipp von Heinsberg (um 1130-1191), Eb. von Köln (reg. 1167-91) 11, 47f., 50f., 53
Philipp der Großmütige (1504-1567), Ldgf. von Hessen (reg. 1509/18-67) 113f., 116, 123
Philipp Gf. von Solms-Braunfels († 1581) 161
Philipp Konrad (II.) Gf. von Bentheim (-Steinfurt) bzw. Bentheim (-Bentheim) (1663-1704) 186
Philipp Ludwig Pfalzgf. von Neuburg (1547-1614) 140f.
Philipp Wilhelm (1615-1690), Pfalzgf. von Neuburg, Hzg. von Jülich u. Berg (reg. 1653-90), Kf. von der Pfalz (1685) 141
„Phönixhütte“ (Duisburg) 388
„Phönix-Hütte“ (Kupferdreh) 388
„Phönix-Rheinrohr“ 388
Piccolomini, Enea Silvio de’ (1405-1464) [als Papst: Pius II.], Humanist 12
Piccolomini, Octavio (1650: Fst.) (1599-1656), ks. FM im 30jähr. Krieg 149
Pillnitz (Dresden, Sachsen) 236
Pillnitzer Erklärung (1791) 236
Pippin der Jüngere (um 715-768 [Vater Karls d. Gr.]), fränk. Hausmeier, Kg. der Franken (751/52) 24, 28f.
Pippin (um 797-838 [Enkel Karls d. Gr.]), Kg. von Aquitanien 37
Pilgrim, Eb. von Köln (reg. 1021-36) 53
Pius II., Papst (reg. 1458-64) s. Piccolomini, Enea Silvio de’
Pius VI. (Gianangelo Gf. Braschi, 1717-1799), Papst (reg. 1775-99) 233
Pius VII. (Barnaba Gf. Chiaramonti, 1742-1823), Papst (reg. 1800-23) 239, 350
Pius IX. (Giovanni Maria Gf. Mastai-Ferretti, 1792-1878), Papst (reg. 1846-78) 287, 354
Piusverein (1848) 353
Plettenberg (Märkischer Krs.) 63, 66, 94, 97
Plettenberg, märk. Amt 77, 165
Plettenberg, von, Familie 179
s. auch Friedrich Christian von Plettenberg (1644-1706), Bf. von Münster (reg. 1688-1706)
Plettenberg, Gertrud von († 1608), klandestine Gemahlin (seit 1605) des Kölner Kf.-Eb. Ernst von Bayern 132
s. auch Johann von Plettenberg (um 1297), köln. Marschall für Westfalen
„Pluto“, Zeche (Wanne-Eickel) 383

Poeta Saxo (um 890) 10
Poggenburg, Johannes (1862-1933), Bf. von Münster (amt. 1913-33) 352
Polhene, Johann s. Pollius, Johann
Polhenn, Johannes, Exminorit u. reformat. Pred. in Paderborn (1532), luth. Pfr. in Höxter (1533-um 1557) 112
Pollius (Polhene), Johann (um 1490-1562), reformat. Schloß-Pred. in Rheda (1527), Reformator in Soest, Rheda u. Osnabrück 111f., 114
Polmann, Anna (1505-1557), Lebensgefährtin (seit 1523) des späteren Bf. Franz von Waldeck 123
Polscher, Ludwig Heinrich Philipp (1820-1909), Pfr. in Lünern u. Präs. der Westf. Prov.-Synode (1874–1902) 361
Ponzinibus, Johann Friedrich de (1.H. 16. Jh.), Gegner des Hexenglaubens 201
Poppo, Bf. von Paderborn (reg. 1076-83) 71
Porta Westfalica (Krs. Minden-Lübbecke) 29, 33, 72, 77
Porta Westfalica-Hausberge s. Hausberge
Porta Westfalica-Rehme s. Rehme
Posen (Poznań, Polen), preuß. Prov. 305, 395
Post, Karl, Aufständischer in Iserlohn (1849) 289
Potho von Pothenstein († 1390), Bf. von Münster (reg. 1379-81) 68
Potsdam (Brandenburg) 171, 385
Potsdamer Abkommen (1945) 417f.
Potsdamer Vertrag (1805) 243
„Präsident“ , Zeche (Bochum) 383
Prag (Čechien) 144, 179
Prag, Frieden (1635) 149
Prag, Frieden (1866) 291
Prager Fenstersturz (1618) 144
Preßburg, Frieden (1805) 243f., 254
„Preußische Bank“ 393f.
Preußisch Eylau/Prov. Ostpreußen (Bagrationovsk, Rußland), Schlacht (1807) 245
Preußisch-Hessische-Eisenbahn 385f.
Preußisch Oldendorf s. Oldendorf
„Prinz-Regent“, Zeche (Bochum) 383
„Prinz von Preußen“, Zeche (Werne [Bochum]) 383
„Prosper“, Zeche (Bottrop) 383
Provence, Gf. von s. Ludwig XVIII. Kg. von Frankreich
„Providence“, Zeche (Herne) 383
Prüm (Rheinland-Pfalz), Reichsabtei (Reichsabt) 157
Ptolemaeus, Claudius s. Ptolemaios, Klaudios
Ptolemaios, Klaudios (um 100-um 160), griech. Astronom u. Geograph 23
Pyrmont (Niedersachsen) 14, 352
Pyrmont, Gft. (seit 1625 Landestl. von Waldeck) 16, 328, 351

Quelle (Bielefeld) 296
Querenburg (Bochum) 334f.

Raabe, Cuno (1888-1971), Obmstr. in Hagen 403
Radowitz, Joseph Maria von (1797-1853), preuß. GenMaj. u. Politiker 285
Raesfeld (Krs. Borken) 395
Raesfeld, Herren von
s. Bernhard von Raesfeld (1508-1574), Bf. von Münster (reg. 1557-66)
Raesfeld, Gottfried von (1522-1586), Domdechant in Münster 134
Raesfeld, Herrlichk. 77
Raesfeld, Schloß 179
Raesfeld-Erle s. Erle
Raffenberg, Burg bei Hohenlimburg (Hagen) 14, 52, 63
Rafflenbeul gen. Nicolai, Dietrich (1505-1590), Pfr. in Herdecke, später in Mengeringhausen/Waldeck (Hessen) 125
Rahden (Krs. Minden-Lübbecke), mind. Amt 78
Rahden, Kreis (1816) 258, 267
Rahden, Kreissynode (Kirchenkrs.) (1818) 360
Rahme (Dortmund) 296
Rainald von Dassel s. Reinald von Dassel
Ramsdorf (Velen, Krs. Borken) 94
Ramme, lic. iur., Hexenrichter in Medebach, Hallenberg u. Winterberg (1629/30) 201
Ramward, Bf. von Minden (reg. 996/97-1002) 72
Rastatt (Baden-Württemberg), Frieden (1714) 153
Ratibor und Corvey, Karl Prinz von (1860-1931), Ober-Präs. von Westfalen 265, 329
Ratingen (Krs. Mettmann) 62
Ratzeburg (Schleswig-Holstein), Hochst. 182
Rauenthaler Bahn 385
Raumland (Bad Berleburg, Krs. Siegen-Wittgenstein) 75
Rauxel (Castrop-Rauxel, Krs. Recklinghausen) 334
Ravensberg (Borgholzhausen, Krs. Gütersloh), ravensb. Amt 78
Ravensberg, Burg bei Borgholzhausen (Krs. Gütersloh) 44, 73
Ravensberg, Grafen von 44, 62, 73
s. auch Bernhard Gf. von Ravensberg († 1346)
s. auch Gerhard VI. (I.) Gf. (Hzg.) von Jülich († 1360), Gf. von Ravensberg (1346) u. Berg (1348)
s. auch Hermann II. Gf. von Calvelage († 1115), Erbauer der Burg Ravensberg

s. auch Hermann III. Gf. von Ravensberg (1175-1223)
s. auch Otto I. Gf. von Ravensberg (um 1140), erster Gf. von Ravensberg
s. auch Otto III. Gf. von Ravensberg (1249-1306)
s. auch Otto IV. Gf. von Ravensberg († 1328/29)
Ravensberg, Gft. 15f., 19, 72-74, 76, 78, 81, 90, 92, 123, 125f., 140, 142f., 145-149, 152, 157, 163, 168f., 190, 197, 213, 216, 218-221, 246, 357
Ravenstein (Niederlande), Herrsch. 142
Recke (Krs. Steinfurt) 73, 214
Recke, von der, Familie 180
s. auch Dietrich Adolf von der Recke (1601-1661), Bf. von Paderborn (reg. 1650-61)
Recke, (Gustav Wilhelm) Eberhard Frhr. von der (1847-1911), Ober-Präs. von Westfalen 265
Recke-Volmerstein, von der, Familie 364
Recke-Volmerstein, Adalbert Gf. von der (1791-1878), Gründer von Liebeswerken 365
Reckenberg (Wiedenbrück, Krs. Gütersloh), osnab. Amt 17, 19, 75f., 240, 246, 350f.
Reckenheim (Belgien), Gft. 16
„Recklinghäuser Wochenblatt" 286
Recklinghausen (Krs. Recklinghausen) 49-51, 92, 97, 149, 223, 268, 293, 320, 323, 334, 338, 343, 347, 377, 384f.
Recklinghausen, Berufsschulen 305
Recklinghausen, Gymn. (Progymn.) 302
Recklinghausen, Kreis (1816) 258, 338
Recklinghausen, Kreis (1975) 19, 60, 66
Recklinghausen-Land (Recklinghausen, Krs. Recklinghausen) 334
Recklinghausen, Lehrerinnensem. (kath.) (1914) 300
Recklinghausen, Lehrersem. (ev.) (1901) 300
Recklinghausen, Lehrersem. (kath.) (1914) 300
Recklinghausen, Pfarrei 33, 54
Recklinghausen „Vest" (Gft.) 15, 19, 54, 75, 79, 120, 122, 142, 157f., 171, 182, 213, 238, 240, 246, 249, 350f.
Recklinghausen-Berghausen s. Berghausen
Recklinghausen-Bockholt s. Bockholt
Recklinghausen-Börste s. Börste
Recklinghausen-Essel-Süd s. Essel-Süd
Recklinghausen-Hochlar s. Hochlar
Recklinghausen-Hochlarmark s. Hochlarmark
Recklinghausen-Röllinghausen s. Röllinghausen
Recklinghausen-Speckhorn s. Speckhorn
Recklinghausen-Stuckenbusch s. Stuckenbusch
Recklinghausen-Suderwich s. Suderwich
Rede, von, Familie 180
Regensburg (Bayern) 239
Regensburg, Kurwürde (1803) 242
Regensburg, Reichstag (1546) 116
Regensburg, Reichstag (1576) 131
Regensburg, Reichstag („immerwährender" nach 1663) 153, 157, 244
Rehme (Porta Westfalica, Krs. Minden-Lübbecke), Pfarrei 33
Reichenstein (Rheinland-Pfalz), Herrsch. 16
Reimarus, Hermann Samuel (1694-1768), radikalaufklärer. Theologe 206
Reinald von Dassel (um 1120-1167), Eb. von Köln (reg. 1159-67) 51, 53, 90
Reineberg (Hüllhorst, Krs. Minden-Lübbecke), mind. Amt 78
Reinhard, Bf. von Minden (reg. 1080-89) 72
Reinhard, Johann Wilhelm Albert (1763-1837), Pfr. in Hilbeck 359
Reinhard, Kaspar, lic. iur., Hexenrichter in Attendorn u. Olpe (1629/30) 201
Reinkens, Joseph Hubert (1821-1896), altkath. Bf. 356
Reiste (Eslohe, Hochsauerlandkrs.), Gericht 77
Reitz, Johann Heinrich (1655-1720), pietist. Hof-Pred. in Braunfels (Hessen) (1695-97), Pfr. in Berleburg (1699-1701), Rektor in Siegen (1703-04) 198
Reken (Krs. Borken) 77
Rellinghausen (Essen) 60
Remagen (Rheinland-Pfalz) 413f.
Rembert von Kerssenbrock (1474-1568), Bf. von Paderborn (reg. 1547-68) 121, 134
Remblinghausen, Gericht s. Meschede mit Calle u. Remblinghausen, Gericht
Remscheid 381
Rethmar, Bf. von Paderborn (reg. 983-1009) 71
Reusch, Franz Heinrich (1825-1900), altkath. Theologe 355
Rheda (Rheda-Wiedenbrück, Krs. Gütersloh) 74, 94, 114, 161, 275, 286, 350, 414
Rheda, Burg 74, 114
Rheda, Fürstl. Land u. Stadtgericht (vor 1849) 270
Rheda, Herren von 45, 74
s. auch Widukind von Rheda († 1190)
Rheda, Herrsch. 17, 19, 31, 74, 76, 81, 114, 127f., 161f., 183-186, 246, 249f., 254, 256, 351
Rheda, Schloß s. Rheda, Burg
Rheda-Wiedenbrück (Krs. Gütersloh) 45, 74, 76, 94
Rheda-Wiedenbrück s. Wiedenbrück
Rheina-Wolbeck, Fstm. (1803) 240, 245
Rheinberg (Krs. Wesel) 157
Rheine (Krs. Steinfurt) 20, 30, 92, 94, 97, 146, 148f., 222, 240, 275
Rheine, münster. Amt 77
Rheine, Flüchtlingslager (1946) 418

Rheine, Gymn. (Progymn.) 302
Rheine, Pfarrei 32
„Rheinelbe“, Zeche (Gelsenkirchen) 383
Rheinische Eisenbahn 386f.
„Rheinstahl Union Brückenbau AG“ (Dortmund) 390
Rhynern (Hamm) 65
Rheydt (Mönchengladbach) 356
Richdag, Gf. (833 gen.) 40
Richrath (Velbert, Krs. Mettmann) 393
Richstein (Bad Berleburg, Krs. Siegen-Wittgenstein), gräfl. Amt 160
Richter, Eugen (1838-1906), linkslib. Politiker 310, 312
Ricolf, Eb. von Köln (reg. 768-77/82) 53
Ried (Österreich), Vertrag (1813) 255
Riemke (Bochum) 334, 385
Rietberg (Krs. Gütersloh) 42, 74, 350
Rietberg, Franziskanerkl. 354
Rietberg, Grafen von 74
s. auch Friedrich Gf. von Rietberg (um 1230-1282)
s. auch Johann III. Gf. von Rietberg († 1625)
s. auch Konrad Gf. von Rietberg (1237 gen., † 1284/94)
s. auch Konrad von Rietberg (um 1456-1508), Bf. von Osnabrück (reg. 1482-1508) u. Münster (reg. 1497-1508)
s. auch Maria Ernestine Gf.'in von Ostfriesland u. Rietberg (1686-1758), Gemahlin Maximilian Ulrichs von Kaunitz, Erbin von Rietberg
s. auch Otto IV. von Rietberg, Bf. von Minden (reg. 1403-06)
s. auch Otto III. von Rietberg († 1308), Bf. von Münster (reg. 1301-08)
s. auch Otto von Rietberg (um 1235/40-1307), Bf. von Paderborn (reg. 1277-1307)
Rietberg, Gft. 16f., 19, 74, 76, 113, 183, 186, 189, 246, 275, 351
Riga (Lettland) 96
Riga, Ghetto 410
Rijswijk (Niederlande), Frieden (1697) 152
Rinkerode (Drensteinfurt, Krs. Warendorf) 60
Rinteln (Niedersachsen) 414
Rinteln, Univ. 194
Robert, Bf. von Münster (reg. 1042-63) 68
Rodenberg, Burg bei Menden (Märkischer Krs.) 14
Rödinghausen (Krs. Herford) 78
Röhlinghausen (Herne) 334
Röllinghausen (Recklinghausen) 334
Rösenbeck (Brilon, Hochsauerlandkrs.) 235
Rolevinck, Werner (1425-1502), Kartäuser in Köln 12
Rom (Italien) 85, 107, 112, 133, 206
Rombergpark (Dortmund) 407
Roosevelt, Franklin Delano (1882-1945), US-Präsident 420
Rorup (Dülmen, Krs. Coesfeld) 355
Rosen, Alfred von (1825-1902), Reg.-Präs. in Arnsberg 313
Rosenberg, Alfred (1983-1946), NS-Ideologe 357, 406
Rosendahl (Krs. Coesfeld) 42
Rosendahl-Varlar s. Varlar
Roskilde (Dänemark), Frieden (1658) 151
Roß, Wilhelm Johann Gottfried (1772-1854), Gen.-Sup. für die Rheinprov. u. Westfalen (1836) mit Titel „Bf.“ 361f.
Roßbach (Sachsen-Anhalt), Schlacht (1757) 188f.
„Rothe Erde“, Hüttenwerk (Dortmund) 383
Rothenburg ob der Tauber (Bayern) 67, 197
Rothert, Hermann (1875-1962), Historiker 256
Rothmann, Bernd (um 1495-1535? oder später?), Reformator in Münster, später Täufer 112, 119
Rotho, Bf. von Paderborn (reg. 1036-51) 71
Rotthausen (Gelsenkirchen) 334
Rottweil (Baden-Württemberg) 67
Rousseau, Jean-Jacques (1712-1778), aus Genf stammender frz. Schriftsteller 204
Roxel (Münster) 236
Rudolf II. (1552-1612), röm.-dt. Ks. (reg. 1576-1612) 142, 144
Rudolf von Rheinfelden (1030-1080), Hzg. von Schwaben (1057), dt. Gegen-Kg. (1077) 41
Rünthe (Bergkamen, Krs. Unna) 59
Ruer, Otto (1879-1933), Obmstr. in Bochum 402
Rüthen (Krs. Soest) 14, 33, 52, 80, 92f., 97, 99, 149, 178
Rüthen, Gericht 77
Rüthen, Lehrersem. (kath.) (1876) 299f.
Rüthen, Quartal 77
Rüthen-Altenrüthen s. Altenrüthen
Rüthener Recht 91-93
„Ruhrchemie AG“ (Oberhausen) 389
Ruhrgebiet 20f., 219f., 222, 257, 293, 295f., 307f., 313f., 318, 320, 322-326, 333, 335, 338f., 341f., 347, 349, 356, 377, 381-396, 405, 412-414, 418, 420
„Ruhröl“, Stickstoffwerk (Bottrop) 389
Ruhrort (Duisburg) 384
Ruhr-Sieg-Bahn 385, 387
Ruhrtalbahn 385-387
Rumbeck (Arnsberg, Hochsauerlandkrs.), Prämonstratenser-Frauenkl. 242
Rumold, Bf. von Münster (gen. vor 927.932) 68
Ruploh (Soest, Krs. Soest) 336
Ruprecht von Berg (um 1365-1394), Bf. von Paderborn (reg. 1389-94) 71

Ruprecht von der Pfalz (1427-1480), Kf.-Eb. von Köln (reg. 1463-80) 53, 56, 79

Saarbrücken (Saarland) 17, 257
Sachsen, Haus s. Wettin (Sachsen), Haus
Sachsenhausen (Brandenburg), KZ 406
Sachsen-Lauenburg, Herzöge von (Askanier)
s. Erich I. von Sachsen-Lauenburg (vor 1472-1522), Bf. von Münster (reg. 1508-22)
s. Heinrich IV. von Sachsen-Lauenburg (1550-1585), Eb. von Bremen (reg. 1567-85), Bf. von Osnabrück (reg. 1574-85) u. Paderborn (reg. 1577-85)
Säckingen (Baden-Württemberg) 365
„Sälzer u. Neuack", Zeche (Essen) 388
Saint-Germain (Frankreich), Vertrag (1667) 154
Salentin von Isenburg (1532-1616), Kf.-Eb. von Köln (reg. 1567-77) u. Bf. von Paderborn (reg. 1574-77) 121, 133-135
Salier 39f.
s. auch Heinrich III. (1017-1056), dt. Kg. (1039) u. röm. Ks. (1046)
s. auch Heinrich IV. (1050-1106), dt. Kg. (1053/54/56) u. röm. Ks. (1084)
s. auch Heinrich V. (1081/86-1125), dt. Kg. (1106) u. röm. Ks. (1111)
s. auch Konrad II. (um 990-1039), dt. Kg. (1024) u. röm. Ks. (1027)
Salm, Grafen (Fürsten), Wild- u. Rheingrafen 75, 186f.
s. auch Carl Theodor Otto Fst. von Salm (1645-1710)
s. auch Leopold Philipp Carl Fst. von Salm (1619-1663)
s. auch Ludwig Otto Fst. von Salm (1674-1738)
Salm (Vogesen [Frankreich]), Fstm. 186
Salm (Westfalen), Fstm. (1803) 239, 246, 249f.
Salm-Grumbach, Linie des Hauses Salm, Wild- u. Rheingrafen 239f., 245, 256
Salm-Horstmar, Fürsten von 256, 273
Salm-Kyrburg, Fürsten von 239, 256, 273
Salm-Salm, Grafen (Fürsten) von 186f., 239, 256, 273
s. auch Nikolaus Leopold Fst. von Salm-Salm († 1770) 186
Salzburg (Österreich) 180, 194
Salzburg, Domkap. 180
Salzburg, Erzst. 207
Salzburg, Kurwürde (1803) 242
Salzkotten (Krs. Paderborn) 17, 70, 94, 148, 354
Salzkotten, paderb. Amt 77
Salzmann, Bernhard (1886-1959), Lhptm. 405, 421
Salzmann, Christian Gotthilf (1744-1811), Pfr. u. Pädagoge 204
Sandwelle (Gronau, Heek, Legden u. Schöppingen, alle Krs. Borken), münster. Amt 77
St. Mauritz (Münster) s. Mauritz (Münster)
Sarajewo (Bosnien-Herzegowina) 319
Sarcerius, Erasmus (1501-1559), luth. Theologe 115
Sassenberg (Krs. Warendorf), münster. Amt 77
Sassendorf (Krs. Soest) 111, 369
Sassendorf-Weslarn s. Weslarn
Saßmannshausen (Bad Laasphe, Krs. Siegen-Wittgenstein) 199
Sauer, Friedrich Adolf (1765-1839), Pfr. u. Pädagoge 209
Sayn, Grafen von 51, 53, 75
s. auch Bruno IV. von Sayn, Eb. von Köln (reg. 1205-08)
Sayn, Gft. 15
Sayn-Altenkirchen (Rheinland-Pfalz), Gft. 157
Sayn-Hachenburg (Rheinland-Pfalz), Gft. 157
Sayn-Wittgenstein, Grafen von 75, 185
s. auch Ludwig d. Ä. Gf. von Sayn-Wittgenstein (1532-1605)
Sayn-Wittgenstein-Berleburg, Linie des Hauses Sayn-Wittgenstein 185
Sayn-Wittgenstein-Berleburg, Grafen (Fürsten) von 273
s. auch Casimir Gf. von Sayn-Wittgenstein-Berleburg (1687-1741)
s. auch Christian Heinrich Gf. (1792: Fst.) von Sayn-Wittgenstein-Berleburg (1753-1800)
Sayn-Wittgenstein-Hohnstein, Linie des Hauses Sayn-Wittgenstein 185, s. auch Wittgenstein-Wittgenstein
Sayn-Wittgenstein-Wittgenstein (Wittgenstein-Hohnstein), Grafen (Fürsten) von 273
s. auch August (1664-1735) Gf. von Sayn-Wittgenstein-Hohnstein (= Wittgenstein-Wittgenstein)
s. auch Friedrich Karl (1766-1837) Gf. (1801: Fst.) von Sayn-Wittgenstein-Hohnstein (= Wittgenstein-Wittgenstein)
s. auch Heinrich Albrecht (1658-1723) Gf. von Sayn-Wittgenstein-Hohnstein (= Wittgenstein-Wittgenstein)
„Schaaffhausen'scher Bankverein" (Köln) 393
Schade, von, Familie 180
Schadeck (Runkel, Hessen), Herrsch. 245
Schalke (Gelsenkirchen) 296, 386, 390
„Schalker Verein für Kesselfabrikation" (Schalke) 390
Schapdetten (Nottuln, Krs. Coesfeld) 80
Schaper, Justus Wilhelm Eduard von (1792-1868), Ober-Präs. von Westfalen 265

Scharfenberg (Brilon, Hochsauerlandkrs.), Gericht 77
Schauenburg, Grafen von s. Schaumburg, Grafen von
Schaumburg, Grafen von 72, 122
s. auch Adolf I. Gf. von Schauenburg (Schaumburg) († wohl 1130)
s. auch Adolf III. von Schaumburg (1511-1556), Kf.-Eb. von Köln (reg. 1545-56)
s. auch Anton von Schaumburg († 1558), Kf.-Eb. von Köln (reg. 1556-58)
s. auch Anton von Schaumburg (1549-1599), Bf. von Minden (reg. 1587-99)
s. auch Ernst Gf. (1619: Fst.) von Schaumburg (1569-1622)
s. auch Gerhard I. von Schaumburg, Bf. von Minden (reg. 1347-53)
s. auch Gerhard II. von Schaumburg, Bf. von Minden (reg. 1362-66)
s. auch Heinrich III. von Schaumburg († 1508), Bf. von Minden (reg. 1473-1508)
s. auch Hermann von Schaumburg (1545-1592), Bf. von Minden (reg. 1567/73-82)
s. auch Maria Gf.'in von Schaumburg u. Holstein-Pinneberg († 1616), Gemahlin Jobsts von Limburg-Styrum, Erbin von Gemen
Schaumburg, Gft. 15
Schaumburg, hessisch, Gft. (= Krs. Grafschaft Schaumburg) 194, 327-329
Schaumburg-Lippe, Gft. (Fstm., Freistaat) 13, 157, 246, 270, 327-329, 401, 404f., 416, 420f.
Scheda (Wickede/Ruhr, Krs. Soest), Prämonstratenserkl. 125
Schedel, Hartmann (1440-1514), Humanist u. Historiograph 12
Schee (Sprockhövel, Ennepe-Ruhr-Krs.) 386
Scheffer, Ludwig Christoph (1668-1731), Kons.-Rat in Berleburg 199
Scheidemann, Philipp (1865-1939), sozialdemokr. Politiker 320
Schenking, von, Familie 180
Scheuern (Hessen) 411
Schieder-Schwalenberg (Krs.Lippe) 45, 70
Schildesche (Bielefeld) 197, 335, 365, 413
Schildesche, Eisenbahnviadukt 413
Schildesche, Präparandenanstalt (1852) 300
Schildesche, Rettungshaus (1850) 365
Schill, Ferdinand von (1776-1809), Major, antinapoleon. Aufständischer 254
Schiller, Friedrich (1759-1805), dt. Dichter 233
Schlaun, Johann Conrad (1695-1773), Baumeister 179
Schlebuscher Bahn s. Harkort-Bahn
Schlebuscher Zeche (Silschede) 385
Schleiden (Krs. Euskirchen), Gft. 16
Schleitheimer Artikel (1527) 118
Schlenacken s. Eiß und Schlenacken
Schliprüthen (Finnentrop, Krs. Olpe), Gericht 77
Schloß Neuhaus (Paderborn) s. Neuhaus
Schlüsselburg (Petershagen, Krs. Minden-Lübbecke) 94, 99
Schlüsselburg, mind. Amt 78, 80
Schlüter, Philipp Arnold (1802-1889), OLG-Rat in Paderborn, Abg. für Paderborn in der Frankfurter Nationalvslg. (1848) 286
Schmalenbach, Theodor (1831-1901), Pfr. in Menninghüffen 365
Schmalkaldischer Bund (1531) 116, 124
Schmalkaldischer Krieg (1546-47) 116, 123, 125, 147, 163
Schmallenberg (Hochsauerlandkrs.) 14, 49-51, 53, 63, 77, 93f., 99, 242, 414
Schmallenberg-Bad Fredeburg s. Fredeburg
Schmallenberg-Grafschaft s. Grafschaft
Schmallenberg-Oberkirchen s. Oberkirchen
Schmehausen (Hamm) 59
Schnathorst (Hüllhorst, Krs. Minden-Lübbecke) 364
Schneider, Eulogius (1756-1794), kath. Aufklärungstheologe 206
Schneider, Gustav, USPD- bzw. KPD-Stadtrat in Hagen (um 1920) 324
Schneider, Wilhelm (1847-1909), Bf. von Paderborn (amt. 1900-09) 352
Schnellenberg, Burg bei Attendorn (Krs. Olpe) 52, 60
Schnepfenthal bei Gotha (Thüringen) 204
Schönbrunn (Wien, Österreich), Vertrag (1805) 243-245
Schönenberg (Nieheim, Krs. Höxter) 336
Schöppingen (Krs. Borken) 77, 94
Schöppingen, Pfarrei 33
„Scholven Chemie AG" (Gelsenkirchen) 389
Schorlemer, von, Familie 180
Schorlemer-Alst, Burghard Frhr. von (1825-1895), Bauernpolitiker 309
Schreiber, Johann Carl Ludwig (1803-1855), LG-Rat in Bielefeld, Abg. für Herford-Bielefeld in der Frankfurter Nationalvslg. (1848) 286
Schroetter, Friedrich Leopold von (1743-1815), preuß. Min. 275
Schücking, Levin (1814-1883), Schriftsteller 13
Schüren (Dortmund) 334
Schüttorf (Niedersachsen) 129
Schulte, Aloys (1857-1941), Historiker 329
Schulte, Eduard (1886-1977), Historiker 318
Schulte, Karl Joseph (1871-1941), Bf. von Pader-

born (amt. 1910-20), Eb. von Köln (amt. 1920-41) 352
Schultheiß, Heinrich von, Dr. iur., Hexenrichter u. a. in Erwitte (um 1628) 201
Schulze-Delitzsch, Hermann (1808-1883), Politiker u. Genossenschaftstheoretiker 314
Schwäbisch-Hall (Baden-Württemberg) 67, 118
Schwager, Johann Moritz (1738-1804), Pfr. in Jöllenbeck u. Publizist 205
Schwalenberg (Schieder-Schwalenberg, Krs. Lippe) 70
Schwalenberg, Grafen von 45, 62, 70
s. auch Günther von Schwalenberg (um 1250-1310?), Bf. von Paderborn (reg. 1307-10)
s. auch Volkwin von Schwalenberg, Bf. von Minden (reg. 1276-93)
s. auch Widukind Gf. von Schwalenberg (um 1158)
Schwalmstadt-Treysa (Hessen) s. Treysa
Schwarzenau (Bad Berleburg, Krs. Siegen-Wittgenstein) 199, 219
Schwefe (Welver, Krs. Soest) 111
Schweicheln (Hiddenhausen, Krs. Herford), Erziehungshaus 365
Schwelm (Ennepe-Ruhr-Krs.) 50, 52, 62f., 66, 94, 123, 145, 196f., 282, 298, 319f., 358, 363f., 384-386
Schwelm, Freimaurerloge (1792) 205
Schwelm, Gericht 77
Schwelm, Gogericht 63
Schwelm, Pfarrei 33
Schwerin (Mecklenburg-Vorpommern), Hochst. 182
Schwerte (Krs. Unna) 59, 63, 66, 80, 94, 97, 99, 125f., 145, 386
Schwerte, märk. Amt 77
Schwerte, Höhere Bürgerschule 303
Schwerte-Ergste s. Ergste
Schwerte-Westhofen s. Westhofen
Selm (Krs. Unna) 42, 241
Selm-Cappenberg s. Cappenberg
Senden (Krs. Coesfeld) 80
Senden-Bösensell s. Bösensell
Sendenhorst (Krs. Warendorf) 33, 94
Sendenhorst-Albersloh s. Albersloh
Senones (Frankreich) 186
Severing, Carl (1875-1952), SPD-Politiker u. preuß. Innen-Min. 323, 325f., 400
Sevilla (Spanien) 85
Sevinghausen (Bochum-Wattenscheid) 334
„Shamrock", Zeche (Herne) 383
Siebel, Tillmann (1804-1875), führende Gestalt der Erweckungsbewegung im Siegerland 364
Siegburg (Rhein-Sieg-Krs.) 387
Siegburg, Benediktinerabtei 50
Siegburg, Vogtei über die Abtei (Grafen von Berg) 45
Siegen (Krs. Siegen-Wittgenstein) 14f., 75f., 92, 114f., 117, 128, 184, 198, 222, 268f., 298-300, 328, 335, 347, 350, 385, 387, 413
Siegen, Bergbauschule 304
Siegen, Flüchtlingslager (1946) 418
Siegen, erzbischöfl.-mainz. Kommissariat 350
Siegen, Franziskerkl. 115
Siegen, Gft. (Fstm.) 19, 128f., 183-185, 212, 238, 245, 262, 268, 350
Siegen, Gymn. (Pädagogium, Höhere Bürgersch., Progymn.) 301f.
Siegen, Kreis (1817) 17, 258f., 269, 347, 351, 416
Siegen, Kreissynode (Kirchenkrs.) (1818) 360
Siegen, Realschule (Realgymn., neusprachl. Gymn.) 303
Siegen, Univ.-GHS (1972) 307
Siegen-Breitenbach s. Breitenbach
Siegen-Weidenau s. Weidenau
Siegen-Wittgenstein, Kreis 19
Siegen-Wittgenstein-Biedenkopf, Reichstagswahlkrs. (1871) 309f.
Siegerland 74f., 114, 157, 198, 221, 269, 363f., 377, 381f., 387, 400
Siegfried (von Hallermund?) († 1188), Bf. von Paderborn (reg. 1178-88) 71
Siegfried von Westerburg († 1297), Eb. von Köln (reg. 1275-97) 51-53, 56, 59, 63
Sieker (Bielefeld) 335
Sieker, Prediger-Sem. der BK (1934) 370
Sigebert, Bf. von Minden (reg. 1022/24-36) 72
Sigeward, Bf. von Minden (reg. 1120-40) 72
Sigewin, Eb. von Köln (reg. 1078/79-89) 53
Sigfrid von Walbeck, Bf. von Münster (reg. 1022-32) 68
Sigges, Karl (1878-1924), Vik. u. Diöz.-Präs. des Paderb. Verbandes der Kath. Waisenhäuser 367
Sigismund, Ks. s. Sigmund
Sigmaringen (Baden-Württemberg), Reg.-Bez. 269
Sigmund (1368-1437), dt. Kg. (1410/11) u. röm. Ks. (1433) 49, 65
Silbach (Winterberg, Hochsauerlandkrs.) 99
Silschede (Gevelsberg, Ennepe-Ruhr-Krs.) 385f.
Simar, Hubertus Theophil (1835-1902), Bf. von Paderborn (amt. 1891-99), Eb. von Köln (amt. 1899-1902) 352
Simon I. zur Lippe (um 1200-1277), Bf. von Paderborn (reg. 1247-77) 71
Simon III. zur Lippe (um 1430-1498), Bf. von Paderborn (reg. 1463-98) 71

Simon II. von Sternberg († 1389), Bf. von Paderborn (reg. 1380-89) 71
Simon Gf. von Tecklenburg (1158-1203) 47
Simon, Friedrich (1833-1912), Pfr. u. erster Anstaltsleiter in Bethel (1867) 366
Smith, Adam (1723-1790), schott. Moralphilosoph u. Wirtschaftstheoretiker 378
Sodingen (Herne) 334
Sölde (Dortmund) 334
Soest (Krs. Soest) 13f., 18, 20f., 47, 49f., 50, 52-54, 60f., 65f., 77, 80, 86-90, 95, 97-100, 110f., 114, 123-125, 129, 145, 147-149, 163, 169f., 189, 191, 197, 214, 216, 293, 298, 336, 358f., 363, 368, 385f., 413, 419
Soest, Archigymnasium 11, 197, 302
Soest, Dominikanerkl. 125
Soest, Kreis (1817) 258
Soest, Kreis (1975) 19, 66, 70
Soest, Kreissynode (Kirchenkrs.) (1818) 360
Soest, (priv.) Lehrersem. (1798) 204
Soest, (staatl.) Lehrersem. (ev.) (1806) 299, 301
Soest, Minoritenkl. 125
Soest, Patroklusst. 89, 111, 125, 145
Soest, Pfarrei 32
Soest, Prediger-Sem. (1891) 368
Soest, Prov.-Blindenanstalt 305
Soest, Prov.-Synoden, Westf. (nach 1835) 363, 368
Soest, Sonntagsschule für Handwerker 305
Soest, Taubstummenschule 305
Soest-Lendringsen s. Lendringsen
Soest-Paradiese s. Paradiese
Soest-Ruploh s. Ruploh
Soester Börde 65, 77, 111, 124, 169, 287, 387
Soester Fehde (1444-49) 53f., 56, 65f., 70, 76, 89f., 98
Soester Kirchenordnung (1532) 111
Soester Recht 89f., 92f.
Solingen 381
Solms-Braunfels, Grafen von 162, 198
s. auch Konrad Gf. von Solms-Braunfels (1540-1592)
s. auch Philipp Gf. von Solms-Braunfels († 1581)
s. auch Wilhelm Moritz Gf. von Solms-Braunfels († 1724)
Somborn (Dortmund) 334
Sommer, Johann Friedrich Joseph (1793-1856), „Bauernadvokat" 286
Sonneberg-Saalfeld (Thüringen), Reichstagswahlkrs. (1871) 308
Sonnenstein (Sachsen) 411
Sophia von Limburg (Maas), Gemahlin Friedrichs von Isenberg († 1226) 62
Spandau (Berlin), Bekenntnissynode der BK von Berlin (1945) 370
Sparrenberg (Bielefeld), ravensb. Amt 78
Sparrenberg, Burg über Bielefeld 73
Speckhorn (Recklinghausen) 334
Spee von Langenfeld, Friedrich (1591-1635), Jesuit u. Gegner des Hexenglaubens 201f.
Spener, Philipp Jakob (1635-1705), pietist. Theologe 195f., 198
Spenge (Krs. Herford) 123
Spenge-Wallenbrück s. Wallenbrück
Speyer (Rheinland-Pfalz), Domkap. 180
Speyer, RKG (bis 1689) 160
Speyer, Reichstag (1526) 113, 115, 117
Speyer, Reichstag (1529) 115, 118
Spiegel, von, Familie 180
Spiegel zum Desenberg, Ferdinand August von (1764-1835), Eb. von Köln (amt. 1821/25-35) 350
Spiegel zum Desenberg, Franz Wilhelm von (1752-1815), Landdrost des Hzgt. Westfalen, kurköln. Hofkammerpräs. in Bonn 203, 207, 209
s. auch Heinrich III. von Spiegel zum Desenberg († 1380), Bf. von Paderborn (reg. 1361-80)
Spiegelberg (Niedersachsen), Gft. 16
Spittler, Christian Friedrich (1782-1867), Sekr. der Dt. Christentumsgesellschaft (Basel) 365
Sponheim, Grafen von 75
Sprockhövel (Ennepe-Ruhr-Krs.) 62, 384
Sprockhövel-Schee s. Schee
Stablo (Belgien), Reichsabtei (Reichsabt) 15, 157
Stadthagen (Niedersachsen) 197
Stadtlohn (Krs. Borken) 23, 69, 77, 146, 222
Stadtlohn, Pfarrei 33
Stadtlohn, Schlacht (1623) 146
Stahl, jüd. Familie, seit 1863 in Medebach 408f.
Stahl, Sally, jüd. Mineralwasserfabrikant in Medebach, 1938 ausgew. nach Montevideo (Uruguay) 409
Stalin, Jossif (1879-1953), sowj. Diktator 420
Stangefol, Hermann († 1658), Geschichtsschreiber 12, 15
Stapirius (Stappert), Michael († 1663), Pfr. in Hirschberg u. Grevenstein, Gegner der Hexenverfolgungen 202
Stappert, Michael s. Stapirius, Michael
Starkenburg (Hessen), Fstm. (Prov.) 246
Staufer
s. Friedrich I. (Friedrich Barbarossa) (um 1125-1190), dt. Kg. (1152) u. röm. Ks. (1155)
s. Friedrich II. (1194-1250), dt. Kg. (1196/1211) u. röm. Ks. (1220)
s. Heinrich (VII.) (1211-1242), dt. Kg. (1220/22)

s. Konrad III. (1093/94-1152), dt. Gegen-Kg. 1127-35, dt. Kg. (1138)
Steele (Essen) 222, 382, 384-386
Steil, Ludwig (1900-1945), Pfr. in Herne-Holsterhausen, KZ-Häftling in Dachau 406
Stein, Karl Reichsfrhr. vom und zum (1757-1831), preuß. Staatsmann 169, 249, 255, 270, 273, 275, 381
Steinbach (Bad Laasphe, Krs. Siegen-Wittgenstein) 336
Steinfurt (Krs. Steinfurt) 20, 94, 129, 149, 275
Steinfurt, Burg 74
Steinfurt, Edelherren von 62, 74
s. auch Balduin von Steinfurt († wohl 1362), Bf. von Paderborn (reg. 1341-61)
s. auch Ludolf von Steinfurt (seit 1394 Herr von Steinfurt, † 1421)
s. auch Mechthild von Steinfurt († 1420), T. Ludolfs von Steinfurt, Erbin von Steinfurt
Steinfurt, Freimaurerloge (1785) 205
Steinfurt, Gft. 16, 19, 69, 74, 114, 127f., 130, 182, 185f., 245
Steinfurt, Gymn. Arnoldinum 302
Steinfurt, Hohe Schule (1588/91) 129, 134, 186, 194, 302
Steinfurt, Kreis (1816) 258
Steinfurt, Kreis (1975) 19
Steinfurt, Lehrerinnensem. (ev.) (1900) 300
Steinfurt, Realsch. (Realgymn., neusprachl. Gymn.) 303
Steinheim (Krs. Höxter) 31, 70, 94
Steinheim, paderb. Amt 77
Steinheim, Pfarrei 32
Steinthal, Fritz Leopold (1889-1969), Rabbiner in Münster 408
Stemwede (Krs. Minden-Lübbecke) 33
Stemwede-Dielingen s. Dielingen
Stens (Stenz), Hermann (1883-1950), Partei-Sekr. der DDP in Hagen 324
Stenz, Hermann s. Stens, Hermann
Sterkrade (Oberhausen) 335, 338, 384
Stern, jüd. Familie in Medebach 409
Sternberg, Grafen von
s. Simon II. von Sternberg († 1389), Bf. von Paderborn (reg. 1380-89)
Sternberg (Krs. Lippe), Gft. 16
Stiepel (Bochum) 145, 334
Stiepel, Gericht 77
Stockhausen, Max von (1890-1971), Reg.-Präs. in Arnsberg 401
Stockmann, Hermann August Wilhelm (1848-?), Kons.-Präs. (amt. 1898-1905) 361
Stockton (Großbritannien) 385
Stockum (Möhnesee, Krs. Soest), Gericht 77
Stockum (Witten, Ennepe-Ruhr-Krs.) 335
Stoecker, Adolf (1835-1909), preuß. Hofpred. u. Politiker 309
Stötzel, August, KPD-Funktionär im Ruhrgebiet (1933/34) 406
Stoob, Heinz (1919-1997), Historiker 86
Stoppelberg (Steinheim, Krs. Höxter) 70
Storck, Adam Philipp (1780-1822), Handelsschul-Dir. in Hagen, ab 1817 in Bremen 272
Stralsund (Mecklenburg-Vorpommern) 67, 254
Straßburg (Frankreich) 104, 108, 116, 118f., 132
Straßburg, Hohe Schule (Akademie) 129
Stravius (Pauli-Stravius), Georg von (um 1593-1661), köln. Gen.-Vik. 133
Stromberg (Oelde, Krs. Warendorf), münster. Amt 77
Stuckenbusch (Recklinghausen) 334
Studt, Konrad von (1838-1921), Ober-Präs. von Westfalen 265
Stünzel (Bad Berleburg, Krs. Siegen-Wittgenstein) 336
Stukenbrock (Schloß Holte-Stukenbrock, Krs. Gütersloh) s. Eselsheide/Stukenbrock
Sturmi (um 715-779), Gründungsabt des Kl. Fulda (744) 30
Stuttgart (Baden-Württemberg) 283
Styrum (Mülheim a. d. Ruhr) 385
Styrum, Burg u. Herrsch. 187, 245
Suderwich (Recklinghausen) 334
Südhannover-Braunschweig, Reichstagswahlkrs. (1919) 341
Südlohn (Krs. Borken) 77
Sümmern (Iserlohn, Märkischer Krs.), Gericht 77
Suitbert († 713), angelsächs. Missionar, Gründer des Kl. Kaiserswerth 28f.
Suitger, Bf. von Münster (reg. 993/94-1011) 68
Sulen, Herren von 75
Sundern (Hochsauerlandkrs.) 42, 51, 77, 94, 97, 99, 242, 336
Sundern-Allendorf s. Allendorf
Sundern-Estinghausen s. Estinghausen
Sundern-Hachen s. Hachen
Sundern-Hagen s. Hagen (Sundern)
Sundern-Hellefeld s. Hellefeld
Sundern-Wildewiese s. Wildewiese
Syburg (Dortmund-Hohensyburg) 19, 25, 49, 334
Syburg, Pfarrei 32
Sydow, Günther von (1855-1924), Kons.-Präs. (amt. 1905-23) 361

Täger, Curt Heinrich (1879-1946), Obmstr. in Herne 403
Tauroggen (Litauen), Konvention (1812) 255

Tecklenburg (Krs. Steinfurt) 21, 44, 73, 94, 128, 190, 201, 257
Tecklenburg, Burg 73
Tecklenburg, Grafen von 44, 62, 68, 73, 88, 95, 163
– Tecklenburg, Grafen von a. d. H. der Egbertiner
s. Egbert Gf. von Tecklenburg (gen. 1129-50)
s. Heinrich Gf. von Tecklenburg (um 1155)
s. Simon Gf. von Tecklenburg (1158-1203)
– Tecklenburg, Grafen von a. d. H. Bentheim-Holland
s. Otto IV. Gf. von Tecklenburg († 1303/07)
– Tecklenburg, Grafen von a. d. H. Schwerin
s. Anna von Tecklenburg († 1554), T. Ottos IX. von Tecklenburg, Gemahlin Gf. Philipps von Solms-Braunfels
s. Anna von Tecklenburg (1528/29-1582), T. Konrads von Tecklenburg, Gemahlin Gf. Everwins III. von Bentheim, Erbin von Tecklenburg u. Rheda
s. Konrad Gf. von Tecklenburg (1493-1557)
s. Nikolaus II. Gf. von Tecklenburg († 1426)
s. Nikolaus III. Gf. von Tecklenburg († 1508)
s. Nikolaus IV. Gf. von Tecklenburg in Lingen († 1541)
s. Otto VI. Gf. von Tecklenburg († 1388)
s. Otto IX. Gf. von Tecklenburg († 1534)
Tecklenburg, Gft. 16, 19, 57, 66, 69, 72-74, 90, 114, 123, 127f., 130, 157, 161-163, 168f., 185, 190f., 204f., 213, 218, 220f., 223, 240, 246, 357, 359
Tecklenburg, Kreis (1816) 258, 328, 346, 366, 378
Tecklenburg, Kreissynode (Kirchenkrs.) (1818) 360
Tecklenburg-Rheine-Warendorf, Wahlkrs. für die Frankfurter Nationalvslg. (1848) 285
Tecklenburg-Steinfurt-Ahaus, Reichstagswahlkrs. (1871) 310
Tecklenburger Kirchenordnung (1543) 114
Tecklenburger Vergleich (1729) s. Berliner Vergleich (1729)
Teheran (Iran), Konferenz (1943) 420
Telgte (Krs. Warendorf) 92, 97, 236, 354
Telgte, Lehrersem. (priv.) 300
Telgte, Pfarrei 33
Temme, Jodocus (1798-1881), Jurist u. linkslib. Politiker 288
Tenge, Friedrich Ludwig (1793-1865), Gutsbesitzer 275
Terboven, Josef (1898-1945), NS-Gauleiter in Essen u. Ober-Präs. der Rheinprov. 405
Tersteegen, Gerhard (1697-1769), Pietist u. Liederdichter 196, 198
Thälmann, Ernst (1886-1944), KPD-Politiker 340f.
Theodor von Brabeck (1735-1794), Reichsabt (1792: Bf.) von Corvey 182
Theresienstadt (Čechien), Vernichtungslager 410
Thielmann, Johann Adolf Frhr. von (1765-1824), preuß. Gen. 262
Thietmar, Bf. von Minden (reg. 1185-1206) 72
Thomasius, Christian (1655-1728), Jurist u. Philosoph 202f.
Thorn (Niederlande), Reichsabtei 15
Throtmanni s. Dortmund
Thülen (Brilon, Hochsauerlandkrs.), Pfarrei 33
Tilly, Johann Tserclaes Gf. (1559-1632), Fherr im 30jähr. Krieg 146f.
Tilsit/Prov. Ostpreußen (Sowjetsk, Rußland), Friedensschlüsse (1807) 245f., 253, 255
Tölcke, Karl Wilhelm (1817-1893), sozialdemokr. Politiker 308f.
Traphagen, Heinrich († um 1543), reformat. Pred. in Minden (1529), später Pfr. in Isernhagen (Niedersachsen) 109
Tremonia s. Dortmund
„Tremonia", Zeche (Dortmund) 383
Treysa (Schwalmstadt, Hessen), Kirchenvslg. (1945) 370f.
Trient (Italien), Konzil (1545-63) 116, 132f., 153
Trier (Rheinland-Pfalz) 38, 194, 237, 257, 271, 350
Trier, Bist. (1821) 351
Trier, Domkap. 180
Trier, Erzst. 182, 207
Trier, Kurwürde 242
Troisdorf (Rhein-Sieg-Krs.) 387
Turin (Italien) 235
Tübingen (Baden-Württemberg), Univ. 306
Twickel, von, Familie 179

Überruhr (Essen) 386
Überwasser (Münster) 295
Ueckendorf (Gelsenkirchen) 296
Uentrop (Hamm), Taubstummenschule 305
Ulm (Baden-Württemberg) 67, 86, 89
Ulm, Schlacht (1805) 243
Undereyck, Theodor (1635-1693), pietist. Pfr. in Mülheim a. d. Ruhr 196
Unna (Krs. Unna) 20, 49, 54, 59, 63, 66, 80, 93, 97, 99, 123, 125, 145, 147f., 170, 216, 222, 293, 358, 366, 383, 385f.
Unna, märk. Amt 77
Unna, luth. Gen.-Synode (Prov.-Synode) der Gft. Mark (1612) 358
Unna, Kreis (1975) 19, 59f., 66
Unna, Kreissynode (Kirchenkrs.) (1818) 360

Unna, Lehrersem. (ev.) (1907) 300
Unna, Pfarrei 33
Unna, Ver. Synode der Gft. Mark (1818) 359
Unna-Königsborn s. Königsborn
Unna-Lünern s. Lünern
„Unser Fritz“, Zeche (Gelsenkirchen) 383
Unwan, Bf. von Paderborn (reg. 918-35) 71
Utrecht (Niederlande) 28f.
Utrecht, Bist. bzw. Bf.-Sitz 28, 30
Utrecht, Diöz. 30
Utrecht, Frieden (1713) 153, 163
Utrecht, Hochst. 12, 180

Valbert (Meinerzhagen, Märkischer Krs.) 59
Valdorf (Vlotho, Krs. Herford) 124
Valmy (Frankreich), Kanonade (1792) 237
van Kampen (von Campen, Campius), Johann (= Johann Wulf) († 1535?), reformat. Pred. in Soest (1531-33) 111
Varlar (Rosendahl, Krs. Coesfeld), Burg (Prämonstratenserkl.) 42
Varnhagen, Johannes (1505-1582), Reformator in Iserlohn 112
Vatikanisches Konzil, erstes (1870) 354f.
„Veba AG“ (Gelsenkirchen) 389
Vechta (Niedersachsen) 10, 44, 69, 72, 153
Vechta, münster. Amt 17, 76
Velbert (Krs. Mettmann) 382
Velbert-Langenberg s. Langenberg
Velbert-Neviges s. Neviges
Velbert-Richrath s. Richrath
Velen (Krs. Borken) 77, 94
Velen-Ramsdorf s. Ramsdorf
Velen, von, Familie 179
Velen zu Raesfeld, Alexander II. von (1599-1675), Heerf. im 30jähr. Krieg 148f.
Vellinghausen (Welver, Krs. Soest), Schlacht (1761) 189, 191
Velmede (Bestwig, Hochsauerlandkrs.), Pfarrei 33
Venedig (Italien) 85
Venlo (Niederlande), Vertrag (1543) 124f.
Verden a. d. Aller (Niedersachsen) 25
Verden, Hochst. (Hzgt.) 15, 151, 154, 182
Verdun (Frankreich), Schlacht (1916) 319
Verdun, Vertrag (843) 32, 37
„Vereinigte Stahlwerke“ (Dortmund) 383
Verl (Krs. Gütersloh) 74
Versailler Vertrag (1919) 325f.
Versailles (Frankreich) 188, 232f.
Versmold (Krs. Gütersloh) 197
Viermünden, Herren von 78
Vilich (Bonn-Beuel) 245
Vincke, Georg Frhr. (1811-1875), liber. Politiker 285
Vincke, Ludwig Frhr. (1774-1844), Ober-Präs. von Westfalen 256, 258, 262-265, 277, 360
Virchow, Rudolf (1821-1902), Mediziner u. Politiker 354
Virneburg, Grafen von
s. Heinrich II. von Virneburg (1244/45-1332), Eb. von Köln (reg. 1306-32)
s. Johann I. von Virneburg († 1371), Bf. von Münster (reg. 1363-64) u. Utrecht (reg. 1364-71)
Virneburg (Rheinland-Pfalz), Gft. 16, 157
Visby auf Gotland (Schweden) 96
Vischering (Lüdinghausen, Krs. Coesfeld), Schloß 179
Vittinghoff gen. Schell, von, Familie 180
Vlotho (Krs. Herford) 14, 73, 124, 149, 414
Vlotho, ravensb. Amt 78
Vlotho, Burg 73
Voerde (Ennepetal, Ennepe-Ruhr-Krs.) 145, 386
Volbringen (Ense, Krs. Soest) 336
Volcmar, Bf. von Minden (reg. 1089-95) 72
Volkening, Johann Heinrich (1796-1877), Pfr. in Gütersloh u. Jöllenbeck 364f.
Volkmarsen (Hessen), 14, 99, 132
Volkwin von Schwalenberg, Bf. von Minden (reg. 1276-93) 72
Volmarstein (Wetter, Ennepe-Ruhr-Krs.) 86, 94, 367, 386
Volmarstein, Burg gegenüber Wetter a. d. Ruhr 14, 51f., 63
Volmarstein, Gericht 77
Volmarstein, Orthopädische Anstalten 367
Volmerdingsen (Bad Oeynhausen, Krs. Minden-Lübbecke), Wittekindshof 367
Volmerstein (Volmarstein), Herren von 42, 61
Vorhalle (Hagen) 335, 385f.
Voßwinkel (Arnsberg, Hochsauerlandkrs.), Gericht 77
Vreden (Krs. Borken) 14, 23, 149
Vreden, Damenst. 31
Vreden, Eigenkirche 33

Wala, Gf. (um 773-836), Abt von Corbie u. Bobbio 28
Wadersloh (Krs. Warendorf) 33, 241
Wadersloh, Pfarrei 33
Wadersloh-Liesborn s. Liesborn
Wagner, Josef (1898-1945?), NS-Gauleiter von Westfalen-Süd 343, 400, 405
Wagner, Leonhard († 1568/69), ev. Pfr. in Siegen (1531) 115, 117
Waldbauer (Breckerfeld) s. Zurstraße

Waldeck (Waldeck-Pyrmont), Fstm. (Freistaat) 246, 270, 328f., 351f.
Waldeck, Grafen von 120
s. auch Franz von Waldeck (1491-1553), Bf. von Minden (reg. 1529-53), Osnabrück (reg. 1532-53) u. Münster (1532-53)
s. auch Gottfried von Waldeck, Bf. von Minden (reg. 1304-24)
Waldeck, Benedikt (1802-1870), OLG-Rat u. linkslib. Politiker 286, 288, 291
Waldenburg (Attendorn, Krs. Olpe), Amt (Hzgt. Westfalen) 14, 52, 79
Waldenburg, Burg bei Attendorn 51
„Waldthausen u. Co. KG", Bank (Essen) 393
Wallenbrück (Spenge, Krs. Herford) 123, 197
Wallenstein, Albrecht von (1583-1634), Fherr im 30jähr. Krieg 146f.
Walram von Jülich (1304-1349), Eb. von Köln (reg. 1332-49) 53
Walram Hzg. von Limburg (Maas) († 1280) 46, 52
Walram von Moers (spätestens 1385-1456), Bf. von Münster (reg. 1450-56)
Walram II., Gf. von Nassau († nach 1265), Begründer der walramischen Linien des Hauses Nassau 75
Walsum (Duisburg) 20
Waltger († 825), sächs. Adeliger, Gründer der Abtei Herford (um 789) 31
Waltrop (Krs. Recklinghausen) 63, 384
Wambel (Dortmund) 59, 67, 296
Wandsbeck (Hamburg), Kreis 328
Wanne (Herne) 334, 385f., s. auch Wanne-Eickel
Wanne-Eickel (Herne) 268, 295, 334, 338, 383f., 389, 413
Warburg (Krs. Höxter) 21, 31, 41, 77, 80, 92, 97, 99, 148f., 178, 241, 386
Warburg, Flüchtlingslager (1946) 418
Warburg, Gymnasium (Progymn.) 302
Warburg, Kreis (1816) 258, 348, 378
Warburg, Pfarrei 33
Warburg-Höxter, Reichstagswahlkrs. (1871) 310
Warendorf (Krs. Warendorf) 20, 74, 92, 94, 97, 146, 149, 236, 239, 241, 355
Warendorf, Franziskanerkl. 354
Warendorf, Gymnasium (Progymn.) 302
Warendorf, Kreis (1816) 258
Warendorf, Kreis (1975) 19
Warendorf, Pfarrei 33
Warin [S. Ekberts († um 790)], Abt von Corvey (reg. 826-56) 40
Warin, Eb. von Köln (reg. 976-85) 53
Warschau (Polen), Ghetto 410
Warschau, Hzgt. (1807) 245
Warstein (Krs. Soest) 14, 50, 52, 77, 93f., 97, 99, 202, 242
Warstein-Allagen s. Allagen
Warstein-Belecke s. Belecke
Warstein-Hirschberg s. Hirschberg
Warstein-Mülheim s. Mülheim an d. Möhne
Wartburg, Burg über Eisenach (Thüringen) 107
Wartenberg, Grafen von
s. Franz Wilhelm von Wartenberg (1593-1661), Bf. von Osnabrück, Minden u. Regensburg
s. auch Wittelsbach – bayerischer Hauptzweig
Wassenberg (Krs. Heinsberg) 119
Wassenberger Prädikanten 119
Waterloo (Belgien), Schlacht (1815) 257
Watt, James (1736-1819), engl. Erfinder 380
Wattenscheid (Bochum) 66, 94, 97, 163, 268, 334, 338, 351, 383, 385f., 388
Wattenscheid, Höhere Bürgerschule 303
Wattenscheid, erzbischöfl.-köln. Kommissariat (1811) 350
Watter, Oskar von (1861-1939), GenLt 323
Weckinghausen (Erwitte, Krs. Soest) 336
Weddigen, Peter Florenz (1758-1809), Publizist in Bielefeld 205
Wedekind II. von dem Berge, Bf. von Minden (reg. 1369-83) 72
Wedigenstein (Porta Westfalica, Krs. Minden-Lübbecke) 72
Wedinghausen (Arnsberg, Hochsauerlandkrs.), Prämonstratenserkl. 122, 206, 208, 238, 242
Wehringhausen (Hagen) 296
Weichs-Körtlinghausen, von, Familie 180
Weichs-Wenne, von, Familie 180
Weidenau (Siegen, Krs. Siegen-Wittgenstein), PH (simult.) (1964) 299
Weidenau, PH (= Abt. der PH Westfalen-Lippe) (1964) 299
Weihe, Friedrich August (1721-1771), pietist. Pfr. in Gohfeld 197
Weile (Hattingen, Ennepe-Ruhr-Krs.), Hs. 236
Weilmünster (Hessen) 411
Weimar (Thüringen) 327
Weimar, Lutherhof (1819) 365
Weimar, Nationalvslg. (1919) 327
Weirich, Wilhelm (1879-1954), Gen.-Sup. (amt. 1931-33) 361, 369
Weißer Berg (bei Prag, Čechien), Schlacht (1620) 144
Weitmar (Bochum) 125, 334, 385f.
Welfesholz (bei Gerbstedt, Sachsen-Anhalt), Schlacht (1115) 42
Welfen
s. Heinrich der Löwe (um 1129-1195), Hzg. von Sachsen u. Bayern

s. Heinrich der Stolze († 1139), Hzg. von Sachsen u. Bayern
s. ferner Braunschweig (-Lüneburg, -Grubenhagen, -Wolfenbüttel)
Wellinghofen (Dortmund) 334
Welper (Hattingen, Ennepe-Ruhr-Krs.) 385-387
Welver (Krs. Soest) 111, 189, 335f., 385f.
Welver-Balksen s. Balksen
Welver-Blumroth s. Blumroth
Welver-Ehningsen s. Ehningsen
Wenden (Krs. Olpe), Gericht 77
Wenge, von, Familie 180
Wengern (Wetter, Ennepe-Ruhr-Krs.) 125, 386f.
Werden (Essen) 23, 203, 382, 384
Werden, Reichsabtei 15, 30f., 60, 67, 157, 159, 244f.
Werden, Vogtei über die Abtei (Grafen von der Mark) 44f., 60f.
Werdener Urbar (um 880/84) 67, 88
Werl (Krs. Soest) 10, 13f., 20f., 42, 51f., 77, 80, 92, 97, 99, 122, 148f., 178, 216, 293, 329, 335
Werl, kurköln. Amt 77, 201
Werl, Franziskanerkl. (1849) 354
Werl, Grafen von 13, 28, 40-44, 51, 68, 74
s. auch Bernhard Gf. von Werl (-Arnsberg) († um 1070)
s. auch Heinrich II. von Werl, Bf. von Paderborn (reg. 1084-1127)
s. auch Hermann I. Gf. von Werl († um 986)
s. auch Hermann II. Gf. von Werl († bald nach 1024)
Werl (-Arnsberg), Grafen von 43, 74
s. auch Bernhard Gf. von Werl (-Arnsberg) († um 1070)
s. auch Friedrich Gf. von Werl (-Arnsberg) († 1124)
s. auch Hermann Gf. von Werl († 1092)
s. auch Ida (Jutta) von Werl (-Arnsberg) (um 1120/27), Gemahlin Gottfrieds von Cappenberg
s. auch Konrad Gf. von Werl (-Arnsberg) († 1092)
s. auch Liupold Gf. von Werl (gen. 1102)
s. auch Arnsberg, Grafen von (a. d. H. Werl)
Werl, Kapuzinerkl. 242
Werl, Lehrersem. (kath.) (1901) 300
Werl, Präparandenanstalt (1897) 300
Werl, Quartal 77
Werl-Bergstraße s. Bergstraße
Werl-Blumenthal s. Blumenthal
Werl-Hilbeck s. Hilbeck
Werne a. d. Lippe (Krs. Unna) 77, 94, 97, 149
Werne, münster. Amt 77
Werne, Pfarrei 33
Werne (Bochum) 334, 383
Werner, Bf. von Minden (reg. 1153-70) 72
Werner von Steußlingen, Bf. von Münster (reg. 1132-51) 68
Werries (Hamm) 59
Werth (Isselburg, Krs. Borken), Herrsch. 69
Wesel (Krs. Wesel) 12, 20, 80, 108, 127, 159, 171, 189f., 197, 204, 243f., 249, 254, 257, 318, 386, 413
Wesel, Lehrersem. (1786) 204, 299
Wesel-Büderich s. Büderich
Weslarn (Bad Sassendorf, Krs. Soest) 111, 369
Wessum (Ahaus, Krs. Borken), Pfarrei 33
Westenfeld (Bochum-Wattenscheid) 334
Westerburg (Rheinland-Pfalz), Herrsch. 245
Westerfilde (Dortmund) 334
Westerholt, von, Familie 179
Westerholt, Konrad von (1559-1602), Domscholaster in Münster 134
Westerkappeln (Krs. Steinfurt) 73
Westermann, Johann († 1542), Reformator in Lippstadt 110
Westerwinkel (Ascheberg-Herbern, Krs. Coesfeld), Schloß 179
Westfälisch Leithe s. Leithe (Gelsenkirchen)
Westfälische Eisenbahn 386f.
Westfalen, Hzgt. 19, 70, 75-77, 84, 87, 94, 99, 120, 132, 142, 145, 148, 152, 157f., 165, 171, 174-176, 178, 180, 182, 199, 201f., 205, 207, 209, 214, 217-219, 221, 235f., 238, 240, 242, 246, 249-256, 258, 262f., 268f., 350f.
„Westfalenbank AG“ (Bochum) 394
„Westfalia“-Hütte (Lünen) 383
Westhofen (Schwerte, Krs. Unna) 59, 63, 66, 97, 125
Westhoven, Karl (1832-1920), Kons.-Präs. (amt. 1892-98) 361
Westhoven, Rüdiger von (1645-1727), Arzt in Hamm 197
Westminster (London, Großbritannien), 1. Konvention von (1756) 188
Westphalen, Kgr. (1807) 16, 241, 246, 249-255, 268, 270, 277, 350
Westphalen, von, Familie (Grafen) 180, 273, 284
Westphalen, Friedrich Joseph Gf. von (1830-1900) 291
s. auch Friedrich Wilhelm von Westphalen (1727-1789), Bf. von Hildesheim (reg. 1763-89) u. Paderborn (reg. 1782-89)
Westrich (Möhnesee, Krs. Soest) 336
Wetter a. d. Ruhr (Ennepe-Ruhr-Krs.) 51, 60, 66, 86, 94, 97, 125, 129, 197, 324, 351, 367, 383, 387, 389
Wetter, märk. Amt 77
Wetter, Bergamt (1780) 169
Wetter, Kreis (1753) 66, 169

Wetter, „Mechanische Werkstatt" (1818) 382, 389
Wetter-Volmarstein s. Volmarstein
Wetter-Wengern s. Wengern
Wettin (Sachsen), Haus 141
s. auch Friedrich I. von Wettin, Bf. von Münster (reg. 1064-84)
s. auch Otto II. von Wettin, Bf. von Minden (reg. 1368)
s. auch Wilhelm III. Hzg. von Sachsen, Markgf. von Meißen (1425-1482)
– Albertiner (nach 1485) 142
s. auch Friedrich August III./I. (1750-1827), Kf. (1806: Kg.) von Sachsen (reg. 1763/68-1827)
– Ernestiner (nach 1485)
s. Friedrich der Weise (1463-1525), Kf. von Sachsen
s. Johann der Beständige (1468-1532), Kf. von Sachsen
s. Johann Friedrich (1503-1554), Kf. von Sachsen
s. Karl August (1757-1828), Hzg. (1815: Ghzg.) von Sachsen-Weimar-Eisenach
Wettringen (Krs. Steinfurt), Pfarrei 33
Wetzlar (Hessen) 161
Wetzlar, RKG (ab 1689) 160, 244
Wevelinghoven, Herren von
s. Florenz von Wevelinghoven († 1393), Bf. von Münster (reg. 1364-78) u. Utrecht (reg. 1378-93)
Wevelinghoven (Grevenbroich, Krs. Neuss), kurköln. Unterherrsch. 185
Wewelsburg (Büren, Krs. Paderborn), paderb. Amt 77
Wewelsburg, Burg bei Büren 42, 71
Weyer, Johannes (1515/16-1588), Arzt u. Gegner des Hexenglaubens 201f.
Wichart, Liborius († 1604), prot. Bmstr. in Paderborn 135
Wichern, Johann Hinrich (1808-1881), ev. Theologe u. Sozialreformer 365
Wichfrid, Eb. von Köln (reg. 924-53) 53
Wichlinghausen (Borgholzhausen, Krs. Gütersloh) 336
Wichlinghausen (Wuppertal) 386
Wichmann d. Ä., Br. Hermann Billungs († 973) 39
Wickede/Ruhr (Krs. Soest) 125
Wickede (Dortmund) 334
Wickede (Dortmund), Vslg.-Ort des märk. Landtags 80f., 99
Wickradt (Mönchengladbach), Herrsch. 16
Wiclif (Wyclif), John (um 1320-1384), rel. Reformer in England 105
Wictberet, angelsächs. Missionar (um 678/79) 28
Widekind von Hoya, Bf. von Minden (reg. 1253-61) 72
Widelo, Bf. von Minden (reg. 1097/98-1105, 1113-19) 72
Widukind, sächs. Adeliger (777 zuerst gen., Taufe 785) 25f., 39
Widukind von Corvey (um 925-nach 973), Corveyer Mönch u. Geschichtsschreiber 10, 26
Widukind von Rheda (1169 zuerst gen., † 1190), Kreuzfahrer 45-47, 74
Widukind Gf. von Schwalenberg (um 1158) 45
Wied, Grafen von 120
s. auch Arnold I. von Wied, Eb. von Köln (reg. 1137-51)
s. auch Arnold II. von Wied, Eb. von Köln (reg. 1151-56)
s. auch Friedrich IV. von Wied (um 1518-1568), Kf.-Eb. von Köln (reg. 1562-67)
s. auch Friedrich III. von Wied (1478-1551), Bf. von Münster (reg. 1522-32)
s. auch Hermann V. von Wied (1477-1552), Kf.-Eb. von Köln (1515-46), Bf. (Adm.) von Paderborn (reg. 1532-46)
Wied (Hessen; Rheinland-Pfalz), Gft. 15
Wied-Neuwied (Rheinland-Pfalz), Gft. 157
Wied-Runkel (Hessen; Rheinland-Pfalz), Gft. 157, 245
Wiedenbrück (Rheda-Wiedenbrück, Krs. Gütersloh) 14, 17, 74, 76, 97, 246
Wiedenbrück, Franziskanerkl. 354
Wiedenbrück, Gymn. (Progymn.) 302
Wiedenbrück, Kreis (1816) 258, 378
Wiedenbrück, Pfarrei 32
Wieland, Christoph Martin (1733-1813), dt. Dichter 233
Wiemelhausen (Bochum) 296, 386
Wien (Österreich) 86, 115, 161, 179, 186, 189, 194, 213, 234, 243, 256f., 282f., 288, 385
Wien, RHR 160-162, 244
Wien, TH 306f.
Wien, Univ. 306
Wiener Kongreß (1814/15) 17, 256f., 268, 271, 358
Wiener Kongreßakte (1815) 257
Wiener Oktoberrevolution (1848) 287f.
Wiesbaden (Hessen) 385
Wiesmann, Franz Julius (1811-1884), Gen.-Sup. (amt. 1857-83) 361
Wigbold von Holte, Eb. von Köln (reg. 1297-1304) 53
Wilbrand von Oldenburg († 1235), Bf. von Paderborn (reg. 1225-28) u. Utrecht (reg. 1227-35) 71
Wildenburg (Rheinland-Pfalz), Herrsch. 245
Wildeshausen (Niedersachsen) 69
Wildewiese (Sundern, Hochsauerlandkrs.) 336

Wilfried von York, Bf., angesächs. Missionar (um 678/79) 28
Wilhelm I. (1797-1888), Dt. Ks. (1871) u. Kg. von Preußen (reg. 1861-88) 264, 290, 353, 366
Wilhelm II. (1859-1941), Dt. Ks. u. Kg. von Preußen (reg. 1888-1918) 264, 301, 306, 313, 320
Wilhelm Gf. von Arnsberg († 1338) 43
Wilhelm von Bayern [S. des Kölner Kf.-Eb. Ernst von Bayern], Landdrost im Hzgt. Westfalen (amt. 1618-24) 132
Wilhelm I. von Berg (1382-1428), Bf. von Paderborn (reg. 1400-14) 71
Wilhelm II. von Büschen, Bf. von Minden (reg. 1398-1402) 72
Wilhelm I. von Diepholz, Bf. von Minden (reg. 1237-42) 72
Wilhelm von Gennep, Eb. von Köln (reg. 1349-62) 53
Wilhelm V. (1602-1637), Ldgf. von Hessen-Kassel 147, 149, 158
Wilhelm VIII. (1682-1760), Ldgf. von Hessen-Kassel 182
Wilhelm I. von Holte († 1260), Bf. von Münster (reg. 1259-60) 68
Wilhelm III. (IV.) (1455-1511), Hzg. von Jülich u. Berg, Gf. von Ravensberg 64, 66, 140
Wilhelm V., „der Reiche" (1516-1592), Hzg. von Jülich-Kleve-Berg 64, 73, 124f., 140, 142
Wilhelm von Ketteler (um 1520-1582), Bf. von Münster (reg. 1553-57) 121, 134
Wilhelm I. Gf. von Nassau-Dillenburg († 1559) 114f.
Wilhelm IV. Friso Prinz von Oranien-Nassau (1711-1751), Statthalter der Niederlande (1747) 184
Wilhelm III. Hzg. von Sachsen (1425-1482), Markgf. von Meißen 54
Wilhelm Anton von der Asseburg (1707-1782), Bf. von Paderborn (reg. 1762-82) 173f., 178
Wilhelm Heinrich Gf. von Bentheim (-Steinfurt) (1584-1632) 185
Wilhelm Hyacinth Fst. von Nassau-Siegen (kath.) (1666-1743) 184
Wilhelm Moritz Gf. (1679: Fst.) von Nassau-Siegen (ref.) (1649-1691) 184
Wilhelm Moritz Gf. von Solms-Braunfels († 1724) 162
„Wilhelmine Victoria", Zeche (Gelsenkirchen) 383
Wilhelmsdorf/Senne (Bielefeld-Eckardtsheim), Arbeiterkolonie (1882) 366
Willebadessen (Krs. Höxter) 94
Willebadessen, Benediktinerinnenkl. 241
Willebadessen-Peckelsheim s. Peckelsheim
Willibert, Eb. von Köln (reg. 870-89) 53
Willibrord (658-739), Missionar der Friesen 28f.
Wilm, Ernst (1901-1989), Pfr. in Mennighüffen u. Präs. der EKvW 406
Wilnsdorf (Krs. Siegen-Wittgenstein) 75
Windheim (Petershagen, Krs. Minden-Lübbecke), Pfarrei 33
Windthorst, Ludwig (1812-1891), Zentrumspolitiker 309
Winfried-Bonifatius s. Bonifatius
Winneburg-Beilstein, Freiherren von 78
Winneburg und Beilstein (Rheinland-Pfalz), Herrsch. 16
Winterberg (Hochsauerlandkrs.) 14, 19, 51f., 93, 99, 132, 201, 408, 414
Winz (Hattingen, Ennepe-Ruhr-Krs.) 334
Wischlingen (Dortmund) 296
„Wiscott u. Co.", Bank (Dortmund) 394
Wittelsbach, Haus 47, 58, 321
s. auch Otto von Wittelsbach (um 1120-1183), Pfalzgf., Hzg. von Bayern (1180)
Wittelsbach – bayerischer Hauptzweig (seit Ludwig IV. [† 1337]) (1777 erl.)
s. Albrecht V. Hzg. von Bayern (1528-1579)
s. Clemens August von Bayern (1700-1761), Kf.-Eb. von Köln (reg. 1723-61), Bf. von Münster (reg. 1719-61), Paderborn (reg. 1719-61), Hildesheim (reg. 1724-61) u. Osnabrück (reg. 1728-61)
s. Ernst von Bayern (1554-1612), Kf.-Eb. von Köln (reg. 1583-1612), Bf. von Münster (reg. 1585-1612)
s. Ferdinand von Bayern (1577-1650), Kf.-Eb. von Köln (reg. 1612-50), Bf. von Münster (reg. 1612-50) u. Paderborn (reg. 1618-50)
s. Franz Wilhelm von Wartenberg (1593-1661 [S. Hzg. Ferdinands von Bayern (1576-1598) aus morg. Ehe]), Bf. von Osnabrück (reg. 1625-61), Minden (reg. 1630-48) u. Regensburg (reg. 1649-61)
s. Joseph Clemens von Bayern (1671-1723), Kf.-Eb. von Köln (reg. 1688-1723)
s. Maximilian I. (1573-1651), Hzg. (1623: Kf.) von Bayern
s. Maximilian Heinrich von Bayern (1621-1688), Kf.-Eb. von Köln (reg. 1650-88), Bf. von Münster (reg. 1683-88)
s. Wilhelm von Bayern [S. des Kölner Kf.-Eb. Ernst von Bayern], Landdrost im Hzgt. Westfalen (amt. 1618-24)
Wittelsbach – pfälzischer Hauptzweig (seit Rudolf I. [† 1319])

s. Ruprecht von der Pfalz (1427-1480), Kf.-Eb. von Köln (reg. 1463-80)
– Pfalz-Neuburg
s. August Pfalzgf. von Neuburg (1582-1632)
s. Johann Wilhelm (1658-1716), Pfalzgf. von Neuburg, Kf. von der Pfalz, Hzg. von Jülich u. Berg (reg. 1690-1716)
s. Karl Philipp (1661-1742), Pfalzgf. von Neuburg, Kf. von der Pfalz, Hzg. von Jülich u. Berg (reg. 1716-42)
s. Philipp Ludwig Pfalzgf. von Neuburg (1547-1614)
s. Philipp Wilhelm (1615-1690), Pfalzgf. von Neuburg, Hzg. von Jülich u. Berg (reg. 1653-90), Kf. von der Pfalz (1685)
s. Wolfgang Wilhelm (1578-1653), Pfalzgf. von Neuburg, Hzg. von Jülich u. Berg
– Pfalz-Simmern
s. Elisabeth von der Pfalz, Pfalzgf.'in bei Rhein (1618-1680), Äbtissin von Herford
s. Friedrich III. (1515-1576), Kf. von der Pfalz
s. Friedrich V. (1596-1632), Kf. von der Pfalz, böhm. „Winterkg."
s. Johann von der Pfalz (1429-1475), Bf. von Münster (reg. 1457-66), Eb. von Magdeburg (reg. 1464/66-75)
s. Johann Casimir Pfalzgf. von Lautern (1543-1592)
s. Karl Ludwig (1617-1680), Kf. von der Pfalz (reg. 1648-80)
– Pfalz-Zweibrücken-Birkenfeld
s. Ludwig I. (1786-1868), Kg. von Bayern (reg. 1825-48)
s. Ludwig III. (1845-1921), Kg. von Bayern (reg. 1912/13-18)
Wittem (Niederlande), Herrsch. 16
Witten (Ennepe-Ruhr-Krs.) 60, 63, 77, 123, 222, 268, 293, 335, 338, 347, 356, 367, 384-386, 390, 394
Witten, märk. Amt 77
Witten, Gericht 77
Witten, Pfarrei 33
Witten-Annen s. Annen
Witten-Bommern s. Bommern
Witten-Düren s. Düren
Witten-Herbede s. Herbede
Witten/Herdecke, Univ. (1983) 307
Witten-Heven s. Heven
Witten-Stockum s. Stockum
Wittenberg (Sachsen-Anhalt) 107f., 110, 113, 122, 128, 351
Wittenberg, Pred.-Sem. (1816) 368
Wittenberg, Univ. 113
Wittenberger Kirchentag (1848) 365
Wittenberger Konkordie (1536) 126
Wittgenstein (Bad Laasphe, Krs. Siegen-Wittgenstein), gräfl. Amt 160
Wittgenstein, Burg bei Laasphe 75, 199
Wittgenstein, Grafen von 75, s. auch Sayn-Wittgenstein
Wittgenstein, Gft. (Wittgensteiner Land) 75, 128f., 198-200, 350, 364, 400
Wittgenstein, Kreis (1817) 258f., 269, 343, 347, 351
Wittgenstein, Kreissynode (Kirchenkrs.) (1818) 360
Wittgenstein, Schloß s. Wittgenstein, Burg
Wittgenstein-Berleburg, Gft. 17, 19, 74f., 113, 122, 157f., 183, 185, 198, 213, 238, 246, 249f., 256, 258, 268
Wittgenstein-Hohnstein s. Wittgenstein-Wittgenstein
Wittgenstein-Siegen, Wahlkrs. für die Frankfurter Nationalvslg. (1848) 285
Wittgenstein-Wittgenstein, Gft. 17, 19, 74f., 113, 122, 157f., 160f., 183, 185, 198f., 213, 219, 238, 246, 249f., 256, 258, 268
Wolbeck (Münster) 77, 88, 94, 98
Wolbeck, münster. Amt 77, 240
Wolfenbüttel (Niedersachsen) 385
Wolff, Christian (1679-1754), Philosoph 203
Wolff-Metternich, von, Familie 180
s. auch Franz Arnold von Wolff-Metternich (1658-1718), Bf. von Paderborn (reg. 1704-18) u. Münster (reg. 1707-18)
s. auch Hermann Werner von Wolff-Metternich (1625-1704), Bf. von Paderborn (reg. 1683-1704)
Wolfgang Wilhelm Pfalzgf. von Neuburg (1578-1653), Hzg. von Jülich u. Berg 140-142
Wolfhelm, Bf. von Münster (gen. 887. 895) 68
Wolfher, Bf. von Minden (reg. 880-86) 72
Wormbach (Schmallenberg, Hochsauerlandkrs.) 34, 49
Wormbach, Pfarrei 32, 34
Worms (Rheinland-Pfalz) 24, 95
Worms, fränk. Reichsvslg. (Reichstag) (772) 24
Worms, Reichstag (1521) 107, 114
Wormser Edikt (1521) 107, 115, 129
Wormser Konkordat (1122) 41
Worringen (Köln), Schlacht (1288) 52, 56, 59, 63, 70
Wrede, von, Familie 180
Wünnenberg (Krs. Paderborn) 33, 77, 94, 336
Wünnenberg-Elisenhof s. Elisenhof
Wünnenberg-Fürstenberg s. Fürstenberg
Wünnenberg-Haaren s. Haaren

Würmeling, Bernhard (1854-1937), Ober-Präs. von Westfalen 265, 329
Würzburg (Bayern) 30f., 47, 123, 194
Würzburg, Bf. 58
Würzburg, Diöz. 31
Würzburg, Domkap. 180
Würzburg, Domschule 31
Würzburg, Hochst. 58, 207
Wüstenhober gen. Ibach, Johann, erster ev. Pfr. in Oberholzklau (1529) 115
Wulbrand von Hallermund, Bf. von Minden (reg. 1406-36) 72
Wulf, Johann s. van Kampen, Johann
Wuppertal 267, 338, 384, s. auch Barmen bzw. Elberfeld
Wuppertal, Univ.-GHS 307
Wuppertal-Barmen s. Barmen
Wuppertal-Elberfeld s. Elberfeld
Wuppertal-Langerfeld s. Langerfeld
Wuppertal-Nächstebreck s. Nächstebreck
Wuppertal-Wichlinghausen s. Wichlinghausen (Wuppertal)
Wusterhausen (Brandenburg), Vertrag (1726) 162

Xanten (Krs. Wesel) 127
Xanten, Vertrag (1614) 142f.

Yorck zu Wartenburg, Hans David von (1759-1830), preuß. GFM 255

Zeller, Christian Heinrich (1779-1860), Rettungshausgründer 365
Zeven (Niedersachsen), Konvention (1757) 189
Zinse (Erntebrück, Krs. Siegen-Wittgenstein) 336
Zinzendorf, Nikolaus Ludwig Gf. von (1700-1760), Gründer der Herrnhuter Brüdergemeinde 196, 198
Zoellner, (Christian Heinrich) Wilhelm (1860-1937), Gen.-Sup. (amt. 1905-30) 361, 370
„Zollern“, Zeche (Dortmund) 383
Zollikon (Schweiz) 117f.
Zürich (Schweiz) 104, 108, 117f., 126
Zürich, ETH 307
Zuhorn, Karl (1887-1967), Obmstr. in Münster 403, 421
Zurstraße (Waldbauer, Breckerfeld, Ennepe-Ruhr-Krs.) 383
Zutphen (Niederlande) 222
Zwickau (Sachsen) 308
Zwingli, Ulrich (1484-1531), Reformator 108, 116f., 126
Zwolle (Niederlande) 12, 67

Abbildungsnachweis

Westfälisches Amt für Denkmalpflege, Münster: 1 (Photo A. Brückner), 3 (Photo A. Brockmann-Peschel), 4, 6, 7, 8 (Photo A. Brückner), 9, 10, 11, 15, 17, 19, 38, 39, 40 (Photo A. Brockmann-Peschel), 41, 42 (Photo A. Brockmann-Peschel), 44, 68, 69, 70;
Dr. Heinz Bauer, Borchen: 2, 12;
Bildarchiv des Westfälischen Heimatbundes, Münster: 5, 13, 14, 18, 23, 26, 36, 55, 56, 57, 58, 59 (Photo Ludwig Rotthowe);
Hermann Klueting, Hagen-Hohenlimburg: 16;
Märkisches Museum, Witten: 20;
Gustav-Lübcke-Museum, Hamm: 21, 43;
Prof. Dr. Harm Klueting, Münster: 22, 32, 33;
Westfälisches Landesmuseum für Kunst- und Kulturgeschichte, Münster: 24, 25, 27, 37, 45 (Photo R. Wakonigg), 46 (Photo S. Ahlbrand-Dornseif), 48 (Photo R. Wakonigg), 51 (Photo S. Ahlbrand-Dornseif), 54, 62;
Archiv des Vereins für Geschichte und Altertumskunde Westfalens Abt. Paderborn, Slg. K. Mertens: 28, 36;
Bildarchiv Ochsenfarth Restaurierungen GmbH, Paderborn (Orig. Polizeiausbildungsstätte Bad Iburg): 29;
Privat: 30, 31;
Stadtarchiv Paderborn, Slg. P. Michels: 34, 35;
Museum Hohenlimburg (Stadtmuseen Hagen): 47;
Gesellschaft für Stadtmarketing, Siegen: 49;
Landeskirchenamt Bielefeld, Landeskirchliches Archiv der Evangelischen Kirche von Westfalen (25 Nr. 66 b): 50
Dom- und Diözesanarchiv Mainz: 52;
Borgas-Fotoverlag im Verlag Aschendorff, Münster: 53;
Reinhard Schmitz, Schwerte (Repro): 60;
DB-Museum im Verkehrsmuseum Nürnberg: 61;
Institut für Zeitungsforschung, Stadt Dortmund, Bibliotheken: 63;
Stadtarchiv und Landesgeschichtliche Bibliothek Bielefeld: 64 (Photo K. Grebe), 67;
NW-Hauptstaatsarchiv Düsseldorf: 65;
Stadtarchiv Dortmund: 66.

Zum Autor

Harm Klueting, geboren am 23. März 1949 in Iserlohn, studierte zunächst Slavistik und Germanistik und beendete dieses Studium im Alter von 25 Jahren mit einer Dissertation zur russischen Sprachgeschichte des 17. Jahrhunderts und mit der Promotion zum Dr. phil. an der Universität Bochum. Daran schlossen sich Studien der Mittleren und Neueren Geschichte, der evangelischen Theologie und der Rechtswissenschaften in Bochum, Köln, Wuppertal (Kirchliche Hochschule), Edinburgh (Schottland) und Münster an. Das Studium der Mittleren und Neueren Geschichte wurde vier Jahre nach der Promotion in Köln mit der Magisterprüfung (M. A.) beendet, während das Theologiestudium mit der Absolvierung der Ersten Theologischen Prüfung und dem Erwerb des akademischen Grades eines Dipl.-Theol. erst zum Abschluß kam, als er bereits seit Jahren Hochschullehrer war. 1984 hatte er sich, 34 Jahre alt, an der Philosophischen Fakultät der Universität zu Köln für „Neuere Geschichte" habilitiert, um danach an den Universitäten Köln, Osnabrück, Bonn und Göttingen und wieder in Köln zu lehren. Lehraufträge an der Pädagogischen Hochschule Halle/Saale und an der University of Leicester (England) sowie eine Gastprofessur – 1992 – in den Vereinigten Staaten (Emory University, Atlanta, Ga./USA) führten in die neuen Bundesländer und an anglo-amerikanische Universitäten. Harm Klueting ist seit 1989 Professor der Neueren Geschichte an der Kölner Universität.

Der Schwerpunkt seiner wissenschaftlichen Arbeit liegt im 16. Jahrhundert (u. a. „Das Konfessionelle Zeitalter 1525-1648", 1989), im 18. Jahrhundert (u. a. „Die Lehre von der Macht der Staaten. Das außenpolitische Machtproblem in der ‚politischen Wissenschaft' und in der praktischen Politik im 18. Jahrhundert", 1986; „Katholische Aufklärung – Aufklärung im katholischen Deutschland", hrsg. 1993; „Der Josephinismus", 1995), im beginnenden 19. Jahrhundert (u. a. „Die Säkularisation im Herzogtum Westfalen 1802-1834", 1980) sowie in der Kirchengeschichte (zuletzt: „Die reformierte Konfessionalisierung als ‚negative Gegenreformation': Zum kirchlichen Profil des Reformiertentums im Deutschland des 16. Jahrhunderts", Zeitschrift für Kirchengeschichte 1998). Klueting bereitet größere Buchveröffentlichungen vor zur Kirchengeschichte und zur Allgemeinen Geschichte der Frühen Neuzeit.

Seit 1984 ist Prof. Klueting ordentliches Mitglied der Historischen Kommission für Westfalen.

Studien und Quellen zur westfälischen Geschichte

herausgegeben vom Verein für Geschichte und Altertumskunde Westfalens, Abteilung Paderborn:

Band 26:
Christoph Stiegemann
Heinrich Gröninger um 1578-1631
Ein Beitrag zur Skulptur zwischen Spätgotik und Barock im Fürstbistum Paderborn
1989. 402 Seiten. 358 Abbildungen. Gebunden.
ISBN 3-87088-589-0

Band 28:
Klaus Hohmann
Bauten des Historismus in Paderborn 1800-1920
1990. 359 Seiten. 234 s/w- und 40 Vierfarbabbildungen. Gebunden.
ISBN 3-87088-648-X

Band 29:
Michael Freiherr von Fürstenberg
„Ordinaria loci" oder „Monstrum Westphaliae"?
Zur kirchlichen Rechtsstellung der Äbtissin von Herford im europäischen Vergleich
1995. 460 Seiten. 8 s/w-Abbildungen. Gebunden.
ISBN 3-87088-695-1

Band 30:
Gabriele Buchenthal/Heinz Bauer
Heinrich Papen 1644-1719/ Christophel Papen 1678-1735
Eine westfälische Bildhauerwerkstatt im Zeitalter des Barocks
2. Auflage 1995. 292 Seiten. 230 Abbildungen, davon 17 vierfarbig. Gebunden.
ISBN 3-87088-856-3

Band 31:
Amalie Rohrer / Hans-Jürgen Zacher (Hg.)
Werl – Geschichte einer westfälischen Stadt
1994. 2 Bände. 1320 Seiten. Durchgehend illustriert. Gebunden.
ISBN 3-87088-844-X

Band 32:
750 Jahre Stadt Salzkotten
Geschichte einer westfälischen Stadt
Hg. von der Stadt Salzkotten und Detlef Grothmann
1996. 2 Bände. 1300 Seiten. Durchgehend bebildert, 32 Farbtafeln. Gebunden.
ISBN 3-87088-923-3

Band 33:
Dirk Strohmann
Anton Joseph Stratmann (1734-1807)
Leben und Werk eines Malers aus dem Paderborner Hochstift
1997. Ca. 320 Seiten. 121 vierfarbige, 70 s/w-Abbildungen. Gebunden.
ISBN 3-87088-989-6

Band 34:
Thomas Schöne
Das Soester Stadtrecht vom 12. bis zur Mitte des 15. Jahrhunderts
Zugleich ein Beitrag zur Entwicklung deutscher Stadtrechte im hohen und späten Mittelalter
1998. 332 Seiten. Gebunden
ISBN 3-89710-016-9

Ältere Titel auf Anfrage noch lieferbar!

BONIFATIUS
Druck · Buch · Verlag

Studien und Quellen zur westfälischen Geschichte, Band 32:

750 Jahre
Stadt Salzkotten
Geschichte einer
westfälischen Stadt
Hg. von der Stadt Salzkotten
und Detlef Grothmann
2 Bände. Je 650 Seiten.
Durchgehend bebildert.
Gebunden
ISBN 3-87088-923-3

Die 1247 gegründete Stadt Salzkotten, westlich von Paderborn an der B 1 gelegen, entstand als Grenzbefestigung des Paderborner Bischofs Simon I. gegen seinen Kölner Kontrahenten. In einer Urkunde aus dem Jahre 1160, vor Verleihung der Stadtrechte, wird die wichtigste Erwerbsquelle genannt, die Salzgewinnung. Nach einer durch die Pestzüge des Mittelalters unterbrochenen Aufwärtsentwicklung, die nach innen abgesichert war durch die neben den Ackerbürgern angesiedelten Kaufleute und Handwerker und nach außen durch die mit Privilegien des Bischofs ausgestatteten Burgmannen aus dem Landadel, brachte im Dreißigjährigen Kriege ein schwedisch-hessischer Sturmangriff der Stadt Tod und Zerstörung. Die im 18. Jahrhundert initiierte Modernisierung der Salzgewinnung bescherte eine wirtschaftliche Blütezeit. 1975 bildete sich durch den Zusammenschluß von zehn Gemeinden des früheren Amtes Salzkotten-Boke die Stadt heutiger Ausprägung.
Das vorliegende zweibändige Werk zeichnet die Geschichte von den Anfängen bis zur Gegenwart detailgetreu nach. 51 Autoren, darunter Fachhistoriker, Experten und Heimatforscher, stellen die facettenreiche, vielschichtige Historie Salzkottens wissenschaftlich fundiert und lebendig dar. Der erste Band beinhaltet Aufsätze zur eigentlichen geschichtlichen Entwicklung, während der zweite Band Spezialbeiträge zur Kirchen-, Agrar-, Salz-, Wirtschafts- und Verkehrsgeschichte und zum geselligen Leben umfaßt.

BONIFATIUS
Druck · Buch · Verlag